BIBLIOTHÈQUE D'HISTOIRE DE LA RENAISSANCE

sous la direction de Denis Crouzet et Nicolas Le Roux

7

L'Amiral Claude d'Annebault, conseiller favori de François Ier

Ouvrage publié avec le soutien du Centre national du livre

La thèse dont est issu ce livre a reçu en 2010
le prix Braun-Benabou / Aguirre-Basualdo
de la chancellerie des universités de Paris

François Nawrocki

L'Amiral Claude d'Annebault,

conseiller favori de François Ier

Préface de Denis Crouzet

PARIS
CLASSIQUES GARNIER
2015

François Nawrocki est docteur de l'université Paris-Sorbonne, archiviste paléographe et conservateur des bibliothèques. Il est adjoint au directeur du département des cartes et plans de la Bibliothèque nationale de France. Ses recherches portent principalement sur l'histoire politique, diplomatique et institutionnelle des années 1530 à 1560, ainsi que sur les questions de territoires, d'information et de réseaux.

ISBN 978-2-8124-3167-8 (livre broché)
ISBN 978-2-8124-3168-5 (livre relié)
ISSN 2262-4309

À Sophie, Mathilde et Arthur.

TABLE DES ABRÉVIATIONS

SOURCES MANUSCRITES

AD Calvados	Archives départementales du Calvados
AD Eure	Achives départementales de l'Eure
AD Loire-Atlantique	Archives départementales de Loire-Atlantique
AD Orne	Archives départementales de l'Orne
AD Seine-Maritime	Archives départementales de Seine-Maritime
AGR Belgique	Archives générales du royaume de Belgique
Aud.	Registres de l'Audience
AM Rouen	Archives municipales de Rouen
AM Toulouse	Archives municipales de Toulouse
AN	Archives nationales de France
MC	Minutier central des notaires parisiens
AP Monaco	Archives du palais de Monaco
Mat.	fonds Matignon
Arch. MAE	Archives du ministère des affaires étrangères
CP	Correspondance politique
MD	Mémoires et documents
ASC Moncalieri	Archivio storico del comune di Moncalieri
ASC Pinerolo	Archivio storico del comune di Pinerolo
ASC Saluzzo	Archivio storico della città di Saluzzo

ASC Savigliano	Archivio storico del comune di Savigliano
ASC Torino	Archivio storico del comune di Torino
AS Firenze	Archivio di Stato di Firenze
MP	Archivio Mediceo del principato
AS Mantova	Archivio di Stato di Mantova, Archivio Gonzaga
Corr. est.	corrispondenza estera
Cart. inv. div.	carteggio d'inviati e diversi
Cart. Pal.	carteggio di Margherita Paleologa
Cop. ord.	copialettere ordinari, misti
Cop. ris.	copialettere riservati
Istr. ris. est.	istruzioni riservate e copie di lettere da paesi esteri
AS Modena	Archivio di Stato di Modena, Cancelleria, Sezione Estero
Cart. amb.	carteggio di ambasciatori
Min.	minute di lettere ducali a principi fuori d'Italia
AS Torino	Archivio di Stato di Torino
Camera	Archivio camerale
Parl. Fr.	Parlamento francese
Corte	Archivio di Corte
ME	materie economiche
MS int.	materie storiche par rapporto all'interno
MP	materie politiche
MP int.	materie politiche per rapporto all'interno
AS Vaticano	Archivio Segreto Vaticano
AA	Archivum Arcis

Segr. Stato	Segretario di Stato
AS Venezia	Archivio di Stato di Venezia
Cons. X	Consiglio dei Dieci
Capi amb.	capi, lettere di ambasciatori
Cons. Sen.	Consiglio, Senato
Del. sec.	deliberazioni secreti
Secr.	Secreta
AP	archivio proprio
BM Rouen	Bibliothèque municipale de Rouen
BnF	Bibliothèque nationale de France
Ars.	bibliothèque de l'Arsenal
V^C Colb.	Manuscrits, Cinq Cents Colbert
Cab. d'Hozier	Manuscrits, cabinet d'Hozier
Clair.	Manuscrits, fonds Clairambault
Colb.	Manuscrits, mélanges Colbert
DB	Manuscrits, dossiers bleus
Dup.	Manuscrits, fonds Dupuy
Fr.	Manuscrits, fonds français
It.	Manuscrits, fonds italien
Mor.	Manuscrits, fonds Moreau
NAF	Manuscrits, nouvelles acquisitions françaises
PO	Manuscrits, pièces originales
Musée Condé	Bibliothèque du musée Condé
CL	cabinet des lettres (série L)
NA	National Archive, Public Record Office
ÖStA	Österreichischen Haus-, Hof- und Staatsarchiv

EngBW	England, Berichte und Weisungen
EngVa	England, Varia
FrBW	Frankreich, Berichte und Weisungen
FrHK	Frankreich, Hofkorrespondenz
FrVa	Frankreich, Varia

CATALOGUES D'ACTES ET SÉRIES DE SOURCES PUBLIÉES

ANG	*Acta nuntiaturae Gallicae*
CAF	*Catalogue des actes de François Ier*
CAH	*Catalogue des actes d'Henri II*
CCJDB	*Correspondance du cardinal Jean Du Bellay*
CSP	*Calendar of State Papers*
L&P	*Letters and Papers of the Reign of Henry VIII*

Quelques sources et monographies anciennes parmi les plus utilisées sont abrégées du seul nom de l'auteur (Brantôme ; Decrue) ou du nom de l'auteur accompagné d'un élément du titre (Du Bellay, *Mémoires* ; Matignon, *Correspondance* ; Tournon, *Correspondance*).

PRÉFACE

Ce livre est une œuvre de longue haleine, l'œuvre d'un chercheur exigeant et volontaire qui a voulu aller au bout des potentialités archivistiques d'une difficile enquête sur un personnage méconnu du premier XVIe siècle mais qui pourtant occupa souvent la première scène du jeu politique ; une œuvre d'une grande rigueur scientifique qui a entraîné son auteur à vagabonder entre les Archives Nationales bien sûr et le département des manuscrits de la BNF, mais aussi les archives départementales de la Loire-Atlantique, de la Seine-Maritime, du Calvados ou de l'Orne, la bibliothèque municipale de Nantes ou celle de Besançon, le Musée Condé de Chantilly, la British Library, les archives royales de Belgique, l'Osterreichischen Haus-, Hof- und Staatsarchiv à Vienne, les archives du Vatican, les archives d'État de Mantoue, de Modène, de Venise, de Florence et de Turin et des archives communales de plusieurs villes italiennes. Ce balisage européen des sources a donné naissance une véritable réflexion sur l'épistémologie du politique et de l'art du gouvernement à la Renaissance française, sous les règnes de François Ier puis de Henri II.

Ce n'est pas seulement une biographie que François Nawrocki a écrite, bien loin de là. Car la vie de l'amiral d'Annebault n'est qu'un prétexte. L'historien s'intéresse primordialement au problème historiographique que pose le fonctionnement de la technostructure politique du premier XVIe siècle : c'est-à-dire qu'il a voulu mettre en valeur la nature informelle de celle-ci, non codifiée, liée seulement au bon vouloir du Prince, à sa faveur, ou plutôt à ce qu'il faudrait appeler sa « raison politique » même si les affects peuvent également rentrer en compte. D'où un remarquable livre qui participe de la reconstruction actuelle d'un discours biographique que l'on peut qualifier de décentré ou déphasé, parce qu'il s'est agi d'aller plus loin dans la compréhension du système politique au sein duquel l'individu se meut sur un axe soit ascensionnel soit descensionnel. L'individu pris et assumé historiquement comme le symptôme d'un système, mais aussi le jalon dans une histoire de l'État sans cesse évolutive, d'autant qu'elle oscille entre empirisme et pragmatisme et qu'elle se décompose régulièrement pour mieux se recomposer.

Et François Nawrocki le souligne excellemment, il s'est agi pour lui non pas seulement d'appréhender une aventure singulière dans toutes ses dimensions sociales, politiques, culturelles, économiques, mais surtout de mettre en valeur le fait même du conseiller favori en corrélation avec une temporalité bien précise, impliquant des paramétrages spécifiques : « jusqu'en 1543, les conseillers favoris successifs de François Iᵉʳ furent tous des compagnons de jeunesse. Or, la disgrâce de Montmorency et la mort de l'amiral Chabot avaient définitivement épuisé ce vivier ». François Iᵉʳ se tourne alors vers Claude d'Annebault qui, tout en étant à peu près de son âge, était arrivé tardivement dans l'entourage proche du souverain. Or le roi n'accordait pas son amitié, sa confiance et les rênes du gouvernement au premier gentilhomme venu à la cour : les rares élus devaient posséder certaines qualités appréciées par le prince. Les mécanismes de dévolution de la faveur du roi-chevalier sont révélés sous un jour particulier par le choix d'un conseiller favori.

À ce titre, le portrait de Claude d'Annebault doit être envisagé comme « l'un des premiers jalons d'une anthropologie du conseiller favori ». Le mot est bien choisi, le livre est un essai d'anthropologie du politique qui opère à la fois dans le suivi d'un personnage et dans une perspective structurelle renvoyant au mystère même de l'État monarchique, au mystère de la majesté. Une anthropologie toujours prudente, qui n'hésite pas à faire part au lecteur des doutes du chercheur, de ses apories, avec des « il semble », « peut-être »... L'historien sait là qu'il touche au double motif des mystères de l'État et d'une autorité royale jouant sur la versaltilité, l'oscillation, l'indétermination.

Qui dit anthropologie, dit alors une remontée dans le passé long de l'individu, et tout de suite le lecteur est confonté à un gentilhomme issu d'une famille de petite noblesse portée en avant tardivement par le double jeu de mariages fructueux autorisant une lente et certaine expansion patrimoniale conduisant à l'assimilation à une « noblesse seconde », et d'un mode de transmission des fiefs évitant le morcellement. Une famille qui ne s'anime à l'histoire qu'avec Jean V, à partir du règne de Louis XII, que le roi nomme successivement capitaine de

Vernon puis capitaine des ville et château de Caen. Avec François Ier, il y a la rencontre entre une passion royale, la vénerie, et une compétence cynégétique qui vaut à Jean V l'office de capitaine des toiles du roi. C'est par le truchement de son père que Claude d'Annebault est intégré à la cour, et donc au service du roi. Présence possible au Camp du drap d'or, présence assurée au siège de Mézières, puis présence à la bataille de Pavie comme lieutenant de la compagnie du comte de Saint-Pol ; c'est par la quête de l'honneur chevaleresque que Claude d'Annebault recherche plus avant l'insertion dans la cour et donc dans la distinction royale.

Dans ce cadre, François Nawrocki définit la sphère de la protection aristocratique dont s'entoure le jeune gentilhomme comme pluridimensionnelle, car Claude d'Annebault semble jouer sur les Guise, sur le connétable de Montmorency, mais aussi sur le comte de Saint-Pol : il ne se situe pas dans un « réseau », mais l'important est qu'il participe de « réseaux dynamiques et efficaces qui sont surtout le fruit des efforts de son père ». De ce fait « la carrière de Claude d'Annebault doit beaucoup plus à son père qu'à quiconque », avec, peut-on ajouter, le palier très positif du mariage avec Françoise de Tournemine, veuve de Pierre de Laval. Certes Claude d'Annebault a peut-être été, ainsi que d'autres, page de François Ier, mais il ne fait pas partie du cercle premier des « amis » du roi comme Bonnivet. Fait prisonnier lors de la bataille de Pavie, son avancement curial bénéficie toutefois de deux impulsions majeures : la disparition dans la catastrophe d'une partie de ceux qui ont joui de la faveur monarchique durant les années 1515-1525, et ensuite le fait que les guerres en Italie du nord lui permettent de mettre en œuvre une carrière militaire « moins dépendante de ses patrons », et en conséquence plus directement appréhendable par le roi. 1531, il est fait capitaine d'une compagnie de 50 lances. 1531, une année charnière pour Claude d'Annebault puisque tout certifie qu'il est entré dans le premier cercle des proches de François Ier ; le prouve sa participation honorifique aux fêtes du couronnement de la reine Eléonore. L'assure encore son intégration à la technostructure étatique par la réception des lettres de provision de « lieutenant au gouvernement de Normandie », dès 1529, une commission qui ferait de lui, selon François Nawrocki, un « chef naturel de la noblesse normande ». Il reçoit aussi le collier de l'ordre de Saint-Michel, reprend à la mort de son père la charge de grand maître des toiles.

Les années 1536-1538 n'en seraient pas moins décisives dans l'archéologie de son parcours personnel, parce que Claude d'Annebault, dans le cadre de l'opération d'invasion et d'occupation du duché de Savoie, se voit confier avec succès la défense de Turin : « ce premier épisode turinois fut une étape importante ». Claude d'Annebault avait dorénavant la confiance de son maître, pour des aptitudes militaires qui seront toujours plus celles de la mise en défense des territoires et places qui lui sont confiés que par l'offensive. Un organisateur. L'année suivante, « il figure parmi les principaux chefs militaires français ». François Nawrocki touche ici le cœur de la dimension existentielle des guerres d'Italie, qui furent vécues par la noblesse comme le moment d'une extraordinaire ouverture à un partage de la distinction royale, d'une convivialité et d'une empathie royales se manifestant par des mots, des dons, des charges. Fidélité, foi, confiance, amitié, la guerre est créatrice d'un ordre singulier d'exister en commun qui est orchestré et manipulé par le monarque. Et François Nawrocki déplace son lecteur, à travers de multiples micro-événements et parallèlement à la fable fixée par Brantôme, dans le temps de ce que Arlette Jouanna a nommé une « utopie » nobiliaire, dans laquelle le roi jouait, afin de se l'approprier, sur la sensibilité nobiliaire par un langage de signes qui rendaient visible ou lisible la reconnaissance de sa grâce. Au sein de ce langage, il y a pour Claude d'Annebault le maréchalat en 1538, une « élévation fort rare » et donc une « ascension fulgurante dans la faveur du roi ». Ce serait précisément alors que Claude d'Annebault, souvent consulté au conseil pour les questions militaires et diplomatiques, et même financières, devient un personnage pivot du système de la cour, et les ambassadeurs étrangers, en ce qu'ils disent chercher à le fréquenter, seraient les meilleurs témoins de cette ascension.

Mais, ce qu'observe ensuite François Nawrocki est qu'un proche du roi, pour le rester, doit être en constant mouvement, doit sans cesse prouver sa foi tout en s'informant des menaces qui pourraient causer sa défaveur, doit accepter de développer des compétences autres que celles qu'il a pu jusqu'alors révéler. Le service rapproché du roi, s'il demande d'être toujours aux aguets, exige une polyvalence. Le gentilhomme qui s'est illustré militairement doit aussi accepter, pour être un parfait courtisan et serviteur et hors de toute programmation de son avenir, d'être un gestionnaire, et son honneur passe par une autre approche du risque que celui de la violence ; même si, pour le cas du Piémont, l'enjeu gravite autour de la capacité à maîtriser les excès de la soldatesque d'occupation et à empêcher qu'elle continue à dévaster et ruiner le pays.

Servir le roi, c'est encore accepter de prendre ses distances par rapport à ce roi, à son regard immédiat, accepter de quitter le lieu où la faveur se fait et se défait bien souvent, la cour, et de s'engager dans une voie expérimentale peut-être plus difficile, dans la mesure où le capitaine doit « accomplir ce que n'avaient pu faire ses prédécesseurs : préparer l'intégration de la province (de Piémont) à la couronne de France ». La quête de l'avancement ne procède pas alors seulement de calculs d'amitiés, elle est une prise de risques qui n'est pas uniquement celle de l'affrontement sacrificiel à la mort. Elle est l'acceptation empirique d'une autre aventure, qui n'en est pas moins tout autant vouée aux hasards de la fortune ; mais d'autres hasards. Et la quête est encore pragmatique, parce qu'elle doit se plier à une ritualisation destinée à mettre en place un mode dialogique, par exemple la convocation d'une assemblée des trois États de Piémont qui est une mise en scène, comme l'écrit excellemment François Nawrocki, destinée à rompre avec le gouvernement précédent qui avait reposé sur la terreur. Dans cette perspective, l'homme de guerre s'improvise administrateur habile, à travers le succès que fut le ravitaillement du Piémont par la république Venise, la mise au point d'une administration renouvelée et la lutte contre la corruption, les liens privilégiés noués ou renoués avec Venise et Mantoue, et peut-être la création en 1539 du parlement de Turin.

Et ce fut en fonction de cette réussite qu'au terme de la période instable qui suit la disgrâce d'Anne de Montmorency, Claude d'Annebault s'engagea plus loin encore dans le jeu de la faveur, avec d'abord une spécialisation dans les affaires italiennes du fait du réseau qu'il put se constituer durant son gouvernement de Piémont. À propos de réseau, on ne peut qu'être frappé de constater qu'une partie de ses proches constitueront le noyau du cercle de gouvernement de Catherine de Médicis, les Birague, Jean de Monluc... Le privé et le public sont, dans la carrière du gentilhomme, indifférenciés : si Claude d'Annebault marie sa fille Madeleine au comte de Saluces, c'est parce que ce personnage est bien sûr un beau parti ; mais ce faisant, il sert son souverain. La vie privée d'une maison noble est ici un élément dans le jeu diplomatique royal. Un remarquable développement s'attache, dans ce cadre, à analyser l'extension de la compétence à la sphère diplomatique, avec le voyage à Venise, puis la réception fastueuse par la Sérénissime. Claude d'Annebault, dans ce nouveau rôle, se révèle aux yeux de François Nawrocki, un « excellent négociateur ». On peut noter que, sur le chemin du retour, l'enfant qu'il tient, lors de son passage par Mantoue, sur les fonts baptismaux est Ludovico de Gonzague, le futur Louis de Nevers, et Claude d'Annebault acquiert ainsi le statut d'intermédiaire entre la France et les pouvoir princiers et républicains d'Italie ; il se façonne un capital relationnel en liaison avec Guillaume Du Bellay laissé en Piémont à son départ en avril 1540. Un capital relationnel qui lui est reconnu par le roi et qui explique que son entrée au conseil étroit, à partir de novembre 1540, le spécialise dans les affaires italiennes.

De guerrier, par l'épisode du gouvernement du Piémont, il est devenu un expert, porté en avant-scène de la cour par la défaveur du connétable. « À partir de 1540-1541, Claude d'Annebault entra donc dans le principal groupe de faveur de François Ier, pour ne plus le quitter », surtout à partir du moment où, « au printemps 1541, Anne de Pisseleu remporta une victoire éclatante, dans la mesure où elle patronnait tous les membres du conseil privé et nul ne pouvait prétendre avoir l'oreille du roi sans gagner le cœur de la duchesse ». Sur le plan de l'historiographie du règne de François Ier, l'apport, à ce point du livre de François Nawrocki, est essentiel : « on a souvent décrit les années 1541-1547 comme un moment du règne où la cour et les conseils étaient le plus gravement déchirés entre factions rivales ; pourtant, durant ces six années, le roi ne gouverna qu'avec les seuls membres de ce groupe favorisés par la duchesse et la ligne politique générale du gouvernement fut peut-être d'une cohérence sans précédent dans tout le règne de François Ier. Plus jamais le conseil ne fut partagé entre ces factions rivales qui provoquèrent les brusques revirements d'entre 1535 et 1540 ». En définitive, François Nawrocki nous propose de relire l'histoire du pouvoir royal ; car il inverse en quelque sorte la vision du règne de François Ier, dont le temps de la plus grande cohérence serait non pas à chercher dans les années 1520 voire même 1530, mais à l'époque d'un souverain vieillissant…

De plus, François Nawrocki ne se limite pas à cette révision ou relativisation capitale, il remet aussi en question le mythe de l'arbitraire affectif du roi, qui avait pu certes jouer auparavant pour les Gouffier ; François Ier choisit ceux qui ont fait leurs preuves, les hommes d'expérience, il élimine ceux qui lui semblent comme Montmorency impliquer le choix d'une politique de dévalorisation de sa gloire et d'un risque pour sa puissance. L'affect est relativisé dans l'histoire au profit d'une raison du politique qui tente d'éviter la prise de risque et l'aventure en politique et donc préfère opter pour un « anticharisme » du conseiller favori. Il y a certes un empirisme royal mais aussi et surtout une forme de rationalité du politique quand le roi installe au lus haut du pouvoir le triumvirat constitué par Chabot, Tournon, et bien sûr Claude d'Annebault. C'est-à-dire un système collégial au sein duquel il est observé que Tournon, contrairement à la tradition, n'eut pas le premier rôle ; ce rôle, surtout après la mort de Chabot, revint à Claude d'Annebault. Le pouvoir s'autorégule et s'invente en tant qu'une succession d'expérimentations mises en œuvre en fonction certes des situations des individus mais aussi d'une logique de la raison du politique, la faveur dépendant encore de différents paramètres comme celui de l'occasionnel de la mort : François Nawrocki démontre que c'est quand Chabot de Brion meurt que la charge d'amiral est décernée à Claude d'Annebault et qu'il y a passage à un duumvirat. Et si le roi, malgré le fiasco de Perpignan, maintient sa foi à l'amiral, c'est parce que sans doute sa raison du politique lui fait refuser de plier devant la pression des partisans du connétable.

Le lecteur le verra, il y a, dans le cours du livre, une tentative très intéressante d'analyse de la pratique militaire de l'amiral, qui se serait distingué par une l'exercice d'une vertu de mesure de l'emportement héroïque des capitaines de la génération de Blaise de Monluc. À propos de cette prudence, François Nawrocki donne un récit très détaillé et pertinent de l'action politico-militaire de Claude d'Annebault dans le temps des dernières opérations contre Charles Quint et de négociations complexes qui aboutissent à la paix de Crépy, aux conférences de Bruges et à la paix avec l'Angleterre, la « paix des amiraux ». Passionnante est la description des cérémonies française et anglaise, qui donnent à voir un Claude d'Annebault parvenu au plus haut de la faveur. Parce qu'il a réussi : « si jusqu'à la fin de son règne, François Ier n'eut plus à compter l'Angleterre parmi ses ennemis, il le devait aux bons offices de son conseiller favori ».

Mais François Nawrocki rompt alors avec le suivi événementiel, en tentant de théoriser la faveur du roi en tant que mécanisme de dévolution d'une autorité qui est un honneur et sur laquelle chaque gentilhomme réalise un travail propre. Pour d'Annebault, le travail est une pratique de la modération encore, de mise en retrait de soi-même, d'accommodation. Le favori est en premier lieu saisi comme l'homme d'une posture de retenue sur le plan de son personnage et de son histoire lignagère, parce qu'il doit montrer qu'il doit tout au roi, qu'il n'est rien sans son roi à qui il doit tout : « là se trouve peut-être la meilleure explication du défaut d'historiographie lignagère des d'Annebault : Claude a pu vouloir se distinguer de ses prédécesseurs en cultivant, de préférence à l'image de l'héritier d'une élite de noblesse, celle de l'homme fait par le roi, sorti, par la faveur de son prince, des rangs serrés de la noblesse ordinaire, où il était simple capitaine particulier ». « Par cette attitude, il n'apparaissait pas, comme d'autres, prédestiné par la naissance à être associé à la majesté royale, mais au contraire, comme la créature d'un souverain tout-puissant ». Le *self fashioning* de Claude d'Annebault aurait été celui d'un « homme sans qualité » de la Renaissance, un noble parmi les nobles, dont la vertu se serait manifestée sous l'apparence d'un don total de lui-même à son roi. Être sans qualité, à la Renaissance, c'est être dans la mesure, la modération de soi et donc une arithmétique savante de soi ; et c'est peut-être ce trait qui fit que Claude d'Annebault fut accepté à la fois par le roi et la cour. Parce qu'en lui se cristallisait une identité de la noblesse et que par lui le roi pouvait mettre en scène son lien affectif à sa noblesse.

Un gentilhomme de l'atonie, de la modestie calculée et pensée, au point qu'il est difficile de cerner la religion de Claude d'Annebault : ses relations avec les frères Du Bellay le porteraient peut-être vers une sensibilité évangélico-gallicanne mais, en même temps, il semble avoir donné son accord aux actions de répression de l'hérésie qui marquent la dernière partie du règne de François Ier. On a l'impression soit que les enjeux contemporains de la foi ne l'intéressent pas, soit qu'il préfère se tenir à distance de leur gestion et de ses avatars pour en laisser au roi la seule maîtrise. Claude d'Annebault est un homme de la retenue. Mais qui fait de cette retenue un outil destiné à le maintenir dans l'amitié du roi, parce qu'elle renvoie au souverain sa propre image de prince de prudence et donc de sagesse. Le courtisan favori, il faut le deviner, n'est pas qu'un conseiller, il est aussi un miroir du prince, dans lequel le prince peut contempler son image. Et peut alors se comprendre le déploiement des marques de l'affection de François Ier : la dévolution de la grâce sous forme de gages, pensions, concessions de revenus et rentes, entre 40 000 et 50 000 livres tournois par an.

Peut aussi se comprendre pourquoi Claude d'Annebault fut le véritable chef du conseil jusqu'à la mort du roi, exerçant une sorte de superintendance des affaires ; sur la figure du favori atone vient se surimposer celle du favori discret, relevant d'une « proximité d'âme » au point que Claude d'Annebault « paraissait être celui, de tous les sujets du roi, qui connaissait le mieux les inclinations et la pensée de son maître ». Le jeu de miroir n'est pas unilatéral, il fonctionne aussi du roi au conseiller. Il est alors très suggestif d'observer que la crédibilité du conseiller résultait d'une « sorte de translation de l'esprit du roi dans celui du conseiller favori », une translation que seul l'amiral, à partir du tournant de 1538-1540, était en mesure d'offrir à son souverain et de pouvoir accomplir. Une comparaison avec l'image proposée de lui-même par le connétable serait intéressante à valoriser, afin de mettre en parallèle les deux modes d'exister politiques.

Mais si le livre de François Nawrocki insiste de manière percutante sur cette alchimie inhérente au *self fashioning* du conseiller, un de ses points forts de sa démonstration est de remarquer que la faveur du roi est aussi « une entreprise collective » : collective, parce que l'amiral d'Annebault et le cardinal de Tournon sont inséparables ; collective, parce que le favori existe grâce à ceux qu'il protège et à qui il redistribue la faveur qu'il capte, des chevaliers ou des hommes de guerre comme Paul de Terme, Bertrand de Saint-Blancard, Ludovic de Birague, le comte de Beichlingen, Polin de la Garde, Francisque Bernardin, Jean de Taix, aux hommes de robe tels que François Errault, François Olivier, le secrétaire Bayard, et aux gens d'Église avec Jean de Monluc ou Jacques Spifame. Les proches sont sans cesse nécessaires, parce qu'ils servent d'auxiliaires et d'intermédiaires, informent, protègent, donnent à savoir la pertinence de la politique de leur patron. Sans la constitution d'un « réseau » ou plutôt d'un agrégat plus ou moins stable de « *brokers* », le favori ne peut pas mettre en œuvre et incarner une politique. L'État royal est donc un système complexe qui ne fonctionne que de manière indirecte la plupart du temps, à partir du point axial qu'est l'empathie du conseiller favori avec le prince.

Est ensuite fournie une analyse riche de ce que pouvait être l'exercice même du pouvoir. François Nawrocki part à la recherche de ce que devait représenter le « principal maniement des affaires » : « en théorie, cette tâche revenait en premier lieu au souverain, dépositaire par la volonté

divine de la *tuitio regni*, la garde du royaume ». Cependant cette superintendance était, dans certaines limites, confiée au conseiller favori, en
temps ordinaire… Il s'agit donc, en quelque sorte, « d'une institution
désincarnée, sans titulaire, mais essentielle au bon fonctionnement de
l'État royal ». C'est là où l'État se révèle sans doute dans un mystère en
raison de cette capacité du roi, roi sacré, détenteur d'un pouvoir sacral,
de créer autour de lui une sphère de désincarnation lui permettant
de gouverner dans l'aliénation ou désappropriation d'une fraction de
l'autorité sans qu'il y ait objectivement aliénation ou désappropriation.
Excellentes sont les pages dépeignant la charge du conseiller, l'intensité
de son travail, son rôle de « réceptacle et de filtre de l'information », sa
mission d'organisateur des audiences du roi. Il est une sorte d'ombre
temporelle du roi sacré, celui qui lui permet d'exercer son autorité
dans la prudence ; il n'existe que comme un double du roi. Il ne mène
pas sa politique, mais celle du roi dont il doit en tout moment prouver
qu'il la pressent et la reflète par effet de capillarité. François Nawrocki
s'appuye sur des documents qui insistent sur le fait que le conseiller
favori permet au roi de restreindre « son activité aux seules questions
dont il considérait qu'elles revêtaient une importance supérieure ». Peut-
être cette modélisation du conseiller s'inscrit-elle alors dans une optique
néo-platonicienne, dans laquelle le prince se doit de considérer les affaires
supérieures de l'État et ne doit pas se laisser détourner des spéculations
spirituelles par les jeux et les tensions d'immédiateté du quotidien ?

La fin du règne de François Ier est articulée aux procédures de
constitution d'un grand dessein qui devait autoriser l'alliance avec
les protestants allemands et le roi d'Angleterre ; et l'amiral poursuivit
ensuite son action de conseiller favori dans toute la séquence des rituels
post mortem, comme s'il se devait de continuer à jouer son rôle d'ombre du
roi alors qu'il sait pertinemment qu'il ne peut que subir, face à l'emprise
exercée par Montmorency sur le nouveau roi, un terrible retour de mani-
velle ; c'est à lui qu'il revint significativement de porter le cœur du roi.

Puis, après donc avoir donc longuement procédé à l'analyse de la
grâce, des conditions de sa dévolution comme des conséquences de sa
dispensation, François Nawrocki détaille le jeu de la disgrâce qui suit
le changement de monarque. La disgrâce est vertigineuse de rapidité
et de viduité. Car Henri II joue l'indifférence et c'est au connétable de
Montmorency qu'il revient de donner à voir et comprendre les signes

du désamour, plus implicitement qu'explicitement. Le temps est venu qui est le temps du « congé muet », suivi par une reconversion locale, en Normandie, de l'activisme nobiliaire du favori déchu. Ce qui a exigé des années se défait en quelques instants.

Enfin, le retour aux affaires intervient à l'occasion de la prise de pouvoir par Catherine de Médicis, et l'octroi de la titulature de « lieutenant général du roi près de la reine ». Faut-il imaginer que ce fut alors que l'amiral mit la reine en relation avec le noyau de conseillers qui vont l'entourer surtout à partir de 1560 ? Même s'il meurt vite, on peut se demander si l'histoire de Claude d'Annebault ne se poursuit pas, si elle n'est pas reprise à son compte par Catherine de Médicis qui se serait reconnue dans l'idéal de mesure – qui aurait concordé avec son choix du « moyennement » ? N'aurait-elle pas tenté, auprès de ses fils, de réactiver et d'exercer cette superintendance des affaires dans la pratique simultanément empirique et pragmatique de la modération qu'elle-même nommait la « douceur » ? Alors, l'amiral d'Annebault aurait effectivement eu un rôle historique encore plus notable que celui que dépeint brillamment François Nawrocki. Le « moment » Claude d'Annebault aurait été un moment plus décisif que les historiens le jugent, un moment initiateur qui aurait eu une suite dans les années 1560-1570, quand le pouvoir monarchique se trouve pris dans l'étau des factions « papiste » et « huguenote » et quand Catherine de Médicis, dans son aspiration acharnée à protéger l'État royal et dans le souvenir du temps de François Ier, se serait donné le rôle, tout au long des trois règnes de François II, Charles IX et Henri III, d'être l'ombre de ses fils.

Ces quelques pages sont trop brèves pour bien rendre compte de la valeur du livre de François Nawrocki pour l'histoire du XVIe siècle. Un personnage comme l'amiral d'Annebault, pourtant considéré comme secondaire avant son enquête, permet de mieux cerner les dynamiques historiques qui ont alors été en œuvre dans la sphère politique. Un grand livre se cache ainsi sous l'apparence d'une biographie, un jalon dans le processus actuel de relecture de l'histoire politique de la France de la Renaissance.

Denis CROUZET

INTRODUCTION

FIGURES DU RÈGNE DE FRANÇOIS Ier

La légende de François Ier, roi chevalier et roi mécène, homme d'action et de culture, conquérant et réformateur, résume à elle seule la Renaissance française, telle qu'elle est généralement perçue. La fascination qu'exerça ce roi sur ses contemporains, jamais démentie depuis, lui donna dans l'histoire de France et de l'Occident une place comparable à celle de ses éternels adversaires, Henri VIII en Angleterre et Charles Quint pour l'Empire. Ce règne mouvementé a fait l'objet de nombreuses études scientifiques – et d'innombrables biographies romancées – sans que nul ne puisse prétendre en avoir dit le dernier mot. Même si la grande somme de Charles Terrasse[1] reste la biographie de référence la plus complète à ce jour, les excellentes synthèses de Jean Jacquart[2] et de Robert Knecht[3], ont apporté depuis de nouveaux éclairages sur la personnalité complexe de ce roi et réinterprété son action politique dans son ensemble et dans son contexte. De plus, avec les études d'Hélène Michaud sur la chancellerie[4], d'Anne-Marie Lecoq[5] sur la symbolique politique, de Philippe Hamon[6] sur le gens des finances ou de Cédric Michon sur les prélats d'État[7] ont été renouvelés des pans entiers de nos connaissances du règne de François Ier et de son système de gouvernement. Cependant l'entourage de François Ier demeure en partie méconnu.

---

1   Charles Terrasse, *François Ier, le roi et le règne*, Paris, 1945-1970, 3 vol.
2   Jean Jacquart, *François Ier*, Paris, 1981, nouv. éd. 1994.
3   Robert J. Knecht, *Un Prince de la Renaissance : François Ier et son royaume*, Paris, 1998.
4   Hélène Michaud, *La Grande Chancellerie et les écritures royales au XVIe siècle*, Paris, 1967.
5   Anne-Marie Lecoq, *François Ier imaginaire. Symbolique et politique à l'aube de la Renaissance française*, Paris, 1987.
6   Philippe Hamon, *L'Argent du roi. Les finances sous François Ier*, Paris, 1994.
7   Cédric Michon, *La crosse et le sceptre. Les prélats d'État sous François Ier et Henri VIII*, Paris, 2008.

Avec le renouveau du genre biographique se multiplient les études érudites sur les grands personnages du XVIᵉ siècle français, davantage ancrées dans des analyses constructives qu'elles ne l'étaient à l'époque de l'histoire-bataille et du positivisme triomphant, de laquelle datent encore une grande partie des biographies dont nous disposons. La publication en 2011 des *Conseillers de François Iᵉʳ*, sous la direction de Cédric Michon, a heureusement permis de présenter un renouvellement des connaissances sur ce personnel politique et une synthèse remise à niveau et contextualisée de la carrière de chacun de ces hommes[1]. J'y ai notamment écrit un article sur Claude d'Annebault et participé à celui consacré à François de Tournon, qui avait besoin d'une actualisation depuis le travail déjà ancien de Michel François[2]. Thierry Rentet vient aussi de publier un livre remarquable sur la première partie de la carrière d'Anne de Montmorency, jusqu'au début des années 1530, disséquant toute la mécanique du système Montmorency, en exploitant méthodiquement une matière épistolaire unique et abondante[3] ; cependant, les vieux travaux de Francis Decrue, qui embrassent la totalité de la carrière du connétable, demeurent incontournables pour les trente dernières années de la vie de ce personnage[4]. La carrière du cardinal Jean de Lorraine a été récemment reconstituée par Cédric Michon[5] et celle du chancelier François Olivier par Jean Dupèbe[6], mais les travaux de Christophe Vellet sur le chancelier Duprat et de Pierre Carouge sur l'amiral Bonnivet sont restés presque inédits[7], et des personnages aussi

---

1   *Id.*, dir., *Les conseillers de François Iᵉʳ*, Rennes, 2011.
2   Michel François, *Le cardinal François de Tournon*, Paris, 1951.
3   Thierry Rentet, *Anne de Montmorency : grand maître de François Iᵉʳ*, Rennes, 2011.
4   Francis Decrue de Stoutz, *Anne de Montmorency, grand maître et connétable de France à la Cour, aux armées et au conseil de François Iᵉʳ*, Paris, 1885 (ci-après abrégé Decrue) et *Id., Anne de Montmorency, connétable et pair de France sous les rois Henri II, François II et Charles IX*, Paris, 1885 ; on peut aussi citer Brigitte Bedos-Rezak, *Anne de Montmorency, seigneur de la Renaissance*, Paris, 1990, surtout pour la période 1540-1560.
5   C. Michon, « Jean de Lorraine ou les richesses de la faveur à la Renaissance », dans *Revue d'histoire moderne et contemporaine*, t. 50, nᵒ 3, Paris, 2003, p. 34-61.
6   Jean Dupèbe, « Un chancelier humaniste sous François Iᵉʳ : François Olivier (1547-1560) », dans *Humanism and Letters in the age of François Iᵉʳ. Proceedings of the 4ᵗʰ Cambridge French Renaissance colloquium. September 19-21ˢᵗ 1994*, éd. P. Ford et G. Gondorf, Cambridge, 1996, p. 87-114.
7   Christophe Vellet, « De la marchandise à la prélature, carrière politique d'un homme de robe au service du roi : Antoine Duprat (1463-1535) », dans *Positions de thèses de l'École des chartes*, 1993, p. 173-183 et Pierre Carouge, « L'amiral de Bonnivet et sa famille (vers 1450-vers 1525) », dans *Positions de thèses de l'École des chartes*, 1999, p. 99-108 ; voir leurs contributions à *Les conseillers de François Iᵉʳ*, *op. cit.*

importants que Philippe Chabot de Brion, le secrétaire Gilbert Bayard ou François de Bourbon, comte de Saint-Pol, n'ont pas encore fait l'objet d'études suffisantes[1]. La vie du cardinal Jean Du Bellay est bien connue grâce à l'édition de sa correspondance, mais sa biographie reste à écrire[2]. Lacunaires et vieillies sont les biographies de la duchesse d'Étampes ou du chancelier Poyet[3], dont la connaissance a été heureusement en partie renouvelée par des études récentes, plus ou moins approfondies[4]. Enfin, la sœur du roi, Marguerite de Navarre, vient de se voir consacrer un grand livre par Jonathan Reid[5].

Plus éloignés de la cour, des personnages influants dans les provinces, mettant leurs propres réseaux de clients et d'amis au service du roi, font aussi l'objet d'études bien utiles pour la compréhension des liens entre la noblesse et le pouvoir : je pense en particulier aux travaux de Marie Houllemare sur les parlementaires parisiens[6], de David Potter[7], de Stuart Carroll[8], ou encore aux recherches, principalement axées sur les sociabilités nobiliaires et les cultures chevaleresques, d'Arlette Jouanna[9],

---

1 Les deux premiers ont toutefois fait l'objet d'articles de Robert Knecht et de Philippe Hamon dans *Les conseillers de François Ier*, *op. cit.*

2 Jean Du Bellay, *Correspondance*, éd. Rémy Scheurer, Paris, 1969-2008, 3 vol. ; voir toutefois l'article de Rémy Scheurer dans dans *Les conseillers de François Ier*, *op. cit.*

3 É. Desgardins, *Anne de Pisseleu duchesse d'Étampes et François Ier*, Paris, 1904 ; Bernadette Witz-Daviau, *La vie tumultueuse de l'amiral Philippe de Chabot. Le château d'Aspremont*, s. l., 1931 ; Charles Porée, *Un parlementaire sous François Ier : Guillaume Poyet (1473-1548)*, Angers, 1898.

4 David Potter, « Politics and faction at the Court of Francis I : the Duchesse d'Etampes, Montmorency and the Dauphin Henri », dans *French History*, vol. 21, n. 2, 2007, p. 127-146, et son article dans *Les conseillers de François Ier*, *op. cit.* ; Anne Rousselet-Pimont, *Le chancelier et la loi au XVIe siècle, d'après l'œuvre d'Antoine Duprat, de Guillaume Poyet et de Michel de l'Hôpital*, Paris, 2005 : cette brillante étude relève beaucoup plus de l'histoire du droit que de l'histoire politique.

5 Jonathan A. Reid, *King's Sister - queen of dissent : Marguerite of Navarre (1492-1549) and her evangelical network*, Leiden, 2009, 2 vol.

6 Marie Houllemare, *Politiques de la parole, le parlement de Paris au XVIe siècle*, Genève, 2011.

7 D. Potter, *War and Government in the French Provinces : Picardy, 1470-1560*, Cambridge, 1993 ; *Id.*, *Un homme de guerre à la Renaissance : La vie et les lettres d'Oudart du Biez, maréchal de France, gouverneur de Boulogne et de Picardie (vers 1475-1553)*, Arras, 2001 ; *Id.*, « The Constable's brother : François de Montmorency, sieur de La Rochepot (c. 1496-1551) », dans *Nottingham medieval Studies*, n° 48, 2004, p. 141-197.

8 Stuart Carroll, *Noble Power during the French Wars of Religion : the Guise Affinity and the Catholic Cause in Normandy*, Cambridge, 1998.

9 Notamment Arlette Jouanna, *Ordre social. Mythes et hiérarchies dans la France du XVIe siècle*, Paris, 1977.

d'Ellery Schalk[1], de Sharon Kettering[2] et de Kristen Neuschel[3], de Natalie Zemon Davis[4], de Laurent Bourquin[5], d'Hélène Germa-Romann[6], et de Michel Nassiet[7]. Le travail fondamental de Denis Crouzet sur le connétable de Bourbon doit aussi être rangé dans cette catégorie[8]. Depuis peu et tout particulièrement ces dix dernières années, les études sur le temps de François Ier connaissent donc un véritable renouveau. Ces acquis ne peuvent être ignorés, lorsqu'il s'agit de comprendre et de raconter la vie d'un chevalier de la Renaissance, grand seigneur du royaume et serviteur du roi.

CLAUDE D'ANNEBAULT :
UN HOMME DANS L'HISTOIRE

Les études de cas se révèlent particulièrement utiles lorsqu'elles permettent d'attester, de contredire ou de prolonger les recherches historiques et courants d'interprétation de la vie politique et sociale d'une époque. De ce point de vue, une reconstitution de la vie, de la carrière, de la culture et des réseaux de Claude d'Annebault[9] doit servir la recherche et permettre de faire avancer la connaissance de la fin du

---

1 Ellery Schalk, *L'épée et le sang. Une histoire du concept de noblesse (vers 1500-vers 1650)*, Seyssel, 1996.
2 Sharon Kettering, *Patrons, Brokers, and Clients in the Seventeenth Century France*, Oxford, 1986 (nouvelle éd. Aldershot, 2002).
3 Kristen B. Neuschel, *Word of honor. Interpreting Noble culture in sixteenth-century France*, New-York-Londres, 1989.
4 Natalie Zemon Davis, *Essai sur le don dans la France du XVIe siècle*, Paris, 2003.
5 Laurent Bourquin, Noblesse seconde et pouvoir en Champagne aux XVIe et XVIIe siècles, Paris, 1994.
6 Hélène Germa-Romann, *Du « Bel Mourir » au « Bien Mourir ». Le sentiment de la mort chez les gentilshommes français (1515-1643)*, Genève, 2001.
7 Michel Nassiet, *Parenté, noblesse et états dynastiques, XVe-XVIe siècles*, Paris, 2000.
8 Denis Crouzet, *Charles de Bourbon, connétable de France*, [Paris], 2003.
9 Seul Émile Dermenghem a précédemment étudié ce personnage, dans sa thèse d'École des chartes soutenue en 1913 (Émile Dermenghem, *Claude d'Annebault, maréchal et amiral de France, sous François Premier et Henri Deux*, thèse d'école des chartes manuscrite, 1913, résumée dans *Positions des thèses de l'École des chartes de la promotion de 1913*, Paris, 1913, p. 35-40), puis dans un article (*Id.*, « Un ministre de François Ier. La grandeur et la disgrâce de l'amiral Claude d'Annebault », dans *Revue du seizième siècle*, t. IX, 1923, p. 34-50).

règne de François Ier. En effet, l'amiral d'Annebault, personnage de tout premier plan, ultime favori de ce roi, a disparu très tôt de la mémoire collective, et son œuvre avec lui. Si au XVIe siècle, Brantôme a donné un résumé acceptable de la vie de l'amiral, le souvenir de celui-ci ne s'est rapidement plus rattaché qu'à deux événements mal interprétés : un débarquement sur l'île de Wight et sur les côtes anglaises de 1545, et la disgrâce de 1547, à l'avènement d'Henri II. Tout juste pourrait-on ajouter à cela une réputation plus flatteuse, mais tout aussi caricaturale, de serviteur de l'État exemplaire, honnête et désintéressé dans la gestion des finances de la couronne. Sous la plume de Michelet, il était déjà réduit à la figure imprécise d'un « honnête et grossier soldat » dont, en réalité, nul ne savait plus rien[1].

Claude d'Annebault tomba donc très tôt dans l'oubli, faute, peut-être, d'avoir suffisamment marqué les esprits en son temps et laissé un monument – une victoire mémorable, des paroles proverbiales, ou encore un château – à la postérité. Il aurait pu être exhumé par les historiens du XVIIe et du XVIIIe siècle, mais ceux-ci en ont préféré d'autres. La principale raison de ce désintérêt, outre la relative rareté et la dispersion des sources, est que Claude d'Annebault n'a pas été, comme Anne de Montmorency, un grand seigneur notablement fastueux et éclairé, d'illustre origine et ministre de plusieurs rois. Il n'a pas connu la fin épique et héroïque de Bonnivet, élevé avec Bayard au panthéon des héros de la chevalerie et immortalisé par l'*Heptaméron* de Marguerite de Navarre[2]. Il n'eut pas à subir le procès spectaculaire et dramatique de Chabot de Brion, qui en fit un véritable personnage de tragédie[3]. Le connétable de Bourbon, en incarnant la figure du traître à sa nation, a marqué l'histoire à jamais. La duchesse d'Étampes, intrigante maîtresse du roi, à mi-chemin entre une Maintenon et une Du Barry, n'a pas manqué d'attirer l'attention des plumes et des esprits romanesques. Enfin, le cardinal François de Tournon a été redécouvert au XVIIIe siècle, lorsqu'il fallait trouver un prédécesseur à Richelieu et à Mazarin[4]. Mais Claude d'Annebault n'est jamais sorti de l'oubli. Lorsqu'on s'intéresse à un personnage méconnu

---

1   Jules Michelet, *Œuvres complètes*, éd. G. Monod, Paris, 1893-1898, t. VIII, *Réforme*, p. 401.
2   Marguerite de Navarre, *Heptaméron*, éd. R. Salminen, Genève, 1999.
3   George Chapman, *The Tragedy of Chabot, admiral of France*, Londres, 1639.
4   Charles Fleury-Ternal, *Histoire du cardinal de Tournon, ministre de France sous quatre de nos rois*, Paris, 1727.

ou presque effacé de l'histoire, on a l'avantage de n'être pas assujetti à la pénible tâche de combattre et de renverser des images d'Épinal profondément ancrées dans l'historiographie et l'imaginaire collectif, qui entravent l'analyse et la réflexion. En revanche, il n'est pas évident, après des siècles d'amnésie collective, de remettre son sujet à la place qui aurait dû rester la sienne.

Claude d'Annebault a tenu pendant quatre ans, entre 1543 et 1547, le rôle principal dans le gouvernement du royaume. L'apogée de sa carrière correspond aux années les plus dépréciées du règne de François Ier, qui passent pour une période de ténèbres, comme si la vieillesse et la maladie du roi avait soudain plongé le gouvernement, la cour, et même le royaume tout entier dans une morosité indolente. En réalité, les dernières années du règne de François Ier correspondent surtout à une éclipse historiographique[1]. Il n'est guère surprenant que les historiens se soient intéressés aux vingt-cinq premières années, apparemment portées par un élan de conquêtes et de triomphe politique, artistique et intellectuel, plutôt qu'aux années 1540 de sinistre mémoire. Cette mauvaise réputation tient surtout à l'idée d'une vie de cour réputée en déclin et livrée aux intrigues et aux luttes partisanes. Pourtant, cette période du règne n'a pas été la plus troublée par les cabales : le « groupe de faveur » de la duchesse d'Étampes est resté seul au pouvoir après l'éviction du connétable de Montmorency, en 1541, et pendant les six dernières années de son règne, François Ier ne s'est presque jamais trouvé au centre des intérêts rivaux de deux groupes concurrents. Mais force est de constater que la confusion, ou plutôt la nécessaire association, de la faveur privée du roi et du gouvernement du royaume induit toujours une certaine ambiguïté, tant pour les observateurs contemporains que pour les historiens.

---

1   Fait significatif de ces lacunes, dans son remarquable *François Ier*, Robert Knecht consacre 44 pages sur 566 aux cinq dernières années de ce règne de 32 ans (*cf.* son chapitre 25, « les années sombres »).

LE MOMENT DU « CONSEILLER FAVORI »

En effet, on ne peut pas étudier la faveur du roi sans s'intéresser à la place politique du favori, sous peine de fausser l'analyse en séparant artificiellement ce qui est intimement lié, car le monarque ne gouverne qu'avec des conseillers qui ont son estime et son amitié. D'ailleurs, tous les principaux favoris de François Ier ont d'abord été des compagnons de sa jeunesse, à l'exception de Claude d'Annebault. Étudier ce personnage pose donc d'emblée le problème de son « élection » par le roi. Pourquoi François Ier a-t-il choisi ce gentilhomme parmi tant d'autres braves chevaliers et aimables courtisans ? L'historiographie est prompte à présenter l'amiral d'Annebault comme l'un des moins capables des conseillers de François Ier ; le reste des historiens considère qu'il n'était que le jouet de la duchesse d'Étampes, capricieuse maîtresse du roi. Les meilleurs auteurs eux-même répétent indéfiniment les mêmes clichés et jugements lapidaires, faute de connaissances suffisantes : comme le remarqua justement Jean Jacquart, avec une bonne dose de scepticisme, « les capacités d'homme d'État » de l'amiral d'Annebault restaient « à démontrer[1] ». Il paraît donc indispensable d'examiner à quels domaines s'étendaient les responsabilités et compétences de l'amiral, avant d'étudier plus précisément les principes fondamentaux de l'exercice du pouvoir par François Ier. Récemment, Nicolas Le Roux[2] a montré que les « mignons » des derniers Valois, si malmenés par l'histoire, pouvaient faire preuve de véritables compétences et participer de diverses façons à l'exercice du pouvoir. Mais en dépit d'incontestables similitudes, la prééminence d'un seul personnage, tant dans l'amitié du roi qu'aux affaires du royaume, correspond à un système différent de celui des mignons. Claude d'Annebault était d'ailleurs, comme on le verra, de par ses seuls biens féodaux et sans l'intervention royale, l'un des plus puissants seigneurs du royaume ; ce n'est généralement pas le cas des mignons.

---

1 Jean Jacquart, *François Ier*, 2e éd., Paris, 1994, p. 390 : « Après 1546, les deux personnages les plus influents sont l'amiral, Claude d'Annebault, dont les capacités d'homme d'État restent à démontrer, et le cardinal de Tournon, homme habile et ambitieux, fort lié aux milieux financiers de Lyon, ce qui est bien utile, mais catholique fanatique ».

2 Nicolas Le Roux, *La Faveur du roi : mignons et courtisans au temps des derniers Valois (vers 1547-vers 1589)*, Seyssel, 2000.

Au milieu du XVIe siècle, l'attribution très enviée de la faveur royale n'est pas un phénomène univoque. Certes, cette faveur est source de responsabilités politiques, mais c'est peut-être davantage l'exercice des responsabilités politiques et les services rendus qui sont sources de faveur. Celle-ci tient à la fois du registre de la familiarité et de la dilection (induisant une délégation de prestige et d'autorité, un surcroît d'influence) et de celui de la récompense (charges gagées et emplois, grâces, dons, pensions et rentes). Son bénéfice (autorité, puissance, richesse) doit pouvoir être réinvesti au service du roi, pour progresser dans les hiérarchies de la faveur. Non seulement faveur et gouvernement sont étroitement liés, mais leurs liens sont en grande partie réciproques. Au point culminant de ce système se trouvait un personnage sur qui le roi choisissait de s'appuyer, plus que sur tout autre, pour l'exercice de ses missions d'administration, de défense et de développement du royaume. Ce personnage était aussi le principal bénéficiaire de la faveur royale, et source de redistribution des bienfaits et des occasions de servir. Pièce essentielle de l'État monarchique de la Renaissance, il est généralement désigné par des termes inadéquats. En effet, le substantif « favori » ne s'applique qu'à un seul versant de la réalité qu'il désigne, celui du bénéfice (de faveur), omettant celui du don réciproque (de service) ; il est en outre lourdement entaché de sous-entendus péjoratifs, évoquant le caprice, l'arbitraire du souverain. L'expression concurrente, « principal ministre », présente plusieurs défauts : elle est plutôt employée pour le XVIIe siècle, porte en elle une connotation administrative et bureaucratique qui ne correspond pas à la réalité du XVIe siècle. En outre, elle privilégie les rôles de suivi et d'exécution contre celui de conseil, qui demeure important au XVIe siècle. Enfin, elle ne reflète que l'utilité politique du personnage, laissant de côté les aspects de faveur, tellement importants sous les Valois, justement parce que la faveur irrigue les réseaux de serviteurs du roi, indispensables au fonctionnement et à l'essor de l'État : ceux-ci ne devaient perdre leur utilité qu'avec le développement progressif des effectifs permanents de l'administration, encore embryonnaires.

Laissant donc de côté les termes employés par les historiens depuis plusieurs siècles, je me suis tourné vers les expressions plus authentiques du XVIe siècle français. Brantôme parle à la fois de « principal conseil » et de « grand favori[1] », d'autres utilisent ces mêmes termes ou des variantes

---

1   Pierre de Bourdeille, s^r de Brantôme, *Œuvres complètes*, éd. L. de Lalanne, Paris, 1864-1882, 11 vol., t. III, p. 117 et p. 209.

(« favoriser », « être en faveur »). Par ailleurs, on trouve « gouverner tout » « superintendance des affaires », « maniement des affaires » ou l'italien « ministro assoluto ». Là encore, les mots choisis ne recouvrent qu'une partie de la réalité. J'ai retenu la « superintendance des affaires », expression assez courante : cependant, il n'y a guère d'occurrences d'un nom commun de « superintendant » ou « surintendant des affaires », appliqué à une personne, dans la mesure où il s'agit, en quelque sorte, d'une institution désincarnée. Celui qui l'exerce d'ordinaire, en l'occurrence Claude d'Annebault à la fin du règne de François Ier, n'en est pas titulaire : pendant ses absences ou maladies, d'autres conseillers doivent pouvoir prendre le relais, par un système pragmatique de subsidiarité. J'ai aussi retenu le nom commun « conseiller », qui ne recouvre pas toutes les attributions d'un Claude d'Annebault (notamment le suivi et l'exécution des décisions royales), mais qui correspond aux enjeux les plus importants de son rôle auprès du roi : instruire les affaires, préparer et assister la prise de décision. Finalement, j'ai choisi d'accoler à ce nom l'adjectif qualificatif « favori », pour conjuguer faveur et gouvernement, les rendre inséparables dans la personne du « conseiller favori », premier dans la faveur du roi, et premier en son conseil.

ORIENTATIONS ET MÉTHODE

À travers les pages de ce livre, le lecteur suivra Claude d'Annebault à la trace. J'ai opté pour une progression essentiellement chronologique et je me suis efforcé d'être aussi précis et exhaustif que possible dans la reconstitution organisée des données factuelles, résultat d'une large moisson de sources directes et indirectes en France et en Europe. Le lecteur remarquera donc peut-être que ce livre fourmille de détails, mais ces détails ne sont pas insignifiants : au contraire, ils sont lourds de sens et il revient à l'historien de restituer ce sens ou plutôt, de proposer une interprétation, car « son art naît comme herméneutique[1] ». L'histoire de Claude d'Annebault n'a jamais été racontée et il m'a paru indispensable

---

1   Paul Ricœur, *La mémoire, l'histoire, l'oubli*, Paris, 2000, p. 439.

de n'en rien éclipser : de son activité aussi diverse qu'intense à la cour et au conseil à partir de 1543, il ne reste que des traces, notamment à travers les correspondances des ambassadeurs, mais ces traces quasi-quotidiennes permettraient presque de dresser un agenda. Cette matière en grande partie inédite a bien sûr été abondamment utilisée pour analyser, illustrer et nuancer les nombreuses facettes de l'activité politique et curiale de l'amiral d'Annebault. Mon étude s'est ainsi développée autour de deux grands axes d'analyse de la carrière de l'amiral d'Annebault : les manifestations de la faveur du roi et l'exercice du gouvernement, auxquels deux chapitres sont d'ailleurs entièrement consacrés, au moment où la carrière de Claude d'Annebault parvient à son sommet (vers 1545-1547). Le premier propose un portrait de l'amiral d'Annebault, sous la forme d'une esquisse d'anthropologie du conseiller favori assortie d'une étude des groupes de faveur ; le second analyse la nature et les manifestations polymorphes de la superintendance des affaires et tente de dessiner la frontière intangible entre ce qui demeure du domaine exclusif du roi, et ce dont la décision ou l'exécution peut être délégué à son conseiller favori mais qui reste, malgré cette médiation, le strict équivalent de la volonté du monarque. Le lecteur observera ainsi les rouages d'un système de gouvernement en pleine mutation et les ressorts d'un pouvoir royal qui se développe et s'affirme, en se reposant encore sur des clientèles systémiques quasiment parvenues à leur paroxysme. À travers les petits événements et les grandes festivités, les habitudes et le cérémonial, les amitiés, les rapports de pouvoir et les rivalités, il entreverra les rythmes et les passions d'une cour bigarrée et nomade, toujours en mouvement, loin de l'image de renoncement morose qu'en a retenu l'histoire.

Bien mieux connu est le déroulement des campagnes militaires auxquelles Claude d'Annebault a pris part. J'ai toutefois voulu être précis dans la restitution des événements, afin de pouvoir apporter les compléments utiles et les rectifications nécessaires, et surtout pour mieux illustrer la nature profonde de la profession des armes et des liens de la guerre au pouvoir. Dès lors, il ne s'agissait pas de s'en tenir à une relation purement événementielle, mais plutôt d'aborder par un prisme socio-culturel les ressorts de la double carrière, militaire et politique, que menaient les conseillers chevaliers. Il fallait aussi réévaluer les médiocres résultats des guerres de François Ier à l'aune des contingences les plus réalistes : difficulté des quartiers d'hiver, précarité des effectifs, volatilité des financements, fiabilité relative des moyens de communication entre les lieux de décision et les lieux des combats, etc. ; en particulier, la guerre de 1544, qui a notamment vu l'invasion spectaculaire de la Champagne par les armées impériales, doit être réinventée, car il y a un malentendu historique sur la stratégie française. Homme de guerre aux deux visages, Claude d'Annebault fut à la fois un chevalier intrépide, personnellement couvert de gloire et d'honneurs, et un chef de guerre malheureux, comme tant de généraux de François Ier après 1521, la faute à un système désuet plus qu'à la qualité des hommes : pendant tout son règne et malgré un effort continu de modernisation, François Ier semble ne jamais parvenir à combler son retard (organisation des corps, armement, stratégie et surtout financement) sur son grand rival Charles Quint, véritable entrepreneur de guerre[1].

Homme de guerre, Claude d'Annebault s'est surtout illustré en tant qu'homme de paix. Là encore, une historiographie désuète gravement défaillante, plongeant ses racines au XVIIe siècle, a jeté l'opprobre sur les traités de Crépy (1544) et d'Ardres (1546), dont d'Annebault a été le principal négociateur[2]. L'examen attentif du contexte et du rapport de forces (positions des armées, places occupées ou perdues, état des finances, état sanitaire des armées, etc.), de la stratégie diplomatique (mission et objectifs), du déroulement même des négociations – qu'il a paru nécessaire de relater avec une certaine précision –, permettent porter un jugement plus équitable sur ce qui a été manqué, et ce qui a été réussi, compte tenu des potentialités et des rapports de force du moment présent (factions à la cour et au gouvernement, espérances du roi, projets à court et moyen terme), et non en fonction de ce qui a pu advenir par la suite : songeons par exemple à la mort soudaine du duc d'Orléans, sur qui reposait tout l'édifice de la paix de Crépy.

Ces pages sont donc jalonnées de noms de lieux, de personnes et de dates, qu'il faut voir comme le squelette d'une étude plus ambitieuse. En effet, je me suis efforcé de fournir de la « chair » au récit, en incluant chaque fois que possible des détails spécifiques et des éléments

---

1 James D. Tracy, *Emperor Charles V, impresario of war : Campaign strategy, international finance, and domestic politics*, Cambridge, 2002.

2 Le récent livre de Bertrand Haan, *Une paix pour l'éternité : la négociation du traité de Cateau-Cambrésis*, Madrid, 2010, montre bien la nécessité d'une réécriture de l'histoire de ces traités de paix du premier XVIe siècle, depuis longtemps négligés.

concrets, pour permettre au lecteur de ressentir ou de vivre, dans les pas de l'amiral d'Annebault, une manière d'immersion dans la société du XVIe siècle. Tout en m'efforçant de ne pas tirer de conclusions générales à partir d'exemples particuliers – risque encouru par tout biographe –, j'ai essayé d'apporter une contribution aux réflexions actuelles sur les phénomènes et mécanismes de réseaux, leurs implications politiques, sociales et culturelles, en montrant comment un serviteur de François Ier a pu nourrir ces réseaux et les utiliser à son profit, en même temps qu'au service de la politique du roi. En regardant la faveur du roi comme une entreprise collective et le gouvernement comme une chaîne organique de responsabilités, j'ai voulu dépasser le simple stade d'une biographie de carrière. Cet élargissement des perspectives a permis de mieux comprendre les liens noués et les rapports entretenus par Claude d'Annebault avec son environnement culturel et social. La personnalité de l'amiral, si mal documentée dans les sources directes, n'en est que mieux apparue, en filigrane de ces interactions.

Ce livre est l'aboutissement de recherches commencées en 1999 à l'école nationale des chartes puis développées dans le cadre d'une thèse de doctorat, soutenue en 2009 à l'université Paris 4 – Sorbonne et couronnée d'un prix de la chancellerie des universités de Paris[1].

---

1   F. Nawrocki, *L'amiral Claude d'Annebault (vers 1495-1552). Faveur du roi et gouvernement du royaume au milieu du* XVIe *siècle*, thèse d'école des chartes inédite, 2002 (résumée dans Positions des thèses de l'école des chartes, 2002, p. 207-215); Id., *L'amiral Claude d'Annebault. Faveur du roi et gouvernement du royaume sous les règnes de François Ier et d'Henri II*, thèse de l'Université Paris 4-Sorbonne, 2009. Ce livre est directement tiré de cette thèse de doctorat, mise à jour et un peu allégée, notamment de ses pièces justificatives et de l'édition de la correspondance de Claude d'Annebault.

LES RACINES DE LA PUISSANCE
Une construction lignagère, féodale et sociale

Dans la France de la Renaissance, puissance féodale et fortune foncière, histoire familiale, parentés et alliances, réseaux locaux et curiaux constituaient à la fois le socle et la première marche de toute carrière au service du roi. Or, les origines de la famille d'Annebault n'ont jamais été bien connues, et cette méconnaissance a certainement contribué à fausser la vision des historiens qui ont tenté de comparer les conseillers de la fin du règne de François Ier à leurs prédécesseurs plus illustres, Gouffier ou Montmorency. Il faut donc commencer par rétablir ce long processus de construction dynastique pour identifier les nombreux atouts[1] qui ont ouvert à Claude d'Annebault la voie du service et de la faveur du roi.

LES ORIGINES DES SEIGNEURS D'ANNEBAULT

LES PREMIERS SEIGNEURS D'ANNEBAULT EN AUGE

Les seigneurs d'Annebault furent longtemps de petits chevaliers, dont les horizons se limitaient aux environs de Caen et de Bayeux. Cependant, les origines de cette famille sont très anciennes[2]. En 1066, un seigneurs d'Annebault en pays d'Auge, dit « Onebac », accompagna

---

1   C'est ce qu'Éric Durot a récemment qualifié de « capital identitaire ascendant », pour la maison de Lorraine (*François de Loraine, duc de Guise entre Dieu et le Roi*, Paris, 2013, p. 77-124).

2   Toutes les généalogies connues sont fortement erronées. La plus complète et fiable, celle de Louis Rioult de Neuville (*Généalogie de la famille de Rioult*, Besançon, 1911) s'avère pour le XVe siècle, comme toutes les autres, particulièrement faussée, notamment par des confusions entre les six Jean d'Annebault, trois de la branche aînée et trois de la branche cadette.

Guillaume le Conquérant à la conquête de l'Angleterre et participa à
la bataille de Hastings[1]. Même si rien ne prouve que le sire d'Onebac
soit un ancêtre de Claude d'Annebault, il n'est pas impossible que son
successeur, Gallon de La Chapelle, seigneur de La Chapelle-Hainfrey,
ait épousé une fille ou une petite-fille du sire d'Onebac[2]. Ce Gallon
de La Chapelle est en tout cas le plus ancien ancêtre avéré de Claude
d'Annebault, par les hommes et en ligne directe. À partir de la fin du
XIe siècle, les sources permettent de rétablir une filiation à peu près
continue, malgré de probables lacunes[3]. Gallon de La Chapelle mourut
en 1102, laissant trois fils. Les cadets donnèrent naissance aux familles
de Rioult et de Danestal[4]. L'aîné, Guillaume, qui vivait encore en 1129,
mourut sous l'habit monastique[5]. Son fils Guillaume II[6], qui lui succéda
après sa retraite, mourut entre 1141 et 1157[7]. Les biens de la famille

---

1   Le *Roman de Rou* cite un sire d'Onebac (Wace, *Le roman de Rou et des ducs de Normandie*,
     éd. F. Pluquet, Rouen, 1827, 2 vol., t. II, p. 264, vers 13749), dont il est certain qu'il
     s'agissait du seigneur d'Annebault en Auge (Étienne Dupont, *Recherches historiques sur
     les compagnons de Guillaume le Conquérant*, Nantes, s. d., p. 25); sur les compagnons de
     Guillaume, *cf.* notamment Éric Lepicard, « À propos des compagnons de Guillaume »,
     dans *Revue généalogique normande*, n° hors-série, 1988, p. 5-73 et Henri Prentout, *Guillaume
     le Conquérant, Légende et Histoire*, Caen, 1927.
2   Aubert de La Chesnaye-Desbois (*Dictionnaire de la noblesse*, Paris, 1872-1876, 19 vol., t. I,
     col. 570) cite un Jean d'Annebault qui aurait figuré, en 1097, parmi les compagnons de
     Robert Courteheuse en Terre Sainte.
3   Voir les arbres généalogiques en annexe. La filiation directe jusqu'à Claude d'Annebault
     est marquée en traits gras. Dans cet arbre, il est très probable qu'il manque plusieurs
     générations : La Chesnaye-Desbois cite encore, hors contexte, un Richard d'Annebault
     (1133), un Robert d'Annebault (1198) et un Jean d'Annebault (1225), mais ses données
     pour les XIVe et XVe siècle sont tellement erronées (avec des ellipses très importantes et des
     décalages de près d'un siècle) qu'il vaut mieux prendre le parti d'ignorer complètement
     cet ouvrage.
4   Raoul de Danestal ou Darnétal, dit de « Saint-Germain d'Annebault », fut à l'origine de
     la famille des d'Annebault d'Angleterre, possessionnés dans le comté de Somerset.
5   Ils sont mentionnés le 22 mars 1102 [n. st.] dans une charte de donation à l'abbaye Saint-
     Martin de Troarn ; Guillaume de La Chapelle est encore attesté dans plusieurs actes, dont
     le dernier en 1129 (Rioult de Neuville, *op. cit.*, p. 6-8 et 10-11 ; R. M. Sauvage, *L'abbaye
     de Saint-Martin de Troarn, au diocèse de Bayeux*, Caen, 1911, p. 164, 359 et 382).
6   Par commodité, j'ai utilisé jusqu'au XVe siècle une numérotation qui n'est pas celle des
     généalogistes d'Ancien Régime ; bien entendu elle ne s'applique qu'aux personnages ayant
     porté le même prénom et possédé en propre le fief d'Annebault en Auge, jusqu'à Claude
     d'Annebault.
7   Il confirma les dons de son père à l'abbaye en 1124 ; fait chevalier avant 1129, il vivait
     encore en 1141 (Rioult de Neuville, *op. cit.*, p. 11-12) ; aussi mentionné dans Léopold
     Delisle, *Recueil des actes de Henri II, roi d'Angleterre et duc de Normandie, concernant les
     provinces françaises et les affaires de France*, éd. É. Berger, Paris, 1909-1927, t. I, p. 128 :

furent divisés entre ses deux fils, l'aîné Robert et le cadet Guillaume. Le fief principal, la Chapelle-Hainfrey[1] passa dans le patrimoine de la branche aînée qui s'éteignit au début du XIVe siècle : ces terres retourneraient à la branche cadette, celle des seigneurs d'Annebault, issue de Guillaume III.

Guillaume III d'Annebault n'apparaît que rarement dans les sources[2]. Encore vivant, semble-t-il, en 1195[3], il mourut peu après ou se retira au profit de son fils Richard, qui confirma en 1196 toutes les donations faites par ses ancêtres à l'abbaye de Troarn, obtenant en cette occasion le droit de présenter à la cure d'Annebault. À cette époque vécut aussi un Jean d'Annebault, compagnon du roi Philippe Auguste à la troisième croisade en 1190. Ce croisé, que l'on peut supposer fils de Guillaume d'Annebault et frère aîné de Richard, disparaît ensuite des sources : peut-être n'est-il jamais revenu de Terre sainte. Il portait des armes « de gueule à une croix de sinople », c'est-à-dire une croix verte sur champ rouge selon l'héraldique traditionnelle, ou plus probablement, selon les codes de couleur de l'époque, une croix rouge ocre sur champ rouge sang[4]. Il s'agit de la première mention d'armoiries pour un chevalier d'Annebault, en un temps où l'usage s'en répand au sein de la noblesse normande[5]. Les armes de la famille d'Annebault n'allaient guère évoluer

---

don de Roger de Rougeville à Saint-Martin de Troarn de terres que lui avaient données Guillaume d'Annebault « *pro pace et concordia de morte patris sui* » (document des années 1155-1157).

1   La Chapelle-Hainfrey (comm. de Valsemé), demi-fief de haubert proche d'Annebault en pays d'Auge.

2   L. Delisle, *Recueil des actes de Henri II, op. cit.*, t. I, p. 328 : « *ex-dono Willelmi de Olnebac* » pour 22 acres de terre données à la léproserie de Saint-Gilles de Pont-Audemer (cartulaire des années 1156-1161).

3   Léchaudé d'Anisy, éd., *Grands rôles des échiquiers de Normandie*, Paris, 1845, p. 86 (rôle de 1195) ; il est possible qu'il y ait eu non pas un, mais deux Guillaume d'Annebault, père et fils, dans la seconde moitié du XIIe siècle : la répétition du prénom et la rareté des sources ne me permettent pas d'affirmer la complétude de l'arbre généalogique.

4   BnF, Fr. 32314, fol. 246, « M. Jean d'Annebault, de gueule à une croix de sinople » (copie XVIIe) ; la couleur sinople désignait à l'origine un rouge (ou ocre), avant d'être employée pour désigner le vert, pour des raisons mal connues.

5   Michel Pastoureau, *Figures et couleurs : études sur la symbolique et la sensibilité médiévales*, Paris, 1986, p. 93-96 et *Id.*, *Traité d'héraldique*, 3e éd., Paris, 1997, p. 41 : entre Loire et Meuse, les armoiries ont été adoptées par les chevaliers bannerets entre 1160 et 1200, par les simples chevaliers entre 1180 et 1220. M. Pastoureau estime que la chronologie est similaire pour l'Angleterre et la France de l'Ouest, voire un peu plus précoce dans le royaume anglo-normand.

par la suite, la couleur sinople de la croix disparaissant à une époque indéterminée (au plus tard vers 1360), au profit d'une fourrure de vair, figurée par des clochettes alternées d'azur et d'argent[1].

Richard d'Annebault, successeur de Guillaume III en tant que seigneur du lieu, semble avoir d'abord servi Jean sans Terre, puis s'être rallié sans difficulté à Philippe Auguste[2]. Richard d'Annebault eut deux fils, dont l'un mourut sans postérité, laissant tout l'héritage à son frère, Guillaume IV. À la mort de Guillaume IV, vers le milieu du XIIIe siècle, les biens familiaux furent une nouvelle fois divisés entre ses fils Jean, Robert et Adam : mais Robert ne donna pas naissance à une nouvelle branche et la lignée d'Adam s'éteignit par les femmes au début du XVe siècle[3]. On ne sait si les seigneurs d'Annebault participèrent aux croisades de saint Louis, mais il est certain que Jean Ier d'Annebault, chevalier et seigneur du lieu, servit à l'arrière-ban de 1272 à cause de son fief d'Annebault[4] : il n'est donc pas impossible qu'il ait également pris part aux guerres ibériques du roi Philippe III en 1284.

LES D'ANNEBAULT AU DÉBUT DE LA GUERRE DE CENT ANS

À partir du XIVe siècle, les sources se font plus nombreuses. En 1327, Guillaume V, fils ou peut-être petit-fils de Jean Ier, fonda une chapelle dans son château-fort d'Annebault. Guillaume V était à la tête un patrimoine féodal important, avec plusieurs demi-fiefs et quarts de fiefs de haubert : on le voit apparaître en 1328, comme seigneur d'Annebault en Auge, de Darnétal, Varaville, La Chapelle-Hainfrey, Cléville, Brestot et Illeville, dans des lettres d'amortissement du roi Philippe VI pour

---

1   L'armorial Navarre, compilé entre 1368 et 1375 (avec des données parfois antérieures de dix ans), cite « Jehan d'Onnebault, de gueules à une croix de vert (*sic*) » (Michel Popoff, *Marches d'armes*, t. II (Normandie), Paris, 1985, p. 49, n° 488) ; un « sire de Mebault (*sic*, mal transcrit pour d'Ennebault), de gueules à une croix de vair », est cité ailleurs dans le même armorial (*ibid.*, p. 19, n° 167A) ; la fourrure de vair (écureuil gris), citée sans autre précision, est d'azur et d'argent, selon le cas de figure le plus courant (dans d'autres cas, la croix serait « vairée » de couleurs explicitements mentionnées).

2   Rioult de Neuville, *op. cit.*, p. 12. Il est parfois assimilé, à tort, à un poète normand qui traduisit les *Institutes* de Justinien en vers vernaculaires en 1280 (Claire-Hélène Lavigne, « La traduction en vers des *Institutes* de Justinien Ier : mythes, réalités et entreprise de versification », *Meta : l'histoire de la traduction et la traduction de l'histoire*, vol. 49, n° 3, 2004, p. 511).

3   Rioult de Neuville, *op. cit.*, p. 12, et plusieurs éléments dans BnF, PO 74, *Annebault*.

4   Gilles-André de La Roque de la Lontière, *Traité du ban et de l'arrière-ban*, Paris, 1676, rôles, p. 104.

la dotation d'une chapelle dans son domaine d'Annebault, et diverses recettes et rentes à prendre sur plusieurs de ces paroisses[1]. Contrairement à certains seigneurs voisins, comme les Harcourt pendant un temps, les d'Annebault choisirent toujours le parti français : la fidélité au roi de France ne fut pas sans conséquence pour l'avenir de cette famille. Guillaume V fût-il lui-même récompensé du fief de Danestal en Auge, vraisemblablement confisqué à ses cousins d'Angleterre, coupables de n'avoir pas rendu hommage au roi de France pour leur terre normande ? Quoi qu'il en soit, ce retour du fief de Danestal à la branche française ne dura guère : en 1340, ce fief n'était déjà plus à Guillaume V. Guillaume V mourut entre 1340 et 1348, laissant le patrimoine de la famille divisé entre deux branches. Son fils aîné, Jean II, ne conserva donc que les fiefs du pays d'Auge, soit la seigneurie d'Annebault, La Chapelle-Hainfrey et la baronnie de Cléville, près de Troarn[2] : ces trois fiefs étaient certes les plus considérables de ceux qu'avait eus son père et les deux premiers faisaient l'identité du lignage, mais sans Danestal et les fiefs de la vallée de la Risle, Jean se trouvait à nouveau dans la position d'un petit seigneur local, dont la puissance n'aurait pu résister à de nouveaux partages patrimoniaux. Ce chevalier, attesté comme seigneur d'Annebault dès 1348, vivait encore en 1370[3]. Il ne laissa après lui qu'une fille, qui apporta Annebault, La Chapelle-Hainfrey et Cléville à son époux, Jean Du Mesnil, dit Cordelier[4]. Le fils né de cette union, Jean « le Gallois » Du Mesnil, était encore seigneur d'Annebault et de La Chapelle-Hainfrey en 1401, puis aliéna ses fiefs[5]. Un certain Jean Guérart les acquit et

1   AN, JJ 65^A, fol. 78, n° 105 (juin 1328) ; JJ 66, fol. 52, n° 142 (mai 1330).

2   Vers 1350, le seigneur d'Annebault avait le patronage de l'église de la Chapelle-Hainfrey et partageait celui de l'église de Gonneville-sur-Dives, tandis que le patronage de la paroisse d'Annebault relevait de nouveau de l'abbaye de Troarn (Auguste Longnon, *Pouillés de la province de Rouen*, Paris, 1903, p. 259-260).

3   AN, JJ 87, fol. 193, donation à Robert de Manteville par Jean d'Onnebault, 1348 ; il est aussi cité, comme on l'a vu plus haut, dans l'armorial Navarre, vers 1360 ou 1370 (Michel Popoff, *Marches d'armes*, t. II (Normandie), Paris, 1985, p. 49, n° 488) ; « le sire de Mebault », cité ailleurs dans le même armorial (*ibid.*, p. 19, n° 167A), pourrait être le même Jean, ou son frère le seigneur de Brestot.

4   Cette période de l'histoire généalogique des d'Annebault, mal documentée, n'est pas très claire ; il semble par exemple y avoir un lien de parenté entre Jean Du Mesnil (probablement Le Mesnil-Cordelier à Quetteville) et Colette de Quetteville, épouse de Jean d'Annebault, seigneur de Brestot, de la branche cadette des d'Annebault, que je suppose être un petit-fils de Guillaume (*cf.* ci-dessous).

5   Il semble n'avoir conservé que la baronnie de Cléville.

en fit hommage au roi le 31 mars 1407[1]. La seigneurie d'Annebault en Auge, notamment, échappait ainsi à la famille qui sans le titre, en portait le nom.

LES D'ANNEBAULT D'APPEVILLE

RAOUL D'ANNEBAULT ET L'INSTALLATION EN ROUMOIS

Pendant ce temps, la branche cadette issue de Guillaume V avait grandi et prospéré. Son premier représentant connu est Jean d'Annebault, vraisemblablement petit-fils de Guillaume V[2]. Il n'était en 1355 que le seigneur de Brestot et d'Illeville en Roumois, qui ne faisaient que deux quarts de fiefs. Cependant, il y ajouta Saint-Martin-le-Vieil près de Bernay, ainsi que, par son mariage avec Colette de Quetteville, Bonnebosq, plein-fief de haubert, au diocèse de Lisieux. À la mort de ce Jean d'Annebault, seigneur de Brestot, vers 1390, ses terres furent une nouvelle fois partagées entre deux fils, Raoul et Jean : la partie orientale, Brestot et Illeville passa à Raoul, tandis que le cadet, Jean d'Annebault de Saint-Martin, reçut Bonnebosq et surtout Saint-Martin-le-Vieil, nouveau fief patrimonial d'une branche qui ne devait s'éteindre qu'au milieu du XVIe siècle[3].

Raoul d'Annebault, seigneur de Brestot et Illeville, servait déjà en 1368 dans la compagnie de Harcourt, en tant qu'écuyer[4]. Malgré la

---

1 Rioult de Neuville, *op. cit.*, p. 15 ; AN, P. 29[83]/420, 30 mars 1409 [n. st.].

2 Il est peu probable que les deux fils de Guillaume V se soient prénommés Jean ; il est par contre tout à fait envisageable que le père de ce Jean de Brestot soit mort avant Guillaume V, ou entre la mort de Guillaume V et 1355, sans laisser de trace dans les sources ; ce père non identifié s'appelait peut-être également Guillaume, ce qui expliquerait la confusion de la généalogie (Rioult de Neuville semble avoir vu un acte mentionnant Jean, « fils de Guillaume »).

3 Il s'agit de Saint-Martin-du-Tilleul (dép. Eure, arr. Bernay, cant. Bernay-Ouest) ; Rioult de Neuville, *op. cit.*, p. 14 ; BnF, PO 74, pièce 53 (généalogie de Guillaume d'Annebault de Saint-Martin-le-Vieil, sans doute dressée vers 1540 pour les besoins d'un procès).

4 Il était toujours écuyer en 1390, mais fut fait chevalier avant 1392, *cf.* le père Anselme de Sainte-Marie, *Histoire généalogique et chronologique de la maison royale de France*, Paris, 1726, t. IX, p. 178 ; G.-A. de La Roque de La Lontière, *Histoire généalogique de la maison de Harcourt, enrichie d'un grand nombre d'armoiries*, Paris, 1662, t. I, p. 589 ; dom Hyacinthe

division de l'héritage paternel, Raoul sut trouver de nouvelles sources de revenus : on connaît par exemple une rente annuelle de 9 livres tournois sur la recette de Pont-Audemer[1]. Il semble aussi avoir parfois racheté des fiefs, pour les échanger ou les revendre ensuite, sans doute avec une bonne plus-value[2]. Il s'enrichit suffisamment pour mener une stratégie de regroupement, en adjoignant à Brestot et Illeville les proches seigneuries de La Mare-Godart et surtout d'Aubigny, sis à Triqueville en Lieuvin, à l'ouest de Pont-Audemer, dont mouvaient dix-huit fiefs nobles. Ces acquêts renforcèrent considérablement le pouvoir des seigneurs de Brestot dans la vallée de la Risle et aux environs de Pont-Audemer. Comme son père, Raoul conserva le nom et la signature d'« Onnebaust » : sans être seigneur du lieu, il reconnaissait ainsi son appartenance à une branche cadette. Cependant, en vrai seigneur du Roumois, Raoul regardait moins vers l'Auge de ses ancêtres, où s'étiolait la branche aînée, que vers le pays de Caux : ainsi, il fit l'acquisition des seigneuries d'Ouainville et de Freulleville près de Dieppe[3]. Seigneur encore modeste, mais au rayonnement élargi, il pouvait parfois approcher des grands de Normandie et de l'entourage royal[4]. Il fut, en quelque sorte, le précurseur de la fortune de la famille d'Annebault.

JEAN III ET LA NORMANDIE ANGLAISE

Le fils aîné de Raoul, Jean III, n'attendit pas la mort de son père pour contribuer à l'ascension de sa famille. Vers 1409, il gérait peut-être

---

Morice, *Histoire ecclésiastique et civile de Bretagne*, Paris, 1756, t. V (ou *Preuves*, t. II), p. 600 ; AD Eure, 2 F 2264 : titres originaux, Appeville, fin XIVe siècle (petit chartrier de Raoul d'Annebault).

1 Il reçut cette rente en 1397.

2 Par exemple, il racheta le fief de Brucourt (près de Caen) à Jeanne de Brucourt, veuve sans enfants, en 1399, pour le revendre l'année suivante aux moines de Saint-Etienne de Caen (G. de La Rue, *Essais historiques sur la ville de Caen et son arrondissement*, Caen, 1820).

3 AD Eure, 2 F 2264 ; BnF, PO 74 ; AN, P. 26[61]/7 et P. 27[72]/202 ; la seigneurie dite de « Franleville » doit être Freulleville (arr. Dieppe, canton d'Envermeu), quart de fief relevant de la baronnie de Hallebosc.

4 Il s'accorda avec Charles VI et Robert le Borgne de La Heuse, châtelain de Bellencombre et chambellan du roi, pour une nomination à la paroisse d'Ouainville au doyenné de Valmont, dont ils partageaient le patronage (AD Seine-Maritime, G 1643, 15 août 1403).

déjà une partie des domaines et revenus de son père, à qui il servait de procureur[1]. Lui-même était un seigneur établi et prospère depuis qu'il avait reçu, avant 1409, la seigneurie d'Appeville, par son mariage avec Marie Vipart, de la famille des barons du Bec Thomas. Cette seigneurie, voisine de Montfort-sur-Risle, à deux lieues au sud-est de Pont-Audemer, était un plein-fief de haubert et rapportait d'importants droits seigneuriaux, davantage, peut-être, qu'aucun des fiefs tenus par Raoul d'Annebault[2]. Toutefois, le choix du parti de Marie Vipart et de sa dot fut peut-être moins motivé par des intérêts économiques que par la continuation de la stratégie d'expansion et de regroupement mise en œuvre depuis Raoul : située entre les deux pôles de Triqueville-Aubigny, d'une part, et de Brestot-Illeville, d'autre part, la seigneurie d'Appeville était destinée à devenir le centre de l'assemblage territorial et féodal des d'Annebault dans la vallée de la Risle.

Au temps de ce mariage, qui venait conforter la prospérité de la branche des d'Annebault du Roumois, celle-ci devint la branche aînée d'Annebault par l'extinction de la lignée des d'Annebault du pays d'Auge. La seigneurie d'Annebault en Auge elle-même, fief nominal de la famille, n'appartenait plus à un descendant de Guillaume V depuis son rachat par Jean Guérart en 1407. Dès 1409, Jean d'Annebault lui racheta ce fief par retrait lignager[3]. De ce fait, le vieux fief d'Annebault rentrait en la possession de la branche d'Annebault d'Appeville, qui conservait ainsi le nom et l'héritage lignager, et renforçait sa prédominance sur la jeune branche d'Annebault de Saint-Martin. Il s'agit là d'une acquisition de prestige, essentielle dans la stratégie lignagère, mais

---

1 BnF, PO 74, pièce 6 : « Jehan d'Onneboust », seigneur d'Appeville, confesse avoir reçu au nom de « Raoul d'Onneboust », chevalier et seigneur de Tricqueville et de Brestot, « mon doubté seigneur pere », 4 l. 10 s. t. pour la rente sur la recette de la vicomté de Pont-Audemer (2 février [1411]).

2 L'abbé d'Expilly, *Dictionnaire géographique, historique et politique des Gaules et de la France*, Paris, 1762, 7 vol., t. I, p. 198 : au XVIIIe siècle, elle comptait 4 feux privilégiés et 88 taillables ; *cf.* aussi la description de cette belle seigneurie dans AD Eure, 2 F 482 : notes Caresme, par commune, Appeville-Annebault, copie XIXe d'un aveu de foi et hommage de Léon Pottier, duc de Guesvre, pair de France, premier gentilhomme de la chambre du roi... du 24 mai 1686 ; *idem* dans AN, T 200 ; mais la seigneurie d'Appeville était bien plus petite avant les regroupements qui ont accompagné son érection en baronnie (*cf.* p. 637).

3 Rioult de Neuville, *op. cit.*, p. 15 ; AN, P. 29⁸³/420, 30 mars 1409 [n. st.] ; il semble que Jean III reprît également la vavassorerie noble de Cadot, à La Chapelle-Hainfrey.

marginale dans la stratégie territoriale et économique des d'Annebault : leurs domaines et leurs revenus demeuraient essentiellement concentrés autour de Pont-Audemer. Appeville, loin de rester un fief secondaire, fit rapidement figure de « capitale » des domaines : au XVI⁰ siècle, elle finit par être rebaptisée « Annebault ». Entre 1411 et 1413 mourut Raoul d'Annebault[1]. Son héritage ne fut pas divisé, comme aux générations précédentes, mais passa entièrement à Jean, déjà seigneur d'Appeville et d'Annebault, dont le frère cadet, Guillaume, avait été destiné à la prêtrise. En 1415, la succession de Jean Vipart, beau-père de Jean III, lui rapporta encore La Ferrière-au-Doyen et Messey[2]. Dès lors, Jean III, chef de file reconnu et prospère d'une famille d'ancienne noblesse, avait les moyens d'approcher un peu plus la cour du roi de France : il ne tarda pas à devenir en 1413 chambellan du roi Charles VI, charge qu'il occupait encore en 1417[3].

Le service du roi, qui aurait pu conforter l'ascension de la famille, manqua pourtant de tout compromettre. Lors de l'invasion anglaise de 1418-1419, Jean III servit dans les armées royales, dans le sillage de ses puissants voisins de Harcourt, en particulier Jean de Harcourt, comte d'Aumale et capitaine du Mont-Saint-Michel, seule place à tenir bon[4]. Après la chute de Rouen, de Vernon et de Mantes, Jean III participa à la défense de La Roche-Guyon[5], qui résista jusqu'au 20 juin 1419 ; après la reddition du château, il obtint un sauf-conduit pour se rendre en terre française. En choisissant de rester fidèle aux Valois, Jean III d'Annebault perdit une partie, sinon la totalité de ses fiefs, confisqués par le roi d'Angleterre, Henri V. Ainsi, dès le 1ᵉʳ mai 1418, le fief d'Annebault en Auge fut donné à un certain Thomas Chappel, qui en fit aveu à Henri V le 26 novembre suivant[6], et le 16 janvier 1421, Jean Bourghop, écuyer, reçut les fiefs dits d'Ouainville et de Manteville, « qui appartenaient à Jean d'Enebaut et à Guillaume

---

1 D'après BnF, PO 74, pièces 7 et 8.
2 Probablement La Ferrière-sur-Risle (en pays d'Ouche) et Mercey près de Vernon.
3 *Ibid.*, pièces 3 et 9 ; Anselme, *op. cit.*, t. IX, p. 178.
4 Siméon Luce, *Chronique du Mont-Saint-Michel (1343-1468)*, Paris, 1879, p. 97-99 : confirmation des privilèges des religieux du Mont en récompense de leur fidélité au roi, par Jean de Harcourt, capitaine de la place, en présence des seigneurs d'Auzebosc, des Biards, de messire Jean d'Annebault et de Colin Boucan.
5 Dép. Val-d'Oise, arr. Mantes, cant. Magny.
6 AN, P. 306/30.

Paviot, chevaliers, jusqu'à présent désobéissants[1] ». En effet, Jean III
d'Annebault conserva son allégeance au roi de France et mit encore ses
armes à son service à la bataille de Verneuil-sur-Avre, où fut défaite
l'armée française, le 17 août 1424. Comme la plupart des chevaliers
français et écossais, Jean III d'Annebault laissa la vie sur ce champ de
bataille, aux marges de la Normandie[2]. De son mariage avec Marie
Vipart, il semble avoir laissé deux fils ou petits-fils, Jean et Raoul,
privés de leur héritage[3].

JEAN IV ET LA RECONSTRUCTION

L'aîné, Jean IV d'Annebault, ne réapparaît dans les actes que
vers 1450, en même temps que son cousin Jean de Saint-Martin-le-
Vieil[4], après le départ des Anglais de Normandie[5]. Jean IV recouvra
Annebault et Auge et la plupart des fiefs familiaux de la vallée de
la Risle, Appeville[6], La Mare-Godart, Aubigny, Brestot ; il reprit
aussi, peut-être après la mort de son frère Raoul vers 1454, la rente
sur Pont-Audemer[7] ; toutefois, il ne semble pas avoir retrouvé les
fiefs d'Ouainville et Freulleville, un peu éloignés du reste des fiefs
patrimoniaux. Jean d'Annebault ne retrouva pas ses biens intacts ;

---

1   S. Luce, *op. cit.*, p. 99 : « que fuerunt Johannis d'Enebaut et Guillelmi Paviot, militum,
    hucusque inobediencium ».
2   Rioult de Neuville, *op. cit.*, p. 16 ; sur cette bataille, *cf.* G. Lefèvre-Pontalis, « Épisodes
    de l'invasion anglaise. La Guerre des partisans dans la Haute-Normandie (1424-1429) »,
    dans *Bibliothèque de l'École des chartes*, 1895, p. 465-470.
3   Une nouvelle interruption des sources ne permet aucune certitude sur la filiation immé-
    diate de Jean III avec Jean IV et Raoul : ceux-ci sont peut-être petits-fils de Jean III et
    fils d'un autre Jean, privé de ses fiefs, qui n'aurait pas laissé de traces dans les sources ;
    l'écart important entre les générations de Jean III, mort en 1424, et de Jean V, mort en
    1534, rend cette hypothèse plus que plausible.
4   Ce sont essentiellement des lettres de délai d'hommage conférées par le roi d'Angleterre,
    ainsi que des aveux de fiefs au roi de France (BnF, PO 74 ; AN, série P, dont plusieurs dans
    P. 277/2). Il était encore écuyer et peut-être n'avait-il pas eu les moyens de s'offrir le luxe
    de la chevalerie, l'adoubement se faisait alors particulièrement onéreux ; à moins qu'il n'ait
    pas été le fils, mais le petit-fils de son prédécesseur, et donc encore très jeune au moment
    du relèvement des fiefs patrimoniaux. Ce Jean d'Annebault est toujours confondu à tort
    avec son cousin homonyme, dernier petit-fils vivant de Jean, premier seigneur d'Annebault
    de Saint-Martin-le-Vieil (BnF, PO 1012, et AN, P. 264/2 et P. 715/1).
5   Évreux revint à la souveraineté française en 1440, Rouen en 1449.
6   Avec le fief de Lortiay, qui comprenait un hôtel, un manoir et un colombier, et douze
    acres de terres labourables.
7   AN, P. 277/247, aveu du 12 novembre 1454.

ainsi, à Aubigny, le manoir, composé de plusieurs édifices et maisons, et le colombier avaient été détruits par les Anglais « pendant
le temps [qu'ils avaient] occupé le païz, qui joïssoient dud. fief parce
que led. d'Onnebault tenoit le party et obéissance du roy [de France]
nostredit seigneur[1] ».

Jean IV ne tenta pas de se réimplanter dans le pays d'Auge, où il ne
tenait plus que la seigneurie d'Annebault[2]. Comme ses prédécesseurs,
il était désormais solidement établi en Roumois. Il était capitaine de
quinze lances des ordonnances du roi et conduisait le ban et l'arrière-ban,
preuve de sa position désormais éminente dans la noblesse locale et de
son attirance pour le service du roi, dont il était le vassal pour la plupart
de ses fiefs. Il devint aussi capitaine de Vernon[3] en 1454 et du château
de Touques en 1469, ce qui laisse supposer un champ d'action étendu le
long de la Seine, entre l'estuaire du fleuve et le Vexin. En outre, Louis XI
lui accorda une rente de deux cents livres tournois pour quelques services
rendus[4]. Jean IV éleva encore son rang dans la société féodale normande
en épousant, en 1453, Marguerite Blosset, dame de Saint-Pierre, de la
puissante famille des seigneurs de Carrouges, détentrice de plusieurs
grands fiefs aux environs de Falaise et également en pays de Caux[5]. Le
chef de cette famille, Jean Blosset, seigneur de Saint-Pierre, grand sénéchal de Normandie et lieutenant général au bailliage de Dijon, était un
personnage important, proche de Louis XI, tout comme son frère Pierre,

---

1   AN, P. 277/193, autre aveu du même jour.
2   Il ne figure pas dans les recherches de la noblesse effectuées par Raymond de Montfaut
    en 1464 [n. st.], dont seule la partie consacrée aux pays situés entre Lisieux et Valognes
    nous est parvenue (Raymond de Montfaut, *Recherches de Montfaut, contenant les noms de
    ceux qu'il trouva nobles et de ceux qu'il imposa à la taille quoiqu'ils se prétendissent nobles en
    l'année 1463*, éd. P.-E.-M. Labbey de La Roque, Caen, 1818) ; son cousin « Jean d'Annebaud,
    de Bonnebosq », y figure parmi les nobles de la sergenterie de Pont-l'Évêque (*ibid.*, p. 27
    et BnF, Fr. 32314, fol. 5).
3   AN, P. 305/245, aveu du fief d'Aubigny à Triqueville, 12 novembre 1454.
4   BnF, PO 74, pièce 13, quittance des gages de Jean d'Annebault, écuyer, et de la rente de
    200 l. t., du 10 janvier 1468 [n. st.].
5   Sur les Blosset, voir M. de Castilla, « Notes sur la succession des propriétaires de la sei-
    gneurie de Carrouges : Blosset », dans *Société historique et archéologique de l'Orne*, t. XIII,
    Alençon, 1903, p. 222-224. Marguerite Blosset semble avoir vécu assez longtemps : c'est
    sans doute elle qui apporta le principal financement (15 l. t.) du vitrail du chevet de
    l'Hôtel-Dieu de Pont-Audemer, commandé en 1491, sur lequel elle se fit représenter avec
    son fils Jean (« la demoiselle d'Onnebault et son filz derrière elle »), *cf.* Florian Meunier,
    « Saint-Ouen de Pont-Audemer », dans *Bibliothèque de l'école des chartes*, t. 162, Paris, 2004,
    p. 205-207 ; son inventaire après décès (AD Orne, 34 J 1) est daté de « vers 1500 ».

dit le Moine[1]. Pierre Blosset, chambellan du roi et bailli de Caux[2], resta très actif au service de Charles VIII et de Louis XII pour la défense des côtes normandes[3], et Jean Blosset était encore « habituellement chargé des plus rudes missions[4] » par ces deux rois. Leur puissant patronage servit efficacement la carrière de Jean IV d'Annebault, puis de ses fils, en Normandie et à la cour de France.

UNE FAMILLE DE LA NOBLESSE SECONDE

Lorsque Jean IV mourut, avant 1480, il laissa deux jeunes fils, Pierre et Jean[5]. L'aîné, Pierre, épousa Péronne de Jeucourt et Jean, sa sœur Catherine (probablement très jeune), deux riches héritières, filles de Jean de Jeucourt et Pérette de Trousseauville[6]. Pierre, sans doute héritier de la quasi-totalité des fiefs patrimoniaux, était lieutenant pour le roi à Alençon en 1482[7] et toujours dans la clientèle de son oncle

---

1   En particulier, pour Jean Blosset, bailli de Dijon, que Louis XI appelait « mon amy », voir Gustave Dupont-Ferrier, *Gallia regia*, Paris, 1954, t. IV, p. 257-258, Philippe de Commynes, *Mémoires*, éd. J. Calmette, Paris, 1925, t. I (livre 4, *passim*) et Louis Paris, dir., « Documents pour servir à l'histoire de Louis XI », dans *Le Cabinet historique*, t. IX, 1863, p. 46-48 (exécution en effigie de Jean de Chalon, prince d'Orange, à Dijon) ; sur les liens de Pierre « le Moine » Blosset et de Louis XI, voir Pierre-Roger Gaussin, « Les conseillers de Louis XI (1461-1482) », dans *La France de la fin du* xve *siècle, renouveau et apogée*, actes du colloque de Tours du 3-6 octobre 1983, dir. B. Chevalier et P. Contamine, Paris, 1985, p. 105-134 et Robert Fawtier, *Comptes du Trésor, 1296, 1316, 1384, 1477*, Paris, 1930, p. 152 (à la Saint-Jean 1477, don à Pierre Blosset, écuyer, capitaine de Conches et de Breteuil, de 1 200 l. t. pour services rendus dans les guerres et autrement).

2   AD Orne, 34 J 1, ratification par Marie de Luxembourg, comtesse de Vendôme, de la promesse faite par elle à Pierre Blosset, chambellan du roi, bailli de Caux (16 mai 1496).

3   Jean Blosset servit Charles VIII, dont il fut l'un des principaux relais en Normandie, notamment pour la mise en défense des côtes contre les Anglais en 1489, et de même au début du règne de Louis XII (BnF, Fr. 15541, fol. 86 *sq.* et fol. 106 *sq.*).

4   M. de Maulde, Procédures politiques du règne de Louis XII, Paris, 1885, p. 1060.

5   Cette parenté ne fait aucun doute : BnF, Carrès d'Hozier 28, fol. 20-v (copie xviie), pro-curation donnée par Pierre d'Annebault, chevalier, seigneur du lieu, et sa femme Péronne de Jeucourt, fille et héritière de Jean de Jeucourt, seigneur de Heubécourt (« se fesans fors de Jean d'Annebault, écuyer », et de sa femme Catherine de Jeucourt), pour régler une succession de Jeucourt en Bourgogne, du mercredi 21 juin 1480.

6   Les généalogistes commirent, pour le plupart, plusieurs erreurs, en ignorant l'existence de Pierre et en confondant Jean VI avec son père, voire avec son grand-père ; ces erreurs amenèrent les mêmes généalogistes à désigner généralement, pour mère de Claude d'Annebault, Marguerite Blosset, première épouse de Jean, celui-ci devenant l'époux, en secondes noces, de Catherine ou de Péronne de Jeucourt.

7   BnF, PO 74, pièce 18, ordonnance de paiement (par Jean Blosset, seigneur de Saint-Pierre, chambellan du roi, grand sénéchal de Normandie) à Pierre d'Onnebault, chevalier, homme

Jean Blosset, le grand sénéchal de Normandie. Il mourut jeune et sans enfant, en août 1484, laissant tous ses biens, fiefs et terres à son frère cadet, Jean, à l'exception du douaire de Péronne de Jeucourt. Quelques mois plus tard s'éteignit, avec Pérette de Trousseauville, la lignée des Jeucourt et des Trousseauville[1]. Le partage enrichit considérablement Jean d'Annebault, qui reçut, au droit de sa femme Catherine, une bonne partie des fiefs autrefois tenus par le père de celle-ci, Jean de Jeucourt, et par son grand-père maternel Guillaume de Trousseauville. Le noyau principal de cet héritage était un ensemble féodal cohérent et très étendu dans le Vexin normand, couvrant une grande partie de la très giboyeuse forêt de Vernon sur la rive droite de l'Eure, composé d'Heubécourt, Haricourt, la Queue-d'Haye, Tilly, Corbie, le Goulet, Pressagny-le-Val et Pressagny-l'Orgueilleux[2]. Jean d'Annebault reçut aussi le fief de Romains-Campigny près d'Appeville et quelques terres éparses situées plus au sud : Guernanville dans la forêt de Conches, Morainville près de Lieurey et Guerquesalles au sud de Lisieux. Ces acquêts ont plus que doublé le nombre des fiefs et l'étendue des terres jusqu'alors possédées par les d'Annebault[3].

Forts de cet héritage, les d'Annebault faisaient désormais figures de grands seigneurs féodaux et fonciers, sur le point d'intégrer les premiers rangs de la « noblesse seconde » de Normandie. Cette expression, notamment utilisée par Jean-Marie Constant et Laurent Bourquin, désigne

d'armes et lieutenant d'Alençon, de la somme de 30 l. t. pour trois mois de ses gages.

1   Pérette de Trousseauville, fille de Guillaume de Trousseauville, laissait deux filles de son premier mari Jean de Jeucourt (mort vers 1465), Péronne et Catherine de Jeucourt, et une fille de son second mariage avec Guillaume de Guerquesalles, Anne de Guerquesalles.

2   Au milieu du XIVe siècle, Heubécourt valait cent livres tournois et les Pressagny quarante ; Heubécourt et les Pressagny formaient deux fiefs de pleines armes (AN, P. 307/262, aveu de juillet 1454 cité par Jean Baboux, *Le Manoir de Salverte à Heubécourt*, brochure dactyl., [Vernon], 1996, p. 9).

3   Le partage eut lieu le 4 octobre 1485 ; Péronne de Jeucourt, veuve de Pierre d'Annebault, s'était remariée dès le premier semestre 1485 avec Guy de Matignon, baron de Thorigny, dont elle eut, en 1496, Joachim de Matignon (à double titre cousin de Claude) ; Edmond Meyer, *Silly-Annebaut : le testament de Jacques de Silly*, Évreux, 1896, p. 15 ; AP Monaco, J 1, fol. 17 et J 2, fol. 62v, et J 42, n° 5, consentement donné, le 21 août 1484, par Jean d'Annebault, à ce que Péronne de Jeucourt, veuve de son frère, reçoive le douaire qu'elle peut prétendre sur les biens du défunt (*Correspondance de Joachim de Matignon, lieutenant général du roi en Normandie (1516-1548)*, éd. L.-H. Labande, Monaco, 1914, p. XI) ; Péronne de Jeucourt fut en concurrence avec son neveu Claude pour la succession de Jeanne de Fleurigny en 1519-1520 ; elle mourut en 1537 (*ibid.*, p. XII et XIV).

le groupe des maisons nobles distinctes à la fois des grandes familles féodales et de la masse des petits nobles. Pour appartenir à cet ensemble, il fallait avoir plus de cent ans d'ancienneté de noblesse, mais aussi vivre dans la proximité du pouvoir central, et dans l'expectative de carrières prometteuses[1]. Un seigneur localement assez bien établi pour appartenir à ce groupe, intermédiaire entre les grands barons et la multitude des petits nobliaux, entretenait son propre réseau, de structure mouvante et plus ou moins pyramidale, avec une base large, et dont le noyau familial formait « l'épine dorsale de l'ensemble de la pyramide[2] ».

En Normandie, les Harcourt, les Blosset, les Le Veneur, et désormais les d'Annebault, qui leur étaient apparentés, faisaient partie de la noblesse seconde. Au-dessus d'eux, de rares grandes familles se distinguaient, comme les d'Estouteville ou les Brézé, dans la clientèle desquels figuraient de longue date les Blosset[3]. Comment les d'Annebault, petits seigneurs de Brestot et Illeville à la fin du XIVe siècle, étaient-ils parvenus à gravir, étape par étape, les échelons menant à cette élite provinciale ? L'une des clés de la réussite des d'Annebault fut peut-être qu'après Raoul d'Annebault, les fiefs furent transmis de génération en génération sans partage durable entre plusieurs héritiers : en effet, un trop grand nombre d'héritiers mâles pouvait morceler les héritages et affaiblir les branches aînées[4]. Préservé des divisions, l'héritage des d'Annebault put donc s'accroître de génération en génération. Cependant, il faut reconnaître que cette situation n'avait rien d'exceptionnel en Normandie, où la coutume reconnaissait un droit d'aînesse sur les biens nobles (dont les fiefs), qui limitait la part à laquelle pouvaient prétendre les cadets ; bien souvent,

---

1 L. Bourquin, *Noblesse seconde et pouvoir en Champagne aux XVIe et XVIIe siècles*, Paris, 1994, p. 38-43 ; sur l'utilisation politique et militaire par le roi de la noblesse seconde des provinces, voir la synthèse de *Id., La Noblesse dans la France moderne*, Paris, 2002, p. 205-207, et des études particulières comme D. Potter, *War and Government in the French Provinces : Picardy, 1470-1560*, Cambridge, 1993.

2 Gunner Lind, « Grands et petits amis : clientélisme et élites du pouvoir », dans Wolfgang Reinhard (dir.), *Les Élites du pouvoir et la construction de l'État en Europe (XIIIe-XVIIIe siècles)*, Paris, 1996, p. 163-201 (p. 188).

3 Gareth Prosser, « Affinity as a social world : marriage brokerage, maintenance and lateral networks. A magnate affinity in 15th century : the followers of Pierre de Brézé, comte de Maulevrier (1450-1465) », dans *Liens personnels, réseaux, solidarités en France et dans les îles Britanniques (XIe-XXe siècles)*, éd. D. Bates *et alii*, Paris, 2006, p. 29-56.

4 Lucien Romier vit dans le phénomène de division des fiefs patrimoniaux la principale cause de la ruine de la noblesse traditionnelle (Lucien Romier, *Le royaume de Catherine de Médicis. La France à la veille des guerres de Religion*, Paris, 1925, 2 vol., t. II, p. 171-173).

ils affaiblissaient moins le lignage que leurs sœurs qu'il fallait doter. De plus, il a été démontré qu'à cette époque, à la mort d'un seigneur, trois enfants (des deux sexes) en moyenne étaient encore en vie pour prétendre à l'héritage[1]. Les cadets étaient donc rares, et encore pouvait-on les faire entrer en religion pour les exclure de la succession féodale.

Le principal atout des d'Annebault fut plutôt une suite de fructueux mariages, noués dans une stratégie d'expansion, de regroupements et de renforcement, qui leur apportèrent toujours plus de revenus et de clients inféodés, facteur de rayonnement local et futur vivier d'une compagnie d'ordonnance. Ces alliances matrimoniales avaient été nouées avec des familles plus toujours plus riches et puissantes, selon un phénomène d'hypergamie qui n'était pas rare pour les fils aînés de la noblesse locale[2]. L'extinction de la lignée mâle directe des Jeucourt et des Trousseauville dès 1485 (en attendant celle des Blosset en 1507) permit un accroissement rapide de leur fortune féodale et foncière, mais les priva des bénéfices de la solidarité d'une famille maternelle, qui eût pu fournir des emplois de type nouveau par rapport aux activités et aux horizons du patrilignage. En revanche, les Blosset jouèrent parfaitement ce rôle en apportant aux d'Annebault les soutiens nécessaires à leur avancement, d'abord dans les partages de leurs fiefs normands, puis à la cour du roi[3]. Avec leur soutien, Jean V d'Annebault, père de Claude, sut s'y élever sous François Ier à un rang éminent, proche de celui qu'avait tenu son ancêtre chambellan de Charles VI.

JEAN V ET LA FAVEUR PAR LA VÉNERIE

Jean V, né après 1460, était donc dès 1485 à la tête d'un ensemble de fiefs qui formait une assise territoriale solide et produisait suffisamment de ressources pour permettre au seigneur d'Annebault de participer

---

1   Michel Nassiet, *Parenté, noblesse et états dynastiques, XVe-XVIe siècles*, Paris, 2000, p. 45-48.
2   *Ibid.*, p. 137 : la lignée de l'épouse est plus riche dans 75% des cas étudiés et dans 47% des cas, cette supériorité était de plus du double des revenus : « à la fin du XVe siècle, maintes filles nobles étaient mariées à des aînés d'une lignée sensiblement inférieure en revenu » ; *cf.* aussi *ibid.*, p. 323 : « alors que les cadets des lignes cadettes étaient un peu plus pauvres à chaque génération, les aînés prenant de père en fils des héritières bénéficiaient d'un processus d'enrichissement plus ou moins proche de l'exponentielle ».
3   *Ibid.*, p. 103-110 : Michel Nassiet montre qu'en fournissant de nouveaux emplois, la parenté maternelle permet souvent de franchir une étape déterminante dans un processus d'ascension sociale ; voir aussi L. Bourquin, *La Noblesse dans la France moderne, op. cit.*, p. 102-103.

aux guerres ou de vivre à la cour. Ses débuts au service du roi furent toutefois modestes : ainsi, en 1488, il servait encore dans la compagnie du « Moyne Blosset », son oncle[1]. Louis XII le fit capitaine de Vernon en 1499 puis capitaine des ville et château de Caen[2].

Lorsque le dernier Blosset, le grand sénéchal Jean, seigneur de Saint-Pierre, décéda sans héritier direct, le 4 mai 1507[3], sa succession fut partagée entre Jean Le Veneur, baron de Tillières, qui reçut notamment Carrouges, et Jean d'Annebault qui, au droit de sa mère Marguerite Blosset, reçut le fief de Saint-Pierre-en-Caux et d'autres lieux du pays de Caux, c'est-à-dire le fief de Saint-Saëns en lisière de la forêt d'Eawy, un fief d'Écalles-Alix près d'Yvetot[4], et probablement la vavassorerie du Quesnay-Doublet[5]. Cet héritage renforça sa position en Normandie, étendant son rayonnement au nord de Rouen, là où les d'Annebault n'avaient plus possédé de fief depuis les confiscations de la guerre de Cent ans. Surtout, il est très probable qu'une partie des clientèles des Blosset, se retrouvant privée d'un protecteur, ait cherché à se placer sous la protection de Jean d'Annebault, d'autres se dirigeant vers la famille Le Veneur ou d'autres grands seigneurs normands. Réciproquement, il semble qu'à cette époque, Jean d'Annebault ait plus ou moins pris la place des Blosset dans le premier cercle des protégés des grands de la province, notamment des Brézé. Loin de freiner la carrière de Jean d'Annebault, la disparition des Blosset lui permit donc de poursuivre son ascension, en particulier dans l'entourage de Louis XII qui lui décerna, à une date

---

1   Dom H. Morice, *op. cit.*, t. V (ou *Preuves*, t. III), col. 593, montre de Béthune, 10 novembre 1488.

2   Charles de Bourgueville, *Recherches et antiquitez de la ville et université de Caen et lieux circonvoisins des plus remarquables*, Caen, 1588, p. 41-43, ordonnances pour la procession de la Pentecôte, 18 mai 1509 : un « Donnebaut » signe en tant que lieutenant géneral du bailli de Caen.

3   Dupont-Ferrier, *loc. cit.* ; BnF, PO 373, *Blosset*, fol. 63.

4   AD Orne, 34 J 3, recherches généalogiques très nombreuses, avec brouillons (XVIIe siècle) ; Alain Roquelet (éd.), *La Vie de la forêt normande à la fin du Moyen-Âge : le Coutumier d'Hector de Chartres*, t. I, Rouen, 1984, p. 175 (au début du XVe siècle, « Messire Robert Blasset, chevalier, sieur de Saint-Pierre, a en le forest d'Eavy boiz pour ardoir et maisonner et reparer ses moulins et les haulles estant a Saint Saen, le tout par livree de verdier ») ; le 1er juin 1535, Claude d'Annebault prêta hommage au roi de France pour les huitièmes de fiefs de Saint-Saëns et d'Ecalles-Alix (AN, P. 26^{52}/332).

5   Cette vavassorerie, près de Montreuil-en-Caux en lisière de la forêt d'Eawy, appartenait en 1503 à Jean Blosset ; elle était vers 1570 aux Vieuxpont, principaux héritiers des d'Annebault en Normandie (Auguste Beaucousin, *Registre des fiefs ou arrière-fiefs du bailliage de Caux en 1503*, Rouen, 1891 ; BnF, PO 2991).

inconnue, le titre de chambellan : de ce fait, il intégrait le cercle privé de l'entourage royal[1]. Il est probable qu'après la mort de Louis XII, Jean d'Annebault ait continué à fréquenter la cour, même si sa présence n'y est plus attestée par les sources avant 1521. Par ailleurs, il semble avoir encore servi dans les armées royales, jusqu'en 1522, en Lombardie, où il reçut une blessure lors de la chute de Milan : toutefois, il n'est pas impossible que ce « seigneur d'Annebault » blessé fût déjà son fils Claude[2].

À la cour de François Ier, Jean d'Annebault ne pouvait tenir un rang comparable aux grands princes et barons du royaume : la seigneurie d'Annebault n'était d'ailleurs pas titrée. Toutefois, Jean d'Annebault était chevalier, seigneur haut justicier, titulaire de nombreux fiefs nobles et bien inséré dans les réseaux normands. Mais surtout, François Ier, « père des veneurs », lui assura une place de choix à sa cour en lui confiant l'office de capitaine des toiles de chasse du roi. Cette méthode de chasse, très prisée à cette époque, consistait à dresser des enceintes de filets et de tissus pour clore la zone de chasse, et à les resserrer progressivement pour rabattre le gibier dans un espace confiné : en France, on chassait ainsi le renard, le loup et le sanglier, mais le cerf en était exclu. François Ier, qui aimait beaucoup chasser selon cette méthode, donna à l'office de capitaine des toiles une grande extension : ses effectifs se composaient de cent archers, cinquante chariots, douze veneurs à cheval, cinquante limiers et six valets de limiers, cinquante chiens courants et six valets de chien. Les services des toiles étaient non seulement chargés de l'organisation de ces chasses et des houraillements, mais aussi du transport, de l'entretien et du renouvellement du matériel, ainsi que des reprises de gibier vivant pour peupler les terres de chasse. Ainsi, la dépense des toiles du roi pouvait atteindre 18 000 livres par an[3]. Cet office convoité assurait à son titulaire de se trouver souvent en compagnie du roi et lui offrait l'occasion de tisser et de renforcer des

---

1 Anselme, *loc. cit.*

2 *L&P*, t. III, part II, p. 927, n° 2176, Thomas Cheyne à Thomas Wolsey, Lyon, 12 avril 1522.

3 Voir surtout Claude Anthenaise, « Chasse aux toiles, chasses en parc », dans *Chasses princières dans l'Europe de la Renaissance*, actes du colloque de Chambord (1er et 2 octobre 2004), Arles, 2007, p. 78-79 et 89, et *Id.*, « La chasse, le plaisir et la gloire », dans *De l'Italie à Chambord, François Ier : la chevauchée des princes français*, Paris, 2004, p. 99 ; aussi Gaston Zeller, *Les Institutions de la France au XVIe siècle*, Paris, 1948, p. 103, Paulin Paris, *Études sur François Ier, sa vie de roi et son règne*, Paris, 1885, t. I, p. 53, et Jean-François Solnon, *La Cour de France*, Paris, 1987, p. 41.

relations avec tous les grands de la cour[1]. En outre, Jean d'Annebault tirait un bénéfice financier de ses bons services puisque, outre des gages annuels de 600 livres tournois, sa familiarité avec le roi lui permettait d'accéder à des gratifications exceptionnelles[2]. Enfin, peut-être de par ses fonctions de maître des toiles, Jean d'Annebault portait le titre de conseiller du roi[3], ce qui signifie qu'il pouvait siéger au conseil privé[4].

Jean d'Annebault avait une réputation d'excellent chasseur, qu'il savait cultiver, comme le montrent ces vers de commande du poète Nicolas Du Guernier :

> Noble seigneur qui aymez le deduyt,
> Le passetemps et l'esbat de la chasse,
> Revirer fault Dyane qui conduict
> Le noble train, des aultres l'oultrepasse[5].

Ses compétences cynégétiques étaient citées en exemple par ses pairs, comme Louis de Brézé dans cette lettre à Anne de Montmorency :

> Je vous advise [...] que la doguesse vous menace fort pour la lettre que m'avez escripte et dit qu'elle le vous rendra bien, et quant vous y seriez, et Bonval[6], et Ennebault, elle en viendroyt bien à bout[7].

Enfin, Jean d'Annebault se rendit surtout célèbre pour la qualité et la noblesse de ses chiens d'arrêt, des lévriers de la race des chiens fauves de Bretagne, qu'il élevait lui-même et dont il fournissait la cour[8]. Jacques Du Fouilloux, dans son traité de vénerie paru en 1561, les évoquait encore :

---

1 François Roche, *Claude de Lorraine, premier duc de Guise*, Chaumont, 2005, p. 117.
2 BnF, PO 74, pièce 57, quittance de Jean d'Annebault de 600 l. t. de gages de capitaine des toiles pour l'année 1522, janvier 1523 [n. st.] ; *ibid.*, pièce 59, quittance de Jean d'Annebault de 206 l. 12 s. t. sur le don fait par le roi du tiers et danger de 40 acres de bois d'une forêt appartenant aux religieuses de Saint-Ouen de Rouen, 16 mars 1527 [n. st.].
3 *Ibid.*, pièce 57 citée *supra*.
4 Ce conseil avait des fonctions essentiellement administratives, voire encore judiciaires malgré la séparation opérée entre le Grand Conseil et les conseils du roi.
5 Dédicace « à mon s[r] et très noble baron Jean d'Ennebault, son humble serviteur Nicolas du Guernier », dans Jean Leblond, *Le printemps de l'humble esperant, aultrement dict Jehan Leblond, seigneur de Branville*, [Paris], 1536, p. [4].
6 Germain de Bonneval, seigneur de Blanchefort, mort à Pavie en 1525.
7 Louis de Brézé à Anne de Montmorency, Anet, janvier 1518 (Hector de La Ferrière, *Les chasses de François Ier racontées par Louis de Brézé, grand sénéchal de Normandie*, Paris, 1869, p. 105).
8 BnF, Fr. 20468, fol. 271, Jean d'Annebault à Claude de Lorraine, Vernon, 28 juin [1522] : « Je vous envoye les chiens que je vous avoys promys, qui sont de la race [...] et les vous

Est à présumer que les chiens fauves sont les anciens chiens des ducs et seigneurs de Bretaigne : desquels monsieur l'admiral d'Annebauld et ses predecesseurs ont tousjours gardé de la race : laquelle fut premierement commune au temps du grand roy Françoys, pere des veneurs[1].

Grâce à ses chiens et ses compétences, Jean d'Annebault dut donner satisfaction dans son office royal et sut le conserver : il était encore capitaine des toiles le 28 novembre 1530[2]. Cet office de capitaine des toiles, que les d'Annebault détenaient d'abord en reconnaissance d'une compétence familiale, leur fut un point d'ancrage durable à la cour. Les d'Annebault s'y succédèrent sans interruption sur trois générations et pendant près d'un demi-siècle : après la mort de Jean V, l'office devait échoir à son fils Claude[3], puis à son petit-fils Jean VI[4].

Jean V d'Annebault mourut entre août 1533[5] et la fin de l'année 1534[6]. Il fut enterré au cœur de ses domaines, dans le caveau familial[7] de l'église Saint-André qu'il faisait bâtir à Appeville[8]. Il laissait deux fils,

eusses plustost envoyés, mays il n'estoit pas assés renforcés » ; Jean d'Annebault, qui devait recevoir dans l'année d'autres « chiens courans » ou « levriés » de Bretagne, se faisait fort de fournir à Guise un lévrier par an.

1   Jacques Du Fouilloux, *La Vénerie de Jacques Du Fouilloux...Plusieurs receptes pour guerir les chiens de diverses maladies*, Poitiers, 1561, chap. III, fol. 14 ; François Remigereau, « Ronsard sur les brisées de Du Fouilloux », dans *Revue du seizième siècle*, t. XIX, 1932-1933, p. 47-95, en particulier p. 83 ; C. Anthenaise, « Chasse aux toiles, chasses en parc », art. cité, p. 86 ; Robert de Salnove, *La Vénerie royale*, éd. G. de Marolles, Paris, 1929, p. 230 *sq.* : « on met aux amenues / des levriers bretons les retenues / et des levriers d'estrique, afin de secourir / les dogues qui si forts ne peuvent pas courir ».

2   BnF, PO 74, pièce 61, entre autres quittances (*cf.* aussi celle de Fontainebleau, 21 juin 1527, J 962, n° 27, dans *CAF*, t. III, p. 346, n° 9114).

3   BnF, Fr. 26129, pièce 2431, quittance du 9 juin 1545, de Claude d'Annebault, capitaine des toiles de chasse, à Guillaume de Villemontré, trésorier de la vénerie, de 600 l. t. en 250 écus d'or soleil à 45 s. t. pièce, « et le reste en xii^ains, a nous ordonnee par le roy nostred. s^r pour nostre estat de cappitaine desd. toilles pour une annee entiere commencee le permier janvier 1543 [a. st.] ».

4   En 1548 : quittance en cette qualité dans BnF, Fr. 26133 (quittances et pièces diverses, 142), n° 445.

5   BnF, Cab. d'Hozier 237, *Mézières*, attestation par Jean d'Annebault que demoiselle Isabeau de Mézières est issue de noble et ancienne extraction.

6   Le recueil BnF, Dossiers Bleus 25, dit 1534 (généalogie de la famille des Dannebault, XVIIe siècle); Claude d'Annebault prêta hommage au roi de France pour les fiefs hérités de son père le 1er juin 1535 (AN, P. 26^52/332).

7   AN, MC, ET/VIII/96, fol. 5v-7v, testament de Madeleine d'Annebault, 24 avril 1568.

8   M. Charpillon, *Dictionnaire historique de toutes les communes de l'Eure*, Les Andelys, 1868, p. 139 ; F. Meunier, « Saint-Ouen de Pont-Audemer », art. cité, p. 209.

Claude et Jacques, destiné aux ordres, quatre filles légitimes, Anne, Jeanne, Jacqueline et Marie, et deux enfants naturels, Barbe et Jean. En tissant des relations solides avec les plus grands personnages du royaume, et grâce à ses fonctions qui assuraient sa présence à la cour, Jean d'Annebault ménagea à son fils Claude des circonstances favorables pour faire carrière au service du roi.

UN « PREMIER COMMENCEMENT D'HONNEUR » (1518-1535)

Les origines de la carrière de Claude d'Annebault sont le résultat d'un double tropisme : celui de la cour, où il fut élevé dans la proximité du roi et rencontra nombre de grands personnages, et celui de la Normandie, où plongeaient les racines de sa maison. Les réseaux d'amitiés et de clientèle de son père favorisèrent également ses débuts. Mais ceux-ci furent, comme il se devait pour tout jeune noble de la cour, essentiellement militaires. Au XVIᵉ siècle, pour un jeune chevalier, la guerre était, bien plus qu'une fonction, un moyen individuel et collectif d'affirmation et de reconnaissance identitaire[1]. Il faut donc attendre la reprise des guerres en 1521 pour voir Claude d'Annebault quitter son relatif anonymat et s'acquérir progressivement, sur le champ de bataille, un nom et une réputation.

JEUNESSE DE COUR ET ERRANCE CHEVALERESQUE

L'ÉCHANSON DU ROI

La date de naissance de Claude d'Annebault pourrait faire l'objet d'un débat sans fin. Ses parents étaient déjà mariés en 1480, mais sans doute bien jeunes. En supposant qu'il était l'aîné de six enfants, on a parfois pu situer sa naissance vers 1485, d'autant que selon Brantôme, il était un vieillard en 1552[2]. Mais à l'époque, on appliquait volontiers

---

1   *Cf.* notamment A. Jouanna, « La noblesse française et les valeurs guerrières au XVIᵉ siècle », dans *L'homme de guerre au XVIᵉ siècle*, dir. G.-A. Pérouse *et alii*, Saint-Étienne, 1992, p. 205-217.
2   Suivant ce raisonnement, Émile Dermenghem opta pour la date de 1485 (É. Dermenghem, *Claude d'Annebault*, thèse citée, p. 5).

ce qualificatif à un quinquagénaire, et Brantôme écrivit *a posteriori*[1]. De plus, rien n'indique qu'il fût l'aîné de sa fratrie : au contraire, il est certain qu'au moins une de ses sœurs, Anne, dame de Messey, mariée en 1504, était plus âgée[2]. De plus, le prénom Claude, à la mode à la fin du XVe siècle, mais inédit dans la famille d'Annebault, laisse à penser que d'autres garçons (morts jeunes) naquirent avant lui. Parfois, des notices du XIXe siècle situent sa naissance en 1495 ou en 1500 au château d'Annebault à Appeville, mais ce château ne fut construit que dans les années 1540 : il pourrait bien plutôt s'agir du château des Montfort à Appeville, ou du château fort d'Annebault en Auge, mais quoi qu'il en soit, ces mentions ne semblent reposer sur aucun élément concret.

Par ailleurs, la première mention que nous ayons de Claude d'Annebault, se trouve dans un rôle du corps de l'échansonnerie du roi, où il entra en 1518[3]. Il n'est pas simple de savoir jusqu'à quel âge un jeune chevalier pouvait devenir échanson du roi, mais la norme semble être d'environ vingt ans, ce qui situerait sa naissance peu avant l'an 1500[4]. À l'opposé, il appelait Jean d'Humières, né entre 1485 et 1490, son « compagnon[5] », terme souvent appliqué à ceux qui ont grandi avec soi ; cependant, il peut s'agir d'un « compagnonnage » de guerre, non strictement générationnel. En fait, il est probable que Claude d'Annebault soit né vers 1495, comme François Ier et Montmorency, ou un peu plus tard. Il était vraisemblablement plus jeune qu'un François de Tournon, né en 1489, qu'il comparait parfois à son père ; en outre, à la mort de François Ier en 1547, un ambassadeur suggéra

---

1   Brantôme, t. III, p. 211.
2   Elle est qualifiée de « sœur aînée » de l'amiral, dans BnF, PO 2991, fol. 138 : sentence rendue au présidial de Rennes le 31 mars 1579 à Gabriel de Vieuxpont, contre René de Tournemine, pour le partage de l'héritage des acquêts de Claude d'Annebault et Françoise de Tournemine, qui ensuite avaient été à Madeleine d'Annebault.
3   BnF, Fr. 21449, fol. 38, compte du 27 février 1519 [n. st.] pour l'année comptable échue ; BnF, Fr. 7853, fol. 344v.
4   Parmi les gentilshommes servant comme échansons du roi avec Claude d'Annebault en 1518, seuls deux faisaient encore partie de ce corps en 1530, lorsque Claude d'Annebault le quitta : il s'agit de Jean de Rambures et Gabriel de La Guiche, respectivement nés vers 1500 et en 1497, entrés dans l'échansonnerie juste avant Claude d'Annebault et sortis en même temps (La Guiche) ou peu après (Rambures), d'après les comptes du manuscrit Fr. 21449.
5   BnF, Fr. 3062, fol. 74, Claude d'Annebault à Jean d'Humières, Turin, 17 juin [1536].

que le cardinal de Tournon se retirerait à cause de son âge, mais quant à l'amiral d'Annebault (donc implicitement moins âgé), il ne « savait pas ce qu'il ferait[1] ».

On ne sait où Claude fut élevé, ni quelle éducation lui fut donnée. Toutefois, dans une lettre à François Ier, il dit :

> La ou je vous assure sur mon honneur, Sire, que avecques tant d'honnestes moyens qu'il vous plaist m'en donner, ma vye ne sera jamais espergnee de vous faire ung si bon que vous n'aurez point de regret de m'avoir nourry et fait tel que je vous suys[2].

La formule « nourri » peut notamment être utilisée pour faire référence à la période d'apprentissage passée auprès d'un grand personnage (« nourri page »). Claude d'Annebault aurait-il été page de François Ier ? Cette hypothèse n'est pas à exclure, mais le verbe « nourrir » peut simplement faire référence aux faveurs, grâce et pensions qui ont permis au bénéficiaire d'améliorer son état. Quoi qu'il en soit, le jeune Claude fut ensuite échanson du roi de 1518 à 1530, avec 400 livres tournois de gages[3]. On ne sait quand il fut adoubé chevalier, mais il l'était déjà en 1519. Il entra en possession de son premier fief en 1520, lorsqu'il reçut, au droit de sa défunte mère, la moitié du fief de Boissey issu de la succession de Jeanne de Fleurigny[4]. Il est rare de trouver mention de Claude au cours de cette période. Cependant, il semble bien que ce fût lui, et non son père, qui se distingua le 11 juin 1520 lors des tournois du Camp du Drap d'or, auxquels il participa dans la bande de Thomas de Foix, maréchal de Lescun. À la fin, d'Annebault faisait parti de ceux « qui ont mérité avoir le pris[5] ».

---

1   AS Modena, Cart. amb., Francia 24, Giulio Alvarotti au duc de Ferrare, Rambouillet, 31 mars 1547.

2   BnF, Fr. 17357, fol. 13, Claude d'Annebault à François Ier, Turin, 23 septembre [1541].

3   BnF, Fr. 7853, fol. 344v déjà cité et AN, KK 98, fol. 5, compte de 1523 mentionnant « Dannebault : II[c] l. t. ». Il semble que les gages aient été doublés entre 1523 et 1531.

4   Boissey-le-Chatel, dép. Eure, arr. Bernay, cant. Bourgtheroulde-Infreville ; AP Monaco, Mat. J 1, fol. 173, et J 42, n°s 10 à 12, d'après Matignon, *Correspondance*, p. XII, actes du 24 octobre 1519 et du 19 mars 1520 : l'autre moitié de « Boissy » alla à Péronne de Jeucourt ; Jeanne de Fleurigny était la fille et héritière de Charles de Fleurigny et Jacqueline de Boscherville, sœur de Marie de Boscherville, elle-même grand-mère de Péronne et de Catherine de Jeucourt.

5   *L&P*, t. III, part I, p. 313 ; les neuf chevaliers de la bande de Lescun étaient tout de noir vêtus (Joyceleyne G. Russel, *The Field of Cloth of Gold*, Londres, 1969, p. 132-134).

LE SIÈGE DE MÉZIÈRES

En juillet 1521, le royaume était menacé d'invasion par les troupes impériales, et le roi d'Angleterre, Henri VIII, pouvait à tout instant entrer en guerre aux côtés de Charles Quint[1]. Celui-ci lança le 20 août une offensive de grande envergure sur la frontière champenoise et ardennaise, mais se heurta à la résistance héroïque de la ville de Mézières, qui permit au roi de rassembler ses troupes à Reims. Ce siège fut l'un des événements militaires marquants du début du règne : il eut un retentissement inouï et contribua à la légende du chevalier Bayard, qui commandait la garnison de cette place[2]. Le siège dura trois longues semaines, durant lesquelles gronda l'artillerie impériale, mais Pierre de Bayard et Jean d'Orval[3] tinrent bon jusqu'à l'arrivée des renforts, le 29 août. Du Bellay nous a laissé le récit de ces événements qui offrirent à la nouvelle génération de jeunes nobles de la cour l'occasion de s'illustrer :

> Y entra messire Anne, seigneur de Montmorency, jeune homme de grand cueur, desirant donner à cognoistre à son maistre l'envie qu'il avoit de luy faire service, lequel amena avecques luy beaucoup de jeunesse de la cour, gens de bonne volonté, et entre autres Claude, seigneur d'Annebault, le seigneur de Lucé, le seigneur de Villeclair et plusieurs autres, chose qui donna grand asseurance aux soldats qui estoient dedans[4].

Sous François Ier, comme aux temps glorieux de la chevalerie, les jeunes nobles fraîchement adoubés guettaient la reprise des guerres pour se faire un nom. Certains des défenseurs de Mézières avaient sans doute déjà

---

1   Le traité d'alliance anglo-impériale fut signé le 23 août 1521, consacrant l'échec des conférences de Calais qui n'avaient été qu'un jeu de dupes mené par Wolsey ; Henri VIII eut ainsi le temps de préparer son intervention (Robert J. Knecht, *Un Prince de la Renaissance : François Ier et son royaume*, Paris, 1998, p. 178-179).

2   Jean Jacquart, *Bayard*, Paris, 1987, p. 267-271, et Symphorien Champier, *Les Gestes ensembles de la vie du preulx Chevalier Bayard*, éd. D. Crouzet, Paris, 1992, p. 196-201.

3   Jean d'Albret, seigneur d'Orval († 1524), était alors gouverneur de Champagne, et avait renforcé en hâte la place de Mézières avant l'arrivée des troupes de Charles Quint.

4   *Mémoires de Martin et Guillaume du Bellay*, éd. V.-L. Bourrilly et F. Vindry, Paris, 1908-1919, t. I, p. 139 ; voir aussi Guillaume Du Bellay, *Fragments de la première Ogdoade*, éd. V.-L. Bourrilly, Paris, 1904, p. 93 ; outre Anne de Montmorency, né en 1493, et Claude d'Annebault (à peu près du même âge), ces jeunes gens étaient Jacques de Silly, Antoine de Clermont, François de Sassenage, Guigues de Boutières (Guigues de Guiffrey, né en 1492, archer dans la compagnie de Bayard en 1509), François de Mareuil et les seigneurs de Pierrepont et Boucal.

suivi le roi en Milanais en 1515, voire participé avec Bayard et Gaston de Foix aux dernières campagnes italiennes du règne de Louis XII, étape obligée de « l'errance chevaleresque[1] ». Après vingt ans, nantis d'une solide expérience collective de la guerre et de la chevalerie, ils pouvaient prétendre à se forger une gloire plus personnelle. Durant ce siège, le jeune Claude d'Annebault fit « très bien son devoir » et montra une si grande bravoure qu'il y trouva « premier commencement d'honneur », avant de se distinguer « par tous lieux et combats[2] » ; il avait ainsi acquis un renom qui, par la suite, devait s'accroître d'autres faits d'armes[3].

Finalement, Henri de Nassau, le chef de l'armée impériale, ne put empêcher que la ville fût ravitaillée le 23 septembre, et leva donc le siège trois jours plus tard : les défenseurs de Mézières avaient permis au roi de rétablir une situation compromise et de reprendre les négociations avec de meilleurs arguments[4]. Bayard et Montmorency en retirèrent une gloire immense, mais leurs compagnons en bénéficièrent aussi.

LA BATAILLE DE PAVIE

En 1523 ou peu auparavant, Claude d'Annebault devint lieutenant de la compagnie de François de Vendôme, comte de Saint-Pol[5]. Il le suivit en Italie en 1524, au sein des armées françaises envoyées en Italie du Nord pour repousser la grande armée impériale de Charles de Lannoy, vice-roi de Naples. Cette campagne fut un désastre. Milan fut perdu et les Français essuyèrent de lourdes pertes. L'état-major de l'armée n'avait pas été épargné : Anne de Montmorency tomba malade, Bonnivet fut

---

1 Sur la permanence des idéaux chevaleresques dans la première moitié du XVIe siècle, voir Jean-Marie Constant, *La vie quotidienne de la noblesse française aux XVIe-XVIIIe siècles*, Paris, 1985, p. 11-16.

2 Brantôme, t. III, p. 205 ; Francis Decrue de Stoutz, Anne de Montmorency, grand maître et connétable de France à la Cour, aux armées et au conseil de François Ier, Paris, 1885, p. 16.

3 En 1814, Emmanuel Dupaty présenta à l'Opéra-Comique *Bayard à Mézières*, mettant en scène les héros de ce siège ; l'auteur imagina des intrigues amoureuses opposant Anne de Montmorency et Claude d'Annebault, sans doute pour expliquer leur future rivalité, pour les faveurs de madame de Sancerre (qui choisit finalement Montmorency) ; dans cette œuvre de circonstance, Dupaty fit tenir à d'Annebault, s'adressant aux « industrieux commerçants », un grand discours anglophobe et patriotique (*cf.* J. Jacquart, *Bayard*, *op. cit.*, p. 352-354) ; rien de tout cela n'est fondé sur les sources.

4 François Mignet, *La Rivalité de François Ier et Charles Quint*, Paris, 1875, 2 vol, t. I, p. 284-287.

5 BnF, Clair. 246, montre du 15 juillet 1523.

blessé au bras, et Bayard mourut d'un coup d'arquebuse, le 30 avril. Le comte de Saint-Pol prit donc en charge la retraite, qui fut des plus périlleuses : il vit son cheval tué sous lui, de même que celui de son lieutenant, Claude d'Annebault, mais ils menèrent tant bien que mal ce qui restait de l'armée jusqu'à Turin, puis au pied des Alpes[1].

Quelques mois plus tard, Saint-Pol et d'Annebault firent leur retour en Italie, car après avoir chassé le connétable de Bourbon hors de Provence, le roi avait décidé de ne pas laisser passer l'occasion de reprendre Milan. En octobre 1524, après avoir reconduit la régence de sa mère, Louise de Savoie, François Ier traversa les Alpes avec son armée qui ne tarda pas à entrer en Milanais et à mettre le siège devant Pavie[2]. Ce siège s'éternisa et les troupes passèrent l'hiver sous ces murs. Sans doute d'Annebault participa-t-il à plusieurs escarmouches jusqu'à la bataille décisive, qui eut lieu le 24 février, où il fut fait prisonnier avec le roi[3]. Les Impériaux prirent également Henri d'Albret, Anne de Montmorency, François de Saluces, François de Saint-Pol, Philippe Chabot de Brion, René de Montejean, Claude Gouffier de Boisy, Guigues de Boutières et de nombreux grands personnages avec lesquels d'Annebault a pu partager sa captivité. Ce n'est sans doute pas en captivité qu'il put gagner l'estime et l'amitié du roi, car il est peu probable qu'il ait été détenu avec lui. En revanche, les quatre longs mois passés à assiéger Pavie furent peut-être un moment favorable, car d'Annebault, en tant que lieutenant d'un des principaux chefs de l'armée, a pu s'illustrer au combat, ce qui est « le premier commandement qui s'impose aux candidats à la faveur[4] ».

« MONSIEUR DE SAINT-PIERRE »

Pour Claude d'Annebault, la bataille de Pavie marque la fin de la période de l'errance chevaleresque et de l'apprentissage des armes. À près de trente ans, il a désormais fait ses preuves et acquis une certaine renommée. C'est aux environs de ces années qu'il prend, le plus

---

1   Du Bellay, *Mémoires*, t. I, p. 314.
2   J. Jacquart, *François Ier*, Paris, 1994 (seconde éd.), p. 156-157 ; R. J. Knecht, *op. cit.*, p. 218.
3   Aimé Champollion-Figeac, *Captivité du roi François Ier*, Paris, 1847, p. 85 à 88 (liste des Français morts ou faits prisonniers à la bataille de Pavie) ; Du Bellay, *Mémoires*, t. I, p. 358 ; R. J. Knecht, *op. cit.*, p. 225 ; une liste d'époque (extrait traduit d'une Georges de Fromsburg, capitaine général des lansquenets en Italie) se trouve à AGR Belgique, Aud. 1991/51, fol. 1-4 (copie dans *ibid.*, Aud. 433.4, fol. 21).
4   L'expression est de J.-F. Solnon, *op. cit.*, p. 157.

souvent, le nom de « monsieur de Saint-Pierre » ou de « Saint-Père », du nom d'un huitième de fief du pays de Caux situé en la paroisse de Bourville[1], dans l'arrière-pays de Saint-Valéry-en-Caux. Ce nom avait été rendu célèbre par Jean Blosset, seigneur de Saint-Pierre. À la mort de celui-ci en 1507, Saint-Pierre avait été, comme on l'a vu, dévolu à Jean d'Annebault, qui le garda au moins jusqu'en 1523[2]. Il en investit ensuite son fils Claude, peut-être en 1524 ou en 1525, après Pavie. Claude porta donc pendant près de dix ans, jusqu'à la mort de Jean vers 1534, le titre d'une seigneurie qui, comme c'était l'usage courant, était un acquêt récent, venu par les femmes.

À ce stade de la carrière de Claude d'Annebault, l'attribution d'un fief non nécessairement riche, mais doté d'un certain renom, était devenue une nécessité. En devenant seigneur de Saint-Pierre, Claude pouvait espérer bénéficier d'un peu de prestige du précédent « Saint-Pierre », le sénéchal Jean Blosset, chevalier émérite et serviteur de plusieurs rois. En outre, ce transport en pays de Caux était de nature à faciliter la récupération de clientèles locales des Blosset, bien éloignées des fiefs patrimoniaux d'Annebault, d'Appeville et d'Heubécourt. Enfin, l'attribution de ce fief participe d'une stratégie globale d'insertion dans les réseaux, non seulement de la noblesse normande, mais aussi de la cour.

---

1 Dép. Seine-Maritime, arr. Dieppe, cant. Fontaine-le-Dun. Charles de Beaurepaire, *Dictionnaire topographique du département de Seine-Maritime*, t. II, Paris, 1984 : Saint-Pierre, vicomté de Caudebec, sergenterie de Cany, paroisse de Bourville ; A. Beaucousin, *Registre des fiefs... de Caux*, *op. cit.*, p. 219-220 : « en la parroisse de Bourville y a [...] ung huictiesme de fief nommé le fief de Sainct Pierres, appartenant à M. Jehan Blosset, chevalier, tenu de la baronnye de Manéhouville, appartenant à M. le comte de Tancarville » (1503) ; bien que ces fiefs passèrent aux Vieuxpont après les d'Annebault, et bien que Iclon (dép. Seine-Maritime, arr. Dieppe, cant. Fontaine-le-Dun, comm. Angiens) ne se trouve qu'à quelques kilomètres au nord de Bourville, ce fief de Saint-Pierre de Bourville n'est pas assimilable au fief d'Iclon *alias* « Saint-Pierre d'Iclon » qui appartenait déjà à Gabriel de Vieuxpont en 1559 (donc avant la mort de Jean VI d'Annebault, survenue en 1562), comme on le trouve dans Jean-Eugène Decorde, *Essai historique et archéologique sur le canton de Gournay*, Paris-Rouen, 1861, p. 72 (document de 1559 tiré des archives du château de Merlemont), alors que d'autres sources dissocient nettement Saint-Pierre et Iclon (BnF, PO 2991, fol. 27) ; ce fief n'est pas davantage à rapprocher de Saint-Pierre de Vigier et Saint-Pierre-le-Vieux, voisins, mais tenus par les Aufray au début du XVIe siècle, le nom de Saint-Pierre étant porté par d'innombrables fiefs, paroisses, villages et lieux-dits du pays de Caux.

2 Jean d'Annebault était encore seigneur de Saint-Pierre en 1523 (AD Orne, 34 J 1, bail à ferme d'une terre à Guerquesalles, 31 octobre 1523).

PLUSIEURS PROTECTEURS VALENT MIEUX QU'UN

On présente souvent Claude d'Annebault comme une créature du connétable de Montmorency. Certes, l'amitié des deux hommes, ancienne, remonte peut-être au siège de Mézières et il est probable que Claude d'Annebault ait trouvé, dès le commencement des années 1520, en Anne de Montmorency un appui essentiel à la cour de France : « je vous supplie », lui écrivit-il par exemple, pour solliciter son intercession dans l'attribution d'un office, « qu'il vous plaise me y aider, comme j'ay ma parfaicte fiance en vous et toute ma vie l'ay congneu[1] ». Jean d'Annebault lui-même cultivait cette attitude de client soumis et reconnaissant, se déclarant à Anne son « plus que nul petit serviteur[2] ». Cependant, ce patronage n'avait rien d'exclusif et les débuts de la carrière de Claude d'Annebault furent favorisés par beaucoup d'autres, dont les Guise, les Cossé, les Le Veneur, le sénéchal de Brézé et François de Saint-Pol, un Bourbon. En effet, Jean d'Annebault introduisit son fils dans des réseaux très divers, venant soit d'un ancrage local et féodal normand, soit de diverses sphères d'influence de la cour, avec souvent la chasse pour dénominateur commun.

Jean d'Annebault était lui-même entré grâce à ses fonctions de maître des toiles de chasse du roi dans la clientèle du grand veneur Claude de Lorraine, premier duc de Guise, qui aimait par-dessus tout chasser aux toiles et y consacrait personnellement d'importantes dépenses[3]. De plus, le grand veneur, qui avait besoin d'entretenir sa meute, dépendait pour cela des éleveurs, et le maître des toiles était bien placé pour fournir le chenil royal en chiens de race. Ainsi, en 1522, Jean d'Annebault envoya à Claude de Lorraine des chiens de la race de Bretagne et proposa de lui fournir un lévrier par an ; en retour, il reçut des faucons, dont il voulait

---

1   Musée Condé, CL, t. LVI, fol. 59, t. LXIV, fol. 32, Claude d'Annebault à Anne de Montmorency, Alessandria, 1er février [1529] ; voir aussi cette lettre de Claude d'Annebault à Anne de Montmorency, La Hunaudaye, 1er novembre [1530] (*ibid.*, CL, t. LVI, fol. 59), par laquelle il demande l'intercession de son protecteur pour être payé des arriérés d'une pension, car la fin de la lettre est un bon exemple, moins formel qu'il ne paraît, des relations de clientèle entre obligeant et obligé, et de la réciprocité des services : « Monseigneur, je croy que vous pensez bien la bonne volunté que j'ay de vous faire service, et quant il vous plaira m'y employer, que de bon cueur je y mettray la vye et les biens, sans vous en faire plus longue lettre, sinon pour me recommander treshumblement a vostre bonne grace ».
2   Comprendre : le plus petit de tous ses serviteurs. BnF, Fr. 20505, fol. 149, Jean d'Annebault à Anne de Montmorency, « de vostre maison d'Appeville », 22 avril [1533 ?].
3   F. Roche, *Claude de Lorraine, op. cit.*, p. 120-121.

dresser un vol[1]. Le grand veneur, qui était de la génération du fils de Jean, Claude d'Annebault[2], se lia avec le jeune homme d'une amitié qui devait durer jusqu'à la mort de Claude de Lorraine, en 1550, et se poursuivre avec les enfants de ce dernier[3]. L'historien Stuart Carroll a aussi récemment démontré l'ancienneté des liens entre la famille de Guise et les Le Veneur, parents des Blosset, au point de discerner un lien direct entre l'ascension des princes lorrains et celle de Claude d'Annebault[4]. À la même époque, Claude d'Annebault bénéficia peut-être de la protection du grand fauconnier René de Cossé, chasseur réputé lui-aussi proche de son père ; son fils aîné, Charles de Cossé-Brissac, devait plus tard devenir un proche de Claude d'Annebault[5].

Les débuts de la carrière militaire de Claude d'Annebault devaient se faire, comme de tradition, dans les compagnies d'ordonnance de grands seigneurs très implantés en Normandie et proches des fiefs de sa famille. Il fut donc d'abord lieutenant de la compagnie de François de Saint-Pol[6], cousin du roi, puis de 1525 à 1531, de la compagnie du grand sénéchal de Normandie Louis de Brézé, gouverneur de cette province, lui aussi chasseur émérite[7]. Enfin, les Le Veneur[8], parents

---

1   BnF, Fr. 20468, fol. 271, lettre Jean d'Annebault à Claude de Lorraine, Vernon, 28 juin [1522] citée plus haut.

2   Il était né en 1496 et avait été naturalisé français en 1506.

3   Ces liens de clientèle, puis d'amitié, très tôt établis et toujours entretenus permirent à l'amiral d'Annebault de conserver le soutien du clan de Lorraine à la cour d'Henri II (*cf.* p. 631-634).

4   Stuart Carroll, *Noble Power during the French Wars of Religion : the Guise Affinity and the Catholic Cause in Normandy*, Cambridge, 1998, p. 42 : « The story of Annebaut's rise from the ranks of the *noblesse seconde* to pre-eminence at the court of the ailing François I in the 1540s is tangential to the growth of the Guise affinity. »

5   Charles Marchand, *Charles Ier de Cossé, comte de Brissac et maréchal de France*, Paris, 1899, p. 32 : né en 1505, ce « grand amateur » de volerie était destiné à succéder à son père dans sa charge.

6   François de Vendôme, comte de Saint-Pol, vidame de Chartres (1491-1545), frère cadet du cardinal de Vendôme, était notamment possessionné en pays de Caux et donc voisin des d'Annebault, en particulier de Claude, seigneur de Saint-Pierre ; par son mariage en 1534, François de Saint-Pol devint duc d'Estouteville et le plus puissant seigneur de haute Normandie (Brantôme, t. III, p. 203).

7   Sur Louis de Brézé et la chasse, *cf.* H. de La Ferrière, *Les chasses de François Ier, op. cit.* et la lettre de Louis de Brézé à Anne de Montmorency (Anet, janvier 1518) citée *supra* (éd. *ibid.*, p. 105). La dernière mention de Claude d'Annebault en tant que lieutement de cette compagnie est dans une montre du 21 mars 1530 (BnF, Fr. 21513, 21514 et 21515, *cf.* Fleury Vindry, *Dictionnaire de l'État-Major français au XVIe siècle*, Bergerac, 1901, p. 49) et Brézé mourut l'année suivante.

8   Vers 1530, le principal représentant de cette famille était Jean, baron de Tillières.

normands des d'Annebault, ont aussi pu favoriser la carrière de Claude, en particulier le cardinal Ambroise Le Veneur, évêque d'Evreux, très bien en cour dans les années 1520, et Jean Le Veneur, évêque de Lisieux et grand aumônier de la maison du roi à partir de 1526 ; tous deux étaient proches des Guise et des Brézé[1].

Derrière cet écheveau de relations nouées au sein de l'élite de la noblesse française, la stratégie sociale de Jean d'Annebault apparaît très clairement : en fournissant à son fils des occasions de tisser des relations au sein des réseaux de plusieurs grands personnages du royaume, il lui permettait de consolider sa position à la cour comme en Normandie. On ne peut donc pas dire que Claude d'Annebault ait été la créature d'un seul homme, fût-il Anne de Montmorency ou François de Saint-Pol, et la faveur dont il bénéficia, de la part de plusieurs grands personnages proches du roi, ne fut pas exclusive[2]. Ces réseaux dynamiques et efficaces sont surtout le fruit des efforts de son père, Jean, qui s'efforça de conforter à la cour l'ascension de son lignage : de ce fait, la carrière de Claude d'Annebault doit beaucoup plus à son père qu'à quiconque.

C'est peut être en partie grâce à ces multiples appuis que Claude d'Annebault parvint à épouser, en 1525 ou 1526, une héritière riche et convoitée, Françoise de Tournemine, dont la famille était peut-être en relation avec les d'Annebault pour des affaires d'élevage et de chasse[3]. Ce mariage, qui fit de lui le baron de Retz, de La Hunaudaye et du

---

1 Le cardinal Jean Le Veneur, évêque de Lisieux, abbé du Bec-Hellouin et du Mont Saint-Michel, reçut la cotutelle, avec Diane de Poitiers, des enfants du défunt Louis de Brézé, devenant ainsi le protecteur de cette famille tout autant que celle de ses cousins d'Annebault ; son neveu Gabriel, successeur (en 1532) d'Ambroise Le Veneur au siège épiscopal d'Évreux, fut plus tard un intime du cardinal Charles de Lorraine, et prononça l'oraison funèbre de Claude de Guise (*ibid.*, *loc. cit.*).

2 Les historiens considèrent généralement que Claude d'Annebault fut le favori infidèle de Montmorency, mais ils sont trompés par les inégalités de la documentation – et de l'historiographie, car Chabot et Saint-Pol demeurent mal connus. À ce titre, il est intéressant de constater qu'un historien des Guise, Stuart Carroll, en fait la créature des princes lorrains, tandis que Labande, qui disposait qu'une abondante correspondance de Joachim de Matignon avec le duc d'Estouteville, en déduisit que d'Annebault était le favori de ce dernier.

3 En particulier, sur Jean Tournemine, seigneur de Botloy, grand veneur de François II de Bretagne de 1457 à 1462, voir Jean Kerhervé, *L'État breton aux 14ᵉ et 15ᵉ siècles : les ducs, l'argent et les hommes*, Paris : 1987, 2 vol., p. 257 ; on sait par ailleurs que les d'Annebault, jusqu'au temps de Claude, étaient connus pour avoir préservé la race des lévriers fauves de Bretagne (*cf.* p. 412).

Hommet, le rapprocha considérablement, tant en matière de revenus que de puissance féodale, de l'élite féodale du royaume de France, dont faisaient partie les Laval, La Trémoïlle, Montejean et Gouffier, voisins de ses nouveaux fiefs vendéens.

RETZ ET LA HUNAUDAYE

Françoise de Tournemine, fille et unique héritière de Georges de Tournemine et de Renée de Villeblanche[1], était veuve de Pierre de Laval, seigneur de Montafilant et Chateaubriant, décédé sans enfant en 1524. De l'héritage paternel, Françoise apporta à Claude la baronnie du Hommet-d'Arthenay près de Saint-Lô[2], qui valait à son possesseur le titre un peu désuet de connétable héréditaire de Normandie[3] : Claude d'Annebault, puis son fils Jean, portèrent occasionnellement ce titre[4]. Françoise avait aussi et surtout hérité de son père la seigneurie bretonne de La Hunaudaye, pourvue d'une imposante forteresse à cinq tours et de terres s'étendant sur plus de quatre-vingts paroisses[5]. À eux seuls, les acquêts de La Hunaudaye et du Hommet étaient déjà considérables en comparaison des fiefs tenus par le père de Claude d'Annebault.

Par ailleurs, Françoise de Tournemine tenait également des droits sur la baronnie de Retz, venant pour partie de son père et pour partie de Pierre de Laval, son premier époux. Plutôt que des fiefs bien

---

1   *Cf.* la généalogie de Françoise de Tournemine dans P. D. Abbott, *Provinces, pays and seigneuries of France*, Myrtleford (Australie), 1981, p. 273.

2   Le Hommet était entré dans les possessions des Tournemine vers 1480 par le mariage de Gilles de Tournemine avec Marie de Villiers, fille de Jean de Villiers du Hommet (généalogie de la famille de Villiers publiée par Odile Halbert, < http://www.odile-halbert.com/Famille/Villiers.pdf >, p. 16, visité le 14/09/13).

3   André Du Chesne, *Les Antiquitez et recherches des villes, chasteaux, et places plus remarquables de toute la France*, Paris, 1614, p. 994 [=1012] : « les seigneurs et barons de laquelle se qualifioient jadis en leurs plus haults tiltres connestables hereditaires des anciens ducs de Normandie ».

4   Anselme, *op. cit.*, p. 178-179 et Moréri, *Grand dictionnaire historique*, Paris, 1759, t. I, p. 118, font erreur en indiquant que le père de Claude d'Annebault portait déjà ce titre ; Claude d'Annebault fit l'aveu de la baronnie du Hommet le 12 décembre 1526 (AN, P. 26^{82}/440 et PP'20/3269, et *CAF*, t. V, 810, 18888, hommage pour la terre du Hommet, mouvante du duché de Normandie).

5   La Hunaudaye, dép. Côtes-d'Armor, arr. Dinan, cant. Jugon-les-Lacs, comm. Plédéliac ; les seigneurs de La Hunaudaye ayant pris le parti des Penthièvre, le château fut détruit au XIVe siècle et entièrement reconstruit par Pierre de Tournemine à la fin de la guerre de Cent Ans.

délimités, ces biens seigneuriaux constituaient une mosaïque éclatée et un ensemble vaste et opulent, composé de terres, droits féodaux, rentes, moulins, pêcheries et droits d'ancrage, essentiellement rassemblés par Gilles de Rais au xve siècle[1]. La dévolution de cet ensemble, compliquée par des successions complexes, fournissait matière à de nombreux litiges et d'interminables procès : François de Chauvigny, vicomte de La Brosse, qui avait reçu Retz de son mariage avec Jeanne, fille unique de René de Retz, n'avait eu qu'un seul fils, André, mort sans postérité en 1502. De nombreux prétendants s'étaient alors présentés aux droits de la famille de Laval, dont Georges de Tournemine, allié aux Montejean et possessionné au nord du pays de Retz, autour de Rouans et Chéméré[2], et la famille de Machecoul, issue des sires de Retz et des La Trémoille, eux-mêmes héritiers des Laval. Mais ce fut Tanneguy Sauvage, seigneur du Plessis-Guerry, héritier des droits de Marie de Laval[3], qui l'emporta provisoirement en 1513, faisant alors l'aveu des fiefs à Louis XII et prenant le titre de baron de Retz. Toutefois Georges de Tournemine n'avait pas renoncé pas à faire prévaloir ses droits, les renforçant par le premier mariage de sa fille Françoise, qui continua à les défendre après lui[4].

---

1   Au sud, son bourg principal était Machecoul, avec son château, ses grandes forêts et ses prairies de Sainte-Croix de Retz, dont dépendaient les terres de Bourgneuf, Beauregard, Les Barrils, La Pommeraye et Le Lochay ; l'ensemble comprenait aussi la seigneurie de haute-justice des Huguetières et du fief du Coustumier, dont la paroisse principale était Le Bois-de-Cené ; La Benaste (aujourd'hui comm. de Saint-Jean de Corcoué au canton de Légé), acquise par Gilles de Retz mais indépendante de la baronnie, était la plus vaste seigneurie du comté de Nantes, avec trente-trois paroisses de la Bretagne au Poitou, dont Saint-Colombin et Saint-Aignan, la forêt de Loisellière et de nombreux moulins ; il faut encore ajouter Prigny (arr. Paimbœuf, cant. Bourgneuf, comm. Les Moutiers) avec deux châteaux médiévaux, les salines de Retz et de Maré, Princé qui s'étendait sur Chéméré, Arthon, Rouans et Saint-Hilaire de Chaléons, avec un château disparu dans la seconde moitié du xvie siècle, et enfin Pornic, grosse châtellenie avec un marché hebdomadaire et quatre foires l'an, et treize paroisses (Amédée Guillotin de Corson, *Les Grandes seigneuries de Haute-Bretagne*, Rennes, 1899, 3 vol, t. III, p. 265-309 ; Expilly, *op. cit.*, t. VI, p. 250).

2   Il s'agit d'une seigneurie également nommée La Hunaudaye, rassemblant des biens, taxes et droits sur une partie des bourgs d'Arthon, Rouans et Chéméré, avec de nombreuses mouvances telles que La Sicaudaye en Arthon et La Boisrouaud en Chéméré (Guillotin de Corson, *op. cit.*, t. III, p. 304).

3   Philippette de Laval, ép. Foulques de Saffré, et Marie de Laval, femme de Guillaume Sauvage, descendaient de Jeanne Chabot, ép. Foulques de Laval ; la petite-fille de Philippette de Laval épousa Jean Tournemine, seigneur de La Hunaudaye.

4   *Ibid.*, t. III, p. 269-270.

Par son mariage avec Françoise de Tournemine, Claude d'Annebault recevait donc en pays de Retz quelques terres et rentes, mais surtout, se trouvait en position d'en réclamer d'autres, voire la dévolution de la baronnie : dès 1526, il s'intitula baron de Retz et de La Hunaudaye[1]. Pourtant, les procédures qu'il relança traînèrent en longueur et l'empêchèrent de jouir immédiatement de tous les fruits qu'il pouvait escompter de cette alliance.

UN SEIGNEUR FORTUNÉ ?

De Claude d'Annebault, Brantôme remarqua avec raison qu'« il estoit riche de soy et de sa femme, qui estoit une riche héritière de La Hunaudaye et de Raitz[2] » et une anecdote rapportée par le mémorialiste François de Vieilleville suggère que ses revenus (après la mort de son père), joints à ceux de sa femme, étaient de 35 000 ou 40 000 livres tournois[3], ce qui est presque comparable à ceux des plus grands nobles du royaume[4]. Il faut au moins retenir l'ordre de grandeur, qui n'a rien d'aberrant, une petite majorité de ces revenus provenant vraisemblablement de l'héritage Laval-Tournemine.

Néanmoins, il paraît évident qu'entre 1526 et 1534, Claude d'Annebault était loin de disposer de tels revenus, car il n'avait pas hérité de son père et la succession de Retz demeurait litigieuse. En tous cas, sa nouvelle fortune, bien qu'encore en partie virtuelle, devait pour l'instant permettre de soutenir son élévation dans la hiérarchie des serviteurs du roi, à la cour et dans ses armées. Toutefois, malgré le rôle considérable du patrimoine, des réseaux et du sang (*pedigree*), tout ceci n'était rien, dans l'État de la Renaissance, sans la preuve du mérite personnel[5] : cette

---

1   *CAF*, t. V, 810, 18888, hommage pour la baronnie du Hommet cité plus haut.
2   Brantôme, t. III, p. 210.
3   François de Vieilleville, *Mémoires de la vie de François de Scépeaux, sire de Vieilleville et comte de Durestal, maréchal de France*, Paris, 1836, p. 434-436, cité infra p. 150.
4   S. Carroll, *Noble Power, op. cit.*, p. 26 : revenus fonciers des Bourbons en Picardie en 1549, 71 154 l. t. ; Nevers-Clèves en 1551, 115 000 l. t. ; Montmorency en 1564, 125 000 à 148 600 l. t. selon Mark Greengrass, « Property and Politics in Sixteenth-Century France : The Landed Fortune of Constable Anne de Montmorency », dans *French History*, t. II, 1988, p. 371-398 (p. 376-377).
5   Jonathan Powis, « Aristocratie et bureaucratie dans la France du XVᵉ siècle : État, office et patrimoine », dans *L'État et les aristocraties (France, Angleterre, Écosse), XIIᵉ-XVIIᵉ siècle*, dir. P. Contamine, Paris, 1989, p. 231-246 ; voir aussi E. Schalk, *L'épée et le sang, op. cit.*

preuve ou plutôt, cette épreuve de valeur, Claude d'Annebault devait encore la faire tant sur le champ de bataille que dans l'accomplissement des premières responsabilités que le roi allait lui confier.

LES TEMPS DES PREMIÈRES DISTINCTIONS
ET RESPONSABILITÉS

LES PREMIÈRES RÉCOMPENSES

François Ier rentra de captivité en mars 1526. Compte tenu du nombre important des charges laissées vacantes par les morts de Pavie, le roi ne tarda pas à récompenser les bons offices de ses serviteurs. Ces largesses royales firent de Galiot de Genouillac le grand écuyer de France, d'Anne de Montmorency le grand maître, de Philippe Chabot l'amiral ou de Fleuranges l'un des maréchaux de France, car il n'était pas encore assez proche de la faveur du roi. À un niveau moindre, Claude d'Annebault en bénéficia, recevant avant février 1527 le titre de chambellan du roi[1]. Ce titre lui fut sans doute en partie conféré en reconnaissance de ses faits d'armes accomplis en Milanais en 1524-1525, mais aussi, et peut-être davantage, grâce à ses soutiens curiaux (Montmorency, Lorraine, Saint-Pol, etc.) ou à son nouveau statut de grand seigneur du royaume, en tant que baron de Retz et La Hunaudaye. Sa faveur croissante s'accompagnait de revenus appropriés qui devaient lui permettre de tenir son rang : les gages correspondants, jusqu'alors de 600 livres, venaient d'être portés à 1 200 livres par an[2]. En outre, pour accroître les revenus des fiefs bretons de Claude d'Annebault, François Ier lui concéda dès 1527 la création d'un marché hebdomadaire à La Hunaudaye, ainsi que la tenue de deux foires par an, dont il pouvait dégager d'importants profits[3]. Enfin, le roi

---

1   *CAF*, t. I, p. 492, n° 2694, Saint-Germain-en-Laye, février 1527 [n. st.], où d'Annebault est qualifié de « chambellan et conseiller » du roi ; le manuscrit BnF, Fr. 32871, fol. 161-166, situe le don de cette charge avant le 20 octobre 1530 ; BnF, Fr. 7859, fol. 341 et BnF, PO 74, *Annebault*, pièce 21 (1531).

2   Sur les gentilshommes de la chambre, voir D. Potter, *A History of France, 1460-1560. The Emergence of a Nation State*, Londres, 1995, p. 78-79, ou encore R. J. Knecht, « The Court of Francis I », *European Studies Review*, t. VIII, 1978, p. 1-22, en particulier p. 6-8.

3   *CAF*, acte n° 2694 (de février 1527) cité plus haut.

lui attribua une pension sur le Trésor de l'Épargne, au montant annuel de trois cents livres tournois, mais cette version ne fut pas versée avant plusieurs années[1]. Bénéficiant d'un peu de crédit auprès du roi, Claude d'Annebault prit aussi davantage de responsabilités dans les armées, sous le patronage du comte de Saint-Pol.

LA CAMPAGNE MILANAISE DE 1528-1529

À la bataille de Pavie avaient succédé trois années sans guerre. Mais en 1528, les opérations militaires reprirent, d'abord dans le royaume de Naples, puis en Milanais. L'armée d'Italie du Nord fut placée sous le commandement du comte de Saint-Pol, choisi « au grand contentement de la noblesse de France[2] ». Claude d'Annebault lui avait été affecté comme lieutenant, pour l'assister dans le commandement de cette armée[3], qui devait à l'origine être constituée de huit à dix mille lansquenets, deux mille gens de pied, cinq cents lances et cinq cents cavaliers légers. Rassemblée à Lyon en juin 1528, elle fut finalement de moindre ampleur, malgré le renfort de quelques milliers de Gascons. Début juillet, l'armée passa les Alpes et progressa jusqu'à Pavie. Après un siège, Saint-Pol reprit la cité, mais il y perdit beaucoup d'hommes. Ces débuts étaient malgré tout encourageants. Cependant, début octobre, on apprit qu'à l'instigation des Doria, la République de Gênes était sur le point de reprendre son indépendance. Alors, Saint-Pol changea ses plans et retraversa le Pô pour diriger ses armées sur Gênes, mais il échoua à prendre la ville et y perdit beaucoup de temps. En décembre, avec l'approche de l'hiver et le manque d'argent pour payer les soldes, il dut licencier une partie importante de ses troupes[4].

Au mois de mars 1529, lorsque revint le temps des combats, l'armée française n'était plus que l'ombre de celle qui était entrée en Italie l'été

---

1   BnF, Clair. 1215, bordereau du compte de l'Épargne, année 1526, fol. 89 : «à Claude d'Ennebault, chevalier, s' de Saint-Pierre, lieutenant en la compagnie du grand sénéchal, 300 l. t. » ; cette pension ne lui fut pas versée pendant quatre ans (Musée Condé, CL, t. LVI, fol. 59, Claude d'Annebault à Anne de Montmorency, La Hunaudaye, 1er novembre [1530]).

2   AS Vaticano, Segr. Stato, Francia, 1, p. 210-222, Giovanni Salviati à Jacopo Salviati, 16 mai 1528.

3   Brantôme, t. III, p. 205.

4   AS Vaticano, Segr. Stato, Francia, 1, p. 210-222, lettre citée *supra* du 16 mai 1528, p. 313-315, du même à l'évêque de Pistoia, 8 octobre 1528, et p. 369-373, du même à Jacopo Salviati, 27 décembre 1528.

précédent[1]. Dressons l'état des forces françaises : François de Vendôme n'avait plus que quatre mille soldats de pied, et ces troupes, loin d'être en état d'attaquer, vivaient sous la menace d'être elles-mêmes assaillies d'un moment à l'autre[2]. À ces quatre mille soldats, il fallait ajouter deux cents chevau-légers menés par Claude de Boisy et deux cents menés par Claude d'Annebault, qui conduisait aussi cinquante lances des ordonnances, sans doute celles de Louis de Brézé[3]. René de Montejean avait une compagnie de cinquante lances et commandait une troupe de lansquenets. Un autre grand seigneur normand, le baron d'Alègre[4], participait à l'entreprise avec, entre autres, deux *condottieri* parents des Gonzague, Canino di Gonzaga et le comte Annibale da Novellara. La faiblesse de l'armée tenait donc moins à son commandement, suffisant en nombre et en expérience, qu'au faible nombre des soldats qui, d'ailleurs, étaient réputés médiocres[5]. Il parut alors urgent de renforcer ces troupes en faisant la jonction avec les forces vénitiennes des Fregoso et celles du duc d'Urbino, pour former ensemble une armée de plus de vingt mille soldats[6]. Les troupes de Saint-Pol reprirent donc la direction de Pavie, enlevant au passage toutes les places tenues par les impériaux entre le Tessin et le Pô. Antonio de Leyva, gouverneur du Milanais, ne parvint pas à empêcher les trois armées de se réunir et fut forcé de se retirer à Milan, en juin 1529, lorsque ses ennemis décidèrent de passer à l'attaque. Ainsi, pour la première fois depuis près d'un an, les alliés du roi paraissaient capables de reprendre le duché de Milan ou la République de Gênes, pour y restaurer l'autorité du roi de France.

---

1   M. Sanuto, *op. cit.*, t. XLVIII, col. 365-366, Sommario di una lettera del conte Carlo Malatesta da Soiano, date al campo a dì 7 avosto 1528, scritta a Zuan Morelo.

2   Abel Desjardins, éd., *Négociations diplomatiques de la France et de la Toscane*, Paris, 1859-1886, t. II, p. 1004, et p. 1023, Niccolo Capponi du 24 mars 1529 : « Si vede che le forze di Saint-Pol non son gagliarde ».

3   L'absence de Brézé s'explique sans doute par sa mauvaise santé ; le guidon de cette compagnie, Jean de Chambray, plus tard lieutenant de la compagnie d'Annebault, faisait partie de l'expédition et fut fait prisonnier à la bataille de Landriano. Du Bellay donne le chiffre de 100 lances (*Mémoires*, t. II, p. 84).

4   Gabriel, baron d'Alègre, seigneur de Saint-Just et de Millau.

5   M. Sanuto, *loc. cit.*

6   Selon Guichardin, Saint-Pol affirmait avoir 8 000 fantassins, les Vénitiens 12 000 (Francesco Guicciardini, *Histoire d'Italie*, trad. J.-L. Fournel et J.-C. Zancarini, Paris, 1996, 2 vol., t. II, p. 613) ; le gouverneur du Milanais donne les chiffres plus précis de 17 000 gens de pied, 2 000 cavaliers, 800 hommes d'armes et beaucoup d'artillerie (AGR Belgique, Aud. 1518, liassse i fol. 84, Antonio de Leyva à Marie de Hongrie, Milan, 25 juin 1529).

Toutefois, plutôt que d'assiéger Milan, on décida de profiter de la retraite de Leyva pour se rabattre sur Gênes, désormais vulnérable[1]. Mais les troupes de Saint-Pol n'étaient plus payées et n'obéissaient plus guère à leurs chefs. En outre, la chance n'était pas de leur côté : le 21 juin, alors que l'armée revenait vers Pavie, une partie de l'artillerie française tomba dans un fossé, près de Landriano. Pendant que le reste de l'armée avançait, sous le commandement de Claude d'Annebault, François de Saint-Pol resta sur place avec 1 500 lansquenets pour remonter l'artillerie. C'est alors que les troupes impériales vinrent le surprendre, mettant aisément en déroute les mercenaires qui abandonnèrent le duc et ses quelques compagnons, dont le comte de Garlasco et Claudio Rangone : ceux-ci chargèrent en vain l'ennemi et furent contraints de se rendre[2]. Dès lors, l'armée royale se trouvait considérablement affaiblie[3]. Aussi, lorsque Claude d'Annebault, devenu *de facto* son chef, avertit le roi du désastre, il s'efforça d'en rejeter la faute sur les retards de solde et l'indiscipline des troupes. La lettre qu'il écrivit de Pavie le lendemain relate ces événements dans les moindres détails :

> Nous avons sceu comme monseigneur de Sainct Pol vous a escript plusieurs fois la necessité par faulte de payement qui estoit et encores est en ce camp, vous advertissant de l'inconvénient qui en pourrait advenir, lequel n'a failli, car hier matin en partant de Landrian pour venir loger à Lardiragne, deux pieces de nostre artillerie tombèrent dedans les fossez, et faillit que mond. seigneur de Sainct Pol demeurast avec une partie des lansquenetz et quelques bandes italliennes pour les faire relever. Cependant, les ennemys qui estoient partiz de Milan dès le jour de devant tous ensemble de compagnye, saichans la mutinerie et le petit nombre de gens qui y estoient, et mesmes par ceulx des nostres qui s'estoient allez rendre a eulx par faulte dud. payement, vindrent avec chemises blanches par plusieurs advenues donner droit jusques a lad. artillerie ou il y avoit seullement mond. seigneur de Sainct Pol a pied et quelques autres avec lesd. lansquenetz qui estoient couchez en attendant

1 F. Guicciardini, *Histoire d'Italie, op. cit.*, t. II, p. 614 ; Andrea Doria avait quitté la ville, et François Ier comptait sur Césare Fregoso pour renverser le gouvernement.

2 Du Bellay, *Mémoires*, t. II, p. 101 ; F. Mignet, *op. cit.*, t. II, p. 452-454 ; AGR Belgique, Aud. 1518, liassse i fol. 84, Antonio de Leyva à Marie de Hongrie, Milan, 25 juin 1529 : [la victoire] « ha dado prision San Polo y todos los coroneles y capitanos que con el estarran, y presa toda su artilleria y monicion que fraya y muertos ».

3 Cette défaite est réputée avoir mis fin pour logtemps aux ambitions françaises en Italie (*cf.* par exemple D. Potter, *A History of France, op. cit.*, p. 269) ; mais ce jugement est bien excessif, vu le manque d'engagement patent de François Ier et la faiblesse initiale de l'armée de Saint-Pol.

que lesd. pieces d'artillerie feussent relevees, lesquelz si tost qu'ilz veirent les ennemyz se meyrent en desordre.

Sachant que le roi y serait sensible, d'Annebault n'oublia pas de souligner le comportement chevaleresque irréprochable de Saint-Pol, comme pour atténuer sa responsabilité dans la débâcle :

> Mond. seigneur de Sainct Pol monta a cheval avec si peu de gens a cheval qui estoient la et les chargea, et y fut fait ce qu'il fut possible, mais pour le petit nombre de gens qui y estoient, furent rompuz, de sorte qu'il ne fut possible de les faire combatre, et fut contrainct mond. seigneur de Sainct Pol de soy retirer après eulx, soustenant tousjours l'escarmouche le myeulx qu'il peult jusques a ce qu'il fut prins.

Heureusement, cette charge héroïque donna le temps de fuir à une partie des hommes, qui furent récupérés par l'arrière-garde française et ramenés à Pavie : mais là, ils trouvèrent portes closes, car les italiens de l'armée française, mal payés, s'étaient mutinés, avaient pris les chevaux des valets, pillé les bagages, et même détroussé les soldats français qui se trouvaient à l'écart de l'armée. Malgré tout, Claude d'Annebault et Guido Rangone tentèrent aussitôt de secourir le comte de Saint-Pol, en vain : celui-ci fut ramené à Leyva qui le tint prisonnier à Milan.

> Voilà, sire, conclut d'Annebault, ou faulte d'argent nous a mis, dont il nous desplaist ; mais congnoissant que monseigneur de Sainct Pol vous en a assez souvent adverty comme il nous a plusieurs fois dit et mesmes nous en a monstré les lettres qu'il vous escripvoit de notre part, nous en tenons deschargez[1].

Finalement, Claude d'Annebault, Gabriel d'Alègre et Guido Rangone parvinrent à rassembler les restes de l'armée près de Pavie, auprès du duc Francesco Sforza, mais ils eurent grand peine à contenir des troupes au bord de la mutinerie, réduites à trois cents Français, mille Suisses, cinq cents lansquenets et cent cinquante Italiens. Étant donné que ses

---

1 BnF, Fr. 3015, fol. 88-v, Claude d'Annebault et Guido Rangone à François Ier, Pavie, 22 juin 1529 ; *cf.* aussi les lettres de Martelli, envoyé florentin auprès de Saint-Pol, en partie éd. en note dans F. Guicciardini, *Storia d'Italia*, éd. S. Seidel-Menchi, p. 2001-2002, et le récit de Guichardin dans Idem, *Histoire d'Italie, op. cit.*, t. II, p. 615. Brantôme déforme un peu la réalité, rapportant que d'Annebault, après avoir très bien combattu, franchit un fossé, puis, voyant que François de Vendôme n'était pas parvenu à l'imiter, revint en arrière pour le délivrer, sans succès (Brantôme, t. III, p. 205).

troupes n'étaient plus en état de garder toutes les places conquises, d'Annebault pensa tout d'abord les conduire en territoire vénitien pour les mettre à l'abri, ou rentrer en France en passant par les Grisons[1]. Mais finalement, après avoir rétabli son autorité, il décida avec Gabriel d'Alègre d'établir un camp français à Asti. Auparavant, il se rendit à Venise avec Rangone, qui resta sur place, peut-être pour recruter des mercenaires[2]. Puis d'Annebault repartit pour Asti en contournant Milan, par Bergame et les cantons suisses : il arriva fin juillet à Asti où il attendit, malade, les ordres du roi qui tardaient à venir[3].

Pour la première fois, Claude d'Annebault assumait le commandement effectif d'une armée, certes peu nombreuse, mais importante par son rôle stratégique : il fallait maintenir la pression sur le duché de Milan pour permettre à Louise de Savoie, à Cambrai, de négocier la paix dans les meilleures conditions[4]. Le choix du camp français à Asti, qui menaçait directement Milan, était une bonne solution : il est possible qu'elle ait été dictée par Saint-Pol, qui correspondait du château de Milan avec son lieutenant, en attendant d'être libéré[5]. Cependant, le roi ne voulut

1   En effet, dès l'annonce de la prise de Saint-Pol, le marquis François de Saluces lui écrivit, ainsi qu'à d'Alègre et Rangone, pour leur conseiller la retraite (BnF, Fr. 6638, fol. 169-172, François de Saluces au roi, Asti, 25 juin 1529).

2   Il semble d'après Sanuto (*cf.* note suivante), qu'il soit allé à Venise pour recruter des mercenaires italiens pour le roi ; d'Annebault, qui l'y accompagnait, fut touché par l' accueil amical et respectueux qu'il reçut en tant que serviteur de son roi (BnF, It. 1716, p. 43-57, Francesco Giustiniani et Marino Cavalli au doge de Venise, Paris, 8 février 1547).

3   BnF, Fr. 3015, fol. 88-v, lettre du 22 juin citée, et Du Bellay, *Mémoires*, t. II, p. 103-104 ; BnF, Fr. 6637, fol. 388, Claude d'Annebault (signée par Gabriel d'Alègre à sa place) au roi, Cassano d'Adda, 27 juin [1529] ; M. Sanuto, *op. cit.*, t. LI, col. 221, *ibid.*, col. 217, et *ibid.*, col. 246, *copia se uno capitolo da Spoleto ad un suo amico, a dì 5 [agosto 1529], fo la Madona de la neve et S. Domemego* : « Et monsignor [*Anibaud*], luogotenente di San Polo, passò per Bergamo, poi per Sguizari, per andar in Aste e adunar quelle zente et far novo campo per il re ; et voria la Signoria illustrissima lo servisse di ducati 8000, prometendo restituir di quelli sono in Aste, e li darà nel nostro campo. A la qual proposta il Serenissimo disse che questo stado non havea danari, e si era su grandissima spesa. »

4   La « Paix des Dames » fut signée le 3 août 1529, mais la nouvelle ne put parvenir en Italie avant une bonne semaine.

5   *Ibid.*, t. LI, col. 151, copia di una lettera scritta per monsignor di San Polo, è preson nel castello di Milan, a Anibaud suo locotenente nel nostro campo, 17 juillet 1529. Le contenu de ces lettres devait être surveillé, aussi est-il plus probable que les choix stratégiques aient été le fait de d'Annebault, de Rangone et de d'Alègre ; ainsi, la lettre publiée par Sanuto est surtout de caractère privé, même si elle évoque l'arrivée du duc de Guise avec 14 000 lansquenets, rumeur sans doute entendue dans l'entourage du gouverneur de Milan.

pas laisser trop de responsabilités au jeune lieutenant de Saint-Pol : il préféra déléguer au maréchal Théodore Trivulce son autorité en Italie, avec le titre de lieutenant général. D'Annebault se retira alors en Piémont, avant de rentrer en France à la publication de la paix[1]. Au terme de ces opérations menées en Italie du Nord avec peu de moyens, Claude d'Annebault avait acquis de l'expérience et fait la preuve de ses capacités : en tant qu'homme de guerre, ce « bon capitaine[2] » avait pris une nouvelle dimension.

LES OFFICES MILITAIRES

L'Italie du Nord fut le principal théâtre des exploits de jeunesse de Claude d'Annebault. Après la campagne de Pavie de 1525, qui avait en partie valu à Claude l'office de chambellan du roi, la longue campagne milanaise de 1528-1529 fut pour lui l'occasion de progresser dans la faveur royale et de recevoir d'autres récompenses. Ainsi, pendant l'hiver 1528-1529, Saint-Pol écrivit au roi pour lui obtenir une charge « par-deçà » : étant donné que Claude d'Annebault se trouvait alors à la tête de deux cents chevau-légers, il s'agit peut-être de la charge de colonel des chevau-légers, qu'il obtint à cette époque[3]. Cette nomination marque le début d'une carrière militaire moins dépendante de ses patrons, attachée à un corps de cavalerie, apparu sous Louis XI et en pleine expansion vers 1530, dans lequel Claude d'Annebault allait faire une partie de sa carrière[4].

En 1531 mourut Louis de Brézé, l'un des principaux protecteurs de Claude d'Annebault[5]. Celui-ci, jusqu'alors lieutenant de la compagnie de gens d'armes du grand sénéchal[6], fut à son tour récompensé de sa

1 *Ibid.*, t. LI, col. 260 : *Di Bergamo, di sier Justo Guoro capitanio, di 4* [agosto 1529], « Di novo si ha che la Christianissima Maestà ha fatto suo locotenente general lo signor Theodoro, di Lombardia, a recolier quelle gente lì sono, et per questo monsignor di Alegra et il locotenente di monsignor San Polo sono partiti da campo et andati di là di Po per non star a la sua obedientia. »
2 Brantôme, t. III, p. 205.
3 *Ibid.*
4 Sur les origines du corps des chevau-légers, *cf.* Philippe Contamine, dir., *Histoire militaire de la France*, t. I, *des origines à 1715*, Paris, 1992, p. 248-249.
5 Il mourut le 23 juillet 1531 à Anet, laissant ses biens à sa veuve, Diane de Poitiers.
6 BnF, Fr. 21514, montre du 21 juin 1530 ; la montre de l'automne, qui empêcha d'Annebault de venir à la cour comme le désirait le roi, est mentionnée dans la lettre citée (Musée Condé, CL, t. LVI, fol. 59) adressée à Montmorency.

propre compagnie de cinquante lances fournies des ordonnances du roi[1], formée d'une partie des gens de celle du défunt[2]. Les compagnies des ordonnances du roi jouaient encore un rôle essentiel dans les campagnes, malgré l'essor des recrutements de mercenaires et l'établissement des légions : c'était une armée permanente qui pouvait aussi servir à maintenir l'ordre dans les provinces du royaume. De plus, cette charge permettait d'asseoir une influence locale et familiale, en employant jeunes parents et nobles inféodés. Enfin, elle offrait un surcroît de revenus appréciable, à 600 livres tournois l'année, qui portait, en 1531, à 3 000 livres par an le total des pensions et gages donnés par le roi à Claude d'Annebault[3].

Après 1530, Claude d'Annebault, titulaire de plusieurs offices dont des charges nobles, était régulièrement présent dans l'entourage royal et prenait part aux solennités de la cour. Ainsi, le mardi 14 février 1531, il participa aux fêtes du couronnement de la reine Éléonore, où il fut mis à l'honneur : il parut monté sur un cheval couvert de velours, portant une lance, vêtu sur ses armes de satin et de velours rouge, blanc et brunâtre[4], le chef couvert d'un cimier aux plumes des mêmes couleurs. Ces couleurs étaient celles de la livrée du roi, que d'Annebault suivait en compagnie de cinq autres grands seigneurs de la cour, dont Montejean et Brissac[5]. Un tel apparat, qui apportait prestige et gloire personnelle,

---

1   BnF, Fr. 21516, n° 1291 (montre de Nonancourt, 19 décembre 1532) et BnF, PO 74, *Annebault*, pièce 60, quittance (23 décembre 1532) de paiement par Claude d'Annebault à Jean Grolier, trésorier de France (naguère trésorier des guerres), de ses gages (150 l. t.) de capitaine d'un compagnie de cinquante lances pour le quartier de juillet à septembre 1531 ; sur la composition de la lance, très variable sous François Iᵉʳ, mais dont le noyau demeure invariablement un homme d'armes, *cf.* Roger Doucet, *Les Institutions de la France au XVIᵉ siècle*, Paris, 1948, 2 vol, t. II, p. 622).

2   BnF, PO 74, *Annebault*, pièce 20, solde (20 décembre 1532) des hommes des cinquante lances de Claude d'Annebault, étant des quatre-vingt qui étaient à « monsʳ le comte de Maulévrier », grand sénéchal ; Jean de Chambray, guidon de cette compagnie, devint le lieutenant de celle de d'Annebault.

3   *CAF*, t. VII, p. 700, n° 28454 : « mandement de payer 2 500 l. t. au sʳ de Montejean et 3 000 l. t. au sʳ d'Annebault, pour leurs pensions de l'année finie le 31 décembre 1531... » ; *ibid.*, t. II, p. 561 et 564, nᵒˢ 6493 et 6509 (6 000 l. t. pour sa pension des années 1532 et 1533, payée en novembre 1533) ; à titre de comparaison, François de Saint-Pol recevait 12 000 l. t. pour sa seule pension sur le Trésor de l'Épargne (AN, K 87, n° 4, quittance).

4   Le texte dit : « *beretino* » qui est une couleur difficile à déterminer, d'un brun tirant vers le gris.

5   M. Sanuto, *op. cit.*, t. LIV (1899), col. 392-397 : copia di una lettera di sier Jacomo Justinian di sier Antonio, scritta a sier Piero Morexini di sier Zuan Francesco, data in Paris a dì 7 marzo 1531.

devait coûter très cher. D'ailleurs, quelques semaines avant le tournoi, en novembre 1530, Claude d'Annebault se plaignit à Montmorency de difficultés à couvrir la dépense, pour n'avoir pas touché régulièrement ses pensions :

> Je vous supplye, écrivit-il au grand maître, ne laisser d'avoir souvenance de ma faire payer de ma pension, de quoy il m'est deu quatre ou cinq annees, et ce qu'il vous plaira m'en faire bailler me servira bien pour faire fourbir du harnais pour vous accompaigner au tournoy[1].

La réponse dépassa les attentes de Claude d'Annebault, puisqu'il reçut une gratification exceptionnelle de 12 000 livres tournois pour ses « très recommandables services au delà des monts[2] ». Cette même année, il fut, peut-être encore grâce à Montmorency[3], l'un des neuf nouveaux promus gentilshommes de la chambre du roi, avec des gages annuels de 1 200 livres tournois. Vers 1530-1531, une nouvelle génération de conseillers arrivait au pouvoir au conseil du roi, à la cour, aux armées et dans les provinces. Claude d'Annebault s'était imposé au sein de cette génération émergente et pouvait désormais prétendre à de plus hautes responsabilités[4].

LA NORMANDIE :
UNE PREMIÈRE EXPÉRIENCE DE GOUVERNEMENT

Après la paix d'août 1529, Claude d'Annebault partagea son temps entre la cour et la Normandie, où il s'occupait notamment des montres de la compagnie du grand sénéchal[5]. Peut-être secondait-il déjà celui-ci dans ses fonctions de lieutenant général au gouvernement de Normandie. Quoi qu'il en soit, en juillet 1531, la mort de Louis de Brézé laissa la charge

---

1   Musée Condé, CL, t. LVI, fol. 59, lettre déjà citée de Claude d'Annebault à Anne de Montmorency, La Hunaudaye, 1er novembre [1530] : apparemment, Claude d'Annebault avait déjà sollicité Montmorency à ce sujet.
2   BnF, Fr. 32865, notice sur Claude d'Annebault, fol. 161-166 (chevaliers de l'ordre de Saint-Michel) : cette gratification a été accordée le 20 octobre 1530, mais Claude d'Annebault n'en avait probablement pas encore eu connaissance lorsqu'il écrivit, dix jours plus tard, sa requête à Montmorency.
3   Thierry Rentet, *Anne de Montmorency : grand maître de François Ier*, Rennes, 2011, p. 252 d'après BnF, Fr. 21449, fol. 182 ; Claude d'Annebault quitte alors l'échansonnerie.
4   Sur cet effet générationnel, voir notamment T. Rentet, « Le conseil de François Ier (1531-1541) », dans *Les Conseillers de François Ier*, dir. C. Michon, Rennes, 2011, p. 275-277.
5   BnF, Fr. 4050, fol. 98-99, état de la gendarmerie (liste des compagnies d'ordonnance en service) en 1530 : la compagnie de Louis de Brézé stationnait en Normandie.

vacante, et d'Annebault fut désigné pour lui succéder. Le 5 novembre 1531, il reçut les lettres de provision de « lieutenant au gouvernement de Normandie, sous la charge du seigneur de Brion, amiral de France, et en son absence », enregistrées au parlement de Rouen le 17 novembre[1]. Cette commission ne faisait pas de Claude d'Annebault le gouverneur en titre de la province. Il n'était que le lieutenant, c'est-à-dire le délégué et représentant, de l'amiral Philippe Chabot de Brion, qui n'était lui-même que le lieutenant du dauphin François, gouverneur en titre, mais jamais le dauphin n'exerça personnellement ces attributions, et l'amiral Chabot était un personnage bien trop important pour que le roi songeât à l'éloigner de la cour. Sous le règne de François Ier, il y eut donc en permanence un système de délégation sur plusieurs niveaux de l'autorité royale dans la province : elle était nominalement conférée au dauphin, puis à un très grand seigneur et conseiller du roi, qui résidait également à la cour. Un ou deux niveaux plus bas se trouvait le lieutenant « résidant » effectivement dans la province, qui était le véritable gouverneur de Normandie.

Claude d'Annebault se vit donc confier cette charge de confiance, qui lui donnait aussi l'occasion de démontrer ses capacités. Il était alors âgé d'environ trente-cinq ans, l'âge normal pour assumer de telles responsabilités[2]. De plus, la charge lui conférait une dignité presque royale dans sa province, car les gouverneurs recevaient les honneurs dus à la personne du roi, qu'ils représentaient[3]. En revanche, en la présence occasionnelle du dauphin ou de l'amiral de Brion, leur lieutenant s'effaçait et les laissait jouir des honneurs réservés au gouverneur. Ce fut le cas le 2 avril 1532, à Caen, pour l'entrée du dauphin François aux côtés de Chabot[4].

---

1   *CAF*, t. VI, p. 272, n° 20288, Compiègne, 5 novembre 1531 ; la titulature exacte est donnée dans Archives de l'Institut, autographes Moulin, collection des maréchaux, commission du 15 mai 1533, Moulins, pour la montre du prévôt des maréchaux de Normandie : « lieutenant de monseigneur le daulphin ou gouvernement de Normandie, en l'absence de mons' l'amyral de France, son lieutenant general ».

2   Il se situait alors dans la moyenne : Robert Harding évalue l'âge moyen d'accession à un gouvernement à 32 ans sous François Ier, 33 ans sous Henri II ; en revanche, il calcule que la durée moyenne d'exercice était d'environ dix ans (R. Harding, *op. cit.*, p. 119 et 121), alors que d'Annebault fut gouverneur durant vingt-et-un ans.

3   Par exemple, un dais lors de la première visite dans une ville de la province (*cf.* R. J. Knecht, *François Ier*, *op. cit.*, p. 64-65).

4   Charles de Bourgueville, *Recherches et antiquitez de la ville et université de Caen, op. cit.*, p. 105-121 ; ils étaient accompagnés du cardinal de Gramont, du comte de Brienne, de La Palisse et de Chandion.

Le lendemain, pour l'entrée du roi, d'Annebault figurait cette fois dans la suite royale avec le dauphin, le roi de Navarre, le comte de Saint-Pol, les ducs de Nemours et de Longueville, le marquis de Saluces, le prince de Melphe « et autres grands seigneurs de la cour, jusqu'à deux ou trois cens, lesquels estoient en ordre très exquis et accoustremens fort riches[1] ». Mais en cette occasion, il tint la place d'un simple gentilhomme, sans droit aux honneurs dus au gouverneur[2]. Après le départ de la cour, Claude d'Annebault reprit son rôle à la tête du gouvernement de Normandie, ou il resta encore une fois, sans participer au voyage du roi dans le Midi[3]. Trois ans plus tard, devant le roi, le dauphin fit une entrée à Rouen en compagnie de « l'amiral de Brion et princes et seigneurs richement accou-trez en soldars », parmi lesquels il est très probable que figurait Claude d'Annebault, lieutenant au gouvernement de Normandie[4]. D'Annebault semble avoir été durablement éloigné de l'entourage royal par l'exercice de ses nouvelles fonctions, sinon à l'occasion des quelques séjours de la cour en terres normandes. Dès lors, son principal correspondant auprès du roi fut Chabot de Brion, gouverneur en titre, qu'il devait informer régulièrement des affaires de la province et le consulter sur la marche à suivre[5]. Cette collaboration poussa petit à petit Claude d'Annebault dans la clientèle de l'amiral : avant 1535, il était donc très avant dans la faveur de François de Saint-Pol, Anne de Montmorency et Philippe Chabot, trois des principaux amis et conseillers du roi : chacun de ces patrons pouvait être source de faveur royale, sans que cela ne pose de difficulté à leurs clients communs, dans la mesure où pour l'instant,

---

1   *Ibid.*, p. 107-116, et copie XVIIIe dans BnF, Fr. 10427, fol. 112-115v. Sur cette entrée, Nicolas Russel, « Construction et représentation de la mémoire collective dans les entrées triomphales du XVIe siècle », dans *Renaissance and Reformation*, 2009, vol. 32, n° 2, p. 53-72 [p. 57-59] et Lyse ROY, « Espace urbain et système de représentations. Les entrées du Dauphin et de François Ier à Caen en 1532 », dans *Memini, Travaux et documents*, Montréal, 2001, p. 51-77.

2   *Cf.* aussi A. Floquet, *Histoire du parlement de Normandie*, Rouen, 1840-1842, 7 vol, t. I, p. 484-487, une séance du parlement de Rouen solennellement présidée par l'amiral Chabot, lieutenant du dauphin, en 1531 ; en cette occasion, d'Annebault et La Meilleraye siégèrent dans la grand Chambre dorée, parmi les chefs de la noblesse.

3   Il ne figure pas dans les relations d'entrées de 1532-1533 recueillies dans BnF, *ibid.*, fol. 119 *sq.*, ni dans celles de Guillaume Paradin, *Histoire de nostre temps*, Lyon, 1556, 9 vol.

4   AGR Belgique, Aud. 417, p. 104, Jean Hannart à Charles Quint, Rouen, 7 mai 1535.

5   *Cf.* l'exemple bien mieux documenté de la collaboration de Claude d'Annebault, gouver-neur de Normandie « à la cour » après 1543, et de Joachim de Matignon, son lieutenant « résident » dans la province, p. 290-294.

la concurrence entre les favoris ne s'était pas encore attisée au point d'aboutir à l'affrontement de factions rivales[1].

Les affaires de la province réclamaient une attention de tous les instants. La correspondance de Claude d'Annebault est en grande partie perdue, mais celle de son successeur, son cousin Joachim de Matignon, montre bien la diversité de la tâche, qui supposait de constants déplacements dans le pays[2]. Elle exigeait aussi de faire entendre au roi les volontés des habitants, communautés et états ; *a contrario*, le gouverneur servait – comme les cours souveraines, en certains cas – de relais des décisions prises au conseil. Les informations circulaient donc dans les deux sens entre ses mains. Ainsi, Claude d'Annebault semble avoir présidé l'assemblée des trois états de la province, réunis à Rouen le 20 novembre 1532, où il était l'un des commissaires royaux pour la levée de la taille et autres contributions[3] : il y apparaissait alors à la fois comme le plus haut représentant de l'autorité royale dans la province, mais aussi comme un relai potentiel de ses doléances auprès du roi. À cet égard, en 1535, la ville de Caen eut raison de s'adresser à lui pour obtenir du roi une mainlevée des deniers de la ville : le roi ayant donné son accord, la ville offrit 100 écus à d'Annebault en guise de remerciement[4].

Par ailleurs, pour accomplir efficacement sa charge, un nouveau gouverneur « résident » devait déjà posséder de solides attaches dans la province, afin de pouvoir mettre ses réseaux personnels au service du roi. Réciproquement, l'exercice de son pouvoir lui permettait d'accroître son influence sur ses clientèles locales[5] et, de ce fait, on a parfois pu comparer les gouverneurs de provinces à de véritables « castes[6] ». Claude

---

1 Chabot et Montmorency s'opposèrent à partir de 1535 et leurs relations s'envenimèrent en 1538-1539 (*cf. infra*).

2 Matignon, *Correspondance*, introduction.

3 *CAF*, t. VIII, p. 633, n° 32560.

4 Pierre Carel, *Caen depuis Philippe Auguste jusqu'à Charles IX*, Paris, 1886, 2 vol., t. I, p. 123.

5 Selon R. J. Knecht, *François I*, *op. cit.*, p. 65, le gouverneur trouvait « de belles occasions de patronage, qu'il utilisait pour se constituer une solide clientèle. Celle-ci comportait trois éléments : les compagnies d'ordonnance, les officiers et les domestiques de la maison, et les gentilshommes locaux ». Le phénomène est bien connu, et ses dangers furent perçus dès le XIVe siècle par les rois, qui ne parvinrent à contrôler efficacement le système qu'au XVIIe siècle avec un affaiblissement des gouverneurs et le développement d'autres institutions représentatives du pouvoir central dans les provinces.

6 Robert R. Harding, *Anatomy of a Power Elite : The Provincial Governors of Early Modern France*, New Haven-Londres, 1978, p. 118-131 ; on y trouvera une bonne vue d'ensemble sur les gouverneurs et le clientélisme « provincial », p. 21-45.

d'Annebault sut sans doute profiter de sa position de premier représentant du roi dans la province pour renforcer ses liens avec différentes familles de haute noblesse et noblesse « seconde », parfois parents éloignés[1]. Sa désignation en tant que lieutenant du bailliage de Caen[2], le 15 novembre 1531, et à l'office de bailli et capitaine du château d'Évreux, le 13 octobre 1532[3], renforcèrent cette position dominante, le bailli étant celui qui, traditionnellement, réunit le ban et l'arrière-ban de la noblesse locale, même si ces réunions tombaient en désuétude. De plus, les fils de seigneurs normands faisaient leur apprentissage des armes dans des compagnies d'ordonnance à forte coloration locale, et celle du gouverneur était la plus recherchée[4]. Les exemples du jeune Charles de Harcourt, issu d'une grande lignée normande, qui fut en ses jeunes années homme d'armes de la compagnie d'ordonnance de Claude d'Annebault, et celui de Pierre de Harcourt, seigneur de Fontaines, qui était son lieutenant, sont révélateurs de ce prestige acquis auprès de la plus haute et ancienne noblesse normande[5].

---

1   Selon Laurent Bouquin, le prestige local d'un grand feudataire d'une province devenu gouverneur est « détourné » au service du roi, pour faciliter l'application des volontés royales ; réciproquement, le rayonnement de ce grand personnage s'en trouve accru (L. Bourquin, *Noblesse seconde, op. cit.*, p. 20).

2   D'après François-Joseph-Guillaume Pinard, *Chronologie historique militaire*, Paris, 1760-1778, 8 vol, t. II, p. 232.

3   *CAF*, t. II, p. 229, n° 4970 ; les gages s'élevaient à 110 l. t. l'an (BnF, PO 74, *Annebault*, pièces 25-26 pour l'année 1536). Sans doute d'Annebault habitait-il généralement à Évreux, non loin de ses terres : il fut nommé (le 19 septembre 1533) garde et surintendant des forêts royales de Conches, Breteuil et Beaumont, avec la permission de prendre tout le bois de chauffage dont il aurait besoin tant qu'il résiderait au château d'Évreux (*CAF*, t. II, p. 511, n° 6261).

4   Le déclin du service féodal du ban et de l'arrière-ban au XVIe siècle (de toute façon convoqué désormais par le roi) fit que « l'attachement des nobles à leurs patrons est à rechercher dans les compagnies d'ordonnance » (L. Bourquin, *Noblesse seconde, op. cit.*, p. 28).

5   G.-A. de La Roque, *Histoire généalogique de Harcourt, op. cit.*, t. I, p. 926 ; Fleury Vindry (*État-Major, op. cit.*, p. 11-12, d'après BnF, Fr. 21516, 21518, 21519, 21521, 25792 et NAF 8620, 8621, 8622) a dressé un tableau des compagnies de Claude d'Annebault et de son fils Jean ; on trouve dans celle de Claude, en tant que lieutenant, Jean de Chambray en 1538 puis Pierre de Harcourt en 1549 (il l'est déjà en 1547, comme l'atteste une quittance aux AN, 380 AP 1/108), comme enseigne Guillaume de Pilliers en 1532 et Louis de Courseulles en avril 1545, comme guidon Jean de Chambray en 1532, François de Vieuxpont en 1538, Louis de Harcourt en avril 1545, Pierre de Harcourt en octobre 1545, François d'Orsonvillier en 1549, et comme maréchal des logis, Pierre de Cosne en 1538, et Gabriel de Longuemare en 1545 ; ce sont presque tous des Normands, et la plupart sont parents de Claude d'Annebault ; il faut noter que dans la compagnie de Jean d'Annebault,

Claude d'Annebault, déjà seigneur de Saint-Pierre et baron du Hommet, héritier d'un Jean d'Annebault désormais âgé et probablement retiré[1], allait devenir l'un des principaux feudataires du duché. Paré de son autorité de lieutenant du gouverneur, il faisait désormais figure de chef naturel de la noblesse normande.

LA GESTION DES FIEFS DE BRETAGNE

Entre 1532 et 1536, d'Annebault résida le plus souvent en Normandie. Mais il quitta de temps en temps son gouvernement, parfois, sans doute, pour se rendre à la cour, et beaucoup plus souvent pour visiter ses terres bretonnes. Ainsi, lorsqu'en juillet 1532, à l'occasion de la réunion du duché de Bretagne à la couronne de France, le roi fit un voyage dans cette province, Claude d'Annebault ne manqua pas l'occasion de le recevoir en personne dans son château de La Hunaudaye, avec une partie de la cour[2]. Après son départ, le roi lui fit don des fruits et jouissance de la châtellenie, terre et seigneurie de Guingamp[3], assez proche de La Hunaudaye. Plusieurs gentilshommes au service du roi reçurent des gratifications comparables, car pour le roi, il s'agissait moins de récompenser ses fidèles que d'éliminer les mécontents afin de faciliter l'assimilation de la province[4].

En temps ordinaire, Claude d'Annebault n'allait pas toujours en Bretagne pour s'y reposer des tâches de gouverneur de la Normandie. En fait, il fut souvent contraint d'y venir pour son procès pendant sur

---

on voit aussi un Balthazar de Saluces, guidon, en 1548, qui est probablement un parent du marquis de Saluces, gendre de l'amiral.

1   BnF, Fr. 20505, fol. 149, Jean d'Annebault à Anne de Montmorency, « de vostre maison d'Appeville », 22 avril [1533 ?] : la lettre est signée d'une main tremblante, qui suggère qu'elle pourrait dater de la fin de sa vie, vers 1533 ; Jean d'Annebault doit être alors âgé de près de soixante-dix ans.

2   Lettre d'Anne de Montmorency à l'évêque d'Auxerre, La Hunaudaye, 21 juillet [1532], pub. dans Nicolas Camusat, *Meslanges historiques, ou recueil de plusieurs actes, traictez, lettres missives et autres memoires qui peuvent servir en la deduction de l'histoire, depuis l'an 1390 jusqu'à l'an 1580*, Troyes, 1619, in-8°, p. 97-98 ; copie dans BN Dupuy 547, fol. 108-109.

3   *CAF*, t. II, p. 175, n° 4708.

4   J. de La Martinière, « Les États de 1532 et l'union de la Bretagne à la France », dans *Bulletin de la société polymathique du Morbihan*, Vannes, 1911, p. 177-193. p. 182 ; liste des bénéficiaires de ces dons (temporaires) : dom Hyacinthe Morice, *Histoire ecclésiastique et civile de Bretagne*, Paris, 1756, t. V (ou *Preuves*, t. III), col. 1011-1015, *État des revenus du roi en Bretagne dressé pour l'an 1534* : col. 1012, « Guingamp : mons' d'Annebaud en jouit par don du roi ».

la baronnie de Retz, qu'après la mort de Louis de La Tremoïlle en 1525, son fils François continua. La reprise des procédures est attestée dès 1535[1], mais c'est en 1538 qu'elles se précipitèrent, si bien que l'on crut enfin pouvoir en finir. Comme les juridictions ordinaires de Bretagne s'avéraient incapables d'en venir à bout, le roi, peut-être sollicité par Claude d'Annebault, intervint en personne pour faire transférer le procès au parlement de Paris[2]. Un arrêt fut pris et le conseiller François Tavel fut chargé de procéder à son exécution[3]. Les conclusions de la cour de parlement ne sont pas connues. Néanmoins, il semble qu'un partage ait été décidé au net avantage de Claude d'Annebault, favori en devenir, et au désavantage de François de La Trémoille, fils d'un ancien grand du royaume, car l'on connaît les hommages rendus par ce dernier en 1542 : ils portèrent sur les seules seigneuries, certes importantes, mais périphériques, de Prigny et de Princé[4]. Cette décision, inspirée par le roi, allait aussi dans le sens d'un affaiblissement de la haute noblesse traditionnelle de Bretagne, à la fidélité incertaine, et d'un renforcement des nouveaux grands élevés dans sa proximité et à son service.

DISTINCTIONS CHEVALERESQUES
ET RESPONSABILITÉS MILITAIRES

En 1535, la carrière de Claude d'Annebault, florissante, l'avait mené jusqu'au premier cercle des serviteurs militaires du roi. En récompense de sa valeur chevaleresque, le roi lui fit donc l'honneur de le recevoir parmi les trente-six chevaliers de l'ordre royal de Saint-Michel. Après avoir reçu le collier[5], Claude d'Annebault se fit faire un nouveau sceau

---

1   AN, 1 AP 2186 : 25 avril 1535, minute très endommagée de lettres du duc en son conseil, faisant allusion aux défenseurs de « Hannebault ».
2   *CAF*, t. III, p. 519, n° 9906 : mandement au parlement de Paris (Lyon, 2 avril 1538 [n. st.], AN, X¹ᴬ 1541, fol. 371) de nommer une commission pour juger ces procès pendants ; *ibid.*, t. III, p. 590, n° 10218 : lettres octroyées à d'Annebault et Du Plessis-Guerry, ordonnant au parlement de Paris de procéder à l'achèvement du procès pendant entre eux et le sʳ de La Trémoille durant le temps des vacations, Amboise, 26 août 1538 (AN, X¹ᴬ 1541, fol. 645, enregistrement du 7 septembre suivant).
3   *CAF*, t. VII, p. 422 et 438, n° 25394, 25522 et 25524 (dans BnF, Fr. 5086, fol. 112-113 ; et BnF, Fr. 5500, fol. 231v et 239)).
4   Guillotin de Corson, *op. cit.*, t. III, p. 291 et 297.
5   BnF, Fr. 32871 : « il est prouvé qu'il n'étoit pas encore décoré de cet ordre en 1535, et le 2 octobre 1536 on trouve son sceau entouré du collier du dit ordre à une quittance qu'il signa », ainsi que Anselme, *op. cit.*, t. IX, p. 177 (qui cite cette même quittance) ; c'est une

de ses armes entourées de la cordelière formant des 8, avec les doubles coquilles et le médaillon de Saint-Michel[1]. L'entrée dans cet ordre royal conférait un grand prestige et un rang éminent dans la chevalerie : lors des cérémonies de l'ordre, les armes de d'Annebault étaient accrochées aux murs avec celles de ses pairs en chevalerie, dont plusieurs rois et princes[2].

Vers 1535-1536, d'Annebault fut aussi fait capitaine général de la cavalerie légère, grâce à l'entremise de la duchesse d'Étampes, selon Tavannes[3] ; quoi qu'il en soit, Claude d'Annebault pouvait se prévaloir d'une certaine expérience et de succès à la tête de ce jeune corps d'armée, qui ne cessait de prendre de l'importance au cours des campagnes. Il devint ainsi l'un des officiers supérieurs de l'armée française et il est fort possible qu'en vertu de cet office, il ait participé à des sessions « pour affaires de guerre » du conseil du matin[4], approchant pour la première fois le groupe restreint des principaux conseillers du roi. Enfin, depuis la mort de son père, en 1533 ou 1534, il tenait la charge éminente de grand maître des toiles de chasse du roi, dont on a vu l'importance dans les loisirs quotidiens du roi, qui n'avait, de l'avis-même de la reine Éléonore, « autre respect que de [ce passe-temps] là[5] ».

---

erreur, car on trouve des aveux de fiefs pour en 1535 dans lesquels Claude d'Annebault est appelé « chevalier de l'ordre » (AN, P. 26³²/332 et P. 20/1505, 1ᵉʳ juin 1535).

1   Comme il est décrit dans Anne-Marie Lecoq, *François Iᵉʳ imaginaire. Symbolique et politique à l'aube de la Renaissance française*, Paris, 1987, p. 139-140. Pour d'Annebault, le premier sceau conservé de ce type est du 23 mars 1535 (BnF, PO 74, pièce 26). D'Annebault se vit remettre un nouveau collier en 1539, *cf.* Anselme, *loc. cit.* : « on lit encore dans un compte de l'Épargne qu'en vertu de lettres patentes du roy du 26 octobre de cette dernière année [1539], il fut délivré un grand collier de l'Ordre au sⁱ d'Annebault, maréchal de France, l'un des chevaliers du dit ordre, au lieu du sien qui avoit été donné à un nouveau chevalier ».

2   *Cf. L&P*, t. XIV, part II, p. 94, nᵒ 246, cérémonies du 29 septembre 1539.

3   [Jean de Saulx-Tavannes], Mémoires de très-noble et très-illustre seigneur Gaspard de Saulx, seigneur de Tavannes, éd. Michaud et Poujoulat, dans Mémoires pour servir à l'Histoire de France, t. VIII, Paris, 1838, p. 82.

4   Sur cette composition particulière du conseil, voir François Nawrocki, « L'administration centrale de la guerre, 1515-1570 », dans *Les ministres de la guerre, 1570-1792*, dir. T. Sarmant, Paris, 2007, p. 69-79, aux p. 69-70 ; sur le conseil du roi, voir aussi p. 293-297.

5   AGR Belgique, Aud. 415, fol. 73-74, la reine Éléonore à Charles Quint, La Fère, 23 novembre 1531 (copie XVIIIᵉ) : « Ledit Seigneur [roi] est tant ami de la chasse, que pour mauvais temps qu'il fait, ne laisse de cheminer pour aller aux lieux plus propices pour ces passe-temps de ladite chasse, et crois, Monsⁱ, qu'il n'a autre respect que à cellui-là ».

Chaque année, d'Annebault prenait donc un peu plus d'importance dans la planification des campagnes militaires et dans la vie de la cour. Par conséquent, il semble que ses voyages dans ses domaines et son gouvernement de Normandie se soient faits de plus en plus rares. Par ailleurs, d'Annebault ne s'occupait plus en personne des montres de sa compagnie de gens d'armes, qu'il déléguait à Gaston de Brézé[1]. Avec la reprise des guerres en 1536, le roi, qui comptait employer beaucoup les services de son capitaine général des chevau-légers, le déchargea logiquement de ses obligations au gouvernement de Normandie, où il fallait un véritable gouverneur « résident » : Charles de La Meilleraye, seigneur de Mouÿ[2], lui fut donc assigné comme lieutenant. Sous ce personnage, un second lieutenant, cousin de Claude d'Annebault, Joachim de Matignon, fils de Guy de Matignon et de Péronne de Jeucourt[3], fut également désigné[4], peut-être sur la suggestion de Claude d'Annebault lui-même, ou de François de Saint-Pol, le puissant frère cadet du cardinal de Vendôme, duc d'Estouteville depuis août 1534, dans la clientèle de qui Claude d'Annebault aurait fait entrer son parent[5]. D'Annebault reçut malgré tout, avec de nouvelles provisions, la confirmation de sa charge de gouverneur de Normandie le 7 mars 1537[6], mais il était alors en Italie, où il jouait les premiers rôles à la tête des armées françaises.

---

1   Archives de l'Institut, autographes Moulin, collection des maréchaux, commission à Gaston de Brézé pour la montre du prévôt des maréchaux en Normandie, ses lieutenants et archers, et en dresser le contrerôle, Moulins, 15 mai 1533 ; *idem* dans BnF, PO 74, *Annebault*, pièce 24, 12 avril 1534.

2   *CAF*, n° 20288.

3   Elle était veuve de Pierre d'Annebault et sœur de Catherine, la mère de Claude : Joachim était donc à ce double titre son cousin. On ne connaît pas la date des provisions de cette commission, mais Matignon était déjà en fonctions le 21 septembre 1536 (Matignon, *Correspondance*, lettre LXV).

4   Au moins depuis le 21 septembre 1536 (*ibid.*). Peut-être la charge était-elle divisée entre ces deux-là, ou se sont-ils succédés, Matignon comme lieutenant de La Meilleraye ou directement de d'Annebault). *Cf. Ordonnances des rois de France : règne de François Ier*, Paris, 1902-1975, 9 vol, t. VIII, p. 203-208 pour le texte des lettres confiant le gouvernement de Normandie au dauphin Henri en remplacement de son frère François, décédé, Loches, 10 novembre 1536 (*CAF*, n° 21139), et en particulier p. 207, n. 1 sur les lieutenants.

5   *CAF*, n° 7347. Labande émit cette hypothèse (*ibid.*, p. XXX); mais il est possible que Matignon ait très tôt fait partie de la clientèle du duc de Saint-Pol, ou soit passé de celle de la duchesse d'Estouteville à celle de son gendre, comme semble en témoigner la fréquence de la correspondance échangée avec ces personnages dans les années 1530.

6   *CAF*, n° 21219.

LA RECONNAISSANCE PAR LES ARMES
(1536-1538)

Les cinq ou six années consacrées au gouvernement de la Normandie apportèrent à Claude d'Annebault une inestimable première expérience politique. Cependant, seules les opérations militaires pouvaient accélérer la carrière de ce gentilhomme normand, qui restait homme de guerre avant tout. Or, François Ier attendait la première occasion pour reprendre les hostilités. Pendant la glorieuse campagne de Charles Quint à Tunis, il avait rongé son frein, car l'occasion était belle de reprendre pied en Italie, mais il eût été déshonorant, pour un roi dit « Très Chrétien », de profiter de l'absence d'un adversaire engagé dans une guerre contre les infidèles. Alors, son entourage se déchira entre les partisans de l'amiral Chabot, qui voulait malgré tout la guerre, et ceux du grand maître, Anne de Montmorency, qui voulait faire respecter la parole donnée à l'empereur. Chabot prit finalement le dessus, mais il restait à trouver le *casus belli* : comme il n'était pas envisageable de s'en prendre directement à Charles Quint, on songea à son vassal, le duc de Savoie, que l'empereur ne manquerait pas de secourir : il serait alors possible de reprendre le Milanais, dont le duc Francesco Sforza était mort sans héritier mâle en novembre 1535[1].

---

1   Decrue, p. 241 *sq.* ; R. J. Knecht, *François Ier*, *op. cit.*, p. 332-334 : « en envahissant la Savoie, [le] dessein véritable [du roi] était d'obtenir un atout majeur dans les pourparlers avec l'empereur sur l'avenir de Milan ; de plus, en cas d'échec des négociations, la Savoie ferait une excellente base stratégique pour attaquer le Milanais ».

LA CONQUÊTE DES ÉTATS DE SAVOIE

L'INCONFORTABLE DUCHÉ DE SAVOIE

En 1535, François Ier se mit à critiquer ouvertement la conduite de son oncle Charles de Savoie, qui n'avait jamais été ni bon oncle ni bon ami : par conséquent, il ne voulait plus, clamait-il, admettre aucun nouvel outrage[1]. Les véritables raisons de la vindicte du roi étaient déjà anciennes : lorsque le connétable de Bourbon passa au service de l'empereur, le duc de Savoie lui prêta de l'argent. En outre, il aurait félicité Charles Quint après la bataille de Pavie, se déclarant en cette occasion l'ennemi du roi de France[2]. Enfin, en 1533, il avait refusé de laisser le roi rencontrer le pape Clément VII à Nice, par crainte, semble-t-il, que François Ier conservât la cité. Mais en 1535, le problème le plus sérieux était la succession de Montferrat, à laquelle le duc de Savoie pouvait prétendre. Le marquis de Saluces et la duchesse de Mantoue étaient aussi sur les rangs, et la dévolution de la petite principauté était entre les mains de l'empereur. Charles de Savoie ne pouvait donc risquer de le mécontenter, et le courtisait assidûment[3]. François Ier interpréta ces manœuvres comme des signes d'hostilité et menaça ouvertement son oncle. Celui-ci tenta dès lors de se justifier, avec l'appui du pape[4] ; mais tous leurs efforts furent vains. Pendant ce temps, le roi accumulait les provocations à l'égard du duc[5]. Enfin, en janvier 1536, Poyet fut dépêché en Savoie[6], porteur d'un mémoire qui annonçait clairement les

---

1 Ercole Ricotti, *Storia della monarchia piemontese*, Florence, 1861, t. I, p. 215.

2 *Ibid.*, p. 211 : ces accusations avaient été formulées dès 1530-1532.

3 *Ibid.*, p. 214.

4 Il avait organisé des entrevues dès 1533, auxquelles il prit part en personne, sans grande réussite ; il continua pourtant à œuvrer pour la paix, car un conflit entre le roi de France et le duc de Savoie ne pouvait qu'être le prélude à une nouvelle guerre contre l'empereur, qui eût mis à mal les projets de croisade caressés par le pape et l'empereur (*ANG*, t. I, *Correspondance des nonces en France Carpi et Ferrerio (1535-1540) et légations de Carpi et de Farnèse*, éd. Jean Lestocquoy, Rome-Paris, 1961, p. 125, 1er février 1536).

5 Les officiers royaux du Dauphiné empiétaient sur des juridictions savoyardes, ce dont le duc Charles se plaignit en vain au parlement de Grenoble. Dans le même temps, en Piémont, des agitations étaient fomentées à l'initiative du roi, qui affirmait vouloir prendre une bonne partie des terres du duc pour réparation des outrages subis (*Ibid.*, p. 213-214).

6 *ANG*, t. I, p. 122, 15-16 janvier 1536.

intentions du roi. Cinq points de droit y étaient évoqués, selon lesquels la moitié cisalpine des États du duc devait légitimement revenir au roi : la Bresse, le Bugey et la moitié des autres biens ayant appartenu au duc Philippe ; la ville et comté de Nice, par les droits de Yolande d'Aragon ; le marquisat de Saluces, qui mouvait du Dauphiné ; le comté de Genève, dont les habitants avaient prêté hommage au dauphin de Viennois en 1320 ; la suzeraineté du pays de Fossigny, selon un accord passé avec Louis d'Orléans alors qu'il était dauphin[1].

Pour se sortir de cette situation, le duc devait accorder le libre passage, forcément douloureux, des armées françaises dans ses États, et mettre à la disposition du roi les places de Turin, Asti et Vercelli pour toute la durée de la guerre : mais il ne pouvait le faire sans enfreindre ses devoirs de vassal envers l'empereur, et donc perdre le Montferrat[2]. Malgré tout, il n'avait guère envie que son duché servît de rempart, contre les armées françaises, au Milanais, que Charles Quint refusait de céder au duc d'Orléans et qui était manifestement la principale cible de François Iᵉʳ.

> La réponse venue de Naples [où se trouvait l'empereur], que Sa Majesté impériale ne veut pas entendre parler de monsʳ d'Orleans, a ici mis le feu aux poudres, si bien qu'à découvert on fait tous les préparatifs possibles pour la guerre[3].

UNE GRANDE ARMÉE D'INVASION

Dès le mois de janvier avaient été levés 6 000, puis 12 000 lansquenets. D'après le nonce apostolique Carpi, le roi voulait rassembler une énorme armée de 50 000 fantassins, 1 500 hommes d'armes « à la française », 1 500 chevau-légers « à l'italienne » et cent pièces d'artillerie

---

1   AS Torino, MP est., Negoziazioni con Francia, mazzo 1, « Copia delle cinque domande… con le riposte del Presidente Porporato ». Porporato, chancelier du duc de Savoie, n'eut bien sûr aucune difficulté pour répondre à ces arguments que Poyet avait péniblement rassemblés en mettant à contribution le trésor des chartes. Toutefois, François Iᵉʳ n'avait pas besoin des meilleurs arguments : il lui fallait juste quelques arguties pour justifier son intervention, et comptait sur ses armées pour lui donner raison. Sur la rencontre entre Poyet, Charles III et Porporato, *cf. Mémoires de Pierre de Lambert*, dans *Monumenta Historiae Patriae, Scriptorum*, t. I, col. 840-929, Turin, 1840, col. 872.

2   AS Torino, MP int., Storia Real Casa, categ. 3ᵉ, Storie particolari, mazzo 10, nᵒ 5, Sommario della guerra di Piemonte dall'anno 1536 all'anno 1539, compilato da Stefano Rogerio di Barge.

3   *ANG*, t. I, p. 123-133, dépêche du nonce Carpi du 9 février 1536.

avec 80 000 boulets[1]. En attendant, le comte de Saint-Pol envahit sans coup férir la Bresse et le Bugey, puis s'attaqua aux États de la maison de Savoie[2]. Le Piémont ne semblait pas devoir résister davantage que les autres terres de Charles III ; mais celui-ci s'était retranché dans Turin, et il fallait s'assurer d'une prompte conquête, afin de tenir le pays sous l'occupation d'une puissante armée avant que l'empereur n'ait pu réagir. On envoya donc 12 000 ou 20 000 lansquenets en Piémont, conduits par Montejean, qui arrivèrent à la fin du mois de mars. L'amiral Chabot de Brion quitta la cour le 6 mars 1536 pour préparer les opérations[3], mais il ne se mit en route que le 22 mars en direction de Chambéry, pour achever d'y rassembler l'armée[4].

Claude d'Annebault devait participer aux opérations : en février, l'on disait qu'il allait commander des légionnaires[5]. Finalement, c'est à la tête de 4 000 légionnaires de Picardie et de Normandie[6], de ses mille chevau-légers et de trois cents hommes d'armes que d'Annebault partit en avant, dès le 11 mars, pour gagner Suse, « sans trouver resistence », aux environs du 15 mars[7]. Après avoir pris le contrôle du passage, ses gens reçurent l'ordre de rester dans les environ de Pignerol en attendant « l'espaule des lansquenets et gens à cheval », car ils manquaient d'expérience

---

1 *Ibid.*, p. 134.
2 AN, K 1484, Jean Hannart à l'impératrice, Lyon, 14 février 1536 ; Du Bellay, *Mémoires*, t. II, p. 320.
3 *Ibid.*, p. 328.
4 ŐStA, FrBW 9, Jean Hannart à Charles Quint, Lyon, 30 mars [1536] (minute). Sur le rôle de Chabot dans ces opérations, voir R. J. Knecht, « Philippe Chabot de Brion (v. 1492-1543) », dans *Les conseillers de François Ier, op. cit.*, p. 463-480, aux p. 473-474.
5 *Ibid.*, Jean Hannart à Marie de Hongrie, Lyon, 17 février 1536 (minute).
6 Les légions de ces provinces venaient d'être créées par l'ordonnance du 24 juillet 1534.
7 *Ibid.*, Jean Hannart à Marie de Hongrie, Lyon, 31 mars 1536 (minute), AGR Belgique, Aud. 418, fol. 42-47, lettre du même à l'empereur, Lyon, 14 avril 1536 (copie) et *ANG*, t. I, p. 144 et 147-148. La liste des chefs de l'armée est donnée dans *ibid.*, p. 236 : lieutenant général Philippe Chabot (810 lances) ; René de Montejean (100 lances), François de Saluces (50 lances), Claude d'Annebault (50 lances), Jean de Villebon, Antoine de Montpesat, Charles Tiercelin de La Roche Du Maine, Galiot de Genouillac, Robert Stuart d'Aubigny, Gabriel d'Alègre, Gian Paulo da Ceri. Le seigneur de Termes, futur bras droit de Claude d'Annebault en Piémont, conduisait cent chevau-légers, « la charge generale desquels fut donnée audit seigneur d'Annebault, chevalier de l'ordre et depuis maréchal de France » ; les bandes des gens de pied à la charge de Montejean. Au total, les effectifs de cette armée étaient moins considérables que prévu : André Thevet les évalue à 800 lances et 12 000 gens de pied, ce qui est sans doute un peu moins que la réalité (A. Thevet, *op. cit.*, fol. 383).

pour avancer plus loin[1]. L'armée acheva donc de se concentrer à Suse, où l'amiral de Brion arriva finalement fin mars ; début avril, il avait avec lui 10 000 à 12 000 piétons français, la bande du comte de Fürstenberg et plus de trois cent lances. Le total des troupes françaises s'élevait donc à plus de 30 000 hommes, dont 1 000 à 1 200 gens d'armes, de part et d'autre des Alpes[2]. Le comte de Saint-Pol, ne voulant pas se trouver sous le commandement de l'amiral Chabot, rentra en France le 23 mars.

LA SOUMISSION DU PIÉMONT

Apprenant l'approche des troupes impériales du marquis de Marignan[3], plus expérimentées que les leurs, les chefs français forcèrent la marche et parvinrent les premiers dans la plaine de Piémont. Selon Guillaume Du Bellay, les Impériaux se retirèrent « de logis en logis jusques à Thurin, ville capitale du Piemont, en laquelle ils n'osèrent se mettre. Par quoy les habitants, ainsi destituez et abandonnez, se rendirent à la sommation desdits seigneurs d'Annebault et de Montejean, qui entrerent dedans et la mirent ès mains du roy[4] ». En effet, le duc de Savoie avait fui à l'approche des Français, sur les conseils d'Antoine de Leyva qui « fist visiter la ville, laquelle il ne trouva pour l'hors tenable contre une si grosse puissance que celle du roy de France ; il n'avoyt aussi le nombre de gens de guerre qu'il convenoyt pour y resister[5] ». Tout le Piémont se rendit sans résister, à l'exception de Vercelli[6], où le duc et sa famille se réfugièrent donc

---

1   *Correspondance du cardinal Jean Du Bellay*, éd. R. Scheurer, Paris, 1969-2008, 3 vol., t. II, p. 382-385, François de Saluces à Jean Du Bellay, 15 mars [1536] : « Puisque ceulx que mons' d'Ennebault meyne sont gens neufz, et qu'ilz n'ont estez a la guerre, ne suis d'oppinion qu'ilz passent plus oultre que Suze ou Pynerol, lequel des deux on pourra faire plus a propoz ; et la actendre l'espaule des lansquenetz et gens de cheval, reservé, si quelque occasion se presentoit, d'approcher Thurin : les mectant tousjours en lieu fort et pour faire place a ce qui viendra après » ; *cf.* aussi BnF, Fr. 2291, fol. 63, Claude d'Annebault à Philippe Chabot de Brion, Villanne, 29 mars [1536].

2   AGR Belgique, Aud. 418, fol. 42-47, Jean Hannart à l'empereur, Lyon, 14 avril 1536 (copie), AN, K 1484, Martin Vallez à Juan Vasquez de Molina, Lyon, 29 mars 1536.

3   Jean Jacques de Médicis.

4   Du Bellay, *Mémoires*, t. II, p. 328.

5   AS Torino, MP int., Storia Real Casa, categ. 3ᵉ, Storie part., mazzo 10, n°4, Memoyres de messire Pierre de Lambert, seigneur de La Croyx, président des comptes de Savoye sur la vie de Charles, duc de Savoye neuvieme, des l'an 1505 jusque en l'an 1539 ; les habitants de Turin avaient d'ailleurs refusé la présence des troupes du gouverneur de Milanais ; *cf.* aussi AN, K 1484, Jean Hannart à l'impératrice, Lyon, 4 août 1536.

6   ÖStA, FrVa 2, Jean Hannart à Eustache Chapuis, minute, Lyon, 4 avril 1536. On trouvera en annexe de ce livre une carte du Piémont aux premières années de l'occupation française.

a grand regret d'eulx et merveilleulx mecontentement des bons subgetz,
[...] poinct de ceulx de Turin, car ils n'attendirent pas que [ledit] seigneur fust
a cheval qu'ilz alarent au devant des Françoys pour les amener dans leur ville[1].

Le roi entretenait des intelligences dans cette ville, parmi lesquelles le
gouverneur, pourtant parent du duc, le comte de Pancaglieri[2]. Ainsi,
lorsque les syndics de la cité voisine de Moncalieri lui envoyèrent deux
députés pour lui demander comment résister aux armées de Chabot, ils
s'entendirent répondre qu'il ne servait à rien de résister à la puissance
du roi et qu'il fallait lui prêter serment et accéder à toutes ses exigences
pour éviter d'être mis à feu et à sang par les 14 000 soldats qui approchaient. Les délégués de la ville protestèrent des droits du duc, mais
n'étaient pas en mesure de résister sans le secours de Turin, qui était la
seule cité des environs à disposer de fortifications décentes[3]. Or, le jour
même, grâce au travail de sape de Charles de Burie[4], Turin se rendit
à la première sommation : François de Saluces, lieutenant de l'amiral
pour cette campagne, fit son entrée avec l'avant-garde, commandée par
d'Annebault et Montejean, et s'installa au château[5].

---

1   AS Torino, MP int., Storia Real Casa, categ. 3ᵉ, Storie particolari, mazzo 10, nᵒ 4, *Memoyres
de messire Pierre de Lambert.*

2   Ce Pancaglieri allait participer à la construction du Piémont français (*cf. infra*) ; peut-être
agissait-il avec l'accord du duc Charles, dont l'ambassadeur de Savoie avait confié au
nonce Carpi que le duc donnerait probablement Turin et Vercelli tout en faisant mine
de se défendre pour donner le change à l'empereur (*ANG*, t. I, p. 148, 17 mars 1536) ;
toutefois, force est de constater qu'il ne céda jamais Vercelli, il est vrai occupée par
Antoine de Leyva, et ne récupéra pas davantage ses états piémontais après la conclusion
de la paix.

3   ASC Moncalieri, Serie generale, nᵒ 2420, reddition de la ville au roi de France, sous la
sommation de son héraut d'armes, 3 avril 1536.

4   Raymond De Fourquevaux, *Instructions sur le faict de la guerre*, Paris, 1548, fol. 72 : selon
Guillaume Du Bellay, le meilleur spécialiste de l'usage des mines lors des sièges, depuis
la mort de Pedro de Navarre, était le seigneur de Burie, « a mon advis c'est bien celluy
d'entre tous les Françoys qui l'entend aussi bien, si je n'ose dire mieulx, et peu s'en fault
que il n'y mette les aultres nations ».

5   Armando Tallone, *Gli ultimi marchesi di Saluzzo, dal 1504 al 1548*, Bibliotheca della Societa
Storica Subalpina, t. X, Pignerol, 1901, p. 319 ; Giuseppe Cambiano, *Historico discorso*,
dans *Monumenta Historiae Patriae, Scriptorum*, t. I, col. 931-1422, Turin, 1840, col. 1034 ;
le traducteur de Rabbi Joseph ben Joshua, *The chronicles of Rabbi Joseph ben Joshua ben Meïr,
the Sphardi*, trad. de l'hébreu en anglais par C. H. F. Bialloblotzky, Londres, 1835-1836,
2 vol, t. II, p. 238-239, semble avoir compris « Montaigne » au lieu de « Montejean »,
lorsque le chroniqueur dit que ces deux capitaines, « Danibo and Montaigne », prirent à
eux seuls Turin puis toute la Savoie « as one taketh the tip of the ear ».

Une fois maîtres des environs de Turin, les Français prirent facilement possession des autres cités des Alpes, à l'ouest et au nord de la capitale[1] ; pendant ce temps, au sud, les principales cités, Savigliano, Fossano et Coni, cédèrent l'une après l'autre. Puis Chabot rejoignit Turin, suivi des lansquenets. Les événements prenaient bonne tournure, mais plutôt que d'en profiter, l'amiral choisit de séjourner dans cette ville, le temps d'y rassembler son armée, sans doute pour envahir le Milanais : certains jugèrent qu'il eût mieux fait de ne pas s'y attarder. En effet, cela permit à Antonio de Leyva, retranché à Vercelli, de renforcer ses effectifs et de tenir solidement la rive opposée de la Doire baltée : le rapport de force s'équilibrait, et chaque adversaire campait désormais sur ses positions[2].

Alors, François Ier voulut négocier avec Charles Quint, qui dénonça à Rome, le 17 avril, l'invasion de la Savoie. Pour obtenir le duché de Milan[3], il dépêcha le cardinal Jean de Lorraine auprès de l'empereur et du pape Paul III : les états de Charles de Savoie devaient servir de monnaie d'échange. Le cardinal parvint au camp français de Turin et annonça à Claude d'Annebault et Charles de Burie[4] que le roi ne voulait pas poursuivre ses conquêtes : Burie exprima son désaccord, mais d'Annebault, comme en toutes circonstances, décida d'obéir aux ordres du roi[5]. Une fois réunis, Chabot, François de Saluces, d'Annebault et Montejean discutèrent âprement sur la conduite à tenir : fallait-il ignorer les instructions et prendre Verceil, ou reculer, comme on le leur enjoignait, et ne conserver que quelques places stratégiques ?

> Le sieur d'Annebault, raconta Du Bellay, fut bien d'advis de passer outre, mais non de reculer en arriere, pour n'acquerir à leur camp ceste defaveur, en donnant à l'ennemy l'occasion de se vanter que peur et crainte le leur fist

---

1 Francesco Cognasso, *Storia di Torino*, Milan, 1960, p. 187 ; voir en particulier l'exemple de Pignerol : ASC Pinerolo, cat. 12, faldone 185, reddition de la ville de Pignerol à l'amiral Chabot, 11 avril 1536 ; Du Bellay, *Mémoires*, t. II, p. 328-329 : une simple sommation suffit à déloger la garnison de Chivasso, et la cité se rendit à l'autorité du roi de France.

2 *Ibid.*, p. 288-289.

3 Dont le duc d'Orléans serait investi, avec droits de retour à la couronne.

4 Charles de Coucy, maître de l'artillerie.

5 Cet épisode est rapporté par Du Bellay, mais il est probable que les ordres du roi de cesser les combats ne soient parvenus qu'une à trois semaines après le passage du cardinal de Lorraine à Turin (le 8 avril), car les conquêtes se sont encore poursuivies pendant plusieurs jours ; ces mémoires constituent une source très précieuse pour les épisodes militaires du règne de François Ier, mais la chronologie n'est pas toujours infaillible, même pour les évènements que les Du Bellay avaient suivis de près.

faire. Et par son opinion fut conclu et arresté de séjourner au mesme lieu où ils estoient, qui n'estoit point contrevenir au mandement du roy, jusques à ce que mondit seigneur le cardinal, arrivé au camp de Leve, mandast ce qu'on auroit à faire, afin que si on se retiroit en arriere, ce fust avecques reputation et à la requeste de l'ennemy[1].

La solution proposée par d'Annebault présentait l'avantage de sauve-garder l'essentiel de l'œuvre accomplie, sans pour autant contrevenir à l'ordre reçu, qui ne demandait pas expressément un retrait des troupes sur quelques places. Le désavantage évident était que les forces françaises demeureraient éclatées, et donc plus fragiles en cas de contre-offensive. Parmi les partisans de l'évacuation pure et simple de la province, on comptait le marquis de Saluces, commandant des armées françaises depuis le départ de Chabot, qui tenait une position pour le moins ambi-guë : cela n'aurait-il pas exposé sa propre principauté aux représailles de l'empereur ? De plus, la Provence s'en trouverait menacée d'invasion[2]. Dans le même temps, François Ier concentrait de nouvelles troupes de Suisses et de lansquenets au pied des Alpes[3].

De son côté, Antoine de Leyva profitait de l'inertie des Français pour introduire des troupes en Piémont. François de Saluces, ne parvenant pas à décider d'Annebault et Burie à la retraite, finit par livrer le 17 mai Coni et les terres les plus méridionales de cette principauté, et renvoya à François Ier le collier de l'ordre de Saint-Michel : cette bravade officia-lisait sa trahison, motivée par l'espoir de l'investiture du Montferrat[4]. Par ailleurs, elle donnait aux Impériaux une autre possibilité d'envahir la Provence, en passant par le marquisat de Saluces. Cependant, le grand maître de Montmorency, récemment arrivé de France, parvint à les ralentir en tenant Fossano un mois durant[5]. Afin de ne pas être

---

1　*Ibid.*, t. II, p. 387-388.

2　*Ibid.*, t. III, p. 64-65 ; Guillaume Paradin, *Chronique de Savoye*, Lyon, 1561, p. 402 ; G. Cambiano, *op. cit.*, col. 1034-1035.

3　*ANG*, t. I, p. 170 ; il est question d'environ 18 000 lansquenets et 12 000 Suisses, qui auraient ainsi porté les effectifs à un niveau plus conforme aux ambitions initiales et donné les moyens de conquérir le Milanais.

4　R. J. Knecht, *François Ier, op. cit.*, p. 335 ; *Chronicles of Rabbi Joseph ben Joshua, op. cit.*, p. 245 ; sur la trahison du marquis, voir Michel de Montaigne, *Œuvres complètes*, éd. M. Rat, Paris, 1962, livre I des *Essais*, chap. XI.

5　Cette place, située au nord de Coni, gardait l'accès au marquisat de Saluces ; *cf.* BnF, Clair. 335, fol. 122, lettre du roi à Humières, Crémieu, 14 juin 1536, et *ibid.*, fol. 130, Anne de Montmorency à La Rochepot, juin 1536.

pris à revers, les Impériaux tentèrent également de déloger l'armée française enfermée à Turin. Ils l'assiégèrent avec 12 000 hommes, mais les gouverneurs tinrent bon[1] : la population était toute acquise au roi, et les troupes disciplinées grâce à l'argent envoyé de France[2]. Aussi d'Annebault pouvait-il, dans une lettre à Jean d'Humières, envisager avec optimisme la suite des événements :

> Vostre lettre m'a fait merveilleusement grant plaisir pour avoir entendu si bonnes nouvelles de nostre maistre, et pour rescompence, je vous en manderay de ceste place, que je vous prye luy faire savoir, car je suys seur qu'elles ne luy desplairont point ; c'est que je vous puys assurer que nostre ville est en tel estat et les gens en si bonne vollonté que quant la grosse armee que vous m'avez escript qui [est] amayné par deça seroyt avecques celle de l'empere[ur], nous ne craindryons pas qu'ilz nous peussent prendr[e] par force [...]. Je ne vous mande riens de Fossan, pour ce que vous en pourez savoir la myeulx que je ne faiz ycy, mais si est [c]e que[3] a ce que j'entens, ilz ont donné [u]ne bonne venue aux espaignolz, et gaigné troys pieces d'artillerye[4].

La campagne de Provence mobilisa l'armée de Montmorency, qui ne put se porter au secours de Turin[5] : d'Annebault resta donc responsable de la ville de Turin et de ses environs, aux confins des positions fortes impériales de Vercelli, Asti et Albe de Montferrat ; en pratique, son autorité s'étendait sur toute la grande moitié nord du Piémont, voire davantage après la chute de Fossano et le départ de Montmorency. Il était placé sous l'autorité de Jean d'Humières, nouveau lieutenant général du roi en Dauphiné, Savoie et Piémont.

---

1 G. Paradin, *Chronique de Savoye, op. cit.*, p. 393 ; *Chronicles of Rabbi Joseph ben Joshua, op. cit.*, p. 242-243.
2 BnF, Clair. 336, fol. 163 et 202, lettres du roi à Humières, Lyon, 30 juin et 20 juillet 1536, et BnF, Fr. 3062, fol. 74, Claude d'Annebault à Jean d'Humières, Turin, 17 juin [1536].
3 *Sic.*
4 Lettre citée de Claude d'Annebault à Jean d'Humières, Turin, 17 juin [1536].
5 Decrue, p. 263 ; Étienne Dolet (*Gestes de François de Valois, roi de France*, Lyon, 1540, p. 68) dit que « quant a Thurin, [l'empereur] le sentit ung peu trop fort et trop bien gardé ; par quoy il passa oultre et s'en vint en Provence pour executer ses grans menaces ».

LA CONSOLIDATION DES CONQUÊTES

Claude d'Annebault connaissait la ville de Turin : il y avait déjà séjourné à plusieurs reprises, au moins en 1524 et en 1529[1], et avait pour lui l'expérience du terrain. L'amiral Chabot, partant se retirer avec quelques troupes à Pignerol, lui avait donc logiquement confié la garde du pays turinois et laissé sous ses ordres un grand nombre des plus vaillants de ses capitaines, preuve de l'importance stratégique capitale de cette cité[2]. D'Annebault y passa donc plusieurs semaines, informant réguliè-rement le roi, Montmorency, La Rochepot et d'Humières de l'évolution de la situation[3]. Étant donné que le gros des troupes de Charles Quint avait quitté la province, il s'agissait avant tout de consolider la présence française, comme en témoigne le récit de Du Bellay :

> Les sires d'Annebault et de Burie estans en la ville de Turin, ce temps pen-dant, ne laissoient rien ne jour ne nuict en arriere de tout ce qui affiert et appartient à bons et diligens capitaines et bien experimentez aux affaires de la guerre, se donnans garde soigneusement de ne donner occasion n'opportunité, ou à l'ennemy ou aux gens de la ville nouvellement reduitte à l'obeissance du roy d'oser faire desseing ou entreprise sur eux. Ne se contentoient point toutesfois de ce faire tant seulement, ne bien asseoir, revisiter et raffreschir leurs guets, mais se tenoient tousjours prests et appareillez à toutes occasions et opportunitez que leur bailloit ledit ennemy de faire des saillies hors de la ville, quand ils veoient ledit ennemy approcher d'eux trop asseurement, et que sans hasarder temerairement ils luy pouvoient donner quelque venue, et puis cela faict ils se retiroient, et quand ils en voyoient estre le temps,

---

1   *Cf.* p. 62 et 72.

2   Leur liste est donnée par A. Thevet, *op. cit.*, fol. 383v : il s'agit des seigneurs de Burie, d'Alègre, de Termes, d'Ossun, d'Essé, les comtes de Tonnerre et de Sancerre, les seigneurs de Piennes, de Listenay, de Clervaux (Paul Chabot, fils aîné de Jarnac et neveu de Philippe Chabot de Brion), le seigneur Des Cars, Brissac, La Châtaigneraie, d'O, de Traves, et de Paulmy. C'étaient presque tous de jeunes gens, fils de grandes familles, venus chercher la gloire en Piémont. La plupart allaient se distinguer dans les guerres à venir, mais étaient inexpérimentés en 1536 ; Claude d'Annebault gardait donc avec Charles de Burie l'entière responsabilité des armées en place autour de Turin. *Cf.* aussi *L&P*, t. X, p. 469, n° 1114, John Wallop à John Lisle, Lyon, 10 juin 1536 : « The chief rulers are Hanyball, mons' de Legre [d'Alègre] and Burey, and the garrison contain the flower of all the youth of the Court. »

3   Ces trois personnages étaient respectivement commis à la garde de la Provence, de la Picardie et du Dauphiné ; d'Annebault, lieutenant de Jean d'Humières, s'était vu confier le Piémont. Cette correspondance à quatre permettait de maintenir la cohérence des opérations militaires françaises, ouvertes sur au moins trois fronts.

amenoient le plus souvent prisonniers et gros butin de bestes aumailles et autres bestial dedans la ville[1].

Grâce à un réseau d'informateurs disséminés dans tout le pays, d'Annebault parvint à conserver ses positions. Bien plus, il parvint à se saisir de places situées immédiatement à l'ouest de Turin, comme Sant'Ambrogio, Avigliana et surtout Rivoli, que les Français n'avaient pas jugé urgent d'occuper au mois d'avril. Averti par des espions que de la ville de Ciria, dans la zone contrôlée par les troupes milanaises au nord de Turin, devait être expédié du ravitaillement pour le camp impérial, il envoya des troupes prendre d'assaut cette forteresse; elles en ramenèrent un important butin, non sans avoir massacré la garnison et assuré le contrôle des Français des environs[2]. Il installa aussi un petit camp français à Suse, pour garder le passage des Alpes[3]. Au sud, d'Annebault voulut reprendre Fossano, tenue par le marquis de Marignan. Il n'en trouva jamais l'occasion, mais organisa des coups de force victorieux sur la ville voisine de Savigliano; toutefois, il y perdit l'un des meilleurs capitaines de guerre, le *condottiere* Marc' Antonio di Cusano[4].

Pendant ce temps, d'Annebault et Burie organisaient la défense de Turin, renforçaient les remparts[5] et passaient des marchés avec des bourgeois pour fournir la ville en nourriture[6]. Ils veillaient à récompenser

---

1   Du Bellay, *Mémoires*, t. III, p. 224-229, chap. «Ce que fist monseigneur d'Annebault à Turin».

2   *Ibid.*, p. 225.

3   BnF, Fr. 3062, fol. 89, Claude d'Annebault et Charles de Burie à Jean d'Humières, Turin, 6 août [1536].

4   Du Bellay, *Mémoires*, t. III, p. 226-229; *Chronicles of Rabbi Joseph ben Joshua, op. cit.*, p. 247-248; ce Milanais était à l'origine de l'expédition sur Savigliano, dont il avait soumis le projet à d'Annebault et Burie (G. Cambiano, *op. cit.*, col. 1038); voir aussi Émile Picot, *Les Italiens en France au XVIᵉ siècle*, Bordeaux, 1918, p. 35.

5   *CCJDB*, t. II, p. 324, Palamède Gontier, secrétaire de l'amiral, à Jean Du Bellay, Settimo Torinese, 3 mai 1536; *cf.* aussi *ibid.*, p. 325-326, Charles Hémard au même, Rome, 5 mai 1536.

6   AN, J 993, nº 8¹, copie d'un contrat du 28 mai 1536: «Je, Jehan Michellet, certiffie que au papier et registrement faict par Claude Turquan des blez qu'il a receuz et mis soubz l'eglise de Sainct-Jehan de Thurin pour la munition de ceste ville, et dont il m'a laissé la charge pour les distribuer ainsi qu'il plaira en ordonner a Messeigneurs d'Annebault et de Burye, et faict recepte par led. Turgran de quatre vingtz sacz de blé de Jacques d'Armel de Thurin.» Jean Michelet resta par la suite chargé d'approvisionnements jusqu'en 1538; ses comptes sont conservés aux AN, J 993, nº 8⁶.

ceux qui se mettaient au service du roi, afin de s'assurer la bienveillance de la population[1]. De plus, ils firent saisir et fondre tous les objets de cuivre et de bronze pour fabriquer des pièces d'artillerie[2], dont la ville était encore très dépourvue, malgré celles qui furent prises à l'ennemi. Ils accomplirent leur tâche avec un tel zèle qu'au début du mois de mai, ils étaient prêts à résister à d'éventuels assauts des armées impériales, avant même qu'elles eussent fini de se rassembler[3]. Puis commença le siège de la ville par 9 000 à 10 000 Impériaux, pendant lequel les soldats français, au nombre de 4 000 environ, résistèrent vaillamment, infligeant chaque jour de grands dommages à leurs ennemis[4]. D'Annebault et Burie s'occupèrent également de faire payer l'armée, ce qui devint difficile à partir du mois d'août, à cause des assiégeants : mais le roi leur envoya en hâte, sur leur demande, 10 000 écus pour la solde des troupes[5], ce qui évita le pillage de la ville et de ses campagnes. Enfin, ils firent fournir les étapes et loger les gens de guerre[6], pour lesquels ils demandèrent l'envoi de vin depuis Briançon[7].

Fin août, François Ier parvint à rassembler une armée de 15 000 gens de pied et 1 000 chevau-légers à La Mirandole, sous les ordres de Guido

---

1 BnF, Fr. 3062, fol. 32, François de la Rochepot à Jean d'Humières, Valence, 11 août [1536] : le roi a autorisé l'acheminement de marchandises de Briançon jusqu'en Piémont à trois marchands de Turin, Jean-Antoine Gros, Breton Gros et Philippe Parrachia ; Jean-Antoine Gros sert le roi depuis six mois à Turin, « ou il faict journellement beaucoup de services aud. s[r], ainsi que l'a adverty mons[r] d'Annebault ».

2 ASC Torino, Donativi, n° 542, mémoire adressé à François Ier, 1546 : « de maison en maison, le premier an de la guerre et du temps de l'assieige, et du mandement de messieurs Danibaud et Burye pour allors gouverneurs dudict Thurin, ont été prins chaudieres, chauderons, potz, chandelliers et autres meubles d'arain, de cuivre et de loton, pour faire artillerie, que valent grant quantité d'escuz ».

3 *CCJDB*, t. II, lettres citées des 3 et 5 mai 1536.

4 *Ibid.*, p. 377-379, Jean à [Guillaume] Du Bellay, Lyon, 13 et 16 juillet [1536] ; aussi ÖStA, Italien kl. St., Karton 1 (Mailand 1435-1540), fol. 193-194, lettre du cardinal Caracciolo à Charles Quint, Milan, 17 août 1536.

5 AN, J 965, n° 5[4], lettre de François Ier au chancelier Poyet, Saint-Vallier, 6 août 1536.

6 BnF, Fr. 3062, fol. 108, lettre de Claude d'Annebault et Charles de Burie à Jean d'Humières, Turin, 22 août [1536].

7 BnF, *ibid.*, fol. 112, Claude d'Annebault et Charles de Burie à Jean d'Humières, Turin, 27 août [1536], et *ibid.*, fol. 114, lettre des mêmes au même, Turin, 30 août [1536]. François de Tournon, *Correspondance du cardinal François de Tournon*, éd. M. François, Paris, 1946, p. 106-107, lettre du cardinal de Tournon et du chancelier Du Bourg au roi, 2 septembre [1536] : le lieutenant général du roi en Dauphiné pensait pourtant que d'Annebault ne réclamerait pas le vin qui était destiné à la garnison de Turin, car il croyait que la ville en était suffisamment fournie.

Rangone et Canino de Gonzague, attendus à Turin pour le 2 septembre[1] ; de telles manœuvres n'étaient pas sans inquiéter les gens de l'empereur à Milan[2]. Des troupes fraîches de René de La Palletière et du seigneur de La Gaudinière étaient aussi attendues à Turin[3]. Une fois les renforts arrivés, d'Annebault devait rejoindre le roi, laissant Charles de Burie seul gouverneur de la place[4]. Vers le 25 août, les troupes de Guido Rangone quittèrent La Mirandole pour se diriger vers la via Roma et traverser la Ligurie ; à l'évidence, ils marchaient sur Turin pour prendre les force impériales à revers. Toutes ces opérations étaient coordonnées par plusieurs serviteurs du roi en Italie, notamment depuis Venise[5]. De la réussite de cette manœuvre dépendait l'avenir du Piémont, ainsi que le cardinal Caracciolo, depuis Pavie, en avertit l'empereur :

> Si les ennemis ne sont pas défaits en chemin, le siège de Turin sera levé et je crains que tout le Piémont ne soit perdu et réduit à la domination de la France[6].

À leur approche, le 3 septembre, les troupes du gouverneur de Milan, Ferrand Gonzague, levèrent le siège de Turin. Les voyant se retirer, d'Annebault sortit avec sept ou huit cents hommes et rattrapa l'arrière-garde, qui se rendit. Puis il aida Rangone, avec son artillerie, à faire sortir soixante mercenaires napolitains enfermés dans Carignan, et chassa les Impériaux de Moncalieri, qu'ils avaient reprise, et de Chieri, recevant l'hommage des habitants pour le roi[7]. Le 11 septembre,

---

1   BnF, Fr. 3062, fol. 111, Claude d'Annebault à Jean d'Humières, Turin, 26 août [1536], et Du Bellay, *Mémoires*, t. III, p. 325 *sq.*

2   ÖStA, Italien kl. St., Karton 1 (Mailand 1435-1540), fol. 193-194, lettre du cardinal Caracciolo à Charles Quint, Milan, 17 août 1536.

3   BnF, Fr. 3062, fol. 112, lettre citée du 30 août.

4   BnF, *ibid.*, fol. 107, Charles de Burie à Jean d'Humières, Turin, 21 août [1536] : « la voulenté du roy est que je demoure en ceste ville, et mons' d'Annebault s'en va ».

5   Georges d'Armagnac, *Correspondance*, t. I, 1530-1560, éd. N. Lemaître, Paris, 2007, p. 71, lettre de Georges d'Armagnac à Jean d'Humières, Venise, 27 avril 1537, évoquant ses liens avec d'Annebault et Burie, d'une part, et Rangone d'autre part, pendant la défense de Turin.

6   ÖStA, Italien kl. St., 1 (Mailand 1435-1540), fol. 197-198v, lettre du cardinal Caracciolo à Charles Quint, Pavie, 27 août 1536.

7   Du Bellay, *Mémoires*, p. 332-333 ; *CCJDB*, t. II, p. 466-467, François Ier au cardinal Du Bellay, Pont-Saint-Esprit, 12 septembre 1536 : Fregoso s'est « joinct avec le seigneur d'Annebault qui estoit sailly de Thurin avec quelque nombre de gens pour favoriser mad. armee et, en despit de la barbe des ennemis, ont passé la riviere de Tanar et sont venus prendre Quier, Carignan, Carmaignoles et Montvalier avec les chasteaux. Et journellement se

d'Annebault reçut des délégués des villes du marquisat de Saluces, qui reconnurent l'autorité du roi et demandèrent un podestat : la domination française au pied des Alpes était dès lors solidement établie. Dans le même temps, Antonio de Leyva mourait en Provence, laissant dans la province une armée décimée par la dysenterie et défaite par Anne de Montmorency. Le roi adressa donc à Claude d'Annebault des lettres pour le rappeler auprès de lui. Le 14 septembre, il quitta le Piémont, confié aux bons soins de Charles de Burie et de valeureux capitaines tels que Sampiero Corso et Jean de Turin[1].

D'Annebault rejoignit le roi à Avignon et lui fit son rapport sur le bon état de ses affaires en Piémont. La principale raison de ce retour[2] était que les frontières méridionales du royaume semblaient désormais à l'abri, tandis que les armées royales peinaient en Picardie[3]. François Ier avait donc rappelé Claude d'Annebault pour l'envoyer au secours de cette frontière, ce qui explique sans doute pourquoi il ne fit pas poursuivre les troupes de Charles Quint, qui se retira sans trop de mal et s'embarqua à Gênes le 23 septembre[4]. Les troupes furent congédiées par le cardinal de Tournon, qui laissa à Jean d'Humières les garnisons du Piémont ; toutefois, il n'avait pas les moyens de les payer, car les finances du roi avaient beaucoup souffert de la campagne[5]. Les soldats vécurent donc sur le pays et aux dépens des habitants, mais on ne pensait alors conserver le Piémont que le temps de la guerre, pour l'échanger plus tard contre d'autres avantages[6].

Dans la carrière de Claude d'Annebault, ce premier épisode turinois fut une étape importante. Anne de Montmorency faisait au roi l'éloge

---

viennent rendre a eux soubs mon obéissance plusieurs villes et places du Piedmont. Et outre cela, ils ont pris 7 a 8 mil sacs de farines qui estoient ordonnez pour porter au camp de l'empereur. »

1   Du Bellay, *Mémoires*, p. 333-336.
2   L'historiographe Mézeray imagina que le roi le rappela « pour [le] faire reposer des grands travaux qu'il avoit soufferts pendant le siège » (François de Mézeray, *Histoire de France depuis Faramond jusqu'au règne de Louis le Juste*, Paris, 1685, 3 vol., t. II, p. 999).
3   Decrue, p. 286 ; le roi ne savait pas encore que le duc de Nassau venait de lever le siège de Péronne.
4   *La Nunziatura in Francia di Rodolfo Pio (1535-1537)*, éd. P. G. Baroni, *Mémorie storiche e documenti sulla Città e sull'antico Principato di Carpi*, t. XIII, Bologne, 1962, p. 507, lettre de Rodolfo Pio à Ambrogio Ricalcati, Valence, 5 septembre 1536.
5   Michel François, *Le cardinal François de Tournon*, Paris, 1951, p. 133-137.
6   Sur cette première période d'occupation « sauvage » du pays, *cf.* le chapitre suivant de ce livre, et Victor-Louis Bourrilly, *Guillaume du Bellay, seigneur de Langey*, Paris, 1905.

des services de son protégé[1]. Celui-ci suivit la cour dans le voyage de Provence, et le roi lui fit faire, comme au roi de Navarre, au duc d'Estouteville, à Montmorency et à lui-même, une casaque de velours gris, couleur de la fidélité, pour monter à cheval à ses côtés[2]. D'Annebault avait dorénavant la confiance de son maître. L'année suivante, il figurait parmi les principaux chefs militaires français.

LA CAMPAGNE D'ARTOIS

CHANGEMENT DE FRONT

En septembre 1536, la fin des combats en Picardie avait empêché que Claude d'Annebault fût employé sur ce front, mais ce n'était que partie remise. En effet, François Ier voulut renforcer ses frontières septentrionales en recouvrant le comté de Saint-Pol, voire tout l'Artois. Le 15 janvier, par une séance en lit de justice demeurée célèbre, il fit proclamer par le parlement de Paris la confiscation des fiefs français de son vassal félon, l'empereur Charles : la Flandre, l'Artois et le Charolais[3]. « L'homme de la situation » était le grand-maître Anne de Montmorency, nommé lieutenant général dès le 10 novembre 1536[4]. Il choisit Claude d'Annebault, capitaine général des chevau-légers, pour l'assister dans ces opérations[5].

Après avoir secondé Chabot en Piémont l'année précédente, d'Annebault se retrouvait à nouveau sous les ordres d'un Montmorency de plus en plus hostile à l'amiral ; officiellement, il appartenait à la faction du grand-maître, mais ses amitiés dans l'autre camp rendaient

---

1   BnF, Fr. 6637, fol. 24, Claude d'Annebault à Anne de Montmorency, Turin, 1er juillet [1536] : « J'ay esté averty par mes amys de bons et honnestes propoz que tenez tous les jours de moy en mon absence et comme de bon cueur vous emploiez pour moy en ce qui me touche, dont je vous mercye treshumblement. »

2   *CAF*, t. III, p. 246, n° 8657, Lyon, 7 octobre 1536.

3   Il faut noter que par le traité de Cambrai (août 1529), François Ier avait renoncé à ses droits de suzeraineté sur ces fiefs.

4   R. J. Knecht, *François Ier*, *op. cit.*, p. 340-341.

5   Decrue, p. 299 *sq.* ; Du Bellay, *Mémoires*, t. III, p. 347 *sq.* ; Blaise de Monluc, *Commentaires*, éd. P. Courteault, Paris, 1911-1925, t. I, p. 122 *sq.* ; *Cronique du roy François, premier de ce nom*, éd. G. Guiffrey, Paris, 1860, p. 211-212.

sa position ambiguë. C'est peut-être en partie pour renforcer ses liens avec d'Annebault que Montmorency l'emmena avec lui, plutôt que de le laisser un an de plus en Piémont : son favori prenait de plus en plus d'importance et avait gagné l'estime du roi, ce qui lui conférait un poids politique nouveau. En tout cas, cette nouvelle campagne pouvait permettre au général des chevau-légers d'être le compagnon d'armes d'autres personnages, tels Oudart Du Biez, gouverneur de Boulogne et lieutenant général au gouvernement de Picardie, François de Montmorency, seigneur de La Rochepot, le jeune Jacques d'Albon de Saint-André, Paul de La Barthe, seigneur de Termes, ou encore le Milanais Francisque Bernardin de Vimercat[1].

THÉROUANNE, HESDIN ET SAINT-POL

Le roi et Montmorency attendirent une saison favorable pour emmener leurs troupes concentrées en Picardie. Pendant ce temps, dans les derniers jours de février, Claude d'Annebault accompagna le duc de Guise à Compiègne, avec trente-six pièces d'artillerie prises à Paris pour renforcer Thérouanne. Il contribua aussi à réunir 20 000 lances pour faire la guerre en Artois[2]. La ville de Thérouanne, qui se trouvait être l'une des clés de cette province[3], était alors assiégée par le comte de Rœulx[4] : Martin Du Bellay et Philippe de Créquy lui opposaient une belle résistance, mais ils manquaient de poudre et de vivres. Le 27 mars, d'Annebault fut chargé de les secourir[5] en attendant l'arrivée de l'armée royale, qui s'attardait à prendre Auxy-le-Château. Il rassembla les vivres à Montreuil et fixa un rendez-vous à des cavaliers de la garnison de Thérouanne dans la forêt de Fauquembergue. Le comte de Rœulx, averti de la manœuvre, décida d'attendre que les chevau-légers de Claude d'Annebault et Oudart Du Biez

---

1   Francesco Bernardini, de Vimercato, en Milanais. Termes et Bernardin allaient devenir des proches de Claude d'Annebault ; Jean de Taix, futur homme de confiance de d'Annebault, participant également à l'expédition, était déjà l'un de ses compagnons en Provence et en Piémont l'année précédente.

2   *L&P*, t. XII, part I, p. 242, nº 525 et *ANG*, t. I, p. 239.

3   Elle était une enclave française en territoire impérial, et sa garnison faisait peser une menace constante sur Saint-Omer ou Aire-sur-la-Lys ; *cf.* Laurent Vissière, « L'éternel gambit : Thérouanne sur l'échiquier européen (1477-1553) », dans *Bulletin de la commission départementale du Pas-de-Calais*, t. XVIII, 2000, p. 61-106.

4   Adrien de Croÿ, seigneur de Beaurain.

5   Il avait sous ses ordres deux compagnies de cinquante lances et sept compagnies de 200 chevau-légers.

fussent repartis après la livraison des chariots pour fondre sur la garnison de Thérouanne sur le chemin du retour. Mais les Français déjouèrent ses plans en accompagnant le convoi par la gauche, sur les collines avoisinantes, afin de pouvoir intervenir en cas d'agression. Puis Du Biez et d'Annebault couchèrent à Thérouanne, renvoyèrent leurs troupes à Montreuil pour ne pas entamer les provisions apportées et les rejoignirent deux jours plus tard, après avoir visité les environs[1]. Ce premier ravitaillement fut un franc succès, qui donna à la ville les moyens de tenir longtemps[2].

Lorsque Claude d'Annebault revint en Picardie, le roi voulut lui confier le siège de Hesdin, « place forte et de conséquence audit seigneur roy pour la seureté de ses autres places et à l'empereur fort nuisible estant entre les mains des Français[3] », auquel il assistait avec Montmorency depuis le 18 mars. Mais la ville se rendit au grand-maître le 7 avril, alors que les troupes commandées par d'Annebault se préparaient à monter à l'assaut aux premières lueurs du jour[4] :

> Je vous laisse à penser, écrivit le cardinal de Tournon depuis Lyon au cardinal Du Bellay, quel aise ce m'a esté d'avoir entendu la reddition du chasteau de Hesdin, qui donnera une grande reputation aux affaires du roi. Je vouldroys, Mons', pour mon sohait, que ledit s' n'entreprint point d'aller plus avant et que sur ceste faveur il envoiast ses lansquenetz en Italie avec de la gendarmerye, car je vous asseure que le marquis de Guast se retireroit de belle heure et vous verriez beaucoup de choses changer en Italye[5].

Pourtant, fort de cet important succès, François Ier décida de poursuivre l'offensive en Picardie et envoya Claude d'Annebault prendre la ville de Saint-Pol[6], second objectif de la campagne. D'Annebault emporta

---

1   Du Bellay, *Mémoires*, t. III, p. 350-352 ; G.-H. Gaillard, *Histoire de François Ier*, Paris, 1819, 4 vol., t. III, p. 16-17.

2   AN, J 965/6³, lettre de François Ier à Guillaume Poyet, Hédin, 27 mars 1537 [n. st.].

3   Du Bellay, *Mémoires*, t. III, p. 353.

4   Decrue, p. 300-301 ; *Cronique du roy François, op. cit.*, p. 203-204 ; E. Mannier, *Chroniques de Flandre et d'Artois, par Louis Brésin. Analyse et extraits pour servir à l'histoire de ces provinces de 1482 à 1560*, Paris, 1880, p. 141. Cette place, d'une importance stratégique capitale, avait été perdue en 1526 et abandonnée en 1529 à la signature de la paix (R. J. Knecht, *François Ier, op. cit.*, p. 282) avec Arras, Lille et Tournai, et la suzeraineté sur Flandre et Artois. Reprise en avril 1537, elle allait rester au cœur du dispositif défensif français jusqu'en octobre 1552, où d'Annebault, qui assista à sa prise en 1537, verrait également à sa chute.

5   *CCJDB*, t. III, p. 33, François de Tournon à Jean Du Bellay, Lyon, 22 avril [1537].

6   Elle était sous la souveraineté du roi de France, mais administrée par des agents impériaux. Claude d'Annebault était donc chargé d'en prendre possession au nom du roi, qui avait

facilement la place, s'empara du château et de tout le pays au nom du roi, recueillit le serment d'allégeance de ses habitants et revint aussitôt, laissant l'ingénieur italien Antonio Castello pour y élever de nouvelles fortifications[1]. Il ramenait avec lui de nombreux prisonniers, dont le gouverneur. Il n'en tira toutefois pas la grosse rançon qu'il pouvait espérer, car le roi les fit libérer gracieusement[2]. François Ier pouvait être satisfait et « se contentoit pour cest année d'avoir pris Hedin et fortifié Sainct Paul, ainsi qu'il pensoit[3] ». Pourtant, le comte de Guillaume de Fürstenberg et Claude d'Annebault tentèrent, en vain, de surprendre la garnison d'Arras[4], et rentrèrent à Hesdin, vers le 10 mai, à temps pour accompagner le roi à Saint-Pol : ils en visitèrent les fortifications, puis laissèrent le seigneur de Villebon[5] et Martin Du Bellay organiser la défense. Enfin, jugeant que la situation n'évoluerait plus, le roi quitta la Picardie.

Au mois de juin, l'avantage était bel et bien aux Français ; mais l'empereur terminait de rassembler une grande armée en Artois, avec laquelle il espérait recouvrer au plus tôt Saint-Pol, puis s'emparer de Thérouanne, toujours assiégée par le comte de Rœulx. Donc, les ennemis vinrent d'abord sous les murs de la première, le 12 juin, firent du travail de sape, puis donnèrent l'artillerie pendant deux jours, pour finalement faire tomber un gros pan de mur, qui ainsi servit de pont. Finalement la ville fut incendiée et pillée, et les capitaines français capturés[6], mais les armées de Charles Quint essuyèrent de lourdes pertes[7].

---

décidé en son conseil et obtenu de François de Saint-Pol l'échange de ce comté contre d'équivalentes compensations (essentiellement Chaumont-en-Vexin et Sézanne) ; BnF, Dup. 847, fol. 33v-54v, copie XVIe siècle de l'enregistrement au parlement de Paris des lettres patentes de La Fère-sur-Oise, 12 novembre 1543 (CAF, t. IV, p. 520, n° 13443) : « pour autant croistre et augmenter nostre frontière de Picardie [...], tellement que dès l'an mil cinq cens trente six en aurions faict prendre possession reelle et actuelle par nostre amé et feal cousin Claude d'Ennebauld » ; le comté sera restitué par Charles Quint à la veuve de François de Saint-Pol à la fin de l'année 1544, en application du traité de Crépy.

1   Decrue, p. 302 ; E. Mannier, *op. cit.*, p. 142.
2   Du Bellay, *Mémoires*, t. III, p. 359-360.
3   *Ibid.*, t. III, p. 367.
4   E. Mannier, *op. cit.*, p. 145.
5   Jean d'Estouteville.
6   Il faut dater la reddition du 15 juin (*Correspondenz des Kaisers Karl V*, éd. K. Lanz, Leipzig, 1844-1846, 3 vol., t. II, p. 676).
7   BnF, Fr. 3035, fol. 26-27v°, François Ier à d'Humières, Fontainebleau, 18 juin 1537 ; *Mémoires de Du Bellay, op. cit.*, t. III, p. 382-385.

Elles se portèrent ensuite sur Montreuil, dont la garnison, dirigée par Jean de Créquy, seigneur de Canaples, résistait difficilement tant les fortifications étaient faibles[1]. Claude d'Annebault suivait ces opérations d'Abbeville, où il rassemblait les troupes picardes en attendant l'arrivée du dauphin Henri, commandant nominal de cette nouvelle armée, et de son mentor Montmorency[2]. Ils rejoignirent d'Annebault le 22 au soir. Là, ils avisèrent qu'un nouveau ravitaillement s'imposait, et en confièrent la charge aux chevau-légers : ceux-ci partirent pour Hesdin afin d'y préparer l'entreprise[3].

LA JOURNEE DES SACQUELETS

Une fois retourné à Hesdin, d'Annebault se vit confier le soin de faire entrer à Thérouanne quatre cents arquebusiers chargés de petits sacs de poudre. Il partit le 24 juin, à la tombée de la nuit, avec les arquebusiers et six cents fantassins escortés par six cents arquebusiers. Le 25, à six heures du matin, le ravitaillement était fait[4]. Mais au retour de ce « très beau coup », de jeunes gentilshommes[5], « gallants de la cour[6] » venus pour se battre et pour le plaisir, cherchèrent l'escarmouche, ruinèrent les efforts de discrétion et de prudence de leur chef, qui était déjà parvenu à Guineguatte[7], hors de portée des Impériaux :

> Le seigneur d'Annebault (lequel faisoit sa retraitte) estant adverty que ses chevaux légers estoient à l'escarmouche, voulut temporiser pour les retirer ; mais l'ennemy ayant faict grande diligence vint pour lui coupper chemin au passage d'un pont, auquel lieu luy et ceux qui estoient en sa compagnie

---

1 *Ibid.*, t. III, p. 386-388. Montreuil-sur-Mer capitula peu après.
2 BnF, Fr. 6639, fol. 237, Claude d'Annebault à Anne de Montmorency, Abbeville, 22 juin [1537].
3 Du Bellay, t. III, p. 389-390 ; Decrue, p. 308.
4 *ANG*, t. I, p. 288, Melun, 10 juillet 1537, et F. Decrue de Stoutz, *loc. cit.* ; L. Vissière, art. cité, p. 77 ; G. Paradin, *Histoire de nostre temps*, Lyon, 1554, p. 333 ; *Cronique du roy François*, *op. cit.*, p. 212 : « Laquelle [délibération du conseil du roi] fut très bien exécutée, et lesdictz hommes mis dedans sans aulcun alerme audict camp des ennemis » ; *L&P*, t. XII, part II, p. 140, n° 343, John Travera à Thomas Cromwell, 25 juillet 1537 : « Also came into the town the same time that Hanyball was taken there entered into the town two enseigns of footmen with every of them 8 pounds of powder for their harquebuses ».
5 Parmi eux se trouvaient Jean d'O, seigneur de Maillebois, échanson du roi et Honorat de Savoie, comte de Villars, fils cadet du bâtard de Savoie.
6 P. de Brantôme, *op. cit.*, t. VII, p. 280.
7 Enguinegatte, dép. Pas-de-Calais, arr. Saint-Omer, cant. Fauquembergue.

combattirent si vigoureusement que, durant le combat, il y mourut plus grand nombre d'impériaux que des nostres ; mais enfin, y arrivant toute la cavallerie du camp, fut ledit seigneur d'Annebault porté par terre et prins prisonnier, et auprès de luy le seigneur de Piennes[1], le comte de Villars, le seigneur Do, le capitaine Georges Capussement[2], le capitaine Francisque Bernardin, le seigneur de Sansac et presque tous, mesmes les chefs, hormis ceux qui desja avoient passé le pont[3].

Le capitaine gascon Pierre d'Ossun, qui les avait devancés, revint de Hesdin pour essayer de les délivrer, mais ne parvint pas à libérer Claude d'Annebault. De son côté, Nicolas de Beauvais-Nangis, enfermé à Thérouanne, tenta également une percée :

> Sçachant que Claude d'Annebault admiral (*sic*) de France, venoit pour leur donner secours, et lequel fut prins, il sortit avec quinze chevaux, passa au travers du camp de l'ennemy, et tua neuf ou dix capitaines alemans[4].

En dépit de cette défaite, que les Artésiens baptisèrent du nom de « journée des sacqueletz[5] », Thérouanne fut sauvée par ce ravitaillement

---

1 Antoine de Hallwin, gentilhomme de la chambre du roi, mort en 1544.

2 Le malheureux, qui avait trahi l'empereur l'année précédente, en Piémont, pour entrer au service du roi de France, fut décapité sur l'ordre de Charles Quint (BnF, Fr. 5617, fol. 99) ; *cf.* aussi *L&P*, t. XII, part II, p. 134, n° 327.

3 Du Bellay, t. III, p. 393-394, joliment repris par G.-H. Gaillard, *op. cit.*, t. III, p. 26-28, et Antoine Varillas, *Histoire de François I*er*, Paris, 1686, 2 vol., t. II, p. 345 ; la liste complète des prisonniers se trouve dans la *Cronique du roy Françoys, op. cit.*, p. 212-214, qui parle notamment d'un « cappitaine Gaillard, à monsieur d'Anebault » ; le ravitaillement de Thérouanne fut un modèle du genre, au point qu'il fut encore mentionné parmi les événements militaires glorieux du règne, dans la première oraison funèbre de François I*er*, prononcée par l'évêque de Mâcon (*Le trespas, obseques et enterrement de tres hault, tres puissant et tres magnanime François, par la grâce de Dieu roy de France*, Paris, 1547, p. 74) ; *cf.* aussi BnF, Fr. 32865, p. 161-166 : d'Annebault se trouva « tout d'un coup environné par un corps considérable de la cavallerie ennemie par l'indiscrétion de plusieurs jeunes seigneurs de la court qui étoient avec luy, il se défendit avec beaucoup de conduite et de valeur jusqu'au moment où son cheval s'étant abattu sous luy il fut fait prisonnier. » Brantôme ajoute que ces jeunes écervelés durent se retirer « sur M. d'Annebault, qui peu à peu, bravement et sagement, faisoit sa retraicte et fort heureusement : mais il luy fallut tourner teste et s'engager au combat » (Brantôme, p. 208) ; *cf.* aussi le récit détaillé du chroniqueur Louis Brésin dans E. Mannier, *op. cit.*, p. 153-155, et « Journal d'un assiégeant ; le siège mis devant Thérowane (1537, le 27 juing) », éd. L. Deschamps de Pas, dans *Bulletin de la Société des Antiquaires de la Morinie*, tome I, 16, 1855, p. 126.

4 A. Thevet, *op. cit.*, fol. 431v.

5 E. Mannier, *op. cit.*, p. 155 : « cette deroute et deffaite des François fut depuis appelée la journée des Sacqueletz à raison des sacs de pouldre ; et au même lieu avoit esté la journée

fait « à la barbe des ennemis[1] ». La place reçut de bons renforts, qui lui permirent de tenir jusqu'à la fin de la guerre, malgré la grosse brèche ouverte dans ses remparts[2].

UN PRÉCIEUX PRISONNIER

La capture du « chevalier Dannebault[3] » vint au mauvais moment, car il était l'un des rares chefs expérimentés dont disposait Montmorency, contraint à la fois de protéger Hesdin et Thérouanne, et de reprendre Saint-Pol et Montreuil. Selon Brantôme, « le roi cuyda désespérer » de sa prise[4]. Il regrettait amèrement que l'on n'ait pas suffisamment protégé sa retraite[5]. Cependant, la contrariété de François Ier était davantage liée aux circonstances qu'à l'amitié : en temps de guerre, il pouvait difficilement se priver de Claude d'Annebault, qui passait pour l'un des meilleurs capitaines français. En son absence, Cesare Frégoso se vit confier le commandement des chevau-légers. Montmorency était cependant bien démuni, tandis que Jean d'Humières peinait en Piémont et réclamait des subsides qui ne pouvaient venir tant que la guerre continuait sur les frontières picardes. Par conséquent, François Ier espérer obtenir promptement la libération de Claude d'Annebault :

> À la fin, led. Annebault, après avoir fait, luy et ses gens, ce qu'il estoit possible de faire a gens de guerre, fut prins d'iceulx ennemys [...] mais j'espère avant qu'il ne soit peu de jours secourir ledict Annebault et autres prisonniers, soit par eschange ou autrement, car l'on a bon moyen de le faire[6].

---

des Esperons, l'an 1513 ».

1   Monluc, *Commentaires*, t. I, p. 123.

2   BnF, Fr. 3035, fol. 38-39v, estat des gens de pyé ordonnez pour la garde et sceureté des villes et places de frontière du pays de Pycardie, 14 aoust 1537.

3   É. Dolet, *op. cit.*, p. 71.

4   Brantôme, t. III, p. 208 ; BnF, Clair. 336, fol. 200, Jean Breton de Villandry à Anne de Montmorency, Chailly, 8 juillet 1537 : le roi « a esté fort aise que le secours soit entré dedans et fort deplaisant de la prinse de mons[r] d'Ennebault ».

5   Decrue, p. 308, citant BnF, Ars. Ms-5416, p. 788 ; *Correspondance du cardinal Du Bellay, op. cit.*, p. 52, Jean Du Bellay à Anne de Montmorency, Paris, 10 juillet [1537] : « Tant icy que a la Court il y a eu des gens qui ont bien regretté que mons[r] d'Annebault n'a trouvé a sa retraicte pour le mains cent homme d'armes pour le soustenir, car ces gens-là disent qu'il eust faict une belle chose si ceste provision y eust esté mise » ; *Cronique du roy Françoys, op. cit.*, p. 210-211, Du Bellay, t. II, p. 451-452.

6   BnF, Clair. 336, fol. 208 (copie), François Ier à d'Humières, Meudon, 13 juillet 1537.

La reine Marie de Hongrie, régente des Pays-Bas, entreprit alors de négocier une trêve. Elle avait échoué dans une précédente tentative, au début du mois de mars, à l'occasion de laquelle elle était entrée en contact avec Claude d'Annebault[1]. Celui-ci, qui était désormais son prisonnier en Flandre, servit d'intermédiaire dans ces négociations pour lesquelles la reine Marguerite de Navarre discutait au nom du roi[2]. On ne sait pas exactement quel rôle il joua en cette occasion : apparemment, en discutant avec d'autres chefs militaires au camp flamand, il aurait dit « qu'il serait bon que les deux rois se mettent d'accord entre eux et fassent une bonne paix », suite à quoi on lui aurait demandé de servir d'intermédiaire pour obtenir du roi de France une proposition de trêve de six semaines qui eût satisfait la reine de Hongrie. D'Annebault ayant envoyé une lettre ou un messager à la cour, il aurait reçu en réponse, la proposition d'une trêve de deux ans[3]. Pour la première fois, d'Annebault intervenait dans la diplomatie et la politique étrangère. Le roi dut en être satisfait, car il lui confia une importante ambassade à Venise deux ans plus tard[4]. En tout cas, la trêve fut rapidement conclue, le 30 juillet, à Bomy[5] : les opérations militaires cessaient – pour une suspension d'armes de dix mois – en Picardie et en Artois, le siège de Thérouanne était levé, et le roi de France conservait Hesdin, tandis que l'empereur gardait Saint-Pol. Les efforts de guerre se portèrent alors en Italie, et le Piémont fut entièrement repris par les armées françaises.

---

1   AGR Belgique, Aud. 1518, liasse K, fol. 97-98, Marie de Hongrie à la reine Éléonore, Bruxelles, 7 mars 1537 (minute) : [elle espère que le roi de France et l'empereur vont conclure la paix] « à quoy feray tout le devoir que me sera possible, pour estre la plus saincte euvre et meritoire que l'on sauroit desirer en ce monde, et a ceste fin, par le moyen d'un saulconduict que mons' de Hennebault a fait avoir du lieutenant de Picardie, j'ay envoyé ung gentilhomme en poste devers led. S' roy pour recouvrer autre saulconduict pour mon cousin le duc d'Aerschot, que je desire envoyer devers Sa Majesté ».

2   AS Vaticano, AA I-XVIII 6530, fol. 19-v, Ferrerio à Ricalcato, Paris, 22 juillet 1537 (analyse dans *ANG*, t. I, p. 293-294) : « Mons. d'Anabaud, qual' è prigione, ha mosso il partito con la regina d'Ungheria » ; *Correspondenz des Kaisers Karl V, op. cit.*, t. II, p. 677, Marie de Hongrie au duc d'Arschot, 9 juillet 1537, pour savoir « si par le seigneur de Hennebau son prisonnier on ne sçauroit point praticquer la paix ou tresves ».

3   AS Modena, Cart. amb., Francia 14, lettre d'Alberto Turco au duc de Ferrare, [lieu non relevé], 20 juillet 1537 : les Impériaux auraient ensuite répondu qu'ils ne voulaient qu'une trêve de huit mois, ; on ne sait si Claude d'Annebault participa aux négociations jusqu'au bout.

4   *Cf.* p. 153-163.

5   V.-L. Bourrilly, *Guillaume du Bellay*, p. 244 ; Decrue, p. 307-310.

Pourtant, Claude d'Annebault ne fut sans doute pas libéré avant le milieu du mois d'octobre[1] ; vers le 15 septembre, le duc d'Arschot[2], servant d'intermédiaire, transmit à la reine Marie une demande d'autorisation de départ pour « mons[r] Hanyball » qui, à son avis, « ne devrait pas être accordée[3] ». Le roi de France préparait une contre-offensive en Piémont, et le moment n'était pas opportun pour lui rendre l'un de ses principaux chefs de guerre. La rançon du seigneur d'Annebault, dont il semble que le montant de la rançon ait été revu à la hausse afin de différer la conclusion de la transaction, fut réunie en décembre 1537. Le roi donna 18 000 livres tournois à Claude d'Annebault le 13 décembre 1537[4], ce don déjà considérable ne suffisait pas et d'Annebault dut recourir à des emprunts : le 6 décembre 1537, l'abbé Jacques d'Annebault, frère cadet de Claude, emprunta en son nom 3 000 écus soleil au financier Nicolas de Neufville[5] et 2 000 à Esprit de Harville, seigneur de Palaiseau, soit un total de 5 000 écus ou 11 250 livres tournois[6]. Dans l'hypothèse où le don royal et ces deux emprunts aient été intégralement utilisés pour le paiement de la rançon, celle-ci devait s'élever à 29 250 livres tournois, sinon davantage. C'était une somme considérable, même pour un chevalier de l'ordre de Saint-Michel et gentilhomme de la chambre du roi[7].

---

1   Il était encore prisonnier au milieu du mois de septembre, et libre début novembre.
2   Philippe de Croÿ, gouverneur de Valenciennes.
3   *L&P*, t. XII, part II, p. 254, n° 709, John Hutton à Thomas Cromwell, Bruges, 16 septembre 1537.
4   *CAF*, t. VIII, p. 75, n° 29914, mandement aux trésoriers de l'Épargne et autres comptables de payer (décembre 1537) « au s[r] d'Annebaut, 18 000 livres en récompense des services rendus au roi et pour l'aider à payer sa rançon » ; *cf.* aussi BnF, Fr. 32865, p. 161-166.
5   Sur Nicolas de Neufville, *cf.* P. Hamon, « *Messieurs des finances* ». *Les grands officiers de finance dans la France de la Renaissance*, Paris, 1999, p. 364 et 367 et *Id.*, « Nicolas II de Neufville (?-1554) », dans *Les conseillers de François Ier*, *op. cit.*, p. 343-346.
6   AN, MC ET/LIV/12, actes du 6 décembre 1537.
7   À titre de comparaison, *cf.* p. 334, la rançon du duc de La Roche-sur-Yon prisonnier de Francesco d'Este en 1543, qui s'élevait à 10 000 l. t. : c'était pourtant un prince de la maison de Bourbon.

L'ACCÈS À LA FAVEUR DU ROI

MARÉCHAL DE FRANCE

Le 10 février 1538, Montmorency, auréolé de la gloire acquise en Provence, Picardie et Piémont, reçut des mains du roi l'épée de connétable, charge vacante depuis la trahison de Charles de Bourbon. De façon symbolique, les cérémonies se déroulèrent à Moulins, au cœur des fiefs des Bourbons. Ces fêtes mirent en scène la puissance du nouveau connétable, élevé au premier rang de la fine fleur de la chevalerie. Les Suisses et les archers, fifre et tambourin en tête, ouvraient la marche, suivis des gentilshommes de la chambre, avec les chevaliers de l'Ordre portant le grand collier, entre autres d'Humières, Jarnac, d'Annebault, Montpezat et enfin l'amiral Chabot ; ils étaient entourés des deux cents gentilshommes officiers de la maison du roi[1]. Anne de Montmorency voulut associer à son triomphe deux de ses principaux protégés, René de Montejean et Claude d'Annebault, qui reçurent la hachette de maréchal de France ; le premier, celle abandonnée par Anne de Montmorency, et le second, celle de Robert de La Marck, seigneur de Fleuranges, dit « l'Adventureux[2] », mort l'année précédente[3].

Claude d'Annebault paraissait alors étroitement inséré dans la clientèle de Montmorency ; Francis Decrue le cite d'ailleurs au premier rang des favoris du connétable[4]. Toutefois, celui-ci avait proposé Montejean pour lui succéder dans son propre office de maréchal, qu'il lui abandonnait : cela pourrait marquer une préférence. De plus, d'Annebault était lié à de nombreux grands personnages, tels la duchesse d'Étampes, Chabot de Brion, François de Saint-Pol, Jean d'Humières, Claude de Guise et

---

1   *La Triomphante réception de Mgr le Connestable*, Paris, 1538, citée par Decrue, p. 339 ; *cf.* aussi la relation de la *Cronique du roy François*, *op. cit.*, p. 237-239.

2   *Mémoires du maréchal de Floranges, dit le jeune Adventureux*, éd. R. Goubaux et P.-A. Lemoisne, Paris, 1924 ; voir aussi la notice de la famille de La Marck dans le dictionnaire d'Arlette Jouanna et *alii*, *La France de la Renaissance : Histoire et dictionnaire*, Paris, 2001, p. 893-895 ; le troisième maréchal était Robert Stuart d'Aubigny (*cf. ibid.*, p. 1090), de 1514 à 1544.

3   Pour la dévolution de cette charge à Claude d'Annebault, *cf. CAF*, t. III, p. 462, n° 9642 ; *cf.* aussi Du Bellay, t. III, p. 441, Decrue, p. 341 et R. J. Knecht, *François I*ᵉʳ, *op. cit.*, p. 342.

4   Decrue, p. 360.

le roi lui-même lui accordait désormais une grande confiance. Il ne faut donc pas exagérer sa dépendance au seul Montmorency.

UN GRAND DU ROYAUME

Au fil des ans, Claude d'Annebault s'était forgé par les armes un renom chevaleresque. Simple seigneur non titré, malgré d'importants domaines, il ne pouvait tenir un rang de par sa naissance. Toutefois, François Iᵉʳ, dans la tradition des rois Valois, avait le sens de la chevalerie et décernait l'ordre de Saint-Michel aux preux dont la noblesse s'illustrait au combat ; d'Annebault, adoubé chevalier de cet ordre, dont il porta bientôt le grand collier, reçut, deux ans plus tard l'un des principaux offices de la couronne avec la charge de maréchal de France[1]. Une élévation aussi rapide était fort rare et supposait une ascension fulgurante dans la faveur du roi.

En effet, le maréchalat était le plus important office militaire de la couronne après les charges de connétable et d'amiral de France. Les maréchaux n'étaient qu'au nombre de trois à cinq sous François Iᵉʳ[2], et au début de l'année 1538, Robert Stuart d'Aubigny était le dernier maréchal vivant, avec Montmorency. Cette charge, en principe viagère, conférait un tel rang et un tel prestige à son détenteur que le roi l'appelait « mon cousin ». Les maréchaux prenaient fréquemment la tête des armées, bien que les pouvoirs de commandement ne fussent pas implicitement contenus dans leur charge, car ils devaient pour ce faire obtenir des commissions spéciales[3]. Leur principale prérogative était de veiller à la discipline militaire des gens de guerre en campagne ou en garnison. Ils étaient assistés des prévôts des maréchaux, qui veillaient au maintien de l'ordre public. Toutefois, ceux-ci étaient souvent laissés à disposition des gouverneurs de province.

Par ailleurs, connétable et maréchaux avaient l'autorité théorique sur une partie de l'administration naissante de la guerre, « des commissaires

---

1 Moréri, t. I, p. 118, le qualifie de « commandeur de l'ordre de S. Michel ».
2 Le nombre ne fut fixé (à quatre) qu'en 1579, par l'ordonnance de Blois.
3 G. Zeller, *Institutions, op. cit.*, p. 127-129 ; voir aussi G. Le Barrois d'Orgeval, *Le maréchalat de France des origines à nos jours*, 2 vol., Paris, 1932 ; d'Annebault dérogea à la règle qui voulait que la charge de maréchal ne puisse être enlevée à son titulaire, puisqu'il fut contraint de s'en défaire en 1547 (et non pas en 1544, comme on voit parfois, notamment dans l'article « Maréchaux de France » du *Dictionnaire de l'Ancien Régime*, dir. L. Bély, Paris, 1996, p. 794-796, qui reprend sans doute l'erreur de F.-J.-G. PINARD, *op. cit.*, t. II, p. 235).

des guerres » affectés pour les uns à l'Ordinaire des guerres (compagnies d'ordonnances, archers des prévôts des maréchaux, etc.) et pour les autres à l'Extraordinaire (chevau-légers, gens de pieds, légions, régiments étrangers, etc.). Ces commissaires, au nombre de quinze pour le seul ordinaire des guerres, étaient en concurrence avec des « contrôleurs des guerres » au champ d'action similaire, relevant d'un contrôleur des finances titulaire de l'office de secrétaire général des guerres[1]. La distinction entre ces deux corps était désormais assez réduite, dans la mesure où les commissaires des guerres travaillaient de plus en plus pour le secrétaire général des guerres, à qui ils étaient tenus d'adresser leurs rôles et écritures[2]. Les maréchaux avaient aussi quelques responsabilités d'arbitage et de justice : leur juridiction était conjointe à celle de la connétablie. Enfin, le tribunal du point d'honneur, qui pouvait juger à la requête du roi les questions d'honneur entre gentilshommes, se composait en principe du connétable et des maréchaux.

UN COMPAGNON DU ROI

À partir de 1538, le maréchal d'Annebault, souvent consulté au conseil pour les questions militaires et diplomatiques, devint l'un des personnages les plus importants de la cour, auquel le roi accordait une grande considération. Les ambassadeurs étrangers résidant auprès du roi ne s'y trompèrent pas et commencèrent à le fréquenter assidûment[3]. Après sa libération, il ne quitta plus guère le roi, l'accompagnant dans tous ses déplacements. Peu après son accession au maréchalat, il présida à Moulins avec Anne de Montmorency, François de Nevers et François de Saint-Pol le tribunal d'un duel en champ clos entre les seigneurs de Veniers et de Sarzay, qui s'affrontèrent pour une question d'honneur[4]. Lors des entrevues de Nice, organisées entre le 15 et le 20 juin 1538 par le pape Paul III pour réconcilier les ennemis de la veille afin d'organiser une croisade, d'Annebault accompagna encore François Ier, restant en

1 Successivement Jean Breton de Villandry (avant 1533-vers 1541), Gilbert Bayard (1542-1547), Côme Clausse (1547-1555) et Jacques Bochetel (1555-1570).
2 Sur cet embryon de service central de la guerre, cf. F. Nawrocki, « L'administration centrale de la guerre, 1515-1570 », art. cité, p. 74-75.
3 Par exemple, ANG, t. I, p. 487, Oulchy-le-Château, 5 septembre 1539.
4 Du Bellay, t. III, p. 442-444 ; Cronique du roy Françoys, op. cit., p. 293.

garnison à proximité de la ville avec ses chevau-légers et quelques gens de pied[1]. Les tractations furent difficiles, le roi refusant de rencontrer l'empereur, mais Paul III parvint à obtenir une prolongation de la trêve pour dix ans[2]. Au terme de ces conférences, Montmorency et la reine Éléonore, sœur de Charles Quint, arrangèrent une rencontre entre les deux souverains, qui eut lieu à Aigues-Mortes, les 14 et 15 juillet. D'Annebault accompagna le roi sur la galère de l'empereur[3] et fit partie le lendemain des compagnons assistant aux festivités.

> [Ce fut] le plus grand triomphe qui jamais soit vu en France, ni en Espagne [...]. Y estoit M. le connestable de Montmorenci, le cardinal de Lorraine, M. le duc de Lorraine, M. de Guise, M. de Nabaud (sic), le duc de Vitemberg, le prince de Saluces[4].

Le 16, on le vit encore faire table commune avec Jean de Lorraine et des Espagnols de la suite de Charles Quint[5]. Par la conclusion de cette trêve, le connétable voyait consacrée sa victoire sur les « bellicistes » de la cour et l'amiral Chabot de Brion. Toutefois, la nouvelle amitié du roi et de l'empereur reposait en partie sur l'organisation d'une croisade à laquelle le roi, allié des Turcs, ne voulait pas participer : les adversaires de Montmorency gardaient donc une certaine influence au conseil du roi et le triomphe du connétable était moins complet qu'il n'y pouvait paraître. Plus que jamais sous ce règne, les années 1538-1539 virent s'affronter deux factions irrémédiablement dressées l'une contre l'autre, entre lesquelles Claude d'Annebault eut peine à trouver sa place, car Anne de Montmorency comptait s'appuyer sur lui contre l'amiral et

---

1 BnF, Fr. 3040, fol. 91-93, lettre datée « de Sainct Pol, ce premier jour de juing » (copie XVIe); d'Annebault logeait à Caignes, entre Villeneuve et Nice.

2 *Cf.* notamment *Nuntiaturberichte aus Deutschland*, éd. W. Friedensburg, Gotha, 1892, 1re partie, t. II et L. von Pastor, *Histoire des papes depuis la fin du Moyen Âge*, t. II, Paris, 1929 ; Giuseppe de Leva, *Storia documentata di Carlo V*, Venise-Padoue-Bologne, 1863-1894, 5 vol, t. III, p. 239-247.

3 Dom Joseph Vaissète et dom Claude Devic, *Histoire générale du Languedoc*, Toulouse, 1875-1941, 18 vol, t. XII, p. 4 (traduction d'un passage de l'*Historia del emperador Carlos V* de Sandoval) : le roi se présenta en compagnie de Jean de Lorraine, Montmorency, Saint-Pol et d'Annebault. Sur ces rencontres, voir Xavier Le Person, « A moment of "resverie" : Charles V and Francis I's encounter at Aigues-Mortes (july 1538) », dans *French History*, vol. 19, n° 1, 2005, p. 1-27.

4 Germain de La Faille, *Annales de Toulouse depuis la réunion de la comté de Toulouse à la couronne*, Toulouse, 2 vol., 1687-1701, preuves du t. II.

5 *L&P*, t. XIII, part I, p. 516-517, n° 1538.

la duchesse d'Étampes, dont d'Annebault était aussi l'ami[1]. L'inimitié croissante de Chabot et Montmorency le mettait dans une situation des plus délicates, car il ne pouvait soutenir l'un sans déplaire à l'autre.

LES AFFAIRES DE NORMANDIE : UN GOUVERNEMENT À DISTANCE

S'il était resté attaché au gouvernement de Normandie, d'Annebault ne se serait pas trouvé confronté à ce dilemme. Or, les années 1536 à 1538 avaient été celles de la reconnaissance : la position du lieutenant général de Chabot n'était plus la même et le roi comptait l'employer à d'autres tâches. Un maréchal de France résidait à la cour ou conduisait les armées. À la rigueur, il pouvait être envoyé en temps de paix sur des frontières menacées pour en organiser la défense ; mais ce n'était pas le cas de la Normandie, dont le gouvernement ne requerrait pas la présence d'un si grand officier de la couronne. C'est ainsi que Charles de La Meilleraye et Joachim de Matignon furent nommés, dès 1536, ses lieutenants.

De ces deux lieutenants, Joachim de Matignon fut le plus proche de Claude d'Annebault, son cousin. Celui-ci joua dès lors auprès de Matignon le rôle auparavant tenu par Chabot de Brion, c'est-à-dire qu'à la cour, il recevait de son lieutenant des informations sur les affaires de la province, les soumettait au conseil, et envoyait ses directives en retour. Mais en réalité, la situation était plus complexe, car Chabot restait lieutenant du dauphin Henri, et d'Annebault celui de l'amiral. Quant à François de Saint-Pol[2], l'importance de ses fiefs normands lui conférait presque ès qualité un droit de regard sur ces questions : ainsi, Jacqueline d'Estouteville, belle-mère de Saint-Pol, écrivait le 25 novembre 1536 à Matignon qu'il devait veiller à faire châtier pour ses excès un capitaine normand, Richard de Tracy, car « monsieur l'admiral le [blâmait], disant le cognoistre de longtemps et qu'il aydera par tous endroys a le faire pugnir, principallement puisque monsieur d'Estouteville s'en mesloyt. Monsieur d'Annebault [disait] de mesmes[3] ». Claude d'Annebault n'était donc pas

---

1   AS Mantova, Cart. inv. div., 638, Fabrizio Bobba au duc Frédéric II de Mantoue, Paris, 4 octobre 1539.

2   Il succéda à l'amiral Chabot comme lieutenant général à ce gouvernement sous le dauphin, en 1543.

3   Matignon, *Correspondance*, p. 39 ; Saint-Pol, Chabot et Annebault, « bien qu'éloignés, ne se désintéressaient pas des affaires de la Normandie » (*ibid.*, introduction de L.-H. Labande, p. XXXI).

le seul grand serviteur du roi à s'entremettre des affaires normandes et il devait, en la matière, ménager deux personnages plus puissants que lui.

Après la conclusion de la trève, Claude d'Annebault ne reprit donc pas directement les rênes de son gouvernement. Prenons l'exemple de l'année 1539. Cette année-là, il donna commission pour la montre des prévôts des maréchaux de la province (datée de son domaine d'Heubécourt, 28 avril 1539[1]), et sa compagnie de cinquante lances, auxquelles vinrent s'ajouter trente « lances de creue de la compagnie de feu mons[r] de La Ferté », était la seule en Normandie en 1539[2]. Là encore, il s'en occupait à distance. Cette année-là, la tâche la plus importante que le roi lui confia, nécessitant un déplacement en Normandie, fut d'y visiter les forteresses en face des côtes anglaises[3] ; il contrôla ainsi l'état des fortifications et approvisionnement de Cherbourg, de Granville, et du château de Caen[4]. Dans cette dernière ville, il fit une entrée solennelle en février 1539, comme nouveau lieutenant général sous le dauphin. Les échevins voulurent faire tonner les canons, lui offrir une haquenée ou d'autres présents : mais il les refusa, se contentant de visiter les murailles de la ville et du château, et de faire l'inventaire des munitions de guerre[5]. Claude d'Annebault ne venait donc plus qu'exceptionnellement en Normandie, retenu par ses obligations à la cour de France. De plus, en tant que maréchal de France, il était probable qu'il eût à prendre la tête des armées en cas de reprise de la guerre. En mai 1539, François Ier envisagea, si l'empereur et le pape venaient à s'allier contre le roi d'Angleterre, d'envoyer une armée sous le commandement du roi d'Écosse, avec le duc de Guise à la tête de la cavalerie et le maréchal d'Annebault à la tête de l'infanterie[6]. Mais c'est finalement de nouveau en Italie du Nord que Claude d'Annebault allait servir le roi.

---

1   BnF, PO 74, *Annebault*, pièce 32.
2   BnF, Fr. 20502, fol. 10-11, état des compagnies d'ordonnances pour 1539 (et BnF, NAF 7694, fol. 72v) ; *ibid.*, fol. 70, et NAF 7693, fol. 307v, montres de juillet et août 1539.
3   AS Vaticano, AA I-XVIII 6530, fol. 123-125, lettre de Ferrerio au cardinal Farnèse, Melun, 3 février 1539 (analyse dans *ANG*, t. I, p. 441).
4   *CAF*, t. VIII, p. 163, n°s 30764 à 30766 (mars 1539), mandements de payer les receveurs des tailles pour vaquer aux renforcements nécessaires à Caen, Cherbourg et Granville, selon les devis dressés par le maréchal d'Annebault.
5   AD Calvados, 615 E dépôt 17, registre de délibérations du corps de ville de Caen, du 21 février 1522 au 16 juillet 1541, fol. 63-v ; Pierre Carel, *Caen depuis Philippe Auguste, op. cit.*, t. I, p. 219.
6   AS Venezia, Cons. X, Capi amb. 10, lettre de Cristoforo Capello, 12 mai 1539, Montargis.

LE RÉVÉLATEUR PIÉMONTAIS
(1539-1540)

En 1539, Claude d'Annebault était âgé d'une quarantaine d'années. Le jeune homme qui s'était distingué au siège de Mézières était devenu un capitaine renommé et respecté, puis l'un des principaux officiers militaires du royaume. Le gouvernement de Normandie, effectivement exercé de 1531 à 1536, fut une première expérience de gestion et d'administration des affaires d'une province. Mais c'est en tant que gouverneur de Piémont, une province nouvelle où tout était encore à construire, qu'il allait faire la preuve ses compétences politiques[1].

UN NOUVEAU STYLE DE GOUVERNEMENT

LE DÉPART DE LA COUR

À la fin de l'été 1539 s'ouvrit la succession du maréchal de Montejean, alors gravement malade, à la charge de gouverneur de Piémont. Des nouvelles alarmantes de la santé du maréchal de Montejean, parvenaient à la cour depuis le milieu du mois de septembre[2]. Claude d'Annebault

---

1   Brantôme, p. 205, fait du gouvernement de Piémont, « où il s'acquita très bien », l'origine de la grande faveur de Claude d'Annebault.
2   Du Bellay, *Mémoires*, t. III, p. 445, et AS Mantova, Cart. inv. div., 638, Compiègne, 24 septembre 1539, Fabrizio Bobba au duc de Mantoue : « Doppoi ch'io ho scrito le antecedentie, he venuto nova che mons^r de Montigiano he morto. Questo s'he divulgato in un subito della morte, ma io n'ho dimandato al secretario Christoforo, il quale mi ha detto non essere vero che sii morto anchora, ma che sta malle assai e in poca speranza della vita. Perilché subito Soa M^tà ha fatto ellectione di mandare mons^r di Dutiers, il quale se lo trovarà, mostrarà di esser andato a visitarlo per parte del re, e pur tutavia starà, se in caso moresse, che quelle cose habbiano governo fin a tanto che gli giongerà mons^r de Annebault, il quale per quanto mi ha assicurato il prefato secretario Christoforo

faisait figure de candidat idéal, car il était maréchal de France, avait déjà l'expérience d'un grand gouvernement et savait diriger les soldats. Sans attendre l'issue certaine de la maladie de Montejean, le roi désigna donc d'Annebault pour le remplacer. Selon l'ambassadeur de Mantoue, Fabrizio Bobba, il fallait voir en Montmorency le véritable instigateur de cette nomination car, jaloux de la faveur croissante de son protégé et furieux du soutien que celui-ci aurait récemment témoigné à l'amiral Chabot, il aurait voulu l'éloigner contre son gré de l'entourage du roi :

> Toute la cour se désole du départ de Annebault, dont la raison serait, comme on le pense, que le connétable y aurait donné soin pour l'éloigner de la présence du roi, duquel il était très apprécié, et aussi afin d'enlever son appui à l'amiral, auquel mons[r] d'Annebault a toujours témoigné publiquement une véritable amitié, ce qui est une grande preuve de sa vertu et de sa bonté, pour laquelle Dieu l'aidera. En effet, il ne s'y rend pas très volontiers[1].

Le maréchal d'Annebault était alors très en faveur auprès de François Ier et très apprécié à la cour. Il semble que tous lui firent bonne figure à son départ, y compris le connétable, qui fit montre de beaucoup de chagrin[2], se plaignant amèrement de le voir partir, alors qu'un autre de ses proches, Georges de Selve, évêque de Lavaur, venait d'être choisi pour résider auprès de l'empereur en remplacement d'Antoine de Castelnau :

> C'est la perte de deux personnaiges que nous avons faicte en ung mesme temps, laquelle n'est pas peu regrettable[3].

D'Annebault lui-même partit avec regrets, ne sachant quand il pourrait revenir :

---

hè elletto in locco de Montigiano. Et cossí si dice publicamente, et mi ha detto che, anchora che mons[r] de Montigiano non sii morto, che 'l non restarà di andare in ogni modo. Io ho fato hoggi cum mons[r] de Annebault quel offitio ch'io iudico esser in servitio di V[ra] Ex[a] ».

1   AS Mantova, Cart. inv. div., 638, Paris, 4 octobre 1539, Fabrizio Bobba au duc de Mantoue (en chiffre) ; Fabrizio Bobba laisse entendre qu'un tel éloignement peut nuire à sa position : « ma non già perché forsi non gli siino disegnate de le cingiate, le quali sogliono essere quasi ordinarie de l'absenti ».

2   *Ibid.*, lettre du même au même, Compiègne, 24 septembre 1539 : « Il Contestabile n'è molto smarito, né credo che ne doglia ad altre persone ».

3   *Correspondance politique de MM. de Castillon et de Marillac, ambassadeurs de France en Angleterre, 1537-1542*, éd. J. Kaulek, Paris, 1885, p. 135, Anne de Montmorency à Charles de Marillac, Compiègne, 14 octobre 1539.

Encore que le lieu que lui donne Sa Majesté soit pour lui un très grand honneur, il s'en serait passé volontiers, et pourtant il y va volontiers puisque ansi plaît-il à Sa Majesté[1].

Le choix du nouveau gouverneur avait été fait dès la fin du mois de septembre, mais on attendit sans doute le retour de Duthier, envoyé par le roi auprès de René de Montejean pour s'informer de son état, avant que le maréchal d'Annebault ne quittât la cour, alors à Compiègne, vers le 4 octobre. Il ne disposa que de deux semaines pour préparer son voyage, dans une certaine précipitation, car il voulait arriver à Turin avant le décès de son prédécesseur.

Lorsque Montejean expira, d'Annebault était déjà en route, et dès qu'il en fut informé, il prit la poste pour arriver au plus tôt, car la situation en Piémont était telle que l'on craignait des émeutes populaires ou de nouvelles exactions des soldats[2]. Ainsi, le trajet fut si vite accompli qu'il ne dura que sept jours. Le maréchal était d'ailleurs accompagné d'un petit nombre d'hommes, dont un neveu de Montmorency[3], quelques jeunes gens de grandes maisons, et certains de ses pages, parmi lesquels son propre fils, Jean, celui de Louis de Montpensier, et le jeune frère du duc de Roannais, un Gouffier. Guillaume Du Bellay, seigneur de Langey, ancien gouverneur de Turin à nouveau nommé dans ces fonctions était aussi à ses côtés, et Guigues de Boutières, qui avait également servi sous Montmorency et Montejean, les avait précédés, tant pour préparer la venue du nouveau gouverneur que pour relayer l'autorité défaillante du mourant[4].

Le connétable avait-il réellement voulu se débarrasser d'un protégé devenu encombrant ? On peut en douter, dans la mesure où il lui confia le soin de veiller sur son jeune neveu et surtout, qu'il le fit charger d'une mission diplomatique à Venise dont la réussite était, comme nous le verrons, la condition nécessaire au maintien de la

---

1 AS Mantova, Cart. inv. div., 638, Fabrizio Bobba au duc de Mantoue, Paris, 4 octobre 1539.

2 Du Bellay, *Mémoires*, t. III, p. 446.

3 Il pourrait s'agir de Gaspard de Coligny, aîné des fils de Gaspard de Châtillon (le beau-frère de Montmorency), alors âgé de vingt ans, ou plus probablement son jeune frère François d'Andelot, que l'on retrouve à la fin de l'année au service de Guillaume Pellicier à Venise.

4 AS Mantova, Corr. est., Savoia, 731, Polin de La Garde au duc de Mantoue, Turin, 12 octobre 1539 (copie italienne); *ibid.*, Cart. inv. div., 638, Gian Battista Gambara au duc de Mantoue, Amboise, 2 décembre 1539.

concorde entre le roi et l'empereur, et à la victoire de Montmorency sur Chabot et la duchesse d'Étampes, partisans de la guerre. Ce peut être vu comme une marque de confiance. En outre, le gouvernement du Piémont était une charge prestigieuse, certes moins, en un sens, que les vieux gouvernements de Languedoc ou de Normandie, mais bien davantage pour les multiples occasions de s'illustrer au service du roi, que devait saisir d'Annebault. Enfin, il succédait en cette charge à de grands personnages : Jean d'Humières aux débuts de l'occupation, puis Montmorency[1], et enfin Montejean. Ce dernier, réputé brutal et sans esprit, occupait avant sa désignation le premier rang dans la faveur du connétable, qui n'hésita pourtant pas à le faire partir pour le Piémont, car la nomination d'un de ses fidèles comme gouverneur de cette province et lieutenant général du roi en Italie lui permettait de mieux contrôler les affaires italiennes, là où risquaient de se réveiller les principaux désaccords du roi et de l'empereur. La même logique guida, en septembre 1539, le choix de Claude d'Annebault qui, en prenant ses nouvelles fonctions, rentrait à nouveau dans la stricte dépendance du connétable, principal responsable des affaires italiennes et destinataire obligé des nouvelles envoyées par les serviteurs du roi outre-monts.

Les gouverneurs de province incarnaient l'autorité du roi auprès de sujets qui n'eurent parfois jamais l'occasion de voir leur souverain[2] : François Ier était venu à Turin au début de son règne, mais il ne quitta plus son royaume après son retour de captivité en 1526. Les habitants du Piémont durent attendre le règne d'Henri II pour recevoir la visite de leur roi, en 1548[3]. Aussi était-il important que sa domination soit rappelée par la présence d'une autorité supérieure déléguée à la gestion

---

1   Decrue, p. 319.
2   *Cf.* Roger Doucet, *Les Institutions de la France au* XVIe *siècle*, Paris, 1948, 2 vol., t. I, p. 229-244, Gaston Zeller, « Gouverneurs de provinces au XVIe siècle », *Revue historique*, t. CLXXXV, 1939, p. 225-256, *Id.*, « L'administration monarchique avant les intendants : parlements et gouverneurs », *Revue historique*, t. CXCVII, 1947, p. 188-215, *Id.*, *Les Institutions de la France au* XVIe *siècle*, Paris, 1948, p. 184-187, *Id.*, *Aspects de la politique française sous l'ancien régime*, Paris, 1964, p. 207-239, Michel Antoine, « Les institutions françaises en Italie sous Henri II », dans *Mélanges de l'École française de Rome*, Rome, 1982, p. 761-767 et Robert R. Harding, *Anatomy of a Power Elite : The Provincial Governors of Early Modern France*, New Haven-Londres, 1978.
3   Armando Tallone, « Il viaggio di Enrico II in Piemonte nel 1548 », dans *Bolletino Storico-Bibliografico Subalpino*, t. IV.

de toutes les affaires de la province[1], sans empiéter sur les attributions des autres autorités supérieures, notamment judiciaires (cours souveraines) et financières (receveurs généraux). Le roi pouvait en outre désavouer les décisions de son lieutenant général, ce dont étaient conscients les habitants des provinces, notamment dans les pays d'états, comme le Piémont : les assemblées de communes du pays, ou les seuls syndics d'une ville, Turin ou Savigliano, n'hésitèrent d'ailleurs pas à adresser au roi d'innombrables mémoires pour se plaindre de l'attitude de leur gouverneur ou solliciter l'intervention directe du roi. Ces délégations et ces mémoires furent fréquents entre 1537 et 1539, puis se firent plus rares avec l'amélioration des rapports entre gouvernants et gouvernés.

Les pouvoirs que reçut le maréchal d'Annebault le 20 septembre 1539[2], le chargeant de l'état et dignité de gouverneur, ne présentaient guère d'originalité. Ils l'investissaient d'une autorité supérieure sur tous les serviteurs du roi titulaires d'offices militaires et civils, à charge de veiller à la défense et sécurité de la province, tout en protégeant les habitants des violences des soldats. Ces dispositions lui conféraient surtout des pouvoirs sur l'armée, mais le roi le chargeait également de « faire tout ce que verra et congnoistra estre a faire au bien et utillité de nous et de noz subjectz de notre païs de Piedmont et aultres de par dela estans en notred. obéissance et tout ainsi que nous mesmes ferions et faire pourrions si nous y estions en propre personne ». Toutefois, si le gouverneur pouvait de droit fixer le montant des taxes sur les marchandises, rien ne l'autorisait à faire usage de son autorité pour forcer la perception des impositions royales. Or, au moment de la signature

---

1   Il faut prendre à la lettre le titre de « lieutenant général du roi » qui était associé à celui de gouverneur (cf. Bernard Barbiche, *Les institutions de la monarchie française à l'époque moderne*, Paris, 1999, p. 323 et M. Antoine, art. cité, p. 762). Cette titulature française correspond à peu près à celle de vice-roi, communément utilisée par les Espagnols et les Italiens, y compris pour désigner Claude d'Annebault. Il faut noter la distinction originale de Philibert Pingone, *Augusta Taurinorum*, Taurini : apud heredes Nicolai Bevilaquae, 1577, p. 79, qui qualifie le gouverneur de la province de « prorex », et le gouverneur particulier de Turin de « regulus ».

2   Éd. dans *Ordonnances des rois de France : règne de François Ier, op. cit.*, p. 731-737 (copie XVIe siècle dans BnF, Fr. 3115, fol. 24-25v, copie XVIIe dans BnF, NAF 7229, fol. 185-188v ; copie XVIIIe dans BnF, NAF 7693, fol. 323-333v ; copies incomplètes XVIIe dans BnF, Fr. 7492, fol. 207-211, BnF, Fr. 23940, fol. 685, et BnF, Fr. 23942, fol. 175v). Des lettres d'amplification de ces pouvoirs furent données vers le mois de novembre, et portaient surtout sur les pouvoirs du gouverneur en matière d'impositions, taxes et arrérages (copies XVIIe siècle dans BnF, NAF 7229, fol. 189-190v et dans BnF, Fr. 7492, fol. 211v-213).

de la trêve de Nice, signée le 14 juillet 1538 et bientôt confirmée pour dix ans, les arrérages étaient tels que les receveurs pouvaient s'attendre à de farouches protestations. Aussi le maréchal d'Annebault obtint-il une amplification de ses pouvoirs, qui lui permettait de contrôler officiellement les aspects financiers et fiscaux de la domination française.

En somme, les pouvoirs dont jouissait le gouverneur de Piémont n'étaient pas démesurés, et ils ressemblaient de plus en plus à ceux des autres gouverneurs au fur et à mesure que se développaient les institutions françaises dans la province. Cependant, l'importance stratégique de celle-ci conférait *de facto* au représentant de l'autorité royale une envergure supérieure à la plupart de ses pairs pour les questions diplomatiques et militaires. En outre, l'éloignement lui permettait de jouir d'une grande autonomie, et surtout, il était non seulement lieutenant du roi dans la province, mais aussi « delà les Monts », soit pour toute l'Italie. Il faudra revenir sur cette importante particularité.

L'ARRIVÉE À TURIN

Claude d'Annebault arriva de l'autre côté des Alpes, dans son gouvernement, le 11 octobre 1539[1]. Le soir même, il était à Turin. D'après Antoine Escalin, dit le capitaine Polin, qui allait devenir l'un des fidèles du maréchal, sa venue contenta grandement les gens de guerre, car il avait la réputation d'un chevalier sage et vertueux[2]. Il semble que les princes d'Italie se fussent également réjouis du choix de Claude d'Annebault. Ainsi, le cardinal Farnèse écrivit au nonce apostolique le 17 octobre pour lui signifier que le pape avait été satisfait de cette nomination[3]. Quant à l'ambassadeur du duc de Mantoue, dès qu'il eut vent de la nouvelle du remplacement de Montejean par d'Annebault, il informa son maître qu'il ne « pouvait avoir meilleure nouvelle que [le premier] crève ou soit sur le point de crever, et que l'autre vienne », dont le duc se trouverait bien

---

1   Une description complète des limites et des localités de la province se trouve à la p. 164 ; on trouvera une carte en annexe.

2   AS Mantova, Corr. est., Savoia, 731, lettre du capitaine Polin [de La Garde] au duc de Mantoue, Turin, 12 octobre 1539 (copie italienne) ; les lacunes des registres des *Ordinati* de Turin ne permettent pas d'en savoir davantage sur l'accueil réservé au nouveau gouverneur.

3   *ANG*, t. I, p. 493. Le nonce Ferrerio fit aussi part de l'approbation du pape au cardinal de Lorraine (*ibid.*, p. 502).

servi, ainsi que ses affaires de Montferrat[1]. On peut supposer qu'à peine installé à Turin, le maréchal d'Annebault reçut la visite d'émissaires de tous les princes d'Italie. Nous connaissons l'exemple du duc et de la duchesse de Mantoue, qui envoyèrent un de leurs serviteurs saluer en leur nom le nouveau lieutenant du roi de France, qui leur dépêcha aussitôt un messager porteur de lettres de remerciement, dans lesquelles le maréchal se déclarait prêt à servir humblement le duc[2]. Il visita également Philippe de Montespédon, la veuve du maréchal de Montejean, pour lui dire quelques mots de consolation.

> Monsr le maréchal de Hanebaud est arrivé hier, relata Polin de La Garde, et à son arrivée, il a prêté autant d'attentions à Madame qu'aux autres, étant donné qu'elle était dans un désespoir si grand qu'on ne pourrait le décrire, et pas sans raison, ayant perdu ce qu'elle a perdu, mais grâce aux bonnes attentions que [le maréchal d'Annebault] lui a faites, elle a commencer à accepter son sort plus patiemment qu'auparavant. Elle a décidé de faire transporter le corps en France avant son propre départ, avec toutes les cérémonies les plus grandes possibles, et elle partira d'ici douze ou quatorze jours[3].

Une anecdote, que François de Vieilleville, expert en commérages, a rapporté dans ses *Mémoires*, jette toutefois le doute sur le désintéressement de ses intentions. La veuve, encore jeune et désirable, riche de soixante mille livres de rentes, à la tête d'un patrimoine foncier alléchant, en attendant de recevoir la succession de mons[r] de Châteaubriant, dont elle était l'unique héritière, fut l'objet d'une cour assidue. Le nouveau marquis de Saluces, Gabriel[4], alors à la recherche d'une épouse, lui demanda sa main ; puis se manifesta Charles de La Roche-sur-Yon, un Bourbon, qui était un aussi beau parti, sinon plus avantageux. Un troisième prétendant se mit sur les rangs : il s'agissait de Claude d'Annebault, qui sollicita la

---

1   AS Mantova, Cart. inv. div., 638, Fabrizio Bobba au duc de Mantoue, Compiègne, 24 septembre 1539.
2   Lettres de créance adressées à M. d'Annebault, Mme de Montferrat et Mme de Montejean, mentionnées dans l'AS Mantova, Cop. ord., 2939, registre du 14 septembre 1539 au 23 mars 1540, fol. 29v, 31 octobre 1539 ; AS Mantova, Cart. Pal., 1951, Claude d'Annebault à la duchesse de Mantoue, Turin, 9 nov. 1539.
3   AS Mantova, Corr. est., Savoia, 731, lettre du capitaine Polin au duc de Mantoue, Turin, 12 octobre 1539 (copie italienne).
4   Vieilleville fait erreur en le nommant Jean-Louis, sans doute par confusion avec le frère aîné de Gabriel ; ceci rend douteuse l'authenticité de la lettre de la maréchale insérée dans les mémoires (F. de Vieilleville, *Mémoires, op. cit.*, p. 433).

médiation de la dauphine pour soutenir ses intérêts, contre le marquis de Saluces. Catherine de Médicis exposa donc à la veuve trois arguments décisifs, pensait-elle, qui devaient l'amener à choisir son protégé :

> Le premier, que Mme de Montéjean ne se rabaisserait en rien, car il possédait des états de la même importance que feu son mari ; l'autre, qu'il avait fait de si grands et signalés services au roi, que s'il avait encore quelques grands états en France à départir, il s'attendait bien d'y être préféré, comme aussi il advint, car il fut amiral ; le troisième, qu'il avait des terres en Bretagne, voisines et enclavées parmi celles de la veuve, entre autres la terre de La Henodaye, fort belle et seigneuriale, qui apporterait une très grande commodité à tous deux ; et pour ce dernier, si cette alliance se faisait, ils pourraient cumuler ensemble, et faire une maison de cent mille livres de rente, chose fort rare en ce royaume, sans qualité de prince. « Je confesse bien que le marquis de Saluces est trois fois plus riche, lui dit-elle, et qu'il a plus de quatre-vingt mille écus de rente, mais c'est un bien en combustion, et sur le moindre soupçon que l'on prendra de lui, le voilà désarçonné, et encore avec honte, car on l'appellera traître. Quant à la différence de personnes, le marquis est fort malaisé de la sienne, et pansardement gros, malpropre, noir, basané et de fort mauvaise grâce. Je vous laisse à juger de celle de mons^r d'Annebault, car vous l'avez vu, et vous n'ignorez point comme il est honnête et fort mettable en toutes choses[1]. »

La maréchale choisit finalement le prince de La Roche-sur-Yon, car elle s'était déjà engagée auprès de lui, par l'intermédiaire de Vieilleville, son cousin.

Cette historiette est intéressante, mais si les correspondances contemporaines des événements se font abondamment l'écho de la longue quête du marquis de Saluces pour trouver une épouse digne de son rang[2], et qu'il est vrai que la veuve de Montejean le repoussa pour lui préférer Charles de Bourbon, il n'est nulle part ailleurs fait mention des velléités de Claude d'Annebault. D'ailleurs, celui-ci était marié depuis 1526 avec Françoise de Tournemine[3], qu'il n'aurait pas répudiée, dans

---

1   Anne Deneuil-Cormier, *La France de la Renaissance (1488-1559)*, Paris, 1962, p. 185-189 ; F. de Vieilleville, *Mémoires, op. cit.*, p. 434-436.
2   Il épousa finalement la fille de Claude d'Annebault, Madeleine (*cf.* p. 218-221).
3   En 1552, Françoise de Tournemine était toujours en vie (AN X^{1A} 1573, fol. 379v, arrêt du Parlement de Paris du 30 juillet 1552 à propos d'un procès entre Renée de Surgères, Loys du Bois et demoiselle Louise de Surgères d'une part, contre Claude d'Annebault et Françoise de Tournemine, son épouse, d'autre part). Notons aussi l'erreur du père Anselme et de Moréri qui prétendent que Françoise de Tournemine aurait épousé René de Montejean avant Claude d'Annebault, sans doute trompés par certains généalogistes qui proposent Jacques de Montejean, frère de René, mort en 1516 ; on considère généralement

la mesure où elle avait donné naissance dès 1527 ou 1528 à un fils, Jean, et que le rang d'Annebault n'était pas suffisant pour qu'il pût prétendre obtenir les dispenses nécessaires.

Peut-être Vieilleville a-t-il imaginé un troisième et redoutable prétendant pour agrémenter son récit et mettre en valeur l'impact de sa propre intervention. Mais l'amitié et l'estime que la dauphine accordait au maréchal étaient bien réelles, tout comme la familiarité de ce dernier avec Philippe de Montespédon. Elle était effectivement sa voisine, par leurs possessions bretonnes et pouvait le connaître de longue date, car Montejean et d'Annebault étaient tous deux des proches du connétable. Ainsi, lorsque le parlement de Piémont confisqua les biens de Melchior de Villesallet[1], l'un des principaux vassaux du duc de Savoie de ce côté des Alpes, elle s'en vit attribuer les terres[2] ; on peut penser que Claude d'Annebault jouât un rôle dans la dévolution de cette grâce. En outre, lorsque Charles de La Roche-sur-Yon fut fait prisonnier par Francesco d'Este en 1543, il intervint dans sa libération et contribua personnellement au remboursement du banquier qui avait avancé le montant de la rançon[3].

Claude d'Annebault ménagea donc la veuve de son ami, et logea quelques jours chez l'abbé Borgarel[4], avant de s'installer au palais fortifié de l'archevêque, futur palais ducal : c'est là que les gouverneurs français logeaient depuis 1536, et d'Annebault attendit sans doute le départ de la dépouille de Montejean[5], accompagnée par la maréchale, pour prendre

---

qu'elle n'épousa que Pierre de Laval, puis Claude d'Annebault. Peut-être aussi Anselme et Moréri ont-ils confondu Philippe de Montespédon et Françoise de Tournemine, devenue ainsi veuve de Montejean en 1538, afin de justifier le récit de Vieilleville.

1   Condamné, après constatation du troisième défaut de comparution, le 10 octobre, à confiscation de biens et décapitation pour crime de lèse-majesté par rébellion (AS Torino, Parl. Fr., Sentenze e Sessioni, art. 613, §2, fol. 40v).

2   Lettres patentes du roi données à Novyon en mars 1540 [n. st.] qui donnent, en considération des services rendus par Montejehan, à sa veuve Philippe de Montespédon, la terre et seigneurie de Villesallet avec biens meubles et immeubles confisqués à Melchior de Villsallet, enregistrés au parlement de Turin le 2 juin 1540 (AS Torino, ibid., fol. 268v).

3   Cf. p. 334.

4   Melchior Borgarel, fermier des recettes du Piémont (BnF, Fr. 5503, fol. 139-140v, lettres lui conférant les revenus du Piémont, Asti et Montferrat, 15 décembre 1538), financier retors et sans scrupules, fait alors l'objet de multiples poursuites et se trouve prisonnier au château de Turin (AS Torino, Parl. Fr., Sentenze e Sessioni, art. 613, §2, fol. 13).

5   AS Torino, ibid., fol. 21-v : «Ce jourduy [samedi 25 octobre 1539] les parens et amis charnelz de feu messire René seigneur de Montigian, en son vivant mareschal de France

possession des lieux[1]. Dans le même temps, d'Annebault constitua son conseil, prit des renseignements auprès des officiers civils et militaires présents à Turin et convoqua par des lettres datées du 15 octobre, une assemblée des trois états du Piémont devant initialement se tenir à Turin le 25 du même mois[2].

Cette réunion devait permettre de présenter officiellement le gouverneur à ses administrés, d'entendre leurs doléances et de définir son programme. En outre, d'Annebault tenait à rassurer des communautés traumatisées par le traitement que leur avait infligé Montejean, en leur témoignant sa bonne volonté d'écouter leur plaintes et d'agir en concertation avec elles, en restituant aux assemblées des trois états leur rôle consultatif, inséré dans l'agencement des institutions françaises en Piémont. Cet édifice institutionnel était pour la première fois crédible et, pour ainsi dire, tangible, car le parlement de Piémont commençait à fonctionner efficacement et s'installait dans des locaux certes encore provisoires, mais plus dignement aménagés. La séance d'ouverture de l'assemblée, le 26 octobre, sous la présidence du maréchal d'Annebault, fut une véritable mise en scène de l'installation des institutions françaises dans cette province, les parlementaires prenant place aux côtés du gouverneur et des chefs des gens de guerre.

> Ce jourd'uy vingt sixiesme jour d'octobre, l'an mil cinq cens trente neuf, en la sale de l'audience et plaidoyrie de la court de parlement de Piemont, decorée sur le siege plus eminent d'un poyle de drap d'argent, et les autres sieges d'entours, et pareilement les sieges inferieurs du parc de lad. pladoirye, et les murailes a l'endroict dud. parc, de tapisserie, furent mandez et tenuz par messire Glaude seigneur d'Annebault, chevalier de l'ordre du roy, mareschal

---

et lieutenant general pour le roy de ça les montz sont venus a la court de ceans, la priant de vouloir accompagner le corps dud. defunct qui sera porté lundy prochain a sexe heure de la maison ou il est decedé jusques a l'eglise Sainct Jehan. »

1   Goffredo Casalis, *Dizionario Storico-staistico-commerciale degli Stati di S. M. il re di Sardegna*, Torino, 1851, vol. 21, art. Torino, p. 546-547, *palazzo reale* (qui était auparavant la résidence de l'archevêque de Turin, absent lors de la prise de la ville). C'est encore là qu'en 1549 le prince de Melphe, gouverneur du Piémont, reçut l'évêque de Zama, Andrea Minucci, de passage à Turin (« Descrizione di un viaggio fatto nel 1549 da Venezia a Parigi di Andrea Minucci », dans *Miscellanea di storia italiana*, t. I, 1852).

2   A. Tallone, éd., *Parlamento sabaudo : atti delle assemblee costituzionali italiane dal medio evo al 1831*, parte prima, *Patria Cismontana*, vol. VII (1525-1560), Bologne, 1933, p. 231-441 (*appendices*), p. 274 à 276, élection et députation, entre le 19 et le 22 octobre, des députés de Moncalieri, Raconigi, Vigone, Mondovì et Pignerol, pour l'assemblée convoquée à la demande d'« Aynebaud viceregis ».

de France et lieutenant general dud. seigneur en son pays de Piemont, les Troys Estats dud. pays, c'est assavoir les gentilhomes, gens d'Eglise et communes dud. Piemont, pour leur declarer et donner enctendre la cause de sa venue en ced. pays de Piemont, et la bonne voulonté que led. seigneur roy avoit a sond. pays et subgectz, et les bons traictemenz qu'il leur voulloit faire, et environ l'heure de vingt deux heures dud. jour, messieurs les president, conseillers et autres officiers de lad. court se trouvent en la maison de l'abbé Borgarel ou led. seigneur d'Annebault estoit logé, lequel bientoust après qu'il furent arrivez, alla dud. logis en leur compaignie et de plusieurs gentilzhommes capitaines tant françoys que ytaliens, et autres gens en grant nombre, tant de guerre que autres, en lad. sale, et se assist led. seigneur mareschal sobz led. poile, aud. siege plus hault et plus eminent estant au coing de lad. sale et destiné pour led. seigneur roy comme en ses autres cours souveraines, et après aux autres sieges, tant d'en haut que d'en bas, de l'ordonnance dud. seigneur se assirent les personaiges soubznommez, en la forme et manière qui s'ensuyt, etc.[1]

Le gouverneur, en tant que lieutenant du roi, reçut en cette occasion tous les égards dus au souverain, dont il représentait la personne et l'autorité auprès de ses nouveaux sujets. Devant une assemblée de représentants des trois ordres, français ou italiens, il se présenta :

Il avoit pleu aud. sʳ roy l'envoyer son lieutenant general en ced. pays de Piemont ou lieu de feu monsʳ le mareschal de Monthean, nagueres decedé, pour les gouverner comme ses vrays et fideles subgectz soubz son autoricté et obéissance, en toute ouverture et rectitude de justice, amictié et doulceur, et qu'il avoit deliberé faire de tout son pouvoir tant pour accomplir le bon vouloir dud. seigneur roy que pour la grande fidelité et obeyssance qu'il avoit tousjours trouvé en eulx, et les avoit faict assembler non pas pour leur demander aucune contribution et subside, mais pour entendre les affaires dud. pays et oïr leurs plainctes et querelles, et inhiber toutes indeues exactions et contribucions, faire tenir police aux souldars et gens de guerre et oster les abuz commis aud. pays, et pourveoir que bonne et briefve justice leur fust faicte en tous les cas occurans, les soulager le plus qu'il pourra, mettre ordre ou il sera necessaire, ou en advertir led. sʳ roy pour y pourveoir, estant asseuré qu'il ne leur refusera chose qui fust raisonnable.

Ensuite, il laissa les délégués se retirer quelques heures, avant d'écouter leurs doléances, auxquelles il répondit par de bonnes paroles, destinées à restaurer la confiance.

---

1   Un procès-verbal de la cérémonie d'ouverture a été publié dans les *Monumenta historiae patriae*, t. XIV, *Comitiorum pass. prior. Turin.*, 1879, col 958, d'après un manuscrit (perdu ?) de l'ASC Savigliano. Un autre, assez différent, est conservé dans l'AS Torino, Parl. Fr., Sentenze e Sessioni, art. 613, §2, fol. 25v-26v ; j'en ai donné une édition complète en annexe de ma thèse de doctorat.

UNE PROVINCE RUINÉE PAR DEUX ANNÉES DE GUERRE

> Les chemins sont rompus, la justice est presque morte, de charité il n'est
> gières ors de Turin[1].

Telles étaient les plaintes qui s'élevaient du pays de Piémont, ravagé
et exsangue. Les populations aspiraient à reprendre une vie normale,
mais la tâche à accomplir paraissait immense, tant les territoires tenus
par les Français avaient souffert de guerres continuelles, dont la campagne de l'automne 1537 fut peut-être la pire[2]. On ne peut ici faire
l'économie d'un retour en arrière, sur les conséquences de l'invasion et
de l'occupation française, afin d'établir sur quels problèmes le nouveau
gouverneur eut à se pencher[3].

L'occupation continue du pays par des soldats trop nombreux était
vue comme un véritable fléau et, dès 1537, sous le gouvernement de
la province par Jean d'Humières, commença à se faire sentir une forte
hostilité envers l'occupant. Les troupes de Boutières, gouverneur de la
cité de Turin, s'estimant mal payées et mal entretenues, n'obéissaient
pas plus à leur chef et voulaient mettre la ville à sac ; les citoyens étaient
maltraités, les marchands quittaient la ville où l'on manquait de bois,
de foin et de bêtes, tandis que les campagnes enduraient les pillages et
dévastations des troupes impériales[4]. De février à mai 1537, Guillaume
Du Bellay s'était appliqué à « réparer les erreurs » commises en Piémont,
selon les termes employés par le cardinal de Tournon dans une lettre à
Jean Du Bellay[5]. Puis il était parti, laissant pour un temps la province
aux mains d'un Jean d'Humières dépassé par les événements. Les villes
du Piémont, lasses de répéter en vain leur protestations aux lieutenants
du roi, qui n'avaient sans doute pas intérêt à ce que l'on apprenne en plus

---

1 Lettre d'Antonin Andrea au chancelier Poyet, 28 avril 1538, citée par V.-L. Bourrilly,
   Guillaume du Bellay, p. 267.
2 Decrue, p. 319 *sq.*
3 Pour plus de détails, *cf.* V.-L. Bourrilly, *Guillaume du Bellay*, p. 237-284, qui eut abondamment recours à AN, J 993, où sont regroupés la plupart des papiers d'État concernant le
   Piémont entre 1536 et 1539 ; je ne cite pas systématiquement nos emprunts à ce carton,
   de même que nos références au recueil de documents édité sous la direction d'A. Tallone,
   Parlamento sabaudo, op. cit.
4 BnF, Fr. 3062, fol. 148, lettre des syndics de Turin au roi, Turin, 25 juillet [1537] (copie
   authentique).
5 M. François, *op. cit.*, p. 141.

haut lieu les abus sur lesquels ils fermaient les yeux, tentèrent par tous les moyens de s'adresser directement à leur souverain. Ainsi, la ville de Turin envoya des délégués à François Ier pour lui exposer la misère de la ville, et à quel point elle était florissante avant l'arrivée des Espagnols[1], quand la cité était prospère, pleine de marchands qui depuis l'avaient désertée, et qu'elle avait un maître des monnaies, qui battait d'argent et d'or. L'université était alors libre et attirait nombre d'étudiants en théologie, droit canon et civil, et médecine, mais les Espagnols[2] avaient tout ruiné, laissant le peuple dans la misère, tandis que les entrepôts et granges, pillés et détruits, attendaient d'être reconstruits, et que Turin souffrait d'une pénurie générale. Les envoyés demandèrent réparations des dégâts, un soutien frumentaire, un nouveau maître des monnaies, la restauration du *studium*, et des gardes pour assurer la sécurité de la ville. Mais rien ne fut fait et la situation continua à empirer, comme en témoignent de nouvelles protestations sans cesse adressées au roi ou à ses représentants en Piémont[3]. Outre les assemblées des états et la cité de Turin, d'autres villes tentèrent d'attirer l'attention du roi sur la situation, comme Villefranche-d'Asti[4] ou Savigliano[5] : toujours en vain.

Enfin, en 1538, alors qu'on envisageait une trêve, le roi sembla enfin s'intéresser à la situation du Piémont : il confia une commission d'enquête à Adhémar de Monteil et Jean de Montcamp[6] dans l'ensemble des territoires auparavant possédés par le duc de Savoie : malgré les efforts déployés par Montejean, ils confirmèrent cette impression d'impuissance des autorités françaises à soulager le pays. Les résultats de cette enquête

---

1 AN, J 993/3, mémoire du 22 octobre 1536. Les délégués étaient Antoine Louis de Pancaglieri, George Antioche, Antoine dei Andrei, Jeannot de Lestra (alors âgé de quatre-vingts ans, fournisseur de vivres pour l'armée française en 1536, récompensé par la concession de la châtellenie de Rivoli en 1537, et maître en la Chambre des comptes de Turin le 21 février 1537) et George Gastandi ; *cf.* aussi AN, J 993/8[7].

2 Seuls les Espagnols se voient directement accusés, mais le comportement des troupes françaises est également en cause.

3 *Cf.* notamment BnF, Fr. 3081, fol. 59, lettre des syndics et citoyens de Turin à Mr de Humières, 25 août 1537.

4 Voir aussi AN, J 993/15[3] : désolation de la ville de Villefranche, diocèse de Turin (*mémoire chronologique des dommages subis depuis 1536 jusqu'à après la trêve*) ; de même A. Tallone, *Parlamento sabaudo, op. cit.*, p. 236.

5 ASC Savigliano, Cat. 8, cl. 1, Suppliche e ordini per forniture e imposizioni di guerra, memoriali.

6 AN, J 993/13[14] (dépouillement sommaire dans V.-L. Bourrilly, *Guillaume du Bellay*, p. 278n).

ne furent guère surprenants : ils confirmèrent, en les nuançant à peine, les besoins à maintes reprises exprimés par les sujets piémontais du roi. Il fallait diminuer le nombre des troupes d'occupation, mettre à la disposition des marchands le blé conservé dans les places fortes, faire venir du blé de l'extérieur, diminuer les taxes et réviser les péages, qui s'étaient abusivement multipliés, pour réveiller le commerce ; alléger la fiscalité et les contributions ; punir les auteurs d'exactions, au premier rang desquels l'abbé Borgarel, fermier général des revenus du domaine du Piémont ; enfin, restaurer les privilèges des villes et de l'université de Turin.

Après le retour des commissaires à la cour, à la fin de l'année 1538, les conseillers du roi prirent conscience que des mesures énergiques s'imposaient. On s'était jusqu'alors contenté de veiller à ce que la province ne soit pas totalement privée de céréales, grâce aux initiatives de Guillaume Du Bellay :

> C'est que au commencement de son gouvernement le peuple désespéré pour la famine, telle que un sac de bled, qui n'avoit accoustumé d'estre vendu à Thurin qu'un escu, se vendoit dix ou douze escus, et s'il n'y avoit du bled au marché il faloit y mettre garde, affin que le peuple ne s'entretua pour en avoir, et par ce moyen les terres demeurerent inutiles et incultivées[1].

Prolongeant les premières tentatives d'Anne de Montmorency, Du Bellay réorganisa l'approvisionnement en blé, et en fit acheminer depuis la Bourgogne par Saône et Rhône, puis par la mer jusqu'au port de Savone, et de là en Piémont[2]. Dans ce domaine, le maréchal de Montejean ne resta pas totalement inactif, faisant par exemple moudre les blés importés par l'abbé Borgarel[3] ; il est vrai qu'il fallait bien nourrir les troupes, à qui ils étaient destinés, et qui étaient alors dans un état déplorable[4].

---

1   A. Thevet, *op. cit.*, fol. 399.

2   Du Bellay, *Mémoires*, t. III, p. 435, J. C. L. Simonde de Sismondi, *Histoire des Français*, Paris, 1821-1844, 31 vol, t. XVII, p. 93, V.-L. Bourrilly, *Guillaume du Bellay*, p. 259 et 287-288.

3   AN, J 993/8²¹, compte de la recepte et despense des vivres receuz en Piedmont, par maistre Claude de Bourges.

4   *CCJDB*, t. III, p. 152-153, Jean Du Bellay à Anne de Montmorency, Saint-Maur-des-Fossés, 21 mars 1539 : « Le reste [des troupes], qui est dedans Thurin, fort foullé de maladies, de despence et d'une façon de guet que [le maréchal de Montejean] leur faict tenir depuys ces soupsons de trahison ».

D'UN GOUVERNEUR À L'AUTRE :
DEUX STYLES DE GOUVERNEMENT

Dans l'ensemble, Montejean, efficace en temps de guerre, se révéla incapable de prendre les mesures nécessaires au redressement du pays depuis la signature de la trêve, comme en témoigne cette anecdote :

> Montéjan, non moins noté pour son imprudence que pour son courage, joua l'argent qu'il avoit reçu pour deux mois de paye de ses soldats, et le perdit. Les soldats, qu'il laissoit privés de tout, se soulevèrent, et le tinrent quelques heures assiégé dans son logis ; le roi, disposé à pardonner [...] lui promit de lui envoyer 80 000 écus pour réparer sa perte. Heureusement pour le Piémont, Montéjan mourut au bout d'une année, et le maréchal d'Annebault lui fut donné pour successeur[1].

René de Montejean, « si asseuré de monsier le connétable qu'il ne craint fouldre ni tonnerre », comme l'écrit un Guillaume Du Bellay visiblement exaspéré[2], n'écoutait pas les conseils et régnait par la terreur. Il voulait d'ailleurs renforcer les effectifs d'occupation, contre le bon sens et l'avis de Du Bellay, avec lequel il eut tôt fait d'entrer en conflit ouvert, obtenant finalement son renvoi, à défaut de l'avoir fait pendre ou de lui avoir fait trancher la tête, comme il en avait agité la menace[3] ; c'était d'ailleurs pour lui une habitude que de promettre de couper des têtes, en jurant par le « Sang Dieu[4] ». Les plaintes à l'encontre de « l'homme[5] » se multipliaient, les habitants de Villeneuve-d'Asti

---

1 J. C. L. de Sismondi, *op. cit.*, t. XVII, p. 92, et F. de Vieilleville, *Mémoires, op. cit.*, p. 427.

2 BnF, Dup. 265, fol. 64-65, Guillaume Du Bellay à Jean Du Bellay, Turin, 5 juillet 1538 (publ. A. Tallone, éd., *Parlamento sabaudo, op. cit.*, p. 240-241 et *CCJDB*, t. III, p. 111-114).

3 *Ibid.*, p. 114-115, Guillaume Du Bellay à Jean Du Bellay, Turin, 6 juillet 1538 : « Les paroles qui ont esté ce joud'huy entre mondict sieur le mareschal et moy [...] finirent en menasses que la ou il me commanderoit, il sçauroit bien la me faire faire, ou bien mefaire trencher la teste » ; V.-L. Bourrilly, « Les Français en Piémont : Guillaume Du Bellay et le maréchal de Montejehan », dans *Revue historique*, t. LXXVI, 1901, p. 297-328, et *Id., Guillaume du Bellay, op. cit.*, p. 258-279, *passim* ; Pierpaolo Merlin, « Torino durante l'occupazione francese », dans *Storia di Torino, t. III : dalla dominazione francese alla ricomposizione dello Stato (1536-1630)*, dir. G. Ricuperati, p. 10 et 12.

4 *Cf.* par exemple *CCJDB*, t. III, p. 114-115, Guillaume Du Bellay à Jean Du Bellay, Turin, 6 juillet 1538 : « Il me dit alors que, par le Sang Dieu, quant il me commanderoit une chose, force seroit de le faire », « a juré qu'il escripvra au roy de est affaire et que, par le Sang Dieu, ce qu'il esripra sera creu », « nonobstant qu'il ayt juré que s'il y a homme qui en parle ou esripve aultrement qu'il en escripra, il luy rompra la teste ».

5 C'est ainsi que Guillaume Du Bellay le désigne dans des lettres à son frère Jean (*CCJDB*, p. 117-119, Guillaume Du Bellay à Jean Du Bellay, Turin, 14 juillet 1538).

assurant qu'il « seroit trop long d'en dire le tout », tandis que ceux de Cavallerleone se virent intimer l'ordre de donner aux soldats tout ce qu'ils avaient, le gouverneur ajoutant : « si mourez de faim, ventrebleu, je n'y saurois faire autre chose[1] ». Selon lui, l'entretien d'une puissante armée passait avant la survie de la population. Ainsi, en juillet 1538, alors que la trêve pouvait faire espérer plus de douceur, les trois états, protestant que le peuple mourait de faim et que les récoltes suffisaient à peine aux ressemailles et ne pouvaient donc être délivrées aux soldats, assistèrent à une virulente démonstration d'autorité :

> Il se aigrit et leur dist que s'ilz ne l'accordoient liberalement, il le leur feroit faire par force et que s'ilz avoient [esté] maltraictez par le passé, ilz le seroient pis à l'advenir. Ilz respondirent que tant qu'ilz en auroient, ilz en bailleroient, mais qu'ilz n'eussent riens, ilz deshabiteroient, lui demandant congié d'aller vers le roi luy demonstrer leur paouvreté. Ce qu'il leur accorda, disant que la response qu'ilz en auroient était toute faicte, car le roy se reposoit sur luy des affaires de par decà et les renvoyeroit à luy, et pour ce, qu'ilz deliberassent dès lors de fournir vivres aux taux qu'il imposeroit, car il donneroit aultrement liberté aux souldars d'en prendre où ilz en trouveroient[2].

Montejean avait son style et savait faire preuve d'une redoutable efficacité, en certaines circonstances : c'est lui que François Ier avait envoyé, armé de pied en cap, intimider les états de Bretagne réunis en 1532 pour délibérer de la réunion du duché à la couronne de France. En Piémont,

---

1 *Ibid.*, p. 268, et AN, J 993/15[46].

2 Lettre *cit.* de G. Du Bellay à son frère du 5 juillet 1538. Selon Georgio Antiochia, ou Georges d'Antioche, médecin de Turin, il leur répondit : « Allés vous-en par tous les cens mille diables car le roy ne se soucie pas de vostre nécessité et aussi je ne me fie point en vous autres du pays, en dépit de vous je tiendray dix ans les gens de guerre en Piémont ; allés hors du pays si vous voulés, je le garderay bien sans vous » (Guillaume Ribier, *Lettres et mémoires d'État des roys, princes, ambassadeurs et autres ministres sous les règnes de François Ier, Henri II et François II*, Paris, 1666, 2 vol., t. I, p. 181-185). Ce médecin, notable turinois qui servit souvent de porte-parole aux sujets du Piémont, fut envoyé en France porter les doléances des États au roi, mais Montejean le fit arrêter à son arrivée en Dauphiné, puis le tint prisonnier et voulut le faire décapiter publiquement, mais Guillaume Du Bellay déjoua ses projets et parvint à le faire transférer à la cour de France, officiellement pour y être jugé, en réalité pour que le roi entende les doléances des Piémontais ; *cf.* A. Tallone, éd., *Parlamento sabaudo, op. cit.*, p. 240-249, *passim*, V.-L. Bourrilly, *Guillaume du Bellay*, p. 272-273, P. Merlin, *op. cit.*, p. 40 et Richard Cooper, *Litterae in tempore belli*, Genève, 1997, p. 55-56. Montmorency lui-même finit par désapprouver les excès de son protégé (Musée Condé, CL, t. LXVI, fol. 277, lettre des syndics et conseillers de Turin à Anne de Montmorency, Turin, 5 août 1538).

il ne connut pas la même réussite et perdit le contrôle de la situation. Sa manière brutale avait montré ses limites et son inadaptation flagrante à un contexte de paix et de reconstruction. D'Annebault n'avait pas le même caractère. Homme de guerre suffisamment estimé et réputé pour plaire aux soldats, il était toutefois moins borné et autoritaire que Montejean. L'espoir que suscita sa nomination fut confirmé dès l'assemblée du 26 octobre 1539, qu'il suspendit après avoir entendu les doléances, afin que les députés les missent par écrit le lendemain[1]. Ce faisant, il restaurait les trois états dans leur rôle de conseil et de concertation, dans un dialogue constructif avec les autorités françaises.

Les remontrances furent ainsi soumises à nouveau à Claude d'Annebault, qui y répondit point par point avec son conseil[2]. Pour conclure, il réaffirma sa volonté de tourner le dos à la période d'occupation violente et d'anarchie institutionnelle, proposant notamment l'introduction des élus du pays dans le système fiscal[3], et la constitution d'un groupe de délégués des états (auxquels seraient adjoints des serviteurs du gouverneur) pour assurer leur continuité et veiller à ce que compte soit tenu de leurs doléances[4]. Pour le reste, il s'en remettait aux volontés du roi. Les états purent dès lors remercier « très humblement Sa Majesté du bon vouloir qu'il a vers cedict pays et subgectz, et plus de ce que luy a pleu [les] pourveoir de si très vertueux prince et seigneur pour [les] régir et gouverner[5] ».

---

1   AS Torino, Parl. Fr., reg. cité : « Mond. sᵉ le mareschal a exhorté lesd. gens d'iceulx Troys Estatz qu'il conferassent encores ensemble de leurs affaires et faire le tout rediger par escript, par chapitres et articles dedans ledemain pour pourveoir pour chacun en la meilleure forme et plus grande doulceur qu'il luy sera possible, en consideracion de la bonne voulonté et grande obéissance qu'ilz ont envers led. seigneur roy, et leur a permis eulx assambler aux fins que dessus, en le presence dud. sᵉ de Botieres ».

2   Ce document, portant les demandes des États et les réponses du gouverneur, datées du 31 octobre 1539, a été fort bien édité par A. Tallone, *Parlamento sabaudo, op. cit.*, p. 278-283.

3   L'introduction du régime des élus se fit sur les bases de cette initiative exceptionnelle, dont le but primitif était de remédier de façon rétroactive aux désordres accumulés entre 1536 et 1538, mais aussi de contrôler les contributions pour 1539. Sur l'histoire des élus de Piémont, *cf.* L. Romier, « Les institutions françaises en Piémont », dans *Revue historique*, t. CVI, 1911, et P. Merlin, *op. cit.*, p. 17-19.

4   « Affin que lesdicts pays congnoissent que ledit seigneur mareschal a singulier désir et affection que toutes les choses y aillent bien et que égalité soit partout observée, il a ordonné qu'il sera esleu par eulx respectivement tel nombre de personnaiges d'entre eulx qu'ilz adviseront pour fère le département et la charge qui leur restera... » (*loc. cit.*).

5   *Ibid.*, p. 278.

Claude d'Annebault voulait s'informer de la situation pour mieux remédier aux problèmes les plus urgents, comme en témoignent les lettres adressées en novembre au roi, au connétable et au chancelier, par lesquelles il les informait de la « disposition des affaires de deçà » et de ce qui s'était fait à l'assemblée des états[1]. À ce moment précis commença le processus de rétablissement de la prospérité et la reprise en main du pays. L'époque d'occupation par la terreur était bien révolue, et avec l'arrivée du maréchal d'Annebault s'ouvrit un second temps de la domination française, celui de l'assimilation en douceur et du « bon gouvernement[2] ». En effet, les premières impressions d'octobre 1539 se confirmèrent par la suite, et le même Georges d'Antioche qui avait porté à François Ier les plaintes des Piémontais contre Montejean exposait au conseil du roi le 7 février 1541 le contenu d'un mémoire, où la bonne volonté du gouverneur était louée en ces termes :

> Très humblement le merciant les communes dudict Piémont de ce que par sa bénigne grace nous a pourveu d'ung tel seigneur et recteur qu'est monseigneur le mareschal d'Annebault son lieutenant, lequel en toutes doléances et toutes querelles est très pacient à ouyr et plus prudent à y pourveoyr pour soulager ledit pays en toutes choses deues, pour lequel ledit pays de Piedmont en est très bien soulagé et gouverné. Par quoy très humblement supplier Sadite Majesté de continuer ledit seigneur pour nous régir, espérant qu'il sera de bien en mieulx[3].

Bien qu'il faille prendre en compte la probable partialité de certains témoignages de l'époque, le contraste avec ses prédécesseurs semble jouer en faveur de Claude d'Annebault, qui sut donner de lui une image plutôt flatteuse. Bien qu'il n'ait résidé en Piémont que huit ou dix mois sur les trois bonnes années de sa charge[4], laissant entre-temps le soin des affaires de la province au très compétent Guillaume Du Bellay, son homme de confiance, on ne peut approuver le jugement de l'historien Victor-Louis Bourrilly, selon qui il « ne fit que passer[5] », car son action, et notamment son premier séjour, s'avéra déterminante

---

1   Musée Condé, CL, t. LXVI, fol. 1, Claude d'Annebault au roi, 13 novembre [1539].
2   P. Merlin, *op. cit.*, p. 13-20.
3   A. Tallone, *Parlamento sabaudo*, *op. cit.*, p. 308.
4   D'octobre 1539 à avril 1540, puis pour des négociations diplomatiques et des opérations militaires d'août à septembre 1541 et de juin à novembre 1542 (moins l'intermède de la campagne de Roussillon).
5   V.-L. Bourrilly, *Guillaume du Bellay*, p. 301.

pour l'assimilation du Piémont. Certes, en tant que gouverneur de la place de Turin, Guillaume Du Bellay, seigneur de Langey, accomplit l'essentiel du travail dans la continuité, mais le maréchal d'Annebault sut donner au redressement de la province une impulsion décisive.

DES MESURES D'URGENCE :
BLÉS, COMMERCE, MONNAIE, IMPÔTS ET PRIVILÈGES

Dès le 26 octobre, d'Annebault s'informa des problèmes à résoudre, et promit de diminuer les impôts, de ramener à un nombre plus raisonnable les effectifs militaires à la charge du pays, d'en respecter les juridictions ordinaires, les privilèges et les « louables » coutumes. Le pays se trouvait surchargé de soldats français et italiens, dont les effectifs n'avaient cessé de croître, et dans toutes les places où ils étaient logés, Turin, Moncalieri, Savigliano, Rivoli ou encore Carignan, ils semaient la terreur, pillaient, violaient, et ne laissaient pas même de quoi se nourrir aux Piémontais[1]. En signe de bonne volonté, le maréchal d'Annebault vint sans sa compagnie d'hommes d'armes, qu'il prétendait vouloir laisser en France tant que la situation le permettait. De même, il renvoya « pour descharger le pays » celle de Montejean, et décida de soulager la province des lourdes contributions versées aux terribles chevau-légers, auxquels la population se montrait de plus en plus hostile, en réduisant leurs effectifs de moitié[2]. Pour la première fois depuis 1536 le nombre des soldats entretenus en Piémont diminuait.

Tout aussi symboliquement, il donna dès son arrivée un édit en vertu duquel les capitaines des places étaient tenus de mettre en circulation une bonne partie des provisions de blé pour sauver le peuple de la famine[3]. Cette initiative était assez audacieuse, car une trêve était fragile et pouvait être brisée en l'espace de quelques semaines : les places du Piémont n'auraient alors pas pu soutenir le moindre siège. Mais d'Annebault devait penser, à l'inverse de son prédécesseur, que le soutien de la population était plus utile et nécessaire en cas de reprise des hostilités qu'une

---

1   *Ibid.*, p. 267 ; voir aussi ASC di Torino, Donativi, n°s 538 et 542, ASC Moncalieri, ser. gen. n° 2586, lettre des syndics et habitants de Moncalieri à Claude d'Annebault, [octobre-novembre 1539].

2   A. Tallone, *Parlamento sabaudo, op. cit.*, p. 280, réponses (p. 279-283) du maréchal aux doléances des états de Piémont.

3   *Ibid.*, p. 279.

armée bien entretenue et des forteresses pourvues en tout. De plus, la réduction des effectifs militaires diminuait du même coup les besoins de l'armée, et rendit possible cette mesure populaire. Toutefois, ces médiocres quantités de blés devaient seulement permettre aux habitants de tenir jusqu'à l'arrivée de celles dont il organisait l'importation. Avant même son départ, il fit renouveler les mesures autrefois prises par Guillaume Du Bellay pour le ravitaillement par la mer et obtint du roi une traite générale des blés, publiée dans tout le royaume, exempte de toutes taxes, pourvu que ces céréales fussent destinées au Piémont[1]. Du Bellay, qui avait investi ses propres deniers et s'était lourdement endetté auprès de marchands lyonnais dans cette entreprise, était d'autant plus motivé pour l'exécuter qu'il espérait faire « avant Pasques cinquante ou soixante mil francs de profict et [faire] service au roy et secours au pays[2] ». Dans le même temps, Claude d'Annebault fit interdire en tous lieux de la province les exportations de blé[3]. Il prit ensuite les dispositions nécessaires à leur passage par les Alpes, renouvelant le tarif du péage de Suse « fors et excepté pour le transit des grains pour lequel ne se payera aucun peaige pour consideration de la cherté d'iceulx jusques a ce que autrement en soit ordonné et sans tirer a consequence pour l'avenir[4] ». Le Piémont fut ainsi efficacement ravitaillé, et les habitants purent à nouveau se procurer du pain à un prix raisonnable, défini par le gouverneur[5], en attendant la récolte de 1540 ; elle fut meilleure que les précédentes. Plus tard, Du Bellay, à Turin, et d'Annebault, depuis la France (car il siégeait au conseil du roi), s'employèrent à stimuler le commerce[6].

---

1   *Ibid.*, *loc. cit.*
2   *CCJDB*, t. III, p. 159-161, Guillaume Du Bellay à Jean Du Bellay, Lyon, 22 décembre 1539 ; voir aussi *ibid.*, p. 199-200, Vincent de San Donino et Raphaël Corsini à [Jean Du Bellay], Lyon, 13 janvier 1543, réclamant le remboursement des dettes du défunt seigneur de Langey.
3   ASC Moncalieri, serie R, p. 1ᵃ, nᵒ 8, copie de lettres patentes de Claude d'Annebault, datées du 14 novembre 1539.
4   AS Torino, ME, Dacito di Susa, mazzo 1, lettres patentes de Claude d'Annebault, Turin, 29 janvier 1539 [1540 n. st.], copie du tarif des droits portant sur les marchandises au péage dit « dace » de Suse, avec copie au bas d'un mandement de Claude d'Annebault daté du 19 janvier 1539 [1540 n. st.] portant ordre de surseoir au paiement de ces taxes, et un autre mandement, du 5 janvier de la même année.
5   ASC Moncalieri, Ser. gen., nᵒ 2465, « capitoli sul prezzo del pane a Moncalieri », 22 juin 1540 (en conformité avec les volontés de Guillaume Du Bellay).
6   AS Torino, Parl. Fr., reg. cité, déclaration de François Iᵉʳ, 13 oct. 1540, portant que les marchandises fabriquées en Piémont n'ont pas à payer le péage de Suse. En octobre 1539,

Le problème monétaire n'était pas encore résolu. La pénurie de monnaie, consécutive à la crise généralisée des activités de la province, rendait d'autant plus difficiles les échanges. Les florins de Savoie circulaient encore, et les monnaies mises en circulation par Du Bellay n'étaient pas parvenues à les évincer ; de plus, leur aloi était inférieur à celles de France[1]. À son tour, Boutières avait nommé un maître monnayeur, sans parvenir à de meilleurs résultats[2]. On ne voyait plus circuler en Piémont que des pièces « noires », au très faible aloi. Mais suite à l'enquête de Monteil et Montcamp fut nommé un contrôleur général des monnaies, Philippe de Lautier, pour réviser les espèces circulant en Piémont[3]. De plus, sur les conseils des commissaires royaux, Montejean avait promulgué un édit qui réglementait le cours des monnaies, que son successeur décida de confirmer[4]. Celui-ci s'engagea également à faire punir par des châtiments exemplaires les coupables de spéculation et de fraude.

Ces bonnes intentions exprimées après la réunion des états furent elles aussi suivies d'effets, et le registre du parlement de Turin abonde en procès pour confection de fausse monnaie. Par exemple, un certain René Boneau, « clerc des finances ayant charge de payer aucunes gens de guerre en ce pays de Piemont », et son associé Laurent Trova, du marquisat de Montferrat, furent arrêtés et déférés le 8 mars 1540 devant le parlement avec leur complice, Tomyn Guillerminat[5]. La cour se montra impitoyable et condamna les deux principaux responsables à être promenés par les rues de la ville, la tête couverte d'une mitre peinte des mots de « faulx monnoyeur » et du dessin des « épices » symbolisant les profits indûment engrangés, pour être ensuite menés de la prison du château au lieu de leur pendaison. Quant à Guillerminat, il fut

d'Annebault se contenta de suspendre provisoirement tous les nouveaux péages douteux jusqu'à ce que leur bienfondé fût prouvé.

1   V.-L. Bourrilly, *Guillaume du Bellay*, p. 276.
2   Musée Condé, CL, LXVI, fol. 280, Borgarel à Montmorency, Turin, 9 septembre 1538 : Boutières a fait un maître de monnaie sans autre confirmation du roi, et il est si pauvre qu'il ne bat que des liards et de la monnaie noire, n'ayant pas les moyens d'acheter de l'argent, au grand préjudice du roi et de ses sujets de Piémont. Mais un riche marchand milanais nommé Gabriele Tatto a offert de prendre en charge la monnaie de Turin pour six ans, avec promesse de battre testons, écus et sous.
3   F. de Saulcy, *Recueil de documents relatifs à l'histoire des monnaies... depuis Philippe II jusqu'à François Ier*, t. IV, 1902, p. 318 sq.
4   A. Tallone, *Parlamento sabaudo, op. cit.*, p. 281.
5   AS Torino, Parl. Fr., reg. cité, fol. 226-228.

condamné à être coiffé de la même mitre et fouetté nu par les carrefours de la ville, puis emmené sur les lieux du supplice de ses complices pour y être flétri au fer rouge au front d'une fleur de lys, et banni à jamais des terres du roi de France. En attendant l'application de la sentence, ils furent interrogés une dernière fois, puis laissés à leur pénitence dans leur cachot. Le matin de l'exécution, on découvrit que Boneau s'était évadé par une fenêtre avec son compagnon de cellule et avait disparu du pays[1]. Malgré tout, Guillerminat fut promené nu, battu et marqué au fer, et l'on procéda à l'exécution de Trova, pour laquelle le bourreau dut s'y reprendre à deux fois. De telles exécutions étaient un spectacle offert à tous les habitants de Turin, sans doute aussi dissuasif que le traitement réservé aux coupables de lèse-majesté. Apparemment, grâce au zèle du parlement[2] et des agents des gouverneurs, ou par la seule vertu de ces exemples, les Piémontais n'eurent plus à se plaindre de l'aloi des monnaies.

Autre point de contestation, les impositions royales. Le roi n'écrasait pas d'impôts ses récentes acquisitions : Guigues de Boutières, bien informé de la situation du Piémont, rapporta à l'ambassadeur vénitien Dandolo que le roi ne tirait que 6 000 francs de la Savoie, 9 000 du Piémont et presque rien (« due parpagliole ») de la Bresse, alors qu'il s'y dépensait ordinairement, sans compter les fortifications, munitions et artillerie, 100 000 à 120 000 francs par mois[3]. Cependant, le roi prétendait également percevoir les arriérés, et le tout ne pouvait être acquitté par le peuple piémontais en ces temps de crise économique et de pauvreté. Le gouverneur se déclara prêt à discuter du mode de perception des tailles, lors d'une tournée dans tout le territoire de gouvernement[4]. Il accepta

---

1   Le gardien des prisons de Turin, La Martinière, dit l'ermite, fit l'objet d'une enquête et le gouverneur dut intervenir en sa faveur, juste avant de quitter Turin (*ibid.*, fol. 247v, 9 avril 1540).

2   La cour de parlement de Piémont conserva longtemps ses prérogatives d'instruction de toutes les affaires de monnaie ; en effet, il fallut attendre septembre 1556 pour qu'Henri II établisse à Turin un prévôt, avec officiers subalternes, pour connaître ces causes en première instance (ASC Torino, Donativi, n° 551).

3   Eugenio Alberi, *Relazioni degli ambasciatori veneti al Senato durante il secolo decimo sesto*, Florence, 1839-1863, 15 vol, série I, t. IV, p. 41-42. À titre de comparaison, la Normandie payait au même moment 1 200 000 l. t. de tailles, le Languedoc 250 000, la Bretagne 250 000 et la Picardie 65 000.

4   Le Piémont était tellement petit qu'il n'est pas impossible qu'il eût visité toutes les places avant son départ pour Venise ; cependant, il est plus probable que Claude d'Annebault ait reporté une partie de cette tournée à l'hiver 1540.

aussi de repousser de quinze jours le versement des contributions des villes aux soldats pour le mois d'octobre[1]. Le maréchal d'Annebault promit également de respecter les usages locaux, en particulier sur le fait des gabelles, que certains financiers, comme Borgarel, avaient allégrement transgressées ; ceux-ci seraient châtiés, dès que le parlement aurait pu établir leur culpabilité.

Quant à l'Université de Turin, elle se vit confirmer ses privilèges par des lettres royales de janvier 1539[2], mais ne connut pas de renouveau avant plusieurs années[3], car on se méfiait des étudiants, prompts à se soulever, et les assemblées publiques demeurèrent rigoureusement contrôlées tant que les gouverneurs ne se sentirent pas bien assurés de la fidélité des Piémontais.

Curieusement, les doléances des sujets du roi en Piémont n'évoquèrent jamais les questions ecclésiastiques, même lors des assemblées des trois états. Certes, des problèmes plus graves agitaient leurs débats, mais on peut par exemple s'étonner de ne voir jamais réclamé le rappel du cardinal Cibo[4], qui s'était exilé de son siège épiscopal de Turin au moment de l'occupation de la ville par d'Annebault et Burie, en 1536. Les gouverneurs successifs se mêlèrent peu des affaires de l'Église, et en 1540, le roi prit le parti d'accéder à la demande du pape, qui voulait que les usages en vigueur sous la domination des ducs de Savoie soient continués par les Français. Ainsi, au mois de mars, le nonce intervint auprès d'Annebault pour lui conseiller de se conduire vis-à-vis de l'Église comme il se faisait au temps du duc Charles[5]. Dans le même temps, des lettres émanant du conseil secret du roi, datées du 8 mars 1540, confirmaient les immunités et usages ecclésiastiques en vigueur

---

1   A. Tallone, *ibid.*, p. 282.

2   AS Torino, Parl. Fr., reg. cité, fol. 196v-197 (enregistrement du 19 février)

3   Philibert Pingone, *op. cit.*, p. 79 : « Anno Christi MDXLIII. Guillielmus Bellaius, et Guido Guiffredus Boterianus Taurinum, ac totam ditionem proreges obtinent. Et quamvis silentium inter arma legibus, ipsa tamen Academia Taurinensis reviviscit, et ad id conventus publici ab eisdem proregibus permittuntur ».

4   Innocent Cibo avait été archevêque de Turin en 1516, mais dut laisser une première fois son siège à Claude de Seyssel ; de 1520 à 1548, il occupa à nouveau ce siège, mais n'y résida pas pendant plusieurs années, au début de l'occupation française (Conrad Eubel, *Hierarchia Catholica Medii et recentioris Aevii*, Rome, 1898-1978, 8 vol, t. III, p. 329, et Pius Gams, *Series Episcoporum Ecclesiae Catholicae*, Ratisbonne, 1873, p. 824).

5   *ANG*, t. I, p. 549, lettre du nonce Ferrerio au cardinal de Santa Fiora, Abbeville, 12 mars 1540.

au temps du duc de Savoie[1]. Mais le roi ne renonçait pas pour autant à la nomination aux bénéfices de Savoie et de Piémont, arguant que le duc Charles III avait joui d'un indult le lui permettant[2]. Quoi qu'il en soit, d'Annebault ne semble pas avoir joué un rôle déterminant dans cette affaire, qui ne concernait pas au premier chef sa fonction de gouverneur et de lieutenant général du roi.

Au final, la seule doléance des états qui demeurât ignorée par celui-ci fut la punition des abus de pouvoir et malversations de Melchior Borgarel, l'abbé de Saint-Étienne d'Albe, relaxé moins d'un mois après la dissolution de l'assemblée des trois états[3]. Les chefs d'accusation ne manquaient pourtant pas, mais on ne pouvait se passer des deniers de ce financier qui, à la faveur des guerres, avait concentré entre ses mains les revenus du domaine, et aussi de plusieurs abbayes, des moulins de Turin, de Moncalieri et de nombreuses autres fermes et traites particulièrement rentables[4], sans hésiter à spéculer sur les grains et la misère du peuple, au point de devenir dans chaque village et cité du Piémont l'homme le plus haï des paysans comme des bourgeois. De plus, il n'est pas impossible qu'il ait bénéficié de la protection du connétable. En mai 1541, il sévissait encore, ce dont se plaignit au maréchal, toujours gouverneur mais rentré à la cour de France, son lieutenant resté à Turin, Guillaume Du Bellay :

> Sur l'abbé Borgarel, si on se taira entierement de present, ou si on le fera tyrer oultre [...] Je ne vous ecriroie, Monsr, de cest affaire, se n'estoit l'opinion que led. abbé tend a vous imprimer de moy que je le poursuyve ; mais vous

---

1 AS Torino, Parl. Fr., reg. cité, fol. 271-v, enrgistrement du 16 juin 1540.

2 *ANG*, t. I, p. 598, lettre du cardinal Farnèse à Ferrerio, Rome, 20 août 1540. Sur le velléités royales d'extension du régime du Concordat au Piémont et à la Savoie, voir la mission d'Antoine Arlier, dans R. Cooper, *op. cit.*, p. 70.

3 AS Torino, Parl. Fr., reg. cité, fol. 69v, 24 novembre 1540 : à la requête de l'abbé, « la court a elargy et elargyst led. Borgarel par tout, a la charge de prester de rechief le serment de fidelité au roy, d'estre son bon et feal subgect, soubs les peines de droict, et de se faire bailler caution, et ce faict luy serront ses biens et papiers saisiz lors de son emprisonnement renduz et restituez ». Borgarel fit par la suite une belle carrière, puisqu'il ne cessa de prendre de l'importance et de passer des marchés fructueux, sans jamais être sérieusement inquiété pour ses prévarications, au point de devenir (en 1548 au plus tard) munitionnaire général du roi en Piémont (*cf.* Philippe Hamon, *L'Argent du roi. Les finances sous François Ier*, Paris, 1994, p. 41).

4 Par exemple ASC Moncalieri, ser. P, n° 19, vente à titre de ferme des moulins de Moncalieri à l'abbé Borgarel, 12 mars 1540.

en entendrez la verité par mons[r] le president, et sçaurez de lui combien de temps il y a que l'on eust executé la prise de corps a l'encontre dud. abbé, si j'eusse suivy l'opinion du parlement, et combien de temps il y a que par contractz et instrument j'ay entre mains la verification de commerces qu'il a exercez avecques les Genevois durant la prohibition desd. commerces, dont il depend au roy confiscation de plus de cent mile escuz qui aydroient bien a parachever les fortifications de par deça[1].

En quelque mois, d'Annebault et ses collaborateurs parvinrent à sauver le Piémont de la ruine, alors que les gouverneurs précédents y avaient échoué. Certes, le contexte de la trêve y était favorable, et cette province, bien moins étendue que la Normandie, n'était peut-être pas si difficile à gérer pour un personnage aussi expérimenté que l'était le maréchal dans ce domaine. Néanmoins, afin d'assurer la pérennité de cette œuvre, une refonte des institutions du Piémont s'imposait.

LES NOUVELLES INSTITUTIONS DU PIÉMONT

Les conquêtes françaises de 1536 avaient été facilitées par la désorganisation administrative, et plus encore en Piémont qu'en Savoie[2] ; l'autorité du duc sur ses terres péninsulaires n'était incarnée que par quelques vassaux et parents, le vice-président et le « sénat » de Turin, et quelques officiers de justice[3]. Or, l'administration efficace des territoires conquis passait par l'établissement d'un réseau judiciaire efficace. À l'arrivée des Français, il était réduit à sa plus simple expression, car toute justice inférieure et supérieure ressortissait à la personne du vice-président – résidant à Turin[4] – ou du président de Savoie[5]. Dès les premier temps de l'occupation, François Ier fit pourvoir aux offices vacants de justice et de finance et augmenta les effectifs[6]. Puis à titre provisoire, en attendant

---

1   BnF, Fr. 5152, fol. 4v, Guillaume Du Bellay à Claude d'Annebault, Turin, 26 mai 1541 (minute).
2   Lucien Romier, *Les Origines politiques des guerres de Religion*, Paris, 1913-1914, p. 530.
3   *Id.*, « Les institutions françaises en Piémont », dans *Revue historique*, t. CVI, 1911, p. 7-8.
4   AN, J 965/11[6], mémoire envoyé par Burye au chancelier Poyet sur la justice de Turin, s. d. ; apparemment, les appels relevant de ce « résident » concernaient les causes jugées par les seigneurs justiciers locaux, ou après un premier appel au juge des appellations pour les habitants de Turin.
5   Le président de Savoie, Porporato, jouait auprès de Charles III le rôle d'un chancelier.
6   AN, J 993/7[1-8] : provisions d'offices de justice et finance en Piémont, 1536-1537.

que fût édifiée la cour de parlement réclamée par les Piémontais[1], le soin
d'examiner en dernier ressort les causes instruites par les juges locaux fut
confié à un certain Guérin d'Alzon[2], « vice president au faict de la justice
de Turin », dont Tournon loua l'honnêteté et l'efficacité[3]. Néanmoins,
il fallut attendre la fin de la guerre pour que le roi décidât d'entamer
la seconde phase de cette réforme de la justice : en février 1539 fut créé
le parlement de Turin, formé de juristes français et italiens, mais avant
l'automne, il n'avait pas de lieu assigné à ses séances, se réunissant le
plus souvent chez le vice-président[4].

Le conseil « de justice » présidé par Guérin d'Alzon, n'enregistrait pas
ses jugements[5]. Sans doute cela posa-t-il des problèmes de continuité et
de suivi des affaires, lorsque le parlement commença de tenir un registre,
dès sa création[6] ; quoi qu'il en soit, cette première mouture du parlement
contenait suffisamment d'anciens membres de l'ancien conseil du vice-
président, supprimé, pour que la transition se fasse pour le mieux. On
en dénombrait quatre : Nicolò Cabareto, de Moncalieri, Antonio dei
Andrei, de Turin, Martial Garrilio, lui aussi Italien, et Barthélemy Fine
ou Émé de Marcieu, ancien juge d'Embrun et président des comptes de

---

1   Il est bien connu que François Ier fut également le créateur du parlement de Rouen, et de
     nouvelles chambres dans ses autres cours, en accroissant sensiblement les effectifs, pas
     seulement à des fins lucratives, mais aussi pour que les provinces soient mieux gouvernées,
     et moins dépendantes des institutions locales.

2   Lettres de provisions datées du 23 octobre 1536 : *CAF*, n° 33249.

3   M. François, *op. cit.*, p. 145 et Tournon, *Correspondance*, n° 213, lettre à Antoine Du Bourg
     du 14 décembre 1536.

4   Le texte de la constitution de la cour est conservé à l'AS Torino, Saluzzo, Città e
     Provincia, Conti, reg. 3, fol. 67 *sq.*, publié par Isidoro Soffietti, « La costituzione della
     Cour de parlement di Torino », dans *Rivista di storia del diritto italiano*, t. XLIX, 1976,
     p. 305-308 ; les quelques pages d'introduction à l'édition de ce document donnent un
     bon aperçu de l'organisation encore rudimentaire de la justice en Piémont. On peut
     faire un parallèle avec l'installation du parlement de Chambéry, *cf.* Marie Houllemare,
     « Le parlement de Savoie (1536-1559), outil politique au service du roi de France, entre
     occupation pragmatique et intégration au royaume », dans *Revue historique*, n° 665, janvier
     2013, p. 87-117.

5   *Ibid.*, fol. fol. 282v, 5 juillet 1540 : remontrances de l'avocat du roi Maufré Guast por-
     tant que jugement a été rendu de confiscation de corps et de biens sur Jean François
     Preudhomme par le conseil du roi à Turin qui jugeait en dernier ressort, avant l'érection
     du parlement. Il ne s'en tenait pas registre. Le jugement, signé par d'Alzon, président de
     ce conseil, est enregistré par le parlement.

6   Le registre de l'AS Torino, Parl. Fr., Sentenze e Sessioni, art. 613, §2, est le premier des
     quelques registres qui aient été conservés, mais j'en ai trouvé une copie extraite d'un
     registre antérieur aux AN, J 993/7[6].

Briançonnais[1]. François Errault de Chemans[2], son président, était peut-être parent de Guérin d'Alzon. Petit à petit, le personnel du parlement s'étoffa, et au moment de l'arrivée d'Annebault y siégeaient quelques Français, parmi une large majorité de Savoyards, Piémontais et autres d'Italiens[3].

De cette époque de transition nous est resté un précieux mémoire sur l'état de la justice[4], rare témoignage du bon train auquel allaient ces réformes à la mort de Montejean. Les capitaines châtelains jugeaient en première instance, au civil et au criminel ; les appellations des châtelains qui étaient en deçà du Pô (c'est-à-dire : Turin compris) relevaient directement du juge d'appeaux établi à Turin, et après lui, au parlement de Piémont ; par-delà le Pô, les appellations venaient immédiatement au parlement. Il y avait des juges ordinaires pour le roi à Turin, Pignerol, Mondovi, Cherasco et Villeneuve d'Asti (les trois dernières étant, à l'époque de Claude d'Annebault, sous domination impériale) : ils ressortissaient de la même manière à la cour de parlement pour les appels[5]. Turin conservait un statut particulier, qui disposait qu'« à lad. ville de Thurin y [avait] ung vicaire[6] qui [tenait] ordinairement six hommes pour le faict de la pollice en lad. ville ». D'autre part, le juge d'appeaux commis par le roi à Turin, plus ou moins équivalent d'un bailli ou d'un sénéchal pour les seules matières judiciaires, avait la connaissance en

1   Il semble s'agir du parrain du mathématicien Oronce Fine, *cf.* Guillaume Du Bellay à Jean Du Bellay, Turin, 2 juillet 1538, publ. V.-L. Bourrilly, *Revue des langues romanes*, 1901, p. 24, *CCJDB*, t. III, p. 109-111 et V.-L. Bourrilly, *Guillaume du Bellay*, p. 280-281.

2   François Errault « d'Alson » avait été précédemment avocat au parlement de Paris, puis conseiller en 1532 ; président du parlement érigé à Turin dès les premières séances, il ne devait plus le quitter que pour devenir garde des sceaux à la place du chancelier Poyet, laissant la présidence de la cour de Turin à René de Birague.

3   La liste en a été publiée par F. Vindry, *Les parlementaires français au* XVIe *siècle*, tome I, fasc. 2, Paris, 1910.

4   AN, J 993/7[6] *cit.* : « mémoires sur le faict de la justice de Piémont, sur lesquelz plaira au roy ordonner son bon plaisir », extrait des registres du parlement de Piémont, copie signée Mousnier.

5   Anne Merlin-Chazelas, « Mise en place des institutions françaises dans les Etats de Savoie après leur conquête par François Ier », dans *Recherches régionales, Alpes-Maritimes et contrées limitrophes*, n° 157, 2001, p. 82, sur cette première organisation de la justice (lettres de février 1537).

6   C'était un gentilhomme originaire de Chieri, chargé d'organiser le guet, de faire garder les prisons, et d'arrêter les délinquants. En 1539, le roi le confirma dans ses fonctions, mais il allait rapidement se voir supplanté par le prévôt des maréchaux et son lieutenant à Turin.

première instance des gentilshommes, veuves, communautés et pupilles, et en premier appel des procès en deçà du Pô, instruits par les châtelains et les juges ordinaires : c'est Étienne d'Esfrages ou Deffrages, toulousain, qui reçut cet office[1].

Le personnel du parlement se composait alors d'un président, un maître des requêtes, six collatéraux et conseillers, un avocat et procureur du roi, un avocat des pauvres, deux greffiers, l'un civil et l'autre criminel ; au total, douze membres, dont deux natifs du royaume de France[2]. Le vice-président, Guérin d'Alzon, siégeait également[3], et gardait les sceaux de la cour ; les séances se tenaient dans sa maison, tandis que les audiences avaient lieu les lundi, mardi et samedi, dans une maison louée au centre de la ville. Un « mercier » de Turin, Mazzolat, servait d'huissier au parlement et portait la masse d'argent à fleur de lys[4]. Enfin,

---

1   Le juge d'appeaux de Turin avait été supprimé au début de l'occupation française, car il gênait l'action du vice-président. Toutefois, les Piémontais, voyant ainsi bouleversées leurs habitudes, et ne trouvant peut-être pas leur compte en la justice de Guérin d'Alzon, réclamèrent avec insistance son rétablissement, au point d'en faire la cause d'émeutes. *Cf.* Musée Condé, CL, t. LXVI, fol. 183, Montejean à Montmorency, Turin, 23 avril [1539], et *ibid.*, t. XVII, fol. 191-192, Montejean à Montmorency, Carignan, 29 mai [1539] : une « esmotion » populaire se déclara à l'entrée du parlement, « a cause de la supression des appellacions », et pour les apaiser, Montejean et le président ordonnèrent provisoirement des commissaires, mais le gouverneur était d'avis qu'il fallait leur accorder le « juge d'apeaux » demandés. Ainsi, maître Alessandro Loscus d'Avigliana, docteur en droits de l'université de Turin, ancien étudiant des universités de Toulouse, Turin et Pavie, demanda à se voir désigné comme lieutenant du juge d'appeaux « ouquiel le siège est ordonné et establi en ladicte voustre cité de Turyn » (AN, J 993/7[3], requête adressée au roi, du 26 octobre [1539 ?]) ; de son côté, Montmorency proposa le vicaire d'Asti, Albert Gat ; finalement, c'est cet Étienne d'Esfarges qui reçut cet office très convoité, tandis qu'Albert Gat devint conseiller au parlement de Turin. Voir aussi M. Houllemare, « Le Parlement de Savoie », art. cité, p. 95.

2   AN, J 993/7[6] *cit.* : le président François Errault, « maître des requêtes René de Birague, de Milan, conseillers Nicolle de Cavart de Montcallier, Loys de Mazis, prévôt d'Oulx, Berthommeo Esmé, juge d'Embrun, Marquiot Garily, de Piémont, Anthoine de Andreys de Thurin, Jehan Morin de Toulouse ; Jehan Antoine Gras d'Alexandrie, avocat du roi, Prothillia de Turin, procureur du roi, Simon Badoulx, greffier civil, Gilles Mousnier, greffier criminel, tous deux natifs de France ».

3   Il ne siégeait plus en octobre ; peut-être était-il décédé, car nous n'avons pas trouvé trace de cet important personnage lors du séjour de Claude d'Annebault. En tout cas, sa charge disparut avec lui.

4   Il était en réalité serrurier à Turin, et fut chargé par la cour des clés et serrures des portes de la maison qu'elle occupait, après l'avoir achetée ; c'est également lui qui fournit le gibet, la potence et les instruments de supplice nécessaires à l'exécution de la haute justice (AS Torino, Parl. Fr., reg. cité, fol. 140v, cité par R. Cooper, *op. cit.*, p. 73).

le mémoire demandait au roi d'ordonner que les quelques places tenues dans le comté d'Asti et le marquisat de Montferrat fussent incluses dans le ressort du parlement de Piémont[1], et s'achevait sur quelques mots destinés à flatter le roi, par lesquels ses serviteurs affirmaient vouloir s'employer à ce qu'en tous lieux placés sous la domination française au moment de la trêve, la justice fût rendue au nom du roi.

Ce portrait de la justice de Piémont omettait toutefois de signaler la juridiction particulière du conservatoire des négociants, ou conservation de Turin, création française assez autonome, proche des juridictions consulaires qui se développaient alors dans les grandes villes françaises, il est vrai, sur un modèle d'inspiration italienne. Ce tribunal était chargé de veiller aux intérêts du commerce en instruisant les différends entre marchands ; ceux-ci échappaient ainsi aux juridictions ordinaires et comparaissaient devant un tribunal compétent, composé d'un vicaire de la police, d'un juge de première instance et de deux juges d'appeaux pour les pays situés en deçà et au-delà du Pô[2]. Cette institution prit son essor au moment du premier séjour de Claude d'Annebault, qui rouvrit les routes commerciales, favorisant les importations de blé, puis de toutes autres marchandises dont manquait la province. Le conservatoire joua sans doute un rôle capital, malaisé à apprécier à cause des lacunes documentaires, mais il semble avoir joui d'une pleine autonomie, car le parlement, qui pouvait recevoir en appel les causes jugées par ce tribunal, renvoya souvent les appelants devant lui[3]. Ainsi, à l'automne 1539, la justice piémontaise, qui pâtissait naguère d'une organisation rudimentaire, n'avait plus rien à envier à la densité du réseau judiciaire français, auquel elle vint tout naturellement s'ajouter. Le parlement en était la clef de voûte, et seules les juridictions d'Église lui échappaient. En effet, François Ier, accédant à la demande du pape, décréta que dans les États savoyards passés sous son autorité les officiaux auraient les mêmes

---

1   Notamment Villanova d'Asti, Antignano et Montafia.

2   Ercole Ricotti, *Storia della monarchia piemontese*, Florence, 1861, t. I., p. 259 ; L. Romier, art. cité, p. 7. Cette institution est déjà citée dans les privilèges de la ville de Turin de février 1537 (ASC Torino, Scuole, n° 578) : le modèle ici invoqué est le conservateur des marchands forains de Lyon.

3   AS Torino, Parl. Fr., reg. cité, fol. 4-v, 11 octobre 1539 : procès en appel d'un jugement rendu par le conservateur (un marchand ayant gagné ce premier procès contre des clientes qui n'avaient pas payé ; les plaignantes lui en dénient le droit, que le parlement confirme, autorisant le marchand à les poursuivre devant le conservateur).

prérogatives que dans tout le royaume et la connaissance exclusive des causes concernant les gens d'Église[1].

À son arrivée, Claude d'Annebault trouva donc un parlement encore en devenir[2], qui n'allait pas tarder à affirmer son originalité. Le parlement ayant été créé avant l'ordonnance de Villers-Cotterêts (30 août 1539), qui prescrivait notamment l'usage du français dans les actes officiels, il procéda à l'enregistrement le 10 novembre et aurait dû immédiatement l'appliquer[3]. Cependant, en six mois d'existence, les plaidoiries et procès civils s'étaient toujours faits en latin, et les seuls procès criminels en français, par les procureurs. Un des deux greffiers était d'ailleurs spécialisé dans les écritures latines, l'autre dans les écritures françaises[4]. L'enregistrement des lettres adressées par le roi ou le chancelier se faisait également en français. Or, certains conseillers maîtrisaient mal cette langue[5] et le peuple ne la comprenait pas. Alors, le parlement adressa au roi des protestations officielles :

---

1 *Ibid.*, fol. 296v, 23 juillet 1540, réponse du chancelier Poyet à la lettre de François Errault sur les personnes ecclésiastiques chargées de délit (Moulins, 15 juillet 1540). Aussi *ibid.*, fol. 6v-7, mercredi 15 octobre : sur une requête de l'official de l'archevêque, le parlement déclare ne pas vouloir s'opposer à ce qu'il instruise les procès dans certains cas ci-après rappelés.

2 Il ne disposait que de deux chambres : la salle de l'audience et de plaidoirie, et la chambre du conseil (où siégeait également la chambre des vacations).

3 Dans un recueil d'enregistrements qui devait exister en sus du registre conservé, celui-ci recevant l'enregistrement des lettres royales concernant l'organisation, la procédure ou les privilèges du parlement ; les pouvoirs de lieutenant général du roi de Claude d'Annebault furent sans doute aussi collationnés dans ce livre. Nous avons toutefois conservé une édition de l'enregistrement au 10 novembre (et le 1er décembre à la chambre des comptes) de l'ordonnance de Villers-Cotterêts, car elle figure en première place dans le recueil d'actes intitulé *Ordinationes regie continentes formam et stillum procedendi coram illu. curia regii Parlamenti Taurinensium, et aliis curiis ei subditis...*, Taurini : apud Johannem Farinam, 1550 (éd. augmentée par les soins de Birague d'une première version de 1541), [2]-52-[1], in-fol., au dos : « Ordinationes regiae » et rajout postérieur « Statuta Am. VIII et alia », annotations (corrections) marginales contemp. (seul exemplaire connu à la bibliothèque de l'AS Torino). Ce volume n'a jamais était étudié, malgré son intérêt manifeste et le fait qu'il ait été signalé depuis longtemps par Mollard et Romier (art. cité, p. 9, où sont énumérés les principaux articles de lettres royales collationnés dans ce recueil) ; Richard Cooper, croyant l'avoir découvert, lui consacra bien quelques lignes (*ibid.*, p. 65-66), mais un historien du droit devrait s'y intéresser.

4 AN, J 993/7[6] *cit.*

5 D'ailleurs, le président Errault traduisit en latin la harangue prononcée par le maréchal d'Annebault devant les états, et certaines de ses paroles furent répétées en dialecte piémontais.

Et apres que mond. seigneur le president a remonstré quant aux procedures faictes en lad. court que on n'avoit rien immuié ne changé leur stille et se font toutes procedures en latin, comme l'un avoit acoustumé, combien que l'intention du roy estoit au contraire, c'est assavoir de les faire en langue françoyse, et avoit lad. court envoyé aux vacations dernieres ung des conseillers d'icelle avec le greffier vers le roy et mons^r le chancellier les avertir de la forme de proceder de lad. court. Sur quoy led. s^r par deliberacion de son conseil avoit faict quelques ordonnances pour l'abreviacion des causes et procès qui ont esté publiées a la charge de les rediger en latin et adjouster a leurs statuz et par icelles ne trouveront rien contraire ne repugnant a leursd. decretz, et ont esté et sont leurs statuz et stille entierement gardez et observez, et n'a esté excepté que le terme de leze majesté quant aux matieres criminelles, suyvant le bon playsir dud. s^r roy qui veult que l'on procede comme on faict en France[1].

De fait, le registre de 1539-1540 respecte scrupuleusement la règle ainsi définie : procédure civile en latin, criminelle en français. Mais l'approbation royale tarda à venir, jusqu'en début juillet 1540, quand le roi, sans doute avisé par d'Annebault rappelé au conseil, reconnut avoir été mal informé, et autorisa les parlementaires à poursuivre leurs habitudes[2]. Le style du parlement restait encore à définir, compte tenu des particularités locales. Tandis que le parlement voisin de Grenoble était choisi pour référence de l'organisation matérielle, la cour envoyait un secrétaire à Lyon pour y acheter une pendule et un cours de droit canon[3]. Le style du parlement s'inspira vraisemblablement de celui de la cour de Paris, dont la bibliothèque des Archives d'État de Turin conserve une édition[4]. L'effervescence qui accompagnait l'organisation du parlement[5] à l'automne 1539 et dura jusqu'au printemps 1540, semble avoir été stimulée par la réception de l'ordonnance de Villers-Cotterêts

---

1 AS Torino, Parl. Fr., reg. cité, fol. 25v-28v : présidence des états par Claude d'Annebault, 26 octobre 1539.
2 *Ibid.*, fol. 295v, 19 juillet 1540, enregistrement d'une lettre du roi, Paris, 5 juillet 1540.
3 *Ibid.*, fol. 20, vendredi 24 octobre 1539 : « La court a ordonné et ordonne a Françoys de La Colombiere receveur general pour le roy en Piedmont bailler et payer des deniers de sa recepte a m^e Pierre Bolliond, greffier de lad. court, la somme de quarante cinq escuz soleu par luy avancée pour ologe et ung cours de droict canon et civil qu'il a acheptez a Lion pour servir a lad. court, et voiture de les avoir apporté en ceste ville de Thurin, et autres menus fraiz par luy faictz en la court du roy pour les affaires de lad. court ou il a esté de l'ordonnance d'icelle ».
4 *Stilus supreme curie parlamenti Parisiensis*, Parisiis : Galliot Dupré, 1542.
5 R. Cooper, *op. cit.*, p. 73-74.

et des lettres qui l'ont précédée[1]. Claude d'Annebault n'y est sans doute pas pour grand-chose, les matières de justice n'entrant pas dans ses attributions. Toutefois, il entretenait une correspondance avec le chancelier Poyet, dans laquelle ces questions pouvaient être évoquées[2].

Quoi qu'il en soit, l'arrivée de Claude d'Annebault coïncida avec le début du fonctionnement efficace d'un parlement élargi[3] : il comptait désormais quarante-cinq membres dont seulement six ou sept étaient français, mais ceux-ci occupaient des postes clés[4]. Le gouverneur ne pouvait pourvoir aux offices de judicature ; en revanche, il confirma et réitéra les lettres de Montejean autorisant le comte de Pancaglieri à

---

1   AS Torino, Parl. Fr., reg. cité, fol. 2v-3v, samedi 11 octobre 1539 : réception de plusieurs lettres missives du roi (Villers-Cotterêts, 24 août 1539) : « Aux questions des gens du parlement sur le style à adopter pour les affaires judiciaires, le roi a répondu qu'ils peuvent utiliser les style, ordre et forme qu'ils ont proposés, et qui a reçu l'approbation du conseil, et pour l'érection de ce style le roi leur a envoyé des ordonnances à publier et observer pour toutes les juridictions du Piémont. Pour les matières bénéficiales, le roi veut que les jugements soient rendus conformément aux usages du pays de France, par des juges d'Église du Piémont. Les revenus du sceau de la chancellerie de Piémont devront être envoyés une fois l'an au roi, qui décidera ensuite de la rétribution de ses trois secrétaires du sceau. La cour de parlement pourra dépenser jusqu'à cinq cents livres tournois par an pour ses besoins et frais de fonctionnement, à prendre sur ses amendes. Le roi a commis au parlement et au général de Piémont d'acheter, au meilleur marché possible, la maison où siège la cour afin de donner un palais pour abriter celle-ci, la chambre des comptes, et la prison, ainsi que pour y loger le concierge. Les prisonniers seront nourris aux frais du roi comme ceux de la conciergerie du palais de Paris. Les conseillers et officiers du parlement doivent envoyer un état au vrai pour que le roi décide des gages qu'il leur fera payer. Le roi demande à être avisé du montant des gages que recevaient auparavant les juges ordinaires en Piémont, et il leur fera payer ce qui leur est dû. »

2   BnF, Fr. 3937, fol. 13, inventaire des papiers pris en les coffres de Poyet, article 32 : « une liasse en laquelle y a plusieurs papiers cotté Monsieur le mareschal d'Annebault », située juste avant des papiers sur les recettes et dépenses du Piémont dans le récolement. Je n'ai pas pu identifier ces papiers, peut-être perdus.

3   P. Pingone, *op. cit.*, p. 79 : « Anno Christi MDXXXIX. Taurini rex supremam curiam sive parlamentum juri reddundo constituit, proregem vero Claudium baronem Annebaldum mareschallum Franciae, Guillielmo Bellaio Langaei regulo urbis gubernatore addito. »

4   *Cf.* F. Vindry, *Parlementaires, loc. cit.*, et AS Torino, Parl. Fr., reg. cité, fol. 1-v : président : François Errault ; le comte de Pancaglieri ; maîtres de requêtes : René de Birague, Alberto Gatto ; conseillers : Nicolò de Cabureto, Melchior Garillo, Barthélémy Fine ou Émé, Antonio dei Andrei, Antonio Arlerino, Étienne d'Esfarges, Giacopo Andrici, Jean Joussaud ; avocat du roi : Manfredo Guasco ; procureur du roi : Étienne Maurin ; secrétaires : Pierre Bolliond, Gian Giacopo Verqueria, Simon Badoulx ; huissiers : Secondo Mazollat, Antonio Lucherano, Lodovico Paquelloto ; les neuf avocats et les quinze procureurs semblent presque tous italiens.

siéger et voter au parlement[1]. En outre, l'exécution de la haute justice sur les terres dont le roi était le seigneur direct – prises sur l'ancien domaine du duc de Savoie, ou par confiscations – relevait du gouverneur ou de son lieutenant de Turin. Il semble que sur ce point, les conseillers du parlement n'eurent jamais à se plaindre de lui, ni des frères Du Bellay, ni même de Boutières, et que les gouverneurs firent confiance aux cours souveraines de Turin, n'intervenant que pour des crimes de lèse-majesté[2].

Enfin, l'année 1539 vit aussi l'érection de la chambre des comptes de Turin, au mois de juin, qui vint compléter les institutions déjà en place, succédant à un conseil provisoirement établi (un président patrimonial et deux maîtres des comptes) pour entendre les comptes des châtelains, receveurs généraux et particuliers[3]. L'acte de constitution de cette cour souveraine ne nous est pas parvenu, mais le registre du parlement en apporte un précieux témoignage[4]. La cour comptait un président et quatre maîtres des comptes, un greffier et un huyssier ; son premier président fut Oronce Émé, frère du conseiller du parlement de Turin Barthelemy Émé, en fut le premier président[5]. Elle emménagea dans une pièce du

---

1   AS Torino, Paesi, Provincia di Pinerolo, 11, Pancaglieri, copie (Turin, 27 avril 1551) des actes de nomination et confirmation du titre de conseiller au parlement de Turin pour le comte de Pancaglieri. Je produis ici un extrait de ces lettres à titre d'exemple d'acte passé par Claude d'Annebault à Turin en tant que lieutenant général du roi : « il s' mareschial Danebault, regio locotenente general da quà da monti. Intendendo che per ordine del Re Christianissimo nostro signore, confirmato per le lettere del fu signor marechial de Montigian, nostro fratello, alligate alle presente sotto il nostro sigillo il signor Antonio Ludovico de Savoya, conte de Panchaller' e in possessione de l'officio de cavalliere del senato regie de Piemonte, e informati de la sua fidel' servitù al beneficio del prefato signor, havemo ordinato che sia continuato nel ditto officio, secondo la forma et tenor' d'esse lettere, como a fatto sina il presente, con honori, carighi e emolumenti appertinenti, sin a tanto piacera al prefato signor nostro. Datum in Turino alli IIII novembre M D XXXIX, cosi signate D'ANNEBAULT ; R. COMITIS ». Le comte de Pancaglieri, principal feudataire du Piémont et parent du duc de Savoie, avait été reçu conseiller (ès qualité) dès le 10 février 1539, pour la première séance du Parlement, et ces lettres lui furent confirmées plusieurs fois par la suite.
2   AS Torino, Parl. Fr., reg. cité, et ASC Torino, *Ordinati (1542-1543)*, *passim*.
3   AN, J 993/7[6] *cit*. Le trésorier général de Savoie et Piémont était Claude, « visiteur » de Bourges, et le receveur général, François de La Colombière, originaire du Dauphiné.
4   AS Torino, Parl. Fr., reg. cité, fol. 14v-15, jeudi 23 octobre.
5   *Ibid*. Les autres membres de la chambre, en octobre 1539, financiers servant déjà, pour la plupart, le roi de France, étaient les receveurs généraux Claude de Bourges et François de la Colombière, Johannot d'Estra, Gilbert Coeffier et Simon Babou.

petit palais acheté pour le parlement[1]. Enfin, un règlement du 6 juin 1540, en quarante-cinq articles, précisa ses status et son style[2].

Toutes ces innovations, rendues possibles par la paix et l'action de redressement entreprise par Claude d'Annebault et Guillaume Du Bellay, permirent au roi de France de tenir plus fermement le pays et constituèrent les bases d'une intégration durable de la province. De cette belle réussite, dont il n'était pourtant pas le seul responsable, d'Annebault retira un prestige accru, devenant une sorte de modèle du bon gouverneur[3].

L'ENTOURAGE DU GOUVERNEUR : UNE ÉQUIPE D'AVENIR

Pour assumer les devoirs de sa charge de gouverneur, le maréchal d'Annebault n'était pas seul : il s'entoura de gentilshommes d'épée compétents, qui connaissaient bien le terrain, comme Du Bellay, Boutières, La Ribaudière et Perceval d'Odet. La présence à ses côtés de Guillaume Du Bellay lui était particulièrement précieuse. Celui-ci, chassé par Montejean en décembre 1538, était rentré en France sans les honneurs[4]. Cependant, les enquêteurs royaux Monteil et Montcamp avaient alors recueilli de nombreux témoignages de sympathie envers Du Bellay, au point que les habitants réclamaient un gouverneur qui lui ressemblât[5]. Claude d'Annebault, n'était certes pas un second Du Bellay, mais il avait compris à quel point l'ancien gouverneur de Turin pouvait lui être utile par ses compétences, sa connaissance des problèmes du Piémont et sa popularité. Avant de partir rejoindre son gouvernement de Piémont, il avait donc demandé à y être secondé par celui que Montejean avait naguère éloigné : le roi le lui avait volontiers accordé[6]. Auprès de Claude

---

1   *Cf.* L. Romier, art. cité, p. 7, bonne synthèse sur l'évolution de cette cour et sa suppression par Henri II.
2   *C.A..F.*, t. IV, p. 114 ; Anne Merlin-Chazelas, « Mise en place des institutions françaises dans les Etats de Savoie après leur conquête par François Ier », dans *Recherches régionales, Alpes-Maritimes et contrées limitrophes*, n° 157, 2001, p. 83.
3   P. Merlin, *op. cit.*, p. 35.
4   V.-L. Bourrilly, *Guillaume du Bellay*, p. 279.
5   *Ibid.*, p. 278, et AN, J 993/15[73].
6   AS Mantova, Cart. inv. div., 638, Fabrizio Bobba au duc de Mantoue, Paris, 4 octobre 1539 : « Ha voluto, maxime di haver mons[r] di Langé in soa compagnia, sopra il che gli he stato contrasto assai. Pur sono avisato dalla corte che 'l andarà et restarà al luoco suo governatore di Thurino. »

d'Annebault, Guillaume Du Bellay put donc reprendre la politique qu'il avait tant bien que mal mise en place deux ans plus tôt. Il conserva par la suite le soutien de son protecteur, même après le rappel de celui-ci à la cour de France.

Le conseil du gouverneur, intitulé « conseil du roi establi auprès du gouverneur de Piémont », est mal connu. Toutefois, des instructions données par le roi à l'un des successeurs de Claude d'Annebault, Charles de Brissac, en 1550, atteste de l'existence d'un tel conseil, aux compétences variées[1]. On peut donc penser que Claude d'Annebault, et Guillaume Du Bellay en son absence, présidait un conseil où siégeaient en majorité les gens de guerre – sans doute souvent absents, car ils étaient quasi tous gouverneurs de places dans la première décennie de la domination française – mais aussi, après Guérin d'Alzon, des maîtres des requêtes du parlement, Albert Gat ou René de Birague, et le président Errault, ainsi que le diplomate Charles de La Morette, proche de Du Bellay. Certains de ces personnages[2], comme Guigues de Boutières ou Paul de La Barthe, seigneur de Termes, avaient été compagnons d'armes de Claude d'Annebault en Piémont en 1536. D'autres, en particulier Ludovic de Birague, Antoine Polin de La Garde et Tristan de Moneins, allaient faire partie du cercle de ses protégés. Les sceaux étaient tenus par des secrétaires, Harden et Comitis[3]. Tel était le conseil du gouverneur en 1539-1540. Lors de son second séjour, en 1542, la composition de son entourage, qui se consacrait alors exclusivement à la préparation de la guerre, était assez différente : à

---

1   A. Tallone, *Parlamento sabaudo, op. cit.*, p. 370-371, instructions du roi à Brissac, 10 juillet 1550 : « Pour ce que ledit prince de Melphe et autres ses prédécesseurs gouverneurs et lieutenants généraux en Piedmont ont toujours eu certain nombre de bons et notables personnages esleuz, comprins les maistres des requestes, pour s'assembler par forme de conseil avec ledict lieutenant general tantes quantes fois qu'i les a mandez pour ouïr et entendre les particulieres requestes et remonstrances, plainstes et doleances des subjects et autres requerans, voir les estatz des comptables pour verifier sur le champ leurs receptes et despenses et consequemment pour pourvoir et donner ordre aux autres occurrences et affaires survenans qui requierent prompte et sommaire provision et expedition, ledit seigneur de Brissac verra et connoistra ceux qui estoient de la compagnie dudict Conseil, et s'il en est quelques uns ou lieu desquelz il en vueille mettre et appeler d'autres dont les qualitez luy seront mieux conneues et experimentées, faire le pourra, car se ne sont pas place créée en office sinon les maistres des requestes dont l'en aura tousjours un auprès de luy. »

2   Ils étaient presque tous présent à la séance solennelle des trois états le 26 octobre 1539.

3   Telle était sa signature, « R. Comitis » ; son patronyme était peut-être Lecomte.

Du Bellay, Termes et Jean de Turin vinrent s'ajouter La Ribaudière, Brissac et le Gascon Pierre d'Ossun, ou des condottieri tels que Capin Capi ou Teodoro Albanezo[1]. La plupart d'entre eux allaient rester liés au Piémont pendant de longues années[2].

La carrière de François Errault fut également favorisée par ses bons services rendus au roi en Piémont. En février 1543, il fut appelé au conseil du roi sur le fait des finances, puis choisi pour succéder à Montholon en la charge de garde des sceaux. René de Birague, homme d'« esperit, sçavoir, langue, dexterité et experience[3] », reçut alors son office laissé vacant de président du parlement et fit par la suite une belle carrière qui le conduisit à la tête de la chancellerie du roi. Le premier fut sans doute suggéré au roi par Claude d'Annebault, qui avait alors suffisamment d'influence pour placer ses hommes, et le second commença son ascension sous le regard bienveillant du même maréchal, ami de son frère Ludovic. Quant à Albert Gat, il joua dans le marquisat de Saluces, dont il était le vicaire général[4], un rôle essentiel en permettant aux gouverneurs du Piémont de s'immiscer dans les affaires de la principauté, qui *de facto* se trouva réduite à une dépendance du Piémont, sans égards pour sa souveraineté[5]. D'Annebault fut aussi amené à collaborer avec les receveurs des finances, ainsi que les fermiers locaux, comme l'abbé Borgarel, indispensable recours pour verser la solde des troupes en temps et en heure, ou pour ravitailler les places. De même, il travailla plus particulièrement avec certains marchands, tels que ce Berton Gros qu'il

---

1   AS Modena, Cart. amb., Torino 1, Alphonso Grotti au duc de Ferrare, Turin, 21 juin 1542 : procès d'un homme du duc de Ferrare, le chevalier Azallo, jugé par une commission composée notamment des personnes citées ; blanchi après 13 heures de délibération, le chevalier fut ensuite présenté par Brissac à Claude d'Annebault qui le reçut et l'embrassa, le reconnaissant bon serviteur du roi de France.

2   La très grande qualité de cette équipe fut encore vantée en 1549 par le cardinal Jean Du Bellay, de passage à Turin, dans une très intéressante lettre à Anne de Montmorency, de [Bologne], [15 ou 16 septembre 1547] (*CCJDB*, t. IV, p. 4-15) : René et Ludovic Birague, Paul de Termes, Albert Gat notamment, le seul personnage encore et toujours critiqué étant l'abbé Borgarel.

3   *Ibid.* Jean Du Bellay précise que Birague commande le parlement « a baguette ». *Cf.* aussi P. Pingone, *loc. cit.* : « Franciscus Erraldus Alsoneus Taurinorum preses, mortuo Francisco Montelloneo procancellario Franciae, in ejus locum vocatur, cui preses succedit Renatus Biragus, vir non minus armorum quam literarum peritia clarus. »

4   BnF, Fr. 17357, fol. 28, Albert Gat à François Iᵉʳ, Saluces, 19 juillet [1537].

5   Il put compter sur le soutien de Claude d'Annebault, médiateur privilégié entre les autorités françaises et le marquis de Saluces à qui il maria sa fille (*cf.* p. 626-629).

avait chargé de l'acheminement de marchandises à Turin en 1536[1], et auquel il confia encore le soin, en plein siège de Perpignan (août 1542), de lui faire parvenir le harnais qu'il avait fait venir à Turin[2].

Ainsi, quelques mois suffirent à d'Annebault et à son conseil pour remettre en état une province exsangue et de plus en plus hostile aux troupes d'occupation. Dès les premières semaines, ils avaient rétabli un peu de confiance, faisant montre des meilleures dispositions à l'encontre des Piémontais. De plus, les institutions françaises commençaient à prouver leurs vertus, et les premières mesures d'urgence, notamment sur l'approvisionnement en blé, produisaient leurs premiers effets. À la mi-novembre, d'Annebault put donc quitter le Piémont pour accomplir la mission diplomatique qui lui avait été confiée.

L'AMBASSADE VÉNITIENNE

LES DIVISIONS DE LA CHRÉTIENTÉ FACE AU PÉRIL OTTOMAN

L'année 1539 vit le renforcement de l'amitié de Charles Quint et de François Ier, que l'on a pu qualifier d'« entente stérile[3] », car chaque souverain tentait de duper l'autre, tout en lui témoignant les meilleures marques d'amitié. En novembre 1539, l'empereur passa par la France, sur l'invitation du roi, avant d'aller châtier ses sujets révoltés de Gand, mais il avait posé une condition à sa venue : il devait auparavant être fixé sur les intentions des Turcs. En effet, ceux-ci progressaient dange-reusement dans les terres patrimoniales des Habsbourg, et l'empereur désirait une trêve générale, afin de pouvoir préparer une riposte. Mais ses relations avec Soliman étaient telles qu'il ne pouvait espérer traiter

---

1   BnF, Fr. 3062, fol. 32, François de la Rochepot à Jean d'Humières, Valence, 11 août [1536] : le roi a autorisé l'acheminement de marchandises de Briançon jusqu'en Piémont à trois marchands de Turin, Jean-Antoine Gros, Breton Gros et Philippe Parachia ; Jean-Antoine Gros sert le roi depuis six mois à Turin, « ou il faict journellement beaucoup de services aud. s[r], ainsi que l'a adverty Monsr d'Annebault ».

2   BnF, Fr. 5155, fol. 32-33v, Claude d'Annebault à Guillaume Du Bellay et Guigues de Boutières, Avignon, 3 août 1542.

3   R. J. Knecht, *François Ier, op. cit.*, p. 397 à 410.

avec lui sans la médiation du roi de France, allié alors estimé et écouté du sultan Soliman. Quant aux Vénitiens, engagés aux côtés de l'Empire contre cet implacable ennemi qui ne cessait de progresser dans les territoires contrôlés par la Seigneurie en Europe Centrale, et menaçait ses intérêts commerciaux en Méditerranée, ils étaient parvenus à conserver un ambassadeur à la Porte, mais sa marge de manœuvre était de plus en plus réduite. Or, les finances de Venise n'étaient pas au mieux, et les places de l'Adriatique souffraient d'une grave pénurie frumentaire. Elle sollicita donc également la médiation du roi de France[1].

Néanmoins, Antonio Rincon, l'ambassadeur du roi en Turquie, n'obtint pas la trêve souhaitée[2] ; il ne parvint qu'à ouvrir les négociations entre Venise et la Porte, et ne sut pas, ou ne voulut pas favoriser les affaires de l'empereur. Or, celui-ci ne pouvait accepter une paix séparée de son allié, dont il avait besoin pour contenir l'ennemi en attendant qu'il fût lui-même prêt à conduire une croisade dans laquelle il espérait recevoir le soutien du roi de France et de républiques italiennes. Il encouragea donc les Vénitiens à poursuivre la guerre contre les Turcs. La République protesta qu'elle n'en était plus capable, à moins de recevoir une aide substantielle dans les prochains mois. À l'évidence, celle-ci ne pouvait être refusée aux Vénitiens, sans quoi ils eussent été contraints de composer avec les Turcs[3]. Alors, l'entourage de Charles Quint imagina d'envoyer une ambassade conjointe d'émissaires du roi et de l'empereur à Venise pour convaincre le Sénat et le Conseil des Dix de renoncer à la trêve, et pour leur apporter le soutien qu'ils réclamaient[4]. François Ier, au moment de recevoir son ancien rival et nouvel ami, n'eut d'autre choix que d'accepter cette proposition ; mais dans le même temps il s'efforçait, par les bons offices de Rincon, de resserrer les liens d'amitié avec Soliman, alors bien disposé envers le roi de France qu'il appelait

---

1 Sur le contexte politique, *cf.* aussi G. de Leva, *op. cit.*, t. III, p. 275-278.
2 Jon Ursu, *La Politique orientale de François Ier*, Paris, 1908, p. 113, et Jean Zeller, *La diplomatie française vers le milieu du XVIe siècle*, Paris, 1881, p. 188 : réponses du roi à l'ambassadeur de Venise : « Bien que je sois l'ami du Turc, je ne le tiens pas dans mes mains ; je ne puis le faire agir à ma guise, l'arrêter et le pousser comme je veux [...] Si je le pouvais je me serais servi de son argent et de ses vaisseaux pendant que je faisais la guerre à l'empereur ».
3 AS Venezia, Secr., Documenti turchi 3, lettres lues le 4 décembre 1539, du grand vizir Lütfi et du vizir Mehmed au doge Pietro Lando.
4 *Ibid.*, p. 401-402, *L&P*, t. XIV, n°s 849, 884 et 1229, et Jon Ursu, *La Politique orientale de François Ier*, Paris, 1908, p. 110 *sq.*

son frère[1]. Alors, plutôt que de risquer la ruine de toute sa politique orientale – car cette participation indirecte aux guerres de Venise aurait pu tout remettre en question[2] – ou de la politique pro-impériale du connétable, il choisit de confier à Claude d'Annebault la tâche délicate, mais primordiale, de contenter le délégué de l'empereur tout en s'entendant avec la Sérénissime afin qu'elle poursuive dans la discrétion les négociations de paix entamées sous l'égide de Rincon.

Bien entendu, cette ambassade ne pouvait être qu'une façade : le roi n'avait pas l'intention d'arranger les affaires de l'empereur tant qu'il n'avait pas recouvré le Milanais. Un observateur extérieur, Thomas Cromwell, décela que le roi était pris d'une si violente obsession pour Milan qu'il n'aurait pas eu de scrupules à « attirer le Turc et même le diable au cœur de la Chrétienté[3] ». De ce fait, il rechignait à continuer la politique pro-impériale de Montmorency ; celui-ci se trouvait dans une situation délicate, car sa réussite était suspendue à la rétrocession du Milanais par l'empereur, qui tardait à venir. Il s'agissait donc d'aider à conclure cette paix entre Venise et Soliman tout en sauvegardant les apparences, afin de ménager la bonne entente du roi et de l'Empereur ; c'était là l'unique objectif de cette délicate mission[4] qui, dans la continuité des rencontres de Nice et d'Aigues-Mortes, focalisait beaucoup d'attention en Europe[5]. Ainsi, la Sérénissime et François Ier poursuivaient le même but, mais toute la difficulté consistait à trouver un accord sur une politique plutôt favorable au sultan, sans rompre ouvertement avec l'idéal d'unité chrétienne qui était le fil directeur de la diplomatie du moment. En particulier, il fallait impérativement laisser croire à l'empereur qu'il était toujours soutenu dans ses projets de croisade[6].

1	Lettre de Soliman II à François Ier, pub. par E. Charrière, *Négociations de la France dans le Levant*, Paris,1848-1860, t. I, p. 418-420 ; *cf.* aussi J. Ursu, *op. cit.*, p. 78 et *passim*.
2	C'était là un autre objectif de Charles Quint, qui voulait briser une alliance embarrassante, condition nécessaire à la participation de François Ier à la croisade.
3	J. Ursu, *op. cit.*, p. 79.
4	Decrue, p. 383.
5	Par exemple *Correspondance des réformateurs dans les pays de langue française*, éd. A. L. Herminjard, Genève-Paris, 1866-1897, t. VI, p. 154-157, Jean Calvin à Guillaume Farel, Strasbourg, 31 décembre [1539].
6	Sur Charles Quint et ses projets de croisade, *cf.* Alphonse Dupront, *Le mythe des croisades*, éd. de 1997, 4 vol., t. I, et la mise au point de Pierre Chaunu et Michèle Escamilla, *Charles Quint*, Paris, 2000, p. 264 *sq.*

LA DESCENTE DU PÔ

Afin de donner un prestige sans précédent à cette ambassade, on décida d'envoyer deux très grands personnages, d'un côté Alfonso d'Avalos, marquis del Vasto, parent de l'empereur, son lieutenant général en Italie et successeur d'Antonio de Leyva au gouvernement de Milanais[1], et de l'autre Claude d'Annebault, maréchal de France, nouveau gouverneur de Piémont et lieutenant du roi par-delà les monts[2]. Tous deux incarnaient donc à double titre la personne de leur souverain, à la fois par leur qualité permanente de lieutenant et par la circonstance précise de leur députation à Venise. D'Annebault était disposé à partir de Turin dès les premiers jours de novembre 1539, mais il dut retarder son départ jusqu'à ce que del Vasto fût prêt. Le 14 novembre, il écrivait au connétable pour s'en justifier :

> Monseigneur. Je n'ay peu partir si tost que je vous ay escript pour mon voyage de Venise, a cause que le chevaucheur que j'avoys envoyé devers mons[r] le marquis l'est allé trouver a Genes. Il m'a fait response qu'il s'en venoyt en poste a Millan pour donner ordre a son partement pour nous en aller ensemble, qui est cause que je ne partyray encores si tost, me semblant meilleur atendre ycy quant il sera prest, ce qu'il me doyt faire, que d'aller sejourner par le chemyn. Pour ceste cause, je ne failliray, Monsr, de vous advertyr bien au long de toutes choses, et aussi de mon retour par Manthoue, ou le roy m'a escript que je repasse pour tenir en son nom l'enffant du duc[3].

Le lendemain, averti que le marquis del Vasto était arrivé à Casale de Montferrat, il s'embarqua à Turin et partit retrouver le gouverneur du Milanais. Les deux ambassadeurs descendirent le Pô côte à côte, chacun sur son vaisseau, prévenant de leur passage les seigneurs des territoires

---

1   *Nuntiaturberichte aus Deutschland, Erste Abteilung : 1533-1559, t. V-VI, Legationen Farneses und Cervinis, Gesandtschaft Campegios, Nuntiaturen Morones und Poggios, 1539-1540*, éd. L. Cardauns, Berlin, 1909, t. V p. 21, lettre du cardinal Farnèse à Girolamo Rosario, nonce auprès de l'empereur, Rome, 22 novembre 1539 ; A. Segré, *Storia documentata*, p. 265.
2   *Cf.* notamment Paolo Paruta, *Historia Venetiana*, Venise, 1605, livre X, p. 719 *sq.*, Paul Jove, *Histoire*, trad. D. Sauvage, Paris, 1581, t. II, p. 441-442, Du Bellay, *Mémoires*, t. III, p. 448-449, J. C. L. de Sismondi, *op. cit.*, t. XVII, p. 79-80 ; AS Venezia, Cons. X, Capi amb., Milano, lettre de Vincent Fedel aux chefs du Conseil des Dix, Milan, 16 novembre 1539.
3   Musée Condé, CL, t. LXVI, fol. 2, Claude d'Annebault à Anne de Montmorency, Turin, 14 novembre [1539].

traversés[1] : c'était une véritable flotte de trente-deux navires qui naviguait sur le Pô[2]. Le 25 novembre, ils arrivèrent aux environs de Ferrare, puis ils firent halte à Borgoforte[3] où le duc de Mantoue leur fit honneur, et d'où d'Annebault prévint le duc qu'il passerait à son retour par Mantoue pour le baptême de son fils nouveau-né Ludovic, car François Ier, choisi pour parrain, lui avait confié la tâche d'y assister en son nom[4].

L'ENTENTE SECRÈTE AVEC VENISE

Le voyage fut plus court que prévu. Les ambassadeurs arrivèrent à l'embouchure du fleuve dans les derniers jours du mois, avec Vincent Fedel, le résident vénitien à Milan, qui avait accompagné del Vasto. Or, la Seigneurie n'était pas encore prête à recevoir les envoyés de l'empereur et du roi : Fedel fit donc quelque peu patienter les ambassadeurs à Torbola le 26 novembre, avant l'embarquement pour Chioggia, à l'entrée de la lagune[5]. En utilisant ce prétexte, on peut penser que Fedel voulait surtout prendre le temps de sonder les réelles intentions de Claude d'Annebault : pour ce faire, il quitta le navire du marquis pour passer sur l'embarcation du maréchal, avec lequel il eut une conversation de plus de deux heures.

Afin d'obtenir la complicité des sénateurs, dont il avait besoin pour abattre les cartes du « très beau jeu » du roi, d'Annebault n'hésita pas à révéler à Fedel que son maître n'avait pas renoncé à Milan, qu'il voulait unir au Piémont. De plus, il comptait étendre sa domination sur la Toscane et le royaume de Naples. Bien entendu, Venise aurait

---

1   AS Mantova, Cop. ord., 2939, registre du 27 mars 1539 au 8 juin 1540, fol. 82, 16 novembre 1539 ; *ibid.*, fol. 83-84 : lettres du 16 novembre au duc de Ferrare, puis au comte de la Mirandole, pour les avertir du passage de d'Annebault.

2   *Cronaca modenese di Tommasino de' Bianchi, detto de' Lancellotti*, Parme, 1868, t. VI., p. 249-250.

3   AS Mantova, Cop. ord., 2939, registre du 14 septembre 1539 au 23 mars 1540, fol. 44 et 53v.

4   *Ibid.*, fol. 53v, lettre à Gian Battista Gambara, Mantoue, 27 novembre 1539 ; *cf.* aussi lettre citée à Montmorency du 14 novembre 1539. Sans doute d'Annebault transmit-il aussi ses lettres de créance, AS Mantova, Lettere dei re di Francia, 626, François Ier au duc de Mantoue, Maisons-sur-Seine, 9 novembre 1539 : « Mon cousin, j'envoye par devers vous mon cousin le mareschal d'Annebault pour tenir en mon nom vostre enffant sur fons, et luy ay donné charge vous dire aucunes choses de ma part, desquelles je vous prie le croyre comme moy mesmes, et a tant je prieray le Createur, mon cousin, qu'il vous ait en sa tressaincte garde » ; *ibid.*, trad. italienne, et AS Mantova, Cart. Pal., 1951, François Ier à la duchesse de Mantoue, Maisons-sur-Seine, 9 novembre 1539.

5   J. Zeller, *op. cit.*, p. 191.

grandement bénéficié de ces conquêtes, pourvu qu'elle collaborât dès à présent : pour concilier les intérêts du roi et de la Seigneurie, sans froisser le Turc, il fallait tenir les négociations secrètes. D'un autre côté, le marquis del Vasto et le maréchal d'Annebault devaient être entendus séparément, afin que l'on puisse faire croire au premier que l'on négociait la poursuite de la guerre, tandis qu'à son insu, le second traiterait des moyens d'arriver discrètement à la paix que les Vénitiens désiraient tant[1]. Après ces tractations secrètes, la flotte reprit sa route vers la lagune.

UNE RÉCEPTION FASTUEUSE

À Venise, la Seigneurie se préparait à accueillir fastueusement les représentants des deux plus grands princes de la Chrétienté. Vu l'autorité dont les gouverneurs étaient investis en Italie et les égards qui leur étaient dus en tant que lieutenants de leurs souverains, le Conseil des Dix recommanda d'user de la plus grande déférence envers eux, à leur entrée comme à leur départ de la ville[2]. Le 30 novembre, d'Annebault et del Vasto se virent donc offrir une réception magnifique[3] à laquelle la foule se pressait pour « contempler Annebaud, capitaine françois, fleurissant en louange bellique[4] ». Un grand nombre de sénateurs vint les accueillir sur le *Bucentaure* et sept autres galères[5]. L'ambassade conjointe

---

1 AS Venezia, Cons. X, Capi amb., Milano, Vincent Fedel au doge Piero Lando, Corbolla, 26 novembre 1539 : « Mons' Dannibao [...] vene a ragionar dell'union delli stati del re, et vene a dir che Sua M^tà non era per restituir mai il Piamonte che, unito con il stato di Milano viria a venir in Italia sempre per il suo, voleri tutte le cose d'Italia, et io l'andava talmente segondando, che col stato de Milano, esso affirmava che'l suo re venira ad haver il settro del regno de Napoli, et di Thoscana, et dissemi queste formal parole : Il mio re è stato paciente et ogni di se farà più paciente in tollerar tutte le injurie fatte per veder le cose a quel fine che desideria, et Sua M^tà ha un bellissimo gioco, ma bisongna che la Serenissima Sua l'aiuti a giuocar, mi disse *etiam* che desiderava haver una audientia separata dal signor marchese, ch'è il medesimo che *etiam* Dio desidera [...] monstrando desiderio che se tenisse secretta la presente negotiation, per la qual viene alla Serenità V., acciò che li ministri regii si potessero revocar in tempo da Constantinopoli seanza loro pericolo, monstrando nel animo suo che la Serenità V. si sia per risolver di star unita con questi dui principi senza più attender alla pace col Turco, con il qual volendo la guerra, la Serenità V., la vorà *etiam* il suo re ».

2 AS Venezia, Cons. X, Parti secrete, filza 5, 29 novembre 1539.

3 G. Ribier, *op. cit.*, t. I, p. 490, d'Annebault à Montmorency, Venise, 3 décembre 1539.

4 P. Jove, *op. cit.*, p. 441.

5 J. Zeller, *op. cit.*, p. 192 ; le bucentaure est un bâtiment de parade, galère de grande hauteur, qui servait dans les cérémonies et notamment pour célébrer chaque année le mariage du doge avec la mer.

de deux personnages si fameux et importants, représentant les deux plus grands princes de la Chrétienté, constituait un événement unique dans l'histoire de la ville, en même temps qu'un sommet symbolique de la diplomatie de la Renaissance. Selon le « protonotaire » Jean de Monluc, alors à Rome, ils furent reçus « a si grand honneur et si pompeusement que plus n'en sçauroit on deppartir envers leurs maistres, s'ilz y fussent comparuz[1] ».

Le chroniqueur Tommasino de' Lancellotti laissa de ce prélude festif un récit révélateur tant de l'énorme impression faite par l'entrée de ces puissants personnages, que de l'inquiétude que ces négociations incertaines pouvaient inspirer :

> [Le marquis Del Vasto et] Monsieur de Lanson (*sic*[2]), un homme de grande importance auprès de Sa Majesté le roi François de France [...] firent leur entrée à Venise à 21 heures, et à leur rencontre vinrent le duc de Venise avec toute la Seigneurie sur un bucentaure avec des galères armées, avec cornes, trompettes et plus de 50 tambours, et à la rencontre qui se fit à Sant'Antonio, ils sonnèrent tant d'artillerie, et de même quand ils parvinrent à San Marco, qu'il semblait que le ciel allait s'effondrer, et ils leur firent les plus grands honneurs, comme s'ils avaient été Sa Majesté l'Empereur, et Sa Majesté le roi François de France. On raconte que l'on disait, à Venise, qu'ils voulaient demander toutes les villes tenues par la Seigneurie aux abords de l'État de Milan, parce qu'ils voulaient faire un seul roi de Milan et de l'Italie, le second fils dudit roi, auquel était donnée pour femme une nièce de l'empereur, fille du roi Ferdinand de Hongrie, et qu'ils voulaient faire roi des Romains le frère dudit empereur [...] et puis qu'ils voulaient savoir de ladite Seigneurie si elle voulait être de leur côté pour attaquer le Turc, ou si non, et que pour cette raison ils étaient venus à Venise avec un bucentaure et 32 navires fournis de gens de haute qualité, et avec un bon nombre de gentilshommes de Milan qui tenaient très bien les rangs[3].

Del Vasto et d'Annebault logèrent dans un somptueux palais[4]. Ils ne disposèrent que d'une journée pour préparer les audiences, au cours de

---

1 BnF, Fr. 3914, fol 10-13v, Jean de Monluc à Anne de Montmorency, Rome, 12 décembre 1539 (minute) ; Monluc résume le contenu d'une lettre que d'Annebault et Pellicier lui avaient adressée.

2 *Sic* pour d'Annebault, peut-être par confusion avec Lanzoni, maître d'hôtel du duc de Mantoue.

3 Trad. d'après *Cronaca modenese cit.*, Parme, 1868, t. VI., p. 250-251 ; *cf.* aussi *Il secondo libro de le lettere di M. Pietro Aretino*, Paris, 1609, fol. 108v-111, lettre du 25 décembre 1539 à l'empereur.

4 Paruta, *op. cit.*, p. 719.

laquelle le maréchal vit sans doute Guillaume Pellicier, l'ambassadeur résident du roi à Venise[1]. Il eut également l'occasion de parler à d'autres serviteurs et agents du roi, comme l'Arétin[2].

LES AUDIENCES : UNE PARTIE SERRÉE

Pour Claude d'Annebault, il ne s'agissait que d'appliquer une stratégie mûrement réfléchie et arrêtée au Conseil du roi. Le 1er décembre, del Vasto fut le premier reçu en audience publique, tandis que d'Annebault se présenta séparément le lendemain devant le Collège des sénateurs, de sorte qu'il ne s'ébruitât rien des négociations secrètes qui s'y déroulèrent. Dans les deux cas, le doge émit deux demandes, l'une en matière de guerre, l'autre pour surmonter la nécessité frumentaire : les ambassadeurs répondirent qu'ils approuvaient et qu'ils étaient certains que leurs souverains y satisferaient, et demandèrent que les Vénitiens ne traitent pas avec d'autres princes avant que ne leur parvienne la réponse des leurs. Del Vasto assura le concours du Milanais : il donnerait de son blé de Guasto, Pescara et Altavilla. D'Annebault se retrancha derrière les difficultés du Piémont pour ne rien promettre de sa part, mais le roi y pourvoirait. Tous d'eux promirent d'aider Venise à reconstruire et à entretenir son armée[3]. Le 3 décembre, les deux ambassadeurs furent ensuite reçus en audience secrète par le Collège des sénateurs. Del Vasto parla en premier, évoquant combien il était nécessaire de parvenir à une paix universelle afin de pouvoir s'organiser contre les Turcs, puis d'Annebault prit la parole, pour la paix et les intérêts de la Chrétienté.

Les Vénitiens demandèrent quelques jours de réflexion et le 7 décembre, ils firent part à leurs hôtes de leur décision : ils acceptaient de se dévouer pour le bien de la Chrétienté, mais ils ne pouvaient reprendre les hostilités tant qu'ils n'auraient pas été ravitaillés[4]. Le lendemain, ils réclamèrent une aide immédiate, car ils ne savaient plus comment contenir leurs troupes et craignaient une attaque de Barberousse dès l'hiver, peut-être pour le mois de février : ils « n'avoyent besoing de parolles » et « les

---

1   J. Zeller, *loc. cit.* On ne peut que regretter la perte des lettres de l'ambassadeur Guillaume Pellicier, évêque de Montpellier, pour cette période.
2   *Il secondo libro de le lettere di M. Pietro Aretino, op. cit.*, fol. 248-v, lettre au comte de Monte l'Abbate, ambassadeur d'Urbino.
3   *Cf.* surtout AS Venezia, Cons. Sen., Del. sec., reg. 60, fol. 85v-86v, 12 décembre 1539.
4   AS Venezia, *ibid.*, fol. 80-v.

effectz pour les extremitez ou ilz se retrouv[ai]ent estoient bien plus nec-
cessaires sans delay[1] ». Faire dépendre la reprise de la guerre de l'arrivée
des blés du marquis laissait un certain délai à la Sérénissime, qui pouvait
suffire, d'après Tommaso Contarini, son ambassadeur auprès du sultan[2],
à obtenir la trêve négociée à l'insu de Charles Quint. Quant au marquis
del Vasto, il refusa d'aider la cité et ses possessions de Dalmatie tant
que la guerre n'aurait pas repris ; d'Annebault fit mine d'acquiescer.

Le 11 décembre 1539, les sénateurs brossèrent un sombre et larmoyant
tableau de la désolation des territoires vénitiens[3], et demandèrent une fois
de plus que le roi et l'empereur envoient leurs armées pour la défense de
ces pauvres contrées. Alors, voyant qu'il n'arriverait à rien sans accorder
d'abord le soutien frumentaire qu'on lui réclamait, del Vasto céda. Cette
fois encore, Claude d'Annebault approuva. Tout au long des négociations,
il avait fait croire au marquis qu'il désirait la même chose que lui, mais
on pouvait le soupçonner de duplicité[4].

UN HABILE NÉGOCIATEUR

Si l'essentiel des manœuvres pour duper le marquis fut le fait des
Vénitiens, le gouverneur de Piémont joua son rôle à la perfection, et
del Vasto, qui nourrissait pourtant beaucoup de méfiance à l'encontre
de son compagnon, se laissa surprendre sans jamais trouver la faille.
D'Annebault avait d'ailleurs choisi de faire montre de bonne volonté
en acceptant que les secrétaires des ambassadeurs français et impérial
rédigent leurs dépêches ensemble[5], car le marquis désirait que les négociations se déroulent en toute transparence ; on imagine aisément comme
il fut mécontent que les premières entrevues se fissent séparément. Mais
c'était, semble-t-il, par la volonté des sénateurs, et non du maréchal[6].

---

1   BnF, Fr. 3914, fol 10-13v, Jean de Monluc à Anne de Montmorency, Rome, 12 décembre
    1539 (minute).
2   Il était alors sur le point de rentrer à Venise avec les conditions proposées par Soliman.
3   AS Venezia, Cons. Sen., Del. sec., reg. 60, fol. 82v-83v, exposé fait au marquis del Vasto
    et au maréchal d'Annebault.
4   P. Jove, *op. cit.*, p. 444.
5   J. Ursu, *op. cit.*, p. 114.
6   L'historien piémontais Giuseppe Cambiano considéra que Claude d'Annebault avait
    convaincu les Vénitiens de tromper le marquis del Vasto (*op. cit.*, col. 1054, pub. à l'origine
    en 1602) : « I Venetiani […] si risolero di pacificarsi con Solimano, non prestando orecchio
    al marchese del Vasto, che era andato a Venetia a persuaderli la continuatione della Lega,

Le marquis del Vasto partit donc mécontent des Vénitiens, car il sentait bien qu'ils ne tiendraient pas leurs engagements et chercheraient un compromis avec le Turc; « déjà imaginait-on Saint-Marc avec trois pattes dans l'eau et une patte sur terre[1] ». Toutefois, il leur avait promis le ravitaillement qu'ils réclamaient, et il leur envoya immédiatement les premières charrettes[2]. L'empereur ne se montra pas plus satisfait, et même si Granvelle l'incitait à garder espoir, le contretemps retardait ses projets au mois de février, dans le meilleur des cas[3]. Les sénateurs envoyèrent Antonio Capello et Vincenzo Grimani remercier le roi, en passant par Turin pour faire des recommandations à d'Annebault sur les blés[4]. Le gouverneur du Piémont leur opposa un refus formel, comme cela avait été secrètement prévu, de participer dans l'immédiat au ravitaillement[5], et l'empereur eut à supporter seul le coût de ces accords qui ruinaient tous ses projets.

<hr />

essendo al medesimo effetto, d'ordine del re di Francia, andato Annebò da quella Signoria, qual però vogliono alcuni, che secretamente facesse officio contrario. » De même, selon Paul Jove (*op. cit.*, t. II, p. 444), d'Annebault « avoit presté sa personne à telle ambassade seulement par contenance, et qu'il persuada secrettement paix et amitié avec Solyman, par Guillaume Pellicier, ambassadeur de France. »

1 *Cronaca modenese, op. cit.*, t. VI, p. 257 : « Al dì ditto [sabato 20 dexembro]. Questo dì venendo a dì 21 da hore 3 de note arivò nova da Ferrara come el Sig.ʳ Marchexo del Guasto… et monsignore de Lanson… che circa 20 dì fa andorno a Venetia per trattare se uniseno con loro per andare contra a Turchi, e doppo molti consigli fatti in Venetia, se sono partiti in discordia, de modo che'l se aparecchiarà una granda guerra contra a Venetiani, perchè tenendo con Turchi, tutta la Christianità ge serà contra. E già se dipingeva Santo Marco con 3 pedi in l'aqua, e uno pede in terra ». Les préliminaires de paix furent effectivement signés grâce aux intrigues de Pellicier (*cf. Correspondance politique de Guillaume Pellicier, ambassadeur de France à Venise*, 1540-1542, éd. A. Tausserat-Radel, Paris, 1899, 2 vol., p. XVII *sq.*).

2 AS Venezia, Cons. X, Parti comuni, filza 26, 15 décembre 1539 : Vente par le marquis del Vasto de froment venu du royaume de Naples, des Pouilles et des Abruzzes, « carra tre milia », à payer dans le mois suivant le départ des blés (mars prochain) pour 12 ducats de 6 livres et 4 sous par ducat pour chaque « carro ».

3 *Nuntiaturberichte aus Deutschland, op. cit.*, 1ʳᵉ partie, t. V, p. 61-63, lettre du cardinal Farnèse à Paul III, Paris, 4 janvier 1540 et p. 65-67, lettre du même au même, Paris, 7 janvier 1540 (vues en copie dans AS Vaticano, Fondo Pio, 56, fol. 45-48v et 50-60).

4 AS Venezia, Cons. Sen., Del. sec., reg. 60, fol. 95, délibération du 13 janvier 1540, et *ibid.*, fol. 100-102v ; voir aussi *ANG*, t. 1, p. 513.

5 AS Venezia, Cons. Sen., Del. sec., reg. 60, fol. 87, 12 décembre 1539 : Guillaume Pellicier déclara que « Mons.ʳ de Anibao me disse, che se ne havesse nel Piamonte ne darà al signor marchese per il stato de Milan, aziò che quelli del ditto stato ne potesse far major parte, et che era certo che la Xᵐᵃ Mᵗᵃ, anchor che li loci sui fussero lontani, che saria prompta al bisogno nostro. »

Claude d'Annebault, qui, après avoir été fait prisonnier à Thérouanne en 1537, s'était distingué en servant d'intermédiaire avec la reine de Hongrie pour négocier la trêve[1], fit en cette occasion une nouvelle preuve d'une certaine capacité à cacher son jeu et à mener des négociations diplomatiques délicates. Le roi apprécia probablement en ces circonstances les talents de négociateur du maréchal, auquel il donna plus tard d'autres occasions de les exercer. En outre, il lui octroya une gratification de 10 000 livres pour l'indemniser de ses dépenses et le récompenser de « ses grands et recommandables services[2] ».

LE SÉJOUR MANTOUAN

Les ambassadeurs quittèrent Venise le 12 et le 17 décembre[3]. D'Annebault traversa d'abord les États du duc de Ferrare, où le duc avait préparé un festin pour 1 500 personnes en prévision du passage des gouverneurs[4]. Toutefois, il ne rentra pas directement à Turin, car il devait porter sur les fonts baptismaux, au nom du roi, le fils du duc Frédéric de Mantoue. Celui-ci le reçut avec tous les honneurs, séjournant trois jours à sa cour, du 18 au 20 décembre[5]. Le maréchal d'Annebault ne s'attarda pas bien longtemps à Mantoue, pour ne pas rester trop longtemps éloigné du Piémont, dont les affaires pouvaient exiger sa présence. Toutefois, d'Annebault avait été charmé par ce séjour et il conserva des liens d'amitié avec le duc, qu'il semblait connaître de plus longue date. « Je vous assure que si je n'eusse pencé avoir plus d'affaires par deça que je n'y ay eu depuys mon retour de Venise, j'eusse fait plus long sejour avecques vous que je n'y fiz », écrivit-il en janvier 1540 au duc de Mantoue Frédéric II[6]. En effet, à son retour dans son gouvernement, il trouva une province en bien meilleur état qu'il ne l'avait laissée, car les mesures prises quelques semaines plus tôt portaient déjà leurs fruits.

---

1   *Cf.* p. 107-109.
2   BnF, Fr. 32865, p. 161-166, et Fr. 26127, n° 1998, quittance du 6 fév 1540 [n. st.].
3   AS Venezia, *ibid.*, fol. 87-88, et *L&P*, t. XIV, part. II, p. 257, n° 695.
4   *Cronaca modenese, op. cit.*, t. VI, p. 251.
5   AS Mantova, Cop. ord., 2939, registre du 14 septembre 1539 au 23 mars 1540, fol. 77, lettre du duc Frédéric de Mantoue à l'Abbadino, 19 décembre 1540.
6   AS Mantova, Corr. est., Savoia, 731, Claude d'Annebault au duc de Mantoue, Turin, 19 janvier 1540.

LE RÔLE STRATÉGIQUE DU LIEUTENANT DU ROI
PAR-DELÀ LES MONTS

LES CLÉS DU ROYAUME

François Ier dit un jour du Piémont qu'il était les clés de son royaume[1]. Situé au pied des Alpes, il gardait les passages des cols alpins tels que ceux du Mont-Genèvre et du redoutable Mont-Cenis. De plus, le pas de Suse et Pignerol permettaient de contrôler efficacement l'entrée et la sortie des marchandises comme des hommes et tous les étrangers qui voulaient passer les Alpes pour aller d'Italie en France, ou d'Espagne en Italie, devaient demander un sauf-conduit au gouverneur, qui était donc bien informé de tous les mouvements à l'intérieur de sa province[2]. Ainsi, pour le voyage de Charles Quint en Flandre, contre Gand, le roi de France autorisa le passage d'un millier de soldats espagnols envoyés par le marquis del Vasto, gouverneur du Milanais, par le Piémont, et remit aux soins du maréchal d'Annebault leur fourniture en vivres[3], c'est-à-dire, implicitement, qu'il était tenu de surveiller leurs allées et venues en évitant qu'ils se livrent à des déprédations.

Ces territoires se révélèrent d'autant plus faciles à contrôler qu'ils étaient peu étendus. Une grande partie était constituée de montagnes qui séparaient la province de sa voisine savoyarde, elle aussi occupée. Au nord, le marquisat d'Ivrée[4] marquait les limites de l'extension du Piémont, comme à l'est, le comté d'Asti et le Montferrat, dont certaines places (Villanova) avaient été occupées par les troupes de Chabot au moment de la publication de la trêve de Nice et demeuraient sous la domination française. Asti relevait du Milanais, et Casale, du duc de Mantoue, marquis de Montferrat. Le duc de Savoie possédait encore quelques places, comme Chieri, qui appartenaient en théorie à son

---

1   AS Modena, Cart. amb., Francia 22, Giulio Alvarotti au duc de Ferrare, Paris, 17 mars 1546.
2   AS Mantova, Corr. est., 731, Claude d'Annebault au duc de Mantoue, Turin, 25 février 1540.
3   G. Ribier, *op. cit.*, t. I, p. 487 et 490.
4   A. Tallone, « Ivrea e il Piemonte al tempo della prima dominazione francese », dans *Studi eporedesi*, Pignerol, 1900, p. 65-200.

fils Emmanuel-Philibert, « prince » de Piémont ; mais elle servait en réalité de glacis protecteur à Asti, car elle était tenue par des soldats à la solde du marquis del Vasto, qui avaient repris la ville en 1537 pour n'en plus repartir[1]. Au sud, Coni marquait, avec Fossano, les limites de la province ; cette place avait aussi été reprise en 1537 et demeurait sous contrôle hispano-savoyard, car le duc ne résidait pas loin, retranché dans le comté de Nice qui était tout ce qui restait de ses États, dans la mesure où les lieux du Piémont qui reconnaissaient encore sa domination étaient en fait sous le contrôle exclusif de del Vasto. Ces frontières imprécises et imbriquées ne rendaient pas facile l'application de la trêve, et les causes de désaccords se multipliaient. Par exemple, les villages de Bernezzo et Cervenasca, voisins de Coni, mais soumis au roi de France, firent l'objet d'un conflit de juridiction qui ne fut réglé que par des conférences tenues à Asti entre le gouverneur du Milanais et Guillaume Du Bellay[2]. Ce genre de différend se répéta fréquemment jusqu'à la fin de la période d'occupation française.

Le Piémont français, qui comptait environ cent vingt localités[3], était une province très modeste, essentiellement rurale. Sa valeur intrinsèque n'était pas très élevée[4]. Néanmoins, en y ajoutant le marquisat de Saluces, elle était de taille plus respectable. Cette principauté, en théorie souveraine, n'avait alors plus la moindre autonomie : vassal du dauphin, le marquis de Saluces pouvait être aisément destitué et ainsi, suite à plusieurs trahisons consécutives, François Ier investit l'un après l'autre les trois fils du marquis Louis II[5]. De plus, les communautés du

---

1 Brissac en fit la reconquête en 1551 ; sur cette place, voir G. Tessiore, *Cronologia storica della città di Chieri*, Chieri, 1891.

2 V.-L. Bourrilly, *Guillaume du Bellay*, p. 285-286.

3 On en trouve la liste dans A. Tallone, *Parlamento Sabaudo, op. cit.*, p. 298 à 302, répartition des frais occasionnés par l'envoi d'ambassadeurs auprès du roi (1540).

4 Sa valeur, compte tenu des faibles revenus (9 000 francs), était estimée à 35 000 à 40 000 francs par les négociateurs français, au cours des conférences de Bruges à l'automne 1545 ; toutefois, vu les circonstances, cette estimation est vraisemblablement assez fortement minorée (ÖStA, FrBW 10, Konv. « Karl V an St-Maurice, 1545, IX-XII », fol. 1-6, Charles Quint à Saint-Maurice, Bruges, 16 novembre 1545).

5 La trahison de Jean-Louis apparut au grand jour en 1530 ; en 1532, il fut déclaré coupable de désobéissance et félonie, privé de son marquisat qui est dévolu au roi en tant que dauphin de Viennois (A. Tallone, *Gli ultimi marchesi di Saluzzo, dal 1504 al 1548*, Bibliotheca della Societa Storica Subalpina, t. X, Pignerol, 1901, p. 314-315), avant d'être attribué à François, qui dut prêter hommage pour lui et ses successeurs, jurant qu'en cas de trahison, le marquisat retournerait au roi. François accepta, mais n'évoqua pas

marquisat, voyant le bon état du Piémont administré par d'Annebault et Du Bellay, envoyèrent à plusieurs reprises des délégués aux autorités supérieures du Piémont, voire au roi, pour obtenir de l'aide[1]. En outre, l'assimilation progressive du marquisat était supervisée par le vicaire Albert Gat, aussi maître des requêtes au parlement et bientôt président de la chambre des comptes de Piémont.

Ainsi, malgré ses dimensions réduites, le Piémont revêtait une importance considérable pour le roi. Jusqu'à la fin du règne, cette nouvelle province devait rester un sujet de discorde avec Charles Quint. En novembre 1546, François Ier expliqua qu'il ne refusait pas de le rendre pour garder un pied en Italie, mais pour assurer la sécurité du royaume : en réalité, la première raison était au moins aussi importante que la seconde, et l'empereur n'en était pas dupe. Quoi qu'il en soit, à écouter François Ier, le Piémont était si important à ses yeux que « s'il se trouvait que le dauphin et sa sœur Marguerite, ses deux enfants encore en vie, étaient en péril de mort, et qu'il puisse les sauver par la restitution du Piémont, il ne le restituerait pas encore[2] » ! Turin, en particulier, était très convoité, comme le rappelait Raymond de Fourquevaux dans ses *Instructions sur le faict de la guerre* :

> [Boutières, gouverneur de Turin,] a à la barbe de prendre garde songneusement à la charge qu'il a sur ses bras, assavoir est dudict Thurin, car a la bonne envie que les ennemis ont de nous la gripper des mains et au devoir qu'ilz en font a tous les coups, c'est a mon advis la plus convoytee ville d'Italie, de laquelle par consequent le Roy doibt faire tresgrand cas[3].

La présence française en Piémont était essentielle dans la stratégie de conquête de François Ier. Même s'il ne renonça jamais à son cher Milanais,

---

son possible héritage de Montferrat (*ibid.*, p. 316), auquel il pouvait prétendre, ainsi que le duc de Savoie et le duc de Mantoue ; or, la nomination du Montferrat était réservée à l'Empereur (qui finalement choisit Frédéric de Mantoue, époux de la dernière descendante des Paléologue), et pour lui plaire, François trahit le roi, provoquant la libération de Jean-Louis, à nouveau investi du marquisat au lieu de son frère (*ibid.*, p. 328), mais fut capturé peu après par Francesco, qui mourut (le 28 mars 1537) d'un coup d'arquebuse ; Gabriel fut alors tiré de son état ecclésiastique pour remplacer ses frères (*CAF*, t. III, p. 394, n° 9326).

1   ASC Saluzzo, 1540, *passim*.
2   AS Modena, Cart. amb., Francia 23, Giulio Alvarotti au duc de Ferrare, Trolly, 22 novembre 1546.
3   R. De Fourquevaux, *Instructions sur le faict de la guerre, op. cit.*, fol. 104v.

il tenait à protéger le royaume des invasions[1] et le Piémont occupait la
meilleure position pour empêcher que l'invasion de la Provence de 1536
ne se reproduise. Surtout, en cas d'offensive française en Italie du Nord,
le Piémont pouvait servir d'arrière-front et permettre de rassembler des
armées de l'autre côté des Alpes : la réactivité française s'en trouvait
grandement accrue. Pour renforcer cet atout stratégique, François Ier
consentit à un énorme effort financier pour restaurer les boulevards et les
fortifications, qui étaient encore en piètre état en 1538[2], et les premières
mesures n'étaient que provisoires[3]. Il fallut attendre la paix de Nice pour
que François Ier se décidât à lancer un vaste programme de fortification
de Turin, Moncalieri, Pignerol, en même temps que les travaux des
boulevards de Saint-Georges et Saint-Salut[4]. Claude d'Annebault reprit
ce programme, renforçant également les provisions de poudres. Ainsi,
à la fin de l'année 1540, le Piémont paraissait déjà bien plus fort qu'en
1536-1537. Après Claude d'Annebault, et sous son contrôle, Guillaume
Du Bellay devait étendre et poursuivre ces grands travaux[5].

---

1   À partir de 1537, et de plus en plus vers la fin du règne ; voir aussi Philippe Contamine,
    dir., *Histoire militaire de la France*, t. I, *des origines à 1715*, Paris, 1992, p. 272-273.
2   AN, J 993/11[1-4], et 13[15].
3   BnF, Fr. 3035, fol. 22-25v, lettre du roi à Jean d'Humières, Fontainebleau, 10 juin 1537 :
    les réparations projetées aux « boulevartz de Thurin » étaient nécessaires, mais il ne fallait
    pas pour l'instant « amuser » à les revêtir de brique, mais les entretenir jusqu'à ce qu'on
    ait le temps et les moyens de les améliorer.
4   Musée Condé, CL, t. LXVII, fol. 191-192, Montejean à Montmorency, Carignan, 29 mai
    [1539]. Sur les suites de ce programme, mené par Du Bellay et l'ingénieur Girolamo
    Marini, sous le contrôle éloigné mais vigilant de Claude d'Annebault, *cf.* p. 211-215 ;
    voir aussi R. Cooper, *op. cit.*, p. 37-40, Martha D. Pollak, *Turin (1564-1680) : Urban Design,
    Military Culture and the Creation of the Absolutist Capital*, Chicago-Londres, 1991, et Samuel
    Guichenon, *Histoire généalogique de la royale maison de Savoie*, Lyon, 1660, t. II, p. 222 *sq.*,
    pour le programme de Du Bellay à Turin, Pignerol, Cental et Bene, par opposition aux
    travaux de del Vasto à Ivrée, Vercelli, Asti, Volpiano, Fossano, Coni, Cherasco et Chieri.
5   *ANG*, t. III : *Correspondance des nonces en France Capodiferro, Dandino et Guidiccione (1541-
    1546)*, éd. Jean Lestocquoy, Rome-Paris, 1963, p. 5, Dandino au cardinal Farnèse, Lyon,
    20 décembre 1540 : « Il Re [...] in Piemonte raddopierà le guardie, e farà stare li suoi
    più avertiti e vigilanti. Benché Turino sia hora così ben fortificato, che si può dormire
    per un pezzo ad occhi ben chiusi. »

L'INTÉGRATION DU PIÉMONT

Le Piémont entretenait depuis longtemps des sentiments francophiles, et ne montrait pas de grand attachement à la maison de Savoie[1]. Après s'être livrées sans difficulté aux Français, les communautés demandèrent assez tôt leur réunion à la couronne, voire la naturalité française pour tous les sujets piémontais. En mai 1538, au plus fort de la crise, on entendait encore crier « Sa Majesté le roi, duc de Savoie et prince de Piémont », tandis qu'était soulevée, dans la perspective des conférences de Nice, la possibilité d'échanger les États de Savoie contre le duché de Bourbon[2]. Pour la première fois, François Ier envisageait de conserver le Piémont, à défaut du Milanais, pour en faire une nouvelle province de son royaume. Dans un premier temps, le roi confirma les privilèges[3], puis réunit la province à la couronne[4]. Mais il fallut attendre le règne d'Henri II pour que les sujets obtinssent l'exemption de droit d'aubaine ainsi que la naturalité[5].

L'assimilation de la province avait porté ses fruits, et elle aurait pu rester française, car les gouverneurs successifs, d'Annebault, le prince de Melphe ou Brissac, surent gérer en douceur les multiples problèmes et encourager les sentiments francophiles, remarqués dès 1540 par l'ambassadeur vénitien Dandolo, de passage dans la province[6]. Le Piémont devait être finalement abandonné par les Français en 1562, en application des clauses du traité du Cateau-Cambrésis[7]. Cependant, la période d'occupation, et

---

1 Gianni Mombello, « Lingua e cultura francese durante l'occupazione », dans *Storia di Torino*, t. III : *dalla dominazione francese alla ricomposizione dello Stato (1536-1630)*, dir. G. Ricuperati, p. 59-106, en particulier p. 61-63.

2 AS Venezia, Cons. X, Capi amb., Milano, Vincent Fedel au doge Piero Lando, Milan, 5 août 1538 ; AS Torino, MP est., Negoziazioni con Francia, mazzo 1, « 1540, Offerta del Re al Duca Carlo per farlo andar in Francia e cambiar li stati », et AS Mantova, Cart. Pal., 1951, pièce 596, s.l. n.d.

3 Confirmation des privilèges de la ville de Turin, février 1537, dans ASC Torino, Scuole, n° 578-579, et n°ˢ 71 et 78 : confirmation de privilèges (1537 et 1548).

4 ASC Torino, Privilegi, n° 70 : réunion du Piémont à la couronne (1540).

5 BnF, NAF 8431, fol. 7-v°, extrait des registres du parlement, par le greffier de la cour, le 28 fév. 1550 [n. st.] ; AS Torino, ME, Ubena, mazzo 1, n° 1, et ASC Torino, Donativi, n° 550, mandement de juillet 1549 ; *cf.* aussi A. Tallone, « Il viaggio di Enrico II », art. cité, p. 25-29. En attendant, les demandes de naturalisation continuèrent, *cf.* Claudine Billet, « Les Italiens naturalisés français sous le règne de François Ier (1514-1547) », dans *Strutture familiari, epidemie, migrazioni nell'Italia medievale*, Naples, 1984, p. 477-492.

6 AS Venezia, Secr., AP, ambasciata Francia, reg. 3, fol. 2-6, Matteo Dandolo au Sénat de Venise, Moncalieri, 28 novembre 1540. Voir aussi L. Romier, art. cité, p. 23.

7 Cet abandon constituera une « blessure à l'honneur français » (B. Haan, *op. cit.*, p. 184).

particulièrement les années d'Annebault, laissèrent des traces durables dans l'histoire du Piémont : l'installation et le développement des institutions françaises dans Turin fit de cette cité une véritable capitale, préparant la naissance du Piémont moderne[1], et lorsqu'en 1580, Montaigne séjourna à Turin, petite ville « pas trop bien bâtie, ni fort agréable » à six journées de Lyon, il témoigna d'un tropisme français encore vivace en 1580, survivance du quart de siècle d'intégration à la France[2].

L'IMPUISSANCE DU DUC DE SAVOIE

Le gouverneur Claude d'Annebault semble n'avoir pas entretenu de relations avec le duc de Savoie ; celui-ci avait rompu tout contact depuis la trêve[3], et se contenta de solliciter l'empereur et le gouverneur de Milanais afin qu'ils négocient son retour. Il s'efforça cependant d'entretenir l'image d'un Piémont au désespoir et ruiné par l'oppression des Français, comme dans cette lettre adressée au marquis del Vasto :

[Monseigneur de Granvelle] si souvent a été informé du bon droict de mond. seigneur, qu'il vueille y tenir main affin qu'entredeux et surattendant l'entiere restitution qu'il espere avecques l'aide et moyen de Leurs Majestés en son Estat il puisse vivre et s'entretenir et mond. seigneur le prince son filz cellon leur qualité comm'ilz ont fait jusques cy, remonstrant qu'autrement il n'y a ordre de pouvoir supporter plus avant le faix, tant pour non se prevaloir en rien ou trop peu de ses pays et subgectz tant ruynez et destruictz qu'il (*sic*) n'en peul[v]ent plus pour le continuel maulvais trectement qu'on leur fait journellement[4].

---

1   P. Merlin, *op. cit.*, p. 21-23, insiste notamment sur la rapide augmentation du nombre des délégués de Turin dans les assemblées des Trois-États, de moins en moins représentatifs, ce qui entraîna le rapide déclin de cette dernière institution d'époque savoyarde qui subsistait encore au temps du gouvernement de Claude d'Annebault ; de même pour les élus (*ibid.*, p. 18).

2   M. de Montaigne, éd. citée, *Journal de voyage en Italie*, p. 1335-1336 : « On parle ici communément françois et tous les gens du pays paroissent fort affectionnés pour la France. La langue vulgaire n'a presque de la langue italienne que la prononciation, et n'est au fond composée que de nos propres mots. »

3   Charles III fit alors mine de considérer l'occupation française comme provisoire : AS Torino, MP int., Minute di lettere della Corte, mazzo 1, Charles III à René de Montejean, Nice, 13 juillet 1538. Puis, voyant que son neveu le roi de France ne lui restituerait rien, il se mit sous l'entière protection de Charles Quint. Voir aussi A. Tallone, *Parlamento Sabaudo cit.*, p. 234.

4   AS Torino, MP int., Real Casa, Lettere di principi e sovrani, mazzo 3, instructions du duc Charles III de Savoie au sʳ de Myendry allant vers le marquis del Vasto, Nice, 9 novembre 1541.

Or, si les Piémontais se plaignaient de l'occupation militaire jusqu'en 1539, ils avaient vu leur situation s'améliorer sensiblement depuis les mesures énergiques prises par d'Annebault et Du Bellay et les habitants de la province trouvaient désormais de grands avantages, tant économiques que politiques, à être des sujets du roi de France. Les Piémontais n'étaient pas réellement attachés à la maison de Savoie, qui résidait peu de ce côté des Alpes, et ils ne soutinrent pas, ou très peu, les tentatives de coup de force, la plupart du temps orchestrées par des agents milanais. Même le comte de Pancaglieri, parent du duc de Savoie, participa très tôt et activement à la mise en place des nouvelles institutions et semble avoir été le principal relais entre les Français et les seigneurs piémontais maintenus en leurs possessions d'avant la conquête : certes, en agissant ainsi, il servait ses propres intérêts, mais peut-être avait-il aussi, comme les magistrats et les syndics de Turin, conscience que les Français pouvaient sortir la province du marasme et des archaïsmes dans lesquels l'avait laissée la maison ducale de Chambéry.

UN RÔLE D'INTERMÉDIAIRE AVEC LES PRINCES ET RÉPUBLIQUES D'ITALIE

En tant que lieutenant général du roi en Italie, Claude d'Annebault se devait de représenter le roi auprès des princes italiens[1]. Avant même son départ de la cour, il s'était engagé auprès de Fabrizio Bobba, l'ambassadeur du duc de Mantoue, à s'occuper des affaires litigieuses du Montferrat et à donner satisfaction à Frédéric II, auquel il fit transmettre toutes ses amitiés et ses meilleures intentions[2]. Une fois en Piémont, il reçut les salutations de ses voisins, et ne manqua pas de les voir dès que l'occasion s'en présenta : grâce à son ambassade, il rencontra le gouverneur de Milan, le duc de Ferrare et le duc de Mantoue. D'autre part, il correspondait avec les ambassadeurs, leur transmettait les volontés du roi et du connétable, ou donnait ses propres ordres, et faisait passer les

---

1   Par exemple, le manuscrit BnF, Fr. 5153, qui contient toute une série de minutes et doubles de lettres de Du Bellay (après le retour en France de d'Annebault) au marquis del Vasto, donne une bonne idée de la fréquence des courriers échangés avec ce voisin : dix pour le seul mois de juillet.

2   AS Mantova, Cart. inv. div., 638, Fabrizio Bobba au duc de Mantoue Paris, 4 octobre 1539. Ces litiges restèrent en suspens et n'étaient pas encore résolus lorsque d'Annebault quitta sa charge de gouverneur du Piémont (AS Mantova, Cart. inv. div., 640, Vespasiano Bobba à la duchesse de Mantoue, Melun, 11 janvier 1545).

paquets. Il servait de relais à toutes les informations depuis Turin, plaque tournante de la diplomatie française en Italie, comme en témoigne cette lettre à Montmorency :

> Pour ce que par deux ou troys despesches que je vous ay faictes, par lesquelles, entre autres choses, je vous ay tousjours fait entendre l'affaire des Espaignolz qui sont a Carail, je n'ay eu aucune response de vous, je vous despeschay hier le s^r de Monyns qui vous porte bien au long toutes nouvelles de deça ; et a ceste heure, viens de recevoir celle qu'il vous a pleu m'escripre du XXVIme du moys passé, par lesquelles vous ne m'en faictes aucune mencion, qui me mect en doubte que par aventure vous n'avez point eu toutes mes lettres ; par quoy, Monsr, il vous plaira commander que de celles que vous aurez de moy d'ycy en avant, l'on me mande que vous les avez receues. Je vous envoye ung pacquet que je viens de recevoir de mons^r de Lymoges, et tout incontynent le vostre arryvé, j'ay despesché a mons^r de Montpellier celluy que luy adressez. Et pour autant, Monsr, que depuys le partement dud. Monyns, il ne m'est survenue chose que je vous puisse escripre, synon que mons^r le cardinal de Trevulse est arryvé ycy, qui y sejournera encores demain a nuict, je pense ; et aussi que j'ay eu advertissement que le marquis del Vasto a escript au senat et officiers de Millan que l'empereur ne baille point le duché de Myllan, ayant autre moyen que cella d'apoincter le roy, et quant et quant est aprez pour lever deux cens mil escuz sur le duché, je ne sçay s'il leur baille ceste coulleur pour les lever plus aisement, mais si ainsi est, vous pourez voir, Monsr, que avant que la bailler il la veullent rendre bien nette[1].

Reconnu par les princes et républiques d'Italie comme le porte-parole du roi, le gouverneur de Piémont devait fréquemment recevoir de la visite, comme celle, en janvier, de Vincenzo Grimani, envoyé par Venise auprès du roi de France :

> Vous partirez de Milan », stipulaient ses instructions, « et quand, sans ralonger votre route, vous viendrez à passer par là où se trouverait l'illustrissime seigneur maréchal de Anibao, vous rendrez visite à Son Excellence au nom de notre Seigneurie, avec nos lettres de créance[2].

Les contacts devaient être relativement fréquents : les serviteurs des princes, souvent en voyage, servaient de moyen de transmission des courriers, quand ils n'étaient pas confiés à des commerçants ou autres

---

1 Musée Condé, CL, LXVI, fol. 3 : Claude d'Annebault à Anne de Montmorency, Turin, 4 mars 1540 [n. st.].

2 AS Venezia, Cons. Sen., Del. sec., reg. 60, fol. 100-102v : commission à Vincenzo Grimani et Antonio Capello, ambassadeur auprès de l'empereur et du roi de France.

personnes de confiance. Les lettres conservées de Claude d'Annebault et de Guillaume Du Bellay font souvent allusion à ces messagers. Ceux-ci, en se présentant au gouverneur, ils lui remettaient leurs lettres de créance et lui apportaient des nouvelles, tant orales qu'écrites, de la part de leur maître ; ceci justifiait qu'ils fussent traités avec une grande déférence[1].

Une correspondance régulière tenait Claude d'Annebault au courant des affaires des autres États italiens, comme en témoigne celle qu'il échangea avec le duc de Mantoue ; celle-ci nous est sans doute presque intégralement parvenue. Entre le retour du maréchal d'Annebault fin décembre 1539, et son départ pour la cour début mai 1540, au moins six lettres lui furent adressées par le duc. De son côté, le gouverneur en envoya douze, soit près de trois par mois. En retour, le duc de Mantoue était donc régulièrement informé par le gouverneur de Piémont des affaires internationales, et recevait par ce moyen des nouvelles de la cour de France[2]. En retour, le duc lui fournissait les informations qu'il pouvait lui communiquer[3]. Ces échanges d'informations se mêlaient étroitement à des considérations plus personnelles, comme dans cette lettre adressée au duc par le maréchal d'Annebault :

> Je remectz a vous escripre des nouvelles de la court, jusques a ce que je vous puisse faire entendre de celles que desirez, ou j'espoire qu'il se mettra bientost fin, pour ce que par la derniere despesche que j'en ay eue du XXVIme du moys passé, le roy des Romains devoyt envoyer a Brucellez ce jour là ou le lendemain,

---

1   *Cf.* par exemple AS Mantova, Corr. est., Savoia, 731, cet extrait d'une lettre de Claude d'Annebault au duc de Mantoue, Turin, 19 janvier 1540 : « J'ay par le seigneur Fabrisse [Fabrizio Bobba] receu vostre lettre, qui m'a esté merveilleusement grant plaisir pour avoir sceu de voz nouvelles, et vous mercye bien humblement de ceste bonne vollonté que me portez tousjours. Il s'en retourne à Casal, où je ne failliray de vous faire part de ce qui me sera venu, sitost que ung gentilhomme que j'ay envoyé a la Court pour m'aporter nouvelles de ce qui se sera traicté entre le roy et l'empereur sera arryvé, et de toutes autres choses que je penseray qui vous seroit agréables, il vous fera entendre, Monsr, ce que je luy dit aux propoz qu'il m'a tenuz de par vous, qui m'en gardera de vous en dire autre chose ».

2   AS Mantova, Corr. est., Savoia, 731, Claude d'Annebault au duc de Mantoue, Turin, 8 mars 1540, avec traduction italienne, *ibid.*

3   AS Mantova, Cop. ord., 2939, registre du 14 septembre 1539 au 23 mars 1540, fol. 131v, Frédéric II, duc de Mantoue, à Claude d'Annebault, Mantoue, 13 mars 1540 (minute). La plupart de ces lettres parlent aussi de deux affaires : le vol d'une gratification accordée par le roi à l'Arétin (*Il secondo libro, op. cit.*, fol. 134-142), en faveur duquel le duc s'entremit auprès de Claude d'Annebault, et la grâce d'un Fieschi au service du roi, le comte de Santo Valente, demandée par le gouverneur à Frédéric II.

qui me faict croisre que mess[rs] le cardynal de Lorrayne et connestable ne sont de ceste heure a partir pour y aller achever les choses commencees, et vous assure, Monsr, que sitost que j'en auray de certaines, je ne failliray de vous en avertyr. Je vous envoye la mulle que je vous ay donnee, et un courtault et une hacquenee pour l'acompaigner; de la mulle, je la vous assure bien pour bonne, et du courtault, je pence que pour le plaisir que vous aymez vous ne le trouverez point mauvais; de la haquenee, je ne sçay que c'est, mais si elle se trouve bonne et il vous plaist la donner a madame la duchesse, je m'oblige de vous en envoyer avant qu'il soyt long temps une autre de quoy vous ne vous contenterez gueres moins; le demeurant, je le remettray a ce porteur. Pour fin, mes bien humbles recommandacions a vostre bonne grace, et suplier le Createur vous donner, Monsr, tresbonne vye et longue[1].

D'autres lettres évoquent, comme celle-ci, des échanges de cadeaux et sont le lieu de multiples témoignages d'amitié entre les deux hommes[2]. Dès juin 1539, d'Annebault avait envoyé des lévriers à Frédéric de Mantoue[3]. Suite à son séjour de décembre à la cour de ce prince, le maréchal promit de lui envoyer un coursier, une haquenée et une mule[4]. De son côté, le duc fit forger pour Claude d'Annebault une belle armure, par son armurier personnel à Brescia[5]. Quelque temps après, le gouverneur de Piémont, qui se désolait de n'avoir pu rester plus longtemps auprès du duc, proposa de venir le voir à Casale pour le carême[6]. Lorque le duc mourut prématurément, Claude d'Annebault écrivit à la duchesse Marguerite Paléologue des lettres de condoléance par lesquelles il s'associait à son deuil[7] :

---

1   AS Mantova, Corr. est., Savoia, 731, Claude d'Annebault au duc de Mantoue, Turin, 8 mars 1540.
2   AS Mantova, Cart. inv. div., 638, Fabrizio Bobba au duc de Mantoue, Compiègne, 24 septembre 1539.
3   *Ibid.*, Fabrizio Bobba au duc de Mantoue, Paris, 26 juin 1539.
4   AS Mantova, Cop. ord., 2939, registre du 14 septembre 1539 au 23 mars 1540, fol. 131v : Frédéric II, duc de Mantoue, à Claude d'Annebault, Mantoue, 13 mars 1540 (minute); AS Mantova, AG 731, lettres de Claude d'Annebault au duc de Mantoue, *passim*. La mule reçut un coup à une patte, ce qui retarda son envoi de plusieurs semaines.
5   AS Mantova, Cop. ord., 2939, registre du 14 septembre 1539 au 23 mars 1540, fol. 104v[o], 29 janvier 1540 ; Brescia était alors un haut lieu d'armurerie ; cette armure fut envoyée à d'Annebault le 5 octobre 1541 (AS Mantova, Cop. ord., 2940, registre du 28 juin 1541 au 20 juin 1542, fol. 53v).
6   AS Mantova, Corr. est., Savoia, 731, Claude d'Annebault au duc de Mantoue, Turin, 19 janvier 1540.
7   AS Mantova, Cart. Pal., 1955, Claude d'Annebault à la duchesse de Mantoue, Rouen, 11 septembre [1540].

Madame, j'ay receu la lettre que vous a pleu m'escripr[e], qui me fait congnoistre que avez bien ceste seureté de moy que la bonne vollonté que j'ay tousjours eue de faire service a feu mons[r] le duc de Manthoue ne sera discontynuée en vostre endroyt et celluy de mons[r] le duc vostre filz, de quoy, madame, je vous mercye tres humblement, vous supliant estre tousjours asseurée que si j'ay porté bonne affection aud. feu s[r] duc, duquel je regrette merveilleusement la perte, vous la trouverrez telle que en toutes choses qui toucheront voz affaires et ceulx dud. s[r] duc vostre filz, et ou je pourray a vous et a luy faire service, il n'y a gentilhomme en France qui de meilleur cœur s'i employe comme j'ay dit amplement a ce porteur pour le vous faire entendre plus au long, qui me fera faire fin pour presenter mes tres humbles recommandacions a vostre bonne grace, et suplier le createur vous donner, madame, tres bonne vye et longue.

Cette amitié peut-être sincère survécut à la mort du duc, et l'ancien gouverneur de Piémont proposa sans cesse ses services à la duchesse, qu'il désirait servir en mémoire de son mari, comme il l'affirmait encore à l'ambassadeur mantouan en 1546 :

Monsr l'amiral [d'Annebault] m'emmena à l'écart, en me disant qu'il avait été le meilleur serviteur de l'illustrissime s[r] duc *di felice memoria* [...] et qu'il était et serait toujours le serviteur de Votre Excellence[1].

L'ATTENTE D'UN RAPPEL À LA COUR

Turin était très éloigné des résidences ordinaires du roi. Or, le voyageur de la Renaissance ne devait pas être pressé : selon Robert Estienne, dans sa *Guide des chemins de France* parue en 1553, on pouvait parcourir 15 à 16 lieues par jour sur terrain plat, 14 sur route à pente légère, 11 à 13 sur route escarpée. Il fallait 6 à 8 jours pour aller de Paris à Lyon, 10 à 14 pour Marseille[2]. Il a fallu une semaine à Claude d'Annebault pour aller par la poste de Compiègne à Turin[3]. Même dans les meilleures conditions de passage des Alpes, il était impossible de mieux faire. Le temps d'acheminement des nouvelles était donc inévitablement long : si quelque événement se produisait à la cour, le gouverneur de Piémont ne pouvait en être informé qu'au bout d'une semaine, et sa réponse ne

---

1   AS Mantova, Cart. inv. div., 640 : Giovanni Giorgio della Roviere au cardinal de Mantoue et la duchesse de Mantoue, Paris, 1er janvier 1546.
2   Cité par R. J. Knecht, *François Ier*, *op. cit.*, p. 29.
3   *Cf.* p. 119-122.

pouvait être reçue avant une autre semaine[1]. Aussi devait-il s'assurer de rester bien informé de ce qui pouvait se tramer à la cour, car il n'était peut-être plus aussi confiant que par le passé dans les bons offices de son patron Montmorency. Il entretenait d'ailleurs son propre agent à la cour de France : Henri Maréchal, trésorier de la cavalerie légère, dont lui-même était capitaine général depuis 1536[2]. Son frère y résidait également, ce qui permettait à l'absent d'entretenir une présence virtuelle à la cour.

Claude d'Annebault s'ennuyait peut-être à Turin, qui n'était ni Milan, ni Rome ni même Casale, mais une grosse bourgade à l'écart de tout. La ville ne s'était guère transformée depuis l'époque romaine : elle demeurait l'antique *Augusta Taurinorum*, un carré presque parfait de 700 sur 780 mètres encore loin de la Doire, close de quatre portes, reliées entre elles par un *cardo* et un *decumanus*[3]. Lui qui aimait la vie de cour et la compagnie de tous les gentilshommes qui y résidaient et qui ne s'était pas rendu de très bon cœur en Piémont, guettait l'occasion de rentrer au plus vite. Par conséquent, une fois qu'il eut accompli les tâches confiées par le roi et répondu aux attentes des sujets du Piémont, il fit tout son possible pour ne pas y prolonger son séjour[4]. Fin avril

---

1   Les quelques restes de la correspondance de d'Annebault et Du Bellay qui nous sont parvenus prouvent que les nouvelles mettaient six à sept jours pour aller de Turin à Fontainebleau ou Saint-Germain.

2   AS Mantova, Corr. est., Savoia, 731, Claude d'Annebault au duc de Mantoue, Carignan, [entre le 23 et le 31 mars 1540] : « Serà necessario ch'ella scriva a quel Roberto de Rossi, o a qualche altro negociator per M. Pietro, che habbi indrizzo, et facia recapito al mio agente in Corte, che si nomina Henrico Mareschial, tesorer' de cavalli legier', qual non mancarà adoprarsi in adviso suo, secondo serà necessario, perché così gli sera per me commesso. Nell'altra sua, V. Exª me scrive mandarme un plico per la corte, il qual similmente per il primo despazzo mandarò al detto mio agente che lo darà al suo, a cui è indrizato ».

3   G. Ricuperati, introduction à *Storia di Torino, t. III : dalla dominazione francese alla ricomposizione dello Stato (1536-1630)*, dir. G. Ricuperati, p. XVII-XVIII. Il fallut attendre la période d'occupation française du XVIe siècle pour que soit encouragée l'expansion hors les murs (G. Levi, « Come Torino soffocò il Piemonte. Mobilità della populazione e rete urbana nel Piemonte del Sei-Settecento », dans *Centro e periferia di uno stato assoluto. Tre saggi su Piemonte e Liguria in età moderna*, Turin, 1985, p. 11-70).

4   Gian Battista Gambara au duc de Mantoue, Amiens, 11 février 1540 : « Ho inteso che saria facil cosa, stando monsig^r de Anebaut non troppo volontieri a Turino, come si tiene da qualche persona, che venesse in loco suo monsig^r de Brisac, et che se ne fa qualche pratica, non li volendo star il sopradetto signor. » Voir aussi AS Mantova, Corr. est., Savoia, 731, Claude d'Annebault au duc de Mantoue, Turin, 19 janvier 1540.

1540, après des demandes suppliantes plusieurs fois réitérées, il fut enfin rappelé[1] auprès du roi, à son grand soulagement :

> Ayant eu licence, écrivit-il aussitôt au duc de Mantoue, d'aller à la Cour, chose que je désirais plus que tout pour pouvoir voir Sa Majesté en la bonne santé où elle se trouve après sa grave maladie, j'ai bien voulu faire savoir mon départ à Votre Excellence par la présente[2].

Claude d'Annebault arriva début mai à la cour, où il « a faict bien et amplement entendre au conseil du roy les affaires du païs de Pyemond, sur quoy l'on ordonnera de toutes les provisions necessaires[3] ». Le maréchal, toujours soucieux de défendre son œuvre, avait été rappelé parce qu'on envisageait – pour la dernière fois – de restituer le Piémont, ce qui exigeait bien sûr que l'on en consultât le gouverneur[4] : il connaissait, mieux que quiconque dans l'entourage royal, l'état des affaires italiennes.

---

1   Ordre au trésorier Jean Duval, de payer 225 l. t. à Pierre de Harcourt, pour le voyage qu'il fait pour le roi à Turin, afin de porter des lettres au maréchal d'Annebault et le « faire venir incontinent et en dilligence la part que serons, pour aucunes causes que ne voulons estre cy autrement declairees », BnF NAF 1483, pièce n° 66.

2   AS Mantova, Corr. est., Savoia, 731, Claude d'Annebault au duc de Mantoue, Turin, 29 avril 1540 ; le duc l'en félicita dans une réponse du 5 mai, dans AS Mantova, Cop. ord., 2939, registre du 29 mars 1540 au 9 juillet 1540, fol. 24v-25.

3   BnF, Fr. 5155, fol. 17-v, Anne de Montmorency à Guillaume Du Bellay, Anet, 9 mai 1540 ; de même, *ibid.*, fol. 2-v, François Ier à Guillaume Du Bellay, La Ferté-Alais, 24 mai 1540 : « J'ay puisnaguieres entendu par mon cousin le mareschal d'Ennebault a son arryvee devers moy amplement de mes affaires de par dela, et en quelz termes et dispositions il y a laissé toutes choses a son partement, et depuis mon cousin le connestable et luy m'ont communicqué le contenu de certains memoires que vous avez envoyez pardeça, chose que j'ay eu tresgrant plaisir d'entendre ».

4   Charles Quint se disait prêt à accepter le mariage de l'infante d'Espagne avec le duc d'Orléans, qui serait investi du Milanais, à la condition que la Savoie et le Piémont fussent (au moins en partie) restitués au duc Charles ; d'Annebault fut appelé (avec le dauphin, le cardinal de Lorraine, Saint-Pol, le connétable, Tournon, le chancelier Poyet et Villandry) au conseil secret du 20 mai 1540, où l'on débattit de la question (*ANG*, t. I, p. 357 et p. 360-361).

L'ÉLÉVATION D'UN CONSEILLER
(1540-1542)

Claude d'Annebault avait quitté la cour alors que l'amiral et le connétable se disputaient la faveur du roi et le premier rang au conseil. Dans cette lutte acharnée, chacun parvenait à jeter le discrédit sur son adversaire, mais dans le même temps, s'affaiblissait aux yeux du roi. En quelques mois, d'importants bouleversements affectèrent le groupe des principaux conseillers de François Ier. Montmorency, Chabot et Poyet connurent tour à tour des revers de fortune[1]. Dans ce théâtre de la faveur royale, de nouveaux venus, et particulièrement le maréchal d'Annebault, surent saisir les opportunités de se concilier un peu plus les faveurs et la confiance du roi.

L'ENTRÉE AU CONSEIL ÉTROIT

DANS L'ANTICHAMBRE DU CONSEIL

Claude d'Annebault quitta le Piémont vers le 29 avril 1540, y laissant Guillaume Du Bellay, gouverneur par intérim ; celui-ci en fut de fait le véritable gouverneur jusqu'à sa mort, car d'Annebault fut mis par le roi « près de sa personne et au maniement de ses affaires[2] ». Il avait été appelé au conseil pour certaines affaires très particulières, qui le concernaient au premier chef à cause de sa charge de gouverneur de

---

1 Sur l'idée de fortune appliquée à la décision politique, ainsi que la remise en cause de la noblesse de cour et des ascensions trop rapides, voir Florence Buttay, *Fortuna. Usages politiques d'une allégorie morale à la Renaissance*, Paris, 2008, p. 340-343.

2 Du Bellay, *Mémoires*, t. III, p. 454 ; comme souvent, le jugement de Du Bellay est juste mais anticipe sur une réalité quelque peu postérieure.

Piémont. Montmorency, Poyet, Saint-Pol ou l'évêque de Soissons, Mathieu de Longuejoue, étaient plus régulièrement appelés au Conseil étroit et jouissaient d'une plus grande influence. Toutefois, on trouve dès le mois de mai – d'Annebault rejoignit la cour vers le 3 ou le 4 – des lettres souscrites « par le roy, d'Onnebault, présent », preuve de son implication croissante dans les affaires ; il est vrai que ces lettres concernaient des affaires de Piémont[1]. Le 20 mai, la présence de d'Annebault au conseil est encore attestée[2]. Le maréchal semblait revenu en position de force : le nonce apostolique avertit le cardinal Farnèse que son crédit auprès du roi était désormais plus grand que jamais[3] ; de même, un observateur anglais remarqua que le maréchal était « très avant dans la confiance du roi[4] ». Cependant, il n'était pas encore prêt à intégrer le conseil étroit. On pouvait croire qu'il serait renvoyé dans ses États dès que le roi aurait tiré de lui les informations et les avis dont il avait besoin[5]. D'ailleurs, d'Annebault s'absenta au début de l'été pour visiter ses domaines bretons[6]. En août 1540, il était encore question de le renvoyer en Italie avec 4 000 Gascons[7], et pour y lever des troupes[8]. Pourtant, le temps passa et le séjour du maréchal d'Annebault se prolongea.

On pourrait croire que Claude d'Annebault, devenu depuis la mort de René de Montejean le bras droit de Montmorency, lui devait toute son ascension, mais le connétable préférait conserver d'Annebault dans

---

1   AS Torino, Parl. Fr., Sentenze e Sessioni, art. 613, §2, fol. 303-v, 9 août 1540 : entérinement de lettres de rémission accordées à J. F. Coste, s^r de Carru, meurtrier d'un autre gentilhomme piémontais, signées « par le roy, l'évêque de Soissons, le s^r d'Onnebault mareschal de France et autres presens ; BOCHETEL » (en mai, Saint-Germain-en-Laye). Les lettres patentes signées d'Onnebault ne deviennent fréquentes qu'à partir des derniers mois de 1540.

2   AS Vaticano, NF Ia, fol. 221, Ferrerio au cardinal de Santa Fiora, Paris, 22 mai 1540, copie, analysée dans *ANG*, t. III, *op. cit.*, p. 561.

3   AS Vaticano, AA I-XVIII 6530, fol. 325-v, Ferrerio au cardinal Farnèse, Paris 6 juillet 1540.

4   *L&P*, t. XV, p. 368, n°781, rapport anglais du mois de juin : « That Hanybaulte who came late from Piedmont is lyke now to be put most in trust with the Frenche king ».

5   AS Mantova, Cart. inv. div., 639, Gambara au duc de Mantoue, Paris, 13 mai 1540 : « Monsig^r d'Anebaut è quá già diece dí, et per quanto si dice non voria piú tornar dillà per star apresso a S. M^{tà}, però si crede che'l tornarà, e presto ».

6   Pellicier, *Correspondance politique*, p. 52-53, Pellicier à d'Annebault, [Venise], 15 août 1540 ; il fut encore absent de la cour à la fin du mois d'août (BnF, Fr. 5152, fol. 34-v, Guillaume Du Bellay à Anne de Montmorency, Turin, 30 août 1540).

7   Pellicier, *Correspondance politique*, p. 75, Pellicier à Rincon, [Venise], 31 août 1540.

8   AN, K 1485, Saint-Vincent à l'empereur, Rouen, 21 août 1540.

un rôle secondaire et subordonné à son autorité. Toutefois, Claude d'Annebault connaissait mieux que personne l'état des affaires du roi en Italie du nord. Toutes les informations recueillies par les agents français dans la péninsule passaient nécessairement par Turin ; lorsque Claude d'Annebault s'y trouvait encore, il recueillait les paquets et correspondances diplomatiques et interrogeait lui-même les messagers[1]. Après 1540, le maréchal ne résida jamais plus de deux ou trois mois par an en Piémont, mais Guillaume Du Bellay, son lieutenant, lui adressait alors une correspondance *quasi* quotidienne, hélas presque entièrement perdue[2]. Ces dépêches concernaient au premier chef les affaires du Piémont, qui relevaient directement du gouverneur : approvisionnement des places, commerce, mais surtout fortifications et relations avec Milan[3]. D'autre part, Du Bellay faisait suivre les paquets des ambassadeurs[4] et transmettait les informations qu'il rassemblait lui-même, se faisant ainsi l'observateur privilégié du roi de France en Italie : par exemple, fin novembre 1540, il informait le connétable et le maréchal qu'il recevait de Rome, Venise, Ferrare, Mantoue, Naples, Milan, Gênes, Espagne et même d'Allemagne des avis selon lesquels l'empereur préparait la guerre pour le printemps suivant[5]. Dans un premier temps et jusqu'en octobre 1540, Du Bellay écrivait à la fois à d'Annebault et à Montmorency pour les affaires dont l'importance ne se limitait pas strictement au Piémont, et le connétable recueillait lui-même directement les paquets adressés

---

1   *ANG*, t. III, p. 92, Capodiferro au cardinal Farnèse, Dijon, 4 novembre 1541.

2   V.-L. Bourrilly, *Guillaume du Bellay*, introduction. Cette fréquence, rendue nécessaire par la nature des informations transmises, fait penser aux correspondances des ambassadeurs, tenus de rapporter de jour en jour et avec minutie tout ce qu'ils apprenaient (Daniel Ménager, *Diplomatie et théologie à la Renaissance*, Paris, 2001, p. 132-134).

3   BnF, Fr. 5152, fol. 76, Guillaume Du Bellay à Anne de Montmorency, Turin, 11 février 1541 [n. st.] : « Des occurrences de ce pays, ce peu qui est, je l'escryz a mons' le mareschal pour estre de sa charge. » ; le manuscrit Fr. 5152 contient de nombreuses lettres de Du Bellay, dont des minutes fort précieuses qui illustrent la nature des renseignements communiqués sur les affaires du Piémont (par exemple fol. 80-85, Guillaume Du Bellay à Claude d'Annebault du 23 novembre 1540).

4   *Ibid.*, fol. 71, Guillaume Du Bellay à Claude d'Annebault, Turin, 22 janvier 1541 [n. st.] (minute) : « Mons', ceste presente despesche est pour addresser vostre pacquet de mons' de Montpellier [Guillaume Pellicier]. »

5   *Ibid.*, fol. 64, Guillaume Du Bellay à Anne de Montmorency, Turin, 28 novembre 1540 : « j'escriz a Mons' le mareschal particulierement plustost trop que moins au long des occurrences de ce pays dont il a la charge, et pour ce que le tout vous sera comuniqué je ne vous en feray longue haranghe ».

au gouverneur lors de ses absences de l'été 1540[1]. D'Annebault n'était alors qu'un intermédiaire, dont le rôle principal était de préparer le travail de Montmorency, tandis que ce dernier rapportait au conseil. Il semble cependant qu'il ait été appelé plusieurs fois au conseil pour être entendu sur des points particuliers.

TURBULENCES AU CONSEIL DU ROI

Malgré d'autres soutiens probables au conseil et à la cour, Claude d'Annebault paraissait encore étroitement dépendant de Montmorency. Dans sa rivalité avec Chabot, le connétable avait placé tous ses espoirs en l'alliance du roi et de l'empereur, dont il était le principal artisan. Toutefois, François Ier ne l'avait acceptée que dans l'espoir de reprendre, pacifiquement pour une fois, son cher duché de Milan, que Charles Quint rechignait à céder. La position de Montmorency était donc bien fragile, et la concorde établie durant l'été 1539 faillit ne pas survivre à l'automne[2]. Au mois de mars 1540, la politique du connétable chancela sur ses fondements : on apprit que l'empereur, qui ne croyait sans doute plus que le roi abandonnerait ses alliances turques, refusait de céder le Milanais[3]. Pendant ce temps, l'amiral Chabot, accusé de corruption et d'exactions dans l'exercice de ses charges d'amiral et de gouverneur de Bourgogne, était fragilisé par l'instruction en cours qui allait bientôt déboucher sur un procès, ouvert en août 1540[4]. Ce procès, confié à Poyet, traîna en longueur, au grand mécontentement du connétable, d'autant plus pressé de se débarrasser de son rival qu'il était lui-même sur la sellette[5]. En effet, la duchesse d'Étampes, le chancelier Poyet et le cardinal de Tournon s'affairèrent à intriguer contre lui, attisant le mécontentement

---

1   *Ibid.*, fol. 34-v, le même au même, Turin, 30 août 1540 : « Escrivant au long a mons[r] l[e mareschal] d'Ennebault des occurrences de par deça, en l'absen[ce dud. s[r],] son paquet vous sera baillé. »

2   *Cf.* l'ambassade vénitienne de Claude d'Annebault *supra*.

3   Musée Condé, CL, t. LXVI, fol. 3, Claude d'Annebault à Anne de Montmorency, Turin, 4 mars 1540 [n. st.] : « J'ay au advertissement que le marquis del Vasto a escript au Sénat et officiers de Millan que l'Empereur ne baille point la duché de Millan, ayant aultre moyen que cella d'apoincter avec le roy. » Sur les divers projets et contre-projets qui s'ensuivirent, *cf.* R. J. Knecht, *François Ier, op. cit.*, p. 406-407.

4   *Cf. infra.*

5   AS Torino, MP est., Negoziazioni con Francia, 1, Bertrand de Lyle à Charles III de Savoie, 20 novembre 1540.

du roi[1]. En octobre 1540 fut définitivement ruinée la concorde bâtie par Montmorency, lorsque l'empereur donna le Milanais à son fils Philippe[2]. La duchesse d'Étampes vit là l'occasion de perdre son ennemi :

> C'est un grand coquin, clama-t-elle : il a trompé le roi en disant que l'empereur lui donnerait tout de suite le Milanais quand il savait le contraire[3].

Il n'est pas facile de discerner les véritables raisons de la chute progressive de Montmorency[4]. On lui reprochait d'avoir révélé des secrets à l'empereur, comme le soulèvement que préparaient le duc de Saxe et le landgrave de Hesse[5]. Il semble surtout que François Ier, déjà mécontent de l'échec de ses ambitions milanaises, ait été furieux d'apprendre que le connétable avait envoyé le duc de Wurtemberg à la Diète germanique avec des instructions contraires aux siennes[6]. Cette initiative, tentative désespérée pour redresser la situation, eut pour seul résultat de donner raison à ses adversaires, qui l'accusaient de tromper le roi et de faire le jeu de l'empereur. Dès lors François Ier interdit aux secrétaires d'utiliser les chiffres diplomatiques donnés par le connétable et il fut tenu à l'écart des négociations. Pourtant, le roi ne voulut pas encore le chasser. À la fin de décembre 1540 eut lieu le célèbre entretien du roi et du connétable, qui sentant sa position incertaine[7], voulut obtenir l'autorisation de se retirer. Elle lui fut pour cette fois refusée[8], mais le connétable passa

---

1   Sur le rôle de la duchesse d'Étampes dans la disgrâce de Montmorency, voir D. Potter, « Politics and faction at the Court of Francis I : the Duchesse d'Etampes, Montmorency and the Dauphin Henri », dans *French History*, vol. 21, n. 2, 2007, p. 127-131.

2   L'empereur aurait même confié à Paul III qu'il pourrait donner Milan à n'importe qui, pourvu que ce ne soit pas le roi de France (F. Benoit, *La légation du cardinal Sadolet*, Monaco-Paris, 1928, p. 11).

3   AN, K 1485, François de Saint-Vincent à Charles Quint, 4 septembre 1540, citée par M. François, *op. cit.*, p. 179.

4   Thierry Rentet tente d'en analyser les causes profondes et émet des hypothèses convaincantes (*op. cit.*, p. 247-248).

5   BnF, Fr. 4261, fol. 5-6 ; il aurait aussi brouillé Guillaume de Fürstenberg avec le roi en communiquant à l'empereur des lettres écrites par des princes protestants allemands à François Ier (Charles Terrasse, *François Ier, le roi et le règne*, Paris, 1945-1970, 3 vol, t. III, p. 73).

6   *L&P*, t. XVI, p. 89-90, n° 204, John Wallop à Henry VIII, 27 octobre ; A. De Ruble, *Le mariage de Jeanne d'Albret*, Paris, 1877, p. 135.

7   *ANG*, t. III, p. 9, Dandino au cardinal Farnèse, Melun, 26-27 décembre 1540.

8   Decrue, p. 401, cite les paroles du roi, d'après le témoignage de Wallop : « Monsieur le connétable, pourquoi demandez-vous congé pour aller chez vous dans votre maison ? Croyez-vous que je ne suis pas votre bon seigneur, comme je l'ai autrefois été ? Je ne peux

les fêtes retiré à Chantilly[1]. En janvier 1541 circula la rumeur qu'on ferait son procès une fois achevé celui de l'amiral[2], mais il en réchappa provisoirement : de retour à la cour, il assista aux séances du conseil avec les cardinaux de Ferrare et de Tournon et Claude d'Annebault. On le vit également prendre part, le 20 puis le 30 janvier, à des joutes en compagnie du roi et de ses fils, du maréchal d'Annebault et d'autres grands de la cour[3]. Le mois suivant, l'ambassadeur de Charles Quint constatait avec soulagement que le connétable commençait « de reprendre alayne et entendre aux affaires de l'Estat ».

Dans le même temps, la duchesse d'Étampes et ses amis Saint-Pol, d'Annebault ou encore les cardinaux de Givry et de Meudon s'employèrent à faire retrouver son crédit à Chabot, recours possible en lieu et place de Montmorency, et le roi semblait prêt à tout pardonner à son amiral[4] : on pensait même qu'il serait acquitté avant Pâques[5]. Cependant, contre toute attente, le chancelier Poyet mena le procès à son terme : le 8 février 1541, l'ancien favori fut condamné à une amende de 700 500 francs, privé de tous ses honneurs et offices, de l'ordre de Saint-Michel, et enfermé au château du bois de Vincennes[6]. Pour le remplacer dans sa charge d'amiral, quelques-uns pensaient déjà à Claude de Guise, la plupart au maréchal d'Annebault[7]. Ce dernier pouvait

---

   trouver qu'une faute en vous, c'est que vous n'aimez pas ceux que j'aime ». Voir aussi D. Potter, « Anne de Pisseleu (1508-1580), duchesse d'Étampes, maîtresse et conseillère de François Ier », dans *Les conseillers de François Ier*, *op. cit.*, p. 535-556, à la p. 546.

1   Decrue, p. 401 ; BnF, It. 1715, p. 12-21, Matteo Dandolo au doge de Venise, Melun, 30 décembre 1540 (copie XIXe).

2   *ANG*, t. III, p. 24, Dandino au cardinal Farnèse, Fontainebleau, 10 janvier 1541.

3   C. Occhipinti, *Carteggio d'Arte*, *op. cit.*, p. 55-56, Carlo Sacrati au duc de Ferrare, Melun, 20 janvier 1541 et *ibid.*, p. 56-57, lettre du même au même, Melun, 6 février 1541.

4   AS Mantova, Cart. inv. div., 639, Gian Battista Gambara au cardinal et à la duchesse de Mantoue, Paris, 30 octobre 1540 ; *ANG*, t. III, p. 6, Dandino à Farnèse, Lyon, 21 déc. 1540.

5   AS Modena, Cart. amb., Francia 16, Carlo Sacrati au duc de Ferrare, s. l., 26 novembre 1540.

6   J. R. Knecht, « Philippe Chabot de Brion (v. 1492-1543) », art. cité, p. 476-477.

7   AS Mantova, Cart. Pal., 1954, Sigismond de Gonzague à la duchesse de Mantoue, Blois, 24 février 1541 ; ÖStA, FrBW 9, lettre de l'ambassadeur Nicolas de Villey à Charles Quint, Paris, 16 février 1541 [n. st.] : « Les estatz dud. s[r] admiral ne sont encores donnez. L'on estime que mons[r] d'Annebault emportera l'admiraulté et le gouvernement de Normandie, comme le tenoit mons[r] l'admiral soubz mons[r] le daulphin, mons[r] de Boisy aura l'estat de mareschal de France que tient ledit s[r] d'Hannebault et le gouvernement de Bourgogne demeurera a mons[r] de Guyse. »

paraître plus en faveur que jamais. L'affaiblissement du connétable et l'emprisonnement de l'amiral laissèrent vacante la place de favori qu'ils se disputaient depuis plusieurs années déjà. Certes, il pouvait être renvoyé d'un jour à l'autre dans son gouvernement de Piémont et n'avait pas encore fait preuve de larges compétences. Néanmoins, il s'était déjà imposé comme un spécialiste de la guerre et des questions italiennes[1].

D'ANNEBAULT AU CONSEIL ÉTROIT :
LE SPÉCIALISTE DES AFFAIRES ITALIENNES

Dès que les chiffres diplomatiques furent retirés au connétable, en octobre 1540, Claude d'Annebault fut régulièrement appelé au conseil étroit. Dès lors, on remarque que Guillaume Du Bellay, par exemple, se mit à lui écrire en chiffre[2]. Ainsi, les rôles s'en trouvèrent inversés : d'Annebault présentait directement au roi l'évolution de ses affaires italiennes – sans nul doute la part des affaires la plus chère à François Ier –, tandis que le connétable avait de moins en moins voix au chapitre[3]. En novembre 1540, d'Annebault devint un membre régulier du Conseil étroit[4] : à partir de cette date, il assistait à toutes les séances et suivait donc chaque jour l'évolution des affaires du royaume. Par la suite, il ne quitta plus guère le cercle des conseillers du roi. L'ambassadeur français à Venise, Guillaume Pellicier, ne s'y trompant pas, lui écrivit une longue lettre pour le féliciter de sa promotion :

---

1   C'est précédemment Charles Hémard de Denonville qui tenait ce rôle informel, en 1539-1540 (C. Michon, « Charles Hémard de Denonville (1493-1540) », dans *Les conseillers de François Ier, op. cit.*, p. 331-333).

2   *Ibid.*, fol. 51, Guillaume Du Bellay à Anne de Montmorency, Rivoli, 27 octobre 1540.

3   Vraisemblablement Montmorency fut-il au même moment remplacé pour les affaires allemandes et anglaises, mais par qui ? Il semble que François de Tournon ait pris en charge les affaires des princes protestants ; Michel François, qui connaissait l'implication du cardinal auprès des ennemis de Charles Quint dans l'Empire germanique, ne remarqua pas la coïncidence avec la mise à l'écart du connétable, alors que la série de lettres adressées au duc de Clèves (conservée au Staatsarchiv de Düsseldorf, Jülich-Berg II, n° 1940, fol. 176, éd. dans Tournon, *Correspondance*, p. 219 *sq.*) commence le 15 janvier 1541. Le cardinal de Lorraine était peut-être plus spécifiquement chargé des relations avec l'empereur (*cf.* AN, K 1485, lettre du 4 septembre 1540 et *alias*).

4   AS Mantova, Cart. inv. div., 639, Gian Battista Gambara au cardinal et à la duchesse de Mantoue, Melun, 25 novembre 1540 : « Apresso se aricomanda la regina di Navara, Mma di Vandomo, Mma di Vancort, Mons' di Vandomo, Mons' rmo di Ferrara et Mons' d'Anebaut, qual è fatto novamente delli Affari di S. Matà et è molto affitionato alle V. Extie. »

> Plus à présent que j'ay esté adverty comme le roy vous a retenu de ses affaires
> privez, chose que je m'attendoys bien ne povoyt tarder longuement d'advenyr,
> [...] tant seullement vous diray que pour le grant plaisyr et désyr que j'ay
> d'entendre l'exaltation de vostre honneur et crédict, ce m'a esté aussi grande
> consollation que de chose qui m'eust sceu advenyr, sçaichant très bien quel
> support et appuy ce sera en cest endroict là pour vos affectionnez serviteurs,
> desquelz avez toujours esté et estes vray protecteur, comme de ma part j'en
> sçauray très bien testiffier[1].

L'éviction du connétable fut définitivement actée en mai 1541, lorsque
le roi fit avertir ses serviteurs outre-monts de ne plus adresser de
dépêches au connétable, mais de toutes les envoyer désormais au maréchal d'Annebault, comme en témoigne cette missive de Montmorency
à Guillaume Du Bellay :

> Je n'ay pas voulu laisser aller ce porteur sans vous escripre et advertir par ceste
> lettre de la reception des vostres, a quoy je ne vous ay tousjours faict response,
> esperant que vous avez esté tousjours adverty de l'intention du roy par mons^r
> le mareschal d'Annebault, auquel ferez bien de donner ordinairement advis
> de toutes choses qui succederont de dela, tant de l'estat des fortifications que
> du demeurant pour y faire pourveoir, comme il sçaura tresbien faire, selon
> l'intention dud. s^r[2].

Claude d'Annebault continua quant à lui à développer ses réseaux italiens
et sa connaissance des affaires d'outre-monts. Tout passait désormais
par lui, comme le confirme Guillaume Pellicier dans une lettre de
décembre 1541 : « estes celluy auquel l'on doibt le plus tost adresser que
a nul aultre en telz affaires[3] ». Il se démenait pour obtenir les précieuses
informations auprès des ambassadeurs étrangers, qu'il fréquentait de
plus en plus régulièrement à partir du printemps 1541[4]. En témoignent

---

1   Pellicier, *Correspondance politique*, t. I, p. 190-192, lettre à Claude d'Annebault, [Venise],
    12 décembre 1540.
2   BnF, Fr. 5155, fol. 19-v : Anne de Montmorency à Guillaume Du Bellay, Châtellerault,
    24 mai 1541.
3   Pellicier, *Correspondance politique*, t. II, p. 492, lettre à Claude d'Annebault, Venise,
    24 décembre 1541.
4   *Cf.* par exemple AS Mantova, Cart. inv. div., 639, Gian Battista Gambara au cardinal
    de Mantoue, Amboise, 10 avril 1541 : « Questa mattina Monsr il mareschial d'Anebaut
    con grandissima instantia m'ha domandato s'io son avisato dalle V. Ex^e de alcune cose
    che S. M^tà X^ma, e per bona via avisata, cioè che l'imperator a mandato a dire alle V. Ex^e
    che per boni rispetti vuole il governo dallo stato suo nelle mani... »

par exemple ces instructions du duc Hercule d'Este à Lodovico Thiene, son ambassadeur député à la cour de France :

> Vous devrez faire une visite particulière à l'illustrissime Monsr d'Annibaulth, sous nos lettres de créance, en vous réjouissant avec lui de sa promotion et en l'assurant qu'en considération de sa vertu et de l'amour que je sais qu'il me porte, nous en avons un grand contentement, et que nous lui proposons de lui accorder tout ce que nous pouvons qui lui fasse plaisir, et vous nous recommanderez infiniment à son illustrissime seigneurie[1].

En outre, d'Annebault conserva des liens directs avec les princes qu'il avait connus en Italie, ce qui lui conférait d'emblée une position de médiateur privilégié, pour les questions politiques les plus sensibles, comme pour les plus futiles. Ainsi, le duc de Mantoue promit au roi de lui envoyer un coche et son équipage, mais tarda à le lui envoyer. Dès le mois fin mai 1540, François Ier demanda au maréchal tout juste rentré d'Italie de faire en sorte qu'il le reçoive au plus tôt, car il voulait l'utiliser pour chasser à Fontainebleau. D'Annebault écrivit donc au duc Frédéric le désir du roi, tout en priant son ambassadeur, Gian Battista Gambara, d'en faire de même de son côté[2]. Sans doute le duc fit-il partir ce coche aussitôt, car il parvint à la cour à la fin du mois de juin[3].

Lorsque des seigneurs italiens sollicitaient une intervention du roi en leur faveur, ils s'adressaient d'abord à Claude d'Annebault, tel le comte de Biandras, dont l'ambassadeur de Mantoue dit « que monsieur de

---

1   AS Modena, Cart. amb., Francia 18, instructions du duc de Ferrare à Lodovico Thiene, envoyé en France, vers le 10 mai 1541.

2   AS Mantova, Cart. inv. div., 639, Claude d'Annebault au duc de Mantoue, 31 mai 1540, Fontainebleau ; *Ibid.*, Gambara au duc de Mantoue, Melun, 6 juin 1540.

3   Carlo Sacrati en a laissé un amusant récit (AS Modena, Cart. amb., Francia 16, Carlo Sacrati au duc de Ferrare, s. l., 1er juillet 1540) : « Il Lanzone, huomo dello ill[mo] s[r] duca di Mantova, gli presentò il cocchio mandatogli per Sua Ex[a], quale è molto bello, e di color' turchino tutto carico di gili d'oro, la coperta, mataraci con coperte in guarnimento delle cavalli sono di veluto turchino con franze d'oro, il cocchio vestito alla curvata con la cazacha di veluto t[urch]ino e il cape[llo] e penne, le cavalle sono quattro morelle, S. M[tà] subito volsi montare in un gran barco nel detto loco con madama di Tampes et due altre dame, e lo faceva correre a tutta briglia, e gli è grandimente piaciuto, e trovallo al' gusto suo commodissimo ; a madama di Tampes pareva che non gli satisfacesse troppo e diceva al re che lo facesse andare piano, di modo che S. M[tà] ha ordinato al detto Lanzone che S. Ex[a] gli ne faccia fare uno altro alla maniera di caretta da corte fermato da ogni banda ».

Anebaut lui avait dit que son cas serait évoqué au Conseil[1] ». De même, en mars 1541, le comte de La Mirandole, qui s'apprêtait à se retourner contre le marquis del Vasto et Charles Quint, vint le trouver pour lui soumettre des plans des fortifications que le roi voulait l'aider à bâtir pour la défense de son comté ; plus tard, le maréchal les montra au roi[2]. Enfin, le récit de l'arrivée de l'orateur[3] vénitien Matteo Dandolo, en décembre 1540 à la cour de France, est révélateur de l'importance prise par le nouveau conseiller :

> Sa Majesté Très Chrétienne dînait encore, entourée de nombreux révérents cardinaux et seigneurs, lorsqu'entra l'illustrissime seigneur maréchal de Annibault, récemment fait du conseil secret [...] et ayant abordé ledit mons[r] de Annibault, nous priâmes Sa Seigneurie de vouloir faire entendre à Sa Majesté que nous étions là pour l'audience dont nous avons eu la députation ; lequel [s'acquitta] volontiers [de] cet office[4].

En un peu plus d'un an, Claude d'Annebault avait donc acquis une envergure politique nouvelle aux dépens de l'un de ses anciens protecteurs, Montmorency, « deven[ant] plus grand à mesure que le connétable devenait plus petit », pour reprendre l'expression du nonce Girolamo Dandino[5]. Le connétable devait lui en tenir une rancune inextinguible.

LA FAVEUR ROYALE MISE EN SCÈNE

L'évolution des responsabilités politiques de Claude d'Annebault fut accompagnée de démonstrations répétées d'une confiance et d'une faveur qui devaient être rendues publiques. Dès la fin de l'été 1540,

---

1   AS Mantova, Cart. inv. div., 639, Gian Battista Gambara au duc de Mantoue, Melun, 6 juin 1540 ; cet épisode, antérieur à l'entrée de d'Annebault au conseil étroit, montre bien qu'il travaillait alors avec le connétable à préparer les interventions de ce dernier au conseil.
2   AS Modena, Cart. amb., Francia 16, Carlo Sacrati au duc de Ferrare, Blois, 9 mars 1541, éd. partielle par Carmelo Occhipinti, *Carteggio d'Arte degli ambasciatori estensi in Francia : 1536-1553*, Pise, 2001, p. 59.
3   C'est-à-dire l'ambassadeur.
4   AS Venezia, Secr., AP, ambasciata Francia, reg. 3, fol. 10-14, Matteo Dandolo au Sénat de Venise, Melun, 30 décembre 1540 : « l'ill. sig. mareschiales di Annibault, fatto ultimamente dal consiglio secreto » ; BnF, It. 1715, p. 12-21, Matteo Dandolo au doge de Venise, Melun, 30 décembre 1540 (copie XIXe).
5   AS Vaticano, Segr. Stato, Francia 2, fol. 153v-164v, Dandino au cardinal Farnèse, Amboise, 9 mai 1541 (analysée dans *ANG*, t. III, p. 57) : « si raccomanda a V.S.R[ma] [...] il mareschial d'Annebaut, che si fa tuttavia più grande quanto il contestabile si da più picolo ».

Claude d'Annebault accompagnait le souverain dans ses déplacements et ne s'en éloignait qu'en de rares occasions, même lors de ses échappées de la cour[1]. Cette immédiate proximité participait d'une mise en scène « ordinaire » de la faveur du roi, dans la mesure où ses amitiés étaient données à voir au public de la cour : ceux qui entouraient le roi bénéficiaient nécessairement de sa faveur, pouvaient servir de moyen d'accès au roi, et se trouvaient donc courtisés par la foule des quémandeurs d'offices et grâces. À la cour, nul n'ignorait qui étaient ces favoris, dames, prélats, gens de robe longue et surtout les gentilshommes avec lesquels le roi rompait des lances dans les tournois et qui faisaient partie de sa « bande » lors de ces jeux et spectacles de cour où les favoris de François Ier affrontaient la jeune génération des amis de ses fils. Par exemple, lors des fêtes de juin 1541, le roi, assisté de l'amiral Chabot[2], de Saint-Pol et de d'Annebault, simula la prise d'un bosquet tenu par les bandes du dauphin Henri et du duc d'Orléans[3]. Quelques jours plus tard, le maréchal d'Annebault marchait encore aux côtés du roi à l'assaut de fausses tours de toiles peintes, couvertes de vers français et latins[4]. De même, pour le carnaval de 1542, François Ier défia ses fils et « le reste des jeunes » de courir des lances contre lui, le comte de Saint-Pol, l'amiral, Claude d'Annebault et Jean de Canaples[5]. En toutes ces circonstances, les compagnons de François Ier étaient vêtus d'habits somptueux aux mêmes couleurs, par exemple de velours blanc, moirés et verts[6], ou d'or et d'argent[7] ; les tissus chatoyants et le bijoux des amis du roi les donnaient en spectacle à la foule qui se pressait pour assister aux divertissements de la cour et admirer la valeur chevaleresque des combattants : la puissance et la munificence royales se trouvaient mises en scène et incarnées par les favoris dont la grande vaillance éprouvée en ces occasions justifiait à elle seule tout leur crédit, et les largesses du roi à leur égard.

---

1   Par exemple AS Modena, Cart. amb., Francia 16, Carlo Sacrati au duc de Ferrare, Joinville, 25 août 1540.

2   Alors revenu en grâce, cf. infra.

3   AS Modena, Cart. amb., Francia 16, Lodovico Thiene au duc, 10 juin 1541, Châtellerault.

4   AS Mantova, Cart. inv. div., 639, Gian Battista Gambara au cardinal de Mantoue, 21 juin 1541, Châtellerault.

5   AS Modena, Cart. amb., Francia 17, Lodovico Thiene au duc de Ferrare, Paris, 6 février 1542

6   Ibid., Francia 16, Carlo Sacrati au duc de Ferrare, Melun, 6 février 1541.

7   Ibid., Francia 17, lettre citée de Lodovico Thiene du 10 juin 1541.

À partir de 1540-1541, il fut donc de notoriété publique que Claude d'Annebault faisait partie du principal « groupe de faveur » de François Ier. Lorsqu'il se trouvait à la cour, il participait aux joutes et aux fêtes aux côtés du roi, qui par la même occasion réaffirmait aux yeux de tous son amitié ; toute rupture de la mise en scène ordinaire de la faveur royale remettait en cause la position d'un puissant à la cour, et pouvait faire naître la rumeur d'une prochaine disgrâce. Cette mise en scène ordinaire fondée sur la constante proximité du roi prenait parfois une dimension plus extraordinaire, en des circonstances solennelles. Les cérémonies d'investiture de Montmorency à l'office de connétable de France, en 1538, étaient avant tout une proclamation, par le roi, du choix d'un favori dont il fallait conforter l'influence : Claude d'Annebault, investit de l'office de maréchal en ces mêmes circonstance, bénéficia également des effets politiques de cette mise en scène. Lorsque Claude d'Annebault serait à son tour l'indiscutable conseiller favori du roi, cela se traduirait également par la dévolution d'un grand office de la couronne et de cérémonies d'investiture, en l'occurrence pour l'office d'amiral de France en 1544. Cette mise en scène intervenant souvent *a posteriori* permettait d'officialiser, aux yeux de tous, la faveur du roi concentrée en un seul personnage au rôle éminent et central dans le gouvernement. C'est pourquoi Boisy, Bonnivet, Chabot, Montmorency et d'Annebault furent tous connétable, amiral ou grand-maître[1]. L'investiture, moins exceptionnelle, d'un nouveau chevalier de l'ordre de Saint-Michel, revêtait le même caractère symbolique, car il consacrait la reconnaissance par le roi et les plus grands chevaliers du royaume d'une prouesse chevaleresque qui apportait la preuve de la grande noblesse d'un personnage[2].

LE RETOUR EN GRÂCE DE CHABOT

L'amiral Chabot avait été condamné en février 1541, mais le roi, disait-on, n'avait pas voulu accabler à ce point l'amiral, son compagnon

---

1 La charge de grand-maître perdit tout son contenu politique au XVIIe siècle (B. Barbiche, *op. cit.*, p. 146) ; quant à celles de connétable et d'amiral, elles furent officiellement supprimées en 1629.

2 Cette distinction, encore rare et très enviée, allait perdre de son prestige dans les décennies suivantes à cause de la multiplication des récompenses, mais sous François Ier, le mérite du détenteur du collier était indiscutable.

de jeunesse[1]. De plus, Chabot pouvait compter sur le soutien de presque tout l'entourage du roi : peu après l'annonce du jugement, d'Annebault, Saint-Pol et le roi de Navarre, Henri d'Albret, accompagnèrent le duc d'Orléans à Paris pour rendre visite à l'amiral dans sa prison et le réconforter. Son principal appui était la duchesse d'Étampes, dont la sœur épousa ce même mois de février, en de somptueuses noces, le neveu de Chabot, Charles de Jarnac ; l'amiral plaçait tous ses espoirs en cette alliance[2]. Assuré du concours de la duchesse d'Étampes et de ses principaux clients au conseil, il pouvait être confiant en l'avenir, d'autant que son nouvel adversaire, Poyet, s'était fait des ennemis très puissants : il aurait notamment commis l'imprudence de médire d'Anne d'Étampes, qui méditait sa vengeance[3]. Le dauphin Henri nourrissait lui aussi une haine si féroce du chancelier, au point qu'à en croire le Ferrarais Carlo Sacrati, il n'aurait plus su prononcer son nom[4]. L'hostilité au chancelier était donc à peu près générale. Poyet se trouva isolé et « à l'écart des partis[5] », comme en témoigne cette dépêche de l'ambassadeur impérial, François de Saint-Vincent, à Marie de Hongrie :

> Tout le royaulme est scandalisé [...] des inventions que ce chancellier mect tous les jours dessus a la charge de la noblesse, qui luy est merveilleusement ennemye, aussi a la verité est il extremement corrosif et est impossible que ceste façon dure, qu'il ne ruyne son maistre et luy aussi ; il a acquis maintz ennemys en touchant l'affaire dud. admiral, par ou l'on tient, s'il ne change de façons, qu'il ne fauldra pas a se trouver bien tost affoullé et rebouté du credit qu'il se persuade avoir[6].

---

1   BnF, It. 1715, p. 59-66, Matteo Dandolo au doge de Venise, Blois, 14 mars 1541 (copie XIXᵉ).

2   AS Mantova, Cart. Pal., 1954, Sigismond de Gonzague à la duchesse de Mantoue, Blois, 1ᵉʳ mars 1541 ; sur le rôle de la duchesse d'Étampes et de Jarnac, cf. C. Terrasse, op. cit., t. III, p. 77-80 ; l'amiral Chabot dut aussi céder son château et sa seigneurie d'Apremont, en Vendée, à la duchesse, pour payer les sommes auxquelles il avait été condamné.

3   E. Desgardins, Anne de Pisseleu duchesse d'Étampes et François Iᵉʳ, Paris, 1904, p. 44.

4   Charles Porée, Un parlementaire sous François Iᵉʳ : Guillaume Poyet (1473-1548), Angers, 1898, p. 91-94 ; Decrue, p. 402.

5   L'expression est de C. Porée, Poyet, op. cit., p. 94. Sur les ficelles de cette affaire, AS Modena, Cart. amb., Francia 16, lettres de Carlo Sacrati au duc de Ferrare, Paris, 12 et 14 février 1541, notamment ce passage chiffré de la lettre du 12 : « Mi fu detto anco che madama di Tampes, e molti altri che favorivano le cose dell'almiraglio, hora hanno in grande odio monsʳ cancelliere, e che hanno detto al re che e un pazzo, e che hanno speranza di vederlo giunger in disgratia di S. Mᵗᵃ con un processo addosso, e che lei li confirmo il tutto. »

6   ÖStA, FrBW 9, François de Saint-Vincent à Marie de Hongrie, Blois, 14 mars 1541.

Restait à obtenir l'intervention du roi. Depuis la condamnation de l'amiral, François de Saint-Pol et Claude d'Annebault ne perdaient pas une occasion de parler au roi en sa faveur, tandis que la duchesse d'Étampes préparait le coup de grâce, qui devait achever de convaincre Sa Majesté. Le 13 février 1541, François Ier entra dans la chambre de la duchesse, où se trouvaient plusieurs dames de la cour. L'épouse de Chabot, Françoise de Longwy, se jeta alors aux pieds du roi en criant : « Sire, ayez pitié et miséricorde de mon mari ! » Puis toutes les dames se mirent à l'implorer, sur quoi le roi, visiblement ému, leur répondit d'avoir confiance. Enfin, il sortit de la pièce et rencontra une petite fille de l'amiral qui le supplia à son tour de pardonner à son père. Il n'en fallut pas davantage pour inspirer au roi la même colère qui animait tout son entourage à l'égard du chancelier[1]. Vers le 10 mars, François Ier écrivit une lettre pleine d'affection à l'amiral, par laquelle il le déclara rétabli en ses bonnes grâces, et lui conserva ses honneurs et biens, nonobstant la sentence prononcée contre lui. Stupéfait, Poyet refusa de sceller ces lettres avant d'en avoir lui-même parlé au roi. Tout s'était fait à son insu : la duchesse d'Étampes, Claude d'Annebault et les autres étaient parvenus à leurs fins sans que le chancelier en soit averti. Mais qui eût pu le prévenir ? Sa carrière n'avait pas été celle d'un courtisan, et il ne devait sa place qu'au connétable. Une fois abandonné de celui-ci, méprisé par le roi et par le dauphin, entouré d'ennemis, il prit brutalement conscience de l'importance des relations et des coteries à la cour. Il tenta donc en vain de s'humilier auprès de Chabot en qué-mandant sa protection et son intervention auprès du roi. De même, sa lettre suppliante au cardinal de Tournon resta sans réponse[2]. Peut-être Claude d'Annebault reçut-il une lettre comparable. Le roi fit faire une enquête sur Poyet, qui devait durer plusieurs mois. Pendant ce temps, il conserva son office et une partie de ses fonctions de chancelier, mais sans plus jouir du moindre crédit[3].

---

1 AS Modena, Cart. amb., Francia 16, Carlo Sacrati au duc de Ferrare, Paris, 14 février 1541.
2 M. François, *op. cit.*, p. 189, et C. Porée, *op. cit.*, p. 107.
3 ÖStA, Frankreich, Berichte und Weisungen, Karton 9, François de Saint-Vincent à Charles Quint, Amboise, 12 mai 1541 : « Quant au chancellier, il decline tous les jours et ne luy parle le roy, sinon parfois, depuis la venue dud. de Cleves, mais ce n'est de l'affection qu'il souloit ». Sur la digrâce et le procès de Poyet, voir M. Houllemare, « Guillaume

Quant à Philippe Chabot, il fut rappelé à la cour et rétabli dans ses honneurs et dignités. Pour éviter d'assister à son triomphe, le connétable quitta aussitôt Blois pour se retirer quelques temps en Bretagne[1]. Le conseil du roi, qui avait aboli la condamnation de l'amiral dès le 1er mars, le déclara innocent le 29 mars[2] : cette séance, à laquelle participait Claude d'Annebault, aboutit à une condamnation du roi (à 200 000 francs) pour le dommage causé à l'honneur de l'amiral[3]. Dès lors, celui-ci put retrouver une place au conseil[4], mais il n'était pas évident qu'il reprît aussitôt le rôle de conseiller favori : il n'avait plus eu part aux affaires depuis trop longtemps, ne pouvait assurer d'emblée leur suivi, et devait donc travailler en étroite collaboration avec d'Annebault et Tournon. Les principaux conseillers de François Ier étaient dorénavant tous des protégés de la duchesse d'Étampes.

QUEL SUCCESSEUR À MONTMORENCY ?

On a vu des manifestations publiques de la nouvelle faveur de Claude d'Annebault. L'envers de la faveur, la disgrâce, devait elle aussi se signifier publiquement et de manière spectaculaire. Les deux expédients les plus employés étaient le bannissement de la cour et le procès[5]. Chabot

---

Poyet (v. 1473-1548) », dans *Les conseillers de François Ier, op. cit.*, p. 365-379, notamment p. 377-379.

1   AS Mantova, Cart. Pal., 1954, Sigismond de Gonzague à la duchesse de Mantoue, Blois, 19 mars 1541 : « Monsr connestabile parti alli 12 del presente per andar in Bretagna, dicesi, a veder alcune terre che li ha donate gia monsr di Ciateobrian, et forse che soto pretesto di andar a veder quelle terre, ha vogliuto non si trovare alla arrivare del'amiraglio, se pur sia vero chel venga ».

2   BnF, NAF 7695, fol. 169-170, copie XVIIe ; les signataires de l'acte d'abolition daté du 1er mars (*ibid.*, fol. 163-166v) furent le roi, le dauphin, le duc d'Orléans, le duc d'Estouteville, les cardinaux de Ferrare et Du Bellay, le chancelier Poyet, d'Annebault, Saint-André, François Olivier, qui allait succéder à Poyet à la chancellerie en 1545 ; le 29 mars, les signataires de la déclaration d'innocence furent les mêmes (*CAF*, t. IV, p. 302, n° 12409, Nogent-sur-Seine). Voir Hélène Michaud, *La Grande Chancellerie et les écritures royales au XVIe siècle (1515-1589)*, Paris, 1967, p. 25 et 55.

3   *ANG*, t. III, p. 141, le secrétaire Stanchini au cardinal Farnèse, Castelgirard, 25-29 avril 1542.

4   AS Mantova, Cart. inv. div., 639, Gian Battista Gambara au cardinal de Mantoue, Lyon, 21 septembre 1541 : Gambara rapporte que l'amiral Chabot est au plus haut, et que désormais plus personne ne parle du connétable, « comme s'il n'était plus de ce monde ».

5   Un procès permettait de remettre en circulation des charges importantes et de mettre la main sur de véritables fortunes ; les motivations financières des procès, depuis longtemps

avait supporté l'humiliation de ces deux procédés. Montmorency, sur le déclin, avait tenté dès décembre 1540 d'anticiper sa chute en demandant lui-même, en vain, son congé. Il eut finalement droit à la disgrâce la plus cinglante du règne, lors du mariage de Jeanne d'Albret et du duc de Clèves, le 14 juin, union de la nièce de roi et d'un ennemi de Charles Quint, qui consacrait l'échec de la politique pro-impériale de Montmorency. Au cours de la cérémonie, la petite Jeanne, âgée de onze ans, se refusant à marcher jusqu'à l'autel, le roi intima l'ordre au connétable de la porter lui-même, ce qu'il accomplit, sous les regards étonnés de toute la cour, « comme une suprême humiliation[1] ». L'ordre du roi était la proclamation d'une disgrâce sans appel : profondément blessé, le connétable ne participa pas au bal organisé le soir même[2] et partit le lendemain sans demander congé, pour ne jamais plus revenir à la cour de François I[er3]. Plus qu'une simple disgrâce, ce désaveu public annonçait des changements politiques à toute la cour, mais le principal destinataire de ce message était l'empereur, duquel le roi dit qu'il n'aurait plus, dans son royaume, les mêmes intelligences que par le passé[4].

Le mariage de Jeanne d'Albret était un point de non-retour. De l'avis général, le roi allait désigner un nouveau bras droit et les ambassadeurs se mirent à guetter les moindres signes de son choix. Ils

---

connues (notamment pour Semblançay, cf. Alfred Spont, *Semblançay (?-1527). La bourgeoisie financière au début du seizième siècle*, Paris, 1895, et P. Hamon, *L'Argent du roi, op. cit.*, p. 293-301), ne doivent pas cacher les autres aspects de ces disgrâces spectaculaires, notamment la réaffirmation de la puissance du roi, capable de faire et de défaire à volonté les fortunes en son royaume. Sur la valeur « pédagogique » de la disgrâce, cf. A. Jouanna, *La France de la Renaissance, op. cit.*, p. 193.

1 R.J. Knecht, *François Ier, op. cit.*, p. 409. Sur le contexte de ce mariage, voir notamment J. A. Reid, *King's Sister, op. cit.*, t. II, p. 502-504.

2 C. Occhipinti, *Carteggio d'Arte, op. cit.*, p. 63-65, Lodovico Thiene au duc de Ferrare, Châtellerault, 20 juin 1541.

3 Brantôme, t. VIII (*Dames illustres*), p. 117-118, et surtout Pierre Jourda, *Marguerite d'Angoulême, duchesse d'Alençon, reine de Navarre (1492-1549) : Étude biographique et littéraire*, Paris, 1948, 2 vol., t. I, p. 251 ; les événements sont bien connus depuis A. de Ruble, *Le mariage de Jeanne d'Albret*, Paris, 1877, C. Terrasse, *op. cit.*, t. III, p. 80-87 et Decrue, p. 403-404.

4 *ANG*, t. III, p. 79, Capodiferro au cardinal Farnèse, Moulins, 1er septembre 1541 : le nonce était d'avis que le roi faisait référence à Montmorency. *Cf.* aussi Brantôme, t. III, p. 210 : « Le roy vouloit bien que M. le connestable demeurast quiette en sa maison et se donnast du bon temps, mais non qu'il mît plus le nez en ses affaires, comme tant qu'il vesquit après ne l'a faict. »

hésitaient sur le nom du successeur de Montmorency, proposant tantôt le chancelier Poyet, tantôt d'Annebault, Tournon ou Saint-Pol, voire – pourquoi pas – la duchesse d'Étampes. Cependant, François Ier n'avait jusqu'alors choisi que des nobles d'épées et hommes de guerre : Saint-Pol et d'Annebault étaient donc les seuls candidats plausibles, le premier avec un certain avantage, de par sa naissance, sur le second, encore que François Ier, échaudé par le précédent du connétable de Bourbon, eût peut-être rechigné à confier de telles responsabilités à un parent. Mais le roi tardait à donner un successeur à Montmorency. Dans un premier temps, il renouvela ses conseillers. Certains, comme le cardinal de Lorraine, peut-être jugé trop proche collaborateur de Montmorency, perdirent de l'influence politique suite à la disgrâce du connétable[1]. Des anciens membres réguliers du conseil privé[2], seul Tournon et Poyet étaient encore présents en 1541. Le nonce Dandino, désireux de voir un cardinal gouverner le royaume, fit de Tournon son candidat préféré :

> En somme, on ne tient plus compte autant que par le passé d'un autre gentilhomme [que le connétable] qui ait les mêmes prérogatives que naguère, et tout dépend aujourd'hui de plus en plus du chancelier et du cardinal de Tournon, mise à part madame d'Étampes, à qui nul ne peut être comparé et qui *est omni exceptione major*[3].

À écouter le nonce, derrière la duchesse d'Étampes, supposée maîtresse des destinées du royaume, auraient gouverné en coulisses le cardinal de Tournon et le chancelier, ou d'autres hommes de paille. Pourtant, Poyet n'était pas au mieux avec la duchesse. Les contradictions entre les différents agents diplomatiques – qui n'assistaient pas aux séances du conseil – jettent le discrédit sur leurs jugements ; eux-mêmes ne savaient trop vers qui se tourner pour accéder à la personne du roi, alors que celui-ci tardait à renvoyer le connétable pour procéder à son remplacement. On ne faut donc pas surinterpréter leurs suppositions.

---

1   Cédric Michon, « Jean de Lorraine ou les richesses de la faveur à la Renaissance », dans *Revue d'histoire moderne et contemporaine*, t. 50, n° 3, Paris, 2003, p. 34-61, notamment p. 44-51.

2   Vers Pâques, alors que Claude d'Annebault était encore en Italie, siégeaient notamment à ce conseil Villandry, les cardinaux de Tournon, Du Bellay et de Mâcon, et Longuejoue, l'évêque de Soissons (M. François, *op. cit.*, p. 175).

3   *ANG*, t. III, p. 11, Dandino au cardinal Farnèse, Melun, 31 décembre 1540.

Lorsque Carlo Sacrati, l'ambassadeur du duc de Ferrare, rapportait que le cardinal de Tournon et le maréchal d'Annebault tenaient la première place et négociaient plus que tous autres, il s'agit avant tout d'une impression, peut-être erronée. En revanche, quelques observations plus objectives sont des informations plus fiables, permettant d'apprécier la « tendance » du moment : ainsi, Sacrati remarquait que les diplomates français désireux de se voir confier une ambassade, comme Jacques de Montgommery, courtisaient désormais Claude d'Annebault et que celui-ci ne se rendait jamais à la cour sans être accompagné d'une foule de deux cents personnes[1]. Une suite si nombreuse témoigne de la mise en scène d'une capacité financière et d'une puissance, qui contribue à renforcer la crédibilité d'un candidat à la succession du connétable.

À ce moment précis, nombreux étaient ceux qui voyaient en Claude d'Annebault le successeur naturel de Montmorency « non pas pour gouverner absolument et seul comme le connétable, mais avec une grande autorité[2] ». Mais le roi avait-il davantage besoin de d'Annebault à la cour ou en Italie ? Pouvait-il confier les rênes de son conseil à qui venait à peine d'y entrer et dont le spectre de compétences était encore, comme on l'a vu, limité aux affaires italiennes et aux questions militaires ? À l'évidence, François Ier n'avait pas de nouveau conseiller préparé à prendre la place laissée vacante par Montmorency. C'est finalement Chabot, rappelé peu avant le départ définitif de Montmorency, qui allait prendre la tête du conseil[3].

---

1   AS Modena, Cart. amb., Francia 16, Carlo Sacrati au duc de Ferrare, Amboise, 10 avril 1541. Le chiffre pourrait paraître exagéré, mais il faut remarquer qu'il est identique au nombre des suivants de Claude d'Annebault à l'été 1546, lorsqu'il se rendit à Londres et à Hampton Court auprès d'Henri VIII (cf. p. 392-394).

2   ANG, t. III, p. 28, Dandino au cardinal Farnèse, Fontainebleau, 20 janvier 1541 ; le nonce rapporte ici l'opinion générale, à laquelle il semble se rallier à partir de l'hiver 1541.

3   J. R. Knecht, « Philippe Chabot de Brion (v. 1492-1543) », art. cité, p. 478-479.

UN NOUVEAU RAPPORT DE FORCES AU POUVOIR

LA DYNAMIQUE DES RÉSEAUX

Lorsque l'on présente les rivalités de cour, les mots les plus fréquemment employés sont ceux de « parti », « faction », « coterie » ou encore « cabale ». Tous ces termes ont de lourdes connotations qui les rendent inopérants lorsqu'il s'agit d'exposer, avec les nuances nécessaires, les interactions des diverses mouvances, des réseaux de services, d'information et d'action, souples et évolutifs, de nature fondamentalement plus sociale que politique. Tantôt ceux-ci collaborent de concert, tantôt ils s'opposent et se déchirent, mais jamais, sous François Ier, il n'y eut un véritable « parti » politique, auquel l'appartenance serait exclusive[1]. On pourrait presque représenter ces réseaux en « pyramides de faveur » dotées de sections communes, car si les oppositions pouvaient être violentes au sommet, si les « chefs » de ces mouvances se devaient de prendre des positions, il n'en était rien quelques étages plus bas[2]. Comme Claude d'Annebault avant 1536, de nombreux courtisans et serviteurs du roi pouvaient bénéficier des faveurs de plusieurs patrons, qu'ils aient eu ou non un protecteur attitré. Chaque grand personnage était ainsi le point culminant d'un édifice qui s'élargissait par étages vers une base informelle qui se confondait avec les assises d'autres réseaux à structure pyramidale.

La disgrâce du connétable de Montmorency révèle l'agencement des partis à la cour de France, pris sur le vif en un moment de crise[3]. La dynamique interne d'une de ces clientèles, celle de Claude d'Annebault, fera l'objet d'un autre chapitre[4]. Dans une première approche des mécanismes de la faveur, nous allons nous intéresser ici à leur structure

---

1   Voir D. Potter, « Politics and faction », art. cité, p. 147 : les conseillers du roi n'embrassent pas de principes ou de ligne politique fixe et si des factions peuvent se former autour d'objectifs temporaires, elles cessent dès que le roi a fait connaître sa décision.

2   T. Rentet, *op. cit.*, p. 261-280, parle de « pyramide réticulaire », avec une démonstration très convaincante grâce à l'abondance des sources épistolaires.

3   Voir aussi les circonstances de la disgrâce de Claude d'Annebault, à qui entraîna la chute de ses principaux collaborateurs, tandis que d'autres trouvèrent refuge dans la clientèle des Guise (*cf.* p. 623 *sq.*).

4   *Cf.* p. 455-489.

externe, afin de comprendre comment le maréchal d'Annebault sut profiter des événements de 1540-1541 pour s'imposer dans l'amitié et au conseil du roi.

LE GROUPE DE FAVEUR DE LA DUCHESSE D'ÉTAMPES, SEUL AU POUVOIR

Au printemps 1541, Anne de Pisseleu remporta une victoire éclatante, dans la mesure où elle n'avait plus d'adversaire au conseil privé et nul ne pouvait prétendre avoir l'oreille du roi sans gagner le cœur de la duchesse. En ce sens, elle était « celle qui gouvern[ait] tout[1] ». Désormais, tous les principaux conseillers étaient ses obligés, Chabot, bien entendu, mais aussi d'Annebault, Saint-Pol et Tournon ; il en était de même pour les conseillers de moindre importance, les cardinaux Du Bellay et Hémart de Denonville, et l'évêque de Soissons, Longuejoue[2]. Elle avait, dit-on, « entre ses mains tout pouvoir pour conforme a son intention establir ce que plus luy plait, et deffaire entierement toutes personnes contraires a ses desseings, et ne reste personne qui puist riens davantaige de son plaisir et intention, signamment ceulx du present gouvernement deppendent d'elle et des siens[3] ». Claude d'Annebault devait sans doute une partie sa nouvelle faveur à la favorite. Il dut s'accorder avec elle pour provoquer le rappel de Chabot, trouvant en cette alliance objective l'occasion de se rapprocher encore de la royale maîtresse. Comme le remarqua justement l'ambassadeur vénitien, Matteo Dandolo,

> sont restés aux affaires principales l'illustre d'Annebault, qui est très favorisé par l'amiral, et le révérendissime de Tournon, qui ne paraît pas en avoir été bouleversé[4].

Le chancelier Poyet, qui se faisait discret et n'avait plus la même influence politique que par le passé, s'efforçait tant bien que mal de

---

1   AS Modena, Cart. amb., Francia 17, Lodovico Thiene au duc de Ferrare, Moulins, 21 août 1541.

2   Voir à ce sujet D. Potter, « Anne de Pisseleu », art. cité, p. 543-549.

3   ÖStA, FrBW 10, fol. 12-23 (en chiffre), une lettre de Nicolas de Villey à l'empereur, Paris, 11 février 1542 (copie).

4   AS Venezia, Secr., AP, amb. Francia, reg. 3, fol. 24v-26v, letter de Matteo Dandolo au Sénat, Blois, 12 mars 1541.

reconquérir ses faveurs : à force de cajoleries et de cadeaux[1], il allait finalement parvenir, début 1542, à obtenir son intercession auprès du roi, pour lui permettre de supplier son pardon et sa grâce[2]. Il est toutefois probable que la duchesse ne se soit pas donné beaucoup de mal pour défendre le chancelier qui, après conclusion de l'enquête, fut arrêté le 2 août 1542 et enfermé à la Bastille[3]. Les cardinaux de Givry et de Meudon, d'importance politique moindre, étaient également de la clientèle de la maîtresse du roi, tandis que les cardinaux de Lorraine et Du Bellay, peut-être plus indépendants, s'efforçaient de s'en rapprocher davantage, sinon par choix, du moins par nécessité, mais sans jamais retrouver leur influence passée[4]. Mieux valait désormais appartenir à son groupe de faveur pour jouir des bonnes grâces du roi, le seul représenté au conseil.

En 1541-1542, la tête du parti de la duchesse était donc plus que jamais confondue avec le sommet de l'État, ce qui fit dire au biographe de Montmorency, Francis Decrue, en une formule saisissante, que « tandis que le cardinal de Tournon et l'amiral d'Annebault, les lieutenants de la compagnie de Madame d'Étampes, dirigeaient les affaires à la place du connétable, ce dernier allait réfléchir, dans ses splendides résidences d'Écouen et de Chantilly, sur le néant des grandeurs humaines[5]. » En effet, la solidarité de réseau entre les nouveaux conseillers du roi pouvait permettre de « presumer que la presente administration et gouvernement sera de longue duree et que l'on ne sçauroit attendre que apparent prejudice au pretendu dud. s[r] connestable[6] ». Cependant, il arrivait souvent, notamment en période de crise, que l'ombre du connétable rejaillisse sur la nouvelle équipe de conseillers et que circulent des rumeurs, généralement infondées, d'un désir du roi de rappeler son connétable. L'un

---

1 Il lui offrit notamment une seigneurie, « Champerroux », qui lui aurait coûté 600 000 francs, pour obtenir son soutien dans sa brigue du cardinalat (ÖStA, FrBW 10, Konv. « Nicol. Villey an Karl V, 1542, I-IV », fol. 26-v, Nicolas Villey à Charles Quint, 11 février 1542).

2 *Ibid.*

3 Guillaume Poyet fut condamné le 23 avril 1545 à une peine modérée (M. Houllemare, « Guillaume Poyet », art. cité, p. 379).

4 C. Michon, « Jean de Lorraine », art. cité, p. 56-60 ; A. Varillas, *Histoire de François Ier*, *op. cit.*, t. II, p. 418.

5 F. Decrue, *Anne de Montmorency, connétable et pair de France sous les rois Henri II, François II et Charles IX*, Paris, 1885, p. 4.

6 ÖStA, FrBW 10, Konv. « Nicol. Villey an Karl V, 1542, I-IV », fol. 26-v, Nicolas Villey à Charles Quint, 11 février 1542.

des moments les plus critiques fut au début de l'année 1542, au terme de l'enquête menée contre le connétable. Selon Nicolas Villey, agent de l'empereur à Paris, le roi, indigné des conclusions sévères de l'enquête, avait dit, en présence de plusieurs conseillers,

> que l'on faisoit tort aud. s' connestable de telles inquisitions, aussi de l'eslongnement de son service, consideré son ydeueyte loyaulté et suffisance, et que jamais l'on n'auroit sceu justifier allencontre de luy chose raisonnable, pourtant entendoit led. s' roy le faire rappeler et s'en servir, ordonnant qu'il luy en fut escript.

Avertie de cette volte-face, la duchesse d'Étampes réagit en exprimant sa contrariété. Le roi s'inquiétant de ce qui la chagrinait, elle le laissa un peu insister puis lui répondit, comme malgré elle, qu'elle avait appris son intention de rappeler le connétable ; celui-ci, assurait-elle, clamait publiquement que le roi ne tarderait pas à le rappeler aux affaires qu'on était incapable de bien mener sans son entremise et que ce rappel lui vaudrait un grand honneur et la honte pour ses ennemis. Ces propos orgueilleux, que Nicolas de Villey tenait pour inventés par la duchesse, parurent crédibles au roi qui se mit en grande colère et « dit que led. s' connestable verroit le besoing qu'il aurait de son service et entremise ». Informé de la réaction du roi, nous dit Villey, le connétable en aurait été très contrarié[1]. Par la suite et avec le temps, les rumeurs périodiques d'un retour du connétable, suscitèrent un écho de plus en plus faible, car on le tenait pour peu vraisemblable.

On a souvent décrit les années 1541-1547 comme le moment du règne où la cour et les conseils étaient le plus grièvement déchirés entre factions rivales. Pourtant, durant ces six années, le roi ne gouverna qu'avec les seuls membres de ce groupe favorisés par la duchesse[2] et la ligne politique générale du gouvernement fut peut-être d'une cohérence sans précédent dans tout le règne de François Ier. Plus jamais le conseil ne fut partagé entre ces groupes d'influence opposés qui provoquèrent

---

1   ÖStA, FrBW 10, fol. 12-23 (en chiffre), Nicolas de Villey à l'empereur, Paris, 11 février 1542 (copie).

2   L'entrée du cardinal de Ferrare au conseil privé en août 1540 fut jugée choquante, car traditionnellement les conseillers du roi étaient régnicoles ; il fallait voir là, selon Saint-Vincent, le résultat de l'influence pernicieuse de la maîtresse du roi, qui plaçait ses protégés (AN, K 1485, Saint-Vincent à l'empereur, 10 août 1540).

les brusques revirements d'entre 1535 et 1540. Néanmoins, il serait faux de croire que les partisans de Montmorency disparurent du jour au lendemain, sans rien tenter contre leurs adversaires.

UNE COUR DELPHINALE « TOUTE CONNÉTABLISTE »

À la cour de France, la vieille génération des clients et fidèles de Montmorency fut contrainte d'abandonner le connétable pour courtiser la duchesse, Chabot, d'Annebault et Tournon. Certains, devenus indésirables, furent peut-être purement et simplement évincés, bien qu'il fallût attendre 1543, selon, l'historien Thierry Rentet, pour que la disgrâce fasse réellement sentir ses effets sur les parents et les clients du connétable, notamment dans la composition de la chambre du roi[1]. Cependant, le connétable garda quelques amitiés près de la cour, car le dauphin Henri resta, comme sa maîtresse Diane de Poitiers[2], très attaché à Montmorency, et il ne cachait pas son intention de l'appeler auprès de lui dès qu'il accéderait au pouvoir[3]. De plus, le dauphin tenait la maîtresse de son père pour une « meschante putain[4] » et son « aigreur augment[ait] tous les jours contre elle[5] ». Ainsi, autour du jeune Henri et de sa maison, dont faisaient partie des fils de plusieurs fidèles du connétable, se cristallisa petit à petit une opposition endémique, renforcée par les mécontents de la duchesse d'Étampes, qui ne pouvait obtenir satisfaction à toutes les brigues et ambitions personnelles et familiales. « En nulle maison, tout n'est content », comme disait Commynes[6], et à partir de 1543, la

---

1   T. Rentet, *op. cit.*, p. 243.
2   ÖStA, FrBW 10, Nicolas de Villey à Marie de Hongrie, Paris, 19 février 1542 [n. st.] : « Lad. dame d'Estampes ne se desistera jamais de ses poursuytes qu'elle n'ayt offencé toute amicté de lad. grand seneschalle, non seulllement pour le regret qu'elle luy porte, mais pour d'autant diminuer le credit dud. sᵉ connestable qui tient bonne amytié et intelligence avec lad. grand seneschalle ».
3   *Ibid.*, Konv. « Nicolas Villey an Karl V, 1542, V-VII », fol. 14-17v, *sommaire de la charge de Jaillon*, [15 mai 1542] : le dauphin dit qu'en arrivant au pouvoir, « il aura juste cause rappeler monsʳ le connestable [...], prudent personnaige ».
4   AGR Belgique, Aud. 1610, fol. 14-15, « advertissemens venuz de Lorrayne », du 8 octobre 1543 : « Lad. dame d'Étampes dit plusieurs injures de Sad. Majesté [l'empereur] en louant led. roy de France, dont tous les gentilzhommes furent mal contens, disans "velà une meschante putain", et aussi fut monsʳ le dauphin. »
5   ÖStA, FrBW 10, Konv. « Nicolas Villey an Karl V, 1542, V-VII », fol. 14-17v, *sommaire de la charge de Jaillon*, [15 mai 1542].
6   P. de Commynes, *Mémoires*, *op. cit.*, t. I, p. 219.

cour delphinale fut ouvertement « connétabliste[1] », tandis que celle du fils préféré du roi, Charles d'Orléans, était très favorable à la duchesse d'Étampes et à Claude d'Annebault.

Les maisons des enfants de François Ier eurent pour conséquence de pérenniser les rivalités partisanes. L'historien David Parker relève que François Ier ne parvint pas, malgré sa puissance, à en venir à bout[2]. Mais le voulut-il vraiment ? Ces maisons avaient la double utilité d'apprendre aux jeunes princes à régner sur leurs sujets et leurs serviteurs, et de leur assurer, au jour de l'avènement à la couronne, l'amour et le dévouement de leurs compagnons, nécessaires soutiens aux premiers pas d'un roi. En outre, les connétablistes de la cour delphinale était encore trop isolés pour constituer une opposition menaçante pour le groupe de la duchesse d'Étampes, favorisé par le roi, et le dauphin Henri n'était pas encore en conflit ouvert avec la maîtresse de son père et ses principaux conseillers. Par ailleurs, les gens du dauphin étaient même le plus souvent isolés et privés de sources d'informations qui pouvaient s'avérer stratégiques. Voici une anecdote révélatrice. En février 1542, des demoiselles de compagnie de la reine Éléonore, les demoiselles de Merlan et de Mauvoisin, auraient colporté des informations ou des rumeurs, non seulement auprès de l'ambassadeur de l'empereur, Nicolas Villey, mais aussi de la sénéchale, dont mademoiselle de Merlan était une proche amie. Furieux, le roi ordonna à la reine de les renvoyer sur le champ et chargea Claude d'Annebault d'y mettre bon ordre :

> Fut obey son commandement de telle hastiveté que lesd. damoyselles n'avoyent le loisir et temps pour recueillir leurs accoustremens et meubles, pour la presse et soing que y prenoit le s[r] de Hannebault par l'ordonnance dud. s[r] roy. Je vous asseure que l'on a trouvé ce deschassement fort estrange[3].

Apprenant que ces dames s'attardaient en chemin, faisant étape chez La Palisse, « le s[r] de Hannebault les fist partir souldainement et quasi

---

1   ÖStA, FrBW 10, Konv. « Berichte aus Paris 1543 », fol. 12-16v, lettre anonyme à Marie de Hongrie, [frontière nord de la France], 28 octobre 1543 : « la maison du daulphin, qu'est tout connestabliste » ; l'expression est ensuite souvent employée, par exemple par l'ambassadeur du duc de Ferrare, Giulio Alvarotti (AS Modena, Cart. amb., Francia 22, Giulio Alvarotti au duc de Ferrare, Melun, 5 mai 1546).

2   David Parker, *The Making of French Absolutism*, Londres, 1983, p. 27-28.

3   ÖStA, FrBW 10, Konv. 14, fol. 45-56, Nicolas de Villey à Charles Quint, Paris, 3 mars 1542 [n. st.].

de nuyct, avec ordonnance expresse qu'elles ne deussent en leur chemin parler a personne de leur congnoissance, et de ceste grace s'en sont parties, non sans grant regret de toutes personnes ». Indigné par le procédé et sans doute contrarié d'avoir perdu une source d'informations dans l'entourage direct de la reine, le dauphin s'emporta contre la duchesse :

> Madame, cecy ne peult durer, il est[1] par trop violent. Je vous promectz, foy de gentilhomme, que avant logtemps, vou ferey congnoistre a qui vous jouez.

Bien évidemment, la duchesse s'en plaignit au roi, qui en tomba malade de colère contre le dauphin Henri[2]. Cet épisode, entre autres disputes de plus en plus fréquentes, accentuèrent encore l'animosité du dauphin envers la maîtresse de son père et ses conseillers. Le secrétaire Paget, ambassadeur du roi d'Angleterre, s'inquiéta dès 1542 des dissensions internes à la cour de France : si le gouvernement était, pensait-il, entre les mains de la duchesse d'Étampes et des amis du roi d'Angleterre (la reine de Navarre, le duc d'Orléans, Chabot), un camp adverse émergeant, celui de la reine et du dauphin, avec le connétable et la plupart des cardinaux, paraissait manœuvré par le pape[3]. L'observation de Paget n'était pas sans fondement[4] : il semble bien que certains, notamment des agents impériaux, aient incité le dauphin à s'emparer du pouvoir[5].

---

1 Il faut entendre ce « il est » par « ceci est », le « il » étant ici impersonnel et ne désignant pas Claude d'Annebault.

2 ÖStA, FrBW 10, Konv. « Nicol Villey an Kar V », fol. 45-56, Nicolas de Villey à Marie de Hongrie, Paris, 19 février 1542 [n. st.] ; D. Potter, « Politics and faction », art. cité, p. 137-138.

3 R. Knecht, *op. cit.*, p. 483.

4 Il faudrait toutefois nuancer : Paget présumait trop du lien « naturel » des cardinaux avec Rome ; quant au maréchal d'Annebault, il faisait partie des « anti-anglais », mais c'était moins par convictions personnelles que pour tenir un rôle qui lui était imposé (*cf.* p. 432).

5 ÖStA, FrBW 10, Konv. « Nicolas Villey an Karl V, 1542, V-VII », fol. 14-17v, *sommaire de la charge de Jaillon*, [15 mai 1542] ; sondé par l'ambassadeur de l'empereur, lui conseillant de prendre le pouvoir, le dauphin répondit qu'il ne comptait pas « prandre en ses mains l'auctorité et gouvernement dud. royaume », faute de motif suffisant : « il ne treuvoit encores assez suffisant fondement pour mettre main a eufvre si pesante, et d'aultant que a son advis la cause que plus le pourroit excuser de telle emprinse seroit si led. s' roy fesoit quelque meingdrissement ou maintint mauvais gouvernement aud. royaume, ce qu'il ne veoit pour le jourd'huy ny apparence preuche de y tomber, de maniere qu'il ne treuvoit riens plus, pour ceste heure, que l'entretien d'une femme, qu'estoit chose assez de fois advenue a aultres princes, et a son advis non suffisante pour excuser ou auctoriser emprinse de si haulte importance » ; aussi cité par D. Potter, « Politics and faction », art. cité, p. 140-141.

Cependant, le dauphin Henri et les connétablistes ne paraissaient encore ni en mesure de constituer une opposition valide, ni même de peser sur les affaires politiques et curiales pour faire contrepoids au groupe favorisé par la duchesse d'Étampes[1].

LA REPRISE EN MAIN DES PROVINCES

En revanche, les partisans du connétable furent assez difficiles à évincer dans les provinces du royaume, où ces réseaux poussaient leurs ramifications. Là, ils étaient lieutenants généraux, baillis, conseillers dans les cours souveraines, etc. En effet, Anne de Montmorency, héritier d'un des plus beaux et riches patrimoines du royaume, avait pu, en quinze années passées au pouvoir, consolider et étendre considérablement des clientèles déjà bien fournies, et placer certains fidèles, comme Claude d'Annebault en son temps, à des postes importants. De ces clientèles mal connues et difficiles à identifier[2], naquirent des oppositions latentes au nouveau gouvernement, peut-être encouragées par le connétable lui-même, qu'il est malaisé, étant donné son caractère, d'imaginer dans le rôle du bon perdant résigné à sa disgrâce.

Par exemple, à l'été 1543, la province de Normandie fut le théâtre de plusieurs conflits, notamment à propos de la nouvelle nomination, depuis longtemps attendue, de Joachim de Matignon comme lieutenant du duc d'Estouteville dans ce gouvernement. Le premier président du parlement de Rouen, François de Marcillac[3], s'opposa à l'enregistrement des lettres de commission et attira dans son camp le procureur géné-ral, François Morelon. Dans une lettre de François de Saint-Pol à son lieutenant[4], le gouverneur interpréta cette résistance comme une cabale

---

1   Ce n'est qu'à partir de 1545 que les « connétablistes » de la cour allaient retrouver un peu de marge de manœuvre, profitant de circonstances un peu plus favorables : la mort de Charles d'Orléans, les dissensions naissantes entre la duchesse d'Étampes et le duo d'Annebault-Tournon, l'échec de la tentative de débarquement en Angleterre de l'été 1545, puis surtout le déclin accéléré de la santé de François Ier, qui laissait entrevoir un proche avénement du dauphin. Mais entre 1541 et 1545, les connétablistes ne trouvèrent jamais leur place à la cour du roi.

2   Thierry Rentet, *op. cit.*, a été le premier à approfondir cet aspect du « système Montmorency » ; voir aussi Claire Lemercier, « Analyse de réseaux et histoire », dans *Revue d'histoire moderne et contemporaine*, n° 52-2, avril-juin 2005, p. 88-112.

3   Premier président depuis 1528 (*CAF*, n° 18811).

4   Matignon, *Correspondance*, p. 82-83, Sainte-Menehould, 12 septembre 1543.

du parti de Montmorency[1], le président étant « totallement du costé de Monsieur le connestable » et un très bon ami de La Meilleraye, le rival de Matignon, et il n'avait « garde qu'il ne face bien vollentiers tout ce qui viendra pour quelqu'un de leur ligue ». Au contraire, ajoutait-il, « ce qui touche feu monsieur l'amyral [Chabot de Brion], Monsieur le mareschal et moy, suis sçeur qu'il ne s'y employe point de bon cueur et n'y veult entendre que par force et contraincte ». Les choses rentrèrent dans l'ordre après la mort de Marcillac, remplacé par Pierre Rémon, un proche collaborateur de Claude d'Annebault[2] et de François de Tournon, le 8 décembre 1543[3].

Au plus haut niveau des provinces, les gouverneurs furent tous révoqués par une fameuse ordonnance, peut-être pour ôter subtilement leurs charges au connétable de Montmorency et à son frère La Rochepot : tous les gouverneurs furent ensuite rétablis, sauf ces deux-là[4]. La Rochepot connut quelques années difficiles du fait de sa mise à l'écart du service du roi, dont souffrirent beaucoup son implantation locale et ses réseaux en Picardie ; il ne devait retrouver son influence que quelques années plus tard, à l'avènement d'Henri II, en profitant du retour de son frère aux affaires[5]. Cependant, ce n'était pas la seule raison de l'ordonnance de révocation : elle avait aussi pour but de contraindre les titulaires de donner des gages de fidélité au nouveau gouvernement, sous peine de se voir remplacés par d'autres. Ainsi, l'hostilité latente d'Antoine Des Prez de Montpezat[6], qu'Anne de Montmorency avait choisi pour être son lieutenant au gouvernement de Languedoc, ne prit fin que lorsqu'il se rallia à Claude d'Annebault pour conserver ses pouvoirs de lieutenant[7]. Dans la foulée, il fut promu maréchal de France[8]. Dans la partie artésienne

---

1   Sur cette cabale, voir aussi l'*Histoire généalogique de la maison de Matignon*, par Boisgeffray (AP Monaco, J 16), citée par Labande (p. 82, n. 8).
2   Claude d'Annebault succéda à François de Saint-Pol dans la charge de gouverneur de Normandie et lieutenant du dauphin en décembre 1543 (*cf.* p. 291).
3   *CAF*, n° 22709.
4   D. Potter, *A History of France, op. cit.*, p. 121. La Rochepot était en réalité le lieutenant du gouverneur Antoine de Vendôme (*CAF*, t. IX, p. 228).
5   D. Potter, « The Constable's brother : François de Montmorency, sieur de La Rochepot (c. 1496-1551) », dans *Nottingham medieval Studies*, n° 48, 2004, p. 161.
6   Montpezat révéla toute sa mauvaise volonté lors du siège de Perpignan ; sur ce personnage, *cf.* Louis de La Roque, *Catalogue historique des généraux français*, Paris, 1896, t. I, p. 50-51.
7   Confirmés (avec un don) le 5 mai 1544, *CAF*, n° 13826.
8   Le 13 mars 1544, *CAF*, n° 13706 ; Montpezat mourut le 26 juin 1544.

de la Picardie, le maréchal Oudart Du Biez, gouverneur de Boulogne, était lui aussi suspect de conserver des accointances avec le connétable, raison pour laquelle le roi avait décidé d'envoyer d'Annebault visiter les places de la frontière picarde :

> L'on m'a dit, rapporte l'ambassadeur de l'Empereur, que le roy avoit quelque diffidence dud. sʳ Du Byez, pour tant qu'il a esté tousjours amy de monsʳ le connestable, duquel le Roy Très Chesptien ne se asseure aucunement, et est ce fondement assez croyable puisque l'on a tenu en semblable cas telle suspicion en entre autres ministres de l'intelligence dud. sʳ connestable[1].

Du Biez se rallia aux nouveaux conseillers en place et obtint la charge de lieutenant général au gouverneur de Picardie. Par ce ralliement, ou par son entrée dans la clientèle de Claude d'Annebault, s'attira bientôt l'inimitié du dauphin et de ses partisans[2].

On peut supposer que le parti « connétabliste » s'affaiblit au fur et à mesure que ses hommes décédaient (Marcillac), quittaient sa sphère d'influence (Montpezat, Du Biez) ou perdaient leur place (La Rochepot, La Meilleraye[3]) : l'espoir du retour de Montmorency ne s'éteignit pas en un jour, mais on peut supposer que vers 1543, les principales oppositions avaient disparu ; toutefois, une certaine résistance dut se maintenir, même dissimulée, au moins au niveau local[4], jusqu'à la fin du règne de François Iᵉʳ.

---

1 ŐStA, FrBW 10, Nicolas de Villey à Marie de Hongrie, Paris, 19 février 1542 [n. st.] ; BnF, Clair. 338, fol. 164, copie d'une lettre de François Iᵉʳ à François de La Rochepot, Paris, 28 février 1542.

2 Sur Oudart Du Biez, cf. D. Potter, *Un homme de guerre à la Renaissance : La vie et les lettres d'Oudart du Biez, maréchal de France, gouverneur de Boulogne et de Picardie (vers 1475-1553)*, Arras, 2001. Maréchal en mai 1541 (*CAF*, t. IV, nᵒˢ 12525 et 12632, Roman d'Amat, *Dictionnaire*, t. XI, col. 906-907, F.-J.-G. Pinard, *op. cit.*, t. II, p. 238) « à la faveur du dauphin », selon Moreri (t. II, p. 464-465), il s'est probablement rallié à Claude d'Annebault au cours de la campagne de Luxembourg en 1543.

3 La Meilleraye fut par la suite employé comme vice-amiral et devint un proche collaborateur de Claude d'Annebault.

4 Les baillis et capitaines des places étaient choisis par les gouverneurs et leurs lieutenants, qui entretenaient par ailleurs des relations étroites avec la noblesse locale, à l'instar de d'Annebault en Normandie.

LE RETOUR EN PIÉMONT

UN DÉPART LONGTEMPS DIFFÉRÉ

En 1540, Claude d'Annebault s'imposa progressivement, comme on l'a vu, parmi les conseillers du roi. Cependant, en décembre, on parlait à nouveau de son renvoi à Turin[1]. Il faut se garder de prendre ces intentions épisodiques pour des signes de disgrâce passagère[2]. Au contraire, d'Annebault semblait alors au mieux dans la faveur et la confiance du roi, qui au même moment le conviait chaque jour au Conseil et lui offrait des cadeaux prestigieux, comme un cheval de la race royale, le meilleur qu'il eût, paraît-il[3]. En fait, le roi pouvait encore se passer de Claude d'Annebault à ses côtés (à condition d'un retour rapide de Chabot), mais le Piémont avait grand besoin de la présence de son gouverneur : on s'attendait alors à un passage de l'empereur en Italie, qui eût requis l'intervention personnelle du maréchal d'Annebault, tant à des fins diplomatiques que de mise en défense de la province[4]. François Ier envisageait peut-être de venir lui-même en Italie et d'Annebault, envoyé en avant, aurait préparé sa venue[5]. En février 1541, le roi ordonna de nouveau à Claude d'Annebault de se rendre dans son gouvernement[6], mais son départ fut encore différé. Le maréchal fit au préalable un voyage dans ses domaines en Bretagne[7], avant de retourner encore auprès du roi. Le 2 mars, il était encore à Blois et participait aux fêtes de la cour[8].

---

1 AS Modena, Cart. amb., Francia 16, Carlo Sacrati au duc de Ferrare, s. l., 20 décembre 1540.

2 É. Dermenghem, *Claude d'Annebault*, thèse manuscrite citée, p. 53 *sq.*, pensa qu'il fut renvoyé parce qu'il n'avait pas su s'imposer au conseil du roi, et que celui-ci lui avait retiré sa confiance.

3 AS Mantova, Cart. inv. div., 639, Gian Battista Gambara au cardinal et à la duchesse de Mantoue, Paris, 30 octobre 1540.

4 Castillon et Marillac, *Correspondance*, p. 279, « mémoire baillé à monsieur de Thays pour en faire son rapport au roy », 25 mars 1541 : « bien estoit vraisemblable que monsieur le mareschal de Hannebault, comme lieutenant du roy et gouverneur du pays, y pourroit aller si l'empereur passoit en Italye ou selon que le besoing aultrement le requerroit. » De nouvelles troupes françaises viennent toutefois renforcer celles déjà présentes en Piémont. *Cf.* aussi *ANG*, t. III, p. 30.

5 *Ibid.*, p. 31, Dandino au cardinal Farnèse, Fontainebleau, 22 janvier 1541.

6 *L&P*, t. XVI, p. 254-255, n° 530, John Wallop à Henri VIII, Paris, 11 février 1541.

7 Pellicier, *Correspondance politique*, t. I, p. 246-247, Guillaume Pellicier à Claude d'Annebault, [Venise], 7 mars 1541.

8 *L&P*, t. XVI, p. 283, n° 587, William Howard à Henri VIII, Vincennes, 2 [mars 1541].

Au printemps, l'acquittement de Chabot et son retour progressif aux affaires rendaient de plus en plus dispensable la présence de Claude d'Annebault à la cour en tant que conseiller. Il y demeura pourtant encore jusqu'à fin juillet 1541. En fait, son envoi à Turin, toujours prévu, mais jamais confirmé, était plus ou moins suspendu à la rupture des trêves, dont ni le roi, ni l'empereur, ne voulait prendre l'initiative et porter la responsabilité.

L'AFFAIRE FRÉGOSO ET RINCON

Pourtant, la disgrâce de Montmorency avait sonné le glas de la feinte amitié du roi et de l'empereur. François Ier s'efforça dès lors de regagner la confiance de son allié, Soliman le Magnifique, auprès de qui l'habileté d'Antonio Rincon, diplomate italien au service du roi de France, fit merveille, au point que le sultan ne voulut le laisser rentrer sans le charger de somptueux présents pour le roi[1]. Le soutien des Turcs assuré, François Ier pouvait préparer une nouvelle guerre contre Charles Quint, qui lui refusait le Milanais. Rincon prit donc à nouveau le chemin de la Turquie, accompagné de Cesare Fregoso, qui était chargé de négociations similaires avec la République de Venise. Cependant, grâce à un espion à la cour de France et à l'indiscrétion de l'épouse de Rincon[2], l'empereur avait été averti de cette mission, qu'il voulut à tout pris empêcher. Le 4 juillet 1541, près de Pavie[3], les envoyés du roi de France furent assaillis et tués par des soldats impériaux, qui avaient peut-être outrepassé les ordres du marquis del Vasto. Pendant longtemps, l'empereur laissa croire que les ambassadeurs n'étaient que prisonniers et le roi de France fit arrêter l'archevêque de Valence, Georges d'Autriche, oncle de son ennemi, espérant l'échanger contre ses serviteurs. En septembre 1541, on soupçonnait leur mort, mais jusqu'à l'hiver, on n'eut aucune certitude de leur sort[4].

---

1 Il rentra le 5 mars 1541, *cf.* J. Ursu, *op. cit.*, p. 116 *sq.*, et V.-L. Bourrilly, « Antonio Rincon et la politique orientale de François Ier », dans *Revue historique*, t. CXIII, 1913, p. 23-44.

2 ÖStA, FrBW 9, François de Saint-Vincent à Charles Quint, Amboise, 12 mai 1541 : enquêtant sur les raisons du retour de Rincon à la cour, Saint-Vicent fit recueillir les confidences de la femme de Rincon « par une dame de bon esprit » et apprit ainsi le but, le moment et l'itinéraire de sa prochaine mission auprès de Turc.

3 Sur la plage de Cantala (à trois milles en amont du confluent du Tessin); ils avaient donc quitté depuis très peu de temps les terres du roi de France.

4 *Cf. infra*, p. 237-238; sur cette célèbre affaire, voir J. Zeller, *op. cit.*, p. 238-266, V.-L. Bourrilly, *Guillaume du Bellay*, p. 327-341, et surtout l'excellente analyse de Géraud Poumarède,

Cet incident fut le principal *casus belli* invoqué, mais François Ier et ses conseillers préparaient la guerre depuis des mois. Avant que l'assassinat de Fregoso et Rincon n'apportât le prétexte attendu, les conseillers de François Ier s'employèrent surtout à accumuler de l'argent, fortifier le Piémont et la Savoie, recruter des mercenaires suisses et renforcer les alliances, en laissant l'empereur lutter contre les Luthériens et les Turcs[1]. De son côté, Charles Quint se préparait à attaquer le Piémont, que le roi de France refusait toujours de restituer, et les rassemblements de troupes en Lombardie inquiétaient les États voisins[2].

En juillet 1541, le roi fut averti que le marquis del Vasto avait noué des ententes avec des capitaines français qui devaient lui ouvrir les portes de Turin. Bien plus que la disparition de Fregoso et Rincon, ce sont ces rumeurs qui décidèrent finalement le roi d'envoyer d'urgence Claude d'Annebault dans son gouvernement[3]. Il fit partir sa famille et ses serviteurs en avant, fin juillet, reportant un peu son propre départ, le temps de rassembler les troupes et l'argent nécessaire à l'accomplissement de sa mission. Le maréchal partit le 2 août avec des pouvoirs plus larges et une somme d'argent plus grande que le roi en avait jamais donné à son lieutenant par-delà les Monts[4] ; en outre, il emmenait vingt gentilshommes, suivis de nombreux gens d'armes et gens de pied, 10 000 Suisses et des pièces d'artillerie[5], officiellement pour « asseurer la campaigne et garder [les] subgectz [du roi] de pilleges et oppressions ». En effet, le roi redoutait que les 6 000 ou 7 000 lansquenets impériaux conduits de l'autre côté

« Le "vilain et sale assassinat" d'Antonio Rincon et Cesare Fregoso (1541). Un incident diplomatique exemplaire ? », dans *L'incident diplomatique* XVIe-XVIIe *siècle*, dir. L. Bély et G. Poumarède, Paris, 2010, p. 7-44.

1   *ANG*, t. III, p. 32-33, Dandino au cardinal Farnèse, Fontainebleau, 24 janvier 1541.

2   AS Mantova, Cop. ord., 2940, Marguerite Paleologue au marquis del Vasto, [Mantoue], 29 mars 1541.

3   ÖStA, FrBW 9, François de Saint-Vincent à Marie de Hongrie, Besançon, 27 août 1541 (en chiffre).

4   AS Venezia, Secr., AP, amb. Francia, reg. 3, fol. 54-55v, Matteo Dandino au Sénat de Venise, Les Allins, 31 juillet 1541 et *ibid.*, fol. 55v-56v, lettre du même au même, Les Allins, 3 août 1541.

5   Pellicier, *Correspondance politique*, t. I, p. 378, lettre à Guillaume Du Bellay, [Venise], 29 juillet, 1541 ; ÖStA, FrBW 9, François de Saint-Vincent à Charles Quint, Moulins, 3 août 1541 (copie auth.) ; *CSP, Spanish*, t. VI, part I, p. 344-345, n° 176, François Ier à Charles de Marillac, ambassadeur en Angleterre, près de Moulins, 9 août 1541 ; *ANG*, t. III, p. 69, Capodiferro au cardinal Farnèse, Moulins, 6 août 1541 ; BnF, It. 1715, p. 145 et 148 : Davolo à la Seigneurie, Moulins, 14 août 1541.

des Alpes ne soient pas voués à combattre les Turcs, comme le prétendait l'empereur[1]. En réalité, d'Annebault était investi d'une double mission : d'une part, de mettre le Piémont en état de défense et de préparer une éventuelle offensive sur Milan, et d'autre part, de s'assurer du sort des ambassadeurs et négocier leur libération avec Charles Quint. Le maréchal fit d'abord étape à Lyon, où était détenu l'archevêque de Valence, pour prendre les dispositions nécessaires à un éventuel échange[2]. Ce séjour le retarda quelque peu, mais il arriva en Piémont avant le 22 août[3].

UN SÉJOUR MOUVEMENTÉ

Dès son arrivée, d'Annebault reprit immédiatement le contrôle du gouvernement de Piémont, tandis que Du Bellay redevenait simple gouverneur de Turin. Le maréchal occupa les quelques semaines où il demeura dans la province à la parcourir en tous sens pour évaluer et améliorer ses défenses ; il reprit ainsi contact avec les villes sous domination française les moins aisément contrôlables depuis Turin, comme Savigliano dont les syndics, après son passage, firent dresser des mémoires et des rôles des fournitures faites aux armées par cette cité et sa voisine, Fossano, et les lui firent apporter à Turin[4].

Ces pérégrinations n'étaient pas sans danger, et Guillaume Pellicier le fit avertir de se tenir sur ses gardes[5] ; les événements lui donnèrent raison, car Cesare Maggi, gouverneur de Volpiano[6] et colonel des gens de pied de l'empereur en Italie, lui dressa un guet-apens :

> L'on m'a adverty que ung Cézar de Naples avecques sa garnison qui est à Voulpian avoyent faict quelque embusche et cuydé surprendre monseigneur

---

1   Castillon et Marillac, *Correspondance*, p. 325, lettre du roi à Charles de Marillac, s. l., 9 août 1541.
2   AS Modena, Cart. amb., Francia 17, Lodovico Thiene au duc de Ferrare, Moulins, 30 juillet 1541.
3   Pellicier, *Correspondance politique*, t. I, p. 403-404, lettre à Claude d'Annebault, [Venise], 22 août 1541.
4   ASC Savigliano, cat. 5, Ricorsi, suppliche, ordinanze varie, 25 septembre 1541 : « Die domenica XXV septembris 1541, N. Anthonius Ferruti [*alias* Fercutio] habuit et exportavit apodicias immissas quas portavit Taurini, qui fuit electus una cum domino Jaffredo Grassi i. e. Taurini a illu. d. Anibaud. »
5   Pellicier, *Correspondance politique*, t. I, p. 409-413, lettre au roi, [Venise], 6 septembre 1541 (p. 411).
6   Cette place était située dans la partie restée savoyarde du Piémont.

le mareschal d'Annebault : ce que facilement je ne croy pas, ne qu'ilz soyent pour faire, obstant sa bonne prudence et félicité[1].

Peut-être prévenu, Claude d'Annebault déjoua cette embuscade et captura Cesare Maggi[2]. Cet épisode ne servit sans doute pas à détendre les relations franco-impériales et le procédé employé ne fit que confirmer les soupçons pesant sur le marquis del Vasto, qui cherchait à se disculper de l'affaire Fregoso et Rincon.

AU CŒUR DE L'INFORMATION ET DE LA DIPLOMATIE

La tension permanente entre les deux plus grands souverains de la Chrétienté n'était pas sans inquiéter les princes italiens, particulièrement ceux qui, comme la duchesse de Mantoue et le duc de Ferrare, étaient à la fois vassaux de l'empereur et bons amis du roi de France, leur voisin. À son arrivée à Turin, d'Annebault reçut la visite d'un émissaire d'Hercule d'Este, venu l'assurer des meilleurs sentiments de son maître à son égard et à celui du roi, et justifier du voyage du duc auprès de l'empereur à l'occasion de son passage en Italie[3]. D'autres princes et seigneurs adoptèrent peut-être la même attitude.

De son côté, le maréchal envoya auprès de l'empereur l'un de ses fidèles, Jean de Taix, pour négocier l'échange de l'archevêque de Valence contre les ambassadeurs[4]. Officiellement, le lieutenant général du roi « par delà les Monts » ne l'avait chargé que d'une visite de courtoise. En réalité, Jean de Taix devait avant tout s'assurer que Frégoso et Rincon étaient toujours en vie et bien entre les mains des Impériaux, puis proposer leur restitution contre la libération de Georges d'Autriche ; d'autre part, l'empereur devait savoir que la détention de son oncle et la levée de nouvelles troupes ne constituaient pas une infraction à la trêve, dans la mesure où tout ceci n'avait été décidé par le roi que pour se prémunir des gestes d'hostilité

---

1 *Ibid.*, p. 427-429, lettre à Guillaume Du Bellay, [Venise], le 14 septembre 1541 ; sur Cesare Maggi, *cf. ibid.*, p. 428, note 1.

2 ÖStA, FrBW 9, François de Saint-Vincent à Marie de Hongrie, Besançon, 27 août 1541 (en chiffre) : « Hier me fut certiffié le bruyt qu'on fait en France, que led. s^r d'Hannebault a prins le capitaine Cesar de Naples ».

3 C'est du moins le parti que Lodovico Thiene conseilla au duc de Ferrare (lettre du 30 juillet 1541).

4 *L&P*, t. XVI, p. 526-527, n° 1114, William Howard à Henri VIII ; selon Howard, le roi attendait le retour de Jean de Taix et le rapport de d'Annebault pour décider s'il irait en Bourgogne ou à Lyon.

de son beau-frère Charles[1]. Pour seule réponse, l'empereur fit tenir prisonnier le messager de Claude d'Annebault[2], montrant clairement par là qu'il considérait que la trêve était en danger d'être rompue. Le maréchal, redoutant que l'empereur ne tentât de surprendre les ports de Provence et de Languedoc, notamment Aigues-Mortes, écrivit au sénéchal de Toulouse, un certain Saint-Amans, d'inciter les états de la province[3] à payer au plus tôt les contributions exigée par le roi afin de pourvoir au renforcement des citadelles et places fortes côtières[4]. Autre sujet de mécontentement de l'empereur, le soutien du roi au comte de La Mirandole : de Venise, Antoine Polin de La Garde et Piero Strozzi l'aidaient à défendre sa cité, que Francesco d'Este, au service de Charles Quint, avait entrepris d'assiéger pour ensuite la raser jusqu'aux fondations. Ils recevaient leurs ordres – et les fonds nécessaires – de Claude d'Annebault, depuis Turin[5].

Après l'échec de la députation du sieur de Taix, Claude d'Annebault envoya à l'empereur, alors à Lucques, Tristan de Moneins[6] ; celui-ci ne put hélas voir Charles Quint, mais obtint la médiation du pape[7]. Pourtant, le zèle de Paul III était d'autant plus modéré qu'il subsistait alors un gros désaccord sur l'abbaye de Saint-Michel[8], en Piémont : François Ier la voulait et le pape la lui refusait, jusqu'à ce qu'en août 1541, le roi demandât à d'Annebault de confisquer les biens temporels de l'abbaye et d'en assiéger la forteresse[9].

---

1   BnF, Fr. 17357, fol. 85-v, *Mémoire du maréchal [d'Annebault] au s᷍ de Taix allant vers l'empereur* ; voir aussi l'avis du chancelier de Milan à l'empereur sur les réponses à faire au messager du maréchal d'Annebault, août 1541, dans *CSP, Spanish*, t. VI, part I, p. 522-525, n° 261.

2   Pellicier, *Correspondance politique*, t. I, lettre citée du 6 septembre, p. 411.

3   Ils étaient alors réunis à Montpellier, et Saint-Amans était l'un des commissaires, ainsi que le gouverneur de la province, Montpezat, qui reçut peut-être une injonction similaire.

4   Lettre datée de Mondovi, 13 septembre, lue devant les États, évoquée dans J. Vaissète et C. Devic, *op. cit.*, t. XI, p. 263-264.

5   *Cf.* par exemple Pellicier, *Correspondance politique*, t. II, p. 467-472, lettre au roi, [Venise], 25 novembre 1541 (p. 468) ; lorsque le maréchal d'Annebault était absent, Guillaume Du Bellay leur adressait leurs instructions. Sur l'affaire de La Mirandole, voir les dépêches de Pellicier (*op. cit.*, t. I et II, *passim*, et surtout t. I, p. 388-418).

6   BnF, Fr. 5153, fol. 79-80, instructions données par Claude d'Annebault à Tristan de Moneins.

7   Charles Weiss, *Papiers d'État du cardinal de Granvelle*, Paris, 1841-1852, 9 vol., t. II, p. 605-611, « avis sur la réponse à faire de la part de l'Empereur, à un gentilhomme français envoyé par M. d'Annebaut » ; *cf.* également *CSP, Spanish*, t. VI, part I, p. 261, et les lettres de Polin de La Garde dans E. Charrière, *op. cit.*, t. I, p. 509-512.

8   Monastère fortifié du val de Suse, proche de Sant'Ambrogio.

9   *ANG*, t. III, p. 77.

Au milieu de septembre, Claude d'Annebault reçut à Turin des informations venues de la cour de Lucques, par le mantouan Fabrizio Bobba : l'empereur et sa cour étaient très affectés par les récentes défaites en Hongrie. En outre, Bobba aurait entendu le marquis del Vasto et d'autres dire que l'embuscade contre Fregoso et Rincon avait été faite par des agents impériaux. Enfin, le 18 septembre, un témoin, un batelier qui avait conduit les agents de l'empereur jusqu'au lieu de l'embuscade, rapporta que les ambassadeurs avaient été tués :

> Au dire de ce barquerot, les seigneurs Cesar Fregoso et Rincon furent tirez en se deffendant en la barque, et led. barquerot en passant mené deux gentilzhommes en une isle où il avoit veu cacher les corps, lesquelx y ont esté trouvez a demy mangez des loups, mais aucuns membres entiers et suffisans a certains marques et aux contreseignes de leurs habillemens que ce sont eulx sans poinct de faulte[1].

Jusqu'alors prudent et circonspect vis-à-vis des rumeurs et des informations secrètes, Claude d'Annebault jugea cette fois le témoignage crédible[2]. Il fit noter les déclarations du batelier et prendre les mesures nécessaires pour identifier les corps :

> Mond. s[r] le mareschal faict prendre la deposition de luy et des deux gentilzhommes dud. s[r] Cesar pour les aller visiter et selon que lon verra estre bon, apporter les corps et les habillemens telz qu'ilz sont[3].

LA DÉFENSE DU PIÉMONT

Pendant que la diplomatie balbutiait, Claude d'Annebault et Guillaume Du Bellay rassemblaient une grosse armée pour contrer une

---

1 BnF, Mor. 737, fol. 116-119v, lettre du 18 septembre [1541] (copie, identifiée au dos, en écriture du XVIe siècle, comme une lettre de Guillaume Du Bellay à Claude d'Annebault, ce qui est impossible, étant donné que Claude d'Annebault est plusieurs fois cité à la troisième personne dans la lettre).

2 *Ibid.* : « [Le batelier a] de tout deposé de veue si conformement a ceulx qui ont deposé de oyr dire et qui en ont veu, qui une partye, qui une aultre, qui vraysemblablement il depose la verité, joinct que jà mond. s[r] le mareschal avoit en semblable l'advis par une voye secrette, duquel il ne voulut escrire, doubtant que ce fust une faincte ».

3 *Ibid.* : « Mond. s[r] le mareschal faict prendre la deposition de luy et des deux gentilzhommes dud. s[r] Cesar pour les aller visiter et selon que lon verra estre bon, apporter les corps et les habillemens telz qu'ilz sont ». Sur l'ensemble de l'enquête, notamment menée par Du Bellay avant le retour de Claude d'Annebault, voir G. Poumarède, art. cité, p. 19-21 et sur la découverte des corps, *ibid.*, p. 23.

éventuelle offensive impériale. Les effectifs militaires en Piémont, renforcés des troupes apportées par le maréchal, s'élevaient à 3 000 Italiens,
7 000 Français ou Gascons, 1 500 salades[1], et 400 gentilshommes
français des ordonnances[2]. À ceux-ci, il fallait ajouter au moins les
10 000 Suisses, et les nouvelles bandes levées par les deux gouverneurs,
par diverses ordonnances, à partir du 1er août[3]. Ces effectifs étaient
trop faibles pour constituer une véritable armée d'invasion, mais ils
étaient bien supérieurs aux besoins de défense de la province. Sans doute
pensait-on les utiliser pour chasser les garnisons impériales des places
piémontaises encore tenues par le duc de Savoie, comme Coni ou Chieri,
et peut-être pour une intervention en Milanais, au cas où le marquis
del Vasto commettrait l'imprudence de se dégarnir.

En 1541, la défense du Piémont ne reposait plus sur des armées
colossales difficiles à entretenir sur le pays. Les principaux boulevards
militaires avaient été restaurés ainsi que les fortifications des villes.
Toutefois celles-ci conservaient leur aspect archaïque, cette impression
de solidité massive, foncièrement inadaptée aux exigences de la guerre
moderne, née de la révolution de l'artillerie. Le programme de modernisation des remparts et défense des villes, commencé en 1538, fut donc
repris avec une vigueur nouvelle. La modernisation des remparts des
principales places (Turin, Moncalieri, Pignerol, Savigliano et Cherasco)
fut confiée à un ingénieur bolonais, Girolamo Marini[4], qui élargit
les fossés, éleva plus haut les fortifications préexistantes, les pourvut

---

1 Cavaliers légers et hommes d'armes.
2 *ANG*, t. III, p. 69, Capodiferro au cardinal Farnèse, Moulins, 6 août 1541 ; parmi les
   400 lances, d'Annebault emmenait les 200 de la compagnie du connétable (AS Modena,
   Cart. amb., Francia 16, Carlo Sacrati au duc de Ferrare, s. l., 1er juillet 1540).
3 *Parlamento Sabaudo, op. cit.*, p. 330, chapitres présenté par les élus au prince de Melphe,
   Turin, 28 août 1546 ; les ordonnances de levée d'hommes de guerres furent prises entre
   le 1er août 1541 et le 1er février 1542.
4 Sur ce personnage, aussi appelé Jérôme de Trévise, voir Carlo Promis, « Gl'ingenieri e gli
   scrittori militari bolognesi del XV e XVI secolo », dans *Miscellanea di Storia Italiana*, t. IV,
   1863, p. 614-626, et l'excellente notice de Albin Rozet et Jean-François Lembey, *L'invasion
   de la France et le siège de Saint-Dizier par Charles-Quint en 1544, d'après les dépêches italiennes
   de Francesco d'Este, de Hieronimo Feruffino, de Carmino Capilupo et de Bernardo Navager*,
   Paris, 1910, p. 81-96 ; il avait déjà voulu entrer au service du roi de France en 1536 lors
   de l'invasion de la Provence (mais prit Pignerol en 1537), puis fut repéré à l'été 1540 par
   Guillaume Pellicier (*Correspondance politique*, p. 60 et 141), qui le recommanda à Claude
   d'Annebault en novembre de la même année (*ibid.*, p. 148, lettre à Claude d'Annebault,
   [Venise], 12 novembre 1540).

de courtines, et surtout leur ajouta d'imposants bastions modernes, généralement au nombre de quatre, comme ces bastions de Turin que Rabelais comparait à d'énormes jambons[1]. Pour certaines places, telles que Moncalieri, il fallut abattre les faubourgs et enclore la ville, bâtie sur une forte pente, d'un rempart superposé à l'enceinte romaine, ce qui donna à Marini l'occasion d'exercer sa virtuosité[2]. À la fin de l'année 1540, alors que le programme était encore loin d'être achevé, les places du Piémont paraissaient déjà presque imprenables, notamment Turin qui était peut-être, à en croire les observations du vénitien Dandolo, la ville la mieux fortifiée d'Italie, capable de tenir six mois de siège[3].

Entre 1540 et 1543, ces travaux défensifs furent le principal sujet de la correspondance échangée entre Claude d'Annebault et Guillaume Du Bellay, resté à Turin. Ils entraînaient aussi des tensions entre les deux hommes dès le printemps 1541, car le roi tenait à ce que tout fût prêt pour l'été ; le maréchal se vit donc contraint de demander l'impossible à son lieutenant, c'est-à-dire de réaliser en quelques mois les plans de Marini, et prit un ton délibérément menaçant pour lui enjoindre de se hâter :

> Quant aux fortifficacions de Moncallier et Pynerol, veu que vous savez qu'il veult que les dessains de Iheronyme Marin soient gardez, comme tant de foys vous a esté escript, il treuve merveilleusement estrange que jusques ycy estes a vous en resouldre mesmement que de celle de Pynerol[4]. Vous entendez le marché que Iheromyme Marin en a fait avecques luy par dix mil escus, et non seullement de luy faire pour ce prix une place parfaicte selon le dessaing qu'il luy en a monstré, mais aussi de la luy rendre achevee a la fin de cest esté. Et pour ce, Monsr de Langey, que vous savez de quelle importance elles sont, et que la ou par faulte de dilligence il y avyendroyt inconvenient, il s'en prendroyt a vous. Je vous prie que pendant qu'avez le temps a propoz, vous

1   Dans le *Quart Livre*; *cf.* aussi « Memorie di in terrazzano di Rivoli dal 1535 al 1586 », dans *Miscellanea di Storia italiana*, serie I, t. VI, 1865, p. 577. Nous ne nous étendrons pas outre mesure sur la description de ces transformations, déjà bien étudiées dans V.-L. Bourrilly, *Guillaume du Bellay*, et résumées dans R. Cooper, *op. cit.*, p. 38-40, *Id.*, « Guillaume Du Bellay, homme de guerre », dans *L'homme de guerre au* XVIe *siècle, op. cit.*, p. 31-49 et dans l'introduction de M. Pollak, *op. cit.*

2   R. Cooper, *op. cit.*, p. 38-40 et BnF, Ge DD 2987 (5070), plan manuscrit de Moncalieri par Rousset (XVIIe siècle).

3   AS Venezia, Secr., AP, ambasciata Francia, reg. 3, fol. 2-6, Matteo Dandolo au Sénat de Venise, Moncalieri, 28 novembre 1540.

4   En mai 1541, Du Bellay envoya d'autres plans à la cour (BnF, Fr. 5152, fol. 2, Guillaume Du Bellay au roi).

avisez de la y faire faire si bonne et faire suyvre audit Iheronyme Marin ses dessains et promesse, que par vostre faulte il n'y puisse avenir chose de quoy led. s^r se puisse mal contenter[1].

Tout ceci devait coûter bien cher, car près de quatre mille terrassiers travaillaient aux seuls fossés de Turin[2], et il fallait payer ingénieurs et ouvriers, ainsi que l'acheminement des matériaux, tout en fournissant les garnisons des citadelles en vivres et en poudre ; néanmoins, à plusieurs reprises, Claude d'Annebault opposa par souci d'économie un refus sec et définitif aux demandes de subsides de ses lieutenants, qui s'en trouvèrent réduits à emprunter ou à puiser dans leurs propres ressources.

Vous avez gens assez, écrivit-il à propos de Savigliano, pour pourveoir a tout sans entrer en autre plus grant despense, de quoy nous n'avons pas besoing pour ceste heure, car il s'en fait assez et de bien grandes en autre lieu, et pour ce donnez ordre d'y entrer le moins qu'il vous sera possible, pourvoyant toutesfoys a ce qui sera necessaire pour les reparacions de ceste place, et quant aux vivres, je treuve bien estrange, veu le nombre de blez et autres municions qui y sont, qu'il y peust falloir tant d'argent, car je pence qu'il n'y peult avoir faulte de gueres de choses, si ce n'est de vin, et pour ceste heure n'est besoing demander que ce qui est plus necessaire et de quoy l'on ne se peult passer touchant le combat[3].

On peut estimer le coût de cette campagne de fortifications à 20 000 livres tournois par mois, ce qui demandait un effort considérable aux finances de la couronne[4]. Ce programme était aussi très étroitement lié aux personnes du seigneur de Langey[5] et du maréchal d'Annebault, ce dernier

---

1   BnF, Fr. 5155, fol. 31-v, Claude d'Annebault à Guillaume Du Bellay, Pontlevoy, 29 avril 1541.

2   R. Cooper, *op. cit.*, p. 37 ; en 1543, ils étaient 6 000 pour les fossés de Pignerol et Moncallieri (BnF, Fr. 5155, fol. 37, Paul de Termes à Guillaume Du Bellay en route pour la cour, Turin, 7 janvier 1543 [n. st.]).

3   *Ibid.*, fol. 32-33v, Claude d'Annebault à Guillaume Du Bellay et Guigues de Boutières, Avignon, 3 août 1542.

4   R. Cooper, *op. cit.*, p. 38 ; les correspondances de Du Bellay ou de Termes font régulièrement état des difficultés à payer les travaux, l'argent tardant à venir de France, ou arrivant en quantité insuffisante (par exemple BnF, Mor. 737, fol. 125, Paul de Termes à Claude d'Annebault, Turin, 13 janvier 1542 [n. st.]).

5   Sa mort, le 9 janvier 1543, marqua la fin du grand effort de fortification de la province, d'autant que d'Annebault fut appelé à d'autres responsabilités ; il fallut attendre les années 1550 pour que Brissac entreprît de nouveaux projets d'envergure, notamment la construction d'une « porte sarrazine » à Turin (AS Torino, ms I/B III/II, recueil Francesco

prenant la direction des opérations lors de ses courts séjours de 1541 et 1542[1]. Lorsqu'il repartit, les chantiers étaient bien avancés, mais pas encore achevés. Bien loin de se sentir en sécurité, les bourgeois de Turin réclamaient une « porte sarrazine », le renforcement des ponts et la fortification des moulins des environs[2]. Enfin, la réalisation du dispositif défensif dépendait beaucoup de l'ingénieur, Girolamo Marini, et la poursuite des travaux fut menacée en 1542 lorsqu'il quitta le service du roi[3] – sans doute n'était-il plus régulièrement payé –, avant de revenir pour être cette fois employé au siège de Perpignan. De plus en plus occupé de l'autre côté des Alpes (Toulouse, Perpignan, puis Vitry-le-François, etc.), il manqua cruellement aux chantiers piémontais[4].

LE REPORT DE LA GUERRE

Malgré les efforts accomplis à l'été 1541, la guerre fut quelque temps différée, car l'empereur s'embarqua le 28 septembre 1541 pour Majorque, d'où il devait lancer son expédition contre Alger. François Ier ne pouvait profiter de la situation pour déclencher la guerre, car il eût paru aux yeux du monde comme l'adversaire des intérêts de la Chrétienté. Certains serviteurs du roi participèrent même à l'expédition aux côtés de l'empereur, comme Nicolas de Villegagnon, qui obtint de Claude d'Annebault l'autorisation de servir sur une galère génoise, à condition de l'avertir immédiatement si l'empereur accostait à Nice pour se saisir du château. Ainsi, les Français faisaient preuve de leur bonne volonté, tout en se prémunissant contre toute mauvaise surprise, chaque serviteur du roi étant tenu « d'advertir journellement des nouvelles occurrences[5] ».

Horologgi, [c. 1550]), projet repris et modifié par Emmanuel-Philibert de Savoie qui bâtit la grande citadelle d'angle encore visible aujourd'hui (BnF, Rés Ge DD 626 (17), plan gravé de Turin, [c. 1560]).

1   Ainsi pour les travaux de Pignerol, évoqués dans *ANG*, t. III, p. 68, Capodiferro au cardinal Farnèse, Moulins, 6 août 1541, « Pinarolo, il quale non stava fortificato a modo suo, per tutto questo mese sarà fornito di fortificar talmente che sarà più forte che Turino, et bisognando ci starà mons. de Anebao ».

2   ASC Torino, Ordinati, reg° 1542-1543, notamment fol. 68, 15 septembre [1542].

3   Pellicier, *Correspondance politique*, p. 659-662 (appendices), Guillaume Du Bellay à Claude d'Annebault, Turin, 5 juin 1542.

4   BnF, Fr. 5155, fol. 41-v, Paul de Termes à Guillaume Du Bellay, Turin, 13 janvier 1543 [n. st.] : « avons desja prins sur le fond plus de quatre mille francs plus que ne se monte ceste partye [...], aussi seroit necessaire a envoyer Jheronyme Marin de deça » pour achever les travaux à Pignerol.

5   BnF, Fr. 5153, fol. 79-80, *Instructions à mons^r de Moneins allant vers le roi*, [3 septembre 1541].

D'Annebault n'arrêta pas les travaux de fortification, mais donna contre-ordre aux troupes envoyées en Piémont. Lui-même se préparait à rentrer à la cour[1], où son rappel était envisagé depuis le milieu de septembre[2]. Il fallait toutefois attendre que les troupes de l'empereur eussent quitté l'Italie : ainsi, la duchesse d'Estouteville écrivait le 4 octobre 1541 que le maréchal d'Annebault n'était pas encore parti, mais qu'il quitterait Turin « dès l'heure que ledit empereur sera hors de nous faire finesse[3] ». Quelques jours plus tard, d'Annebault reçut enfin du roi l'ordre de quitter le Piémont, qu'il confia une fois de plus à Guillaume Du Bellay[4], laissé sur place avec commission de poursuivre les travaux commencés aux remparts et aux boulevards, ainsi que l'enquête sur la disparition de Fregoso et Rincon. Le 16 octobre, il se trouvait à Lyon, où il vit l'ambassadeur de Charles Quint[5]. Il rejoignit finalement la cour en Bourgogne dans les derniers jours du mois[6].

UNE FAVEUR OSTENTATOIRE

Avant même ce retour, tous les observateurs s'attendaient à ce que le travail accompli durant son absence, peut-être mis en valeur par Chabot auprès du souverain, lui vaille de nouvelles récompenses et une faveur au moins égale à celles de Chabot et Tournon[7]. Une fois de plus, les services rendus en Italie avaient mis en valeur ses compétences et surtout son obéissance aux ordres du roi, vertu sans doute fort appréciée par celui-ci depuis les libertés prises par Montmorency. Marguerite de Navarre ne s'y trompa point qui, dans une lettre à son frère, le félicita d'avoir recours aux services et aux conseils de son gouverneur de Piémont :

---

1   *Ibid.*
2   *L&P*, t. XVI, p. 548-549, n° 1178, lettre du cardinal de St Andrews à Jacques V, roi d'Écosse, Mâcon, 13 septembre ; ÖStA, FrBW 9, Nicolas de Villey, s[r] de Marvol, à Marie de Hongrie, Macon, 13 septembre 1541.
3   Matignon, *Correspondance*, p. 64, lettre CVIII, Hambye, 4 octobre [1541].
4   BnF, It. 1715, fol. 192, Davolo à la Seigneurie, 15 octobre 1541.
5   *CSP, Spanish, op. cit.*, t. VI, part I, p. 368-371, n. 197 : Francisco Manrique à Charles Quint, 11 octobre 1541.
6   AS Mantova, Cart. inv. div., 639, Gian Battista Gambara au cardinal de Mantoue, Dijon, 26 octobre 1541.
7   *L&P*, t. XVI, p. 548-549, n° 1178, lettre citée du cardinal de St Andrews, du 13 septembre : « The cardinal of Turno and the admiral are now greatest with the king, in the absence of mons[r] Hannebo, who is now in Thuryng, and will be here soon » ; *cf.* aussi *ibid.*, p. 557, n° 1199, William Howard à Henri VIII, 24 septembre 1541).

Quant à vos affaires de Piémont, vous connoissez que le jugement qu'il vous a pleu tousjours faire de Monseigneur le mareschal est véritable, et qu'il est tel que vous l'estimez. Dont je le tiens heureux, et vous encore plus : car, mais que vous ayez de bons servicteurs, veu la grace que Dieu vous a donnée de bien coumander, vos affaires ne peuvent mal aller[1].

Sans doute la reine de Navarre pressentait-elle que François Ier s'apprêtait à confier davantage de responsabilités à Claude d'Annebault. En outre, lorsque François Ier se retirait en petite compagnie, tant pour les affaires d'État que pour les plaisirs, le maréchal se trouvait de plus en plus souvent au nombre des élus[2]. Désormais, son influence était comparable à celle de Chabot et d'aucuns s'attendaient à le voir remplacer Montmorency dans ses offices de connétable ou de grand maître, et en particulier le second[3]. On ne sait si le roi envisageât réellement la confiscation et la transmission de ce prestigieux office curial, mais le fait que le bruit en ait circulé est révélateur de l'implication croissante de Claude d'Annebault dans la vie de la cour[4].

Enfin, le roi proposa au cardinalat, en décembre 1541, Jacques d'Annebault, frère de Claude et neveu de l'évêque de Lisieux, grand maître de l'oratoire du roi, dont il était le successeur désigné[5] : c'était là une bien belle récompense pour le maréchal, et pour le roi une manière d'affirmer la nouvelle importance politique de son conseiller. Mais ce n'était rien en comparaison du mariage que d'Annebault venait d'arranger pour sa fille Madeleine avec le marquis de Saluces, un prince souverain : cette prestigieuse alliance n'aurait pas été possible sans l'accord bienveillant du roi.

---

1 *Nouvelles lettres de la reine de Navarre*, éd. F. Génin, Paris, 1842, p. 190-192, lettre CXII, au roi, octobre 1541.

2 *Cf.* par exemple *ibid.*, Gian Battista Gambara au cardinal de Mantoue, Amboise, 8 mai 1541, ou encore *ANG*, t. III, p. 99, Ardinghello au cardinal Farnèse, Melun, 1er décembre 1541.

3 AS Mantova, Cart. inv. div., 639, Gian Battista Gambara au cardinal et la duchesse de Mantoue, Lyon, 14 août 1542 : « Dicono Monmoransi essere privo non solo della dignità di contestabile, ma anco di gran mastro, et dato el gran mastro à mons^r d'Annebò. »

4 S'il ne porta jamais ce titre, d'Annebault assuma effectivement les fonctions de grand maître, indispensables au fonctionnement de la cour (*cf.* p. 522-524).

5 *ANG*, t. III, p. 14, Dandino au cardinal Farnèse, 31 décembre 1540. Sur la carrière de Jacques d'Annebault, *cf.* p. 479-482.

UN MARIAGE PRINCIER

Gabriel de Saluces, dernier fils de Louis II et Marguerite de Foix, ancien évêque d'Aire investi du marquisat après la reprise du château de Ravel par Jean d'Humières en 1537, cherchait un parti convenable pour prolonger sa lignée. Dans un premier temps, il envisagea, sans doute pour se concilier les bonnes grâces de François Ier, d'épouser une sœur de la duchesse d'Étampes : le roi lui-même lui avait proposé ce parti, mais après une année de tractations, le projet fut abandonné au début de septembre 1539[1].

Puis survint la mort de René de Montejean, qui laissa à sa veuve, Philippe de Montespédon, de quoi prétendre se remarier avec un grand prince. Le marquis de Saluces, qui la connaissait, était sur les rangs. Envisagée au printemps suivant, cette union faillit être conclue vers le mois de septembre[2], mais la veuve choisit finalement, comme on l'a vu, d'épouser le prince de La Roche-sur-Yon. Le marquis engagea des poursuites devant le parlement de Paris qui lui donna tort, considérant que les engagements oraux n'avaient aucune valeur juridique[3]. Gabriel de Saluces repartit donc chez lui bredouille et d'autant plus mécontent, que dans l'entourage du roi, on commençait à dire que sa principauté, pourtant indiscutablement souveraine, n'était qu'une dépendance du Dauphiné[4].

Après plus de trois années de recherches infructueuses, Gabriel de Saluces reprit sa quête et un troisième parti lui fut proposé. Il s'agissait de Madeleine, la fille de Claude d'Annebault, alors âgée de douze ans[5]. Peut-être le maréchal prit-il lui-même l'initiative de cette union, à moins qu'elle ne vînt du marquis, soucieux de plaire au roi et à l'un de ses plus proches conseillers, le gouverneur de ce Piémont qui menaçait d'absorber ses États. Toutefois, dans cette affaire, le cardinal de Tournon servit volontiers d'intermédiaire[6] et il n'est pas exclu qu'avant

---

1   *ANG*, t. I, p. 399, 442 et 483.
2   *Ibid.*, p. 558, Ferrerio au cardinal Farnèse, Évreux, 2 mai 1540 ; ASC Saluzzo, Cat. 56, Ordinati 1540-1546, fol. 53, 21 septembre 1540.
3   A. Tallone, *Gli ultimi marchesi di Saluzzo, op. cit.*, p. 331-333.
4   *ANG*, t. III, p. 12, Dandino au cardinal Farnèse, Melun, 31 décembre 1540.
5   Dans ASC Saluzzo, Categoria 10, mazzo 1, n° 9, procès entre Madeleine d'Annebault et la ville de Saluces, 2 octobre 1548, la marquise dit avoir vingt ans.
6   Il fut aussi procureur du marquis de Saluces à la signature du contrat de mariage.

de quitter la cour, le marquis lui ait demandé de lui trouver un beau
parti ; alors le cardinal devrait être considéré comme l'instigateur de
cette alliance. Cette fois, les négociations se firent dans une plus grande
confidentialité, car trop de publicité avait sans doute nui aux projets
précédents. Le 31 mai 1541, Gabriel de Saluces écrivit au roi pour lui
demander son approbation :

> Sire. Je vous avoys faict entendre comment on m'avoit offert ung party de
> mariage qui estoit assez bon et avantaigeulx pour me ouster hors d'affaires.
> Toutesfois, Sire, je n'ay poinct voullu entendre sans vostre commandement,
> ayant en toutz jours ceste voulenté de ne me marier que par vostre main et en
> lieu que vous soit agreable, s'il vous plaisoit le trouver bon, pour ce que c'est
> en lieu et avecques personnes qui sont près de vous, dont j'ay pryé mons^r le
> cardinal de Tournon et donné charge aud. s^r d'Ayre vous dire plus amplement
> mon intention, il vous playra m'en commander vostre bon plaisir, car je ne
> suys que pour vous obeyr[1].

D'Annebault profita de son séjour en Piémont pour rencontrer son
futur gendre et concrétiser ces premières démarches au mois de septembre. Le marquis s'adressa à la cité de Saluces pour constituer un
douaire à sa future épouse[2], tandis que le maréchal obtenait l'accord
du roi et surtout, sa participation à la constitution de la dot[3] : en effet,
même si Claude d'Annebault était suffisamment riche pour tenir son
rang à la cour, il ne pouvait doter sa fille en quelques mois d'une dot
princière, comme l'exigeait un tel mariage. Que le roi permît une
telle union, et qu'il fît don d'une partie (ou de la totalité) de l'argent
nécessaire à la constitution de la dot, raffermit, si besoin était, le zèle
et le dévouement que Claude d'Annebault vouait à son souverain. Le
maréchal lui adressa donc une lettre, dans laquelle il lui témoignait
une reconnaissance infinie :

---

1   BnF, Fr. 17357, fol. 29, Gabriel de Saluces au roi, Ravel, 31 mai 1541.
2   ASC Saluzzo, Cat. 56, Ordinati 1540-1546, 27 sept. 1541, et A. Tallone, *Gli ultimi marchesi*,
    op. cit., p. 333 ; les garanties furent données par la ville le 1er janvier 1542 (ASC Saluzzo,
    Cat. 56, Ordinati 1540-1546, fol. 130-130*bis*).
3   AS Modena, Cart. amb., Francia 17, Lodovico Thiene au duc de Ferrare, Paris, 8 mars
    1542 : « Se afferma che hieri se doveva concludere il maretaggio fra lo Illmo s^r marchese de
    Saluzze in una figliula de mons^r maresciale de Annibò, alla quale se dicce Sua M^{ta} li dona
    certa quantità di denari » ; cette dot est sans doute la grâce pour laquelle le maréchal se
    confondit en remerciements dans BnF, Fr. 17357, fol. 13, lettre au roi du 23 septembre
    1541.

Je ne sçay trouver commencement ne fin a vous treshumblement remercyer de tant de bien et d'honneur que vous a pleu et plaist tous les jours me faire, et encores a ceste heure pour le mariage de ma fille, comme mons[r] le cardinal de Tournon m'a escript, synon suplier Nostre Seigneur, Sire, de ma donner le grâce que je vous puisse faire autant de bons et agréables services, comme j'en ay la vollonté. La ou je vous assure sur mon honneur, Sire, que avecques tant d'honnestes moyens qu'il vous plaist m'en donner, ma vye ne sera jamais espergnee de vous faire ung si bon que vous n'aurez point de regret de m'avoir nourry et fait tel que je vous suys[1].

Claude d'Annebault avait confié à Albert Gat, vicaire de Saluces, le soin de trouver un arrangement[2]. Le contrat fut signé le vendredi 17 mars 1542[3] ; il prévoyait une dot de 50 000 l. t., dont 20 000 à la date du mariage, 20 000 un an après consommation de l'union, et 10 000 au bout de deux ans. Les fiançailles furent célébrées à la cour de France vers le 30 mai 1542[4], mais le mariage n'eut pas lieu alors, la fiancée étant fort jeune ; de plus, le marquis, prisonnier en juin 1543, fut retenu quelques mois par les Impériaux, ce qui retarda encore la consécration de cette union. Libre, il vint à la cour de France en mars 1544 et ramena la jeune marquise dans ses États. Le 9 mars, ils arrivèrent à Ravel, puis se marièrent le lendemain dans la chapelle du château, puis ils firent leur entrée à Saluces le 25 de ce mois[5]. Madeleine d'Annebault fit ensuite une entrée solennelle dans sa capitale le 11 décembre 1544[6].

---

1   *Ibid.*
2   BnF, Fr. 5154, fol. 103-v, Francesco Bernardino à Claude d'Annebault, Turin, 12 novembre 1541.
3   AN, MC ET/VIII/288 (minute) et collation sur parchemin dans AS Torino, Paesi, Marchesato di Saluzzo, cat. 2, mazzo 1.
4   AS Modena, Cart. amb., Francia 17, Lodovico Thiene au duc de Ferrare, Vassy, 29 mai 1542 (copie AS Firenze, MP, 4849, fol. 20-22) : « Hieri se doveva fiansare la figlia de mons[r] de Annibò nel s[r] marchese de Saluzzo ; si restò per quella poca indisposicione de S. M[tà], ma si pensa che hoggi o di mane si expedirà [...]. La dotta non è più di cinquanta millia franchi, quale S. M[tà] paga in contanti ».
5   A. Tallone, *Gli ultimi marchesi, op. cit.*, p. 334-335, d'après les registres des *Ordinati* de Saluces.
6   ASC Saluzzo, Cat. 56, Ordinati 1540-1546, fol. [85-86], 11 décembre 1544 : « Super secunda proposita fuit ordinatum quod pro honorando adventu illu[me] et ex[me] principesse nostre domine, domine Magdalene sponse et conjugis ex[me] principis nostri domini Gabrielis marchionis, que de proximo debet venire ad hanc civitatem Saluciarum, ematur unum vexilum sine insigna, que sit comunitatum et portari debeat per elligendum per abbatem Saluciarum, qui abbas associatus. »

Par cette union avec une toute jeune fille, Gabriel de Saluces ne pouvait escompter avoir un héritier avant quelques années. Pourtant, son choix l'assurait de sa tranquillité, dans la mesure où le roi ne pourrait annexer sa principauté tant qu'il serait le gendre de l'un des principaux favoris, celui qui, en 1541, semblait le plus apte, par son âge et sa condition, à poursuivre son ascension. Et en effet, tant que François Ier vécut et que Claude d'Annebault resta au pouvoir, le marquis de Saluces ne fut jamais sérieusement inquiété, même si pour s'affirmer, il avait dû hypothéquer l'indépendance de ses États et reconnaître au dauphin un droit de regard sur leur dévolution. Pour Claude d'Annebault, ce mariage hautement diplomatique était une forme de reconnaissance de son élévation auprès du roi ; réciproquement, on peut voir en cette alliance une instrumentation d'une enfant d'un conseiller proche et dévoué, qui met désormais ses biens les plus chers au service du prince qui l'emploie.

L'APPRENTISSAGE DU GOUVERNEMENT
(1541-1543)

À la fin de l'année 1541, le maréchal d'Annebault s'était fait une place enviable parmi les conseillers du roi, au sein d'un personnel politique en plein renouvellement. De plus, tout se passait comme si le roi ne voulait plus renouveler l'expérience d'un conseiller tout puissant tel qu'avait pu l'être Anne de Montmorency. Dès décembre 1540, le nonce Dandino constatait que la monarchie ne tenait plus en une seule personne comme autrefois[1]. Le successeur désigné du connétable, l'amiral Chabot, n'aspirait peut-être pas à tant d'indépendance et sa santé chancelante rendait nécessaire une étroite collaboration avec Claude d'Annebault et François de Tournon, voire Saint-Pol et d'autres, dans un gouvernement de forme plus collégiale, où les responsabilités étaient assez partagées. Aux côtés de Philippe Chabot, Claude d'Annebault allait apprendre le métier de conseiller.

LE MOMENT CHABOT

L'APRÈS-MONTMORENCY : UNE TRANSITION DIFFICILE

Le renouvellement du personnel des conseils du roi se fit en quelques mois, la continuité du suivi des affaires au conseil étroit n'étant assurée que par François de Tournon et le chancelier Poyet, dont le rôle allait toujours déclinant. Les collaborateurs de Montmorency étaient remplacés par des hommes neufs, et souvent un peu plus jeunes, mais le connétable avait longtemps tenu une position si éminente dans l'État qu'il paraissait

---

1   *ANG*, t. III, p. 5, Dandino au cardinal Farnèse, 20 décembre 1540.

impossible de se passer de lui. C'était bien sûr d'abord une question d'expérience et de réseaux, mais on peut aussi y voir des raisons très concrètes. Montmorency conservait des objets indispensables, comme les clés du trésor du Louvre[1], ou encore de la correspondance diplomatique, voire des traités et autres papiers indispensables au conseil du roi. La notion de papiers d'État n'existait pas encore, et ils appartenaient à des particuliers ; les conseillers destinataires de dépêches de serviteurs du roi les transmettaient à leurs héritiers, et elles se mêlaient aux papiers de la famille. Toutefois, les conseillers avaient le devoir implicite de les conserver afin que le roi pût les réclamer au besoin.

Ainsi, en mars 1542, on ne trouvait plus l'original d'un traité passé entre le roi et le pape ; était-il demeuré entre les mains du connétable ? Le cardinal de Tournon, puis Claude d'Annebault écrivirent donc au connétable pour qu'il le recherchât « en toute extreme diligence » parmi ses papiers, mais le traité était resté entre les mains de feu le chancelier Duprat[2]. Bien qu'une telle démarche fût probablement vécue par le connétable comme une nouvelle humiliation, Claude d'Annebault cherchait encore à ménager ce qui restait de cette ancienne amitié à laquelle il devait une bonne part de sa fortune politique, d'autant qu'en cas de revers de fortune, un retour du connétable n'était pas à exclure. D'Annebault, partant passer Noël dans ses domaines en Bretagne, rendit donc une visite au connétable, qui n'était pas, comme le crurent des ambassadeurs, pour lui signifier son rappel à la cour[3] : il s'agissait plutôt d'une visite de courtoisie, pour raviver une ancienne amitié, à moins que d'Annebault n'ait proposé au connétable d'intercéder en sa faveur auprès du roi. Si tel était le cas, il n'y eut aucune suite, car Anne de Montmorency était bien trop fier pour accepter de devenir le débiteur de celui qui, naguère, était l'un de ses clients.

---

1 *Cf.* p. 232.
2 BnF, Fr. 3086, fol. 76, Claude d'Annebault à Anne de Montmorency, Villemomble, lundi [3 avril 1542] ; *ibid.*, fol. 78, double de la réponse du connétable, L'Isle-Adam, 9 avril 1542. Les papiers de Duprat furent saisis par la suite pour remédier à ce problème (*CAF*, n°ˢ 7996, 14367 et 22034, sur l'inventaire de ces papiers). Aussi BnF, Fr. 7544 et BnF, Fr. 3937 pour la confiscation et l'inventaire des papiers de Poyet (copie de la commission du 2 août 1542 dans BnF, Vᶜ Colb. 216, fol. 27-28), qui furent confiés au garde des sceaux Montholon, puis encore saisis à la mort de ce dernier (copie de la commission du 17 juin 1543, *ibid.*, fol. 29-31).
3 AS Mantova, Cart. inv. div., 639, Gian Battista Gambara au cardinal et à la duchesse de Mantoue, Paris, 4 janvier 1542.

LA PRÉÉMINENCE DE CHABOT

En théorie, la place de conseiller favori, laissée vacante par Montmorency, revenait à l'amiral Chabot, « ayant aujourd'huy principale charge et entremise en ce royaulme[1] ». Dès août 1541, ayant repris en mains les affaires, il s'occupait de tout, remarquait le nonce apostolique, et allait opérer un revirement de la politique française, notamment en servant le pape, « ne serait-ce que pour faire le contraire de son prédécesseur[2] ». De fait, les correspondances diplomatiques de l'époque laissent clairement voir que, même s'il n'était pas le seul conseiller influent auprès du roi, il était celui qui devait avoir la connaissance de l'ensemble des affaires politiques. Sa charge d'amiral lui conférait un prestige particulier en matière de guerre, et le roi se retirait fréquemment avec lui et d'Annebault pour conférer des affaires militaires[3]. Cependant, le maréchal ne jouissait pas de la même autorité, et lorsqu'il se vit contesté par les autres chefs de l'armée de Perpignan, au mois de septembre 1542, Chabot vint en personne rétablir l'ordre et la discipline aux camps[4].

Les deux hommes étaient très liés, au point, rapporte Brantôme, que d'Annebault n'eût pas voulu profiter du procès de l'amiral pour récupérer son office[5] ; en tous cas, il n'en fut jamais question du vivant de Chabot, dont on sait que dans les pires moments de sa disgrâce, il put toujours compter sur le soutien de d'Annebault. L'inverse était aussi vrai. Ainsi, lorsque Joachim de Matignon eut un conflit avec son collègue La Meilleraye, il adressa ses réclamations à son cousin le maréchal d'Annebault[6], qui lui répondit qu'il en parlerait à l'amiral de Brion, dont il ne doutait pas qu'il accédât à ses demandes[7].

---

1 *Ibid.*
2 *ANG*, t. III, p. 71-73, Capodiferro au cardinal Farnèse, Moulins, 6 août 1541.
3 AS Modena, Cart. amb., Francia 17, Lodovico Thiene au duc de Ferrare, Vassy, 4 juin 1542 ; Thiene cite aussi Poyet et le secrétaire Bayard, mais leur présence était indispensable, le premier pour les sceaux royaux, dont il avait la garde, et le second pour les écritures, un secrétaire siégeant toujours aux conseils.
4 Du Bellay, *Mémoires*, t. IV, p. 80 ; sur le siège de Perpignan, *cf.* p. 245 *sq.*
5 Brantôme, t. III, p. 209.
6 D'Annebault n'était alors plus lieutenant au gouvernement de Normandie.
7 Matignon, *Correspondance*, p. 57-58, lettre XCVIII, Paris, 4 mai [1540], Livio Crotto à Joachim de Matignon : « Io parlay avantihieri ad monsignore il mareschal per lo affare di Vostra Signoria... Egli mi rispose che 'l ne voleva parlare con monsignore l'armirallio et

Chabot paraissait exercer une réelle prééminence sur les autres conseillers, au premier rang desquels se trouvaient d'Annebault et Tournon. Selon un principe très pragmatique, ceux-ci devaient pouvoir suppléer le conseiller favori lorsqu'il était indisponible, et il est vrai que la mauvaise santé de Chabot devait constituer une gêne. Le modèle de gouvernement de cette période semble donc à première vue semblable au cas de figure précédent, où dans le duo Anne de Montmorency – Jean de Lorraine, le second devait être en mesure de suppléer le conseiller favori en titre. La viabilité d'un tel modèle tenait en partie à la différence de statut des membres de ce duo, qui n'étaient pas en rivalité sur le même registre de faveur et le même mode de gratifications[1]. On retrouvera ce même modèle après la mort de Chabot, avec un autre duo constitué d'un grand officier et d'un « prélat d'État », Claude d'Annebault et le cardinal de Tournon[2]. En 1542, ces deux personnages étaient pour le moment, derrière Chabot, aussi impliqués l'un que l'autre dans les affaires, figurant avec l'amiral une sorte de triumvirat de circonstance.

Les années Chabot virent donc, par la force des choses, l'essai d'une nouvelle forme de gouvernement relativement collégial, où le conseiller favori, diminué, s'appuyait beaucoup sur deux collègues, sans que les tâches soient toujours précisément définies. Ce système assurait peut-être le roi que personne ne pouvait gouverner à sa place et diriger les affaires contre son gré et à son insu, comme l'avait parfois fait Montmorency. Mais il présentait de graves inconvénients : un jour, peu après la disgrâce du connétable, en arrivant au conseil, le roi s'était mis en colère en voyant que les paquets de dépêches n'avaient pas été ouverts : il s'en était alors pris à Claude d'Annebault et Jean de Lorraine[3]. La nouvelle équipe de conseillers devait encore apprendre à travailler ensemble.

---

che'l non dubitava di condurre la cosa al fine che'l desirava ». Sur cette affaire (Matignon aurait voulu retrouver sa charge de lieutenant, qui lui avait peut-être été enlevée), *cf.* l'introduction de Labande, *ibid.*, p. XXXV-XXXVI.

1   C. Michon, *La crosse et le sceptre. Les prélats d'État sous François Ier et Henri VIII*, Paris, 2008, p. 148 et Id, « Jean de Lorraine », art. cité, p. 49.

2   Voir p. 498-503, une analyse plus détaillée de ce système.

3   Charles-Joseph de Mayer, *Des États Généraux et autres assemblées nationales*, Paris-La Haye, 1788-1789, cité par R. J. Knecht, *op. cit.*, p. 617, n. 35 ; cette anecdote fut rapportée par Catherine de Médicis aux États de Blois, en janvier 1577. En effet, le rôle premier du conseiller favori, au temps de Montmorency, était de convoquer le conseil, de consulter les dépêches adressées au roi, et de préparer les séances du conseil avant l'arrivée des autres conseillers et du roi.

D'ANNEBAULT ET TOURNON :
AUX ORIGINES D'UNE ÉTROITE COLLABORATION

Il est probable que Claude d'Annebault connut François de Tournon dès les années 1525-1530. À partir de la conquête du Piémont en 1536, ils eurent de multiples occasions de travailler ensemble. En effet, ils étaient les deux meilleurs fers de lance de la duchesse d'Étampes au conseil étroit, où leur influence était telle que l'ambassadeur du duc de Ferrare remarquait déjà, en février 1541, alors que Chabot venait d'être condamné et que le connétable était déjà en semi-disgrâce, que « le cardinal de Tournon et mons[r] Danebahut sont maintenant les premiers et négotient plus que tout autre[1] ». Le tandem prit probablement forme dans ces mois de transition, où ils collaborèrent tant à diriger le conseil du roi, qu'à obtenir l'acquittement de l'amiral. Plus tard, leur collaboration s'affirma en même temps que leur amitié. Tournon négocia personnellement le mariage de Madeleine d'Annebault et insista personnellement auprès du tout-puissant cardinal Alexandre Farnèse pour que Jacques d'Annebault obtînt la pourpre cardinalice[2]. Le cardinal appréciait d'être associé à Claude d'Annebault, et après 1543, les deux hommes incarnèrent toujours la même politique au sein du conseil.

Pendant deux ans, de 1541 à 1543, tous deux travaillaient de concert avec Chabot, dans un triumvirat qui laissait la première place à l'amiral. Il faut prendre garde à ne pas surestimer le rôle du cardinal de Tournon. L'historien Michel François observa qu'à partir de la fin de 1542, Tournon suivit partout le roi, endossant « l'autorité de fait d'un véritable premier ministre » qui « ne fera que croître après le départ de l'amiral et du maréchal d'Annebault dont la présence en Piémont avait été jugée nécessaire pour rétablir une situation un temps compromise[3] ». Certes, l'habile cardinal maniait bien « les affaires, mesmes les principaulx et plus

---

1   AS Modena, Cart. amb., Francia 16, Carlo Sacrati au duc de Ferrare, Paris, 12 février 1541.

2   Tournon, *Correspondance*, p. 222, lettre au cardinal Farnèse, Fontainebleau, 26 novembre 1541 ; le frère du maréchal d'Annebault ne fut pas compris dans la promotion suivante ; *cf.* p. 481.

3   M. François, *op. cit.*, p. 193. M. François pensa que le cardinal était devenu « le conseiller le plus écouté » du roi : à l'appui, le biographe de Tournon citait une lettre du cardinal dans laquelle il affirmait devoir constamment rester auprès du roi tant que dureront les absences de l'amiral Chabot et du maréchal d'Annebault (Tournon, *Correspondance*, p. 226, lettre à Georges d'Armagnac, [Frontignan], 18 octobre 1542, aussi éd. dans G. d'Armagnac,

secretz[1] », mais on remarque, à l'examen des circonstances particulières, que Tournon n'assumait pleinement ce rôle qu'en cas d'indisponibilité de ses « collègues » favoris. En temps ordinaire, les plus hautes responsabilités devaient échoir à Chabot, et après lui, d'Annebault[2]. Réciproquement, Chabot et d'Annebault devaient être en mesure de compenser les absences du cardinal. Ainsi, en avril 1541, lorsque le cardinal de Tournon se trouva empêché par une maladie de présenter au roi les lettres reçues de la part duc de Clèves, il les envoya au maréchal d'Annebault afin qu'il le remplaçât dans ce rôle[3].

Tournon ne fut jamais le conseiller favori de François Ier. Toutefois, associé à Chabot et d'Annebault, « il était quelque chose » et avait rang, contrairement au temps du connétable où il « n'était rien[4] ». Cette association, reposant sur un principe de subsidiarité, n'excluait évidemment pas une répartition des tâches[5]. Dans le cas de Claude d'Annebault, cela se traduisit par un élargissement considérable des matières sur lesquelles il avait compétence et responsabilité, au premier rang desquelles étaient encore les relations internationales.

LE TRAITÉ D'AMITIÉ FRANCO-DANOISE

En 1541, Claude d'Annebault prit pour la première fois part aux négociations d'un traité d'alliance. Christian III, roi protestant du Danemark, tenait captif son oncle le roi déchu Christian II, beau-frère de l'empereur, et voulait s'affranchir de la domination impériale. François Ier fit appel à lui pour élargir vers le nord de l'Europe son réseau d'alliances, et lui fit porter le collier de l'ordre de Saint-Michel ; en retour le roi du Danemark envoya des ambassadeurs, Eskil Bild, Pierre Savenius et Éric Krabben, qui

---

Correspondance, op. cit., t. I, p. 218-219 et Jacques Sadolet, Lettere del card. Jacopo Sadoleto, éd. A. Ronchini, Modène, 1871, p. 64-65).

1   ÖStA, FrBW 9, François de Saint-Vincent à Charles Quint, Amboise, 12 mai 1541.

2   Cf. par exemple AS Venezia, Secr., AP, amb. Francia, reg. 3, fol. 111v-115, Dandolo au Sénat de Venise, Paris, 28 février 1542 [n. st.].

3   Tournon, Correspondance, p. 220, lettre à Guillaume de La Marck, Les Arpentis, 23 avril [1541].

4   ANG, t. III, Capodiferro au cardinal Farnèse, Fontainebleau, 10-12 mars [1543].

5   Cf. p. 498-503 l'analyse plus détaillée de ce système de subsidiarité entre Claude d'Annebault et François de Tournon, après la mort de Chabot. Voir aussi C. Michon et F. Nawrocki, « François de Tournon (1489-1562) », dans Les conseillers de François Ier, op. cit., p. 507-525.

arrivèrent à Fontainebleau le 15 novembre[1]. Côté français, les négociateurs furent Chabot, Tournon, Poyet et d'Annebault, qui reçurent leurs pouvoirs le 22 du même mois[2].

Le traité fut signé le 29 novembre 1541[3]. Il consacrait l'amitié des deux souverains, « pourvu que ne fust question de la diminution des droits du Sainct Empire ». Concrètement, les articles portaient sur un aide mutuelle de douze vaisseaux pour la France, et six pour le Danemark, dont le roi s'engageait à fermer le Sund aux vaisseaux des ennemis de la France, et à lever des lansquenets[4]. Cet accord fut une étape importante dans la constitution de la vaste alliance désirée par François Ier, qui devait rassembler la France, l'Écosse, la Suède et le Danemark[5]. Le roi de Suède fut le dernier à s'y joindre, par le traité de Ragny (10 juillet 1542). La ligue était défensive et offensive, mais Charles Quint n'était pas expressément nommé[6]. Cette politique était si complexe qu'à la fin de l'automne, il n'était pas rare de voir siéger le conseil des aurores à la tombée de la nuit[7]. Pour Claude d'Annebault, l'expérience fut d'autant plus enrichissante qu'elle était intensive, et il ne tarda pas à imposer sa compétence en matière diplomatique.

---

1   *CAF*, n° 12214 ; leurs pouvoirs étaient datés d'Ellenboyen, 12 septembre 1541 (*cf.* par exemple BnF, Fr. 15966, fol. 245-v et Arch. MAE, MD, Danemark, 9, fol. 65-66).

2   *CAF*, t. VIII, p. 708, n° 32983 ; conservés au Arch. MAE, MD, Danemark, 9, fol. 63-64v et *ibid.*, CP, Suppl. 1, fol. 52v, et nombreuses copies à la BnF (Fr. 15966, fol. 243-245).

3   *C.AF.*, t. IV, p. 260, n° 12214 ; Du Mont, *Corpus universel diplomatique, op. cit.*, t. IV, 2e partie, p. 216, col. 2 ; copie du traité dans BnF, Dupuy 518, fol. 6-13 ; copie XVIIe dans Arch. MAE, MD, Danemark, 9, fol. 56-63, etc.

4   J.-C.-L. de Sismondi, *op. cit.*, t. XVII, p. 113. Cet accord fut mis en application l'année suivante, en juin 1542, quand le roi de Danemark envoya des lansquenets à François Ier, pour servir contre l'empereur (BnF, It. 1715, p. 326-329, Matteo Dandolo au doge de Venise, Vallon, 7 mai 1542, copie XIXe).

5   M. François, *op. cit.*, p. 186.

6   Pour la Suède, *cf.* dossier constitué par des papiers de 1542-1543 dans BnF, Fr. 15966, fol. 1-24v et fol. 139-164 ; voir aussi G. Ribier, *op. cit.*, t. I, p. 570-571, lettre du roi de Suède à François Ier, 14 août 1543.

7   Lettre de William Paget à Henry VIII, Paris, 7 décembre 1541 : « The admiral, chancelor, d'Anebault and cardinals Turnon, Ferrare and Bellaye sit daily in council, from before daylight to six at night » ; Cambridge, Caius College, 597, p. 12 (enregistrement contemporain), cité par M. François, *op. cit.*, p. 187 n. 1 (et *L&P*, t. XVI, p. 666-668, n° 1427).

UN CHAMP D'ACTION DIPLOMATIQUE ÉLARGI

La présence de Claude d'Annebault au conseil étroit, où se discutaient toutes les questions de politique internationale, lui permit d'élargir le champ de ses compétences[1]. Il était toujours très actif dans la politique d'Italie du nord, où il possédait des relais nombreux et fiables, grâce à ses hommes en Piémont, ainsi que des réseaux personnels directs. Il eut ainsi recours à un certain Sachetto, qui selon l'ambassadeur vénitien, était l'un de ses hommes, pour négocier un accord entre le roi de France et le duc d'Urbino à l'automne 1541[2]. En revanche, la participation de Claude d'Annebault aux affaires germaniques, comme à l'occasion des négociations franco-danoises, devait rester très occasionnelle. La responsabilité en revenait à l'amiral Chabot[3] et, en second lieu, au cardinal de Tournon, qui avaient leurs réseaux d'agents et d'informateurs outre-Rhin. Cependant, ces réseaux paraissaient encore rudimentaires et peu fiables, par rapport à ceux du cardinal de Lorraine et du cardinal Du Bellay :

> Le s[r] roy, remarqua l'ambassadeur de l'empereur, Nicolas Villey, estoit mal servy en la Germanye, car il prenoit confidence a ung personnaige que le cardinal de Tournon avoit dez longtemps envoyé, qui ne faisoit que mentir et n'avoit jamais ced. personnage advertissemens que par varletz et personnes de semblables qualitez ; aussi tenoit en la Germanye mons[r] l'admiral ung aultre personnaige qui ne faisoit mieulx que celluy dud. cardinal[4].

Claude d'Annebault semble s'être davantage impliqué dans les affaires anglaises. Lorsque s'amorça, fin mars 1542, un rapprochement entre Charles Quint et Henri VIII, il passa deux jours entiers avec le roi, l'amiral et le chancelier à examiner les traités passés avec l'Angleterre[5]. La maladie prolongée de l'amiral lui donna l'occasion de s'y employer davantage. Début février 1543, alors que n'était pas encore signé le

---

1   *Cf.* aussi plus haut, l'exemple de la maladie de Tournon, qui confia à d'Annebault le soin de le suppléer pour les affaires des princes protestants.
2   AS Venezia, Secr., AP, amb. Francia, reg. 3, fol. 85-86v, Dandolo au Sénat de Venise, Melun, 27 novembre 1541 : ce Sachetto avait plusieurs fois porté à poster des dépêches de l'ambassadeur.
3   Par exemple ÖStA, FrHK 1, lettre de la reine Éléonore à Charles Quint, [juin 1542].
4   ÖStA, FrBW 10, fol. 1-5 (en chiffre), copie d'une Nicolas de Villey, s[r] de Marvol, au cardinal de Granvelle, Paris, 24 janvier 1542.
5   *L&P*, t. XVII, p. 96, n° 212.

traité de Barcelone qui devait entériner l'alliance de l'empereur et du roi d'Angleterre, Claude d'Annebault donna avec le roi l'ordre d'arrêter en représailles tous les navires marchands britanniques[1]. Le 14 février, le secrétaire William Paget adressa des protestations officielles au conseil, où siégeaient d'Annebault, Tournon et les secrétaires Bochetel et Bayard. Selon Paget, la responsabilité de ces mesures jugées scandaleuses revenait aux « fantaisies » du maréchal d'Annebault :

> Si j'avais été hors de leur présence, j'aurais pu rire des fantaisies de monsʳ Danebaultz, parce que je n'ai jamais parlé de ma vie, autant que je m'en souvienne, à un homme qui devrait être sage et qui ait aussi peu de raison[2].

Paget tenait le cardinal de Tournon et le maréchal d'Annebault pour responsables de l'échec de sa mission : selon lui, le premier était incapable de parler, quand le second se donnait plus d'importance qu'il n'en avait réellement. Paget, visiblement furieux, trouvait très regrettable qu'à cause de la maladie de l'amiral Chabot, le gouvernement soit confié à ces deux incompétents. Pourtant, le cardinal de Tournon avait une longue expérience des affaires. Quant au maréchal, il apprenait vite et avait la confiance du roi. Ainsi, François Iᵉʳ le chargea de traiter directement avec les ambassadeurs pour faire avancer les négociations de paix. Au début de mars 1543, d'Annebault eut un long entretien avec le nonce Capodiferro à ce sujet, mais il dut s'interrompre car le roi l'avait déjà fait appeler par deux fois, signe de l'importance de ses responsabilités, en l'absence de l'amiral[3].

L'ARGENT DU ROI

Claude d'Annebault joua sans doute un rôle insignifiant dans les questions financières avant mai 1541. Ces affaires étaient jusqu'alors principalement dévolues au chancelier Poyet, alors sur le déclin. Poyet s'était avéré incapable de trouver les expédients nécessaires au financement,

---

1   Le 4 février 1543. *Cf. L&P*, t. XVIII, part I, p. 77, nᵒ 114, où il est dit, sans doute par erreur, que les lettres étaient signées du roi, de d'Annebault et de Bayard ; les deux derniers étaient sans doute plutôt mentionnés présents. Le traité de Barcelone ne fut signé que le 11 février, mais l'alliance du roi d'Angleterre et de l'empereur était déjà prévisible plusieurs semaines plus tôt.

2   *Ibid.*, p. 97-98, nᵒ 163, William Paget à Henri VIII, Paris, 15 février 1543.

3   *ANG*, t. III, p. 193, Capodiferro au cardinal Farnèse, 10-12 mars [1543].

à hauteur de 300 000 écus, de l'expédition de Fregoso et Rincon, mais ce dernier était finalement parvenu à rassembler la somme grâce à l'intervention d'un de ses amis, « le general de Milan[1] ». Une fois de plus furieux contre son chancelier, François Ier lui retira aussitôt la responsabilité des finances et la confia conjointement à d'Annebault et Tournon, malgré leur inexpérience en la matière, comme le raconte l'ambassadeur de l'empereur, François de Saint-Vincent :

> Led. roy, voyant que le chancelier entend assès mal le fait des finances, a ordonné audit cardinal de Tournon et Hannebault d'y avoir regard, lesquels je tiens y entendent tous deux mesmes que moy[2].

Claude d'Annebault se vit également confier un certain droit de regard sur le trésor du Louvre. François Ier choisit de lui confier la garde des deux clés du coffre du trésor[3] traditionnellement aux mains du grand maître de France. En fait, c'est un problème très ponctuel – le financement d'une expédition militaire en Picardie – qui poussa le roi à écrire à Montmorency de les envoyer au maréchal[4]. En outre, d'Annebault passe également pour l'un des instigateurs de la tentative d'uniformisation de la gabelle dans le royaume, décrétée par l'édit de Châtellerault du 1er juin 1541[5], mais rien ne prouve qu'il y ait joué un rôle déterminant.

---

1   Peut-être s'agit-il de Guibert Jariel, contrôleur général des finances de Milanais en 1525 (*CAF*, t. VII, p. 60), qui aurait conservé le titre malgré la possession de la province par Charles Quint.

2   ÖStA, FrBW 9, François de Saint-Vincent à Charles Quint, Amboise, 12 mai 1541.

3   Ce coffre comportait quatre serrures (*cf.* P. Hamon, *L'Argent du roi, op. cit.*, p. 423, pour qui ce changement de main est un « beau symbole à la fois de la place » du connétable « en 1540 et de sa disgrâce » ; *ibid.*, p. 424 : Henri II fut le premier roi à envisager de diviser le trésor en plusieurs coffres).

4   BnF, Fr. 20856, fol. 91, François Ier au connétable de Montmorency, Saint-Ayoul, 13 février 1542 [n. st.] : « pour ce que je veulx faire tirer partie des escuz estans ou coffre de mon tresor ou Louvre, envoïez incontinant les deux clefz que vous avez dud. coffre a mon cousin le mareschal d'Annebault, afin qu'il face faire ouverture d'icelluy par les s[rs] de Villeroy et general de Normandie, et qu'il en soit tiré ce que j'ay ordonné » ; *cf.* aussi *ibid.*, fol. 95, Claude d'Annebault à Anne de Montmorency, Paris, 14 fév 1542. L'affaire est aussi relatée par Decrue, p. 404.

5   J.-C.-L. de Sismondi, *op. cit.*, p. 131, selon que cet expédient, suggéré par « les deux conseillers qui lui restoient, Annebault et le cardinal de Tournon, avoit une apparence de justice et de régularité qui pouvoit séduire ces deux ministres honnêtes mais peu clairvoyans. Il consistoit à augmenter les produits de la gabelle du sel, en rendant le prix du sel égal pour tout le royaume. »

Toutefois, à compter de cette époque, Claude d'Annebault fut régulièrement mêlé aux affaires financières. On conserve une liste, datée du 20 février 1543, des conseillers appelés par le roi à un conseil « pour le fait des finances[1] ». Ils étaient au nombre de cinq : François de Tournon, François de Montholon (garde des sceaux depuis l'arrestation de Poyet), l'amiral Chabot, le maréchal d'Annebault et François Errault de Chemans ; y siégeaient également les secrétaires Bayard et Bochetel, et le trésorier de l'Épargne ; un huissier devait rester dehors et garder l'entrée, pour préserver le secret des délibérations. Le cardinal de Tournon, dont la présence au premier rang des personnages cités ne signifie rien en elle-même, fut peut-être le chef de ce conseil, qu'il réunissait parfois chez lui[2]. « Les décisions financières », a remarqué l'historien Philippe Hamon, « doivent être prises en petit comité[3]. »

Cette liste ne peut toutefois pas être considérée comme l'acte de naissance d'une institution nouvelle : rien ne prouve qu'elle n'ait pas connu de précédent, et ce genre de rôle devait être de temps à autre dressé pour le conseil étroit[4]. D'ailleurs, le conseil « des finances » n'était sans doute qu'une forme particulière de celui-là[5], et l'on y retrouve les mêmes personnages, à l'exception de François de Saint-Pol, sans doute assez peu compétent pour les questions non militaires ; François Errault de Chemans y fit son apparition, car ses liens avec Tournon et surtout d'Annebault avaient favorisé son entrée aux conseils, peut-être parce que le garde des sceaux Montholon n'était pas un juriste de la trempe de Poyet[6]. Quand au trésorier de l'Épargne, sa présence est la seule

---

1   BnF, Fr. 3005, fol. 109, et BnF, Clair. 339, fol. 3, et copie tardive dans les portefeuilles Fontanieu, BnF, NAF 7695, fol. 285-286, « roole de ceulx que le Roy veult entrer en son conseil pour le fait de ses finances » ; publié en appendice de la thèse latine de Francis Decrue, *De consilio Regis Francisci I*, Paris, 1885, p. 91-92.

2   P. Hamon, *L'Argent du roi, op. cit.*, p. 375, n. 189.

3   P. Hamon, « Le contrôle des finances royales : un enjeu politique sous François Iᵉʳ », dans *François Iᵉʳ et Henri VIII. Deux princes de la Renaissance (1515-1547)*, actes du colloque tenu à Londres du 9 au 11 mai 1991, éd. Charles Giry-Deloison, p. 165-176.

4   On peut d'ailleurs supposer que le conseil « des finances » n'était réuni que de façon très exceptionnelle, peut-être même deux fois l'an, pour examiner les recettes et dépenses de la monarchie et dresser un état prévisionnel, puis un état au vrai ; l'absence de sources nous condamne à demeurer dans l'incertitude.

5   Remarquons que ce conseil est « estably tant pour lesd. finances que pour les matieres d'Estat ».

6   Le duo Montholon-Errault remplaçait le chancelier, mais le garde des sceaux (retirés à Poyet) était bien Montholon, contrairement à ce qui est parfois dit, et François Errault de Chemans ne les prit qu'à la mort de son collègue.

qui distingue vraiment ce conseil des finances. Le rôle du 20 février 1543 donnait aussi une liste d'exclus, qui n'étaient autorisés à assister qu'aux requêtes, « s'ilz le veullent » ; ce sont des conseillers importants de François Ier, comme le cardinal de Ferrare ou Claude de Guise[1], appelés d'ordinaire au Conseil du roi pour les séances de l'après-midi, plus rarement – ou jamais – au conseil « étroit », du matin. Cependant, il est évident que la composition des conseils « pour le fait des finances » fut modifiée dès le mois de juin, avec les disparitions successives de Chabot et de Montholon.

Il était sans doute normal que Claude d'Annebault, en tant que suppléant du conseiller favori, se tînt au courant des principales affaires de finances, nerf de la diplomatie et de la guerre. De plus, le roi l'avait désigné pour succéder au grand maître Anne de Montmorency dans la tutelle du trésor du Louvre, dont il possédait deux clés. Cela l'imposait comme le « tuteur » de l'argent du roi, à défaut d'en être un véritable spécialiste et un homme de réseaux financiers. Il est cependant peu probable qu'il ait eu un grand poids dans les réformes les plus techniques, par exemple la réorganisation des recettes générales par des édits de décembre 1542[2]. Mais il prenait part aux conseils traitant des affaires de finances depuis le départ de Montmorency, et dut se forger peu à peu une certaine expérience ; ainsi, son implication réelle dans ces matières allait croître par la suite, notamment pour le développement des emprunts royaux.

LES QUESTIONS MILITAIRES

D'Annebault joua très tôt un rôle dans les affaires militaires du royaume. Il était régulièrement convoqué aux conseils de guerre depuis 1538, lorsqu'il devint maréchal de France – voire depuis 1535-1536, en tant que colonel général des chevau-légers. Les maréchaux étaient les

---

1   Ce sont les cardinaux de Bourbon, de Ferrare et Du Bellay, l'évêque de Soissons, le comte de Saint-Pol, Claude de Guise, le chancelier d'Alençon (François Olivier), les parlementaires Rémon et Bertrandi, et Claude de Boisy.

2   Sur l'impact de ces réformes, cf. P. Hamon, *L'Argent du roi, op. cit.*, p. 274-277, et aussi p. 333 : « grâce au travail effectué au cours de la période précédente, une relative mise en ordre a eu lieu et la monarchie peut miser sur cet acquis » ; on trouvera les textes de ces édits dans François-André Isambert, *Recueil général des anciennes lois françaises*, Paris, 1827-1833, 29 vol., t. XII, p. 796 et 805.

principaux officiers militaires après le connétable et, désormais, l'amiral. Leurs pouvoirs furent encore renforcés en 1544 par une ordonnance qui leur réserva la connaissance exclusive du licenciement des hommes d'armes et archers, fait par les contrôleurs et commissaires des guerres. Le maréchal d'Annebault était présent au conseil qui décida de cette réforme centralisatrice, grâce à laquelle diminuait l'influence des chefs et « entrepreneurs » de guerre[1]. En ces matières, d'Annebault était alors plus compétent et expérimenté qu'en finances ou même en diplomatie. François Ier écoutait donc volontiers ses conseils : par exemple, lorsqu'il suggéra au mois de janvier 1542 de ne préparer la guerre qu'après avoir amassé suffisamment d'argent pour entretenir une grande armée pendant huit mois, le roi et les autres conseillers se rangèrent à son avis[2].

Le maréchal, devenu indispensable au roi, ne quittait plus guère la cour. Il déléguait donc les revues de sa compagnie de gens d'armes et de la cavalerie légère, et s'absentait de moins en moins de la cour pour visiter ses domaines. Par contre, il faisait parfois de courts voyages à des fins stratégiques, par exemple lorsqu'il visita avec Oudart Du Biez, gouverneur de Boulogne, les places de Picardie en février 1542 pour en inspecter les garnisons[3]. Les frais de ce trajet avaient servi de prétexte à donner les clefs du trésor à Claude d'Annebault, qui partit par la poste le 15 février au matin[4], accompagné du jeune Antoine de Bourbon-Vendôme, avec ordre de revenir à Paris pour la première semaine de carême[5]. De fait, ils furent accueillis à la cour le soir du 24 février[6]. Il leur avait suffi de quelques jours pour visiter les places fortes et prendre les dispositions nécessaires à la défense des frontières, qu'ils laissèrent « bien munies[7] ». L'objectif premier de leur voyage était surtout de prendre connaissance

---

1   *CAF*, t. IV, p. 401, n° 12880 ; AN, Z[IC] 5, fol. 187v, copie du XVIIIe siècle dans BnF, NAF 7695, fol. 227-232, Fr. 2965, fol. 75 *sq.* (copie coll. sur l'orig. faisant partie des archives de la connétablie, le 8 janvier 1546 [n. st.]), daté de Paris, 10 février 1543 [n. st.].

2   *L&P*, t. XVII, p. 716, appendice B, n° 4, Eustache Chapuys à Charles Quint.

3   BnF, Clair. 338, fol. 164, copie d'une François Ier à François de Montmorency, seigneur de La Rochepot, Paris, 28 février 1542.

4   BnF, Fr. 20856, fol. 95, Claude d'Annebault à Anne de Montmorency, Paris, 14 février 1542.

5   AS Modena, Cart. amb., Francia 17, Lodovico Thiene au duc de Ferrare, Paris, 18 février 1542.

6   *Ibid.*, Lodovico Thiene au duc de Ferrare, Paris, 25 février 1542.

7   AS Venezia, Secr., AP, amb. Francia, reg. 3, fol. 110-111v, Matteo Dandolo au Sénat de Venise, Paris, 26 février 1542 [n. st.].

de l'état d'avancement des travaux de fortification et de dresser le bilan des atouts et faiblesses des positions françaises, afin de pouvoir ensuite élaborer au conseil un plan de guerre pour les mois à venir.

D'Annebault, assisté du duc d'Estouteville, fut donc principalement chargé d'organiser la défense de la frontière picarde en 1542. Il réunit en Picardie 6 000 hommes de pied en plus des bandes ordinaires pour garder le château de Gouy[1], nouvellement élevé aux environs de Saint-Quentin. Pendant ce temps, les capitaines s'impatientaient, mais lorsque les comtes de Pitigliano et de La Mirandole demandèrent quand ils devaient être prêts, d'Annebault leur répondit sèchement « que le roi voulait faire la guerre, mais qu'il revenait au Conseil de savoir quand, et aux serviteurs de se tenir toujours prêts ». D'Annebault et les principaux conseillers du roi considéraient que la stratégie militaire décidée en conseil ne devait pas s'ébruiter hors de ce cercle restreint[2]. Enfin, comme la santé de l'amiral se dégradait semaine après semaine, il fut bientôt évident que le commandement de toutes les armées serait cette fois laissé au seul maréchal d'Annebault. En cette occasion, celui-ci allait connaître ses premiers grands échecs.

LE DÉSASTRE DE PERPIGNAN

UNE GUERRE INÉVITABLE

À l'hiver 1541-1542, la guerre que l'on attendait depuis près d'un an n'était toujours pas ouvertement déclarée entre le roi et l'empereur, mais l'un et l'autre camp accéléraient les préparatifs. En effet, une fois de plus, l'empereur devait aller en Italie avec 10 000 lansquenets, soi-disant pour combattre les Turcs[3], mais on pensait qu'en réalité, il convoitait le Piémont. Dès février, Paul de Termes, à Turin, avait averti Claude d'Annebault d'inquiétants mouvements de troupes de garnison entre les places limitrophes, tandis que le marquis del Vasto recrutait

---

1   Dép. Aisne, arr. Saint-Quentin, cant. Le Catelet.

2   *L&P*, t. XVII, p. 73-75, n° 166, William Paget à Henry VIII, Paris, 13 mars 1542.

3   *Ibid.*, p. 139, Capodiferro au cardinal Farnèse, Cluny, 17 avril 1542.

toujours plus de soldats[1]. Sans attendre, pendant que le maréchal d'Annebault organisait la défense de la Picardie, François Ier recruta 500 chevau-légers destinés à renforcer les effectifs de Piémont. Sur place, Termes recrutait de nouvelles troupes et préparait les défenses[2] : bientôt, il annonça fièrement que tout serait prêt à la mi-mars[3]. Les levées se poursuivirent par la suite, l'objectif étant de maintenir outre-monts, au début du printemps, 2 000 soldats italiens, 6 000 Français et Gascons, 4 000 Suisses, 500 hommes d'armes et 1 400 chevau-légers. En juin 1542, Jean de Taix fit un court séjour en Piémont pour dresser l'état des troupes et provisions qui s'y trouvaient concentrées : il dénombra environ 10 000 gens de pied, 100 chevau-légers et 300 ou 400 gens d'armes, ce qui était encore trop peu pour une grande offensive. Les provisions accumulées dans les places étaient, en revanche, très suffisantes et vrai-semblablement plus abondantes que du côté des places impériales, ce qui donnait l'assurance de pouvoir entretenir l'armée plus longtemps, en cas d'affrontement prolongé[4].

Pendant ce temps se multipliaient les incidents et les sujets de ten-sions entre français et impériaux. En janvier, Piero Strozzi s'empara par surprise de la place forte impériale de Marano[5], en Vénétie, grâce à un stratagème et des accointances à l'intérieur. Ayant intercepté une lettre de Claude d'Annebault au cardinal de Lorraine, les agents de l'empereur eurent vite la preuve de l'implication des Français[6]. Quelques mois plus tard, Strozzi devait céder la place à Venise contre une somme suffisante pour rassembler à La Mirandole une armée de 10 000 fantassins italiens, au service du roi de France[7]. D'autre part, on eut en mars la preuve

---

1   BnF, Mor. 737, fol. 126-v, Paul de Termes à Claude d'Annebault, Turin, 12 février 1542.

2   *Ibid.* ; *ANG*, t. III, p. 127, Capodiferro au cardinal Farnèse, Paris, 3 février 1542

3   BnF, Mor. 774, fol. 132-133v, Paul de Termes à Claude d'Annebault, Turin, 22 février 1542 [n. st.].

4   ÖStA, FrBW 10, Nicolas de Villey à Marie de Hongrie, Paris, 23 juin 1542.

5   Marano Lagunare, Vénétie, province d'Udine ; peut-être la mission de Sachetto auprès du duc d'Udine, à l'automne précédent, était-elle liée à la préparation de cette entreprise (*cf.* p. 230).

6   ÖStA, FrBW 10, Konv. « Karl V – Marvol, I-V », fol. 13-15, Charles Quint à Nicolas de Villey (minute), 7 mars 1542 : un « capitaine Bertrand », serviteur du roi de France (peut-être Bertrand de Saint-Blancard), avait prêté son concours à l'opération.

7   *Cf.* J. C. L. de Sismondi, *op. cit.*, t. XVII, p. 192 ; cette même année, Claude d'Annebault obtint pour Piero Strozzi la charge de chambellan, en récompense de son succès à Marano (AS Vaticano, AA I-XVIII 6531, fol. 103-104, Giovanni Stanchini au cardinal Farnèse, Saint-Germain, 2 février 1542).

certaine de la mort de Fregoso et Rincon[1], qui fournissait le prétexte idéal pour accuser l'empereur d'avoir rompu les trêves de son propre chef. Au même moment, le capitaine Polin rentrait de son ambassade à Constantinople avec la promesse de l'appui inconditionnel du sultan, sur terre comme sur mer[2].

Les nouvelles d'Italie étaient alors plus inquiétantes que jamais : un serviteur du roi, que l'on pensa dans un premier temps être Polin de La Garde, avait été assailli sur le chemin de Venise et laissé pour mort par des gens du marquis del Vasto ; en outre, tous ses papiers, courriers et dépêches, auraient été emportés. François Ier ordonna aussitôt des mesures pour interdire dans toutes ses terres le passage des sujets de l'empereur, comme en temps de guerre. Claude d'Annebault fut chargé d'en avertir l'ambassadeur de l'empereur à la cour de France, ce qu'il fit, en lui conseillant « d'envoyer devers Sad. Majesté a diligence pour l'en advertyr et avoir la provision convenable a faire cesser telles vyolences, si elles se treuvoyent veritables, et devers led. s[r] marquis, pour aussi l'en advertir[3] ». Ces propos laissaient entendre que si l'empereur voulait faire preuve d'une meilleure volonté, le roi s'apaiserait et la paix serait sauvegardée. Pourtant, dès le mois de mai, il semble que François Ier ait pris la ferme décision d'entrer en guerre sans tarder : les deux principaux fronts défensifs, Picardie et Piémont, étaient bien munis, et l'on achevait de recruter les troupes nécessaires à une offensive. Bientôt, il n'aurait plus été possible de cacher ces intentions. Néanmoins, jusqu'au mois de juin, la duchesse d'Étampes laissait entendre que ni elle, ni l'amiral, ni le seigneur d'Annebault ne voulaient la guerre[4]. Ces dénégations restèrent sans effet, car aux yeux de tous, cette issue était désormais certaine[5].

---

1   En mars 1542, Guillaume Pellicier (*Correspondance politique*, p. 573-574) trouva un témoin de l'assassinat et découvrit les preuves que des documents signés et scellés par Fregoso les jours suivant le 9 juillet précédant avaient été falsifiés.

2   J. Ursu, *op. cit.*, p. 138.

3   ÖStA, FrBW 10, Konv. « Nicolas Villey an Karl V, 1542, V-VII », fol. 14-17v, *sommaire de la charge de Jaillon*, [15 mai 1542] ; ÖStA, FrBW 10, fol. 45-56, retranscription déchiffrée d'un rapport fait le docteur Jaillon, envoyé par Nicolas de Villey à Charles Quint, 15 mai 1542 ; Villey ayant aussitôt envoyé Jaillon à l'empereur, le roi se tint pour satisfait et suspendit les mesures qu'il avait ordonnées.

4   ÖStA, FrBW 10, fol. 30-39v, copie d'une lettre de Nicolas de Villey à Charles Quint [23 juin 1542].

5   AS Modena, Cart. amb., Francia 17, Lodovico Thiene au duc de Ferrare, Vassy, 4 juin 1542 : « *dubitan qualche volta de non errare : ma consyderate le parole de mons[r] de Anibaü [...], judico le cose per disperate* » (en chiffre).

LE COMMANDEMENT DES ARMÉES D'ITALIE

Les opérations avaient commencé avant même la déclaration de guerre[1]. La duchesse de Mantoue, bien renseignée par ses hommes en Montferrat, apprit avec inquiétude que les français ne cessaient d'avancer en Piémont, signe que la reprise du conflit était imminente[2]. De son côté, le marquis del Vasto protesta vigoureusement, disant que les Français ne respectaient pas leurs engagements de ne pas mettre plus d'hommes que nécessaire à la garde des places, tandis que lui-même ne tenait que deux garnisons dans ses forteresses du Piémont impérial[3] ; bien entendu, tout ceci était faux.

Tout se déroulait comme l'été précédent : un voyage de l'empereur contre les Turcs et son passage en Italie du Nord servaient de prétexte au renforcement des troupes françaises en Piémont, et toute l'Italie se mit à craindre d'être à nouveau le théâtre des pires affrontements. La croisade de Charles Quint ne pouvait alors suffire à différer le règlement de comptes, auquel il s'était bien préparé, bien qu'il s'en défendît. En avril puis en mai, la venue du maréchal d'Annebault était encore annoncée[4], pour venger le meurtre avéré de Fregoso et Rincon. Pourtant, son départ fut une fois de plus retardé, sans doute parce qu'il était désormais plus nécessaire au conseil, où il discutait quotidiennement avec le roi et l'amiral de la stratégie à adopter[5], qu'à Turin, où Guillaume Du Bellay remplissait très bien son office[6]. Fin mai, il demeurait encore à Joinville

---

1   François Ier n'adressa sa déclaration officielle à Charles Quint que le 10 juillet à Ligny-en-Barrois (F. Pinard, *op. cit.*, t. III, p. 582) ; dans une proclamation diffusée dans tout le royaume, il dressait la liste de tous les outrages infligés par l'empereur, au premier rang desquels le meurtre des ambassadeurs, « une injure si grande, si exécrable et si estrange envers ceulx qui ont tiltre et qualité de prince, qu'elle ne se peult aulcunement oblier, souffrir ne tollérer » (R. J. Knecht, *François Ier, op. cit.*, p. 477) ; *cf.* aussi Bartolomé Bennassar, « Les relations entre Charles Quint et François Ier », dans *François Ier du château de Cognac au trône de France*, colloque de Cognac (septembre-novembre 1994), Cognac, 1995, p. 234.

2   AS Mantova, Cop. ris., 2973, premier registre, fol. 128, la duchesse de Mantoue à Benedetto Agnello, Mantoue, 31 mai 1542 (minute).

3   BnF, Fr. 2846, fol. 89-92, réponse de del Vasto à Du Bellay, 15 mai 1542.

4   *Cf.* par exemple BnF, It. 1715, p. 326-329, Matteo Dandolo au doge de Venise, Vallon, 7 mai 1542 (copie XIXe). D'Annebault envoya vers le 10 mai son maître d'hôtel en Piémont pour préparer son arrivée (*ibid.*, p. 329-331, lettre du 13 mai 1542).

5   *Cf.* la lettre de Lodovico Thiene au duc de Ferrare déjà citée du 4 juin 1542 et ANG, t. III, p. 139, Capodiferro au cardinal Farnèse, Cluny, 17 avril 1542.

6   ÖStA, FrVa 3, lettres échangées par Du Bellay et del Vasto, 22-26 mai 1542, copies auth. : justifications données par Guillaume Du Bellay au marquis del Vasto au sujet

avec la cour, tandis que s'achevaient les montres de toutes les compagnies d'ordonnance, qui devaient – à l'exception des 900 lances envoyées en Provence – se diriger vers les frontières. À Vassy, les employés de la poste avaient ordre de tenir une dizaine de chevaux prêts pour son départ[1], et il partit finalement « en toute diligence » le 4 juin, accompagné de seulement deux compagnons[2], dont n'était pas Charles de Brissac, qui devait le rejoindre peu après pour le seconder[3]. Pour la première fois, Claude d'Annebault commandait toutes les armées d'Italie dans une véritable guerre. Jacques de Saint-Julien dirigeait les Suisses, Gian Polo da Ceri les bandes italiennes, et Charles de Brissac les gens de pied[4]. D'Annebault emmenait avec lui 8 000 Suisses, qui avaient prêté serment à lui et non au roi[5], 6 000 hommes de pied français, 6 000 italiens et 2 000 chevau-légers[6] ; il était aussi accompagné de sa femme et de sa fille qui devait épouser le marquis de Saluces[7]. Les renforts, ajoutés aux troupes déjà présentes, pouvaient porter le total des effectifs militaires français en Piémont à plus de 35 000 hommes.

LA CAMPAGNE INUTILE

À Turin, Guillaume Du Bellay attendait avec impatience la venue du maréchal d'Annebault, annoncée dans une dépêche du 30 mai, et il lui écrivit son inquiétude à propos des grandes difficultés à assembler des troupes de mercenaires italiens, quand les princes interdisaient à leurs sujets d'entrer au service de l'un ou l'autre des belligérants. En outre, la charge des soldats était d'autant plus lourde pour la province qu'ils

---

des préparatifs français et de la venue de d'Annebault.

1 AS Modena, Cart. amb., Francia 17, Lodovico Thiene au duc de Ferrare, Vassy, 29 mai 1542.
2 ÖStA, FrVa 3, fol. 133-146v, lettre du vice-chancelier Jean de Naves à Louis de Praet, Nuremberg, 24 juin 1542 (copie auth.).
3 *Ibid.*, lettre du même au même, Vassy, 4 juin 1542 ; la veille, il donna procuration à son frère Jacques d'administrer ses terres et de le représenter dans les procès (AN, MC ET/XIX/161, 31 août 1542).
4 *L&P*, t. XVII, p. 192, n° 328, William Paget à Henri VIII, Villemorin, 15 mai 1542.
5 A. Desjardins, *Négociations diplomatiques*, t. III, p. 23-25, *notes confidentielles communiquées par un ami*, 7-10 mai 1542 : « Che li Svizzeri hanno fatto giuramento a monsignor d'Annebaut e non al re. »
6 Du Bellay, *Mémoires*, t. IV, p. 68 ; *L&P*, t. XVII, p. 224, n° 381.
7 BnF, It. 1715, fol. 333, Matteo Dandolo au doge de Venise, Bar-sur-Seine, 17 mai 1542 (copie XIXᵉ).

vivaient sur le pays, sans percevoir encore leur paiement, au risque que les Français ne s'aliénassent la population locale[1]. Guillaume Du Bellay était pressé de voir arriver Claude d'Annebault, afin qu'il décidât de passer à l'offensive avant que leurs adversaires n'eussent achevé de se mobiliser.

À partir du début de juin, d'Annebault reprit l'exercice de ses fonctions de gouverneur[2]. Cependant, le rôle de Claude d'Annebault se limita essentiellement à préparer la guerre et à rétablir l'ordre : dès son arrivée, il déjoua avec Jean de Taix une conspiration visant à livrer la capitale de la province et fit exécuter les traîtres[3]. Comme il devait rester peu de temps et se consacrer avant tout aux opérations militaires, il laissa l'essentiel de ses attributions de gouverneur à Guillaume Du Bellay. Le registre des délibérations de la ville de Turin fait état de plusieurs requêtes sur les taxes, le prix du sel, les marchés de grains, qui furent adressées en juin et juillet à Guillaume Du Bellay, alors même que d'Annebault était présent dans la province, mais pas toujours à Turin même[4]. La seule exception notable est une supplique adressée au « seigneur d'Annebault, maréchal du roi », pour obtenir la naturalisation des marchands et l'exemption du droit d'aubaine sur leur succession : une telle requête, qui supposait que le roi prît un édit spécifique, avait en effet plus de chances d'aboutir par l'intermédiaire du maréchal[5]. À

---

1 Pellicier, *Correspondance politique*, t. II, *annexes*, p. 659-661, Guillaume Du Bellay à Claude d'Annebault, Turin, 5 juin 1542 ; *cf.* aussi BnF, Fr. 5155, fol. 5-v°, lettre du roi à Guillaume Du Bellay, Bar-sur-Seine, 12 mai 1542.

2 P. Pingone, *op. cit.*, p. 79 : « Anno Christi MDXLII, Claudius Annebaldus iterum summam rerum apud Taurinos gerit, quo tempore Caesar Fregosus et Antonius Rangonius legati regii ad Padum intervcepti, et necati, unde ruptis foederibus bella recruduerunt. » Ainsi que sept autres gouverneurs, d'Annebault avait été confirmé dans ses anciens pouvoirs de lieutenant général du roi et gouverneur de Piémont, le 23 mai 1542, en dérogation à l'édit du 21 mai précédent qui révoquait les pouvoirs de tous les gouverneurs (*CAF*, t. IV, p. 325, n° 12525 déjà cité).

3 *L&P*, t. XVII, p. 244-245, n° 432, William Paget à Henri VIII, Saint-Urbain, 24 juin 1542.

4 ASC Torino, Ordinati, reg° 1542-1543, fol. 27-36 (13 juin-24 juillet [1542]).

5 *Ibid.*, fol. 34, 17 juillet [1542] : « Propositum fuit quod postquam civitas Thaurinensium est unitta corone Francie, quod bonum esset quod fieret supplicatio ut admitteretur naturalitas [...] et si aliquis merchator decesserit, quod res succedit et quod vellit admittere hujus naturalitatem. Ordinatum fuit quod fiat supplicatio et porrigatur illa d[omino] d'Anibaud regis mareschallo, ut vellit providere super naturalitate [...] et super successione, quod filii merchatorum possint succedere patri » ; on note aussi une députation auprès du maréchal au sujet des importations de sel (*ibid.*, fol. 32, 10 juillet [1542]).

ces quelques détails près, Guillaume Du Bellay demeura donc *de facto*
lieutenant pour le Piémont, tandis que son frère Martin l'assistait au
gouvernement de Turin. Pierre d'Ossun[1] gardait les places méridionales
et Savigliano[2]. Pignerol fut confié à Antoine de Vassé[3].

Du Bellay ne voulait pas perdre de temps, car le marquis del Vasto
n'avait pas les moyens de se mettre en campagne sans dégarnir ses
places. Ainsi, si Piero Strozzi, les Vénitiens et les capitaines napolitains[4],
qui avaient assemblé une grosse armée à La Mirandole, marchaient sur
Crémone, le gouverneur de Milanais n'aurait d'autre choix que d'aller à
leur rencontre, en laissant « en proye » Chieri, Asti, Vercelli, Alexandrie,
Cherasco, Albe, Coni et Fossano – et Casale de Montferrat, où il avait
imposé à la duchesse une garnison impériale. Prenant les Impériaux
à revers, d'Annebault, avec Boutières et Brissac, aurait pu conquérir
aisément le comté d'Asti et les reliquats orientaux et méridionaux du
Piémont savoyard. Mais le maréchal, qui avait échafaudé ce stratagème
avec le seigneur de Langey, refusa de le mettre à exécution tant que le
roi n'en avait pas donné l'ordre ; car celui-ci ne voulait pas commettre
la traîtrise d'entrer ouvertement en guerre avant qu'elle ne fût officiellement déclarée, au grand dam de Du Bellay :

> Si durant six semaines ou deux mois que ledit sieur d'Annebault fut avesques
> lesdittes forces en Piemont inutile, on eust voulu, ladite entreprinse eust esté
> executée au nom dudict Strozy et des Neapolitains demandans estre restituez
> en leurs biens que l'empereur leur usurpoit ; mais voulant le roy commencer
> la guerre ouvertement et non a l'improviste, encores que du commencement
> il eust consenty et arresté ladite entreprinse, en fut diverty et la refusa ; mais
> j'ay ouy dire des proverbes de noz peres, que qui a le prouffit de la guerre,
> en a l'honneur[5].

Le maréchal d'Annebault avait sans doute conscience que la situation était
des plus favorables, mais il refusait de désobéir au roi. Par conséquent,
pendant cinq à six semaines, le Piémont souffrit inutilement de la présence
de cette grosse armée. Lorsque la guerre fut enfin déclarée, le 10 juillet,

---

1   Sur ce gentilhomme gascon, *cf.* Pellicier, *Correspondance politique*, t. II, p. 669, n.3, et la
    notice que lui consacra Brantôme, t. IV, p. 5.
2   Pellicier, *Correspondance politique*, t. II, p. 667-669, Guillaume Du Bellay à Claude
    d'Annebault, Turin, 3 août 1542.
3   Du Bellay, *Mémoires*, t. IV, p. 81 ; sur ce capitaine, voir Brantôme, t. IV, p. 94-97.
4   Alfonso di Sanseverino, duc de Somma, Giorgio Martinengo et Roberto Malatesta.
5   Du Bellay, *Mémoires*, t. IV, p. 68.

l'objectif prioritaire n'était plus l'Italie, et d'Annebault fut rappelé avec
son armée de l'autre côté des Alpes, pour mener une offensive sur le
Roussillon, tandis que Claude de Guise, sous le commandement nominal du jeune duc d'Orléans, déplaçait le front septentrional vers Ivoy et
Luxembourg. Avant de partir, Claude d'Annebault réorganisa les places
fortes[1] et laissa environ 14 000 hommes[2] à Guillaume Du Bellay, à des
fins défensives. Il lui donna pour l'assister Guigues de Boutières, mais
emmena avec lui l'ingénieur Marini, en prévision du siège de Perpignan.
C'est finalement avec une armée d'au moins 20 000 hommes[3] qu'il quitta
le Piémont vers le 20 juillet. Ceci qui ne manqua pas de surprendre le
marquis del Vasto qui, croyant à un stratagème pour assaillir Gênes ou
Nice, envoya des lansquenets sur les arrières du maréchal[4]. Guillaume
Du Bellay trouva là finalement l'occasion de mettre son projet à exécution : il tenta de surprendre Cherasco, Albe et Coni, mais faute de
troupes en nombre suffisant, il échoua[5]. En définitive, la « campagne »
de Claude d'Annebault en Piémont n'avait servi à rien[6].

PRÉPARATIFS DE LA CAMPAGNE DE ROUSSILLON

D'habitude, le roi de France et l'empereur se faisaient la guerre sur les
frontières picarde, champenoise et bourguignonne, ou en Italie. Il était
plus rare de les voir s'affronter du côté des Pyrénées, tant ces montagnes
semblaient délimiter naturellement la France et l'Espagne. Pourtant, un
certain nombre de ports permettaient le passage d'un versant à l'autre,
et en particulier le seuil du Lauraguais. Pour François Ier, il était donc
envisageable d'entrer en Espagne par ce moyen, ce qui aurait permis
de reprendre la Navarre espagnole, dont le roi, beau-frère du roi de
France, n'avait jamais renoncé à la possession ; depuis longtemps déjà,

---

1 *Ibid.*, t. IV, p. 81-82.
2 *CSP, Spanish*, t. VI, part II, n° 23 : François Ier écrivit le 9 juillet à L'Aubespine que
   d'Annebault avait amené 2 000 chevau-légers et les meilleures vieilles bandes qu'on pût
   imaginer.
3 D'après Du Bellay, *Mémoires*, t. IV, p. 77, 8 000 Suisses, 6 000 Italiens, 6 000 gens de
   pied des vieilles bandes, 400 hommes d'armes des ordonnances et 1 600 chevau-légers,
   soit exactement 22 800 hommes ; *cf.* aussi *CSP, Spanish*, t. VI, part II, p. 54-58, n° 23,
   instructions de François Ier à Claude de L'Aubespine, 9 juillet 1542.
4 Pellicier, *Correspondance politique*, t. II, p. 664-665, Guillaume Du Bellay au cardinal de
   Tournon, Turin, 24 juillet 1542.
5 Du Bellay, *Mémoires*, t. IV, p. 82 *sq.*
6 V.-L. Bourrilly, *Guillaume du Bellay*, p. 351-353.

Marguerite d'Angoulême réclamait à son frère qu'il lui fît restituer ses États, envahis en 1512 par Ferdinand d'Aragon. En outre, le Roussillon et la Cerdagne avaient autrefois intégralement appartenu à Louis XI, et il n'était pas utopique de penser à les reconquérir, en raison des fortes velléités d'autonomie de ces provinces[1].

Début juillet, il avait été décidé que d'Annebault devait rejoindre le dauphin à Lyon avant de faire route pour Narbonne[2]. À la fin du mois, le maréchal retrouva donc le dauphin et ils se rendirent ensemble à Avignon[3], où ils rassemblèrent leur armée. Ils la conduisirent à Nîmes, puis à Narbonne, où ils firent jonction avec les troupes de Montpezat, gouverneur de Languedoc, qui amenait la légion de Languedoc et une partie de celle de Guyenne, 6 000 lansquenets et de nombreux Suisses[4]. Le commandement nominal de cette armée revenait au dauphin Henri, dont le roi voulait parfaire l'éducation militaire par la direction d'un grand siège :

> Au mareschal d'Annebault, que pour vertu il avoit eslevé et auquel avoit assez grande fiance, ordonna d'estre auprès dudit seigneur [dauphin] pour la principalle conduitte de la guerre, luy assistant pour partie des labeurs et charges le seigneur de Montpesat, pour lors lieutenant du roy au païs de Languedoc, avec grand nombre de princes, seigneurs, capitaines et autres gens d'honneur, de sçavoir et de conduitte. Et ce que plus il commanda audit dauphin, ce fut de jetter partie de ses forces incontinant et en toute extreme diligence au devant de la ville de Perpignan, attendant le reste de son armée qui le vouloit suivre de près se presenteroit sur les lieux[5].

En effet, d'Annebault pensait qu'il serait facile de conquérir toutes les petites places du Lauraguais pour assiéger immédiatement Perpignan, dont l'importance stratégique[6] ne pouvait laisser l'empereur indifférent, le forçant à venir combattre sur ce nouveau front. Mais contrairement à

---

1   Il semble que la possibilité d'attaquer Perpignan ait été envisagée dès 1540, sous l'influence du roi de Navarre (AN, K 1485, Saint-Vincent à Charles Quint, Caudebec-en-Caux, 5 août 1540).
2   *ANG*, t. III, p. 147, 9 juillet 1542; *L&P*, t. XVII, n° 485, William Paget à Henri VIII, Ligny, 10 juillet 1542.
3   Ils y arrivèrent le 29 juillet (BnF, Fr. 5155, fol. 34-v, Claude d'Annebault à Guillaume Du Bellay, Avignon, 1er août [1542]).
4   Du Bellay, *Mémoires*, t. IV, p. 78.
5   *Ibid.*, t. IV, p. 64-65.
6   *Ibid.*, t. IV, p. 65.

ce que suggère une gravure contemporaine du siège[1], l'avancée française s'avéra difficile.

Les renseignements d'Antoine de Montpezat, sur lesquels se fondaient tous les plans de campagne, n'étaient guère fiables. Ainsi, partant de Leucate[2], l'armée se dirigea directement sur Perpignan pour surprendre la ville, en laissant derrière elle le château de Salces[3], dont la garnison était négligeable. On dépêcha donc un petit contingent pour l'en déloger et se rendre maître de la place, mais ils furent accueillis à coups de canons, car cette forteresse contenait encore toute l'artillerie et les munitions ramenées d'Alger par l'empereur !

Les chefs de l'armée française ne pouvaient plus guère compter sur l'effet de surprise[4]. Ainsi, le seigneur de Termes fut envoyé en avant avec les chevau-légers pour interdire le passage du col du Perthus aux renforts impériaux ; il arriva trop tard, et la ville était déjà prête à soutenir le siège lorsque les troupes du dauphin arrivèrent[5]. D'Annebault décida pourtant de mettre le siège, qu'il dirigea avec Girolamo Marini, Montpezat et le dauphin ; l'objectif était toujours de forcer Charles Quint à intervenir en personne. Sur la frontière nord, le duc d'Orléans laissa au duc de Guise le commandement des armées pour venir à Montpellier afin d'assister à ce que l'on annonçait comme une grande bataille ; elle devait offrir au roi de France un triomphe mémorable et humilier son ennemi.

LE SIÈGE DE PERPIGNAN : UN ÉCHEC RETENTISSANT

Les événements du siège sont bien connus, surtout d'après les récits hauts en couleurs de Blaise de Monluc et Martin Du Bellay[6]. Le terrain était trop sablonneux pour qu'on y puisse creuser de bons fossés, et

---

1   Chantilly, Musée Condé, SH II, H 20.
2   Dép. Aude, arr. Narbonne, cant. Sigean.
3   Dép. Pyrénées-Orientales, arr. Perpignan, cant. Rivesaltes.
4   *Ibid.*, t. IV, p. 78-79 : « il est apparant qu'ils estoient advertis, veu que le sieur d'Annebault avoit sejourné en Piemont un mois ou cinq sepmaines et qu'il estoit connu dès Piemont qu'on alloit à Perpignan ; aussi le chemin que print l'armée leur en pouvoit donner vraye certitude ».
5   *Ibid.*, t. IV, p. 79.
6   Monluc, *Commentaires*, t. I, p. 129-133 et Paul Courteault, *Blaise de Monluc, historien*, Paris, 1908, p. 130 ; Du Bellay, *Mémoires*, t. IV, p. 79-81 ; P. Vidal, *Histoire de la ville de Perpignan, depuis les origines jusqu'au traité des Pyrénées*, 1897, p. 405-411, enquêta notamment sur la résistance des Perpignanais et les rapports entre assiégés et assiégeants, à partir de sources

l'approche de l'hiver faisait grossir les torrents au point qu'ils eussent gêné la retraite des armées. De plus, « la ville estoit si bien pourveue de plateformes garnies d'artillerie, qu'il sembloit d'un porc espy qui, de tous costez estant courroussé, monstre ses poinctes[1] ». D'autre part, les défenseurs de la ville étaient bien pourvus en tout, grâce à André Doria qui apporta une grande quantité de munitions et pièces d'artillerie. Pourtant, à la fin du mois d'août, l'optimisme était de rigueur ; le cardinal de Tournon pouvait annoncer avec confiance qu'« en ceste heure Perpignan est si bien enveloppé et le tient Monsieur le maréchal d'Annebault assiégé de si près et avec telle force » qu'il espérait être bientôt en mesure de donner de bonnes nouvelles[2]. En effet, le 26 août, d'Annebault et le dauphin, tout juste arrivés, passèrent plusieurs jours à faire le tour de la place pour disposer l'artillerie aux endroits les plus appropriés. Ce ne fut pas une mince affaire, car la configuration des lieux rendait les choix particulièrement délicats[3].

Malgré toutes ces difficultés, la ville se trouva en quelques jours encerclée de toutes parts d'environ 40 000 hommes[4], sans que l'artillerie française parvînt à ouvrir une brèche dans les murs. Alors, une partie des canons furent déplacés pour concentrer les tirs sur le bastion Saint-Lazare, ce « nid de pies » qui était le principal objectif des assiégeants[5] ; mais certains, dont le capitaine Gian Paulo da Ceri, furent d'avis que la place était bien trop puissante pour être emportée par la force. Blaise de Monluc, qui connaissait bien les lieux, jugea que Marini avait placé ses batteries trop loin des murs, ce qui, selon lui, rendait inefficaces les tirs de l'artillerie française, car la longueur des tranchées à creuser donna le temps aux ennemis de renforcer leurs remparts ; mais d'Annebault et le dauphin Henri n'écoutèrent pas les conseils du Gascon, préférant se fier à la réputation de Girolamo Marini et aux renseignements fournis

---

espagnoles ; M. Vergé-Franceschi et Antoine-Marie Graziani, *Sampiero Corso, 1498-1567 : un mercenaire européen au XVIᵉ siècle*, Ajaccio, 1999, p. 131-136.

1   Du Bellay, *Mémoires*, t. IV, p. 79.

2   Castillon et Marillac, *Correspondance*, p. 458, François de Tournon à Charles de Marillac, Saint-Just-sur-Lyon, 24 août 1542.

3   AS Modena, Cart. amb., Francia 19, Ippolito Giglioli au duc de Ferrare, [Narbonne], [septembre 1542].

4   *Cf.* la gravure déjà citée de Chantilly, datée du 26 août : elle fut peut-être réalisée sur le vif, car on voit mal pourquoi les Français auraient voulu célébrer la gloire de cette campagne après qu'elle eût lamentablement échoué.

5   P. Vidal, *op. cit.*, p. 408.

par un jeune homme chassé de la ville par la garnison, sans doute un traître venu « amuser monsieur le mareschal à le faire venir assaillir la ville par le costé qu'il l'assaillit[1] ».

Dès le début septembre, des voix discordantes s'élevèrent, et si la plupart des généraux restaient optimistes, les dissensions apparues au sein de l'état-major avaient de quoi inquiéter : d'Annebault s'en prenait à Montpezat, qu'il tenait responsable des mauvais choix stratégiques[2]. Le maréchal pouvait craindre que l'échec, si spectaculaire et inattendu, de ce siège que le roi espérait triomphal, ne lui valût bien davantage qu'une simple réprimande. De plus, Antoine de Montpezat s'efforçait de dresser le dauphin contre son tuteur, et il semble qu'Henri se laissa influencer, réclamant le remplacement de Claude d'Annebault par Anne de Montmorency[3] ; mais de ce côté, le maréchal n'avait rien à craindre. Hélas pour lui, les jours suivants confirmèrent l'impuissance de l'artillerie, et la belle armée française était décimée à coups d'arquebuse, Brissac lui-même étant touché au ventre[4]. Depuis Montpellier, le roi, agacé par l'évolution du siège, parlait d'envoyer des renforts, voire de venir personnellement[5]. Puis il envoya Chabot et Saint-Pol, qui estimèrent que le siège, entrepris dans des conditions favorables fin août, était à présent désespéré[6]. Si Perpignan était capable de résister seule, tandis que

---

1   Monluc, *Commentaires*, t. I, p. 130 et 132 ; Monluc dit que « encor que la ville fust bien munie, si peux-je bien dire que, si monsieur le mareschal de Annebaut m'eust voulu coire, il en fust venu à bout » ; Jean-Carles Sournia, *Blaise de Monluc, soldat et écrivain (1500-1577)*, Paris, 1981, p. 52.

2   AS Modena, Cart. amb., Francia 18, Lodovico Thiene au duc de Ferrare, Pézenas, 4 septembre 1542 : « La impresa dimostrava passar con bono ordine e grandissime reputatione, ma mi pare de intender che per esser qualche dissentione tra mons.r de Anibao et Monpesare, le cose sieno alquanto discordi e freddi, il che deriva a poco servitio de Questa M.tà [...] Mons.r di Anibao mi pare vadi mancando assai e riesce molto peggio di quello ch'era in predicamento, il che accompagnato con la gara che tiene Monpensar, dobito assai che le cose sue non habbino a passar molto favorevoli. »

3   *Ibid.* : « Quanto al gran contestabile, parve che alle dì passati mons.r dolphino tratasse qualche cosa a favor suo, ma poi non si è sentito altro ; anzi mi pare che le cose sue vadano alla giornata di male in peggio, né si nomina in queste parte come si'l non fusse al mondo. »

4   Brissac fut sauvé par Ambroise Paré, qui faisait partie du corps des chirurgiens appelés au siège (Ambroise Paré, *Voyages et apologie, suivis du Discours de la Licorne*, Paris, 1928, p. 32-33).

5   AS Modena, Cart. amb., Francia 19, Ippolito Giglioli au duc de Ferrare, [Narbonne, septembre 1542] (lettre lacunaire) et AS Mantova, Cart. Pal., 1956, Sigismond de Gonzague à la duchesse de Mantoue, Narbonne, 10 septembre 1542.

6   Du Bellay, *Mémoires*, t. IV, p. 80.

s'amenuisaient les forces de ses assaillants, il n'y avait aucune chance de voir l'empereur intervenir ! François Ier dut renoncer à ses chers espoirs de revanche. Le 7 septembre, le dauphin rejoignait son père à Narbonne[1].

Vers le 13 septembre, Claude d'Annebault fit un dernier tour de la ville[2], avant, semble-t-il, de demander au roi la permission d'abandonner le siège. Celui-ci fut finalement levé le 15 septembre et Claude d'Annebault quitta Perpignan, n'y laissant que 10 000 hommes de pied ; le roi décida de prendre les autres places de Roussillon, à commencer par Collioure[3], puis Elne[4], et une dizaine de places, en attendant les troupes (10 000 Gascons) que l'on réservait pour prendre Pampelune[5]. On ne renonçait pas aux projets de l'été, mais ils semblaient s'enliser progressivement, tandis que la guerre du Piémont prenait – de façon très provisoire – un nouvel essor[6]. À la fin de septembre, la peste et les éléments se déchaînèrent contre le camp français : le vent arracha les tentes, dont celle du dauphin, et gâta les provisions de viandes en les couvrant de sable, tandis que la mer avançait et menaçait de noyer les troupes[7]. Au même moment, la discorde des capitaines atteignit son paroxysme, au point que le dauphin n'était plus obéi[8]. Celui-ci était alors retiré à Béziers, Montpezat à Carcassonne,

---

1   *L&P*, t. XVII, p. 416, n°755, William Paget à Henri VIII, Pézenas, 7 septembre 1542.
2   Monluc, *Commentaires*, p. 133.
3   Collioure, dép. Pyrénées-Orientales, arr. Céret, cant. Côte-Vermeille.
4   Elne, dép. Pyrénées-Orientales, arr. Perpignan, ch.-l. de canton, située à mi-chemin entre Perpignan et Collioure.
5   BnF, Fr. 3015, fol. 98, avis s. l. du 15 septembre [1542].
6   *ANG*, t. III, p. 159 (note sans date, sans doute entre le 10 et le 20 septembre). Du Bellay crut un temps reprendre l'avantage en repoussant le marquis del Vasto et en prenant Cherasco (Guillaume Du Bellay à Claude d'Annebault de Turin, 17 septembre 1542, dans Pellicier, *Correspondance politique*, p. 683-685, et Du Bellay, *Mémoires*, p. 496-497).
7   A. Paré, *op. cit.*, p. 35 : « Nous fut dit par des gens du pays qu'en bref il se ferait un grand débordement de la mer qui nous pourrait tous noyer ; et le présage qu'ils en avaient était un bien grand vent marin qui s'éleva, de sorte qu'il ne demeura une seule tente qu'elle ne fût rompue et renversée par terre, quelque diligence et force qu'on y pût mettre ; et, les cuisines étant toutes découvertes, le vent élevait les poussières et sables qui salaient et saupoudraient nos viandes, de façon qu'on n'en pouvait manger, et nous les fallait faire cuire en pots et autres vaisseaux couverts. Or, nous ne décampâmes point de si bonne heure, qu'il n'y eût beaucoup de charrettes et charretiers, mulets et muletiers, submergés en la mer, avec grande perte de bagage » ; *cf.* aussi G. Paradin, *Chronique de Savoye*, *op. cit.*, p. 413, Idem, *Histoire de nostre temps*, *op. cit.*, p. 426 et Brantôme, t. III, p. 208 : « Le mauvais temps et grandz vents combattirent si fort nostre armée, qu'ils emportarent avec eux nostre entreprise et nostre siège à tous les diables. »
8   *ANG*, t. III, p. 176, lettre du cardinal de Sylva au cardinal Farnèse, Barbastro, 4 octobre 1542.

et d'Annebault avec les Gascons à Narbonne – projeta-t-on un temps de l'envoyer vers Pampelune[1] ? L'échec de la campagne était consommé.

Claude d'Annebault avait donc conduit durant trois à quatre semaines des opérations de toute première importance et essuya le plus cuisant échec de toute sa carrière. Il n'avait pas su imposer son autorité à ses subordonnés, dont certains complotaient peut-être pour le compte du connétable et il ne suivit pas toujours les conseils les mieux avisés. De plus, la grande armée rassemblée sous ses ordres sortait très affaiblie de ce siège, qui avait fait beaucoup de morts et de blessés, y compris parmi les capitaines, au point que circula la rumeur de la mort du maréchal d'Annebault lui-même[2]. Mais si sa vie ne fut pas réellement en péril, il n'en allait pas de même pour son avenir politique.

LA DÉCEPTION DU DAUPHIN ET LE MÉCONTENTEMENT DU ROI

La frustration du dauphin était d'autant plus grande que son frère avait remporté de brillants succès en Luxembourg[3], ou pour être exact, le duc de Guise les avait remportés pour lui, mais même depuis Montpellier ou Béziers, le jeune Charles d'Orléans bénéficiait des victoires de l'armée dont il était le chef. Claude d'Annebault n'avait pas aussi bien servi la gloire du dauphin Henri, qui lui en garda une profonde rancune. Selon Monluc,

> par mal'heur c'estoit le premier coup d'essay de monsieur le dauphin, qui vouloit aussi bien faire que monsieur d'Orléans, son frère, qui print Luxembourg ; mais ce n'estoit pas sa faute.

Peut-être l'inimitié du dauphin envers le maréchal d'Annebault remonte-t-elle à cet épisode[4] ; toutefois, elle ne se déclara pas encore, le jeune

---

1 AS Modena, Cart. amb., Francia 18, Lodovico Thiene au duc de Ferrare, s. l., 5 octobre 1542.

2 *Négociations de la France et de la Toscane, op. cit.*, t. III, p. 34, Thomaso de Marini au secrétaire de Cosme Ier, Gênes, 19 septembre 1542 (la même source range aussi par erreur Sanpiero Corso et Jean de Turin parmi les morts) ; BnF, Fr. 5617, fol. 149 : « le mesme jour [31 août], les François, voulant recognoistre le ville de Parpignan pour asseoir leur artillerie, fut tué d'un coup d'artillerie l'un des mareschaux de France » ; il est donc bien possible que Claude d'Annebault ait été blessé lors du siège.

3 AS Mantova, Cart. Pal., 1956, Sigismond de Gonzague à la duchesse de Mantoue, Narbonne, 10 septembre 1542 ; le roi ne renonça que temporairement à prendre Perpignan, car au retour de la belle saison, il pensa envoyer Charles de Burie l'assiéger à nouveau (AN, K 1485, mémoire de Sancho Luiz de Leva, s. l., début juin 1543).

4 Telle est l'opinion d'É. Dermenghem, *Claude d'Annebault*, thèse manuscrite citée, p. 69.

Henri nourrissant alors davantage de déception que de haine. Le dauphin réclama toutefois avec insistance qu'on lui donnât pour mentor, au lieu de Claude d'Annebault, le connétable de Montmorency[1], mais n'avait pas sur l'esprit de son père l'influence requise pour obtenir satisfaction. Il tenta tout de même de profiter de la mauvaise humeur de son père contre d'Annebault pour, de son propre chef, s'affranchir de cette encombrante tutelle :

> La discorde entre ces capitaines semble continuer tant et plus, au-delà de ce que j'écrivai à Votre Excellence dans mes dernières dépêches ; j'ai cru entendre que mons[r] le dauphin serait relativement indigné contre mons[r] de Anibaò et qu'il se conforme peu à ses conseils, et pour cette raison, sa Majesté le roi a montré un grand déplaisir de ces querelles[2].

En réalité, la mauvaise grâce du roi n'était pas moins destinée à son fils qu'à son maréchal. Pour leur faire sentir son déplaisir, lorsque l'un et l'autre réclamèrent une compagnie vacante pour certains de leurs protégés, le roi préféra la donner à Blaise de Monluc[3]. Néanmoins, le mécontentement du roi ne dura guère et il ne faut pas exagérer la portée politique de cet échec militaire. Des historiens du XVIIIe siècle ont parfois évoqué des accusations de trahison de Claude d'Annebault et la duchesse d'Etampes, mais il a été prouvé qu'il s'agissait de pures inventions[4].

L'ARBITRAGE ROYAL

François Ier ne pouvait laisser perdurer cette situation incertaine, qui favorisait toutes sortes de cabales. Bien sûr, le fiasco du siège de Perpignan avait couvert de ridicule le roi lui-même qui, en désignant comme unique responsable le chef de l'armée, eût pu soulager son honneur et donner satisfaction à son fils. Toutefois, Claude d'Annebault lui-même avait été mal servi et s'en plaignait amèrement. Le roi

---

1 Il avait connu à ses côtés ses premiers grands succès militaires, en Piémont, à l'automne 1537.
2 AS Modena, Cart. amb., Francia 18, Lodovico Thiene au duc de Ferrare, Pézenas, 12 septembre 1542.
3 Monluc, *Commentaires*, p. 134.
4 Par exemple Dreux du Radier, *Mémoires ou anecdotes de France*, Amsterdam, 1764, t III, 230 ; Paulin Paris, *op. cit.*, t. II, p. 295 *sq.* a demontré qu'il n'en était rien.

intervint donc personnellement, mais pas dans le sens attendu, car il imputa les torts à Antoine de Montpezat[1].

L'insubordination de Montpezat, connétabliste notoire, était en cause, au même titre que la piètre qualité de ses informations : lieutenant général au gouvernement de Languedoc, il était censé bien connaître le terrain[2], mais il avait été surpris par la configuration des lieux et la difficulté d'y creuser les tranchées de siège. Il croyait connaître les points faibles de la ville, mais ses conseils avaient poussé à concentrer les tirs d'artillerie sur des parties quasi indestructibles des fortifications. Le plus incroyable, enfin, était qu'il ignorât que Salces renfermait l'une de plus puissantes artilleries de toute la Chrétienté ! Une trahison de Montpezat, pour favoriser un retour du connétable, ne paraît guère vraisemblable. Peut-être se trompa-t-il de bonne foi, mais il est plus vraisemblable qu'il cherchât à contrecarrer l'autorité de Claude d'Annebault – dont il était pourtant un ancien compagnon[3] – sur le dauphin, pour plaire à celui-ci. Quoi qu'il en soit, en désavouant le gouverneur de Languedoc, François Ier mettait un terme aux manœuvres des adversaires de Claude d'Annebault, qui se trouva donc confirmé dans la faveur de son souverain. En outre, le roi réduisait à néant les espoirs de ceux qui croyaient encore à un retour du connétable. L'élimination de ses partisans dut s'en trouver facilitée[4]. Il ne restait plus qu'à réconcilier d'Annebault et le dauphin – du moins en apparence, car les rancunes ne pouvaient s'effacer si aisément –, qui, à la mi-octobre, partirent avec le roi, laissant derrière eux Montpezat, préposé à la garde de la frontière[5].

1   Arnauld Le Ferron, *Arnoldi Ferroni burdigalensis, regii consilarii, de rebus gestis Gallorum libri IX*, Paris, 1550, livre IX, p. 211.
2   Ses collègues de Picardie ou de Piémont entretenaient dans les provinces impériales frontalières des espions, grâce auxquels ils pouvaient préparer efficacement les opérations militaires.
3   Il le connaissait de longue date, ayant participé à ses côtés à la conquête du Piémont en 1536, durant laquelle il s'illustra à Fossano tandis que d'Annebault gardait Turin.
4   Montpezat lui-même devait finir par rentrer dans le rang.
5   AS Modena, Cart. amb., Francia 18, Lodovico Thiene au duc de Ferrare, s. l., 17 octobre 1542.

L'«HANNIBAL FRANÇOIS»

La conclusion prématurée et désastreuse de l'expédition de Navarre poussa le roi à changer ses plans : il renonçait aux Pyrénées, mais il lui semblait encore pouvoir tirer bénéfice de sa grande armée sur les fronts italiens[1]. Il ordonna au maréchal d'Annebault de ramener le plus gros des troupes en Piémont. Pour la troisième fois en quelques mois, l'«Hannibal français» traversa donc les Alpes à la tête d'une armée[2]. Ce retour en terrain connu pouvait lui donner l'occasion de restaurer son prestige quelque peu terni par les échecs récents.

NOUVEAU PASSAGE DES ALPES

L'armée de Roussillon parvint en Piémont au début du mois de novembre. Depuis le départ du maréchal, Guillaume Du Bellay était à la peine, parvenant tout juste à riposter aux entreprises du marquis del Vasto, dont les troupes se renforçaient de jour en jour. Du 2 août au 31 octobre 1542, d'Annebault reçut au moins une vingtaine de lettres de son lieutenant[3], qui décrivaient une situation des plus alarmantes : le Piémont français souffrait d'un manque d'effectifs et, plus que tout, d'argent pour payer les troupes, qui dévastaient le pays tout comme les ennemis ; sans grands moyens, ceux-ci ne pouvaient espérer prendre aisément des places à présent presque inexpugnables, mais s'efforçaient d'empêcher les semailles et les cultures pour affaiblir la province et l'armée. En outre, si les effectifs étaient au complet lors des montres pour

---

1   G. Cambiano, *op. cit.*, col. 1064 : « il re, per non perder l'occasione di si fiorito esercito, lo fece passar in Piemonte sotto il carico del marescial d'Annibò ». Il conservait les Italiens, les lansquenets, les vieilles bandes françaises, 500 hommes d'armes et tous les chevau-légers (*ibid.*, col. 1065).

2   L'expression, fondée sur l'évidence similitude de des deux noms, est de l'auteur d'une épitaphe de Claude d'Annebault dans BnF, Fr. 22560, p. 34 : « Doncques est mort d'Ennebaut, admiral / doncques est mort le françois Hannibal ». La même comparaison fut utilisée lors des cérémonies de l'entrée d'Henri II à Rouen, en 1550 (*cf.* p. 654).

3   Arch. MAE, CP, Allemagne, vol. 3, contient deux lettres de Guillaume Du Bellay à Claude d'Annebault du début de juin 1542, avant l'arrivée du maréchal, puis vingt-et-une lettres adressées au même après son départ pour le Roussillon, entre le 2 août et le 31 octobre ; cette belle série a été entièrement éditée par Tausserat-Radel dans les appendices déjà cités de Pellicier, *Correspondance politique*.

le versement de la solde, ce ne pouvait être que par des subterfuges, car d'innombrables désertions étaient à déplorer, selon Guillaume Du Bellay ; celui-ci tomba d'ailleurs malade et ne s'entendait guère avec Boutières, dont l'autorité était ouvertement bafouée[1]. Il était donc temps que le maréchal revînt redresser la situation[2].

Grâce aux bons services de Du Bellay, il n'avait jamais cessé d'être informé de l'évolution des affaires italiennes et il dut s'en inquiéter. Peut-être ne présenta-t-il pas au roi la situation sous son jour le plus grave, car Du Bellay n'écrivait qu'à lui seul les menaces que les Impériaux, qui avaient pris Villanova d'Asti et Poirino[3], faisaient désormais peser sur Turin, Verolingo ou Saluces, ou encore le mauvais état des affaires du roi à Venise :

> De tout ce que dessus nous n'escripvons au roy [...] nous laissons a vostre jugement de luy en faire sçavoyr ce que vous adviserez estre requis qu'il sçache[4].

Heureusement, les secours arrivaient. Une partie de l'armée vint avec Claude d'Annebault par Pignerol, l'autre par le pas de Suse, et le camp fut dressé début novembre à Carignan[5]. Le marquis del Vasto tenait la rive droite du Pô et avait concentré ses troupes à Carmagnoles, d'où il avait chassé le gros des forces de Boutières ; toutefois son armée, aussi mal soldée que celle de Du Bellay, n'était plus que l'ombre de celle qui avait marché sur Turin. Claude d'Annebault put donc se rendre en toute sécurité dans la capitale du Piémont pour y conférer avec Boutières, Du Bellay et les autres chefs militaires.

---

1   V.-L. Bourrilly, *Guillaume du Bellay*, p. 356-357 ; le secrétaire de Du Bellay, Faron, se fit l'écho de la « maulvaise volonté » que Boutières portait à son patron (BnF, Fr. 6616, fol. 80-v, lettre de Faron au roi, Genève, 12 juillet 1543).
2   Par exemple Pellicier, *Correspondance politique*, p. 694-695, Guillaume Du Bellay à Claude d'Annebault, Turin, 24 octobre 1542 : « sy vous n'estiez si prest à partir, je suis conseillé de plusieurs entendans les affaires du roy de par deçà, de vous escripre que vous pourvoiez icy de quelqu'un avecques mons^r de Bottières qui n'aict poinct tant de langaige que luy : chose, Monseigneur, que je n'ay voulu escripre à autre que à vous-mesmes, affin que mon escripture ne luy porte préjudice. »
3   V.-L. Bourrilly, *Guillaume du Bellay*, p. 356.
4   Pellicier, *Correspondance politique*, p. 672-674, lettre du même au même, Turin, 13 août 1542.
5   Du Bellay, *Mémoires*, t. IV, p. 92 ; Turletti, *Storia di Savigliano*, Savigliano, 1879, t. I, p. 769 : la ville envoya des députés pour saluer son arrivée.

Guillaume Du Bellay avait élaboré, pour prendre le Montferrat, un plan subtil qu'il avait enfin les moyens de mettre en œuvre grâce aux renforts fraîchement arrivés mais, raconte son frère Martin, témoin assez peu objectif, « il se trouva des envieux qui divertirent le sieur d'Annebault, combien qu'il y eust bonne fantaisie[1] ». Du Bellay proposa ensuite un stratagème pour surprendre les restes de l'armée de del Vasto en route pour Chieri. D'Annebault approuva cette proposition en son conseil, mais pour une raison inconnue, le projet ne fut pas mis à exécution : on dépêcha seulement deux cents chevaux légers, menés par Francisque Bernardin, qui assaillirent l'arrière-garde impériale et ramenèrent un beau butin. La déception de Guillaume Du Bellay fut amère et le plongea dans une humeur mélancolique qui aggrava, dit-on, son état de santé. Il demanda et obtint congé du maréchal, dont la présence le dispensait de rester encore à Turin, et rentra en France dans l'espoir de pouvoir parler au roi. Malheureusement, il décéda en chemin, le 9 janvier 1543[2]. Que voulait-il dire à François Ier « qu'il ne vouloit mettre en la bouche d'autruy, craignant de faire tort à ceux qui en luy s'estoient fiez[3] » ? Probablement comptait-il se plaindre de Guigues de Boutières ou Francisque Bernardin, mais surtout, il devait désirer révéler les erreurs d'une politique qui aurait ramené le Piémont à la situation de 1536-1537, quand on perdit la province pour l'avoir démunie tandis que les Impériaux se renforçaient en Milanais, en prévision de la campagne à venir[4]. Ceci allait à l'encontre des choix de Claude d'Annebault, qui au même moment licenciait des troupes. Le maréchal prit-il les mauvaises décisions ? À l'évidence, François Ier n'avait plus les moyens de payer les mercenaires, qu'il fallait donc renvoyer ; de même, si d'Annebault refusa les projets de conquêtes, c'était sans doute pour se conformer à la volonté du roi[5]. Faute de moyens, la grande armée de Perpignan, qui s'étiola lentement, fut une fois de plus inutile, car cantonnée à un rôle défensif qui n'était pas à sa mesure.

---

1   *Ibid.*, t. IV, p. 92-93.
2   *Ibid.*, t. IV, p. 93-94 ; G. Cambiano, *op. cit.*, col. 1065 ; V.-L. Bourrilly, *Guillaume du Bellay*, p. 359 ; R. Cooper, *op. cit.*, p. 36 ; BnF, Fr. 5152, fol. 90-v, Guillaume Du Bellay à Jean Du Bellay, Turin, 29 novembre 1542 (publ. dans *CCJDB*, t. III, p. 196-197).
3   Du Bellay, *Mémoires*, t. IV, p. 94.
4   V.-L. Bourrilly, *Guillaume du Bellay*, *loc. cit.*
5   *Ibid.*

CONI : UN SECOND PERPIGNAN ?

Claude d'Annebault devait rester le temps de réorganiser les défenses du Piémont et de pourvoir au paiement et au licenciement des troupes en surplus. Fin novembre, il reçut l'ordre de « bientost se retyrer et casser son armee ». Avant de repartir, il lui restait le temps de tenter un dernier coup[1]. Après la retraite des Impériaux à Chieri, le maréchal d'Annebault rétablit son camp à Carmagnoles, où il fut averti par Pierre d'Ossun, resté à Savigliano, que Coni était démunie et qu'elle se rendrait aux premières salves de canon[2]. À première vue, l'entreprise semblait moins risquée que celle qu'avait proposée le seigneur de Langey, car au lieu de mener l'armée en Lombardie et d'ouvrir une nouvelle campagne, elle eût simplement permis de chasser définitivement le duc de Savoie, en quelques jours et à moindres frais, des places qu'il tenait encore au sud du Piémont. Turin, confié à Martin Du Bellay, ne courait plus de danger, vu l'état des forces du marquis del Vasto ; d'Annebault lui laissa les lansquenets, sur le point d'arriver à Turin, et plusieurs compagnies de gens d'armes, dont la sienne, ce qui permit à Du Bellay de reprendre des places au nord de Turin[3] et de repousser à nouveau les limites du Piémont français à Volpiano et Chivasso. Pendant ce temps, d'Annebault emmena dix-huit mille soldats et quatre gros canons à Coni, qu'il pensait pouvoir prendre aisément, et laver ainsi l'affront de Perpignan. Ce fut un second désastre, encore raconté par Du Bellay :

> Auquel lieu de Cony estant arrivé avec toute son armée, planta son artillerie au lieu qui luy fut dit estre le plus debile, mais on l'abusa, car c'estoit le mieux remparé ; et après que la breche fut faicte, on donna l'assaut. Noz gens arrivez sur le hault trouverent un rempart derriere la breche pourveu de bons hommes, de sorte qu'après avoir combatu une heure sur le hault de la breche ils furent contraincts de se retirer. Il y mourut des nostres beaucoup de gens de bien[4].

---

1   *CCJDB*, t. III, p. 196-197, Guillaume Du Bellay à Jean Du Bellay, Turin, 29 novembre 1542 ; AS Modena, Cart. amb., Francia 18, Lodovico Thiene au duc de Ferrare, Angoulême, 2 décembre 1542.

2   Du Bellay, *Mémoires*, t. IV, p. 94 ; G. Cambiano, *op. cit.*, col. 1065 ; M. Vergé-Franceschi et A.-M. Graziani, *Sampiero Corso, 1498-1567 : un mercenaire européen au XVIᵉ siècle*, Ajaccio, 1999, p. 137-138.

3   Bussolino, Castiglione et San Raffaele ; *cf.* Du Bellay, *Mémoires*, t. IV, p. 95.

4   *Ibid.*, p. 97 ; Monluc, *Commentaires*, p. 157 ; Brantôme, t. VI, p. 273 ; *cf.* aussi G. Cambiano, *loc. cit.*, qui souligne le rôle déterminant que jouèrent les femmes de Coni pour repousser

D'Annebault ne parvint même pas à empêcher les renforts impériaux d'entrer dans la ville. Deux cents chevau-légers et sept à huit cents fantassins s'ajoutèrent aux troupes commandées par le gouverneur de Toscane, Pietro Porto. Les Français, toujours repoussés « avec grand perte et vergoigne », perdirent près de huit cents hommes. Le 13 décembre, constatant son impuissance, le maréchal d'Annebault leva le siège « en grande haste », car l'hiver approchait[1]. Cet échec était un véritable camouflet pour le maréchal d'Annebault, un second Perpignan, comme le releva ironiquement le marquis del Vasto, tout à son triomphe :

> L'on dit que ledit Monsieur d'Annebault doibt bientost aller par les postes devers le roy ; je ne sçay ce qu'il fera ; et à ce qu'ilz disent entre eulx, leur perte a esté assez plus grande qu'on ne pense, et telle que Monsieur d'Annibault peult hardiment mettre deste victoire avec l'aultre qu'il acquist dernierement devant Perpignan[2].

La capture de deux cents chevau-légers impériaux faite par les Français au retour, près de Bra, au nord de Cherasco, adoucit à peine l'amertume de ce nouvel échec. D'Annebault reprit ensuite les places piémontaises abandonnées par les ennemis, comme Poirino et Villanova d'Asti. Puis il se prépara à quitter le Piémont, laissant derrière lui Martin Du Bellay à Turin, les frères Birague à Chivasso et Verolengo, Vassé à Pignerol, Termes à Savigliano, et fit de Guigues de Boutières son lieutenant général en Piémont, en remplacement de Guillaume Du Bellay. Une fois établies les garnisons, il licencia le reste de l'armée, sauf 2 000 Suisses, et renvoya les lansquenets en France[3]. Pour le Piémont, c'était la fin d'une époque, car Guillaume Du Bellay allait mourir au retour, tandis que Claude d'Annebault partait pour ne plus revenir. Le 26 décembre

---

les Français ; sans doute Cambiano, qui ne fait que répéter Du Bellay, imagina-t-il les manifestations patriotiques des habitants de Coni, afin de plaire au duc de Savoie, dédicataire de l'*Historico Discorso*.

1 AGR Belgique, Aud. 434, fol. 26-27, lettre du marquis del Vasto à Marie de Hongrie, Casale, 18 décembre 1542 (copie XVIIIe) ; selon les *Chronicles of Rabbi Joseph ben Joshua, op. cit.*, p. 347, les Français abandonnèrent honteusement les lieux ; *cf.* aussi F. de Mézeray, *op. cit.*, t. II, p. 1014 : « Après [le] départ [de Du Bellay], Annebaut n'exécuta rien de mémorable que de tenter Cony, à son déshonneur, et de prendre quelques bicoques delaissées par les ennemis ».

2 AGR Belgique, Aud. 434, fol. 26-27, lettre citée *supra*.

3 Du Bellay, *Mémoires*, t. IV, p. 98-99 ; G. Cambiano, *loc. cit.*

1542, François Ier nommait gouverneur de Piémont son jeune cousin le comte d'Enghien, âgé de vingt-quatre ans[1].

UN GÉNIE MILITAIRE CONTESTÉ

La campagne de 1542, qui avait coûté si cher pour si peu de résultats[2], laissa à la postérité une piètre image des compétences militaires de Claude d'Annebault. Au XIXe siècle, l'historien Sismondi jugeait que « Annebault, qui n'avoit que de l'honnêteté, et aucun talent militaire, s'obstina à repousser les avis » de da Ceri et de Monluc à Perpignan[3]. Les contemporains du maréchal lui reprochèrent déjà ses choix, à commencer par Blaise de Monluc, pour qui, à Coni « nous fismes aussi mal qu'à Perpignan[4] ». Du Bellay ne fut pas plus tendre. Certes, les mémorialistes reprochèrent surtout à d'Annebault d'avoir écouté de mauvais conseillers, c'est-à-dire, d'avoir négligé leurs propres avis, forcément meilleurs. Néanmoins, on peut aussi s'étonner de la facilité avec laquelle de faux informateurs parvinrent à le berner, à Perpignan comme à Coni : à chaque fois, un transfuge lui indiqua la partie faible de la ville, alors qu'il s'agissait du côté le mieux renforcé des remparts. C'est évident pour Coni, où un second rempart servait de renfort aux murailles et empêcha les assaillants de profiter de la brèche. Cela l'est moins à Perpignan, et il était généralement facile de mettre en cause la qualité des renseignements lorsqu'un siège échouait : d'ailleurs, Claude d'Annebault avait fait confiance, plus qu'à cet informateur, à l'ingénieur Girolamo Marini, présumé le meilleur spécialiste sur le terrain.

Il n'en reste pas moins qu'il fit parfois de mauvais choix suivant des informations pour le moins suspectes. Par excès de naïveté ? Probablement

---

1   *CAF*, t. IV, n° 13505.

2   *Cf.* par exemple le jugement péremptoire de Gerd Treffer, *Franz I. von Frankreich (1494-1547), Herrscher und Mäzen*, Regensburg, 1993, p. 295 : « Militärische Gesamtbilanz des Jahres 1542 für Frankreich : Null. Kosten : gewältig : 4,7 Millionen Tournoiser Livres – ohne Artillerie. Und Franz denkt nicht daran, seinen fähigsten Feldherrn, den Konnetabel Montmorency, zurückzurufen. »

3   J.-C.-L. de Sismondi, *op. cit.*, t. XVII, p. 127 ; il dit encore, *ibid.*, p. 129, « La réputation d'intégrité d'Annebault, son assiduité au travail, et l'ordre qu'il s'efforçoit d'introduire dans les dépenses militaires, justifioient la préférence que François Ier lui accordoit ; mais les vertus ne remplacent pas le talent, et il est probable que l'échec reçu à Perpignan étoit une conséquence de ses fautes. » Varillas se contente de fustiger son « inconstance » (A. Varillas, *Histoire de François Ier*, *op. cit.*, t. II, p. 429).

4   Monluc, *Commentaires*, t. I, p. 157.

pas, car le maréchal s'était, par exemple, montré très soupçonneux quand Guillaume Du Bellay lui proposa de surprendre le marquis del Vasto entre Carmagnoles et Chieri, sur la foi d'un espion dont il se portait garant. Si ce plan ne fut pas appliqué, c'est sans doute que le maréchal jugea les renseignements du seigneur de Langey trop peu fondés, et pourtant, le raid victorieux de Francisque Bernardin confirma leur justesse. Pour toute entreprise, les chefs d'armées recouraient à des espions ou à des stratagèmes pour s'informer au mieux des meilleurs « coups », mais on ne pouvait jamais être sûr de leur loyauté. Il revenait alors à l'état-major de décider s'il fallait s'y fier ou non, avec une marge d'incertitude plus ou moins grande, qui impliquait une prise de risque. Dans les trois cas cités, Claude d'Annebault fit le mauvais choix, avec les conséquences que l'on sait. Il n'était pas naïf, mais il manqua de réussite ou de perspicacité.

On pouvait aussi reprocher au maréchal d'Annebault ses fréquentes tergiversations. En juin 1542, il préféra attendre la déclaration de guerre et l'aval du roi pour déclencher l'offensive, attitude que désapprouva Du Bellay. De même, on lui fit grief d'avoir tardé à rassembler une très grosse armée pour assiéger Perpignan[1], alors qu'il eût peut-être mieux valu mettre le siège au plus tôt, quitte à attendre l'arrivée progressive des renforts, afin d'empêcher l'ennemi de s'organiser. Toutefois, si le siège avait échoué par précipitation, on l'eût sans doute accablé du reproche inverse ; au contraire préférant suivre les ordres du roi, d'Annebault n'agissait pas sans garanties. Enfin, on reprochait souvent aux Français leur trop grand empressement en matière de stratégie[2], ce qui fit notamment dire à Guichardin :

> Celui qui veut en finir trop vite avec une guerre la prolonge bien souvent ; car comme il n'attend pas les approvisionnements dont il a besoin, ni que l'entreprise ait la maturité voulue, il rend difficile ce qui aurait été facile ; de sorte que pour chaque jour qu'il a voulu gagner, il perd souvent plus d'un mois ; sans compter que cette hâte peut être cause de désordres plus grands encore[3].

---

1 Le roi avait aussi demandé au dauphin de l'attendre, car il venait avec toute la cour assister (à distance raisonnable) au spectacle.

2 *Cf.* par exemple l'opinion antagoniste de l'impulsif Blaise de Monluc : « La diligence est une des meilleures pièces de la guerre » (Édouard de La Barre Duparcq, *Biographie et maximes de Blaise de Monluc*, Paris, 1848, p. 59).

3 F. Guicciardini, *Ricordi*, trad. F. Bouillot et A. Pons, Paris, 1998, p. 167 ; *cf.* aussi J. Bodin, *op. cit.*, t. V, p. 53 sur « l'humeur cholérique » des Français et leur excessive témérité. Au

La prudence était un trait dominant du caractère de Claude d'Annebault. Elle lui permit, par exemple, d'échapper au piège tendu par Cesare Maggi en septembre 1541. Cependant, d'Annebault s'était aussi forgé une réputation de bravoure au combat, prouvée en de multiples occasions, comme lorsqu'il tenta avec quelques compagnons de délivrer le comte de Saint-Pol prisonnier dans une cassine après la défaite de Landriano, ou qu'il se battit au péril de sa vie devant Thérouanne, ne se rendant qu'après une lutte héroïque[1] :

> [Il] acquit beaucoup de gloire en 1537 par la manière dont il secourut Thérouenne, et s'étant trouvé tout d'un coup environné par un corps considérable de la cavallerie ennemie par l'indiscrétion de plusieurs jeunes seigneurs de la court qui étoient avec luy, il se défendit avec beaucoup de conduite et de valeur jusqu'au moment où son cheval s'étant abattu sous luy il fut fait prisonnier[2].

À ce stade fondamental de la carrière de Claude d'Annebault (1529-1537), risquer sa vie était le principal moyen de s'attirer de l'honneur pour un chevalier, une obligation pour les jeunes, répondant à une attente collective[3].

Comme chef de guerre, il prit de moins en moins de risques, comme si les responsabilités étouffaient sa bravoure – qui ne fut jamais mise en doute, la preuve en ayant été suffisamment faite par le passé. Il y a une énorme différence, et une irréductible incompréhension, entre un capitaine tel que Blaise de Monluc et un grand officier comme Claude d'Annebault, qu'illustre parfaitement une anecdote ultérieure, à propos du conseil de guerre où se décida la bataille de Cérisoles, en février 1544. Monluc, porte-parole du jeune comte d'Enghien et de nombreux capitaines qui souhaitaient en découdre avec les Impériaux, ne pensait qu'à combattre et mettre son courage à l'épreuve, tandis que les principaux conseillers du roi devaient prendre en considération l'intérêt du

---

XVIIIᵉ siècle, Gaillard jugea que la campagne de 1536 (en laquelle d'Annebault avait tenu un grand rôle en Piémont, et Montmorency en Provence) fut « une des plus glorieuses à la nation française, parce qu'elle s'y montra aussi bonne pour la défense que pour l'attaque, et qu'elle triompha par la constance, par la patience, vertus qu'on croyoit peu à son usage » (G.-H. Gaillard, *op. cit.*, t. III, p. 13).

1 *Cf.* p. 105-107.
2 BnF, Fr. 32865, p. 161-166.
3 Hélène Germa-Romann, *Du « Bel Mourir » au « Bien Mourir ». Le sentiment de la mort chez les gentilshommes français (1515-1643)*, Genève, 2001, p. 52-67.

royaume[1]. Pour ceux-ci, il n'était plus question, comme en leur jeunesse, de prouver leur valeur guerrière ; au conseil du roi, même pour les questions stratégiques, ils devaient se montrer bons conseillers, et non pas bons chevaliers, c'est-à-dire que l'intérêt du royaume passait avant la prouesse personnelle. Il est vrai qu'avec François Ier, qui lui-même ne sacrifiait celle-ci à celui-là qu'à contrecœur, la donne était quelque peu différente, et comme il s'agissait avant tout de lui complaire, ses conseillers ne savaient sur quel pied danser.

Le Claude d'Annebault de 1542 n'était plus celui de 1536 : il avait sacrifié le chevalier à l'homme d'État et au courtisan. Les campagnes de 1542, dont il était le principal chef, se soldèrent par un véritable fiasco, sauf peut-être dans le duché de Luxembourg, grâce à Claude de Guise. Mais Lautrec, Montmorency ou Chabot avaient aussi connu pareils revers, sans que cela suffise à mettre un terme à leur carrière. Faisant de la prudence leur vertu cardinale, ces généraux assuraient leurs arrières pour ne pas lier leur carrière politique à la fortune des armes. En cas de succès, elle devait accélérer leur ascension ; mais à l'inverse, les favoris devaient s'être prémunis pour éviter d'endosser l'entière responsabilité d'un échec. Claude d'Annebault ne fit pas exception : après le fiasco du siège de Perpignan, il put rejeter la faute sur Montpezat et sur Marini, qui lui avaient donné de mauvais conseils. De même, on le vit prendre ses précautions lorsqu'en août 1545, au large des côtes anglaises, il allait hésiter à prendre la responsabilité d'engager un combat incertain, malgré l'insistance de certains de ses subordonnés qui cherchaient avant tout une occasion de s'illustrer[2]. La prudence naturelle de Claude d'Annebault n'explique donc pas toutes ses hésitations, de même que son supposé manque d'intelligence et de talent[3]. Il semble que ce soit surtout la conscience de ses hautes responsabilités qui aient nui à la

---

1   Monluc, *Commentaires*, t. I, p. 242. *Cf.* p. 295-299, pour cet épisode et le rôle que Claude d'Annebault tint à ce conseil.

2   *Cf.* p. 335 *sq.*

3   Émile Dermenghem attribua cette attitude aux origines normandes de Claude d'Annebault, et à un caractère hésitant : « S'il fut, comme dit Brantôme, "un bon capitaine", il fut aussi un général très malheureux. Dans les petites campagnes où il faut surtout de la bravoure, il réussissait ; mais il échoua toujours dans les occasions plus importantes. Ce ne fut pas par lâcheté, mais plutôt par manque de confiance en soi. On a l'impression, quand on étudie ses campagnes de Roussillon, de Piémont (1542) et son expédition navale de 1545, d'un homme qui se sent dépassé par sa tâche, s'effraye de sa responsabilité, hésite, laisse passer les occasions propices, ne prend que des demi-mesures et n'ose jamais frapper le

spontanéité de l'homme de guerre ; pour préserver sa position dans la faveur du roi, il devait toujours se garantir contre d'éventuels échecs, et quelle meilleure caution eût-il pu trouver que celle du roi lui-même ? Sans appliquer toujours à la lettre les ordres royaux, il ne les transgressa jamais, à l'opposé du connétable dont le triste exemple avait donné une mémorable leçon à tous les serviteurs de François Ier.

Il est toutefois certain que le prestige du maréchal d'Annebault eut beaucoup à souffrir de ces échecs successifs. Ses décisions s'étant avérées catastrophiques, nul ne pouvait empêcher les capitaines de donner libre cours à leur imagination et de refaire la guerre à leur façon, à la veillée, ou plus tard lorsque, rentrés chez eux, ils expliquèrent comment, si on eût écouté leur avis, les pires désastres se seraient transformés en grandes victoires. Blaise de Monluc, qui nous laissa ses mémoires, ne fut sans doute pas le seul capitaine à raisonner ainsi. Lorsque les choses tournaient mal, les commentaires allaient bon train. Par exemple, au siège de Coni :

> On disoit que si [le maréchal d'Annebault] eust mené jusques à huict canons et leur suitte pour faire deux batteries, afin de divertir les forces de dedans, qui estoient petites, il y avoit apparence ou qu'on les eust forcez, ou qu'ilz se fussent rendus, car, assaillant par plusieurs endroicts, ils n'estoient pour respondre à tout, mais ce fut le vouloir de Dieu[1].

Cette rumeur, rapportée par Du Bellay, montre que la confiance des troupes en leur chef était entamée. Pourtant, rares sont ceux qui taxèrent jamais Claude d'Annebault d'incompétence dans le domaine militaire : s'il n'a pas toujours été l'homme de la situation, un grand général ne suffisait pas toujours à obtenir les grandes victoires. Si la fortune, ou Dieu, ne lui était pas favorable, rien n'était possible. L'accumulation de revers inattendus, voire inexplicables, « prodigieux », faisait plutôt plaindre la malchance du maréchal. Le voyage de retour en France, par le redoutable Mont Cenis, allait prouver de la manière la plus specta-culaire que la fortune avait tourné le dos au chef des armées françaises.

---

grand coup. » (É. Dermenghem, « Un ministre de François Ier. La grandeur et la disgrâce de l'amiral Claude d'Annebault », *Revue du seizième siècle*, t. IX, p. 34-50, 1923, p. 48).

1   Du Bellay, *Mémoires*, t. IV, p. 98.

LA « GRANDE FORTUNE DE NEIGE » DU MONT CENIS

Claude d'Annebault quitta le Piémont vers le 1ᵉʳ janvier 1543, par le col du Mont Cenis. Or, arrivé à Novalesa[1], on lui annonça une tempête sur les montagnes, qui rendait les passages impraticables. Mais le maréchal, qui ne tenait guère à s'attarder en ces lieux, s'obstina :

> Ce nonobstant on ne luy sceut dissuader de passer ce jour là, pensant corrompre le temps, contre l'opinion de tous les marrons, qui sont ceux qui congnoissent les tourmentes de la montagne, comme font les mariniers celles de la mer; mais, estant à mi chemin de la montagne, entre La Ferriere et la plaine de l'Hospitalet[2], la tourmente survint si extreme que la plupart de ceux qui estoient en sa compagnie furent en hazard d'estre peris, quelques bons guides qu'ils eussent[3].

Plusieurs groupes de mercenaires, dont des lansquenets, qui suivaient de loin les hommes de d'Annebault, choisirent de s'engager derrière lui car, nous dit Martin Du Bellay, l'exemple d'un si grand personnage ne craignant pas de braver les intempéries leur donnèrent le courage de l'imiter. Cela prouve qu'il conservait un certain crédit auprès de ses hommes : mal leur en prit, car ils se perdirent pour ne jamais plus reparaître. Les compagnons du maréchal, qui avaient quelque avance sur ces malheureux, furent aussi surpris par la tempête, qui les décima à plusieurs reprises, tout au long de leur avancée. On évalua les pertes à cinquante[4] ou cent morts[5], dont un neveu du maréchal[6]; des six guides de Claude d'Annebault, quatre moururent à ses pieds[7]. Quant à lui, alors qu'il approchait de la plaine, il perdit son chemin, si bien qu'il ne dut son salut qu'à des montagnards qui sortirent de « tavernettes » pour lui porter secours,

---

1 Au nord de Suse, à 828 mètres d'altitude.
2 Ferrera, au nord de Novalesa; L'Hospice, à 1 925 mètres d'altitude (note du même).
3 *Ibid.*, t. IV, p. 99.
4 *L&P*, t. XVIII, part I, p. 19, n° 29, William Paget à Henri VIII, Lusignan, 9 janvier, 1543.
5 AS Vaticano, AA I-XVIII 6531, fol. 167-168, Capodiferro au cardinal Farnèse, Pottières, 11 janvier 1543 (analysée dans *ANG*, t. III, p. 183).
6 Les sources sont unanimes à parler d'un neveu; mais Du Bellay (*Mémoires, op. cit.*, p. 99) cite le seigneur de Carrouges, qui était sans doute le frère aîné de Tanneguy Le Veneur, et donc un cousin issu de germain de Claude d'Annebault; toutefois, vu l'emploi large du terme de « neveu » à cette époque, il doit bien s'agir de ce personnage.
7 AS Mantova, Cart. inv. div., 640, Gian Battista Gambara à la duchesse de Mantoue, Scio, 14 janvier 1543.

sans quoi « indubitablement il eust fait pareille fin que les autres[1] » ; lui et son fils Jean, âgé de quinze ou seize ans, échappèrent de peu à la mort[2]. La plupart de ses hommes avaient été victimes d'avalanches et étaient restés pris dans la glace. « On ne vit jamais, de mémoire d'homme, une si grande infortune sur cette montagne[3]. » Le lendemain, Guy de Maugiron, qui connaissait bien le pays, resta en arrière pour extraire et sauver quelques survivants « demy gellez ». Parmi ceux-là mêmes qui avaient rejoint la plaine avec le maréchal, beaucoup perdirent « la veue, autres les pieds, et la plus grand part depuis ne furent en santé[4] », comme ce pauvre Jean Le Cesne, dit « Menilles », seigneur de Montigny, amputé des deux pieds, qui, une vingtaine d'années plus tard, fit encore constater son état par des médecins de Vernon[5]. La compagnie d'Annebault, de cent lances, réputée l'une des plus belles et expérimentées du royaume, était anéantie.

Pendant ce temps, à la cour de France, où l'on attendait impatiemment le retour de Claude d'Annebault, parvenaient des nouvelles effarantes. L'épisode tragique de la tempête du Mont Cenis prenait des proportions terrifiantes[6] – elles ne pouvaient toutefois surpasser la réalité – et de terribles histoires circulaient, comme celle d'un gentilhomme de la compagnie du maréchal, dont la barbe, sous l'effet d'un froid extrême, était devenue de glace et s'était soudée à la poitrine, au point qu'il fut pris de spasmes ; se sentant mourir, il saisit un poignard et se trancha la barbe jusqu'à pénétrer la chair, geste qui lui sauva la vie[7]. Malgré toutes ces infortunes, d'Annebault ne voulut pas arrêter son voyage et

1 Du Bellay, *Mémoires*, t. IV, p. 100.
2 AS Mantova, Cart. inv. div., 640, Gian Battista Gambara à la duchesse de Mantoue, 5 janvier 1543, Niort.
3 *Négociations de la France et de la Toscane, op. cit.*, t. III, p. 40-42, avis reçus de la cour de France, [début janvier 1543].
4 Du Bellay, *Mémoires*, t. IV, p. 99-100 ; *cf.* aussi *Négociations de la France et de la Toscane, loc. cit.*, avis cité du début janvier : « Tutti li altri rimasero segnati, chi perdè una, chi due mani, chi il naso, chi un pezzo di viso. »
5 AD Eure, E 1294, registre de Jean le Cauchoix, Guillaume Charité et Pierre Fermehuis, tabellions, pour avril-juin 1566, fol. 27 : rapport de Mathurin Chevallot, docteur en la faculté de médecine, et de deux chirurgiens jurés de Vernon, sur l'état de santé de Jean Le Cesne, dit Menilles, seigneur de Montigny, demeurant au manoir seigneurial dudit lieu, ancien homme d'armes de la compagnie de l'amiral d'Annebault, qui en passant par le Mont Cenis était tombé dans la neige avec une partie de sa compagnie et avait subi l'amputation des deux pieds à la suite de congélation.
6 *Cf.* les lettres citées du nonce Capodiferro ou de Gian Battista Gambara.
7 AS Mantova, Cart. inv. div., 640, Gian Battista Gambara à la duchesse de Mantoue, Scio, 14 janvier 1543.

prit la poste pour rejoindre le roi au plus vite. Le 8 janvier, il regagna la cour à Lusignan, où le roi lui réserva un accueil des plus émouvants, en s'efforçant de le consoler[1]. Le 22 janvier, Claude d'Annebault retrouva enfin le cadre familier de Fontainebleau[2].

LA CONFIRMATION DE LA CONFIANCE DU ROI

À cause de cette accumulation d'échecs courait de nouveau la rumeur que le roi songeait à faire revenir le connétable[3]. Cependant, cette vieille rengaine paraissait peu crédible. Ni l'amiral Chabot, ni le cardinal de Tournon n'avaient intérêt à laisser faire un rappel de Montmorency, qui les eût eux-mêmes condamnés à quitter la cour ou à n'y plus jouer aucun rôle politique[4]. Des trois principaux conseillers, Claude d'Annebault était celui dont la position semblait la plus fragilisée. Pour prix de ses défaites et de ses erreurs, il risquait de « perdre la grâce du roi et de s'effondrer sans plus pouvoir relever la tête[5] ». Pourtant, le roi ne lui tint pas rigueur de ses déconvenues piémontaises, ni même des nombreuses victimes de son hasardeux passage des Alpes. Toutes ses décisions avaient eu des conséquences catastrophiques, au point qu'on ne pouvait qu'invoquer la fatalité. On tenta donc d'oublier au plus vite ces épisodes peu glorieux. C'est en tous cas ce que fit le libraire du roi, Claude Chappuis, qui célébra le maréchal en ces termes :

> Annebault le nous preuve,
> Qui entre tous a faict loyalle preuve
> Qu'il est très prompt, et prudent sans doubter,
> À entreprendre et à exécuter ;
> Donnant espoir qu'il pourra maintenir
> Et vers le roy et les siens soustenir
> L'opinion grande de sa grandeur.
> Si en ma plume, il y avoit tant d'heur

---

1 AS Modena, Cart. amb., Francia 18, Lodovico Thiene au duc de Ferrare, Lusignan, 8 janvier 1543 : « Monsr de Annibò è gionto alla Corte, quale è sta molto accareciato da Sua M^{tà} ».
2 *L&P*, t. XVIII, part I, p. 19, n° 29, William Paget à Henri VIII, Lusignan, 9 janvier, 1543 ; BnF, Clair. 339, fol. 1.
3 *ANG*, t. III, Capodiferro au cardinal Farnèse, Fontainebleau, 10-12 mars [1543].
4 *Ibid.* : « Di Tornone, che milita la medesima ragione che in l'armiraglio, perché tornando il conestabile dove che S. S. R^{ma} con l'armiraglio e con Anebao è qualche cosa, con lui non saria niente, perché è incompatibile per l'odio che c'è tra loro duo. »
5 *Ibid.*

Qu'aux aultres peusse et à luy satisfaire,
J'auroys vaincu Crétin et Jehan Le Maire,
Qui de leur temps la palme ont remporté[1].

Ces vers flatteurs ne sont peut-être pas dénués d'ironie : s'il est une qualité dont d'Annebault prouva, en ses récents insuccès, qu'il était totalement dépourvu, c'est bien cette « promptitude à entreprendre et à exécuter » dont le para généreusement le poète. On peut aussi penser que celui-ci collabora ainsi à la volonté royale de restaurer le crédit du maréchal, dont la grandeur est ici affirmée intacte, et ceci pour obvier aux critiques, dont Chappuys prend le contre-pied pour rétablir l'image troublée de la compétence militaire du favori, par ailleurs comparé au preux Hector ; cette image, dans la perspective des origines troyennes de la race royale de France, hisse d'Annebault au rang de premier personnage du royaume, l'associant, lui, modeste seigneur normand, au prestigieux sang de France.

Par ailleurs, lorsque le roi vint prendre les saintes reliques à Notre-Dame pour l'entrée en Carême, il se fit accompagner de ses fils, de Saint Pol et de d'Annebault, coupant court aux rumeurs de disgrâce[2]. Pour le roi, s'afficher aux côtés de ses favoris était là encore un moyen de conforter leur position, auprès des courtisans et du peuple de Paris, et de renforcer leur prestige en les faisant participer à sa royale majesté. C'était un grand honneur, pour Claude d'Annebault, de se trouver en cette occasion aux côtés du roi, des fils et du cousin de celui-ci ; surtout, cela devait le rassurer sur l'état de sa faveur. François Ier choisit donc de confirmer sa confiance à Claude d'Annebault. Mais avait-il réellement le choix ? Il ne pouvait le remplacer au pied levé par des hommes nouveaux, sans expérience du gouvernement, alors même que l'on s'attendait à la mort prochaine de son vieux compagnon, l'amiral Chabot[3]. En effet, le 10 octobre 1542, celui-ci s'était effondré au sol alors qu'il s'entretenait avec le roi. La captivité avait rudement éprouvé la santé de cet homme

---

1   Claude Chappuys, *Discours de la Court*, s. l., 1543, cité par É. Dermenghem, art. cité, p. 35-36 ; le privilège est daté du 21 mai 1543, mais le poème est peut-être antérieur de plusieurs mois.

2   AS Modena, Cart. amb., Francia 18, Lodovico Thiene au duc de Ferrare, Paris, 12 février 1543.

3   Sur les raisons du choix du roi, voir p. 435 *sq.* et F. Nawrocki, « Le conseiller favori, objet de la décision royale », dans *La prise de décision royale, 1520-1550*, colloque de l'École nationale des chartes, Paris, 2008, p. 73-90.

déjà âgé, et ce dernier incident acheva de le diminuer. En avril 1543, il était alité à Paris, agonisant, mais le roi ne l'autorisa pas à se retirer dans ses terres[1]. Il mourut donc à Paris le 1er juin 1543[2], à l'âge respectable, pour l'époque, de soixante-trois ans. À l'orée d'une nouvelle saison de guerre, Claude d'Annebault avait l'occasion de rétablir sa réputation et de prendre la place désormais vacante de conseiller favori.

---

1   D. Potter, « Politics and faction », art. cité., p. 143.
2   Dans sa maison « appelée Savary derrière Sainct Anthoine » (BnF, Fr. 23880).

LA DERNIÈRE GUERRE
CONTRE CHARLES QUINT (1543-1544)

La fin des opérations au début de l'hiver n'ayant été sanctionnée par aucune trêve, la reprise de la guerre était attendue. En février 1543, furieux de voir les Écossais renouveler leur alliance avec la France – en dépit de la mort de leur roi, Jacques V, laissant sur le trône sa fille mineure Marie Stuart –, le roi d'Angleterre Henri VIII conclut des accords secrets avec l'empereur, par lesquels il s'engageait à prendre part à une invasion conjointe de la France dans les deux ans. Après un ultimatum, ils déclarèrent la guerre au roi de France, le 22 juin[1]. La mort de Chabot de Brion laissait peu de chefs militaires expérimentés au roi : parmi eux, Claude d'Annebault s'imposait comme le plus apte à diriger la nouvelle campagne, malgré les échecs retentissants de l'année précédente. La guerre de Clèves lui offrait l'occasion de se racheter et de justifier la confiance du roi.

LES CONQUÊTES DE 1543

PREMIÈRES OPÉRATIONS EN HAINAUT

Henri VIII fut le premier à intervenir, débarquant son armée à Calais pour envahir le Boulonnais, dévastant tout sur son passage. Au même moment, les Turcs de Barberousse, dont l'intervention avait été négociée par Polin de La Garde, s'apprêtaient à mettrent le siège devant Nice, au grand scandale de la Chrétienté[2]. Mais c'est sur la frontière nord

---

1 R. J. Knecht, *François Ier, op. cit.*, p. 484-485.
2 Charles de La Roncière, *Histoire de la marine française*, Paris, 1899-1932, t. III, p. 376-384. Nice se rendit aux Turcs le 8 décembre 1543 ; après cette prise, les Turcs furent installés

que l'essentiel des opérations allait se concentrer : en effet, le jeune duc Guillaume de Clèves, époux de Jeanne d'Albret et allié du roi de France, dont les États étaient menacés par l'empereur[1], avait occupé le Brabant. L'empereur, déjà parvenu aux frontières françaises avec son armée, fut contraint de différer ses plans d'invasion pour se retourner contre le duc. François Ier, qui avait rassemblé son armée début juin 1543, prépara en son conseil un plan de guerre. Il fut décidé que Claude d'Annebault partirait en avant pour porter secours au duc de Clèves. Cette première armée devait devancer l'armée du roi pour prendre de vitesse l'adversaire[2].

Claude d'Annebault quitta donc le roi le 10 juin à Villers-Cotterêts et partit pour le Hainaut, faisant étape à Soissons, puis à Montcornet-en-Thiérache où il établit le camp[3]. Il envoya une partie de ses troupes, menées par Martin Du Bellay, Nicolas Le Bossut de Longueval et Eustache de La Lande[4], pour tenter de surprendre les défenseurs d'Avesnes-sur-Helpe et isoler la ville. Mais alors que tout se passait pour le mieux et que Du Bellay s'apprêtait à passer la rivière, le maréchal d'Annebault leur fit demander de rebrousser chemin vers Cartigny[5]. Il semble qu'un commissaire de l'artillerie ait convaincu le maréchal que « la ville n'estoit

---

par François Ier à Toulon, vidée de ses habitants ; cette ville resta une colonie turque jusqu'à leur départ, en mai 1544.

1   CSP, Spanish, t. VI, part II, p. 167, Eustache Chapuys à la reine de Hongrie, Londres, 24 juin 1543.
2   De cette campagne semble dater le dessin de l'ordre de marche de l'armée du manuscrit BnF, Fr. 20502, fol. 69, où l'on voit notamment, derrière l'artillerie, l'avant-garde confiée à gauche au maréchal d'Annebault (avec les bandes italiennes et celle de François de Genouillac, une partie de la gendarmerie et les chevau-légers), et à droite, François de Saint-Pol avec notamment les lansquenets et les 200 gentilshommes de la maison du roi ; dans la bataille, on voit le maréchal Du Biez à gauche et le dauphin à droite, avec les Suisses et des gens d'armes ; l'arrière-garde était conduite à gauche par Claude de Guise, menant l'arrière-ban, et Antoine de Vendôme, à la tête des légionnaires de Picardie. Outre sa propre compagnie de cent lances, d'Annebault menait celles de Maugiron, Créquy, Dampierre « le jeune » et La Roche du Maine, soit un total de trois cent lances (ibid., fol. 71) ; ce devait être l'ordre de marche prévu en juin 1543 (voir CSP, Spanish, t. VI, part II, p. 417-420, Eustache Chappuys à la reine de Hongrie, 24 juin 1543, qui signale que d'Annebault commande l'avant-garde) ; en octobre 1543, l'ordre suivi est sensiblement le même, avec le roi dans la bataille (L&P, t. XVIII, part II, p. 180-181, n° 321, document inclus dans une lettre de John Wallop à William Paget, Landrecies, 29 octobre 1543).
3   Montcornet, dép. Ardennes, arr. Mézières, cant. Renwez ; cf. CCJDB, t. III, p. 216-217, François Errault à Jean Du Bellay, Villers-Cotterêts, 9 juin [1543].
4   Sur Eustache de Bimont, dit le capitaine La Lande, voir A. Rozet et P. Lembey, op. cit., p. 75-80.
5   Cartigny, dép. Nord, arr. et cant. d'Avesnes-sur-Helpe.

forçable », quoi qu'en pensât Martin Du Bellay, selon qui « si est ce que qui l'eust assailie de furie, il estoit apparant qu'on l'eust prise, la trouvant despourveue d'hommes comme elle estoit[1] ». Peut-être Claude d'Annebault avait-il reçu après leur départ de nouvelles informations qui le firent changer d'avis ; toujours est-il qu'il n'en fit jamais part à ses capitaines, selon lesquels, si on ne pouvait prendre Avesnes, « on ne devoit venir jusques là pour laisser d'autres plus belles entreprises[2] ». Le plus probable est que le roi, ayant fini de rassembler son armée, ordonnât de prendre au plus tôt Landrecies[3], « clef du Hainaut et de l'Artois[4] », le second objectif de l'expédition.

Martin Du Bellay raconte comment d'Annebault envoya une centaine de chevaliers se poster autour d'un moulin un peu fortifié, dans la forêt : il voulait empêcher la garnison de s'échapper à la faveur de la nuit par ce chemin, comme elle l'avait fait par le passé, en brûlant les munitions et les provisions de la place. En effet, le roi voulait prendre la ville avec ses réserves pour la tenir ensuite fortifiée, afin qu'elle servît de point d'appui à la suite de la campagne, en Luxembourg. L'initiative semblait bonne. Cependant, d'Annebault la jugea trop risquée pour ses hommes, qu'il fit rappeler, et ce que Du Bellay dit avoir prévu se réalisa : « au matin on n'y trouva que le nid » déserté et incendié. Le contrordre de Claude d'Annebault avait fait perdre nombre de vivres et munitions, mais avait permis, en laissant s'enfuir les gardes, de prendre immédiatement Landrecies, sans coup férir[5].

On peut présumer que ces décisions contestées n'avaient été prises qu'avec l'aval du roi, qui semblait moins soucieux de faire de beaux coups que d'avancer au plus vite. Ainsi, Antoine de Vendôme, qui commandait la troisième armée, envoyée en Artois, se vit plusieurs fois réprimandé pour désobéissance, car il s'attardait à assiéger Bapaume[6], alors que le roi voulait qu'il passât « outre sans s'arrester là ny ailleurs » ; menacé d'« encourir sa mal grace », il dut lever le siège, à regret, pour rejoindre l'armée royale au Cateau-Cambrésis[7].

---

1   Du Bellay, *Mémoires*, t. IV, p. 125-127.
2   *Ibid.*, p. 127.
3   Landrecies, dép. Nord, arr. Avesnes-sur-Helpe, ch-l. de canton.
4   A. Rozet et P. Lembey, *op. cit.*, p. 6.
5   Du Bellay, *Mémoires*, t. IV, p. 128-129.
6   Bapaume, dép. Pas-de-Calais, arr. Arras, chf-l. de canton.
7   *Ibid.*, p. 129-130. Le Cateau, dép. Nord, arr. Cambrai, ch-l. de canton.

UN GOUVERNEMENT EN CAMPAGNE

Vers le 20 juin, l'armée du roi se mit en route et installa son camp à Maroilles en Hainaut[1]. Pour adapter le fonctionnement des institutions royales à ce contexte, des mesures avaient été prises, sur lesquelles il faut s'arrêter un instant. Avant de partir, François Ier avait constitué un conseil à Paris, sous la direction du cardinal de Tournon, qui siégea du 14 juin au 25 juillet[2]. Pendant cette période, une partie des actes royaux fut établie par le roi au Catelet, à Maroilles, puis à Catillon-sur-Sambre, quand l'autre l'était à Paris, par le conseil[3]. Il semble que le conseil étroit, où étaient traitées les principales affaires de l'État, notamment militaires, ait suivi le roi en campagne, tandis que le conseil « privé », instruisant notamment les affaires ordinaires, examinant les requêtes et délivrant des actes courants, siégeait à Paris. À partir du mois d'août, François Ier rassembla les deux composantes de son conseil désormais composé du nouveau garde des sceaux, François Errault, du comte de Saint-Pol et du cardinal de Tournon : en septembre, Martin Du Bellay, envoyé par d'Annebault et le duc d'Orléans afin d'informer le roi des succès récents et de lui demander où devait se diriger l'armée, trouva le roi avec le comte de Saint-Pol et le cardinal de Tournon, « qui avoit le maniement de ses affaires en l'absence de monseigneur l'amiral [*sic* pour d'Annebault][4] ».

Toutefois, d'Annebault n'en était pas réduit au simple rôle d'exécutant. La proximité du roi lui permit, comme lors du siège de Perpignan, de

---

1   Maroilles, dép. Nord, arr. Avesnes-sur-Helpe, cant. Landrecies.
2   *CAF*, t. VIII, Itinéraire, p. 519-520 ; l'itinéraire est peut-être erroné pour le premier de ces actes, daté de Paris, 4 juin (*CAF*, t. VI, p. 711, 22623), car le roi est alors à Villers-Cotterets, où il est en mesure d'exercer normalement son pouvoir, et il n'en part qu'après le 12 juin 1543 : on peut penser que cet acte est plutôt du 14 juin, et qu'il s'agit des nombreuses erreurs du *CAF* ; on peut aussi imaginer que l'une des deux copies du XVIIIe par lesquelles nous est connu cet acte, est copiée sur l'autre, elle-même fautive (indiquant le 4 au lieu du 14), ou sur la même source erronée ; en tout cas, le cardinal de Tournon devait partir après le 10 juin de Villers-Cotterêts « pour aller tenir le conseil à Paris » (*CCJDB*, t. III, p. 216-217, François Errault à Jean Du Bellay, Villers-Cotterêts, 9 juin [1543]) ; le 11 juillet, il était encore à Paris (Tournon, *Correspondance*, n° 356).
3   Les actes du conseil sont parfois souscrits : « Par le roy, en son conseil estably a Paris » (acte du 2 juillet 1543).
4   Du Bellay, *Mémoires*, t. IV, p. 160 ; lorsqu'il écrivit ces mots, Du Bellay ne se souvenait probablement pas que Claude d'Annebault n'avait pas immédiatement succédé à Chabot dans sa charge d'amiral.

communiquer à distance avec le conseil : lui-même se rassemblait avec ses capitaines pour décider du meilleur parti à prendre, puis le soumettait au roi, soit par messager[1], soit en faisant lui-même le voyage. Il avait ainsi toujours part aux décisions de l'état-major et correspondait avec les capitaines[2]. Par contre, il jouissait d'une moins grande autonomie qu'en d'autres occasions où l'éloignement l'avait obligé à prendre des décisions rapides, sans consulter le roi, dans le cadre de directives très générales. D'autre part, d'Annebault se mêlait toujours des affaires de l'État, lorsqu'il se rendait au camp du roi, en laissant pour un ou deux jours le commandement du sien à ses capitaines. Ce qui se produisit à plusieurs reprises : par exemple, le 30 juin, il vit le nonce apostolique, qu'il entretint de diverses affaires et auquel il assura que le roi était déterminé à combattre lui-même l'empereur, si celui-ci venait[3].

LA CAMPAGNE DE LUXEMBOURG

Revenons-en à la campagne proprement dite. Après avoir pénétré dans Landrecies, le maréchal d'Annebault en fit dresser les plans afin de renforcer la place, puis il y laissa son armée. Il apporta les dessins à François Ier vers le 20 juin 1543 au Cateau-Cambrésis ; le roi lui ordonna alors de faire rassembler ses troupes à Catillon-sur-Sambre[4] en attendant que l'on décidât de la suite des opérations. Après l'arrivée du duc de Vendôme, le roi emmena ses armées à Maroilles, où il demeura jusqu'au milieu du mois, avant de joindre celle du maréchal d'Annebault à Catillon[5]. Une fois redéfinis les objectifs de la campagne, le dauphin prit avec le maréchal d'Annebault et le duc de Vendôme la direction du plus gros de l'armée, afin d'ouvrir au roi la route du Brabant. Ainsi commença une marche vers le nord, au cours de laquelle fut prise la ville de Maubeuge[6] ; en outre, une expédition de Guy de Maugiron, avec sa compagnie de cinquante lances, et Pierre de Harcourt, avec quatre-vingts hommes d'armes de

---

1   Par exemple lors de cette mission de Martin du Bellay.
2   *Cf.* par exemple BnF, Fr. 6616, fol. 83, Oudart Du Biez à Claude d'Annebault, Montreuil, 9 juillet 1543.
3   AS Vaticano, Segr. Stato, Francia 2, fol. 176-179v, Dandino au cardinal Farnèse, au camp [de Maroilles], 29 juin-1er juillet 1543 (analysée dans *ANG*, t. III, p. 238).
4   Dép. Nord, arr. Cambrai, ch-l. de canton.
5   Du Bellay, *Mémoires*, t. IV, p. 130.
6   Maubeuge, dép. Nord, arr. Avesnes-sur-Helpe, ch-l. de canton.

la compagnie de Claude d'Annebault, tendirent une embuscade à la garnison de Binche et rapportèrent un grand butin[1].

Pendant ce temps, le dauphin Henri et le maréchal d'Annebault observaient la place de Mons. Après s'être assurés de l'insuffisance des défenses, ils voulurent prendre la ville. Mais les troupes envoyées en reconnaissance s'étaient montrées si peu discrètes que lorsque l'armée française arriva, elle trouva la garnison considérablement renforcée. Or, le dauphin, n'ayant prévu que deux jours de siège, avait emporté très peu de vivres et de poudre ; d'Annebault ordonna donc la retraite, au cours de laquelle les canons s'embourbèrent, tandis que des jeunes gens, excités par la présence du dauphin, prirent des risques inconsidérés. Finalement, les Français se retirèrent en laissant de nombreux morts sur le champ de bataille[2]. Il fallut donc se résoudre à quitter Maubeuge sans grand profit, pour rassembler encore une fois toutes les armées près de Landrecies, le temps que les travaux de fortification fussent assez avancés pour que la ville puisse tenir tête à l'empereur sans l'aide de l'armée française. La campagne de Hainaut demeurait inachevée.

En fait, le roi songeait depuis quelque temps à reconquérir le Luxembourg, qui avait été pris, puis perdu, l'année précédente par Charles d'Orléans, sous la direction du duc de Guise. Le jeune duc d'Orléans se vit confier le commandement de cette entreprise bien plus importante que les raids sans lendemain du dauphin en Hainaut ; mais il était secondé « en raison de sa jeunesse » par le maréchal d'Annebault. Charles de Brissac, envoyé en avant, remporta les premiers succès : il prit Stenay et y établit l'avant-garde, mais n'attendit pas l'arrivée du reste de l'armée, à la grande colère de Claude d'Annebault – mais « il n'y avoit eu ordre de le surattendre[3] ». Celui-ci, comme en d'autres occasions, connut bien plus de réussite avec le duc d'Orléans qu'avec son frère Henri. Il faut dire que le duché de Luxembourg n'était guère réputé pour ses places fortes : Ivoy et Montmédy se rendirent à la première semonce, puis l'armée du duc d'Orléans rejoignit son avant-garde à Aneau[4]. Poursuivant sa

---

1   *Ibid.*, t. IV, p. 136-138.
2   François d'Alègre, le jeune fils de Gabriel, y laissa la vie, tandis que Gaspard de Châtillon, trop téméraire, faillit mourir d'une grave blessure à la gorge ; sur le déroulement du siège, *cf. L&P*, t. XVIII, part I, p. 491-492, n° 898, Nicholas Wotton à Henri VIII, Bruxelles, 16 juillet 1543), et Du Bellay, *Mémoires*, t. IV, p. 138-139.
3   *Ibid.*, t. IV, p. 148-154.
4   Notre-Dame-d'Aneau, entre Montmédy et Stenay.

marche victorieuse, d'Annebault prit sans combattre Arlon et Virton, qui gardaient l'accès à la capitale du duché[1]. Le 10 septembre 1543, la grande armée française parvint enfin devant les murs de Luxembourg, alors occupée par des troupes impériales. Claude d'Annebault passa la nuit à faire creuser les tranchées afin de disposer l'artillerie : il fallait enlever la place avant l'arrivée des renforts. Quelques salves de canons suffirent à déloger l'adversaire :

> Le jour venu, monsieur l'amiral d'Annebault, lequel avoit la charge de l'armée soubs monseigneur d'Orleans et avoit esté toute le nuict aux tranchées, feit saluer la place de cinq ou six volées de canon, mais, après, ceux de dedans demanderent à parlementer et à quatre des principaux fut baillé saufconduict pour venir vers mondit seigneur d'Orleans ; enfin, plusieurs choses debattues d'une part et d'autre, fut accordée aux gens de guerre de leur en aller avec les armes et nagues sauves ; quant aux citadins, ceux qui voudroient demeurer, faisans serment de fidelité, jouiroient de tous leurs biens meubles et immeubles, les autres pourroient aller seurement où bon leur sembleroit. Environ deux heures après midy, les Impériaux sortirent de la ville, à sçavoir trois mille cinq cens hommes de pied et quatre cens chevaux en fort bon equippage[2].

Le roi, heureux de cette bonne nouvelle, se refusa à raser la ville qu'il comptait conserver pour pouvoir porter le titre de duc de Luxembourg[3] ; bien au contraire, il voulait en renforcer les fortifications pour mieux la garder. Ses conseillers restés auprès de lui, le comte de Saint-Pol et le cardinal de Tournon, ne purent l'en dissuader. D'Annebault, qui souhaitait abattre les murs de la capitale pour faire fortifier Arlon, plus aisément défendable, obéit pourtant sans protester, et fut contraint d'attendre l'arrivée du reste de l'armée, ce qui arrêta ses conquêtes. Arrivé le 25 septembre, le roi confirma son intention de lancer de grands travaux de fortification, confiés à Girolamo Marini :

> Ne vault pas bien ceste ville le fortifier, dit-il au cardinal de Lorraine. Certes, j'entends la bastir de sorte que l'empereur ne sçauroit garder de retenir ce que j'ay enjambé sur luy, et quelque hardy qu'il soit, il n'a encores rien sur moy ;

---

1   G. Paradin, *Gulielmi Paradini de rebus in Belgica gestis anno 1543 epistola*, [Paris], 1544, fol. 5v : « Viretonium eversum, Arelonum ab incolis praesidiariisque militibus desertum, qui ea nocte quae obsidionem secuta est, in proximas silvas profugere » ; *cf.* aussi Du Bellay, *Mémoires*, p. 154.

2   *Ibid.*, p. 158.

3   A. Rozet et J.-F. Lembey, *op. cit.*, p. 7.

> puis il dit à la duchesse d'Étampes : ma mye, je viens de voir la conqueste
> que j'ay faicte sur l'empereur, dont je me tiens tres content[1].

Pendant ce temps, l'empereur achevait d'anéantir les forces du duc de Clèves. Le roi envoya malgré tout le maréchal d'Annebault à son secours avant le 29 septembre[2], avec quatre cents hommes d'armes et dix mille hommes de pied. Ces renforts peut-être insuffisants furent surtout bien trop tardifs : le 7 septembre, quatre jours avant la chute de Luxembourg, Guillaume de Clèves avait signé une paix humiliante avec l'empereur, à Venloo, par laquelle il renonçait pour toujours à l'alliance française[3]. Dès qu'il apprit cette mauvaise nouvelle, François Ier fit rappeler Claude d'Annebault qui était en chemin, car l'empereur, désireux de reconquérir le terrain perdu, faisait déjà route vers Landrecies. François Ier, impatient d'en découdre personnellement avec son rival, rebroussa chemin par Arlon. Au passage, il envoya Charles de Brissac secourir la place de Guise, sur la frontière champenoise, assiégée par Francesco d'Este. Les Français en chassèrent les assiégeants, dont le chef fut lui-même capturé par un chevau-léger de la compagnie du fils de Claude d'Annebault, Jean, seigneur de La Hunaudaye, qui accomplissait à seize ans ses premiers exploits[4] ; son père put ensuite lui-même interroger le prisonnier[5]. Mais l'armée du roi ne s'attarda guère et n'eut besoin que de deux semaines pour rejoindre Landrecies.

LE SIÈGE DE LANDRECIES

À Landrecies, on s'attendait à assister à un des plus grands événements du siècle, avec l'affrontement de deux armées redoutables, dont l'une était menée par l'empereur en personne, l'autre par le roi de France ou le dauphin Henri. L'armée française, privée de quelques milliers d'hommes

---

1 AGR Belgique, Aud. 1610, fol. 14-15, « advertissemens venuz de Lorrayne », du 8 octobre 1543.
2 Avant la Saint-Michel, selon Du Bellay (*Mémoires*, t. IV, p. 161).
3 *Ibid.*, t. IV, p. 162, et A. Rozet et J.-F. Lembey, *op. cit.*, p. 6 : « Le roi perdit le seul allié utile qu'il eût ; il n'avait rien fait pour le sauver et sa ruine parut lui être indifférente. » Dès lors, François Ier s'efforça de faire rompre le mariage du duc avec sa nièce Jeanne d'Albret (P. Jourda, *Marguerite d'Angoulême, op. cit.*, t. I, p. 281-282) ; pour le texte du traité de Venloo, voir *Papiers d'État du cardinal de Granvelle, op. cit.*, t. II, p. 669-677, de préférence à Du Mont, *Corpus diplomatique*, t. II, p. 681 *sq.*
4 Du Bellay, *Mémoires*, t. IV, p. 164-166 ; G. Paradin, *De rebus in Belgica gestis, op. cit.*, fol. 10.
5 *ANG*, t. III, p. 271, Dandino au cardinal Farnèse, Coucy, 13 octobre 1543.

demeurés à Luxembourg sous la direction de Nicolas de Longueval et de Girolamo Marini, avait encore fière allure : entre 40 000 et 50 000 hommes parvinrent aux environs de Landrecies le 28 octobre. Charles Quint et Ferrante Gonzague[1] étaient arrivés dès le 20 au Quesnoy, avec une armée légèrement plus nombreuse[2], en plus de laquelle il faut compter les troupes d'Adrien de Croÿ, sieur de Rœulx, qui avaient mis le siège devant Landrecies depuis le départ du roi pour Luxembourg[3].

Le camp français fut établi au Cateau-Cambrésis, ce qui « estoit la teste droict a l'ennemi », car François Ier désirait un affrontement direct ; après avoir fait visiter les lieux par Saint-Pol, d'Annebault et Oudart Du Biez, il s'installa donc en face de l'ennemi, sur la rive droite de la Sambre[4]. Dès le 30 octobre, un premier ravitaillement, dirigé par Saint-Pol et d'Annebault, permit de soulager les habitants et la garnison, ainsi que de remplacer les héroïques défenseurs de la place par des troupes fraîches ; André d'Essé et Eustache de La Lande, qui avaient résisté pendant des semaines, reçurent un accueil triomphal[5]. Ce premier ravitaillement ayant été accompli dans l'urgence, un second, plus important, fut orchestré par Martin Du Bellay[6], pendant que les deux camps s'affrontaient en petites escarmouches, sans jamais trouver la bataille. L'une d'elles faillit être fatale aux chevau-légers de Brissac, mais le roi leur dépêcha Claude d'Annebault pour organiser la retraite[7] :

> Pour conclusion, le roy secourut sa ville à la barbe d'un grand empereur, lequel avoit toutes les forces d'Allemagne, de ses Bas Pays, et une partie de celles d'Espagne, d'Angleterre, et d'Italie, qui n'eut peu de reputation, toutes choses bien pesées[8].

---

1   Sur ce général, cf. A. Rozet et J.-F. Lembey, op. cit., p. 26-27.
2   Ibid., p. 7-8, propose une estimation basse : 40 000 à 45 000 hommes de chaque côté, alors que Du Bellay évalue l'armée impériale à 57 000 combattants, contre un peu plus de 40 000 selon l'ambassadeur vénitien Bernardo Navagero ; ce dernier donne, pour les Français, le chiffre incontestablement exagéré de 60 000 hommes (ibid., p. 7, n. 4).
3   Il s'y trouvait en outre 5 000 à 10 000 Anglais (ibid., p. 11).
4   Du Bellay, Mémoires, t. IV, p. 176-177 ; E. Mannier, op. cit., p. 175-178.
5   Ibid., t. IV, p. 177-178 ; avant même le siège de Saint-Dizier, pour lequel La Lande devint célèbre, celui-ci s'acquit à Landrecies une gloire immense (G. Paradin, De rebus in Belgica gestis..., op. cit., fol. 9v : « In ea obsidione Landae virtus enituit »).
6   Du Bellay, Mémoires, t. IV, p. 179-182.
7   Ibid., t. IV, p. 178-179.
8   Ibid., t. IV, p. 185. Monluc (Commentaires, t. II, p. 34-35), expliqua à Piero Strozzi (à Sienne, 1554) qu'une belle retraite à couvert des ennemis, comme le roi François à Landrecies, était

Landrecies était alors capable de tenir aisément quinze jours de siège, alors que le Hainaut, dévasté par 100 000 soldats, ne pouvait plus nourrir les armées : François Ier se replia donc sur Guise avec confiance[1]. Charles Quint, contraint de se retirer, éleva une citadelle à Cambrai avant de partir. Ce revers de l'empereur était assez spectaculaire et marqua durablement les esprits. Maurice Scève s'en fit notamment l'écho dans sa *Délie*, publiée en 1544 :

> Serait-ce pas, sans expectation
> D'aucun acquêt, mettre honneur à merci,
> Ou bien jouer sa réputation
> Pour beaucoup moins qu'à Charles Landreci[2] ?

Dans l'entourage de François Ier, on s'appliquait à faire la publicité de l'événement, tourné au déshonneur de l'empereur, comme dans une pièce de circonstance, *L'Aigle qui a faict la poule devant le Coq à Landreci*, composée par le poète officiel Claude Chappuis[3]. Réciproquement, Charles Quint utilisait le prétexte du repli de l'armée française sur Guise pour se vanter d'avoir mis en fuite le roi de France : ainsi, la reine Marie de Hongrie remercia Sa Majesté son frère « qu'il luy a pleu me faire part de la honteuse fuyte des François a vostre tant grand honneur[4] ».

---

très honorable, et n'avait rien d'aisé, car « tant de vaillans capitaines s'estoient perdus en faisant la retraicte à la teste de l'ennemy » (comme, entre autres, Claude d'Annebault à Thérouanne).

1   La retraite, effectuée le dimanche 4 décembre (et non le lendemain de la Toussaint, comme le dit Du Bellay), vers onze heures, fut exemplaire et louée par les Impériaux (*cf.* A. Rozet et J.-F. Lembey, *op. cit.*, p. 9, et n. 1, citations d'une lettre de Bernardo Navagero, Valenciennes, 7 novembre 1543); elle est relatée dans les détails par Martin Du Bellay (*op. cit.*, t. IV, p. 182-185) : le roi était à l'avant-garde avec Guise, le dauphin dans la bataille entouré de Saint-Pol et de d'Annebault, et Brissac fermait la marche.

2   Maurice Scève, *Délie, objet de plus haute vertu*, Paris, 1984, dizain CDXLVIII, p. 301 ; l'empereur s'était tellement couvert de ridicule que l'année suivante, les assiégés de Commercy invectivèrent les Impériaux au cri de « à Landrecy, à Landrecy, canailles » (Charles Paillard, *L'invasion allemande en 1544*, Paris, 1884, p. 65, d'après une dépêche anglaise).

3   *Recueil de poésies françoises des* XVe *et* XVIe *siècles, morales, facétieuses, historiques*, éd. A. de Montaiglon, t. IV, Paris : 1856, p. 47-70. Sur l'utilisation de l'imprimé dans ces conflits, il faut signaler le travail (non consulté) de Sophie Astier, *Un affrontement de papier. La place de l'imprimé dans la guerre entre François Ier et Charles Quint (1542-1544)*, thèse d'Ecole des chartes inédite, 2009, résumé dans *Positions des thèses de l'École des chartes*, Paris, 2009, p. 25-35.

4   A. Rozet et J.-F. Lembey, *op. cit.*, p. 9, n. 2, Bernardo Navagero, Bruxelles, 28 novembre 1543 ; *cf.* aussi *Correspondenz des Kaisers Karl V, op. cit.*, t. II, p. 409, Charles Quint à la reine Marie, 5 novembre 1543, et p. 410, lettre de la reine Marie à Charles Quint.

Pourtant, malgré les apparences qu'il tâchait de sauvegarder, l'empereur n'avait atteint aucun de ses objectifs : l'intervention du duc de Clèves avait empêché l'invasion du royaume de France, tandis que son rival avait considérablement renforcé ses positions sur la frontière avec Landrecies, Arlon et Luxembourg, passées sauves et consolidées sous sa domination[1].

En revanche, avec la soumission du duc de Clèves, François Ier avait perdu son allié de revers : l'année suivante, il ne pourrait compter que sur ses places fortes pour empêcher les armées impériales d'entrer en France[2].

Début novembre, les Français rentrèrent avec un appréciable butin et « pour soixante mille escuz de bons prisonniers, sans qu'ilz en ayent des nostres[3] », dont Francesco d'Este[4], frère du duc de Ferrare et l'un des principaux chefs de guerre au service de l'empereur. Le dauphin Henri recueillit la gloire de la victoire, ainsi que François d'Estouteville et Claude d'Annebault, ses tuteurs[5]. Toutefois, il n'était pas près d'oublier l'échec de Mons, un an après celui de Perpignan, de douloureuse mémoire, tandis que son frère avait une fois encore triomphé en prenant le duché de Luxembourg, sous la houlette du même maréchal d'Annebault. Dès lors, le dauphin ne voulut plus d'autre mentor que le connétable de Montmorency, dont le retour paraissait pourtant de moins en moins probable, tandis que le roi couvrait d'honneurs son successeur.

---

1   Même l'historien Karl Brandi, qui s'appliquait à démontrer le triomphe de la politique pangermanique de Charles Quint, lointain précurseur des conquérants de 1871, dut concéder qu'il n'emporta pas de « grand succès » devant Landrecies (Karl Brandi, *Kaiser Karl V : Werden und Schicksal einer Persönlichkeit und eines Weltreiches*, Münich, 3e édition, 1941, p. 433 *sq.*).

2   *Cf.* aussi Du Bellay, *Mémoires*, t. IV, p. 186 : l'empereur savait « la honte que ce luy estoit d'avoir tant faict le brave de s'estre vanté au partir de Gueldres qu'il viendroit jusques à Paris, mais il n'avoit sceu prendre une petite ville faicte à la haste, en laquelle n'estoit aucune fortification achevée ».

3   Matignon, *Correspondance*, p. 91, lettre CXL, de François de Saint-Pol, La Fère, 9 novembre [1543].

4   *Cf.* sa notice dans A. Rozet et J.-F. Lembey, *op. cit.*, p. 27-28.

5   G. Paradin, *De rebus in Belgica gestis, op. cit.*, fol. 13-v : « ita [rex] instruxisset, ut Henricus Delphinus summae spei juvenis, in prima acie hosti congrederetur, cujus latera claudebant Franciscus Borbonius Tutaevillae dux, atque Annibal tribunus militum ».

LE NOUVEAU CONSEILLER FAVORI

LA SUCCESSION DE CHABOT

Depuis le mois de juin, la mort de l'amiral Chabot avait laissé vacante la place de conseiller favori de François Ier. Pour lui succéder, le roi disposait d'options limitées. Parmi ses proches conseillers expérimentés, seuls Claude d'Annebault et François de Saint-Pol paraissaient posséder les qualités idoines et remplir l'ensemble des critères[1]. Sans être issu d'une grande famille princière, Claude d'Annebault était l'un des seigneurs les plus puissants du royaume. Sur le champ de bataille ou au commandement des armées, il avait subi des échecs, mais aussi remporté bon nombre de victoires qui lui avaient valu une grande renommée. François Ier, qui donnait peu volontiers sa confiance sans son amitié, appréciait sa déférence, ses qualités de courtisan, ses talents de chasseur et sa culture chevaleresque traditionnelle. Enfin, sa connaissance des affaires italiennes, l'expérience acquise au gouvernement de Normandie et de Piémont et pendant près de trois ans au conseil du roi, l'avaient préparé à prendre le relai de Chabot[2]. Son potentiel rival, François de Saint-Pol, semblait moins estimé du roi, qui ne manquait pas de le rabaisser[3]. Il n'est pas impossible que son rang de prince du sang ait nui à sa carrière politique : le souvenir du connétable de Bourbon, son parent, était encore vivace. François Ier eût prit un risque en confiant trop de responsabilités à ce prince qui, d'ailleurs, était surtout compétent pour les problèmes militaires. Il semble avoir toujours joué un rôle marginal dans les affaires diplomatiques et ne siégeait pas aux séances financières du conseil étroit, ce qui était un handicap certain[4].

---

1   Sur les raisons de la décision du roi, cf. F. Nawrocki, « Le conseiller favori, objet de la décision royale », art. cité, qui retient des critères de puissance (rang éminent dans la noblesse, capacités financières, renommée chevaleresque), de compétence (expérience de gouvernement, connaissance des affaires), de circonstance (influence des réseaux, portage d'une politique), de confiance et de familiarité (proximité de culture, témoignages d'amitié, lien de cœur).

2   *Ibid.*, p. 77.

3   Brantôme, t. III, p. 202.

4   Comme le remarque Philippe Hamon, « si la spécialisation financière est en fait longtemps fictive, notons cependant que se sont les finances qui servent à départager les conseillers :

Enfin, le cardinal François de Tournon, dont les compétences étaient incontestables, n'avait jamais dirigé les armées, ce qu'avaient fait tous les précédents conseillers favoris, la guerre n'était pas son domaine et il n'avait pas la culture d'un chevalier. François Ier appréciait les services de ce prélat, mais il semble bien que pour ce roi, un conseiller favori dût lui ressembler, connaître son cœur et son âme pour en donner le reflet, tel un *alter ego*, qu'un homme d'Église aurait difficilement pu incarner. Cependant, le cardinal de Tournon était depuis deux ans le plus proche collaborateur de Claude d'Annebault et, si ce dernier prenait la place de l'amiral Chabot, le cardinal était presque assuré de rester avec lui à la direction des affaires. Il est donc très probable qu'il fît tout son possible pour soutenir l'avancement du maréchal d'Annebault, comme la duchesse d'Étampes qui, à cette époque, voyait évidemment son intérêt dans le maintien au pouvoir de ses protégés et débiteurs. Dans ces conditions, il ne faisait guère de doute que le roi allait s'appuyer davantage sur Claude d'Annebault.

François Ier choisit donc, de confier à Claude d'Annebault le rôle de conseiller favori ou, pour reprendre des expressions de Brantôme, de « principal conseil » et de « grand favori » tout à la fois[1]. Ce choix était probablement décidé avant même la mort de Chabot, lorsque la maladie de l'amiral parut irrémédiable. Cependant, d'Annebault n'était alors pas encore complètement assuré de sa nouvelle place de conseiller favori, comme en témoigne une dépêche du nonce Dandino : selon le nonce, d'Annebault et Tournon, qui tenaient à présent en leurs mains tout le gouvernement du royaume, « n'avançaient qu'à tâtons », sans jamais oser contredire le roi, de peur de l'irriter[2]. Dans les premières semaines suivant la mort de Chabot, la désignation de Claude d'Annebault n'apparut pas très clairement à tous les observateurs. En effet, ce rôle n'était pas lié à un office ou une charge, et ne donnait lieu à aucune

---

être exclu des décisions financières, c'est être mis politiquement sur la touche » (P. Hamon *L'Argent du roi, op. cit.*, p. 366).

1 Brantôme, t. III, p. 117 et p. 209.

2 *ANG*, t. III, p. 220, Dandino au cardinal Farnèse, Paris, 26-27 mai 1543 : « Tornone e Annebao che governano di presente essendo l'amiral in termine che è più morto che vivo, vanno a tentone in ogni cosa, et non ardiscono replicare al re una parola, perché non vuole ». L'amiral dont parle le nonce est bien sûr l'amiral Chabot, qui mourut quelques jours plus tard ; un contre-sens courant a parfois pu amener les historiens à croire que le conseiller « plus mort que vif » était d'Annebault (*cf.* par exemple R.-J. Knecht, *op. cit.*, p. 484).

investiture ni proclamation officielle ; cependant, Claude d'Annebault semble avoir reçu dès 1543 la charge de premier gentilhomme de la chambre, qui avait été précédemment tenue par Montmorency et dont le titulaire tenait, au vu et au su de tous, le premier rang dans l'amitié et la faveur royales[1] ; mais la guerre qui commençait devait beaucoup occuper le maréchal d'Annebault hors de la cour, même s'il quittait souvent l'armée pour de brefs séjours auprès du roi et en son conseil. Jusqu'à la fin des opérations, il est probable que d'une part, le rôle du premier gentilhomme de la chambre n'ait été qu'épisodiquement tenu par d'Annebault, et que d'autre part, les affaires de l'État, hors affaires de guerre, aient été plutôt suivies au quotidien par le cardinal de Tournon. D'ailleurs, Martin Du Bellay remarqua, à juste titre, que le « maniement des affaires » revenait au cardinal en l'absence de Claude d'Annebault[2]. Dès la fin de la campagne, au début du mois de novembre, Claude d'Annebault tint réellement le rôle de conseiller favori, devenant désormais, au vu et su de tous, aussi puissant que l'étaient naguère Montmorency et Chabot. Ainsi, le nonce Dandino observa d'abord que l'autorité du nouveau favori « grandissait chaque jour[3] », puis qu'il était « gouverneur absolu de toute chose » et qu'il était « monté si haut auprès du roi que ne l'ont peut-être jamais été le connétable et l'amiral, bien qu'il ne préoccupe moins de le montrer[4] ». D'autres jugeaient qu'il était « le facteur du roi et celui auquel il commande toutes choses[5] ». Cependant, en ces débuts, par prudence ou par modestie, le conseiller favori demeurait discret. Montrer trop d'orgueil l'eût exposé aux mêmes critiques que Montmorency, dont le

---

1   BnF, Fr. 21450, fol. 81 (liste pour 1544, mais il s'agit de l'exercice précédent) ; D. Potter, *A History of France, op. cit.*, p. 78 ; T. Rentet, *op. cit.*, p. 243.

2   L'observation du chroniqueur est confirmée par l'observation de certains édits ou lettres patentes portant mention des principaux conseillers présents furent souscrits « Par le roy, le cardinal de Tournon, le duc d'Estouteville, vous le sʳ de Chemans garde des seaulx et autres presens » ; *cf.* par exemple les lettres d'érection et création du comté de Beaumont-au-Maine en duché (signalées dans *CAF*, t. IV, p. 505, n° 13369, comme toujours sans mention des présences, contrairement au *CAH*), datées de Sainte-Menehould, septembre 1543 (AN, Xᴵᴬ 8614, fol. 13-15v : enregistrement au parlement de Paris) ; Claude d'Annebault conduisait alors les armées, sous le commandement d'Orléans, pour aller assiéger Luxembourg.

3   « Ogni dì cresce in authorità » (*ibid.*, p. 279, Dandino au cardinal Farnèse, La Fère, 8 novembre 1543).

4   *Ibid.*, p. 294, Dandino au cardinal Farnèse, Fontainebleau, 4-5 décembre 1543.

5   *L&P*, t. XIX, part I, n° 573, Baptiste de La Vigne à Henri VIII, 22 mai 1544.

souvenir dissuasif indiquait clairement ce que devait faire tout conseiller et courtisan sensé pour obtenir les bonnes grâces du roi, et ce dont il fallait s'abstenir pour les conserver.

LE CHOIX DE LA CONTINUITÉ

Autour de Claude d'Annebault, le groupe des hommes de pouvoir restait pour le moment assez stable, le roi n'ayant pas jugé utile de procéder à des bouleversements de même ampleur qu'en 1540-1541. Le cardinal de Tournon, plus influent que jamais, était le principal collaborateur et le premier suppléant de Claude d'Annebault[1]. D'autres gens d'église, tels que les cardinaux de Lorraine et de Ferrare, prirent ou retrouvèrent davantage d'importance qu'au cours des dernières années, mais ils n'étaient associés au gouvernement que par moments, en tant que de besoin[2]. La rumeur voulait aussi que le cardinal de Meudon et Longueval, proche de la duchesse d'Étampes, entrassent au conseil pour remplacer le défunt[3] : ces prédictions ne se réalisèrent pas, sinon peut-être de manière très occasionnelle. Quant à François de Saint-Pol, il demeura souvent consulté, en particulier pour les questions militaires, faisant figure de troisième homme fort du conseil. Cependant, il mourut en septembre 1544, laissant d'Annebault et Tournon sans rivaux :

> Le roi, lorsque [Saint-Pol] mourut, se gouvernoit fort en son conseil, tant le tenoit pour bon capitaine pour le faict de la guerre, ainsi qu'il faisoit de monsʳ l'admiral d'Annebaut ; car monsʳ le connestable estoit retiré en sa maison ; et ces deux restarent fort les favoris du roi et ses grands conseillers, et monsʳ le cardinal de Tournon, sage prélat[4].

Enfin, d'Annebault commençait à placer ses hommes : la mort de François de Montholon lui permit de faire attribuer les sceaux à Errault de Chemans, qu'il avait connu en Piémont et qui était depuis l'un de ses protégés. La charge de président du parlement de Paris, qui était aussi

---

1   M. François, *op. cit.*, p. 193.
2   *Cf.* p. 498-503.
3   AS Mantova, Cart. inv. div., 640, Gian Battista Gambara à la duchesse de Mantoue, Paris, 2 juin 1543. Sur Longueval, voir C. Michon, « Dans l'ombre de la duchesse d'Étampes », dans *Les conseillers de François Iᵉʳ*, *op. cit.*, p. 560-562.
4   Brantôme, t. I, p. 283.

vacante de par le décès de Montholon, fut donnée à François Olivier, chancelier de Marguerite d'Angoulême[1].

DES ATTRIBUTIONS ÉTENDUES AU GOUVERNEMENT

En 1544, Claude d'Annebault était donc devenu un personnage éminent du conseil. Lettres patentes et édits royaux donnant les noms des principaux conseillers ayant siégé portaient désormais : « Par le roy, messires les cardinal de Tournon et mareschal d'Ennebault present[2] ». La présence de Claude d'Annebault est ainsi constament attestée, sauf lorsqu'il devait s'absenter de la cour, notamment aux armées ou pour une mission diplomatique[3].

En tant que conseiller favori, il semble que d'Annebault fût davantage impliqué dans les affaires internationales et la diplomatie dès l'année 1544. Cependant, le roi disposait pour certaines régions de

---

1   Le 12 juin, Errault de Chemans devint chancelier (*CAF*, t. IV, p. 458, n° 13149) tandis que François Olivier était pourvu de l'office de président au parlement de Paris, par lettres datées de Villers-Cotterets, le 12 juin 1543, signées « Par le roy, monsieur le cardinal de Tournon et le sieur d'Annebault mareschal de France presens » (*CAF*, t. IV, p. 458, n° 13150, et AN, U 152 : enregistrement du 13 août – omis dans le *CAF*) ; *cf.* aussi ÖStA, FrBW 10, Konv. « Berichte aus Paris 1543 », fol. 2-8v, Nicolas de Villey à Marie de Hongrie, Marvol, 20 juillet 1543 : « depuis la mort du garde des seelz dernier nommé Motolon, led. s^r roy y ait pourveu du president de Thurin Simante, qui est de l'intelligence de lad. dame d'Estampes, aussi desd. cardinal de Tournon et mareschal de Hannebault » ; sur François Olivier, voir Jean Dupèbe, « Un chancelier humaniste sous François Ier : François Olivier (1547-1560) », dans *Humanism and Letters in the age of François Ier. Proceedings of the 4th Cambridge French Renaissance colloquium. September 19-21st 1994*, éd. P. Ford et G. Gondorf, Cambridge, 1996, p. 87-114.

2   AN, X^{1A} 8614, fol. 42-43, enregistrement au parlement de Paris : lettres de don pour dix ans de Belleville en Beaujolais en faveur de Piero Strozzi, datées de Fontainebleau, 5 décembre 1543 (*CAF*, t. IV, p. 526, n° 13471).

3   Les conseillers sont en principe cités dans l'ordre suivant : les cardinaux (le cardinal de Lorraine ou celui de Ferrare étant cités en premier, avant Tournon, en tant que fils de princes étrangers souverains), puis les grands officiers de la couronne, soit le connétable (absent jusqu'à l'avènement d'Henri II), l'amiral, les maréchaux, les seigneurs de moindre office (comme Saint-Pol, relégué à cette place malgré son rang de prince du sang) et ensuite le chancelier (celui-ci pouvant passer juste avant les grands officiers militaires) ou garde des sceaux, avant les maîtres des requêtes de l'hôtel (pour certaines matières moins importantes, donnant lieu à des actes établis hors des séances du conseil, on trouve souvent : « Par le roi », suivi de la seule mention de présence d'un maître des requêtes, et signées par un secrétaire qui n'est pas forcément l'un de ceux que le roi fait assister à son conseil étroit). La liste donnée est souvent incomplète : elle cite les premiers conseillers dans l'ordre protocolaire. La présence de Claude d'Annebault, maréchal puis amiral, était nécesairement signalée.

véritables spécialistes, comme les cardinaux François de Tournon pour les princes d'Empire et le pape, Jean Du Bellay pour l'Angleterre et les protestants d'Allemagne[1]. Claude d'Annebault n'avait pas encore les réseaux et connaissances suffisants pour empiéter sur leur domaine. Pour qu'il dominât toute la diplomatie, comme Montmorency en son temps, et que tous les conseillers précédemment cités lui fussent subordonnés, il lui fallait davantage d'expérience et une participation plus active à la mise en œuvre de la politique internationale. Mais une telle compétence universelle ne pouvait s'improviser : d'Annebault ne maîtrisa les questions impériales qu'après les négociations de la fin de l'été 1544, et les problèmes anglo-écossais à partir de 1545.

Son champ d'action diplomatique privilégié demeurait l'Italie du Nord. Bien qu'il ne fût plus gouverneur du Piémont[2], il traita directement avec l'ambassadeur de Mantoue la délicate restitution de places de la principauté de Montferrat appartenant en théorie à la duchesse Marguerite Paléologue, mais occupées par les Français et utilement intégrées au dispositif défensif du Piémont. Contraint de repousser les requêtes mantouanes[3], Claude d'Annebault s'efforça malgré tout de conserver de bonnes relations avec les Gonzague[4]. Toutefois, la duchesse ne fit plus guère appel à ses services et ne lui témoigna jamais la même affection que feu le duc Frédéric. De même, lorsque François Ier tenta, une fois de plus, de détacher Gênes du parti impérial, Claude d'Annebault joua un rôle de première importance. Fin 1543, le roi demanda aux Génois un prêt de 100 000 écus, un sauf-conduit pour un ambassadeur qu'il voulait établir là-bas, et l'autorisation de se servir des ports de la République. Un émissaire génois, Benedetto Centurione, se présenta donc à la cour de France, apparemment peu disposé à négocier. Vers le

---

1   C. Michon, *La crosse et le sceptre, op. cit.*, p. 57 sur la conplémentarité de ces réseaux, parfois rivaux mais suivant un même but en Empire, celui de Tournon étant aconfessionnel et celui de Du Bellay suivant des intérêts politico-religieux ; *cf.* aussi *ibid.*, p. 48-49 et 53-58, sur les réseaux protestants de Du Bellay.

2   *Cf. infra.*

3   AS Mantova, Cart. inv. div., 640, Vespasiano Bobba à la duchesse de Mantoue, Fontainebleau, 3 décembre 1544.

4   AS Mantova, Cart. Pal., 1955, Claude d'Annebault à Marguerite Paléologue, Fontainebleau, 6 décembre [1544] : « Madame. Je n'ay voullu laisser aller par della ce porteur que j'ay nourri paige, qui s'en va en sa maison, sans vous avoir faict la presente pour vous supplyer de m'employer si vous congnoissez que je puisse faire service a vous et a mess[rs] vous enfans, vous asseurant, ma dame, que se sera d'aussi bon cueur que gentilhomme de ce monde ».

début de mars 1544, l'émissaire rencontra Claude d'Annebault à Paris ; celui-ci choisit d'adopter une attitude menaçante, et « lui représenta combien le roi serait fâché de ne pas obtenir tout ce qu'il demandait, car il savait pertinemment que Gênes subvenait de ses deniers à certaines dépenses des armées impériales[1] ». Comme les négociations semblaient en bonne voie, d'Annebault partit dès le 11 mars rejoindre la cour à Saint-Germain, car le roi l'y avait fait rappeler. C'est alors que Centurione apprit que le roi voulait désigner Luigi Alamanni, exilé florentin et ami des Doria[2], pour être l'ambassadeur résident à Gênes ; or, pour beaucoup de patriciens de la République, le poète florentin y était *persona non grata*. Mécontent que cela ait été décidé sans son accord, Centurione partit aussitôt à la cour, afin d'obtenir de Claude d'Annebault que ce choix fût reconsidéré. Il n'obtint pas satisfaction et quitta brutalement Paris fin mars, lorsqu'il apprit l'imminence de l'envoi d'Alamanni[3].

Claude d'Annebault, successeur désigné du connétable, se trouva donc investi de plus grandes responsabilités ; mais il ne les endossa pas tout de suite de plein exercice, en particulier dans les délicats domaines des finances et de la diplomatie, qui requéraient plus de doigté et d'expérience que l'amiral n'en pouvait avoir au début de l'année 1544. De plus, il lui fallait encore apprendre à exercer la charge d'amiral de France.

L'INVESTITURE DE L'OFFICE D'AMIRAL DE FRANCE

La mort de Chabot de Brion, peu avant la reprise de la guerre, avait laissé vacantes plusieurs charges prestigieuses : celles de gouverneur de Normandie et de Bourgogne, et l'office d'amiral de France. Quelques années plus tôt, au moment de son procès, on avait déjà parlé de donner l'office d'amiral à Claude d'Annebault ou au grand écuyer Claude de Boisy ; au cas où d'Annebault eût été choisi, il eût laissé sa charge de

---

1   Henri Hauvette, *Un exilé florentin à la cour de France au XVIe siècle : Luigi Alamanni (1495-1556)*, Paris, 1903, p. 122-123.

2   Alamanni était alors bien en cour, pour être le maître d'hôtel de la dauphine. En outre, il venait d'épouser une demoiselle de compagnie de la reine.

3   Centurione voulait être de retour à Gênes avant l'arrivée de l'ambassadeur, pour rendre compte de sa mission et exprimer son mécontentement du peu de cas que l'on fit de ses protestations (*ibid.*, *loc. cit.*, et annexe III, n° 31, p. 546-547, extraits de lettres de Centurione au doge de Gênes, Paris, 12-29 mars 1544, conservées à l'AS Genova, Lettere Ministri, Francia, 1544, mazzo 1).

maréchal à Boisy. La Normandie était alors promise au duc d'Estouteville, et la Bourgogne au duc de Guise[1]. En juin 1543, la donne était quelque peu différente et les observateurs s'accordaient plutôt pour penser que l'amiralat était destiné au duc d'Étampes :

> Monsieur l'amiral a aujourd'hui quitté cette vie, et l'on espère que monsieur d'Étampes lui succèdera en ses fonctions d'amiral, au gouvernement de Normandie, monsieur le maréchal d'Anebaut, en celui de Bourgogne, monsieur de Guise ou bien monsieur d'Aumale son fils[2].

Dans cette hypothèse, Claude d'Annebault eût reçu le gouvernement de Normandie sous le dauphin, à moins que cette responsabilité ne fût confiée à François de Saint-Pol ; dans ce second cas, le maréchal d'Annebault eût reçu la Bourgogne ou le Dauphiné, et Guise la Champagne au lieu de la Bourgogne[3]. À la mort de Chabot, il n'était donc pas évident que d'Annebault devînt amiral, et Martin Du Bellay commet une erreur en considérant qu'il fut investi de cette charge immédiatement après la mort de Philippe Chabot[4]. Cependant, au mois de juillet 1543, le duc d'Étampes fut nommé gouverneur de Bretagne. Cette nomination jetait le doute sur les intentions du roi de lui donner en plus l'office d'amiral[5]. Au même moment, la lieutenance du gouvernement de Normandie fut donnée à François de Saint-Pol. De son côté, Claude d'Annebault, nouveau conseiller favori, n'avait encore rien reçu des dépouilles de Chabot : peut-être l'amiralat, grand office de la couronne, lui était-il déjà secrètement réservé ? L'office d'amiral resta pourtant sans titulaire pendant plusieurs mois. On dit même que le roi envisageait de supprimer la charge et d'en diviser les attributions entre les gouverneurs de Normandie, Bretagne

---

1   AS Modena, Cart. amb., Francia 16, lettres de Carlo Sacrati au duc de Ferrare, Melun, 6 février 1541, et Paris, 14 février 1541.

2   AS Mantova, Cart. inv. div., 640, Gian Battista Gambara à la duchesse de Mantoue, Paris, 2 juin 1543.

3   *ANG*, t. III, p. 227 et 229, lettres de Dandino au cardinal Farnèse, Villers-Cotterets, 3 et 8 juin 1543 ; le nonce extraordinaire Marco Grimani rapporte également la rumeur d'une nomination du duc d'Etampes à la charge d'amiral (AS Vaticano., AA I-XVIII 6531, fol. 196-198, Grimani au cardinal Farnèse, Paris, 5 juin 1543).

4   Il parle (Du Bellay, *Mémoires*, t. IV, p. 125) de « l'amiral d'Annebault, nouvellement amiral par le trespas de l'amiral de Brion » dès juin 1543.

5   ÖStA, FrBW 10, Konv. « Berichte aus Paris 1543 », fol. 2-8v, Nicolas de Villey à Marie de Hongrie, 20 juillet 1543 : le duc de Penthièvre (Etampes) sera peut-être amiral, mais ce n'est pas certain car il a déjà eu la Bretagne.

et Languedoc[1] ; mais il est plus vraisemblable que l'attribution de ce grand office ait été différée en attendant la fin de la saison de guerre. Ce n'est qu'en janvier 1544, au moment des grandes fêtes et tournois du baptême du fils du dauphin, que « l'on dit que mons[r] le maréchal [d'Annebault] sera admiral[2] ». Cette fois, les rumeurs étaient justifiées : le 5 février, Claude d'Annebault fut officiellement désigné et reçut les lettres de provision de son office[3].

Dès que François Ier eut publiquement annoncé la dévolution de cette nouvelle dignité à Claude d'Annebault, on ne l'appela plus que « monseigneur l'amiral » et les ambassadeurs – qui s'empressèrent de venir le féliciter – ne le nommèrent plus autrement dans leurs dépêches[4]. Par contre, d'Annebault ne porta pas officiellement son titre[5] avant les cérémonies d'investiture, qui se déroulèrent le 28 avril 1544[6] ; à cette occasion le nouvel amiral prêta au roi, « publiquement et avec beaucoup de cérémonie, le serment de servir, en tant qu'amiral, fidèlement Sa Majesté, comme tous ceux qui sont promus à si grande dignité ont coutume de le faire[7] ».

---

1   ANG, t. III, p. 205 et 233, lettres de Grimani au cardinal Farnèse, Paris, 5 juin 1543 et de Dandino au même, La Fère en Tardenois, 15 juin 1543.

2   BnF, Fr. 3036, fol. 25, Marguerite de Oyron à mons[r] de La Gastelinière, 22 janvier [1544], original (et copie dans BnF, NAF 7695, fol. 404-405v).

3   ANG, t. III, p. 321 Dandino au cardinal Santa Fiora, Lyon, 12 février 1544 ; AS Modena, Cart. amb., Francia 19, Alfonso Calcagnini au duc de Ferrare, [Fontainebleau], [9 février 1544] ; les lettres royales le nommant à cet office (CAF, IV, 555, 13594) ne sont connues que par deux mentions (BnF, Mor. 1340, fol. 16 ; AN X[1A] 4921, fol. 528v).

4   AS Modena, Cart. amb., Francia 19, Alfonso Calcagnini au duc de Ferrare, [Fontainebleau], [9 février 1544] : « Hora sono quatro giorni ch'ei fu fatto armiraglio, et il re non lo chiama piu se non "mons[r] l'armiraglio" ; serà ben che V. Ex[a] li scriva e si rallegri di questo che ha inteso da me, per questa sua nova dignità e così ancò e il parer[r] di monsignor r[mo]. »

5   Cf. par exemple les lettres de confirmation de la vente de la ferme de l'impôt des bûches et échalas à Paris, Anet, 23 mars 1544 [n. st.] (CAF, t. IV, p. 582, n° 13723), souscrites : « Par le roy, le seigneur d'Ennebault, mareschal de France, present » (AN, X[1A] 8614, fol. 133-140, enregistrement).

6   Nous n'avons malheureusement trouvé aucun récit circonstancié de ces cérémonies ; à titre de comparaison, on se reportera à l'investiture de Coligny, le 12 janvier 1553, dans Jean Du Tillet, Recueil des rangs des grands de France, Paris, 1607, p. 102.

7   AS Modena, Cart. amb., Francia 19, Alfonso Calcagnini au duc de Ferrare, Rouen, 29 avril 1544 : « Ho fatto l'ufficio che Quella [Eccellenza] mi commandava ch'io facessi con mons[r] l'ammiraglio, et presentatoli la Sua lettera hieri, dopo l'haver esso pigliato publicamente e con molto cerrimonie il giuramento di servire per ammiraglio fedelmente a S. M[tà], si come tutti quelli che sono promossi a tal dignitate accustumano di fare, et esso, dopoi che l'hebbe letta, rengratiò Vostra Ex[a] del buon animo che la tiene verso lui, et me si offerse in quanto può e vale per suoi servitii di essere paratissimo. »

L'EXERCICE DE L'OFFICE D'AMIRAL

L'office d'amiral était l'une des plus grandes dignités qui fût en France, ainsi que l'expliqua un orateur vénitien dans son mémoire de relation d'ambassade :

> Il y a en France trois principaux titres et grades, et ils sont si élevés qu'on ne les appelle pas « grades », parce qu'ils n'ont ni équivalent ni inférieur, mais chacun un seul en son grade. Ce sont : le chancelier, le connétable et l'amiral[1].

En l'absence d'un connétable et d'un chancelier en exercice, l'amiral d'Annebault était donc indiscutablement « le plus haut dignitaire de France[2] ». En outre, les pouvoirs de sa charge furent bientôt renforcés.

En effet, dès sa nomination, Claude d'Annebault fit prendre un édit réglementant les fonctions, droits et privilèges de l'amiral, afin de mieux connaître sa charge, ou, plus sûrement, de renforcer ses prérogatives[3]. Cet édit révèle une tendance à la centralisation, car l'amiral jouissait désormais des pouvoirs supérieurs de chef de l'armée navale[4]. Alors qu'à la mort de Chabot, le roi avait peut-être envisagé de supprimer la charge d'amiral[5], il fut au contraire décidé, une fois l'office donné à Claude d'Annebault, de renforcer la domination de l'amiral de France sur les amiraux des provinces (Provence, Guyenne, Bretagne), qui s'étaient parfois permis trop de libertés. Le titre d'amiral de Provence n'était plus porté depuis 1520. Depuis l'édit de Joinville (1535), Marseille était siège général d'amirauté et les attributions de justice du gouverneur de Provence, héritier du grand-sénéchal (exerçant les pouvoirs de police sur mer comme sur terre) diminuèrent malgré le maintien de sa juridiction[6]. Les côtes provençales demeurèrent malgré tout le domaine du général des galères. L'amiral de Guyenne fut peut-être maintenu pour ne pas

---

1 Alberi, *op. cit.*, serie I^, t. IV, p. 33-35.
2 A Rozet et J.-F. Lembey, *op. cit.*, p. 166.
3 *CAF*, t. IV, p. 566, n° 13654 (enreg. au parl Paris 10 mars); F.-A. Isambert, *op. cit.*, t. XII, p. 854, et Antoine Fontanon, *Les Edicts et ordonnances des rois de France*, Paris, 1611, 2 vol., t. III, p. 18.
4 É. Dermenghem, art. cité, p. 42.
5 *Cf. supra.*
6 G. Zeller, *Institutions, op. cit.*, p. 127 et 194 ; R. Busquet, « La juridiction du grand sénéchal gouverneur de Provence après l'édit de Joinville », dans *Mémoires de l'Institut historique de Provence*, t. VII, 1930, p. 36 *sq.*, et Idem, *Études sur l'ancienne Provence*, 1930, p. 241-251.

trop renforcer les pouvoirs du gouverneur. De 1543 à 1556, ce fut Henri d'Albret ; mais il s'occupa peu de la marine[1].

La seule véritable résistance à cette progressive centralisation vint de Bretagne : à l'occasion de la dévolution de l'office d'amiral à Claude d'Annebault, il fut rappelé que « sous l'amirauté de France a été et est toujours comprise celle du pays de Bretagne », mais ceci était faux. Depuis 1525, l'amiral Chabot avait pris possession de l'amirauté de Bretagne, sans que les deux charges fussent fusionnées. D'Annebault et ses successeurs s'intitulèrent de ce fait « amiral de France et de Bretagne », malgré l'opposition bretonne, très amoindrie depuis l'édit d'union de 1532[2]. Ainsi, la déclaration royale du 14 avril 1544, par laquelle le roi entendait que la charge d'amiral de Bretagne fût comprise dans celle d'amiral de France, fut proclamée « bien qu'il ne fust point nécessaire de parler dans les provisions de l'amirauté de Bretagne, attendu l'union de ce duché à la couronne et que par ce moyen le mot de France fust suffisant[3] ». Pour compenser cet abaissement des amiraux, la charge de vice-amiral fut dédoublée en deux vice-amiraux, de Picardie et Normandie[4]. Ces vice-amiraux avaient moins d'attaches locales et se trouvaient plus étroitement subordonnés à l'amiral que les amiraux des provinces.

Avec Claude d'Annebault, l'amiral de France eut donc des attributions plus vastes que jamais, comme en témoigne la relation vénitienne déjà citée :

> L'amiral se peut dire capitaine générale de la mer ; il a la plus haute autorité sur tous les ports et littoraux et il a, en tous temps, sa part des butins qui se font en mer. Son salaire ordinaire est de douze mille francs[5].

Lieutenant général du roi dans le domaine maritime, il avait le commandement absolu, juridiction pleine et entière sur toutes les choses de la mer, navigation, commerce maritime, pêche, défense des côtes ; selon l'historien des institutions Gaston Zeller, « la charge est donc de celles qui mettent leur titulaire hors pair[6] ». L'amiral jouissait d'une large autonomie

---

1   Philippe Masson et Michel Vergé-Franceschi, éd., *La France et la mer au siècle des grandes découvertes*, Paris, 1993, p. 176 ; G. Zeller, *Institutions, op. cit.*, p. 126.
2   *Ibid.*
3   Barthelemy Poquet du Haut-Jussé, *Histoire de Bretagne*, t. V, Rennes, 1913, p. 396.
4   G. Zeller, *Institutions, op. cit.*, p. 127.
5   Alberi, *op. cit.*, serie I^A, t. IV, p. 33-35.
6   *Ibid.*, p. 124-125.

de décision. Il réglait la discipline des équipages, décidait des punitions à infliger, et jouait un rôle d'arbitre, avec une juridiction particulière, établie aux tables de marbre. En temps de guerre, tout navire étranger devait lui demander une autorisation pour entrer dans un port français[1] ; il lui revenait aussi d'accorder ou refuser congés et sauf-conduits. En outre, les prises de guerre lui étaient présentées et il décidait lui-même s'il fallait entériner la confiscation ou tout restituer[2]. Tous les navires à l'obéissance du roi devaient porter la bannière de l'amiral. Les officiers des sièges d'amirauté étaient nommés par lui, et lui prêtaient serment. Enfin, en temps de guerre, il était le chef naturel des armées navales, mais pouvait se faire remplacer par son lieutenant ou vice-amiral[3]. Enfin, cet office était aussi une appréciable source de revenus. Outre ses 6 000 livres de solde, l'amiral tirait des profits considérables des tribunaux de l'amirauté, le tiers des droits de bris et d'épave, et le dixième du droit de prises[4].

Le nouvel amiral comptait bien exercer pleinement sa charge. Dès sa nomination et avant même les cérémonies de son investiture, il écrivait à Joachim de Matignon, de la double autorité de gouverneur de Normandie et amiral de France :

> Pour ce que tout a cest heure il est venu advertissement certain que les Angloys se deliberent de faire dedens troys sepmaines une grosse dessente en la Basse Normendye, je vous prye aviser de vous y aller le plus tost que vous pourrez, pour donner partout le meilleur ordre qu'il vous en sera possible. Et me faictes souvent entendre de voz nouvelles et de toutes choses de dela[5].

---

1   Art. 13 (*ibid.*).
2   Art. 20 de l'édit de février 1544.
3   G. Zeller, *Institutions, op. cit.*, p. 125.
4   La formule exacte de répartition est donnée par le père Georges Fournier (G. Fournier, *Hydrographie contenant la theorie et la pratique de toutes les parties de la navigation*, Grenoble, 1973 (fac-simile de l'éd. de 1667), p. 249 : « L'an 1551, le 18 de septembre, commission en forme de declaration fut donnée à l'amiral d'Annebaut pour faire vendre 16 vaisseaux pris sur les Flamands et gens de l'empereur, pour être les marchandises et deniers qui proviendraient de la vente partagés, sçavoir : le dixiesme de l'amiral déduit sur le total, et du surplus le quart au roy, le quart et demy quart aux avitailleurs, et l'autre quart et demy quart aux capitaines et compagnons. » ; l'amiral a donc d'abord 10% du butin, puis les 90% restants sont divisés en quatre lots, de sorte que le roi obtient au final 22,5%, les avitailleurs 33,75% et les capitaines et équipages ayant fait la prise, 33,75% (M. Vergé-Franceschi, *Chronique maritime, op. cit. de la France d'Ancien régime : 1492-1792*, [Paris], 1998, p. 166).
5   Matignon, *Correspondance*, p. 98, lettre CXLVI, de Claude d'Annebault à Joachim de Matignon, Saint-Germain-en-Laye, 15 mars [1544].

En mai 1544, comme pour marquer son investiture, il proposa à la reine Marie de Hongrie de supprimer la taxe qui était perçue en France comme dans les Pays-Bas sur les droits de pêche, exaction déraisonnable sur les sujets et indigne de la grandeur des souverains. Bien plus, il proposait une « tresve pescheresse » pour permettre aux sujets de France, des Pays-Bas, d'Angleterre et d'Écosse de pouvoir pêcher sans être inquiétés, malgré la guerre. La reine Marie accepta cette proposition, non sans s'être auparavant assurée de l'accord d'Henri VIII[1]. Enfin, au mois de juillet 1544, d'Annebault fit donner des lettres patentes qui étendaient la compétence des officiers d'amirauté à l'instruction de tous les procès des étrangers sur le fait du commerce[2]. Bien que passée à peu près inaperçue, cette mesure devait s'avérer de première importance en facilitant, l'année suivante, la saisie de navires de commerce pour constituer une puissante flotte d'invasion contre l'Angleterre.

Claude d'Annebault attacha d'emblée une grande importance à l'exercice de son office d'amiral. Conscient de sa portée symbolique, il fit sculpter, sur les murs de son nouveau château d'Appeville, les ancres représentant son office[3]. Il ajouta aussi l'ancre d'amiral à son sceau, comme l'avait fait, le premier, Philippe Chabot de Brion, et l'usage demeura à ses successeurs[4].

LA RESPONSABILITÉ DU GOUVERNEMENT DE NORMANDIE

Entre 1540 et 1544, bien que Claude d'Annebault fût de plus en plus employé par le roi, il trouvait encore l'occasion de visiter de temps à autre ses domaines normands – le plus souvent, il est vrai, quand la cour se trouvait à proximité. Mais il ne procédait plus lui-même aux revues des gens d'armes de sa compagnie, stationnée en Normandie[5].

---

1 ÖStA, EngBW 11, Konv. « Weisungen », fol. 49-v, Marie de Hongrie à Eustache Chapuis (copie abrégée), 8 mai 1544 et Konv. « Berichte », fol. 66-69, Eustache Chapuis à Marie de Hongrie [Londres, 17 mai 1544].

2 *CAF*, t. IV, p. 657, n° 14065 (vues dans BnF, NAF 21714, fol. 79, analyse début XVIIIᵉ); auparavant, ces juridictions connaissaient déjà toutes les causes relatives à la ligue hanséatique.

3 *Cf.* p. 421.

4 BnF, Clair. 825, fol. 1-14, liste des amiraux de France avec leurs sceaux; Guillaume Paradin, *Devises heroïques*, Lyon, 1557 (première éd. en 1551), p. 108 : « en outre ont porté [l'ancre] et portent encores plusieurs amiraus, en merque (ce semble) de leurs ofices, en expedicions et charges navales. »

5 Le recueil de la BnF, PO 74, dossier Annebault, contient de nombreuses quittances pour les quartiers de sa compagnie, ainsi que pour les gages de bailli et capitaine d'Évreux.

François de Saint-Pol avait reçu la charge de lieutenant au gouvernement de Normandie après la mort de Chabot[1] alors que d'Annebault était alors toujours gouverneur du Piémont. Cependant, il était désormais inconcevable que d'Annebault, conseiller favori, retournât outre-monts pour un long séjour, tandis que la province réclamait plus que jamais, depuis la mort de Guillaume Du Bellay, la présence de son « viceroi ». Le roi songeait donc à confier le gouvernement du Piémont au comte d'Enghien et en échange, de donner la charge directe de celui de Normandie à Claude d'Annebault[2]. Le 6 décembre 1543, Claude d'Annebault reçut donc de nouvelles lettres de provision de lieutenant général du roi au gouvernement de Normandie en l'absence du Dauphin, mais cette fois, à la place de Saint-Pol et sous la seule autorité théorique du jeune Henri[3]. On ne sait pourquoi le comte de Saint-Pol fut démis de cette fonction. Peut-être ne donnait-il pas satisfaction, ou peut-être souhaitait-il être déchargé de ces affaires, en raison d'une santé défaillante (il mourut moins d'un an plus tard) ? Toujours est-il qu'il semble avoir passé la main sans faire de difficultés.

L'éditeur de la correspondance de Joachim de Matignon, Labande, a cru remarquer que l'amiral laissa plus d'autonomie à son cousin et lieutenant que ne l'avait fait le duc d'Estouteville, durant les quelques mois de son gouvernement[4] : sans doute est-ce exact, car d'Annebault, à la fin de 1543, beaucoup plus impliqué dans les grandes affaires du royaume que Saint-Pol, n'avait guère le loisir de s'occuper réellement de la Normandie. Dès lors, la charge de lieutenant général de Normandie redevint toute formelle, si ce n'est qu'elle conférait à son titulaire du prestige et quelques revenus. Néanmoins, certaines affaires pouvaient exiger l'intervention de l'amiral d'Annebault, car Matignon ne jouissait pas de la même autorité[5]. D'ordinaire, Claude d'Annebault faisait confiance à son cousin, lui déléguant notamment de grandes responsabilités dans la préparation de la campagne navale de 1545. Il joua, en quelque sorte, le rôle d'intermédiaire entre le roi et son lieutenant général à demeure en Normandie, autrefois exercé, lorsque lui-même

---

1   *CAF*, t. VI, p. 694, n° 22528.
2   Le roi y songea dès septembre 1543 (Matignon, *Correspondance*, lettre du 12 septembre 1543).
3   *CAF*, t. VII, p. 359, n° 25044.
4   Matignon, *Correspondance*, p. XXXIX.
5   *Ibid.*, lettre n° LXVIII.

était le véritable lieutenant dans la province, par Philippe Chabot de Brion. L'amiral correspondait en permanence avec son cousin pour lui transmettre ses directives, lui enjoindre de faire respecter les ordonnances du roi dont il le tenait personnellement informé, comme c'était le devoir de tout officier envers ses lieutenants[1]. Ainsi, lorsqu'étaient convoqués les États de Normandie, Claude d'Annebault recevait une très formelle commission pour les réunir[2], alors que l'essentiel du travail revenait à Joachim de Matignon[3]. Il en allait de même pour les votes des tailles et crues qui suivirent, le dauphin et d'Annebault n'étant cités qu'en raison de leurs titres, et pour aider l'action du lieutenant de leur autorité ; l'amiral se contentait de transmettre à Matignon les volontés du roi et de lui faire part de ce qui avait été décidé au conseil[4]. L'amiral n'intervint donc qu'indirectement en Normandie, s'en remettant à son cousin ou autres subordonnés – notamment pour les affaires de marine –, sauf cas exceptionnels.

UN CUMUL DE CHARGES ET D'OFFICES

En février 1544, plusieurs offices de la couronne et charges de l'hôtel du roi se trouvaient concentrés entre les mains de Claude d'Annebault, qui était grand amiral de France, maréchal, premier gentilhomme de la chambre du roi, son chambellan et le maître des toiles de chasse. Il était aussi gouverneur de Normandie, bailli d'Évreux, garde et surintendant des forêts royales de Conches, Breteuil et Beaumont. Le roi l'avait également fait chevalier de l'ordre de Saint-Michel. La somme des gages de ces charges pouvait représenter un revenu annuel de 22 000 à 25 000 livres tournois[5]. Or, l'idée était fort répandue que la concentration des offices domestiques, notamment, entre les mains d'une même personne limitait l'accès aux bienfaits du roi et aux charges rémunératrices et prisées par la noblesse d'Ile-de-France, Normandie, Champagne ou encore de Touraine. C'est ainsi qu'aux États généraux de 1560, les députés du second ordre demandèrent que les provisions

---

1 Matignon, *Correspondance*, p. XLVIII.
2 Commissions données à Amiens, 27 sept 1544 (*CAF*, t. VIII, p. 739, n° 33158), et à Fontainebleau, 3 février 1545 [n. st.] (*CAF*, t. VIII, p. 743, n° 33181).
3 Matignon, *Correspondance*, p. XLVI.
4 *Ibid.*, p. XLVII et lettre CCXXIII, lettre du 5 octobre 1545.
5 *Cf.* p. 445-447.

aux offices domestiques lui fussent réservées, et que fût interdit tout cumul pour qu'« un plus grand nombre de personnes pût obtenir quelque récompense[1] ». D'ailleurs, dès son avènement, Henri II donna un édit interdisant à quiconque de cumuler plusieurs offices[2].

Au XVIIIe siècle, l'historien des armées François Pinard supposa que d'Annebault n'attendit pas l'édit d'Henri II interdisant le cumul des deux grands charges pour se démettre de celle de maréchal, dès 1544[3]. Le témoignage de Brantôme montre à quel point c'eût été contraire aux intentions de François Ier :

> Le roy voulut qu'il ne quittast pas l'estat de mareschal, d'autant que l'admiral ne tient point rang aux armées de terre comme les maréchaux, et le roi se vouloit servir de luy en terre plus qu'en la mer ; et pour ce le donna à Monsieur [le dauphin], et voulut qu'il fust son principal conseil, et qu'il commendast et qu'il gouvernast tout en son absence[4].

Sous François Ier, rien ne s'opposait à ce qu'un seul favori détînt tant d'honneurs, mais le cumul des offices d'amiral et de maréchal était inhabituel. Avant lui, Chabot n'était qu'amiral et ne fut jamais maréchal de France. Quant à Montmorency, il avait été investi de l'office de maréchal en 1522 et l'avait conservé en devenant grand maître de France, mais lorsque François Ier le fit connétable, il laissa sa charge de maréchal à René de Montejean : en effet, l'office de grand connétable, première dignité militaire du royaume, lui conférait des prérogatives de même nature et faisait double emploi avec le maréchalat. Cette redondance n'était pas aussi évidente pour les offices d'amiral et de maréchal. Quoi qu'il en soit, ce cumul d'offices ne semble pas avoir donné lieu à des réclamations, dans la mesure où le roi créa dans le même temps, peut-être en compensation, un nouvel office de maréchal : le maréchal Robert Stuart d'Aubigny étant mort, le roi nomma deux nouveaux maréchaux

---

1   Cité par L. Romier, *Le royaume de Catherine de Médicis. La France à la veille des guerres de Religion*, Paris, 1925, t. I, p. 188.

2   *Cf.* p. 617.

3   F.-J.-G. Pinard, *op. cit.*, t. II, p. 235

4   Brantôme, t. III, p. 209 ; à ceci pourrait-on objecter que l'amiral de Brion n'eut jamais besoin d'être maréchal pour commander les armées (par exemple l'invasion du Piémont en 1536) et qu'il ne mena, contrairement à son successeur, aucune campagne sur mer. L'amiralat faisait de lui le second officier militaire du royaume, et donc le chef naturel des armées après le roi, ses fils et le connétable, mais la nature particulière de sa charge entretenait une certaine ambiguïté.

au lieu d'un, Antoine de Montpezat et Jean Caracciolo, prince de Melphe. Dès lors, il y eut quatre maréchaux de France, d'Annebault, Du Biez[1], Montpezat et le prince de Melphe.

Ainsi, Claude d'Annebault put rester maréchal de France sans gêner l'élévation d'autres personnages et le renouvellement « naturel » du groupe des grands officiers militaires de la couronne. Les actes authentiques de 1544 à 1547 portent presque tous les deux titres de d'Annebault, qui signa le traité de Crépy comme « lieutenant général du roi en toutes ses armées », de terre et de mer.

LA GRANDE INVASION DE 1544

La guerre avait presque cessé en octobre 1543, l'hiver approchant, sans qu'aucune trêve ne fût signée[2]. Mais Charles Quint n'avait que reporté ses projets d'invasion : le 31 décembre, il conclut avec Henri VIII[3] un accord pour envahir la France avant le 20 juin[4], reconstituant la redoutable alliance de 1523. De plus, l'empereur s'était assuré du soutien des princes protestants, tandis que le roi d'Angleterre paraissait n'avoir plus rien à craindre des Écossais, considérablement affaiblis depuis les revers de l'année précédente[5]. François Ier se trouvait donc d'emblée en fort mauvaise posture, d'autant qu'il ne pouvait plus compter sur le duc de Clèves pour ralentir l'empereur et que Landrecies et Luxembourg n'étaient pas encore assez fortes pour compenser cette perte. Le salut parut pouvoir venir d'une diversion inespérée, sur le front italien.

---

1   Oudart Du Biez avait reçu en 1542 l'office précédemment tenu par René de Montjean.
2   Sur les suites de cette campagne, et en particulier le siège de Luxembourg par le comte Guillaume de Fürstenberg (novembre-décembre 1543), interrompu par l'arrivée de Brissac et du prince de Melphe, *cf.* Du Bellay, *Mémoires*, t. IV, p. 193-194.
3   Henri VIII était ouvertement hostile à la France depuis l'été 1543, peut-être à cause de la politique pontificale de François Ier, et fit publier en représailles un libelle contre le roi de France (*ANG*, t. III, p. 300, Dandino au cardinal Farnèse, Fontainebleau, 18 décembre 1543).
4   *L&P*, t. XVIII, part II, p. 278, n° 526.
5   En 1543, les Anglais n'avaient pas fait grand-chose en France, car ils étaient trop occupés avec les Écossais pour intervenir de l'autre côté de la Manche (*cf.* John A. Froude, *History of England from the fall of Wolsey to the death of Elisabeth*, Londres, 1862-1870, 12 vol, t. IV, p. 286-289).

LES SUCCÈS ITALIENS, VUS DEPUIS LE CONSEIL DU ROI

Le comte d'Enghien, récemment promu gouverneur de Piémont à la place de Claude d'Annebault, arriva à Turin par la poste, le 19 janvier 1544[1]. Ce fougueux jeune prince pensait avant tout à sa renommée. Ses compagnons, tout aussi inexpérimentés, le poussèrent à saisir la première occasion pour mener une grande bataille. Il mit donc le siège devant Carignan, qu'avaient occupée les Impériaux, puis, voyant approcher les troupes du marquis del Vasto, sollicita l'autorisation d'engager le combat. Il dépêcha donc Blaise de Monluc à Saint-Germain pour obtenir la permission escomptée. Une telle initiative était très risquée, car en cas de défaite, la sécurité de la frontière italienne eût été mise à mal. Or, il était plus prudent de se contenter de défendre sur ce front, où le réseau des places fortes devait prémunir le royaume de toute mauvaise surprise, tandis qu'une partie de ces armées pouvait être rappelée en Picardie et en Champagne, par où l'on s'attendait à voir venir une puissante armée d'invasion. Toutefois, une victoire éclatante de François d'Enghien eût permis de mettre en danger le Milanais, et donc de distraire cette fois encore Charles Quint de ses objectifs.

Monluc laissa un récit haut en couleur, et justement célèbre, de la séance du conseil où il obtint l'autorisation de combattre ; il semble que cet épisode ait eu lieu vers le milieu du mois de mars[2]. Ce témoignage unique du fonctionnement du conseil du roi (dans la configuration particulière d'un conseil de guerre, et non du conseil des affaires dans sa configuration ordinaire) mérite d'être presque intégralement cité :

> Et sur le midy, monsieur l'admiral d'Annebaut me manda aller trouver le roy, qui estoit desjà entré en son conseil, là où assistoient monsieur de Sainct Pol, monsieur l'admiral, monsieur le grand escuyer Galliot, monsieur de Boissy, qui depuis a esté grand escuyer, et deux ou trois autres, desquels il ne me souvient, et monsieur le dauphin, qui estoit debout derrière la chaire du roy ; et n'y avoit assis que le roy, monsieur de Sainct Pol près de luy, monsieur l'admiral de l'autre costé de la table, vis à vis dudit seigneur de Sainct Pol. Et comme je feus dans la chambre, le roy me dict : « Monluc, je veux que vous en retourniez en Piedmont porter ma deliberation et de mon conseil à

1   Du Bellay, *Mémoires*, t. IV, p. 196, et n. 1.
2   Peut-être les émissaires du comte d'Enghien arrivèrent-ils à la cour le 11 mars : ceci expliquerait le soudain rappel de d'Annebault à Saint-Germain, alors qu'il était en train de négocier le ralliement de Gênes avec Benedetto Centurione.

monsieur d'Anguyen, et veux que vous entendiez icy la difficulté que nous faisons pour ne luy bailler congé de donner bataille, comme il demande. » Et sur ce commanda à monsieur de Sainct Pol de parler. Alors ledit sieur de Sainct Pol proposa l'entreprinse de l'empereur et du roy d'Angleterre, lesquels dans cinq ou six sepmaines avoient resolu entrer dans le royaume, l'un par un costé et l'autre par l'autre, et que, si monsieur d'Anguyen perdoit la bataille, le royaume seroit en peril d'estre perdu, pour ce que toute l'esperance du roy, quant aux gens de pied, estoit aux compagnies qu'il avoit en Piedmont, et que en France il n'avoit que gens nouveaux et legionnaires, estant beaucoup meilleur et plus asseuré de conserver le royaume et non le Piedmont, auquel falloit seulement se tenir sur la defensive, sans mettre rien au hazard d'une bataille, la perte de laquelle perdroit non seulement le Piedmont, mais mettroit le pied à l'ennemy en France de ce costé-là. Monsieur l'admiral en dict de mesmes, et tous les autres aussi, discourant chacun comme il luy plaisoit.

L'avis du conseil était raisonnable et prudent, mais il ne plut guère à Monluc, qui voyait là s'échapper une occasion de conquérir gloire et honneur sur le champ de bataille :

Je trepignois de parler ; et, voulant interrompre lorsque monsieur Galiot opinoit, monsieur de Sainct Pol me fit signe de la main et me dict : « Tout beau ! tout beau ! », ce qui me feit taire ; et vis que le roy se print à rire. Monsieur le dauphin n'opina point, et croy que c'estoit la coustume ; mais le roy l'y feit assister, afin qu'il apprint [...]. Alors le roy me dit ces mots : « Avez-vous bien entendu, Monluc, les raisons qui m'esmeuvent à ne donner congé à monsieur d'Anguyen de combattre ny rien hazarder ? » Je luy respondit que je l'avois bien entendu, mais que, s'il plaisoit à Sa Majesté me permettre de luy en dire mon advis, je le ferois fort volontiers, non que pour ce Sa Majesté en fist autre chose, sinon ce qu'elle et son conseil en avoient determiné. Sa Majesté me dit qu'il le vouloit et que je luy en disse librement ce que m'en sembloit. Alors je commençay en ceste manière [...] : « Sire, dis-je, nous sommes de cinq à six mille Gascons comptez, car vous sçavez que jamais les compagnies ne sont du tout complettes, aussi tout ne se peut jamais trouver à la bataille ; mais j'estime que nous serons cinq mille cinq cens ou six cens comptez. Et de cela je vous en respons sur mon honneur, tous les capitaines et soldats, vous baillerons nos noms et les lieux où nous sommes, et vous obligerons nos testes que tous combattrons le jour de la bataille, s'il vous plaist de l'accorder et nous donner congé de combattre. C'est chose que nous attendons et desirons il y a long temps, sans tant coniller[1]. [...] Une armée composée de douze à quinze mil hommes est bastante d'en affronter une de trente mille ; car ce n'est pas le grand nombre qui vainc, c'est le bon cœur. Un jour de bataille, la moitié ne combat pas. Nous n'en voulons pas davantage. Laissez faire à

---

1   Se dérober lâchement, se terrer comme un lapin.

nous. » Monsieur le dauphin s'en rioit derrière la chaire du roy, continuant tousjours à me faire signe de la teste ; car, à ma mine, il sembloit que je feusse desjà au combat.

Tant d'assurance, d'enthousiasme et d'audace réveillèrent les humeurs belliqueuses du roi, qui était presque prêt à tenter la fortune. Une défaite eut été un désastre, mais une victoire pouvait changer la donne et surprendre ses ennemis :

> Le roy, qui m'avoit fort bien escouté et qui prenoit plaisir à voir mon impatience, tourna les yeux vers monsieur de Sainct Pol, lequel luy dit alors : « Monsieur, voudriez vous bien changer d'opinion pour le dire de ce fol, qui ne se soucie que de combattre et n'a nulle consideration du mal'heur que ce vous seroit, si perdions la bataille ? C'est chose trop importante pour la remettre à la cervelle d'un jeune Gascon. » Alors je luy respondis ce mesme mot : « Monsieur, asseurez vous que je ne suis point un bravache, ny si escervelé que le pensez [...] Et si Dieu nous fait la grace de gaigner, comme je me tiens asseuré que nous ferons, vous arresterez l'empereur et le roy d'Angleterre sur le cul, qui ne sçauront quel party prendre. » Monsieur le dauphin continuoit plus fort en riant à me faire signe, qui me donnoit encores une grand' hardiesse de parler. Tous les autres parloient et disoient que le roy ne se devoit aucunement arrester à mes paroles. Monsieur l'admiral ne dit jamais mot, mais se sousrioit, et croy qu'il s'estoit apperçeu des signes que monsieur le dauphin me faisoit, estant presque vis à vis l'un de l'autre. Monsieur de Sainct Pol recharge encor, disant au roy : « Quoy ? Monsieur, il me semble que vous voulez changer d'opinion et vous attendre aux paroles de ce fol enragé [...] Je voy bien que vous estes desjà tourné. » Il ne pouvoit voir les signes que monsieur le dauphin me faisoit, car il avoit le dos tourné à luy, comme faisoit monsieur l'admiral[1].

Dans cette décision pour le moins hasardeuse, Claude d'Annebault joua un rôle assez remarquable. Il faut rappeler qu'il venait d'être nommé amiral et qu'il était destiné à tenir cette année encore, en dépit du dauphin, le premier rang tant sur le plan stratégique que sur le terrain ; on pouvait donc s'attendre à ce qu'il voulût renforcer l'armée de la frontière nord, qu'il s'apprêtait à conduire. Pourtant, il n'oubliait pas le Piémont, dont il connaissait l'importance stratégique et qui permettait toujours, à moindres frais et avec peu de soldats, de causer beaucoup de tracas – et de dépenses – à l'empereur. Au même moment, il espérait attirer les

---

1   Monluc, *Commentaires*, t. I, p. 239-247.

Génois dans le camp français et mener en personne les négociations[1] : une victoire du comte d'Enghien eût permis de faire peser une menace déguisée sur la république de Gênes, et donc de lui dicter les conditions du roi. Toutefois, le risque était grand, et l'amiral, qui par prudence se gardait bien de se découvrir, ne voulut prendre ouvertement la parole pour Monluc. Il se contenta donc d'écouter les divers avis, pour observer la réaction du roi. Saint-Pol parla avec bon sens, mais il ne vit que trop tard qu'il allait contre l'envie de son maître, que les discours sages et raisonnables amusaient moins que les gasconnades de Monluc. Pendant ce temps, d'Annebault observait, entendit les avis des uns et des autres, et ne prit la parole que sur l'invitation du roi. Contre la plupart des conseillers, il abonda dans le sens de Monluc, mais sans se compromettre outre mesure[2] :

> Sur quoy le roy, addressant sa parole audit sieur admiral, luy dict qu'est-ce que luy en sembloit. Monsieur l'admiral se print encores à sousrire et luy respondit : « Sire, voulez-vous dire la verité ? Vous avez belle envie de leur donner congé de combattre. Je ne vous asseureray pas, s'ils combattent, du gain ni de la perte, car il n'y a que Dieu qui le puisse sçavoir ; mais je vous obligeray bien ma vie et mon honneur que tous ceux-là qu'il vous a nommez combattront, et en gens de bien ; car je sçay ce qu'ilz valent, pour les avoir commandez. Faictes une chose : nous congnoissons bien que vous estes à demy gaigné et que vous pendez plus du costé du combat que au contraire. Faictes vostre requeste à Dieu et le priez que, à ce coup, vous vueille ayder et conseiller ce que vous devez faire. » Alors le roy leva les yeux au ciel, et, joignant les mains, jettant le bonet sur la table, dict : « Mon Dieu, je te supplie qu'il te plaise me donner aujourd'huy le conseil de ce que je dois faire pour la conservation de mon royaume, et que le tout soit à ton honneur et à ta gloire. » Sur quoy monsieur l'amiral lui demanda : « Sire, quelle opinion vous prent-il à present ? » Le roy, après avoir demeuré quelque peu, se tourna vers moy, disant comme en s'escriant : « Qu'ils combatent ! qu'ils combatent ! » « Or doncques, il n'en faut plus parler, dit monsieur l'admiral ; si vous perdez, vous seul serez cause de la perte, et si vous gaignez, pareillement ; et tout seul en aurez le contentement, en ayant donné seul le congé[3]. »

Par ce conseil, l'amiral fit plaisir au roi et au dauphin, tout en se gardant d'endosser la responsabilité du sort de la bataille, car finalement,

---

1   *Cf. supra.*

2   Jean-Charles Sournia constate également qu'« il ne se compromettait pas » (J.-C. Sournia, *op. cit.*, p. 71-72).

3   Monluc, *Commentaires*, t. I, p. 247-248.

comme il le fit remarquer, c'est le roi seul qui prit la décision, sur le conseil de la providence divine. En cette occasion, Claude d'Annebault adopta donc une attitude surprenante, qui laisse à penser qu'il plaçait son avenir politique et sa « survie » au sommet de l'État avant l'intérêt du royaume, invoqué par Saint-Pol avec tant de force, à moins qu'il n'ait été réellement convaincu par la détermination et les arguments du Gascon. Après tout, il connaissait parfaitement les troupes du Piémont et leurs capitaines[1] pour les avoir personnellement commandées en de nombreuses occasions, la dernière à l'automne 1542. Il pouvait croire en leurs chances de victoire – qui, pouvait-il espérer, faciliterait ses tractations avec les Génois – et laissa donc son propre fils Jean, âgé d'environ dix-sept ans, suivre Monluc pour participer à la bataille. En effet, les jeunes gens de la cour, jugeant que « malaisement se passeroit la partie sans qu'il y eut passetemps », se précipitèrent à sa suite, après avoir obtenu le congé du roi[2].

Le 14 avril 1544, la bataille de Cérisoles fut le baptême des armes de cette nouvelle génération : François d'Enghien y remporta une grande victoire, qui lui valut une gloire immense, tandis que Jean d'Annebault s'y distingua par sa bravoure et fut peut-être blessé[3]. Mais ce succès fut sans lendemain, car l'inexpérience et les hésitations du jeune prince firent perdre une belle occasion d'envahir le Milanais. Selon Du Bellay, si le comte d'Enghien eût poursuivi ses projets de conquête de Milan, l'empereur « eust esté contrainct de convertir ses forces vers l'Italie et laisser France en repos[4] ». Toutefois, à court terme, la victoire de Cérisoles permit au roi de reprendre la guerre sous de meilleurs auspices.

---

1   Parmi lesquels se trouvaient Guigues de Boutières, Pierre d'Ossun, Piero Strozzi, Martin Du Bellay ou encore Jean de Taix.
2   *Ibid.*, t. I, p. 250 et Du Bellay, *Mémoires*, t. IV, p. 202.
3   Brantôme, t. III, p. 212.
4   Du Bellay, *Mémoires*, t. IV, p. 239 ; au contraire, le repli des Français en Piémont permit à Charles Quint d'envisager une nouvelle invasion de la Provence (AN, K 1485, Antoine Polin de La Garde au roi, Reggio di Calabria, 17 juillet 1544) : le marquis del Vasto avait ordre de marcher sur Lyon avec 14 000 hommes.

L'ARMÉE DE CHÂLONS

Pendant ce temps, Charles Quint avait rassemblé ses forces à Spire, dans le Palatinat, sous son commandement personnel, tandis que Ferrante Gonzague dirigeait une seconde armée (partie de Spire dès le 12 mai[1]) au nord de Luxembourg, premier objectif de la campagne ; car l'empereur ne pouvait tolérer que ce bien des Habsbourg restât entre les mains du roi de France. Il était prêt à entrer en campagne à la fin du mois. En revanche, son allié Henri VIII n'avait pas fini de rassembler son armée à Calais, mais les ducs de Norfolk et de Suffolk eurent tôt fait d'envahir le nord de la Picardie en juin, avant que leur roi ne traversât en personne la Manche, le 14 juillet, avec le reste des troupes[2]. La priorité des Anglais était de prendre Boulogne pour consolider leur emprise sur les côtes et donc sur le passage de la Manche à la mer du Nord. Les nouvelles de l'approche de si grosses et redoutables armées – Du Bellay et Monluc parlent d'un total d'environ 80 000 hommes de pied et 20 000 chevaux, mais les indications des ambassadeurs italiens tendent à suggérer des effectifs plus faibles, de l'ordre de 70 000 hommes de pied et 15 000 chevaux[3] – n'étaient pas pour rassurer les capitaines français occupés à rassembler en Brie, puis à Châlons, une armée capable de résister partout à la fois à l'avancée de ces troupes alliées dont l'objectif était de faire leur jonction sous les murs de Paris.

Jean de Taix ramena vingt-cinq enseignes triomphantes du Piémont au camp français, ce qui raviva un peu l'enthousiasme[4], mais les bonnes nouvelles d'Italie se firent ensuite de plus en plus rares. Les premiers contingents français furent progressivement rassemblés, et de cette armée, François Ier « donna la charge a monseigneur le dauphin, ayant avecques luy le duc d'Orleans, son frere, et à monseigneur l'amiral d'Annebault la principalle conduicte, pour l'administration du conseil desdicts princes[5] ». Comme d'habitude, le dauphin protesta, car il voulait Montmorency,

1   C. Paillard, *Invasion, op. cit.*, p. 20 ; *cf. ibid.*, p. 6-27, les préparatifs de la campagne et les vains efforts de Charles Quint pour faire croire que Luxembourg était son seul et unique objectif.
2   John Joseph Scarisbrick, *Henry VIII*, Londres, 1968, p. 446-448.
3   *Cf.* la mise au point de A. Rozet et P. Lembey, *op. cit.*, p. 22-24 et, pour la seule armée impériale, C. Paillard, *Invasion, op. cit.*, p. 2-5.
4   Brantôme, t. VI, p. 13 et 102.
5   Du Bellay, *Mémoires*, t. IV, p. 240-241.

mais son père refusa brutalement, et se fâcha contre les manœuvres du connétable[1]. Henri dut donc se résigner à accepter l'assistance du nouvel amiral, qui lui avait jusqu'alors toujours mal réussi. Malheureusement, au milieu du mois de juin, cette armée de Châlons était encore à l'état d'ébauche – elle ne prit sa forme définitive que fin août –, tandis que les Impériaux, prêts depuis longtemps, envahissaient et ravageaient déjà les marges champenoises du royaume.

FACE À L'INVASION, LE CHOIX DE LA DÉFENSIVE

La campagne impériale de 1544 est depuis longtemps connue dans ses moindres détails, mais elle mérite d'être à nouveau examinée, du point de vue français[2]. La progression des troupes de Charles Quint fut rapide et aisée. Son armée rassemblait environ 42 000 hommes, dont 7 000 cavaliers lourds[3]. Ferrante Gonzague prit Luxembourg, qui ne résista guère, dès le 25 mai 1544 : il y trouva abondance de provisions et quarante-deux superbes pièces d'artillerie. Puis il parvint aux confins de la Champagne et le 15 juin, prit Commercy[4], dont les capitaines durent se rendre après que des coups de canon eurent atteint la tour où étaient les munitions[5]. Ligny-en-Barrois[6], qui gardait le passage de l'Ornain, fut aussitôt assiégée ; elle céda le 28, après avoir plus courageusement résisté, en dépit de sa mauvaise assiette ; elle fut impitoyablement saccagée[7]. Dès lors, la route de Paris s'ouvrait aux armées impériales – alors que les Anglais, moins soucieux d'assiéger Paris que d'étendre leurs territoires autour de Calais et sur les côtes de la Manche, prenaient un retard certain. Gonzague arriva le 4 juillet en vue de Saint-Dizier, où devait

---

1   Brantôme, t. III, p. 209.
2   C. Paillard, *Invasion*, *op. cit.* parle de « l'indigence des sources françaises ».
3   J. D. Tracy, *Emperor Charles V, impresario of war*, *op. cit.*, p. 195-197 : aux 16 000 Hauts-Allemands, 10 000 Bas-Allemands, 9 000 Espagnols et 7 000 cavaliers lourds, il faut encore ajouter 2 000 lansquenets et 2 000 cavaliers payés par l'empereur et mis à disposition de son allié Henri VIII.
4   Commercy, dép. Meuse, ch.-l. d'arr.
5   Du Bellay, *Mémoires*, t. IV, p. 240.
6   Ligny, dép. Meuse, arr. Bar-le-Duc, ch.-l. de canton.
7   Voir la description de la ville dévastée, donnée par Camilo Capilupo, ambassadeur de Mantoue auprès de l'empereur, dans une lettre à la duchesse Marguerite Paléologue et Sigismond de Gonzague, Ligny, 30 juin 1544 (éd. dans A. Rozet et P. Lembey, *op. cit.*, p. 588-591) ; C. Paillard, *Invasion*, *op. cit.*, p. 60-67 sur la chute de Commercy et *ibid.*, p. 90-105 pour Ligny.

le rejoindre l'empereur. Rien n'avait résisté à celui-ci : en un peu plus d'un mois et demi, il avait recouvré Luxembourg et pris Commercy et Ligny, trois places que l'on croyait capables d'une irréductible résistance. François Ier fut au désespoir de la perte de Luxembourg, car il comptait sur la capitale du duché pour retenir Gonzague le temps que l'armée française fût prête à riposter. Il avait fait le choix de la défensive, et les places lorraines, vouées à être perdues, voire dévastées, devaient donner à François Ier le temps de préparer sa réplique.

Rozet et Lembey émirent l'hypothèse que « si Luxembourg, Commercy et Ligny eussent tenu chacune une dizaine de jours, Charles Quint n'eût pas dépassé Saint-Dizier ; la mauvaise saison, le manque de vivres et d'argent, la démoralisation de son armée l'auraient contraint à la retraite[1] ». Rien n'est moins sûr, mais il est probable que les conseillers du roi de France avaient fait ce calcul : des renforts avaient été envoyés à l'intérieur de Commercy avec consigne de tenir au moins trois semaines[2] ; quant aux défenseurs de Ligny, ils reçurent l'ordre de ne pas se rendre et de résister, quoique la place fût indéfendable, ce qui condamnait la ville à un sort des plus funestes[3]. L'historiographie reprocha constamment ses hésitations à François Ier, coupable de n'avoir su lever une grande armée à temps[4]. Mais, si l'on fait un examen plus attentif de la situation, il apparaît que ce retard était entièrement volontaire. Toute campagne s'avérait une course contre la montre, dans la mesure où il s'agissait d'avancer le plus possible avant d'être à bout de ressources, et François Ier n'aurait eu les moyens de l'entretenir aussi longtemps que ses deux ennemis, dont l'effort de guerre était, du simple fait de leur alliance, deux fois moindre. Le roi de France était encore loin d'avoir diversifié et modernisé les sources de financement de la guerre au même point que Charles Quint, véritable « entrepreneur de guerre » en avance sur ses contemporains[5]. Avait-il un autre choix que de différer tant qu'il le

---

1   A. Rozet et P. Lembey, *op. cit.*, p. 39.
2   C. Paillard, *Invasion, op. cit.*, p. 62-63.
3   *Ibid.*, p. 93, et *CSP of Henry VIII*, t. X, p. 5.
4   Par exemple, Sismondi écrivit : « On ne peut remarquer sans étonnement que François Ier, l'agresseur dans cette guerre, eût attendu jusqu'alors pour assembler son armée ; et la surprise s'accroît, lorsqu'on voit que dans cette armée, seule chargée de la défense du royaume, on comptoit à peine douze mille fantassins français » (J. C. L. de Sismondi, *op. cit.*, t. XVII, p. 200).
5   J. D. Tracy, *Emperor Charles V, impresario of war, op. cit.*, en particulier p. 197-203.

pouvait l'édification d'une armée assez puissante pour résister aux forces conjuguées de ses adversaires[1] ?

Il ne faut donc pas s'étonner qu'au beau milieu du mois de juin, le roi et l'amiral en fussent encore à rassembler leur gendarmerie autour de Paris, pendant que le duc de Guise recrutait 6 000 légionnaires en Bourgogne et que des émissaires français auprès des ligues Suisses engageaient des mercenaires en nombre considérable, peut-être 25 000, dont la seule solde (sans compter les dépenses de bouche et d'équipement) pouvait coûter 75 000 livres par mois[2]. En août, les armées françaises comptaient en théorie entre 35 000 et 40 000 hommes, mais beaucoup mirent plusieurs semaines avant d'arriver près de Châlons ; le regroupement fut organisé quelques lieues plus à l'ouest, au village de Jâlons, barrant la route d'Épernay[3]. En levant le gros de ses troupes plus de deux mois après l'entrée en guerre de Charles Quint, le roi François comptait débuter sa campagne les coffres pleins, quand les réserves de l'empereur – et de son allié le roi d'Angleterre – seraient déjà sérieusement entamées[4] et que leurs armées, fatiguées, malades, mal payées et ravitaillées, seraient moins redoutables. Malheureusement, ses prévisions

---

1   Cette ligne de conduite, loin d'être aberrante, était résolument moderne, et nouvelle en France. Il semble que les Français l'aient apprise des Espagnols, *cf.* Henri Lapeyre, « L'art de la guerre au temps de Charles Quint », *Charles Quint et son temps*, colloque international du CNRS (septembre-octobre 1958), Paris, 1959, p. 46 : « Une bonne stratégie consistait à faire durer la campagne jusqu'à ce que l'armée adverse se décomposât faute d'argent. Telle fut l'attitude de Prosper Colonna en 1522 face à Lautrec. Conformément à ses prévisions, c'est bien une question de solde qui décida du sort de la campagne ».

2   Édouard Rott, *Histoire de la représentation diplomatique de la France auprès des cantons suisses, de leurs alliés et de leurs confédérés*, Berne-Paris, 1900-1935, 10 vol, t. I, p. 328-330 et 415, parle de 12 000 Suisses qui ne partirent qu'en juillet ; une lettre de Clande d'Annebault du 19 juillet évoque 20 000 Suisses qui devaient faire leur montre le lundi suivant (ÖStA, FrVa 3, fol. 237, lettre Claude d'Annebault à Louis de Bueil, comte de Sancerre, Saint-Maur-des-Fossés, 19 juillet [1544]), mais il n'est pas impossible que le chiffre ait été volontairement exagéré ; enfin, 4 900 Grisons traversèrent la Bresse à la fin du mois de juillet (BnF, NAF 3644, pièce 1040, quittance du capitaine grison Jacob Travers, Pont de Vaux en Bresse, 26 juillet 1544) ; la solde d'une troupe de 350 Grisons coûtait 450 écus, soit 1012 l. 10 s. t. par mois (*ibid.*).

3   C. Paillard, *Invasion, op. cit.*, p. 309-310 ; Du Bellay, *Mémoires*, t. IV, p. 240-241 : 12 000 Français et Italiens rappelés du Piémont, 6 000 Gascons, de nombreux légionnaires, 12 000 Suisses et 6 000 lansquenets ; ces estimations, datée de juin par V.-L. Bourrilly, éditeur de ces mémoires, sont plutôt prospectives, à cet endroit du récit, et semblent correspondre à l'état de l'armée regroupée entre Châlons et Jâlons fin juillet.

4   En 1544, Charles Quint dépensa environ un million et demi de ducats en cinq mois de campagne (J. D. Tracy, *Emperor Charles V, impresario of war, op. cit.*, p. 197).

s'effondrèrent lorsque Luxembourg, Commercy et Ligny, sensés tenir un rôle clé dans la défense des frontières, capitulèrent en un rien de temps. Par conséquent, en désespoir de cause, le roi s'apprêtait peut-être à infliger à la Champagne, la politique de la terre brûlée qui avait si bien fonctionné par le passé, notamment en Provence en 1536[1]. Heureusement pour les Champenois, les armées impériales connurent un sévère coup d'arrêt devant Saint-Dizier[2].

LE SIÈGE DE SAINT-DIZIER

En effet, contre toute attente, la petite ville de Saint-Dizier opposa une résistance héroïque[3] à l'imposante armée de Gonzague, à laquelle vint s'ajouter celle de l'empereur au bout de quelques jours[4]. Parmi les épisodes les plus fameux de ce siège, il faut évoquer le grand assaut du 14 juillet 1544, où périrent coup sur coup le général impérial René de Nassau, prince d'Orange[5], et le valeureux capitaine La Lande, défenseur de la place aux côtés de son gouverneur, Louis de Bueil, comte de Sancerre, et de l'ingénieur Girolamo Marini qui se montrèrent « plus disposés à mourir que de perdre cette place[6] ». L'empereur, enrageant de ne plus pouvoir progresser, envoya un corps expéditionnaire vers Vitry-en-Perthois[7], où Charles de Brissac était venu s'établir depuis Châlons afin de gêner les ravitaillements ennemis, exercice dans lequel sa cavalerie légère excellait[8]. En outre, on craignait, dans le camp impérial, que cette manœuvre n'eût pour objectif de faire entrer des renforts

---

1 A. Rozet et P. Lembey, *op. cit.*, p. 42-43, écartent étrangement cette hypothèse, dont ils constatent pourtant l'écho dans les correspondances des ambassadeurs auprès de l'empereur ; le projet ne fut peut-être pas appliqué à cause de la tournure prise par les événements en juillet.

2 *Ibid.*, p. 59 : Saint-Dizier « fut l'obstacle imprévu qui déjoue les plans les mieux conçus et fait échouer les entreprises les plus savamment préparées ».

3 A. Rozet et P. Lembey, *op. cit.*, *passim* et C. Paillard, *Invasion, op. cit.*, p. 119-283.

4 Sur cette armée arrivée de Metz, C. Paillard, *Invasion, op. cit.*, p. 106-128.

5 Ce personnage est célèbre pour ses faits d'armes, mais aussi pour son monument funéraire, par Ligier Richier, à Bar-le-Duc.

6 AS Modena, Cart. amb., Francia 19, d'Alfonso Calcagnini au duc de Ferrare, Paris, 18 juillet 1544.

7 Vitry-le-François, dép. Marne, ch.-l. d'arr.

8 Il emmenait notamment avec lui François de Guise, fils du duc, et 2 000 ou 4 000 gens de pied de Jean de Turin et Sanpiero Corso, en plus des chevau-légers ; il y avait aussi quelques compagnies d'ordonnance, dont celle de Jean d'Annebault, qui semble avoir été absent, peut-être à cause de la blessure reçue à Cérisoles : sa compagnie était menée

dans Saint-Dizier[1]. Maurice de Saxe, Francesco d'Este et Guillaume de Fürstenberg[2] attaquèrent par surprise les Français aux abords de la ville. Ceux-ci furent mis en pièces, Brissac prit la fuite, abandonnant Vitry aux Impériaux[3]. La ville fut soumise à un pillage en règle et ses habitants massacrés avec la plus grande cruauté. Vitry fut ensuite entièrement rasé et rayé de la carte[4].

Pendant ce temps, Saint-Dizier tenait bon et repoussait plusieurs grands assauts. Pour récompenser le comte de Sancerre et pour entretenir sa détermination, le roi de France lui écrivit, le 19 juillet, une lettre par laquelle il le félicitait de ses bons services et lui annonçait son élévation au rang de chevalier de l'ordre de Saint-Michel[5]. Dans le même paquet, une lettre de l'amiral d'Annebault lui annonçait un prompt secours :

> Vous verrez bien par la lettre que le roy vous a escript le contentement qu'il a de vous, qui est a bonne et juste occasion, aussi le congnoist-il bien, et pour ceste raison, comme vous savez qu'il a coustume reccompenser ses bons serviteurs et d'honneur et de biens, vous donne son ordre en delliberacion de vous faire encores telle autres recongnoissance qu'il fault que je vous dye que vous devez estimer bien heureulx d'avoir ung tel maistre. Noz forces se commancent fort a assembler. Les XX^m Suisses feirent lundy leur monstre auprès de Mascon. Je vous asseure qu'il a deliberay de vous secourir bien tost d'une telle et si grosse force que ceulx qui sont auprès de vous congnoistront bien quel roy il est, car il n'y aura pas moins de soixante mille hommes de pied[6].

---

par son lieutenant, un certain Michelangelo, romain (Du Bellay, *Mémoires*, t. IV, p. 241 et C. Paillard, *Invasion, op. cit.*, p. 175 et 187-188).

1   *Cf.* notamment la relation de la journée par Bernardo Navagero, ambassadeur vénitien auprès de l'empereur, du 24 juillet 1544, éd. A. Rozet et P. Lembey, *op. cit.*, p. 688-690.

2   *Cf.* p. 104, son rôle auprès de Claude d'Annebault dans la campagne de 1537 ; il s'était depuis donné à l'empereur (Brantôme, t. I, p. 349). Il fut fait prisonnier le 3 septembre 1544 par des hommes de la compagnie de l'amiral.

3   Selon BnF, Fr. 5617, fol. 193v (Jean de Vandenesse, *Journal des voyages de Charles Quint, de 1514 à 1551*, Bruxelles, 1870, 2 vol., t. II) les Impériaux firent 1 500 morts français et s'emparèrent de quatre bannières ; *cf.* C. Paillard, *Invasion, op. cit.*, p. 166-219, et A. Rozet et P. Lembey, *op. cit., passim* dans les trois correspondance éditées.

4   Elle fut rebâtie non loin de l'ancien site par Girolamo Marini, sous le nom de Vitry-le-François (*cf.* par exemple C. Terrasse, *op. cit.*, t. III, p. 154).

5   ÖStA, FrVa 3, fol. 239 (tiré d'un dossier composé de lettres interceptées par les impériaux) : « Je ne sçauroit adjouster a une telle compagnie que la nostre ung plus notable ne digne chevalier que vous et espere bien le vous faire congnoistre encores davantaige ».

6   ÖStA, FrVa 3, fol. 237, lettre Claude d'Annebault à Louis de Bueil, comte de Sancerre, Saint-Maur-des-Fossés, 19 juillet [1544].

Malheureusement, ces lettres furent interceptées et ne parvinrent jamais à leurs destinataires[1]. Dans ce paquet était également une lettre en chiffre de duc de Guise. Le cardinal de Granvelle fit alors écrire une réponse dans le même chiffre et peut-être scellée avec un vieux sceau du duc de Guise, qui demandait au nom du roi que les assiégés se rendissent et fissent composition honorable avec l'ennemi. Le stratagème de Granvelle fonctionna conformément à ses espérances. Malgré l'opposition de Girolamo Marini, persuadé de pouvoir tenir encore longtemps, les chefs estimèrent devoir obéir aux ordres supposés du roi, d'autant que leurs hommes étaient épuisés. Le vendredi 8 août, Sancerre envoya deux hommes au camp impérial pour proposer de parlementer. Le lendemain, vers cinq heures, la capitulation fut signée en présence de Ferrante Gonzague qui la fit approuver par l'empereur[2]. L'accord stipulait que si avant le 17, le roi ne venait pas les secourir et chercher bataille en personne, les soldats français livreraient la ville à l'empereur. C'est donc ce qu'ils firent au jour dit, à sept heures du matin[3]. Dès lors, bien que les Impériaux eussent encore à prendre Châlons, devant laquelle campait l'armée du dauphin et du duc d'Orléans, Paris se trouvait sérieusement menacé.

LA DÉFENSE DE PARIS

Depuis le début du mois de juillet, à Paris comme à la cour du roi, les nouvelles du siège de Saint-Dizier étaient accueillies avec la plus grande anxiété. L'amiral d'Annebault partageait son temps entre levées de troupes, visites aux camps et séjours auprès du roi, comme au début de juillet, à Vincennes, pendant lesquels il ne cessait de correspondre avec les chefs d'armées et gouverneurs de places. Les conseillers du roi avaient leurs espions, qui collectaient d'utiles informations dans le camp

---

1 Ce paquet intercepté, dont les papiers originaux se trouvent à Vienne (ÖStA, FrVa 3), est évoqué par Charles Quint dans une lettre du 2 août : il contenait des lettres du roi de France et de l'amiral d'Annebault du 19 juillet, une lettre en chiffre de Claude de Guise lui enjoignant de tenir six jours (grâce à quoi le roi pourrait gagner une bataille ou obtenir la paix), et une lettre en chiffre de Sancerre au duc d'Orléans, retournée aux défenseurs de Saint-Dizier (C. Paillard, *Invasion, op. cit.*, p. 246-247).

2 Texte éd. dans A. Rozet et P. Lembey, *op. cit.*, p. 149-152.

3 *Cf.* surtout *ibid.*, p. 145-156 et C. Paillard, *Invasion, op. cit.*, p. 245-263 ; Du Bellay, *Mémoires*, t. IV, p. 257-259 et *L&P*, t. XIX, part II, p. 31, n° 77, 11 août, Nicholas Wotton à William Paget, 11 août 1544.

ennemi[1]. Ils gardaient le contact avec les assiégés de Saint-Dizier, par l'intermédiaire de Guise et Brissac, à Châlons, qui faisaient ensuite passer dans leurs paquets les dépêches du roi et de l'amiral, avec les leurs, dont les parties chiffrées contenaient des consignes les plus secrètes. À Paris, les actes de bravoure et hauts faits de Sancerre et Marini étaient exaltés comme autant de signes de la protection divine. Les principaux assauts impériaux, repoussés malgré leur véhémence, donnèrent lieu à de grandes processions pour rendre grâce à Dieu. Après l'échec du coup de force du 14 juillet, François Ier écrivit au cardinal de Meudon, son lieutenant général à Paris, de faire faire une procession solennelle par les gens du parlement[2]. De même, après deux nouveaux assauts repoussés le 1er et le 2 août, l'amiral d'Annebault écrivit au cardinal les déboires des armées impériales (dont les pertes étaient estimées, non sans exagération, à trois ou quatre mille hommes) ainsi que les volontés du roi, répétées par le président Lizet devant l'assemblée du parlement : Sa Majesté désirait « comme chose raisonnable que l'on feit processions en ceste ville et ès endroictz et lieux où l'on a accoustumé, pour rendre grâces à Dieu, et en oultre feuz de joye. » De ce fait, la cour se rendit, le 8 août, en procession de la Sainte-Chapelle à Notre-Dame de Paris, avec le clergé de la chapelle et les ordres mendiants, derrière les reliques de la Vraie-Croix[3].

Il semble, malgré les contradictions des sources, que les efforts de recrutement et de regroupement des forces françaises se fussent accélérés à la mi-juillet, en même temps que les levées d'argent[4]. Il est patent que les troupes n'avaient pu être rassemblées plus tôt par manque de

---

1   Par exemple, C. Paillard, *Invasion, op. cit.*, p. 313-314, rapporte (d'après une note manuscrite conservée à Bruxelles) l'histoire d'un espion lorrain d'un « personnage français désigné sur le pseudonyme de *Gneulf* » ; il partit de Bar le 27 juin, fut fouillé à Châlons, puis vint à Paris où il ne trouva pas son patron, envoyé par le roi inspecter une place, mais fut questionné par l'amiral, auquel il ne voulut donner tous les détails qu'il réservait à *Gneulf*.

2   *Ibid.*, p. 152.

3   AN, U 152, 7 août 1544 ; connu de Paillard par une copie dans BnF, Clair. 339 (C. Paillard, *Invasion, op. cit.*, p. 244).

4   Des emprunts ont été contractés courant juillet, notamment à Rome où les cardinaux d'Armagnac et de Ferrare ont levé 12 000 écus prêtés sans intérêt par les cardinaux et serviteurs du roi, et 10 000 écus prêtés par les banquiers romains, à 4% d'intérêt par période de six mois (G. d'Armagnac, *Correspondance, op. cit.*, t. I, p. 238, quittance de Rome, 20 juillet 1545, pour remboursement).

moyens. Elles ne furent pas levées pour la guerre, mais en prévision des négociations. Cette tardive « armée pour la paix » était la seule chance du roi de France, en bien mauvaise posture avec la Picardie à la merci des Anglais et la Champagne bientôt occupée par Charles Quint. Saint-Dizier devait tenir coûte que coûte, afin de laisser le temps aux derniers mercenaires, notamment 4 900 Grisons[1], de rejoindre l'armée française, tout en affaiblissant les ennemis. La capitulation intervint donc au plus mauvais moment, car l'achèvement d'une armée de cinquante mille hommes au service de France n'était plus qu'une question de jours, et l'amiral y mettait personnellement la dernière touche, quittant la cour pour rejoindre le camp vers le 13 août[2]. Entre le 20 et le 25 août, les armées françaises étaient prêtes à entrer en guerre. Selon l'ambassadeur mantouan Gambara, l'amiral devait prendre en personne le commandement de 30 000 fantassins, 2 000 hommes d'armes, 4 000 chevau-légers, avec pour seule tâche de contenir Charles Quint de l'autre côté de la Marne, sans chercher la bataille ; le reste des troupes devait être confié au dauphin[3]. Face à de telles forces, l'empereur n'aurait eu d'autre choix que de traiter équitablement, pour ne pas se voir honteusement chassé et poursuivi jusqu'à la frontière. Cependant, la reddition de Saint-Dizier prit les Français de vitesse et permit à l'empereur de poursuivre son avancée en Champagne.

La nouvelle de cette capitulation provoqua donc la stupeur à la cour de France. Le vicomte de La Rivière[4], envoyé par Sancerre, reçut un accueil auquel il ne pouvait s'attendre, car il était persuadé n'avoir agi que sur ordre du duc de Guise. Le roi était au désespoir : « Ô mon Dieu, s'écria-t-il, que tu me vends cher un royaume que je pensois que

---

1   Fin juillet 1544, les Suisses étaient encore en Bresse (BnF, NAF 3644, pièce 1040, quittance du capitaine grison Jacob Travers, « l'un des quatorze cappitaines des quatorze enseignes de troy cens cinquante hommes de guerre a pied de la Ligue Grise nouvellement descenduz en France pour le service du roy », Pont de Vaux en Bresse, 26 juillet 1544).

2   AS Modena, Cart. amb., Francia 19, Alfonso Calcagnini au duc de Ferrare, Paris, 11 août 1544 : « Monsignor ammiraglio partirà fra dui giorni per andare a Sciatiglion su la Marna, 14 leghe presso a Sandigier, et il conte di San Segondo con V^M Italiani, et si dice che fra i nobili di quà et altre genti pur del regno che si trovano nel medesimo luogo in essere Sua X^ma M^tà havera in tutto in ordine un' campo di cinquanta milla fanti, et poi la sua cavalleria, la quale indubitamente sarà meglio e maggiore di quella del imperatore. »

3   AS Mantova, Cart. inv. div., 640, Gambara à la duchesse de Mantoue, Paris, 22 août 1544.

4   Sur François de La Rivière, seigneur de Baines, Du Bellay, *Mémoires*, t. IV, p. 241, note 2.

tu m'eusses donné très libéralement ! Ta volonté soit pourtant faite[1] ! »
Il s'enferma plusieurs heures durant et ne voulut voir La Rivière qu'à
la requête de sa sœur la reine de Navarre. Quant à l'amiral, il semble
qu'il ait voulu arracher les yeux du malheureux messager, qui rapporta
l'incident à l'ambassadeur de Mantoue auprès de l'empereur[2].

Les Parisiens, menacés, consentirent tous les efforts de guerre demandés
par le roi. Celui-ci leur avait dans un premier temps, par l'intermédiaire
du cardinal de Meudon, fait restaurer les fortifications et contrôler les
vivres en prévision d'un siège ; tant que Saint-Dizier n'était pas tombé,
les conseillers du roi pouvaient croire Paris à l'abri, mais ils prirent ces
mesures tant par prudence que pour inquiéter les bourgeois qui rechi-
gnaient à donner au roi l'argent dont il avait besoin[3]. Toutefois, ceux-ci
tardèrent encore à obtempérer. Sous une pression accrue par la chute de
Saint-Dizier et l'approche des armées impériales, le 18 août 1544, les
échevins de Paris adressèrent enfin leurs remontrances aux quarteniers,
afin qu'ils terminent au plus vite la levée de cette contribution et en
expédient le produit le plus « dilligemment » au roi[4]. L'amiral fit venir
à Paris l'ingénieur siennois Girolamo Bellarmato, qu'il employait alors
à Dieppe, afin de hâter les préparatifs[5].

---

1   On trouve ces mots célèbres dans de nombreuses biographies du roi chevalier, dont
    C. Terrasse, *op. cit.*, t. III, p. 127 et C. Paillard, *Invasion, op. cit.*, p. 355-356.
2   A. Rozet et P. Lembey, *op. cit.*, p. 628, Camillo Capilupo aux régents de Mantoue, sous
    Saint-Dizier, 17 août 1544 : « Monsignor visconte della Riviera, che fu dal' re mandato
    da questi ch'erano in San Disir a notificarli la capitulazione fatta, mi disse che l'amiraglio
    gli haveva voluto trarre gli occhi preché si erano resi ». En cas de reddition à l'ennemi,
    le gouverneur d'une place risquait d'être condamné à mort pour haute trahison et lèse-
    majesté : cet abandon d'une partie du territoire n'était pardonnable qu'après des pourpar-
    lers et un conseil de guerre dont la décision devait être justifiée (Yves-Marie Bercé, « Les
    capitaines malheureux », dans *Les procès politiques, XIV*ᵉ*-XVII*ᵉ* siècle*, Rome, 2007, p. 35-60,
    notamment p. 36-42).
3   *Cf. Registres des délibérations du bureau de la ville de Paris*, t. III (1539-1552), éd. P. Guérin,
    Paris, 1886, p. 28 à 36. Les Parisiens supportaient une grande part des dépenses de
    guerre, mais on désirait les voir contribuer encore davantage. Ainsi, le roi, par Antoine
    Bohier de Saint-Cirgues, n'hésita pas à exagérer l'ampleur de ses besoins devant les
    échevins (*cf. infra*, p. 310), laissant entendre que leur sécurité ne dépendait plus que de
    leur collaboration.
4   *Ibid.*, p. 38.
5   Cellini raconta que le roi voulait lui confier les travaux, mais que la duchesse d'Étampes,
    son ennemie, ordonna à l'amiral de faire venir Bellarmato (1493-1555) ; cet épisode dut
    avoir eu lieu au mois d'août (*La Vie de Benvenuto Cellini écrite par lui-même*, trad. dir. par
    A. Chastel, Paris, 1986, p. 289).

L'inquiétude montait au fur et à mesure des conquêtes de l'empereur, qui brûla Épernay et Ay dans les premiers jours de septembre, à moins de vingt lieues de Paris. Le discours adressé par François Ier aux habitants de Paris changea alors de nature : il proclama l'état de défense le 6 septembre, mais sa lettre se voulait rassurante, car les armées royales, bien payées et fournies en toutes choses nécessaires, étaient prêtes et en bien meilleur état que les troupes impériales, à court de vivres et de solde ; celles-ci n'oseraient désormais plus se présenter devant Paris et affronter les troupes françaises[1]. La panique se propagea malgré tout : on vit des convois de bourgeois Parisiens quitter la ville avec ce qu'ils pouvaient emporter de leurs biens, pour se réfugier à Tours, Blois ou Bourges[2] ; les religieux de Saint-Denis transportèrent leur trésor à l'intérieur des murs, ceux des Célestins, plus prudents encore, l'acheminèrent jusqu'à Orléans – ce qui n'était pas sans rappeler les raids normands du IXe siècle.

Pourtant, si la ville de Paris avait été plusieurs fois menacée au cours de l'histoire, elle n'avait « point esté prise depuis que César la força[3] ». Le 10 septembre, le roi se vit donc contraint d'intervenir personnellement : il réaffirma que Paris ne se trouvait pas encore menacé, mais au cas où il le deviendrait, il promettait de le défendre en personne comme sa capitale, et au besoin d'y mourir. En attendant, il intimait l'ordre à chacun de tenir les portes des boutiques et maisons ouvertes, et de vaquer à ses activités ordinaires[4]. On publiait, en les exagérant, les bonnes nouvelles des armées, tandis qu'on taisait les mauvaises. On donnait volontiers dans l'exagération afin de donner espoir au peuple : ainsi, le financier Antoine Bohier de Saint-Cirgues, chargé de lever les contributions parisiennes, affirma aux échevins que le roi « souldoy[ait] à present bien cent mil hommes[5] ». Certaines informations de la guerre, propagées pour entretenir la confiance des Parisiens, étaient purement

---

1   Registres des délibérations de Paris, *op. cit.*, t. III, p. 41.
2   *Cf.* par exemple le *Journal de Jehan Glaumeau*, éd. J. Hiver, Bourges, 1867, p. 19 : l'empereur « vint jusques davant Troys en Champaigne, et approcha fort, ainsi qu'on disoit, de Paris », et fit grand peur aux habitants, qui « se escartoyent la plus grand part des plus gros, aux champs et aultres lieux, voyre en vint demorer jusques en ceste ville de Bourges, jusques ad ce qu'il y heut quelque acord entre les dicts princes ». *Cf.* aussi une lettre de Villefrancon à son frère Gaspard de Saulx-Tavannes dans *Mémoires de Saulx-Tavannes*, *op. cit.*, p. 125-126.
3   Jean Bodin, *Les Six Livres de la république* [1577], Paris, 1986, 6 vol, t. V, p. 130.
4   AN, U 152, 10 septembre 1544 ; *cf.* aussi R. J. Knecht, *François Ier*, *op. cit.*, p. 490-491.
5   *Registres des délibérations de Paris*, *op. cit.*, t. III, p. 35.

et simplement inventées, comme ces nouvelles de Boulogne, mises en doute par l'ambassadeur ferrarais Calcagnini :

> On dit encore que mons' de Vendôme, avec quatre bonnes compagnies, s'en est allé de nuit à l'improviste à Boulogne-sur-Mer, et forçant les gardes malgré eux, a mis dedand 350 arquebusiers. [On dit aussi] que d'autre secours nous n'avons pas besoin, parce que maintenant [Boulogne] se tiendra très facilement, alors qu'avant elle était en danger d'être perdue à cause du peu de gens qui étaient à l'intérieur pour la garder. Cette nouvelle, qui a été donnée par mons' l'amiral et Tournon, pourrait très vraisemblablement être fausse, mais ils l'auront dite pour donner courage au peuple et pour arranger leurs affaires ; la vérité se fera connaître[1].

Malgré tout, François Ier avait quelques raisons d'être optimiste : il connaissait les difficultés de l'armée de l'empereur, au sein de laquelle les signes de mécontentement et de mutinerie se multipliaient. Les deux souverains se trouvaient donc contraints d'engager les négociations, tandis que le roi d'Angleterre, occupé à assiéger Boulogne, s'en tenait à ses propres objectifs[2]. De fait, dès le milieu du mois d'août, Charles Quint demanda à composer, car ce triomphe le consacrait indiscutablement vainqueur, tandis que ses finances s'épuisaient et que son armée avait trop souffert pour pouvoir espérer (comme l'empereur l'avait toujours fait jusqu'alors) conquérir Paris[3]. Il demanda donc qu'on lui envoyât Claude d'Annebault. Toutefois, le roi de France avait encore trop besoin de son amiral aux armées pour le déléguer aussitôt auprès de l'empereur : il envoya donc le secrétaire Claude de L'Aupespine, chargé, dès le 20 août, de s'informer des intentions du camp adverse et de préparer les négociations[4]. Après ces pourparlers préliminaires, Charles Quint accorda

---

1   AS Modena, Cart. amb., Francia 19, Alfonso Calcagnini au duc de Ferrare, Paris, 24 août 1544.
2   Sur la capitulation de Boulogne, D. Potter, *Un homme de guerre à la Renaissance, op. cit.*, p. 43-50.
3   Il est intéressant de comparer la situation qui a conduit à la fin des guerres de 1543-1544 et aux négociations de Crépy, avec celle qui précéda les conférences de paix du Cateau-Cambrésis de 1559. Comme le remarque Bertrand Haan (*op. cit.*, p. 137-145), c'est souvent l'épuisement des hommes qui contraint à négocier et suspendre les armes ou conclure la paix.
4   AS Modena, Cart. amb., Francia 19, lettre cité d'Alfonso Calcagnini, du 24 août 1544 ; A. Rozet et P. Lembey, *op. cit.*, p. 567-568 et 569-570, lettres de Hieronymo Ferrufino au duc de Ferrare, Saint-Dizier, 20 et 22 août 1544. Rosey jugea que le roi « reservait » d'Annebault pour la négociation du traité (*ibid.*, p. 166-167).

un sauf-conduit pour tout personnage au service du roi, accompagné de cent cavaliers : François Ier désigna enfin l'amiral d'Annebault, le garde des sceaux Errault de Chemans et le secrétaire Gilbert Bayard[1]. Claude d'Annebault était alors à Châlons, où il achevait seulement d'organiser l'armée royale, déjà forte d'environ 19 000 hommes, bien que le gros de l'infanterie ne fût pas encore arrivé[2]. Pendant près d'un mois, il allait sans cesse voyager entre les camps français et impérial, et la cour de France, tandis que les opérations militaires se poursuivaient péniblement.

LA PAIX DE CRÉPY

L'historiographie française est presque unanime à décrier le traité de paix conclu au terme de ces négociations. Pourtant, François Ier se trouvait en trop fâcheuse posture pour espérer dicter ses conditions. Certes, après le 20 août, l'empereur n'était plus capable d'atteindre ses objectifs, et le détournement de sa progression de la route de Châlons (où était l'armée française) vers celle de Soissons l'indiquait clairement. En outre, avec la capture du comte Guillaume de Fürstenberg[3] par les hommes de l'amiral d'Annebault, il allait perdre l'un de ses principaux chefs militaires. Mais il tenait désormais plusieurs places de haute importance en Champagne, que le roi de France ne pouvait lui laisser. Pour les recouvrer, les Français s'attendaient à devoir restituer au moins les terres conquises l'année précédente, dont beaucoup avaient déjà été reprises par Gonzague. Dès le début des négociations, Charles Quint fit savoir qu'il voulait que toutes les places de Flandres et d'Artois lui fussent

---

1 AS Modena, Cart. amb., Francia 19, Alfonso Calcagnini au duc de Ferrare, Charmel, 26 août 1544. Ceci va à l'encontre de C. Paillard, *Invasion, op. cit.*, p. 369, selon qui l'empereur n'avait pas autorisé l'amiral à venir avec une escorte.
2 A. Rozet et P. Lembey, *op. cit.*, p. 569-570, lettre citée de Hieronymo Feruffino, du 22 août 1544 ; AGR Belgique, Aud. 1631/2, Guillaume de Fürstenberg [à Charles Quint], Bar-le-Duc, 20 août [1544].
3 Il fut fait prisonnier le 3 septembre 1544 par des hommes de la compagnie de l'amiral d'Annebault, trahi par l'un de ses laquais (AGR Belgique, Aud. 1630/4, lettre d'un espion, [vers le 20 septembre 1544] ; C. Paillard, *Invasion, op. cit.*, p. 324-326).

rendues, que les États de Savoie fussent restitués à leur duc légitime, et que le roi de France abandonnât l'alliance turque pour s'engager à ses côtés contre l'ennemi de la Chrétienté. En outre, il refusait d'envisager une paix séparée, sans le roi d'Angleterre.

UNE DÉLÉGATION DU PRESTIGE ROYAL

L'empereur donna dès le 17 août un sauf-conduit pour l'amiral d'Annebault[1]. Celui-ci, attendu pour le 25 août, tardait à venir : officiellement, il était malade, mais cela était mis en doute par les représentants de l'empereur, qui perdaient espoir de voir dépêcher une personne d'« autorité[2] ». Le maréchal d'Annebault arriva enfin le 29 août[3]. Le vice-roi de Naples Ferrante Gonzague, le garde des sceaux Nicolas de Granvelle et son fils le cardinal Antoine Perrenot, évêque d'Arras, quittèrent le camp impérial établi à Saint-Lumier, vers dix heures, et vinrent à la rencontre des délégués français jusqu'à un petit vallon à une demie lieue d'une église consacrée à Saint-Amand, nom que portait également le village voisin[4].

L'attente fut assez longue. À la vue de nos arquebusiers déployés sur les collines environnantes, l'amiral alla bride en main, dépêchant le frère Guzman sous la conduite d'un de nos trompettes pour demander ce que cela voulait dire. Sur la réponse de Son Excellence que ces troupes avaient été placées là pour sa sûreté, il hâta gaiement son allure. Don Francesco [d'Este] et le seigneur Camille Colonna, qui étaient allés au-devant de lui, l'accompagnaient. Don Fernand et mons^r de Granvelle l'attendaient dans un délicieux vallon. Lorsqu'il fut tout près, ils firent une centaine de pas à sa rencontre. On se salua à cheval et l'on continua de marcher toujours à cheval, don Fernand à la droite de l'amiral et mons^r de Granvelle à la gauche du grand chancelier de France. L'amiral montait un alezan turc ; il était vêtu d'un pourpoint à bandes longitudinales alternantes, l'une de velours figuré cramoisi, l'autre en velours noir, avec une brocatelle d'or, enrichie de nœuds et de feuillages et piquée de rosettes d'or tissées dans l'étoffe. Cinq pages sur de beaux chevaux le précédaient, le pourpoint de velours noir, mais tout chamarré de galons d'or

---

1   ÖStA, FrBW 10, mandement de l'empereur à ses lieutenants et gouverneurs, daté du 17 août (minute).
2   AS Venezia, Secr., AP, amb. Germania, reg. 1, fol. 157-158, letter de Bernardo Navagero au Sénat de Venise, Saint-Dizier, 20 août 1544.
3   C. Paillard, *Invasion, op. cit.*, p. 368.
4   A. Rozet et P. Lembey, *op. cit.*, p. 571-573, Hieronymo Feruffino au duc de Ferrare, Saint-Lumier, 29 août 1544.

liés en faisceau ; ils avaient sur la poitrine et sur le dos, une ancre d'or entourée d'une devise. Une centaine de cavaliers, tous nobles, le suivaient pêle-mêle[1].

Claude d'Annebault était donc entouré d'une belle compagnie, parmi laquelle figurait Guigues de Boutières, mais dont seuls quelques-uns venaient l'assister dans les négociations : Errault et Bayard étaient autorisés à négocier, mais leur rôle devait être plus technique que celui de l'amiral[2]. Le frère jacobin Guzman, espagnol, confesseur de la reine Éléonore et du cardinal Du Bellay, qui s'était plusieurs fois entremis pour le roi auprès de l'empereur et de la reine Marie de Hongrie au cours du mois d'août[3], ou encore Charles de La Morette[4] joueraient un rôle moins officiel. L'arrivée de Claude d'Annebault était faite pour marquer les esprits et exalter non seulement la personne de l'envoyé du roi, mais aussi celle de son maître ; car il le représentait, négociait en son lieu l'avenir du royaume, et bénéficiait donc, pour ainsi dire, d'une délégation de prestige, à défaut d'avoir encore reçu les pouvoirs de conclure la paix pour le roi. Les Français mirent pied à terre, puis l'amiral, le garde des sceaux et le secrétaire Bayard entrèrent dans l'église, qui semblait « respirer la concorde et appeler à la paix[5] », en compagnie de Granvelle, son fils, Ferrante Gonzague et le secrétaire Alfonso de Idiaquez. Afin de conserver le secret de leurs entretiens, les négociateurs s'y enfermèrent.

DES NÉGOCIATIONS ARDUES

Après trois heures de discussions, d'Annebault eut besoin de sortir pour uriner. Il en profita pour échanger quelques mots au seigneur de

---

1   *Ibid.*, p. 377-381, trad. d'une lettre de Camillo Capilupo aux régents de Mantoue, La Chaussée, 30 août 1544.
2   Gilbert Bayard, déjà expérimenté en la matière, n'était « pas un spécialiste de l'art oratoire », mais plutôt un « professionnel de l'écrit diplomatique » et un « excellent analyste des documents soumis à débat » (P. Hamon, « Négocier sous l'Ancien Régime : Gilbert Bayard, l'homme de la Paix des Dames », dans *Arras et la diplomatie européenne, XVᵉ-XVIᵉ siècles*, dir. D. Clauzel, Arras, 1999, p. 230-245).
3   Rémy Scheurer, « Jean Du Bellay (1492 ou 1498/1499-1560) », dans *Les conseillers de François Iᵉʳ, op. cit.*, p. 319-333 [p. 327-328].
4   Charles Du Solier, seigneur de La Morette en Piémont (*ibid.*, p. 378, n. 3) ; il avait été ambassadeur pour le roi de France en Angleterre en 1526 et 1528 (V.-L. Bourrilly et P. de Vaissière, *Ambassade en Angleterre de Jean du Bellay. La première ambassade (septembre 1527-février 1529)*, Paris, 1905), et y retourna avec Claude d'Annebault en 1546. Il fut aussi ambassadeur auprès de l'empereur après la paix de Crépy.
5   A. Rozet et P. Lembey, *op. cit.*, p. 378, lettre citée de Camillo Capilupo du 30 août 1544.

La Morette : les négociations étaient difficiles, et tout avait failli être rompu ; mais finalement, les tractations avaient repris sous de meilleurs auspices[1]. Son interlocuteur, « un aimable vieillard et un zélé partisan de la paix », lui recommanda d'user d'art et de ménagements, car pour obtenir quelque chose de l'empereur, il fallait le séduire à force de douceur et de cordialité. Puis l'amiral rentra dans l'église, où le vice-roi fit servir le déjeuner. Après une quatrième heure, les délégués des deux camps se séparèrent en prenant bien garde de ne rien laisser transparaître, dans leur allure comme sur leur visage, de ce qui avait pu se dire ou être demandé[2]. Mais ils semblaient bien moins joyeux qu'à leur arrivée[3].

L'historien Charles Paillard a reconstitué, à partir de rapports anglais et impériaux, le déroulement des négociations de Saint-Amand[4]. Il semble que Granvelle n'ait pas voulu envisager le mariage de Charles Quint et de Marguerite, fille de François Ier, et encore moins celui du duc d'Orléans avec Jeanne d'Autriche, seconde fille de l'empereur, car elle était déjà promise au roi de Portugal. Mais les discussions furent presque rompues au sujet d'Henri VIII, Granvelle ayant accusé l'amiral de vouloir séparer son maître du roi d'Angleterre, auquel les Français eussent déjà fait des offres secrètes.

> Par Dieu ! s'exclama d'Annebault, bien que je n'aie pas charge de vous le dire, je vous dirai pourtant que nous n'avons rien offert du tout. D'ailleurs, que pouvez-vous attendre de votre allié ? Vous n'aurez jamais que fâcherie avec lui. - N'insistez pas, reprit Granvelle ; vous travaillez en vain à dissoudre l'amitié qui existe entre Sa Majesté et le roi d'Angleterre. Si vous voulez avoir la paix avec l'empereur, il faut que le roi soit satisfait[5].

De plus, Granvelle refusa la proposition de l'amiral, qui désirait rencontrer personnellement l'empereur pendant que ses conseillers traiteraient

---

1   « Gli disse come dentro si erano rotti, ma che poi di novo si erano rattaccati » (*ibid.*, p. 637, même lettre) ; Bernardo Navagero donne une version un peu différente : « Io credea che non se ne dovesse parlar più, tanta è stata la difficultà tra noi ; ma hora s'incomincia andar per camino » (*ibid.*, p. 712-713, Bernardo Navagero au Conseil des Dix, La Chaussée, 31 août 1544).
2   Concernant l'amiral, Capilupo dit que « usciti dalla chiesa, l'ammiraglio subito montò a cavallo e se ne andò » (*ibid.*, p. 637, lettre citée du 30 août).
3   *Ibid.*, p. 712-713, lettre citée de Bernardo Navagero, du 31 août 1544.
4   C. Paillard, *Invasion, op. cit.*, p. 370-373.
5   *Ibid.*, p. 372 ; la source utilisée pour ce passage est une lettre de l'empereur à sa sœur, dont Paillard ne donne pas la référence.

directement avec le roi de France. Mais rendez-vous fut pris pour le lendemain[1]. Les Français allèrent coucher à Châlons. Aux aurores, Claude d'Annebault partit rejoindre François Ier près de La Fère-en-Tardenois, afin de lui soumettre les volontés de l'empereur. Il revint presque aussitôt retrouver les représentants de Charles Quint au château de Sarry, séjour campagnard de l'évêque de Châlons. Il était cette fois accompagné du secrétaire Gilbert Bayard et du bailli de Dijon Africain de Mailly, ancien représentant du roi de France à la diète de Spire, qui remplaçait le garde des sceaux tombé malade[2]. Gonzague (qui représentait l'empereur avec Idiaquez et l'évêque d'Arras) refusa que Gabriel Guzman participât également aux négociations ; elles durèrent quatre heures. Selon l'ambassadeur anglais Nicholas Wotton, les Français firent des « propositions raisonnables » à l'empereur, mais refusèrent de donner satisfaction au roi d'Angleterre[3]. Quant au Ferrarais Feruffino, il écrivit : « La paix paraît à cette heure bien malade et presque désespérée[4]. » Par la suite, il ne se passa pas deux jours sans entrevues, qui se limitaient parfois à la venue d'un seul négociateur au camp adverse, pour apporter de nouvelles propositions sur un point particulier[5]. L'une d'elles, entre le bailli de Dijon Africain de Mailly, Granvelle et Gonzague, dura toute la nuit du 5 au 6 septembre et fit, semble-t-il, grandement avancer les choses[6]. L'empereur fit alors publier un ban défendant à ses troupes de commettre en France aucun vol ni acte de violence[7]. Il semble toutefois que cette mesure fut moins prise pour plaire aux Français que pour restaurer l'autorité des généraux sur l'armée[8].

---

1   *L&P*, t. XIX, part II, p. 66-67 et *CSP of Henry VIII*, t. X, p. 45, Nicholas Wotton à Henri VIII, 31 août 1545.

2   François Errault mourut deux jours plus tard à Châlons ; sur Africain de Mailly, *cf.* A. Rozet et P. Lembey, *op. cit.*, p. 456n, L. Bourquin, *Noblesse seconde, op. cit.*, *CCJDB*, p. 171n et lettre n°626, p. 236-239.

3   A. Rozet et P. Lembey, *op. cit.*, p. 374-376 ; *CSP of Henry VIII*, t. X, p. 61-63, Nicholas Wotton à Henri VIII, le camp près de Châlons, 6 septembre 1544.

4   A. Rozet et P. Lembey, *op. cit.*, p. 291, lettre Hieronymo Feruffino au duc de Ferrare, Châlons, 1er septembre 1544.

5   Pour les détails des négociations de Guzman et Bayard au début de septembre, *cf. ibid.*, p. 176-177.

6   Sur ces négociations, Maurice Van Durme, *El Cardenal Granvela (1517-1586). Imperio y revolución bajo Carlo V y Felipe II*, Barcelone, 1957, p. 58-60 (comme d'autre auteurs, Van Durme confond apparemment Africain de Mailly, dit parfois « Nully », avec le maître des requêtes Charles de Neuilly).

7   C. Paillard, *Invasion, op. cit.*, p. 376-378.

8   A. Rozet et P. Lembey, *op. cit.*, p. 171 : l'empereur dut faire jeter une vingtaine de ses hommes dans la Marne pour les punir des désordres que la nouvelle abondance de vivres

Pendant ce temps, malgré les efforts, réels ou feints, de Charles Quint pour contenir ses hommes, la Champagne était dévastée, et l'armée impériale poursuivait son chemin, traînant dans son sillage les négociateurs français impuissants. Partis d'Épernay, les Impériaux vinrent camper à proximité de Château-Thierry, que Francesco d'Este enleva sans mal le 7 septembre[1], ouvrant à l'empereur la route de Paris. Devant l'urgence, les ambassadeurs français redoublèrent de zèle, car plus l'ennemi avançait, plus il devenait difficile d'obtenir une paix honorable.

> Presque tous les jours, écrivit Navagero, sont venus à cette armée tantôt mons[r] d'Annebault, tantôt le secrétaire Bayard et mons[r] de Nuilly[2].

Le 7 septembre, Claude d'Annebault, Gilbert Bayard et Africain de Mailly vinrent à Châtillon, où Granvelle et Gonzague étaient restés pour les attendre ; ils trouvèrent enfin un accord sur l'essentiel – un retour au *statu quo* de la trêve de Nice, en juin 1538 – mais la question d'Hesdin fut pour la première fois évoquée par les émissaires de l'empereur, toujours plus gourmands. Cette place, dont la solide assise défensive et l'utile position stratégique garantissaient la sécurité de la Picardie, était restée en 1538 aux mains du roi de France, qui n'avait pas l'intention de la rendre. Ce point, peut-être soulevé pour différer encore la conclusion de la paix, sembla faire difficulté, et les négociateurs se séparèrent sans trancher la question[3]. Cependant, l'empereur, désireux de mettre fin à une guerre qu'il n'était plus capable de prolonger, fit demander à Henri VIII de se joindre aux négociations pour conclure la paix[4]. Les 8, 9 et 10 septembre eurent lieu de nouvelles entrevues aux environs de Château-Thierry ; le « parc du Triangle », propriété de l'abbaye d'Essommes, où logea l'armée impériale, fut le théâtre des dernières négociations. Charles Quint ne poussa pas plus loin son périple vers Paris, car il risquait de ruiner toute son entreprise en affrontant l'armée française ou en mettant le siège devant la capitale. Il semble que l'on ne doutât alors plus de la paix. Pas plus que l'empereur, le

---

et de biens (depuis qu'ils avaient quitté Saint-Dizier, la disette avait pris fin) avait engendré.

1   C. Paillard, *Invasion, op. cit.*, p. 345-346.
2   *Ibid.*, p. 387-388, lettre datée de Soissons, 14 septembre, pub. par A. Rozet et P. Lembey, *op. cit.*, p. 483-484.
3   *Ibid.*, p. 181.
4   M. Van Durme, *El Cardenal Granvela, op. cit.*, p. 59.

roi de France ne pouvait faire durer davantage les négociations, car dans le même temps, Boulogne était tombée aux mains des Anglais[1]. Le 10 septembre, François Ier investit donc d'Annebault, Mailly et Bayard des pouvoirs de conclure le traité de paix avec Charles Quint[2]. L'empereur partit pour Soissons le 11 septembre, pillant Neuilly au passage ; il promit de laisser Soissons en paix, mais ses Allemands, au bord de la révolte, se livrèrent à un pillage en règle, contre les ordres de l'empereur impuissant qui infligea, pour l'exemple, de cruels châtiments à quelques-uns des coupables[3]. C'est dans cette ville, du 15 au 17, à l'abbaye de Saint-Jean-des-Vignes, que furent réglées les dernières difficultés ; les discussions furent pourtant fort âpres[4], notamment au sujet d'Hesdin, mais l'empereur, malgré ses airs de vainqueur, céda[5].

Le 17 septembre, Claude d'Annebault vint à bride abattue apporter les articles du traité au roi pour les lui faire signer, avant de retourner auprès de l'empereur[6]. Pour la première fois depuis le début des négociations, il put voir Charles Quint, qui le reçut en armure et entouré d'une garde armée, tandis que l'amiral et ses compagnons se présentèrent sans armes. Les Français ne songèrent pas un instant à lui disputer l'apparence de la victoire, trop heureux d'avoir obtenu, contre ce petit désagrément, des conditions acceptables. D'ailleurs, il les traita en amis, montrant aux yeux de tous que la paix était proche[7].

---

1   *Ibid.*, p. 60. Sur la prise de Boulogne et les vaines tentatives françaises pour reprendre cette place, voir D. Potter, *Henry VIII and Francis I : The Final Conflict, 1540-1547*, Leiden-Boston, 2011, p. 184-189 et 197-204.
2   Ces pouvoirs, datés de Paris, 10 septembre 1544 (*CAF*, t. IV, p. 673, n° 14141) sont en original dans BnF, Mél. Colb. 367, n° 326, et de nombreuses copies mentionnées dans le *CAF*, qui omet celles contenues dans les copies et enregistrements du traité (Du Mont, *Corpus diplomatique, op. cit.*, t. IV, 2ᵉ partie, p. 280, col. 1) et dans la proclamation de la paix par Charles Quint (AN, J 673/1), le Câteau-Cambrésis, 22 septembre 1544.
3   Ces scènes de violence se déroulèrent le 13 septembre 1544 (A. Rozet et P. Lembey, *op. cit.*, p. 185).
4   Les négociations furent longues et difficiles, et l'empereur écrivit à sa sœur que par trois fois, elles faillirent être rompues (K. Brandi, *op. cit.*, p. 446).
5   Le roi de France obtenait de conserver Hesdin jusqu'à ce qu'il reçût une contrepartie équivalente, à définir d'un commun accord avec l'empereur : il n'était donc pas près de restituer cette place de toute première importance stratégique.
6   AS Modena, Cart. amb., Francia 19, Alfonso Calcagnini au duc de Ferrare, Reims, [18 septembre 1544 ?].
7   A. Rozet et P. Lembey, *op. cit.*, p. 383-394, Camillo Capilupo aux régents de Mantoue, Crépy, 19 septembre 1544 : « L'empereur leur fit l'accueil le plus charmant et prit à part

LA CONCLUSION DU TRAITÉ

La cour impériale parvint à Crépy-en-Laonnois le 18 septembre, où fut signé le traité, dans sa forme définitive ; Claude d'Annebault le ratifia en tant que « lieutenant général en les armées du roi, sous l'autorité et en l'absence » du dauphin et du duc d'Orléans[1]. Les principales clauses du traité portaient que l'on reviendrait au *statu quo* territorial de 1538, Hesdin restant au roi de France[2]. La réconciliation des deux souverains serait scellée par les noces du duc d'Orléans et de Marie, fille de Charles Quint, dotée des Pays-Bas et de la Franche-Comté, ou d'Anna, une fille du roi des Romains Ferdinand, avec le duché de Milan en dot. François Ier offrait les duchés d'Orléans, de Bourbon, de Châtellerault et d'Angoulême à son second fils. Il abandonnait Savoie et Piémont et renonçait de nouveau à sa suzeraineté sur la Flandre et l'Artois, mais en échange, Charles Quint s'engageait à ne plus revendiquer la Bourgogne. Certains articles étaient tenus secrets : le roi de France promettait de participer activement à la réforme de l'Église, de fournir des contingents à l'empereur contre le Turc et, au besoin, les protestants d'Allemagne – ce dernier point restant ouvert à discussion et bien entendu, il renonçait à ces alliances contre nature pour un roi soi-disant « Très-Chrétien[3] ». En outre, l'empereur avait assuré l'amiral qu'il ferait tout son possible pour aider le roi de France à obtenir la paix avec les Anglais ; là aussi, rien n'était officiellement mentionné au traité de Crépy.

En gage de bonne foi, François Ier laissait des otages à l'empereur : le duc Charles d'Orléans, fils du roi, le cardinal de Meudon, oncle de la duchesse d'Étampes, le duc de Guise, le seigneur de Laval et Jean

---

l'amiral à la fenêtre ; ils y furent près d'une heure, causant le plus gaiement du monde, à la grande satisfaction de la galerie ».

1   Du Mont, *Corpus diplomatique, op. cit.*, t. IV, partie II, p. 280, col. 1 ; copie XVIe dans BnF, Fr. 3916, fol. 324-334 (49 articles) entre autres copies à la BnF non signalées par le *CAF*, t. IV, p. 674, n° 14146 (qui donne les enregistrement et copies conservées aux AN et à certaines AD, mais pas la copie XVIe des Arch. MAE, CP, Espagne 7, fol. 7). Un « petit traité » réglant des problèmes particuliers (restitutions), fut signé le même jour : copie XVIe dans Fr. 17889, fol. 16-18v. Il est probable que le traité « de Crépy » ait été conclu dès le 17, à Soissons, puis que les clauses particulières l'aient été le lendemain, à Crépy-en-Laonnois. Voir aussi Adolf Hasenclever, « Die *Geheimartikel* zum Frieden von Crépy vom 19. September 1544 », dans *Zeitschrift für Kirchengeschichte*, n° 45, 1927, p. 418-426.

2   D. Potter, *War and Government, op. cit.*, p. 280.

3   *Cf.* par exemple R. J. Knecht, *François Ier, op. cit.*, p. 491-492 ; A. Rozet et P. Lembey, *op. cit.*, p. 195-198 ; sur les mariages, *cf.* en particulier M. François, *op. cit.*, p. 199.

de La Hunaudaye, fils de l'amiral. Celui-ci était arrivé la veille avec
son père ; les autres devaient suivre. Le duc d'Orléans, qui n'était pas
un véritable otage dans la mesure où il n'était pas destiné à demeurer
auprès de son futur beau-père ou oncle, arriva le 18 vers midi à Anizy,
où l'attendait Gonzague, resté en arrière. Après les salutations d'usage,
ils se mirent en route, rapidement rejoints par l'amiral d'Annebault qui
était à proximité ; il accourut au-devant du duc et « ils s'embrassèrent
avec autant de tendresse et d'effusion que s'ils ne s'étaient pas vus depuis
un siècle[1] ». Ils arrivèrent à Crépy vers 16 heures 30 :

> L'empereur descendit l'escalier et alla au-devant de lui jusqu'à la porte de la
> rue. L'amiral, qui avait mis pied à terre, s'approcha de Sa Majesté et lui dit :
> « Voici votre prisonnier ». Elle répondit : « On ne fait pas de prisonniers en
> temps de paix, mais il pourrait bien le devenir en temps de guerre[2] ». Alors
> le duc s'avança, s'inclina profondément et, fléchissant le genou, lui baisa la
> main en disant qu'il était son prisonnier et son serviteur. L'empereur, à ce
> qu'on m'a dit, lui aurait répondu en riant qu'il faisait bien de se rendre sans
> attendre d'être pris[3].

Le lendemain, l'empereur jura d'observer la paix[4], tandis que le roi
donnait sa confirmation officielle[5]. D'Annebault quitta le camp impérial
le 20 septembre[6], jour où la paix fut publiée et célébrée à Paris[7]. Le
même jour, les otages furent présentés à la reine de Hongrie, à Cambrai.

---

1   *Ibid.*, p. 382-394, Camillo Capilupo aux régents de Mantoue, Crépy, 19 septembre 1544.
2   Bernardo Navagero rapporte une réponse bien différente : « Ce n'est pas mon prison-
    nier, mais mon fils, et je l'accepte pour tel » (*ibid.*, p. 487-489, lettre au doge de Venise,
    19 septembre 1544, citée dans L. Romier, *Les Origines politiques des guerres de Religion*,
    Paris, 1913-1914, 2 vol., t. I, p. 2) ; il est probable que Navagero ait inventé cette réponse
    convenue, dans la mesure où l'empereur n'avait pas encore choisi s'il donnerait sa fille ou
    sa nièce au duc d'Orléans.
3   *Ibid.*, p. 383, lettre citée de Capilupo du 19 septembre 1544.
4   BnF, Fr. 5617, fol. 195v : « Fut Sadite Majesté oïr la messe a la grande eglise, acompai-
    gné de l'archiduc d'Austice, duc d'Orleans et de Vendosme, et en presence d'eux et de
    l'admiral fut presenté par l'evesque d'Arras a Sa Majesté le Saint Cresme, sur lequel il
    jura entretenir le traictié de paix fait et conclud a Soisson par ses deputés. Cedit jour
    disnarent avecq Sadite Ma^te l'archiduc d'Austrice, ducz d'Orleans, Vendosme et admiral
    de France, et a l'après disner le duc de Vendosme retourna a La Fere ».
5   *CAF*, t. IV, p. 675, n° 14148, original scellé à la BnF, Colb. 367, n° 327. Sur le rôle des
    États Provinciaux dans la ratification, *cf.* James Russell Major, *Representative Institutions
    in Renaissance France, 1421-1559*, Madison (WI), 1960, p. 140.
6   C. Paillard, *Invasion, op. cit.*, p. 416.
7   *Registres des délibérations du bureau de la ville de Paris*, t. III, *op. cit.*, p. 42.

Le 22 septembre, Charles Quint fêtait sa victoire par des réjouissances publiques à Bruxelles[1].

Claude d'Annebault repartit de la cour en compagnie du roi. Le soir du 23 septembre, il rejoignit à Ham[2] Antoine Perrenot, qui les y attendait pour recevoir le serment de paix du roi François[3] ; mais il était tard, et l'entrevue fut remise au lendemain matin. Le 24 septembre à 7 heures du matin, l'évêque d'Arras vit encore l'amiral d'Annebault pendant deux heures, et le roi les rejoignit à 9 heures. Perrenot ayant présenté les requêtes de l'empereur sur la paix avec l'Angleterre, d'Annebault répondit que la paix était impossible si le roi d'Angleterre ne changeait pas ses exigences « qui n'estoient pas recepvables » ; toutefois, les négociations n'étaient pas rompues. Le roi ajouta qu'il acceptait que l'empereur tentât encore de raisonner le roi d'Angleterre, et qu'il désignait le cardinal Du Bellay ces négociations. Perrenot fit mine de se contenter de ces bonnes intentions. Finalement, après la messe, le roi prêta serment d'observer la paix à Péronne[4] tandis que l'empereur fit de même de l'autre côté de la frontière, à Crépy[5].

Les semaines suivantes, les négociations secrètes se poursuivirent à Cambrai, menées côté français par François de Tournon et deux des otages, les cardinaux de Lorraine[6] et de Meudon, sur trois points éludés dans le traité « officiel » : l'attitude à adopter envers Henri VIII, qui avait pris Boulogne et continuait la guerre, la lutte contre le protestantisme et le mariage de l'empereur[7]. À distance, Claude d'Annebault continuait

---

1   *L&P*, t. XIX, part II, n°s 568 et 570.

2   Ham, dép. Somme, arr. Péronne, ch.-l. de canton.

3   Instructions données à Perrenot, du 21 septembre 1544, dans AGR Belgique, Aud. 419, fol. 1-4v.

4   Péronne, dép. Somme, ch.-l. d'arr.

5   ÖStA, FrVa 3, Konv. 5, fol. 169-172, Antoine Perrenot de Granvelle à Charles Quint, sur la route de Clermont-en-Beauvaisis à Amiens, 24 septembre 1544 : le roi jura la paix devant une assistance réjouie de prélats (dont Jacques d'Annebault), de gentilshommes (dont Claude d'Annebault) « et une bande de dames qu'estoient avec madame de Massy ».

6   Il avait remplacé son frère Claude de Guise, désigné dans un premier temps (BnF, Fr. 5617, fol. 195v), peut-être parce qu'il était plus à-même de négocier sur ces questions qu'il connaissait bien.

7   M. François, *op. cit.*, p. 197 ; aussi AN, U 152, 20 septembre 1544, discours d'Africain de Mailly devant le parlement : le cardinal de Tournon aurait été « élu » par l'empereur pour s'entendre sur la punition à faire aux hérétiques protestants ; dans AGR Belgique, Aud. 419, fol. 14-23, les instructions données par l'empereur à Charles de Lalaing, Philippe Nigri et Guillaume Hangouart (Bruxelles, 8 novembre 1544).

à suivre ces négociations[1]. Le 10 décembre, les derniers litiges réglés, on mit fin aux conférences de Cambrai et François Ier ratifia les clauses complémentaires du traité à Fontainebleau[2].

FACE AUX ANGLAIS :
UNE DIPLOMATIE EN TROMPE-L'ŒIL

Dans les premiers temps, Charles Quint ne voulait pas conclure la paix séparément de son allié le roi d'Angleterre. Pour traiter avec l'empereur, il fallut donc faire au moins semblant de négocier avec les Anglais. Dès fin août, d'Annebault avait donc sollicité des pourparlers, au nom du roi de France et avec l'appui de l'empereur. Mais les négociations avaient achoppé dès le premier jour sur la question écossaise et les prétentions anglaises au trône de France, aux duchés de Normandie de Guyenne et d'Aquitaine : ces dernières demandes n'étaient formulées que dans l'espoir d'obtenir de généreuses pensions compensatoires[3].

Le 10 septembre, alors que les négociateurs français et impériaux étaient sur le point de trouver un accord à Crépy, Antoine Perrenot fut envoyé devant Boulogne auprès du roi d'Angleterre pour organiser de nouveaux pourparlers qui permissent d'inclure les Anglais dans la paix[4]. L'évêque d'Arras écrivit à plusieurs reprises à l'amiral d'Annebault pour lui conseiller de pousser les négociations à Calais, voire de se joindre personnellement aux négociateurs. D'Annebault, qui était alors au camp de Fiennes, non loin de Calais, avec le dauphin, se montra en apparence désireux d'accélérer le processus :

> Serois bien d'oppinion avec vous, répondit-il à Granvelle, que l'on n'eust a perdre temps, car les choses traynnées ou menées en longueur ne valurent jamais riens[5].

---

1   ÖStA, FrVa 3, Konv. 7, fol. 305, Claude d'Annebault à Charles Quint, Saint-Germain-en-Laye, 16 novembre 1544.

2   *CAF*, t. IV, p. 708, n° 14292 (vu dans les copies XVIIe de BnF, Fr. 15837, fol. 397v-401 et Fr. 2880, fol. 290v continuant aux fol. 207-209).

3   ÖStA, EngVa 3, Konv. 3, fol. 69-70, déclaration du roi d'Angleterre en préambule aux négociations de paix, [3 septembre 1544].

4   Perrenot arriva le 11 septembre ; ÖStA, EngBW 11, fol. 139, Eustache Chapuis et Jean de Montmorency, seigneur de Courrières (un parent éloigné du connétable, chambellan de l'empereur), à Charles Quint, le camp devant Boulogne, 14 septembre 1544.

5   ÖStA, EngVa 3, Konv. 3, fol. 84, Claude d'Annebault à Antoine Perrenot de Granvelle, le camp de Fiennes, 10 octobre [1544].

Cependant, les bonnes intentions affichées ne furent guère suivies d'effet. Claude d'Annebault ne proposa rien de nouveau, sinon d'organiser les pourparlers en terrain neutre, par exemple près de Dunkerque ou de Saint-Omer. Les émissaires français devaient être le cardinal Du Bellay (comme prévu) et le premier président de Rouen, Pierre Rémon[1]. Ceux-ci virent Claude d'Annebault et le dauphin Henri à Ardres, aux confins du Boulonnais et du Calaisis, passant la matinée à délibérer de la conduite à tenir, avant de rencontrer leurs homologues anglais, pour des premiers entretiens de deux jours[2]. Malheureusement, la capitulation de Boulogne, le 13 septembre, vint encore renforcer les exigences anglaises et compliquer l'ouverture des négociations. Non seulement Henri VIII maintenait ses prétentions initiales, mais désormais, il voulait aussi conserver le Boulonnais, qui confortait bien sa maîtrise de la Manche[3]. Vers le 20 septembre, les discussions franco-anglaises n'avaient pas encore repris, que l'empereur et le roi de France étaient déjà tombés d'accord sur les termes de leur paix. Enfin, le dimanche 21, le roi d'Angleterre en personne reçut à son camp les émissaires du roi de France, Du Bellay et Rémon, pour leur dicter ses conditions : il sommait François Ier d'abandonner l'alliance écossaise, de payer un million d'écus d'or (dont la moitié comptant), et une pension viagère de 100 000 écus, plus deux millions de dédommagement pour Ardres et Guînes, le reste, dont Boulogne, restant à jamais au roi d'Angleterre ; il demandait aussi qu'on lui envoyât de grands personnages en otage. Les Français partirent le jeudi 25 septembre porter ces conditions au roi[4].

Rappelons qu'à ce moment-là, sur la frontière picarde, François Ier prêtait serment d'observer la paix avec l'empereur et s'engageait à

---

1 *CSP, Spanish*, p. 224 et ÖStA, England, Berichte und Weisungen, Karton 11, fol. 164., Antoine Perrenot de Granvelle à Claude d'Annebault, Calais, 6 octobre 1544 ; *CSP, Spanish*, t. VII, p. 228-231 et *L&P*, t. XIX, part II, p. 228-229, n° 404-406, deux lettres du même au même, Calais, 10 octobre 1544, et deux de Claude d'Annebault à Antoine Perrenot, le camp de Fiennes, 10 octobre 1544 ; l'ensemble des négociations de septembre et octobre fut relatée a posteriori, et avec quelques erreurs de dates, par Pierre Rémon (mémoire publ. dans *CCJDB*, t. III, p. 270-275 et G.Ribier, *op. cit.*, t. II, p. 574-578).
2 *CCJDB*, t. III, p. 268-269, Jean Du Bellay et Pierre Rémon à Antoine Perrenot de Granvelle, Ardres, 14 octobre 1544 (publ. *CSP, Spanish*, t. VII, p. 235).
3 ÖStA, EngVa 3, Konv. 3, fol. 71-72, capitulation du seigneur de Vervins, camp du roi d'Angleterre devant Boulogne, 13 septembre [1544] (copie auth.).
4 Mémoire de Pierre Rémon déjà cité (*CCJDB*, t. III, p. 270-275 et G.Ribier, *op. cit.*, t. II, p. 574-578) ; Arch. MAE, MD, Angleterre 2, fol. 125 *sq.*

continuer les négociations avec le roi d'Angleterre, bien que l'intervention impériale lui parût nécessaire pour faire revenir Henri VIII à des exigences plus raisonnables. L'évêque d'Arras rejoignit donc le camp français pour tenter une nouvelle médiation, sans beaucoup de succès : François Ier lui confirma que « si led. roy d'Angleterre vouloit contynuer a demander ce qu'il demande, qu'il fauldroit qu'il les ripella du tout, et qu'il aymeroit myeulx perdre quatre batailles que de laisser ung palme de terre audit roy d'Angleterre[1] ».

Henri VIII rembarqua pour l'Angleterre le 31 septembre, laissant les ducs de Norfolk et de Suffolk pour négocier. Vers le 10 octobre, contre l'avis de Perrenot, François Ier décida de ne pas mener ces pourparlers en Angleterre, mais à Calais[2] : les négociateurs seraient le duc de Suffolk, grand écuyer du roi d'Angleterre, et le secrétaire Paget, côté anglais, et de nouveau le cardinal Jean Du Bellay et Pierre Rémon, assistés du secrétaire L'Aubespine, côté français. Cependant, la venue du cardinal Du Bellay et de Rémon fut différée sous de vagues prétextes. Le 16 octobre, les émissaires français n'étaient toujours pas arrivés à Calais, au grand désespoir de l'évêque d'Arras ; ils arrivèrent enfin dans la soirée[3]. Les émissaires français étaient chargés d'obtenir l'inclusion de l'Écosse dans la paix en raison de « l'ancienne amitié » qui liait les deux royaumes et d'obtenir restitution d'Ardres et Boulogne car « le roy declaire qu'il ne leur baillera ne delaissera ung seul poulce de terre en son royaume » ; le reste de leurs instructions traitait des pensions, qui pouvaient être envisagées[4]. Ils repartirent une semaine plus tard, après un nouvel échec : les offres françaises, que l'amiral d'Annebault jugeait

---

1 ÖStA, FrVa 3, Konv. 5, fol. 169-172, Antoine Perrenot de Granvelle à Charles Quint, sur la route de Clermont à Amiens, 24 septembre 1544 ; ÖStA, FrVa 3, Konv. 12, lettre du même à Charles Quint, 28 septembre et ÖStA, EngBW 11, fol. 139, Eustache Chapuis et Jean de Montmorency à Charles Quint, Calais, 6 octobre 1544.

2 ÖStA, EngVa 3, Konv. 3, fol. 80-84.

3 *CCJDB*, t. III, p. 268-270 (copies auth. dans ÖStA, EngVa 3, fol. 85-87), lettres échangées par Jean Du Bellay et Antoine Perrenot, 14-16 octobre 1544 et ÖStA, EngBW 11, fol. 171-173, Antoine Perrenot, Eustache Chapuis et Jean de Montmorency, Calais, 16 octobre 1544 ; le détail des négociations est relaté dans ÖStA, EngBW 11, fol. 175-188, Antoine Perrenot, Eustache Chapuis et Jean de Montmorency, Calais, 19 octobre 1544.

4 Instructions notamment dans BnF, Fr. 2937, fol. 45-53v, et sommaire des négociations, *ibid.*, fol. 37-43v (copies XVIIe) ; en diverses copies, notamment BnF, Dupuy 152, fol. 78-97, *ibid.*, Fr. 17889, fol. 76-77 (copies XVIe), Fr. 17829, fol. 19-24v, Fr. 7078, fol. 24 *sq.* et Fr. 2937, fol. 45-53v (Saint-Fuscien-lès-Amiens, 10 octobre 1544).

raisonnables et recevables[1], avaient été repoussées par Henri VIII, qui se trouvait en position d'obtenir davantage[2]. Le nouveau chancelier, François Olivier[3], envoyé après eux en novembre, n'eut guère plus de succès[4]. À quatre reprises, les négociations avec les Anglais n'avaient pas permis la moindre avancée : il n'y avait décidément rien à attendre de ce côté-là.

UN BILAN MITIGÉ

Par le traité de Crépy, le roi de France devait abandonner toutes ses conquêtes de 1543, notamment Luxembourg, Landrecies, Stenay, Montmédy et Ivoy[5]. Mais il recouvrait – et n'était-ce pas là l'essentiel ? – toutes les villes champenoises et picardes perdues : Commercy, Saint-Dizier, Épernay, Château-Thierry, Soissons retournaient à la couronne de France. Certaines, comme Ligny-en-Barrois et Vitry-en-Perthois, n'étaient plus que ruines et cendres, mais le territoire français retrouvait ses limites de 1538, ni plus ni moins, avec la redoutable forteresse picarde d'Hesdin. C'est là tout ce qui fut fait de concret, car tant les mariages que la rétrocession de la Savoie, soumise à la dévolution du Milanais au duc d'Orléans, étaient renvoyés à un futur plus ou moins proche. D'ici là, le roi de France comme l'empereur seraient de nouveau en mesure de refaire la guerre, si besoin était. Dans ses mémoires, Tavannes jugea que dans cette paix, « le roi se content[a] de paroles, l'empereur d'en

---

1   BnF, Fr. 17890, fol. 154, Claude d'Annebault à Jacques Ménage, Notre-Dame du Haut, 28 novembre [1544] : « il semble qu'il y ait bonne esperance que ses depputez feront quelque chose de bon du costé de Calais ».

2   L&P, t. XIX, p. 387-388, n° 654 (éd. intégrale dans CSP, Spanish, t. X, p. 218 sq.), offres des députés français, présentées à l'empereur après leur refus par les Anglais ; CSP of Henry VIII, t. X, p. 122].

3   François Olivier avait déjà été employé par François Ier à la diète de Spire en janvier 1542 (notamment accompagné d'Africain de Mailly).

4   BnF, Fr. 2937, fol. 55-59, copie XVIIIe de « la somme des propos d'entre le chancellier et l'évesque de Wincestre, du quinziesme novembre » ; Gardiner dit notamment : « et au regard de la comprehension des Escossois, il ne voit point que cela fut mis en avant, sinon pour fascher son maistre et le tenir tousjours en querelle, et que les Escossois ne nous seroient que decharge ».

5   Elles étaient toutefois rendues assez démunies, le roi ayant fait vendre les vivres, emporter les munitions, et à Ivoy et Montmédy « tous les ustensiles, mesmes les cordailles, cloux, serrures, voirières, chauldrons a brasser, item tous les bleds, grains et autres biens […], les calices et autres aornements de l'esglise, et generallement tout ce qu'ilz ont peu charger et emmener », « de sorte que s'est pitié de veoir par dedans lesdictes places » (AGR Belgique, Aud. 132, fol. 217-218, lettre Cornelius Scepperus à Marie de Hongrie, 1er novembre 1544).

donner ». La formule était juste, tant les deux adversaires s'étaient donné le temps de voir venir.

Alors, la paix de Crépy fut-elle aussi dommageable que le voulut l'historiographie ? Les envoyés du roi, venus négocier tête basse, n'ont cédé que sur la Turquie, tandis que Granvelle, si intransigeant au départ, accorda finalement des clauses territoriales équitables, sacrifiant Hesdin et, surtout, l'alliance anglaise. En effet, le roi de France ne pouvant se résoudre perdre Boulogne, l'Angleterre ne fut pas incluse dans la paix, et la guerre, en théorie, se poursuivait entre ces deux adversaires[1]. Charles Quint se trouva sans doute mieux disposé à accepter ce fait lorsqu'il comprit qu'une fois de plus, Henri VIII ne respecterait pas ses engagements[2]. Enfin, il est une clause souvent ignorée, mais de première importance : Claude d'Annebault concéda – ce qui était un comble pour un amiral – que la France n'armerait pas de navires pour les Indes et les Antilles[3]. Néanmoins, le sacrifice n'était pas si grand, car l'amiral avait sans doute déjà en tête de construire une marine de guerre capable de surpasser celle des Anglais ; les Indes ne pouvaient donc que passer provisoirement au second plan.

Si le traité de Crépy n'engageait que modérément ses signataires, il n'en devait pas moins poser les fondements d'une paix durable. Il fallait l'entretenir au moins jusqu'à la fin de la guerre avec les Anglais, pour que le roi n'ait plus à faire face à ses deux plus puissants rivaux à la fois. L'amiral d'Annebault et le cardinal de Tournon s'efforcèrent donc de maintenir l'entente avec l'empereur en le traitant comme un véritable allié. En signe de bonne volonté, ils n'hésitaient pas à lui communiquer des informations confidentielles concernant d'autres princes[4]. Néanmoins,

---

1   Le mémoire que remit Tournon à l'empereur détaillait les conditions auxquelles son allié le roi d'Angleterre pourrait adhérer à la paix de Crépy, évoquant surtout la restitution de Boulogne, qu'Henri VIII refusa (M. François, *op. cit.*, p. 198) ; les princes et républiques inclus dans la paix étaient le pape, les rois de Pologne et Portugal, Danemark, Venise, duc de Lorraine, les Cantons et Ligues, le duc de Savoie, Gênes, Florence, ducs de Ferrare et Mantoue, Genève et confédérés, les évêques de Liège et Cambrai et tous les vassaux de l'empire ; l'Écosse n'en faisait pas partie.

2   L'échec de la mission de l'évêque d'Arras auprès du roi d'Angleterre (on attendit son retour pour signer le 18 septembre) sonna le glas de l'alliance anglo-impériale (C. Paillard, *Invasion, op. cit.*, p. 379-386).

3   Étienne Taillemite, *L'Histoire ignorée de la Marine française*, Paris, 1988, p. 26.

4   *Cf.* par exemple le témoignage du Vénitien Cavalli (AS Venezia, Consiglio dei Dieci, Capi, Lettere di ambasciatori, Francia 10, Marino de Cavalli aux chefs du Conseil des Dix, Melun, 6 janvier 1544 [1545]) : « *Il s^r Lodovico Birago, chi è gentilhomo della camera del re, et molto mio amico, doppo che io hebbi parlato a mons^r armiraglio, mi tirò da un canto [...]*;

s'ils livraient volontiers certains secrets, notamment sur les intentions du Turc Soliman, c'est que ces divulgations servaient les intérêts du roi : en effet, le Turc mettait une pression utile sur l'empereur, le détournant des affaires franco-anglaises[1]. De plus, l'amiral laissait sournoisement entendre que le roi brûlait de joindre ses forces à celles de l'empereur contre le Turc, mais qu'un tel dessein était suspendu à la fin de la guerre contre l'Angleterre :

> Estoit son oppinion que l'on le deust debouter plustot par guerre offensive que defensive et que l'on espia une bonne saison pour l'aller assaillir de tous coustelz, me mettant en avant que la guerre d'Angleterre empescheroit beaucoup de bons dessaings quant a cecy[2].

En apparence, tout avait été donc fait pour donner satisfaction à l'empereur. Certes, d'Annebault avait davantage cédé sur la forme que sur le fond, mais il espérait que la paix serait stable. Ainsi, Africain de Mailly, venu devant le parlement de Paris demander au nom du roi que l'on fît des processions pour la paix, déclara aux conseillers

> qu'il luy sembloit parce qu'il avoit veu au voïage qu'il avoit faict avecq l'admiral de France par devers les seigneurs dudit empereur que si jamais y eust paix perpetuelle, ceste le seroit, et que led. empereur avoit bien bonne volonté a la garder et entretenir, comme aussi il croioit le roi avoir sa part, et ne tiendroit a lui qu'elle ne tint perpetuellement ; car elle estoit plus a son advantage qu'il n'en esperoit[3].

Évidemment, l'amiral, qui « lui avoit donné charge presenter ses humbles recommandations a ladite cour », était à l'origine de ce discours de propagande[4].

---

disse che per l'amor de Dio V[a] Ser[tà] non si fidasse mai a far intender a questi signori francesi cosa che la non volesse che l'imperator over altri non la sapesse » car les Français ont l'habitude de divulguer les secrets des autres, et « l'armiraglio et Tornon erano su una strada di palesar tutte le cose sue a Cesare, et che la negociatione del Dandino tutta, anche cerca le offerte contra Anglesi era sta mandata a mons[r] di Granvella. » (en chiffre).

1   ÖStA, FrBW 11, Konv. « Saint-Mauris an Karl V, 1545 », lettres de Jean de Saint-Maurice à Charles Quint, Melun, 3, 21 et 28 janvier [1545] : au final, l'amiral d'Annebault proposa que le roi de France aidât l'empereur à négocier une trêve auprès du Turc.
2   ÖStA, FrBW 11, Konv. « Saint-Mauris an Karl V, 1545 », fol. 12-21, Jean de Saint-Mauris à Charles Quint, Melun, 8 janvier [1545].
3   AN, U 152, 20 septembre 1544.
4   *Ibid.*

LES LAURIERS DE LA PAIX

L'amiral d'Annebault, sur lequel rejaillissait, plus que sur tout autre, la gloire de la paix, reçut les félicitations des flagorneurs, parmi lesquels on ne s'étonnera pas de trouver Pierre l'Arétin. Le poète, s'épanchant en de basses flatteries dans l'espoir d'obtenir de l'argent du roi, dit que la concorde bâtie par d'Annebault l'avait fait entrer...

> dans le cœur des hommes, à tel point qu'on n'oserait faire autrement que de bénire [sa] conduite bénie, [lui qui a] tant d'efficacité en la langue, tant de force en la main, dont la France est très obligée par le ciel, qu'il lui ait concédé un capitaine sans lequel il aurait été mauvais pour ses paix et dommage pour ses guerres[1].

De son côté, François Ier se montrait satisfait des offices de son favori, au point de ne vouloir rien changer à ce qui avait été conclu lorsque d'Annebault rencontra l'automne suivant Nicolas de Granvelle pour préparer la paix avec l'Angleterre[2]. D'Annebault et Tournon tenaient plus que tout à ce que le roi en fût content, car si le traité s'avérait un fiasco, leur place même eût pu être remise en cause, comme il l'avait été de Montmorency et du cardinal de Lorraine après la trêve de Nice.

> L'admiral et le cardinal de Tornond sont en tres grande craincte de la faulte dud. traicté, remarqua l'ambassadeur de Venise, pour ce qu'ilz en ont esté aucteurs en ce coustel et que ilz feront tout ce que sera en eulx pour le faire

---

1 L'Arétin, *Il terzo libro de le lettere di M. Pietro Aretino*, Paris, 1609, fol. 80v-81, Pierre L'Arétin à Claude d'Annebault, Venise, novembre 1544 (trad. de l'auteur) ; *cf.* aussi, entre autres louanges de la paix, G. Corrozet, *Le chant de la paix de France*, Paris, 1544.

2 BnF, Fr. 3916, fol. 320-322, et 23515, f. 11, Instruction a mess[rs] les admiral et chancelier de France et de La Fons, de ce qu'ilz auront a faire et ensuivre en la negociation pour laquelle le roy les envoye presentement devers l'empereur (octobre 1545) : « Premierement, le roy veult avant que entrer en matieres en ce que l'on pourra traicter avec l'empereur et ses depputés sur le faict d'alliance et de plus etroicte amytié, que led. s[r] admiral tienne propoz particullierement avec le s[r] de Granvelle, luy remonstrant que estant la paix et amytié ferme et entiere entre le roy et led. empereur, il ne seroit besoing mectre en avant articles nouveaulx, sinon ceulx que l'on verroit pouvoir venir au contentement, honneur et profict desd. deux princes ; car qui parleroit de choses qui n'eussent point a prendre bonne issue ou mettroit les gens en souspicion que ceste amytié feust aulcunement diminuee, et par ainsy il s'en vouldroit myeulx taire et soy tenir a ce qui est ja faict et passé, dont le roy pense que l'empereur demeure content de sa part, comme il est de la sienne deliberé d'entretenir et observer ».

effectuer par le roy, duquel autrement ilz seroient mal recuilliz s'il ne se complissait[1].

L'empereur lui-même semblait satisfait. Au mois de février 1545, il dépêcha à la cour de France un gentilhomme bourguignon, Viron, qui devait remettre à Tournon et à l'amiral 8 000 ou 10 000 écus d'or chacun et au secrétaire Bayard, 3 000 ou 4 000[2]. Plutôt que des espèces sonnantes et trébuchantes, il semble que ce don ait été reçu sous forme de vaisselle en or massif[3]. La duchesse d'Étampes, que l'empereur n'avait pas oublié de couvrir de présents, se vantait avoir reçu de lui « ce qu'elle en pensoit jamais tirer, et que depuis elle avoit aussi declarer que son present seul valloit autant que les deux faiz au cardinal de Tornon et l'admiral, le disans en desrision d'eulx[4] ». Bien entendu, ces présents, faits au vu et au su de tous, marquaient la reconnaissance formelle de la satisfaction et le contentement des princes signataires du traité, et constituaient un geste politique de Charles Quint envers François Ier, qui signifiait que l'empereur félicitait le roi d'entretenir d'aussi bons serviteurs, et répondait aux cadeaux faits par le roi de France à Ferrante Gonzague. Aucun de ces deux princes ne pouvait se montrer inférieur à l'autre en matière de générosité[5].

LES MÉCONTENTS DE LA PAIX

La paix de Crépy fut loin de faire l'unanimité dans le royaume et en dehors. Claude d'Annebault, qui en avait conscience, dit dès fin

---

1   ÖStA, FrBW 11, Konv. « Saint-Mauris an Karl V, 1545 », Jean de Saint-Maurice à Charles Quint, Melun, 21 janvier [1545].

2   M. François, *op. cit.*, p. 200.

3   *Négociations de la France et de la Toscane, op. cit.*, t. III, p. 144-145, Bernardo de Médicis au duc de Toscane, Orléans, 20 février 1545 ; AS Modena, Cart. amb., Francia 20, lettres de Giulio Alvarotti au duc de Ferrare, Melun, 5 février 1545, et Blois, 22 février 1545 (éd. partielle C. Occhipinti, *Carteggio d'Arte, op. cit.*, p. 86-87) ; l'ambassadeur de Venise auprès de l'empereur parle de cadeaux d'or et d'argent d'une valeur de 15 000 ducats (AS Venezia, Secr., AP, amb. Germania, reg. 1, fol. 202v-204, Bernardo Navagero au Sénat de Venise, Bruxelles, 8 février 1545 [n. st.])

4   ÖStA, FrBW 11, Konv. « Saint-Mauris an Karl V, 1545 », Jean de Saint-Maurice à Charles Quint, Blois, 9 mars [1545].

5   L'historiographie y vit, comme si ces dons et cadeaux avaient été faits sous le manteau, la preuve de la trahison de la duchesse d'Étampes, si « âpre au gain », jusqu'à ce qu'à la fin du XIXe siècle, Paulin Pâris (*Études sur François Ier, sa vie de roi et son règne*, Paris, 1885, 2 vol.) et Charles Paillard ne réhabilitent la maîtresse du roi.

décembre à l'ambassadeur impérial que la paix avait déjà des ennemis qui en disaient du mal, mais qu'il leur ferait personnellement obstacle :

> Il me dit aussi, parlant de la reintegration de ceste amytié, qu'elle dureroit, vousissent ou non plusieurs qui en mesparloient et qui jà faisoient leur mieulx de la vouloir traverser[1].

En effet, à l'extérieur, les alliés du roi de France s'inquiétèrent de l'évolution de la diplomatie française. Le sultan Soliman, en particulier, manqua de faire empaler l'ambassadeur français en apprenant la conclusion de la paix[2]. « Qu'il la prent comme il vouldroit, car il estoit indifferent au roi », dit alors l'amiral d'Annebault, soucieux de montrer que le roi de France tournait le dos à ses anciens alliés[3]. Dans le royaume, les parlements de Paris, Toulouse et Rouen firent également quelques difficultés à ratifier les clauses du traité. Ils finirent toutefois par procéder à l'enregistrement, malgré certaines réserves formelles sur les droits de la couronne à cause, notamment, de l'abandon de Stenay[4].

Cependant, c'est dans l'entourage même du roi que les mécontents furent les plus nombreux. Le roi et la reine de Navarre protestèrent qu'on n'avait rien fait pour leur faire retrouver leurs États pyrénéens, qui étaient pourtant l'un des objectifs prioritaires de la reprise de la

---

1 ÖStA, FrBW 10, Konv. « Saint-Mauris an Karl V, 1544 », fol. 1-16, Jean de Saint-Maurice à Charles Quint, Melun, 23 décembre 1544 : Saint-Maurice dit à l'amiral, au nom de l'empereur, que Sa Majesté « confiroit entierement que comme il avoit esté en ce coustel principal instrument de la paix, que aussi il feroit le mesme office pour la conservation d'icelle et de entretenir le roy en bonne paix et union » avec elle.

2 E. Charrière, *op. cit.*, t. I, p. 593 ; Soliman le retint prisonnier, ce qui n'arrangea pas les relations entre les deux princes (ÖStA, FrBW 11, Konv. « Saint-Mauris an Karl V, 1545 », Jean de Saint-Maurice à Charles Quint, Melun, 21 janvier [1545]).

3 *Ibid.* : cependant, d'après l'ambassadeur de Venise, qui le tenait lui-même d'un conseiller et ami de l'amiral, le roi n'est pas mécontent de l'offensive turque qui obligera l'empereur à dépenser beaucoup d'argent et à respecter la paix.

4 *Cf.* par exemple les protestations du parlement de Toulouse, 22 janvier 1545 [n. st.], dans G. Ribier, *op. cit.*, p. 579-580 ; copie XVIIe dans BnF, Fr. 15837, fol. 404-405v ; copie XVIIIe dans Arch. MAE, CP, Espagne 3, fol. 41-v ; *idem* pour le parlement de Paris (enregistrement *secundum mandatum speciale a regia majestate datum*, 9 janvier 1545, AN, X1A 8615, fol. 33v-53) ; ÖStA, FrBW 11, Konv. « Saint-Mauris an Karl V, 1545 », Jean de Saint-Maurice à Charles Quint, Melun, 28 janvier [1545] : l'amiral annonce à l'amb que Rouen a ratifié presque en même temps que Paris, ainsi que les états de Normandie ; les états de Bourgogne doivent suivre (par simple procuration des villes nobles et prélats, comme cela avait été fait pour le traité de paix de Cambrai, pour éviter les frais d'une assemblée).

guerre en 1542[1]. Surtout, le dauphin Henri enrageait. Son frère honni, Charles, le préféré de François Ier, était destiné à recevoir de très opulents et vastes États, des Pays-Bas à la Lombardie, tandis que lui-même hériterait d'un royaume amputé du Bourbonnais et d'autres grandes principautés au bénéfice de son cadet. La puissance du royaume de France s'en verrait très diminuée, tandis que naîtrait un État voisin presque aussi riche et puissant. Charles d'Orléans pouvait bien témoigner une reconnaissance éperdue à son père et à l'amiral, qui lui avait négocié un si beau mariage : dès l'automne 1544, lorsqu'il visita Anvers, il portait un écu écartelé aux armes de France et de Milan, en promesse de sa prochaine alliance[2]. Le dauphin Henri n'oublierait jamais cette humiliation : dès ce moment, sa rancune envers d'Annebault ne fit plus que croître : il en voulait « mal à mort » à l'amiral[3]. Pourtant, celui-ci s'était efforcé de ménager le dauphin, et avait même convaincu l'empereur de laisser Hesdin pour le contenter et ne pas jeter entre lui et son frère « les germes d'une inimitié irréconciliable[4] ». Pas plus que les clauses du traité, qui lui étaient défavorables, le dauphin n'avait compris et approuvé la stratégie adoptée après la chute de Saint-Dizier : si l'armée française, fraîche et forte, avait alors assailli les Impériaux affaiblis, le roi aurait peut-être remporté une grande victoire, lui permettant dicter ses conditions. Henri n'avait guère apprécié d'être cantonné avec ses hommes sur la rive gauche de la Marne, quand la prudence de son père lui faisait manquer l'occasion d'un triomphe[5]. Selon un agent du roi d'Angleterre à Anvers, le mécontentement du dauphin lui donnait l'occasion de disputes quotidiennes avec l'amiral d'Annebault et le secrétaire Bayard[6]. Le 2 décembre, dans le château de Fontainebleau, le dauphin Henri fit donc mettre par écrit ses protestations, par acte

---

1   *Négociations de la France et de la Toscane, op. cit.*, t. III, p. 149, Bernardo de Médicis au duc de Toscane, 23 mars 1545 et AS Firenze, MP, 4590, lettre du même au même : « disse la prefata regina al prefato oratore [Veneto] el Re è mal servito da mons[r] admiraglio et dal cardinale Tornon, ma la Maestà Sua non vuol fastidio, però lassa governar à loro ».

2   R. J. Knecht, *François Ier, op. cit.*, p. 492.

3   ÖStA, FrBW 11, Konv. « Saint-Mauris an Karl V, 1545 », Jean de Saint-Maurice à Charles Quint, Melun, 3 février 1545.

4   Lettre de Charles Quint à sa sœur Marie de Hongrie, citée dans C. Paillard, *Invasion, op. cit.*, p. 390.

5   C. Terrasse, *op. cit.*, t. III, p. 129

6   *L&P*, t. XIX, part I, p. 444-447, n° 743, Stephen Vaughan à Henri VIII, 14 décembre 1544.

solennel devant les notaires Fauré et Mussart[1], en présence d'Antoine de Vendôme, François d'Enghien et François d'Aumale, témoins : « La crise est ouverte : Henri boude le conseil des affaires et proteste devant notaire de l'abandon à Charles d'un apanage considérable dans le royaume[2] ». Probablement avait-il déjà décidé qu'il dénoncerait, dès son avènement, ce traité comme passé sous la contrainte, ainsi que l'avait été auparavant le traité de Madrid[3].

L'APPLICATION DU TRAITÉ ET LA LIBÉRATION DES OTAGES

En attendant l'application des principales clauses du traité, l'empereur gardait en otage Guy de Laval, Jean de La Hunaudaye et Antoine Sanguin, cardinal de Meudon, confortablement installés à sa cour et de temps à autre invités à sa table[4]. Leur libération fut différée à cause de quelques difficultés survenues au fil des semaines. Certains litiges purent être résolus aisément, comme la présence de garnisons françaises, retirées du Boulonnais, à proximité de Bapaume, appartenant à l'empereur : à la demande de celui-ci, l'amiral les fit déplacer un peu plus loin[5]. Cependant, des difficultés plus profondes subsistèrent quelque temps, notamment au sujet de Hesdin, de Thérouanne (pour les mouvances de l'abbaye Saint-Jean), des terres de la comtesse de Saint-Pol[6] et de Stenay.

Dans l'immédiat, c'est la restitution de cette dernière place au duc de Lorraine, vassal de l'empereur, qui devait poser le problème le plus délicat. En effet, le duc François de Lorraine refusait de recevoir la place tant que les Français n'auraient pas relevé ses fortifications en partie

---

1   G. Ribier, *op. cit.*, t. I, p. 578-579 ; copie XVIIe dans BnF, Fr. 15837, fol. 406-408v.
2   J.-F. Solnon, *op. cit.*, p. 29.
3   Arch. MAE, CP, Espagne, 3, fol. 49, Discours du chancelier Olivier, début du règne de Henri II (mal daté de 1545) : le royaume avait été gravement menacé, donc « on a esté contrainct d'accorder et passer sciemment plusieurs choses de grande importance a l'advantage de l'empereur et au grand prejudice du royaume » ; A. Varillas, *Histoire de Henri second*, Paris, 1692, 2 vol., t. I, p. 1 : « Il n'estoit pas mal-aisé de prévoir que la paix de Crespy, que le roi François I avoit si légerement concluë, ne seroit pas de longue durée. »
4   BnF, Fr. 5617, fol. 195v-196.
5   ÖStA, FrBW 10, Konv. « Saint-Mauris an Karl V, 1544 », fol. 1-16, Jean de Saint-Maurice à Charles Quint, Melun, 23 décembre 1544 (au fol. 12-v).
6   Berck, Verton et Merlimont en terre d'Empire (en bord de mer, rive droite de l'estuaire de la Canche) ; au sujet des disputes qui en découlèrent, *cf.* notamment AGR Belgique, Aud. 1672/2, n° 29, Jean de Saint-Maurice au duc [Philippe de Croÿ, duc d'Arschot ?], Villers-Cotterets, 13 décembre 1545.

abattues. Cependant, l'amiral d'Annebault considérait que, d'une part, le roi de France n'avait pas de telle obligation et que, d'autre part, la portion détruite du vieux rempart avait été abattue parce qu'elle était adossée au nouveau, dont l'érection partielle compensait ce qui avait été détruit[1]. La duchesse d'Étampes et l'amiral d'Annebault disaient alors que le duc de Lorraine, qui empêchait par son obstination la libération des otages, « n'estoit qu'ung grant fascheux » et que « toujours il avoit esté tel[2] » ; la contrariété du roi envers le duc rejaillit sur la faveur de son oncle le cardinal Jean de Lorraine qui, d'après d'Annebault, « n'estoit plus là bien veu du roy comme il le souloit, encores qui fait son mieulx de s'entretenir en sa bonne grace[3] ». Jean de Lorraine s'employa donc de son mieux auprès de son parent le duc pour apaiser la situation ; sa médiation porta ses fruits et le duc accepta de recevoir la place mi-février 1545[4].

Cependant, les Français prétendaient avoir perdu les lettres de cession de la place signées par feu le duc en 1543, qu'ils n'étaient donc pas en mesure de restituer. Considérant que ce document était trop important pour qu'il « eust esté delaissé en ung coing de chambre pour servir de viande aux ratz », l'empereur insista. Pour contenter l'empereur, l'amiral d'Annebault fit fouiller les papiers de l'ancien chancelier Poyet et proposa de faire une proclamation de recherche par cri public ; le roi lui-même clama que « si aussi il le savoit, qu'i donneroit ung cop de poignard a travers du corps a ce malheureux qui les deceloit ». À cause de ce détail, la paix semblait compromise et les rumeurs les plus grotesques circulaient[5]. Heureusement, on retrouva les lettres de cession parmi les papiers de Nicolas de Longueval au milieu du mois de mars[6].

---

1   ÖStA, FrBW 11, Konv. « Saint-Mauris an Karl V, 1545 », fol. 12-21, Jean de Saint-Maurice à Charles Quint, Melun, 8 janvier [1545].

2   François de Lorraine, qui avait succédé à son père Antoine en juin 1544, était bien connu à la cour de France où il avait passé une partie de sa jeunesse ; il était le filleul de François Ier et l'époux d'une nièce de Charles Quint. François de Lorraine allait mourir le 12 juin 1545, laissant la couronne ducale à son fils de deux ans, Charles.

3   ÖStA, FrBW 11, Konv. « Saint-Mauris an Karl V, 1545 », Jean de Saint-Maurice à Charles Quint, Blois, 17 février [1545].

4   Ibid. et C. Michon, « Jean de Lorraine », art. cité, p. 58.

5   On disait par exemple que le roi François était mort, mais que l'amiral en gardait le secret et avait envoyé un homme de main à la cour de l'empereur pour organiser l'évasion des otages AGR Belgique, Aud. 1631/1, Guillaume Le Basseur à Adrien de Croÿ, Arras, 24 mars 1545 [n. st.], rapportant une nouvelle tenue d'un « frère Bleubonnet ».

6   ÖStA, FrBW 11, Konv. « Saint-Mauris an Karl V, 1545 », fol. 52-56v, Jean de Saint-Maurice à Charles Quint, Blois, 9 mars [1545], ibid., fol. 60, lettre du même au même,

S'estimant satisfait, l'empereur libéra les trois derniers otages, qui prirent congé après un ultime dîner le 10 mars 1545, et partirent le 29, jour de Pâques, pour rentrer en France ; le cardinal de Meudon rentra à Paris, et les deux jeunes gens, Guy de Laval et Jean de La Hunaudaye, arrivèrent le 12 avril par la poste à la cour, qui se trouvait à Amboise[1]. Enfin, l'amiral d'Annebault s'occupa aussi de négocier la libération contre rançon des deux principaux prisonniers, celle du comte Guillaume de Fürstenberg[2], son propre prisonnier, et celle du prince de La-Roche-sur-Yon, un Bourbon-Montpensier, capturé par Francesco d'Este en 1543[3]. Pour faciliter les choses, l'amiral prêta lui-même de l'argent pour la rançon du prince de La-Roche-sur-Yon[4].

Désormais, la réconciliation était scellée et, malgré les oppositions et quelques points restés en suspens, la paix fraîchement conclue semblait pouvoir longtemps porter ses fruits. Tournon lui-même clamait publiquement que « en vingt ans qu'il mainoit les affaires, il n'a veu appoinctement que plus doibt durer, ny faict avec plus grant contentement des parties[5] ». On ne pouvait alors prévoir que le 9 septembre 1545, presque un an après la signature du traité de Crépy, mourrait le duc d'Orléans, sur qui reposaient la paix et l'union de la Chrétienté[6].

Montferrant, 12 mars [1545], *ibid.*, fol. 62, lettre du même au même, Blois, 16 mars [1545] ; les lettres portant cassation de toutes chartes relatifs à la cession furent données le 10 août (C. Weiss, *Papiers d'État du cardinal de Granvelle, op. cit.*, t. III, p. 181, lettres de Bacqueville, 10 août 1545).

1   AS Modena, Cart. amb., Francia 21, Giulio Alvarotti au duc de Ferrare, Amboise, 13 avril 1545 ; BnF, Fr. 5617, fol. 221 et William Bradford, *Correspondence of the Emperor Charles V and his Ambassadors at the Courts of England and France (1519-1559)*, Londres, 1850, p. 548-551.

2   Le comte de Fürstenberg avait proposé pour sa rançon 20 000 écus, qui avaient été jugés insuffisants (ÖStA, FrBW 10, Konv. « Saint-Mauris an Karl V, 1544 », fol. 1-16, Jean de Saint-Maurice à Charles Quint, Melun, 23 décembre 1544) : on en demandait 30 000 écus, du moins avant ces négociations ; n'ayant pu réunir cette somme en hypothéquant tous se biens, le comte de Fürstenberg écrivit à l'empereur pour lui demander son aide (AGR Belgique, Aud. 1631/3, Guillaume de Fürstenberg à Charles Quint, de la Bastille, [Paris], 15 février 1545).

3   ÖStA, FrBW 11, Konv. « Saint-Mauris an Karl V, 1545 », fol. 52-56v, Jean de Saint-Maurice à Charles Quint, Blois, 9 mars [1545].

4   *Ibid.*, le même au même, Melun, 28 janvier [1545, et AN, MC ET/LIV/21 et 22, 17 novembre 1545 ; le montant de la rançon était de 10 000 livres.

5   ÖStA, FrVa 3, Konv. 5, fol. 169-172, Antoine Perrenot de Granvelle à Charles Quint, sur la route de Clermont à Amiens, 24 septembre 1544.

6   R. J. Knecht, *François Ier, op. cit.*, p. 492-493.

LA CAMPAGNE D'ANGLETERRE
ET LA PAIX DES AMIRAUX (1545-1546)

Grâce à la paix conclue à Crépy, l'alliance anglo-impériale était brisée. Dès lors, la principale préoccupation de François Ier et ses conseillers fut de combattre ces deux puissants adversaires l'un après l'autre, mais jamais plus ensemble. L'accord passé avec l'empereur était provisoirement acceptable, et les mariages à conclure laissaient un répit suffisant pour régler la question anglaise.

LA GRANDE ARMÉE DE MER

LA POURSUITE DE LA GUERRE

En octobre 1544, avant l'ouverture officielle des négociations de Calais, les armées françaises et anglaises avaient profité des derniers jours de guerre pour tenter quelques coups qui eussent modifié la donne en leur faveur. Alors que les Anglais avaient retirés leur armée de devant Montreuil et concentré leurs forces autour de Boulogne, l'amiral, le dauphin, Antoine de Vendôme, Claude de Guise et le maréchal Du Biez brûlaient et dévastaient la région, n'épargnant aucun village[1]. Parmi les épisodes marquants du début d'octobre, il y eut une fameuse « camisade[2] » sur Boulogne, au cours de laquelle d'Annebault vint prêter main

---

1 *CSP of Henry VIII*, t. X, p. 114, Thomas de Norfolk au conseil du roi d'Angleterre, Calais, 11 octobre 1544 : « With all their glory and thousands upon thousands ».

2 On parle de « camisade » car en cet assaut nocturne, les assaillants portèrent leurs chemises au-dessus de leur armure pour mieux se repérer mutuellement. *Cf.* notamment Charles Oman, *A History of the art of War in the XVIth century*, New York, 1937, p. 346-349 et D. Potter, *The Final Conflict*, *op. cit.*, p. 203.

forte à Jean de Taix[1]. Puis, à la tête des lansquenets, l'amiral vint avec le dauphin et le duc d'Orléans secourir Blaise de Monluc et Gaspard de Coligny imprudemment entrés dans la ville, où ils étaient en grand danger d'être criblés de flèches[2].

Pendant ce temps, les Anglais, craignant de ne pouvoir conserver Boulogne jusqu'à l'hiver, cherchèrent à attirer une partie de l'effort français en d'autres lieux ; ainsi, ils menèrent des expéditions sur les côtes de Basse-Normandie, et certains galions français, notamment le *Canada* et le *Dives*, furent utilisés pour y répondre[3]. Puis l'amiral s'en retourna à Rouen, sans doute pour préparer la flotte de guerre et aussi pour reprendre sa place à la cour et au conseil du roi, alors à Dieppe. Il comptait aller ensuite en Bretagne, sans que l'on pût savoir s'il voulait s'y reposer ou préparer la flotte de Brest[4]. Peu à peu, après l'échec des tractations de Calais, la guerre fut assoupie en attendant de reprendre au printemps.

Désormais assuré de la neutralité impériale[5] et face à un seul adversaire, François Ier avait l'intention de regagner ce qu'il avait perdu. Bien plus, il voulait affronter les Anglais sur leur propre terrain, la Manche, et mettre fin à leur supériorité maritime. Dès la fin de décembre 1544, on travaillait sur cartes à la planification des futures opérations, défensives et offensives, et l'amiral se faisait fort de diriger personnellement une gigantesque flotte contre les Anglais :

> L'une des principales et plus peculiere oeuvre qui se fait aujourd'huy en la court du roy est que l'on visite les cartes d'Angleterre et d'Escosse pour entendre la navigation qui fauldra tenir, et fait son compte l'armiral de conduire l'armee

---

1 Monluc, *Commentaires*, t. I, t. I, p. 290 : « L'admiral d'Annebault arriva, et fist tant que le reingrave [Jean Philippe, comte de Salm, colonel de lansquenets] se retira en arrière, nous laissant passer, et les Italiens après ; et quant à luy, ne vouloit bouger d'auprès la bataille de la gend'armerie, qui estoit près de La Marquise » ; cet épisode se déroula les 6 et 7 octobre 1544.

2 *Ibid.*, p. 295-297.

3 Matignon, *Correspondance*, p. 107, lettres de Claude d'Annebault, Le Bec-Hellouin, 20 octobre [1544], et de François Ier, Fontaine-le-Bourg, 22 octobre 1544.

4 *Ibid.*, p. 106-107, lettre CLIX, de Claude d'Annebault, Le Bec-Hellouin, 20 octobre [1544].

5 *CCJDB*, t. III, p. 294, Claude d'Annebault à Jean Du Bellay, Blois, 16 mars [1545] : le roi ordonne à Du Bellay de demander à ses réseaux germaniques de « mettre peyne et s'employer a empescher l'entreprise du roy d'Angleterre a ce qu'ils ne permettent qu'il puisse à l'encontre [du roi] tirer de la Germanie aucun secours » ; de fait, Henri VIII ne put faire venir les lansquenets et mercenaires italiens qu'il comptait prendre à sa solde, Charles Quint ayant refusé le sauf-conduit (*ibid.*, p. 294n).

de mer, donnant pour ce ordre le plus qu'il peult pour l'esquippaige des batteaulx, plaignant fort ceulx que les Anglois prindrent nagueres[1].

Le 7 janvier 1545, l'amiral adressa un paquet à Joachim de Matignon, son lieutenant en Normandie. L'envoi comprenait des lettres patentes du roi, qui interdisaient aux sujets français de commercer avec les Anglais, en particulier par Jersey et Guernesey[2]. Trois jours plus tard, le roi écrivit à Matignon pour lui ordonner de ravitailler l'armée de 8 000 à 10 000 hommes qu'il assemblait aux abords de la Somme pour la défense de ses pays de Picardie et de Normandie. De toute évidence, une campagne de grande envergure se préparait, avec pour objectif principal le recouvrement de Boulogne[3].

BOULOGNE ET L'ÉCOSSE

Les Anglais avaient gardé, depuis la guerre de Cent Ans, le port de Calais et ses environs, jusqu'à la forteresse de Guînes[4]. François Ier voyait d'un mauvais œil que son ennemi, qui arborait obstinément le titre de « roi de France », conservât cette place[5] ; si en plus, il lui abandonnait Boulogne, le risque eût été grand de voir chaque année de puissantes armées anglaises envahir la Picardie. Plus que jamais, il sembla nécessaire de se donner les moyens d'une politique agressive, et les villes françaises furent soumises à un lourd tribut. Par exemple, le roi demanda une contribution de 120 000 l. t. sur la prévôté et vicomté de Paris pour les

---

1   ÖStA, FrBW 10, Konv. « Saint-Mauris an Karl V, 1544 », fol. 19-35, Jean de Saint-Maurice à Charles Quint, Melun, 28 décembre 1544.

2   Ces lettres patentes datées de Fontainebleau, 7 janvier 1545 [n. st.], sont conservées aux Archives du Palais de Monaco, J 8, fol. 263, et J 9, fol. 434v, ont été éditées par Labande, Matignon, *Correspondance*, p. 110, n. 3 ; la lettre de Claude d'Annebault qui l'accompagnait (mentionnée dans *ibid., loc. cit.*, lettre CLXIV, du roi, Fontainebleau, 10 janvier 1545) est perdue.

3   *Ibid.*, p. 110-111, lettre de François Ier, Fontainebleau, 10 janvier 1545.

4   Sur le contexte stratégique, voir P. Masson et M. Vergé-Franceschi, *op. cit.*, p. 163-167. On a pu dénombrer 4 000 Anglais vivant sur le sol français, principalement à Calais et Boulogne, sous François Ier (C. Michon, « De bons frères, cousins et parfaits amys ? Les Anglais et la France sous François Ier », dans *Les Idées passent-elles la Manche ? Savoirs, représentations, pratiques (France-Angleterre, X^e-XXe siècles)*, [actes du colloque de Paris, 18-20 septembre 2003], Paris, 2007, p. 305-322) ; voir aussi David Grummit, « Calais and the crown, c. 1450-1558 », dans *The English Experience in France, c. 1450-1558*, dir. D. Grummit, Aldershot, 2002, p. 46-62).

5   Elle fut reprise le 13 janvier 1558 par François de Guise, qui devint par cet exploit un véritable héros.

besoins de la guerre. Les lettres qu'il adressa en cette occasion sonnaient comme un appel patriotique de résistance à l'ennemi héréditaire :

> Puis que par les grandz efforts, conspirations et entreprinses [de] noz plus prochains voisins et anciens ennemys, entrez avec grosses et furieuses armées en nostre royaulme, à diverses foys et en divers endroictz, durant la derniere guerre, a esté myeulx que jamais congneu, esprouvé et senty quelle est la force et resistance de nostre royaulme [...], puis que de tout ce que nous tenyons avant le commencement de lad. guerre, nous n'avons à présent riens perdu, sinon nostre ville de Boullongne, qui feust encores en noz mains, si les chefz des gens de guerre estans en icelle eussent eu le cueur aussi bon comme ilz estoient bien fourniz de vivres, munitions et autres choses neccessaires à leur deffence ; et que en la Chrestienté qui nagueres estoit quasi toute esmeue et armée contre nous, n'avons pour le present autre ennemy que le roy d'Angleterre, lequel n'a voullu accepter les très honnestes et plus que raisonnables offres et conditions de payx, à luy presentées de nostre part, c'est chose condescent, neccessaire et appartenant à l'ancienne magnanimité des François, que non seullement nous mettons en debvoir de recouvrer lad. ville de Boullongne et d'empescher led. roy d'Angleterre, nostre ennemy, de faire autre entreprinse sur nous, mais en oultre de nous efforcer à gecter en ses pays la guerre, à laquelle il est iniquement obstiné. Et a ceste cause avons faict dresser une armée par terre que nous entretiendrons en nostre pays de Boullenoys, tant pour l'advitaillement de nostre ville d'Ardres, que pour faire teste à noz ennemys et empescher qu'ilz ne soient secouruz de vivres et autres munitions à eulx neccessaires, en lad. ville de Boullongne.

Les projets du roi de France ne s'arrêtaient pas là. Soucieux d'épargner à ses sujets une nouvelle guerre sur le territoire français, il comptait porter le conflit sur la mer et au-delà, sur le sol anglais :

> Et faisons preparer, equipper et advitailler grand nombre de gros navires, gallions, galleres et autres vaisseaulx, tant en la mer de Ponant que en celle de Levant, pour faire une grosse armée de mer, assez forte et puissante, non seullement pour garder les Angloys de courir sus la mer et oultrager noz subgetz, en quoy faisant, nous asseurerons le train et commerce de la marchandise par lad. mer, grandement prouffitable à nosd. subgetz, mais aussi pour faire descentes ès pays d'Angleterre et executer certaines entreprinses dommageables à notredict ennemy. Aussi faisons lever très grand nombre de gens de guerre pour lad. armée en noz pays plus prochains de lad. mer, afin de preserver noz autre pays des dommages que pourrait leur porter le passage desd. gens de guerre, de la foulle desquelz, quant ilz seront embarquez sur mer, nostre royaulme sera delivré[1].

---

1   *Registres des délibérations du bureau de la ville de Paris*, t. III, *op. cit.*, p. 47-49, lettres missives du roi à Jean Morin, prévôt de Paris, Chambord, 22 février [1545].

Ce programme, assez rare dans l'histoire du royaume, avait de quoi surprendre. Cependant, il n'avait rien d'aberrant : la conquête de ports anglais aurait permis de faire l'échange avec Boulogne et Calais et, peut-être, de mettre un terme définitif aux résurgences de la guerre de Cent Ans. Pour ce faire, il fallait s'assurer des faiblesses supposées des côtes anglaises[1] et rassembler une flotte qui surpassât la redoutable armée de mer anglaise. Portsmouth fut vraisemblablement très tôt désigné comme la cible de l'expédition. Pendant ce temps, Boulogne serait assiégé. Dès les premiers jours de février 1545, il fut décidé de monter un grand bastion à côté de la ville pour l'isoler et empêcher toute tentative de ravitaillement par la mer[2]. Le premier bastion fut rapidement détruit par les Anglais[3], mais les travaux reprirent et six mois plus tard, la forteresse était déjà si haute que les échelles étaient trop courtes pour en atteindre le sommet[4]. La garnison anglaise de Boulogne avait lieu de s'inquiéter, tandis qu'à la cour de France, on ne doutait pas du succès de l'opération.

Un objectif secondaire de la campagne était le secours de l'Écosse. Depuis le retour du cardinal Beaton au pouvoir, en 1543, l'Écosse était redevenue la fidèle alliée de la France, ou plutôt, l'ennemie résolue des Anglais. Matthew Stuart, comte de Lennox, se rendit en France avec de l'argent pour obtenir l'aide de François Ier. Mais la paix avait quand-même été signée avec Henri VIII, à Greenwich, le 1er juillet 1543, avant d'être dénoncée par le parlement d'Édimbourg, le 11 septembre, et l'on en était revenu, par les conventions de Stirling, à la traditionnelle *Auld Alliance* française[5]. Cet allié de revers empêchait le roi d'Angleterre

---

1   D'après Tavannes, vingt mille hommes d'élite eussent suffi à conquérir l'Angleterre (C. de La Roncière, *op. cit.*, t. III, p. 410).

2   AS Modena, Cart. amb., Francia 20, Giulio Alvarotti au duc de Ferrare, Melun, 5 février 1545.

3   ÖStA, FrBW 11, Jean de Saint-Maurice à Charles Quint, Orléans, 20 février [1545].

4   AS Modena, Cart. amb., Francia 21, Giulio Alvarotti au duc de Ferrare, Caudebec-en-Caux, 4 août 1545.

5   On trouvera une bonne présentation de cette situation dans Bernard Cottret, *Henri VIII*, Paris, Payot, 1999, p. 317-318 ou R.-J. Knecht, *François Ier*, *op. cit.*, p. 485 ; Marie de Lorraine, reine régente au nom de sa fille Marie Stuart, avait renouvelé les traités d'alliance avec la France par le traité d'Édimbourg, le 15 décembre 1543 (éd. dans Alexandre Teulet, *Relations politiques de la France et de l'Espagne avec l'Écosse au XVIe siècle*, Paris, 1862, 5 vol, t. I, p. 119-123), grâce aux efforts de Jacques Ménage et Jacques de La Brosse, dont les commissions furent données par le roi dès le 25 juin, au camp de Maroilles ; *cf.* Jules La Brosse, *Histoire d'un capitaine bourbonnais au XVIe siècle : Jacques de La Brosse (1485 ?-1562), ses missions en Écosse*, Paris, 1929, p. 65-103 sur le rôle de Ménage et La Brosse dans le « redressement

de jeter toutes ses forces contre le royaume de France. Cependant, les Anglais avaient envahi l'Écosse et brûlé Edimbourg en mai 1544, sans que le roi de France eût pu envoyer de secours à ses alliés, depuis en fâcheuse posture[1]. Les discussions de Calais avaient achoppé sur la question écossaise : en novembre 1544, l'évêque de Winchester, Gardiner, avait coupé court aux récriminations du chancelier Olivier, lui affirmant qu'« au regard de la comprehension des Escossois, il ne voit point que cela fut mis en avant, sinon pour fascher son maistre et le tenir tousjours en querelle, et que les Escossois ne nous seroient que decharge[2] ». Toutefois, François Ier s'était obstiné et demanda à Jacques Ménage de Coigny, son ambassadeur auprès de Charles Quint, d'insister afin que l'empereur exhortât Henri VIII à accepter de comprendre les Écossais, ses alliés depuis plus de cinq ans, dans une paix raisonnable[3]. Pour prouver son attachement à cette alliance, le roi de France envoya en février 1545 une armée sur des vaisseaux français afin d'aider la reine Marie à continuer la guerre[4]. Malgré tout, chaque belligérant savait que les Anglais refuseraient de traiter et de rendre Boulogne tant que la France soutiendrait l'Écosse. L'ambassadeur écossais, comprenant bien que Boulogne était plus important, aux yeux du roi, que ses alliés, s'en inquiéta vivement : en dépit des bonnes paroles du roi, qui lui promit de nouveaux renforts emmenés par Jacques de Montgommery, seigneur de Lorges, il crut qu'on lui mentait. En effet, l'envoi annoncé de l'amiral à la tête de quarante galères, cent vingt navires et trente mille gens de pied paraissait irréaliste. Pourtant, les préparatifs s'accéléraient, et l'on s'acheminait bien vers une entreprise d'un genre nouveau : contraindre les Anglais à défendre leur propre territoire insulaire.

---

du parti national écossais », consacré par la convention de Stirling en novembre 1544, dont Henri VIII « était marri comme s'il avait perdu une grosse bataille » (*ibid.*, p. 79, et BnF, Fr. 17890, *passim*). Enfin, la question écossaise au sein du conflit a fait l'objet de nouvelles analyses dans D. Potter, *The Final Conflict*, *op. cit.*, chap. "Dancing to the French Tune ?" : Scotland between England and France, p. 86-119.

1   J. A. Froude, *op. cit.*, t. IV, p. 321-327.
2   BnF, Fr. 2937, fol. 55-59, copie XVIIIe de « la somme des propos d'entre le chancellier et l'évesque de Wincestre, du quinziesme novembre ».
3   BnF, Fr. 17889, fol. 2-4, instructions datées de Fontainebleau, 9 décembre 1544.
4   *CSP, Scottish*, t. I, p. 48, George Douglas à Ralph Eure, février 1545.

LA PRÉPARATION DE L'ARMÉE DE MER

L'amiral mit le plus grand soin à préparer ce coup d'audace. L'idée avait fait son chemin depuis la paix de Crépy, et dès le mois de décembre 1544, Polin de La Garde partit avec 90 000 écus pour Marseille, afin de réquisitionner des galériens et ramener les vingt-six galères qui s'y trouvaient pour les rassembler avec les six que le roi faisait faire à Rouen. Ces six nouvelles galères furent construites sous la direction du capitaine général des galères du roi Pierre de Caulx, réparties sur trois chantiers, Rouen, Le Havre, Pont-de-l'Arche[1] ; l'entrepreneur était l'italien Baptiste Auxilia, qui aménagea notamment un chantier de construction sur le site du Vieux-Palais de Rouen, installa une forge sur place et passa des marchés avec des maîtres avironniers et charpentiers des environs[2]. Les galères, fers de lance de la flotte du Levant, étaient peu coutumières des mers du nord, mais la puissance de feu de ces embarcations rondes, de dimensions moyennes, devait permettre de surpasser la flotte anglaise en ce domaine. Néanmoins, l'expédition s'annonçait très périlleuse car la mer d'Angleterre était réputée plus dangereuse que la Méditerranée, et l'adaptation des vaisseaux du Levant à ce contexte n'était pas certaine[3]. En mars 1545, Antoine Polin de La Garde partit pour un second voyage. Il devait ramener en toute hâte le reste des galères et « vaisseaux ronds » à Marseille, prenant au passage des compagnies rappelées du Piémont, puis en Normandie[4]. Le prieur de Capoue faisait de même à Nantes[5].

---

1 « Le port des Damps ».

2 E. Gosselin, *Documents authentiques et inédits pour servir à l'histoire de la marine normande et du commerce rouennais pendant les* XVIe *et* XVIIe *siècles*, Rouen, 1876, p. 46 ; Anne Gérardot, « La construction des navires de mer en Normandie au XVIe siècle », dans *De la Seine au Saint-Laurent avec Champlain*, dir. A. Blondel-Loisell *et alii*, Paris, 2005, p. 93-103, à la p. 97.

3 Lettre citée d'Alvarotti du 19 décembre 1544.

4 BnF, Mor. 737, fol. 167-v, commission de François Ier aux Strozzi avec ordres à Polin, « lieutenant général dud. s^r sur son armee de mer venant de Levant, soubz l'auctorité et en l'absence de Monsr l'admiral », Amboise, 22 mars 1545 [n. st.] (copie auth.) : « Le roy est d'advis que si les navires et vaisseaulx ronds peuvent venir seurement par deça sans les galleres, et que les galleres et vaisseaulx de rame peuvent venir en semblable seureté sans les vaisseaulx rondz, que led. capitaine Polin se mette devant avec lesd. galleres et vaisseaulx de rame et face la meilleure diligence qu'il luy sera possible de se rendre en la coste de Normandye le plus tost qu'il pourra, laissant sur les navires et vaisseaulx rondz le capitaine Claude qu'il commettra chef durant son absence, et luy ordonnera de faire la plus grande dilligence qu'il pourra de son cousté » ; AS Modena, Cart. amb., Francia 20, Giulio Alvarotti au duc de Ferrare, Melun, 19 décembre 1544 ; finalement, retenu par la répression des Vaudois, Polin ne put gagner Le Havre qu'en juin 1545.

5 AS Firenze, MP, 4850, fol. 2-3v, avis anonyme [mars 1545 ?].

Pendant ce temps, dans tous les grands ports et arsenaux, de Bordeaux à Brest et de Brest à Dieppe, on remettait en état les navires du roi, on louait les services de marchands mués en capitaines de guerre, et on n'hésitait pas à confisquer, sous le moindre prétexte, les meilleurs navires marchands : ainsi, la *Contarina*, la *Ragazzona* et la *Foscarina*, pris à des marchands vénitiens, devinrent des fleurons de la nouvelle flotte[1]. Ces navires furent progressivement regroupés dans l'estuaire de la Seine : du seul port de Dieppe, quarante-six des meilleurs navires furent envoyés au Havre, au mois de juin[2]. En Guyenne, le seigneur de Buçy, lieutenant sous l'amiral d'Annebault, fut chargé de rassembler le plus grand nombre possible de navires et de les ramener ensuite en Normandie[3]. À Rouen, le fameux Jean Ango fut nommé « commissaire pour l'advitaillement de l'armée de mer[4] ». Les capitaines s'affairaient, s'occupaient du ravitaillement de leurs propres galères, ainsi que de la confection des étendards aux couleurs du roi de France, de l'amiral et des leurs. Ces mouvements transformèrent pour un temps toute l'économie de la région et la vie locale ; le spectacle extraordinaire qu'ils offraient, au fur et à mesure de la concentration, dans l'estuaire de la Seine, de la plus grande flotte jamais constituée, marqua pour longtemps les esprits :

> En 1544 et 1545 les grands armements pour la guerre que François Ier rêvait imprimèrent, non seulement à la nouvelle ville *Françoise de Grâce*, mais aussi à celles de Rouen, d'Honfleur et de Dieppe, un mouvement extraordinaire.

---

1   Sur ces navires et les circonstances de leur prise, *CSP, Venetian*, t. V, p. 131, n° 323, le doge et le sénat à l'ambassadeur de Venise en France, 13 novembre 1544, AS Firenze, MP, 4590, fol. 8-12v, lettre de Bernardo de Médicis au duc de Toscane, Fontainebleau, 22 décembre 1544 ; ÖStA, FrBW 11, Konv. « St-Maurice an Karl V », Jean de Saint-Maurice à Charles Quint, Orléans, 20 février [1545], *ANG*, t. III, p. 378, Guidiccione au cardinal Farnèse, Vatteville, 21-22 juillet 1545. Ces bateaux étaient chargés de fûts de malvoisie de Candie et étaient partis de Hampton. *Cf.* aussi pour la restitution *ibid.*, p. 150, n° 359, 18 septembre 1545, le doge et le sénat à l'ambassadeur vénitien en France, Alberi, serie I, t. I, p. 264-269.

2   Jean-Antoine-Samson Desmarquets, *Mémoires chronologiques pour servir à l'Histoire de Dieppe et de la navigation françoise*, Paris 1785, 2 vol, t. I, p. 117-118. Desmarquets remarque aussi, au sujet de d'Annebault, que « ce fut le premier des seigneurs qui avoient été revêtus de cette dignité, qui en fit l'exercice sur mer »

3   ÖStA, FrBW 11, Konv. « St-Maurice an Karl V », Jean de Saint-Maurice à Charles Quint, Blois, 9 mars [1545].

4   G. Zeller, *Institutions, op. cit.*, p. 331 : « c'est Ango qui, à lui seul ou presque, constitue la grande armada de 1545 ; E. Gosselin, *op. cit.*, p. 26, montra, d'après des contrats pour de la bière, que Jean Ango fut aussi chargé de l'approvisionnement le 28 juillet 1546.

La Seine entre Rouen et Le Havre, pendant ces deux années, fut littéralement presque toujours couverte de navires, petits et grands, dont le tonnage variait depuis 25, 30, 40 tonneaux jusqu'à 80, 100 et 120. Les actes de vente et d'affrètement de navires ne se comptent plus tant ils sont nombreux dans les registres du tabellionage, et l'on y voit que ces navires appartenaient en nombre à peu près égal aux ports de Rouen, du Havre et d'Honfleur[1].

Voyant cela, les Anglais s'affolèrent. La flotte d'Henri VIII était en bien piètre état, et son navire amiral, l'*Henry-Grâce-à-Dieu*, accusait plus de trente années de service[2]. Des rapports d'espions anglais indiquaient que la flotte française devait débarquer à l'embouchure de la Tamise, tandis que les ports de la côte sud n'étaient pas capables de riposter efficacement :

> Je n'ai jamais rien vu, dit Suffolk, de si mal organisé ; ici, nous n'avons rien de prêt, ni armes, ni instruments, ni outils[3].

L'armée de mer qui se préparait devait être, pour une fois, complètement française. On disait que Piero Strozzi, qui en mars emmena une galère de Marseille à Rome pour la faire armer, serait le seul Italien[4]. En réalité, ceux-ci furent comme à l'accoutumée indispensables, des pilotes aux cuisiniers, et Leone Strozzi, prieur de Capoue, allait jouer les premiers rôles aux côtés de son frère Piero[5]. Parmi les grands du royaume, seuls Guigues de Boutières et Jean de Taix, habituels compagnons de l'amiral, furent autorisés à prendre part à l'aventure, avec le vidame de Chartres qui obtint à grand-peine la permission du roi. En revanche, celui-ci la refusa à de nombreux jeunes de la cour avides d'aventure, notamment le comte d'Enghien et François d'Aumale[6]. La guerre sur mer était bien

---

1   *Ibid.*, p. 44-45. Une carte contemporaine du cartographe diéppois Jolivet, représentant dix-neuf galères et vaisseaux de haut-bord, témoigne également de cette entreprise inédite (BnF, Rés Ge A 79, Jan Jolivet, carte générralle du pays de Normandie, 1545).

2   La durée de vie d'un navire était alors de vingt à vingt-cinq ans (*cf.* Andrée Corvol, *Forêt et Marine*, Paris-Montréal, 1999, introduction).

3   C. de La Roncière, *op. cit.*, t. III, p. 410-411 ; *L&P of Henry VIII*, t. X, p. 303 et 368 ; sur la défense des côtes anglaises face à l'amiral d'Annebault, *cf.* C. Oman, *op. cit.*, p. 350-355 ; pour l'ensemble des opérations, essentiellement du point de vue anglais, D. Potter, *The Final Conflict*, *op. cit.*, p. 347-390 (p. 362-375 pour la flotte d'Henri VIII).

4   AS Modena, Cart. amb., Francia 20. Giulio Alvarotti au duc de Ferrare, Blois, 15 mars 1545.

5   Sur ce personnage, A. Pozzolini, *Memorie per la vita di fra Leone, Priore di Capua*, Florence, 1890.

6   *ANG*, t. III, p. 373, Guidiccione au cardinal Farnèse, Harfleur, 16 juillet 1545.

trop dangereuse pour que la vie de jeunes chevaliers d'un si haut rang fût exposée à cette capricieuse fortune. De plus, ce conflit n'était pas le lieu idéal à l'apprentissage des armes, et l'emploi de troupes et de chefs sans expérience eût mis en péril la réussite de l'entreprise[1].

À la fin de l'hiver furent officiellement confirmées les rumeurs selon lesquelles l'amiral lui-même serait le chef de l'expédition : Claude d'Annebault annonça à l'ambassadeur de l'empereur qu'il prendrait personnellement la tête de la flotte, se faisant fort de transporter 30 000 piétons et 6 000 chevaux, avec pour lieutenant le capitaine Polin qui aurait « charge de tenir la mer lorsque l'armée sera en terre[2] ». L'amiral lui-même ne ménagea donc pas ses efforts durant la phase préparatoire du conflit. Il était à Rouen début mars pour présider les états de Normandie et obtenir des subsides[3], puis s'occupa de préparer l'expédition et d'étudier les cartes ; après un premier échec de Lorges, il prévoyait de débarquer en Écosse avec 14 000 hommes de pied français, 8 000 lansquenets, des Espagnols et des Suisses. Il tomba malade de la goutte et d'un abcès derrière l'oreille, auquel il fallut pratiquer une incision, mais aussitôt guéri, il se remit au travail[4]. Début mai, l'amiral d'Annebault tenta une dernière manœuvre diplomatique : comptant sur l'effet de surprise et sur la panique imposés aux Anglais par la constitution de sa flotte[5], il envoya l'un de ses secrétaires à l'amiral d'Angleterre pour proposer des pensions revues à la hausse, contre restitution de Boulogne : une

---

1   *Ibid.*, p. 376, le même au même, Harfleur, 18 juillet 1545.
2   ÖStA, FrBW 11, Konv. « St-Maurice an Karl V », Jean de Saint-Maurice à Charles Quint, Orléans, 20 février [1545] ; on en parlait depuis fin décembre 1544 : « Se dice anchò che mons^r l'armiraglio andarà personalmente generale sul' mare a questa impresa, et è verisimile, essendo questa la principal' sua carica di haver cura delle cose dil mar', pur non lo posso hora firmare alla Ecc^a V. » (AS Modena, Cart. amb., Francia 20, Giulio Alvarotti au duc de Ferrare, Melun, 19 décembre 1544) ; *CCJDB*, t. III, p. 291-292, Jean Du Bellay à Jean Sleidan et Jean Sturm, Saint-Maur-des-Fossés, 6 mars [1545] : « praeerit, ut scitis, summae rerum admirallus noster, nec sibi ipsi, nec patriae, nec principi defuturus est » ; AS Firenze, MP, 4590, fol. 108-109v, Bernardo de Médicis à Cosme Ier, Blois, 14 mars 1545 [n. st.] ; AN, K 1485, Jean de Saint-Maurice au grand commandeur de Leon, Amboise, 31 mars 1545 ; d'Annebault reçut ses pouvoirs de commandement le 27 juin (F. Pinard, *op. cit.*, t. II, p. 235).
3   *CAF*, n° 33181, et Matignon, *Correspondance*, p. 114, n. 1.
4   *L&P*, t. XX, part I, p. 295-297, n° 619, anonyme, vers le 30 avril 1545.
5   Le roi d'Angleterre fit renforcer en hâte sa propre flotte de trente-deux vaisseaux et treize ramberges légères, sans pouvoir toutefois espérer rivaliser avec celle de François Ier (C. de La Roncière, *op. cit.*, t. III, p. 411).

fois encore, Henri VIII refusa[1]. La médiation des princes protestants allemands, sollicitée par François Ier et son amiral, échoua de même. Claude d'Annebault n'avait plus qu'à appliquer le plan d'attaque[2].

En Normandie, tout était prêt. En l'absence de l'amiral d'Annebault et du vice-amiral La Meilleraye, lui aussi embarqué, le roi conféra des pouvoirs exceptionnels à Joachim de Matignon pour la défense des côtes et le ravitaillement des ports et des armées de mer, assisté du prince de Melphe, de Maugiron et de Bandeville[3]. D'autre part, 10 000, puis 25 000 hommes furent regroupés en Normandie, par ordres donnés au même Matignon, avec charge de les nourrir et loger. Pendant ce temps, les compagnies d'ordonnance des ducs de Vendôme, d'Estouteville et de Montpensier, du maréchal Du Biez, de La Rochepot, Villebon et Boutières se rassemblaient en Picardie pour délivrer Boulogne des mains des Anglais[4]. Le rassemblement de la flotte ne se fit pourtant pas sans quelques contretemps : la répression des Vaudois du Lubéron mit Polin en retard, et plusieurs vaisseaux échouèrent entre les ports du Levant et du Ponant, tandis que d'autres restèrent en rade à La Rochelle : fin mai, environ quatre-vingt vaisseaux de Méditerranée et soixante vaisseaux de Guyenne arrivaient à Brest[5]. En chemin, la flotte de Guyenne passa à portée de vue d'une centaine de vaisseaux anglais, mais comme les navires français étaient en compagnie d'un convoi d'une quarantaine de navires marchands flamands, les Anglais restèrent à distance ; l'amiral d'Annebault ne manqua pas de faire connaître à l'ambassadeur de l'empereur cette nouvelle, par laquelle il voyait le signe de la volonté de leurs peuples de s'entendre contre l'Anglais[6].

---

1   *L&P*, t. XX, part I, n°682.

2   *Ibid.*, n°1207 (16 juillet 1545).

3   Matignon, *Correspondance*, p. XLII, LV et 128, n. 2.

4   *Ibid.*, lettres CLXX et CLXXIII.

5   C. de La Roncière, *op. cit.*, t. III, p. 413-414 et 418-419 ; *ANG*, t. III, p. 357-361, Guidiccione au cardinal de Santa Fiora, Verneuil, 1er juin 1545.

6   ÖStA, Varia, Karton 3, Konv. 7, fol. 26, Claude d'Annebault à Jean de Saint-Maurice, Claye, 21 mai [1545] : « Je vous veulx bien advertir du grant plaisir et contentement que le roy a receu, aiant attendu que passant la flotte de Bourdeaulx avecques bien quarente hourques flamandes pardevant cent ou cent et dix navires angloyses, ilz se sont faicte si bonne compagnye les ungs aux autres, que jamais lesd. angloys ne les ont osez assaillir, dont il a esté merveilleusement ayse, ayant bien cogneu par la que les subjectz et serviteurs de l'empereur favorisent trop plus les nostre que ceulx dud. roy d'Angleterre, qui sera tousjours occasion d'entretenir et augmenter l'amityé d'entre les subgectz et serviteurs de ces deux princes. »

Finalement, la « grande armée sur mer » fut réunie en juin au Havre de Grâce : selon Monluc « l'armée estoit composée de plus de deux cents cinquante voiles et des plus beaux vaisseaux du monde, avec les galères[1] ». On peut estimer l'ensemble de la flotte à un nombre de vaisseaux compris entre deux cent cinquante et trois cents, corroboré par diverses sources, ou pour être plus précis, cent cinquante gros navires, soixante vaisseaux plus petits et autour de quarante galères[2], tandis que les Anglais n'auraient eu que soixante gros vaisseaux et des ramberges, peut-être cent soixante vaisseaux au total et onze à douze mille hommes[3]. Côté français, vingt-cinq mille hommes embarquèrent[4]. Ces préparatifs s'accompagnèrent d'un effort financier sans précédent : l'équipage, la fourniture et l'entretien d'une telle flotte devait coûter au moins trois cent mille livres par mois[5] qui, probablement cumulés à d'importantes

---

1   Monluc, *Commentaires*, t. I, p. 301.
2   Un état très sommaire des vivres nécessaires pour la tenue en mer pendant quatre mois d'une armée encore incomplète de 22 galères et 120 nefs évoque 30 000 soldats, 16 000 pouvant débarquer et 14 000 restant en mer (AS Firenze, MP, 4590, fol. 390). Nous disposons aussi d'un document datant probablement du début de l'année 1547, mais beaucoup plus fiable et détaillé, intitulé *état de la provision qu'il faut pour l'armée de mer que le roi veult dresser*, qui fait état de 44 navires, essentiellement des galères, transportant 5 000 hommes de pied (BnF, Mor. 737, fol. 169-173) ; on peut imaginer qu'en 1545, pour transporter les 25 000 soldats rassemblés en Normandie, selon une répartition équitable, il fallait cinq fois plus de vaisseaux, soit 220 navires, et probablement davantage, sachant que la plupart des navires ne transportaient que 50 soldats. L'ambassadeur de l'empereur, Jean de Saint-Maurice, parle de 300 vaisseaux (*L&P*, t. XX, p. 382, Saint-Maurice à Los Covos, 7 mai 1545), de même que Bernardo de Medicis, ambassadeur du duc de Toscane (AS Firenze, MP, 4590, fol. 244-247, dépêche de Romorantin, 29 avril 1545) ; voir aussi l'estimation de Cavalli dans Alberi, *op. cit.*, serie I, t. I, p. 225 ; le père Fournier (*Hydrographie, op. cit.*, p. 247), l'un des plus précis, parle de 235 vaisseaux, sous-estimant le nombre des galères, mais il évoque aussi dix caraques gênoises arrivées trop tard pour renforcer l'amrée ; David M. Loades, *John Dudley : Duke of Northumberland, 1504-1554*, Oxford, 1992, p. 69, retient une hypothèse de 120 à 300 navires.
3   *Ibid.*, p. 69 ; C. de La Roncière, *op. cit.*, t. III, p. 411 ; D. Potter, *The Final Conflict, op. cit.*, p. 373, retient le chiffre de 160 navires début juin.
4   BnF, NAF 3644, pièce 1043, quittance du 20 septembre 1545, de Jean de Malleville, élu pour les aides et tailles de l'élection d'Arques, recevant 66 s. 8 d. de Joachim de Matignon pour avoir fait l'assiette de l'aide et pour les vivres de 25 000 hommes « que le roy nostre seigneur a fait embarquer au Havre de Grace ».
5   L'*état de la provision qu'il faut pour l'armée de mer que le roi veult dresser* de 1547 (BnF, Mor. 737, fol. 169-173) donne, pour quarante-quatre navires dont quatorze gros vaisseaux, une dépense de 72 709 l. t. pour le premier mois et 58 982 l. t. par mois supplémentaire, dont 15 747 l. t. par mois pour la seule solde des équipages et 25 000 pour les cinq mille soldats (au tarif de 20 écus pour un capitaine, 4 pour un marin, 5 pour un soldat) ; en multipliant ces chiffres par cinq, par extrapolation, on obtient environ 300 000 l. t. de

dépenses d'arsenaux (acquisitions, constructions, réparations), portèrent à près de deux millions de livres tournois les dépenses de marine de l'année 1545[1].

UN DÉPART SOUS DE MAUVAIS AUSPICES

Le 19 juin, l'amiral anglais, John Dudley, vicomte Lisle, présenta son plan à Henri VIII. Bien que la flotte anglaise ne fût pas encore prête, il imagina de surprendre la flotte ennemie au port et de mettre le feu aux principaux bâtiments français par des pinasses transformées en brûlots[2] : vers le 25 juin, il tenta donc d'entrer dans l'estuaire de la Seine, avec cent soixante vaisseaux et douze mille hommes, mais les vents l'empêchèrent de mettre son plan en exécution. Il dut faire demi-tour et se retirer dans la rade de Portsmouth. Le 3 juillet, la plus grande partie de la flotte anglaise revint attaquer par surprise les navires français regroupés au Havre, mais à cause des courants et des vents contraires, elle dut repartir après quelques salves de canon[3]. La fortune semblait alors favorable aux français. Elle n'allait pas tarder à changer de camp.

En effet, la campagne commença sous les pires auspices. Le 12 juillet 1545, le roi de France s'était installé sur les falaises voisines pour admirer le spectacle de sa flotte. Claude d'Annebault, pour l'honorer, avait disposé ses navires de la manière la plus spectaculaire, groupés autour du vaisseau amiral, la nef *Philippe* ou *Grand Carracon*. Ce vaisseau était un véritable monstre portant cent canons de bronze, qui n'avait encore guère servi. L'amiral Chabot l'avait fait construire avec des poutres et non des ais de bois, ce qui rendait sa merveille presque indestructible, et lui permit d'élever son tonnage à plus de cinq cens tonneaux[4]. Pour

dépense mensuelle pour une flotte d'environ 220 navires portant 25 000 soldats, comme celle de 1545.

1   Le manuscrit de la BnF, Fr. 17329, fol. 82-92v (*estat abregé de ce que monte la dispense faicte du temps du feu roy Françoys premier*), donne un total de 1 929 945 l. t., pour cette année, contre 410 907 l'année suivante ; le seul poste de l'extraordinaire de la marine du Ponant se monte à 1 092 874 l. t., alors qu'il était de 70 075 l. t. en 1528 et 202 361 pour la période 1531-1536 ; *cf.* aussi P. Hamon, *L'Argent du Roi*, *op. cit.*, p. 36.

2   C. de La Roncière, *op. cit.*, t. III, p. 417 ; G. Fournier, *Hydrographie*, *op. cit.*, p. 247 ; D. M. Loades, *John Dudley*, *op. cit.*, p. 69.

3   C. de La Roncière, *op. cit.*, t. III, p. 418 ; *Négociations de la France et de la Toscane*, *op. cit.*, t. III, p. 166, Bernardo de Médicis au duc de Toscane, Montvilliers, 14 juillet 1545.

4   *CSP, Spanish*, t. VII, n° 107, et surtout AS Modena, Cart. amb., Francia 19, Alessandro Zerbinati au duc de Ferrare, Lyon, 1er août 1545 (éd. partielle C. Occhipinti, *Carteggio*

recevoir dignement tous les princes de la cour, d'Annebault avait fait rassembler tous les cuisiniers sur ce grand navire, mais l'ébriété de certains provoqua un incendie dans les cuisines du bateau. Celui-ci portait trois cents bouches d'artillerie et d'abondantes réserves de munitions, ce qui causa de gros dégâts sur les navires voisins, vite éloignés. Pendant qu'on le vidait de ses hommes, le reste de la flotte s'efforça de le couler pour empêcher le feu de se propager ; mais ce fut en vain, tant le navire était résistant, et il se consuma lentement, en un joyeux feu d'artifice puisque les flammes avaient gagné les réserves de feu grégeois.

> Accroché par les galères, le volcan fut remorqué en hâte jusqu'à la Fosse de Leure, tandis que les pièces de ses trois batteries, encore chargées, faisaient rage ; de ce magnifique vaisseau, il ne resta bientôt que la quille[1].

On s'occupa surtout de sauver les hommes, dont moururent malgré tout mille deux cents personnes, dont trois cents marins, cent piétons, et cinquante gens d'armes. L'amiral fut sain et sauf, ainsi que son capitaine de pavillon Jacques de Fontaines[2], mais il y perdit beaucoup de ses biens, dont de magnifiques chevaux. Plus de deux cents armures dorées furent perdues, sans compter les provisions de biscuits, vins et viande salée, et des 100 000 écus qui s'y trouvaient, on n'en put sauver que 60 ou 80 000. Le total des pertes fut évalué à 300 000 écus, une somme considérable[3].

Les Anglais savouraient leur joie[4]. Quant à François Ier, il « fut incrediblement marry et troublé » de cette coûteuse mésaventure, dans

---

d'Arte, *op. cit.*, p. 113, éd. intégrale en annexe de ma thèse de doctorat, p. 839-840). Du Bellay, *Mémoires*, t. IV, p. 286, et le père G. Fournier, *Hydrographie, op. cit.*, p. 247, proposent 800 t., chiffre repris par M. Vergé-Franceschi, *Chronique maritime, op. cit.*, p. 146 ; C. de La Roncière, *op. cit.*, t. III, p. 418, retient l'estimation fantaisiste de 1 200 t. !

1   *Ibid.*, p. 418 ; G. Paradin, *Histoire de nostre temps, op. cit.*, p. 488-489 ; lettre citée de Zerbinati, du 1er août 1545 ; aussi AS Firenze, MP, 4590, fol. 400-401, Bernardo de Médicis au doc de Toscane, Lyon, 31 juillet 1545. Comme en de nombreuses autres occasions, la rumeur d'une traîtrise se répandit et s'instilla dans la mémoire collective : « le grand Carracon, principal navire, fut bruslé par l'industrie et malice de quelque traistre, à la veuë du roy, estant au Havre de Grace » (C. de Bourgueville, *Recherches et antiquitez de la ville et université de Caen, op. cit.*, p. 138).

2   Parent du lieutenant de la compagnie d'Annebault, Pierre de Harcourt.

3   Mêmes sources, et *ANG*, t. III, p. 376, Guidiccione au cardinal Farnèse, Harfleur, 18 juillet 1545.

4   Wriothesley dit que la grande caraque, dite la grande caraque *Rumpye la Conte* a brûlé, causant de nombreuses morts et la perte de tout l'argent emporté (Charles Wriothesley, *A*

laquelle il vit le comble de sa mauvaise fortune[1]. Blaise de Monluc se fit l'écho fataliste de ces craintes qui balayèrent d'un seul coup les belles certitudes de la veille :

> Dès lors que je vis, à nostre depart, embrazer le grand Carracon, qui estoit, ce crois-je, le plus beau vaisseau qu'il estoit possible, j'eus mauvaise opinion de nostre entreprinse [...] Aussi nostre fait est plus propre sur la terre que sur l'eau, où je ne sçay pas que nostre nation ait jamais gagné de grandes batailles[2].

L'amiral, fort dépité, monta sur la *Grande Maîtresse*, quadrirème du comte d'Anguillara[3]. Malgré ces déconvenues, le départ fut salué par des salves d'artillerie et eut lieu en grande pompe, avec de Taix à l'avant-garde, l'amiral à la bataille et Boutières à l'arrière-garde. L'armée avait encore fière allure : près de trois cents voiles au total, de nombreux marins, 4 000 artificiers, 15 000 gens de pied, tous Gascons et Espagnols, et un grand nombre de gentilshommes français, que le roi avait voulu tous expérimentés ; en quittant le port, les galères donnèrent une salve pour saluer le roi qui observait le spectacle – avec quelque inquiétude – du haut d'une colline[4].

LA BATAILLE DU SOLENT ET L'INVASION DE L'ÎLE DE WIGHT

Le départ ne mit pas fin aux mésaventures de l'amiral. La quille de *Grande Maistresse*, en sortant du port, avait touché un écueil, puis le bateau avait essuyé une tempête qui mit à mal son carénage ; on ne s'aperçut qu'elle prenait l'eau que le 18 juillet. Elle fut donc ramenée à Dieppe, puis au Havre, pour être radoubée[5]. Claude d'Annebault monta

---

Chronicle of England during the reigns of the Tudors from 1485 to 1559, by Charles Wriothesley, Windsor herald, éd. W. D. Hamilton, Londres, 1875-1877, t. I, p. 157).

1   AN, K 1485, Saint-Maurice au grand commandeur de Leon, Caudebec, 27 juillet 1545.

2   Monluc, *Commentaires*, t. I, p. 301.

3   Celui-ci se trouvait alors en prison ; son arrestation avait été l'une des causes d'un violent conflit entre la duchesse d'Étampes et ses protégés Tournon et d'Annebault ; en juillet 1545, la querelle s'était depuis peu apaisée (*cf.* p. 456 *sq.*).

4   Lettre citée de Guidiccione, du 18 juillet 1545 ; AS Firenze, MP, 4590, fol. 400-401, Bernardo de Médicis au duc de Toscane, Lyon, 31 juillet 1545 (éd. *Négociations de la France et de la Toscane, op. cit.*, p. 167-169). Pour suivre le déroulement des opérations, on pourra se reporter à la carte insérée en fin de ce livre (ill. 11).

5   Du Bellay, *Mémoires*, t. IV, p. 287-288 ; Matignon, *Correspondance*, p. 130, lettre du roi, Jumièges, 30 juillet 1545 : Matignon et Bandeville reçurent l'ordre de la radouber au Havre, comme pour les autres navires endommagés ; le cardinal de Tournon ne cessa

sur la *Contarina*, l'un des navires confisqués aux marchands vénitiens : ce fut son troisième vaisseau amiral en une seule semaine. « Il sembloit que le sort », remarqua l'historien Gaillard, « s'attachât à poursuivre les vaisseaux qui portoient l'argent de la flotte française[1] ». D'autres navires échouèrent encore, mais le 18 juillet, la flotte arriva en vue des côtes anglaises ; à ce moment, l'amiral était encore embarqué sur la *Grande Maîtresse*. Après quelques salves de feu grégeois tirées du rivage près de Brighton, la flotte ennemie sortit par l'ouest, du canal du Solent, séparant Portsmouth de l'île de Wight, qui en gardait l'accès. Le baron de La Garde, engagé en avant avec quatre galères, fut le premier à rencontrer la flotte ennemie de l'amiral Lisle, entre l'île de Wight et Portsmouth ; il était presque cerné lorsque l'intervention de d'Annebault le dégagea de justesse. Les Anglais, en infériorité numérique, se retirèrent dans la rade à l'abri des fortifications de Portsmouth.

Le lendemain, l'amiral de France décida de conduire le front de la flotte avec trente vaisseaux, avec à sa droite les vaisseaux de Boutières, et à sa gauche, ceux de Joachim de Chabannes, baron de Curton[2]. Cette journée vit un nouvel engagement sans conséquence, sinon que le plus grand navire anglais, la *Mary Rose*, sombra corps et biens lors d'une manœuvre : trop chargée, elle ne supporta pas un virement de bord qui fit s'engouffrer l'eau dans les écoutilles[3]. Selon des recherches récentes, il est probable que le navire ait été préalablement touché par un tir bas de galère, qui l'aurait destabilisé[4]. Quoi qu'il en fût, les Français affirmèrent qu'ils l'avaient eux-mêmes coulée :

---

d'en demander des nouvelles dans toutes ses lettres au lieutenant général de Normandie, jusqu'à la fin de la campagne ; la nef ne fut finalement pas prête à temps pour rejoindre la flotte.

1   G.-H. Gaillard, *op. cit.*, t. III, p. 247.

2   Sur ce personnage, *cf.* C. de La Roncière, *op. cit.*, t. III, p. 420-421.

3   Voir le récit de C. Wriothesley, *Chronicle, op. cit.*, p. 158 ; G. Fournier, *Hydrographie, op. cit.*, p. 248 ; C. de La Roncière, *op. cit.*, t. III, p. 421 ; D. M. Loades, *John Dudley, op. cit.*, p. 70. Sur ce navire, remonté et fouillé dans les années 1980, R. F. Harrison, « The Mary Rose, Tudor ship », dans *Museums Journal*, vol. 81, n° 1, Londres, 1981-1982, p. 11-17 et Ann J. Stirland, *Raising the Dead : The Skeleton Crew of Henry VIII's Great Ship, the Mary Rose*, Chichester, 2000 ; *cf.* aussi David Starkey et Susan Doran, *Henry VIII : Man and Monarch*, catalogue de l'exposition de la British Library, 23 avril-6 septembre 2009, Londres, 2009, p. 248-251.

4   *Cf.* notamment Alexzandra Hildred, « The Fighting Ship », dans *Your Noblest Shippe : Anatomy of a Tudor Warship*, vol. 2, éd. Peter Marsden, Portsmouth, 2009, p. 307-308. La scène a été également illustrée par un tableau contemporain très précis, disparu en

> Fortune entretint nostre armée en ceste sorte plus d'une heure, durant lequel temps, entre autres dommages qu'en receurent les ennemis, la *Marirose*, l'un de leurs principaux navires, à coups de canon fut mis au fonds, et de cinq à six cens hommes qui estoient dedans ne s'en sauva que trente cinq. Le *Grand Henry*, qui portoit leur amiral, fut tellement affligé, que s'il n'eust esté soutenu et secouru des prochaines navires, il faisoit une mesme fin[1].

Cependant, le vent tourna et les vaisseaux anglais, jusque là peu mobiles et proie facile pour les galères, foncèrent sur la flotte française qui dut rompre le combat et s'éloigner. Les ramberges anglaises firent en cette occasion la preuve de leur supériorité en ces eaux où la maniabilité était leur meilleur atout ; mais l'une d'elles s'étant trop approchée, le prieur de Capoue, « ne pouvant plus comporter ceste indignité » de la retraite, vira de bord et l'attaqua. Voyant cela, l'amiral d'Annebault fut sur le point de donner l'ordre aux autres navires de faire de même, lorsque les Anglais se retirèrent[2]. Cet épisode montra que le chef de la flotte, trop inexpérimenté, tardait à saisir les bonnes occasions ; cela encouragea certainement les Strozzi à lui désobéir plus souvent. Il faut dire, à leur décharge, qu'il était plus difficile de communiquer entre chefs dans une bataille navale que sur la terre ferme.

Les jours suivants, les Français remportèrent d'appréciables succès, sans qu'ils fussent jamais décisifs. L'amiral d'Annebault voulut forcer les Anglais à abandonner leur attitude défensive :

> Ayant monsieur l'amiral comprins l'intention des ennemis, se resolut de tenter par autres moyens de les attirer ; car ayant nouvelles que le roy d'Angleterre estoit arrivé a Portemuth, eut opinion que faisant descente en terre, gastant et bruslant son païs a sa veue et presque entre ses mains tuant ses hommes, que l'indignation qu'il prendroit de telle injure, la compassion qu'il auroit du sang et mort de ses subjects, et le gast et bruslement de son païs l'esmouveroient tant qu'il feroit partir ses navires pour aller au secours.

Le 21 juillet, les troupes françaises débarquèrent en trois endroits différents sur l'île de Wight et eurent le temps de brûler plusieurs villages et un fort avant l'intervention de la cavalerie anglaise. Après une escarmouche causée par des hommes qui étaient descendus à terre sans permission

---

1803 mais copié au XVIIIe siècle, étudié par Dominic Fontana, *The Cowdray engravings and the loss of the Mary Rose*, <http://www.myoldmap.com/dominic/maryrose/> (visité le 25/09/13).

1   Du Bellay, *Mémoires*, t. IV, p. 289.
2   *Ibid.*, p. 290-291.

et s'étaient aventurés trop loin, Jean de Taix fut envoyé organiser la retraite, qui se fit à moindre mal[1]. Ce type d'opération devait se répéter chaque jour jusqu'à ce que les Anglais quittent leur rade[2]. Quelques petits débarquements suivirent : dans le Sussex, les Anglais capturèrent soixante Français ; aux abords immédiats de Douvres, plusieurs villages furent réduits en cendres par les raids des troupes de l'amiral[3]. Pendant ce temps, le roi de France aurait annoncé à l'empereur qu'il tenait Hampton et Portsmouth en plus de l'île de Wight. Mais à la vérité, l'amiral d'Annebault était bien loin de tenir ces résultats pour certains. Portsmouth pouvait être assiégée, mais il fallait d'abord s'établir solidement sur l'île de Wight, c'est-à-dire affaiblir la flotte et renoncer à bloquer le ravitaillement de Boulogne. Le dilemme n'était pas simple.

PORTSMOUTH OU BOULOGNE ?

Si les Anglais avaient combattu, les Français auraient probablement pu décimer leur flotte et prendre Portsmouth, le « Boulogne anglais ». Ils y auraient alors laissé la plupart des gens de pied, sans cesser d'occuper la Manche avec un nombre de vaisseaux supérieur à celui des ennemis ; une fois pris les ports et places côtières, mal défendus, il eût toujours été possible de les fortifier[4]. Mais les plans initiaux des Français avaient échoué et déjà, les Anglais renforçaient les fortifications et la garnison de Portsmouth[5]. Les affaires françaises n'étaient pas mieux engagées du côté de Boulogne : début juillet, François Ier y avait envoyé une grande

---

1 *Ibid.*, t. IV, p. 291-294 ; J. A. Froude, *op. cit.*, t. IV, p. 427-428. Il est difficile de suivre la progression du récit de Du Bellay, parfois confuse et rarement chronologique ; le débarquement dans l'île de Wight est ainsi parfois daté du 19 juillet, mais d'après d'autres sources, il semble qu'il ait eu lieu le 21.

2 Edward Hall, *Henry VIII*, éd. C. Whibley, Londres, 1904, 2 vol, t. II, p. 351 : « After de departyng of th'englyshe navy from Newhaven, the admyrall of Fraunce, called the Lorde Dombalt, a man of greate experyence, halsed up hys sayles, and with hys whole navie, came to the point of the Isle of Wyght, called St Helenes poynt, and there in good ordre cast their ankers and sent XVI galies dayly to the very haven of Portesmouthe ». Hall fut témoin des faits.

3 *Acts of the Privy Council of England*, éd. J. R. Dasent, Londres, 1890-1907, 32 vol, t. I, 1890, p. 212-213, séance du 21 juillet 1545.

4 *ANG*, t. III, p. 380, Guidiccione au cardinal Farnèse, Caudebec, 23 juillet 1545.

5 Henri VIII envoya en juillet 1 500 ou 2 000 hommes défendre Portsmouth (*Acts of the Privy Council*, t. I, p. 214 et 217 ; *Greyfriars Chronicle, op. cit.*, p. 49 ; C. Wriothesley, *Chronicle, op. cit.*, t. I, p. 158-159).

armée, mais lors de la première escarmouche, le 15 du mois, on comptait déjà quatre cents victimes dans les rangs français, contre aucune victime anglaise, et le bastion français ne faisait que peu de dommages aux fortications[1]. Il fallait donc choisir, entre abandonner immédiatement Portsmouth pour attaquer Boulogne à revers, ou tenter d'aller chercher la flotte anglaise dans le Solent et provoquer le combat. L'amiral rassembla donc ses pilotes, lieutenants et capitaines sur sa quadrirème et tint un véritable conseil de guerre :

> Le jour ensuivant [23 juillet], ledit seigneur amiral ayant veu que par nul moyen se pouvoient attirer les ennemis au combat, delibera les aller assaillir au lieu où ils estoient ; et sur cette deliberacion assembla en public tous les pilots, capitaines et mariniers, pour mieux entendre la nature et la qualité du lieu et le remede que l'on pourroit prendre contre la difficulté des bans cy dessus mentionnez, leur remonstrant combien nous estions superieurs, tant de nombre de navires que de valeur d'hommes, et quel proffit porteroit au roy et au royaume une telle victoire, laquelle il tenoit pour certaine, qui pourroit aller jusques à eux[2].

Les hommes de guerre brûlaient d'en découdre. Mais les pilotes répliquèrent qu'on ne pouvait combattre à l'ancre sans risquer, en cas de rupture des câbles, des naufrages sur la côte ; d'autre part, la passe était trop étroite pour laisser entrer plus de quatre navires de front, ce qui eût exposé leurs proues à l'artillerie ennemie. Ils ajoutèrent qu'il y avait tout au plus une brasse d'eau, ce qui rendait dangereuse la manœuvre. On les accusa de « couardise » : les frères Strozzi soutinrent qu'il y avait au moins quatre brasses, et qu'on pouvait attaquer sans danger. Alors, l'amiral, sans doute déjà fâché de leur attitude, leur présenta une feuille et leur ordonna de mettre leurs paroles noir sur blanc : on allait combattre, mais sur leur parole ! Les Florentins refusèrent, car ils n'étaient pas pilotes. L'amiral, qui avait compris que le roi serait de toute façon mécontent, leur demanda donc d'écrire le contraire ; ce qu'ils refusèrent également, indignés qu'on voulût leur faire porter la responsabilité de ce choix. Claude d'Annebault envoya donc trois pilotes et trois capitaines sonder la profondeur et mesurer la largeur de la passe. Le lendemain matin, ils

---

1   *Ibid.*, p. 156-157 ; D. Potter, *The Final Conflict, op. cit.*, p. 266-304 et notamment à partir de la p. 294 pour les fortifications françaises et anglaises.
2   Du Bellay, *Mémoires*, t. IV, p. 294.

firent leur rapport, et confirmèrent que les Anglais étaient inattaquables dans la rade. Il fut donc décidé de différer le combat jusqu'à ce que le roi ait donné ses ordres[1].

En attendant, l'amiral, malade et diminué à cause de son abcès à l'oreille, mit les voiles sur Boulogne. Il débarqua 4 000 soldats et 3 000 pionniers au Portel et resta aux environs de ce port jusqu'au début du mois d'août, déjeunant à l'occasion sur sa galère avec le maréchal Du Biez, sans doute pour prendre la mesure des avancées du siège[2]. Qu'attendait-on pour retourner devant Portsmouth ? Tout d'abord, que la mer et les vents se montrent plus favorables. Ensuite, que les navires fussent ravitaillés, et renforcés de tous ceux qui étaient au radoub ou en réparation au Havre et à Dieppe. Le 4 août, d'Annebault fit part de ses soucis à son cousin Matignon, qu'il pressa d'accélérer les chantiers, car il était impatient d'engager un nouveau combat :

> J'ay entendu par voz lettres comme les vivres qui me doibvent estre mandez sont partiz, sinon le tout, par le moings une partie ; mais ne sont encores arrivez. De quoy je suis en grande poyne, pour ce que nous en avons très grand besoing, et fault que je prene des ungs pour secourir les autres ; et si n'arrivent bientost, il fauldront partout en ung coup. Pour ce, je vous prie, si jamais vous me feictes plaisir, voulloir faire dilligenter a ce qu'il restera encores a faire conduire ; et si jamais se feit dilligence, que se face maintenant au rabillaige des navires que j'ay renvoyées par della, comme en est de besoing. Pour ce que j'entens que l'armée de l'ennemy se fortiffie journellement et l[a] nostre se affoiblit, comme pouvez pancer, s'en estans retornez les principaulx de noz navires, si ne lairrey je pour cella, si nous pouvions trouver ladite armée en lieu que je le puisse faire, a les combatre[3].

En effet, la flotte française avait perdu ses plus gros vaisseaux, la *Maistresse* n'était pas encore réparée, et d'autres navires prenaient l'eau. Claude

---

1   AS Modena, Cart. amb., Francia 21, Giulio Alvarotti au duc de Ferrare, Dieppe, 14 août 1545 (en chiffre) : « *il s[f] prior di Capua et Pietro Strozzi dissero che vi saria più di 4 braccia d'acqua, et che si poteva combattere. All'hora mons[f] almiraglio fece lor presentar inanci uno folio di carta, dicendo che si sottoscrivessero, perché su la parola loro voleva andare a combattere, risposero che non lo volevano fare, perché non erano piloti ; S. Ex[t] disse "Sottoscrivete dunque il contrario" ; risposero ancò non volerlo fare, per la medesima ragione, di modo che S. Ex[t] restò molto mal sodisfatta da loro* ». Voir aussi Du Bellay, *Mémoires*, t. IV, p. 294-298, *CSP, Spanish*, t. VIII, p. 223.
2   AGR Belgique, Aud. 132, fol. 270-271, Loys Dyle à Marie de Hongrie, Lille, 11 août 1545 ; C. de La Roncière, *op. cit.*, t. III, p. 425 ; G. Fournier, *Hydrographie, op. cit.*, p. 248.
3   Matignon, *Correspondance*, p. 132-133, Claude d'Annebault à Joachim de Matignon, la rade de Boulogne, 4 août [1545].

d'Annebault dressa le rôle des avaries et l'envoya directement à Tournon, qui écrivit à Matignon de procéder d'urgence aux réparations pour ne pas laisser l'armée de mer ainsi affaiblie[1]. De plus, les désertions se multipliaient malgré les précautions de l'amiral, qui avait prévenu le roi que personne n'aurait licence de quitter l'armée ; il fallait donc arrêter et pendre tous ceux qui retourneraient au port sans son congé et saisir leurs papiers[2].

LA BATAILLE DU 15 AOÛT 1545

Dans le même temps, les Anglais prenaient de l'assurance. Le 27 juillet 1545, mille soldats furent levés pour secourir Boulogne : ils embarquèrent le 6 août 1545[3]. La flotte anglaise avait reçu d'importants renforts, et comptait désormais cent quatre vaisseaux et douze mille hommes, soit encore moitié moins que l'armée française qui quitta Boulogne le 9 août à sept heures du soir, avec environ deux cents voiles, apparemment en direction de Douvres[4]. L'amiral Lisle ayant reçu l'ordre d'attaquer, il partit à la rencontre de la flotte française. Averti, d'Annebault regagna les parages de Boulogne, et se forma en bataille, « les nefs acculées au rivage, comme s'il se fut douté que le plan de Lisle était de le doubler d'une division pour le prendre entre deux feux[5] ». Il voulait prendre les Anglais à leur propre piège, en les invitant à s'engager dans une passe où ils auraient été défavorisés par le vent et le manque de profondeur, tandis que galères de Polin s'abritèrent du vent derrière une bande de terre : si Lisle voulait aborder la flotte française, ces galères jailliraient derrière lui. L'amiral d'Annebault semblait prêt à combattre et avait choisi un navire rond pour affronter en personne son homologue anglais[6]. Mais comme le rapport de force n'était plus le même, il envoya Piero Strozzi au roi pour connaître ses ordres et demander l'autorisation de débarquer : le roi répondit de combattre d'abord.

---

1 *Ibid.*, p. 131, lettre du cardinal de Tournon, Jumièges, 2 août 1545.
2 *Ibid.*, p. 133-134, lettres du cardinal de Tournon, Jumièges, 5 août [1545] et 6 août [1545]. La mention d'une saisie de papiers suggère que l'amiral soupçonnait la présence de traîtres dans son état-major.
3 *L&P*, t. XXI, n°s 1303, 1304, 1321, 1322 ; C. Wriothesley, *Chronicle, op. cit.*, t. I, p. 159-160.
4 AGR Belgique, Aud. 132, fol. 270-271, Loys Dyle à Marie de Hongrie, Lille, 11 août 1545 ; C. de La Roncière, *op. cit.*, t. III, p. 425.
5 *Ibid.*, p. 426.
6 Du Bellay, *Mémoires*, t. IV, p. 302-304.

Claude d'Annebault envoya donc les galères attirer les ennemis[1], qui approchaient en chantant *God save the King*. Les galères prirent de vitesse l'avant-garde anglaise pour la tenir à sa merci, sous le vent, mais essuyèrent une salve d'artillerie. Leur riposte endommagea gravement les deux plus gros navires anglais. Puis Polin de La Garde reproduisit sa manœuvre de l'île de Wight, et volta pour entraîner les ennemis à sa suite, là où les attendait la bataille de Claude d'Annebault. Mais le vent tourna soudain. Du coup, l'avantage aux navires de l'amiral de France n'était plus certain. Piero Strozzi prit donc, de son propre chef, la décision de modifier le plan convenu : sans doute pensa-il que La Garde n'eût pu faire autrement que de le suivre avec le reste de la flotte. Il n'en fut pas ainsi : Polin ne comprit pas les raisons du nouveau demi-tour de Strozzi, ou ne voulut pas déplaire à l'amiral. Il continua donc son chemin, s'éloignant des galères du Florentin ; chacun de deux capitaines espéra en vain que l'autre finirait par céder et se rallierait. Finalement, le prieur de Capoue se refusa à abandonner son frère, et le rejoignit. Ils engagèrent le combat, mais désespéraient de recevoir du soutien, lorsque La Garde reparut, puis s'éloigna, avant de revenir de nouveau à la charge, et disparaître pour la troisième fois. On a pu avancer que ces allées et venues de Polin devaient laisser le temps à l'amiral de France d'entrer en ligne[2]. Il est bien plus vraisemblable qu'il soit revenu pour rappeler les galères dissidentes et couvrir leur retraite ; devant l'obstination des frères Strozzi, il renonça[3]. Après deux heures de combats, les Anglais, très durement touchés par les premières salves des galères françaises, choisirent de se retirer sur Beachy Head près d'Eastbourne, tandis que les Strozzi rentrèrent aussi furieux qu'inquiets des conséquences de leur indiscipline. Pourtant, ils avaient sans doute fait le meilleur choix pour obéir au roi, car s'ils avaient suivi le plan initial, les Anglais auraient pris le vent et se seraient retirés sans combattre, pour réparer les avaries

---

1   Elles partirent le 14 au soir, d'après une lettre de Polin de La Garde au dauphin Henri, Harfleur, 23 août [1545], éd. dans [Piero Strozzi], « Relation du combat naval entre les François et les Anglois en l'année 1545, le jour de Nostre-Dame d'aoust (Sénarpont, 27 août) », éd. M. Chambois, *Bulletin historique et philologique du Comité des travaux historiques*, 1891, p. 325-329.

2   C. de La Roncière, *op. cit.*, t. III, p. 428.

3   D'après *ibid.*, p. 428-429, « Relation du combat naval » citée, p. 326-329, AS Modena, Cart. amb., Francia 21, Giulio Alvarotti au duc de Ferrare, Dieppe, 20 août 1545, et Du Bellay, *Mémoires*, t. IV, p. 304-305.

de leurs plus gros vaisseaux. Ainsi, cette campagne s'acheva sans apporter aucun avantage, alors que la flotte de guerre française était encore largement supérieure. Polin de La Garde, général des galères depuis 1543, n'avait pas l'expérience de son lieutenant le prieur de Capoue ou de son frère Piero Strozzi ; quant à d'Annebault, Boutières, Du Bellay, le vidame de Chartres ou Jean de Taix, ils étaient bien plus compétents pour mener des raids efficaces sur l'île de Wight ou dans le Sussex que pour diriger une bataille sur mer. Mais les divisions internes, notamment le conflit ouvert entre l'amiral et ses subordonnés italiens, expliquent probablement en partie ces échecs[1].

CRITIQUES ET DIVISIONS

Considérant qu'il y avait bien eu bataille, qui n'avait tourné court que par la faute des Strozzi, l'amiral d'Annebault revint en hâte au Havre, où il débarqua le 17 août après avoir désarmé une partie de sa flotte[2]. Puis il prit la poste avec Jean de Taix pour aller retrouver le roi de France à Arques, près de Dieppe[3], tandis que Monluc emmenait les compagnies débarquées au fort d'Outreau[4], enceinte hexagonale postée devant Boulogne, du côté opposée à celle du Portel, afin d'utiliser au mieux une partie des troupes qui avaient été embarquées[5]. L'ambassadeur Marino Cavalli, en bon Vénitien, dressa un bilan sans concessions de cette rare expérience de guerre maritime française :

> Monsieur l'amiral avec son armée, n'ayant peu mettre grand nombre de personnes à terre (n'ayant en tout pas plus de neuf mille hommes, lesquels avec ces capitaines ne pouvaient être plus hardis qu'ils ne le montrèrent), se retira donc avec peu d'honneur de l'île de Wight, et ne sachant pas quoi faire d'autre au sujet de l'armée ennemie qu'il avait toujours à son flanc, il débarqua sous

---

1 D. Potter, *The Final Conflict, op. cit.*, p. 379, voit dans cette rupture de confiance (« *breakdown of trust* ») du 23 juillet la cause principale des déboires français.
2 *L&P*, t. XX, part II, p. 81, n° 185, et *CSP of Henry VIII*, t. XI, p. 823, John Lisle à Henri VIII, S¹. Helene's Point, 21 août 1545 ; Lisle dit qu'aucune salve de canon ne fut tirée pour saluer son arrivée ; mais il mentit pour accroître l'apparence de son succès, car l'ambassadeur de Ferrare (qui n'avait aucun intérêt dans l'affaire) rapporta le contraire (AS Modena, Cart. amb., Francia 21, Giulio Alvarotti au duc de Ferrare, Dieppe, 20 août 1545).
3 Du Bellay, *Mémoires*, t. IV, p. 305.
4 Dép. Pas-de-Calais, arr. Boulogne, cant. Samer.
5 Monluc, *Commentaires*, t. I, p. 302.

Boulogne une partie de ses gens et trois mille pionniers et donna la priorité à un fort, lequel se mit en défense durant les deux mois suivants : ce qui fut une chose rare et peut-être jamais vue, que en face d'une place bien forte, à portée de canons, on fabricât une forteresse en rase campagne. Lequel fort, comme je l'ai dit, fut difficile à faire, mais une fois fait, il ne donna depuis l'espérance que l'on croyait d'assiéger Boulogne. L'armée se défit et ne resta dehors que trente-deux jours, du 18 juillet au 9 août[1].

Le résultat obtenu était donc bien modeste au regard des folles ambitions et des grands espoirs qui avaient accompagné cette campagne. Pourtant, il ne manqua qu'un peu d'expérience et de chance pour que l'expédition fût victorieuse[2].

Désormais, pour ne pas être complètement défait, François Ier ne pouvait plus compter que sur le bastion et les assiégeants de Boulogne. La flotte française, diminuée, pouvait encore tenir la Manche et empêcher efficacement les Anglais de ravitailler Boulogne, ainsi que d'envoyer des vaisseaux à Portsmouth[3]. De même, elle paralysait le commerce maritime insulaire en saisissant les navires marchands[4]. En revanche, les côtes normandes n'étaient plus protégées et l'amiral Lisle saisit l'occasion de venger les ravages subis entre Portsmouth et Douvres au mois de juillet. Le 2 septembre, il débarqua au Tréport, détruisit trente navires dans le port, incendia la ville, et ravagea les campagnes environnantes, avant de repartir[5]. Le 24 septembre, le roi d'Angleterre fit donner un *Te Deum* à Londres, ainsi qu'une procession solennelle pour célébrer la victoire sur le royaume d'Écosse et surtout, la levée du siège de Boulogne par les armées françaises, finalement aussi peu efficaces que la belle flotte de guerre, en dépit de l'importance des sommes engagées[6].

---

1   Alberi, *op. cit.*, serie I, t. I, p. 219 ; *cf.* aussi la relation d'un certain Loys Dyle dans AGR Belgique, Aud. 132, fol. 270-271, Loys Dyle à Marie de Hongrie, Lille, 11 août 1545.
2   P. Contamine, dir., *Histoire militaire de la France*, t. I, *op. cit.*, p. 289 : « Il s'en fallut d'une saute de vent et d'une meilleure coordination du commandement français pour que la retraite de la flotte anglaise ne s'achevât en déroute.
3   C. Wriothesley, *Chronicle*, *op. cit.*, t. I, p. 160.
4   Par exemple un navire espagnol chargé de marchandises d'Angleterre qui fut arrêté, ramené au Havre, dépouillé de sa cargaison puis restitué à son propriété (Matignon, *Correspondance*, p. 135, lettre de François Ier, Bacqueville, 10 août [1545]).
5   D. M. Loades, *John Dudley, op. cit.*, p. 72.
6   C. Wriothesley, *Chronicle, op. cit.*, t. I, p. 161 ; *ANG*, t. III, p. 388, Guidiccione au cardinal Farnèse, Amiens, 5 septembre 1545 ; E. Hall, *op. cit.*, t. II, p. 353.

Avant même son retour au Havre, l'amiral fut très vivement critiqué. Selon les Anglais, les pauvres pêcheurs disaient que jamais expédition n'avait coûté plus cher, et qu'ils « n'avaient pas le souvenir d'une aussi grande honte[1] ». D'autres bruits couraient : le roi aurait été fort mécontent qu'on n'ait pas débarqué en Angleterre et mieux utilisé sa grande armée ; car des deux objectifs initiaux, vaincre l'armée anglaise et appuyer le siège de Boulogne, aucun n'avait été tenu. On parlait du retour de Montmorency, improbable spectre toujours agité dans la tourmente, et on prédisait que le comte d'Enghien deviendrait amiral à la place de Claude d'Annebault[2]. Tous ces bruits extravagants avaient un fond de vérité : le dauphin intriguait en coulisses et le roi se montrait très mécontent[3]. La déception était à la hauteur des premières espérances et des moyens mis en œuvre[4]. Tout au long des quatre semaines où l'amiral dirigea sa flotte, le roi et ses conseillers s'étaient montrés extraordinairement avides de nouvelles[5]. Aussi, après le dérisoire affrontement du 15 août, chacun tentait d'expliquer ce qui s'était passé, et ajoutait quelque chose à sa propre version des faits. Et comme les capitaines et marins se partageaient entre les adversaires des Strozzi et les accusateurs de l'amiral et ses lieutenants, il en allait de même à la cour. En général, on tenait

---

1   *L&P*, t. XX, part II, p. 73-74, n° 174, *CSP of Henry VIII*, t. XI, p. 820, John Lisle à William St John, Beauchief, 20 août 1545.

2   *L&P*, t. XX, part II, p. 99, n° 226, lettre du Conseil de Boulogne au Conseil Privé, Boulogne, 26 août 1545 : « Have intelligence that the French king is displeased with the admiral for not entering upon some part of England, and has sent for the constable to restore him to his former estate. Likewise, the chief captain of the galleys is dismissed. Some affirm that the French army by sea disbarks at Depe and Niewe Havyn, ithers that it is only revictuals. Mons' d'Anguyene will supply the admiral's place. »

3   AS Modena, Cart. amb., Francia 21, Giulio Alvarotti au duc de Ferrare, Dieppe, 18 août 1545 : Ludovic de Birague a fait son rapport au roi, qui « lo ascoltaria con un volto da corociato, et gli rispondeva in modo come da sdegnato ». Il est probable que les paroles de Birague accusaient les Strozzi (*cf.* plus bas) ; la colère du roi n'était donc pas forcément dirigée contre l'amiral.

4   Monluc, *Commentaires*, t. I, p. 301 : « Le desir que le roy avoit de se venger du roy d'Angleterre le fit entrer en une extrême despence, laquelle en fin servit de peu, quoy que nous eussions prins terre et depuis combatu les Anglois sur mer, où, d'un costé et d'autre, il y eust plusieurs vaisseaux mis à fons ».

5   Joachim de Matignon, resté au Havre tout au long des opérations, qui recevait les paquets de l'amiral et les envoyait à la cour, était sans cesse pressé par le roi et Tournon d'envoyer des nouvelles, au point qu'il leur écrivit que puisque le roi exigeait des courriers si fréquents, il obéirait et annoncerait l'heure de la marée quand il n'aurait pas mieux à dire (Matignon, *Correspondance*, p. LVI).

pour certain que l'amiral n'avait pas voulu combattre[1], et on refaisait la
bataille en disant que si Polin et l'amiral avaient fait leur devoir, l'armée
anglaise eût été anéantie[2]. Certaines accusations étaient plus graves : on
disait qu'avant le début de l'expédition, l'amiral s'était rendu compte
que l'armée n'était pas vraiment prête, mais n'avait pas osé le dire au
roi ; il avait alors envoyé Strozzi en reconnaissance à l'île de Wight pour
gagner un peu de temps, mais pas assez pour tout arranger ; de même,
lorsqu'on avait manqué de biscuits, il ne sut pas, disait-on, quelle décision prendre, et c'est Strozzi qui avait pris l'initiative de faire fabriquer
en hâte des milliers de livres de biscuits à Caen et à Rouen[3]. Certes,
l'amiral avait montré encore plus de prudence qu'à l'accoutumée, peut-
être parce qu'il n'avait pas l'expérience requise et qu'il ne sentait pas,
comme les Strozzi, les bonnes occasions, mais toutes ces rumeurs étaient
infondées ou exagérées. La flotte française était bien mieux préparée
que celle de l'amiral Lisle, mais une grande partie des provisions avait
péri dans l'incendie de la Philippe, et les raids sur les côtes anglaises
et l'île de Wight n'avaient pas donné tout ce qu'on espérait. Toutefois,
rien n'était épargné pour discréditer le conseiller favori, déjà ébranlé
par sa mauvaise fortune. Le maître d'œuvre de cette campagne était le
dauphin, qui encouragea Piero Strozzi à plus de hardiesse.

Dès qu'il fut rentré à la cour, Strozzi accusa Polin de La Garde,
affirmant que « plusieurs bonnes occasions avaient été manquées pendant l'expédition[4] » et rédigea une relation des combats du 15 août qui
accablait totalement la « capitainesse », c'est-à-dire le principal corps de
la flotte, avec le vaisseau amiral ; ce faisant, il accablait, sans le nommer,
l'amiral d'Annebault qui apparaissait comme un incompétent, entouré
d'un état-major du même acabit, au premier rang duquel le baron de

---

1 AS Modena, Cart. amb., Francia 21, Giulio Alvarotti au duc de Ferrare, Dieppe, 18 août
   1545.
2 *Ibid.*, Giulio Alvarotti au duc de Ferrare, Dieppe, 20 août 1545 : « [Thomaso del Vecchio]
   dice et afferma che solo li Strozzi hanno combattuto, et che se Polino et mons' almiraglio
   havessero fatto la parte loro, come hanno fatto li Strozzi, potria essere che l'armata inglese
   non saria più in essere, ma in summa non hanno voluto combattere nissuno di loro, et
   meno mons' almiraglio che Polino ».
3 *Ibid.*
4 *L&P*, t. XX, part II, p. 212-213, n° 493 et *CSP, Spanish*, t. VIII, n° 143, Jean de Saint-
   Maurice au roi Ferdinand, [début septembre 1545] ; AS Venezia, Secr., AP, amb. Germania,
   reg. 1, fol. 284v-287, Bernardo Navagero au Sénat de Venise, Bruxelles, 5 septembre
   1545 : Strozzi aurait dit que par trois fois, l'armée française n'aurait pas fait son devoir.

La Garde[1]. Toutefois, Claude d'Annebault, en conflit plus ou moins ouvert avec les Strozzi depuis le début de l'expédition, s'était méfié d'eux et avait pris fin juillet la précaution d'écrire au roi pour signaler la désobéissance et la mauvaise conduite de ses lieutenants italiens qu'il jugeait « dangereux[2] ». Quant à ceux-ci, ils avaient tout autant de raisons d'être mécontents de leur chef honni, en qui ils voyaient l'incarnation du diable[3], et ils ne se privaient pas pour lui porter quelques nouveaux coups de boutoir indirects, à travers la personne du capitaine Polin. Toujours poussé par le dauphin, Piero Strozzi raconta publiquement dans quelles circonstances ce « lâche » de Polin s'était enfui en entendant le son du canon, le laissant seul au milieu des ennemis, contre les ordres. L'accusation de fuite devant l'ennemi était un grave préjudice à l'honneur d'un chevalier, l'un des seuls, en France, qui autorisât le diffamé à demander réparation[4] : Polin demanda donc au roi l'autorisation d'en répondre par l'épée[5]. Ces querelles suscitèrent un écho considérable dans toutes les cours de la Chrétienté, où l'on guettait avec gourmandise leurs développements[6].

Ç'aurait pu être, avec quelques années d'avance, le duel de Jarnac et de La Châtaigneraie, celui de la présente et de la prochaine cour. Mais François Ier ne le voulut pas ainsi : dès le retour de l'amiral, il coupa court à beaucoup de rumeurs en lui faisant le meilleur accueil – peut-être meilleur que celui qu'il lui eût été réservé sans toute cette agitation. Le roi aurait même consolé son favori en lui affirmant qu'il

---

1   « Relation du combat naval » citée.
2   AS Modena, Cart. amb., Francia 21, Giulio Alvarotti au duc de Ferrare, Dieppe, 14 août 1545.
3   AS Firenze, MP, 4590, fol. 90-91v, lettre de Bernardo de Médicis au duc de Toscane, Montargis, 9 février 1545 [n. st.] : « Piero Strozzi fu udito dire da un' suo che l'ammiraglio, quando lo vede, gli par' di vedere el diavolo ».
4   Les trois autres étaient l'honneur d'une femme, la trahison, et les accusations portant sur une faute passible de peine de mort.
5   AS Modena, Cart. amb., Francia 21, Giulio Alvarotti au duc de Ferrare, Amiens, 4 septembre 1545 ; AS Venezia, Secr., AP, amb. Germania, reg. 1, fol. 284v-287, Bernardo Navagero au Sénat de Venise, Bruxelles, 5 septembre 1545.
6   AS Firenze, MP, 4305, fol. 86-88v, trad. italienne des écrits de Strozzi et de La Garde, envoyée par Bernardo Concini au duc de Toscane ; ibid., fol. 36-37, lettre du même (qui espère de manière à peine voilée que Strozzi, ennemi du duc de Toscane, perdra la vie dans le duel) au même, Bruxelles, 6 septembre 1545 ; AS Modena, Cart. amb., Francia 21, Giulio Alvarotti au duc de Ferrare, Amiens, 4 septembre 1545 ; AS Venezia, Secr., AP, amb. Germania, reg. 1, fol. 284v-287, Bernardo Navagero au Sénat de Venise, Bruxelles, 5 septembre 1545.

était impossible de se comporter mieux qu'il le fit[1]. Par ce témoignage public de confiance, il mettait un terme aux bruits de couloir, avant de s'attaquer aux manigances « connétablistes » du dauphin Henri. Pour que les choses cessent de s'envenimer entre La Garde et Strozzi, il demanda personnellement aux deux adversaires de se réconcilier. Il ajouta que tout ce qui avait été fait pendant la campagne l'avait été « par ses ordres espéciaux », « déchargeant ainsi l'amiral que tout le monde blâmait[2] ». Quelques semaines plus tard, Piero Strozzi, par ailleurs opportunément accusé de haute trahison par un prisonnier italien au service des Anglais (peut-être à l'instigation d'agents de l'amiral d'Annebault ou du cardinal de Tournon), n'eut d'autre solution que de rentrer dans le rang et de se soumettre à l'amiral[3]. Comme après le fiasco de Perpignan, d'Annebault s'était vu confirmé par l'arbitrage du roi, dont la seule fermeté garantissait la discipline des coteries et factions de la cour[4].

C'est alors que, pour comble de malheur, le fils préféré de François Ier, le duc d'Orléans, mourut le 9 septembre 1545. Cette mort précipita l'évolution de la diplomatie française. En effet, le projet de mariage de Charles avec Anna, la nièce de Charles Quint, sur lequel reposait toute la stratégie de Crépy, était réduit à néant. Quelques jours plus tôt, on envisageait encore de négocier une suspension d'armes avec le roi d'Angleterre[5], mais désormais, il allait aussi falloir renégocier avec

---

1   *Ibid.*, Giulio Alvarotti au duc de Ferrare, Dieppe, 20 août 1545 : « Ho inteso che S. M[tà] ha fatto la maggiore chiera del mondo a mons[r] almiraglio, et ha detto che non poteva portarsi e governarsi al mondo meglio di quello che ha fatto. »

2   *L&P*, t. XX, part II, p. 212-213, n° 493 et *CSP, Spanish*, t. VIII, n° 143, Jean de Saint-Maurice au roi Ferdinand, [début septembre 1545].

3   AS Firenze, MP, filza 4305, fol. 128-129v, Bernardo Concini au duc de Toscane, Anvers, 22 novembre 1545 : Strozzi a envoyé un messager à l'amiral (alors auprès de l'empereur à Anvers) pour disculper de calomnies dites contre lui par un capitaine « Moretto », agent du roi d'Angleterre au cours de son procès, et « nel suo processo ha detto che Piero voleva incendere l'armata francese et saltar' da nemici [...] et si giudica non essere stata presente a proposito per lui la pendentia col Polino, et quale si vede quì in favore dell'ammiraglio et adoperato da lui in questi manegii regii, mandandolo in Francia, onde temano i fautori dello Strozzi che'l armiraglio non declari in favore di Polino ».

4   L'attitude de l'amiral face à ces événements fait l'objet d'une analyse plus approfondie dans F. Nawrocki, « La "grosse armée de mer" de l'amiral d'Annebault : la part de risque dans la tentative de débarquement en Angleterre de l'été 1515 », dans *Les stratégies de l'échec. Enquêtes sur l'action politique à l'époque moderne*, Paris, 2015, p. 47-69.

5   On pressentait l'imminence d'une suspension d'armes de six semaines, que désirait le roi et que pourraient négocier l'amiral ou le cardinal de Tournon (Charles Quint à Scepperus, 6 octobre 1545, pub. dans *CSP, Spanish*, t. VIII, p. 259).

l'empereur. Néanmoins, Claude d'Annebault se remit en route à la mi-septembre avec Jean de Melphe, Martin Du Bellay et Guy de Maugiron pour inspecter l'état du fort d'Outreau et des murs de Guînes, voire préparer à Calais les négociations à venir[1]. Ils firent étape à Montreuil, mais l'amiral dut les abandonner à Neufchâtel[2], à trois lieues de Boulogne, car une forte fièvre l'empêcha de continuer. À leur retour, le prince de Melphe et les autres le reprirent et le ramenèrent, encore très affaibli, à la cour qui se trouvait alors près d'Amiens[3].

LES CONFÉRENCES DE BRUGES

Comme l'année précédente, il fallait négocier sans avoir rien reconquis. Certes, la preuve était faite de la puissance maritime française, mais on ne pouvait désormais plus compter sur l'effet de surprise : l'année suivante, les Anglais seraient mieux préparés contre une offensive par la mer. De plus, Boulogne et Calais semblaient toujours inexpugnables. Dans ces conditions, aucun des belligérants n'était prêt à faire des concessions.

UNE DIPLOMATIE TRIANGULAIRE

François Ier choisit d'associer l'empereur aux négociations de paix, malgré les récriminations des princes protestants, qui multiplièrent les audiences auprès du roi et du conseil[4]. Il n'avait guère le choix, car à cause de la mort du duc d'Orléans, tout l'édifice de la paix de Crépy pouvait s'effondrer. Les ambassadeurs français allaient donc devoir non

---

1   *L&P*, t. XX, part II, n° 493 déjà cité ; *CSP, Spanish*, t. VIII, p. 140, Van der Delft à Charles Quint, Windsor, 23 septembre 1545 ; *ANG*, t. III, p. 391, Guidiccione au cardinal Farnèse, Amiens, 18 septembre 1545 ; Du Bellay, *Mémoires*, t. IV, p. 311.

2   Dép. Pas-de-Calais, arr. Boulogne, cant. Samer.

3   *Ibid.*, p. 311-312 ; *ANG*, t. III, p. 397, Guidiccione au cardinal Farnèse, Amiens, 13 septembre 1545.

4   *ANG*, t. III, p. 394, Guidiccione au cardinal Farnèse, Amiens, 22 septembre 1545 ; M. François, *op. cit.*, p. 203, avança que l'amiral d'Annebault et le cardinal de Tournon poussèrent en ce sens, tandis que le cardinal Du Bellay, l'intermédiaire à la cour des princes protestants d'Allemagne, voulait que la paix se fît sans l'empereur ; la réalité était sans doute moins simple, le roi ayant intérêt à garder amorcés les réseaux, par l'intermédiaire de Du Bellay (C. Michon, *La crosse et le sceptre, op. cit.*, p. 60).

seulement traiter avec les délégués du roi d'Angleterre, mais aussi fonder la paix avec l'empereur sur des bases nouvelles, en proposant le mariage de Marguerite, fille de François Ier, avec le prince Philippe d'Espagne, pour remplacer l'union de Charles d'Orléans et de la princesse Anna. Cette diplomatie triangulaire montra d'emblée ses défauts : François Ier avait demandé que les Anglais ne fussent pas informés de ce mariage ; mais ils en furent avertis, sans doute par l'intermédiaire de Granvelle, lui-même informé par l'ambassadeur impérial, Jean de Saint-Maurice. Du coup, les Anglais voulurent traiter avec l'empereur avant les Français. François Ier constata avec dépit qu'il ne pourrait mener le jeu à sa guise, mais au cas où les Anglais acceptaient le principe de la trêve, il envisageait d'envoyer aussitôt l'amiral auprès de l'empereur[1].

Granvelle proposa, comme l'année précédente, une rencontre des deux adversaires sous arbitrage impérial. Mais Stephen Gardiner, l'envoyé d'Henri VIII, tomba malade et dut s'arrêter à Calais, ce qui n'inspira guère confiance aux Français :

> Monsr l'amiral fit appeler l'ambassadeur impérial et lui dit : « Monsr de Winchester, qui devait aller pour l'Angleterre auprès de l'empereur pour cause de la trêve est malade, ou feint d'être malade, à Calais. Que devons-nous faire ? » L'ambassadeur répondit : « Certes je ne sais vous conseiller, que la maladie soit vraie ou feinte, il faut prendre patience, de sorte que l'on voie qu'ils ont un ardent désir de faire cette trêve et paix[2]. »

De son côté François Ier, il envoya à la cour de Charles Quint le plus grand personnage du royaume, comme on le lui demandait, c'est-à-dire l'amiral d'Annebault :

> Ne se pourrait treuver personnaige plus apropoz, se réjouit Antoine Perrenot de Granvelle, pour enchemyner et guyder la chose que led. admiral, pour l'estime en quoy Sad. Majesté le Roy Très Chrestien luy porte et de la confidence qu'elle scet que led. s[r] Roy Très Chrestien luy porte[3].

La reine Éléonore elle-même, se réjouissant de ce choix, recommandait l'amiral à son frère Charles :

---

1 BnF, Fr. 17890, fol. 94-95, lettre du roi à Ménage, Folembray, 21 octobre 1545.
2 AS Modena, Cart. amb., Francia 21, Giulio Alvarotti au duc de Ferrare, Trolly, 29 octobre 1545.
3 ÖStA, FrBW 10, Konv. « Karl V an St Maurice, 1544 », Antoine Perrenot à Saint-Maurice, s.l., 20 octobre 1545 (minute).

Je suys byen ayze que s'et mons^r l'amyral quy va vers Vostre Magesté, pour le congnoytre byen afectyoné a la pés, et comme vous sçavez mons^r très honneste personne, je prye Nostre Seigneur que a son retotour *(sic)*, je oye les nouvelles que je desyre[1].

Claude d'Annebault partit le 4 novembre avec le secrétaire Bayard et le chancelier Olivier, laissant la cour à Folembray[2]. Henri VIII, de son côté, avait envoyé son conseiller Stephen Gardiner, évêque de Winchester, avec Thomas Thirlby, évêque de Westminster, et Edward Carne[3]. Vis à vis de l'empereur, ni les Français, ni les Anglais n'avaient ordre de se dévoiler. Mais Gardiner secrètement était chargé de négocier directement avec les Français si l'empereur se montrait trop peu coopératif, ou penchait vers le camp français[4]. De leur côté, d'Annebault et Olivier devaient insister sur l'importance de l'amitié du roi et de son beau-frère pour la Chrétienté, afin de s'assurer de son appui pour les négociations avec les Anglais[5].

Les émissaires français traversèrent Cambrai, Valenciennes et Nieuport, puis arrivèrent à Bruges le soir du 7 novembre, avec deux cent cinquante hommes, en superbe apparat[6]. Là-bas, Gardiner s'était renseigné sur les émissaires français. Un serviteur de l'empereur, nommé Monfalconnet, les décrivit sommairement en quelques traits sévères : l'amiral d'Annebault n'avait d'amiral que le titre, « sans l'expérience ni la renommée », le chancelier Olivier était « savant mais sans autorité », tandis que le secrétaire Bayard se montrait « rude et autoritaire[7] ».

---

1   ÖStA, FrHK 1, lettre de la reine Éléonore à Charles Quint, [novembre 1545].
2   *Ibid.*, Giulio Alvarotti au duc de Ferrare, Trolly, 4 novembre 1545. Bayard partit le premier avec 500 cavaliers italiens, puis l'amiral avec une grande escorte de cavaliers, et enfin Olivier, pareillement entouré.
3   *L&P*, t. XX, part II, n°537 et *passim*.
4   *Ibid.*, p. 277-278, instructions de Gardiner, 17 octobre 1545.
5   Instructions d'octobre à la BnF, Fr. 3916, fol. 320-322, copie authentique, BnF, Fr. 6616, fol. 86-87 et Fr. 23515, fol. 11 (pas connus du *CAF*, qui cite au t. IX, p. 32, « instructions du 31 octobre 1545, Catalogue d'une précieuse coll. de lettres autographes dont la vente aura lieu le 28 mai 1904, Noël Charavay, expert »).
6   *L&P*, t. XX, part II, p. 304, n°ˢ 668-670, p. 352, n°740, p. 358 n°749 ; BnF, Fr. 17890, fol. 156, Claude d'Annebault à Jacques Mesnage, Courtrai, 6 novembre [1545] ; Du Bellay, *Mémoires*, t. IV, p. 321-322.
7   *L&P*, t. XX, part II, p. 352, n°740, *CSP of Henry VIII*, t. X, p. 652-654, Stephen Gardiner et Thomas Thirlby à Henri VIII, Bruges, 6 novembre : « The admyral », he said, « hath the name oonly, without wytte or memory ».

PREMIER ACTE DES NÉGOCIATIONS AVEC L'EMPEREUR

De l'empereur, les Français devaient obtenir la confirmation des clauses de Crépy, avec aussi peu de concessions nouvelles que possible. Cependant, en remplacement du mariage du duc d'Orléans, ils étaient autorisés à proposer deux mariages. Tout d'abord, celui de Marguerite de France avec le prince Philippe d'Espagne, comme prévu, avec le renoncement du roi à toutes ses prétentions et tous ses droits sur Milan, voire en dernier recours, la restitution de Hesdin ; en retour, François Ier voulait conserver le Piémont, renforcé des places encore tenues par l'empereur jusqu'à Asti, mais il était disposé à rendre le duché de Savoie à son duc (à l'exception de Montmélian). Le second mariage que les émissaires pouvaient envisager était celui du prince Emmanuel-Philibert de Piémont, fils aîné du duc de Savoie, avec la princesse Jeanne d'Albret, nièce du roi, sous réserve de l'accord de ses parents : dans ce cas, le roi préférait également garder le Piémont, mais en cas de blocage, les émissaires étaient autorisés à revoir leurs offres à la hausse (concéder, au lieu du Piémont, les États de Bourbon, d'Orléans ou d'Angoulême, selon le nonce apostolique). Enfin, il fallait éviter, autant que possible, de parler des princes protestants et des Turcs, et surtout de ces derniers. Cependant, en dernier recours, une alliance défensive contre ceux-ci était envisageable, à condition que l'empereur s'engageât de son côté à secourir la France en cas d'invasion anglaise. Enfin, si l'empereur allait jusqu'à demander une ligue offensive contre les Turcs et les protestants, il devait accepter, en contrepartie, de joindre ses forces à celles du roi de France contre l'Angleterre[1].

L'empereur reçut les négociateurs français en grand honneur le 8 novembre. Les Français étaient dans une salle, les Anglais dans une autre, et les négociateurs impériaux dans une troisième. Durant toutes les négociations, les Impériaux servirent d'intermédiaires. Les écrits, propositions, réponses et contre-propositions, circulaient d'une pièce à une autre[2]. Dès le premier jour, l'empereur et Granvelle discutèrent avec les délégués français pendant plus de deux heures. D'Annebault

---

1   BnF, Fr. 3916, fol. 320-322, instructions citées ; *Nuntiaturberichte aus Deutschland, Erste Abteilung : 1533-1559*, t. VIII, *Nuntiatur des Verallo, 1545-1546*, p. 409-412, Verallo et Dandino au cardinal Farnèse, Bruges, 8 novembre 1545.
2   AS Venezia, Secr., AP, amb. Germania, reg. 1, fol. 318-319v, Bernardo Navagero au Sénat de Venise, Bruges, 11 novembre 1545.

proposa d'emblée le mariage de madame Marguerite et de Philippe d'Espagne et l'empereur fit mine d'accueillir favorablement cette proposition ; toutefois, il précisa que ce ne pourrait être envisagé qu'après la conclusion de la paix avec l'Angleterre[1]. Le lendemain, l'empereur reçut l'amiral seul et s'enferma avec lui dans son cabinet privé pour discuter assez longuement[2]. Les mêmes discussions se poursuivirent pendant plusieurs jours entre délégués français et impériaux, sans grand résultat. En effet, même si les Français soulignaient qu'ils n'étaient pas venus « pour des choses à faire, mais pour des choses faites », c'est-à-dire la confirmation des clauses du traité de Crépy et leur renforcement par un bon mariage, les négociateurs des deux parties ne purent s'empêcher de revenir sur des sujets déjà péniblement ou imparfaitement tranchés l'automne précédent. La question de la restitution d'Hesdin à l'empereur fut de nouveau soulevée, bien que François Ier la considérât insoluble tant que les Anglais menaçaient la frontière[3], tout comme celle de la restitution des États de Savoie à leur duc. On faillit même se fâcher au sujet de Milan, à cause d'une phrase imprudente du chancelier Olivier sur les droits des successeurs du roi[4].

La négociation des mariages ne fut guère plus concluante : voyant le peu d'empressement des Français à céder autre chose qu'une dot d'argent pour la princesse Marguerite, l'empereur ne donna que de bonnes paroles qui laissaient entrevoir la possibilité d'un mariage, sans rien avancer

---

1   AS Modena, Cart. amb., Francia 21, Giulio Alvarotti au duc de Ferrare, Compiègne, 15 novembre 1545 : « L'ambassator' de Venetia mi ha detto, et in parte me lo ha confirmato quello del imperatore, che mons[r] almiraglio ha proposito in primis et ante omnia allo imperatore il far il matrimonio fra Mad[ma] Margarita et lo principe di Spagna con dote honesta, et non ha fatto minima mentione di Milano, dico di darlo al primo genito, che nascerà di loro, come fo ditto. »

2   AS Venezia, Secr., AP, amb. Germania, reg. 1, fol. 318-319v, Bernardo Navagero au Sénat de Venise, Bruges, 11 novembre 1545 ; *Nuntiaturberichte aus Deutschland, Erste Abteilung : 1533-1559*, t. VIII, *op. cit.*, en note p. 409, qui cite une lettre de Dandino (aux archives de Naples, probablement détruite) du 9 novembre 1545.

3   La restitution de cette place était suspendue à un échange contre une terre d'égale valeur, choisie d'un commun accord ; l'empereur proposait le Charolais, considérant la valeur pécuniaire, mais le roi de France attachait une plus grande valeur affective et stratégique à la place d'Hesdin (« non pas selon la comune valeur, mais pour sa particuliere affection »).

4   AS Modena, Cart. amb., Francia 19, Alessandro Zerbinati au duc de Ferrare, Lyon, 18 décembre 1545 ; ÖStA, FrBW 10, Konv. « Karl V an St-Maurice, 1545, IX-XII », fol. 1-6, Charles Quint à Saint-Maurice, Bruges, 16 novembre 1545 : cette lettre est un résumé détaillé des négociations.

de concret. Enfin, à la proposition faite par l'empereur de permettre le mariage du prince de Piémont (alors promis à sa fille Marie) avec Jeanne d'Albret, l'amiral d'Annebault répondit :

> que le mariage de lad. princesse n'estoit ou povoir dud. s^r roy de France et que, combien qu'il s'en fut meslé par l'enchert de sa seur de celluy de Clèves, que touteffois ayant veu ce qu'en estoit succedé il avoit voulu delaisser a son beau frere et a sa seur la disposition de leur fille, et que la chose pourroit estre longue et mesmes que le s^r d'Allebretz, que luy et les autres ambassadeurs nomment roy de Navarre, vouldroit avoir le royaulme de Navarre et en joyr du moins sa vie, et que led. s^r roy [de Navarre] ne vouldroit rendre ce qu'il a et tient pour sien a cause dud. mariage[1].

Cette pleine semaine de négociations n'avait donc pas permis d'avancer : même si l'empereur réservait encore sa réponse, il était peu probable qu'un mariage fût conclu à ce stade, ni aucune ligue, défensive ou offensive, avec le roi de France, quel que fût le résultat des négociations franco-anglaises.

LES ENTRETIENS FRANCO-ANGLAIS

La seconde partie de ces entretiens triangulaires fut, sous l'arbitrage formel de Granvelle, un face-à-face des émissaires français et anglais, qui se rencontrèrent pour la première fois dans l'après-midi du 10 novembre. Gardiner fut surpris par l'amiral d'Annebault qui, loin d'afficher l'arrogance qu'on lui avait décrite, parla doucement, amicalement et sobrement. C'est lui qui ouvrit la séance : « Nous avons été assemblés, dit-il, à de bonnes fins, et prions Dieu que l'on aboutisse à quelque chose de bon ». Les députés travaillèrent de concert dans la bonne humeur et l'amitié pour le repos et la pacification : « Nous étions des personnages de confiance, faveur et autorité, et nous connaissions les esprits de nos maîtres », remarqua en lui-même Gardiner[2].

Après un discours plein de bonnes intentions de Granvelle, l'amiral d'Annebault entra en matière : il dit comment il avait été envoyé avec

---

1 *Ibid.* ; le mariage de Jeanne d'Albret et de Guillaume de Clèves n'avait pas encore été annulé.

2 *L&P*, t. XX, part II, p. 367-369, n° 772 et *CSP of Henry VIII*, t. X, p. 667-677, Stephen Gardiner, Thomas Thirlby et Edward Carne à Henry VIII, Bruges, 11 novembre 1545. Cette lettre est la source des citations suivantes, et de notre présentation des discussions du 10 novembre.

ses collègues, sur la requête de l'empereur, pour entrer en matière de paix, et désirait qu'on le fît avec fruit et efficacité, en requérant aussi que rien ne fût dit en ces conférences qui puisse être cause de déplaisir entre les princes, mais que l'on accomplît plutôt ce pour quoi ils étaient rassemblés : la concorde. Pour ce faire, son désir était qu'en toutes matières et désaccord, on parlât franchement mais amicalement et familièrement[1]. Les Anglais opinèrent. Le chancelier Olivier, une fois sorti des méandres d'un discours cicéronien, vint au point principal : « Rendez-nous Boloigne, qui est a noux, et quoi que nous ayons à faire de notre côté, nous le ferons ». Surpris, les Anglais rétorquèrent qu'elle appartenait à présent au roi d'Angleterre, par la loi des armes ; ils changèrent de sujet et parlèrent des arrérages des pensions dues au roi d'Angleterre. Sans tenir compte de leurs propos, le chancelier protesta une fois de plus pour Boulogne. Gardiner et Thirlby se plaignirent de son attitude agressive à l'amiral. Le chancelier répondit alors à la question posée : le roi n'avait pas à payer en temps de guerre une pension versée pour l'entretien de la paix.

L'intervention du chancelier, en parfaite contradiction avec les bonnes intentions exprimées par l'amiral, jeta un certain froid. L'amiral d'Annebault demeurait imperturbable, et reprit la parole sur un ton tout aussi aimable qu'au début[2]. Il insista sur la nécessité de la restitution de Boulogne et surtout sur le sort des Écossais, que le roi de France ne pouvait pas abandonner. Une fois ces deux points accordés, le reste ne ferait plus de difficultés :

> Devrions-nous vous demander d'abandonner l'alliance impériale ? Nous n'avons pas demandé à l'empereur de vous abandonner ; et si nous l'avions fait[3], nous sommes sûrs qu'il n'aurait pas accepté, parce que celui qui abandonne un tel, en abandonnera d'autres.

---

1   « And thiese wordes th'admyral spake very gently, coldly and soberly, without any facion or gesture declaring such arrogancie as hath been noted in him », remarque Gardiner à ce moment de son récit (*cf.* plus haut).

2   Ces attitudes en apparence contradictoires faisaient partie du jeu diplomatique : Olivier et d'Annebault semblaient tenir à peu près les mêmes rôles face aux conseillers de l'empereur, le chancelier lançant quelques offensives, l'amiral apportant ensuite, en fonction de la réaction de leurs interlocuteurs, soit l'argument qui devait être décisif, soit des paroles d'apaisement.

3   Bien entendu, ils l'avaient fait en septembre 1544, et ils avaient envisagé de le faire cette fois encore quelques jours plus tôt, mais n'en avaient pas eu l'occasion.

Les Anglais protestèrent que le roi d'Angleterre portait le titre de roi d'Écosse, à quoi l'amiral répondit que le titre était désuet. Quant à Boulogne, il ne voulait pas contraindre Henri VIII à la restituer par la force et la menace, mais par bonne composition de paix, qui ôtât toute raison de faire la guerre[1]. Le lendemain, Bayard, qui n'avait pas parlé lors des premiers entretiens, fut envoyé avec copie des lettres de commission de l'amiral : les Anglais le reçurent et discutèrent avec lui deux bonnes heures. Le 15 novembre, d'Annebault fit savoir qu'il était heureux de la présence de Gardiner, et qu'il aimerait conférer dans une église ou se promener avec lui[2] : ils se réunirent durant une heure dans une église déserte, peut-être, comme le pensait l'ambassadeur vénitien, parce que l'un et l'autre pensaient ne pas pouvoir trouver d'accord par l'intermédiaire de l'empereur[3]. Cependant, la tentative de rapprochement entre les ambassadeurs français et anglais semble s'être limitée à un échange d'amabilités.

ÉCHEC À LA TRÊVE

Quant à l'empereur, vers le 15 novembre, il rejeta les propositions que lui avait faites le roi de France, même contre une restitution de la Savoie, jugée insuffisante sans la Bresse et le Piémont[4]. De plus, l'empereur tardait à prendre une position ferme dans les négociations franco-anglaises. Granvelle tenta une dernière fois d'accorder les belligérants en proposant que les Anglais conservassent Boulogne contre une juste compensation pécuniaire : cet arrangement fut refussé par l'amiral d'Annebault. On attendait désormais des nouvelles d'Angleterre et la réaction d'Henri VIII aux positions françaises. Étant arrivés au bout de ce que leur permettaient les instructions du roi, les négociateurs français

---

1   « And further tha admyral added, if warre, as we said, wer made for honnour, thenne, as Your Majestie had wonne much honnour in conqueryng of it, and moch honnour in keping of it, soo Your Majestie might have moch honnour in the restoryng of it upon sute and request, for the welth of peace. »
2   L&P, t. XX, part II, p. 383-384, n° 798, Gardiner et Thomas Thirlby à Henri VIII, Bruges, 15 novembre 1545.
3   AS Venezia, Secr., AP, amb. Germania, reg. 1, fol. 325-327v, Bernardo Navagero au Sénat de Venise, Bruges, 15 novembre 1545.
4   Nuntiaturberichte aus Deutschland, Erste Abteilung : 1533-1559, t. VIII, op. cit., p. 423-426, Verallo et Dandino au cardinal Farnèse, Bruges, 15-16 novembre 1545 ; ÖStA, FrBW 10, Konv. « Karl V an St-Maurice, 1545, IX-XII », fol. 1-6, Charles Quint à Saint-Maurice, Bruges, 16 novembre 1545.

demandèrent alors congé pour retourner en France. Néanmoins ils se laissèrent convaincre d'accompagner Charles Quint à Anvers, où il allait conclure des emprunts pour financer sa guerre contre les protestants, en attendant les réponses du roi d'Angleterre. Ils arrivèrent à Anvers le 18 novembre, en même temps que l'empereur[1].

Durant une semaine, les négociations se poursuivirent avec assiduité, l'empereur et Granvelle recevant fréquemment l'amiral d'Annebault, seul ou avec les autres députés français, sans que les positions des uns ou des autres n'évoluent. Le principal point de dispute demeurait le Piémont[2], que les Français ne voulaient pas concéder, pour aucun des deux mariages; cependant, bien que plusieurs des principaux conseillers de l'empereur fussent d'avis que le roi de France nourrissait toujours des vues sur Milan, voire sur le royaume de Naples, Charles Quint prétendait ne vouloir s'y arrêter. À ces sous-entendus à peine voilés derrière de bonnes intentions, l'amiral répondit qu'il importait peu que l'on parvînt à s'entendre sur tous les points pour cette fois, car la conclusion du mariage du prince Philippe d'Espagne et de Marguerite de Valois poserait les bases d'une paix perpétuelle et dissiperait toutes les difficultés. Au contraire, l'empereur tenait à ce que tous les litiges fussent d'abord résolus, afin que le mariage reposât sur des bases saines. Constatant « qu'il ne povoit jurer riens davantaige », l'amiral demanda de nouveau son congé le 24 novembre. Après avoir revu Granvelle le lendemain, d'Annebault, Olivier et Bayard quittèrent la cour impériale, sans avoir rien gagné, ni rien cédé[3], pour rentrer en France en passant par Bruxelles et par Valenciennes[4]. Chemin faisant, l'amiral d'Annebault

1   Du Bellay, *Mémoires*, t. IV, p. 322; *L&P*, t. XX, part II, n°s 758 et 765; ÖStA, FrBW 10, Konv. « Karl V an St-Maurice, 1545, IX-XII », fol. 20-29, Charles Quint à Jean de Saint-Maurice, [Anvers, 25 novembre 1545] (minute).

2   Le roi de France prétendait le garder pour assurer la défense de son royaume et parce qu'il était fief du comté de Provence (une pure invention de circonstance), tandis que l'empereur trouvait que la conservation du Piémont poussait bien loin les limites du royaume de France, révélant des intentions plus offensives que défensives; en outre, il rappela que le Piémont était fief d'Empire et n'avait jamais dépendu des comtes de Provence.

3   ÖStA, FrBW 10, Konv. « Karl V an St-Maurice, 1545, IX-XII », fol. 20-29, Charles Quint à Saint-Maurice, Anvers, 25 novembre 1545; *L&P*, t. XX, part II, p. 424-425, n° 870-872, p. 458, n° 915, *CSP, Spanish*, t. VIII, n° 172 et *CSP, Venetian*, t. V, p. 155, n° 371, lettre du doge et du Sénat à l'ambassadeur de Venise à Constantinople, 28 décembre 1545.

4   ÖStA, FrVa 3, Konv. 14, fol. 38, Claude d'Annebault à Charles Quint, Malines, 26 novembre [1545]; BnF, Fr. 17889, fol. 289, Claude d'Annebault à Jacques Ménage, Bruxelles, 27 novembre [1545]; BnF, Fr. 17890, fol. 191-v, le même au même, Valenciennes,

écrivit aux ambassadeurs résidents Jacques Ménage et Jean de Monluc qu'ils auraient à préparer l'arrivée de Matthieu de Longuejoue, évêque de Soissons et du président Rémon, qui venaient à la cour de Charles Quint pour négocier à nouveau avec les Anglais[1].

Avec beaucoup de mauvaise foi de part et d'autre, Français et Impériaux en étaient restés au *statu quo ante* des clauses de Crépy et ne s'étaient que superficiellement engagés sur les mariages pour faire montre de bonnes intentions ; l'intromission impériale n'avait pas non plus permis de conclure une trêve avec les Anglais, auprès de qui la dernière tentative de Longuejoue et Rémon était vouée à l'échec[2]. Cependant, l'empereur et l'amiral, pour le roi de France, avaient formellement réaffirmé leur volonté de vivre en bonne amitié[3]. De plus, les émissaires français avaient atteint leur principal objectif, qui était de s'assurer que l'empereur n'aiderait pas les Anglais à la reprise de la guerre : « ayant congnoissance des dissimulations dont [l'empereur] usoit », remarqua Martin Du Bellay, les ambassadeurs « prindrent congé de luy sans aultre resolution, sinon que là où le roy ne luy commenceroit la guerre, il n'estoit pas deliberé de la luy faire[4] ». Cependant, c'était bien là un minimum, aux yeux de François Ier.

L'amiral rejoignit le roi à Villers-Cotterêts, où il lui fit son rapport. François Ier en fut courroucé : à l'évidence, il n'était guère satisfait du maigre résultat obtenu et enrageait des positions prises par l'empereur, en particulier sur le Piémont, d'autant plus que des gens du duc de Savoie, soutenus par les Milanais, tentaient au même moment de prendre Turin par traîtrise[5]. Par ailleurs, François Ier n'était pas tout à fait certain que

---

30 novembre [1545] ; BnF, Fr. 17889, fol. 344, Claude d'Annebault à Jean de Monluc, Valenciennes, 30 novembre [1545].

1　*CSP, Spanish*, t. VIII, n° 174, François Van der Delft à Charles Quint, Londres, 30 novembre 1545 ; BnF, Fr. 17890, fol. 191-v, Claude d'Annebault à Jacques Ménage ; BnF, Fr. 17889, fol. 304, lettre du même à Jean de Monluc.

2　Lettre citée de Zerbinati, du 18 décembre : « Hoggi è venuta nova che l'accordo che si trattava col re d'Ingliterra è andato in fumo, per ciò che ' l re d'Ingliterra non vol restituire Bologna, et il Chr^mo la vorrebbe ».

3　ÖStA, FrHK 2, fol. 41-v, Charles Quint à la reine Éléonore, s. l., [24 ou 25 novembre 1545] (minute).

4　Du Bellay, *Mémoires*, t. IV, p. 322.

5　AS Modena, Cart. amb., Francia 19, Alessandro Zerbinati au duc de Ferrare, Lyon, 18 décembre 1545 : « Questi son ritornati alla Corte, dov' hano trovato il re in gran scoruccio et disdegno contra suoi nemici, intervenendo la pratica di Turino, et dil resto » ; l'empereur fut aussi averti de la colère du roi : « quant au malcontentement que led. roy de

Charles Quint resterait en dehors du conflit franco-anglais : il redoutait qu'à cause du Piémont, l'empereur ne se laissât convaincre par l'habile Stephen Gardiner, resté auprès de lui, de s'allier à nouveau avec les Anglais[1]. Pour autant, François Ier ne semblait pas vouloir céder plus que ce qu'il avait déjà proposé. Ainsi, il se mit en colère contre l'amiral d'Annebault, tout juste rentré d'Anvers, qui lui conseillait peut-être de faire des offres plus généreuses (probablement sur les États de Savoie) pour conclure les mariages :

> Ha, Monsr l'admiral, lui cria-t-il, je m'esbahiz de vous, avec deux bonnes batailles, il ne gaigneroit tant sur moy[2].

Finalement, François Ier chargea le frère jacobin Gabriel Guzman, qui avait participé aux négociations de Crépy, de continuer les négociations avec l'empereur pour les deux mariages. C'était un mauvais choix : le « jacobin de la paix » était un agent double, qui servait l'empereur depuis le début de l'année[3].

En outre, les nouvelles offres du roi de France n'apportaient guère de concessions : il s'obstinait toujours à conserver le Piémont, n'acceptant de rendre au duc de Savoie que la Savoie et la Bresse, et une compensation dans son royaume contre la renonciation du duc et de son fils à leurs

---

France a sesd. ministres demonstreroit dois le retour de l'admiral, etc. » (ÖStA, FrBW 10, Konv. « Karl V an St-Maurice, 1545, IX-XII », fol. 33-44, Charles Quint à Jean de Saint-Maurice, Bois-le-Duc, 24 décembre 1545]).

1   On se méfiait beaucoup de Gardiner ; l'année précédente, après la signature du traité de Crépy, on s'était déjà inquiété des manœuvres qu'il eût pu entreprendre pour retourner l'empereur : « cela procedoit q'ung bien maulvais et pernicieux esperit », avait prévenu François Ier, « c'estoit l'ung des insolent, meschant et desreputé personnaige que la terre portoit, plain de ruses et dissimulations » (ÖStA, FrBW 10, Konv. « Saint-Mauris an Karl V, 1544 », fol. 1-16, Jean de Saint-Maurice à Charles Quint, Melun, 23 décembre 1544, au fol. 3).

2   D'après ce qu'entendit le jacobin Guzman devant la chambre du roi, qui venait de s'entretenir avec lui (ÖStA, FrBW 10, Konv. « Karl V an St-Maurice, 1545, IX-XII », fol. 40-42v, *rapport de la charge que le Jacopin de la paix a du roy de France*, dans la minute d'une lettre de Charles Quint à Jean de Saint-Maurice, de 24 décembre 1545, avec la version espagnole donnée par Guzman, provenant sans doute d'un paquet envoyé une semaine plus tôt par Saint-Maurice).

3   ÖStA, FrBW 11, Konv. « Karl V an St-Maurice, 1545 », Jean de Saint-Maurice à Charles-Quint, Orléans, 20 février 1545 : envoyé par le roi en mission auprès du pape, Guzman ne trouva pas l'occasion d'exposer sa charge à l'ambassadeur, n'osant « soy treuver avec moy pour non engendré suspeçon a ceulx du conseil » ; aussi *ibid.*, fol. 1-6, Jean de Saint-Maurice à Charles Quint, Melun, 3 janvier 1545.

droits sur le Piémont. La seule nouveauté était qu'il s'engageait à obtenir que les Albret et leur fille renonçassent à leurs droits et titres sur le royaume de Navarre, contre une compensation en France ; mais le frère Guzman ne manqua pas d'avertir l'empereur que cette nouvelle proposition n'était probablement pas sincère, le roi en parlant avec « froideur[1] ». De plus en plus méfiant vis-à-vis de l'empereur, le roi de France chercha à réveiller, parallèlement, ses alliances protestantes. Nicolas de Longueval fit écrire au cardinal Du Bellay que « le roy demoure tousjours et persiste en ceste voulenté de ne riens faire avec l'empereur et gouste tous les jours de plus en plus ceste alliance avec les protestantz », et qu'il souhaitait que le cardinal mît en action ses réseaux[2]. Depuis les entretiens de Bruges, les princes protestants avaient tenté de s'entremettre pour ne pas tout faire dépendre de l'empereur et s'assurer de meilleures dispositions en leur faveur[3], mais comme Charles Quint voulait leur faire la guerre, les Français évitaient encore de traiter ouvertement avec eux. La diplomatie parallèle menée par Du Bellay devait donc rester secrète. Du reste, tant que la paix avec l'Angleterre n'était pas conclue, tout retournement d'alliance était impossible. Il n'en est pas moins évident que les origines du revirement diplomatique de la fin du règne se situent à ce moment précis.

LE TRAITÉ D'ARDRES

D'Annebault passa l'hiver à la cour de France, où il se remit progressivement de ses fatigues ; en février, la cour traversa les domaines normands de l'amiral, qui put sans doute faire admirer le grand château qu'il faisait construire à Appeville[4]. Mais cette pause devait être de

---

1   ÖStA, FrBW 10, Konv. « Karl V an St-Maurice, 1545, IX-XII », fol. 40-42, *rapport de la charge que le Jacopin de la paix a du roy de France* cité, dans la minute d'une lettre de Charles Quint à Jean de Saint-Maurice, de 24 décembre 1545.
2   BnF, Fr. 17889, Charles (ou Guy ?) de Marillac à Jean Du Bellay, Compiègne, 21 novembre [1545], publ. *CCJDB*, t. III, p. 328-329 (qui s'appuie sur BnF, Fr. 3921, fol. 75) ; sur le réveil des réseaux protestants de Du Bellay, *cf.* C. Michon, *La crosse et le sceptre, op. cit.*, p. 60-61.
3   G. de Leva, *op. cit.*, t. IV, p. 52-54.
4   *Cf.* p. 421-423.

courte durée. La reprise des négociations était fixée à début avril, et il semblait cette fois indispensable de trouver un terrain d'entente[1]. En effet, la concorde de François Ier avec l'empereur avait été officiellement prolongée, mais leurs relations s'étaient considérablement refroidies[2].

Pendant ce temps, les combats se poursuivaient tant bien que mal, en dépit du mauvais temps et de la peste, aux alentours de Boulogne ; sans résultat notable, à part une victoire sans lendemain de Jean de Taix[3]. Déjà, on préparait la guerre pour l'année suivante. Le fort d'Outreau face à Boulogne était fourni pour tenir longtemps[4], la flotte était prête à servir de nouveau et on accélérait les travaux du port d'Étaples, dont le gouvernement fut confié à Polin de la Garde[5]. L'amiral d'Annebault envoya dix-sept galères au large de la Normandie pour menacer les côtes anglaises[6]. Même après le début des négociations, les fortifications, recrutements de troupes et escarmouches continuèrent de plus belle, sans qu'aucun camp ne parvînt à prendre un avantage décisif[7].

LA RECHERCHE D'UN ACCORD

Avec le printemps vint le temps de la diplomatie. Henri VIII et l'amiral Lisle envoyèrent à la cour de France un marchand vénitien nommé Francesco Bernardo[8]. Ce choix était curieux, car cet agent

---

1 Voir par exemple dans *L&P*, t. XXI, part I, *passim*.

2 AS Modena, Cart. amb., Francia 22, Giulio Alvarotti au duc de Ferrare, Paris, 25 janvier 1546.

3 Du Bellay, *Mémoires*, t. IV, p. 326-329 ; Matignon, *Correspondance*, p. 142-143, M. de Champeaux à Joachim de Matignon, Brocourt, 1er octobre [1545] : près de Guînes, Taix aurait battu 2 000 Anglais et brûlé cinq lieues de campagne ; il est toutefois possible que l'année donnée par Labande soit fausse et que cette lettre date de début octobre 1544, en prélude à la « camisade » de Boulogne.

4 Il était ravitaillé en bois et charbon depuis Dieppe (BnF, Fr. 21544, fol. 6, mandement du roi au receveur des tailles en l'élection d'Arques, Laon, 16 octobre 1545, fol. 3, mandement du roi au receveur des tailles, 5 janvier [1546], et fol. 4, lettres missives à La Grenerie, son valet de chambre ordinaire, envoyé à Dieppe pour s'occuper du ravitaillement d'Outreau, Saint-Germain-en-Laye, 16 janvier [1546]).

5 AS Mantova, Cart. inv. div., 640, Giorgio Conegrano aux régents de Mantoue, Melun, 29 mars 1546 ; *cf.* aussi la relation de Marino Cavalli dans Alberi, *op. cit.*, serie I, t. I, p. 228-229.

6 D. M. Loades, *John Dudley, op. cit.*, p. 76.

7 *CSP, Venetian*, t. V, p. 166, n° 393, le doge et le sénat à leur bail (résident) à Constantinople, 22 mai 1546.

8 Il ne s'agit pas du Milanais Francesco Bernardino da Vimercato, compagnon de Claude d'Annebault, mais d'un neveu de l'évêque de Vérone, Giberti qui, semble-t-il, comptait

était presque inconnu, et l'amiral d'Annebault lui fit un accueil pour le moins circonspect. Le malentendu dissipé, le messager lui exposa finalement la teneur des exigences anglaises[1]. Il fut ensuite convenu que les deux amiraux se rencontreraient près de Boulogne : les deux rois avaient renoncé à l'arbitrage de l'empereur, plus encombrant qu'utile, d'autant que ce dernier n'avait plus la confiance ni de l'un, ni de l'autre. Claude d'Annebault renvoya donc Bernardo à John Lisle, afin d'obtenir qu'il fasse venir un de ses hommes à Guînes ; de son côté, l'amiral de France envoya en avant Jean de Monluc, son « mignon » (comme le qualifia Paget), pour définir le lieu exact de la rencontre et obtenir les sauf-conduits. Lui-même inspectait pendant ce temps l'avancement des travaux d'Étaples[2]. Le 21 avril, le roi de France lui adressa ses lettres de procuration et ses instructions[3].

Le 29 avril, d'Annebault partit pour Guînes avec Juan de Mendoza, maître de la maison du roi, qui devait partir pour l'Écosse au retour de Lorges. Pour les négociations officielles, l'amiral n'avait voulu que le président Rémon et le secrétaire Bayard, ses hommes de confiance[4], mais il emmenait avec lui ses conseillers Jean de Monluc et Jacques Spifame[5]. Comme ils vinrent par les « journées », et non par les postes,

---

parmi les amis de l'amiral Lisle et fréquentait la cour d'Angleterre (AS Vaticano, Segr. Stato, Principi 14a, fol. 315v, Guidiccione au cardinal Farnèse, Melun, 29 juin 1546, analysée dans *ANG*, t. III, p. 437, et AS Vaticano, AA I-XVIII 6532, fol. 89-91v, Dandino au cardinal Farnèse, Fontainebleau, 18 juillet 1546, analysée dans *ANG*, t. VI, p. 60-61) ; sur sa médiation auprès du roi de France, D. Potter, *The Final Conflict, op. cit.*, p. 432-438.

1   *Cf.* aussi p. 517 ; sur la médiation de ce « mystérieux Vénitien », *cf.* B. Cottret, *op. cit.*, p. 322, et *L&P*, t. XXI, part I, n°ˢ 515 et 530, et le détail des discussions dans AS Modena, Cart. amb., Francia 22, Giulio Alvarotti au duc de Ferrare, Melun, 6 avril 1546.

2   *Ibid.*, Giulio Alvarotti au duc de Ferrare, Melun, 12 avril 1546 ; *L&P*, t. XXI, part I, p. 305, n° 633, Paget à William Petre, Calais, 20 avril 1546 ; Paget emploie une curieuse formule pour désigner Monluc, « who is the admyrales mynyon because the French king favouryth him well ».

3   Pouvoirs de Ferrières, 21 avril 1546 (*CAF*, V, p. 70, 15024), et insérés dans l'orig. du traité d'Ardres (AN, J 651ᴮ, n° 18*bis*) ; instructions NA, E 30/1315, en copies XVIIᵉ-XVIIIᵉ dans Arch. MAE, MD, Angleterre 3, fol. 85-94 et BnF, Fr. 2937, fol. 103-114 et Fr. 17829, fol. 25-38v.

4   AS Modena, Cart. amb., Francia 22, Giulio Alvarotti au duc de Ferrare, Melun, 24 avril 1546.

5   Sur Jean de Monluc, en particulier ses principales missions diplomatiques, voir l'article de Bernard de Montluc, « Un diplomate au XVIᵉ siècle, Jean de Monluc », dans *Revue d'Histoire diplomatique*, n° 3, 2010, p. 193-205 ; sur Jacques Spifame et ses frères, *cf.* Pavel Ouvarov *et alii*, « La réconciliation manquée des Spifame : domination, transgression,

les Anglais les attendirent longtemps[1]. Le 30 avril, l'amiral Lisle, qui commençait à s'impatienter, réaffirma qu'il ne traiterait qu'avec son homologue français (Monluc ou Spifame n'étant pas du conseil) : on espérait recevoir l'amiral d'Annebault le lendemain ou le dimanche 2 mai à Ardres, pour commencer à conférer dès le lundi[2].

L'amiral d'Annebault arriva finalement le mardi 4 mai. La position des ambassadeurs français n'avait guère évolué, mais les instructions reçues étaient cette fois extrêmement précises[3]. Ils devaient jouer la carte de l'amitié et de l'honnêteté :

> Et premierement, stipulaient les instructions, mond. s^r l'admiral et autres deputez pour la premiere offre diront que le roy est contant de satisfaire au roy d'Angleterre de ce qui se trouvera vallablement et veritablement deub par les traictez passez entre le roy et luy.

Cela signifiait que François Ier n'avait pas, dans l'absolu, à verser les pensions prévues par les traités de paix de 1526 et 1532 (car la paix n'avait pas été respectée), mais qu'il accepterait toutefois de verser le reste des deux millions d'écus promis par celui de 1526 (soit 994 737 écus). Comme cela avait déjà été précisé à Bruges, les arrérages n'avaient pas lieu d'être versés, étant caducs du fait de la suspension de la paix : toutefois, si les Anglais insistaient sur la légitimité de leurs guerres, le roi de France consentait à « assoupir » la question. De même pour les arrérages du sceau : si l'on ne trouvait pas d'accommodement, les ambassadeurs étaient autorisés à accorder les 142 00 écus de la pension et les 115 000 écus du sceau[4]. En revanche, la reconnaissance et l'accomplissement des clauses des traités antérieurs devaient s'assortir de la restitution de Boulogne, qu'Henri VIII n'avait plus lieu de conserver en dédommagement des pensions. Néanmoins, si les Anglais demandaient

---

reconversion (XVIe-XVIIe siècle) », dans *Épreuves de noblesse. Les expériences nobiliaires de la haute robe parisienne*, Paris, 2010.

1 *Ibid.* ; *L&P*, t. XXI, part I, n°s 639, 660, 682, 710.

2 *L&P*, t. XXI, part I, n° 710, John Lisle, William Paget et Wotton à Henri VIII, Calais, 30 avril 1546. Sur ces négociations, voir aussi D. Potter, *The Final Conflict, op. cit.*, p. 427-455.

3 *Cf.* les références *supra*. Il faut examiner attentivement ce que les députés étaient autorisés à proposer, et ce qu'ils devaient obtenir, afin de ne pas porter de jugement hâtif sur le résultat de leurs négociations (surtout pour la paix d'Ardres, qui a fort mauvaise presse). Les instructions sont souvent négligées ; c'est pourtant en fonction d'elles qu'il faut apprécier le résultat.

4 Ces pensions « du sceau » étaient définies par le traité de 1527.

de nouvelles compensations pour le coût des nouvelles fortifications de Boulogne, Claude d'Annebault était habilité à accorder 300 000 écus de plus. Au total, le roi de France avait donc envisagé de verser la somme colossale de 1 551 840 écus soleil, dont il pouvait bailler le premier million comptant, avant octobre. Mais si les Anglais s'obstinaient, la totalité pouvait être fournie en un seul versement, dans le terme d'un ou deux ans ; pour la caution, les ambassadeurs proposeraient que la somme fût gagée à Venise. En attendant que le tout fût versé, Henri VIII ferait cesser les travaux de fortification de Boulogne et des autres places françaises. Enfin, sur une autre somme litigieuse de 512 000 écus réclamée par le roi d'Angleterre, Claude d'Annebault proposerait l'arbitrage d'experts italiens : au cas où le roi de France était jugé débiteur, il paierait le total des deux millions d'écus sur huit ans ou moins, pour les arrérages autant que pour Boulogne, qui resterait aux mains des Anglais jusqu'au solde final. Ces offres, très largement supérieures à ce qui avait été avancé aux négociations de Bruges, pouvaient laisser entendre que le roi de France était déterminé à obtenir la paix.

En apparence au moins, François Ier était disposé à accéder à toutes les demandes financières de son ennemi, qu'il savait dans le plus grand besoin, mais en échange, le roi voulait satisfaction sur les deux points principaux : Boulogne et l'Écosse. Si les députés ne parvenaient pas à l'obtenir, ils devaient alors en référer au roi, pour envisager une autre solution. Si le seul aspect financier gênait la conclusion de la paix, la pension pourrait être augmentée. Au pire, d'Annebault était autorisé à négocier une trêve d'un an ou dix-huit mois, pour s'accorder ensuite par l'intermédiaire des protestants et monter une ligue contre l'empereur (ce qui, bien évidemment, ne devait pas être dévoilé).

LE PRIX DE BOULOGNE

La première entrevue eut lieu sous une tente à Balinghem[1], à mi-chemin d'Ardres et de Guînes, le 6 mai, de 11 à 18 heures. D'Annebault, Rémon, Monluc (qui avait été finalement accepté) et Bayard firent face à Lisle, Wotton et Paget. Une fois encore, les Anglais refusèrent de laisser Boulogne et d'inclure les Écossais dans la paix :

---

1 Dép. Pas-de-Calais, arr. Saint-Omer, cant. Ardres. L'amiral d'Annebault avait donc obtenu que les conférences pussent se tenir sur terrain neutre.

> Pourquoi êtes-vous à ce point désireux de ravoir Boulogne ? demandèrent-ils aux Français. Parce que cela touche notre honneur au plus haut point, répondit l'amiral.

Évidemment, Henri VIII avait autorisé Lisle à vendre la place, qui devenait à cause de l'humidité et de graves problèmes sanitaires un véritable « cimetière d'Anglois » et un « espuisement de finances[1] ». Cependant, il mit la barre très haut en demandant huit millions de couronnes.

> Huit millions ! répondirent les Français. Vous parlez légèrement ! Toute la Chrétienté ne contient pas tant d'argent. Nous pourrions aussi bien proposer une contre-offre à cent écus !

Il y eut ensuite une querelle à propos des Écossais, que les Anglais affirmèrent n'être pas inclus dans la paix de Crépy, tandis que l'amiral d'Annebault leur soutint le contraire. Bien entendu, il savait qu'il n'en était rien, mais Monluc l'appuya en affirmant que l'empereur n'était pas en guerre contre l'Écosse. Comme les discussions sur Boulogne paraissaient en meilleure voie, les députés laissèrent temporairement le second obstacle. À nouveau, les Anglais proposèrent leur prix, revu à six millions ; d'Annebault répondit qu'il pouvait en donner 200 000 écus. Les autres répliquèrent :

> Qu'est-ce donc que deux cents mille couronnes ; ce serait votre rançon, mons[r] l'amiral, si vous étiez fait prisonnier !

Les Anglais descendirent toutefois à trois millions. Les Français firent alors valoir leurs arguments : la ville de Boulogne était la prisonnière des Anglais, comme le roi François l'avait été de l'empereur, mais pour le roi, la rançon fut de deux millions d'écus, tandis qu'Henri VIII prétendait qu'une seule des villes de son royaume en vaudrait trois millions. Les ambassadeurs anglais affirmèrent n'être pas autorisés à descendre plus bas, et rappelèrent que Tournai avait été autrefois rachetée 600 000 écus : Boulogne valait bien six Tournai ! Finalement, Français et Anglais se séparèrent, remettant la poursuite des négociations au terme de cinq jours. Les deux parties étaient parvenues à rapprocher leurs exigences – sans être allées jusqu'au bout de la marge qui leur avait été laissée.

---

1   A. Du Chesne, *Les Antiquitez, op. cit.*, p. 460-461.

Lisle, Paget et Wotton étaient d'avis qu'il fallait donner satisfaction aux Français, car le roi d'Angleterre récupérait sa pension et une appréciable somme d'argent. Sans vouloir mécontenter leur roi, ils suggéraient de s'en tenir là, car le roi de France ne pouvait, selon eux, offrir davantage[1]. Les jours suivants, Francesco Bernardo fit des allées et venues entre Ardres, où logeaient les ambassadeurs français, et le château de Guînes, où étaient les Anglais, tandis que Jean de Monluc était envoyé à la cour porter les nouvelles[2]. Les ambassadeurs se rencontraient de temps à autres, le temps d'un repas, d'une brève conférence ou d'une chasse au lièvre, au daim ou au sanglier[3]. Le retour de quelques galères françaises aux alentours de Portsmouth vers le 10 mai provoqua quelques tensions et l'amiral d'Annebault s'engagea à les faire rappeler : il n'en eut pas besoin, car elles furent bientôt attaquées et repoussées par les Anglais[4].

Le 15 mai, les deux amiraux se promenèrent ensemble. Comme ils partageaient la même culture et les mêmes goûts, et qu'ils étaient tous deux experts en fauconnerie, ils se firent mutuellement la meilleure impression. Lisle décrivit son homologue français comme un « homme distingué, très aimable et bien élevé, et très bien habillé[5] ». Chemin faisant, il remercia Dieu qu'il n'y ait pas eu de bataille au mois d'août précédent, car sinon, dit-il, « c'eût été le plus grand massacre d'hommes depuis bien des années ». Lisle répondit qu'il avait évité l'affrontement car les seules galères françaises étaient alors capables de tenir tête à toute la faible flotte dont il disposait. D'Annebault conclut que leur volonté de servir au mieux leurs maîtres respectifs était toute légitime, mais que seul Dieu avait ménagé cette heureuse issue. Lisle parla ensuite de la difficulté d'aboutir dans des négociations où les Français demandaient tant et offraient si peu, à quoi l'amiral d'Annebault répliqua que Dieu pourrait bien travailler les cœurs de leurs maîtres, dont l'affection mutuelle était telle qu'une fois amis, ils ne seraient plus jamais ennemis, et une fois réunies, leurs redoutables flottes de guerre pourraient

---

1   *L&P*, t. XXI, part I, p. 373, n°749, et l'édition complète dans *CSP of Henry VIII*, t. XI, p. 127-134, John Lisle, William Paget et Nicholas Wotton à Henri VIII, 6 mai 1546, minuit.

2   AS Modena, Cart. amb., Francia 22, Giulio Alvarotti au duc de Ferrare, Melun, 9 mai 1546.

3   *L&P*, t. XXI, part I, *passim* (entre le 6 et le 15 mai).

4   D. M. Loades, *John Dudley*, *op. cit.*, p. 77-78.

5   « A right proper man, and very gentle and well spoken, and very fine in his apparel ».

vaincre celle de n'importe quel autre prince de la Chrétienté[1]. Enfin, lorsque Lisle glissa que sa flotte était désormais bien plus forte que l'année passée, d'Annebault l'écouta d'une oreille distraite, avant de l'interrompre pour lui proposer un spectacle qu'il avait, à l'évidence, préparé à dessein : « Voudriez-vous voir voler les faucons de monsieur de Canaples ? » lui demanda-t-il. L'amiral Lisle ayant répondu par l'affirmative, son compagnon s'exécuta et lui fit faire une démonstration. Puis ils se séparèrent[2].

Ces aimables discussions convainquirent les uns et les autres de leurs bonnes volontés réciproques. Mais elles n'amenèrent rien de concret, tant les deux rois campaient sur leurs positions. Après cette rencontre du 15 mai entre les deux amiraux, d'Annebault écrivit donc au roi que malgré les bonnes dispositions de l'amiral anglais, il y avait peu de bonnes choses à espérer[3]. Le 22 mai, il tomba malade, et Lisle lui fit rendre visite, afin d'entretenir ces relations courtoises. D'ailleurs, l'amiral de France avait donné à ses galères l'ordre de se retirer sans combattre les vaisseaux anglais qui passaient à proximité avec des intentions apparemment belliqueuses[4]. La paix n'était toujours pas à l'ordre du jour, mais le ralentissement des opérations militaires et les premières restitutions étaient des signes avant-coureurs. Du coup, les ambassadeurs des princes d'Europe, tant à la cour de François Ier qu'à celle d'Henri VIII, envoyèrent des nouvelles plus optimistes[5].

LES CONDITIONS DE LA PAIX

Enfin, le 26 mai vint la nouvelle tant attendue : un accord avait été trouvé sur Boulogne. François Ier verserait au total (arrérages de pensions compris) deux millions d'écus, dont 800 000 écus pour Boulogne, qui

---

1 C'était donc là l'empereur, et non le Turc, qui était visé ; mais Lisle ne releva pas l'allusion.
2 *L&P*, t. XXI, part I, p. 412-413, n° 837, John Lisle à William Petre, Guînes, 15 mai 1546.
3 AS Modena, Cart. amb., Francia 22, Giulio Alvarotti au duc de Ferrare, Melun, 18 mai 1546.
4 *Ibid.*, lettre du même au même, Melun, 26 mai 1546.
5 *Ibid.*, lettre du même au même, Melun, 23 mai 1546 : « Il s[r] Paolo Ursino m'ha detto havere lettere da Roano dal conte de Languilara, che lo scrive che mons[r] armiraglio di Francia ha fatto restituire alli Inglesi quelli legni che questi di passati haveva preso il capitano Polino, che è un gran segno che la pace si stringeva, che così piaccia a Dio » ; aussi AS Modena, Cart. amb., Inghilterra 1, Lodovico Montio au duc de Ferrare, Londres, 25 mai 1546, à propos de la restitution d'une pinasse anglaise.

reviendrait à la couronne de France huit ans plus tard, une fois versée la totalité de la somme. Fort de ce succès, l'amiral d'Annebault fit préciser au roi qu'il trouverait par la suite l'occasion d'abréger cette période en accélérant le remboursement. Le messager, Monluc, devait recueillir l'approbation du roi, et son retour avec la paix en mains était attendu d'un jour à l'autre[1]. Un seul article restait en suspens : les clauses territoriales, à cause desquelles, soudain, tout faillit être rompu[2]. Après cette violente querelle, la situation semblait plus tendue que jamais, comme en témoignent ces mots du secrétaire Paget, persuadé de la duplicité de l'amiral de France :

> Au lieu de la grâce et de la paix dont je vous envoyais dernièrement la nouvelle, faites à présent en sorte de nous envoyer le feu et l'épée, parce que rien d'autre ne pourrait ramener ces chiens fourbes à la raison. Par nos lettres ordinaires vous pourrez entendre les circonstances de l'affaire. Dieu leur donne une épidémie de peste, à ces traîtres dissimulateurs ! Si nous rompons, voyant qu'ils ont rompu leur foi envers nous et qu'ils ont quitté le compromis auquel ils avaient convenu, je compte persuader monseigneur de Herford, nonobstant notre saufconduit, de faire prisonnier l'amiral s'il le peut, parce qu'*il n'y a pas de fraude à tromper un trompeur*[3].

L'intromission de Francesco Bernardo et la volonté des deux camps de parvenir à la paix sauvèrent les négociations, qui reprirent comme auparavant. Néanmoins, les escarmouches se multiplièrent tant sur mer qu'en Boulonnais. Dans les derniers jours de mai, le baron de Saint-Blancard fut pris avec sa galère quadrirème[4] : l'amiral d'Annebault s'en plaignit amèrement à l'amiral Lisle, qui dut présenter ses excuses[5]. La paix paraissait s'éloigner, car non seulement on parlait peu de l'Écosse[6],

---

1   AS Modena, Cart. amb., Francia 22, Giulio Alvarotti au duc de Ferrare, Melun, 26 mai 1546.

2   Il s'agit des clauses sur les confins et les limites du Boulonnais ; *L&P*, t. XXI, part I, p. 461-462, n°941, et *CSP of Henry VIII*, t. XI, p. 181 *sq.*, lettre des députés anglais à Henri VIII, Calais, 27 mai 1546.

3   *Ibid.*, p. 462, n°943, William Paget à William Petre, Guînes, 27 mai 1546.

4   Il s'agit de la *Serayne*, prise le 18 mai 1546 au cours de la campagne d'Écosse (Philippe Rigaud, « Le "portraict" d'une poupe de galère (Marseille, 1543) », dans *Provence historique*, n°51, fasc. 203, 2001, p. 13-20) ; sur Bertrand de Saint-Blancard, voir Jean Vuillet, *Bertrand d'Ornezan, marquis des îles d'Or*, Toulon, 1939-1941.

5   AS Modena, Cart. amb., Francia 22, Giulio Alvarotti au duc de Ferrare, Melun, 31 mai 1546.

6   Dans sa dépêche du 26 mai citée plus haut, Alvarotti disait que l'Écosse serait inclue avec les honneurs, mais que les conditions restaient à définir.

mais la question de la restitution de Boulogne n'était plus tout à fait réglée. C'est pourquoi il fallut encore quelques jours de discussions acharnées pour parvenir à s'entendre sur toutes les clauses, mais le roi de France finit par donner son approbation à tous les articles apportés par Monluc, et le 31 mai, le fils du secrétaire Bayard apportait à la cour la nouvelle de la conclusion de la paix[1].

Enfin, le 10 juin, aux aurores, on apprit que le traité avait été signé[2]. Il était daté du camp entre Ardres et Guînes, 7 juin 1546, et stipulait, comme prévu, que le roi de France verserait deux millions d'écus, dont 800 000 écus d'or, payables sur huit ans, comme rançon de Boulogne[3]. De plus, on envisageait déjà que l'amiral d'Annebault allât en Angleterre pour faire ratifier le traité à Henri VIII, tandis que Lisle viendrait à la cour de France pour la même raison, ainsi que pour le baptême de la fille du dauphin qui venait de naître. Le 11 juin, Henri VIII proclamait officiellement la paix, qui incluait l'empereur[4]. Cependant, au contraire de l'Empire, l'Écosse n'était pas comprise sans conditions[5]. Certes, dans le principe, les Écossais n'étaient pas complètement oubliés, car un article stipulait que les Anglais s'engageaient à ne pas attaquer les Écossais les premiers – ce qui ne signifiait pas grand-chose[6]. Les Écossais reprochèrent amèrement à leur allié ce soutien minimal, qui ne les mettait guère à l'abri[7]. Toutefois, en Écosse, le parti pro-anglais avait repris l'avantage, et l'*auld alliance* française ne paraissait plus si fiable que par le passé. D'autre part, le mariage prévu du prince Édouard et de Marie Stuart avait l'apparence d'un gage suffisant pour l'avenir[8]. Quoi qu'il en fût, François Ier, trop heureux de recouvrer Boulogne, s'en contenta facilement.

---

1   AS Mantova, Cart. inv. div., 640, Thomaso Sandrini aux régents de Mantoue, Fontainebleau, 3 juin 1546.

2   AS Modena, Cart. amb., Francia 23, Giulio Alvarotti au duc de Ferrare, Melun, 10 juin 1546, 5 heures du matin.

3   *CAF*, t. V, p. 88, n° 15123, orig. AN, J 651, n° 18 ; Du Mont, *Corpus diplomatique*, IV, II, 305, col 2 ; Thomas Rymer, *Foedera, conventiones, litterae inter reges Angliae et quosvis alios imperatores, reges...*, 3e éd., t. VI, La Haye, 1741, part III, p. 136.

4   *Tudor royal proclamations*, t. I : *The early Tudors*, éd. P. L. Hughes et J. F. Larkin, New Haven-Londres, 1964, p. 369-370.

5   J. La Brosse, *op. cit.*, p. 103.

6   B. Cottret, *op. cit.*, p. 322.

7   De fait, au début de l'année 1547, Henri VIII prépara une nouvelle guerre, qui fut l'une des causes principales de la décision d'Henri II de dénoncer la paix d'Ardres.

8   *Cf.* par exemple le rapport de Cavalli dans Alberi, *op. cit.*, serie I, t. I, p. 231-232.

UNE PAIX PEU AVANTAGEUSE ?

L'amiral d'Annebault se montra très content de la paix, tout d'abord parce que tel était son intérêt, car si l'on contestait les clauses du traité, il était lui-même attaqué par ce moyen. Mais surtout, il estimait que ces 800 000 écus n'étaient pas trop cher payé pour les nouvelles fortifications de Boulogne et il ne se privait pas pour clamer haut et fort que le roi n'aurait pu, en dépensant des millions, élever de meilleures défenses[1]. En fait, celles-ci avaient probablement coûté à peine la moitié au roi d'Angleterre, mais le prix du rachat était encore raisonnable, et si la limite initialement fixée par le roi (300 000 écus) avait été dépassée, elle était bien en-dessous du seuil minimal prévu par Henri VIII (sans doute proche de deux millions). Pour obtenir satisfaction, il avait fallu sacrifier quelque peu les Écossais. En revanche, les pensions du roi d'Angleterre n'avaient pas été augmentées et les arrérages à verser étaient au niveau de ce qui avait été envisagé[2]. François Ier avait lieu d'être satisfait, bien que la somme de deux millions d'écus, aussi élevée que l'avait été la rançon du roi quinze ans plus tôt, pût paraître tellement considérable que d'aucuns, comme Granvelle, pensaient qu'elle ne serait jamais payée[3]. Le roi d'Angleterre avait encore plus de raisons de se réjouir : il abandonnait Boulogne, mais gardait toujours Calais et voyait arriver la manne d'argent dont il avait tant besoin ; pour les Écossais, il cédait sur la forme, mais gardait les mains libres. C'est donc avec enthousiasme qu'il félicita l'amiral d'Annebault :

> La bonne affection que par les miens ay entendu que tousjours m'avez porté »,
> lui écrit-il, « me donne presente occasion de vous remercier affectueusement,
> et vous advertir que n'aurez jamais cause juste de vous repentir en cest endroict,
> ains plustost vous rejouyr en faisant bon office pour la continuation de ceste
> amitié d'entre mons^r mon bon frere, le roy vostre maistre, et moy. En quoy

---

1   AN, K 1486, Saint-Maurice au grand commandeur de Leon, Melun, 4 juillet 1546.
2   A ceci pouvait toutefois s'ajouter les 500 000 écus dont le litige devait être tranché par des experts italiens.
3   *Nuntiaturberichte aus Deutschland, Erste Abteilung : 1533-1559, op. cit.*, t. IX, *Nuntiatur des Verallo, 1546-1547*, Girolamo Verallo, nonce auprès de l'empereur, au cardinal Farnèse, 15 mai 1546 : « Ben mi dice monsignor di Granvela che'l Christ^{mo} offerisce partiti grandissimi, cioè menti che li deve, fin'alla summa, che quasì arrivarà a doi millioni, e che Inghilterra si ritenga Bologna fin'alla satisfattione del tutto. Lui ne restà spaventato di così grosso partito, imperò non ne fa molto conto, perchè tiene al fermo che'l re non li pagarà nè potrà pagarli. »

comme a luy grand service, ainsi a moy ferez grand plaisir, lequel vous verrez après avoir esté bien employé[1].

On pouvait reprocher à l'amiral d'Annebault d'avoir concédé un traité déshonorant pour le roi de France : ainsi, le Vénitien Cavalli remarqua qu'Henri VIII avait obtenu une paix plus honorable qu'aucun de ses prédécesseurs, tandis que François Ier avait beaucoup dépensé sans grands résultats[2]. Cependant, il faut reconnaître que la possession de Boulogne par les Anglais n'avait jamais permis aux émissaires français de négocier en position de force.

Le pire, pour le roi de France, était peut-être l'incertitude liée à la longue attente imposée par le traité avant qu'il pût récupérer Boulogne. Certes, il avait été dès le départ prévu de demander ce délai au cas où le montant à verser atteindrait deux millions. Pourtant, une fois les clauses accordées, le roi de France tenta de le ramener à trois ans : en vain, car les Anglais ne voulurent plus revenir là-dessus. Henri VIII pensait peut-être qu'il ne restituerait jamais Boulogne : dans une proclamation du 7 août 1546, il encouragea ses sujets anglais à coloniser le territoire boulonnais[3].

LA PAIX DES AMIRAUX :
UNE ŒUVRE À DÉFENDRE

Claude d'Annebault et John Lisle avaient mené les armées de mer lors du principal épisode de la guerre. Ensuite, ils s'étaient entendus sur les conditions de la paix. Enfin, il leur revenait de faire ratifier le traité entre les deux souverains, à l'occasion d'un échange très symbolique qui devait voir l'amiral de France célébrer la paix à la cour d'Angleterre. À l'été 1546, cette paix paraissait plus que jamais comme la « paix des amiraux », tant ils en semblaient les dépositaires. Ainsi, pour apaiser les doutes d'Henri VIII sur la bonne volonté du roi de France, l'ambassadeur

---

1 *CSP of Henry VIII*, t. XI, p. 218-219, n° 1387, Henri VIII à Claude d'Annebault, Greenwich, 15 juin 1546.
2 Alberi, *loc. cit.*
3 *Tudor royal proclamations, op. cit.*, p. 376-377.

Odet de Selve lui affirma que l'amiral d'Annebault était « le plus ferme
soutien de la paix entre les deux souverains[1] ».

LA SATISFACTION DU ROI

À la cour de France, certains jugeaient que l'amiral aurait à faire
face à la « ligue » des dames et du cardinal Du Bellay, comme de tous
ceux qui auraient voulu prendre la place des actuels conseillers du roi :

> Ainsi peut-on voir que la cour est partout la cour, c'est-à-dire un lieu où
> l'on a coutume de se jouer des coudes et de se hisser sur les épaules les uns
> des autres[2].

Sans doute ces informations n'étaient-elles pas sans fondement, car à
la fin du règne de François Ier, les amis du dauphin se faisaient plus
nombreux à mesure que la santé de son père se dégradait. Ceux qui
n'étaient pas trop liés à l'amiral d'Annebault ou au cardinal de Tournon
ménageaient donc tant qu'ils le pouvaient le futur roi[3]. Pourtant, les
critiques semblent avoir été moins nombreuses et virulentes qu'après la
paix de Crépy ou le fiasco de l'expédition de Portsmouth. Et comme à
l'accoutumée, le roi fit le meilleur accueil possible à son conseiller favori,
dont il était cette fois visiblement satisfait. Le 13 juin, à Paris, François Ier
attendit impatiemment son amiral à une fenêtre de son palais, jusqu'à
ce qu'il entrât dans la cour, vers midi. Puis ils restèrent ensemble trois
heures à discuter, avant de faire proclamer la paix dans toute la ville et
tirer cinquante coups de canon, « et on fit jusqu'à présent de si grandes
solennités », écrivit l'ambassadeur de Ferrare, à tel point que, dit-il, « je
ne sais si on n'en fera jamais davantage[4] ».

Le roi couvrit Claude d'Annebault de présents, lui offrant tout de suite
12 500 livres tournois[5]. La reine Marguerite, si mécontente des dispositions du traité de Crépy, félicita cette fois son frère de la « conclusion

---

1   Odet de Selve, *Correspondance politique*, éd. G. Lefèvre-Pontalis, Paris, 1888, p. 29, Odet
    de Selve à Claude d'Annebault, Londres, 14 septembre 1546.
2   *L&P*, t. XXI, part I, p. 752-753, n° 1521, Nicholas Wotton à William Paget, Moulins,
    28 août 1546.
3   *Cf.* notamment p. 555.
4   AS Modena, Cart. amb., Francia 23, Giulio Alvarotti au duc de Ferrare, Paris, 13 juin
    1546.
5   Le 27 juin 1546, selon la notice sur Claude d'Annebault dans BnF, Fr. 32865, p. 161-166.

de la desirée paix, negociée par vostre fidèle et heureux amiral[1] ». Les ambassadeurs rendirent également hommage à d'Annebault, notamment l'ambassadeur de Venise : ses félicitations se terminèrent par de grandes effusions d'amitié[2].

L'AMIRAL D'ANGLETERRE A LA COUR DE FRANCE

L'amiral d'Annebault avait tenu à rentrer à la cour de France avant de faire le voyage d'Angleterre. Henri VIII lui écrivit sa satisfaction et l'engagea à continuer à lui « faire plaisir », en même temps qu'à servir le roi de France, son maître[3]. En outre, il attendait impatiemment de le recevoir, lui réservant un accueil des plus gracieux[4]. Il dit au nouvel ambassadeur français, Odet de Selve, qu'il tenait à ce que d'Annebault vint en personne, « me usant de ces propres termes », rapporta Selve, « qu'il luy ouvriroyt son cueur et qu'il falloyt ainsy le faire entre bons amis[5] » ; il réclamait l'amiral français avec une telle insistance que François Ier ne put revenir sur sa décision d'envoyer son conseiller favori. En effet, il semble que le roi de France se fût contenté de faire ratifier le traité par son ambassadeur[6], cependant, lorsque celui-ci annonça à Henri VIII que l'amiral aurait du retard[7], le roi d'Angleterre entra dans une colère noire, au point que Selve n'osa pas lui parler du remplacement de l'amiral par un autre négociateur[8]. Le 14 juillet, Selve écrivit de nouveau que le roi d'Angleterre ne cessait de demander des nouvelles de Claude d'Annebault, qu'il fallait donc envoyer sans tarder[9].

---

1   *Nouvelles lettres de la reine de Navarre, op. cit.*, p. 256-258, lettre CXLII, au roi, début juin 1546.
2   AN, K 1486, Saint-Maurice à Charles Quint, vers le 8 juillet 1546 ; *cf.* aussi les félicitations d'Alvarotti (AS Modena, Cart. amb., Francia 23, Giulio Alvarotti au duc de Ferrare, Melun, 1er juillet 1546).
3   *L&P*, t. XXI, part I, p. 530, n° 1066, et *CSP of Henry VIII*, t. XI, p. 218, Henri VIII à Claude d'Annebault, Greenwich, 15 juin 1546.
4   Selve, *Correspondance politique*, p. 6, lettre à Claude d'Annebault, Londres, 5 juillet 1546.
5   *Ibid.*, p. 4, lettre au roi, Londres, 4 juillet 1546.
6   *CAF*, t. V, p. 103, n° 15208, Fontainebleau, 8 juillet 1546, pouvoirs à Odet de Selve, pour qu'il promette en son nom d'accomplir et d'exécuter le traité de paix conclu à Ardres (enregistré à la Cour des comptes de Paris, AN, P. 2307, p. 944 ; P. 2538, fol. 38v ; P. 2554, fol. 86v) ; Henri VIII ratifia le traité le 17 juillet (AN, AE/III/33).
7   Il ne pouvait partir avant que le cardinal de Tournon fût rétabli, car le roi ne pouvait se passer des deux à la fois (*cf.* notamment p. 503-506).
8   Selve, *Correspondance politique*, p. 6, lettre à Claude d'Annebault, Londres, 5 juillet 1546.
9   *Ibid.*, p. 10-12, lettre au roi, Londres, 14 juillet [1546].

En fait, il semble que François Ier ait tenu à recevoir d'abord l'amiral anglais. Celui-ci devait non seulement jurer la paix, mais aussi tenir sur les fonts la fille du dauphin, prénommée Élisabeth, au nom du roi d'Angleterre, ainsi que le roi de France l'avait proposé pour sceller la réconciliation des deux couronnes[1]. Cependant, Henri VIII, sans nouvelles de l'envoi de l'amiral d'Annebault, ne se pressa pas d'envoyer Lisle outre-Manche. Fin juin, c'est le trésorier Cheyne qui vint à la cour de France pour représenter son souverain : on crut alors que l'amiral anglais ne viendrait pas[2]. Les festivités du baptême eurent donc lieu en son absence, à partir du 4 ou du 5 juillet[3], à Fontainebleau. Ces fêtes, qui donnèrent lieu aux plus grandes solennités, mirent en scène la puissance et la richesse du roi de France[4]. La fille du dauphin fut finalement tenue sur les fonts par Thomas Cheyne, au nom du roi d'Angleterre, et l'on ne tarda pas à l'appeler « Élisabeth de la paix[5] ». Les festivités furent en particulier marquées par un duel très symbolique qui eut lieu le 15 juillet entre un capitaine italien, Antonio Moro, défenseur, passé du service du roi d'Angleterre à celui du roi de France, et son assaillant, un certain capitaine Julian de Romero, espagnol, qui avait pour parrain, en la circonstance, le roi d'Angleterre représenté par Thomas Cheyne. Après un pas d'armes qui avait duré la matinée, les combattants furent présentés au roi à midi par l'amiral, qui recueillit ensuite entre ses mains les serments des combattants sur

---

1   Le roi de France avait dès le mois de juin prié le roi d'Angleterre d'être le parrain de l'enfant du dauphin (ÖStA, EngBW 13, lettre de l'ambassadeur François Dilfus à Marie de Hongrie, Londres, 14 juin 1546).

2   *ANG*, t. III, p. 434-441, Guidiccione au cardinal Farnèse, Melun, 29-30 juin 1546.

3   *ANG*, t. VI, p. 50-51, lettres de Bertano et p. 54-55, Dandino, Lyon, 12 juillet, qui annonce nouvelle fête du baptême à laquelle aurait assisté l'amiral Lisle, puis Dandino corrige en précisant que Lisle n'était pas là, comme quoi « ses marchands » sont mal informés. François Ier ratifie le traité le 8 juillet (NA, E 30/1326).

4   Sur la description des fêtes du baptême, *cf.* Pierre Dan, *Le Trésor des merveilles de la maison royale de Fontainebleau*, Paris, 1642, p. 224-229 ; Théodore Godefroy, *Le Cérémonial françois*, Paris, 1649, 2 vol, t. II, p. 146-148 ; C. Terrasse, *op. cit.*, t. III, p. 148-151 ; Gurone Bertano, envoyé du pape, décrivit précisément les préparatifs du baptême (lettre au cardinal Sante Fiora, Fontainebleau, 4 juillet 1546, AS Vaticano, AA I-XVIII 6532, fol. 312-314, brièvement analysée dans *ANG*, t. VI, p. 50) ; un récit détaillé est dans G. Paradin, *Histoire de nostre temps, op. cit.*, p. 486-500. On abordera plus loin la dimension symbolique et politique de ces mises en scène.

5   P. Dan, *op. cit.*, t. II, p. 225. Sur le prénom et la vocation de paix d'Élisabeth, ainsi que sur les festivités du baptême, voir Sylvène Édouard, *Le Corps d'une reine. Histoire singulière d'Élisabeth de Valois (1546-1568)*, Rennes, 2009, p. 17-21.

les Évangiles. Le combat, à cheval et aux épées, fut assez long : pourtant, Julian de Romero perdit rapidement ses deux épées longues et son cheval fut blessé à la tête, mais il combattit si vaillamment, avec son épée courte et à pied contre un adversaire monté, qu'il finit par l'emporter aux cris de « Espagne, Espagne ! ». L'amiral d'Annebault vint auprès des combattants et devant lui, Moro reconnut sa défaite et proclama qu'il avait mal agi en quittant le service du roi d'Angleterre pour celui du roi de France. D'Annebault déclara Romero vainqueur et laissa la vie à Moro. Le roi félicita le vainqueur et déclara qu'il avait fait honneur à sa patrie ; en outre, Romero reçut mille écus et des vêtements somptueux[1]. Beaux joueurs, le roi et l'amiral avaient pourtant lieu d'être contrariés. Au-delà de l'affaire d'honneur qui les opposait, Romero représentait les Anglais et Moro, les Français. Loin de se comporter en spectateurs neutres, ils avaient espéré la victoire du second, qui portait un vêtement de tissu doré richement ouvragé donné par l'amiral et qui surtout, avait reçu un entraînement spécifique pour battre son adversaire :

> A la verité, rapporta l'ambassadeur de l'Empereur, tous ceulx d'icy ont estez merveilleusement troublez [du] reboutement [de Moro], car le combat avoit esté qualiffié, qu'il fut question de l'honneur de France et d'Angleterre, tellement que Mauro s'appelloit « le François » et Julian « l'Anglois », et a ceste cause, led. Mauro, qu'il se confessoit tousjours aux siens plus foible a pied que led. Julain, fut conseillié de prandre armes a cheval, avec lesquelles l'on le fit exercer plus de quinze jours continuz en la forestz de Fontainebleau au millieu de lad. forest, sans que beaucopt le scessent, mais il se sceut si mal habiller desd. armes, que la fin en fut honteuse pour luy, et ainsy print led. combat son yssue.

Pendant ce temps, Henri VIII s'était enfin décidé à envoyer son amiral, en espérant que François Ier suivrait son exemple. Dans cette petite guerre des nerfs, le roi d'Angleterre avait été le premier à céder. Lisle débarqua à Calais avant le 18 juillet[2] et son arrivée fut annoncée à la

---

1   ÖStA, FrVa 3, Konv. 11, fol. 1-4, *l'ordre du combat de Julain de Romero assaillant et de Anthoine More deffendant* ; AS Modena, Cart. amb., Francia 23, Giulio Alvarotti au duc de Ferrare, Fontainebleau, 16 juillet 1546 ; ASV, Segr. Stato, Principi, 13, fol. 189v-191, Girolamo Dandino, évêque d'Imola, au cardinal Farnèse, Fontainebleau, 18 juillet 1546 (éd. *ANG*, t. VI p. 60-61).

2   NA, SP 1/222, fol. 38, d'Annebault à Lisle, Fontainebleau, 18 juillet 1546 ; *ibid.*, fol. 65, le même au même, Milly-la-Forêt, 21 juillet [1546].

cour pour le 25 ou le 26 du mois[1]. Claude d'Annebault lui écrivit alors pour l'assurer se réjouir de sa visite et l'informer de son prochain départ pour l'Angleterre :

> Quant à moy, mons[r], incontinant que je vous auray veu, ce que grandement je desire, et que j'auray parlé a vous, je seray prest selon la resolution que prendrons ensemble de monter a cheval pour aller par devers le roy d'Angleterre[2]

Lisle parvint finalement à Paris, avec Nicholas Wotton et Cuthbert Tunstall, évêque de Durham, le 26 juillet : Charles de La Morette puis le cardinal de Meudon les y reçurent et la ville leur fit une réception solennelle, avec de beaux cadeaux[3]. Le 28, les Anglais furent accueillis dans la forêt de Corbeil par Jean de La Hunaudaye, Charles de Brissac et Guy de Laval qui les escortèrent jusqu'à un petit village voisin. Ils y rencontrèrent le roi, venu les accueillir en personne « à l'étonnement général », ainsi que l'amiral de France, pour les accompagner jusqu'au château de Melun. En chemin, Lisle discuta avec la dauphine et toute la compagnie, suivie par l'amiral d'Annebault. À leur arrivée à Melun, vers 4 heures, une salve d'artillerie fut tirée. John Lisle partit ensuite se changer dans la chambre de Claude d'Annebault ; ses vêtements n'étant pas arrivés, l'amiral de France lui en proposa gracieusement des siens, puis ils allèrent dîner[4].

La cour partit dès le lendemain pour Fontainebleau. Le dimanche 1er août, François Ier y fit serment d'observer le traité d'Ardres, devant l'amiral d'Annebault, quelques grands gentilshommes et six cardinaux qui ne s'émurent guère d'entendre qualifier le roi d'Angleterre de « défenseur de la foi » et de « chef suprême de l'Église d'Angleterre[5] ».

---

1 AS Modena, Cart. amb., Francia 23, Giulio Alvarotti au duc de Ferrare, Melun, 18 juillet 1546.

2 NA, SP 1/222, fol. 65, lettre du 21 juillet [1546] citée *supra*.

3 *Registres des délibérations de Paris*, *op. cit.*, t. III, p. 64 ; *L&P*, t. XXI, part I, p. 664, John Lisle [à William Paget], Paris, 26 juillet 1546.

4 *L&P*, t. XXI, part I, p. 670, n° 1365, John Lisle et Nicholas Wotton à Henri VIII, Melun, 30 juillet 1546 ; AN, K 1486, Saint-Maurice à Charles Quint (copie), Melun, [fin juillet 1546] ; AS Modena, Cart. amb., Francia 23, Giulio Alvarotti au duc de Ferrare, Melun, 30 juillet 1546 ; *Chronicles of Rabbi Joseph ben Joshua*, *op. cit.*, p. 413.

5 *Cf.* T. Rymer, *op. cit.*, et l'enregistrement par l'échiquier d'Angleterre NA, E 30/1041. Le seul titre que les Français firent rayer, sur la titulature d'Henri VIII donnée par Lisle et Wotton, était celui de « roi de France » ; *cf.* aussi B. Cottret, *op. cit.*, p. 322, qui remarque que « contrairement à Charles Quint, chatouilleux sur ce point, François Ier admit sans

En outre, l'entente nouvelle du roi de France et du roi d'Angleterre était placée, par un cérémonial soigneusement étudié, sous le regard de Dieu :

> Au milieu de la cour, il y avoit comme une forme de theatre de bois haut élevé d'une belle architecture, avec plusieurs portics composez à l'antique, ornez de divers feuillages, aux frizes desquels se lisoient ces mots écrits en lettres d'or : *Audierunt reges verba oris eius* ; lesquels sont empruntez du premier livre des roys, où il est faict mention de la grande réjouissance du peuple d'Israël quand il receut l'Arche d'Alliance en son armée[1], ayant perdu la bataille contre les Philistins, et de l'espérance qu'il se promettoit de toute sorte de bonheur par la présence de cette Sainte Arche : ce qui à l'instant jetta la crainte et l'épouvante à ces peuples incirconcis, leurs ennemis[2].

La devise choisie faisait allusion à l'arche d'alliance, symbole par excellence de la paix et de la fraternité unissant les peuples chrétiens. En outre, un mat soutenait un grand voile de toile bleue, où pendaient de nombreuses étoiles d'or. L'union des rois de France et d'Angleterre se réalisait sous le ciel et par la volonté de Dieu, prenant ainsi une connotation religieuse qui n'avait *a priori* pas lieu d'être et aurait pu choquer les tenants d'un catholicisme « papiste[3] ». François Ier emmena ensuite Lisle, Tunstall, Wotton et d'Annebault dans son cabinet, où il montra fièrement des livres qu'il faisait traduire du grec ; ils discutèrent de ces livres, puis de concile général, « entre autres vieilles histoires ». Ensuite, le roi leur fit visiter tout son château de Fontainebleau[4].

Tandis que Lisle était à Fontainebleau, tout le monde, à la cour d'Henri VIII, se montrait de plus en plus impatient de voir l'amiral de France[5]. Là-bas, les préparatifs de sa venue avaient été décidés depuis

---

sourciller le double titre de "Défenseur de la foi" et de "chef de l'Église" de Henri VIII ; et la ratification du traité à Fontainebleau intervint le 1er août 1546 face à cinq ou six cardinaux imperturbables ».

1   Premier livre de Samuel, 4, 5 : « Or, dès que l'arche arriva au camp, tous les Israélites firent une bruyante ovation et la terre trembla. »

2   Théodore Godefroy, *Le Cérémonial françois*, Paris, 1649, t. II, p. 147.

3   *Ibid.*, et P. Dan, *op. cit.*, p. 226-227 ; leur source est sans doute G. Paradin, *Histoire de nostre temps*, *op. cit.*, p. 495-500.

4   *L&P*, t. XXI, part I, p. 705-706, n° 1405, et *CSP of Henry VIII*, t. XI, p. 261-263, John Lisle et Cuthbert Tunstall à Henri VIII, Corbeil, 3 août 1546 ; C. Terrasse, *op. cit.*, t. III, p. 151.

5   Selve, *Correspondance politique*, p. 17, lettre à Claude d'Annebault, Londres, 25 juillet 1546, et *passim*.

le 19 juin[1]. Le départ de Claude d'Annebault fut d'abord programmé pour le 1er août, mais finalement, il resta jusqu'à la fin du séjour de Lisle[2]. Le 4 août, les deux amiraux se rencontrèrent une nouvelle fois à Paris, avant d'aller déjeuner au château de Madrid. Après ces dernières réjouissances, le 5 août, l'amiral de France partit en hâte à Rouen pour y embarquer[3].

L'AMIRAL DE FRANCE A LA COUR D'ANGLETERRE

D'Annebault s'embarqua à Dieppe sur le *Grand Zacharie*, avec douze ou treize autres belles galères[4]. Il emmenait avec lui cinquante-trois importants personnages, notamment son fils, Jean de La Hunaudaye, Henri de Lenoncourt, comte de Nanteuil, Henri de Créquy-Canaples, Gaspard de Saulx-Tavannes, Jean d'O, premier capitaine de la garde écossaise, le vice-amiral Charles de La Meilleraye, Antoine Polin de La Garde et Charles de La Morette. Chacun d'eux était accompagné d'une suite, dont deux cents personnes pour le seul amiral d'Annebault : au total, les Français avaient annoncé qu'ils seraient mille soixante-quinze, chiffre n'incluant pas les marins. C'était donc une imposante délégation qui s'apprêtait à prendre la mer[5]. En attendant l'arrivée de l'amiral, le roi d'Angleterre fit préparer de somptueuses réceptions[6]. Mais la mer

---

1   *Acts of the Privy Council, op. cit.*, t. I, 1890, p. 462. Fin juillet, Henry VIII fit demander si l'amiral de France comptait débarquer à Douvres ou aller avec ses galères jusqu'à Londres, pour savoir comment le recevoir (Selve, *Correspondance politique*, p. 5, lettre à l'amiral, Londres, 20 juillet 1546).

2   AS Modena, Cart. amb., Francia 23, Giulio Alvarotti au duc de Ferrare, Melun, 30 juillet 1546. D'Annebault reçut le 1er août sa procuration pour recevoir le serment d'Henri VIII (NA, E 30/1326).

3   Lettre citée de John Lisle et Cuthbert Tunstall, de Corbeil, 3 août 1546 : « He [d'Annebault] makith us a dynner, by the kinges commaundement, at his house, too leages from Parrys, sometyme cauled Madrell. »

4   *Foreign correspondence with Marie de Lorraine, Queen of Scotland, from the originals in the Balcarres papers, 1537-1548*, éd. M. Wood, t. II, Édimbourg, 1923-1925, p. 143-144, Claude d'Annebault à Marie de Lorraine, reine douairière d'Écosse, Paris, 5 août [1546] ; E. Hall, *op. cit.*, t. II, p. 359.

5   La liste (BL, Cotton Vespasian XIV/1, fol. 67) a été publiée par D. Potter, *The Final Conflict, op. cit.*, p. 522-523.

6   ÖStA, EngBW 13, lettre de l'ambassadeur François Dilfus à Marie de Hongrie, Londres, 16 août 1546 : « L'admiral de France n'est encores arrivé. L'on l'attendt de jour a aultre et doibt venir en ses galleres. L'on a faict grandes preparations pour luy et est le roy a Hantencourt ou il le recepvra. »

était particulièrement dangereuse à cette époque de l'année ; aussi les ambassadeurs furent-ils retardés par les vents[1]. Ils parvinrent le 20 août à Greenwich, où ils débarquèrent et furent acclamés[2] :

> Cette année, le huitième jour d'août, monseigneur l'amiral de France vint à Rouen préparer ses vaisseaux et galères pour venir en tant qu'ambassadeur du roi de France en Angleterre, et le vingt-deuxième jour d'août, ledit amiral arriva à Greenwich, avec le *Grand Zacharie* de Dieppe et 14 gallères richement dressées et chargées d'ordonnance, et apprêtée avec des gonfanons et des bannières de diverses couleurs, sans qu'aucune galère ne soit décorée comme une autre ; le vaisseau du roi, qui mouillait à Gravesend to Deptford, près de Greenwich, richement couvert de rubans et de bannières, tira de grands et terribles coups de canons tout le long de sa route jusqu'à Greenwich, et ses gallères tirèrent aussi avec le *Zacharie* de grands coups de canon tout au long. Les comtes de Derby et d'Essex[3], avec divers autres seigneurs et gentilhommes, l'accueillirent sur l'eau à Blackwell dans la nouvelle barge privée du roi, au son des trompettes de part et d'autre, et ainsi ils l'emmenèrent cette nuit au palais du roi à Greenwich, qui avait été richement dressé, et là il y eut cette nuit un banquet pour lui et tous ses seigneurs et gentilshommes[4].

Le lendemain, ils remontèrent la Tamise jusqu'à Londres, où ils firent tonner leur artillerie, puis furent accueillis par la ville avec autant d'honneurs qu'en reçut l'amiral Lisle lors de son passage à Paris. L'amiral d'Annebault mit pied à terre à la tour de Londres, qui tonna bruyamment pour l'accueillir, puis il traversa une partie de la ville à cheval, sous la conduite du comte d'Essex, jusqu'à Foster Lane, où les magistrats de la ville l'accueillirent avec un discours en français. Il prit ensuite ses quartiers au palais épiscopal, et l'après-midi, le maire de Londres lui offrit des présents, dont des bouteilles d'hypocras, des serviettes brodées d'or et d'argent, des gâteaux aux amandes ou encore des gaufres[5]. L'amiral

---

1   « Une histoire peu vraisemblable » selon Wotton (*L&P*, t. XXI, part I, p. 742, Nicholas Wotton à William Paget, Moulins, 21 août 1546).

2   *CSP of Henry VIII*, t. XI, 251, 252, 263 et *passim* ; E. Hall, *op. cit.*, t. II, p. 359 ; Asseline, *Les Antiquités de la ville de Dieppe*, t. I, p. 245 ; *cf.* aussi AS Modena, Cart. amb., Francia 23. Giulio Alvarotti au duc de Ferrare, Moulins, 22 août 1546 : « C'è nova certissima che monsⁱ ammiraglio di Francia nel passare con le galere in Inghilterra ha scorso grandissimo pericolo, non c'è anchor nova della salva gionta ».

3   Edward Stanley, comte de Derby et William Parr, marquis de Northampton et comte d'Essex, pairs du royaume.

4   Trad. d'après C. Wriothesley, *Chronicle*, *op. cit.*, t. I, p. 171.

5   *Ibid.*, p. 171-172.

d'Annebault séjourna un peu à Londres, logeant deux nuits au palais de l'évêque, Edmund Bonner[1].

Le lundi 23 août, les Français quittèrent Londres pour rejoindre la cour du roi au château de Hampton-Court, situé à quelques lieues au sud-ouest. Le jeune prince Édouard, dont c'était la première apparition officielle en tant qu'héritier du royaume, vint les accueillir avec huit cents cavaliers vêtus de draps d'or. Les effusions furent longues et chaleureuses, puis les Anglais conduisirent leurs hôtes à la cour, où l'amiral d'Annebault raccompagna le jeune prince jusqu'à sa chambre avant de se présenter au chancelier et au conseil[2]. Le jour suivant, il fut conduit auprès du roi, qui jura officiellement la paix dans la chapelle de Hampton[3]. Puis les festivités commencèrent : dans le parc du château, trois somptueux pavillons avaient été construits pour banqueter trois jours durant, pour distraire l'ambassadeur français pendant son séjour[4]. Le peintre ferrarais Nicolas Bellin da Modena avait été chargé de tout le programme iconographique de ces fêtes[5], au cours desquelles l'amiral d'Annebault reçut les plus grands honneurs, partageant la table du roi et ses chasses, participant à de fastueux banquets et bals masqués organisés en son honneur[6].

1   D'après *Chronicle of the Grey friars of London*, éd. J. G. Nicholls, Londres, 1952, p. 52, il y resta toute la journée de dimanche ; C. Michon, *La crosse et le sceptre, op. cit.*, p. 22.

2   *Ibid.*, p. 172 ; *L&P*, t. XXI, part I, p. 725, n° 1446, lettre du prince Édouard à la reine, *e domo Palustri*, 12 août 1546 ; E. Hall, *op. cit.*, p. 359.

3   *Ibid.*, p. 359-360 ; C. Wriothesley, *Chronicle, op. cit.*, p. 172 ; *cf.* aussi Public Record Office, E 30/1327, pouvoirs de Claude d'Annebault pour recevoir d'Henri VIII le serment d'observer la paix.

4   *Acts and Monuments of John Foxe, op. cit.*, t. V, p. 562 ; Diarmaid MacCulloch, *Thomas Cranmer*, New Haven-London, 1996, p. 357.

5   Sylvie Béguin, « Henri VIII et François Ier, une rivalité artistique et diplomatique », dans *François Ier et Henri VIII. Deux princes de la Renaissance (1515-1547)*, actes du colloque tenu à Londres du 9 au 11 mai 1991, éd. C. Giry-Deloison, Lille, 1995, p. 62-82 ; Martin Biddle, « Nicholas Bellin of Modena, an Italian artificer at the Courts of Francis I and Henry VIII », *Journal of British Archeological Association*, 3° série, t. XXIX, 1966, p. 106-121. BL, Cotton Vespasian XIV/1, fol. 80-88v : ordre des cérémonies pour la réception de Claude d'Annebault, amiral de France.

6   C. Wriothesley, *Chronicle, op. cit.*, p. 172-173 : « The 24th daie of august he was brought to the kinges presence, and dynned that daie at the kinges bord, and so remayned in the court, with banqueting and huntinge, and rich maskes everie night with the queen and ladies, with dancinge in two now banqueting howses, which were richlie hanged, and had rych cubbordes of gold plate all gild, and sett with rych stones and perles, which shone rychlie » ; *cf.* aussi E. Hall, *loc. cit.* : « To tel you of the costlye banquet houses, that were built, and of the great banquettes, the costly maskes, the liberal huntynges that

« LE PLUS FORT SOUTIEN DE LA PAIX »

Mais l'amiral de France n'était pas venu pour se distraire. Aussi profita-t-il de son séjour pour aborder un certain nombre de problèmes d'importance, afin de faire de cette paix la base des meilleures relations entre les deux rois, voire de préparer une future alliance. De fait, le roi d'Angleterre avait avec lui les gens de son conseil, qui furent occupés à traiter avec l'amiral d'Annebault et les siens tout au long de leur séjour[1].

Il fut ainsi question de la libération du baron de Saint-Blancard et de sa galère, ainsi que du choix des experts pour instruire la question des 500 000 écus litigieux[2]. Les fortifications de Boulogne, continuées par les Anglais, comme les Français poursuivaient celles du Portel, furent le sujet de discussions assez vives, notamment entre les deux amiraux ; néanmoins, ils se séparèrent sur des paroles plus amicales[3]. D'Annebault parla aussi avec le roi d'Angleterre d'un possible mariage du prince Édouard et d'« Élisabeth de la paix », gage d'éternelle amitié entre les deux couronnes, mais rien ne fut encore décidé[4]. D'autre part, selon Thomas Cranmer, il fut alors question de l'adoption d'une liturgie commune entre les deux royaumes, et du rejet de l'autorité du pape dans le royaume de France. Ces discussions, qui prolongeaient celles amorcées lors du séjour de Lisle à la cour de François Ier, n'avaient rien de véritablement nouveau : elles répondaient à une vieille attente d'Henri VIII, qui avait précédemment tenté, en 1534 et en 1538, de rallier François Ier à ses positions sur l'indépendance des églises vis-à-vis de Rome[5]. Cette fois, le roi de France, par l'intermédiaire de son

---

were shewed to hym, you woulde much marvel, and skant beleve » ; et AS Modena, Cart. amb., Francia 23, Giulio Alvarotti au duc de Ferrare, Beaune, 20 septembre 1546 : « Il cap° Francesco Bernardini ha ditto al sᵉ ambasciatore vineto che quel re d'Angliterra ha fatto tantti honori a monsᵉ ammiraglio che se le andasse monsᵉ delphino per aventura, non li potria fare davantaggio ».

1   ÖStA, England, Berichte und Weisungen, Karton 13, François Dilfus à Marie de Hongrie, Londres, 3 septembre 1546.
2   Selve, *Correspondance politique, passim*.
3   *CSP of Henry VIII*, t. XI, p. 283, lettre du conseil privé à Nicholas Wotton, Hampton-Court, 31 août 1546.
4   Selve, *Correspondance politique*, p. 101-103, Odet de Selve et Antoine de La Garde au roi, 13 février 1547. Ce mariage aurait aussi permis de libérer Marie Stuart, future reine d'Écosse, de ses engagements, et d'envisager une union avec le fils aîné du dauphin.
5   C. Michon, *La crosse et le sceptre, op. cit.*, p. 39 et 217-218.

conseiller favori, prêtait une oreille complaisante à ces revendications, posant ainsi les premiers jalons du retournement de la diplomatie française contre l'empereur et le pape[1]. Le 27 août, l'amiral d'Annebault avait accompli son office. Toutefois, Henri VIII désirait qu'il restât encore quelques jours afin d'assister au reste des spectacles et banquets préparés à son attention ; mais alors que l'amiral fêtait encore la paix à Hampton-Court, il reçut la visite d'un messager de François Ier qui lui apportait l'ordre de rentrer immédiatement pour des affaires de la plus haute importance[2]. Il prit donc congé du roi et de la reine d'Angleterre, puis retourna à Londres, d'où il écrivit à la reine douairière d'Écosse qu'il veillait sur ses intérêts. Le 29 août, il quitta l'Angleterre, chargé de nombreux présents[3] ; en outre, Guillaume Bartier, l'intendant de l'amiral, ramena, pour l'usage de certains gentilshommes qui étaient venus avec lui, six douzaines de plats, trois douzaines d'assiettes, des salières, candélabres, pots, flacons d'étain et tranchoirs, et même des chevaux et des lévriers anglais[4].

Après une assez longue traversée, d'Annebault, un peu malade, rejoignit la cour en Bourgogne le 19 septembre. François Ier lui fit un accueil chaleureux[5]. Les premiers paiements pour la restitution de Boulogne furent effectués en novembre ; le roi d'Angleterre fit vérifier l'aloi des pièces, et se tint pour satisfait[6]. Dans le même temps, le baron de La Garde négociait la libération de Saint-Blancard. Enfin, en mars 1547, Édouard VI acceptait de rendre la galère du baron de Saint-Blancard et les deux rois s'engageaient à mettre bas toutes les fortifications faites après la signature du traité[7]. La paix négociée et garantie par les deux amiraux semblait désormais en bonne voie, du moins tant que le roi

---

1   *Cf.* p. 576 *sq.*

2   J. Foxe, *Acts and Monuments, loc. cit.* : « But, as it chanced, the french king's great affairs were then suddenly such, that this ambassador was sent for home in post-haste, before he had received half the noble entertainment that was prepared for him, so that he had but the fruition of the first banqueting-house ».

3   C. Wriothesley, *Chronicle, op. cit.*, p. 173 ; *cf.* aussi E. Hall, *loc. cit.*

4   *Acts of the Privy Council, op. cit.*, t. I, p. 534, séance du 27 septembre 1546.

5   AS Modena, Cart. amb., Francia 23, Giulio Alvarotti au duc de Ferrare, Beaune, 23 septembre 1546.

6   *Ibid.*, lettre du même au même, Trolly, 29 novembre 1546 ; Selve, *Correspondance politique*, en particulier les lettres du 18 octobre, 28 octobre et 20 janvier suivants.

7   AS Modena, Cart. amb., Francia 24, Giulio Alvarotti au duc de Ferrare, Paris, 20 mars 1547.

de France pouvait assumer les coûteux versements des pensions et de Boulogne. Si jusqu'à la fin de son règne, François Ier n'eut plus à compter l'Angleterre parmi ses ennemis, il le devait en partie aux bons offices de Claude d'Annebault.

LA FAVEUR DU ROI

Jusqu'en 1543, les conseillers favoris successifs de François Ier furent tous des compagnons de jeunesse. Or, la disgrâce de Montmorency et la mort de l'amiral Chabot avaient définitivement épuisé ce vivier. François Ier se tourna alors vers Claude d'Annebault qui, tout en étant à peu près de son âge, était arrivé tardivement dans l'entourage proche du souverain. Or le roi n'accordait pas son amitié, sa confiance et les rênes du gouvernement au premier gentilhomme venu à la cour : les rares élus devaient posséder certaines qualités appréciées par le prince. Les mécanismes de dévolution de la faveur du roi-chevalier sont révélés sous un jour particulier par le choix d'un conseiller favori. À ce titre, le portrait de Claude d'Annebault doit être envisagé comme l'un des premiers jalons d'une anthropologie du conseiller favori.

PORTRAIT D'UN CHEVALIER COURTISAN

LE CORPS ET LE SANG

À la cour de France, l'apparence physique comptait beaucoup : la beauté des gentilshommes serviteurs du roi était mise au service de l'exaltation de la majesté royale. En effet, la cour de François Ier, qui avait pour modèle la « cour idéale », ne pouvait graviter autour de personnages difformes et boiteux. Ainsi, mis à part les princes du sang qui tenaient leur rang naturel (un François de Saint-Pol, par exemple, était plutôt laid), les favoris devaient porter leur noblesse sur leur visage. Claude d'Annebault était « un personnage fort décoratif[1] » : un visage

---

1   É. Dermenghem, art. cité, p. 50 ; voir aussi l'amusante analyse physionomique dans le même article, p. 47 : « Un visage carré, bien proportionné, aux traits réguliers et calmes,

allongé et harmonieux, malgré un nez un peu grand, des yeux bleus, comme il était fréquent à cette époque au nord du royaume, et une barbe soigneusement taillée. À voir la finesse des traits du visage, on peut penser que l'amiral était assez mince, mais on ne peut rien deviner de plus de sa stature ; cependant l'amiral d'Annebault, cavalier, chasseur et combattant émérite, avait probablement, sans être forcément un colosse comme son roi, un physique plutôt imposant.

Outre les qualités physiques, le conseiller favori devait faire preuve de vertus morales. On sait que la qualité du sang noble passait, aux yeux du roi et de ses contemporains, pour une garantie des meilleures dispositions naturelles[1]. La naissance de Claude d'Annebault le prédisposait-elle à recevoir tant de responsabilités et d'honneurs ? L'amiral n'était ni issu d'une famille princière comme les Guise ou les Bourbons, ni d'une lignée de grands barons du royaume : il n'en était pas pour autant le petit seigneur élevé par la seule volonté du roi, que l'on décrit parfois. Dans une France et une Normandie dont la noblesse ancienne avait été décimée par les épreuves de la guerre (Azincourt en 1415, Verneuil en 1424), l'ancienneté de la lignée de Claude d'Annebault, peut-être issue d'un compagnon de Guillaume le Conquérant, était devenue une chose rare, qui eût pu être mise en avant et exploitée pour servir la réputation de l'amiral. Or, nous n'avons aucune trace d'une telle entreprise, ni avant Claude, ni de son vivant : nulle allusion, nulle réminiscence d'une histoire lignagère, pourtant jalonnée de preuves de dévouement et de loyauté à la dynastie des Valois, mais seulement célèbre, semble-t-il, pour la lignée de ses chiens de chasse.

---

des yeux clairs, assez indifférents, tels sont les caractères les plus saillants des portraits que l'on a conservés de l'amiral d'Annebault. Le front est large, le nez droit, les lèvres minces. L'impression générale est d'une nature bien équilibrée et peu complexe » ; pour se faire sa propre opinion, voir les deux portraits de l'amiral par les Clouet (collections de dessins de Catherine de Médicis, Musée Condé, MN 242, reproduit en annexe, et MN 243) ; cf. Alexandra Zvereva, *Portraits dessinés de la cour des Valois. Les Clouet de Catherine de Médicis*, Paris, 2011.

1　Voir la thèse d'Arlette Jouanna sur le mythe de la race (A. Jouanna, *Ordre social. Mythes et hiérarchies dans la France du* XVIᵉ *siècle*, Paris, 1977, p. 15-85) ; voir aussi le catalogue des vertus de l'utopie nobiliaire dressé par Laurent Pillard, auteur du manuscrit de la complainte de la mort du connétable de Bourbon : « Mais je me tais du maintien seigneurial d'iceulx, semblablement de la gravité, honnesteté, pudicité, de la magnificence, constance, prudence, sapience, magnanimité, agilité, urbanité, fortitude, valleur, beaulté, famosité, et autre vertus decorant et prodigalement ornant la renommee de maintz nobles personnaiges » (D. Crouzet, *Charles de Bourbon, connétable de France*, [Paris], 2003, p. 73).

Si Claude d'Annebault ne s'est pas essayé à la glorification dynastique, c'est peut-être simplement parce que, comme beaucoup de ses contemporains, il n'avait qu'une mémoire limitée dans le temps et essentiellement orale de ses origines[1]. Il est aussi possible qu'il n'ait simplement pas vu l'intérêt de mettre en scène, dans une démarche symbolique, par les arts ou les lettres, l'histoire familiale au-delà de la simple démonstration de noblesse. D'ailleurs, ces origines, bien qu'anciennes, eussent paru modestes en comparaison de l'histoire prestigieuse des ducs de Guise ou de Montmorency ou aux filiations royales ou antiques dont ceux-ci s'affublaient, comme d'autres lignages princiers[2].

Il est aussi probable que l'amiral ait préféré s'abstenir de mettre en avant son appartenance à une simple famille de noblesse seconde, récemment enrichie par mariages[3], dans une cour où il devait tenir les premiers rôles aux côtés de princes et de seigneurs titrés de très haute noblesse. Lui-même devait probablement une bonne moitié de ses biens et revenus à sa femme, Françoise de Tournemine. Pourtant, depuis la mort de son père vers 1535, il était, indiscutablement, l'un des principaux feudataires du royaume[4], sans être toutefois d'une haute noblesse titrée, prince, duc, comte ou marquis. En fait, il était beaucoup plus proche d'un Montmorency ou d'un Guise par sa puissance et son rayonnement féodal, que par son rang et ses origines. Cependant, Claude d'Annebault parlait parfois du relatif anonymat dont la faveur royale l'avait tiré.

---

1 Il est toutefois probable que Claude d'Annebault ait eu connaissance d'un sieur d'Annebault compagnon de Guillaume le Conquérant, dans la mesure où l'un de ses protégés, le poète Jean Leblond (*cf. infra*) le mentionne dans son *Histoire de Neustrie*; toutefois, il ne semble pas s'en être vanté lors de son expédition contre la flotte anglaise en 1545, ni en d'autres circonstances.

2 *Cf.* par exemple à ce sujet Jean-Marie Le Gall, « Vieux saint et grande noblesse à l'époque moderne : Saint Denis, les Montmorency et les Guise », dans *Revue d'histoire moderne et contemporaine*, t. 50, n° 3, Paris, 2003, p. 7-33, F. Roche, *Claude de Lorraine, op. cit.*, p. 53-63, Jean-Marie Constant, *Les Guise*, Paris, 1984, p. 195.

3 L'ascension de sa branche de la famille d'Annebault, qui ne possédait au début des années 1480 que quelques petits fiefs normands dans la vallée de la Risle, s'était faite en l'espace de deux générations par acquêts successifs et surtout par les femmes, notamment la dévolution des fiefs des lignées éteintes de sa mère (Jeucourt-Trousseauville), puis de sa grand-mère (Blosset).

4 Rappelons qu'il se trouvait à la tête d'un vaste ensemble seigneurial, autour de deux grands pôles constitués autour de Pont-Audemer et de Vernon, sans compter de nombreux fiefs dispersés entre Caen et Lisieux, au Nord de Rouen et dans la vallée de l'Eure, et par son mariage, il était devenu baron du Hommet en Cotentin et connétable héréditaire de Normandie, baron de La Hunaudaye en Bretagne et surtout baron de Retz en Vendée.

Dans une conversation avec le Vénitien Cavalli en 1547, il évoqua en ces termes le souvenir de son premier passage à Venise, en juillet 1529 :

> [Il dit que] après la déroute qu'eut monsieur de Saint-Pol [...], étant alors simple capitaine particulier sans espérance ou dessein de jamais parvenir au rang où il est aujourd'hui, Cette Seigneurie se montra tellement gracieuse et amicale, et qu'il faut croire qu'elle le fît par pure affection qu'elle portait à lui et aux serviteurs du roi, et non par espoir d'une récompense[1].

La qualité de nouveaux venus des seigneurs d'Annebault au sommet la hiérarchie nobiliaire du royaume pouvait permettre à François Ier d'espérer garder, en Claude d'Annebault, un serviteur beaucoup plus dépendant de lui, pour le prestige et le pouvoir, que ne l'avaient été les connétables de Bourbon et de Montmorency. Ce dernier disait volontiers qu'il « donnerait son corps et sa fortune pour son patron, mais que l'honneur et l'âme il les garde pour lui[2] ». On voit mal un Claude d'Annebault exprimer de telles restrictions, car il devait beaucoup plus au roi :

> « Je ne sçay trouver commencement ne fin a vous treshumblement remercyer de tant de bien et d'honneur que vous a pleu et plaist tous les jours me faire [...] », lui écrivit-il en remerciement du mariage de sa fille avec le marquis de Saluces, « là où je vous assure sur mon honneur, Sire, que avecques tant d'honnestes moyens qu'il vous plaist m'en donner, ma vye ne sera jamais espergnee de vous faire ung si bon que vous n'aurez point de regret de m'avoir nourry et fait tel que je vous suys[3]. »

Là se trouve peut-être la meilleure explication du défaut d'historiographie lignagère des d'Annebault : Claude a pu vouloir se distinguer de ses prédécesseurs en cultivant, de préférence à l'image de l'héritier d'une élite de noblesse, celle de l'homme fait par le roi, sorti, par la faveur de son prince, des rangs serrés de la noblesse ordinaire, où il était simple « capitaine particulier, sans espérance ou dessein de parvenir » à la position éminente qu'on voulut bien lui donner. Par cette attitude, il n'apparaissait pas, comme d'autres, prédestiné par la naissance à être associé à la majesté royale, mais au contraire, comme la créature d'un souverain tout-puissant, François Ier, au service et par la volonté duquel

---

1   BnF, It.. 1716, p. 43-57, Francesco Giustiniani et Marino Cavalli au doge de Venise, Paris, 8 février 1547, copie XIXe.

2   *ANG*, t. I, p. 22, 15 mars 1535.

3   BnF, Fr. 17357, fol. 13, Claude d'Annebault à François Ier, Turin, 23 septembre [1541].

se fit sa carrière, des plus modestes aux plus hautes responsabilités. Cependant, malgré tant de modestie affichée, l'amiral n'en avait pas moins l'ambition de s'élever au niveau des plus grands, comme le laissent à penser ces propos un peu ironiques, rapportés par l'ambassadeur impérial, au sujet de la crise de goutte qui lui montait des pieds aux genoux :

> Il louhe Dieu, Sire, qui le visite de la mesme maladie qui fait les princes, ausquelx il se peult comparager en cela, comme il dit[1].

Entre une attitude publique adoptée pour plaire au roi et les ambitions personnelles plus secrète, l'écart peut être important et malaisé à mesurer.

LE SAVOIR ET L'ESPRIT

Les historiens ont généralement vu en l'amiral d'Annebault un esprit médiocre et peu intelligent[2], symbole d'une fin de règne moins brillante que les vingt-cinq premières années de François Ier. Pourtant, parmi les témoignages écrits de l'époque, les opinions positives et les louanges sont de très loin beaucoup plus nombreuses que les quelques opinions infâmantes qui sont parvenues jusqu'à nous. Il conviendrait pourtant d'éviter de s'en tenir aux unes ou aux autres : les compliments ne sont pas toujours pertinents ou sincères, les critiques acerbes pas davantage, car il faut à chaque fois tenir compte des circonstances, de l'identité des interlocuteurs et de l'état d'esprit du témoin.

Prenons l'exemple des Anglais, d'où proviennent presque tous les jugements contemporains qui ont fait la mauvaise réputation de l'amiral. On a vu que le secrétaire William Paget, convoqué pour être entendu au conseil du roi, dit qu'il n'avait jamais parlé à « un homme qui devrait être sage et qui ait aussi peu de raison » : cette opinion très négative avait été livrée sur le coup de la déception, car d'Annebault avait vraisemblablement contré les arguments de Paget, qui devait rendre compte à son maître de son échec[3]. De même, aux conférences de Bruges en novembre 1545, Stephen Gardiner s'attendait à rencontrer un personnage arrogant, selon

---

1   ÖStA, FrBW 11, Konv. « Saint-Mauris an Karl V, 1545 », fol. 48-59, Jean de Saint-Maurice à Charles Quint, Melun, 21 janvier [1545].

2   Émile Dermenghem reprit, sans les remettre dans leur contexte, un catalogue de toutes les opinions négatives exprimées sur l'amiral (« Grandeur et disgrâce », art. cité) ; *cf.* aussi R. J. Knecht, *François Ier*, *op. cit.*, p. 556.

3   *Cf.* p. 379 *sq.*

le portrait qu'on lui avait fait : il fut surpris par l'amiral d'Annebault qui, loin d'afficher cette arrogance, parlait doucement, amicalement et sobrement[1]. Ce premier constat n'empêcha pas l'évêque de Winchester d'écrire à son roi, l'année suivante, à cause des dernières difficultés de rédaction du traité d'Ardres, que les Français étaient des *false dogs* et de suggérer de faire prisonnier l'amiral d'Annebault, un « trompeur ». Enfin, au cours de ces mêmes négociations, l'amiral anglais semble avoir apprécié la compagnie et les conversations de son homologue français, dont il dit beaucoup de bien. Il est assez probable qu'en matière d'intelligence, de culture et d'esprit, un grand seigneur comme Lisle eût d'autres critères d'appréciation que les juristes Paget et Gardiner.

En fait, un seul mot fit beaucoup de mal à la mémoire de l'amiral. Inventé par l'orfèvre florentin Benvenuto Cellini, il fut bientôt propagé sans que l'on s'en rappelle l'origine, de l'ouvrage d'érudition[2] à celui de vulgarisation[3] : c'est le qualificatif d'âne-bœuf. En effet, Cellini s'en prit violemment à l'amiral dans un chapitre où il clame sa déception de s'être vu privé du marché des fortifications de Paris, qui, dit-il, lui avait été promis par le roi :

> L'amiral devait son poste à la faveur de madame d'Étampes et non à ses propres mérites, parce qu'il était homme de peu d'esprit et qu'il avait pour nom monseigneur d'Annebault, ce qui en notre langue veut dire Hannibal, mais qui dans la leur sonne de telle sorte que le peuple l'appelait souvent monseigneur Âne-bœuf. Après que cette bête eut tout rapporté[4] à madame d'Étampes, elle lui commanda de faire venir au plus tôt Girolamo Bellarmato[5].

---

1   *Cf.* p. 368 ; je ne retiens pas la relation de Gardiner préalable aux négociations et la rencontre avec d'Annebault : « the admyral », he said, « hath the name oonly, without wytte or memory » (*L&P*, t. XX, part II, p. 352, n° 740, *CSP of Henry VIII*, t. X, p. 652-654, Stephen Gardiner et Thomas Thirlby à Henri VIII, Bruges, 6 novembre), car ces appréciations n'étaient que fondées sur les propos d'un agent impérial, et en outre, elles ne doivent pas être comprises hors de leur contexte : « without wytte or memory » (termes au sens ambigu) se rapporte visiblement à la qualité d'amiral, dont il n'a « que le nom ».

2   Decrue, p. 409, ne cite pas sa source. On trouve la même chose dans E. Desgardins, *op. cit.*, p. 41, où l'on peut lire (apparemment d'après Cellini, la source privilégiée de Desgardins) que la cour appelait l'amiral « âne-bœuf ».

3   *L'Histoire de France, 2 000 ans d'images*, Paris : éditions Larousse, 1986, fasc. n° 32 (144), *1541-1547.*

4   Le projet du roi de confier à Cellini les travaux de fortification de Paris, menacée en 1544 par l'empereur.

5   La traduction proposée dans la *Vie de Cellini*, *op. cit.*, étant trop approximative et faisant contresens, nous proposons ici notre propre version d'après l'excellente édition de Lorenzo Belloto (*Vita di Cellini*, dans Biblioteca di scrittori italiani, Parme, 1996, p. 585).

Il est difficile de savoir si ce jeu de mots, dont aucune autre occurrence n'est connue, était un sobriquet populaire, une plaisanterie spontanée circulant dans les couloirs de la cour, le résultat d'une campagne de dénigrement orchestrée par des connétablistes, ou un pur produit de l'imagination de l'artiste florentin, dont les mémoires sont pleins de fiel et de commérages à l'encontre de ceux qui ont eu le malheur de lui nuire[1] et notamment les proches de la duchesse d'Étampes, cette « maudite maîtresse du roi, née pour le malheur du monde ». En tout cas, on ne peut accorder beaucoup de crédit aux témoignages et avis de Benvenuto Cellini, contrarié qu'en août 1544, d'Annebault ait confié à Bellarmato, plutôt qu'à lui, la charge sûrement très lucrative du renforcement des fortifications de Paris[2].

En janvier 1545, le cardinal Jean de Lorraine, qui au contraire de Cellini, connaissait bien Claude d'Annebault, critiqua vertement celui-ci en employant lui aussi un registre bestial :

> J'ay entendu par la reyne, rapporta l'ambassadeur de l'Empereur, que nagueres le cardinal de Lorrayne luy dit que led. admiral estoit une beste et indigne d'estre entremis aux affaires d'Estat[3].

Là encore, ce jugement sévère doit être évalué à l'aune des circonstances. Les contestations du duc de Lorraine liées aux conditions de la restitution de Stenay avaient mis en difficulté son oncle le cardinal, menacé de perdre la faveur du roi. Il est probable que Jean de Lorraine en ait tenu personnellement rigueur à l'amiral qui avait critiqué, par des mots très durs, le jeune duc de Lorraine et peut-être participé, avec la duchesse d'Étampes, à la disgrâce passagère du cardinal[4]. Par ailleurs, le cardinal, qui était encore en 1543 l'un des intimes du roi, s'en trouvait de plus en plus éloigné par des logements toujours plus distants ; il en conçut probablement du dépit vis-à-vis de Claude d'Annebault, qui procédait à l'attribution des logements :

> J'avais coutume, dit-il en janvier 1546, « d'être logé toujours au plus près de la chambre du roi. Puis ils ont commencé à me loger dans le même palais que le roi, mais un peu plus loin. Puis ils m'ont éloigné encore plus. Aujourd'hui ils me logent hors du palais, et loin comme vous le voyez : *sic transit gloria mundi*[5].

1   *Cf.* l'éd. italienne citée de Lorenzo Belloto (*Vita di Cellini, op. cit.*, p. 585, n. 5).
2   *Vie de Cellini, op. cit.*, p. 289-290.
3   ÖStA, FrBW 11, Konv. « Saint-Mauris an Karl V, 1545 », Jean de Saint-Maurice à Charles Quint, Melun, 3 février 1545.
4   *Cf.* p. 332-333 le rôle du cardinal de Lorraine dans la restitution de Stenay.
5   Lettre d'Alvarotti citée par C. Michon, *La crosse et le sceptre, op. cit.*, p. 122.

En somme, pour apprécier les capacités réelles du favori, mieux vaut examiner les faits que de s'en tenir à quelques avis sans nuances, surtout quand ils sont aussi partiaux que celui d'un Jean de Lorraine amer, d'un Cellini dépité ou d'un Paget courroucé. Les lettres de serviteurs du roi adressées à François Ier lui-même ou à ses conseillers ne sauraient constituer, de ce point de vue, une source objective. Les opinions des ambassadeurs résidents à la cour de France dont nous avons conservé une correspondance continue, hors périodes de guerre de leur prince contre le roi de France[1], pourraient s'avérer plus fiables, notamment dans les passages chiffrés : or, si ces ambassadeurs ne prononcent presque jamais de jugements de valeur, ils ne relèvent pas non plus de défaillance particulière de l'intelligence ou de la raison du conseiller favori. L'analyse des faits et des mots rapportés par divers témoins concourent toutefois à révéler un conseiller favori doté d'un bon sens politique et de réelles qualités de mémoire et de compréhension, bien que rien ne dénote non plus d'un esprit extraordinairement supérieur ou brillant par rapport à la norme des grands conseillers des princes, ce que des contemporains n'auraient pas manqué de relever[2]. Certes, Claude d'Annebault n'était pas Gardiner, Wolsey ou, dans un toute autre style, Montmorency. Il est probable que la postérité historique de Claude d'Annebault ait pâti de la comparaison avec son prédécesseur, promu par l'histoire, au prix de quelques exagérations, comme l'archétype du seigneur humaniste et éclairé de la Renaissance. Pour autant, il serait bien naïf de prétendre que François Ier choisît d'Annebault parce qu'il s'était lassé des « grands esprits[3] ».

---

1 Pour cette période, nous avons consulté en archives manuscrites les correspondances des ambassadeurs résidents de l'empereur et du roi d'Espagne (sauf 1542-1544, où les sources sont des agents résidant hors de la cour), du pape, de la République de Venise, du duc de Mantoue, du duc de Ferrare, et par des éditions partielles, du roi d'Angleterre (sauf 1543-1546) et du duc de Toscane.

2 À charge, on pourrait citer le vénitien Cartarini, qui dit de l'amiral qu'« il était plein de bonté, mais ne savait pas grand-chose » (Alberi, *op. cit.*, série I^A, t. IV, p. 75, *Lorenzo Cartarini tornato ambasciatore da Francia, nel 1551*), mais là encore, il faut comprendre la phrase dans son contexte : si l'amiral ne « sait pas grand-chose », ce n'est pas dans l'absolu, mais par rapport aux affaires du roi, or en 1551, d'Annebault est en effet très peu au courant de la politique menée au conseil du roi, dont il est tenu à l'écart.

3 Jacques-Auguste de Thou, *Histoire universelle*, Londres, 1734, 16 vol., t. II, p. 318 (cité par É. Dermenghem, « Grandeur et disgrâce », art. cité, p. 49) : « ennuyé du connétable de Montmorency, et devenu chagrin dans sa vieillesse, il commença à concevoir des ombrages contre les grands esprits ».

De l'éducation de Claude d'Annebault, rien ne nous est connu. Connaissait-il le latin ? Malgré l'importance de cette langue connue des diplomates de toute l'Europe, cela n'est pas évident. Le prince Édouard, allant à sa rencontre en août 1546, s'inquiéta de savoir s'il savait parler latin, ce qui eût facilité le dialogue ; la réponse demeure inconnue[1]. Une lettre fameuse de l'amiral Lisle et Cuthbert Tunstall pose une autre énigme : le dimanche 1er août, après le dîner, François Ier emmena Lisle, Wotton et d'Annebault dans un cabinet où il leur présenta les livres qu'il faisait traduire du grec, ce qui donna lieu à de longues discussions[2]. On ne sait ce que dit l'amiral de France en cette occasion, et sans doute ne connaissait-il rien au grec, mais il pouvait suffire de connaître le français et l'italien pour mener les affaires du roi. Il est presque certain que l'amiral avait appris l'italien. Par exemple, une dépêche de Bartolomeo Sala, envoyé d'Hercule d'Este, raconte qu'il fut reçu par l'amiral, avec qui il discuta longuement, avant d'être présenté au roi : l'amiral parla alors en français, langue que Sala maîtrisait mal, mais il parvint à saisir les mots qu'il entendit[3]. On peut en déduire que les entretiens préalables avec le conseiller favori s'étaient tout naturellement déroulés en langue italienne. Par ailleurs, Claude d'Annebault s'entourait volontiers d'Italiens : beaucoup de capitaines, milanais, mantouans ou napolitains passaient par son intermédiaire pour entrer au service de François Ier, car peu de serviteurs du roi en connaissaient autant[4]. Les Birague, Marini, Arcona et surtout Francisque Bernardin

---

1 *L&P*, t. XXI, part I, p. 725, n° 1446, lettre du prince Édouard à la reine, *e Domo Palustri*, 12 août 1546.

2 C. Terrasse, *op. cit.*, t. III, p. 151 ; *L&P*, t. XXI, part I, n° 1405, et *CSP of Henry VIII*, t. XI, p. 261-263, John Lisle et Cuthbert Tunstall à Henri VIII, Corbeil, 3 août 1546.

3 AS Modena, Cart. amb., Francia 20, Bartolomeo Sala au duc de Ferrare, Melun, 10 janvier 1545.

4 *Cf.* par exemple BnF, Fr. 17889, fol. 34-39v, « instructions de ce que Malestroict dira au roi et à messieurs admyral et cardinal de Tournon » de la part de Jacques Ménage, [début avril 1546] : « un souldart demeurant a Milan, nommé Jehan Françoy, que monsr l'admiral congnoist, m'a faict demonstracion de voulloir servir le roy [...]. Il plaira a mond. sr l'admyral adviser si est chose utile pour le service dud. seigneur ». Ce capitaine italien, qui s'était dit maréchal de l'empereur (et chargé d'une entreprise sur Turin), fut décrit par Ménage dans sa réponse à l'amiral (*ibid.*, fol. 193-v, Ratisbonne, 17 avril, minute non chiffrée) ; il lui demanda s'il l'avait connu à Turin, comme l'autre le prétendait, ou s'il en avait entendu parler par Guillaume Du Bellay ; en outre, Ménage supplia l'amiral de faire déchiffrer sa dépêche par un homme de confiance, afin que la manœuvre ne fût pas découverte.

de Vimercat, «qui suit toujours mons^r l'amiral[1]», comptaient parmi les plus importants de ses amis et protégés italiens, mais ils n'étaient pas les seuls[2]. Claude d'Annebault avait ramené de ses nombreux séjours transalpins plusieurs autres capitaines, des écuyers, mais aussi des fils de la noblesse locale qui lui furent confiés en tant que pages[3]. De plus, à l'instar du cardinal de Tournon, qui avait un secrétaire vénitien, l'amiral prit à son service le fils d'un gentilhomme florentin pour ses écritures[4]. Tous ces éléments, et de nombreux et longs séjours dans la péninsules, permettent de penser que Claude d'Annebault s'exprimait très bien en langue italienne, peut-être dans plusieurs dialectes[5].

Voyons plutôt la correspondance de l'amiral : des cent dix-sept lettres dispersées et des actes de l'amiral qui nous sont parvenus, aucun ne contient un seul mot autographe, sinon la signature, qui sans être belle n'est pas celle d'un illettré. Les lettres sont le plus souvent très courtes, sans grande originalité et assez fades, en comparaison, par exemple, de la correspondance bien plus vivante et érudite d'un Jean Du Bellay, ou des citations latines du chancelier Olivier. L'amiral n'aimait pas, semble-t-il, écrire de longues lettres, bien que *de visu*, il ne se montrait ni taciturne, ni dénué de conversation. L'historienne Kristen Neuschel a souligné le pouvoir des mots, qui existaient comme événements, plus que comme simples objets, et constituaient une marque d'attention plus grande que l'écrit ; au XVIe siècle, la culture chevaleresque restait avant tout orale, et dans les relations entre gentilshommes prédominaient les sons et les gestes. Ainsi doit-on comprendre la relative pauvreté de l'écrit[6].

---

1   AS Modena, Cart. amb., Francia 24, Giulio Alvarotti au duc de Ferrare, La Ferté-Millon, 7 janvier 1547.

2   Ainsi ce chevalier de Raccaglione, «favoritissimo» de l'amiral (AS Modena, Cart. amb., Francia 24, Giulio Alvarotti au duc de Ferrare, Paris, 26 mars 1547).

3   Par exemple le page mantouan dont parle cette lettre de Claude d'Annebault à Marguerite Paléologue, Fontainebleau, 6 décembre [1544] (AS Mantova, Cart. Pal., 1955) : «Je n'ay voullu laisser aller par della ce porteur que j'ay nourri paige, qui s'en va en sa maison, sans vous avoir faict la presente pour vous supplyer de m'employer.»

4   AS Modena, Cart. amb., Francia 21, Giulio Alvarotti au duc de Ferrare, Amiens, 10 septembre 1545.

5   C'était somme toute normal pour un gentilhomme habitué de la vie des camps : Monluc parlait un peu d'anglais, et connaissait assez bien l'italien et l'espagnol, pour avoir appris ces langues au contact de gens de guerre (Monluc, *Commentaires*, t. I, p. 293).

6   K. B. Neuschel, *op. cit.*, p. 115-117 et 130-131 : «Letters were both more precise than face-to-face communication, in that only one strand of a relationship found expression, and less precise, in that no possibility of action existed.»

On peut donc distinguer deux groupes dans l'entourage de François Ier.
Le premier était celui des gentilshommes d'épée, pour qui les lettres
servaient avant tout à accréditer un messager, honoré d'une mission
de confiance car chargé de répondre de vive voix aux questions et de
transmettre des informations trop secrètes pour qu'on prît le risque
de les figer sur papier ; il y avait un rapport direct entre la foi que l'on
pouvait accorder au porteur et le degré de confidentialité des nouvelles,
car lorsque celui-ci excédait celle-là (c'est-à-dire qu'on n'avait pas à sa
disposition d'intermédiaire totalement fiable), on avait alors recours aux
chiffres[1]. Le second groupe était celui des prélats et gens de robe, plus
cultivé et moins naturellement méfiants vis-à-vis de l'écrit. La frontière
entre ces deux catégories n'était pas infranchissable, et un cardinal
Jean de Lorraine se rattachait sur ce point au groupe des chevaliers,
tandis qu'un connétable de Montmorency ou un Guillaume Du Bellay,
amoureux de la culture humaniste, étaient de ceux qui aimaient les
longues missives. Claude d'Annebault appartenait sans conteste au
premier groupe, celui d'une société chevaleresque traditionnelle encore
très attachée aux valeurs de l'oralité, et ses lettres se résument souvent
à une créance au porteur et quelques mots de politesse à l'attention du
destinataire. Cela n'aide guère à comprendre le personnage, mais ne
présume en rien de sa faconde ou de son intelligence.

« LOUANGE BELLIQUE » ET TRADITION CHEVALERESQUE

Malgré sa volonté de briller dans les domaines des arts et de l'esprit,
François Ier tenait beaucoup plus du chevalier belliqueux et brutal, épris
d'action, de danger et d'honneur, que de l'intellectuel humaniste raf-
finé. L'amiral se rattache très clairement à ce même modèle encore très
apprécié à la cour. Il aimait la guerre, mais une guerre traditionnelle et
encore chevaleresque. Il préférait manifestement mener compagnies de
gens d'armes et chevau-légers, qui permettaient une stratégie subtile et

---

1   Les dangers encourus par le messager durant son parcours devaient également être pris
    en considération (BnF, Fr. 17890, fol. 137, Claude d'Annebault à Jacques Mesnage, Saint-
    Germain-en-Laye, 24 janvier 1546 [n. st.] : « Si vous ne voyez qu'il y ait bien grande
    occasion que vous ne vueillez plus envoyer par deça homme exprès, mais faire mettre en
    chiffre et nous l'envoyer par l'ordinaire, s'il y a chose d'importance qui ne merite d'estre
    d'ailleurs entendue, vous advisant que nous avons encores retenu vostre homme pour
    d'icy a deux ou troys jours encores que nous pourrons avoir responce de l'empereur, et
    alors nous vous le renvoyerons. »

toute en mouvement[1], aux batailles rangées d'infanterie ou aux sièges où il s'en remettait aux ingénieurs. Les idées modernes – notamment l'importance des corps de gens de pied – eurent peu de prise sur lui ; elles ne faisaient, somme toute, qu'encore peu d'adeptes en France, mais la révolution de l'armement allait bientôt modifier la donne[2]. Malgré cette conception peu progressiste de la guerre et de nombreux revers, l'amiral d'Annebault fut admiré et respecté pour sa bravoure au combat.

À cette époque, la renommée se méritait encore davantage sur le terrain de l'action, de la manœuvre physique et dangereuse, que sur celui de la stratégie, car risquer sa vie au cœur d'une bataille parmi les corps de cavalerie est une démonstration de bravoure qui permet de forger des légendes. Claude d'Annebault, chevalier de l'ordre de Saint-Michel, accomplit ses faits d'armes les plus mémorables au siège de Mézières en 1521, puis lors de campagnes en Milanais, notamment en 1529, à la défense de Turin en 1536, ou encore l'année suivante en Picardie, où sa manœuvre audacieuse pour ravitailler Thérouanne marqua les esprits : Brantôme rapporta qu'il « acquit beaucoup de gloire en 1537 par la manière dont il secourut Thérouenne » et « se défendit avec beaucoup de conduite et de valeur[3] ». Chevalier accompli, « fleurissant en louange bellique[4] », il fut moins heureux à la tête des armées : la campagne victorieuse de Landrecies et Luxembourg en 1543 ne compensa pas, dans l'esprit de ses contemporains, les échecs retentissants de Perpignan et de Coni en 1542[5] ou encore les occasions manquées aux abords de Portsmouth, à l'été 1545.

Il connaissait parfaitement les règles fondamentales de la chevalerie et attachait beaucoup de prix à son honneur : « outre que ledict sieur admiral fut un bon capitaine », écrivit Brantôme, « il estoit un très homme de bien et d'honneur[6] ». Granvelle était du même avis : « je n'ay jamais doubté », lui écrivit-il, « que vous n'y gardissiés l'honnesteté

---

1   Lors de plusieurs épisodes (en particulier le ravitaillement de Thérouanne), il se montra particulièrement expert et inventif dans l'utilisation des chevau-légers, dans lesquels il servit comme capitaine puis colonel avec une certaine réussite.
2   *Cf.* par exemple John R. Hale, *War and Society in Renaissance Europe, 1450-1620*, Londres, 1985, p. 59-60.
3   Brantôme, t. VII, p. 280.
4   P. Jove, *op. cit.*, p. 441.
5   *Cf.* p. 257-261, l'analyse des raisons de ces échecs.
6   Brantôme, t. III, p. 205.

jusques au bout, comme vous avez fait en toutes choses[1] ». Selon Polin de La Garde, les gens de guerre le tenaient pour un chevalier sage et vertueux[2]. En outre, il appréciait particulièrement les joutes et les duels, la vaillance tant collective qu'individuelle. Claude d'Annebault participa à de nombreuses joutes, pas d'armes et tournois, au moins depuis le camp du Drap d'or où il s'était distingué en 1520, jusqu'aux joutes de la mi-juillet 1546. On ne sait toutefois jusqu'à quel âge il courut lui-même la lice et tira des lances[3]. En outre, les duels pour affaires d'honneur, qui se faisaient de plus en plus rares, relevaient de sa compétence en tant que maréchal de France. Il eut ainsi à juger en 1538, à Moulins, le duel opposant les seigneurs de Veniers et de Sarzay[4]. De même, lors des fêtes du baptême de la princesse Élisabeth, en juillet 1546, l'amiral d'Annebault supervisa personnellement l'organisation du duel entre Moro et Romero. Au cours de ce duel, l'amiral, voyant Romero prendre l'avantage à pied et sans épée contre son adversaire monté et bien armé, fit au roi l'éloge de la valeur du capitaine espagnol, en connaisseur, bien que le roi et lui eussent souhaité voir triompher Moro. Ce genre de spectacle était très apprécié par le roi et son conseiller favori, comme la plus parfaite expression d'un aspect essentiel de leur culture. Néanmoins, un tel duel paraissait déjà quelque peu anachronique : tandis que certains applaudirent une démonstration splendide et mémorable[5], d'autres jugèrent grotesque et déplacé le spectacle de deux « bélîtres » qui passèrent tout le combat à se courir l'un après l'autre[6]. En outre, le roi et l'amiral eux-mêmes savaient mettre des

1   ÖStA, EngVa 3, Konv. 3, fol. 81, Antoine Perrenot de Granvelle à Claude d'Annebault, Calais, 10 octobre 1544.

2   AS Mantova, Corr. est., Savoia, 731, lettre du capitaine Polin [de La Garde] au duc de Mantoue, Turin, 12 octobre 1539 (copie italienne).

3   Il prit personnellement part aux joutes au moins jusqu'au carnaval de 1542, lorsque François Ier défia ses fils et « le reste des jeunes » de courir des lances contre lui, le comte de Saint-Pol, l'amiral, Claude d'Annebault et Jean de Canaples (AS Modena, Cancelleria, Sez. Estero, Carteggio Ambasciatori, Francia 17, Lodovico Thiene au duc de Ferrare, Paris, 6 février 1542).

4   Cf. p. 112.

5   Ce fut un « spettacolo bellissimo » selon le nonce Dandino (ANG, t. VI, p. 56) ; l'ambassadeur ferrarais se montra également très élogieux (AS Modena, Cart. amb., Francia 23, Giulio Alvarotti au duc de Ferrare, Fontainebleau, 16 juillet 1546).

6   G. Paradin, Histoire de nostre temps, op. cit., p. 502 : « Combat ridicule. Peu de jours après tous ces esbattemens, fut fait un combat en camp clos et à outrance, que l'on pensoit devoir estre chose mémorable, neanmoins ne fut qu'une risee et grande moquerie. Et par

limites à ces divertissements. Lorsque Antoine Polin de La Garde demanda l'autorisation d'affronter Piero Strozzi en duel, le roi le refusa et sans doute l'amiral avait-il été de cet avis, car cet affrontement était en quelque sort assimilable à un jugement de Dieu : une victoire de Strozzi eût nui à la position du conseiller favori en confirmant les défaillances de ses commandements. En cette occasion, la raison prit le pas sur la perspective d'un divertissement prisé.

François Ier partageait aussi très volontiers avec Claude d'Annebault son loisir favori : la chasse, sport noble par excellence, à bien des égards comparable à la guerre. Chasseur réputé, capitaine, après son père, du corps des toiles de chasse du roi – auquel on a recours pour la chasse aux bêtes noires, la plus dangereuse et la plus appréciée par le roi – Claude d'Annebault était aussi, comme on l'a vu, l'un des fournisseurs de la cour en chiens de race. Claude d'Annebault était particulièrement fier de ses chiens d'arrêt, qu'il offrait comme le présent le plus précieux qu'il pût faire : il en adressa ainsi quelques-uns au duc de Mantoue[1]. Il donna aussi au roi un chien nommé Miraut, de la race des chiens fauves de Bretagne, pour renforcer la race royale : la lignée fut ensuite croisée avec un chien blanc d'Écosse sous Henri II, pour obtenir la race de « vrays chiens du roy » de Charles IX, hauts comme des lévriers et la tête belle comme les braques[2]. Il est probable que lorsque le roi vint séjourner chez l'amiral d'Annebault à Heubécourt, en février 1546, ce fût pour chasser aux toiles à une demi-lieue de là, dans la forêt royale de Vernon, dont l'amiral avait la garde[3]. Mais les goûts de chasseur de l'amiral ne se limitaient pas à la chasse à courre. Il aimait aussi beaucoup les faucons, dont son père élevait déjà des vols. Ce goût était de notoriété publique : ainsi, en mars 1547, le cardinal de Ferrare donna à l'amiral six des faucons qu'il venait de recevoir, un autre au cardinal de Tournon, et deux à monsieur de Canaples[4]. Les

---

ce que ces deux belitres qui combattirent ne valent qu'on en brouille le papier, je n'ay voulu icy descrire ledit combat. »

1   *Cf.* p. 173.

2   Philippe Salvadori, *La Chasse sous l'Ancien Régime*, Paris, 1996, p. 94) ; E. Meyer, *Silly-Annebaut, op. cit.*, p. 1.

3   BnF, Fr. 17890, fol. 124, Claude d'Annebault d'Annebault à Jacques Ménage, Heubécourt, 15 février [1546] ; il y a, dans la forêt des Andelys, une « allée François Ier » (J. Baboux, *Le manoir de Salverte*, art. cité, p. 10).

4   AS Modena, Cart. amb., Francia 24, Giulio Alvarotti au duc de Ferrare, Paris, 15 mars 1547.

oiseaux de ce dernier étaient célèbres, et d'Annebault les utilisa (plutôt que les siens) pour faire une démonstration à l'amiral Lisle, lors des négociations d'Ardres[1].

En outre, Claude d'Annebault entretenait de riches écuries. Un seigneur possédant des écuries personnelles si bien fournies ne pouvait qu'être apprécié à la cour de France où, selon les mémoires de Benvenuto Cellini, il y aurait eu en permanence 12 000 chevaux, chiffre étonnant mais corroboré par Marino Cavalli[2]. Là encore, cette passion rapprochait l'amiral des plus grands seigneurs, dont François Ier ou le duc de Mantoue[3] n'étaient pas les moindres ; il leur offrit parfois les plus belles de ses montures, et lui-même en recevait souvent en présent de la part de ceux qui voulaient lui faire plaisir[4]. De même, dans cette cour où la richesse et la puissance se mesuraient à l'aune du faste et de la munificence, lorsqu'un grand personnage voulait mettre en scène sa générosité tout en soignant ses relations, il était fréquent que des chevaux fussent donnés à plusieurs personnes en vue, dont faisait partie l'amiral. Ainsi, le cardinal de Ferrare fit donner en mars 1546 huit coursiers au dauphin, à l'amiral d'Annebault et au vidame de Chartres[5]. Il prenait pour lui-même d'excellentes bêtes : ainsi, en juillet 1542, quittant le Piémont en hâte pour rejoindre prendre le commandement des opérations militaires en Languedoc, il emporta le meilleur des chevaux disponibles à Turin, un cadeau de Guillaume Du Bellay, semble-t-il, qui valait plus de cinq cents écus[6]. Au fil des présents et des acquisitions personnelles, les écuries

---

1 *Cf.* p. 381.

2 J.-F. Solnon, *op. cit.*, p. 20.

3 Le goût de Frédéric II pour les chevaux était célèbre ; quant aux chevaux offerts au duc par d'Annebault, *cf.* p. 173.

4 Par exemple, BnF, Fr. 10485, lettre de René Du Bellay, selon qui son frère Guillaume, avant de partir de Turin pour rentrer en France (et y mourir), laissa son meilleur cheval pour Claude d'Annebault ; AS Mantova, Cart. inv. div., 638, Fabrizio Bobba au duc de Mantoue, Paris, 4 octobre 1539 : « Et per authenticargli [il cavaliere Thomaso] gli donò un bel cavaluzo barbaro sopra il quale gli era andato, che gli fu carissimo. »

5 AS Modena, Cart. amb., Francia 22, Giulio Alvarotti au duc de Ferrare, Melun, 30 mars 1546.

6 BnF, Fr. 10485, fol. 167-168v, René Du Bellay à Jean Du Bellay, Tourvoie, 4 février [1543] : « J'entendz qu'il n'y a [parmi les biens laissés par le défunt Guillaume Du Bellay à Turin] pas chevaulx qui gueres vaillent que ung trainquart. Monsr d'Annebault tira le meilleur depuis le partement de feu mon frère de Thurin » (publ. *CCJDB*, t. III, p. 203-208, avec une erreur de transcription : « d'Annebault tua le meilleur »). Claude d'Annebault évoqua ce cheval dans une lettre adressée à Guillaume Du Bellay dès son arrivée à Avignon :

de l'amiral devinrent très bien fournies, tant en nombre qu'en qualité. Toutefois, il perdit plusieurs de ses meilleures bêtes dans l'incendie de la *Grande Caraque* en 1545.

De même, il est possible que d'Annebault ait collectionné les armes et les armures. Par exemple, le duc de Mantoue lui fit faire une belle armure[1] et le baron de La Garde, de retour au Havre après l'arrestation d'un convoi de navires flamands en septembre 1551, donna sur son butin une superbe armure ciselée à l'amiral, pour orner le château que celui-ci se faisait construire à Heubécourt[2]. Il était aussi amateur de vins. Sa « cave », dont le sommelier était un certain Hermant Daupéré dit « Perpignan[3] », était particulièrement appréciée des grands de la cour[4]. De même, il en offrit à l'ambassadeur du roi auprès de Charles Quint, Jacques Ménage, à Bruxelles, sans que l'on sache s'il avait emmené son propre vin avec lui ou s'il avait acheté ces barriques avec lui[5]. Peut-être l'amiral s'approvisionnait-il en vins de ses propres domaines, vins du pays nantais, ou du bailliage d'Évreux où « croiss[ai]ent les bons vins entre clairs et blancs, qu'on appelle vins grix[6] ». En tout ceci, l'amiral d'Annebault ne dérogeait pas aux habitudes et aux idéaux traditionnels de la chevalerie.

VIE DE COUR ET SOIN DU PARAÎTRE

Claude d'Annebault ne fut pas seulement un chevalier accompli. Il se montra aussi un courtisan tout à fait convenable, rompu aux usages et aux modes de la cour de France, encore peu italianisés à la fin de ce règne. Il savait s'habiller de beaux vêtements, souvent coûteux, et

---

« Il y a troys jours que je suys icy arrivé avecques monseigneur, et deux autres [jours] que ce que j'ay amené est ycy au prez pour se raffreschir » (BnF, Fr. 5155, fol. 34, Claude d'Annebault à Guillaume Du Bellay, Avignon, 1ᵉʳ août [1542]).

1 *Cf.* p. 173.
2 C. de La Roncière, *op. cit.*, t. III, p. 482.
3 AN, MC ET/LXXXVI/93, inventaire après décès de Daupéré, 20 avril 1547.
4 AS Modena, Cart. amb., Francia 23, Giulio Alvarotti au duc de Ferrare, Fontainebleau, 16 juillet 1546 (fêtes de la naissance de la fille du dauphin, Élisabeth) : « Monsʳ ammiraglio con li altri tre compagni uscì di stechato et andò a disnare, et poi vi ritorno, ove in più volte presero più di quatro fiate il suo vino, montorno a cavallo, et monsʳ ammiraglio montò cavallo. »
5 BnF, Fr. 17889, fol. 289, Claude d'Annebault à Jacques Ménage, Bruxelles, 27 novembre [1545].
6 C. de Bourgueville, *Recherches et antiquitez de la province de Neustrie, op. cit.*, p. 59.

avait le souci de paraître élégant : l'amiral anglais, par exemple, l'avait trouvé très bien habillé[1]. Lors des fêtes de la cour, il paraissait toujours somptueusement vêtu ; il portait souvent des habits noirs, rehaussés d'or, avec parfois des éléments cramoisis[2]. Ces couleurs de vêtements étaient sans rapport avec les couleurs personnelles du seigneur d'Annebault[3] : elles suivaient les modes de la cour.

Claude d'Annebault prenait souvent par aux bals de la cour. Le cardinal de Lorraine, véritable « compagnon des plaisirs », s'était fait une spécialité de ces bals, où il n'hésitait pas à paraître tantôt sous les atours les plus somptueux, tantôt déguisé en satyre, en ours ou en ermite couvert de feuillage[4]. Tel n'était pas le cas de Claude d'Annebault, qui ne se distinguait ni par ses talents de danseur, ni par l'extravagance de ses tenues. Cependant, il faisait plus souvent une entrée d'honneur en compagnie du roi, comme par exemple aux fêtes données pour les noces du duc de Clèves et de Jeanne de Navarre en juin 1541 :

> Entrèrent Sa Majesté, monseigneur le cardinal de Lorraine, monsieur d'Annebault et monsieur de Saint-Pol, tous masqués, mais très somptueusement, et ils firent une danse[5].

D'autre part, il ne dédaignait pas la compagnie des femmes, si nombreuses dans l'entourage du roi. On le voyait souvent se promener, discuter, plaisanter et dîner avec beaucoup de ces dames[6]. De leur côté,

---

1 Cf. p. 380.
2 Par exemple, AS Modena, Cart. amb., Francia 23, Giulio Alvarotti au duc de Ferrare, Fontainebleau, 4 juillet 1546 (éd. partielle C. Occhipinti, *Carteggio d'Arte, op. cit.*, p. 142-146) : « [Il re] apresso havea mons' ammiraglio, vestito tutto di damaso nerro, con rechami di sede nera, e pontali d'oro al petto del saglio, et alli tagli delle maniche, che drieto S. M^tà veniva mons' ill^mo delphino ».
3 Le blason de l'amiral, que l'on voit sur ses sceaux, était de gueule à la croix de vair, mais on ne sait quelles étaient ses « couleurs » officielles ; celles de son fils Jean étaient, en 1554, vert, blanc et orange (Guy-Michel Leproux, *La peinture à Paris sous le règne de François Ier [peintres et maîtres-verriers]*, Paris, 2001, p. 180, notice sur Girard Josse : un maître sellier commande au peintre 36 paires de hardes complètes, de cuir tanné et garnies, « le tout painct a huille et des couleurs du sieur d'Annebault qui sont vert, blanc et orenge »).
4 C. Michon, *La Crosse et le sceptre, op. cit.*, p. 117 ; *Id.*, « Jean de Lorraine », art. cité, p. 36-37.
5 C. Occhipinti, *Carteggio d'Arte, op. cit.*, p. 63-65, Lodovico da Thiene au duc de Ferrare, Châtellerault, 20 juin 1541.
6 Cf. par exemple *L&P*, t. XXI, part I, p. 597, n° 1200, *CSP of Henry VIII*, t. XI, p. 230-232, Thomas Cheyne à William Paget, 3 juillet 1546 ; AS Modena, Cart. amb., Francia 22, lettre du même au même, Paris, 4 janvier 1546.

les femmes appréciaient ses qualités humaines, son calme et sa douceur. Ainsi, lorsque Charlotte de Pisseleu, sœur de la duchesse d'Étampes, tomba malade, elle refusa de manger quoi que ce fût, jusqu'à ce que l'amiral vînt la visiter et trouvât les mots justes :

> La comtesse de Vertu, sœur de madame d'Étampes, est ici à Follembray très affaiblie par la fièvre, à tel point que hier soir, comme elle avait l'appétit très léger et ne voulait pas manger, monsieur l'amiral alla personnellement la faire manger et lui parla tant et si bien qu'elle prit finalement son dîner[1].

L'amiral cultivait donc volontiers des amitiés féminines. Ses amis, tant prélats que gens d'épée, n'étaient pas d'insensibles brutes, mais plutôt des bons vivants et d'experts courtisans. Tous avaient, du gentilhomme au prélat, une maîtresse, et qui n'en avait pas passait alors pour un « fat et un sot[2] » : le cardinal de Lorraine était un galant notoire et même le cardinal de Tournon « bramait comme un cerf » pour l'amour de Françoise de Longwy, veuve de l'amiral Chabot[3]. Claude d'Annebault suivit-il ces exemples ? Aucune maîtresse ne lui est connue, et pourtant, les sources ne soufflent mot de la femme de l'amiral, dont on ne sait si elle accompagnait son époux à la cour[4]. Un appartement lui était réservé au château de Saint-Germain[5], bien que cela ne fût pas nécessaire pour loger son mari dans la maison du roi, comme c'était le cas pour d'autres seigneurs de la cour : en effet, Claude d'Annebault faisait partie de la maison du roi en tant que premier gentilhomme de la chambre[6].

---

1   AS Modena, Cart. amb., Francia 23, Giulio Alvarotti au duc de Ferrare, Trolly, 29 novembre 1546.

2   *Cf.* Brantôme, en particulier la vie de François Ier (dans les *Grands Capitaines*) ou les *Femmes galantes*, *passim*.

3   C. Michon, *La crosse et le sceptre*, *op. cit.*, p. 118-119.

4   Quand les ambassadeurs parlaient de l'amirale (après 1543), ils faisaient référence à Françoise de Longwy, veuve de Chabot, qui était sans doute plus « galante » que Françoise de Tournemine, dont je n'ai trouvé qu'une seule mention, dans les dépêches d'Alvarotti (*cf.* plus haut), selon qui elle ne pouvait plus avoir d'enfants (ce qui ne prouve même pas qu'elle fût présente à la cour).

5   Monique Chatenet, *La cour de France au XVIe siècle : vie sociale et architecture*, Paris : Picard, 2002, p. 67-69 et p. 76 et Eadem,. « Une demeure royale au milieu du XVIe siècle. La distribution des espaces au château de Saint-Germain-en-Laye », dans *Revue de l'art*, n° 81, 1988, p. 20-30.

6   « Dans les maisons du roy et principalement dans le Louvre, les femmes logent leurs maris, et dans le donjon de Fontainbleau, de Villers Cotterêts, Saint-Germain et ailleurs, il n'y avoit de princes logez que ceux qui avoient leurs femmes logées avec eux, hormis

Françoise de Tournemine était probablement parfois présente à la cour, même si l'on doit présumer qu'elle s'en absentait fréquemment, ou demeurait très discrète dans ses apparitions publiques. Quoi qu'il en soit, il ne serait pas surprenant que Claude d'Annebault ait au moins donné à croire qu'il « faisait le galant » auprès d'une grande dame, peut-être la comtesse de Vertus, dont il était apparemment proche. Le contraire eût pu paraître une faute et une faiblesse dans la conduite d'un courtisan. Toutefois, les sources ne font aucune mention claire d'une quelconque liaison. Peut-être eut-il un fils adultérin. On trouve deux bâtards d'Annebault, dont le premier, Jean, fut légitimé et 1546[1] et l'autre, Claude, en 1567[2] : mais le premier était un fils naturel du père de l'amiral[3] et le second pouvait être aussi bien un bâtard de Claude d'Annebault que de son frère Jacques, de son fils Jean ou de son lointain cousin Guillaume d'Annebault de Saint-Martin[4].

LES SCIENCES, LES LETTRES ET LES ARTS : UNE CULTURE DES APPARENCES ?

Dans l'ensemble, Claude d'Annebault était un courtisan tout à fait convenable et tel qu'on les appréciait à la cour de François Ier. Mais s'il représentait le type le plus traditionnel du courtisan français, il n'en était pas pour autant hostile aux nouveautés. L'art ne le laissait

---

les bastards des roys et les officiers de la Maison, comme grand maistres et grand chambellan, et ceux de la personne comme premiers gentilshommes de la chambre, maistre de la garderobe et cappitaine des gardes. Ceux-là logeoient les femmes, les cardinaux n'y logeoient point et il n'y eut jamais que le cardinal Jean de Lorraine comme favory du roy François et de la petite bande qui y eut chambre marquée » (manuscrit du XVIIe siècle sur *l'ancienne manière dont on vivoit à la cour de France*, cité par M. Châtenet, *La cour de France, op. cit.*, p. 67 et C. Michon, *La crosse et le sceptre, op. cit.*, p. 121).

1 BnF, Fr. 5127, fol. 8 : expédition de « lettres de legitimation a Jehan d'Annebault, bastard, sans payer finance ; mons[r] le cardinal de Lorraine, present » ; *CAF*, t. V, p. 61, n° 14979, corrigé au t. VIII, p. 796 : « fils naturel de Jean d'Annebaut, chevalier, et d'Antoinette Valtey » (d'après BnF, Fr. 22237, fol. 5). Il servit dans la compagnie de Claude d'Annebault dès 1532 (BnF, Fr. 21516, n° 1291, montre de Nonancourt, 19 décembre 1532).

2 AN, JJ 264, fol. 544 : registre de légitimations et naturalités sous Charles IX, 29 octobre 1567 : *legitimatio Claudii d'Annebault*.

3 *Cf.* p. 56 ; Rioult de Neuville, *op. cit.*, p. 17, relève également l'existence d'un Michel d'Annebault, prêtre, qu'il identifie comme un fils naturel de Jean d'Annebault, père de Claude.

4 Ce Guillaume d'Annebault (fils de Nicolas), seigneur de Bonnebosq et de Saint-Martin-le-Vieil, mourut sans descendance vers 1538.

pas insensible, dans des expressions audacieuses et novatrices : on le voyait souvent admirer aux côtés du roi les œuvres des plus grands artistes. Ainsi, lorsque Cellini, très fier de son grand *Jupiter*, convia François Ier à contempler son ouvrage, le roi vint voir la merveille en compagnie de l'amiral. Ils s'extasièrent de concert, puis l'on se rappela que le cardinal de Ferrare, patron de l'artiste, ne l'avait pas payé pour ses derniers travaux : « grommelant avec son amiral, [le roi] disait », rapporte Cellini, toujours peu objectif, « que le cardinal s'était très mal conduit envers moi[1] ». Le récit de l'orfèvre florentin trouve un écho dans une lettre de l'ambassadeur ferrarais Calcagnini, à propos de statues de l'atelier de Fontainebleau, montrées par le roi à sa maîtresse, en présence d'Hippolyte d'Este, de l'amiral d'Annebault et de la comtesse de Vertus :

> Avant de partir de Fontainebleau, j'ai voulu voir certaines très belles statues de bronze que dans une pièce de ce château, Sa Majesté faisait faire, et qui étaient presque finies. Étant dans cette salle, Sa Majesté me rejoignit, donnant le bras à madame d'Étampes, en compagnie de notre cardinal [de Ferrare], de monsieur d'Annibon, d'une sœur de madame d'Étampes et de deux demoiselles. Ils y restèrent un bon moment à converser et Sa Majesté montra à ladite madame d'Étampes une Vénus, qui comme elle était de corps parfaitement bien formée ; laquelle [dame d'Étampes] ne le contredit pas, mais en riant, elle en souriant, elle partit soudain dans une autre pièce avec les autres dames pour se réchauffer[2].

De même, lorsque la duchesse d'Étampes voulut impressionner le roi en lui montrant des chandeliers prodigieux, que le cardinal Du Bellay lui avait offerts, François Ier vint les admirer en compagnie de l'amiral d'Annebault et du cardinal de Tournon[3].

Sans être un véritable humaniste, l'amiral cultivait donc parfaitement les principales qualités d'un courtisan et partageait les goûts du

---

1   *Vie de Cellini*, *op. cit.*, p. 282.
2   AS Modena, Cart. amb., Francia 19, Alfonso Calcagnini au duc de Ferrare, Melun, 23 décembre 1543, citée dans Vincenzo Pacifici, *Ippolito d'Este, cardinale di Ferrare*, Tivoli, 1920, p. 68 n. 1., et éd. partielle C. Occhipinti, *Carteggio d'Arte*, *op. cit.*, p. 86-87.
3   BnF, Fr. 3921, fol. 96-97, Jean Moreau à Jean Du Bellay, 15 février [1547], éd. par Léon Séché, « Les chandeliers de la duchesse d'Étampes », dans la *Revue de la Renaissance*, t. I, 1900, p. 203-206, et Henri Clouzot, « Charles Charmois, peintre du roi Mégiste », dans la *Revue de Études Rabelaisiennes*, t. VII, 1910, p. 118-121, puis dans *CCJDB*, t. III, p. 425-428 ; *cf.* aussi C. Michon, *La crosse et le sceptre*, *op. cit.*, p. 142-143.

roi pour l'art et l'innovation. Cependant, au contraire de plusieurs de ses contemporains, il ne semble pas s'être lancé dans un mécénat dispendieux, dont nous n'avons plus aucune trace. Le seul artiste dont on sache qu'il favorisât la carrière est le Bolonais Girolamo Marini, mais il ne l'appréciait que pour ses talents d'ingénieur militaire. Il y eut peut-être aussi un certain Girard Josse, peintre à Paris, que d'Annebault fit travailler aux côtés de Clouet aux obsèques de François Ier ; encore s'agissait-il vraisemblablement d'un artisan ou d'un artiste très mineur[1]. Il n'est toutefois pas impossible qu'il fût en relation avec des artistes plus renommés, dont le fameux Pierre L'Aretin, grand pourvoyeur pour François Ier d'œuvres d'art depuis l'Italie, même si rien ne prouve que l'amiral ait répondu favorablement aux sollicitations du Vénitien[2].

Il est possible que Claude d'Annebault se soit un peu plus intéressé aux lettres. Il semble avoir soutenu certains écrivains, dont peut-être Mellin de Saint-Gelays[3], et plus vraisemblablement Jean Leblond[4], successeur putatif de Clément Marot à la cour et natif d'une seigneurie de l'Eure appartenant à d'Annebault, qui dédia au conseiller favori, en termes excessivement flatteurs, sa traduction du *Livre de police humaine*

---

1 G.-M. Leproux, *La peinture à Paris, op. cit.*, p. 180, notice sur Girard Josse ; celui-ci travailla par la suite pour le fils de l'amiral, Jean d'Annebault.

2 Par l'entremise du duc de Mantoue, L'Arétin avait sollicité l'intercession de Claude d'Annebault en 1540 pour une affaire de don du roi qui ne lui était pas parvenu (AS Mantova, AG 2939, registre du 14 septembre 1539 au 23 mars 1540, fol. 134-v, Frédéric II de Mantoue à Claude d'Annebault, Mantoue, 19 mars 1540, *ibid.*, AG 731, Claude d'Annebault à Frédéric II de Mantoue, Carignan, [entre le 23 et le 31 mars 1540], Pietro Aretino, *Il secondo libro de le lettere*, Paris, 1609, fol. 141, Pierre l'Arétin à Claude d'Annebault, Venise, 10 avril 1540) ; en novembre 1544, L'Arétin lui écrivit à nouveau pour le même motif, dans une lettre pleine de flatterie, où il rappelait la promesse du feu duc de Mantoue et lui demandait son aide, même s'il ne le connaissait que de nom : « Vi ha talmente fitto nel cuore de gli huomini, che altro non si ode che benedire il benedetto procedere di voi, che havete tanta efficacia nella lingua, quanta forza in la mano ; onde la Francia ha di molto obligo con il cielo, che le concede un' capitano, che male per le sue paci, et guai per le sue guerre, s'ella ne fusse senza. Ma se sino a quegli, che vi conoscono solo per il nome, mercè di sì fatto bene inchinano la vostra fama, che si deve credere di me, che ho di voi notitia per nome, et per preferenza ? [...] Aiutatemi sì, che io fornisca d'andare predicando, che la benignità di Anibao riguarda i mei bisogni, nel modo ch'io rimiro i suoi meriti » (*Id.*, *Il terzo libro de le lettere*, Paris, 1609, fol. 80v-81, lettre du même au même,Venise, novembre 1544).

3 L'abbé H.-J. Molinier, *Mellin de Saint-Gelays (1490 ?-1558)*, Toulouse, 1909, p. 141 ; cette affirmation de l'auteur ne semble reposer que sur l'épitaphe composée sur la mort de l'amiral en 1552 (*cf.* p. 689).

4 Henry Guy, *Histoire de la poésie française au* XVIe *siècle*, Paris, 1926, 2 vol, t. II, p. 262 *sq.*

de Gilles d'Aurigny[1]. Outre ses origines normandes, ce Jean Leblond avait tout pour plaire à l'amiral. Il était le poète d'un mode de vie nobiliaire tel que le concevait d'Annebault. Ainsi, son *Temple de Diane* met en scène des chiens courants, qui jouent le rôle de chantres, tant leurs cris surpassaient en beauté mélodieuse les « flusctes et barboys » ; c'était, pour Leblond, « une droite faerye » de les entendre. Même en matière de mécénat, d'Annebault semble donc être resté fidèle à ses goûts. Cependant, il modernisa son sceau en ne reprenant pas le cerf qui ornait celui de son père, pour le remplacer par deux faunes barbus portant un cimier au lion, puis en faisant disparaître tous ces ornements passés de mode[2].

Quant aux découvertes scientifiques de la Renaissance, l'amiral d'Annebault ne semble pas s'y être particulièrement intéressé. On sait toutefois qu'il voulut prendre Ambroise Paré à son service : lorsqu'il arriva en Piémont en 1539, il apprit que le jeune chirurgien du défunt maréchal de Montejean était l'inventeur d'une recette de baume pour guérir les plaies[3] ; d'Annebault lui fit donc « l'honneur de [le] prier de demeurer avec lui, et qu'il [le] traiterait autant bien ou mieux que monsieur le maréchal de Montejan » ; mais Paré refusa cette proposition[4].

---

1   Jean Le Blond, seigneur de Branville, *Livre de police humaine, contenant briefve description de plusieurs choses dignes de mémoire, sicomme du gouvernement d'un royaume, et de toute administration de la Republique...*, Paris, 1546 (première éd. en 1544) : « [Il m'est] advis qu'ung gouverneur du bien public, et aymable zelateur d'une police humaine, est grandement joyeux, quand il oyt tenir propos conducibles et fructueux de son estat. Parquoy, mon seigneur trescher, entendu qu'amour de roy, et l'excellence de voz vertuz vous ont conduict à la charge et honneur du gouvernement de Normandie, dont toute la nation ne se tient pas moins heureuse que faisoient les Rommains jadis d'avoir recouvert Scipion l'Aphrican, pour ce que l'espoir d'icelle gist totalement en vous, et vous peult ores nommer le pere du pays [...] Or si le soleil, qui est l'honneur du ciel, et le choix des autres astres, daigne bien jecter sa lumiere sus une fange et putrefaction terrestre, quant à moy, j'ay c'este ferme confiance, que daignerez estendre les rayons luysans de vostre gracieux œil, sur ce livret que j'ay intitulé, Le Livre de police humaine ». Cette dédicace est précédée d'une gravure sur bois représentant côte à côte les écus armoriés de l'amiral et de son frère surmontés d'une étoile, avec la devise Posuit stellas in firmamento, ut lucerent super terram. Gene. I°, et, autour des armes de l'amiral, enroulée autour de l'ancre, du collier de l'ordre et d'une couronne comtale, *Tu dominaris potestati maris, motum autem fluctum ejus, tu mitigas. Psalmo 88°.* »

2   *Cf.* en annexe de ma thèse de doctorat, p. 866-867, diverses versions du sceau, notamment le passage d'un sceau utilisé en décembre 1532, avec des faunes (BnF, PO 74, pièce 60), à un sceau simplifié de mars 1535, avec le collier de l'ordre de Saint-Michel (*ibid.*, pièce 26).

3   Un « digestif » à base de jaune d'œuf, d'huile de rosat et de térébenthine.

4   A. Paré, *op. cit.*, p. 26-27.

En fait, Claude d'Annebault investit bien plus dans les bâtiments que dans les beaux-arts, les sciences et les lettres. Le grand château qu'il se fit construire dans sa seigneurie d'Appeville, au cœur de ses domaines, et qui allait de ce fait prendre le nom d'Annebault, était d'un goût résolument moderne. Claude d'Annebault fit construire ce château juste au bord de la Risle, sur une éminence[1]. Le projet initial était celui d'un château en *pi*, plutôt qu'en carré, dont seul fut réalisé le corps de logis principal (les ailes furent à peine esquissées) ; il ouvrait d'un côté sur un grand jardin, de l'autre sur une cour. Pour juger du parti architectural, il ne nous reste donc qu'un dessin incomplet[2]. Il mesurait trente toises de long soit soixante mètres environ, sans compter les ailes. Les murs étaient extraordinairement épais, et les combles assez hauts[3]. Ils étaient interrompus par un fronton pignon de lucarne, surmonté d'une lanterne (qui peut être un ajout postérieur). La façade était d'un parti novateur, faisant un peu penser aux châteaux d'Oiron et d'Anet, si ce n'est un curieux étage semi-enterré. Des pilastres doriques (ou colonnes engagées) scandaient la façade, sur les trois étages autour de la porte, puis seulement deux. On ne sait quel était le décor des frontons et des entablements, si ce n'est que certains éléments portaient des ancres d'amiral et d'autres des visages finement sculptés en relief[4]. Les travées étaient bien différenciées, mais à deux pilastres succédaient deux fenêtres. Des lucarnes venaient prolonger les travées de fenêtres de la manière la plus spectaculaire, notamment à deux endroits où un fronton surhaussé était posé sur deux lucarnes voisines. La symétrie était bien respectée, et la porte fut particulièrement mise en valeur, au centre, par les pilastres cannelés qui l'entouraient

1   C. de Bourgueville, *Recherches et antiquitez de province de Neustrie, op. cit.*, p. 51 : dans la vicomté de Pontaudemer « flue la rivier de Rille, qui passe par le Pontautou et à ce beau commencement de bastiment de la baronnie d'Annebaut ».

2   De cet édifice, il ne subsistait plus grand-chose au XIXe siècle, mais il nous est resté un plan des environs du château, une élévation de la façade côté cour (AN, N³ Eure 56, pièce 1 et pièce 2, reproduite en annexe), et un médiocre dessin en perspective (AD Eure,12 J 154 : papiers de François Rever, liasse 1, fol. 1942 *sq.*).

3   Expilly, *op. cit.*, t. I, p. 198 : « on y remarque un ancien château, dont les murs sont d'une épaisseur extraordinaire ».

4   A. Guilmeth, *Histoire de la ville de Brionne, suivie de notices sur les endroits circonvoisins*, Paris, 1834 ; AD Eure, 12 J 153 : papiers de François Rever (mort en 1828), liasse 2, fol. 1723 *sq.* ; il subsiste une pierre sculptée, par un artiste plutôt habile, d'un visage féminin ovale aux cheveux bouclés (photographie aimablement communiquée par M. Jean Castreau, antiquaire à Vernon, dont le grand-père a pris cet élément dans les ruines du château au début du XXe siècle).

comme par le fronton-pignon de lucarne qui lui donnait une élévation du meilleur effet. Le dénivelé du logis, par rapport à la cour et au jardin, laisse supposer un système de circulation comparable à ceux des châteaux contemporains de Bury et de Nantouillet[1]. La modernité du parti et la démesure du projet, qui supposait des moyens considérables, plaident pour un chantier lancé dans les années 1540, la date de 1522, que l'on voit parfois, paraissant aberrante[2]. Il n'est pas certain que Claude d'Annebault ait réellement pensé venir à bout du chantier : ce château était plus fait pour impressionner la cour, qui traversa à plusieurs reprises ses domaines, que pour être un jour habité. En fait, il était presque un devoir, pour un grand personnage de la cour, de se lancer dans d'ambitieux travaux de prestige (de construction, d'extension ou de modernisation), quitte à ne pas les achever[3]. Il est probable que l'amiral d'Annebault eût l'occasion de montrer son chantier au roi et aux grands de la cour : celle-ci séjourna à plusieurs reprises, entre 1544 et 1546, sur les terres de l'amiral ou à proximité immédiate[4].

Il semble que dès 1547, les travaux du château cessèrent, pour ne reprendre qu'après la mort de l'amiral, de l'initiative de Jean d'Annebault et de son oncle le cardinal[5]. Cependant, le château ne fut jamais achevé ; de l'ambitieux projet initial, il n'y eut jamais de construit que le corps principal. On disait par le pays que le diable défaisait la nuit ce qui se faisait le jour[6] ; ce qui donna même lieu à un dicton populaire :

> C'est comme le château d'Annebault,
> Ça restera toujours en défaut[7].

---

1   Sur ce point, voir Flaminia Bardati, « Les conseillers du roi bâtisseurs », dans *Les conseillers de François Ier*, *op. cit.*, p. 625-647, à la p. 644.

2   M. Charpillon, *Dictionnaire historique de toutes les communes de l'Eure*, Les Andelys, 1868, p. 139 ; et Mme Philippe-Lemaître, « Notice sur Appeville, dit Annebault, extrait des Recherches historiques et monumentales sur les églises de l'arrondissement de Pont-Audemer », *Bulletin Monumental*, Paris, 1854.

3   Ainsi firent l'amiral Chabot à Aspremont, le grand écuyer Gouffier de Boisy à Oiron, ou encore le cardinal Du Bellay à Saint-Maur-des-Fossés. Sur les chantiers des conseillers, *cf.* Flaminia Bardati, art. cité.

4   En particulier, en avril 1544 près d'Appeville (*CAF*, t. VIII, *itinéraire*, 17-18 avril à Montfort-sur-Risle, 19-20 avril à Pont-Audemer) ; autres séjours attestés à Heubécourt (*ibid.*, 3 mai 1544, 15-18 février 1546), à Saint-Saëns (*ibid.*, 21 août 1545) et près d'Annebault (*ibid.*, 23-26 janvier 1545, abbaye de Troarn).

5   *Chronique du Bec*, éd. C. Porée, Rouen, 1883, p. 254-255.

6   P. Carel, *op. cit.*, p. 212, n. 1.

7   A. Guilmeth, *op. cit.*, p. 9.

Plutôt que le diable ou la nature du terrain en bordure de rivière, peut-être meuble et instable, mieux vaut incriminer le manque de moyens financiers et de détermination. Ce château, « belle maison sy elle estoit achevée[1] », fut laissé à l'abandon et détruit pendant la Révolution, mais il était encore habité et servait même de résidence principale au financier Michel-Étienne-Auguste Danican d'Annebault en 1772[2]. En fait, Claude d'Annebault résidait plus volontiers dans un autre château, qu'il faisait bâtir à Heubécourt. Nous ne connaissons pas de description d'époque de ce bâtiment, que l'amiral appelait son « petit hospital » d'Heubécourt[3] et qui était beaucoup plus discret que le château d'Appeville[4]. À la fin du XIXᵉ siècle, il restait un manoir qui tombait en ruine, composé de deux corps de logis rectangulaires, parallèles, en colombage, probablement une dépendance[5]. Le château d'Heubécourt était peut-être situé sur une parcelle attenante[6]. Par son emplacement, ce petit château faisait un pavillon de chasse idéal, étant voisin de la forêt de Vernon : comme on l'a vu, François Iᵉʳ y avait séjourné et chassé. Enfin, l'amiral

---

1   AD Eure, 2 F 482 : notes Caresme, par communes, *Appeville-Annebault*, copie XIXᵉ d'un aveu de foi et hommage de Léon Pottier, duc de Guesvre, du 24 mai 1686 : « En la dite paroisse d'Apeville, surnommée Annebault, une pièce de terre sur laquelle est basty le chasteau d'Annebault, qui est une belle maison sy elle estoit achevée, y comprins le jardin, sur lequel sont de très belles pallissades, le pray a costé d'iceluy jusques au grand chemin tendant au Ponteaudemer, la place de devant le dit chasteau, ce qui est en laboeur au costé vers la rivière, et le petit herbage au bout le long d'icelle rivière, le tout pouvant contenir ensemble traize acres ou environ, qui borna d'un costé la petite rivière qui descend de la grande rivière de Rille, et qui la joint au bout immédiatement de la dite pièce, d'autre costé le grand chemin tendant au Ponteaudemer ».

2   AD Seine-Maritime, C 1579.

3   BnF, Clair. 344, fol. 32, Claude d'Annebault à François de Guise, Paris, 13 février [1551].

4   Le texte de la prise de possession de la seigneurie d'Heubécourt par Anne de Laval, héritière de Madeleine d'Annebault, en 1567, ne donne pas de description du château (AD Eure, E 1301, fol. 131 *sq.*, éd. E. Meyer, *Histoire de Vernon et de son ancienne châtellenie*, 1875, t. I, p. 337-338).

5   « Dans l'une des façades donnant sur la cour qui les sépare », a noté l'érudit Meyer, s'ouvrait « un porche qui a conservé tous les caractères de l'époque de la Renaissance et au-dessus duquel règne une de ces galeries de bois si pittoresques ». Les espaces paraissaient assez vastes : « les salles étaient fort grandes et les cheminées monumentales » ; les fenêtres à meneau (murées) donnaient sur le parc ; ces deux corps de logis n'avaient, selon Meyer, « aucun caractère architectural » ; Meyer annonçait d'ailleurs la disparition inéluctable de ces vestiges enclavés dans les constructions neuves d'une ferme moderne : inhabitables, ils menaçaient de s'écrouler (E. Meyer, *Silly-Annebaut, op. cit.*, p. 14-15).

6   Jean Baboux (*Le Manoir de Salverte*, art. cité, p. 16-17), s'appuyant sur des plans cadastraux, suppose que le château Renaissance était situé sur une parcelle voisine d'une centaine de mètres de long ; la ferme à colombages a été restaurée dans les années 1990.

d'Annebault fit quelques travaux dans l'église d'Appeville. Cette église avait vraisemblablement été commencée à la fin du XVe siècle, par Jean d'Annebault et sa mère Marguerite Blosset, car les parties occidentales et septentrionales semblent correspondre au style de cette époque[1], bien qu'il y ait eu des travaux ultérieurs (vers 1518[2] ?). Claude acheva l'édification de cette église en 1552, comme l'atteste une inscription[3].

Bâtisseur ambitieux en intention, mais au final, modeste dans ses réalisations, Claude d'Annebault privilégiait les apparences en architecture comme dans les beaux arts, les lettres et les innovations scientifiques, pour lesquels il affichait une curiosité de surface, sans s'investir trop avant dans le patronage et le mécénat. Probablement favorable aux courants humanistes, il ne se piquait pas lui-même d'entretenir des relations avec les cercles savants et artistiques de Paris, de Fontainebleau, de Lyon, de Venise ou de Rome.

LE SENTIMENT RELIGIEUX

En matière de religion, Claude d'Annebault semble également avoir eu des opinions et des attitudes en apparence ouvertes, mais au fond, profondément traditionnelles. On sait qu'il était un pratiquant régulier, accompagnant souvent le roi à la messe, et qu'il citait et invoquait souvent Dieu, sans que cela ne dénote un sentiment religieux particulier, car telle était la norme à cette époque et à la cour de France. En vérité, les témoignages contemporains sont trop rares, sur ce sujet, pour que l'on puisse en tirer une idée précise de la piété et des idées de l'amiral en matière de religion et de culte. Tout juste connaît-on l'appréciation du nonce Dandino, qui écrivit au pape que l'amiral étant « un gentilhomme d'aussi bonne révérence et d'aussi bon zèle envers la religion, que ne pourrait l'être aucun autre[4] ». De fait, si on ne lui sait aucun signe d'impiété ou aucune phrase blasphématoire ou mot d'esprit sur la religion, il faut bien constater qu'on ne lui connaît pas davantage de dévotion particulière, de mysticisme ou d'accès de fanatisme. Le même

---

1   F. Meunier, « Saint-Ouen de Pont-Audemer », art. cité, p. 209.
2   M. Charpillon, Dictionnaire historique de toutes les communes de l'Eure, Les Andelys, 1868, p. 139.
3   F. Meunier, art. cité, p. 209 ; cf. le plan de cette église BnF, Va 27, t. I.
4   AS Vaticano, Segr. Stato, Francia 2, fol. 220-225v, Dandino au cardinal Farnèse, Saint-Germain, 15 avril 1547 (copie, analysée dans ANG, t. VI, p. 184).

nonce Dandino relevait également que l'amiral démontrait toujours dévotion et gratitude envers le pape[1]. Cette attitude révérencieuse, qui ne s'appliquait pas nécessairement à tous les hommes d'Église[2], doit probablement être vue comme une posture politique, plutôt que le reflet de convictions personnelles. En effet, à la fin du règne de François Ier, l'amiral d'Annebault est personnellement très impliqué dans une politique secrète d'alliance contre l'empereur et le pape. En outre, lors de son séjour à la cour d'Angleterre, il avait abordé, sans le moindre état d'âme, l'idée d'une sécession de l'église du royaume de France et de réformes liturgiques, qui seraient passées par un concile général ; cette idée, si elle eût été divulguée, eût sans aucun doute horrifié le pape[3].

Est-ce suffisant pour conclure que Claude d'Annebault fût favorable à la Réforme ? Probablement pas. Il n'est pas établi que les propositions faites au roi d'Angleterre aient été sincères, ni que d'Annebault les ait personnellement approuvées : il ne faisait que mettre en œuvre des décisions prises en conseil du roi, peut-être divergentes de ses propres opinions. Par ailleurs, il ne semble s'être opposé ni à la décision du massacre des Vaudois de Mérindol, ni d'une manière plus générale, à l'accentuation de la répression de l'hérésie dans le royaume[4]. En effet, le roi s'était engagé par le traité de Crépy à mettre un terme aux pratiques hérétiques dans son royaume. Dans la lutte contre les protestants, il emprunta donc des voies de plus en plus dures. Tandis que douze théologiens étaient réunis à Melun, le 15 mars 1545, pour examiner les propositions des réformés pour mieux les réfuter au concile, le cardinal de Tournon, souvent plus impliqué dans les affaires religieuses que l'amiral d'Annebault, orchestrait la répression de l'hérésie vaudoise[5]. D'Annebault n'était pas pour autant opposé à cette politique répressive et il se peut même qu'il l'ait favorisée. Il était comme d'habitude présent à la séance du conseil du 31 janvier 1545 où fut donné l'édit

---

1   AS Vaticano, AA I-XVIII 6532, fol. 89-91v, lettre du même au même, Fontainebleau, 18 juillet 1546 (analysée dans *ANG*, t. VI, p. 60-61) : « si è mostrato della solita devotione et gratitudine verso Sua Beatitudine ».
2   *Cf. infra* son altercation avec le cardinal Jean Du Bellay.
3   *Cf.* p. 582-583.
4   Le renforcement de la répression n'est que le prolongement d'un virage pris vers 1539-1540, lorsque l'instruction des crimes d'hérésie fut confiée aux parlements, notamment par l'ordonnance de Fontainebleau du 1er juin 1540.
5   M. François, *op. cit.*, p. 216-221.

condamnant les Vaudois de Mérindol, et encore à Amboise, le 27 mars 1545, lorsque fut décrétée l'exécution des mécréants, dont fut chargé l'un des hommes de confiance de l'amiral, Polin de La Garde, « lieutenant general dud. s[r] [roi] sur son armee de mer venant de Levant soubz l'auctorité et en abscence de mons[r] l'admiral[1] ». Quelques années plus tard, en 1551, lorsque le baron de La Garde eut à répondre du massacre[2], il dit que « en fut tenu propos en un Conseil privé, auxquels étaient messieurs le cardinal de Tournon, le chancelier et amiral de France, et ne saurait dire au vrai par qui ce propos fut commencé » ; toutefois, il se rappela que seul le chancelier s'opposa à cette solution violente[3]. Il est donc probable que l'amiral ait approuvé, voire proposé l'arrestation ou l'extermination des Vaudois dissidents, bien que le baron de La Garde eût aussi pu vouloir protéger son patron en se retranchant derrière des défaillances de mémoire. En tout cas, les prisonniers n'étaient pas mal venus pour l'expédition de 1545, car puisque Polin était parti pour ramener des galères, les malheureux Vaudois firent d'utiles galériens. Aussi, l'amiral d'Annebault écrivit trois lettres à son protégé pour lui reprocher le temps perdu à trop bien châtier les villageois : le retard pouvait s'avérer dommageable pour l'expédition, car il fallait attaquer les Anglais avant qu'eux-mêmes n'aient eu le temps de se prémunir. Il n'y a pas, dans cette attitude, la moindre trace de réprobation morale[4].

Quelques jours à peine après la signature de l'arrêt de mort des Vaudois, François Ier créa, par un édit du 5 avril 1545, un système de commissions itinérantes dans chaque ressort de parlement pour traquer les hérétiques. Début août 1545, des conseillers du Parlement de Paris reçurent une série de lettres de commission leur partageant le ressort de la cour[5]. Les parlementaires accomplirent cette tâche avec beaucoup de détermination, multipliant arrestations et exécutions : celles d'Étienne Dolet à Paris, en août 1546, et des soixante hérétiques

---

1 Documents publiés dans *Procès-verbal d'un massacre ; les Vaudois du Lubéron (avril 1545)*, éd. G. Audisio, Aix-en-Provence, 1992.
2 *Cf.* les circonstances de son procès, p. 625.
3 Jacques Aubéry, *Histoire de l'exécution de Cabrières et de Mérindol et d'autres lieux de Provence*, éd. G. Audisio, Paris, 1995, p. 77.
4 BnF, Mor. 778, fol. 148 *sq.*, inventaire des pièces du procès de Polin de La Garde ; fol. 180-181 sont résumées ces trois lettres de l'amiral d'Annebault, datées du 18 juin et des 1er et 2 juillet [1545] ; ces deux dernières lui intimaient l'ordre de venir « en la plus grande et meilleure dilligence » au Havre.
5 *CAF*, t. VI, n. 14531 à 14536, lettres de Jumièges, 5 août 1545.

de Meaux en septembre 1546, n'en sont que les plus célèbres. Ce sévère « quadrillage » de la persécution entraîna en 1545, dans le seul ressort du parlement de Paris, dix inculpations par mois ; 1546 fut de ce point de vue une « année record », avec cent quatre-vingt personnes jugées et trente condamnées à mort[1]. En janvier 1547, à Paris, « il se brûlait des Luthériens chaque jour[2] ». Loin de chercher à modérer le zèle des parlements, le roi et ses conseillers les laissèrent épurer les couvents de Paris et des grandes villes ; début avril 1545, tandis que François Ier et Claude d'Annebault se divertissaient au château de Tours, on brûlait sur une place de la ville un jeune garçon jugé coupable d'hérésie[3]. À en croire le réformateur Jean Sleidan, l'amiral d'Annebault, le cardinal de Tournon et le secrétaire Bayard, ces « chancres » qui étaient au pouvoir, étaient hostiles aux protestants et poussaient au bûcher et aux tortures, à l'opposé du chancelier Olivier, impuissant à les modérer. Cet avis de Sleidan, à distance de la cour, était probablement une vision déformée d'une réalité plus complexe. On a parfois voulu voir en François de Tournon le chef d'un « parti catholique[4] », mais il ne semble pas qu'un tel parti existât déjà dans l'entourage du roi. Pour sa part, l'amiral d'Annebault ne paraissait pas davantage impliqué dans cette politique que dans la plupart des questions religieuses. Il n'était d'ailleurs pas présent au conseil début août 1545[5], lorsqu'avaient été prises les lettres relatives à la traque des hérétiques. Cependant, alors que les idées protestantes commençaient à se répandre dans le royaume, il semblait nécessaire que la cour montrât l'exemple du respect des préceptes fondamentaux de la religion chrétienne. En mars 1546 fut donné un édit interdisant de manger de la viande en carême. Dans les semaines qui suivirent, le roi apprit qu'on en mangeait à la cour au mépris de ses ordres. Il demanda alors au prévôt de l'Hôtel de mener l'enquête et d'arrêter les contrevenants, fussent-ils de la maison du dauphin[6]. Après enquête,

---

1   Denis Crouzet, La Genèse de la Réforme française, 1520-1562, Paris, 1996, p. 406-408 ; Auguste Bailly, La Réforme en France jusqu'à l'édit de Nantes, Paris, 1960, p. 170-171.
2   AS Firenze, MP, 4849, fol. 129-133v, lettre interceptée de La Ferté-Millon, 21 jenvier 1547.
3   C. Occhipinti, Carteggio d'Arte, op. cit., p. 104-105, Giulio Alvarotti au duc de Ferrare, Tours, 6 avril 1545 : la cour assistait alors à des « jeux de bâtons » opposant deux groupes, menés par le dauphin et le duc d'Orléans.
4   Cette position est celle de Michel François (op. cit., p. 222).
5   Claude d'Annebault menait alors la campagne sur mer.
6   Peut-être pensait-il et espérait-il que les contrevenants étaient de la maison du dauphin, à laquelle il ne manquait jamais une occasion de dispenser châtiments et humiliations.

deux personnes furent surprises et arrêtées : il s'agissait de serviteurs du comte Johann de Beichlingen, dont des frères servaient les princes protestants de la ligue de Smalkalde[1]. Beichlingen était un proche de Claude d'Annebault. Le lendemain de l'arrestation, il alla manger à la table de l'amiral, qu'il trouva en compagnie d'Hippolyte d'Este et de Jean de Lorraine. Le comte dit, sur le ton de la plaisanterie :

> « Votre Excellence ne me fera pas croire que je suis luthérien par ce que je mange de la viande, alors que je n'en mange que pour vivre. » L'amiral se prit à rire et lui répondit : « Ce ne fut pas dit pour vous, mais si vous voulez en manger, il faut au moins en demander la permission[2]. »

On voit par cet exemple qu'aux yeux de l'amiral, la discipline et surtout l'obéissance aux ordres du roi comptaient plus que l'observance de principes religieux. Il ne semble jamais s'être montré hostile aux idées de réforme et de rigueur morale ; il était d'ailleurs très apprécié par certains humanistes et réformistes comme Marguerite de Navarre et de ce fait, certains protestants ont pu le compter au nombre de leurs alliés potentiels à la cour de France[3]. Cependant, les comportements séditieux devaient fortement lui déplaire, en tant que serviteur et garant de l'autorité royale[4]. En religion comme en d'autres domaines, l'amiral d'Annebault était probablement partisan de l'obéissance au roi qui, comme le roi d'Angleterre, eût très bien pu entraîner son Église dans une réforme hors du giron romain. Peut-être a-t-il lui-même, avec le cardinal de Tournon, conseillé François Ier en ce sens. Il est difficile de savoir si le projet, évoqué avec les conseillers d'Henri VIII après la paix d'Ardres, d'une rupture avec Rome et d'un rapprochement confessionnel avec l'Angleterre, était réellement sincère ou seulement imaginé pour favoriser, de manière opportuniste, un retournement d'alliances contre

---

1 Son frère aîné le comte Huprecht de Beichlingen (*CCJDB*, t. III, p. 211n et J. Leissmann, « Geschichte der Grafen von Beichlingen », art. cité) leva des troupes en Souabe et participa à la guerre de Smalkalde, et après 1547, exclu de l'amnistie par Charles Quint, il rentra en France, où il fut tué en 1549 ; un autre de ses frères, Carl, servit le duc de Saxe et fut tué à la bataille de Mühlberg en 1547.
2 AS Modena, Cart. amb., Francia 22, Giulio Alvarotti au duc de Ferrare, Melun, 12 avril 1546.
3 Lettre de Jean-Ami Curtet au Consistoire de Genève du 15 juin 1544, citée dans *Correspondance des réformateurs dans les pays de langue française*, *op. cit.*, t. IX, p. 280.
4 Sur l'assimilation de l'hérésie à la sédition, *cf.* D. Crouzet, *La Genèse de la Réforme française*, *op. cit.*, p. 399.

l'empereur. Quoi qu'il en soit, une rupture avec Rome eût probablement était motivée par des raisons politiques et financières plutôt que confessionnelles.

À la génération suivante, Jean d'Annebault, dans la clientèle des Guise, allait combattre avec détermination les protestants, se montrant par exemple impitoyable avec les insurgés Rouennais[1]. Sa devise, *Fidenti sperata cedunt*[2], que l'on peut traduire par : *de celui qui a la foi, les espérances se réalisent*, démontre une volonté de lier sa vie et ses accomplissements à la religion. Était-il pour autant plus hostile que son père à l'idée de Réforme ? Probablement pas : dans son choix, les considérations de carrière, de fidélité au roi et d'appartenance à des réseaux pesèrent sans doute davantage qu'une conception particulière de la pratique religieuse. En cela, sa ligne de conduite ne différait pas de celle de son père.

PATIENCE ET EMPORTEMENTS :
LE TEMPÉRAMENT EN QUESTION

Les grands des cours d'Europe, à la merci des disgrâces et des trahisons, pouvaient être très anxieux de la conservation de la faveur du prince et du bon déroulement de leur carrière. Claude d'Annebault, stoïque par choix ou par tempérament, ne semble pas avoir cédé outre mesure à un tel « fantasme de victimisation[3] », montrant au contraire une certaine humilité et un relatif détachement face à la gloire éphémère et la « fragilité de ceste vye mondaine[4] » : la plupart des sources montrent en effet un Claude d'Annebault au tempérament calme, doux, patient et plutôt modeste, qui lui valut une réputation de sagesse. Néanmoins, l'amiral dérogea plus d'une fois à cette flatteuse image. Comme François Ier, il pouvait entrer dans de violentes colères. On se rappelle la frayeur qu'il

---

1 *Cf.* p. 682.
2 BnF, PO 74, pièce 63, quittance du 26 avril 1547 : cette devise figure sur un grand sceau de 3,2 cm.
3 D. Crouzet, *Charles de Bourbon, op. cit.*, p. 137-142 : « Les rapports sociaux […] conduisaient les individus sur le chemin d'une constante perplexité que seule l'adhésion à un stoïcisme simplifié pouvait – en témoigne le succès continué de Pétrarque au début du XVIe siècle – aider à transcender ».
4 Charles Paillard, « La mort de François Ier et les premiers temps du règne de Henri II, d'après Jean de Saint-Maurice, ambassadeur de Charles-Quint à la cour de France (avril-juin 1547) », dans *Revue historique*, t. V, 1877 (p. 84-120), p. 102, et AGR Belgique, Aud. 420, fol. 77-84v, Jean de Saint-Maurice à Marie de Hongrie, Saint-Germain, 20 avril 1547.

fit au vicomte de La Rivière lorsque celui-ci lui annonça la reddition de Saint-Dizier : le messager de Sancerre crut que l'amiral allait lui arracher les yeux[1]. Même face à de grands personnages, il eut parfois des réactions particulièrement violentes. Ainsi, autour de mars 1545, une vive altercation l'opposa au cardinal Jean Du Bellay[2]. Celui-ci avait obtenu, grâce à la duchesse d'Étampes, le siège archiépiscopal de Bordeaux, mais le roi et l'amiral avaient posé comme condition qu'il versât chaque année, sur les revenus de ce bénéfice, des pensions à d'autres personnes, dont le jacobin Guzman, pour un total de quatre cents mille écus[3]. Le cardinal, sans doute déjà mécontent, alla trouver le secrétaire Bochetel[4] pour obtenir le *placet* : il s'aperçut alors que les pensions avaient été réévaluées à six cents mille écus, par ordre du roi. Tenant d'Annebault pour responsable, le prélat se plaignit amèrement à la duchesse d'Étampes, lui assurant que l'amiral les avait trompés et qu'il faisait tout pour déplaire à la duchesse. Dès qu'il eut vent de ces propos, d'Annebault rejoignit le cardinal dans l'antichambre du roi :

> Led. cardinal avec bien grande colere dit aud. admiral qu'il avoit fait adjouster deux mil frans de pension contre l'intencion du roy, que led. admiral nya, mais luy dit que led. s[r] roy l'entendoit et le vouloit ainsi. En fin la continuation dud. propoz *fut si aigre qu'ilz se desmentirent l'ung l'autre et tellement que led. admiral dit que si personne le vouloit chargé de son honneur, qu'i lui donneroit cent cops de poignard.* Led. *cardinal replica qu'il n'avoit oublié sa coustume de vouloir assaillier et oultraiger ceulx qui ne pourtoient aucunes armes* [...]. Et comme tous deux s'avançarent de parler, lad. dame d'Estampes print par le bras led. s[r] roy et le fit entrer en une chambre prochaine, luy disant qu'elle luy declaireroit que c'estoit et comme le tout estoit passé, et pour conclusion la piece est demeuree chargee de ses six mil frans[5].

---

1 *Cf.* p. 308-309.
2 Cette affaire est connue par deux sources : AS Modena, Cart. amb., Francia 21, Giulio Alvarotti au duc de Ferrare, Verneuil, 1er juin 1545 (le problème était survenu avant le 7 mai, date à laquelle Alvarotti évoqua l'affaire pour la première fois, et se promit d'enquêter sur ce qui s'était passé) et ÖStA, FrBW 10, fol. 40-50v, Jean de Saint-Maurice à Charles Quint, [avant le printemps : « l'on tient que ce fus le printemps prouchain », lit-on à un moment de la lettre] ; on se fonde ici principalement sur la version de Saint-Maurice, qui paraît un peu mieux informé qu'Alvarotti.
3 Les éditeurs *CCJDB* (t. III, p. 260n) pensent que la pension sur l'archevêché de Bordeaux n'a jamais été servie, mais que Guzman a reçu en échange l'abbaye de Longpont, résignée par Du Bellay en sa faveur.
4 Ou Bayard, selon Alvarotti.
5 ÖStA, FrBW 10, fol. 40-50v, Jean de Saint-Maurice à Charles Quint, [avant le printemps 1545], retranscrite partiellement en note dans *CCJDB*, p. 277 (datée par erreur

Dans cette scène, les menaces de mort de l'amiral répondaient à une agression verbale du cardinal et l'accusation de mensonge portait atteinte à l'honneur de l'amiral, qui devait donc répondre. Si l'accusateur n'avait pas été un prélat, Claude d'Annebault l'eût peut-être provoqué en duel.

Malgré ces quelques démonstrations d'agressivité, la plupart du temps, d'Annebault n'employait pas la manière brutale, préférant manœuvrer les gens à force de démonstrations d'amitié et de bonne volonté. Il n'hésitait pas à employer la flatterie pour stimuler les serviteurs du roi, comme Ludovic de Birague, qu'il envoya en 1545 en Piémont pour empêcher une cabale fomentée par le duc de Savoie à Turin, en l'assurant « qu'il n'y avait en France personne plus grande que lui, qui pût aussi bien servir Sa Majesté[1] ». Les bonnes attentions à l'égard de ses amis et serviteurs étaient aussi un moyen plus sûr que les menaces pour s'assurer de leur dévouement. Par exemple, il arrangeait pour les ambassadeurs et émissaires des princes dont il était satisfait les meilleures entrevues avec le roi ; ainsi, Fabrizio Bobba, résident de la duchesse de Mantoue, « ami personnel et serviteur » de l'amiral, racontait à l'ambassadeur de Ferrare, un peu envieux, « qu'il l'aimait et le tenait pour un très bon ami, et qu'il lui avait fait avoir [une] audience toute à son avantage[2] ». En revanche, l'amiral traita durement un gentilhomme ferrarais venu à la cour, dont il était mécontent :

---

de décembre 1544) ; *cf.* aussi la version d'Alvarotti (AS Modena, Cart. amb., Francia 21, Giulio Alvarotti au duc de Ferrare, Verneuil, 1er juin 1545) : « Vous êtes, lui-dit [l'amiral], le plus fourbe gentilhomme de France, et si vous n'étiez homme d'église, par ma foi, je vous donnerai dix coups de poignard. Le cardinal lui répondit : Je suis un homme de bien, mais c'est bien de vos pratiques de sans cesse faire le bravache avec qui ne fait pas profession des armes » ; après cette altercation, le roi aurait conseillé au cardinal, pour lui signifier son mécontentement, de se retirer dans son diocèse de Paris et d'y demeurer quelque temps. *Cf.* l'intéressante comparaison de Cédric Michon (*La crosse et le sceptre*, *op. cit.*, p. 157-158) entre cette altercation d'un grand officier de la couronne de France et un prélat d'État français, lui parlant avec hauteur en tant que gentilhomme, et une gifle donnée par l'amiral Lisle à Stephen Gardiner en plein conseil du roi d'Angleterre, qui ne suscita aucune réaction du prélat, issu d'un autre milieu et d'autres réseaux. Voir aussi R. Scheurer, art. cité, p. 325.

1 AS Modena, Cart. amb., Francia 21, Giulio Alvarotti au duc de Ferrare, Amboise, 12 avril 1545 : le duc de Savoie semble avoir des intelligences en terre de Piémont « *con disegno di far un Vespero Siciliano et impatronirsi del tutto ; me dice anco ch'el s[r] armiraglio ha parlato al s[r] Ludovico da Biraga, per volere ch'egli vadi in Piemonte, dicendogli che in questa occasione : "non c'è persona più grande ch'ella sia in Francia, che posse far servizio a S. M[tà], quanto lui solo"* ».

2 AS Modena, Cart. amb., Francia 20, Giulio Alvarotti au duc de Ferrare, Amboise, 24 mars 1545.

Le conte Alfonso[1] est retourné ce matin auprès de mons[r] l'amiral pour avoir audience de Sa Majesté, son exellence se détourna de lui avec mauvais humeur et lui dit, avec des paroles hautaines : « Vous ne vous en êtes pas occupé quand vous pouviez l'avoir, prenez patience à présent », et il lui tourna le dos[2].

D'ordinaire aimable et patient, l'amiral était donc également capable de montrer des mouvements d'humeur. Une explication de ces contradictions apparentes est peut-être une utilisation politique des humeurs, par laquelle le conseiller favori pouvait imposer son autorité à l'un des autres conseillers, tout comme stimuler le zèle d'un serviteur par l'aiguillon de la crainte, ou couper court aux manœuvres d'un ennemi personnel. En outre, il était fréquent que face aux ambassadeurs des princes étrangers, certains conseillers jouent le rôle de l'ami et l'autre de l'ennemi irréductible. Ceci fut particulièrement sensible à la fin du règne quand un Du Bellay servit à attirer les potentiels alliés protestants tandis que l'amiral, en bon défenseur de la paix de Crépy, rassurait l'empereur[3]. Il semble aussi que d'Annebault ait tenu, vers 1541-1543, le rôle de l'anti-anglais, d'où les « fantaisies » entendues par Paget au conseil du roi[4], avant que ne s'opère un renversement à partir de 1545 : aux conférences de Bruges, Claude d'Annebault se montra amical et disposé à satisfaire le roi d'Angleterre, tandis que le chancelier Olivier (qui n'était pourtant pas réputé agressif) rudoyait avec une certaine véhémence Gardiner et Thirlby[5]. En diplomatie comme avec les serviteurs du roi, il convenait

---

1   Il doit s'agir du comte Alfonso Calcagnini, déjà venu à la cour en décembre 1543.

2   AS Modena, Cart. amb., Francia 20, Giulio Alvarotti au duc de Ferrare, La Ferrière, 11 février 1545 ; *cf.* aussi la lettre du 10 février 1545.

3   *Cf.* p. 587 *sq.*

4   John A. Froude, *History of England from the fall of Wolsey to the death of Elisabeth*, Londres, 1862-1870, 12 vol, t. IV, p. 252, considère que Chabot fait partie des pro-anglais, tandis que Tournon et d'Annebault sont hostiles à Henri VIII et favorables à l'empereur (de même *ibid.*, p. 349).

5   Le conseil du roi de France, comme celui du roi d'Angleterre, pouvait être le lieu de nombreux conflits. Néanmoins, si chacun s'employait à promouvoir auprès du roi le domaine dont il était spécialiste, nul conseiller de François Ier n'était anglophile, ou partisan acharné de l'empereur ! Ils servaient avant tout leur roi, mais plusieurs conseillers avaient la charge de paraître attachés aux intérêts d'un ou plusieurs autres princes de la Chrétienté, afin qu'indépendamment des orientations de la politique du moment, des liens (et sources d'informations) fussent entretenus avec tous les protagonistes de la diplomatie internationale. Ainsi, le secrétaire Bayard dit à Stephen Gardiner, l'évêque de Winchester, que celui-ci passait pour le pire ennemi des intérêts français, mais que lui l'aimait bien, car il savait que tout ceci ne voulait rien dire, et qu'il servait son maître ; le

parfois de jouer des humeurs, d'alterner patience et colère, marques
d'estime et de dédain, pour obtenir l'effet désiré.

Par ailleurs, Claude d'Annebault est resté, dans la mémoire de la
cour, à tort ou à raison, comme un homme bon et vertueux :

> M. l'admiral d'Annebaut avoit la charge de tout, car le roy le tenoit pour
> un très homme de bien, d'honneur, et rempli d'une bonne et sincère âme,
> qu'est une marchandise fort rare parmy les gens de court, ce disoit le roy[1].

Cette réputation était peut-être en partie due au contraste avec la superbe
de ses prédécesseurs dans la faveur du roi. La morgue et la vanité de
Montmorency qui, dit-on, n'acceptait même plus, au sommet de son
influence, que l'amiral Chabot l'appelât « mon compagnon », n'eurent
d'égales que l'irascibilité de l'amiral Bonnivet, qui « n'estoit endurant,
et fort superbe à cause de sa faveur[2] ». Alors que d'Annebault était
monté aussi haut que le connétable et l'amiral, il ne se souciait guère,
du moins au début, d'en faire le même étalage[3], peut-être, comme on
l'a vu, à cause de ses origines moins prestigieuses. Au début du règne
d'Henri II, dans une lettre à Charles de Guise, Jean Du Bellay critiqua
sévèrement l'arrogance de plusieurs conseillers importants de François Ier ;
il est intéressant de constater que l'amiral d'Annebault ne figure pas
sur cette liste noire :

> Je sçay combien depuys trente ans en çza j'en ay veu de ceulx qui tenoyent
> le lieu semblable a celuy que vous tenez, qui par mal observer ces poinctz
> d'audience, de gracieuseté et de pacience [...], très grant dommeage ont porté
> aux affaires de leur maistre [...], par une trop sollicité jalousie qu'ilz avoient
> d'être attachez au costé de leurdict maistre et de la peur qu'ilz avoient qu'estantz
> en la despesche des affaires, comme aux audiences et choses semblables, ung

---

secrétaire lui-même avoua être réputé l'adversaire implacable des Impériaux, alors qu'il
ne faisait qu'obéir au roi, au service exclusif duquel il était dévoué (*L&P*, t. XX, part II,
p. 367-369, n°772 et *CSP of Henry VIII*, t. X, p. 667-677, lettre de Stephen Gardiner,
Thomas Thirlby et Edward Carne, Bruges, 11 novembre 1545).

1 Brantôme, t. III, p. 210 ; entre autres jugements d'honorabilité, on peut rappeler l'opinion
   de la reine Éléonore : ÖStA, FrHK 1, lettre de la reine Éléonore à Charles Quint, [novembre
   1545] : « pour le congnoytre très honneste personne ».

2 Brantôme, t. II, p. 390.

3 *ANG*, t. III, p. 294, Dandino au cardinal Farnèse, Fontainebleau, 4-5 décembre 1543 :
   « È questo marescial d'Annebao assoluto govenatore di turto, et che col re è montato
   tant'alto, quanto sia per avventura stato mai il conestabile e l'armiraglio, se ben non si
   curi mostrarlo tanto ».

aultre s'en vinst accoster dudict maistre [...] D'une aultre chose n'estoyent-ilz excusables, c'est d'une rudesse de parolle qu'aulcuns d'entre eulx tenoyent a chacun et mesmes aux estrangiers ; en quoy j'ay veu perdre au feu roy non seullement par la faulte des chancelliers Duprat et Payet, mais par deulx admiraulx mortz [Bonnivet et Chabot], principalement par ung, de bons serviteurs a leur maistre, ne se soubvenantz les susdictz du mot : « Vulgaire argent ou belles parolles[1] ».

Il semble que Claude d'Annebault ait souvent fait preuve d'humanité et de compassion. Par exemple, il appliqua le moins possible la politique de la terre brûlée en Champagne en 1544, et refusa de combattre l'armée anglaise pour ne pas, dit-il à l'amiral anglais, être responsable du « plus grand massacre » qu'on eût jamais vu ; cependant, il n'hésita pas à dévaster les campagnes du Sussex et du Boulonnais, ou à brûler des villages en Artois lorsque c'était nécessaire. On peut relever les mêmes paradoxes à la cour : il était capable de beaucoup de prévenance envers ses amis et ceux de la duchesse d'Étampes, mais on sait avec quelle brusquerie il chassa des demoiselles de compagnie de la reine, mesdemoiselles de Merlan et de Mauvoisin, suspectées de trop d'indiscrétion, voire d'espionnage[2]. Là encore, les attitudes et les humeurs ne doivent pas être relevées comme des traits fixes d'un caractère : elles étaient plus ou moins maîtrisées, flexibles en fonction des circonstances, et parfois employées dans un but bien précis.

Loin d'être un ignare ou un sot, l'amiral d'Annebault était donc un homme d'une intelligence pratique, pénétré jusqu'à la moelle de la culture chevaleresque la plus traditionnelle, et néanmoins doué d'une certaine capacité d'adaptation : il sut probablement donner une impression d'ouverture aux idées nouvelles, malgré un intérêt personnel apparemment limité pour les sciences, les arts ou les lettres. Son tempérament prudent et réfléchi, son peu d'empressement à exprimer des opinions tranchées ou à prendre position dans des querelles ou des controverses, ne permettent guère de saisir ses convictions et ses sentiments personnels. Dans toute la période de sa « grande faveur » auprès du roi, il semble avoir cherché à incarner non pas ses propres idées politiques, mais le

---

1 *CCJDB*, t. IV, p. 318-322, lettre de Jean Du Bellay à Charles de Guise, Rome, 16 septembre 1548. Montmorency fait l'objet de critiques moins franches, mais Du Bellay moque son vocabulaire comminatoire. Quant à Claude d'Annebault, il est peut-être simplement épargné parce que Du Bellay connaît sa nouvelle proximité avec les Guise (*cf.* p. 639 *sq.*).

2 *Cf.* p. 200-201.

service du roi et la mise en œuvre de la politique définie en son conseil. En cela, il répondit parfaitement aux attentes de François Ier, qui lui garda sa confiance jusqu'à la fin de son règne.

LE CHOIX DU ROI : ENTRE CŒUR ET RAISON

Il semble qu'avec Claude d'Annebault, comme avec ses prédécesseurs, François Ier ait voulu entretenir une relation fondée sur l'amitié et la confiance. Cependant, le choix du conseiller favori ne procédait pas d'un simple élan du cœur, car il suivait également des motifs raisonnables.

L'AMITIÉ ET L'INTIMITÉ DU ROI : UNE CONDITION NÉCESSAIRE

Certains théoriciens du pouvoir, comme Guillaume Budé, jugeaient nécessaire que le prince eût un ou plusieurs véritables amis, qui puissent lui parler avec franchise et donc, mieux que quiconque, le conseiller, et à qui il eût pu se fier comme à lui-même, en évitant les flatteurs et en privilégiant la sincérité[1]. C'était même là l'un des traits fondamentaux du conseiller idéal, selon des humanistes néoplatoniciens[2]. Les marques de confiance et les bonnes grâces du roi étaient un tel honneur que ceux qui les recevaient témoignaient souvent au roi une reconnaissance éperdue. De fait, Claude d'Annebault aima son maître d'une vénération et d'une absolue fidélité. De leur côté, François Ier, son fils et ses petits-fils aimèrent très sincèrement leurs favoris, et ce lien d'amitié entretenait la réciprocité de confiance. Ainsi, le roi parut très affecté de la mort de l'amiral Chabot :

> Saichant combien vous aimez ceux qui tousjours vous ont aimé, écrivit Marguerite d'Angoulême, j'ai eu grant peur que la mort de M. l'amiral vous ait donné de l'ennuy[3].

---

1   Claude Bontems, Léon-Pierre Raybaud, et Jean-Pierre Brancourt, *Le Prince dans la France des XVIe et XVIIe siècles*, Paris 1965, p. 65 ; on en trouve aussi l'écho chez Elyot et Érasme (Quentin Skinner, *Les fondements de la pensée politique moderne*, Paris, 2001, p. 305-306).

2   *Ibid.*, p. 301-312.

3   *Nouvelles lettres de la reine de Navarre, op. cit.*, p. 224 ; voir aussi D. Potter, « Politics and faction », art. cité., p. 143 : en avril 1543, alors que Chabot, alité à Paris, paraissait à la dernière extrémité, le roi le visita et lui montra « grant caresse » et « signe d'amour ».

Par la suite, il semble avoir aimé Claude d'Annebault plus qu'aucun de ses précédents favoris, comme le comprirent Stephen Gardiner et Thomas Thirlby lors des conférences de Bruges[1]. Cette amitié devait se montrer en permanence, tant pour la propre tranquillité du favori (prompt à déceler les signes précurseurs d'une disgrâce) que pour donner à voir comme le prince aimait et récompensait ceux qui le servaient avec dévouement. Ainsi, les favoris paraissaient en public aux côtés du roi pour les grandes occasions, même lorsque leur présence n'était d'aucune utilité. Pour les Pâques de l'année 1545, le roi et toute la cour entendirent une prédication, chantèrent vêpres et complies, et dînèrent ; puis le roi sortit de la salle et se livra au traditionnel toucher des écrouelles, entouré du cardinal de Tournon et de l'amiral, que le peuple pouvait admirer aux côtés du roi thaumaturge[2].

Cette proximité du corps royal appartenait au quotidien du favori. Celui-ci était gentilhomme de la chambre, et souvent le premier d'entre eux, dont on disait qu'il avait à toute heure l'oreille du roi[3]. Cette fonction était si essentielle, qu'il n'hésitait pas à interrompre un entretien important pour prendre le temps d'assister au lever du roi[4] : même s'il ne pouvait pas partager tous les plaisirs du roi, à cause des affaires d'État, il était vital, pour le conseiller favori, de cultiver et de préserver une proximité quotidienne avec le souverain. De fait, au milieu de la cour, Claude d'Annebault s'éloignait aussi peu que possible de son maître. Bien qu'il eût lui-même à entretenir une grande maison et à recevoir des dizaines de personnes à sa table, il logeait auprès du roi. Par exemple, en avril 1545, lorsque la cour arriva à Romorantin, on ne put trouver demeure assez grande pour recevoir toute la compagnie

---

1   *L&P*, t. XX, part II, p. 367-369, n°772 et *CSP of Henry VIII*, t. X, p. 667-677, Stephen Gardiner, Thomas Thirlby et Edward Carne à Henry VIII, Bruges, 11 novembre 1545.

2   AS Modena, Cart. amb., Francia 21, Giulio Alvarotti au duc de Ferrare, Amboise, 29 mars 1545.

3   Nicolas Le Roux écrit à propos de Saint-André, premier gentilhomme de la chambre du roi sous Henri II, que cette charge faisait de lui « le second personnage de la cour, après le connétable, et le premier dans la sphère privée de son existence quotidienne » (N. Le Roux, *La Faveur du roi, op. cit.*, p. 45).

4   ÖStA, FrVa 3, Konv. 5, fol. 181-184, Antoine Perrenot de Granvelle à Charles Quint, Amiens, 28 septembre 1544 : pendant qu'il parlait avec l'amiral, est arrivé le cardinal Du Bellay, revenu la veille de sa mission auprès du roi d'Angleterre : « led. admiral est eschappé, me remettant aud. s' cardinal, pour prendre le temps pour aller au lever du roy ».

habituelle du souverain ; celui-ci logea donc dans un château avec la dauphine Catherine de Médicis, madame Marguerite, Anne d'Étampes, la comtesse de Vertus et l'amiral, tandis que la reine Éléonore et la reine de Navarre logeaient dans une autre maison[1]. De même, quand le roi se retirait à l'écart, en petite compagnie, il se faisait accompagner par l'amiral d'Annebault, sauf lorsque l'urgence des affaires de l'État exigeait que celui-ci restât à la cour. Ainsi, en janvier 1546, François Ier s'accorda quelques heures de calme à La Muette, laissant la foule des courtisans à Saint-Germain ; il comptait passer la soirée à la chasse avec le dauphin, la duchesse d'Étampes, l'amiral, le cardinal de Ferrare et madame de Massy et « toute la petite bande[2] », comme on disait alors. Cette intimité ne se limitait pas à ces escapades : lorsque le roi allait aux fêtes du lendit de Saint-Denis admirer ou choisir des chevaux, il se faisait accompagner de l'amiral, avec lequel il pouvait confronter des opinions expertes[3]. D'Annebault paraissait aussi en compagnie du roi lors des bals de la cour. Lors du bal masqué du 4 janvier 1546, les deux compères ne se quittèrent jamais, restant isolés avec la duchesse d'Étampes en tête du bal, jusqu'à de que le roi et l'amiral partissent bras dessus, bras dessous, pour uriner contre le mur à l'autre bout de la salle[4]. On voit bien l'importance, pour un favori, de partager les goûts et la culture du roi, qui n'aurait pu supporter en permanence à ses côtés qui n'eût pas été capitaine, cavalier, chasseur et danseur émérite.

Le partage de l'intimité du souverain se traduisait concrètement par une position éminente à la cour, qui mettait le conseiller favori

---

1   AS Modena, Cart. amb., Francia 21, Giulio Alvarotti au duc de Ferrare, Saint-Ginoux (aujourd'hui Selles-Saint-Denis, près de Romorantin), 22 avril 1545, éd. partielle C. Occhipinti, *Carteggio d'Arte, op. cit.*, p. 106.

2   AS Modena, Cart. amb., Francia 22, lettre du même au même, Paris, 17 janvier 1546 : « et insomma tutto il piccolo trayno » ; cité par M. Châtenet, *La cour de France, op. cit.*, p. 51.

3   AS Mantova, Cart. inv. div., 640, Thomaso Sandrini aux régent de Mantoue, Paris, 16 juin 1546.

4   AS Modena, Cart. amb., Francia 22, Giulio Alvarotti au duc de Ferrare, Paris, 4 janvier 1546 (éd. partielle C. Occhipinti, *Carteggio d'Arte, op. cit.*, p. 122-123) : « *Il s cardinale nostro, il re con mons almiraglio et con certe figlie, fatto il primo ballo, comparsero cinque con mascar da barba longa [...] S. M[ta], madama d'Etampes et mons almiraglio sempre stettero ritirati quasi in capo del ballo in piedi tutti tre ragionando insieme sino al principio del danzar, che Sua M[ta] poi abbraccio con mons almiraglio se retirò dall'altro capo della sala a urinar, et tanta fu la urina che corse fina in ballo, che era poco manco che in mezo della sala, ch'anco è assai ben longa, et non fu burla* » (en chiffre).

plus haut que tous les autres sujets et l'associait au prestige du roi. La mise en scène du favoritisme royal faisait partie du quotidien : lorsque François Ier sortait de table, il se levait le premier, sa maîtresse à son bras, directement suivi de l'amiral[1], puis les autres convives pouvaient se lever à leur tour[2]. Cette prééminence se marquait également en des circonstances moins ordinaires, les entrées et apparitions publiques du roi, où il figurait à ses côtés, les fêtes et les tournois, où le conseiller favori jouait les premiers rôles. Ainsi, au cours des fêtes du baptême de la princesse Élisabeth en juillet 1546, durant les pas d'armes et joutes, l'amiral d'Annebault entra dans l'enclos en compagnie de ses amis Claude de Guise, Charles de Brissac et Jean de Taix, tous vêtus à l'identique, ainsi que leurs chevaux, sinon que les panaches des chevaux et les plumes des bérets étaient entièrement blancs, tandis que ceux de l'amiral étaient blancs avec des rehauts d'incarnat – et de même pour son laquais[3]. Après le premier spectacle, qui dura jusqu'au matin, on se sépara pour se reposer, manger et boire, puis l'amiral reparut (avec ses trois « compagnons ») sur un grand coursier blond de la race royale[4]. Ceci constituait un honneur considérable, et donnait à voir à toute l'assistance que le roi considérait l'amiral comme un membre de sa famille. Le fait qu'un prince au sang prestigieux tel que Claude de Guise se trouvât dans la bande du favori n'était pas une humiliation, mais un insigne honneur. Guise, Brissac et Taix, paraissant publiquement comme les proches compagnons du conseiller favori du roi, les faisait participer de cette grande faveur, comme si elle se transmettait de proche en proche.

Les démonstrations de faveur, petites et quotidiennes, ou grandes et extraordinaires, jouaient un rôle essentiel : elles confortaient la position du conseiller favori en coupant court aux rumeurs génératrices de désordre. Dans les moments difficiles et les turbulences politiques en particulier, il importait que le roi en personne renouvelât publiquement

---

1   Bien entendu, lorsque celui-ci ne mangeait pas à sa propre table – ce qu'il faisait fréquemment car elle avait un rôle politique et était comme l'antichambre du pouvoir, le lieu de passage inévitable pour entrer en relation avec le roi.

2   AS Modena, Cart. amb., Francia 22, Giulio Alvarotti au duc de Ferrare, Paris, 1er février 1546.

3   AS Modena, Cart. amb., Francia 23, Giulio Alvarotti au duc de Ferrare, Fontainebleau, 16 juillet 1546.

4   *Ibid.* et ÖStA, FrVa 3, Konv. 11, fol. 1-4, l'ordre du combat de Julain de Romero assaillant et de Anthoine More deffendant.

sa confiance et le choix de son conseiller favori, comme il le fit suite à l'échec du siège de Perpignan ou après le fiasco du projet de débarquement en Angleterre de l'été 1545. Dans les dernières années du règne de François Ier, l'affection affichée par le roi envers son conseiller favori était telle que nul ne pouvait plus douter de la constance de sa confiance. Ainsi, lorsque le roi, malade, marchait avec difficulté, il fit ses apparitions publiques en s'appuyant sur l'épaule de l'amiral, tant pour se tenir debout que pour se déplacer. Cette habitude[1], beau symbole du roi se reposant sur le premier de ses conseillers, était avant tout la mise en scène d'une grande familiarité et d'une estime réciproque. Plus encore, ce lien de cœur revêtait une dimension mystique, à tel point qu'on pouvait dire de l'amiral d'Annebault qu'il était « le cœur du roi[2] ». Paroxysme de l'association au corps du roi, d'Annebault devait se réserver, aux funérailles de François Ier, l'honneur de porter le coffret contenant le cœur du défunt au prieuré de Haute-Bruyère, jusqu'à la « colonne de cœur » en marbre qui permettrait son élévation. Une telle mise en scène revêt une portée symbolique éminente, en associant le conseiller favori à l'organe central et sentimental du corps mystique du roi[3].

L'INÉGALITÉ DES RAPPORTS ET LES LIMITES DE LA SINCÉRITÉ

Pourtant, de la mise en scène des sentiments à leur réalité, il peut y avoir un hiatus important, et même si François Ier prétendit avoir aimé Claude d'Annebault « non comme un serviteur mais comme un bon ami[4] », il ne faut pas s'y tromper : l'amitié du roi et de son conseiller favori ne fut bien sûr jamais horizontale, d'égal à égal, le second se

---

1   L'une des premières occurrences s'en trouve dans AS Modena, Cart. amb., Francia 20, Bartolomeo Sala au duc de Ferrare, Melun, 10 janvier 1545 : « Ancho perché Sua M[tà] si risentiva con pocheto de una gamba, por la quale cagiona principalmente essa si appogio su la spalla di mons[r] almiraglio. »

2   En novembre 1545, lors de négociations à Bruges, le secrétaire Gilbert Bayard dit aux émissaires de l'empereur que d'Annebault était « Madame d'Étampes' breast » et « King's breast » (*L&P*, t. XX, part II, p. 376-378, n° 788, Stephen Gardiner à William Paget, Bruges, 13 novembre). Claude d'Annebault n'est pas le premier conseiller favori à se voir appliquer cette métaphore, qui fut par exemple utilisée pour les Gouffier (P. Carouge, art. cité, p. 229, citation de Bernardo Dovizi da Bibbiena : « Chascun sçait qu'ils sont l'esprit, la volonté et le propre cœur de Sa Majesté »).

3   *Cf.* p. 601 *sq.*

4   AS Modena, Cart. amb., Francia 24, Giulio Alvarotti au duc de Ferrare, Paris, 3 avril 1547.

disant toujours « treshumble et tresobéissant serviteur et subgect » du premier, et ne s'adressant à lui qu'avec la plus grande révérence, comme tout autre de ses sujets[1].

Au service du roi et surtout après son entrée au conseil, Claude d'Annebault semble s'être toujours comporté avec prudence et avoir pris toutes les précautions pour ne pas se voir accuser d'avoir contrecarré ou même outrepassé les ordres du maître. Les occasions manquées à la tête des armées, en Italie du nord en juin 1542, ou durant la campagne de mer de l'été 1545, montrent que son audace était limitée par la peur de déplaire. En diplomatie également, il ne s'aventura guère en-dehors des instructions reçues ou de la ligne définie en conseil, les ambassadeurs des princes étrangers ne parvenant jamais à le faire parler ou s'engager plus avant qu'il n'en avait l'intention[2]. Là se trouve la limite des théories contemporaines du pouvoir qui recommandaient au souverain de s'appuyer sur des amis pour bénéficier de conseils sincères et désintéressés. La « sincère âme » de l'amiral qu'appréciait le roi, aux dires de Brantôme[3], ne pouvait être entièrement franche et dénuée de flatterie. Ainsi, une anecdote rapportée par le nonce Dandino en 1543 montre que d'Annebault et Tournon « n'avançaient qu'à tâtons », sans jamais oser contredire le roi, de peur de l'irriter[4]. Le cardinal de Tournon avait proposé de réduire le train de vie du roi et son mécénat afin de mieux pouvoir financer l'effort de guerre contre l'empereur : il s'attira une réponse cinglante à laquelle il n'osa répondre[5]. Claude d'Annebault, présent, ne fut pas plus disert :

---

1   *Cf.* l'analyse de N. Le Roux, *La faveur du roi, op. cit.*, p. 29-30 : « La plupart des auteurs [théoriciens contemporains du pouvoir] […] soulignent la nécessaire égalité de condition sociale qui doit exister entre les individus pour que ceux-ci puissent prétendre à une véritable relation d'amitié. La différence de condition entre le prince et son entourage est le problème central de toute la réflexion sur l'amitié. Parce qu'il possède une éminente et irréductible supériorité sur les gentilshommes de sa cour, le souverain risque de ne voir en eux que des pantins chargés de le divertir, lui apportant de l'agrément, ou des exécutants obéissant à sa seule volonté politique, dont il ne doit attendre que de l'utilité. » ; *cf.* aussi *ibid.*, p. 33, sur la tentative faite par Budé de démontrer la possibilité d'une égalité de conditions au prix d'une scission de la personnalité du prince entre sa part publique et sa part privée.

2   Par exemple ÖStA, FrBW 10, Konv. « Saint-Mauris an Karl V, 1544 », fol. 1-16, Jean de Saint-Maurice à Charles Quint, Melun, 23 décembre 1544 : Saint-Maurice ne parvint pas à tirer de l'amiral les noms des adversaires de la paix de Crépy, bien qu'il ait essayé de les lui faire dire en faisant mine de comprendre qu'il parlait de l'opinion populaire.

3   Brantôme, t. III, p. 210.

4   *ANG*, t. III, p. 220, Dandino au cardinal Farnèse, Paris, 26-27 mai 1543.

5   Le roi lui répondit qu'il n'avait pas à se mêler du train de vie de sa maison, car lui ne se mêlait pas de celle du fastueux cardinal.

Annebault [en dit] beaucoup moins [encore], parce qu'il n'en sait pas autant [en matière de finances] et qu'il est assez timoré à cause des exemples passés, comme il me l'a dit ouvertement lors de notre entretien, disant que le roi était tellement dégoûté des promesses de bien faire qui finalement n'avaient abouti à rien, que lui-même ne lui dira jamais rien qui dont l'issue ne soit certaine, et qu'ainsi dit [aussi] Tournon[1].

La leçon donnée à Montmorency au mariage de Jeanne d'Albret et de Guillaume de Clèves, mise en scène avec une cruauté exemplaire, était restée gravée dans toutes les mémoires. En cette occasion, d'Annebault avait peut-être appris ce qu'il fallait faire pour obtenir et conserver l'amitié et la confiance du roi : ne jamais désobéir, et surtout, ne pas se montrer plus indépendant que son maître ne le permettait. Bien qu'il semble qu'au fil des ans, la parole de l'amiral soit devenue un peu plus libre, cette retenue perdura. D'Annebault s'abstint parfois de révéler certaines informations sensibles ou mauvaises nouvelles au roi, de crainte de provoquer sa colère, préférant essayer de remédier de lui-même au problème. Ainsi, lorsque le chef de la garnison de Landrecies, Nicolas de Longueval, fit des difficultés pour remettre la place entre les mains de l'empereur dès la signature du traité de Crépy, le secrétaire Bayard tint ces propos à Antoine Perrenot de Granvelle :

Le général Bayard me vint trouver et me fit un bien grand cas de celluy qui n'a voulsu rendre incontinant a Vostre Ma^té Landrecy et donnoit a entendre que il l'avoit faict pour le peu d'affection qu'il ha a Monsr l'admiral et pour le traverser, mais que led. s^r admiral y avoit pourveu de sorte que sens nulle doubte Vostre Majesté l'auroit aujourd'huy entre ses mains, et me dit que led. s^r admiral en estoit comme despéré et qu'il n'en osoit parler au roy pour non l'altérer, et que s'il [le roi] le sçavoit, il feroit pendre celluy qui avoit faict la faulte[2].

En fait, Longueval étant un parent et un favori de la duchesse d'Étampes, il paraissait périlleux, pour l'amiral, d'en référer au roi. Par ailleurs, l'amiral se gardait bien de donner au roi des conseils hasardeux, qui eussent pu se retourner finalement contre lui. On a vu à l'occasion du conseil où fut prise la décision de combattre à Cérisoles, que les avis de Claude d'Annebault étaient tournés de telle sorte que le roi ne pût lui imputer la responsabilité de cette décision risquée :

---

1 *Ibid.*
2 ÖStA, FrVa 3, Konv. 5, fol. 177-179v, Antoine Perrenot de Granvelle à Charles Quint, Amiens, 27 septembre 1544.

« Or doncques », dit l'amiral, d'après le récit de Monluc, « il n'en faut plus
parler, dit monsieur l'admiral ; si vous perdez, vous seul serez cause de la
perte, et si vous gaignez, pareillement ; et tout seul en aurez le contentement,
en ayant donné seul le congé[1]. »

Les opinions exprimées par les conseillers ne pouvaient être entièrement
libres et franches, comme le comprit bien Monluc :

Devant ces princes il y a tousjours de belles opinions, non pas tousjours
bonnes. On ne parle pas à demy et tousjours à l'humeur du maistre. Je ne
serois pas bon là, car je dis tousjours ce qu'il m'en semble.

La sincérité du conseiller favori avait donc ses limites et l'intérêt du
royaume passait certainement après l'obligation de satisfaire le roi. De
cette satisfaction dépendait le maintien du conseiller favori au pouvoir
et la multiplication des marques de faveur et grâces qui contribuaient
à asseoir sa puissance et sa prospérité.

LA FORTUNE PERSONNELLE : UNE FORTUNE FAVORISÉE ?

François Ier se montra extraordinairement généreux envers ses favoris[2],
à un point probablement inédit, mais il passe, grâce à Brantôme, pour
avoir réfréné ces libéralités sur la fin, corrigeant ses vices, « tesmoing le
légat qu'il fit, à sa mort, à M. l'admiral d'Anebaud, son grand favory »
pour compenser les grandes dépenses effectuées au service du roi, soi-
disant mal compensées par les dons que celui-ci fit de son vivant à son
conseiller favori[3] :

[L'amiral] estoit le plus homme de bien qui l'eust jamais servy, et que jamais,
en toute sa faveur, il n'avoit faict tort à personne, ny pillé, ni gaigné, comme
beaucoup d'autres ; mais tant s'en faut, qu'il s'y estoit apauvry, au contraire
de tous les autres[4].

Après Brantôme, les historiens du XVIe au XVIIIe siècle ont contribué
à figer la mémoire de Claude d'Annebault dans un modèle idéal de

---

1　Monluc, *Commentaires*, t. I, p. 247-248.
2　P. Hamon, *L'Argent du Roi*, *op. cit.*, p. 396-397 : selon un document de 1535 (produit par
　Duprat, avec Montmorency et Chabot en tête de liste), il aurait fait 13 millions de dons
　depuis le début de son règne.
3　Brantôme, t. III, p. 117.
4　*Ibid.*, t. III, p. 210.

désintéressement, de bonté et de vertu. « Un homme droit et intègre, avant tout soucieux de l'utilité publique sans convoiter le bien d'autrui », jugea Beaucaire de Péguillon, secrétaire du cardinal Charles de Lorraine[1]. De Thou dit de lui que « c'étoit un homme d'une probité digne des anciens temps, et d'un desinteressement parfait » : lassé des grands esprits, François Ier aurait fait, avec lui, le choix de l'honnêteté[2]. À son tour, Le Laboureur le distingua comme l'exception, parmi les favoris en charge du trésor royal, où il n'hésita pas à se ruiner :

> [Le roi] luy confia particulierement l'administration de ses finances ; et comme c'est un emploi aussi sujet à l'envie du public qu'à la haine des particuliers, dont on ne peut avec justice satisfaire tous les desirs interessez, il aima mieux luy sacrifier son bien que d'en amasser de nouveau, et s'y gouverna avec tant d'intégrité, que le roy son maistre compta parmi ses dettes la récompense de cent mille livres, qu'il luy donna en mourant, comme par manière de restitution des pertes qu'il avoit souffertes en cette charge. J'ai voulu remarquer cela pour la rareté de l'exemple, car je ne sçay que luy, qui ait esté plaint avec restitution d'avoir fait naufrage dans un lieu si calme, et où tant d'autres ont toujours pesché si grands quantités de perles et de richesses[3].

Selon Monfaucon, ces vertus furent la cause cachée et inavouable du renvoi de Tournon et d'Annebault, « gens sages, dont les favoris et les flatteurs ne s'accommodaient pas ». Le vorace connétable de Montmorency, mécontent de n'avoir pas été payé de ses gages de grand-maître et connétable depuis sa disgrâce, aurait ainsi éloigné les conseillers du règne précédent pour les empêcher de s'opposer les saignées qu'il s'apprêtait à infliger au trésor royal patiemment reconstruit[4].

---

1   « Vir strenuus atque integer, alieni non appetendae publicae utilitatis in primis studiosus » (cité par É. Dermenghem, art. cité, p. 49).

2   De Thou, *op. cit.*, t. II, livre XI, p. 318.

3   Michel de Castelneau, *Mémoires*, éd. J. Le Laboureur, Bruxelles, 1731, 3 vol., t. II (additions), p. 101.

4   A. Varillas, *Histoire de Henri II*, *op. cit.*, t. I, p. 15-16 : « Ces quatre millions (*sic*) étoient à proprement parler le ménage du cardinal de Tournon et de l'amiral d'Annebaut ; et comme l'on ne sçauroit voir sans chagrin dissiper ce que l'on n'a amassé qu'avec beaucoup d'adresse et de peine, il n'estoit pas mal-aisé de prévoir que si ce cardinal et cet amiral se fussent trouvez dans le conseil du nouveau roi, lorsqu'on y auroit parlé de détourner les quatre millions à un usage particulier, ils n'eussent pu s'empêcher de remontrer au roi que l'épargne de son pere auroit esté plus utilement employée au recouvrement de Bologne, que les Anglois tenoient encore à la honte de la France » ; *cf.* aussi le *Discours des favoris* (BnF, Fr. 4261, fol. 6-v), selon lequel Henri II laissa au connétable « l'entiere administration du royaume » : il « commença a disposer de toutes les finances, s'attribuer

Cet héritage historique caricatural érigea durablement Claude d'Annebault, « le meilleur citoyen du royaume[1] », en parangon du service de l'État désintéressé. François Ier ne dit-il pas lui-même, sur son lit de mort, que l'amiral d'Annebault, seul parmi tant de serviteurs, s'était appauvri à son service ? Les louanges de ce roi sur le dévouement et l'amitié désintéressée de l'amiral auraient ainsi fait de lui une exception digne des aspirations de Guillaume Budé, selon qui un bon conseiller devait savoir mépriser la richesse et ne pas profiter de ses fonctions pour accroître sa fortune pour mériter la confiance du souverain[2]. Il y eut pourtant, dès le temps de l'amiral, des avis radicalement contraires :

> L'on crie icy publiquement, rapporte l'ambassadeur de l'empereur en 1545, que c'est ung larron et qu'i s'enrichit pour appouvrir les subjectz de Vostre Majesté et de Portugal et du roy de France, et si ce dit que le cardinal de Tournon et le garde des sceaux [Olivier] ont part au butin et que ceste jalousie d'acquester les transporte et aliene de la vraye et droicturière justice[3].

On passe ici d'un jugement excessif à un autre. Le thème du favori larron, qui connut une grande fortune sous Charles IX et Henri III, était déjà ancien : sous Philippe le Bel, Geoffroy de Paris dénonçait le vide du Trésor royal, dont les proches du roi étaient responsables :

> Car devers eux l'ont-ils saqué
> Et en leurs grands manoirs caché[4].

Brantôme lui-même ne fit que répéter ce lieu commun et ces plaintes traditionnelles de la noblesse en déplorant que François Ier ait à plusieurs

---

les confiscations, mettre soubz le pied tous ceux qui ne vouloient point ceder a sa fortune, et s'acquit generalement la haine de tout le monde ».

1   Ce mot est de l'historien Schœll, qui s'indignait que Henri II ait disgracié Claude d'Annebault (Max Samson-Fréd. Schœll, *Cours d'Histoire des États européens*, Paris, 1832, t. XVI, p. 250).

2   C. Bontems, L.-P. Raybaud, et J.-P. Brancourt, *Le Prince dans la France des XVIe et XVIIe siècles*, *op. cit.*, p. 61.

3   ÖStA, Frankreich, Ber. und Weis.., Karton 11, Konv. « Saint-Mauris an Karl V, 1545 », Jean de Saint-Maurice à Charles Quint, Melun, 3, février 1545 (il s'agit en particulier, dans l'esprit de Saint-Maurice, d'affaires de navires espagnols et portugais pris et non encore restitués, sur la prise desquels l'amiral aurait droit à une part).

4   Cité par Jean Favier, *Philippe le Bel*, Paris, 1978, p. 521 (utilisée par P. Hamon, *L'Argent du Roi*, *op. cit.*, p. 492).

reprises changé de favoris, qu'il fallait à chaque fois engraisser derechef
aux dépens du royaume :

> En leur place [Montmorency et Chabot], il en mit l'admiral d'Anebaut et le
> cardinal de Tournon, affamez, descharnez et maigres. Le pis est de ces roys,
> après qu'ils ont chassés ces mignons gros et gras, ils en reprennent d'autres
> affamez, nuds et marfondus, lesquels de nouveau il faut engraisser, vestir et
> emplumer ; en quoy les roys et leut peuple n'y gaignent guières ; car il faut
> donner nouveaux alimens, substances et habillemens, où l'on n'a jamais faict[1].

Ce jugement ironique paraît infondé, car à la mort de Chabot, Tournon
était déjà un très riche prélat et Claude d'Annebault l'un des plus puissants seigneurs du royaume. Faute de documents comptables suffisants,
il est difficile d'évaluer précisément les revenus de l'amiral, mais on
peut proposer une estimation globale à partir de sources lacunaires. Au
milieu des années 1530, Claude d'Annebault était à la tête d'un réseau
de terres et seigneuries normands et bretons, dont les revenus pouvaient
approcher les 40 000 livres tournois[2]. À ce moment de sa carrière, il ne
recevait que 3 000 l.t. de pensions royales, plus les revenus des seigneuries de Guingamp et de Dinan[3], qui devaient être d'un bon rapport. En
outre, il percevait déjà de temps à autre des gratifications exceptionnelles,
comme un don généreux de 12 000 l.t. en octobre 1530, en récompense
de ses services rendus en Italie[4]. Après 1543, le roi lui donna des revenus
bien plus considérables. Les charges principales que d'Annebault tenait
à la cour, d'amiral de France, de maréchal, de premier gentilhomme
de la chambre du roi, de chambellan et de maître des toiles de chasse,
devaient représenter un revenu cumulé de 15 000 l. t[5]. Sa charge de

---

1   Brantôme, t. III, p. 155 : Brantôme ajoute, filant la métaphore du porc destiné à l'abattage,
    que pour les remplacer, il faut les assommer et donner leurs habits et leur graisse aux
    nouveaux : « à nouveaux mignons donner nouveaux entretiens, et tout aux despens du
    roy et de la graisse du peuple ».

2   *Cf.* p. 69.

3   Don du 14 janvier 1537 (*CAF*, t. III, n° 8737), prorogé pour dix ans le 1er janvier 1547
    par le dauphin Henri, et confirmé pour neuf ans à Jean d'Annebault le 6 novembre 1552
    (*CAH*, t. I, p. 285, *ibid.*, t. VI, p. 334, n° 12295, et BnF, Fr. 5128, p. 134).

4   *CAF*, t. VII, p. 700, n° 28454 : « mandement de payer 2 500 l. t. au sr de Montejean et
    3 000 l. t. au sr d'Annebault, pour leurs pensions de l'année finie le 31 décembre 1531 » ;
    ibid., t. II, p. 561 et 564, nos 6493 et 6509 (6 000 l. t. pour sa pension des années 1532 et
    1533, payée en novembre 1533) ; BnF, Fr. 32865, notice sur Claude d'Annebault, fol. 161-166.

5   Amiral : 6 000 l.t. ; maréchal : 6 000 l.t. ; premier gentilhomme de la chambre : 1 200 l.t. ?
    (si les gages sont les mêmes que sous les derniers Valois, *cf.* N. Le Roux, *La faveur du roi,*

capitaine d'une compagnie d'ordonnances de cent lances lui rapportait 2 000 l.t. par an[1] ; celle de lieutenant du gouverneur de Normandie (il n'était plus gouverneur de Piémont), probablement plusieurs milliers de livres ; l'ensemble de ses autres charges (bailliages, garde de forêts, etc[2].) ne devait pas lui rapporter plus de 1 000 livres. Il touchait sans doute aussi une pension de chevalier de l'ordre de Saint-Michel. Le total de ses pensions (certaines nous demeurant peut-être inconnues) devait s'élever à environ 22 000 ou 25 000 livres tournois. À ceci il faut encore ajouter les revenus des villes et des forêts avoisinantes que le roi lui avait concédés : en plus de Guingamp et Dinan, d'Annebault reçut du roi les revenus du comté de Nantes[3], et ceux de la seigneurie de Compiègne en janvier 1547[4]. On ne sait quel était le rapport de ces seigneuries, mais il n'était sans doute pas négligeable, peut-être de l'ordre 15 000 à 20 000 l.t. par an, voire davantage[5]. En outre, d'Annebault tirait de ses charges d'amiral de France, de Bretagne et de Guyenne, des profits considérables, mais impossibles à chiffrer et probablement très variables, des tribunaux de l'amirauté, le tiers des droits de bris et d'épave, et le dixième du droit de prises[6].

Entre 1543 et 1547, Claude d'Annebault a donc peut-être reçu du roi, directement ou indirectement, par gages, pensions, concession de revenus et rentes, de 40 000 à 50 000 livres tournois par an, soit une somme au moins équivalente à ses revenus propres[7] ; aucun autre gentilhomme de

---

op. cit., p. 723) ; chambellan : 1 200 l.t. ? (*idem*) ; capitaine des toiles de chasse : 600 l.t.

1 BnF, PO 74, pièce 34, quittance du 20 mars 1543 [n. st.], 1 000 l.t. (en 420 écus soleil à 45 s.t. pièce) pour deux quartiers de 1542.

2 Il était notamment bailli d'Évreux aux gages de 100 l.t. (*ibid.*, pièce 33, quittance du 20 mai 1540), garde et surintendant des forêts royales de Conches, Breteuil et Beaumont.

3 La jouissance des revenus de ce comté (qui était encore aux mains du roi le 21 août 1537, *cf. CAF*, t. III, p. 372, n°9225) fut confirmée à Jean d'Annebault en 1552 (*CAH*, t. VI, p. 334, n°12296, Reims, 6 novembre 1552).

4 *Cf. infra*. Les revenus concernés étaient les suivants : « en tous droictz de justice et jurisdicion haulte, moïenne et basse, mere, mixte, impere, hommes, hommaiges, vassaulx, vassel, fiefz, arrierefiefz, maisons, manoirs, censives, rentes, fermes, boys, garennes, paissans et glands, eaues, rivieres, estamps, pescheries, fours, moulins, campars, lotz, ventes, reliefz, amendes, aubeynes, aubeiraiges, forfaictures, confiscations et aultres droictz et debvoirs domaniaulx quelzconques ».

5 D'importantes dépenses y étaient cependant attachées (gages des administrations et officiers).

6 Selon Jean Kéhervé, la mer produisait à la fin du XVe siècle à peu près la moitié des revenus indirects du duché (cité dans P. Contamine, *Histoire militaire de la France*, t. I, *op. cit.*, p. 285).

7 Ces revenus sont notamment comparables à ceux des principaux prélats d'État, que Cédric Michon estime, pour les seules abbayes, à environ 23 000 l.t. pour Tournon, 39 000 l.t.

la cour, hors famille royale, n'en avait reçu autant depuis Montmorency[1]. De plus, on sait que certaines gratifications exceptionnelles données à l'amiral atteignaient des montants extrêmement élevés, par exemple un don de 30 000 écus (soit un peu plus de 70 000 l.t.) après la paix de Crépy, dont la motivation n'est pas clairement établie[2]. Une partie des dons numéraires du roi à l'amiral ne nous est d'ailleurs pas connue[3]. Au total, il n'est pas impossible que la faveur et le service du roi aient rapporté à Claude d'Annebault jusqu'à 100 000 ou 120 000 livres par an. On pourrait encore y rajouter les innombrables dons et cadeaux de princes étrangers, de nobles de la cour et des membres des réseaux de clientèle : ces présents, « entre amitié et pot-de-vin[4] », ont une valeur cumulée impossible à estimer, mais probablement considérable. Pour le conseiller favori, le service du roi était une activité bien lucrative, qui devait lui rapporter au moins le double ou le triple ses propres ressources, du moins en théorie, car la réalité était peut-être moins avantageuse. Ce mélange de gages et pension, revenus en principe récurrents et réguliers, d'une part, et de dons exceptionnels et par définition irréguliers, d'autre part[5], était très certainement soumis à d'importantes fluctuations, en fonction des capacités de la couronne qui devait souvent financer une guerre, rembourser des emprunts, acquitter une rançon. Dans ces circonstances, les conseillers du roi n'étaient pas les derniers à renoncer, au moins provisoirement, à leurs pensions et leurs gages pour le service de leur maître et l'accomplissement de la politique à laquelle ils étaient associés.

---

pour Lorraine, 32 500 l.t. pour Du Bellay, et en incluant les revenus de leurs diocèses (difficiles à chiffrer), à environ 60 000 l.t. pour Tournon et 130 000 l.t. pour Lorraine (C. Michon, *La crosse et le sceptre, op. cit.*, p. 254-255 et 259).

1   On peut estimer la somme des pensions accordées par François Ier au connétable à environ 35 000 – 45 000 l.t. (A. Jouanna et *alii*, *La France de la Renaissance : Histoire et dictionnaire*, Paris, 2001, p. 962 ; C. Michon, *La crosse et le sceptre, op. cit.*, p. 259).

2   ÖStA, FrBW 11, Konv. « St-Mauris an Karl V, 1545 », Jean de Saint-Maurice à Charles Quint, Blois, 9 mars [1545] : « le roy a donné a l'admiral trente mil escus », on ne sait cependant si c'était pour le récompenser de ses loyaux services, pour ses dépenses de cour ou pour la guerre en Angleterre.

3   Il semble que le roi François se fût montré particulièrement généreux sur la fin de son règne : ses comptes font état de 293 722 l. t. de dons et récompenses en 1545 et 487 324 l. t. en 1546, contre 165 795 l. t. en 1530 et 154 949 l. t. en 1531 (BnF, Fr. 17329, fol. 91v).

4   T. Rentet, *op. cit.*, p. 330-340. À ce sujet, voir la très importante étude de Natalie Zemon Davis, *Essai sur le don dans la France du XVIe siècle*, Paris, 2003, notamment le chapitre 3, « pratique du don et visées sociales », p. 57-70, et le chapitre 6, « les dons, la corruption et la couronne », p. 133-154.

5   *Ibid.*, p. 83-84, pour la distinction entre gages, pensions et dons.

Plus encore que de calculer les revenus de Claude d'Annebault, il paraît difficile et hasardeux de chercher à estimer, même grossièrement, l'état de ses dépenses et parmi elles, de discerner celles qui étaient engagées pour le service du roi. Sur cet aspect, les sources font cruellement défaut. Or, sans une telle estimation, il est impossible de dire si Claude d'Annebault s'est considérablement enrichi grâce à la faveur royale. Comme l'a montré notamment Denis Crouzet, il ne suffit pas de connaître les revenus d'un seigneur pour évaluer sa puissance : il faut aussi pouvoir mesurer ses dépenses[1] et là, les données manquent pour évaluer les « largesses » que pouvait se permettre Claude d'Annebault. L'accroissement des responsabilités de l'amiral allait de pair avec un développement rapide de ses dépenses. Pour un conseiller favori, les frais de cour étaient une charge très lourde[2] : l'amiral devait entretenir en permanence des secrétaires, un nombre important de serviteurs[3], de grandes écuries, montrer le faste de sa maison et, surtout, recevoir des dizaines de convives à chaque repas. De plus, l'élargissement et la densification des clientèles devaient coûter cher en cadeaux, gratifications et services. Enfin, un conseiller favori était, pour le roi, une source d'argent aisément et directement disponible : il lui arrivait, pour l'exécution de la politique définie au conseil, de payer lui-même des serviteurs du roi ou de prêter au souverain des sommes parfois importantes, sans certitude

---

1   D. Crouzet, « Recherches sur la crise de l'aristocratie en France : les dettes de la maison de Nevers », dans *Histoire, Économie et Société*, t. I, 1982, p. 7-50.

2   N. Le Roux, *La Faveur du roi, op. cit.*, p. 301-307 ; accessoirement, voir le témoignage du nonce Dandino (*ANG*, t. III, p. 15, lettre au cardinal Farnèse, de Melun, 31 décembre 1540), selon qui l'on dépensait sans mesure à la cour de France (il fallait 200 écus par mois, et au moins 50 pour la nouvelle année, pour un ambassadeur).

3   On ne connaît pas la composition de la maison de l'amiral, mais elle devait être composée d'un grand nombre de serviteurs, parmi lesquels figuraient Guillaume Bartier, intendant (*Acts of the Privy Council, op. cit.*, t. I, p. 534), Jacques Perdrier, économe (*Épitaphier du vieux Paris*, t. VII, pub. H. Verlet, Paris, 1994, p. 200-201), Balthazar Lecaron, valet de chambre (gratifié par le roi le 23 mai 1545 d'un don de 60 écus, *CAF*, n° 14458), Palamède Canterel, son apothicaire « suivant la cour » (AN, MC ET/III/303, inventaire après décès, 23 septembre 1552), Gatien Haultbois, proviseur de poisson (E. Coyecque, *Recueil d'actes notariés*, t. II, p. 108, n° 4035) et Hermant Daupéré dit « Perpignan », sommelier de l'amiral (AN, MC ET/ LXXXVI/93, inventaire après décès, 20 avril 1547) ; son argentier, Philippe Wattes ou Vattes (AN, MC ET/XIX/161, 31 août 1542, et 166, 7 février 1545 [n. st.]) ne suivait pas la cour et était chargé d'administrer ses domaines bretons, au contraire d'un autre argentier, Jacques de Saint-Père (AD Loire-Atlantique, E 486).

d'être remboursé[1]. Des revenus concédés aux proches conseillers du roi lui échappaient donc moins que s'ils étaient dans la main d'un autre.

On n'a pas conservé de trace de tels prêts de l'amiral d'Annebault au roi, mais il est possible que les dons des revenus du comté de Nantes ou de Compiègne aient été concédés en dédommagement de quelques avances[2]. Quoi qu'il en soit, les lettres de concession de Compiègne laissent clairement entendre qu'un tel don venait non seulement en récompense de bons services, mais aussi en compensation de frais importants, ces deux aspects étant indissociables :

> Sçavoir faisons que nous, ayans singulier regard et consideration aux bons, grans, vertueux, agreables et tresrecommandables services que nostre trescher et tresamé cousin Claude, seigneur d'Annebault[...], nous a par cy devant et dès long temps faict tant du faict de noz guerres, sans y avoir espargné sa propre personne, que en conduicte, maniement et direction de noz plus grandz, principaulx et importans affaires, en quoy il s'est acquitté et acquitte par chacun jour avec telle dexterité, fidelité et sincerité qu'il en est demeuré envers nous digne de tresgrande rescompense et rememoration, louenge et recommandacion. A nostred. cousin, pour ces causes et affin qu'il eust meilleur moyen de fournir aux grandz fraiz, mise et despense qu'il luy a convenu et convient journellement supporter a nostre suyste et service, avons, oultre et pardessus les aultres dons, gaiges, penssions, estatz et bienffaictz qu'il a par cy devant euz et poura avoir encores cy après pour semblables causes et services, sans aucune diminution d'iceulx, donné, ceddé, quitté, transporté et delaissé [...] nostre chastel, ville et seignourie de Compiengne, ses appartenans et appendances [...], joïr et user par nostred. cousin[3].

---

1   Voir le cas comparable de l'amiral Bonnivet dans Pierre Carouge, « Artus (1474-1519) et Guillaume (1582-1525) Gouffier à l'émergence de nouvelles modalités de gouvernement », dans *Les conseillers de François Ier*, dir. C. Michon, Rennes, 2011, p. 228-253, passage intitulé « sa participation au financement des entreprises royales », p. 242-244.

2   Philippe Hamon, selon qui tous les personnages importants du règne furent de gros prêteurs d'argents pour le roi, reconnaît que l'exception constatée pour Claude d'Annebault pourrait tenir « à la médiocrité de [ses] sources pour les années 1540 » (P. Hamon, *L'Argent du Roi, op. cit.*, p. 477). *Cf.* aussi P. Hamon, « Le contrôle des finances royales », art. cité, p. 165-176, en particulier pour l'exemple bien connu de Montmorency (p. 169), qui avança 75 000 l. t. au roi en 1537 (cause de son établissement comme connétable ?) ; à ce sujet, voir aussi les travaux de Mark Greengrass ; un autre exemple est celui d'Artus Gouffier de Boisy, qui prêta 180 000 écus au roi en 1519, notamment grâce à la vente d'une partie de sa vaisselle (Y.-M. Bercé, « Artus Gouffier, Grand-maître de la Maison du Roi (vers 1472-1519) », dans *Le Conseil du roi de Louis XII à la Révolution*, dir. R. Mousnier, Paris, 1970, p. 207-230).

3   *CAF*, t. V, p. 164, n° 15509, Villers-Cotterets, 22 janvier 1547 (copies du XVIe siècle à la BnF, PO 74, *Annebault*, pièce 37, et à la Bibl. de l'Institut, coll. Godefroy, 132, fol. 2-6v).

Il n'est donc pas impossible qu'au final, Claude d'Annebault ait beaucoup « mis du sien », à défaut de s'être appauvri au service du roi. Les difficultés du chantier de son château d'Appeville, un poste de dépense sans doute considérable, le laissent à penser. Par ailleurs, l'amiral semble avoir joui de moyens bien plus importants en semi-retraite, après la mort de François Ier, pour accroître et faire fructifier ses biens personnels, bien qu'il eût alors abandonner quelques charges importantes (maréchal, premier gentilhomme de la chambre, chambellan) et qu'il ne fût plus en mesure de bénéficier des dons extraordinaires du souverain. La diminution de ses dépenses devait alors être beaucoup plus importante que celle de ses revenus[1], car à la fin du règne de François Ier, la part de ses dépenses « publiques » était probablement écrasante par rapport à ses dépenses de nature strictement privée[2].

LE RÈGNE DE FRANÇOIS Ier : UN MOMENT D'ÉQUILIBRE ?

Jean Bodin conseillait à un roi qu'il « ne se montre plus affecté à l'un qu'à l'autre, ce qui a esté cause de ruiner plusieurs princes[3] ». En effet, la concentration entre les mains d'un seul homme de tant de pensions et de dons royaux pouvait susciter des jalousies et après le règne d'Henri II, les critiques se multiplièrent contre la soi-disant « libéralité déréglée » des rois, devenant source de discordes à la cour et entre serviteurs du roi[4]. François Ier ne fut cependant pas totalement exempt d'un tel reproche ; d'après Brantôme, quelques vers satiriques circulèrent à sa cour dans les années 1530 :

> Sire, si vous donnez pour tous à trois ou quatre,
> Il faut donc que pour tous vous les faictes combattre[5].

Malgré tout, François Ier laissa le souvenir d'un souverain modéré dans la dévolution de ses faveurs, du moins en comparaison des règnes suivants.

---

1   *Cf.* p. 635 *sq.* ; il ne faut cependant pas négliger l'importance d'un don de 100 000 livres fait par Henri II à l'amiral suivant l'une des dernières volontés de son père.

2   Sous Henri II, la perte de son statut de conseiller favori et l'éloignement de la cour ne rendraient par exemple plus nécessaire l'entretien d'écuries somptueuses : en 1551, comme il le laissa entendre à un messager du cardinal Du Bellay, ses écuries n'avaient déjà plus le lustre du temps de sa faveur (*cf.* p. 635).

3   J. Bodin, *op. cit.*, t. IV, p. 192.

4   J.-F. Solnon, *op. cit.*, p. 168.

5   Brantôme, t. III, p. 117.

Ainsi, Jean Bodin le loua d'avoir su contenir ses largesses dans des proportions raisonnables :

> Si le roi, en effet, se doit de donner, il lui faut réserver ses largesses, affirme-t-on souvent, à ce qui vient du sien, et non de l'impôt[1].

Si la faveur de Claude d'Annebault, dont la partie la plus visible était le cumul de charges nobles, militaires et domestiques, ne paraît pas avoir suscité grand nombre de contestations, c'est sans doute parce que cette faveur n'était pas vue comme un caprice, un « favoritisme » fondé sur les seuls liens du cœur : elle obéissait aussi à des critères raisonnables, limitant considérablement la marge de décision du souverain et rendant sa décision compréhensible et acceptable. Il ne s'agit pas ici de revenir trop longuement sur les circonstances de la désignation de Claude d'Annebault comme conseiller favori, à la mort de Philippe Chabot[2], mais de comprendre les raisons profondes de cette décision, qui méritent d'être analysées au fil des quatre années durant lesquelles Claude d'Annebault fut à la fois le premier récipiendaire des gestes de faveur royale et le principal responsable du gouvernement[3].

Premier dans la faveur, premier dans le conseil, le conseiller favori incarnait donc la conjugaison de deux concepts, la familiarité, dont découle la confiance, et la conciliarité, qui suppose des compétences éprouvées. Cette conception se retrouve aussi bien chez Seyssel que chez Budé : le conseiller favori devait aussi être le plus « parfait ami » du souverain, en qui il puisse se fier comme en lui-même ; mais pour que son choix s'avère juste et légitime, le roi devait reconnaître, parmi les nobles du royaume, celui qui était le plus apte à le seconder, c'est-à-dire homme de compétences reconnues : il y avait là un pacte implicite avec la noblesse[4].

Vis-à-vis des nobles du royaume, le roi devait montrer qu'il prenait en compte des critères de puissance. Par sa noblesse d'ancienne origine et le grand nombre de ses fiefs, Claude d'Annebault tenait un rang éminent parmi les gentilshommes de France. Son rayonnement naturel

---

1 Cité par P. Hamon, *L'Argent du roi, op. cit.*, p. 11.
2 *Cf.* p. 278 *sq.*
3 F. Nawrocki, « Le conseiller favori, objet de la décision royale », art. cité.
4 N. Le Roux, *La Faveur du roi, op. cit.*, p. 31 et 39 ; Claude de Seyssel, *La Monarchie de France et deux autres fragments politiques*, Paris, 1961, t. II, p. 135.

et l'extension de ses réseaux de clients et de serviteurs, dans les provinces de Normandie et de Bretagne, en faisaient un représentant naturel de la noblesse auprès du roi. Par ailleurs, son élévation était susceptible de rejaillir sur ces réseaux nobiliaires, leur donnant de nouvelles occasions de servir le roi, par l'intermédiaire du conseiller favori, dans les guerres, dans l'administration ou à la cour. À l'inverse, la désignation d'un gentilhomme obscur ou pire, d'un membre d'un autre ordre, eût été mal accueillie par les nobles, les détournant du service du roi. Par ailleurs, François Ier prit pour principaux favoris des hommes qui furent tous de vaillants chevaliers, sinon de brillants chefs de guerre, et s'il y avait une condition *sine qua non* à l'accession au premier rang de la faveur royale, c'était bien celle-ci, à laquelle aucun prélat ne pouvait prétendre : Claude d'Annebault avait acquis suffisamment de gloire, d'honneur et de réputation pour devenir l'*alter ego* du roi chevalier et être son lieutenant général à la tête de armées. Enfin, la relative opulence du seigneur d'Annebault garantissait au roi qu'il pût faire face aux dépenses de la cour en y investissant ses propres revenus, et non seulement les gratifications que le roi lui donnait : ceci était important, tant pour éviter au roi de devoir décerner un nombre démesuré de charges gagées, de pensions et des dons à son conseiller favori, que pour préserver l'apparence d'une relative indépendance de celui-ci vis-à-vis du trésor royal. En effet, l'image d'un prédateur de finances pouvait s'imposer d'autant plus facilement que la disproportion entre ressources personnelles et ressources favorisées était forte.

Venaient ensuite les critères du cœur : afin d'être efficacement représenté par son conseiller favori, le roi devait afficher une intimité constante et une proximité d'âme sans équivalent avec lui. On a vu que le tempérament et la culture de l'amiral d'Annebault s'accordaient parfaitement avec l'esprit du roi. Cette amitié, déclinée en faveurs, était sensée garantir le dévouement sans faille du conseiller favori, plus qu'une sincérité très théorique, dans des rapports de souverain à sujet. La confiance était cependant un élément essentiel de ce lien, que Jean de Morvillier, ambassadeur du roi à Venise, qualifia justement de « lien d'honneur, de grace et d'authorité qu'avez tenu auprès du roy [...], lequel vous a porté si parfait amour, a tant eu fiance en vous[1] ». Mais c'est

---

1   Gustave Baguenault de Puchesse, *Jean de Morvillier, évêque d'Orléans, garde des sceaux de France*, Paris, 1870, appendices, p. 385-386, Jean de Morvillier à Claude d'Annebault, Venise, 14 février [1547].

surtout la mise en scène de la dimension symbolique de ces liens qui importe ici : en paraissant faire partie de la sphère intime et privée de la vie du souverain, voire du corps mystique du roi, le conseiller favori paraissait être celui, de tous les sujets du roi, qui connaissait le mieux les inclinations et la pensée de son maître[1]. Cette sorte de translation de l'esprit du roi dans celui du conseiller favori lui conférait une crédibilité sans égale, notamment dans les négociations de paix : « Nous étions des personnages de confiance, faveur et autorité, et nous connaissions les esprits de nos maîtres », remarquait en lui-même Gardiner quant aux négociations de Bruges[2]. Pour la même raison, Charles Quint puis Henri VIII réclamaient avec insistance l'envoi auprès d'eux de l'amiral d'Annebault pour prendre part à des négociations de premier plan ou pour recevoir, au nom du roi de France, le serment d'observance de la paix[3] : le conseiller favori paraissait naturellement le mieux placé, tant par sa connaissance des affaires que par ses liens intimes avec le roi de France, pour que Henri VIII « puisse prendre plus de foy et d'asseurance à tout ce qu'il luy dira de par luy[4] ».

De surcroît, François Ier semble également avoir considéré des critères de compétence et d'expérience au moment de choisir ses derniers conseillers favoris. Claude de Seyssel, entre autres, avait bien souligné cette nécessité :

> Ce conseil doit être établi de gens saiges et expérimentés. Et on doit à l'élection d'iceux avoir regard [...] à la vertu, expérience et prudhommie[5].

On se rappelle qu'au moment du renvoi de Montmorency, Claude d'Annebault avait déjà fait ses preuves lors de campagnes militaires et au gouvernement du Piémont, mais qu'il avait une connaissance insuffisante des affaires du roi, de la diplomatie et des finances. Sa collaboration avec François de Tournon et l'amiral Chabot, revenu en grâce, lui permirent

---

1 ÖStA, FrBW 9, Jean Hannart à Charles Quint, Saint-Chef en Dauphiné, 16 avril 1536 : au sujet du cardinal de Lorraine, alors au sommet de sa faveur, « [il] est la personne en quy [le roi] porte grande amour, privaulté et confidence, et plus est, qui scet et congnoist son maistre autant que nul autre d'alentour de luy ».

2 L&P, t. XX, part II, p. 367-369, n°772 et CSP of Henry VIII, t. X, p. 667-677, Stephen Gardiner, Thomas Thirlby et Edward Carne à Henry VIII, Bruges, 11 novembre 1545.

3 Cf. aussi aux chapitres précédents.

4 Ces instructions sont éditées dans Selve, Correspondance politique, p. XV.

5 Claude de Seyssel, La Monarchie de France, op. cit., t. II, p. 6.

en deux ans de combler ce déficit : on peut penser que François Ier avait ainsi pris le soin de préparer Claude d'Annebault à assumer la relève. De fait, à la mort de Philippe Chabot, Claude d'Annebault était le seul, avec François de Saint-Pol, à répondre à toutes les conditions exigibles, sans le désavantage d'être un Bourbon. En outre, il était déjà un familier du roi, qui tenait en haute estime sa culture et sa personnalité : il répondait donc, mieux que son potentiel rival, aux exigences de confiance consubstantielles à la fonction de conseiller favori. Sur ces bonnes bases, les liens du cœur entre lui et le roi pouvaient encore se développer et s'affirmer. Quant aux circonstances, elles étaient bien sûr favorables : la désignation de Claude d'Annebault, soutenu par la duchesse d'Étampes, était tout à fait conforme aux équilibres du moment à la cour, et était suffisamment neutre, en particulier vis-à-vis des princes étrangers, pour ne pas être interprétée comme un revirement politique. Dans la durée, la faculté du roi et du favori à amplifier l'écho des succès et à étouffer celui des échecs contribua à préserver ces circonstances favorables.

Le choix de Claude d'Annebault comme conseiller favori pouvait donc paraître légitime et correspondre à une juste mesure entre faveur du cœur et récompense des mérites, entre désir de familiarité et de confiance et besoin de compétences complexes et variées. Ainsi, le juriste François de L'Alouette retint que sous ce règne, par opposition à celui de Charles IX, « les personnes étoient plus avancées par mérites que par faveur[1] ». Le système du conseiller favori, qui induisait une certaine confusion des sphères privée et publique, ou plutôt, un « subtil chevauchement[2] », joua donc un rôle important à ce moment de la construction de l'État monarchique en France. En un temps où la coexistence des « deux corps » du roi était encore un élément important, bien que de plus en plus symbolique, de l'imaginaire royal, ce système supposait le respect d'un équilibre subtil et la mise en scène permanente des vertus de l'élu, sorte de justification dont l'amenuisement ou la disparition temporaire pouvaient remettre en cause la continuité du gouvernement. La figure double du conseiller favori trouvait donc sa justification tant que n'était pas remise en cause la capacité du roi à aimer le plus celui qui était

---

1   François de L'Alouette, *Traité des nobles et des vertus dont ils sont formés*, Paris, 1577, fol. 271, cité par N. Le Roux, *op. cit.*, p. 21
2   C. Michon, « Conseil et conseillers sous François Ier », dans *Les conseillers de François Ier*, dir. C. Michon, Rennes, 2011, p. 80.

le plus digne de gouverner avec lui ; en somme, tant qu'était préservé l'équilibre interne à cette dualité finalement peu complexe. Mais que le roi échouât à en sauvegarder l'apparence, que son choix apparût uniquement déterminé par la familiarité ou par une dépendance affective, et tout le système pouvait perdre sa légitimité. Ainsi, ce lien spirituel fort, qui pouvait être un instrument si efficace du pouvoir, devint avec le temps un facteur d'affaiblissement de la couronne, faute d'être encore bien compris. Après 1560, les favoris n'incarnèrent plus dans l'opinion publique la majesté et les vertus du roi, mais sa mauvaise conscience, altérant la faculté de jugement et de discernement du souverain de justice et de paix ; l'opinion, avide de coupables, pouvait voir en eux l'origine de ses vices supposés et par extension, de la ruine de son royaume, en somme, un élément corrosif et délétère de l'intellect royal[1]. On peut donc considérer que vers la fin règne de François Ier, avec Claude d'Annebault pour conseiller favori, se situe l'apogée d'un système de gouvernement qui fit la preuve de son efficacité pour un pouvoir fort, mais révéla par la suite des effets néfastes en situation de crise.

LA FAVEUR DU ROI : UNE ENTREPRISE COLLECTIVE

Bonnivet, Chabot, Montmorency furent des amis d'enfance du roi, ses compagnons de jeux puis de combats, et les témoins des débuts glorieux de son règne. Claude d'Annebault ne fut rien de tout cela. Dans la cour de 1525, immortalisée par la fameuse miniature du Diodore de Sicile de Chantilly, il n'apparaît pas, car il n'était encore qu'un personnage mineur, fils du maître des toiles de chasse. Jean d'Annebault père n'était pas Guillaume de Montmorency[2], mais il sut introduire son fils dans la mouvance curiale et dans les clientèles les plus porteuses. En effet, la première vertu d'un courtisan était de fréquenter les gens d'influence

---

1   Les capacités comme l'utilité politique des mignons des derniers Valois et les aspects positifs du système ont été récemment réhabilités par Nicolas Le Roux, *op. cit.*
2   Guillaume de Montmorency, né vers 1452, était de la même génération que Jean, né vers 1460 ; leurs fils aînés Anne (1493-1562) et Claude (vers 1495-1552) étaient également contemporains.

et de pouvoir[1]. Claude d'Annebault lia donc sa fortune à de personnes dont le crédit auprès du roi surpassait le sien : la duchesse d'Étampes, François de Saint-Pol et Anne de Montmorency, mais aussi Philippe Chabot de Brion et Claude de Guise, ou encore son oncle le cardinal Jean Le Veneur. Par leur truchement, il put obtenir des pensions, des charges, des missions de confiance, et il pouvait compter sur eux pour vanter ses mérites au roi.

LE CHEVALIER, LE PRÉLAT ET LA FAVORITE

Depuis 1543, Claude d'Annebault était arrivé au sommet de la faveur du roi, en partie grâce à son expérience et à ses états de service, mais aussi grâce au soutien de la duchesse d'Étampes. Il n'est pas évident de mesurer le niveau de connaissance et d'influence d'Anne de Pisseleu quand aux affaires du royaume. Le roi, qui la tenait pour une personne de sagesse et d'esprit, prisait ses conseils. En outre, la duchesse savait parfaitement manœuvrer le roi pour arriver à ses fins[2]. Claude d'Annebault pouvait très bien avoir besoin de son soutien dans les difficultés, et à l'inverse, devait craindre qu'elle ne se retournât contre lui s'il venait à la mécontenter. Dans la faveur du roi, elle pouvait être sa meilleure alliée ou son pire ennemi. Pour Claude d'Annebault, l'entretien des bonnes grâces de la duchesse passait probablement par de nombreuses attentions et cadeaux coûteux ; cela impliquait, dans le devoir de conseil ou dans l'application des décisions royales, de prendre en considération les avis de la duchesse sur les sujets qui l'intéressaient. Ainsi, sans être du conseil, elle devait peser sur la politique du roi, soit directement, dans les lieux privés, soit indirectement, par le biais de conseillers courtisant ses faveurs et redoutant son pouvoir de nuisance. Anne de Pisseleu, Claude d'Annebault et François de Tournon formaient une sorte de triade de la faveur. En 1543, l'ambassadeur ferrarais Alfonso Calcagnini résumait ainsi la situation :

---

1 Beauvais-Nangis, au XVIIᵉ siècle, l'exprima clairement, disant qu'il eut une « telle antipathie pour les favoris » qu'il ne les a jamais recherchés, ce qui « est un grand vice pour un courtisan » (J.-M. Constant, *Noblesse, op. cit.*, p. 51).

2 On pense par exemple aux mises en scène du 13 février 1541 pour obtenir le pardon du roi pour Chabot ou encore au début de l'année 1542, lorsque le roi aurait envisagé de rappeler le connétable ; sur l'influence de la duchesse sur le roi, D. Potter, « Politics and faction », art. cité, p. 136-139.

> Quant aux choses de la cour, elles vont comme par le passé : madame d'Étampes est plus en faveur que jamais, monsieur d'Annebault est très grand, et lui avec le cardinal de Tournon mènent toutes les pratiques de la cour[1].

L'agent impérial Nicolas de Villey allait encore plus loin, en considérant qu'au sein de cette triade, de la duchesse procédaient les deux autres :

> Led. s[r] roy [...] tient entre tous ses ministres le premier lieu de credit la dame d'Etampes et par elle le cardinal de Tournon et le mareschal d'Hannebault[2].

Il est difficile d'évaluer l'ascendant que la duchesse pouvait conserver sur ses protégés. Sans doute ce patronage s'avéra-t-il assez encombrant, car l'amiral d'Annebault et le cardinal de Tournon unirent leurs forces pour s'en affranchir peu à peu.

Parmi toutes les amitiés de Claude d'Annebault dans l'entourage du roi, celle du cardinal de Tournon était la plus importante. Outre des affinités certaines, ces deux personnages partageaient, en un temps où les partis n'étaient pas politiques, les mêmes idées sur le gouvernement. Ainsi, dès 1543, le nonce notait que « ce maréchal d'Annebault » était « au plus haut point uni avec Tournon[3] ». Tous deux devaient beaucoup à la duchesse d'Étampes, mais une fois en place, le tandem d'Annebault-Tournon chercha à s'éminanciper d'Anne de Pisseleu. Séparément, ils restaient vulnérables et contraints de lui obéir ; ensemble, ils pouvaient donner au roi les conseils qu'ils jugeaient les meilleurs, ou les plus sûrs pour leur propre position, même s'ils devaient pour cela contrarier la royale maîtresse qui aspirait de plus en plus à la faire remplacer. En septembre 1544, dès la conclusion de la paix de Crépy, la bonne entente entre la duchesse et les conseillers semblait chancelante, à tel point que, selon des rumeurs transmises par Antoine Perrenot de Granvelle, la duchesse aurait presque laissé faire un rappel du connétable, pour affaiblir les deux autres :

---

1   AS Modena, Cart. amb., Francia 19, Alfonso Calcagnini au duc de Ferrare, Melun, 23 décembre 1543 (déchiffré), extrait édité par C. Occhipinti, *Carteggio d'Arte*, *op. cit.*, p. 86-87.
2   ÖStA, FrBW 10, Konv. "Berichte aus Paris 1543", fol. 2-8v, Nicolas de Villey à Marie de Hongrie, [Paris ?], 20 juillet 1543.
3   *ANG*, t. III,, p. 294, Girolamo Dandino au cardinal Farnèse, Fontainebleau, 4-5 décembre 1543.

Led. connestable est pis que oncques, et touteffois a ce que j'ay entendu, Madame d'Allebrecht et aussi celle d'Estampes n'empescheroient son retour, non pas pour bonne affection qu'elles luy portent, mais pour abaisser le credit de ceulx qui gouvernent, qui sont l'admiral et le cardinal de Tournon, et soubs leur main Bayard, lesquelz ont gaigné grand fondement au credit et demeurent unys pour s'i entretenir[1].

Pire, elle aurait poussé personnellement à la guerre en espérant un désastre, pour en faire tomber le fardeau sur l'amiral et « l'accabler complètement », en accord avec le parti du dauphin[2]. Un rapprochement de circonstance entre la favorite et certains « connétablistes » aurait certe permis d'écarter les conseillers en place, mais la haine entre le dauphin et la duchesse était profonde et si cette dernière avait tout à perdre en renforçant le parti adverse : il faut donc interpréter ces bruits de couloirs avec beaucoup de réserves. Cependant, toute improbable que fût cette rumeur, elle reflétait un réel mécontentement de la duchesse. Avait-elle désapprouvé certaines clauses négociées, bien qu'elle ait elle-même participé aux préliminaires[3] ? Avait-elle prit ombrage de paroles ou d'attitudes irrévérencieuses de l'amiral ou du cardinal, laissant deviner que, le roi leur accordant désormais une confiance bien plus grande qu'à leurs débuts, ils seraient désormais moins dociles à ses volontés ? Plus probablement, il pourrait s'agir d'une dispute relative à Longueval qui avait contrarié l'amiral en désobéissant à ses directives de restitution de Landrecies au moment de la signature du traité[4]. En tout cas, Claude d'Annebault s'opposait à l'entrée de Longueval au conseil étroit, soit parce que l'un et l'autre ne s'appréciaient guère, soit parce que l'amiral ne voulait pas de rival,

---

1 ÖStA, FrVa 3, fol. 185-188, Antoine Perrenot de Granvelle à Charles Quint, Amiens, 1er octobre 1544, orig., en chiffre.

2 AS Venezia, Consiglio dei Dieci, Capi, Lettere di ambasciatori, Francia 10 : lettre Marino Cavalli aux chefs du Conseil des Dix, Melun, 3 février 1545 [n. st.], en chiffre : « *Questa deliberatione della guerra contra Inghelterra è stata fatta più per vergogna che per altro* [...]. *La regina di Navarra et Madama di Tampes non l'hanno voluta a modo alcuno. Il delphino et li altri vi concorsi, in fine poi Madama di Tampes, conoscendo che tutto il carrico serà su le spalle del armiraglio, del qual lei desidera la total ruina, è concorsa anchor essa in opinione, sperando con le molte difficultà e contrarii che vi è in questa impresa, precipitar il ditto s' armiraglio. Tutto questo ho saputo per ottima via.* » (aussi dans *CSP, Venetian*, t. V, p. 132, n° 327).

3 La duchesse avait joué un rôle direct dans les préliminaires des négociations, et appréciait beaucoup le duc d'Orléans, principal bénéficiaire du traité de Crépy.

4 *Cf.* p. 441.

a fortiori parent de la duchesse d'Étampes. Elle, au contraire, souhait d'autant plus que Longueval assistât au conseil qu'elle n'y avait plus aucun serviteur docile, d'Annebault et Tournon ne lui rendant pas suffisamment de comptes. Bientôt, la discorde entre la maîtresse du roi et le conseiller favori devint de notoriété publique :

> L'inymytié, Sire, écrivit l'ambassadeur de l'empereur, s'accroist journellement entre elle et l'admiral, par ce qu'elle emprent tout, et [lui] ne luy veult donner compte des affaires, comme aussi ne fait le cardinal de Tournon, tenans tous deux bon a la fourclorre d'iceulx, par où elle est après pour avancer Longueval et l'entremettre ausd. affaires, affin que les aultres ayent compaignon[1].

Lucide, Saint-Maurice jugeait qu'elle aurait du mal à arriver à ses fins, car face à Claude d'Annebault et François de Tournon, elle était seule pour faire pression ; de plus, Longueval n'avait pas l'expérience requise pour entrer au conseil[2]. De fait, la duchesse capitula face à la solidarité des conseillers.

En février 1545, Claude d'Annebault et Anne de Pisseleu semblaient donc réconciliés. Ils paraissaient souvent ensemble en public, critiquant de concert la mauvaise volonté du duc de Lorraine dans l'affaire de la restitution de Stenay. Le mois suivant, la duchesse d'Étampes intervint en faveur de Claude d'Annebault, dans la querelle qui l'opposait au cardinal Du Bellay à propos de l'archevêché de Bordeaux. Cependant, la duchesse n'acceptait que de mauvaise grâce d'être tenue à l'écart des affaires par le tandem d'Annebault-Tournon. Rancunière, elle ne manqua par de dénigrer, « en desrision d'eulx », les cadeaux que leur avait faits l'empereur en comparaison des siens[3]. Peu de temps après, au printemps 1545, une autre brouille, plus grave, ébranla quelque peu la position des favoris, mais fit aussi la preuve indiscutable de leur force. L'historiographie traditionnelle prétend que la duchesse attaqua Tournon parce qu'il aurait fait obstacle à son dessein de remplacer d'Annebault par son protégé Nicolas de Longueval, mais la réalité est toute autre. Après un long procès fut enfin rendu le jugement à l'encontre

---

1 ÖStA, FrBW 11, Konv. « Saint-Mauris an Karl V, 1545 », Jean de Saint-Maurice à Charles Quint, Melun, 3 janvier [1545].
2 *Ibid.*
3 ÖStA, FrBW 11, Konv. « Sᵗ-Mauris an Karl V, 1545 », Jean de Saint-Maurice à Charles Quint, Blois, 9 mars [1545].

de Guillaume Poyet, destitué de sa charge de chancelier, condamné à une lourde amende et à une longue peine de prison[1]. L'amiral d'Annebault et le cardinal de Tournon (poussé par la veuve de l'amiral, Françoise de Longwy) estimèrent que Poyet s'en tirait à trop bon compte[2]. Le cardinal, en particulier, en s'acharnant à établir la gravité des fautes du chancelier, provoqua des dommages collatéraux : la découverte chez le chancelier d'un buffet ayant appartenu à la favorite obligea celle-ci à se justifier de ses libéralités devant le roi[3]. Anne de Pisseleu n'apprécia guère cette humiliation. Elle reprochait également au cardinal d'avoir fait arrêter le comte d'Anguillara, l'un de ses protégés, et d'avoir ouvert une information contre Longueval[45]. Par conséquent, elle décida pousser Tournon sur la touche. Ainsi, dans les derniers jours de mars arrivèrent au conseil des lettres anonymes mettant en cause les manigances du cardinal et la fourberie de son secrétaire Nicolas de Saint-Martin[6], sans doute responsable de l'arrestation du comte d'Anguillara : c'était presque une déclaration de guerre.

Une dépêche de Giulio Alvarotti explique comment le conflit s'envenima au début du mois d'avril 1545, avec la lecture au conseil d'une nouvelle lettre anonyme qui accusait Tournon de spéculer sur les emprunts du roi et sur les gabelles. Selon Alvarotti, la duchesse, qui était sans nul doute à l'origine de ces lettres, complotait à la fois contre le cardinal et contre l'amiral, qui étaient comme « deux corps et une seule âme ». Elle aurait choisi de d'abord ruiner le cardinal,

---

1   *Cf.* p. 197.

2   M. François, *op. cit.*, p. 208 : « Tournon, tout comme l'amiral d'Annebault, déclarait ouvertement qu'il trouvait insuffisante la condamnation que venait de porter contre lui le parlement de Paris » ; BnF, Fr. 10972, fol. 321 *sq.*, relation de la démarche faite auprès du roi par les conseillers André Guillard, André Baudry et Jacques de Lignières, venus à Amboise le 10 avril 1545 lire les articles du jugement porté contre le chancelier.

3   AS Modena, Cart. amb., Francia 21, Giulio Alvarotti au duc de Ferrare, Tours, 3 avril 1545 ; le cardinal avait trouvé chez Poyet un buffet d'argenterie qui avait appartenu à la duchesse d'Étampes, et en parla au roi sans consulter auparavant la maîtresse royale, qui dut subir la colère de son amant.

4   Du temps où il était gouverneur de Luxembourg (1543-1544) ; cette information était peut-être liée à l'affaire de la restitution de Stenay, dont les lettres de cession par le duc avaient été conservées par Longueval après la prise de la place (*cf.* p. 333).

5   M. François, *op. cit.*, p. 206-207. Virgilio Orsini, comte dell'Anguilara, payait le manque de soutien du pape, son protecteur.

6   Nicolas de Marques, sieur de Saint-Martin ; sur sa mission de 1544 en Angleterre, *cf. L&P*, t. XIX, part II, en particulier p. 24.

pour écarter ensuite l'amiral sans difficulté et le faire remplacer par Longueval[1]. En effet, le prélat, qui passait pour un personnage fort habile, s'était créé de longue date tout un système défensif, dont d'Annebault en était la pièce maîtresse : si celui-ci tombait, Tournon se trouverait en danger, autant que l'amiral si Tournon était disgracié. De son côté, Claude d'Annebault profitait de ce dispositif, mais il ne semble pas avoir entretenu le sien propre, ni des agents aussi retors que Saint-Martin – qui le servait pourtant aussi à l'occasion[2]. Anne de Pisseleu s'attaqua donc d'abord à Tournon, soit parce qu'elle le redoutait plus que l'amiral, soit parce qu'elle le haïssait davantage[3] ; en revanche, elle ne rechignait pas à paraître en public avec l'amiral, qu'elle espérait peut-être encore gagner à sa cause[4]. Le cardinal de Tournon, devenu intolérable aux yeux de la duchesse, préféra s'éloigner plutôt que de s'exposer plus longtemps : il feignit une maladie pour quitter la cour quelques jours, le temps que s'apaisât la colère de son ancienne protectrice, grâce à l'intervention de son ami le cardinal de Meudon, qui était aussi l'oncle de la duchesse. De plus, le cardinal n'hésita pas à sacrifier Saint-Martin, qui fut jeté en prison. Le procédé semblait devoir réussir : rejoignant le 25 avril 1545 la cour à Romorantin, Tournon fut chaleureusement accueilli par l'amiral et, deux heures durant, se promena dans le jardin du château avec le roi qui, en démonstration d'amitié, le tenait par les épaules[5]. On pouvait alors croire que les adversaires de la veille allaient se réconcilier : « le

---

1   AS Modena, Cart. amb., Francia 21, Giulio Alvarotti au duc de Ferrare, Tours, 3 avril 1545 : « *rappresentandose le occasioni di batter Tornone, non le saria men grato che lo almiraglio, per esser dui corpi, et un' anima, et parendole che quando havesse battuto Tornone, come quello che senza comparatione è di più valore, che poi le sarebbe più facile il batter anco l'almiraglio* » (en chiffre).

2   AS Modena, Cart. amb., Francia 21, Giulio Alvarotti, Chinon, 28 avril 1545 : Monsr de San Martino [qui enquêtait sur le procès de Chabot], chi fu mandato prigione a Parigi, non haverà ancor egli male alcuno, perché mons^r l'almiraglio lo favorisce, et così saranno acconcie tutte le tresche ».

3   *Ibid.* : « Essa madama ha conceputo grandissimo odio col prefato cardinale ».

4   AS Modena, Cart. amb., Francia 21, Giulio Alvarotti au duc de Ferrare, Tours, 6 avril 1545 (éd. partielle C. Occhipinti, *Carteggio d'Arte, op. cit.*, p. 104-105) : ce matin-là eurent lieu des jeux, menés par le dauphin et le duc d'Orléans ; les bandes vinrent se présenter aux pieds du roi, spectateur assis sur l'escalier, avec d'Annebault debout à sa droite, et la duchesse d'Étampes debout à sa gauche.

5   Je cite ici une phrase de M. François, *op. cit.*, p. 209, d'après la correspondance de l'ambassadeur de Florence (lettre du 22 avril 1545).

révérendissime cardinal de Tournon », écrivit Bernardo de Médicis, l'ambassadeur du duc de Florence, « a surmonté tous les obstacles, et il est aujourd'hui plus grand que jamais[1] ». Néanmoins, la duchesse d'Étampes ne tarda pas à lancer une seconde offensive, par l'intermédiaire d'Antoine Bohier, seigneur de Saint-Cirgues, général des finances, qui participait notamment au conseil des affaires lorsqu'il était assemblé pour les matières financières[2]. Cet homme dévoué à la duchesse connaissait donc bien Tournon et était à-même d'apprécier sa façon de manier les deniers du roi ; il accusa le cardinal de diverses malversations et de corruption, invoquant des arguments[3]. Cette manœuvre fit long feu grâce à l'amiral d'Annebault, qui prit vivement la défense de Tournon au conseil face à Saint-Cirgues. Le secrétaire Bayard ayant aussi parlé pour le cardinal, le porte-parole de la duchesse se retrouva isolé et incapable de soutenir les accusations[4].

La duchesse, qui ne lâchait pas prise, comptait bien profiter de l'absence de l'amiral pendant la campagne navale de juillet pour reprendre la main, et certains même commençaient à douter que l'amiral prît la mer au risque de se voir supplanté :

> Madame d'Estampes et ceulx de sa suyte cherchent par tous moyens qu'ilz peuvent pour les traverser [les desseins de d'Annebault et Tournon], comme encores ilz font presentement, de sorte que, saichant que l'admiral se part pour l'armee, lad. dame d'Estampes a fait icy venir le cardinal de Belay pour l'entremettre aux affaires[5].

La rumeur courut alors que l'amiral essayait d'obtenir son remplacement, à la tête de l'expédition d'Angleterre, par le prince de Melphe,

---

1 *Négociations de la France et de la Toscane*, *op. cit.*, t. III, p. 160, Bernardo de Médicis au duc de Florence, Romorantin, 29 avril 1545.

2 Sur ce personnage, P. Hamon, « *Messieurs des finances* », *op. cit.*, et C. Michon, « Dans l'ombre de la duchesse d'Étampes », dans *Les conseillers de François Ier*, *op. cit.*, p. 562-564.

3 Elles sont exposées dans M. François, *op. cit.*, p. 210.

4 M. François, *loc. cit.*, n. 4, cite AGR Belgique, Manuscrits divers, n° 176[1], p. 21-22, Saint-Maurice à Charles Quint, Verneuil, 28 mai 1545.

5 ÖStA, FrBW 11, fol. 107v-108, Jean de Saint-Maurice à Charles Quint, 29 juin 1546, partiellement publ. dans *CCJDB*, p. 310n ; *ANG*, t. III, p. 368, Guidiccione au cardinal Farnèse, Caen, 23 juin 1545 : personne ne veut croire que l'amiral commandera en personne la flotte, car « monsr amiraglio, che governa ogni cosa, debba scostarsi della personna di S. M. et mettersi a pericolo che qualcuno subentri in luogo suo, secondo che si è visto altre volte. »

mais que le roi le lui aurait refusé cette substitution, en le rappelant aux devoirs de sa charge[1].

C'est alors que François de Tournon tomba à nouveau malade, durant tout le mois de juillet, ce qui eût pu, après le départ de l'amiral aux armées le 12 juillet[2], laisser le champ libre à Longueval et Du Bellay. Pourtant, début août, la situation s'apaisa : le cardinal prêta opportunément une grosse somme d'argent au roi[3] et il parvint également à se réconcilier avec la duchesse d'Étampes, la courtisant assidûment – probablement au prix de quelques présents – et passant trois heures par jour en sa compagnie[4]. Cette réconciliation arriva juste à temps pour atténuer les effets du désastre de la campagne de Portsmouth sur la faveur de l'amiral. Ainsi, on vit l'amiral et les « dames » unis dès fin août 1545 lorsqu'il fallut convaincre le roi de renoncer à aller en personne devant Boulogne pour relancer le siège, alors très compromis[5]. De plus, la duchesse fit front avec les conseillers du roi contre les cabales des Strozzi et de l'entourage du dauphin. Entre son retour le 18 août 1545 et son envoi en Flandres le 4 novembre suivant, Claude d'Annebault reprit donc son activité normale, sans que quiconque contestât sa place au conseil privé et sa position de conseiller favori[6].

Cette discorde avait duré quatre bons mois. Pourtant, loin d'affaiblir les favoris, elle les rassura et conforta leur position. Désormais, ils savaient pouvoir s'opposer à la duchesse grâce à la qualité de leurs réseaux et leur union et confiance mutuelle. À eux deux, qui étaient, selon les propres

---

1 AS Firenze, MP, 4590, fol. 358-360, lettre de Bernardo de Médicis au duc de Toscane, Argentan, 15 juin 1545 : « Il Re Christianissimo ha risposto che essendo admiraglio, bisogna che questo carico, come è suo, così tocchi a lui ».

2 Il fut malade au moins un mois, de début juillet à début août (*CSP of Henry VIII*, t. X, p. 232-234, Nicholas Wotton à Anthony Browne, Londres, 5 juillet 1545 ; *Lettres and Papers*, t. XXI, part I, p. 706-707, n° 1406, et *CSP of Henry VIII*, t. XI, p. 230-232, John Lisle à William Paget, Fontainebleau, 3 août 1545) ; Claude d'Annebault fut absent de la cour du 12 juillet au 18 août.

3 M. François, *op. cit.*, p. 210, remarque aussi que début août, il se vit à nouveau confier, avec l'amiral (toujours absent), une commission pour lever au nom du roi des emprunts.

4 AS Modena, Cart. amb., Francia 21, lettre Giulio Alvarotti au duc de Ferrare, Dieppe, 18 août 1545.

5 *L&P*, t. XX, part II, p. 113-114, n° 260, et *ANG*, t. III, p. 386, Guidiccione au cardinal Farnèse, Amiens, 31 août 1545.

6 Sa présence est attestée au conseil où fut pris l'édit établissant deux foires annuelles à Tours (fin août, s.d., Sénarpont, *CAF*, t. IV, p. 765, n° 14559, et AN, X^{1A} 8615, fol. 185-187).

termes de l'amiral, « comme père et fils[1] », ils se révélaient plus forts que leurs ennemis, aux intérêts divergents. Si après l'été 1545, la duchesse d'Étampes ne chercha plus à nuire directement à l'amiral, la nature de leurs liens ne relevait plus ni du patronage, ni de l'amitié. Il s'agissait plutôt d'une alliance objective contre les partisans du dauphin, comme le remarqua l'amiral Lisle lors son séjour à la cour de France :

> Madame d'Étampes est, à ce qu'il me semble, du parti de l'amiral plutôt par malveillance envers les autres que par parfaite affection[2].

Cette observation de l'amiral anglais était lourde de sens : durant les dernières années du règne de François Ier, c'était, pour certains observateurs, la duchesse d'Étampes qui était du parti de l'amiral, et non plus l'inverse. En réalité, comme on l'a déjà vu, de tels partis n'existaient pas : il s'agissait de réseaux de clientèles en partie confondues. Comme la duchesse, l'amiral se trouvait au plus haut de ces réseaux, sans que l'on pût désormais déceler une nette relation de dépendance ou de sujétion de l'amiral envers son ancienne patronne.

Il semble donc que désormais la duchesse d'Étampes ne tentât plus guère tenté de peser sur les affaires du gouvernement par l'intermédiaire des principaux conseillers ; elle se contenta plutôt de l'influence directe, toujours aussi grande, qu'elle conservait sur le roi lui-même, et qui inspira cette plainte à Jean de Monluc :

> Nous, les Français, sommes gouvernés par un roi qui se laisse gouverner par une putain. Ayez pitié de nous, je vous en prie[3] !

D'ANNEBAULT ET SES PROTÉGÉS : UNE FAVEUR DISTRIBUÉE

Au XVIe siècle, les relations entre les nobles étaient avant tout fondés sur l'estime et le service[4]. De fait, Claude d'Annebault entraînait dans son

---

1 *L&P*, t. XXI, part I, p. 706-707, n° 1406, John Lisle à William Paget, Fontainebleau, 3 août 1546.

2 *Ibid.*, même lettre de Lisle.

3 AS Modena, Cart. amb., Francia 22, Giulio Alvarotti au duc de Ferrare, Paris, 25 janvier 1546 ; sur le rôle de la duchesse d'Étampes dans les années 1544-1547, voir aussi D. Potter, « Politics and faction », art. cité, p. 143-146.

4 Sharon Kettering, *Patrons, Brokers, and Clients in the Seventeenth Century France*, Oxford, 1986 ; Hélène Merlin-Kajman, « Turbulences autour de liens », dans *Les liens humains dans la littérature (XVIe-XVIIe siècles)*, dir. J. Chamard-Bergeron *et alii*, Paris, 2012, p. 105-127,

sillage une foule de protégés, de serviteurs et de quémandeurs espérant obtenir, par son truchement, des occasions de servir et d'être récompensés. Par son intermédiaire, ils servaient le roi, et par lui rejaillissait sur eux la faveur royale, une faveur indirecte et en partie dirigée par le conseiller favori. La faveur « distinguée » du roi sur un individu se prolongeait ainsi en une faveur « distribuée » en cascade dans ses réseaux d'obligations et de services, comme en témoigne par exemple cette lettre de Jean de Morvilliers, ambassadeur du roi de France à Venise :

> Si j'avois le moyen semblable de vous faire service, que vous avez le pouvoir de bien faire a mes amis et à moy, je reconnoistrois en mon endroit par quelque effet les infinis plaisirs que je reçois continuellement de vous. Mais n'ayant la puissance répondant a ma volonté, je vous demeure du tout inutil serviteur, et neantmoins autant importun que nul autre des assidues prieres et requestes que je vous fais châcun jour ; pour lesquelles vous avez en tout endroit plus fait que je ne puis meriter. Cela est cause que je suis requis par mes amis d'interceder pour eux envers vous, en la vertu et integrité duquel ils constituent la seureté de leur bon droit [...] Et de la faveur du bien qu'il recevra de vous, en cet endroit je me tiendray obligé et tenu comme si c'estoit en mon affaire propre[1].

Parmi les principaux clients de l'amiral d'Annebault, on distingue essentiellement des chevaliers et des aventuriers : le dauphinois Antoine Escalin, dit Polin de La Garde[2], le Milanais Francisque Bernardin de Vimercat ou encore Jean de Taix furent les principaux clients et colla-borateurs de Claude d'Annebault. Ces trois-là partageaient les mêmes idéaux que leur patron, dont ils appréciaient les qualités humaines autant que la compétence militaire. Le comte de Beichlingen, Ludovic de Birague, Paul de Termes, Tristan de Moneins, Bertrand de Saint-Blancard

---

notamment p. 115 au sujet de la réciprocité des dons et témoignages « à respect » et « à plaisanterie ».

1   BnF, V^c Colb. 365, p. 78-79, Jean de Morvillier à Claude d'Annebault, Venise, 24 janvier [1547] ; cf. aussi la lettre du même Morvillier à d'Annebault, Venise, 26 novembre [1546], éd. G. Baguenault de Puchesse, op. cit., appendices, p. 377-378.

2   Sur le baron de La Garde, cf. le comte d'Allard, « Escalin, pâtre, ambassadeur et général des galères de France, 1498-1578 », dans Bulletin de la Société départementale d'archéologie et de statistique de la Drôme, t. XXIX (1895), p. 345 et t. XXX (1896), p. 49, 137, 256, 353 ; Yann Bouvier, « Antoine Escalin des Aimars (1498 ?-1578) de la Garde-Adhémar au siège de Nice : le parcours d'un ambassadeur de François Ier », dans Recherches régionales, Alpes-Maritimes et contrées limitrophes, 2007, n° 188, p. 73-100 ; Jacques Heers, Les Barbaresques, Paris, 2001, p. 276-277.

ou Oudart Du Biez participaient de ce modèle chevaleresque. Les Brissac, Saint-André, ou Strozzi (avant 1545), aussi favorisés par l'amiral, bien que moins dépendants, relèvent aussi de ce modèle. Au-delà de l'opportunité de prospérité et d'ascension sociale, grand nombre de ces clients, en particuliers les plus proches du patron, reconnaissaient donc en celui-ci les mêmes valeurs et les mêmes idéaux. Réciproquement, Claude d'Annebault favorisa probablement davantage ceux qui lui ressemblaient et qui partageaient certains aspects de sa culture[1]. Outre ces chevaliers, on trouve pourtant quelques hommes de robe, François Errault, Pierre Rémon, François Olivier, le secrétaire Bayard, et de plus rares hommes d'église – car la présence d'un prélat, Jacques d'Annebault, dans la famille de l'amiral, leur faisait peut-être espérer moins pour leur propre compte – Jean de Monluc et Jacques Spifame, voire le jacobin Gabriel Guzman.

Le plus grand honneur que l'amiral pût faire à ses protégés, c'était de leur procurer l'occasion de servir le roi et de se signaler par leurs mérites. Par exemple, lorsqu'il fallut trouver un remplaçant à Rincon auprès du Grand Turc, Guillaume Pellicier adressa à Claude d'Annebault une lettre où il énumérait les qualités nécessaires pour être ambassadeur à Constantinople[2]. À la lecture de cette dépêche, et sur la proposition de Guillaume Du Bellay, d'Annebault conseilla au roi le capitaine Polin, alors à la tête d'une compagnie en Piémont ; il fut choisi et « feit tres bien sa charge ledit capitaine Polin : de sorte que, depuis, le roy s'en est servi en plus grandes affaires », selon les *Mémoires* des Du Bellay[3]. Le baron de La Garde devint lieutenant général des galères le 23 avril 1544[4], peu de temps après que d'Annebault eut accédé à l'amiralat : c'était pour le conseiller favori le meilleur moyen de récompenser un ami tout en s'assurant d'être fidèlement secondé dans sa nouvelle charge. D'Annebault savait aussi mettre en valeur leurs services rendus au roi. Ainsi, dès son retour du Piémont, il vanta les mérites de Guillaume Du Bellay :

---

1   L. Bourquin, *Noblesse seconde, op. cit.*, p. 26 : « tout noble reconnaît en son patron une part de lui-même ou de l'idéal qu'il se fait de lui-même : plus le patron est capable de refléter l'image – réelle ou fantasmatique – que ses fidèles ont d'eux-mêmes, plus il peut alors compter sur leur attachement ».
2   Pellicier, *Correspondance politique*, p. 357, lettre à Claude d'Annebault, 12 juillet 1541.
3   Du Bellay, *Mémoires*, t. III, p. 276.
4   *CAF*, n° 13799.

Led. mareschal, dit le roi, n'a pas failly de m'avoir bien au long et par le menu adverty du bon office que vous avez faict et faictes encores journellement[1].

Ainsi, il remplissait son rôle de bon patron, et ceux qui avaient bénéficié de ses grâces n'hésitaient pas à lui recommander d'autres serviteurs, comme Paul de Termes qui demanda en janvier 1543 que fussent récompensés les gens « de deçà » qui faisaient chaque jour service au roi et méritaient davantage, selon lui, que ceux qui se contentaient d'accomplir les devoirs de leur charge. Il ne plaidait pas pour lui-même, ayant « plus que raison de me contenter de tant d'honneurs que Monseigneur le mareschal m'a faict faire », mais pour Francisque Bernardin et les Birague[2]. Paul de La Barthe, seigneur de Termes était bien connu de Claude d'Annebault depuis la campagne d'Artois de 1537 et avait été sous ses ordres en Piémont dès 1539. Le gouverneur l'estimait et lui confiait d'importantes responsabilités. Il favorisait également d'autres capitaines rencontrés à cette époque, comme ces Lodovico et Girolamo Birague et Francesco Bernardino, présents aux côtés de d'Annebault lors de cette même campagne de 1537, ou encore Perceval d'Odet et Charles de La Morette, côtoyés à Turin[3] ; le second fut utilisé dans les négociations de Crépy et ensuite envoyé en ambassade auprès de l'empereur[4]. Parmi ces réseaux « italiens », l'exemple du Milanais Francesco Bernardino da Vimercate, dit Francisque Bernardin, est particulièrement révélateur. Compagnon de guerre de Claude d'Annebault en Piémont puis en Picardie en 1536-1537, il devint par la suite l'un des principaux agents du maréchal en Italie ; il lui écrivait régulièrement[5], tant pour l'entretenir des événements transalpins que pour lui demander des récompenses de ses bons

---

1 BnF, Fr. 5155, fol. 2-v, lettre de François Ier à Guillaume Du Bellay, La Ferté-Alais, 24 mai 1540.
2 BnF, Fr. 5155, fol. 38-39v : Paul de Termes à Guillaume Du Bellay, Turin, 9 janvier 1543 [n. st.] ; Termes précisait que les Birague et Bernardino ne lui avaient rien demandé.
3 Ils étaient présents, comme Paul de Termes, à la réunion des États du Piémont en octobre 1539 (AS Torino, Parl. Fr., Sentenze e Sessioni, art. 613, §2, fol. 25v-28v). Cf. aussi BnF, Fr. 5155, fol. 49, Paul de Termes à Guillaume Du Bellay, Turin, 12 février 1543 [n. st.] : « il vous plaira venant l'occasion avoir souvenance du cappitaine Perceval d'Odé ».
4 ÖStA, FrBW 10, Konv. « Saint-Mauris an Karl V, 1544 », fol. 1-16, Jean de Saint-Maurice à Charles Quint, Melun, 23 décembre 1544.
5 D'autres membres de sa famille en faisaient autant : Castillon et Marillac, *Correspondance*, p. 373, Francesco Bernardino au roi, 25 novembre 1541, à propos de la déroute de l'empereur à Alger : « mon beau-père en escript plus amplement à monsieur le maréchal d'Annebault ».

services, qui devaient inciter d'autres capitaines à suivre son exemple[1]. Bernardino, qui fut officiellement nommé superintendant général des fortifications de Piémont, allait devenir l'un des spécialistes de la mise en défense des frontières[2]. Entre autres récompenses de ses bons offices, il devint maître d'hôtel du roi en 1545[3].

Nombreuses étaient les charges par lesquelles le roi pouvait marquer sa gratitude. Le roi était seul détenteur du pouvoir de nommer et révoquer aux offices de la couronne et charges domestiques de la cour et l'hôtel, mais l'amiral, plus que tout autre conseiller, était en mesure d'intercéder pour les solliciteurs[4]. La charge de maître ordinaire de l'hôtel était l'une des plus prestigieuses, car elle donnait à son titulaire l'occasion d'approcher le roi : l'amiral l'obtint également en 1546 pour Livio Crotto, parent de Cesare Fregoso et ancien maître d'hôtel de François de Saint-Pol, attaché depuis la mort de celui-ci au service de Claude d'Annebault[5]. L'amiral lui fit confier la charge d'ambassadeur résident auprès de Marie de Hongrie à la création de cette ambassade[6], ce qui était un très grand honneur et une réelle marque de confiance. C'est probablement aussi Claude d'Annebault qui obtint en 1542, la charge de chambellan, « première dignité de la chambre du roi », pour Piero Strozzi, qui était alors l'un de ses protégés, en tant qu'agent du roi en Italie où il s'était illustré par la prise de Marano. Le roi, plutôt que de l'annoncer lui-même à Strozzi, préféra en laisser le soin à d'Annebault, qui n'était sans doute pas étranger à cette récompense : c'était une manière de renforcer le lien entre un patron et son obligé, tous deux au service du roi[7]. Il semble que les relations de Strozzi et de l'amiral se fussent refroidies au début de l'année 1545, lorsque Strozzi dut se justifier

---

1 BnF, Fr. 5154, fol. 103-v, Francesco Bernardino à Claude d'Annebault, Turin, 12 novembre 1541.

2 *CAF*, t. IV, p. 617 (en 1544) ; pour son rôle aux côtés de Claude d'Annebault dans les inspections et renforcement des places frontières, voir en particulier p. 569-570.

3 BnF, Fr. 7853, fol. 343.

4 *Cf.* p. 543 *sq.*

5 *CAF*, n°ˢ 15219 et 23129 ; Crotto semble avoir été proche de Joachim de Matignon, avec lequel il correspondait depuis 1537 ; il était aussi gouverneur et capitaine de Melun et commissaire ordinaire des guerres ; il avait été chargé de diverses missions diplomatiques à partir de 1537 et naturalisé français en 1539 (Matignon, *Correspondance*, p. 90-91 et *passim*).

6 *CAF*, t. IX, p. 51.

7 AS Vaticano, AA I-XVIII 6531, fol. 103-104, Giovanni Stanchini au cardinal Farnèse, Saint-Germain, 2 février 1542 (analysée dans *ANG*, t. III, p. 123).

de la prise, en plein port de La Corogne, d'un navire espagnol affrété par des Anglais[1], quelques mois avant la rupture de l'été 1545. C'est le seul cas que l'on connaisse d'une défection d'un client de l'amiral, parti rejoindre les amis du dauphin. Enfin, un autre Italien, l'ingénieur Girolamo Marini, se vit décerner des lettres de chevalerie signées par l'amiral d'Annebault lui-même, par délégation du roi[2].

Parmi les principaux hommes de confiance de l'amiral se distingue Jean de Taix (ou de Thiais), un personnage assez méconnu mais très influent auprès de son patron, comme en témoignent ces quelques mots de l'ambassadeur mantouan della Rovere, à propos d'un ami de Jean de Taix détenu en prison :

> Étant favorisé par mons[r] de Taix, auquel mons[r] l'amiral accorde beaucoup de crédit, on estime qu'il devrait s'en sortir sans dommage[3].

Taix servit dans les chevau-légers puis fut, comme d'Annebault quelques années plus tôt, lieutenant de la compagnie de Saint-Pol, de 1538 à 1541. Il devint colonel général des gens de pied français le 1er mai 1543[4], puis se distingua en Italie en 1544 et fit partie de l'état-major de l'expédition de l'île de Wight l'année suivante. Gouverneur de Loches le 6 août 1546[5], lieutenant général en Picardie et le 5 mars de la même année, il fut aussi capitaine de gendarmerie (du 23 mars 1546 à avril 1547), et grand maître de l'artillerie à la suite de Galiot de Genouillac le 21 janvier 1547[6]. Il recevait de temps à autre d'importantes gratifications[7]. À la fin du règne, il était conseiller du roi, et siégeait à ce titre au conseil

---

1   ÖStA, FrVa 3, Konv. 14, fol. 17, *Memoire et advertissemens a Monsr l'admiral*, [vers mars 1545] (copie auth.); *cf.* p. 533.

2   A. Rozet et P. Lembey, *op. cit.*, p. 81-96.

3   AS Mantova, Cart. inv. div., 640, Giovanni Giorgio della Rovere aux régents de Mantoue, 1er janvier 1546, Paris.

4   F.-J.-G. Pinard, *op. cit.*, t. II, p. 480; BnF, P.O. 2786, Tais, pièce 12 (ignorée du *CAF*, t. VII, n° 24973).

5   *CAF*, t. V, p. 122, n° 15316, Pithiviers, 6 août 1546, provisions en faveur de Jean de Taix, chevalier de l'ordre, gentilhomme de la chambre du roi, de l'office de maître des eaux et forêts du comté de Loches, en remplacement d'Adrien Tiercelin, s[r] de Brosses, capitaine du château de Loches, décédé.

6   *Cf. CAF*, t. V, p. 164, n° 15506 et F. Vaux de Foletier, *Galiot de Genouillac, Maître de l'Artillerie de France, 1465-1546*, Paris, 1925; Du Bellay, *Mémoires*, t. III et IV, *passim*; F. Pinard, *op. cit.*, t. II, p. 482 et F. Vindry, *Dictionnaire de l'État-Major, op. cit.*, p. 77-78.

7   Par exemple, *CAF*, t. V, p. 162, n° 15499, 7 janvier 1547 [n. st.] : don à Jean de Taix, chevalier de l'ordre, capitaine de Loches, de 33 arpents de prés.

privé de l'après-midi, tout comme Francisque Bernardin[1]. Ces deux-là grandirent dans le sillage de leur patron et devinrent en quelque années puissants et riches ; l'amiral s'appuyait beaucoup sur leurs conseils et ils travaillaient presque exclusivement pour lui, comme le fit autrefois d'Annebault pour Montmorency, quand il siégeait au seul conseil élargi de l'après-midi et préparait le travail du connétable pour les questions italiennes. Les compétences de Monluc, de Taix, de Bernardin et de Polin couvraient aussi une grande part de la diplomatie internationale, surtout pour les affaires anglaises et méditerranéennes dont l'amiral s'occupait le plus.

Autre personnage important de la fin du règne de François Ier et particulièrement à partir de 1546, Johann de Beichlingen semble avoir servi le roi de France dès 1542 à la tête de lansquenets (à moins qu'il ne s'agît alors de son frère aîné Huprecht, comte de Beichlingen), sous le comte de Fürstenberg, son parent : il était alors « fort jeune et de moindre apparence qu'en est le bruyt commun[2] ». Beichlingen ne suivit pas Guillaume de Fürstenberg dans les armées de l'empereur en 1543, préférant servir le parti adverse comme son frère Huprecht, lieutenant de Christophe de Wurtemberg[3] ; passé au service direct du roi de France en 1544, Johann servit dans les armées royales en Picardie[4]. Par la suite, Claude d'Annebault s'appuya beaucoup sur ce « comte » de

---

1 Par exemple, Bernardin était présent à la *jussio* d'un don de l'abbaye de Notre-Dame d'Issoudun, 26 juin 1546 (BnF, Fr. 5127, fol. 12v, cité dans *CAF*, t. V, p. 92, n° 15142) ; Jean de Taix l'était pour un don de l'office de viguier de la ville d'Uzès, Fontainebleau, 5 juillet 1546 (*ibid.*, fol. 15).

2 ÖStA, FrBW 10, Konv. « Nicol. Villey an Karl V, 1542 », fol. 13-16v, Nicolas Villey à Charles Quint, Paris, 11 février 1542 : « Le conte de Berolingue, que l'on dit estre prouche parent du comte Guill. de Furstenberg » était en compagnie du roi ; « il est homme de service, ayant desja en conduicte de trois mille hommes de pied soubz la charge dud. comte Guillaume, touteffois il est fort jeune et de moindre apparence qu'en est le bruyt comung » ; ce doit être Johann von Beichlingen, « Domherr in Cöln » (J. Leissmann, « Diplomatische Geschichte der ehemaligen Grafen von Beichlingen », dans *Zeitschrift des Vereins für thüringische Geschichte und Altenthumstunde*, vol. 8, Erstes Band, 1871, p. 226) ; *CCJDB*, t. III, p. 110n, l'assimile par erreur à Hans Berlinger, capitaine suisse, pensionné par le roi en 1538 (*CAF*, t. VIII, p. 210, n° 31210) ; de même É. Picot, *Les Italiens en France*, *op. cit.*, p. 166, trompé par ses sources, fait erreur en pensant qu'il était italien (« Giovanni Berlinghieri ») et en l'identifiant au comte napolitain Berlinghieri Caldora (mort en 1551) dont parle par le Vénitien Contarini (Albéri, *op. cit.*, serie I^, t. IV, p. 83).

3 Sur Huprecht de Beichlingen, *CCJDB*, t. III, p. 211n et J. Leissmann, « Geschichte der Grafen von Beichlingen », art. cité.

4 Du Bellay, *Mémoires*, t. III, p. 523.

Beichlingen, notamment pour les visites de fortification des frontières[1]. Sa pension fut relevée, à une date inconnue mais probablement avant la mort de François Ier, à 2 000 l. t[2]. ; Claude d'Annebault ne doit pas être étranger à l'octroi de cette gratification.

Moins proche collaborateur, sans doute, de l'amiral dans les années 1543-1547, le maréchal Oudart Du Biez n'en était pas moins un vieil ami de l'amiral, dont il se disait le « compaignon[3] » : il l'avait fréquenté en Italie dans les années 1520 et avait reçut l'ordre de Saint-Michel la même année que lui (1536). Il fut maréchal de France en 1541. Sa conduite des opérations de 1543 et 1544 fut très contestée ; il avait perdu Boulogne puis échoué à le reprendre, parvenant malgré tout à tenir longtemps dans Montreuil. Loin de lui en tenir rigueur, le roi fit de lui d'un des maréchaux de France et lui confia le commandement de l'armée en Picardie au printemps 1545, avant de le désigner parmi les ambassadeurs chargés de négocier avec les Anglais (septembre 1545). L'amitié de d'Annebault lui permit peut-être d'écarter les accusations, mais Henri II, qui le détestait, ne manqua pas de lui demander des justifications au début de son règne[4].

L'universitaire et parlementaire Jacques Spifame[5] était souvent présent dans l'entourage de l'amiral, à tel point que certains pensèrent qu'ils étaient parents[6]. Il lui servait à l'occasion de procureur[7]. Spifame reçut le siège épiscopal de Nevers, vacant par résignation de Charles de Bourbon, notamment convoité par Giulio Alvarotti : là encore, l'intervention de l'amiral fut déterminante[8]. Son frère Raoul, gentilhomme de la maison

---

1   Cf. p. 569.

2   É. Picot, Les Italiens en France, op. cit., p. 166, cite un rôle de 1549.

3   BnF, Fr. 6616, fol. 83, Oudart Du Biez à Claude d'Annebault, Montreuil-sur-Mer, 9 juillet 1543.

4   Roman d'Amat, Dictionnaire, op. cit., t. XI, col. 906-907 ; cf. p. 624.

5   Jacques Spifame, chanoine de Paris, conseiller clerc au parlement, évêque le 5 mai 1546, jusqu'à privation de ses bénéfices en 1559 ; il participa au concile à Rome le 3 octobre 1548, puis fut soupçonné de luthéranisme et mourut exécuté à Genève le 25 mars 1566 ; cf. Eubel, t. III, p. 260.

6   AS Modena, Cart. amb., Francia 22, Giulio Alvarotti au duc de Ferrare, Paris, 25 mars 1546 : Alvarotti l'appela suo figliuolo, puis biffa ce terme et rajouta parente. Je n'ai pas trouvé trace d'une telle parenté. Les Spifame étaient alliés aux financiers Ruzé et Parent.

7   AN, Minutier Central, ét. LIV, liasse 21, lettres de procuration (pour la rançon de Charles de La Roche-sur-Yon) passées à Bruges en Flandres le 10 novembre 1545.

8   AS Modena, Cart. amb., Francia 22, Giulio Alvarotti au duc de Ferrare, Paris, 25 mars 1546 ; CAF, t. VI, p. 812, n° 23117 : lettres de réception du serment de fidélité prêté par

de l'amiral, semble avoir servi d'Annebault dans l'artillerie royale en Piémont[1]. À un niveau bien inférieur, on trouve, parmi les bénéficiaires de la faveur de l'amiral, de nombreux serviteurs militaires ou domestiques aux attributions restreintes. Parmi eux, l'exemple de Toussaint Commaillé, seigneur de La Touche, paraît intéressant, car l'homme fit une belle carrière. Entré dans l'entourage de l'amiral en 1529 pour la gestion des revenus de la seigneurie de Guingamp, puis de Dinan, il reçut en 1544 l'office de contrôleur général des traites de Bretagne, de Normandie et de Picardie, nouvellement créé. On le retrouve plus tard contrôleur général de la marine du Ponant[2]. Il semble que Toussaint Commaillé soit resté au service de l'amiral après 1547, puisque ce dernier l'utilisa, depuis ses domaines bretons, pour porter des lettres et la cour[3]. À un officier demeuré domestique, l'amiral d'Annebault avait donc fait attribuer des charges importantes, et sans doute rémunératrices, en rapport avec les offices que lui-même exerçait.

D'Annebault ne parvint toutefois pas toujours à obtenir tout ce qu'il souhaitait pour ses clients et favoris. L'assassinat du cardinal Beaton laissa vacant le siège épiscopal de Mirepoix, que l'amiral voulu faire attribuer à Jean, frère du capitaine Blaise de Monluc. « Il est le favori de l'amiral », dit le nonce Guidiccione, rapporteur de cet épisode. Cependant, la duchesse désirait cet évêché pour un parent du chancelier[4], en l'occurrence Claude de La Guiche, probablement désigné début 1547 et investi en août de cette année. La duchesse d'Étampes, qui n'aimait pas Jean de Monluc, fit de son mieux pour gêner son accession à de hautes responsabilités[5]. Toutefois, cette inimitié n'empêcha pas l'amiral de se servir de ce prélat et de récompenser ses services. Il lui obtint ainsi plusieurs missions diplomatiques de haute importance : Jean de Monluc succéda d'abord à Guillaume Pellicier à Venise, puis l'amiral eut encore recours à ses compétences dans les négociations avec

---

Jacques Spifame pour le temporel de l'évêché de Nevers, Fontainebleau, 27 juin 1546 (AN, P. 725², n° 279).

1   AN, MC ET/C/36, 24 janvier 1551.
2   Dominique Le Page, *Finances et politique en Bretagne au début des temps modernes, 1491-1547 : étude d'un processus d'intégration au royaume de France*, Paris, 1997, p. 539 et 560.
3   BnF, Clair. 344, fol. 250, Claude d'Annebault à François de Guise, La Hunaudaye, 11 janvier [1548] ; BnF, Fr. 20548, fol. 41, Claude d'Annebault à François de Guise, Thouars, 7 mars [1548].
4   *ANG*, t. III, p. 441, Guidiccione au cardinal Farnèse, Melun, 7 juillet 1546.
5   *Cf.* les lettres de Blaise de Monluc aux Guise citées p. 632.

l'empereur en 1545 puis avec les Anglais en 1546. Le terme peut-être excessif de « mignon » de l'amiral, employé en cette occasion par Paget[1], est l'écho d'une collaboration étroite, voire d'une certaine familiarité, entre l'amiral et le « protonotaire » de Monluc. En effet, à partir de 1545, Claude d'Annebault semble avoir eu souvent recours aux services et aux conseils de Jean de Monluc, même si le rôle de celui-ci, souvent resté dans l'ombre, n'apparaît pas toujours très clairement.

Enfin, l'amiral n'abandonnait pas ses amis, qualité nécessaire pour conserver ses serviteurs et en attirer de nouveaux. L'espion de Tournon, Saint-Martin, fut relâché au bout de quelques mois[2]. De même, d'Annebault intervint personnellement pour faire libérer Saint-Blancard, prisonnier à la tour de Londres, avant d'envoyer Polin de La Garde pour obtenir qu'on le laissât rentrer en France[3]. Il n'hésitait pas à intercéder personnellement en faveur d'un serviteur d'un de ses amis, s'il le lui demandait. L'un des hommes de la compagnie de Villebon[4], le sieur de La Boissière, était prisonnier à Rouen pour adultère. En avril 1543, d'Annebault écrivit au chapitre de l'église cathédrale de la ville, car celui-ci pouvait faire libérer un prisonnier chaque année, en vertu de l'antique privilège de la « ferté Saint-Romain ». La Boissière était, selon les termes de Claude d'Annebault, « en gros danger de sa vie » et il était « homme pour faire bon service au roy, et aussi de race qui en a beaucoup faict à la couronne » ; le doyen du chapitre était donc invité à le désigner le jour de l'ascension, quand la châsse de Saint-Romain serait emmenée en procession dans la ville. Néanmoins, malgré son appui et celui des enfants du roi, Henri et Charles, le chapitre préféra un nommé Jean Onfroy de Saint-Laurent[5].

Pour pouvoir faire carrière au service du roi, il était donc nécessaire de se concilier les bonnes grâces du conseiller favori. Pour ceux qui

---

1   Cf. p. 376.
2   Il était libre en septembre 1545, et toujours secrétaire de Tournon : c'est en cette qualité qu'il parla au nonce à Amiens (ANG, t. III, p. 397).
3   Selve, Correspondance politique, p. 13-14, Odet de Selve à Claude d'Annebault, Londres, 18 juillet 1546, et passim.
4   Jean d'Estouteville, bailli de Rouen, garde de la prévôté de Paris, gentilhomme ordinaire de la chambre, capitaine de cinquante lances et capitaine de galères.
5   AD Seine-Maritime, G 2157 (plumitif du chapitre), fol. 76-v, lettres du dauphin Henri, de Charles d'Orléans et de Claude d'Annebault aux doyen et chapitre de Notre-Dame de Rouen, 10-15 avril 1543 [n. st.]) ; A. Floquet, Histoire du privilège de Saint-Romain, Rouen, 1833, 2 vol., t. I, p. 247-248, et t. II, p. 408-409.

étaient parvenus à gagner son amitié, encore fallait-il s'en montrer digne, l'entretenir et la conserver. Car si la faveur venait souvent en récompense d'un service, elle supposait généralement l'attente, en retour, de nouveaux services encore plus grands.

DES AUXILIAIRES ET DES FIDÈLES

Un patron mettait son crédit et sa puissance au service de son clan, de ceux qui le suivaient et avaient foi en lui. Qu'y gagnait-il ? Les relations internes de la noblesse française étaient fondées sur la continuité de l'échange de services, de dons matériels comme de mots réaffirmant les obligations que se reconnaissait le client, et la promptitude à rendre service dès que le patron le requérait[1]. L'échange verbal de courtoisie et les marques matérielles de faveur importaient parfois plus que la nature des informations échangées : les lettres de l'amiral d'Annebault, souvent laconiques sur leur objet, sont toujours riches de marques d'attention et de mots révélateurs d'un positionnement dans une chaîne de relations, faites de hiérarchies entre patron (« amy ») et clients (« fidèle serviteur »), et d'obligations nées de l'échange de service[2].

S'acquitter dignement des missions confiées par l'amiral pour le service du roi était le premier devoir de ses clients, car de la satisfaction du roi dépendait le maintien de sa confiance et de sa faveur. De plus, le conseiller favori pouvait faire appel aux services de ses gens pour contrer les intrigues de ses adversaires. Il utilisa ainsi Ludovic de Birague[3] contre les Strozzi en 1545 : après la bataille navale au large de Boulogne, sentant que les Florentins se préparaient à le trahir, l'amiral avait envoyé Birague à la cour avec une lettre, pour informer le roi du comportement des Strozzi, précaution qui se révéla bien utile par la suite[4]. Il fallait aussi pouvoir compter sur les auxiliaires les plus compétents, afin de pouvoir

---

1 K. B. Neuschel, *op. cit.*, p. 69-102, chap. « The exchange of favor ».
2 Ceci rejoint les observations de Kristen Neuschel (*ibid.*, p. 76). Il ne faut cependant pas s'y tromper : la nature de l'échange pouvait être beaucoup plus importante que la forme, faire un bon office étant aussi le moyen de rendre ses obligés des gens d'influence (S. Kettering, « Friendship and Clientage in Early Modern France », dans *French History*, t. VI, n° 2, 1992, p. 139-158, notamment p. 155-157 ; A. Jouanna, *Le Devoir de révolte. La noblesse française et la gestation de l'État moderne (1559-1661)*, [Paris], 1989, p. 66-67).
3 Claude d'Annebault avait ramené Birague du Piémont en 1540 ; il fut alors fait écuyer dans l'écurie royale à 400 l. t. de gages (BnF, Fr. 7859, fol. 341v).
4 *Cf.* p. 359.

les imposer contre ceux d'éventuels adversaires. On le voit notamment
dans les luttes entre ingénieurs militaires et civils pour l'obtention des
marchés de modernisation des forteresses. Le Bolonais Marini, favorisé par
l'amiral, obtint tous les meilleurs contrats de la fin du règne. Girolamo
Bellarmato, spécialiste des ports de Normandie au service de François Ier
depuis le début de son règne, fut employé à Dieppe par l'amiral, qui
lui fit aussi confier la défense de Paris et la rénovation de son enceinte
en 1544, sous la menace impériale, contre Cellini dont la duchesse
d'Étampes ne voulait pas[1]. Par ailleurs, les collaborateurs de l'amiral
devaient contribuer à soutenir sa faveur, en vantant au roi ses mérites.
Ainsi, Nicolas de Villegagnon, envoyé en mai 1541 par Guillaume
Du Bellay auprès du roi, avec les dessins de places fortes demandés par
d'Annebault, avait charge de vanter le travail accompli par celui-ci[2]. À
l'inverse, l'année suivant, Du Bellay pensait que les affaires du Piémont
allaient à vau-l'eau en raison des choix de son supérieur ; mais la loyauté
et la fidélité qu'il lui devait lui interdisaient de lui faire du tort[3]. Enfin,
un entourage nombreux servait aussi la mise en scène de la puissance du
favori. On dit que dès 1540, d'Annebault ne se rendait jamais à la cour
sans être accompagné d'au moins deux cents personnes[4]. Toute personne
en quête de grâce était un serviteur potentiel, qui n'eût notamment pas
manqué d'informer l'amiral s'il eût connaissance de menées secrètes
contre la couronne de France ou contre la personne du conseiller favori.

De ses serviteurs, l'amiral d'Annebault tirait donc plusieurs profits :
ils lui servaient d'auxiliaires diligents et efficaces à la mise en œuvre
de la politique royale qu'il contribuait à définir ; ils l'informaient,
l'avertissaient des menaces et protégeaient son honneur ; ils exaltaient sa
personne par une propagande positive, en donnant à voir et à entendre
leur reconnaissance, en faisant partie de sa suite, ou en se réclamant de lui.

---

1   *Cf.* p. 404 ; Bellarmato était toutefois moins proche de l'amiral que Marini ; il fut d'ailleurs
    très bien vu d'Henri II au début de son règne, et obtint sa naturalité en janvier 1548
    (*CAH*, t. I, 01.N[1]).
2   BnF Fr. 5152, fol. 2, Guillaume Du Bellay au roi, Turin, 7 mai 1541 (minute) : il envoie
    Villegagnon au roi, qui lui donnera notamment les desseins demandés par d'Annebault
    pour certaines villes et places du Piémont. Il vantera les mérites du maréchal, sur le bon
    état et la bonne organisation des fortifications : « vous entendrez l'estat ouquel il a laissé
    toutes voz fortifications de deça, et la diligence et mesnement dont on y use ».
3   Du Bellay, *Mémoires*, t. IV, p. 94, « il ne vouloit mettre en la bouche d'autruy, craingnant
    de faire tort à ceux qui en luy s'estoient fiez ».
4   *Cf.* p. 194.

LA CONSTANCE DES TÉMOIGNAGES D'AMITIÉ

Les liens du favori avec ses amis, auxiliaires et clients devaient sans cesse être entretenus par des témoignages de natures diverses. Les lettres tout d'abord, dans lesquelles on s'informait de la santé des uns et des autres, et dont la fréquence révèle la peur de perdre contact[1]. La perte des papiers de Claude d'Annebault et de la plupart de ses proches ne permet guère d'apprécier cet aspect des relations patronales et intra-nobiliaires[2], mais il semble que dans une société chevaleresque encore dominée par l'oralité, la correspondance ait été bien secondaire en comparaison de l'importance des nouvelles orales, transmises par le porteur. En effet, les nouvelles de santé ne sont qu'exceptionnellement évoquées dans les lettres de l'amiral, tandis qu'il est très probable que les messagers étaient systématiquement questionnés sur ce point[3]. De même, l'amiral offrait sans doute lui-même à ses amis et serviteurs de beaux cadeaux, qui n'ont laissé que peu de traces. Un exemple ordinaire nous est fourni en *post-scriptum* d'une lettre adressée à Jacques Ménage, ambassadeur auprès de l'empereur. D'Annebault ne put voir à Bruxelles avant son départ, mais il tenait toutefois à lui témoigner sa satisfaction de ses bons offices en lui offrant deux barriques de vin :

> Incontinant que je seray a la court, je vous feray envoyer ung chevaucheur pour ne bouger d'avec vous, et vous laisse deux pieces de vin en ceste ville chez le chantre ou ilz estoient ; vous adviserez ce que vous en voudrez faire[4].

Ces petits présents étaient aussi un moyen d'attirer dans son camp de nouveaux fidèles. De même, tous les obligés de l'amiral lui offraient des cadeaux, souvent en rapport avec les exercices de la chasse, de l'élevage et de la guerre[5]. Mais la plupart du temps, ces présents demeurent

---

1   K. B. Neuschel, *op. cit.*, p. 75 ; *cf.* la correspondance de Claude d'Annebault en annexe de F. Nawrocki, *L'amiral Claude d'Annebault.*, thèse cit., p. 715-809.

2   Remarquons toutefois que d'Annebault, dans les lettres qui ont été conservées, usait peu de termes de familiarité pour s'adresser à ses correspondants, si ce n'est le mystérieux terme de « maride » pour Brissac (peut-être était-ce une parenté spirituelle, une allusion à une marraine commune ?), ou celui de « compagnon » employé pour des personnages longtemps côtoyés à la guerre tels que Jean d'Humières ou Oudart Du Biez.

3   Les lettres demandent presque toujours des nouvelles du destinataire qui, dans ses réponses écrites, n'en envoie presque jamais.

4   BnF, Fr. 17889, fol. 289, Claude d'Annebault à Jacques Ménage, Bruxelles, 27 novembre [1545].

5   Voir plus haut, notamment l'armure offerte par Antoine Polin de La Garde ou le cheval de Guillaume Du Bellay.

inconnus car la correspondance les mentionne rarement. Il faut donc se résoudre à ne connaître qu'une infime partie de ces présents, qui faisaient pourtant partie de l'ordinaire des relations entre un grand personnage et ses clients. Une exception cependant : les ambassadeurs et autres serviteurs qui restaient longtemps éloignés de la cour pour pouvoir remettre personnellement et en mains propres leurs présents à l'amiral, se voyaient contraints de les confier à des messagers de confiance. Leurs correspondances sont donc moins décevantes sur ce point. Ainsi, Odet de Selve envoya de Londres dix-huit chaussettes de diverses longueurs – apportées par Saint-Blancard, tout juste libéré – au favori, en attendant de lui en fournir davantage si elles étaient à sa convenance[1]. Sans doute l'amiral comptait-il les offrir à des dames, dont sa femme Françoise, mais aussi la duchesse d'Étampes, alors fort courroucée contre lui. Ces bas avaient été commandés par l'amiral, tout comme des chemises qui lui furent envoyées quelques jours plus tard[2]. En revanche, c'est de sa propre initiative que Jean de Morvillier lui fit fabriquer à Venise des « pantofles de la plus belle façon, et plus riche qu'on fasse par deçà[3] ».

Enfin, le plus beau cadeau qu'un gentilhomme pouvait faire à un ami était de lui accorder, ou à l'un de ses fils, la main de sa fille, ou inversement. Claude d'Annebault s'était marié assez tard, avec une femme vraisemblablement plus âgée que lui, qui ne lui donna qu'un fils et une fille[4]. Le mariage de sa fille échappe à cette catégorie, car le marquis de Saluces n'avait, à l'origine, rien d'un client, si ce n'est par l'enclavement de sa principauté dans la province de Piémont. Cependant, l'amiral avait de nombreuses nièces, dont l'une fut donnée à Gian Battista

---

1 Selve, *Correspondance politique*, p. 56, lettre à Claude d'Annebault, Londres, 15 novembre 1546 : « Au surplus, Monseigneur, je vous envoye par ledict seigneur de Sainct-Blancquard ugne douzaine et demye de chaussettes, dont la demye douzaine me semblent bien courtes, encores qu'elles ne soint des plus longues que les femmes usent en ce pays, ainsy que l'on m'a dict, et les autres qui sont plus longues me semblent si larges qu'à peine les femmes s'en pourroint servir, qui est la cause qui m'a gardé de vous en envoyer davantaige, ce que touteffoys je feray sy vous trouvés celles-là telles que vous les demandés. »

2 *Ibid.*, p. 56, lettre à Claude d'Annebault, Londres, 25 novembre 1546 ; ces « camisolles de laine » avaient été commandées par l'amiral à un marchad florentin, Bartolomeo Compagni.

3 BnF, V^C Colb. 365, p. 12, Jean de Morvillier à Claude d'Annebault, Venise, 2 novembre 1546 (copie).

4 Il n'est bien sûr pas exclu qu'ils aient eu d'autres enfants, morts jeunes et n'ayant pas laissé de trace dans les sources.

Arcona. Cet Italien, écuyer dans l'écurie du roi[1], était un protégé de Claude d'Annebault depuis 1543 au moins. « Monssur le maréchal », rapporta-t-il à Joachim de Matignon, « me fait de très grandes bontés[2] ». Il épousa une demoiselle de Segrestain[3], fille de Jeanne d'Annebault, à l'été 1545, alors que l'amiral l'employait au camp français devant Boulogne[4].

Tous ces échanges relevaient d'un système vivace de don et de contre-don, bien compris depuis un article fondateur de Marcel Mauss et récemment réinterprété par Natalie Zemon Davis pour la Renaissance française[5]. Auprès du roi, Claude d'Annebault agissait comme patron et *broker*, « pôle d'attraction[6] » et nœud principal d'un système d'instrumentalisation, socialement et politiquement structurant, de toute une constellation de serviteurs du roi.

RÉUSSITE INDIVIDUELLE ET ASCENSION FAMILIALE

L'ascension de l'amiral fut donc soutenue par un vaste réseau, dont un noyau naturel était la famille d'Annebault et ses ramifications. Le mariage d'Arcona et de la fille de Jeanne, sœur de l'amiral, montre bien l'étroite association de ce groupe familial et des agrégats, clientèles traditionnelles ou constituées au fil du temps, au Piémont ou ailleurs, par récupération de réseaux préexistants ou offres spontanées de services. La parentèle de Claude d'Annebault était assez nombreuse ; les frères et sœurs de l'amiral, voire ses cousins, profitèrent largement de l'ascension du chef de famille, avant que la génération suivante n'y participât à son tour.

---

1 BnF, Fr. 21450, fol. 100.
2 Matignon, *Correspondance*, p. 92, lettre CXLI, La Fère, 9 novembre [1543] : « mi fa grandissime chareze ».
3 *Cf. infra.*
4 AS Modena, Cart. amb., Francia 21, Giulio Alvarotti au duc de Ferrare, Caudebec-en-Caux, 4 août 1545.
5 Marcel Mauss, Essai sur le don. Forme et raison de l'échange dans les sociétés archaïques, Paris, 2012, rééd. de l'Année sociologique, 1924-1925 ; N. Zemon Davis, *Essai sur le don, op. cit.*
6 Selon l'expression de Thierry Rentet dans « Anne de Montmorency (1493-1567), le conseiller médiocre », dans *Les conseillers de François Iᵉʳ*, *op. cit.*, p. 279-309), qui présente un très bon résumé (aux p. 290-297) de cet apport capital de sa thèse (T. Rentet, *op. cit.*). Le rôle de Montmorency dans les années 1520-1530 est tout à fait comparable à celui de Claude d'Annebault, certes moins bien documenté, pour les années 1540.

Plus que lui-même, disait le nonce Dandino, l'amiral aimait son frère[1] : il était « sa grande préoccupation[2] », et il veilla donc tout particulièrement à sa carrière. Il faut lire ces propos avec prudence, en tenant compte des circonstances de la candidature de Jacques d'Annebault au cardinalat, mais l'affection de l'amiral envers lui ne semble pas devoir être démentie. On ne connaît rien de la jeunesse de Jacques. Peut-être né vers 1500, peut-être élevé au chapitre d'Évreux[3], il fut aumônier ordinaire du roi en 1524, charge qu'il ne résigna qu'en 1544 ; en 1543, il succéda au cardinal de Meudon comme maître de l'oratoire, tandis que l'oncle de la duchesse d'Étampes remplaçait l'évêque de Lisieux comme grand aumônier de la cour[4]. À sa mort, Jean Le Veneur laissa la majeure partie de ses bénéfices à son neveu, et l'expectative de l'évêché de Lisieux[5]. À cette époque, par les efforts conjugués de son frère et de son oncle, Jacques d'Annebault était déjà un prélat fortuné et l'abbé commendataire de nombreux bénéfices prestigieux : il reçut en 1539 le mont Saint-Michel, siège de l'ordre royal, puis Saint-Taurin d'Évreux en 1540, Saint-Pierre des Préaulx, Saint-Serge près d'Angers, l'abbaye de Bonport[6] et le Bec-Hellouin en 1544. Il semble qu'il ait dû ces derniers bénéfices à l'intervention personnelle de son frère[7]. En tant qu'abbé, il ne laissa qu'un vague souvenir et une fort mauvaise réputation : d'après l'*Histoire générale de l'abbaye du Mont-Saint-Michel*[8], il « commença à gouverner les moynes à sa fantaisie ; mais l'air du monde estant plus

---

1   ANG, t. III, p. 294, Dandino au cardinal Farnèse, Fontainebleau, 4-5 décembre 1543.

2   *Ibid.*, p. 320, Dandino au cardinal Santa Fiora, Fontainebleau, 20 janvier 1544.

3   Il fut, comme Ambroise et Gabriel Le Veneur, le doyen de ce chapitre (Georges Bonnenfant, *Histoire générale du diocèse d'Évreux*, Paris, 1933, t. I, p. 144).

4   BnF Fr. 7859, fol. 339-340, et *CAF*, t. VI, p. 255, n° 20197.

5   AS Mantova, Cart. inv. div., 640, Giovanni Battista Gambara à la duchesse de Mantoue, 6 août 1543, Soissons : « Il card[le] de Ligius è morto, e la maggior parte dei suoi benefici sono restati al fratello di mons[r] marescial d'Anebault » ; Jean Le Veneur mourut à Marle d'une forte fièvre, alors qu'il suivait le camp du roi (*Chronique du Bec, op. cit.*, p. 246, donne la date du 7 août 1543).

6   Abbaye de Cisterciens fondée par Richard Cœur de Lion en 1190, au diocèse d'Évreux, doyenné de Louviers ; dép. Eure, arr. Louviers, comm. Pont-de-l'Arche (L. H. Cottineau, *Répertoire topo-bibliographique des abbayes et prieurés*, t. I, p. 421).

7   *Ibid.*, p. 247 : « Hujus bonas ecclesiastici muneris partes com Beccensi cænobio Annibaldus idem Claudii Franciæ admiralis frater, regio favore obtinet, dum Franciscus [II] Henrici Francorum delphini primogenitus nascitur ».

8   Dom Jean Huynes, *Histoire générale de l'abbaye du Mont-Saint-Michel au péril de la mer*, éd. E. de Robillard de Beaurepaire, Rouen, 1872-1875, 2 vol., t. I, p. 269 ; *cf.* aussi Paul Gout, *Le Mont-Saint-Michel*, Paris, 1910, t. I, p. 236.

essentiel à son naturel que celui des cloestres, cette solitude luy fut
aussitôt insipide, si bien que sa naissance aussy bien que son ambition
l'appelant en cour, il se contenta d'eslire des procureurs et vicaires
généraux ». Ces allégations paraissent un peu injustes, car les évêques
étaient tous titulaires de bénéfices dont ils touchaient les revenus, sans
y résider personnellement. De plus, en tant que maître de l'oratoire, il
avait la charge et la direction de services indispensables à la vie de la
cour, où il devait être présent au moins pour les cérémonies et les fêtes
et il est douteux que Jean Le Veneur, par exemple, ait davantage résidé à
l'abbaye du Bec. L'auteur de la *Chronique du Bec* n'est guère plus aimable
envers ce prélat, rendu responsable de coupes sévères dans les bois du
Bec en 1548, pour les vendre à son profit, dont il tira 25 000 l. t.[1].
En outre, Jacques d'Annebault succéda naturellement à son oncle en
tant qu'évêque de Lisieux : il en assumait vers 1540 les fonctions, en
tant que son vicaire et successeur désigné, si bien qu'il était souvent
lui-même appelé « monseigneur de Lisieux ». Cependant, il ne reçut
les insignes épiscopaux le 3 mai 1546, des mains du cardinal de Givry,
évêque d'Amiens, et des représentants des archevêques de Rouen et
évêque de Bayeux[2].

Enfin, son accession au cardinalat fut – comme souvent pour les
prélats français – un long combat. Dès décembre 1540, il faisait pour
la première fois partie d'une liste de propositions faites par le roi de
France, avec le chancelier Poyet et Georges d'Armagnac (Rodez), et un
an plus tard avec les mêmes, Georges de Selve (évêque de Lavaur) et Jean
de Langeac (Limoges)[3]. Mais le pape refusait alors de créer de nouveaux
cardinaux, en particulier pour le roi de France, qui en avait déjà trop par
rapport à l'empereur[4]. Le cas particulier de Jacques d'Annebault était
encore compliqué par le fait que le cardinal Le Veneur fût son oncle,

1   Lettres patentes du 1ᵉʳ août 1547, enregistrées le 27 juin 1548 (*CAH*), et *Chronique du
     Bec, op. cit.*, p. 249 et n. 2. Il est possible que ces coupes aient été faites sur commande de
     l'amiral, afin de répondre à l'augmentation soudaine des besoins de la marine au début
     du règne d'Henri II.
2   *Gallia Christiana*, t. XI, 801 et *Chronique du Bec, op. cit.*, p. 248.
3   *ANG*, t. III, p. 14, Dandino au cardinal Farnèse, Fontainebleau, 31 décembre 1540 ; de
     ces cinq prélats, seuls Georges d'Armagnac et Jacques d'Annebault furent finalement
     cardinaux ; G. d'Armagnac, *Correspondance, op. cit.*, t. I, p. 183n.
4   *Nuntiaturberichte aus Deutschland*, t. V-VI, t. VI p. 182, lettre citée en note de Ruggieri
     au duc de Ferrare, Rome, 24 décembre [1541].

ce qui constituait un empêchement[1]. Les interventions personnelles de Claude d'Annebault[2], de Marguerite de Navarre[3] et du cardinal de Tournon[4], fin 1541, ne permirent pas de surmonter cette difficulté. Claude d'Annebault fit encore lui-même, quelques mois plus tard, une vaine tentative[5]. La situation changea après la paix de Crépy : François Ier était très courroucé contre le pape, son allié déloyal, qui cherchait le moyen de l'apaiser. Accorder la pourpre cardinalice au frère de l'amiral n'était pas une mauvaise solution, dans la mesure où elle pouvait gagner au pape les bonnes grâces du conseiller désormais le plus influent auprès du roi. En décembre 1544, Jacques d'Annebault reçut la nouvelle tant désirée, et rejoignit à Fontainebleau le roi qui devait assister à la remise de la barrette ; mais le roi étant indisposé (et peut-être ennuyé par ce cérémonial), elle lui fut donnée le 23 janvier, dans la chambre de son frère Claude[6]. Il reçut le chapeau en juillet 1545, alors qu'il se trouvait malade dans son abbaye du Bec[7]. Il prit le titre de la paroisse de Sainte-Suzanne. Ce prélat resta assez effacé du temps de la faveur de son frère, qui n'eut guère recours à ses services pour les affaires de l'État[8]. Claude d'Annebault semble avoir plutôt confié à son frère la gestion de ses affaires privées ; Jacques d'Annebault en déléguait les tâches ordinaires à des intendants, Philippe Wattes pour les domaines normands[9],

---

1   *Ibid.*, p. 28, Dandino au cardinal Farnèse, Fontainebleau, 20 janvier 1542.

2   ÖStA, FrBW 9, Nicolas Villey à Marie de Hongrie, Melun, 2 décembre 1541.

3   *Loc. cit.*, même lettre : la reine de Navarre a dit à l'oreille du nonce combien elle désirait que le chancelier soit cardinal, de même que le frère du maréchal d'Annebault, qui est du « conseil privé ».

4   Tournon, *Correspondance*, p. 222, lettre au cardinal Farnèse, Fontainebleau, 26 novembre 1541.

5   *ANG*, t. III, p. 144, lettre du cardinal Farnèse à Capodiferro, après le 2 juin 1542, mentionnant une lettre de Claude d'Annebault adressée à Farnèse pour recommander son frère au cardinalat. *Cf.* aussi AS Modena, Cart. amb., Francia 17, Lodovico Thiene au duc de Ferrare, Bar-sur-Seine, 18 mai 1542, sur la promotion annoncée d'un cardinal, pour laquelle on parle du chancelier ; « si ha anche proposto un fratello di mons[r] de Annibò, il quale se dimanda mons[r] de Lisius ».

6   AS Modena, Cart. amb., Francia 20, lettres de Giulio Alvarotti au duc de Ferrare, Melun, 18 et 25 janvier 1545 ; Alvarotti comptait visiter le nouveau cardinal « car il est le frère de l'amiral » ; de même AS Firenze, MP, 4591, fol. 40, Christiano Pagni à Bernardo de Médicis, Pistoia, 25 mars 1545.

7   *ANG*, t. III, p. 375, Guidiccione au cardinal Farnèse, Harfleur, 18 juillet 1545.

8   « À puissante famille, pas de prélat d'État », conclut Cédric Michon (*La crosse et le sceptre*, *op. cit.*, p. 96-97).

9   Procurations et commissions à Philippe Wattes dans AN, MC ET/XIX/161, 31 août 1542, et ET/XIX/166, 7 février 1545 [n. st.].

et peut-être Toussaint Commaillé pour les domaines bretons. Il était réputé froid, peu loquace et assez malhabile[1], bien que certains témoignages plus favorables et le montrent plus chaleureux, et tout dévoué à son frère[2]. En tout cas, il semble être resté dans l'ombre de Claude, se mêlant très peu des affaires politiques. Au début du règne d'Henri II, Jacques d'Annebault fit davantage parler de lui, plutôt en mal, lorsqu'il fut envoyé à Rome avec la plupart des cardinaux[3].

Claude d'Annebault eut aussi quatre sœurs, dont une, au moins, était plus âgée que lui. Anne, dame de Messey, était née vers 1485 de Jean d'Annebault et Catherine de Jeucourt. Elle épousa le 23 avril 1504 Jean de Vieuxpont, seigneur de Chailloué[4] et vivait encore en 1557[5]. Elle eut huit fils[6], dont l'aîné était François, puis venaient Étienne, Guillaume, Claude et Jacques. Une des ses filles, Isabeau, entra dans les ordres, comme sa cadette Marie pour laquelle l'amiral obtint le prieuré de Poissy[7]. Jeanne, seconde sœur de l'amiral, épousa Robert Segrestain, seigneur de Carry. Leur fille, qui semble avoir été leur unique enfant, épousa l'Italien Arcona. La postérité des Segrestain s'est éteinte avec leur petite-fille, veuve du seigneur de Bacqueville, qui vivait encore en 1573[8]. Jacqueline d'Annebault, troisième sœur, épousa Hélie de Saint-Germain, dont sortit la famille de Saint-Germain d'Annebault, leur fille Guillemette devint abbesse de Saint-Amand de Rouen en 1544[9], et

---

1   Selon Alvarotti (cité par *CCJDB*, t. IV, p. 42n), des six cardinaux envoyés à Rome par Henri II en 1547, trois étaient maladroits (*goffi*), et les trois autres *di bono intendimento* : le cardinal d'Annebault était cité parmi les maladroits.

2   C. Occhipinti, *Carteggio d'Arte*, *op. cit.*, p. 100, Giulio Alvarotti au duc de Ferrare, Melun, 6 février 1545.

3   *Cf.* p. 630.

4   Gilles-André de La Roque, *Histoire généalogique de la maison de Harcourt, enrichie d'un grand nombre d'armoiries*, Paris, 1662, t. I, p. 589 ; copie xviiiᵉ d'un acte mentionnant le contrat de mariage (23 avril 1504) avec Jean de Vieuxpont dans BnF, P.O. 2991, fol. 122-v : la dot était le fief noble de Messey à la paroisse de Messey, en la vicomté de Breteuil ou de Conches, de 60 l. t. de rente. (avec rachat de 1500 l. t.), comme il fut reconnu le 22 mai 1553 par François de Vieuxpont ; copie collationnée à la minute orig. le 3 mai 1579 par Pierre Dubosc à la requête de Gabriel de Vieuxpont.

5   BnF, PO 2991, fol. 126.

6   *Ibid.*, fol. 138.

7   *CAF*, t. V, p. 167, n° 15525, Saint-Germain-en-Laye, 2 février 1547 [n. st.].

8   BnF, PO 2991, fol. 135, et *ibid.*, fol. 26, où un Arcona est cité parmi les héritiers de Madeleine d'Annebault.

9   Elle aurait disputé la succession de sa cousine avec une certaine Isabeau Le Cauchois, chassée à La Chaise-Dieu (G. Bonnenfant, *Histoire générale du diocèse d'Évreux*, *op. cit.*, t. I, p. 149-150)

une autre fille, ou petite-fille, épousa un Arcona. Enfin, Marie, cadette de Claude (voire de Jacques), née après 1500, fut placée toute jeune à Notre-Dame du Pray-lès-Lisieux, où elle prit l'habit le 16 octobre 1511 et fit profession le 4 août 1517 ; elle était prieure de Vernon dès 1524 et abbesse de Saint-Amand de Rouen en 1531[1], puis elle reçut l'abbaye royale de Maubuisson en 1542, remplaçant très symboliquement Marie de Montmorency, décédée, tandis que sa parente Isabeau de Vieuxpont, religieuse de l'ordre de Fontevraud, lui succédait à la tête de l'abbaye de Saint-Amand de Rouen, Marie conservant cependant les réserves des revenus de l'abbaye[2]. Elle mourut le 21 janvier 1546[3], et Marie de Pisseleu, sœur de la duchesse d'Étampes, lui succéda à Maubuisson[4].

Par ailleurs, Claude d'Annebault avait peu de cousins, car le frère aîné de son père, Pierre, était mort sans postérité, laissant pour veuve Péronne de Jeucourt, la propre sœur de Catherine (mère de Claude), qui épousa en secondes noces Guy de Matignon. Le fils de celui-ci, Joachim, devint lieutenant général pour le dauphin en Normandie, et un collaborateur de son cousin l'amiral d'Annebault, qui ne manqua pas d'intervenir en sa faveur lorsqu'il entra en conflit avec La Meilleraye[5]. À la fin de l'année 1543, Matignon devint conseiller et chambellan ordinaire du roi[6]. Claude d'Annebault eut par contre de nombreux neveux, dont la plupart furent élevés parmi ses pages. Ainsi, l'un d'entre eux l'accompagna en

---

1 AD Seine-Maritime, G 2153, serment de fidélité prêté le 9 juillet 1531.

2 Ernest Coyecque, *Recueil d'actes notariés relatifs à l'Histoire de Paris et de ses environs au XVIᵉ siècle*, Paris, 1905-1923, t. I, p. 484-485, registre de Mᵉ Catherin Fardeau, notaire au Chastellet (1541-1544), nᵒ 2615 : engagement de Guillaume Danès, marchand bourgeois de Paris, envers Jean d'Annebault, seigneur de Hardauville, vicomte d'Auge, demeurant à Rouen, de lui faire expédier en cour de Rome dans les 3 mois une bulle de provision de l'abbaye de Maubuisson, une bulle de provision de Saint-Amand de Rouen, une bulle des réserves conservées par Marie d'Annebault pour 215 écus d'or-soleil.

3 Sur Marie d'Annebault, seizième abbesse de Maubuisson, *cf. Gallia Christiana*, t. VII et Adolphe Dutilleux et Joseph Depoin, *L'abbaye de Maubuisson*, Pontoise, 1887, p. 35, qui font de ce bref abbatiat de quatre ans le point de départ du relâchement des mœurs dans l'abbaye. Elle fut enterrée dans un tombeau de l'église, avec pour épitaphe le résumé de sa vie : elle « deceda le 21 janvier 1546, pleine d'ans et de bonnes mœurs, ayant gouverné lesdictz lieux avec honneur de leur religion et augmentation d'iceux. Priez Dieu pour son âme » (*ibid.*, p. 110) ; la tombe portait l'écu d'Annebault, de gueule à la croix de vair.

4 *Ibid.*, p. 36.

5 *Cf.* p. 225.

6 Matignon, *Correspondance*, p. XXXVII.

Italie et mourut dans la tempête de neige du Mont Cenis[1]. Un autre fut page du dauphin : en février 1543, les jeunes de la cour firent de mauvaises farces aux écoliers parisiens, qui pour se venger allèrent en nombre à la cour : durant la rixe qui s'ensuivit, ils tuèrent un neveu de d'Annebault[2]. Plusieurs fils de Jean de Vieuxpont connurent un meilleur sort : l'aîné, François, fut guidon de la compagnie de l'amiral, où son frère Gilles servit également[3]. Son frère Étienne fit ses armes en Italie et reçut grâce à son oncle, en février 1545, l'office de capitaine des ville et château de Carignan, en Piémont, « dont les fortifications achevoient de se faire[4] ». Quant à Guillaume de Vieuxpont, il « avoit toujours suivi les armes sous la charge de mons[r] l'amiral d'Annebault son oncle[5] ». Enfin, Jacques, l'un des plus jeunes, fut commandeur de l'ordre de Saint-Jean de Jérusalem[6]. La compagnie d'ordonnance de Claude d'Annebault comptait aussi des cousins d'autres branches, dont un Lot de Courseules, enseigne[7]. Tous les parents de l'amiral pouvaient le solliciter pour leurs enfants. Ainsi, il veillait sur sa demi-sœur bâtarde Barbe d'Annebault[8], demoiselle d'honneur de sa nièce Madeleine, marquise de Saluces. Jeune femme d'une grande culture[9], Barbe se vit dotée par le roi « pour qu'elle puisse se trouver un mariage plus avantageux, en considération de l'amiral d'Annebault, de qui elle est parente[10] ». Elle épousa Giuseppe Girolamo Lodovico Porporato[11],

---

1 AS Mantova, Cart. inv. div., 640, Gian Battista Gambara à la duchesse de Mantoue, Scio, 14 janvier 1543.
2 *Ibid.*, Gian Battista Gambara au cardinal et la duchesse de Mantoue, Paris, 13 février 1543.
3 BnF, PO 2991, fol. 137 et Fr. 3146, n° 1291.
4 *Ibid.*, fol. 125 (copie XVIIIe).
5 *Ibid.*, fol. 136v (copie XVIIIe d'un procès-verbal du 7 avril 1575) ; aussi cité dans la compagnie d'ordonnances de l'amiral dans un acte du 23 février 1552 [n. st.] (*CAH*, t. VI, p. 58, n° 10470) ; c'est son fils aîné Gabriel de Vieuxpont qui hérita de la plupart des fiefs et des biens des d'Annebault en Normandie après 1568.
6 BnF, PO 2991, fol. 136v.
7 F. Vindry, *État-Major, op. cit.*, p. 11-12.
8 BnF, Fr. 20516, fol. 148-149v, Charles de Mailly à François de Guise, 4 septembre 1548.
9 Cette Barbe d'Annebault devait être une personne cultivée et distinguée, à en croire Bernardo Trotto, qui en fit l'une des protagonistes de ses *Dialoghi del matrimonio*, inspirés du *Courtisan* de Castiglione (Bernardo Trotto, *Dialoghi del matrimonio e vita vedovile*, Torino, 1578, cité par Maria Luisa Doglio et Marziano Guglielminetti, « La letteratura a corte », dans *Storia di Torino*, t. III : *dalla dominazione…, op. cit.*, p. 615-616).
10 *CAF*, t. VI, p. 824, n° 23176, Villers-Cotterets, janvier 1547 [n. st.] : la dot était garantie sur des biens confisqués sur Guillaume de Biglatoribus de la maison de Lucerne par arrêt du Parlement de Piémont du 6 juillet 1545.
11 Le contrat de mariage se trouve dans BnF, Fr. 8478, fol. 122v-123v.

d'une grande famille du Piémont[1]. La carrière de Porporato fut un temps favorisée par cette alliance, car il devint « président souverain » auprès de Gabriel de Saluces, « par commandement du roy Françoys premier », et président du parlement de Piémont, mais elle ne cessa de décliner après l'abandon du Piémont par les Français : il allait, selon ses propres mots, « comme l'escrevisse a petit pas tous les jours en arriere[2] ». D'autres parents de la femme de l'amiral eurent quelques honneurs : René de Tournemine, seigneur de La Guerche, était panetier des enfants de France avant 1536, et Georges de Tournemine, dit le « sieur de La Hunauldaye », gentilhomme de la chambre, était présent aux funérailles du roi. Jean Le Veneur, « baron de Tolye et de Tellières[3] », était panetier de la reine Éléonore en 1534, maître d'hôtel de la reine en 1538[4]. Enfin, une certaine madame de Nesle (de parenté inconnue avec l'amiral), faisait partie du groupe des favorites du roi, c'est-à-dire des dames dont il appréciait la compagnie et avec lesquelles il se retirait volontiers de la cour quelques jours durant[5].

LES HÉRITIERS

Toute la famille, proche et éloignée de Claude d'Annebault, profita donc de la faveur de son chef. L'ascension de ce personnage fut dans le même temps celle de toute sa parentèle. Mais pour assurer la pérennité

---

1   Il était le fils cadet du président Gian Francesco Porporato, fidèle du duc de Savoie, qui était notamment à l'origine des réponses adressées à Poyet sur les prétentions du roi de France en 1536 ; sur ce personnage, voir Gianni Mombello, « Lingua e cultura francese durante l'occupazione », dans *Storia di Torino*, t. III : *dalla dominazione francese alla ricomposizione dello Stato (1536-1630)*, dir. G. Ricuperati, p. 91, et Alliaudi, *Notizie bibliografiche su Giovanni Francesco Porporato da Pinerolo*, Pinerolo, 1866.

2   Voir G. Mombello, « Lingua e cultura francese durante l'occupazione », *op. cit.*, p. 102, et le mémoire de Girolamo Porporato au roi et à la reine de 1574 (BnF, Fr. 16929, fol. 97-98), dont sont tirées les citations.

3   Tilly, dép. Eure, arr. Les Andelys, cant. Vernon et Tillières-sur-Avre, dép. Eure, arr. Évreux, cant. Verneuil ; Jean Le Veneur était donc à la fois le cousin et un puissant seigneur voisin de Claude d'Annebault.

4   D'après les rôles contenus dans BnF, Fr. 7853.

5   AS Modena, Cart. amb., Francia 24, Giulio Alvarotti au duc de Ferrare, La Ferté-Millon, 8 janvier 1547. Ces dames eurent la réputation d'être maîtresses du roi, bien que ce ne soit certain que pour la duchesse d'Étampes et madame de Canaples. La lettre citée d'Alvarotti parle également de madame de Massy, aussi bien connue, d'une « madama di Vin Noccho » (Vinovo ?), de la demoiselle de Saint-Blancard, amante du prieur de Capoue. Madame de « Nel » (Nesles, dép. Somme, arr. Péronne, ch.-l. de c., ou Nesles près de L'Isle-Adam) était peut-être apparentée à cette Louise de Nesles dont parlent les Du Bellay, *Mémoires*, t. II, p. 89.

de cette rapide progression dans la hiérarchie nobiliaire de l'époque, il paraissait nécessaire de veiller tout particulièrement à la carrière des enfants. Gaspard de Saulx-Tavannes eut ce mot, en apprenant la grave maladie de son fils :

> Si je le perds, qu'on selle mes chevaux, je ne suis ici [à la cour] que dans l'intérêt des miens[1].

Or, Claude d'Annebault n'eut qu'un seul fils, né vers 1527[2], dont Brantôme brossa un portrait sans complaisance : brave mais peu délicat, handicapé par un défaut d'élocution[3], Jean fut page sous son père, l'accompagnant parfois dans ses guerres, avant de recevoir sa propre compagnie de cinquante lances fournies des ordonnances du roi en 1543[4]. Il se distingua à la bataille de Cérisoles sous le comte d'Enghien, mais ne semble jamais s'être occupé personnellement, à cette époque, de ses hommes d'armes en dehors des temps de guerres[5]. Vers l'âge de seize ans, il était déjà gentilhomme de la chambre du roi[6]. Son père lui laissa aussi certaines charges, comme celle de capitaine de Conches dès 1540[7], puis celle de bailli et capitaine d'Évreux, résignée par l'amiral en sa faveur[8]. Jean lui succéda également en 1547 ou 1548 dans la qualité de capitaine des toiles de chasse du roi, seul moyen pour l'amiral de conserver cette charge dans la famille[9]. Chevalier de l'ordre[10], il fit partie des otages livrés à Charles Quint en septembre 1544 et accompagna la

---

1   Cité par J.-M. Constant, *Noblesse, op. cit.*, p. 50.
2   Un fragment de lettre ou déchiffrement, sans date ni lieu (vers le 1er novembre 1546) de l'AS Modena, Cart. amb., Francia 21, dit de lui qu'il était « giovene da 18 in circo anni » ; le mariage de ses parents avait eu lieu en 1526.
3   Brantôme, t. III, p. 212.
4   BnF, Clair 254, pièce 1327, montre du 3 juillet 1543.
5   BnF Fr. 3036, fol. 19-20-v, état des compagnies d'ordonnance, sans date (avant la mort du comte d'Enghien) : sa compagnie était en Auvergne (et celle de son père, en Normandie).
6   En 1543 : BnF Fr. 7859, fol. 341v, qui porte par erreur « Jacques d'Annebault, sr de la Hainoudaye ».
7   *CAF*, t. IV, p. 410, n° 12921, mandement daté de Fontainebleau, 17 mars 1543 [n. st.].
8   Il le resta de 1546 à 1556 (*CAH*, t. I, p. 479, Smnq[67] : provision sans date (AN, P. 119, fol. 383), et *loc. cit.*, n. 1 : le BnF, Fr. 21405, fol. 372, donne la date du 18 janvier 1549 [n. st.] pour sa réception à la chambre des comptes de Paris.
9   BnF Fr. 26133 (quittances et pièces diverses, 142), n° 445, quittance des gages de capitaine des toiles de chasse, pour 1548. Sur la disgrâce de Claude d'Annebault et l'interdiction qu'il lui fut faite de cumuler plusieurs offices de la couronne, *cf.* p. 615 *sq.*
10 BnF, NAF 7704, fol. 26v).

reine Éléonore à Bruges en 1545[1] ; être otage à la cour impériale était un immense honneur. Il le fut encore en 1550, à la cour du roi d'Angleterre, Édouard VI[2]. Enfin, à la mort de Galiot de Genouillac, la charge de grand maître de l'artillerie, dont le titulaire était l'un des principaux officiers militaires du royaume, faillit lui revenir[3] ; mais elle fut finalement accordée à Jean de Taix, alors colonel de toute l'infanterie, sans doute plus capable d'assumer ces importantes fonctions, tandis que Claude de Boisy devint grand écuyer[4], et que les cent lances d'ordonnance de Galiot furent partagées entre Jean de Taix et Jean d'Annebault[5].

Après 1544, on vit beaucoup le fils de l'amiral parmi les jeunes gens de la cour, à l'occasion de fêtes, bals et tournoi, comme par exemple à l'occasion des joutes du début de l'hiver 1545-1546[6]. Élevé en compagnie des futurs plus grands seigneurs de France, Jean d'Annebault était destiné à un grand avenir. Mais en juillet 1546, les efforts de l'amiral pour assurer l'élévation de sa famille furent menacés de connaître un tragique épilogue, quand Jean fut victime d'un accident que l'on crut mortel :

> Hier, expliqua l'ambassadeur Alvarotti, le fils de mons[r] l'amiral, en montant un cheval, tomba et reçut le cheval sur le dos. Le cheval était un coursier et avait une selle ferrée. Il se fit tellement mal que le sang lui sortait par la bouche en grande quantité, il ne parlait pas, et on le porta pour mort à son logement, où dès qu'il parut revenir un peu à lui, on commença à lui prodiguer des remèdes [...] On espère qu'il n'y ait pas de mal : mons[r] l'amiral n'a pas d'autre enfant que ce fils et l'épouse du marquis de Saluces, et l'épouse de Son Excellence n'en fait plus[7].

---

1   J. de Vandenesse, *Journal des voyages de Charles Quint, op. cit.*, t. II, p. 290.

2   *Cf.* p. 634 ; il s'y trouvait avec le duc François d'Aumale, et François de Vendôme, vidame de Chartres, qui étonna la cour anglaise par ses prodigalités (Brantôme, t. VI, p. 115).

3   AS Modena, Cart. amb., Francia 21, fragment de lettre ou déchiffrement, sans date ni lieu (vers le 1er novembre 1546) et busta 23, lettres de Giulio Alvarotti au duc de Ferrare, 24 et 26 octobre 1546.

4   Sur Claude Gouffier, seigneur de Boisy, duc de Roannais, grand écuyer de France, voir Thierry Crépin-Leblond, dir., *Les Trésors du Grand Écuyer : Claude Gouffier, collectionneur et mécène à la Renaissance*, Paris, 1994.

5   AN, K 1487, copie s.d. [début novembre 1546] d'une lettre de Sancho de Ursua au seigneur d'Escurre, puis nouvelles du même, début février 1547.

6   AS Modena, Cart. amb., Francia 22, Giulio Alvarotti au duc de Ferrare, Paris, 3 janvier 1546 : « Eravi mons[r] della Valle, e un figliuolo di mons[r] almiraglio, con sagli e sopraveste a guisa più tosto di zirelli che di gran' sopraveste di raso bianco, bigarati di veluto nero et incarnato, con cimieri di medesimi colori, e lancie dipinte di medesimi colori ».

7   AS Modena, Cart. amb., Francia 23, lettre Giulio Alvarotti au duc de Ferrare, Fontainebleau, 10 juillet 1546 : parmi les remèdes prodigués, un poulain castré (*castrone*) qu'on écorchait

Claude d'Annebault en fut quitte pour une belle frayeur : son fils se rétablit lentement quelques semaines plus tard, et au retour de l'ambassade
d'Angleterre, l'amiral trouva son héritier hors de danger[1]. L'année suivante,
après la mort de François Ier, d'Annebault, personnellement menacé de
disgrâce, allait tout faire pour préserver l'avenir de son fils à la cour[2].
Autant que pour son fils, Claude d'Annebault s'efforça de donner à sa
fille Madeleine les meilleurs fruits de sa faveur. Le mariage de Madeleine
avec le marquis de Saluces était une alliance prestigieuse, qui la fit
passer de la tutelle de son père à celle d'un puissant prince. En retour,
lorsque le marquis Gabriel eut besoin d'aide à l'été 1543, sa jeune épouse
se tourna vers son père l'amiral, afin qu'il intervînt personnellement.
Le marquis de Saluces avait été fait prisonnier[3] et enfermé à Fossano
par son frère, déchu de ses droits par le roi, mais toujours reconnu par
l'empereur. La ville de Saluces et la marquise supplièrent d'Annebault
de faire libérer le prince[4]. Il semble que cette libération ait été obtenue
en échange de celle de Francesco d'Este, qui était alors le prisonnier de
l'amiral[5]. Tout comme Jean d'Annebault, le marquis eut besoin du peu
de crédit que conservait son beau-père pour ne pas tomber dans l'oubli
à l'avènement d'Henri II.

Du vivant de François Ier, Claude d'Annebault connut donc une
ascension ininterrompue jusqu'à devenir l'ultime conseiller favori du
règne. Il fut suivi, mais aussi soutenu dans cette ascension par tout
un groupe de personnes liées par le sang, l'estime et les obligations

---

toutes les heures pour lui retourner la peau à l'intérieur.

1   *Ibid.*, lettre du même au même, Moulins, 29 août 1546 : « Con mons[r] ammiraglio mi
     dolerò del caso che occorse al s[r] suo figlio, et mi allegrerò della sua convalessentia, se
     parerà a S. S[ia] R[ma] che sia a tempo dopo il suo rettorno d'Angliterra ; il figluolo non si è
     mai più veduto alla corte dopo la sua ricomperata salute, della quale io non mancai di
     dare conto a V. Ecc[a] ».

2   *Cf.* p. 634 *sq.*

3   Le 29 juin 1543.

4   ASC Saluzzo, Cat. 56, n° 1 et 2, n° 1 : Ordinati 1540-1546, fol. 216, 30 juin 1543 : « Item
     si placet consulere an […] sit mittenda aliqua personna ad Seren[mam] Regiam M[tem] et ad
     illu[mum] dominum de Hanibaut ad significandum p[ti] majestati p[me] capturam illu[mi] prin-
     cipis […] factam in Revello per armigeros Cesaree Majestate, et supplicandum Sue M[te]
     et instandum apud illu[mum] dominum de Hanibaut per relaxatione p[ti] illu[mi] principis ».

5   *Cf.* p. 277 ; AS Mantova, Cart. inv. div., 640, Gian Battista Gambara à la duchesse de
     Mantoue, Paris, 6 décembre 1543 : « Di novo non saprei che dire per hora salvo che si
     crede si habbia da far cambia del marchese di Saluzzo, con il s[r] don Francesco da Este
     risdritto a mons[r] il marescial d'Anebaut ».

de services reçus et échangés. Cette logique distributive d'une faveur qui, par l'intermédiaire de quelques personnes d'influence, irriguait en profondeur de vastes réseaux de serviteurs du roi, organisait les rouages mêmes du système de gouvernement, alors que la bureaucratie administrative n'était encore qu'en gestation[1]. Claude d'Annebault, qui se trouvait à la tête des plus puissants de ces réseaux à la cour et dans les provinces, était aussi au sommet de l'État celui qui tenait le « principal maniement » ou la « superintendance » des affaires, par la volonté du roi.

---

1 Sur le développement des services administratifs de la guerre, l'un des plus précoces, à cette époque, voir F. Nawrocki, « L'administration centrale de la guerre, 1515-1570 », art. cité.

LA SUPERINTENDANCE
DES AFFAIRES

L'amiral d'Annebault succéda en 1543 à Chabot, lui-même successeur de Montmorency en tant que conseiller favori. Premier parmi les conseillers du roi, il assumait ordinairement la « superintendance » ou encore le « principal maniement » des affaires. Ces termes se trouvent fréquemment employés dans les écrits contemporains : ainsi, lorsque Odet de Selve fut envoyé comme ambassadeur auprès d'Henri VIII en 1546, pour préparer, entre autres choses, les conditions de la ratification du traité d'Ardres Outre-Manche, ses instructions lui enjoignaient de présenter l'amiral comme le premier des conseillers du roi, « celluy qui est le plus prochain de sa personne et qui a le principal maniement et superintendance de ses affaires[1] ». Le terme de « maniement », dont les occurrences sont les plus nombreuses, est aussi le plus ambigu, car sans l'emploi d'un qualificatif ou superlatif tel que « principal », il pouvait s'appliquer à d'autres conseillers : par exemple, Tournon avait, selon les mots de Martin Du Bellay, le « maniement des affaires » du roi « en l'absence de monseigneur l'amiral [d'Annebault][2] » ; le cardinal disait lui-même qu'il « mainoit les affaires » depuis vingt ans[3]. Le terme superlatif de « superintendance », un peu moins fréquent, ne prête pas à une telle confusion.

La superintendance des affaires du royaume ne prenait pas la forme d'une charge ou d'un office dont on pouvait donner provision : en théorie, cette tâche revenait en premier lieu au souverain, dépositaire

---

1   Instructions à Odet de Selve, éd. dans Selve, *Correspondance politique*, p. xv ; *cf.* aussi Paris, BnF, V^c Colb. 365, p. 133-137, Jean de Morvillier à Claude d'Annebault, Venise, 14 février [1547] (copie xviie, éd. partielle G. Baguenault de Puchesse, *op. cit.*, appendices, p. 385-386) : « par son jugement et son élection vous a prefféré a la superintendance de ses affaires, en l'administration desquels vous vous estes si dignement comporté ».
2   Du Bellay, *Mémoires*, t. IV, p. 160.
3   ÖStA, FrVa 3, Konv. 5, fol. 169-172, Antoine Perrenot de Granvelle à Charles Quint, sur la route de Clermont à Amiens, 24 septembre 1544

par la volonté divine de la *tuitio regni,* la garde du royaume. Cependant, cette superintendance était, dans certaines limites, confiée au conseiller favori, en temps ordinaire, ou en cas d'absence temporaire de celui-ci, au plus important des conseillers disponibles, afin de soulager le roi du travail d'instruction et de suivi des affaires. Il s'agit donc, en quelque sorte, d'une institution désincarnée, sans titulaire, mais essentielle au bon fonctionnement de l'État royal. Pour comprendre cette institution, l'exemple de Claude d'Annebault paraît propice, car la nature de son association avec le cardinal de Tournon, sans rivalité, se prête volontiers à un examen attentif. Il faut d'abord identifier et décrire le fonctionnement ordinaire du noyau central de l'État royal sous François Ier et le rôle éminent du conseiller favori. Dans un second temps s'impose un examen du mode de gestion et de suivi des principaux domaines d'exercice du pouvoir royal, pour chacun d'entre eux, afin de déterminer si la « superintendance » couvrait bien toutes les affaires, prises séparément, et quelles étaient les exceptions. Enfin, le cas d'étude particulier des derniers mois du règne de François Ier, durant lesquels le roi délégua plus que jamais les affaires à son conseiller favori – poussant peut-être cette délégation jusqu'à l'extrême –, permet de définir plus précisément les limites de cette superintendance et la part essentielle du pouvoir souverain qui n'était en aucun cas aliénable, dont le roi ne pouvait se dessaisir entre les mains d'autrui[1].

---

1   Sur le devoir de conseil, l'indivisibilité du pouvoir souverain et autres principes fonda-
    mentaux de la monarchie, *cf.* par exemple la synthèse de Richard Bonney, *L'Absolutisme,*
    Paris, 1989 ; on lira aussi avec profit les réflexions de B. Barbiche, *op. cit.*, p. 1-11 et *passim,*
    et de Denis Richet, *La France Moderne. L'esprit des Institutions,* Paris, 1973.

LE PREMIER DES CONSEILLERS

LE CONSEIL ET LES CONSEILS

Avant les règlements du règne d'Henri II[1], les sources sur le conseil du roi sont peu nombreuses[2], et les avatars du conseil aussi mal connus que ses compositions. À cette époque, s'il n'y avait en théorie qu'un seul Conseil, celui-ci pouvait se réunir sous plusieurs formes. Il n'est ici question que des conseils réunis régulièrement autour du roi et avec un personnel restreint[3].

Jean Du Tillet écrivit dans les années 1560 que François Ier et ses prédécesseurs divisèrent le conseil en trois parties : la guerre et les affaires d'État, les finances, et la justice. En fait, il n'existait qu'un conseil large et un second plus restreint dit « conseil étroit », créé en 1526, mais qui existait de façon informelle auparavant[4]. Le matin se tenait ce conseil « des affaires » pour examiner les affaires les plus importantes ; c'est aussi là que se prenaient les édits. L'après-midi se réunissait le conseil élargi dit « privé », plus administratif et moins décisionnel, où se déroulaient notamment les requêtes, et où l'on procédait à l'expédition des actes et s'assurait de la mise en œuvre et du suivi de questions secondaires. En théorie, tous les « conseillers du roi », nommés par brevet ou lettres patentes, pouvaient y participer ; ils pouvaient être quinze ou vingt à

---

1 Voir le règlement du 3 avril 1547 (AN, KK 625). Les listes de conseillers furent sans doute nombreuses sous François Ier mais ne revêtaient aucun caractère officiel ; écrits d'usage interne et circonstanciels, ils n'avaient pas, selon les critères de l'époque, vocation à être conservés. Le fameux « roole de ceulx que le Roy veult entrer en son conseil pour le fait de ses finances » du 20 février 1543 (F. Decrue, *De consilio Regis, op. cit.*, p. 91-92) n'est peut-être qu'un rare rescapé d'un nombre considérable de documents similaires.

2 Contrairement à l'Angleterre (*Acts of the Privy Council of England, op. cit.*), nous n'avons pas de sources fiables pour la France antérieures au registre BnF, Fr. 18153, pour les arrêts du 19 avril 1547 au 4 janvier 1554 (*cf.* G. Desjardins, « Le fonds du Conseil d'État de l'ancien régime aux Archives nationales », dans *Bibliothèque de l'École des Chartes*, 1898, p. 35-39).

3 Voir l'inroduction de C. Michon, « Conseil et conseillers sous François Ier », art. cité, p. 17-20, 34-40 et 62-64. Pour une bonne perspective européenne, voir la contribution de Pere Molas Ribalta, « L'impact des institutions centrales », p. 28-36, dans W. Reinhard, dir., *Les Élites du pouvoir, op. cit.*, p. 25-52.

4 J. Du Tillet, *Recueil des roys de France, leur couronne et maison*, Paris, 1607, p. 425, cité par R. J. Knecht, *François Ier, op. cit.*, p. 60.

porter ce titre, mais seule une minorité d'entre eux assistait aux séances. Ce conseil, qui prit le nom de « conseil d'État » sous Henri III, perdit peu à peu de son importance à cause de l'absence systématique du roi, du nombre croissant des conseillers et de l'importance de plus en plus mineure de ce qui s'y déroulait[1].

Le conseil du roi se réunissait donc chaque jour, sous deux formes successives : le conseil des affaires puis le conseil privé, celui qui avait une importance politique et celui qui n'en avait guère. Il faut se méfier du vocabulaire employé : les Anglais appellent parfois le conseil du matin « conseil privé », tandis que les Italiens peuvent le nommer « très étroit » par opposition à celui de l'après-midi, « étroit ». On parle aussi parfois de conseil « secret » pour le premier. C'est pourquoi il vaut mieux parler de conseil des affaires le matin, et de conseil privé pour l'après-midi (l'expression « conseil d'État » étant anachronique), en évitant autant que possible les confusions tout en respectant les usages de l'époque. Parmi les rares témoignages contemporains, celui de Matteo Dandolo, datant de 1542, est peut-être le mieux connu[2]. Selon Dandolo, le roi tenait son conseil des affaires après son lever. Il quittait ce conseil en fin de matinée pour aller à la messe, puis déjeunait[3]. À la fin du repas, il revoyait le chancelier et d'autres personnages du conseil étroit. Après, il se retirait dans un coin ou à une fenêtre, pour l'audience des ambassadeurs, qui durait une ou deux heures. Ensuite, le roi partait se reposer[4]. Il n'assistait donc pas en personne au conseil privé. L'emploi du temps décrit par Matteo Dandolo correspond au cas de figure le plus ordinaire. Cependant, ce modèle n'était pas entièrement figé et il arrivait que le conseil « des affaires » fût assemblé une seconde fois après le déjeuner, en fonction des affaires restant à traiter : par exemple, si le conseil du matin avait été assemblé pour traiter des matières diverses, on pouvait le réunir une seconde fois en début d'après-midi, dans une

---

1   G. Zeller, *Institutions, op. cit.*, p. 112-113 ; L. Romier, *Le royaume de Catherine de Médicis, op. cit.*, t. I, p. 51 souligne la frustration des « conseillers naturels » (Bourbons, appelés l'après-midi) vis-à-vis des « conseillers effectifs » (Guise, au conseil du matin) à la mort d'Henri II. La distinction des deux conseils est assez bien connue pour ce règne (D. Potter, *A History of France, op. cit.*, p. 102-103), mais est longtemps restée moins bien identifiée pour celui de François Ier (malgré Decrue, p. 12) jusqu'à C. Michon, « Conseils et conseillers sous François Ier », dans *Les conseillers de François Ier, op. cit.*, p. 11-81.

2   Alberi, *op. cit.*, serie I, t. IV, p. 33-35.

3   On « dînait », selon le terme employé à l'époque.

4   *Ibid.*

autre composition, pour traiter des affaires de guerre[1], sans que cela empêchât la tenue simultanée du conseil privé avec d'autres conseillers. Voici ce que dit encore Dandolo au sujet du conseil privé de l'après-midi, qu'il appelle ici « étroit » :

> Sa Majesté a son conseil étroit, que l'on pourrait assimiler à notre conseil des Pregadi[2], parce que en son sein se traitent des affaires presque de même nature. Ce conseil se réunit chaque jour après que Sa Majesté s'est retirée pour dormir, et sa réunion a lieu dans une salle. Y entrent le chancelier, l'amiral [Chabot], monsieur d'Annebaut, les révérendissimes cardinaux de Tournon et Du Bellay, qui est le frère de monsieur de Langey, ledit seigneur de Langey, le révérent et illustrissime [cardinal] de Ferrare, seul Italien (on n'en vit plus aucun depuis le seigneur Jacques Trivulce), le révérendissime évêque de Soissons et le secrétaire Bayard, qui s'occupe des expéditions et des mandements de Sa Majesté, comme les privilèges, grâces et choses similaires.

Quant au conseil des affaires, réuni le matin :

> Sa Majesté a aussi son conseil très secret, qui s'appelle *les affaires*, auquel sont présents la sérénissime reine Marguerite de Navarre sa sœur, qui pour cette raison doit se trouver en tous lieux où se trouve Sa Majesté [...], le sérénissime roi de Navarre son époux quand il est à la cour, monsieur l'amiral [Chabot], monsieur d'Annebaut, le révérendissime [cardinal] de Lorraine et monsieur le dauphin, sans aucun secrétaire[3].

Matteo Dandolo est très précis. Cependant, ses observations sont en partie fausses. En effet, ce qui se faisait au conseil des affaires était tenu « tellement secret », comme le remarqua lui-même l'ambassadeur Vénitien, « que s'[il] ne [s']y était pas trouvé en personne, [il] n'aurai[t] pu le croire[4] ». En fait, la composition qu'il en donne n'est que celle qu'il eut lui-même l'occasion de remarquer, tirant des conclusions générales de circonstances particulières. La reine et le roi de Navarre avait sans doute été appelés parce qu'il pouvait être question ce matin-là

---

1   *L&P*, t. XVII, p. 149, n° 269, William Paget à Henri VIII, Rivière, 24 avril 1542 : le conseil fut assemblé pour la guerre après le « dîner » avec le roi, le chancelier, l'amiral Chabot, Claude d'Annebault « and three of his generals, as they call them here », sans doute Galiot (artillerie), Brissac (chevau-légers) et son père René de Cossé (gens de pied).
2   C'est à dire « des requêtes ».
3   Alberi, *op. cit.*, serie I, t. IV, p. 33-35.
4   *Ibid.* « così segrete che certo s'io non mi fossi trovato non lo averei potuto credere ». Pendant les réunions, un huissier êté posté devant l'entrée (*cf.* le rôle du 20 février 1543 cité plus haut).

du mariage de Jeanne d'Albret, ou de l'offensive en Roussillon pour reconquérir la Navarre, mais on n'a quasiment aucune autre mention de Marguerite et de son mari en tant que conseillers. L'absence de Tournon dans cette liste n'est pas normale : il devait être absent ce jour là pour une raison ou une autre. Enfin, le chancelier et un secrétaire auraient dû s'y trouver : leur présence n'a pas été jugée utile car il n'était sans doute pas prévu, pour cette fois, de prendre des édits ou de rédiger des actes justifiant l'assistance de services de chancellerie : le même cas de figure semble s'être parfois produit lorsque le conseil des affaires était réuni pour traiter de stratégie et de guerre.

En réalité, le conseil des affaires était constitué d'un noyau fixe, comprenant trois à six personnes, les trois ou quatre conseillers les plus importants, le chancelier ou garde des sceaux et un secrétaire, représentant les « bureaux de la monarchie[1] », indispensables à la rédaction et au scellement des actes. Après la mort de Chabot, les conseillers « effectifs » du roi, en son conseil des affaires, furent d'ordinaire le cardinal de Tournon, l'amiral d'Annebault, François de Saint-Pol, le garde des sceaux et l'un des secrétaires[2]. Lorsque Saint-Pol mourut, il semble qu'il ne fût pas remplacé ; cependant, le secrétaire Bayard, officiellement désigné comme l'un des conseillers du roi après la paix de Crépy, devint le secrétaire ordinairement appelé à ce conseil, alors qu'auparavant, il semble avoir davantage partagé cette tâche avec ses collègues[3]. Malgré l'existence de ce noyau fixe, la composition du conseil des affaires pouvait encore subir des variations importantes certains jours : outre le roi, le dauphin (qui assistait sans participer), l'amiral d'Annebault, le cardinal de Tournon, le chancelier Olivier et le secrétaire Bayard, pouvaient être appelés à ce conseil les cardinaux de Lorraine et de Ferrare, avec des éclipses, et parfois Nicolas de Longueval ou Jean Du Bellay, pendant quelques

---

1 L. Romier, *Le royaume de Catherine de Médicis, op. cit.*, p. 58. Vu qu'ils suivaient les affaires au quotidien, leur importance réelle excédait souvent ce rôle, et la fameuse réforme d'Henri II du 1ᵉʳ avril 1547 (à l'origine des secrétaires d'État) n'est que l'institutionnalisation d'une évolution déjà ancienne.

2 C'est par exemple la composition donnée dans *ANG*, t. III, p. 274, Dandino au cardinal Farnèse, Chauny, 21 octobre 1543. Le secrétaire n'était pas toujours le même, et son choix dépendait sans doute déjà des affaires traitées (peut-être Neuville pour les finances, Bochetel pour l'Empire, Bayard pour l'Angleterre, etc.)

3 ÖStA, FrVa 3, fol. 191-195v, Antoine Perrenot de Granvelle à Charles Quint, Amiens, 2 octobre 1544 : « le général Bayard, que le Roy a faict, comme l'on m'a certiffié, de son Conseil avec gaiges de deux mil francs ».

semaines[1]. D'autres personnages se joignaient exceptionnellement au conseil pour des affaires particulières[2]. La raison de ces compositions fluctuantes tient en la nature des matières évoquées, qui pouvaient parfois requérir la consultation des personnes directement concernées ou les mieux informées. En outre, des sessions particulières du conseil des affaires, relatives aux finances ou à la guerre, associaient surtout des spécialistes : il ne s'agit pas pour autant d'un autre conseil, mais plutôt d'une configuration particulière de ce conseil des affaires. Le conseiller favori était le seul à y prendre part dans toutes ses configurations, car lorsqu'il s'agissait de traiter des affaires de guerre, les cardinaux étaient absents et remplacés par les grands officiers militaires. Enfin et surtout, il était parfois nécessaire d'élargir, pendant quelques semaines, la composition du conseil à d'autres personnes pour assurer la continuité des affaires, lorsque l'un ou plusieurs des participants habituels étaient indisponibles pour cause de maladie ou retenus à la tête des armées. Par exemple, un mandement du 11 septembre 1546, établi « par le roy en son conseil », porte les noms des principaux personnages présents : le dauphin, les cardinaux de Ferrare et de Tournon, le chancelier Olivier et Nicolas de Longueval[3] : le cardinal de Lorraine était alors absent, ainsi que l'amiral d'Annebault qui n'était pas encore rentré d'Angleterre. Comme l'a justement remarqué l'historien Philippe Hamon, « il faut insister sur un aspect très concret : le Conseil rassemble les conseillers disponibles sur place[4] ».

---

1   Par exemple *ANG*, t. III, p. 364, Guidiccione au cardinal Farnèse, Argentan, 14 juin 1545 : le nonce apostolique, appelé au conseil où l'on délibérait de la publication de la bulle de concile, vit les cardinaux de Tournon et de Ferrare, l'amiral d'Annebault et le chancelier Olivier. Sur la composition du conseil étroit dans ces années du « moment d'Annebault », voir F. Nawrocki, « Le Conseil de François Ier (1541-1547) », dans *Les conseillers de François Ier*, *op. cit.*, p. 457-459.
2   AS Modena, Cart. amb., Francia 20, Giulio Alvarotti au duc de Ferrare, Melun, 12 janvier 1545 : « Aggiongendo quanta alle altre mie baciaro le mani di V. Ecc[a], et le dirò come hoggi mons[r] d'Andalot è stato con l'oratore imperiale in conseglio con questi s[ri] che ordinariamente fanno conseglio, chi è il cancelliero, Tornone, armiraglio et altri ».
3   AN, K 88, n° 20. La mention des conseillers présents reste peu fréquente jusqu'au règne d'Henri II.
4   P. Hamon, « Le contrôle des finances royales », art. cité, p. 166.

LA HIÉRARCHIE DES CONSEILLERS

Les personnes siégeant ordinairement le matin en conseil des affaires faisaient évidemment partie des plus influentes auprès du roi. À l'extérieur de la cour, on ne savait pas toujours précisément quelles étaient ces personnes d'une importante suffisante pour peser sur la politique[1]. Par exemple, lorsque Alfonso Calcagnini, ambassadeur du duc de Ferrare, arriva à la cour de France en décembre 1543, il portait des lettres de créance de son duc pour le roi et toute la famille royale, madame d'Étampes, l'amiral d'Annebault et les cardinaux de Lorraine, de Tournon, Du Bellay, de Ferrare, de Châtillon et de Givry. Arrivé à la cour, Calcagnini prit des renseignements et constata qu'il était inutile de présenter ses lettres aux deux derniers cités, dénués d'influence politique ; en revanche, il fit mettre les deux lettres de créances laissées en blanc aux noms du garde des sceaux François Errault, qui avait pris la place du chancelier (emprisonné depuis peu) au conseil, et du grand aumônier le cardinal de Meudon, qu'il jugeait important[2]. Ces gens d'influence étaient soit du noyau principal du conseil (d'Annebault, Tournon, Errault), soit du deuxième cercle (Lorraine, Du Bellay, Ferrare), soit des « antichambres » de la décision (Étampes, Meudon). Tous n'avaient pourtant pas le même poids politique et il y avait, parmi les conseillers, une véritable hiérarchie[3].

Claude d'Annebault était le principal des conseillers du roi, ce que Tournon n'a jamais été, non qu'il eût été incapable d'exercer le contrôle de toutes les affaires à la fois, mais parce que dans la nécessaire ressemblance du roi et de son favori, incarnant une part de la majesté royale, un prélat n'était pas le mieux placé. Comme on l'a vu, l'association de Claude d'Annebault et de François de Tournon, d'un chevalier et d'un prélat, selon le modèle précédemment incarné par Anne de Montmorency et Jean de Lorraine, laissait au premier la prééminence et le rôle de conseiller favori. Un tel duo présentait le grand avantage de rendre

---

1   Par ailleurs, dans les rares listes officielles, comme au bas des actes, ou encore dans les correspondances diplomatiques, les cardinaux sont généralement cités en premier lieu pour des questions de protocole : on ne peut absolument pas présumer, comme cela se fait souvent, de l'importance politique d'un personnage d'après le rang qu'il prend dans une liste.

2   AS Modena, Cart. amb., Francia 19, lettres d'Alfonso Calcagnini au duc de Ferrare, Melun, 17 et 23 décembre 1543.

3   C. Michon, « Conseil et conseillers sous François Ier », art. cité, p. 42-43.

impossible une concurrence sur le même terrain, comme cela avait été le cas entre Montmorency et Chabot. Entre un chevalier et un prélat, une véritable collaboration pouvait s'instaurer. Claude d'Annebault et François de Tournon pouvaient donner l'impression d'une communauté d'âme[1] : leur front commun contre la duchesse d'Étampes en 1545 avait prouvé leur solidarité et leur alliance d'intérêts. L'amiral d'Annebault pouvait s'éloigner sans craindre que le cardinal de Tournon n'en profitât pour lui nuire ou pour l'écarter. Il n'en reste pas moins que tous deux formaient un duo presque indissociable, « monsieur l'amiral et le révérendissime cardinal de Tournon, qui sont ceux qui ont l'administration des choses de l'État[2] ».

En général, les historiens d'Ancien Régime ne songèrent pas à contester la position éminente de Claude d'Annebault[3] et les modernes furent souvent du même avis[4], malgré quelques doutes sur les capacités de l'amiral et une préférence marquée pour le cardinal, potentiel précurseur de Richelieu et Mazarin. L'étude remarquable de Michel François sur Tournon fit pencher la balance du côté du cardinal, qu'on considère depuis comme l'inspirateur (avec, notamment, un très douteux « grand dessein » d'alliance impériale et de lutte unie de toute la Chrétienté contre les hérésies) de toute la politique de la fin du règne. Sans contester le rôle important joué par l'amiral, Michel François crut voir en Tournon le « conseiller le plus écouté du roi ». Certes, en certaines occasions, le cardinal fit preuve d'une activité débordante, même pour des affaires pour lesquelles il n'était a priori pas compétent : par exemple, à l'été 1545, en matière de marine, il s'informa scrupuleusement des succès de la flotte, ou de la réfection des bateaux et du ravitaillement des troupes ; en outre, il s'occupa de toute la correspondance avec les lieutenants et gouverneurs de provinces[5]. Toutefois, ces périodes où le cardinal passait au premier plan correspondaient exactement, et sans

---

1   *Cf.* l'expression d'Alvarotti « dui corpi, et un' anima » citée p. 460.
2   AS Firenze, MP, 4591, fol. 20-21, lettre de Cosme Ier à Bernardo de Médicis, Florence, 18 janvier 1545.
3   Pour Anselme, *op. cit.*, t. IX, p. 177, et Moréri, *op. cit.*, t. I, p. 118, le roi en fit son « principal ministre » après la disgrâce de Montmorency.
4   C. Terrasse, *op. cit.*, t. III, p. 225 : « le cardinal ne passe qu'après l'amiral, dont l'autorité apparaît prépondérante ».
5   Michel François décrivit toute cette soudaine activité avec étonnement, car il ne trouvait trace d'une disgrâce passagère de l'amiral d'Annebault à ces moments précis, ni de celle de Tournon au moment où cela cessait (M. François, *op. cit.*, p. 202).

exception, aux périodes d'indisponibilité de Claude d'Annebault. Le mot de Martin Du Bellay, qui dit que Tournon avait le maniement des affaires du roi en l'absence de l'amiral[1] est rigoureusement juste. Bien plus, de nombreuses autres sources font état de cette pratique. Par exemple, le nonce Guidiccione écrivit que « en l'absence de monsieur l'amiral, c'est jusqu'à présent le révérendissime Tournon qui gouverne tout[2] ». L'amiral était donc bien celui à qui le roi confiait d'ordinaire la « superintendance » de ses affaires. Un agent anglais dit que « mons[r] l'amyral est le facteur du roi et celluy auquel il commande toutes choses[3] », tandis que l'ambassadeur de Florence précisait : « L'amiral gouverne toute chose, et sans lui on ne peut parler au roi, ni avoir rien[4] ». Pour les contemporains, l'ambiguïté n'existait pas, et si l'on associait parfois le nom du cardinal à la gestion des affaires par l'amiral, l'inverse n'arrivait jamais. Ainsi, lorsque le nonce Dandino fit ses recommandations pour l'agent ferrarais Rossetto, il écrivit qu'il aurait à saluer particulièrement le dauphin, le duc d'Orléans, Tournon et d'Annebault « en le louant de son bon gouvernement[5] ».

Des deux principaux conseillers du roi, le prélat était donc subordonné à l'homme d'épée, et le suppléait lorsqu'il devait s'absenter de la cour, la plupart du temps pour commander les armées. Mais Tournon n'en était pas moins très impliqué dans les affaires, car l'amiral, qui le respectait comme un père, faisait grand cas de ses avis, et lui laissait beaucoup d'autonomie dans tous les domaines. De plus, il était nécessaire que le cardinal se tînt aussi bien informé que son collègue, afin de pouvoir temporairement le remplacer sans inconvénient majeur. Ce duo fonctionnait bien, et permettait à François Ier d'avoir toujours à disposition un conseiller capable d'endosser la responsabilité de préparer les séances du conseil et de vaquer à l'exécution et au suivi de toutes les affaires en cours. Le roi pouvait donc envisager de laisser partir l'un ou l'autre, mais jamais les deux à la fois. Par exemple, en septembre 1544, après la conclusion de la paix de Crépy, l'amiral revint en toute hâte auprès du

---

1   Du Bellay, *Mémoires*, t. X, p. 517.
2   *ANG*, t. III, p. 379, Guidiccione au cardinal Farnèse, Vatteville, 21-22 juillet 1545.
3   *L&P*, t. XIX, part I, p. 351-353, Baptiste de La Vigne à Henri VIII, 24 mai 1544.
4   AS Firenze, MP, 4590, fol. 4-6v, Bernardo de Médicis à Lorenzo Pagni, secrétaire de Côme Ier, Fontainebleau, 22 décembre 1544, éd. *Négociations de la France et de la Toscane, op. cit.*, t. III, p. 140.
5   *ANG*, t. III, p. 320, Dandino au cardinal Santa Fiora, Fontainebleau, 20 janvier 1544.

roi, car Tournon arrivait à son tour à la cour de l'empereur pour régler certaines questions encore pendantes[1]. L'année suivante, il fut envisagé d'envoyer d'Annebault avec Tournon à la cour de l'empereur, afin de négocier de nouvelles dispositions matrimoniales pour la paix, fragilisée par la mort du duc d'Orléans[2] ; finalement, seul l'un d'eux s'y rendit, et ce fut l'amiral – car l'empereur demandait qu'on envoyât le plus grand personnage du royaume[3]. Avec d'Annebault à ses côtés, le roi pouvait se passer de Tournon, et avec celui-ci, il pouvait employer l'amiral loin de la cour pour un temps limité. Ce système pragmatique apparaît encore plus clairement à la lumière des événements de juillet 1546, lorsque François Ier rechigna à envoyer son favori au roi d'Angleterre, qui le réclamait avec insistance. On envisagea même d'envoyer un autre négociateur, sans que la raison en fût officiellement donnée, au risque de fâcher Henri VIII[4]. En fait, Tournon était hors de la cour à cause d'une maladie : le 4 juillet, il ne parut toujours pas aux fêtes de la cour[5], si bien qu'on ne pouvait prévoir quand il reprendrait sa place au conseil. Cette indisponibilité était la raison pour laquelle le roi différait le départ de l'amiral pour Londres, comme le comprit bien Nicholas Wotton :

> À présent, parce que le roi son maître repose principalement sa confiance pour le maniement de ses affaires importantes en la personne dudit amiral, en l'absence duquel néanmoins le cardinal de Tournon avait l'habitude de le suppléer en prenant sa place, pour autant que ledit cardinal est malade, et que cette situation semble devoir se prolonger, s'il en advenait ainsi, ce pourrait être une raison de retarder encore le départ de l'amiral loin du roi son maître[6].

---

1 Au début des négociations, le roi avait refusé d'envoyer Claude d'Annebault, car il en avait trop besoin, tant pour achever de rassembler son armée que pour décider, au conseil, de la position à adopter ; le secrétaire Claude de L'Aubespine fut donc chargé des préliminaires. En effet, l'amiral était indispensable pour les entretiens avec les délégués impériaux, mais un autre que lui pouvait discuter du lieu et de l'endroit où ils se dérouleraient (AS Modena, Cart. amb., Francia 19, Alfonso Calcagnini au duc de Ferrare, Paris, 24 août 1544).

2 M. François, *op. cit.*, p. 213.

3 AS Modena, Cart. amb., Francia 19, Alessandro Zerbinati au duc de Ferrare, Lyon, 18 décembre 1545.

4 *Cf.* p. 387.

5 AS Modena, Cart. amb., Francia 23, Giulio Alvarotti au duc de Ferrare, Fontainebleau, 4 juillet 1546 (éd. partielle C. Occhipinti, *Carteggio d'Arte, op. cit.*, p. 142-146).

6 *CSP of Henry VIII*, t. X, p. 232-234, Nicholas Wotton à Anthony Browne, Londres, 5 juillet 1546 (trad.) ; un mois plus tard, le problème restait entier, comme le remarqua l'amiral anglais, lord Lisle, alors à Fontainebleau : « I think he will not by his good will tarry long

Pourtant, en août 1546, il dut finalement accepter de laisser partir son amiral pour sauvegarder la paix. Alors, tout parut désorganisé : en temps normal, il semble que le cardinal de Lorraine eût suppléé aux absences conjuguées des deux autres mais, celui-ci étant aussi hors de la cour, toute la cour se trouva désemparée : qui dirigeait le conseil ? À qui adresser les requêtes ? Les agents du roi hors de la cour n'étaient guère mieux préparés : ainsi, l'ambassadeur du roi en Angleterre, Odet de Selve, s'inquiéta de savoir à qui adresser les paquets en l'absence de l'amiral[1]. Finalement, François Ier eut recours au cardinal de Ferrare, qui se retrouva d'un seul coup submergé de travail et tint une table aussi fréquentée, selon l'ambassadeur Giulio Alvarotti, que l'amiral lui-même en temps ordinaire[2].

L'ordre de dévolution des fonctions de « superintendance » habituellement assumées par le conseiller favori était donc désormais le suivant : Claude d'Annebault, puis François de Tournon, puis Jean de Lorraine, et enfin Hippolyte d'Este. Les trois prélats jouaient tous un rôle politique : c'est ce même trio qui fut présent, aux côtés du roi, lors de la proclamation solennelle de l'arrêt rendu contre les Rochelais révoltés en janvier 1543[3]. Mais si le cardinal de Lorraine, en raison de son expérience, était un peu mieux qu'un pis-aller, le cardinal de Ferrare n'était à l'évidence pas préparé à jouer un rôle aussi éminent[4]. Malgré ces imperfections, ce système de subsidiarité rendait possibles

---

from his master, for he doth all together; and now the cardinal of Tournoon being sick, whom by his own confession to me is linked togethers as father and son. I suppose he will be the more in doubt to be long away » (*L&P*, t. XXI, part I, p. 706-707, n° 1406, et *CSP of Henry VIII*, t. XI, p. 230-232, John Lisle à William Paget, Fontainebleau, 3 août 1546).

1   Selve, *Correspondance politique*, p. 20-21, lettre à l'amiral, 3 août 1546 ; rappelons que Tournon était alors malade (ce que savait Selve) ; la correspondance de l'ambassadeur s'interrompt brutalement entre le 4 août et le 6 septembre, ce qui laisse en suspens la réponse, mais il est possible que les paquets aient été finalement envoyés au cardinal de Ferrare.

2   AS Modena, Cart. amb., Francia 23, Giulio Alvarotti au duc de Ferrare, Moulins, 29 août 1546.

3   *Cronique du roy François, op. cit.*, p. 417. D'Annebault rentrait alors de sa traversée malheureuse des Alpes par le Mont Cenis.

4   V. Pacifici, *Ippolito d'Este, op. cit.*, p. 92-96, sur la carrière du cardinal au service de François Ier entre 1544 et 1547 ; après les missions diplomatiques à Venise et à Rome, évidemment bien connues, Pacifici néglige le rôle politique du cardinal à la cour de France. L'action politique de ce prélat au conseil ne laissa presque aucune trace, contrairement aux ambassades qui laissent beaucoup de correspondance et de nombreuses mentions extérieures.

les absences occasionnelles du conseiller favori. Cependant, elles ne pouvaient se prolonger, car l'amiral d'Annebault était devenu, au fil du temps, réellement indispensable au roi.

UNE PRÉSENCE NÉCESSAIRE

Le roi ne se séparait de son conseiller favori que lorsque cela devenait inévitable, pour le représenter à la tête des armées, dans des négociations de paix, ou des entretiens directs avec l'empereur ou le roi d'Angleterre. Après son retour de Piémont en janvier 1543, il ne l'envoya plus jamais résider dans ses gouvernements[1]. Lorsqu'il n'avait pu faire autrement que de l'envoyer loin de la cour, il s'employait à le faire revenir au plus tôt. Ceci explique en partie l'empressement de Claude d'Annebault à quitter la cour impériale en novembre 1545, lorsque les négociations triangulaires semblaient ne pouvoir aboutir. De même, François Ier, qui avait de mauvais gré fini par accepter d'envoyer l'amiral auprès d'Henri VIII en août 1546, le fit rappeler sous un vague prétexte, par un messager venu en toute hâte jusqu'à Hampton Court, alors que les fêtes pour sa réception n'en étaient qu'à leur commencement :

> Il advint que les grandes affaires du roi de France furent soudain telles que cet ambassadeur fut rappelé chez lui en hâte par la poste avant qu'il n'ait reçu la moitié du noble divertissement qui avait été préparé pour lui, si bien qu'il ne put profiter que du premier banquet[2].

Il semble que ce rappel anticipé ait été convenu dès le départ de l'amiral d'Annebault qui devait s'attarder Outre-Manche le moins longtemps possible :

> J'entends de source sûre, nota le nonce Dandino, que l'amiral de France ne s'arrêtera pas en Angleterre plus de six jours, tout au plus[3].

---

1 Le Piémont, qui en raison de son éloignement et de son récent rattachement ne pouvait rester sans « vice-roi », fut finalement confié au compte d'Enghien.
2 *Acts and Monuments of Foxe, op. cit.*, t. V, p. 562 : « But, as it chanced, the French king's great affairs were then suddenly such, that this ambassador was sent for home in post-haste, before he had received half the noble entertainment that was prepared for him, so that he had but the fruition of the first banqueting-house ».
3 AS Vaticano, AA I-XVIII 6532, fol. 97-98v et *ibid.*, Segr. Stato, Francia 2, fol. 235-237v (copie), Dandino au cardinal Santa Fiora, Fontainebleau, 31 juillet 1546 (abrégée dans *ANG*, t. VI, p. 66-67)

Il ne passa finalement que quatre jours à Londres, mais le voyage, avec ses traversées incertaines, le tint éloigné de la cour pendant six longues semaines. Par ailleurs, quelles que fussent l'urgence et l'importance, réelle ou supposée, des affaires justifiant le retour précipité de l'amiral, le nonce remarqua que celui-ci, après cette longue absence, ne quittait plus un instant le roi, se trouvant sans cesse à ses côtés; le nonce, qui voulait parler à l'amiral, ne trouva pas l'occasion de discuter avec lui pendant plusieurs jours[1]. Ces longs entretiens entre le roi et l'amiral étaient probablement nécessaires pour « rattraper » le temps perdu dans le suivi des affaires.

Les absences de Claude d'Annebault pour raisons personnelles sont encore plus rares. Après Noël 1541, le roi ne le laissa plus quitter la cour pour visiter ses domaines (sauf Heubécourt, lorsque la cour était à proximité immédiate). En octobre 1544, une fois relevé de la responsabilité des négociations avec les Impériaux et les Anglais, il passa brièvement par Heubécourt avant de rejoindre la cour à Saint-Germain, comptant alors demander congé pour aller en Bretagne[2] : cela ne lui fut par accordé. Après Pâques 1545, Claude d'Annebault pensait aller enfin prendre du repos dans ses terres bretonnes, mais il dut encore renoncer à ses projets pour assister au conseil, où l'on devait à nouveau délibérer de l'alternative impériale pour le mariage du duc d'Orléans[3]. Il avait le devoir de connaître mieux que quiconque tous les aspects de la politique française et devait en toutes circonstances se tenir informé. Dans ces conditions, il ne pouvait obtenir son congé, sinon peut-être pour des raisons de santé, encore que, comme on l'a vu, le roi l'avait refusé à Philippe Chabot en avril 1543, alors qu'il était presque mourant.

Limitées à des opérations militaires et des missions diplomatiques de première importance, les absences de Claude d'Annebault furent donc, au total, plutôt rare et toujours aussi brèves que possible : il demeura auprès du roi environ trente-huit ou quarante mois pleins

---

1   AS Vaticano, AA I-XVIII 6532 fol. 111-v et *ibid.*, Segr. Stato, Francia 2, fol. 256-257v, Dandino à Santa Fiora, Argilly, 23 septembre 1546 (abrégée dans *ANG*, t. VI, p. 85) : « lui non se gli è spicato mai del fianco ».
2   Matignon, *Correspondance*, p. 106-107, Claude d'Annebault à Joachim de Matignon, Le Bec-Hellouin, 20 octobre [1544].
3   AS Modena, Cart. amb., Francia 21, Giulio Alvarotti au duc de Ferrare, Tours, 6 avril 1545.

sur les cinquante derniers du règne, soit environ 75 % du temps[1]. En outre, comme on l'a vu, Claude d'Annebault faisait partie des rares privilégiés à toujours loger au plus près de Sa Majesté, à moins qu'il fût impossible de trouver une maison assez grande pour les accueillir tous les deux[2]. Même lorsqu'il était malade et restreignait son entourage au strict minimum, mais souhaitait encore travailler aux affaires du gouvernement, le roi passait plus de temps en compagnie de son conseiller favori qu'avec tout autre, comme par exemple en janvier 1545, alors que l'amiral lui-même était indisposé :

> Il mande quelque fois la royne pour le visiter et hante peu de gens auprès de luy, si ce ne sont l'amiral et le cardinal de Tournon, et beaucop plus led. admiral, lequel est presentement detenu de la goutte, qui le tourmante en ung pied[3].

Le conseiller favori avait donc la plus grande valeur aux yeux du roi, moins en vertu de liens personnels qu'en considération de sa place éminente dans l'édifice gouvernemental du royaume. Ce prix pouvait se chiffrer en écus : la rançon de 1537, pour un Claude d'Annebault chevalier de l'ordre et général des chevau-légers, s'élevait à près de 30 000 livres ; le roi, qui « crut désespérer » de sa perte, participa à son rachat en donnant lui-même 18 000 livres. En 1546, la valeur du conseiller favori

---

1   En voici la liste, qui exclut quelques brefs voyages dans les terres familiales, accomplis lorsque la cour se trouvait à proximité (elle venait parfois dans les domaines de l'amiral, comme en février 1546), et les voyages de quelques jours pour visiter des fortifications : d'Annebault fut hors de la cour des premiers jours de juin 1543 à début novembre 1543, pour la campagne de Hainaut ; du 27 ou 28 août 1544 au 21 septembre, pour la paix de Crépy ; vers le 10-11 octobre 1544, il était au camp de Fiennes avec le dauphin, et brûlait des villages, puis rentra en Normandie (au Bec-Hellouin le 20 octobre, puis à Heubécourt), avant de rejoindre la cour dans les derniers jours du mois ; du 12 juillet 1545 au 17 août 1545, il fut occupé par l'expédition d'Angleterre ; du 4 au 25 novembre 1545, pour négocier avec les Anglais et Impériaux en Flandres ; du 29 avril au 13 juin 1546, pour la conclusion de la paix d'Ardres ; du 5 août au 19 septembre 1546, ambassade en Angleterre pour la ratification de la paix ; avant le 20 novembre et jusqu'au 26 novembre 1546, négociations avec l'empereur en Flandre.

2   AS Modena, Cart. amb., Francia 20, Giulio Alvarotti au duc de Ferrare, Poissy, 7 novembre 1544 : « [Il re] hoggi è partito da Dena et venuto ad allogiare in un villagio chiamato Fres, ove non è più ch'una casa ben piciola, di modo madama la delphina, mons' l'armiraglio, il cardinale Tornone, et altri grandi, non vi sono potutti allogiare, et sono discosti da Sua M.^tà una legha » ; le roi logeait alors avec la seule duchesse d'Étampes et quelques domestiques.

3   ÖStA, FrBW 11, Konv. « Saint-Mauris an Karl V, 1545 », fol. 1-6, Jean de Saint-Maurice à Charles Quint, Melun, 3 janvier 1545.

était sans commune mesure : lorsque l'amiral, premier personnage du royaume après le roi, proposa aux délégués du roi d'Angleterre de racheter Boulogne pour 200 000 écus d'or soleil, on lui rétorqua que ce serait le montant de sa propre rançon, s'il venait à être pris. Les 200 000 écus (soit 450 000 livres tournois) dont parla Paget représentaient le dixième de la rançon du roi prisonnier à Pavie, ou encore les trois quarts du montant de l'impôt extraordinaire qui avait été levé en 1546 pour les besoins de la guerre sur toutes les villes closes du royaume[1]. Même si l'on doit prendre ce chiffre avec précaution, on peut raisonnablement conclure que de Claude d'Annebault était devenu inestimable.

LE DEVOIR DE CONSEIL AU QUOTIDIEN

En devenant le conseiller favori du roi, Claude d'Annebault reçut la charge de travail qu'assumait quotidiennement, quelques années plus tôt, le connétable de Montmorency[2]. Son emploi du temps était évidemment chargé. Il se levait aux aurores pour recevoir les messagers et personnages d'importance arrivés à la cour, ouvrir les paquets qui lui étaient adressés et contenaient à la fois sa correspondance et celle du roi. Puis il convoquait le conseil, avant de se rendre dans la chambre du roi, dont il était le premier gentilhomme. Après le lever du roi[3], il retournait au conseil des affaires[4]. Exceptionnellement, si les nouvelles du petit matin l'exigeaient, le conseil se rassemblait plus tôt et commençait à siéger avec l'amiral avant même le lever du roi. Puis l'amiral laissait les conseillers avec Tournon pour assister au réveil de François Ier, qu'il mettait au courant en chemin, avant de rejoindre à nouveau les autres.

---

1   *CAF*, t. V, p. 18, n° 14754 (Saint-Germain-en-Laye, 4 février 1546 [n. st.]).

2   Cette reconstitution doit beaucoup à de nombreux détails isolés pris dans les dépêches des ambassadeurs impériaux (ÖStA, FrBW) et de l'ambassadeur ferrarais Giulio Alvarotti, véritable agenda de la cour (AS Modena, Cart. amb.) ; l'une des plus utiles a été AS Modena, Cart. amb., Francia 22, Giulio Alvarotti au duc de Ferrare, Melun, 9 mai 1546, qui décrit avec précision l'activité de François de Tournon (remplaçant l'amiral) jusqu'au début de l'après-midi, le jour où Jean de Monluc vint à la cour pour faire approuver par le roi les articles adoptés par d'Annebault et ses autres envoyés avec les Anglais.

3   AS Modena, Cart. amb., Francia 20, Giulio Alvarotti au duc de Ferrare, Amboise, 24 mars 1545 : « Questa mattina sono ritornato a Corte, et presentatomi a mons[r] amiraglio, dicendogli ch'io sono ritornato secondo che S. Ecc[a] me donò l'ordine heri matina [...] Così me ritirai, et lo lasciai andare al levar di S. M[tà]. »

4   Il arrivait certains matins que l'amiral « s'invitât » à la table du roi (AS Modena, Cart. amb., Francia 22, Giulio Alvarotti au duc de Ferrare, Melun, 30 mars 1546).

Le roi arrivait quelque temps après – ce qui lui épargnait sans doute bien des débats préparatoires agités. Après la messe, d'Annebault ne prenait pas tous ses repas avec le roi, mais tenait sa propre table ; celle-ci était peut-être la plus fréquentée de tout le royaume, car venaient s'y présenter tous ceux qui désiraient obtenir quelque chose du roi, en plus des familiers de l'amiral. Les ambassadeurs y allaient souvent et pouvaient noter des propos saisis sur le vif et des rumeurs entendues. La fréquentation de la table d'un conseiller du roi était un révélateur de son importance politique du moment[1] ; en effet, Claude d'Annebault y recevait notamment les demandes d'audience auprès du roi, qu'il pouvait mieux que quiconque obtenir. L'après-midi, l'amiral devait partager son temps entre les affaires d'État et les plaisirs du roi, auxquels il ne pouvait toujours se joindre. Les jours de chasse, il accompagnait toutefois le roi autant qu'il lui était possible, comme le montre par exemple la fin de cette lettre à Jacques Ménage, l'ambassadeur français auprès de l'empereur :

> Le roy s'est trouvé depuis deux jours un peu mal disposé, mais pour ce qu'on pourroit faire sa maladye plus grande qu'elle n'est, je vous advertys que tout maintenant je me houst[2] [p]our luy tenir compaignye aux toilles ou il yra bientost[3].

Ainsi, si les tâches nombreuses et variées de Claude d'Annebault l'empêchaient d'être un véritable « compagnon des plaisirs » tout au long de la journée, il partageait encore l'intimité et les loisirs du souverain, en public ou à l'écart des foules courtisanes. Le midi ou le soir, parfois après avoir tenu sa propre table, Claude d'Annebault venait à la table de François Ier, où il introduisait personnellement certains personnages, avant de prendre place auprès du roi et de deviser avec lui de choses et d'autres, qui concernaient souvent les affaires en cours. On les voyait souvent discuter ouvertement et dans la bonne humeur[4]. Après le souper,

---

1 Voir la lettre d'Alvarotti qui fait le lien entre la charge inhabituelle de travail d'Hippolyte d'Este et l'affluence tout aussi inhabituelle à sa table (citée p. 502).

2 Comprendre : « hâte ».

3 BnF, Fr. 17890, fol. 137, Claude d'Annebault à Jacques Ménage, Saint-Germain-en-Laye, 24 janvier 1546 [n. st.].

4 Par exemple AS Modena, Cart. amb., Francia 20, Bartolomeo Sala au duc de Ferrare, Melun, 10 janvier 1545 : l'envoyé du duc de Ferrare, Bartolomeo Sala, fut présenté au roi à Saint-Germain, par l'intermédiaire de l'amiral. Pendant tout le repas, le roi parla à voix

les entretiens pouvaient se prolonger un peu, puis l'amiral d'Annebault assistait au coucher du roi. Il restait souvent levé bien après lui, faisait fermer les portes du logis du roi afin qu'il ne fût pas dérangé, puis retournait travailler ou s'informer des nouvelles arrivées dans la soirée. Quelquefois, il était réveillé en pleine nuit pour recevoir un messager. Bien sûr, étant donnée l'importance des affaires dont Claude d'Annebault avait la charge, on évitait autant que possible de le déranger pour de petits tracas. Par exemple, lorsque le duc de Ferrare demanda à son ambassadeur de solliciter l'amiral afin d'obtenir d'un gentilhomme de la cour le remboursement d'une vieille dette de cent cinquante écus d'or, Alvarotti s'arrangea pour récupérer la somme par ses propres moyens. Certes, il eût pu obtenir satisfaction plut tôt en s'adressant à l'amiral, mais il voulait éviter de le déranger et de « rebattre les oreilles » avec ces histoires plutôt triviales[1], qui eussent sans doute usé inutilement son crédit auprès de l'homme le plus influent du royaume.

En somme, le conseiller favori jouait auprès du roi le rôle d'un bras droit, placé au sommet de l'État royal. Premier des conseillers, il était la clef de voûte de tout l'édifice du gouvernement central, si bien que cette fonction ne pouvait lui appartenir en propre : elle devait être assurée même en cas de maladie ou d'absence du conseiller favori, qui travaillait donc en étroite collaboration avec un autre conseiller, capable de le remplacer temporairement au besoin. Un binôme chevalier-prélat tel que celui que formaient d'Annebault et Tournon était particulièrement efficace. Tandis que le roi ne pouvait s'occuper de tout, ne fût-ce qu'à cause du cérémonial de la cour, son conseiller favori devait cumuler la responsabilité de tous les domaines, ou peu s'en faut. Si ce personnage, véritable pierre angulaire du gouvernement royal, déployait une telle activité, c'est que ses attributions étaient aussi variées qu'étendues.

---

haute (si bien que tous l'entendaient), avec l'amiral, le cardinal de Tournon et le capitaine Polin, de faire conduire les galères de Marseille à Rouen, ainsi que les six galères qu'on faisait construire ; ils discutèrent aussi de faire la guerre en Angleterre, et de la difficulté de mener les galères du Levant en Normandie.

1   AS Modena, Cart. amb., Francia 24, lettre du même au même, Paris, 16 février 1547 ; fin 1546, Alvarotti écrivait déjà à son duc qu'il préférait éviter de déranger l'amiral pour cette affaire.

LA PIERRE ANGULAIRE DU GOUVERNEMENT

Entre 1543 et 1547, l'amiral avait la responsabilité de tout ce qui incombait au pouvoir royal, tant à la cour qu'au conseil. À de rares exceptions (justice, voire la dévolution des bénéfices, encore qu'il eût son mot à dire), il était bel et bien le « facteur du roi » et « celui à qui il commandait toute chose ». Son omniprésence dans les correspondances des ambassadeurs à la cour de France, en particulier, montre qu'il était de toutes les négociations et qu'aucune requête ne pouvait être soumise au roi sans d'abord passer par lui. En effet, le responsable de la superintendance des affaires centralisait l'information politique, l'analysait, et en rendait compte si nécessaire. Il jouait donc, pour le roi, le double rôle de réceptacle et de filtre de l'information.

UN RÉCEPTACLE ET UN FILTRE DE L'INFORMATION

La maîtrise de l'information était un enjeu essentiel, tant pour l'efficacité de l'action que pour la préservation de la position personnelle du conseiller favori. Celui-ci entretenait une correspondance avec les principaux officiers du roi dans le royaume, exigeant des gouverneurs des places et des provinces de fréquentes nouvelles, qui incluaient des renseignements sur les faits et gestes des éventuels ennemis[1]. Les gouverneurs conservaient un rôle prépondérant, voire une certaine autonomie dans leurs provinces, mais ils étaient tenus de signifier à l'amiral ce qui leur paraissait sortir de l'ordinaire[2]. D'Annebault surveillait de plus près la Normandie, dont il restait gouverneur sous le dauphin : il correspondait régulièrement avec son lieutenant, Matignon, l'envoyait en tournée dans la province en attendant son rapport[3]. En réalité, il agissait avec

---

1   BnF, NAF 23167, fol. 16, Claude d'Annebault à Adrien de Pisseleu, gouverneur de Hesdin, Fontainebleau, 7 avril [1546] : « Je vous prye seulement voulloir mettre peyne d'entendre tout ce que vous pouvez de noz ennemis pour ordinairement nous en advertir, et adviser, au demourant, la ou je pourray vous faire plaisir, car vous pouvez estre asseuré que je m'y emploiray de bien bon cueur ».

2   Voir l'exemple de la Picardie dans D. Potter, *War and Government in Picardy, op. cit.,* notamment p. 105.

3   Matignon, *Correspondance,* p. 97, Claude d'Annebault à Joachim de Matignon, Fontainebleau, 22 janvier [1544] : « Je vous prye vous en venir ycy le plus tost que vous pourrez ; car il est

son cousin comme autrefois Chabot avec lui, se chargeant avant tout de transmettre les volontés du roi et notamment, de faire publier ses édits et lettres patentes, mais ne s'intéressait pas à toutes les affaires courantes[1].

Afin de se tenir informé des événements survenus à l'étranger et dans les autres cours princières, Claude d'Annebault recevait bien sûr des lettres adressées par les agents du roi à l'étranger, notamment les ambassadeurs, qui constituaient une source régulière et efficace, même si d'autres conseillers pouvaient parallèlement entretenir leurs propres informateurs. Les ambassadeurs avaient pour consigne d'écrire des dépêches aussi fréquentes que détaillées :

> Je vous prye, rappela-t-il par exemple à Jacques Ménage, l'ambassadeur du roi auprès de l'empereur, ne plaindre point ne la peyne, ne l'argent, pour nous advertir tousjours et le plus souvent que vous pourrez, quant vous verrez que l'occasion s'y offrira[2].

En outre, l'amiral avait la responsabilité d'ouvrir les paquets adressés au roi et de préparer les séances du conseil des affaires : l'information « officielle » ne pouvait donc lui échapper. Il interrogeait en personne des prisonniers de haut rang : c'est lui que le roi envoya recueillir les renseignements souhaités auprès de don Francesco d'Este, en octobre 1543[3]. De même, il tentait de soutirer aux agents étrangers les informations qu'ils ne voulaient pas lui communiquer : en août 1545, un dénommé Noirthardt, agent de l'empereur Charles, vint avec l'ambassadeur résident Jean de Saint-Maurice demander audience au roi. Avant de leur accorder l'entretien souhaité, l'amiral les prit séparément pour savoir les intentions dont les Anglais avaient fait part à l'empereur ; mais les diplomates ne dirent que ce qu'ils voulurent, malgré les ouvertures de l'amiral[4].

---

besoin que vous alliez faire ung tour en Normendye pour le faict de mon gouvernement, comme vous entendrez plus au long a vostre venue ».

1 Par exemple *ibid.*, p. 106-107, Claude d'Annebault à Joachim de Matignon, Le Bec-Hellouin, 20 octobre [1544].

2 BnF, Fr. 17889, fol. 337, Claude d'Annebault à Jacques Ménage, Longvic, 4 octobre [1546] ; *cf.* aussi G. Baguenault de Puchesse, *Jean de Morvillier, op. cit.*, appendices, p. 369, Jean de Morvillier à Claude d'Annebault, Venise, 21 octobre [1546] : « [ce] que je penseray estre digne de vous en donner advis, je ne feray faute de le vous escrire ».

3 *ANG*, t. III, p. 271, lettre du nonce Dandino au cardinal Farnèse, Coucy, 13 octobre 1543.

4 *CSP, Spanish*, t. VIII, p. 206-208, nᵒ 109, Jean de Saint-Maurice et Noirthardt, [fin août-septembre] 1545 : « We judge that the admiral's object was only to draw some admission from us. »

Réceptacle de l'information, le conseiller favori jouait également un rôle de filtre pour le roi. La plupart du temps, le roi exigeait que l'information passe par son conseiller favori avant de venir à lui. Serviteur du roi ou non, on devait passer par le conseiller favori, sans lequel « on ne pouvait parler au roi, ni avoir rien[1] ». Et certains étrangers venaient à la cour non pour voir le roi, mais pour voir l'amiral[2]. Bien entendu, il n'entendait en personne que ses habituels collaborateurs, les personnages de haut rang ou leurs émissaires. Par exemple, lorsque Jean de Monluc, revenu de Constantinople, vint trouver le roi pour l'entretenir des affaires turques, François Ier ne voulut pas l'écouter, mais le pria d'aller d'abord faire son exposé à l'amiral d'Annebault. Celui-ci écouta attentivement Monluc, puis lui fit sentir qu'il était content de lui, et que le roi serait aussi satisfait[3]. En l'occurrence, le rôle de Claude d'Annebault était d'abord de juger si une affaire était suffisamment importante pour qu'on la soumît au roi[4], puis de la présenter lui-même au souverain en lui épargnant les détails inutiles et fastidieux, avant d'organiser, dans certains cas, la tenue d'une audience du solliciteur par le roi.

L'ACTIVITÉ DIPLOMATIQUE

Même si le roi prenait toujours *in fine* les décisions les plus importantes, c'était Claude d'Annebault qui, comme jadis Montmorency, procédait à l'ordinaire des relations internationales. Pourtant, il n'avait acquis que très progressivement ces prérogatives. Le retrait des chiffres diplomatiques à Montmorency en octobre 1540 l'avait définitivement imposé au conseil du matin. Puis, peut-être guidé par Chabot et Tournon, il se mêla d'affaires protestantes (Danemark) et romaines, sans jamais s'investir autant, dans ces affaires, qu'un Jean Du Bellay ou un Jean de Lorraine. Mais en 1543, il devint le principal interlocuteur de l'empereur, puis du roi d'Angleterre en 1545. À cette date, il était le premier à traiter avec les huit ambassadeurs étrangers résidant à la cour : le nonce apostolique[5],

---

1 *Cf.* p. 500.
2 AS Modena, Cart. amb., Francia 23, lettre Giulio Alvarotti au duc de Ferrare, Doulens-le-Château, 3 novembre 1546.
3 AS Modena, Cart. amb., Francia 22, Giulio Alvarotti au duc de Ferrare, Paris, 17 janvier 1546.
4 AS Modena, Cart. amb., Francia 20, lettre du même au même, Paris, 27 novembre 1544.
5 Par exemple, lorsque le nonce Alessandro Guidiccione reçut la bulle de publication du concile de Trente, il ne put voir le roi, mais devait immédiatement la lui communiquer ;

l'orateur de l'empereur, les ambassadeurs des princes et républiques italiennes, de Venise, Ferrare, Mantoue, et Florence (sans compter les ambassadeurs extraordinaires de Gênes), celui du roi d'Angleterre[1], voire celui du roi de Portugal.

À la cour, il était celui avec qui ces ambassadeurs avaient le plus souvent affaire, pour la raison évidente que lui seul donnait les audiences et que même sans voir le roi, on pouvait lui faire entendre quelque chose par l'intermédiaire de son favori. Bien entendu, le cardinal de Tournon pouvait être souvent sollicité ; les autres conseillers l'étaient beaucoup plus rarement et pour des affaires particulières, à moins que l'amiral d'Annebault et le cardinal de Tournon ne fussent tous deux indisponibles. Comme on l'a vu, les ambassadeurs présentaient, dès leur arrivée, leurs lettres de créance aux personnages influents de la cour, ou d'autres auprès desquels ils étaient chargés d'affaires particulières. Après 1540, d'Annebault en fit toujours partie[2]. En retour, l'amiral écrivait au prince concerné son approbation du choix de son représentant, car de ce choix dépendait la poursuite de bonnes relations. Ainsi, à la duchesse de Mantoue :

> Vostre ambassadeur qui estoit par deçà m'a faict entendre comme vous avez esleu pour demourer icy en son leu le s[r] George Connegran, de quoy j'ay esté merveilleusement ayse pour le cognoistre tant homme de bien que de plus digne pour vostre service n'eussiez peu faire election, ny que le roy ait plus agréable. De quoy, Madame, je vous ay bien voulu adviser, et aussi asseurer que en tout ce que je pourray faire pour vostre service, je m'y emploiray tousjours de tresbon cueur[3].

Les diplomates nouvellement arrivés à la cour allaient généralement déjeuner à la table de l'amiral. Le Ferrarais Alvarotti, jamais avare de détails, relate ainsi l'arrivée d'un émissaire de l'empereur en décembre 1544 :

---

il en parla donc à l'amiral, et lui en donna une copie, en attendant de pouvoir remettre l'original au roi (*ANG*, t. III, p. 359, lettre du 1er juillet 1545). Pour les affaires romaines et impériales, Tournon était au moins aussi présent que l'amiral, comme Du Bellay pour les princes protestants.

1   Voir notamment les lettres de Nicholas Wotton pour la fin du règne (dans *L&P*).
2   Par exemple dans AS Mantova, Cop. Pal., 3001 et 3002.
3   AS Mantova, Cart. Pal., 1961, Claude d'Annebault à la duchesse de Mantoue, Vernon, 19 février [1546].

Hier est arrivé à Melun l'ambassadeur de Sa Majesté l'empereur, [Jean de Saint-Maurice,] qui est [...] frère de l'épouse de monsieur de Granvelle, homme d'assez bon aspect d'environ quarante ans et de robe longue. Il a eu ce matin une longue discussion avec monsieur l'amiral, avec lequel il a ensuite dîné, l'amiral en tête de table et sur le côté à sa droite, ledit ambassadeur ; de l'autre côté de la table, à gauche, se tenait un homme du marquis del Vasto nommé le comte Francesco da Landriano [...]. Après le dîner, ledit monsieur l'amiral le présenta à Sa Majesté le roi et, en cheminant de son logis à celui du roi, l'amiral marchait devant l'ambassadeur[1].

De même, c'est à l'amiral d'Annebault que les ambassadeurs demandaient leur congé, tel le Mantouan Giovanni Giorgio della Rovere, dont le père était mourant : l'amiral refusa de le laisser partir tant que son successeur, Giorgio Conegrano, ne s'était pas présenté à la cour[2]. Parfois, l'autorisation demandée tardait à venir, et ainsi Giulio Alvarotti fut tenu de rester malgré lui à la cour[3]. Qu'on arrivât ou voulût quitter la cour, il fallait se présenter à l'amiral, qui décidait de tout[4]. Dans ce domaine, l'autorité de l'amiral était telle que certains pouvaient se croire autorisés à partir sans licence écrite, par la seule permission orale du conseiller favori[5]. Ces contraintes présentaient au moins un avantage : en temps normal, tout le monde savait à qui s'adresser. On se rappelle l'embarras et le désarroi des diplomates et des courtisans en août 1546, lorsque l'amiral d'Annebault et les cardinaux de Tournon et de Lorraine furent absents de la cour. D'autre part, le conseiller favori était une source d'information des plus recherchées. Certes, il ne disait que ce qu'il voulait, mais sa parole était l'expression de la « position officielle » du roi et de son conseil, dont il faisait figure de porte-parole. Par exemple, lorsqu'arriva à la cour la nouvelle de la mort d'Henri VIII, l'orateur de Venise envoya un secrétaire à l'amiral pour entendre ce qu'il aurait

---

1   AS Modena, Cart. amb., Francia 20, Giulio Alvarotti au duc de Ferrare, Fontainebleau, 17 décembre 1544.

2   AS Mantova, Cart. inv. div., 640, Giovanni Giorgio della Rovere aux régents de Mantoue, Paris, 1er janvier 1546.

3   AS Modena, Cart. amb., Francia 22, Giulio Alvarotti au duc de Ferrare, Paris, 2 janvier 1546 : « Mons' almiraglio mi ha ancora detto ultimamente, che me expediranno, subito tornata Sua Mtà ; io non lo credo, perché sono settimane e hormai mesi ch'io sono a questo termine, pur fa per loro *res sua agitur* ».

4   AS Modena, Cart. amb., Francia 23, lettre du même au même, Compiègne, 29 octobre 1546.

5   *Ibid.*, lettre du même au même, Trolly, 29 novembre 1546 (à propos d'un serviteur du cardinal Trivulce).

à dire[1]. De même, le conseiller favori faisait état de l'avancement de certaines négociations et annonçait les prochaines arrivées d'émissaires prestigieux[2]. Toutefois, il fallait préserver le secret des délibérations du conseil. Ainsi, fin mars 1545, se tint un conseil où le roi devait trancher entre les alternatives proposées par l'empereur pour le mariage du duc d'Orléans ; le nonce voulut voir le roi pour savoir ce qu'il en était, mais d'Annebault l'en empêcha, lui assurant qu'il ne s'était rien passé de particulier[3]. Il pouvait même faire circuler de fausses informations (comme sur Boulogne lors de l'invasion impériale et anglaise de 1544) ou donner à croire qu'il travaillait dans l'intérêt d'un prince, quand la politique secrète du conseil des affaires étaient toute entière consacrée à lui nuire[4]. Par ailleurs, d'Annebault et Tournon pouvaient favoriser la résolution rapide de certaines requêtes ou bien différer longtemps leur instruction. Ainsi, quelques semaines après son arrivée, Jean de Saint-Maurice se plaignait que les affaires qu'il devait traiter, restées pendantes après la paix de Crépy, étaient « peu respectées et favorisées » et traînaient en longueur, au contraire du traitement qui était fait, supposait-il, à l'ambassadeur du roi de France à la cour impériale[5].

Bien entendu, l'amiral d'Annebault ne traitait pas qu'avec les résidents étrangers à la cour de France. Il correspondait surtout avec les émissaires et les agents du roi hors de France, leur transmettait des instructions conformes à ce qui avait été décidé au conseil. L'avis de Claude d'Annebault était prépondérant dans la nomination d'un nouvel ambassadeur, qui devenait par là même son obligé :

> Il vous a plu, lui écrivit Jean de Morvillier à peine arrivé à Venise, me faire ce bien et honneur de me recevoir à vostre protection, de m'y voulloir maintenir et continuer[6].

---

1 AS Modena, Cart. amb., Francia 24, lettre du même au même, Paris, 7 février 1547.
2 AS Modena, Cart. amb., Francia 20, lettre du même au même, Paris, 26 novembre 1544 : « Pur questa matina l'orator venitiano mi ha detto havere di bocha propria di mons.r l'armiraglio, che 'l prefato s.r don Ferante [Gonzaga] serà quì a questa corte fra v o vi giorni sanza fallo ».
3 *Ibid.*, Giulio Alvarotti au duc de Ferrare, Blois, 30 mars 1545.
4 Lui et Tournon procédèrent ainsi avec l'ambassadeur Saint-Maurice, tout en cherchant à édifier une ligue universelle contre l'empereur (*cf.* p. 587 *sq.*).
5 ÖStA, FrBW 11, Konv. « Saint-Mauris an Karl V, 1545 », fol. 36, Jean de Saint-Maurice à Charles Quint, Orléans, 20 février [1545]
6 G. Baguenault de Puchesse, *Jean de Morvillier, op. cit.*, appendices, p. 369, Jean de Morvillier à Claude d'Annebault, Venise, 21 octobre 1546. Les ambassadeurs lui écrivaient aussi (et

Les quelques correspondances encore conservées des ambassadeurs français résidant dans les grandes cours d'Europe[1] font sans cesse référence à l'amiral, le chef d'orchestre de la diplomatie. Parmi les correspondances d'ambassadeurs français contemporains, seule celle d'Odet de Selve, pour l'Angleterre, est à peu près complète. Elle permet de se faire une idée de la fréquence des dépêches reçues et envoyées. Pour le mois de juillet 1546, Selve écrivit seize lettres, en sept fois, espacées de deux à cinq jours ; sept furent adressées au roi, six à l'amiral d'Annebault, une au secrétaire Bochetel, une au chancelier Olivier et une au maréchal Du Biez. Les lettres adressées au roi étaient presque toujours accompagnées d'un mot pour l'amiral, qui pouvait donner des indications complémentaires ou personnelles, ou bien renvoyer à la lettre du roi ; car d'Annebault lisait les dépêches adressées au souverain. Comme les paquets diplomatiques lui étaient remis, il était le premier au courant de la correspondance avec les ambassadeurs et en communiquait le contenu au roi et aux conseillers – qui pouvaient eux-mêmes correspondre avec des agents du roi à l'étranger. Cette lettre, parmi d'autres, de l'amiral à l'ambassadeur résidant à la cour impériale, est révélatrice de cette habitude :

> J'ay faict entendre au roy ce que vous luy avez escript, et aussi ce qu'il m'a semblé luy devoir dire du contenu en celle que vous m'avez envoyée, sur que led. s[r] vous fait maintenant response comme vous pourrez veoir ; et a ceste cause, je ne vous feray plus longue lettre, laquelle servira encores pour mons[r] le cardinal de Tournon, qui est icy present avecques moy[2].

Lorsque les paquets diplomatiques arrivaient, l'amiral commençait par en prendre connaissance, parfois avec le roi ou un autre conseiller,

---

à d'autres conseillers, tels que les cardinaux de Tournon et de Lorraine) pour obtenir leur retour ; *cf.* l'exemple de Guillaume Duprat, envoyé à Trente pour les besoins du concile, dans Alain Tallon, *La France et le concile de Trente (1518-1563)*, Rome, 1997, p. 598.

1 Les mieux conservées dont la correspondance d'Odet de Selve pour l'Angleterre, éditée (*Correspondance politique, op. cit.*), et celle de Jacques Ménage auprès de Charles Quint (BnF, Fr. 17888 à 17890).

2 BnF, Fr. 17890, fol. 137, Claude d'Annebault à Jacques Mesnage, Saint-Germain-en-Laye, 24 janvier [1546] ; *cf.* aussi Tournon, *Correspondance*, p. 242, lettre à Jacques Ménage, Villers-Cotterets, 14 décembre 1545 : « il n'est point besoin que vous en faciez aultrement long discours au roy par les lettres que luy en escripvez, mais bien en pourrez escripre tout au long a mons[r] l'admiral et, en son absence, a moy, vous advisant que nous ne fauldrons de faire entendre et remonstrer audict s[r] tout ce que nous verrons luy debvoir remonstrer ».

puis remettait entre les mains d'un secrétaire, généralement Bayard ou Bochetel, les lettres à faire déchiffrer[1]. Lui-même avait son mot à dire sur les chiffres attribués aux gens du roi[2], dont il était apparemment capable d'estimer la qualité :

> Vous trouverez aussi en ce pacquet, écrivit-il à Jacques Ménage, deux chiffres de mons[r] de Grignan pour vous en servir ; mais usez du nouveau, car il me semble le meilleur[3].

Les paquets d'un ambassadeur étaient attendus tous les trois ou quatre jours. Si ceux-ci tardaient à venir, l'on s'inquiétait, car ils pouvaient avoir été détournés. En décembre 1546, étonné de ne pas recevoir de nouvelles d'Odet de Selve et d'Antoine Polin (alors auprès de Selve à la cour de Londres), l'amiral leur écrivit une lettre pour leur faire part de son inquiétude. Mais le retard n'était dû qu'au prolongement du séjour du baron de La Garde, qui avait appris plusieurs choses de nature à être dites par oral plutôt que par écrit[4].

Les lettres de l'amiral à ses agents laissent souvent transparaître une grande prudence, révélatrices non seulement de son caractère méfiant, mais aussi d'une longue habitude des finesses et des pièges de la diplomatie. On le constate par exemple dans cette lettre à Jean de Monluc, envoyé à la cour de l'empereur :

> [Je] vous prye vous donner bien garde a vostre arrivee de ne parler audict empereur, a ses ministres ny autre que ce soit, sans premierement avoir veu led. ambassadeur Mesnage et communiquer avecques luy sur led. memoire que vous suivrez de poinct en poinct, sans vous eslargir en riens davantaige ; en sorte qu'il ne soit riens dict au desavantaige de nostre m[e], ny chose qui puisse

---

1 ÖStA, FrVa 3, fol. 169-172v, Antoine Perrenot de Granvelle à Charles Quint, Clermont, 24 septembre 1544 : au moment où l'amiral et le roi voulaient aller à la messe arriva un paquet d'Italie, qui fut remis à l'amiral, ouverts et regardés avec le roi, avant que les lettres ne fussent confiées à Bochetel et Bayard pour les déchiffrer.

2 BnF, Fr. 17889, fol. 22-23, double d'une Jacques Ménage à Jean Carraciolo (prince de Melphe, gouverneur du Piémont), Ratisbonne, 7 juin [1545] (la lettre porte en tête la mention postérieure erronée : « 7 juin 1544 ») : « Huict jours avant avoir receu la lettre qu'il vous a pleu m'escripre le XXme du mois passé, j'avoys escript a mons[r] l'admyral si son bon voulloir estoit vous envoyer ung chiffre et a moy le double d'icelluy sur lequel je vous puisse escripre ».

3 BnF, Fr. 17889, fol. 289, Claude d'Annebault à Jacques Ménage, Bruxelles, 27 novembre [1545].

4 Selve, *Correspondance politique*, p. 79, lettre du 1er janvier 1547.

prejudicier a ses affaires. Et si d'avanture vous aviez dict a l'ambassadeur de l'empereur estant en Levant quelque chose davantaige, vous regarderez avecques led. Mesnage a rabiller cela et le coulourer le mieulx que vous pourrez, en maniere que vous puissiez estre trouvez veritables et tenir tous deux ung mesme langaige ; et me semble que le moins que pourrez dire sera beaucoup le meilleur[1].

Parfois, Claude d'Annebault prenait des précautions excessives. Lorsque l'agent vénitien d'Henri VIII, Francesco Bernardo, se présenta à la cour en mars 1546, allant directement trouver l'amiral, celui-ci, malgré les lettres signées de son homologue anglais, se montra froid et circonspect, jusqu'à ce qu'il se fût assuré que Bernardo était bien celui qu'il prétendait être. Dès lors, Claude d'Annebault s'efforça de rattraper son erreur :

Francesco Bernardo, gentilhomme vénitien et marchand à Londres, est venu ici l'autre jour [...] pour parler à monsieur l'amiral afin de s'entremettre dans les pourparlers de paix entre l'Angleterre et la France. [Il] était en fait envoyé par l'amiral d'Angleterre avec une très grande lettre patente, qu'a vue l'ambassadeur vénitien. L'amiral [d'Annebault] ne lui fit pas très bon accueil, et néanmoins rapporta le tout au roi. Le lendemain matin, [l'amiral] le désigna à monsieur de Monluc, pour voir s'il le connaissait ; [Monluc] lui affirma qu'il était un gentilhomme vénitien et qu'il le connaissait. Alors monsieur l'amiral parla aimablement [à Francesco Bernardo] et s'excusa de ne pas l'avoir écouté, croyant qu'il n'était pas celui qu'il disait, mais que maintenant qu'il le savait [véridique], il l'écouterait. Il lui demanda où il était logé ; l'autre lui répondit qu'il était logé chez l'ambassadeur vénitien son ami et parent. Il le pria de ne rien dire de la façon dont il avait été traité, et lui le promit [...] Monsieur l'amiral lui a fait encore une lettre patente plus grande et plus ample que celle d'Angleterre[2].

Quelques jours plus tard, lorsque Bernardo tomba malade, l'amiral le fit loger dans ses appartements et soigner par le médecin personnel du cardinal de Ferrare[3]. Par la suite, pour récompenser le Vénitien du rôle qu'il avait joué dans la conclusion de la paix, Claude d'Annebault lui fit décerner une récompense de mille écus, une pension de six cents écus sur une terre en France, et le fit adouber chevalier[4].

---

1 BnF, Fr. 17889, fol. 344, Claude d'Annebault à Jean de Monluc, Valenciennes, 30 novembre [1546] ; voir aussi sa correspondance avec Guillaume Du Bellay.
2 AS Modena, Cart. amb., Francia 22, Giulio Alvarotti au duc de Ferrare, Paris, 24 mars 1546.
3 *Ibid.*, lettre de Melun, 4 avril 1546.
4 AS Vaticano, AA I-XVIII 6532, fol. 89-91v, Dandino au cardinal Farnèse, Fontainebleau, 18 juillet 1546 (analysée dans *ANG*, t. VI, p. 60-61) ; Bernardo accompagna aussi l'amiral lors de son voyage à Londres pour le serment de la paix.

La prépondérance de l'amiral dans la politique internationale se voyait aussi consacrée par la négociation des traités de paix, qui réclamait le plus haut personnage du royaume et le plus digne de représenter officiellement le roi, tandis que le cardinal de Tournon était employé pour résoudre les questions annexes, mais souvent délicates[1]. Claude d'Annebault quitta la cour à plusieurs reprises pour négocier en Champagne, en Flandre, en Artois ou en Angleterre. Bien que ses compétences aient parfois été mises en doute[2], il faut reconnaître que les traités de Crépy et d'Ardres furent plutôt bien négociés, dans un contexte difficile, avec un résultat globalement plus positif que prévu par les instructions des députés français. Face à Stephen Gardiner, John Lisle ou Ferrante Gonzague, Claude d'Annebault s'avéra un interlocuteur tout à fait capable. Seul Granvelle, le meilleur diplomate de son temps, parvint peut-être à le mettre en difficulté : toutes les tentatives de séduction par la familiarité (si utiles face au vice-roi de Naples ou l'amiral anglais) furent inefficaces avec l'austère garde des sceaux de l'empereur. Charles Quint lui-même reconnut que l'amiral et ses collègues étaient difficiles à manœuvrer :

> Combien que les Franchois, dit-il à sa sœur Marie, se démonstrent fort doulx et empeschez de me veoir si près avec l'armée et qu'ilz désirent la paix, toutesfois ne les a-t'on pu tirer à aucune particularité convenable à icelle paix[3].

Ceux qui connurent Claude d'Annebault gardèrent plutôt de lui le souvenir d'un négociateur avisé et précautionneux. Ainsi, en 1559, pendant les négociations du Cateau-Cambrésis, le cardinal Charles de Lorraine écrivit à Jacques d'Albon de Saint-André que lui et les autres négociateurs, ayant déjà trop fait les « gracieux », ne devaient rien offrir de plus et se souvenir de l'amiral d'Annebault « qui se fioit a ce que l'on luy donnoit intention et, cependant, n'accordoit quelque chose[4] ». Il n'est aucune raison de douter du jugement *post-mortem* du cardinal, totalement désintéressé.

---

1 M. François, *op. cit.*, p. 166 : « Tournon semble s'être tenu au rôle d'émissaire officieux, comme il le fera d'ailleurs si souvent au long de sa carrière diplomatique ».

2 É. Dermenghem, art. cité, p. 48.

3 Lettre de Charles Quint à la reine Marie de Hongrie, vers le 30 août 1544, citée dans C. Paillard, *Invasion*, *op. cit.*, p. 373-374.

4 BM Besançon, Granvelle 34, fol. 21, Charles de Lorraine à Jacques d'Albon de Saint-André, résumée dans *Lettres du cardinal Charles de Lorraine*, éd. D. Cuisiat, Genève, 1998, p. 336-337. *Cf.* aussi l'opinion du cardinal Farnèse : « L'avviso che V. S. ci dà della pratica della pace, e dell'andata di mons^r l'almiraglio alla Maestà Cesarea per questo effetto è molto piacuto a Nostro Signore, sperando che per la prudentia e destrezza di un personagio

S'étant révélé un authentique «faiseur de paix[1]», il resta une référence pour la génération suivante. Cependant, on ne peut faire porter à l'amiral toute la responsabilité des réussites ou des échecs de la diplomatie française, définie par le roi en son conseil. Claude d'Annebault négociait avec l'appui de personnages rompus aux subtilités de la diplomatie, comme Olivier, Errault ou Bayard, et plus officieusement Gabriel Guzman ou Jean de Monluc. Ses instructions bornaient étroitement sa marge de manœuvre, et toutes les propositions adverses et projets d'articles de paix étaient soumis au roi au fil de l'avancée des négociations.

L'amiral d'Annebault supervisa donc, dans les dernières années du règne de François Ier, l'ensemble de la diplomatie, domaine où il fit preuve d'une certaine habileté. En outre, sous l'égide de Claude d'Annebault, la diplomatie française poursuivit son développement et son extension. Après l'échec des tentatives d'imposer un ambassadeur français à Gênes, un autre fut installé auprès de Marie de Hongrie[2].

LES AUDIENCES DU ROI

Claude d'Annebault était l'organisateur des audiences du roi. Ce rôle, reflet public de la prééminence du conseiller favori à la cour, avait précédemment été tenu par Montmorency, puis Chabot, dont Matteo Dandolo disait qu'on ne pouvait voir le roi que par son intermédiaire[3]. L'amiral Chabot assuma ces fonctions jusqu'à ce que la maladie l'obligeât à rester hors de la cour. Claude d'Annebault lui succéda peut-être dès mars-avril 1543, et il est certain que dès la mort de Chabot, il fallait demander les audiences au nouveau favori. L'ambassadeur mantouan Gambara, arrivé à la cour début août 1543, apprit de la bouche d'Hippolyte d'Este comment procéder pour obtenir une audience :

> Dès que je fus arrivé à la cour, j'allai trouver monsieur l'illustrissime et révérendissime cardinal de Ferrare et je lui montrai les lettres; [il] me dit que je devais parler avec monsieur le maréchal d'Annebault et tout lui dire,

---

tale si possa presto venire a quella conclusione che conviene.» (*ANG*, t. III, p. 409, lettre du cardinal Farnèse à Alessandro Guidiccione)

1 Joycelyne G. Russel, *Peacemaking in the Renaissance*, Londres, 1986.

2 AS Modena, Cart. amb., Francia 22, Giulio Alvarotti au duc de Ferrare, Melun, 19 avril 1546. Ce fut Livio Crotto (*CAF*, t. IX, p. 51), dont le compte des dépenses est conservé aux AN, K 88, n° 21.

3 Alberi, *op. cit.*, serie I, vol. IV, p. 33-35.

le priant de me faire avoir audience du roi, mais ce jour-là, je ne pus parler audit seigneur, ni à Sa Majesté, parce qu'ils étaient à la chasse. Le lendemain, je retournai à la cour et je trouvai ledit seigneur. En lui exposant le tout, je le priai de me faire avoir audience du roi ; Son Excellence me promit qu'il le ferait après le dîner de Sa Majesté et quand le moment fut venu, monsieur de Ferrare, selon les ordres qu'il lui avait donnés, me fit appeler et quand je fus dans la salle, je m'approchai de la table, où étaient nombre de dames, et craignant qu'à cause des nombreuses occupations de monsieur le maréchal, il ne se souvînt pas de mon cas, je le tirai par la manche tant et si bien que je le fis se retourner, et je lui rappelai sa promesse ; aussitôt Son Excellence se leva et alla auprès du roi, et peu après me fit appeler Sa Majesté, qui s'était retirée en bout de salle, appuyée à une fenêtre ; moi, avec toute la soumission et la révérence qui lui étaient dues, je commençai à lui exposer le contenu de la lettre de Votre Excellence, en m'agenouillant et en me courbant (comme me l'avait indiqué monsieur l'illustrissime de Ferrare), et lorsque j'eus fini de dire à Sa Majesté tout le nécessaire, qu'il avait écouté avec la plus grande courtoisie, Elle me répondit d'une voix douce : « Certes l'empereur a très bien fait »[1].

Les audiences du roi avaient généralement lieu immédiatement après le repas du roi, en général celui de midi, comme en témoignent par exemple ces propos du nonce apostolique Dandino :

> Ce matin, monsieur l'amiral me l'a procurée et l'a fait très gracieusement à l'heure ordinaire, après le déjeuner de Sa Majesté[2].

Même si l'amiral ne mangeait pas toujours en compagnie du souverain, il le retrouvait généralement au lever de table pour lui présenter ceux à qui il avait promis une audience. Les circonstances étaient très variables, mais il revenait toujours à l'amiral de donner le signe qui autorisait le solliciteur à venir présenter ses hommages :

> Après le lever de table, raconta Alvarotti, préoccupé par une affaire de pré-séance, Sa Majesté parla un petit moment des affaires avec monsieur l'amiral et le cardinal de Tournon, placés de part et d'autre de son siège, puis il se leva aussi de table, et alors monsieur l'amiral me fit signe d'avancer. Je me présentai à Sa Majesté et [je lui fis] les révérences d'usage[3].

---

1   AS Mantova, Cart. inv. div., 640, Gian Battista Gambara à la duchesse de Mantoue, Soissons, 6 août 1543.

2   *Nuntiaturberichte aus Deutschland*, t. IX, p. 120-123 (analysée dans *ANG*, t. VI, p. 55-58), lettre du nonce Dandino au cardinal Farnèse, Fontainebleau, 16 juillet 1546, au sujet d'une audience demandée pour Dandino et Guidiccione.

3   AS Modena, Cart. amb., Francia 21, lettre du même au même, Blois, 7 mai 1545 : Alvarotti était précédemment venu trouver l'amiral après la chasse, eut un long entretien avec lui

Parfois, l'amiral fixait le lieu de l'audience dans la chambre du roi, ce qui lui permettait de faire patienter les émissaires importants dans ses propres appartements, toujours proches des appartements royaux, et de sonder leurs réelles intentions. Dans tous les cas, il menait toujours personnellement au moins un entretien préalable[1]. Le nonce Guidiccione comprit bien l'utilité éminemment politique de ce procédé, grâce auquel le roi n'était jamais pris au dépourvu :

> [On sait] la façon dont on traite ici les affaires : Sa Majesté ne donne audience à personne, sinon par l'intermédiaire de monsieur l'amiral, avec lequel il est nécessaire, dans un premier temps, de dégrossir la matière de tout ce que l'on a à traiter, afin qu'il puisse informer Sa Majesté et préparer la réponse[2].

On ne pouvait donc parler au roi à n'importe quel moment et sans autorisation de l'amiral, auquel il fallait d'abord tout exposer. Cette règle valait aussi bien pour les étrangers à la cour que pour les serviteurs du roi. Ainsi, le secrétaire Jérôme Le Roy, chargé, semble-t-il, d'une mission à la cour par un contact du cardinal Du Bellay en Lorraine, fut obligé de tout dévoiler à l'amiral :

> Monsr le cardinal de Lorrenne parla au roy de luy, toultesfois il n'eust jamais audience qu'il n'eust parlé a mons[r] l'admiral, ce qu'il ne vouloit faire de

---

dans son antichambre pour une question de préséance, et plus tard, à la table du roi ; cf. aussi AS Modena, Cart. amb., Francia 20, Giulio Alvarotti au duc de Ferrare, Amboise, 24 mars 1545 : « S. M[tà] era andata a cazza, e non tornò se non la sera tardi ; questa matina me sono presentato a mons[r] amiraglio, e dattole a ricordo di farmi havere audienza, me disse ch'io l'attendessi fin' dopo disnar ; io lo attesì, e con S. Ecc[a] intrai nella sala ove mangiava S. M[tà] ; dopo il disnar, Ella chiamò a se mons[r] almiraglio, e doppo raggionato seco un' pezzo, esso mons[r] amiraglio si voltò a me et me fece segno ch'io me presentassi a S. M[tà] ».

1 AN, K 1485, Saint-Maurice et de Noirthardt à l'empereur, vers le 1er septembre 1545 : « nous fusmes par devers le Roy Très Chrepstien selon l'audience qu'il luy pleust nous accorder pour luy declairer ce que Vostre Ma[té] nous voit enjoinct par sesd. lettres ; mais avant lad. audience, mons[r] l'admiral nous fit mener en sa chambre, attendant que led. s[r] roy fust prest, ou led. s[r] admiral vint » ; de même, Jean de Saint-Maurice fut parfois reçu à dîner par l'amiral, avant que celui-ci n'allât parler au roi dans sa chambre, puis n'envoyât Jean de Taix chercher l'ambassadeur pour son audience (ÖStA, FrBW 11, fol. 60, Jean de Saint-Maurice à Charles Quint, Melun, 28 janvier [1545]) ; l'amiral ne procéda pas autrement à l'arrivée de l'ambassadeur vénitien Giustiniani, qu'il reçut dans ses appartements et questionna longuement avant de le présenter au roi (BnF, It. 1716, p. 33-43, Francesco Giustiniani et Marino Cavalli au doge de Venise, Paris, 4 février 1547, copie XIXe).

2 ANG, t. III, p. 362, Guidiccione au cardinal Farnèse, Argentan, 14 juin 1545.

peur de descouvrir son maistre, mais mond. s^r le cardinal luy fist dire tout aud. admiral advec recommandations[1].

L'organisation des audiences montre bien, une fois de plus, que l'amiral d'Annebault (ou en son absence, le cardinal de Tournon) jouait un rôle de réceptacle et de filtre de l'information destinée à François Ier. Si l'accès au roi n'était pas chose aisée, celui à la table ou à l'antichambre du conseiller favori était beaucoup plus ouvert, et l'on finissait toujours par réussir à le voir ou à obtenir une réponse écrite[2]. D'autre part, il informait la cour, et en particulier les ambassadeurs, des déplacements que voulait faire le roi. Ainsi, il demandait parfois aux émissaires des princes de devancer le roi sur les lieux de son prochain séjour ; par exemple, en novembre 1546, il fit savoir à l'orateur de Venise que les ambassadeurs désireux de parler au roi pouvaient l'attendre à Reims[3].

L'ACTIVITÉ DOMESTIQUE : UN GRAND MAÎTRE SANS LE TITRE

L'amiral, gestionnaire des « entrées du roi », connaissait aussi mieux que quiconque l'itinéraire de la maison royale et le cérémonial de la cour. Le responsable en était théoriquement le grand-maître de France[4], mais le titulaire de cette charge était toujours Anne de Montmorency, indésirable à la cour. Montmorency avait conservé ce grand office de la couronne avec celui de connétable.

On pouvait bien se passer de la présence d'un connétable. Ce grand officier n'occupait plus ses antiques fonctions de chef des écuries, désormais prioritairement dévolues au grand écuyer, qui était alors Claude

---

1   *CCJDB*, t. III, p. 249-255, Claude Cottereau à Jean Du Bellay, Paris, 5 avril 1544.

2   AS Mantova, Cart. inv. div., 640, Vespasiano Bobba au duc et à la duchesse, 22 novembre 1544, Paris : « Hebbemo de Sua Ecc^a [ammiraglio] molto grata audiencia e amorevol' risposta, et ne disse che parlarebbe a Sua M^{tà} per farmi haver audiencia da Quella ; così ne disse per esso mons^r armiraglio che Sua M^{tà} gli aveva datta l'hora che andassemo la matina sequente, che 'l ne ascoltaria, così hebbemo giovedi grata audiencia de Sua M^{tà} ».

3   AS Modena, Cart. amb., Francia 23, Giulio Alvarotti au duc de Ferrare, Doulens-le-Château, 3 novembre 1546 ; aussi AS Modena, Cart. amb., Francia 20, le même au même, Paris, 30 novembre 1544 : « Hieri di sera circa ad un'hora di notte, arivò quì lo ill^{mo} s^r don Ferante, et s^r don Francesco, et smontorno in casa di mons^r Roberto di Rossi, mandarno un'gentilhuomo a mons^r l'armiraglio a farle sapere la venuta loro, Soa Ecc^a le ha scritto questa matina, che le pare che aspettino che Soa M^{tà} sia a Fontana Bleo ».

4   *Cf.* R. Doucet, *Institutions, op. cit.*, p. 122-123 pour le rôle domestique du grand maître (le cérémonial y est curieusement oublié) ; J. Du Tillet, *Recueil des roys, op. cit.*, p. 401-405.

de Boisy. Premier des officiers militaires du royaume, le connétable dirigeait en théorie les armées, mais ce rôle pouvait aussi bien être tenu par l'amiral ou les maréchaux. Enfin, un corps de l'administration des armées, les commissaires ordinaires et extraordinaires des guerres, était placée sous son autorité, mais il la partageait avec les maréchaux ; ces commissaires des guerres étaient de plus en plus concurrencés, d'une part, pour les tâches de contrôle et de solde, par des contrôleurs des guerres aux fonctions similaires, relevant du « secrétaire des finances et contrôleur général des guerres », Gilbert Bayard, et d'autre part, pour les questions financières, par les trésoriers de l'ordinaire et de l'extraordinaire des guerres, leurs commis et payeurs des compagnies, relevant du trésorier de l'Épargne, Jean Duval[1].

En revanche, la cour ne pouvait se passer d'un grand maître de France, qui réglait toute sa vie, cérémonial courant, célébrations et cérémonies, logements et déplacements. Aussi Claude d'Annebault fut-t-il amené à suppléer Montmorency dans ces fonctions domestiques, sans jamais se voir personnellement investi de l'office. Ainsi, c'était lui qui gardait les clés des logis du roi, et en garantissait la sécurité, ce qui était une prérogative du grand-maître[2] ; il était aussi dépositaire des clés du trésor du Louvre habituellement détenues par le grand-maître[3]. En outre, l'ambassadeur impérial Jean de Saint-Maurice remarqua aussi qu'au cours des fêtes somptueuses du baptême d'Élisabeth de France, « au soupper servit de grand maistre de l'hostel monsʳ l'admiral acompagné de tous aultres maistres d'hostel du roy[4] ». Les occasions sont nombreuses, où l'on vit Claude d'Annebault tenir ce rôle dans les festivités de cour. Il veillait personnellement à l'organisation de ces événements à la fois curiaux et publics. Ainsi, lors des spectacles de juillet 1546, le capitaine Julian de Romero se présenta à l'amiral, qui devait annoncer le duel, pour soumettre son cheval à son approbation ; cette monture, présent du vidame de Chartres, fut ensuite admise à être équipée et à paraître dans l'enclos[5]. Enfin, l'amiral s'occupait aussi de la gestion des forêts

---

1   F. Nawrocki, « L'administration centrale de la guerre, 1515-1570 », art. cité, p. 74-77.
2   AS Modena, Cart. amb., Francia 21, Giulio Alvarotti au duc de Ferrare, Amboise, 15 avril 1545.
3   *Cf.* p. 224.
4   AN, K 1486, Jean de Saint-Maurice à Charles Quint, Melun, [vers le 16 juillet 1546], copie.
5   AS Modena, Cart. amb., Francia 23, Giulio Alvarotti au duc de Ferrare, Fontainebleau, 16 juillet 1546 ; à l'occasion des fêtes précédentes, l'ambassadeur du duc de Ferrare sollicita

royales – relevant aussi du grand maître –, comme le prouve une lettre du lieutenant particulier des eaux et forêts, un certain Paymar, par laquelle il demandait au secrétaire L'Aubespine ce qu'il devait faire de la réforme envisagée par son prédécesseur pour les forêts de Fontainebleau et de Malesherbes ; il enjoignait au secrétaire d'en référer à l'amiral afin qu'il pût faire « ce qu'il plaira au roy et a mond. s^r l'admiral[1] ».

Il est possible que Claude d'Annebault ait joué ce rôle bien avant d'être le conseiller favori, dès le temps de Philippe Chabot de Brion. En effet, il reçut les clés du trésor du Louvre dès février 1542. Ce même mois, Claude d'Annebault s'occupa personnellement d'expulser de la cour des dames de Merlan et de Mauvoisin, dames de compagnie de la reine Éléonore, ce qui, là encore, est plutôt du ressort d'un grand maître[2]. Grand maître sans le titre entre 1542 et 1547, il semble bien sûr que Claude d'Annebault n'ait pas assumé seul toutes les fonctions domestiques, mais seulement la partie la plus importante et la plus prestigieuse : pour y pourvoir au quotidien, le prévôt de l'hôtel, Claude Genton, et les maîtres d'hôtel devaient faire plus que le seconder[3]. D'Annebault allait demeurer le principal responsable de l'organisation du cérémonial, jusqu'aux ultimes moments de la quarantaine et de l'inhumation du corps de François Ier[4].

---

auprès de l'amiral d'être bien placé pour observer les joutes, ce que l'amiral lui accorda, le faisant installer sur la gallerie de la basse cour, non loin du roi (*ibid.*, lettre du même au même, Fontainbleau, 6 juillet 1546, éd. partielle C. Occhipinti, *Carteggio d'Arte*, *op. cit.*, p. 146-148).

1 BnF, Fr. 6616, fol. 104-v, lettre de Paymar à Claude de L'Aubespine, Fontainebleau, 26 décembre 1546 ; sur cette question, *cf. CAF*, t. VI, n°s 20319 et 20348.
2 *Cf.* p. 200-201 les circonstances de cette affaire rocambolesque.
3 Tel était probablement déjà le cas lorsque Montmorency était encore à la cour. Comme d'autres grands offices de la couronne, le développement de l'administration déchargeait progressivement l'office de grand-maître d'une partie de sa substance. Cependant, la charge de grand prévôt de France ne fut créée qu'en 1578 et celle de grand maître des cérémonies en 1585. Il faut aussi remarquer que l'office de chambrier de France fut supprimée en octobre 1545 (J. Du Tillet, *Recueil des rangs des grands*, *op. cit.*, p. 19).
4 *Cf.* p. 601 *sq.* Claude d'Annebault occupe dans ces années 1542-1547 le rôle de grand-maître avec une position centrale comparable à celle de Montmorency dans les années 1530, telle que la décrit T. Rentet, *op. cit.*, p. 287-304.

LES AFFAIRES MILITAIRES

Claude d'Annebault, amiral et maréchal de France, s'occupa bien entendu au premier chef des affaires militaires, pour lesquels il était le premier officier du royaume, en l'absence du connétable. Il siégeait au conseil étroit lorsqu'il était réuni pour les affaires de la guerre, avec d'autres gentilshommes d'épée : si l'on en croit les rares témoignages de l'époque, il semble que pouvaient y siéger le roi, un ou deux grands seigneurs destinés à prendre le commandement des opérations, les connétable[1], amiral et maréchaux de France, ainsi que le colonel général des chevau-légers, celui des gens de pied et le grand maître de l'artillerie[2]. Les juristes et les prélats d'État, y compris le cardinal de Tournon, ne s'y trouvaient normalement pas. Entouré de ces gens – qui n'étaient pas à proprement parler des administrateurs –, le roi prenait surtout des décisions d'ordre stratégique et opérationnel. Néanmoins, ces officiers militaires devaient être également consultés pour l'élaboration des édits et ordonnances militaires[3]. Cependant, la seule réforme marquante des années 1543-1546 fut l'ordonnance du 10 février 1543, qui réservait aux maréchaux de France la connaissance exclusive du licenciement des hommes d'armes et archers, sous le contrôle de commissaires des guerres[4]. Cette mesure renforçait les pouvoirs de Claude d'Annebault et des autres maréchaux, officiers de la couronne, et diminuait les prérogatives et l'autonomie des capitaines de compagnies d'ordonnances, de moins en moins « entrepreneurs de guerre[5] ». Plus tard, on s'attaqua encore à la discipline des gens de guerre[6].

---

1 Le connétable de Montmorency n'y était évidemment plus convié à la fin du règne de François Ier.
2 Telles étaient par exemple les personnes présentes au conseil où fut entendu Blaise de Monluc avant la bataille de Cérisoles (Monluc, *Commentaires*, t. I, p. 239-247).
3 *Cf.* l'exposé de la grande ordonnance du 12 novembre 1549, dite « du taillon » : « Au moyen de quoy, après avoir derechef mis ceste matiere en deliberation et avoir eu sur ce l'advis desdicts princes et seigneurs de nostre sang, desdits connestable et mareschaux de France, gens de nostre conseil privé, capitaines et autres, avons statué et ordonné, statuons et ordonnons ce qui s'ensuit » (F.-A. Isambert, *op. cit.*, t. XIII, p. 119-133).
4 *CAF*, t. IV, p. 401, n° 12880 (signée « de par le roi, le s^r d'Annebault, présent ») : AN, Z^{1C} 5, fol. 187v ; BnF, NAF 7695, fol. 227-232 (copie XVIIIe).
5 Ceci posait donc un nouveau jalon dans le long processus de récupération par la couronne des clientèles locales.
6 *Cf.* p. 564.

L'amiral supervisait le recrutement des armées, en particulier des bandes de mercenaires. En juillet-août 1544, tandis que les armées impériales et anglaises gagnaient du terrain, il s'affaira entre Paris, la Brie et la Marne pour lever les troupes du roi de France. Ses choix étaient importants ; ainsi, il fit venir des milliers d'Italiens du Piémont pour combattre en Champagne, ce qui à l'époque était d'autant plus rare que l'on jugeait les méridionaux inaptes à se battre dans les pays froids[1]. L'amiral se repentit de les avoir appelés en France :

> À la table de monsieur l'amiral [...], on disait du mal de notre nation, raconta Giulio Alvarotti, notamment que nous sommes passés de ce camp [français] à celui des Anglais et [que nous avons] fait mille poltronneries. Monsieur l'amiral dit alors : « C'est à mon initiative que l'on a fait conduire ces Italiens en France, mais je ne le ferai jamais plus, ils seront bons pour ces frontières [italiennes], mais ils ne sont pas bons de ce côté-ci[2] ».

Plus encore qu'au recrutement des troupes, l'amiral attachait un soin tout particulier au choix des capitaines. Ceux-ci devaient d'ailleurs solliciter sa permission pour partir en congé. Ainsi, à l'hiver 1544-1545, Blaise de Monluc voulut rentrer en Gascogne pour raisons personnelles :

> Je fus en epine d'obtenir congé du roy pour y venir ; mais en fin monsieur l'admiral me le fit donner, pourveu que je luy fisse promesse de reprendre ledit estat, si ledit sieur admiral conduisoit l'armée. Il ne faillit pas et me somma de ladite promesse que je luy avoit faicte. Il obtint du roy commission, laquelle il m'envoya pour estre maistre de camp de cinquante ou soixante enseignes, que Sa Majesté feit lever pour faire le voyage d'Angleterre ; lesquelles j'amenai au Havre de Grace entre les mains de monsieur de Tais[3].

De même, en janvier 1546, Monluc reçut de Jean de Taix, à Boulogne, l'autorisation de venir à la cour pour demander son congé au roi ; là encore, il l'obtint par l'intermédiaire de l'amiral[4]. En outre, l'amiral contrôlait,

---

1 Cette idée est assez courante : on la trouve notamment exprimée dans *La République* de Bodin.
2 AS Modena, Cart. amb., Francia 21, Giulio Alvarotti au duc de Ferrare, la Ferté-Million, 6 décembre 1545 : « Alla tavola di monsr almiraglio [...] se diceva male della nostra natione, con dire che havemo passato da questo campo a quel dei Inglesi, e fatto mille poltronerie. Disse monsr almiraglio : Io fui auttor' di fare condurre questi Italiani in Franza, ma non lo farò mai più, tanto se sono mal portati, quando se ne haverà bisogno in Italia, sarano buoni per quelle frontier', ma non sono buoni di quà ».
3 Monluc, *Commentaires*, t. I, p. 301.
4 *Ibid.*, t. I, p. 319.

par lieutenants interposés, tous les ports de France, ainsi que les places de Normandie, dont il était gouverneur. En 1546, il semble qu'il fût envisagé de lui confier également le gouvernement de Picardie, à un moment où le renforcement de cette frontière paraissait une nécessité[1]. Étant donné le rôle central joué par l'amiral d'Annebault tant au conseil du roi que dans la désignation des gouverneurs, la programmation des chantiers de fortification, la levée et la conduite des armées, il porte à l'évidence une grande responsabilité dans l'issue des décisions stratégiques et des campagnes militaires. Si l'on juge les campagnes de la fin du règne de François Ier en ne considérant que les épisodes les plus saillants, par exemple l'invasion des troupes impériales en Champagne en 1544, la perte de Boulogne et la coûteuse campagne d'Angleterre avortée en 1545, le bilan n'est guère positif[2]. Pourtant, il n'est pas non plus particulièrement mauvais : au cours de ce long règne de trente-deux ans, jalonné de nombreux revers, on ne compte que deux batailles fameuses et triomphantes, Marignan en 1515 et Cérisoles en 1544 ; seules la prise des États de Savoie et la campagne de Montmorency en Provence en 1536, ont permis des conquêtes durables, contrairement au Milanais perdu dès 1525, ou aux avancées sans lendemain de 1543 sur la frontière septentrionale du royaume (Landrecies, Luxembourg). Claude d'Annebault n'était peut-être ni un grand chef de guerre, ni un génial stratège[3], mais en 1544, face à la puissante coalition anglo-impériale, le choix d'une défense attentiste, pour mieux contre-attaquer ensuite, était plein de bon sens au vu de l'état des finances royales. La conservation du Piémont, qui n'avait rien d'évidente, est aussi à mettre à l'actif d'un effort défensif important, joint à une détermination sans faille sur le terrain diplomatique et à une volonté d'intégration sur le long terme au royaume et à ses institutions. Claude d'Annebault, ancien gouverneur de Piémont, joua sans doute un rôle dans la prise de conscience progressive, par le roi, de la valeur au moins stratégique de cette province. D'ailleurs, le principal acquis de la fin du règne est

---

1   AS Modena, Cart. amb., Francia 22, Giulio Alvarotti au duc de Ferrare, Melun, 5 mai 1546 ; sur le renforcement des frontières du nord du royaume, *cf.* p. 566 *sq.*

2   F. Decrue, *Anne de Montmorency... sous les rois Henri II, François II et Charles IX, op. cit.,* p. 36 : « Sous le régime d'Annebaud, les troupes françaises, sauf à Cérisoles, ne se sont pas illustrées. Elles conservent en revanche la mémoire des beaux faits d'armes qui ont valu à Montmorency le premier office du royaume. »

3   *Cf.* notamment p. 257-261.

probablement la conservation du Piémont et la transmission à Henri II d'un royaume agrandi et renforcé, si l'on excepte le cas de Boulogne, toujours aux mains des Anglais, mais restituable à moyen terme contre une rançon définie par le traité d'Ardres.

UN « AMIRAL D'EAU DOUCE » ?

Claude d'Annebault, maréchal de France, n'était pas qu'un commandant des armées de terre : en tant que grand amiral, il était aussi et surtout le chef naturel des armées de mer. Pourtant, les historiens de la marine considèrent généralement que ceci n'entrait pas dans les attributions des amiraux du seizième siècle, qui ne furent que « treize terriens[1] » sans déclinaison concrète de leur autorité théorique sur les flottes françaises. D'Annebault fut-il donc un « amiral d'eau douce » ? L'expression fut utilisée en mars 1546 par Luigi Alamanni, exilé florentin et maître d'hôtel de la dauphine Catherine de Médicis. Le roi s'était alors retiré à Rambouillet avec le dauphin, la duchesse d'Étampes, madame Marguerite, l'amiral et les cardinaux de Tournon et de Ferrare, et cette petite compagnie devait retourner sous peu à Fontainebleau. Alamanni vint les trouver pour leur annoncer que la dauphine, sur le point d'accoucher, les rejoindrait en barque par la Seine. L'amiral demanda au poète florentin : « Recommandez-moi à madame, et dites-lui qu'elle se garde bien d'accoucher en bateau », parce qu'il désirait la voir peu après la naissance. Alamanni lui répondit en riant : « Ainsi donc Votre Excellence est aussi amiral d'eau douce[2] ! »

Le fait est que l'amiral s'intéressa bien à l'hydrographie fluviale. En 1544, des travaux eurent lieu pour rendre l'Ourcq navigable[3]. En outre, l'amiral envisagea peut-être d'aménager la Risle de la même façon. Son château d'Appeville, placé en hauteur près des rives du fleuve, fut construit avec des murs très épais, dans lesquels étaient engagés une vingtaine d'anneaux. Au début du XIXe siècle, l'érudit local François Rever nota à propos de ce château « sur pilotis » qu'il pourrait être qualifié de « superbe extravagance, si plus de vingt anneaux de fer que l'on y voyait

---

1   P. Masson, et M. Vergé-Franceschi, *op. cit.*, p. 177 *sq.*
2   AS Modena, Cart. amb., Francia 22 Giulio Alvarotti au duc de Ferrare, Paris, 16 mars 1546.
3   *CAF*, t. IV, p. 681, n° 14172 (Gamache, 14 octobre 1544), mandement (A.N. K 955, n° 58ᵃ, orig. scellé, et 58ᵇ, *vidimus*).

il y a quelques années scellés dans le mur de la terrasse, ne concouraient, avec la tradition du pays, à persuader que l'amiral avait eu l'utile projet de rendre la rivière de Risle navigable jusqu'au pied de son habitation » ; toujours selon Rever, on voyait encore, vingt ans plutôt, dans plusieurs endroits de la prairie, les ancres en bloc qui devaient être sculptées sur la façade de ce château[1]. La position du château, comme l'épaisseur de ses murs, milite en faveur de cette interprétation audacieuse : l'amiral aurait songé à amarrer plusieurs vaisseaux à sa demeure, conçue comme un monument à la gloire de sa charge, mais aussi pour contribuer à l'effort de de la guerre sur mer. En effet, la flotte française de trois cents voiles, rassemblée en Normandie en 1545, excédait la capacité d'accueil ports normands : on dut alors l'étaler dans l'estuaire de la Seine, entre Le Havre et Rouen[2], mais pas jusqu'à Pont-Audemer par la Risle, faute d'aménagements adéquats. L'aménagement de la Risle et la création d'un lieu d'amarrage spécifique dans la « capitale » des domaines des d'Annebault, eussent renforcé le prestige de cette famille et peut-être contribué à ce que l'amiralat lui fût conservé et transmis de père en fils, comme l'était la charge de maître des toiles de chasse. L'hypothèse est d'autant plus vraisemblable qu'avant d'Annebault, Chabot avait conçu un dessein similaire : le château qu'il fit bâtir à Apremont en Vendée, portait des ancres sculptées sur l'entablement séparant le rez-de-chaussée de l'étage, et parallèlement à ce chantier, avait été réalisé un plan d'aménagement de la Vie pour permettre l'acheminement d'une partie de la flotte[3]. La distance d'Appeville à l'embouchure de Seine n'est guère plus grande que celle qui sépare Apremont de l'océan Atlantique[4].

Quoi qu'il en soit, il semble évident que Claude d'Annebault ait voulu pleinement exercer sa charge d'amiral. Sa correspondance même en témoigne : sur les quarante-trois lettres que l'on connaît de lui entre son investiture à l'amiralat et la mort de François Ier, dix ont trait à

---

1 AD Eure, 12 J 153, papiers Rever, liasse 2, fol. 1723 *sq.*
2 *Cf.* p. 343.
3 *Cf.* Bernadette Witz-Daviau, *La vie tumultueuse de l'amiral Philippe de Chabot. Le château d'Aspremont*, s. l., 1931, p. 23-25, notamment le « rouleau d'Aspremont » de 1542 (BnF, Ge A 364 RES) dont l'auteur voulut « monstrer par figure comme la riviere nommee Vie pourroit porter basteaux d'Aspremont jusqz a la mer » ; sur ce rouleau, voir aussi Véronique Maillot, « Philippe Chabot de Brion, amiral de France sous François Ier », dans *Vendée du nord-ouest, hier et aujourd'hui*, 2005, p. 59-74.
4 Environ 25 km pour Apremont, un peu plus pour Appeville.

l'exercice de cet office. Il faut d'ailleurs remarquer qu'il écrivait, pour ces matières qui étaient de son ressort exclusif, aux plus importants personnages, comme Marie de Hongrie ou le prince Philippe d'Espagne, en son nom personnel et non comme exécutant de la politique royale. Dans les dernières années du règne de François Ier, les dépenses de marine augmentèrent de manière considérable, s'élevant à 1 929 945 l. t. en 1545 et 410 907 l. t. l'année suivante, où il n'y eut que très peu de combats sur mer[1] : cette politique volontaire, qu'il a contribué à définir, laisse à penser qu'il faisait un lien entre le service du roi et l'exercice réel de sa charge. Par ailleurs, il le liait à son honneur, affirmant par exemple à l'ambassadeur de l'empereur, au sujet de certaines plaintes que celui-ci voulait voir instruites, « que desormais l'on n'entendoit de plaider ailleurs sinon par devant les premiers juges que sont ceulx de l'admiraullé et que il ne consentira que l'on face ce prejudice a son office[2] ». Il semble y avoir aussi mis de grandes ambitions, que reflète peut-être la devise entourant ses armes dans la dédicace de la traduction vernaculaire du *Livre de police humaine* par Jean Leblond : *Tu dominaris potestati maris, motum autem fluctum ejus, tu mitigas* (« Tu domines la puissance de la mer, et ses flots, tu les tempères »).

La flotte française, placée sous l'autorité directe de l'amiral était presque considérée par lui comme un bien propre, certains vaisseaux battant ses propres armes : ils étaient à la fois un investissement et une source de revenus. La lettre suivante, adressée au prince Philippe d'Espagne pour obtenir la restitution d'une nef, témoigne de ce fort sentiment de possession personnelle :

> J'ay entendu par le cappitaine Rostain[3], present porteur, ce qu'il vous a pleu faire et ordonner ou faict du navire qui m'est detenu par dela, et que congnoissant le tort et dommaige que l'on m'y faict, vous avez commandé

1   BnF, Fr. 17329, fol. 86-87. Pour une comparaison du coût de la guerre entre le roi de France et le roi d'Angleterre, voir D. Potter, *The Final Conflict, op. cit.*, p. 205 et 243-255.

2   ÖStA, FrBW 10, Konv. « Saint-Mauris an Karl V, 1544 », fol. 1-16, Jean de Saint-Maurice à Charles Quint, Melun, 23 décembre 1544 (au fol. 14v).

3   Il ne s'agit pas de Raphaël Rostaing, capitaine de galères cité dans le *CAF* (n°s 1046-1047, 2246, 2252, 3367 et 3370), mais d'Hubert Rostaing, peut-être l'un de ses parents, lui-même capitaine de galère, cité dans l'état de la flotte que le roi veut dresser de 1547 (BnF, Mor. 737, fol. 169-173) en tant que défunt conducteur (il est mort en octobre 1546, comme il est mentionné dans AN, K 1486, lettres de Claude d'Annebault au prince Philippe d'Espagne et à Francisco de Los Covos, Diénay, 12 octobre 1546) d'une galère

plusieurs foiz et ordonné que briefve et sommaire justice m'en feust faicte, dont je vous mercye bien humblement, si esse que jusques icy quelque pousuicte qu'il en ayt faicte, il n'a peu en avoir raison ; de quoy j'ay tresgrande et raisonnable occasion de me plaindre des ministres de lad. justice, et pour autant, Monseigneur, qu'il me deplairoit grandement estre contrainct prier le roy me permettre d'en rechercher la repparacion par autre voye. [...] Vous suppliant, Monseigneur, tant et si humblement qu'il m'est possible, commander a bon essient que mond. navire me soit rendu, et au demeurant que justice m'en soit faicte telle qu'il appartient en maniere que j'en demeure satisfaict et que je n'aye point d'occasion d'en poursuivre repparacion autrement que par le chemin qui se doit garder entre amys[1].

Les capitaines commis au commandement de ces vaisseaux, comme ce Rostaing, n'en étaient généralement pas les propriétaires : « mon navire arresté en Espaigne, dont [Hubert Rostaing] a la charge », dit l'amiral d'Annebault au sujet de ce vaisseau[2]. Néanmoins, il semble s'être efforcé de soutenir ses capitaines lorsqu'ils en avaient besoin : on connaît le cas d'un certain Saint-Denis, prisonnier de Marie de Hongrie, dont il demanda la libération contre rançon[3]. En outre, Claude d'Annebault se préoccupait de la solidité et de la puissance de feu de ses vaisseaux : ainsi, lorsqu'en février 1546, Jean de Saint-Maurice se plaignit de la prise de nombreux navires de vassaux de l'empereur et annonça que désormais, les navires voyageant entre Espagne et Flandre seraient armés et traiteraient les Français en ennemis, l'amiral lui rétorqua, sur un ton belliqueux : « nous verrons bien quelle sera, de la vôtre ou de la nôtre, la meilleure artillerie[4] ».

---

qui n'a pas encore de nouveau propriétaire, probablement celle dont Claude d'Annebault a demandé ici la restitution.

1 AN, K 1486, Claude d'Annebault au prince Philippe d'Espagne, Argilly, 26 septembre 1546 ; voir aussi *ibid.*, la lettre concommitante au commandeur de Leon, Los Covos, Argilly, 26 septembre 1546 : « Vous priant, Monsr de Covos, faire tant pour moy que de tenir main a m'en faire avoir la plus prompte et briefve expedition de justice que faire se pourra, de sorte que j'en puisse demourer content et que je ne soys point contrainct a faulte de cella, supplier le roy me permettre de rechercher repparacion par autre voye, dont il me desplairoit grandement ».

2 AN, K 1486, Claude d'Annebault au commandeur de Leon, Los Covos, Argilly, 26 septembre 1546.

3 ÖStA, FrVa 3, Konv. 14, fol. 58, Claude d'Annebault à Marie de Hongrie, Le Fayel, 12 septembre [1546].

4 AS Modena, Cart. amb., Francia 22, Giulio Alvarotti au duc de Ferrare, Paris, 7 février 1546 ; *cf.* aussi BM Besançon, Granvelle 70, fol. 99, Claude d'Annebault à Jean de Saint-Maurice, Morée, 19 mai [1545] et AN, KK 1486, lettre du même au même, Argilly, 24 septembre [1546].

Cependant, la marge de manœuvre de Claude d'Annebault, en tant qu'amiral de France, était en partie limitée par des clauses du traité de Crépy. Le roi de France s'était en effet engagé à ne pas armer de navires pour les Indes et les Antilles[1]. À l'inverse de son prédécesseur, Chabot, et de son successeur, Coligny, l'amiral d'Annebault n'organisa aucun grand voyage de découvertes ; dans l'ensemble, il respecta l'engagement de Crépy, et les expériences de Cartier et Roberval restèrent sans lendemain[2]. La seule tentative connue, modeste et discrète, est l'envoi en 1546 d'un vaisseau pris aux Anglais, le *Barck Ager*, en direction du Brésil. L'expédition tourna court, car le pirate anglais Golding prit d'abordage le navire et le ramena en Angleterre[3]. On observe également une brusque diminution du nombre de navires armés pour la pêche et la traite des fourrures en Amérique du nord, qui était pourtant en constante progression depuis le début des années 1540[4]. Les navires espagnols en provenance des Indes n'avaient alors plus grand-chose à craindre des vaisseaux français. On connaît l'exemple d'un navire de Séville, le *Sainte-Barbe*, rentrant du Pérou et de Saint-Domingue chargé d'or, d'argent, de cuivre et de perles, capturé par des Français avant que la nouvelle de la paix de Crépy fût connue : à la requête de l'empereur, l'amiral immédiatement fit procéder à la restitution du bâtiment et de sa précieuse cargaison[5]. En gage de bonne volonté, l'amiral restitua également, dès janvier 1545 six navires espagnols pris après la conclusion de la paix, mais il ne manqua pas de faire valoir au roi qu'il « ne falloit plus arrester a ces expediens » : il fut donc décidé en conseil de ne plus rendre désormais les prises que contre des navires français capturés par les Espagnols[6]. Quelques semaines plus

1   *Cf.* p. 326.
2   L'inventaire des documents relatifs au Canada français (1522-1604) conservés dans les AD Seine-Maritime, 2 E 1 et 2 E 70 (tabellions), relève de très nombreux documents jusqu'à 1543 et à partir de l'automne 1546, mais rien entre ces deux dates ; de même, on ne connaît aucune expédition vers le Brésil avant 1546.
3   E. Hall, *op. cit.*, t. II, p. 358.
4   Laurier Turgeon, « Français et Amérindiens en Amérique du Nord au XVIᵉ siècle », dans *La France-Amérique (XVIᵉ-XVIIIᵉ siècles)*, actes du 35ᵉ colloque international d'études humanistes, dir. F. Lestringant, Paris, 1998, p. 220-223 : on trouve la trace (dans les registres de notaires de Bordeaux, Rouen et Le Havre, La Rochelle) de 12 navires armés en 1544, puis 5 en 1545 ; ils seraient 102 en 1549.
5   ÖStA, FrVa 3, Konv. 14, fol. 12v, mandement de François Iᵉʳ au lieutenant de l'amirauté de France au siège de la table de marbre à Rouen, Chambord, 2 mars 1545 [n. st.].
6   *Ibid.*, fol. 5-6, mandement de François Iᵉʳ au lieutenant de l'amirauté de Bretagne au siège de Saint-Malo, Fontainebleau, 17 janvier 1545 [n. st.] ; ÖStA, FrBW 11, Konv. « Saint-Mauris

tard, en représailles de la prise d'un vaisseau français par des Anglais dans un port espagnol, Piero Strozzi prit l'initiative de capturer à La Corogne un navire de commerce espagnol portant des marchands anglais, mais les Anglais le lui reprirent; évidemment, les autorités espagnoles protestèrent et Strozzi dut se justifier[1]. De même pour des biens confisqués à des marchands de Zélande par les Écossais, dont la reine Marie s'était plainte : le roi demanda à l'amiral de procéder à leur dédommagement[2]. Contraint à une bienveillance de façade vis-à-vis de l'Espagne et de la Flandre, Claude d'Annebault comptait bien ne pas laisser passer les occasions de s'en prendre aux expéditions portugaises. Cependant, l'ambassadeur impérial intercéda en faveur de celui de Portugal pour obtenir la révocation des lettres de marque et de représailles françaises contre les vaisseaux portugais. L'amiral lui opposa alors ces arguments spécieux :

> [Il] consentit assez que l'on devoit annullé celles qu'avoient esté accordées depuis la paix traictee en cas que l'on en eust donné aulcunes, selon que l'on maintient estre vray, mais il parcista jusques au bout que celles accordees durant la guerre debvoient sortir leurs effectz, par especial celle obtenue par le visconté de Diepe, par ce que en trente et six ans, [le roi] n'avoit sceu obtenir justice de roy de Portugal des tors et oppressions que luy ont esté faictes par pirates portugallois[3].

---

an Karl V, 1545 », fol. 60 *sq.*, Jean de Saint-Maurice à Charles Quint, Melun, 28 janvier 1545 [n. st.].
1 ÖStA, FrVa 3, Konv. 14, fol. 17, [vers mars 1545] (copie auth.) : *Memoire et advertissemens a Mons' l'admiral* que estant ung navire françois charger de marchandises dedans le port de S' Lonery en Espaigne, fut pris et pillé par les Anglois dans led. port sans ce que les Imperiaulx en ayt fait aucune instance, dont le patron de navire anglois s'appelle renegat. Peu de jours après et ainsi que passoit le s' Pierre Strosse pour venir au Havre de Grace, fut adverti de lad. prinse, et ayant entendu que dans le port de Courongne, aussi en Espaigne, y avoit ung navire espaignol chargé de marchandises et marchans anglois, luy sembla faire son debvoir, puisque les François n'estoient en seurté ès portz d'Espaigne, de prandre led. navire, ce que fit, et l'arma de ses gens pour l'amener en France [...] Depuis lequel temps, l'ung des deux susd. navires prins par led. Strosse paravant celluy de Courongne, adrimer par fortune deans les portz d'Espagne, la ou il a esté retenu a cause de la prinse du navire susd. faicte aud. Courongne, parquoy led. Strosse demande qu'i soit pourveu a la restitution de navire, ainsi que verrez par raison, car aultrement ce seroit souffrir aux Anglois de pouvoir prandre ès portz d'Espaigne les navires françois et oster la liberté aud. François de faire le semblable ausd. Anglois esd. portz d'Espaigne ; *cf.* aussi AN, K 1487, s.d.
2 AS Modena, Cart. amb., Francia 22, Giulio Alvarotti au duc de Ferrare, Paris, 7 février 1546.
3 ÖStA, FrBW 10, Konv. « Saint-Mauris an Karl V, 1544 », fol. 1-16, Jean de Saint-Maurice à Charles Quint, Melun, 23 décembre 1544 (au fol. 14v).

Les clauses de Crépy ne devaient donc pas avoir d'effet rétroactif sur les lettres concédées antérieurement. Ceci ne pouvait satisfaire l'empereur, inquiet de la rapacité des corsaires français[1]. En effet, même si l'amiral ne décernait plus de nouvelles lettres contre l'empereur et ses alliés, nombreux étaient les capitaines français ou écossais à en détenir encore, comme l'affirmait un informateur de l'ambassadeur impérial en France :

> J'ay trouvé en ceste basse Bretaigne ung piratte de mer escossoye qui a une navire bien armé et equippé. Il porte une des lettres de marc que mons[r] l'admiral a baillé contre nous a une vefve de Dieppe qui s'appelle Marie Secol, et le pillot, une partie des officiers et compaignons de navires sont norment, et le reste tous escossoye, et le cappitaine aussi escossoie, et depuys qu'il ont lesd. marcques, ont faict beaucoup de prinses et pilleryes[2].

De même, après la paix d'Ardres, on vit des navires anglais arrêtés à Bordeaux en vertu de lettres de marques plus anciennes, mais dans ce cas, l'amiral d'Annebault fit montre de beaucoup plus d'empressement à donner satisfaction aux plaignants anglais[3], car le soutien du roi d'Angleterre était absolument nécessaire dans la nouvelle guerre qui se préparait en secret contre l'empereur. L'utilité politique supérieure des alliances passait avant toute autre considération et en particulier, le travail ordinaire des administrations et juridictions des amirautés. De même, lorsqu'en janvier 1546, des émissaires vénitiens vinrent demander à l'amiral qu'il leur rendît la *Contarina*, la *Ragazzona* et la *Foscarina*, l'amiral ne fit pas de difficulté à le leur accorder[4] ; cette restitution n'avait

---

1 *Ibid.*, fol. 24-28, Jean de Saint-Maurice à Charles Quint, Melun, 28 décembre 1544 : selon Saint-Maurice, des navires entretenus par le roi, l'amiral, la duchesse d'Étampes, des cardinaux et autres, ont ordre de tout piller, même les vaisseaux amis, et de ne pas les rendre, ce qui est de nature à menecer sérieusement Anvers de déclin.

2 ÖStA, FrVa 3, Konv. 14, fol. 30 *sq.*, Domenico Leitani à Jean de Saint-Maurice, 15 août 1545 : ces Dieppois auraient notamment pris un navire portugais, deux espagnols et deux flamands, prenant beaucoup de prisonniers et de marchandises précieuses.

3 *CSP of Henry VIII*, t. XI, p. 363, Claude d'Annebault à Nicholas Wotton, Prémontré, 3 décembre [1546] : « J'ay [...] veu ce que me mandez des navires angloys quy ont esté arrestez a Bourdeaux, en vertu de lettres de marque octroyees durant ces guerres passees ; quy est chose quy n'a jamais esté entendue icy. Et ne fault que vous craignez d'envoyer en ceste court le marchant quy est venu avec les escriptures et procès concernans ledict arrest, pour en faire la poursuicte et remonstrance, soubz coulleur des deffences quy y ont esté faictes puisnagueres. Car je vous advise qu'elles ne s'entendent poinct pour ceulx de la qualité dudict marchant, ne autres quy a faire semblables poursuictes au conseil ».

4 AS Modena, Cart. amb., Francia 22, Giulio Alvarotti au duc de Ferrare, Paris, 17 janvier 1546 : le roi a dit à l'ambassadeur de Venise d'en parler à l'amiral, « *et esso mons[r] almiraglio*

pas été possible pendant la guerre contre l'Angleterre, quand tous les bons vaisseaux devaient être mobilisés pour grossir la flotte française[1], mais désormais, elle ne pouvait que contribuer à réchauffer les relations avec la Seigneurie.

Pour l'exercice de sa charge sur les ponts et les ports, d'Annebault déléguait beaucoup à ces lieutenants, aux officiers et commis de marine et leurs administrations. Les vice-amiraux, Charles de La Meilleraye et Antoine Polin de La Garde, ou des capitaines tels que Bertrand de Saint-Blancard et le prieur de Capoue jouèrent un rôle important, tout comme les lieutenants généraux aux gouvernements de Bretagne, Languedoc et Normandie. Les gouverneurs des villes portuaires géraient le quotidien : ainsi, à Harfleur, le lieutenant du gouverneur Charles de Brissac présidait à tous les domaines, des arsenaux aux docks ; mais l'amiral d'Annebault était seul à ordonner les responsables de l'artillerie portuaire, dont on pouvait au besoin embarquer une partie[2]. De même, les chantiers de fortification[3] ou la construction de nouveaux vaisseaux pour le roi restait l'affaire de l'amiral. Les capitaines, entrepreneurs de la guerre de course, gardaient d'importants pouvoirs sur l'entretien de leurs embarcations et sur l'équipage, mais c'est l'amiral qui faisait transférer des prisonniers dans les galères.

D'Annebault fut donc le gestionnaire de la flotte royale. Dans ce cas, le commandement de la flotte de guerre en 1545 fut-il un emploi contre nature ? Aujourd'hui encore, les historiens ne parviennent pas à lever l'ambiguïté[4]. Pourtant, en 1545, cela n'avait rien d'invraisemblable. Lorsqu'en décembre 1544, l'on commençait à parler du départ de Claude d'Annebault à la tête des armées de mer, Giulio Alvarotti jugea que c'était « vraisemblable, étant sa charge principale de s'occuper des affaires de la mer[5] ». De même, les lettres patentes du roi conférant à Joachim de Matignon la charge de veiller au ravitaillement des armées

---

gli ha detto : "*Scrivete pur a questi gentilhuomini che stiano sicuri che non si mancarà loro...*" »

1   *CSP, Venetian*, t. V p. 131, n° 323 et p. 150, n° 359, 13 novembre 1544 et 18 septembre 1545.

2   AD Seine-Maritime, 3 E 6/80 : comptes des deniers communs de la ville (1547-1550), fol. [4], [vers l'automne 1546].

3   *Cf.* l'exemple de Dieppe en 1550, p. 669.

4   Frederic J. Baumgartner, *Henry II, King of France (1547-1559)*, Durham-Londres, 1988, p. 135.

5   AS Modena, Cart. amb., Francia 20, Giulio Alvarotti au duc de Ferrare, Melun, 19 décembre 1544.

de mer et d'occuper, en l'absence de Claude d'Annebault et du vice-amiral La Meilleraye, les fonctions habituellement dévolues à l'amiral[1], rappellent qu'a été « fait chef et principal conducteur [des armées de mer] nostre très cher et très amé cousin le sieur d'Annebault, mareschal et admiral de France, ainsy qu'il est bien requis pour le regard de son office d'admiral, et aussy que une telle si grande et importante charge le requéroit[2] ». Tout comme les connétable et maréchaux étaient naturellement appelés à mener les armées du roi, lorsque l'importance de la campagne et des effectifs de l'armée le justifiaient, de même, l'amiral de France avait sa place à la tête des armées de mer, lorsqu'elles prenaient une telle ampleur. Si au XVIe siècle, aucun autre amiral français ne mena pareille expédition, c'est peut-être justement parce que la campagne de 1545 elle fut la seule de cette envergure. Certains historiens de la marine ont pensé qu'il n'était pas naturel qu'un amiral de France se vît confier la responsabilité de mener une telle campagne, pointant notamment le fait qu'il fallut donner à Claude d'Annebault des lettres patentes spécifiques pour qu'il puisse prendre la tête de la flotte[3]. Cet argument ne tient pas : même un connétable avait besoin de patentes pour prendre la tête d'une armée. L'amiral était, quant à lui, le chef putatif et théorique de toute flotte de guerre[4], mais encore fallait-il que l'ampleur des moyens mis en œuvre justifiât qu'on la lui confiât.

La véritable question est plutôt celle de la réelle compétence de ces amiraux, dont la culture chevaleresque incitait davantage à goûter le sport des combats à cheval que les aléas des batailles navales, où tant

---

1   Il faut noter que François de Tournon remplace Claude d'Annebault dans le rôle de donneur d'ordres et principal correspondant à la cour de Joachim de Matignon (*Correspondance*, p. 125-126 et 128 à 140, *passim*). Il lui écrivit notamment dans une lettre du 22 juillet (*ibid.*, p. 126) : « Il est bien besoing que vous pregnez bien garde aux affaires de monsieur l'amyral ; vous avez la monsieur de Bandeville [Thomas Rapouel, collaborateur de l'amiral pour des affaires financières et envoyé à Matignon pour l'assister dans sa tâche], lequel, pendant qu'il sera la, vous y aidera bien. » Le cardinal de Lorraine écrit également à Matignon le 7 août (*ibid.*, p. 135).

2   Ces lettres sont datées de Vatteville, 20 juillet 1545 ; Matignon, *Correspondance*, p. 124, n. 1.

3   P. Masson et M. Vergé-Franceschi, *op. cit.*, p. 182.

4   *Cf.* Isambert, *op. cit.*, t. XII, p. 855, art. 14 de l'édit déjà cité de février 1544 : « Si pour faire la guerre à nos ennemis, aucune armée ou entreprise de navires et vaisseaux se faisoit et dressoit par la mer, ledit amiral [...] en sera chef, ou sondit vice-amiral en son absence, et à luy seul appartiendra la totale charge et superintendance, ensemble des radoubs, armement, équipage, artillerie, gens et victuailles desdites navires et vaisseaux ».

de guerriers, bons ou mauvais combattants, pouvaient mourir d'un seul coup sans n'y rien pouvoir faire. Claude d'Annebault n'appréciait guère ces périls hasardeux[1]. D'ailleurs, contrairement à la *gentry* anglaise, la chevalerie française n'avait pas la moindre tradition maritime, comme en témoigna Blaise de Monluc, disant que « nostre faict est plus propre sur la terre que sur l'eau où je ne sçay que nostre nation ait jamais gagné de grandes batailles[2] ». Alors, les jugements des historiens furent sans appel : d'Annebault, l'un de ces « amiraux potiches », fut « naturellement incapable de conduire une opération aussi délicate[3] ». Il faut reconnaître qu'au début de son amiralat, il fit preuve d'une méconnaissance étonnante des réalités de la marine, mais il fit peut-être davantage d'efforts que ses prédécesseurs pour connaître les potentialités de sa flotte. Ainsi, il fit mener en décembre 1544 une grande enquête pour dresser le rôle des navires de plus de trois cents tonneaux présents dans les ports de Bretagne. Jacques Cartier et les autres experts interrogés répondirent qu'on n'en trouvait guère de plus de cent tonneaux[4]. On ne peut pas davantage prétendre que l'expédition de 1545 ait été brillamment dirigée[5] : l'amiral ne pouvait adapter ses habitudes stratégiques aux conditions du combat par mer, et dut se reposer sur ses pilotes et ses seconds. Alors, dès que les dissensions puis les querelles firent leur apparition entre eux, il ne sut pas trancher et décider, faute d'être lui-même capable de se faire sa propre opinion. Claude d'Annebault représente ainsi l'accomplissement d'un certain modèle d'amiral : cavalier et terrien beaucoup plus que marin, mais malgré tout désireux d'accomplir de grandes choses sur la mer et de faire honneur à sa charge, en dépit d'un manque d'expérience et de compétence qui étonnait les Anglais[6]. Au début du règne d'Henri II, le nouveau roi allait lui préférer un gentilhomme plus expérimenté dans ce domaine, Leone Strozzi, prieur de Capoue, pour diriger les armées de mer. Par la suite, le successeur de Claude d'Annebault, Gaspard de

---

1   *Cf.* p. 380 ses discussions avec l'amiral anglais, au cours desquelles il dit remercier Dieu d'avoir empêché le massacre qu'eût entraîné une confrontation directe des deux flottes.

2   Cité par J. Jacquart, *François Ier*, *op. cit.*, p. 349.

3   Étienne Taillemite, *L'Histoire ignorée de la Marine française*, Paris, 1988, p. 29.

4   Frédéric Joüon des Longrais, *Documents sur Jacques Cartier*, Rennes, 1888, p. 59.

5   C'est pourtant ce que l'historiographie retint de l'amiral d'Annebault depuis le XIXe siècle, le couvrant d'éloges pour avoir osé débarquer dans la perfide Albion.

6   *L&P*, t. XX, part II, p. 352, n° 740, *CSP of Henry VIII*, t. X, p. 652-654, Stephen Gardiner et Thomas Thirlby à Henri VIII, Bruges, 6 novembre : « The admyral », he said, « hath the name oonly, without wytte or memory ».

Coligny, obtint la faculté de désigner un lieutenant général[1] : dès lors, la marine fut confiée à un spécialiste, et la charge d'amiral se vida d'une partie de sa substance.

L'ADMINISTRATION DES FINANCES

Le rôle de Claude d'Annebault en matière de finances est l'un des mieux connus. Il fut loué dès l'Ancien Régime pour ses vertus d'économe, le père Anselme retenant que « pour une plus grande marque de sa confiance », le roi lui donna « l'administration de ses finances, dont il s'acquitta dignement[2] ». Avant de lui accorder un tel *satisfecit*, il faut d'abord préciser l'étendue réelle de son autorité en matière de finances.

L'accroissement des dépenses de l'État avait rendu nécessaire la rationalisation et le contrôle sévère de tout le système financier, pour les rentrées comme les sorties d'agent. Le conseil en était donc venu à prendre « directement en mains la gestion des finances » et à « se réserver les décisions touchant l'ordonnance des fonds[3] ». Si le mot de « superintendant des finances » apparaît çà et là pour désigner le principal responsable des finances (Bonnivet), il ne devint une véritable charge qu'en 1564 avec Artus de Cossé[4]. Le trésor de l'Épargne, qui était encore sous François Ier la seule réserve d'argent de la monarchie, dépendait de plusieurs personnes. Indéniablement, d'Annebault en fit partie. L'historien Arthur de Boislisle le compta au nombre des surintendants, en s'appuyant sur Brantôme et Cavalli, car il voyait en lui un personnage plus important et davantage impliqué dans les décisions qu'un Philibert Babou, trésorier de l'Épargne[5], à la tête de services de contrôle et de gestion. Pour Jean Jacquart, il existait bel et bien un haut responsable des finances : « ce fut d'abord Duprat, puis Montmorency, puis Chabot, puis d'Annebault[6] ».

---

1 BnF, Fr. 3115, fol. 81-82, pouvoir de l'amiral de Coligny (et de commettre en son absence un lieutenant pour ordonner du faict de la marine), Compiègne, 25 (?) juillet 1553, copie XVIe.
2 Anselme, *op. cit.*, t. IX, p. 177.
3 P. Hamon, *L'Argent du Roi, op. cit.*, p. 358.
4 G. Zeller, *Institutions, op. cit.*, p. 119 ; encore faudrait-il savoir s'il en touchait les gages, car il n'existe pas de charge sans gages.
5 Arthur de Boislisle, « Semblançay et la surintendance des finances », dans *Bulletin de la Société de l'Histoire de France*, t. XVIII, 1881, p. 262-263 ; *cf.* aussi M. de Castelneau, *Mémoires, op. cit.*, t. II (additions), p. 101.
6 J. Jacquart, *François Ier, op. cit.*, p. 286.

L'historien Philippe Hamon, en étudiant le fameux rôle du 20 février 1543, a voulu identifier le chef du conseil du roi réuni pour les affaires de finances[1] : il a retenu l'hypothèse du cardinal de Tournon, mais Claude d'Annebault, détenteur de deux clés du Trésor du Louvre, pouvait être déjà le chef de ce conseil auquel il y siégeait depuis au moins un an. Philippe Hamon a par ailleurs suggéré que le rôle de « tuteur » financier revenait au grand maître de France, qui possédait deux clés du trésor ; malheureusement, la belle série de grands maîtres (Boisy, le bâtard de Savoie, puis Montmorency) s'interrompt brutalement avec d'Annebault : « la piste du grand maître semble tourner court[2] », remarqua Philippe Hamon. Il semble pourtant avoir vu juste, car Claude d'Annebault avait à la cour toutes les prérogatives normalement dévolues au grand maître, alors en disgrâce, et la « tutelle » de l'argent du roi ne faisait pas exception ; d'Annebault possédait d'ailleurs les deux clés précédemment tenues par Anne de Montmorency.

Le personnel spécialisé en finances du conseil du roi demeure mal connu pour la fin du règne de François Ier. Le conseil « en finances » de l'hiver 1543 comprenait le garde des sceaux, un secrétaire, trois conseillers « des affaires » et le trésorier de l'Épargne ; ces conseillers étaient donc au nombre de cinq, voire six[3], sans compter le secrétaire. Après 1543, nous n'avons plus de document similaire. Toutefois, un édit portant règlement pour les gabelles et salines de Saint-Maur-des-Fossés, de juillet 1544[4], donne de précieuses indications, car tant les matières concernées que la présence attestée de certains conseillers (Antoine Bohier de Saint-Cirgues, qui n'entrait au conseil que pour des affaires de finances) laissent à penser que cette réforme fut décidée en ce *conseil des finances*. Ce jour-là siégèrent l'amiral d'Annebault, les cardinaux de Tournon et de Lorraine, Errault de Chemans, le secrétaire Neufville de Villeroy, le financier Antoine Bohier, et d'autres personnes, dont probablement le trésorier de l'Épargne Jean Duval[5]. Par la suite, la composition ne

---

1   *Cf.* p. 234.
2   P. Hamon, *L'Argent du roi, op. cit.*, p. 375.
3   Le cardinal de Lorraine, dont la présence est par la suite attestée à ce conseil, devait alors être indisponible ou absent de la cour, car il n'apparaît même pas dans la liste des simples conseillers autorisés à assister aux requêtes l'après-midi.
4   *CAF*, t. IV, p. 656, n° 14064 ; A. Fontanon, *op. cit.*, t. II, p. 1020 *sq.*
5   AN, X[1A] 8614, fol. 285-296 ; l'édit est souscrit : « Par le roy en son conseil, ouquel messeigneurs les cardinaulx de Lorraine et de Tournon, vous [le chancelier ou garde des

changea plus guère, si ce n'est que François Olivier remplaça Errault, et qu'à la toute fin du règne, il semble que le secrétaire signant le plus souvent en matière de finances fût Guillaume Bochetel. Il est probable – mais reste à démontrer – que le cardinal de Ferrare, de retour de Rome après la paix de Crépy, ait participé à ces assemblées[1]. En réalité, les sessions financières du conseil se déroulaient bien « en petit comité », mais il semble qu'elles aient malgré tout résulté d'un élargissement du conseil des affaires, dont les principaux membres (sinon la totalité) se voyaient adjoindre deux ou trois spécialistes : Jean Duval, et Antoine Bohier, descendant d'une grande famille de riches manieurs d'argent[2]. Le premier connaissait mieux que quiconque l'état « concret » des coffres du roi, quand le second était particulièrement savant en l'art de gérer l'argent « abstrait », d'augmenter par divers artifices les revenus du roi et de les utiliser avant même qu'ils fussent entrés physiquement dans le trésor ; le rôle d'Antoine Bohier dans la constitution de l'ébauche du Grand Parti reste à définir, mais il fut sans doute bien plus grand que celui de l'amiral d'Annebault et même du cardinal de Tournon, qui passe pour le père de ce système[3]. Le chancelier (ou garde des sceaux) avait lui aussi un poids relatif en matières de finances[4].

Claude d'Annebault et Tournon se virent confier à plusieurs reprises des lettres de commission (avec d'autres conseillers), pour les emprunts royaux ; ceci donne l'impression qu'ils s'employèrent personnellement à

---

sceaux], le s^r d'Annebault, mareschal et admiral de France, le s^r de Sainct-Cirgue et autres estoient ; de NEUFVILLE » ; les « autres » dont le nom n'était pas cité ne pouvaient être des cardinaux ou des grands officiers de la couronne, car ils eussent été signalés devant Saint-Cirgue.

1 Le cardinal de Ferrare sans être commis aux emprunts, fut nommé en février 1544 gouverneur de Lyon « en partie pour s'occuper des affaires financières » (*ANG*, t. III, p. 325, Christofano Cessino à Dandino, Paris, 29 février 1544). Le cardinal de Meudon fut lui aussi parfois appelé à ce conseil, mais peut-être uniquement lorsqu'il s'agissait de conclure des emprunts à Paris (*cf.* plus bas).

2 *Cf.* P Hamon, *L'Argent du Roi, op. cit.* ; c'est par Bohier que la duchesse d'Étampes fit accuser, lors d'un conseil en finances, le cardinal de Tournon de certaines malversations (*cf.* p. 462).

3 M. François, *op. cit.*, p. 193-195 et 486, le tient pour « l'homme du royaume le plus avisé en matières de finances » ; il ajoute que Tournon est à ce titre retenu en tête de ceux que François Ier veut réunir dans son conseil des finances en 1543 ; mais comme nous l'avons déjà remarqué, les cardinaux sont souvent cités en premiers dans les listes de conseillers en vertu du rang honorifique qui leur est dû. M. François suggère aussi qu'un conseil des finances semble se réunir de temps en temps chez le cardinal.

4 C. Porée, *op. cit.*, p. 76.

la constitution de ces nouvelles ressources de la monarchie, alors en plein essor[1]. Mais l'examen attentif de ces lettres prouve que les conseillers ne se déplaçaient pas eux-mêmes, activant plutôt leurs réseaux locaux, à Paris comme à Rouen ou à Lyon, voire en Italie[2]. L'explication en est donnée dans ces lettres de procuration du dauphin[3] :

> d'autant que lesd. cardinal de Tournon, admiral, chancellier, s' de Sainct-Ciergue et tresorier de l'Espargne ne pourroient pour les empreschemens continuelz qu'ilz ont a l'entour de la personne de nostred. s' et pere a la conduicte de ses principaulx affaires, aller en lad. ville de Lyon pour faire lesd. empruntz et accomplir ce que dessus est dict, leur auroit commandé et permis passer et envoyer lettres de procuration necessaires ausd. Du Peyrat et de Troyes pour faire lesd. empruntz[4].

En revanche, Jean Duval ou Bohier de Saint-Cirgues pouvaient eux-mêmes procéder à l'établissement des contrats parisiens lorsque la cour était à proximité. Ainsi, en mars 1546, d'Annebault, Olivier, Tournon, Meudon, Duval et Saint-Cirgues furent chargés de négocier des marchés à Paris pour l'approvisionnement des magasins à sel dans les ports de Normandie et de Picardie. Mais seuls les deux ou trois derniers furent envoyés prospecter sur place ; sans doute pouvaient-ils, à la différence des autres qui siégeaient chaque matin au conseil des affaires, s'absenter quelques jours de la cour et n'y revenir que pour les sessions en finances. Le marché fut donc passé le 8 mars avec deux marchands bourgeois de Paris, Guillaume Le Gras et Jean Rouvet, devant deux notaires au Châtelet. D'Annebault et Tournon s'engagèrent personnellement le 22, au château d'Yerres[5], et Meudon le lendemain, à Paris[6].

---

1 *Cf.* au chapitre suivant. Les commissions confiées à d'Annebault sont nombreuses (*CAF*, t. VI, p. 701, nº 22570 ; t. IV, p. 722, nº 14457, et p. 748, nº 14479 ; t. V, p. 3, nº 14682).

2 Pour Rome notamment.

3 François Iᵉʳ était alors gravement malade, et l'importance des sommes en jeu rendait nécessaire que le futur roi garantît le remboursement des emprunts (*cf.* p. 573).

4 A.N. Xᴵᴬ 8615, fol. 305-307, Compiègne, 29 décembre 1546 ; *cf.* aussi fol. 307v le mandement à la chambre des comptes.

5 Dép. Val-d'Oise, arr. Corbeil, cant. Boissy-St-Léger.

6 *CAF*, t. V, p. 38-39, nº 14857, Brie-Comte-Robert, 26 mars 1546 [n. st.], confirmation de ce marché (d'après l'enregistrement au parlement de Paris, le 6 avril dans AN, Xᴵᴬ 8615, fol. 206v-214). *Cf.* aussi *CAF*, t. IV, p. 748, nº 14479, Argentan, 8 juin 1545, pour des emprunts à Lyon, résumés dans AN, Xᴵᴬ 8615, fol. 171 *sq.* (arrêt d'enregistrement dans AN, Xᴵᴬ 1555, Conseil, fol. 215v) et AN, U 152 (12 juin 1545) : le roy declare que par ses lettres de procuration et pouvoir par luy donné au cardinal de Tournon, seigneur d'Ennebault

Claude d'Annebault ne fut donc pas un spécialiste des finances. Le gros du travail demeurait entre les mains de techniciens, auquel Philippe Hamon oppose, avec raison, des «tuteurs» à l'«autorité politique partiellement déléguée[1]». L'amiral d'Annebault fut l'un d'entre eux, toujours associé, dès 1543, au cardinal de Tournon et à deux ou trois spécialistes capables de procéder eux-mêmes aux recherches et négociations de contrats[2]. Toutefois, à l'instar du cardinal de Tournon qui devait entretenir ses propres réseaux à Lyon, l'amiral d'Annebault s'impliquait sans doute plus directement en Normandie, dont il était le gouverneur. Ainsi, pour le financement de l'expédition de 1545, il fut envoyé le 1er mars à Rouen pour présider les états provinciaux[3], avec Joachim de Matignon et le président Rémon, afin d'obtenir 146 568 l. t. pour la part des villes de Normandie sur les 600 000 l. t. levées sur toutes les villes closes de France[4].

En matière de finances, l'amiral n'était sans doute pas totalement incompétent, mais il ne pouvait, à raison de quelques séances chaque mois, comprendre toutes les subtilités d'un domaine très particulier, dans lequel même Tournon, en dépit de sa longue expérience, n'avait pas les aptitudes d'un Bohier de Saint-Cirgue[5]. Néanmoins, un conseil composé de seuls spécialistes n'était guère envisageable, car seuls les conseillers des affaires connaissaient les besoins de l'État et les tenants et aboutissants d'une politique de plus en plus coûteuse. Claude d'Annebault était sans doute le chef de ce conseil, comme de tous les autres. C'était

---

mareschal de France, messire François Olivier chancellier de France, Anthoine Bohier sieur de Saint-Cirque et Gilbert Baïard sieur de la Fons, de faire emprunt a Lion durant les foires de ceste presente annee en lad. ville de Lion; [...] veut et lui plaist que auparavant desd. trois foires, sesd. procureurs et les substituts d'aucuns d'eux facent les empruntz, dons, recompenses, assignations, promesses et obligations dont en ses lettres est faict mention». À l'évidence, ces conseillers n'iront pas en personne aux foires de Lyon, mais commettront d'autres marchands et financiers.

1   P. Hamon, «Le contrôle des finances royales», art. cité, p. 167-168.
2   *CAF*, t. VI, p. 701, 22570, [Paris], 13 avril 1543, lettres portant pouvoirs au cardinal de Tournon, au maréchal d'Annebault, au trésorier de l'Épargne et à Martin de Troyes d'emprunter de l'argent pour le roi à Lyon.
3   En fait, il fit bien un ou deux voyages rapides entre la cour (à Blois) et Rouen, mais surtout pour se rendre compte de l'avancement de la flotte.
4   BnF, Fr. 21427, n° 18, copie contemporaine, indiquée dans *CAF*, n° 33181. Selon Labande (Matignon, *Correspondance*, p. 114), les Archives du Palais de Monaco conservent un original (J 46, fol. 15), une copie XVIIIe (J 10, fol. 82) et une analyse (J 7, cahier 2, fol. 4).
5   Sur l'œuvre de Tournon en matière de finances, *cf.* C. Michon et F. Nawrocki, «François de Tournon», art. cité, p. 521-524.

lui qui tenait les cordons de la bourse, faisant procéder (par le trésorier) à certaines dépenses ordinaires, comme paiement des pensions : par exemple, Girolamo Marini demanda à l'amiral de lui faire donner congé par le roi pour s'occuper de ses affaires en Italie pendant un mois, et de lui faire payer sa pension ; l'amiral lui répondit qu'il aurait sa pension, mais qu'il devrait attendre deux à trois semaines pour son congé[1]. De même, après le conseil de guerre auquel assista Monluc en mars 1544, les conseillers sortirent, sauf l'amiral qui resta avec le roi : « Sa Majesté se mit à parler avec monsieur l'admiral pour ma despesche et pour donner ordre au payement, dont nous avions faute. » Puis l'amiral envoya Monluc l'attendre dans la garde-robe, le temps de finir de s'entretenir avec le roi[2]. Enfin, il veillait personnellement sur certaines rentrées d'argent extraordinaires : en 1546, le nonce Alessandro Guidiccione négocia avec lui la libération du comte d'Anguillara pour lequel, selon les propres paroles de l'amiral, le roi ne se satisfaisait pas des 80 000 écus proposés, mais en voulait 100 000[3].

L'amiral d'Annebault, véritable « tuteur » et responsable des finances, tenait de ce fait une place éminente dans la distribution des charges, pensions et bénéfices, sources de revenus accordées par le roi à ses serviteurs.

L'ATTRIBUTION DES HONNEURS, CHARGES, PENSIONS ET BÉNÉFICES

Lorsqu'un courtisan sollicitait l'attribution d'une récompense ou d'une nouvelle source de revenus, il pouvait s'adresser à divers conseillers, parents ou amis du roi. La duchesse d'Étampes était l'un des recours les plus sûrs. Mais l'amiral, conseiller favori du roi et responsable de ses finances, était lui aussi fort sollicité. Les serviteurs du roi et les ambassadeurs dépensaient beaucoup pour suivre la cour à longueur d'année, et priaient le conseiller favori de les aider à obtenir de quoi subsister sans trop s'appauvrir[4]. Une fois la pension ou la gratification accordée par le roi, le mieux était de différer le plus longtemps possible pour

---

1   AS Modena, Cart. amb., Francia 22, Giulio Alvarotti au duc de Ferrare, Melun, 12 avril 1546.

2   Monluc, *Commentaires*, t. I, p. 248-249.

3   *ANG*, t. III, p. 437 ; Virginio dell'Anguillara, détenu à Fontaine-le-Bourg, reconnu innocent par le roi le 23 avril 1547 (*CAH*, t. I, 04. 23²).

4   AS Modena, Cart. amb., Francia 23, Giulio Alvarotti au duc de Ferrare, Mesy, 26 octobre 1546.

faire quelques économies. Le solliciteur devait alors revenir à la charge pour réclamer son dû :

> Je vous recommande mon frère, écrit Jacques de La Brosse, ambassadeur pour le roi en Écosse, à son collègue Ménage. J'en esciptz ung mot à monsieur l'amyral pour luy raffraischir le mémoire de ce que le roy me promist en sa présence et la votre[1].

Encore fallait-il bien choisir son moment et ne pas se montrer trop insistant, comme en témoigne ce conseil du secrétaire L'Aubespine à Jacques Ménage, faisant sans doute écho au mécontentement de l'amiral :

> Je vous prie que vous lessés a importuner mons[r] l'admiral a ce qu'il ayt a demander quelque chose pour vous, car pour ce jourd'huy n'est le temps de la commodité[2].

L'ambassadeur suivit ce conseil qui porta ses fruits car, deux mois plus tard, l'amiral d'Annebault donna de bonnes nouvelles :

> Depuis ceste depesche faicte et la lettre que je vous ay escripte, ayant trouvé le roy a propoz, je luy ay faict entendre la despense que vous avez faicte [...], et ay faict de sorte qu'il vous a donné huict cent escuz pour payer ce que vous avez esté contrainct emprunter pour cella ; et a commandé au tresoryer de l'espargne les vous fournyr. Vous envoyerez ung blanc pour les recevoir et manderez ès mains de qui vous voullez que l'on les mette de deça[3].

Par ailleurs, en ce temps où les bénéfices étaient avant tout une source de revenus pour les prélats de la cour[4], l'amiral avait lui aussi son mot à dire dans la dévolution des bénéfices. On se rappelle la furieuse querelle avec le cardinal Du Bellay pour l'archevêché de Bordeaux, ou les désillusions d'Alvarotti qui convoitait l'évêché de Nevers, finalement

---

1 J. La Brosse, *op. cit.*, pièces justificatives, p. 330-331, Jacques de La Brosse au s[r] Ménage, 5 mars 1545 [n. st.].

2 BnF, Fr. 17889, fol. 138-139v, Claude de L'Aubespine à Jacques Ménage, Chevagnes, 26 août [1546].

3 *Ibid.*, fol. 290, Claude d'Annebault à Jacques Ménage, Ligny-en-Barrois, 22 octobre [1546].

4 Cédric Michon (*La crosse et le sceptre, op. cit.*, p. 258-260) a remarqué que grâce à aux charges ecclésiastiques et bénéfices monastiques que leur condécait le roi, les prélats d'État de l'entourage de François Ier pouvaient cumuler des revenus comparables aux conseillers d'épée, sans que cela coutât le moindre argent au trésor royal (contrairement aux dons, gages et pensions).

attribué à Jacques Spifame, un proche de l'amiral[1]. Mais en général, l'amiral offrait volontiers ses services[2] : c'était là un moyen non négligeable de renforcer des liens d'amitié et d'obligations[3]. De même, lorsque l'ambassadeur vénitien Giustiniani arriva à la cour, le roi lui promit de l'entretenir en lui concéda quelques bénéfices :

> Quant aux bénéfices, il répondit gaiement qu'il en chargera monsieur l'amiral, de sorte que j'en demeurerais content[4].

D'Annebault n'avait pas le pouvoir de procéder lui-même à leur attribution : la décision revenait au roi, mais celui-ci déléguait volontiers à son conseiller favori le soin de mobiliser les bénéfices disponibles pour récompenser ses bons serviteurs. En témoigne Benvenuto Cellini, que le roi voulait récompenser de la création d'un superbe colosse d'argent :

> Il se tourna vers l'amiral, monseigneur d'Annebaut, et lui dit : « Donnez donc [à Benvenuto] la première abbaye vacante qui rapporte une rente de deux mille écus. S'il n'y en a pas de ce rapport, donnez-lui en deux ou trois pour arriver à ce total. Pour lui cela reviendra au même[5] ».

Ainsi, non seulement l'amiral d'Annebault cumulait les responsabilités de toutes les affaires d'État, des finances et de la cour, mais il jouait le rôle d'un « *patronage manager*[6] », intervenant dans le développement et l'entretien des réseaux de serviteurs du roi par l'attribution des charges, des pensions, et même des bénéfices, matières pour lesquelles il n'était officiellement investi d'aucune autorité.

---

1 *Cf.* p. 471.
2 AS Modena, Cart. amb., Francia 22, Giulio Alvarotti au duc de Ferrare, Melun, 3 avril 1546 : « Il prefato comte di San Segondo ha pregato mons[r] ammiraglio di volere fare ufficio con S. M[tà] Chr[mo] che li voglia donare per qualche vacante uno vescovaio o badia per un' suo figliuolo ; S. Ecc[a] gli ha promesso che lo farà volontieri, et ch'ella et il s[r] cardinale di Ferrara serano suoi procuratori per operare con S. M[tà], che lo compaccia di questo suo desiderio... »
3 S. Kettering, « Friendship and Clientage in Early Modern France », dans *French History*, t. VI, n° 2, 1992, p. 139-158, notamment p. 155-157 ; A. Jouanna, *Le Devoir de révolte. La noblesse française et la gestation de l'État moderne (1559-1661)*, [Paris], 1989, p. 66-67.
4 BnF, It.. 1716, p. 33-43, Francesco Giustiniani et Marino Cavalli au doge de Venise, Paris, 4 février 1547, copie XIXe.
5 *La Vie de Benvenuto Cellini, op. cit.*, p. 284.
6 C. Michon, « Conseil et conseillers sous François Ier », art. cité, p. 46.

DEUX EXCEPTIONS :
LES AFFAIRES RELIGIEUSES ET JUDICIAIRES

Par contre, les questions religieuses et doctrinales, relevant soit des services de la chapelle et de l'aumônerie, soit de prélats tels que Tournon, n'étaient pas « de son gibier », comme il l'expliqua à l'ambassadeur de l'empereur :

> Je fiz prier Monsieur l'admiral d'avoir audience vers luy pour luy declairer [...] ce dont m'avoit escript Monseigneur d'Arras quant aux visiteurs françois qui veulent exiger ès Pays d'Embas les fruictz de leurs visitacions pour le temps escheu pendant la guerre [...]. A quoy, Sire, led. s\ admiral me dict qu'il n'entendoit pas bien la matiere pour non estre de son gibier, mais que le roy vouloit que le tracité de paix fut precisement et punctuellement garder, et remist cestuy affaire aux cardinaux de Tournon et garde des seaulx[1].

Certains domaines, réservés à d'autres catégories de conseillers, échappaient donc à Claude d'Annebault : outre les matières religieuses, les affaires de justice et des écritures, relevant de la chancellerie, n'avaient pas à être traitées par lui. Cependant, quelques nuances doivent être apportées. En règle générale, les affaires de justice n'intéressaient pas Claude d'Annebault. Comme tout bon gentilhomme d'épée, il considérait ces questions comme indignes de sa condition et dérogeantes. Ainsi, en décembre 1544, il répondit aux questions d'un émissaire de l'empereur qu'il « n'en était pas informé, et n'entendait rien aux choses de la justice[2] ». La justice restait le domaine de prédilection du chancelier, qui par ailleurs donnait une certaine « impulsion à la législation[3] », mais ce personnage restait à la dévotion de l'amiral et de Tournon. En effet, après la mise à l'écart de Poyet, les sceaux furent confiés à François de Montholon, puis après la mort de celui-ci, en juin 1543, à François Errault de Chemans, que d'Annebault avait fait venir du Piémont[4]. Le même jour, François

---

1   ÖStA, FrBW 10, Konv. « Saint-Mauris an Karl V, 1544 », fol. 1-16, Jean de Saint-Maurice à Charles Quint, Melun, 23 décembre 1544.

2   AS Mantova, Cart. inv. div., 640, Vespasiano Bobba à la duchesse de Mantoue, 20 décembre 1544, Fontainebleau (déchiffrement).

3   C. Porée, *op. cit.*, p. 68-70 ; voir l'étude récente d'Anne Rousselet-Pimont, *Le chancelier et la loi au XVIᵉ siècle, d'après l'œuvre d'Antoine Duprat, de Guillaume Poyet et de Michel de L'Hôpital*, Paris, 2005.

4   ÖStA, FrBW 10, Konv. « Berichte aus Paris 1543 », fol. 2-8v, Nicolas de Villey à Marie de Hongrie, Marvol, 20 juillet 1543.

Olivier, chancelier de la reine de Navarre, reçut l'office de président au parlement de Paris, vacant par la mort de Montholon[1]; à la mort de François Errault, Olivier reçut les sceaux, puis il devint chancelier le 28 avril 1545, une fois proclamées la condamnation et la destitution de Poyet[2]. Pierre Rémon, qui avait auparavant mené la lutte contre les « connétablistes » du parlement de Rouen[3], devint alors président au parlement de Paris[4]. Le cicéronien François Olivier était fort compétent et les autres conseillers du roi pouvaient lui accorder leur confiance.

Claude d'Annebault ne se mêlait donc pas des problèmes de justice, du moins pas au premier chef, même lorsqu'ils relevaient des relations internationales. Cependant, sans entrer lui-même dans des considérations malséantes pour un gentilhomme d'ancienne souche, il pouvait intervenir auprès de princes étrangers pour obtenir qu'on fît justice de torts reçus par des sujets du roi de France[5]. Il pouvait aussi se montrer attentif aux affaires traitées par les tribunaux d'amirauté, qui lui rapportaient des revenus sans doute non négligeables, mais sans s'y impliquer personnellement. Quand Jean de Saint-Maurice protesta auprès de lui contre la manière dont était instruite l'affaire d'une prise des navires espagnols renvoyée devant la table de marbre de Rouen, l'amiral, se retranchant derrière un respect de façade pour les institutions judiciaires, lui répondit « qu'il ne falloit alterer le fil et train de justice[6] ». Le seul cas de figure avéré dans lequel Claude d'Annebault avait le devoir de rendre la justice était les crimes ou affaires d'honneur impliquant des gentilshommes. Son rang de grand officier de la couronne faisait de lui un intermédiaire privilégié pour réconcilier des gentilshommes en querelle d'honneur[7].

---

1   *Ibid.*, p. 458, n° 13150; AN, U 152 (enreg. du 13 août), et AN, X^{1A} 1551, fol. 321v; les lettres sont datées de Villers-Cotterets, 12 juin 1543.

2   *CAF*, t. IV, p. 735, n° 14419 et aussi p. 741, n° 14446, Morée, 18 mai 1545.

3   *Cf.* p. 203.

4   *CAF*, t. IV, p. 735, n° 14419, et AN, U 152, 18 mai 1545 (enreg.).

5   AS Mantova, Cart. inv. div., 640, Pierre Damiens à la duchesse de Mantoue, Amboise, 14 avril 1545 et *ibid.*, Claude d'Annebault au cardinal de Mantoue, Amboise, 28 mars 1545 [n. st.] : « Le contrerolleur Pierre Damyens m'a faict entendre comme encores il n'a esté satisfait de la partie de cinq cens cinquante escuz qui lui fut desrobee par ung nommé Charles de Boullongne, que longuement vous avez faict tenir prisonnier, et dont cy devant je vous ay escript, et pryé et aussi parlé a vostre ambassadeur ».

6   ÖStA, FrBW 11, Konv. « Saint-Mauris an Karl V, 1545 », fol. 48-59, Jean de Saint-Maurice à Charles Quint, Melun, 21 janvier [1545].

7   *Cf.* son intervention dans les querelles de La Garde et Strozzi, Bernardin et d'Ossun, etc.

En outre, l'amiral d'Annebault pouvait être juge des duels autorisés par le roi, car le connétable, l'amiral et les maréchaux de France présidaient la juridiction du « point d'honneur ». Parfois, il siégeait dans des tribunaux extraordinaires, comme celui composé de trois chevaliers de l'ordre (Guise, d'Annebault et Saint-Pol), qui condamna au gibet un agent du comte dell'Anguillara pour avoir critiqué la conduite de la guerre[1]. Il intervint aussi dans une affaire criminelle impliquant un jeune homme de la famille de Tonnerre, à l'été 1546[2]. Mais en dehors de ces quelques exemples propres à la noblesse de la cour, la justice n'était, pas plus que la religion, de son « gibier ».

En considérant l'ensemble des responsabilités de Claude d'Annebault, il apparaît clairement que la « superintendance » des affaires, sans être une institution consacrée, n'en fut pas moins une réalité structurante de l'État de la Renaissance. Peu de secteurs du gouvernement échappaient au conseiller favori du roi, ou à celui qui, en son absence, était provisoirement amené à le suppléer dans ces fonctions. Par ailleurs, entre les mains de l'amiral d'Annebault, cette « superintendance » semble s'être exercée plus largement que jamais. D'une part, il cumula toutes les attributions de son prédécesseur, y compris les fonctions de grand maître, alors que Montmorency n'était pas amiral. D'autre part, contrairement au connétable, Claude d'Annebault n'eut pas à pâtir de la concurrence d'un rival, étant donné qu'après la mort de François de Saint-Pol, les autres conseillers importants du roi étaient tous des prélats. Enfin, à partir de 1546, la confiance de François Ier en son conseiller favori devint si grande qu'il lui laissa de plus en plus d'autonomie dans la « superintendance » des affaires. L'amiral était désormais comme l'ombre temporelle d'un roi de plus en plus détaché du gouvernement de son royaume.

---

1   *ANG*, t. III, p. 325, Christofano Cessino à Dandino, Paris, 26 février 1544 ; voir aussi *ibid.*, p. 295.
2   *Cf.* p. 562.

L'OMBRE DU ROI

Vers 1546, François Ier avait cinquante-deux ans, et la tuberculose qui le rongeait lui laissait peu d'espoir de vivre encore longtemps[1]. Le cardinal de Tournon était âgé de cinquante-sept ans, et l'amiral d'Annebault d'environ cinquante. Tous trois étaient, pour l'époque, déjà âgés. Le gouvernement était vieillissant et l'on pouvait se demander qui présidait réellement aux destinées du royaume.

LA SANTÉ DU ROI

L'évolution de la maladie du roi est assez bien connue. Après une crise violente en 1539, son état de santé ne fit qu'empirer. De multiples abcès aux parties génitales, nettoyées et cautérisées par les médecins, la rupture de plusieurs veines, ainsi que l'état de putréfaction avancée des viscères n'incitaient pas à l'optimisme. L'amiral d'Annebault suivait de près cette évolution, assistant personnellement aux consultations médicales. Fin décembre 1544, l'ambassadeur de l'empereur rapportait que « il se fit une consulte, luy [l'amiral] present, entre plusieurs excellens medecins et cirurgiens quant a l'indisposition dud. s[r] roy[2] ». Après une très sérieuse alerte en janvier 1545, François Ier, sentant la mort venir, aurait fait des cadeaux aux dames, ainsi qu'un don de trente mille écus à l'amiral[3] ; mais contre toute attente, le roi se rétablit. Néanmoins, les médecins pensaient qu'il demeurerait sexuellement impuissant[4] et surtout, qu'il

---

1   L'ambassadeur ferrarais Alvarotti remarqua en mai 1546 que le roi semblait, d'après son visage, bien plus vieux que son âge (AS Modena, Cart. amb., Francia 22, Giulio Alvarotti au duc de Ferrare, Melun, 5 mai 1546).

2   ÖStA, FrBW 10, Konv. « Saint-Mauris an Karl V, 1544 », fol. 36-38, Jean de Saint-Maurice à Charles Quint, Fontainebleau, 30 décembre 1544 : après une mauvaise maladie, le roi paraissait alors hors de danger immédiat et on pensait pratiquer « une excision d'apostème » dès qu'il serait guéri.

3   ÖStA, FrBW 11, Konv. « St-Mauris an Karl V, 1545 », le même au même, Blois, 9 mars [1545] : madame de Massy reçut notamment un buffet d'argent doré d'or, mais le roi l'appelait depuis moins souvent que par le passé (peut-être à cause de son impuissance, si madame de Massy était son amante).

4   Ibid., le même au même, Orléans, 20 février [1545] : le roi déclara à un envoyé de l'empereur, un certain Viron, de rapporter à son maître qu'il était désormais en très bonne santé mais que « quant aux dames, tout estoit desormais perdu de son coutel » ; C. Occhipinti,

n'avait plus que sept à huit mois à vivre[1]. Dès lors, chaque nouvelle crise paraissait la dernière, et chaque guérison un bref sursis[2]. La fréquence de ces accidents pesait sur le moral de la cour. Le témoignage de Blaise de Monluc, qui remplit son office de gentilhomme servant pendant un mois après son retour de Boulogne, révèle une certaine morosité :

> Ce prince estoit lors assez vieux et pensif ; il ne caraissoit point tant les gens qu'il souloit ; une seule fois il me demanda le discours de la bataille de Serisoles, estant à Fontenebleau ; ce fut lors que je prins congé de Sa Majesté et ne le vis oncques depuis[3].

Claude d'Annebault veillait plus que tout autre sur la tranquillité et le repos du roi, tenant là, comme en d'autres occasions, le rôle de grand-maître en sus de celui de premier gentilhomme de la chambre. Par conséquent, quand le roi était alité, il fallait faire valoir les meilleures raisons pour obtenir une audience. Ainsi, lorsque l'ambassadeur du duc de Ferrare eut une querelle de préséance avec son collègue florentin, il remua ciel et terre en vain pour en parler au roi, mais l'amiral s'y opposa tant que la santé de son maître ne serait pas rétablie[4]. Même des visiteurs de marque, comme Antoine Perrenot de Granvelle venu à la cour de France au moment de la signature du traité de Crépy, étaient parfois invités par l'amiral à différer leur visite, si le roi n'était pas en état de recevoir :

> Le roy, Sire, écrivit-il à l'empereur, s'est trouvé hier ung peu mal d'ung desvoyement d'estomach que luy a duré encores aujourd'huy [...]. Il s'en est trouvé ung peu debile. Il s'est mys au lit après son disney et y a demeuré plus longuement qu'il n'a de coustume. Je suis esté la pour le visiter, mais mons' l'admiral me dit qu'il estoit d'advis que ne fut tantost, puisque il reposoit[5].

Carteggio d'Arte, *op. cit.*, p. 63-65, Giulio Alvarotti au duc de Ferrare, Blois, 22 février 1545 : « non son più buono di nullo per le donne ».

1 ÖStA, FrBW 11, Konv. « S'-Mauris an Karl V, 1545 », Jean de Saint-Maurice à Charles Quint, Blois, 9 mars [1545].

2 *Cf.* R. J. Knecht, *François Ier*, *op. cit.*, 495-496.

3 Monluc, *Commentaires*, t. I, p. 319.

4 AS Modena, Cart. amb., Francia 21, Giulio Alvarotti au duc de Ferrare, Blois, 17 mars 1545 : « Non è stato possibile d'haver la audientia da S. M^{ta}, la quale Mons' amiraglio ha sempre iscusata, che non da volientieri audienza, non si trovando meglio sana ».

5 OStA, FrVa 3, fol. 177-179v, Antoine Perrenot de Granvelle à Charles Quint, Amiens, 27 septembre 1544.

L'amiral ne pouvait différer toutes les visites, même quand François Ier
était très affaibli ; dans ce cas, il exigeait qu'elles fussent aussi brèves
que possible pour ne pas fatiguer le roi. Ainsi, les députés de la ville
d'Orléans venus pour saluer Sa Majesté furent-ils éconduits presque
aussitôt entrés dans la chambre du malade[1]. Lorsque le roi allait mieux,
son favori n'en restait pas moins le féroce gardien de sa tranquillité.
Par exemple, en avril 1545, François Ier s'était retiré dans un palais près
d'Amboise, en petite compagnie pour ne pas être dérangé, car il ne
voulait pas donner d'audiences. Après dîner, il partit se coucher. C'est
alors que des bandes de jeunes gens entrèrent dans la cour et firent tant
de bruit que l'amiral dut sortir pour les chasser puis fit fermer les portes
afin que personne n'entrât plus[2].

LA SANTÉ DE L'AMIRAL

La santé du roi était un bien précieux qui exigeait d'être entretenu et
conservé comme un véritable trésor. Cependant, celle de l'amiral était
à peine meilleure et se dégradait chaque année davantage. À partir de
1543, Claude d'Annebault fut souvent malade. Certes, il ne fut jamais
alité très longtemps, à la différence de Tournon qui, durant l'été 1546,
fut encore contraint de rester plus de deux mois à se soigner hors de la
cour. Mais les crises furent souvent violentes. Il n'est pas impossible
que le passage du Mont Cenis en janvier 1543 ait durablement altéré
la santé de d'Annebault. Début janvier, l'infection s'installa dans son
oreille droite, mais l'abcès ou « apostème » creva[3] ; après deux semaines
d'inquiétudes, il recouvra la santé, et le 18, il sortit de sa chambre et
commença à reprendre ses activités[4]. En janvier 1545, son oreille subit

---

1   AS Modena, Cart. amb., Francia 20, Giulio Alvarotti au duc de Ferrare, Orléans, 17 février
     1545 : « l'armiraglio fece loro intendere che fossero brevissimi – credo che fossero tanto
     brevi, che non dicessero nulla ».
2   AS Modena, Cart. amb., Francia 21, lettre du même au même, Amboise, 15 avril 1545.
3   AS Mantova, Cart. inv. div., 640, Vespaziano Bobba à la duchesse de Mantoue, Melun,
     11 janvier 1545 : « Monsr l'armiraglio ha havuto ancor lui gran maledico periculoso di
     febre e di apostema, o sia catarzo venutogli nell'orechia dritta, pur pare che al presente
     Sua Ex[a] habii preso assai buono meglioramento et che per la orechia s'incomenza a purgare
     detto catarro ».
4   Ibid., lettres du même à la même, Melun, 17 et 18 janvier 1545 : « Monsr armiraglio è ben
     riduto, ma non inchor talmente refrancato che ussischa de camera salvo che una volta è
     andato da Sua M[tà]. »

une nouvelle infection, provoquant une douleur intense et la réapparition d'un abcès purulent :

> Monsr l'admiral [...] ce porte presentement bien mal d'ung caterre, lequel luy est tombé derrier l'oreille, et tellement qu'il est tombé en apostème[1].

L'amiral se rétablit, mais fut peu de temps après victime d'une crise de goutte[2]. Au cours de l'expédition navale de l'été 1545, l'infection reprit, sans devenir aussi virulente que la fois précédente. Néanmoins, lorsque l'amiral partit visiter les fortifications d'Outreau et de Guînes au mois de septembre, il fut pris d'une fièvre chaude qui le malmena ; peut-être son infection de l'oreille, désormais récurrente, y était-elle liée. En tout cas, il rentra à la cour le 22, et eut tous les jours, pendant plus d'une semaine, une fièvre qui ne le quitta jamais[3]. Une épidémie de paludisme (« fièvre tierce ») sévissait alors à la cour. L'état de santé de l'amiral et des autres conseillers posa des difficultés insurmontables pour le suivi des affaires et la continuité des travaux du conseil :

> Sa Majesté ne donne aucune audience, mons[r] l'amiral ne s'occupe pas des affaires, mons[r] de Tournon n'autorise pas qu'on vienne lui parler, le grand chancelier est malade de la fièvre [...] : on ne fait absolument rien[4].

L'année 1546 ne fut pas meilleure pour l'amiral : en janvier ou février, il eut un accident de cheval et fit une mauvaise chute sur un terrain gelé. Pendant plusieurs semaines, il se ressentit de sa jambe. Début mars, elle était enfin guérie, mais le conseiller favori était de nouveau encore indisposé, et une fois de plus, la vie de la cour s'en trouvait ralentie. Ainsi, un ambassadeur qui voulait voir le roi ne put obtenir satisfaction :

> Je crois que si mons[r] l'amiral n'avait pas été un peu indisposé à cause de la chute de cheval qu'il fit les jours derniers sur la glace [...], l'affaire serait déjà réglée, mais Son Excellence garde encore la chambre autant qu'Elle le peut[5].

---

1 ÖStA, FrBW 11, Konv. « St-Mauris an Karl V, 1545 », Jean de Saint-Maurice à Charles Quint, Melun, 3 janvier [1545] ; ce « caterre » ou catarrhe est probablement une surinfection aiguë consécutive à un rhume.
2 *Ibid.*, Jean de Saint-Maurice à Charles Quint, Melun, 21 janvier [1545].
3 AS Modena, Cart. amb., Francia 21, lettres de Giulio Alvarotti, 24 et 26 septembre 1545.
4 *ANG*, t. III, p. 397-398, Guidiccione au cardinal Farnèse, Amiens, 13 septembre 1545.
5 AS Modena, Cart. amb., Francia 22, lettres de Giulio Alvarotti au duc de Ferrare, Paris, 1er et 10 mars 1546.

À l'été 1546, l'amiral avait meilleure mine et semblait avoir recouvré la santé[1]. Aussi put-il compenser – en différant le plus longtemps possible son voyage en Angleterre – les défaillances de la santé du cardinal de Tournon. Mais à son retour d'ambassade, d'Annebault était un peu malade. Rien de grave, toutefois : son oreille n'en était pas la cause[2].

À l'évidence, l'amiral n'avait plus la santé d'antan. Comme les autres conseillers du roi atteignaient aussi un âge respectable, le gouvernement s'en trouvait fragilisé, voire affaibli. Plutôt que d'introduire des hommes neufs dans ses conseils, le roi de France préféra gouverner jusqu'au bout avec ceux dont il avait éprouvé l'efficacité et la fidélité. La jeunesse de la cour, et en particulier les compagnons du dauphin, attendait son heure avec impatience.

L'IMPATIENCE DU DAUPHIN

Le dauphin Henri n'attendait plus que le moment de monter sur le trône. Dès la paix de Crépy, il avait protesté contre ce qu'il jugeait une grave atteinte à ses droits[3]. Jusque dans le camp impérial, on s'inquiéta de cette attitude qui pouvait remettre en cause la paix signée, en cas de disparition soudaine du roi François, « signamment considéré la disposition du roy et le doubte que plusieurs font de sa longue vie[4] ». Lorsque François Ier fut gravement malade, en janvier 1545, le dauphin fut donc forcé, pour rassurer l'empereur, de ratifier en son propre nom le traité de paix. Soupçonnant que cette ratification avait été faite sous la contrainte (et qu'elle pourrait par conséquent être ultérieurement dénoncée), Jean de Saint-Maurice demanda au dauphin s'il était vrai qu'il eût signé contre son gré et « sous puissance de père ». Le dauphin nia mollement, répondant simplement qu'il trouvait bon le traité.

---

1   BnF, Fr. 17889, fol. 138-139v, Claude de L'Aubespine à Jacques Ménage, Chevagnes, 26 août [1546] : « mons[r] l'admiral faict bonne chere ».

2   AS Modena, Cart. amb., Francia 23, Giulio Alvarotti au duc de Ferrare, Beaune, 23 septembre 1546 : « Da hieri in quà, mons[r] almiraglio sta retirato in camera con un poco di flusso di corpo, ma non però cosa pericolosa ».

3   L'acte qu'il avait secrètement passé devant notaires était destiné à justifier une dénonciation des termes de la paix dès son avènement (cf. p. 332).

4   BnF, Fr. 7122, p. 99-110, Granvelle à Saint-Maurice, Bruxelles, 27 février 1545, passage en chiffre.

> Vray est, Sire, que eu-je luy dit ce que l'admiral avoit declairé, que le tout
> luy avoit esté communiqué, je vis ses yeulx esbloyr et le visaige aulcunement
> alterer, qui fut pour ce qu'i luy veult mal a mort[1].

D'autre part, le roi tenait à ce que son fils fût souvent présent au conseil
des affaires, sans y délibérer, pour y apprendre à assumer ses futures
responsabilités. Cependant, en octobre 1545, le dauphin refusa de
participer davantage aux délibérations du conseil, pour ne pas avoir
de nouvelles disputes avec le cardinal de Tournon[2] ; il n'y fit plus que
quelques apparitions occasionnelles. En avril 1546, son père, sentant sa
santé décliner, le mit en demeure d'assister chaque jour au conseil étroit
et de prendre désormais part à toutes les questions abordées :

> Il y a deux jours déjà, releva Alvarotti, Sa Majesté a fait dire à mons[r] le
> dauphin qu'il aura désormais à se trouver continuellement dans les affaires
> secrètes de Sa Majesté et à être informé de toutes choses, parce que quand le
> roi parlait soit dans sa chambre, soit ailleurs, avec mons[r] l'amiral, le cardinal
> de Tournon, le grand chancelier et Bayart, mons[r] le dauphin, lorsqu'il était
> présent, restait néanmoins en retrait[3].

Le roi eût peut-être désiré que le dauphin fût souvent présent à sa place
au conseil, sans lui laisser pour autant la liberté de changer les conseillers.
Il semble que dans ces conditions, le dauphin n'ait pas voulu suivre la
volonté de son père. Désormais, il attendait son avènement pour tenir
librement les rênes du pouvoir. En 1546, par anticipation, par défi ou
par jeu, il procéda à la distribution virtuelle des grands offices de la
cour entre ses principaux amis : le connétable redeviendrait le premier
personnage de la cour, Charles de Brissac serait le grand maître de
l'artillerie et Jacques de Saint-André le premier gentilhomme de la
chambre. François Ier, averti de ces insolences par son fou Briandas,
entra dans une colère noire. Il vint demander des comptes à son fils et
chassa plusieurs des favoris de celui-ci. Une autre anecdote, de mars
1545, montre encore la nature complexe des relations entre le roi et le

---

1　ÖStA, FrBW 11, Konv. « Saint-Mauris an Karl V, 1545 », Jean de Saint-Maurice à Charles
　　Quint, Melun, 3 février 1545.
2　Lettre de Saint-Maurice à Charles Quint du 10 octobre 1545 (Bruxelles, mss divers,
　　n° 1761[1], p. 119-120), citée par M. François, *op. cit.*, p. 207, n. 4.
3　AS Modena, Cart. amb., Francia 22, Giulio Alvarotti au duc de Ferrare, Melun, 9 avril
　　1546 (passage chiffré).

dauphin. En chassant, François Ier passait près des cuisines de la maison du dauphin, lorsqu'il entendit un vacarme et des cris qui lui déplurent. Excédé, le roi ordonna à ses archers d'entrer et d'égorger tout le monde. Le soir, le roi demanda au dauphin « s'il n'avoit pas fait acte memorable », puis dit « qu'il convenoit adviser de donner quelque chose aux povres vefves ausquelles il eust despleu de perdre leurs maris[1] ».

Le dauphin, qui n'avait probablement qu'une affection limitée pour son père, devait souffrir de ces humiliations. Cependant, il savait que le temps jouait pour lui : au fur et à mesure que les médecins désespéraient de la survie du roi régnant, les courtisans flattaient davantage Henri. À la fin de l'année 1546, alors que François Ier était gravement malade, « au même temps l'on vit », écrivit le père Dan au siècle suivant, « presque toute la cour quitter ce soleil en son couchant, afin de courir au devant du soleil levant, je veux dire vers le dauphin Henry, son heritier de sa couronne, lequel ne se tenoit guere alors près de son pere ; mais que la jalousie de la succession faisoit un peu esloigner de la cour, il y avoit desja quelque temps[2]. » Le dauphin représentait donc l'avenir, et autour de lui gravitait en effet une quasi seconde cour de France. La seule parole de François Ier n'était plus une garantie suffisante dans le long terme. Dans une lettre du roi au financier allemand Jean Cléberger, il accepta de satisfaire à l'exigence des banquiers lyonnais, selon laquelle le dauphin devait personnellement s'obliger dans tous les emprunts de son père[3]. Et ce n'était qu'un début : désormais coexistaient deux rois, l'un couronné et l'autre en instance de l'être, le roi déclinant et le roi naissant, selon deux trajectoires qui devaient se rejoindre aux funérailles de François Ier, après lesquelles il ne resterait qu'un seul souverain[4].

---

1 ÖStA, FrBW 11, Konv. « St-Mauris an Karl V, 1545 », Jean de Saint-Maurice à Charles Quint, Blois, 9 mars [1545] ; en réalité, les archers, en entrant dans les cuisines, avaient demandé aux gens du dauphin de crier qu'on les égorgeait, puis fait beaucoup de bruit avec leurs hallebardes, pour donner le change ; le roi leur ayant demandé combien ils avaient fait de morts, les archers répondirent « cinq », puis firent discrètement avertir le dauphin ; le soir, au souper, le roi parla de l'affaire au dauphin et lui demanda combien il avait fait de morts, et le dauphin répondit « cinq ».

2 P. Dan, *op. cit.*, p. 229-230.

3 Lettre de François Ier à Jean Cléberger, Paris, 11 mars 1546 [n. st.], citée par Eugène Vial, *L'histoire et la légende de Jean Cléberger dit « le bon Allemand »* (1485 ?-1546), Lyon, 1914, p. 49.

4 *Cf. infra*, p. 598 *sq.*

LE CONSEILLER FAVORI, LIEUTENANT DU ROI ?

À partir de 1546, tandis que le roi s'affaiblissait, Claude d'Annebault paraissait plus que jamais son *factotum* et son substitut. Les apparitions publiques et les audiences de François Ier se faisaient rares, au point qu'il donnait l'impression de se soustraire aux obligations de l'État, pour lesquelles il se reposait entièrement sur l'amiral. Les correspondances contemporaines abondent en phrases telles que « le roi court le cerf et fuit les négociations[1] », ou « le roy chasse de jour en jour[2] ». L'examen des faits confirme l'imperssion générale : l'accroissement exceptionnel des dépenses de chasse entre 1542 et 1546 montre que le roi se consacrait de plus en plus à ce passe-temps, cet *otium*, et de moins en moins au *negotium* des affaires de l'État[3]. Pendant ce temps, Claude d'Annebault, malgré sa réputation de grand chasseur et son office de maître des toiles de chasse du roi, pouvait de moins en moins souvent se joindre à ces escapades : il devait s'occuper des affaires délaissées par son maître. À cause de la dégradation de la santé, le roi désirait profiter des rémissions de la maladie pour son propre plaisir, en évitant autant que possible les tracas quotidiens du gouvernement. Cette prise de distance avait peut-être aussi une finalité thérapeutique : le roi devait se ménager pour prolonger sa vie[4]. En février 1547, le roi était à Chambord « disant qu'il se veult rejoyr avec les dames » ; il interdisait à quiconque de loger à moins de six lieues de lui sans son consentement, sous peine d'un châtiment exemplaire et voulait même faire abattre un pont pour empêcher qu'on le rejoignît :

> Comme il dit, il veult vivre pour soy et non aultruy, ne haissant maintenant plus chose de ce monde que de negocier, de manière, Sire, que l'on ne peult trouver facon d'avoir audiance envers luy, et encores convient-il parler si sobrement et restrindre tellement son propoz que a peine peult on riens

---

1   *ANG*, t. III, p. 434.
2   BnF, Fr. 17889, fol. 138-139v, Claude de L'Aubespine à Jacques Ménage, Chevagnes, 26 août [1546].
3   P. Hamon, *L'Argent du roi, op. cit.*, p. 5. La chasse était un sport et un loisir, un *otium*, par opposition au *negotium* des « affaires » (Philippe Salvadori, *La Chasse sous l'Ancien Régime*, Paris, 1996, p. 133-134).
4   À la Renaissance, selon les théories dominantes des humeurs, les médecins conseillaient à leurs patients convalescents d'éviter les contrariétés pour limiter la prolifération nocive des mauvaises humeurs.

achever avec luy, estant maintenant sa facon de remettre et renvoyer le tout a son conseil, *en maniere que quant bien il a dit d'ung, si le conseil trouve qui seroit mieulx aultrement, l'on fait passer oultre l'oppinion dud. conseil*[1].

Ces observations de Jean de Saint-Maurice ne sont sans doute pas dénuées de fondement. Même en l'absence du roi, son conseil étroit se tenait chaque matin. Qu'un acte fût pris avec la formule souscrite usuelle « par le roi en son conseil » ne signifiait pas que le roi y fût réellement présent. Le fait que des décisions fussent de plus en plus souvent prises au nom du roi au sein du conseil, même quand le souverain en était absent, renforçait sans doute l'impression que l'amiral d'Annebault, « ministre absolu[2] », était tout-puissant et tenait lieu de roi :

> Led. s[r] admiral, rapporta encore Saint-Maurice, me dit que je ferois austant de negocier avec luy comme avec led. s[r] roy, que toujours me remettroit à son Conseil[3].

Ce propos doit être nuancé. Il est certain que le roi laissait une grande liberté au conseiller favori et à son conseil, généralement composé de d'Annebault, Tournon, Olivier et Bayard, mais il serait plus surprenant que le conseil se permît, comme le suggère Saint-Maurice, de faire « passer outre » sa propre opinion contre les ordres du roi. Pour les questions ordinaires et courantes, François Ier faisait confiance à l'amiral d'Annebault et au cardinal de Tournon, mais il voulait rester totalement maître de certaines affaires, comme le remarqua l'orateur vénitien Cavalli :

> [Le roi] a presque tout remis au révérendissime Tournon et à l'illustrissime amiral, et il ne répond et de négocie que selon ce que ces deux-là lui conseillent et veulent. Et s'il venait à faire quelques concessions dans ses réponses aux ambassadeurs, ou à donner des ordres à d'autres (ce qui toutefois arrive rarement) sans avoir consulté ces deux-là, et que ce qu'il ait dit leur déplaise, ils le révoquent, ou plutôt le changent à leur goût. Il est vrai que dans toutes les affaires d'État de la plus haute importance et dans les projets de guerre, Sa Majesté veut que, comme en les autres matières Elle s'en remet à eux,

---

1   ÖStA, FrBW 11, Konv. « St-Mauris an Karl V, 1545 », Jean de Saint-Maurice à Charles Quint, Blois, 17 février [1545], partiellement chiffré.

2   *ANG*, t. VI, p. 101-104, lettre du nonce Dandino au cardinal Santa-Fiora, Folembray, 22-23 novembre 1546.

3   ÖStA, FrBW 10, Konv. « Saint-Mauris an Karl V, 1544 », fol. 36-38, Jean de Saint-Maurice à Charles Quint, Fontainebleau, 30 décembre 1544.

dans celles-ci eux et tous les autres s'en remettent à Elle ; et dans ces cas, il n'est personne de la cour, quelle que soit son autorité, qui ait l'audace de Lui adresser un seul mot contraire.

Le roi était donc encore capable de prendre des décisions et de les imposer avec autorité, mais il restreignait désormais son activité aux seules questions dont il considérait qu'elles revêtaient une importance supérieure à ses yeux. En outre, il n'intervenait que sur le terrain du commandement et de la décision générale, laissant la mise en œuvre et le suivi de l'exécution à ses serviteurs :

À mon avis, [les échecs] sont advenus faute d'exécuteurs diligents et parce que Sa Majesté ne veut pas avoir la charge [entière], ni aucune part à cette exécution, ni être jamais superintendant, parce qu'il lui paraît qu'il suffit de bien faire sa propre part, qui est de donner des ordres et de décider, et de laisser ensuite le reste aux autres[1].

L'analyse du Vénitien révèle la véritable nature de la « superintendance » des affaires : elle était la responsabilité pleine et entière, déléguée à un proche conseiller, de la mise en œuvre et de l'exécution des décisions du roi, et se situait donc en premier lieu en aval de cette décision souveraine. L'homme qui était chargé de cette « superintendance », en temps ordinaire le conseiller favori, engageait sa propre responsabilité dans la réussite ou l'échec de la politique du roi. L'activité du conseiller favori avait bien sûr un second versant, en amont de la décision, par son rôle dans l'information du roi et l'assistance à la prise de décision. Du fait de cette double utilité, il était un acteur total de la chaîne du pouvoir. Doit-on pour autant en conclure qu'il tenait en mains le gouvernement du royaume ? Le roi n'abdiqua jamais son autorité. Son conseiller favori, d'Annebault, ou en son absence Tournon, n'était aucunement autorisé à mener sa propre politique : au contraire, il devait s'occuper de toutes les affaires et les expédier de la même façon que l'aurait fait le roi. Il s'agit d'une véritable délégation du pouvoir par substitution[2], dans la

---

1   Alberi, *op. cit.*, serie I, t. I, p. 238-239 (trad.) ; cité notamment par J. R. Hale, *op. cit.*, p. 29.

2   Romier a suggéré que le « premier conseiller » était un « substitut » de la personne royale, jusqu'à ce qu'une rupture intervînt avec Catherine de Médicis (Lucien Romier, *Le royaume de Catherine de Médicis. La France à la veille des guerres de Religion*, Paris, 1922, t. I, p. 57) ; cette rupture n'est pas si nette, car le rôle de Catherine restait proche de celui auparavant assumé par des connétable de Montmorency ou amiral d'Annebault.

mesure où le conseil et le conseiller favori doivent agir comme le roi le ferait, « si en personne y était », pour reprendre l'expression commune des pouvoirs de lieutenance, qui procède du même principe[1]. Si les ordres émanant de l'amiral devaient donc être exécutés comme s'ils venaient du roi[2], et le conseil ne pouvait faire qu'un avec le roi lui-même[3]. L'amiral était comme l'ombre portée du roi sur le quotidien du gouvernement, et cette ombre n'agissait que tant que le roi vivait. Ainsi, à travers Claude d'Annebault, fidèle exégète de sa volonté, François Ier continua, jusqu'au terme de sa vie, à gouverner son royaume.

---

1   Philippe Hamon (*L'Argent du Roi*, *op. cit.*, p. 402) parle de collaboration : « Il s'agit en effet de collaboration, non de domination. Le favori n'est jamais que l'instrument du souverain et le rapport ne peut s'inverser ». Pierre Carouge parle de « doublure » du roi au sujet de l'amiral Bonnivet, dont il suggère qu'il mourut à Pavie non pour le roi, mais « à la place » du roi (P. Carouge, art. cité, p. 248-249).

2   À l'étranger, ce n'était pas aussi évident : Charles Quint ne l'entendait pas de cette oreille, qui fit arrêter à la frontière des cavaliers français ramenant des chevaux d'Allemagne pour le roi, parce que leurs sauf-conduit et passeport étaient signés de la main de l'amiral, et pas du roi, « qui ne peult valoir pour mener chevaux hors desd. pays » (BnF, Fr. 17889, fol. 26, double d'une note donnée par le conseil de l'empereur à Jacques Ménage, datée de 1544, et après la paix, soit entre septembre 1544 et mars 1545).

3   *Cf.* aussi ces remontrances d'Henri II adressées à Jean Du Bellay quelques années plus tard : « Me semble que la ou est apposé mon grand sceau avec le seing de l'un de mes secretaires d'Etat, qu'il ne fault poinct autre approbation ne caution des gens de mon conseil privé, qui ne sont ne peulvent estre que moy-mesmes », *CCJDB*, t. V, p. 84-87, lettre de [Saint-Germain-en-Laye], [13 mars 1549].

LA FIN D'UN RÈGNE (1546-1547)

Malgré son implication décroissante dans les affaires, François Ier permit, en laissant en place les mêmes conseillers, une certaine continuité de l'État. Néanmoins, l'après-Ardres fut marqué par un revirement stratégique et diplomatique majeur, avec la préparation d'une ambitieuse ligue, dont le but secret était d'isoler l'empereur pour ensuite lui faire la guerre. Toute la politique de la fin du règne doit être analysée à la lumière de ce dessein, qui motiva en partie l'effort de restauration de l'ordre intérieur et de renforcement des frontières du royaume.

L'ORDRE INTÉRIEUR
ET LA MISE EN DÉFENSE DU ROYAUME

L'un des premiers devoirs du roi envers ses sujets était de les protéger des désordres. Ordre et bonne « police » du royaume étaient intimement liés, mais les guerres avaient immanquablement provoqué des troubles. Après la paix conclue à Ardres, il fallut donc restaurer la prospérité et la tranquillité du royaume, qui avait beaucoup souffert de l'invasion de 1544 et de l'effort de guerre.

MAINTENIR L'ORDRE À LA COUR

Avant même de penser à rétablir l'ordre dans les provinces, il fallait le maintenir à la cour, où les guerres avaient soulevé plusieurs querelles entre clans. En juillet 1546, Polin de La Garde et Piero Strozzi reprirent leur dispute au sujet de l'échec de la campagne de mer de l'été précédent. Il est probable que Strozzi, peut-être poussé par le dauphin, ait de nouveau parlé en public de l'affaire et mis en cause Polin. Ce dernier lui ayant demandé des comptes, Strozzi refusa de s'excuser, mais il nuança sa position : s'il avait dit du mal de Polin, prétendait-il, ce n'était pas pour le charger, mais pour dire comment les choses s'étaient passées. On attendait un nouvel arbitrage du roi :

> Madame d'Étampes, mons[r] l'amiral et le cardinal de Tournon pourront plus auprès du roi en faveur de Polin que mons[r] le dauphin pour le Strozzi, toutefois cela reste à voir[1].

Claude d'Annebault envoya s'entremettre Francisque Bernardin, ami de Polin, puis Charles de Brissac s'en mêla. Tour à tour, La Garde et Strozzi comparurent devant le roi et l'amiral, pour leur exposer les griefs. Le roi montra son déplaisir de voir réveillée cette querelle et ne voulut pas trancher dans une affaire d'honneur entre deux gentilshommes. Le 18 juillet, ils firent donc la paix au bois de Malesherbes, devant le roi[2]. L'amiral lui-même devait parfois s'interposer pour apaiser les tensions entre courtisans. Ainsi, au moment du différend de La Garde et Strozzi, un autre opposait Francisque Bernardin de Vimercat et Pierre d'Ossun, ancien gouverneur de Turin ; l'amiral s'employa à restaurer la paix entre ces deux bons serviteurs du roi[3]. En quelques semaines, ces inimitiés nées pendant la guerre parurent apaisées et la cour de François Ier retrouva l'ordre accoutumé, sous la houlette de l'amiral. Au même moment pourtant, la cour était divisée par une autre affaire d'honneur et de sang : un jeune homme de la puissante famille de Tonnerre, nommé Tallard, avait commis un meurtre par vengeance : il fut condamné à mort. L'amiral d'Annebault et le cardinal de Tournon étaient pour la rigueur, tandis que la duchesse d'Étampes et le cardinal Du Bellay demandaient la clémence du roi. Celui-ci ne céda pas et Tallard fut décapité le 3 septembre[4].

---

1   AS Modena, Cart. amb., Francia 23, Giulio Alvarotti au duc de Ferrare, Melun, 18 juillet 1546 ; Alvarotti rapporte des propos qu'il a entendus.

2   *Ibid.*, lettre du même au même, Melun, 20 juillet 1546.

3   *Ibid.*, lettre du même au même, Fontainebleau, 10 juillet 1546 : « Monsr ammiraglio tanto ha fatto e ditto che ha fatto seguitare la pace tra mons[r] d'Usson, già governatore di Turino, et il capitano Francesco Bernardini, il quale S. Ecc[a] favorisse molto. » ; ÖStA, FrVa 3, Konv. 12, fol. 6 : copie de la sentence définitive, du 12 janvier 1547.

4   Le cardinal Du Bellay, apparenté par l'alliance de son neveu à la maison de Tonnerre, n'hésita pas à solliciter l'intervention du roi d'Angleterre ; Wotton s'entremit donc auprès du roi de France, qui resta inflexible mais qui, se doutant que le cardinal Du Bellay était

Ainsi, la cour de François Ier demeura, à tort ou à raison, une référence en matière de discipline et lorsque Catherine de Médicis conseilla à son fils Henri III de travailler à remettre de l'ordre à sa cour, elle cita en exemple le temps du roi François :

> Du temps du roi votre grand-père, lui dit-elle, il n'y eut homme si hardi d'oser dire dans sa cour injure à un autre, car s'il eût été ouï, il eût été mené au prévôt de l'hôtel[1].

La remise en ordre de la cour passait aussi par l'observance de bonnes pratiques religieuses. Alors que les idées protestantes commençaient à se répandre dans le royaume, il semblait nécessaire que la cour montrât l'exemple du respect des préceptes fondamentaux de la religion chrétienne. En mars 1546 fut pris, comme on l'a vu, un édit interdisant de manger de la viande en carême. Le roi ayant appris qu'à la cour, on avait contrevenu à ses ordres, il demanda donc au prévôt de l'Hôtel, Claude Genton, d'enquêter et d'arrêter les contrevenants[2].

Enfin, François Ier et ses conseillers jugèrent que la confidentialité de la politique internationale française devait être mieux préservée. Par un mandement signé de Joinville, le 31 octobre 1546, et publié à Coucy le 21 novembre[3], le roi ordonna que fussent chassés de la cour tous les informateurs et agents étrangers (comprendre : les espions[4]) entretenus par les princes et diplomates, exceptés les ambassadeurs officiels du pape, de l'empereur, des rois d'Angleterre et de Portugal, de Venise et des princes italiens. Ceux-ci étaient toutefois contraints de se séparer de certains de leurs serviteurs qui n'avaient pas d'emploi domestique

---

à l'origine de cette démarche, chargea d'Annebault de se renseigner à l'occasion de son voyage d'Angleterre : si ces soupçons étaient confirmés, le cardinal risquait de gros ennuis (*CCJDB*, t. III, p. 401-402, Jean Du Bellay à William Paget, Fontainebleau, 2 août [1546]).

1 Louis Batiffol, *Le Louvre sous Henri IV et Louis XIII. La vie de la cour de France au XVIIe siècle*, Paris, 1930, p. 57-58, cité par J.-F. Solnon, *op. cit.*, p. 165.

2 AS Modena, Cart. amb., Francia 22, Giulio Alvarotti au duc de Ferrare, Melun, 12 avril 1546 : les contrevenants étaient de la maison du comte de Beichlingen (*cf.* p. 428).

3 Copies authentiques dans AS Mantova, Cart. inv. div., 640, copie envoyée par Thomaso Sandrini à la duchesse de Mantoue, et dans ÖStA, FrVa 3, Konv. 14, fol. 77-80, copie envoyée à l'empereur.

4 Dès le XVIe siècle, les ambassadeurs entretenaient des informateurs secrets, en général méconnus ; sur cette « diplomatie secrète », *cf.* D. Ménager, *op. cit.*, p. 134-135, qui utilise les exemples de Gian Francesco Valier auprès de Pellicier à Venise, et de Berteville, espion d'Odet de Selve en Angleterre.

justifiable. Bien entendu, beaucoup protestèrent. Tommaso Sandrini, l'ambassadeur de la duchesse de Mantoue, vint réclamer des comptes à l'amiral, qui lui répondit sèchement qu'il fallait suivre l'ordonnance[1]. Le contrôle de la circulation des informations à la cour et avec l'extérieur était l'un des principaux enjeux politiques de la fin du règne, car l'on voulait garder le plus longtemps possible le secret de la ligue et de la guerre qui se préparaient.

LA POLICE DES PROVINCES

Rétablir l'ordre à la cour était une chose. Aider le royaume à se remettre des guerres en était une autre. Dans l'entourage du roi, il suffisait d'un peu de fermeté et de quelques mesures énergiques dont l'application était confiée au prévôt de l'Hôtel. Dans les provinces, il fallait agir dans de nombreux domaines et souvent au niveau local. Les gouverneurs eurent donc beaucoup à faire[2]. En Normandie, d'Annebault veilla sur l'état et l'approvisionnement des ports[3]. Il envoya aussi à son lieutenant, Matignon, des ordonnances royales pour « courir sus » aux gens de guerre assemblés en bande et devenus pillards – comme cela arrivait fréquemment dès que cessait la guerre –, afin de soulager le peuple ; le lieutenant avait aussi ordre de seconder les baillis dans la répression de ceux qui continueraient malgré tout à piller la province et refuseraient de retourner chez eux[4]. Ces dispositions n'étaient pas nouvelles : en 1536, François Ier avait déjà fait ordonner aux anciens soldats de rentrer directement chez eux, sous peine de mort[5]. Mais il fallait les renouveler pour accélérer le processus de pacification du royaume. Il en allait de même en Piémont, dont les habitants s'étaient plaints des lourdes contributions pour l'entretien des garnisons. François Ier écrivit

---

1   AS Mantova, Cart. inv. div., 640, Thomaso Sandrini à la duchesse de Mantoue, 29 novembre 1546.

2   Cf. aussi la fameuse réforme de 1545 (Isambert, t. XII, p. 892-894) qui donne un « commencement de statut » à l'institution des gouverneurs et marque pour la première fois une différence entre gouverneurs « qui sont en frontières » et ceux qui n'y sont pas (G. Zeller, « Gouverneurs de provinces », art. cité, p. 245-247).

3   CAF, t. V, p. 38, n° 14857, confirmation d'un marché par le roi, Brie-Comte-Robert, 26 mars 1546 [n.st.].

4   Matignon, Correspondance, p. XLVIII, et p. 142 et 145, lettres du 29 septembre 1545 et du 30 juin 1546.

5   J. R. Hale, op. cit., p. 88.

donc au gouverneur, le prince de Melphe, pour qu'il les diminuât à
10 sous tournois par jour par homme d'armes et 6 sous par jour par
chevau-léger, le tout étant équitablement réparti entre les villes ; en
outre, le gouverneur devait veiller à ce que les gens de guerre cessent
leurs déprédations et se contentent de leur solde[1]. Ces compagnies
d'ordonnances constituaient une charge importante pour les provinces,
souvent frontalières et déjà éprouvées par les guerres, où elles station-
naient ; leurs effectifs furent réduits à quatre-vingts lances pour celles
qui en comptaient cent, et à quarante pour celles de cinquante ; de ces
compagnies, les premiers chassés furent les gens d'armes étrangers,
renvoyés en leurs pays[2]. En outre, des édits et lettres patentes de juillet
et août 1546 réglementèrent le port d'armes, interdirent sous peine de
mort le port d'armes à feu et les assemblées illicites de gentilshommes,
ainsi que les voies de fait pour querelles particulières, c'est-à-dire les
vengeances violentes[3].

D'autre part, pour aider les provinces à se relever de l'effort de
guerre, les exportations de blé furent interdites par lettres patentes de
Fontainebleau du 27 mars 1546[4]. Pour assister les pauvres et les malades,
une grande ordonnance de réformation des hôpitaux fut promulguée
le 15 janvier 1546 : il s'agissait de faire vérifier par les juges ordinaires
les titres de fondation, états et comptes de tous les hôpitaux, afin de
contraindre leurs bénéficiaires à employer leurs revenus non pour eux-
mêmes, mais pour l'entretien des bâtiments, l'accueil des pauvres et des
malades[5]. Les officiers royaux reçurent l'ordre de procéder à l'exécution
de ces réformes fin février de la même année. « Cet acte d'humanisme,

---

1 G. Ribier, *op. cit.*, t. I, p. 613-614 et A. Tallone, éd., *Parlamento sabaudo*, *op. cit.*, p. 340,
   lettres de François Ier au prince de Melphe, Saint-Germain-en-Laye, 4 février 1547.
2 Matignon, *Correspondance*, p. 146, lettre de François Ier, Fontainebleau, 30 juin 1546.
3 Guillaume Blanchard, Compilation chronologique contenant un recueil en abrégé des
   ordonnances, édits, declarations et lettres patentes des rois de France, qui concernent la
   justice, la police et les finances, avec la date de leur enregistrement depuis l'année 987
   jusqu'à présent, Paris, 1715, col. 601-602. Au sujet des vengeances de sang, voir M. NASSIET,
   La Violence, une histoire sociale (France, XVIe-XVIIIe siècle), Seyssel, 2011, p. 127-131.
4 Publiées en note dans *ibid.*, p. 145-146. Cette interdiction ne fut levée que le 14 avril
   1547, à l'avènement d'Henri II.
5 *CAF*, t. V, p. 3, n° 14685, Saint-Germain-en-Laye, 15 janvier 1546 ; éd. dans A. Fontanon,
   op. cit., t. IV, p. 577 ou F.-A. Isambert, *op. cit.*, t. XII, p. 897 ; voir aussi Jean-Baptiste
   Denisart, *Collection de décisions nouvelles et de notions relatives à la jurisprudence*, Paris, 1783-
   1790, 9 vol., t. IX, p. 692-693.

et qui pourrait en quelque sorte être considéré comme l'institution de l'assistance publique, est un des derniers actes du roi au grand cœur », a jugé l'historien Charles Terrasse[1]. Il faut peut-être nuancer cette interprétation : le principal objectif de cette réforme était probablement d'endiguer la mendicité urbaine et de répondre aux récriminations des villes, contraintes d'organiser et de financer elles-mêmes leurs propres systèmes de prise en charge ou de mise au travail forcé des pauvres et des malades errants et désœuvrés[2]. Peu humanistes, en tout cas, furent les actes de répression des « hérésies », massacre des Vaudois, arrestations à Meaux, supplice d'Étienne Dolet et bûchers en place Maubert à Paris ; ces actes étaient, comme on l'a vu, avant tout le fait des parlements ou de circonstances locales, mais le roi et ses conseillers y étaient, sinon favorables, du moins complaisants[3]. Cependant, en mars 1547, dès qu'un concile associant les protestants parut presque acquis, le roi prit un « édit sur la bruslerye » défendant à toutes juridictions de mettre à mort quiconque pour raisons de foi jusqu'à l'achèvement de ce concile[4] : cet édit semble avoir été surtout motivé par des raisons de politique étrangère, pour donner des gages de bonne volonté aux princes protestants et au roi d'Angleterre dont l'alliance était nécessaire contre l'empereur[5].

LE RENFORCEMENT DES FRONTIÈRES

L'effort de remise en ordre et de reconstruction du royaume s'accompagna de sa mise en défense, devenue indispensable depuis les guerres de 1536 et 1537, qui avaient démontré la perméabilité des frontières de Picardie, de Champagne et de Provence. Au temps de François Ier, les frontières du royaume étaient de natures très diverses. Rivières et monts, faisaient parfois figures d'éléments naturels, sans bornage précis, mais la plupart du temps, il s'agissait de terres et de confins de lieux plus ou moins imbriqués, ainsi que de droits parfois attestés par des preuves écrites souvent très sommaires. Ces territoires

---

1   C. Terrasse, *op. cit.*, t. III, p. 188-189.
2   À cette époque, l'idée de charité est nécessairement mêlée à celle de « police » des pauvres (on pense en particulier aux initiatives prises par les échevins et les corps de métiers de Lyon après la « grande rebeyne » de 1529).
3   *Cf.* p. 425-427.
4   *CCJDB*, t. III, p. 438-439, Jean de Boylesve à Jean Du Bellay, Paris, 15 mars [1547] ; le texte de l'édit n'a pas été conservé.
5   *Cf.* plus bas, p. 576 *sq.*

de frontière étaient souvent gardés, en particulier en rase campagne, par des places armées, des forteresses ou des villages fortifiés, avec leurs garnisons et leur artillerie[1]. Une armée franchissant ces limites abstraites du royaume s'exposait à être prise de revers ou privée de de ravitaillement, si elle laissait sur ses arrières des places fortes en l'obéissance française. Elle devait donc forcer ces places par des sièges et, après leur reddition, y installer ses propres troupes pour lui permettre d'avancer en sûreté.

Entre 1536 et 1542, une première vague de fortifications avait déjà paré au plus pressé : l'ingénieur italien Antonio Castello fut le principal maître d'œuvre de retouches (bastions forts ou à orillons, renforcement des murs existants) apportées aux enceintes des places fortes de Picardie, de Montreuil-sur-Mer et Thérouanne[2], du Catelet, et finalement de Landrecies en 1543. Pendant ce temps, la frontière française sur les Alpes se renforçait grâce au Piémont et aux grands travaux dirigés par Girolamo Marini. Le résultat paraissait d'une solidité à toute épreuve[3], mais l'invasion de 1544 montra que le dispositif français avait encore des faiblesses. Le même Marini, assisté de son frère Camillo, se vit alors confier la modernisation des fortifications du nord-est[4]. En avril 1545, il reçut mission de fortifier Raucourt, au sud de Sedan, Saint-Morel et Mouzon dans les Ardennes, ainsi que plus au sud, sur la frontière du Barrois et de Champagne, Commercy, Ligny-en-Barrois, Saint-Dizier et surtout Vitry-le-Perthois, rebaptisé Vitry-le-François. Il lui donna 150 000 livres pour ces travaux et toute autorité de couper le bois nécessaire et de commander le nombre de sapeurs qu'il lui plairait dans un rayon de trente lieues. On ne pouvait s'y tromper : il s'agissait des « frontières où l'empereur était entré » l'année précédente[5]. À la fin de l'année, le

---

1   Sur l'évolution de la notion de frontière à l'époque moderne, voir Daniel Nordman, *Frontières de France : de l'espace au territoire, XVIᵉ-XVIIᵉ siècle*, [Paris], 1998.

2   C'est lui que Claude d'Annebault, après la prise de Saint-Pol en avril 1537, avait laissé dans la ville pour la fortifier (*cf.* p. 130) ; Castello fortifia Thérouanne après la capture de d'Annebault et le départ des Impériaux ; P. Contamine, *Histoire militaire de la France*, t. I, *op. cit.*, p. 273.

3   Telle fut l'impression de l'orateur vénitien Matteo Dandolo en 1542 (Alberi, *op. cit.*, serie I, t. IV, p. 37), au sujet des fortifications de Bourgogne, Champagne et Lorraine : « Mi è parso di vedere non città fortificate, ma una continua grossa e sicura muraglia ; e le fortificazioni sono belle, pulite e sicure, e non a grandissima giunta di gran spesa come le nostre. »

4   P. Contamine, *Histoire militaire de la France*, t. I, *op. cit.*, p. 273-275 (avec une carte des principaux travaux en Picardie et en Champagne) ; Du Bellay, *Mémoires*, t. IV, p. 322-326.

5   AS Vaticano, AA I-XVIII 6532, fol. 9-20, Guidiccione au cardinal Farnèse, Romorantin, 29-30 avril 1545, analysée dans *ANG*, t. VI, p. 342-349.

roi avait aussi fait élever de nouvelles citadelles à Maubert-Fontaine et Villefranche-sur-Meuse, et reconstruire les remparts de Mézières, Sainte-Menehould, Chaumont et Coiffy.

Un effort financier considérable fut consenti. Au total, entre 700 000 et 1 000 000 de livres tournois furent consacrées en 1545-1546 aux fortifications des places frontalières du royaume : il semble que plus des trois quart de la dépense aient été faits sur l'année 1546 et qu'elle se soit encore intensifiée dans les premiers mois de 1547[1]. Dans des lettres adressées aux échevins de Paris le 5 février 1547, le roi proclamait, comme pour s'en excuser, son désir de décharger ses sujets d'une partie des impôts de guerre, regrettant que les préparatifs de guerre de ses voisins ne l'en empêchassent. D'autre part, la rançon de Boulogne était lourde et ne pouvait s'assembler qu'avec le temps : il fallait donc commencer dès cette année à en faire la réserve. Arguant des soldes et dépenses ordinaires, il expliquait qu'il ne resterait rien en son Épargne, à moins que les villes closes du royaume ne consentissent à une levée de 600 000 livres tournois dont 90 000 pour la seule ville de Paris[2]. Ces contributions, d'ordinaire levées en temps de guerre, devenaient donc une habitude en temps de paix, et la condition *sine qua non* de la préservation du royaume.

Au printemps 1546, avant la conclusion de la paix avec l'Angleterre, on lança encore un grand programme de fortifications en Picardie et en Flandres, tout en poursuivant les travaux devant Boulogne[3]. Cette frontière était déjà mieux défendue que la frontière champenoise, mais le roi voulait la rendre infranchissable grâce à quelques bonnes places fortes[4]. Enfin, après la paix d'Ardres, le roi reporta son effort sur la Champagne, pour un « voyage au long de la frontière » de Langres à

1 P. Hamon, *L'Argent du roi, op. cit.*, p. 37, propose 500 000 l. t. par an, en se fondant sur le rapport du Vénitien Cavalli (250 000 écus, soit 562 500 l. t. par an) et BnF, Fr. 17329, fol. 82-92v déjà cité, qui donne 706 000 l. t. pour deux ans (1545-1546) de travaux en Picardie, Champagne, Normandie et Piémont ; on remarque toutefois, pour la Normandie et la Picardie, les deux provinces dont le compte de 1546 est dissocié de celui de 1545, que la dépense a au moins triplé (Picardie : 75 176 l.t. en 1545 puis 273 407 l.t. en 1546 ; Normandie : 10 130 l.t. en 1545 puis 29 643 l. t. en 1546).
2 *Registres des délibérations de Paris, op. cit.*, t. III, p. 72 ; *CAF*, t. V, p. 169-170, n° 15537, Saint-Germain-en-Laye, 5 février 1547 [n. st.] ; *cf.* aussi n°s 15325 et 15536.
3 BnF, NAF 23167, fol. 16, Claude d'Annebault à Adrien de Pisseleu, seigneur d'Heilly, Fontainebleau, 7 avril [1546].
4 Alberi, *op. cit.*, serie I, t. I, p. 230, discours de Cavalli (1546).

Mézières, qui dura la plus grande partie de l'automne[1]. En octobre et novembre 1546, il fit inspecter la frontière qu'il compléta parallèlement par la fortification d'une douzaine de bourgs en Champagne et en Brie[2]. Étant donné le mauvais état de santé du roi, ce voyage fut sûrement très éprouvant. Cependant, François Ier s'occupait peu des détails. C'était surtout à l'amiral d'Annebault, et à ses protégés le comte de Beichlingen, Francisque Bernardin « qui ne le quittait plus[3] » et Girolamo Marini que fut confiée la tâche d'inspecter l'état d'avancement des travaux, de jauger les modifications nécessaires et d'évaluer les réserves de poudre et de vivres. En cela, ils étaient plus experts que quiconque et il ne leur fallait pas plus de quelques heures pour se rendre compte de la situation d'une de ces places. D'autres personnages, comme Claude de Boisy, les Guise et le dauphin Henri, étaient aussi mis à contribution. Ainsi, vers la mi-octobre, le roi avait visité Langres, Chaumont et Montéclair près d'Andelot, et partait en direction de Ligny-en-Barrois. Ces visites avaient pour but principal de repérer les axes potentiels d'invasion et les lieux stratégiques qui, déjà fortifiés ou non, pouvaient permettre de ralentir la progression de l'ennemi et de couper son approvisionnement[4]. Pendant ce voyage, l'amiral quitta peu le roi : on disait qu'il partirait de la cour pour une quinzaine de jours afin de visiter d'autres lieux, mais finalement il ne partit que deux fois, pour quatre puis pour deux jours[5]. Début novembre, d'Annebault partit encore avec le comte de Beichlingen

---

1　Du Bellay, *Mémoires*, t. IV, p. 332-333.

2　Voir M. Poinsignon, *Histoire générale de la Champagne et de la Brie*, Paris, rééd. 1974, 3 vol., t. II, p. 91-92, cité par L. Bourquin, *Noblesse seconde, op. cit.*, p. 17-18 ; David Buisseret, *Ingénieurs et fortifications avant Vauban : l'organisation d'un service royal aux XVIe-XVIIe siècles*, Paris, 2002, p. 35.

3　AS Modena, Cart. amb., Francia 24, Giulio Alvarotti au duc de Ferrare, La Ferté-Milon, 7 janvier 1547 : « che seguita sempre mons[r] almiraglio ».

4　Les « instructions à mons[r] de Boisy » pour l'achèvement des travaux de fortifications de « Montclerc » (BnF, Fr. 20457, fol. 87-v) donnent un bon exemple du détail des transformations apportées aux murailles. Montéclair (lieu-dit, commune d'Andelot-Blancheville) était une place jusqu'alors peu utile, mais dont on voulait faire l'une des pièces maîtresse du nouveau dispositif défensif, à cause de sa position stratégique : « S. M[tà] havea mandato mons[r] ammiraglio, et con S. Ecc[a] il cavaliero Marino, a vedere e considerare Mont'Cler, per metterlo in fortezza [...] perché quando lo inimico volesse entrare in Francia per la via di Campagna o da Borgogna, et massimamente per il paese di Langres, detto Mont Cler serviria per battere le strade et impedire il vittoalie alli inimici. » (AS Modena, Cart. amb., Francia 23, Giulio Alvarotti au duc de Ferrare, Montacher, 19 octobre 1546).

5　AS Mantova, Cart. inv. div., 640, lettres de Thomaso Sandrini aux régents de Mantoue, Benoncourt, 18 octobre 1546 et à une lieue de Bar, 23 octobre 1546.

visiter les places frontalières appartenant aux Guise[1]. Finalement, la cour repartit vers le milieu du mois pour se rapprocher de Paris.

Dans le même temps, il paraissait plus que jamais nécessaire de sécuriser les frontières de la Provence et du Piémont. Dès la signature de la paix avec l'Angleterre, toutes les galères furent renvoyées à Marseille afin d'assurer la défense des côtes de Méditerranée[2]. Quant au Piémont, le duc de Savoie avait tenté plusieurs fois d'en surprendre la capitale, Turin, et en cas de reprise des conflits avec l'empereur, cette précieuse province serait la première visée[3]. À partir de janvier 1547, on s'occupa donc de renforcer la frontière des Alpes. Mais si le voyage champenois pouvait se justifier par des précautions nécessaires, au moment où Charles Quint se préparait à envahir les États voisins des princes protestants, la cour ne pouvait se déplacer jusqu'à Lyon sans que l'empereur y vît une intention belliqueuse. L'amiral d'Annebault ne s'occupa donc pas directement de ces affaires, mais envoya Francisque Bernardin en Piémont avec la mission d'y demeurer quelques jours pour apprécier l'état des fortifications[4]. Au retour, Bernardin passa par Genève pour s'assurer des défenses de la Bresse et pour préparer de nouveaux recrutements de Suisses. Cette campagne de mise en défense du royaume, alors achevée, était une réussite que l'amiral d'Annebault pouvait vanter au roi :

> Ici on ne cesse de faire toutes les provisions défensives du mieux que l'on peut, avertit le nonce, et mons^r l'amiral dit et fait dire au roi par d'autres personnes, que si tout le monde se liguait contre lui, il ne saurait lui nuire d'un poil, tant il a son royaume solide et fortifié[5].

François Ier, satisfait de ces résultats, récompensa l'amiral en lui conférant la jouissance des fruits de la seigneurie de Compiègne[6]. Mais pour être

---

1 AS Modena, Cart. amb., Francia 23. Giulio Alvarotti au duc de Ferrare, Liesse Notre-Dame, 9 novembre 1546.

2 *Corpus documental de Carlo V*, éd. M. Fernandez Alvarez, Salamanque, 1973-1981, t. II, p. 476, Philippe II à Charles Quint, Madrid, 3 juillet 1546.

3 AS Mantova, Cart. inv. div., 640, Giorgio Conegrano aux régents de Mantoue, Fontainebleau, 3 avril 1546.

4 BnF, It. 1716, p. 27-33, Francesco Giustiniani et Marino Cavalli au doge de Venise, Paris, 5 février 1547.

5 *ANG*, t. VI, p. 130-133, Dandino au cardinal de Santa-Fiora, La Ferté-Million, 18 janvier 1547.

6 Bibl. Institut, coll. Godefroy 132, fol. 2-6v.

prêt à affronter les armées impériales, il restait à rassembler les moyens de mener la guerre et de payer les armées.

LE BON MÉNAGE DES FINANCES ROYALES

Le règne de François Ier vit s'accroître de manière considérable les dépenses de la couronne. En trente-trois ans de règne, il aurait dépensé cent quatre-vingts millions d'écus d'or, selon la propre estimation du trésorier de l'Épargne, Jean Du Val[1]. Cette augmentation concernait de nombreux secteurs des finances royales. Les seules dépenses de cour se seraient élevées à 2 067 000 l. t. en 1546, contre 1 636 000 l. t. en 1531 ou 1532, et 1 523 000 vers 1516. Mais ce coût diminua progressivement dans la part des dépenses globales de la monarchie[2], car l'accroissement fut encore plus important ailleurs. Les dépenses de guerre avaient beaucoup pesé sur le budget du trésor : les seules guerres de 1542-1546 auraient coûté plus de 30 millions de livres à la couronne[3]. Rien d'étonnant donc, si les ressources étaient épuisées en 1546. Les caisses étaient tellement vides que le roi ne pouvait rembourser toutes ses dettes de guerre. Ainsi, François de La Rivière, envoyé auprès des ligues et des cantons suisses, rentra à la cour de France en janvier 1546 après s'être engagé à rembourser ce qui était dû pour la solde des mercenaires envoyés en Champagne à l'été 1544. François Ier confirma pour gagner du temps, mais ne paya rien avant longtemps[4].

Néanmoins, il ne faisait aucun doute qu'avant peu, le trésor de l'Épargne serait à nouveau rempli, tant les ressources de la couronne s'étaient rapidement développées, au point que le roi pouvait rembourser ses emprunts passés. Cependant, comme le remarqua judicieusement le Ferrarais Alessandro Zerbinati, ces remboursements pouvaient être un moyen d'obtenir davantage, si le roi avait de coûteux projets à financer :

> Nonobstant la grande somme de deniers qu'a dépensée le roi ces dernières années [...], il me semble que Sa Majesté est plus riche que précédemment, et je dis ceci, parce qu'il rembourse tous les deniers qu'il avait empruntés à des

---

1   AS Modena, Cart. amb., Francia 24, Giulio Alvarotti au duc de Ferrare, Paris, 15 mars 1547.
2   30,4 % en 1516, 29,7 % en 1531 et 28,7 % en 1546 (P. Hamon, *L'Argent du roi, op. cit.*, p. 12).
3   *Ibid.*, p. 46.
4   É. Rott, *Histoire de la représentation de la France auprès des cantons suisses, op. cit.*, t. I, p. 418.

marchands, qui attendent demain 250 000 écus, lesquels seront remboursés à la banque de Lyon, et avec un tel remboursement, Sa Majesté se fait un tel crédit que s'il a besoin de 500 000 ou d'un million d'écus, il les trouvera en un jour à Lyon[1].

L'essor des emprunts a aussi joué un rôle considérable dans l'amélioration des ressources financières de la monarchie. Ils remplaçaient avantageusement d'autres recours plus traditionnels, comme les aliénations du domaine : d'ailleurs, la dernière grande aliénation survint en 1543-1544[2]. La politique d'emprunts royaux était assez populaire, car cet expédient passait pour « le plus honneste moyen de trouver argent en la necessité politique sans imposts sur les subjects », selon les termes du juriste Jean Bodin, qui releva également que « l'argent se trouve plus aisement, quand celuy qui preste espere recevoir, et l'argent, et la grace du prest gratuit ». Bodin citait l'exemple du Sénat de Rome qui, à court d'argent alors qu'Hannibal envahissait les campagnes d'Italie, choisit de se ménager le soutien du peuple en ne levant pas de nouveaux impôts ; il créa alors des emprunts publics où tous les riches patriciens se précipitèrent, suivis bientôt du populaire qui ne voulait manquer une telle aubaine, « de sorte que les changeurs et receveurs n'y pouvoient suffire[3] ». Sans doute les conseillers financiers de François Ier n'étaient-ils pas loin de partager ces vues.

Que l'initiative en fût venue du cardinal de Tournon, de Claude d'Annebault ou d'Antoine Bohier[4], les emprunts n'avaient donc, en apparence, que des avantages. S'ils anticipaient sur les recettes ordinaires et extraordinaires de l'avenir, ils permettaient une meilleure maîtrise des remboursements que des dettes courantes, dont l'acquittement paraissait aléatoire et incertain et qui aliénaient temporairement les services de ceux qui attendaient d'être payés. Aussi l'expédient devint-il usuel à partir de 1543, lorsque les besoins de la guerre demandaient de l'argent frais. À ce moment-là, le roi amassait de l'argent pour financer la guerre

---

1   AS Modena, Cart. amb., Francia 19, Alessandro Zerbinati au duc de Ferrare, Lyon, 18 décembre 1545.
2   P. Hamon, *L'Argent du Roi, op. cit.*, p. 110-111 ; sur ce nouvel expédient, *ibid.*, p. 422-423 : Philippe Hamon estime que 605 403 l. t. sont ainsi entrées dans le coffre du Louvre entre février 1546 et avril 1547.
3   J. Bodin, *op. cit.*, t. VI, p. 67-68.
4   P. Hamon, *L'Argent du Roi, op. cit.*, p. 381 : « On aimerait savoir à qui précisément attribuer l'initiative de la politique d'énormes levées de ces années-là. »

de Clèves : il emprunta aux marchands de son royaume 600 000 écus à 12%, et mit de nouveaux impôts sur toute la France, sans excepter Paris, ni aucune ville privilégiée[1]. D'Annebault, Tournon, Du Val et Martin de Troyes reçurent alors pouvoirs d'emprunter de l'argent pour le roi à Lyon[2]. Par la suite, de nouveaux emprunts furent levés chaque année, mais la paix d'Ardres n'y mit pas fin. À nouveau, le 28 décembre, l'amiral d'Annebault, le cardinal de Tournon et le chancelier Olivier furent commis pour des emprunts à Lyon[3].

Depuis 1545, ces emprunts étaient considérés comme des obligations régulières, sans préjudice du remboursement des sommes prêtées, mais le système demeurait très rudimentaire et n'en était qu'à ses balbutiements[4]. Cependant, il permettait de trouver facilement et en peu de temps l'argent dont on avait besoin, car les marchands s'empressaient d'y participer : comme les taux étaient plus élevés que pour les particuliers, l'ampleur de la récompense justifiait le risque[5]. De plus, pour rassurer les créditeurs, le dauphin garantissait désormais les emprunts de son père, et ne pourrait donc arguer, au jour de son avènement, de la non-responsabilité du souverain envers les dettes de ses prédécesseurs pour s'en affranchir[6]. Pourtant, en dépit des apparences, l'amélioration des recettes ne tenaient pas qu'à la multiplication. Dans l'ensemble, les impôts étaient mieux perçus : un effort de réforme de la gestion de la fiscalité dans les provinces fut accompli avec l'édit de janvier 1544, qui obligeait les commis des généraux des finances à davantage résider dans les circonscriptions de leurs recettes générales. Cette première tentative ne fut sans doute pas suivie des effets escomptés, et il fallut

---

1   *ANG*, t. III, p. 202, Grimani au cardinal Farnèse, Poissy, 2 mai 1543.

2   *CAF*, VI, p. 701, 22570, [Paris], 13 avril 1543 ; BM Rouen, Leber 5870, t. XIV, fol. 65.

3   AN, X^{1a} 8615, fol. 250, cité dans *CAF*, t. V, p. 155.

4   *Ibid.*, p. 347 ; *cf.* aussi, pour les premières ébauches du système du Grand Parti, R. Doucet, « Le Grand Parti de Lyon au XVIe siècle », *Revue historique*, t. CLXXI, 1933, p. 473-513 et t. CLXXII, p. 1-41, et P. Hamon, *L'Argent du Roi, op. cit.*, p. 428 : « À la fin du règne, le crédit "moderne" de ce qui est en train de devenir le Grand Parti est mis au service de la constitution d'un trésor. Merveilleux symbole, lorsque le stockage des espèces sonnantes et trébuchantes dans un coffre apparaît comme le meilleur moyen d'utiliser et de contrôler les flux monétaires. »

5   *Ibid.*, p. 147-149.

6   P. Hamon, *L'Argent du Roi, op. cit.*, p. 139 ; *CAF*, t. IV, n° 15473, acte du 31 décembre 1546. Sur les emprunts, *cf.* aussi Gilbert Jacqueton, « Le Trésor de l'Épargne sous François Ier, 1523-1547 », *Revue historique*, t. LVI, 1894, p. 36-38, et l'efficace synthèse de R. Knecht, *François Ier, op. cit.*, p. 504-506.

prendre de nouvelles mesures : en mars 1546, un édit du roi redéfinit leurs devoirs en insistant sur les chevauchées. « Dorénavant, remarque Philippe Hamon, ils ne seront plus que des officiers provinciaux[1] ». La levée des impôts dût aussi s'améliorer avec la création de nouveaux offices tels que celui de contrôleur général des traites de Bretagne, de Normandie et de Picardie, confié à Toussaint Commaillé, intendant des biens bretons de Claude d'Annebault[2]. Les montants mêmes des impositions furent progressivement revus à la hausse, à raison d'environ 1,5 % par an en moyenne ; alors que la recette des impôts resta longtemps compris entre 4 et 5 millions, elle finit par atteindre 6 ou 7 millions de livres tournois pour l'année 1547. Enfin, dans ses dernières années, François Ier multiplia les dons gratuits du clergé et s'efforça autant que possible de garder pour lui ce qui relevait de la fiscalité pontificale sur le clergé de France. Le nonce Alessandro Guidiccione demanda à l'amiral d'Annebault et au cardinal de Tournon d'intervenir pour que cela cessât ; mais pour toute réponse, tous deux se plaignirent d'avoir été desservis par le nonce auprès du pape, ce qui était sans doute un prétexte pour différer d'y remédier[3].

Lorsque François Ier mourut, beaucoup d'argent venait d'arriver au trésor de l'Épargne, ce qui contribua à l'image de « grand ménager » qu'il laissa à la postérité. Dans son portrait de ce roi, André Thevet écrivit :

> On voit qu'il se trouva en l'espargne, quand il mourust, un million d'or et sept cens mil escus, et le quartier de mars à recevoir, sans qu'il fut rien deu, sinon bien peu de chose aux seigneurs des ligues et à la banque de Lyon, qu'on ne vouloit payer pour les maintenir en devoir.

Thevet précisait que les pensions dues aux princes étrangers s'élevaient tout au plus à 130 000 livres par an, et pour les sujets régnicoles, à un total de 487 692 livres ; mais le décuplement de ces pensions lors des règnes suivants aurait entraîné le déséquilibre des finances royales[4]. Que l'équilibre financier ait été ou non rétabli à la mort du roi, les réserves qu'il laissait à son successeur étaient appréciables : 1 125 000 à

---

1   P. Hamon, *L'Argent du Roi*, *op. cit.*, p. 277 ; le texte des édits est dans Isambert, *op. cit.*, t. XII, p. 905-906.
2   D. Le Page, *op. cit.*, p. 539 et 560.
3   *ANG*, t. III, p. 349, Guidiccione au cardinal Farnèse, Romorantin, 29-30 avril 1545.
4   A. Thevet, *op. cit.*, fol. 215.

1 350 000 l. t. se trouvaient alors dans les caisses[1]. Les « coffres pleins » de 1547 jouèrent donc un grand rôle dans la gloire posthume de ce roi qui parvint, peu de temps après une guerre onéreuse, à reconstituer des réserves de trésorerie[2]. Ainsi, un *Discours de la confiance du roi* sans doute écrit en 1591 par un conseiller d'Henri IV écrit encore, en évoquant François Ier :

> Parvenu à ses vieux jours [...], il s'advisa d'une meilleure action et sans autre poursuicte envoya querir en Piedmont d'Annebault, simple gentilhomme, auquel il commeist toutes ses affaires ; et lequel les mania sy dilligemment et sy fidellement jusques à sa mort que, l'ayant nettoyé de toutes ses debtes, il luy mist en ses coffres dix huict cent mille escus comptant, et la paix, tranquillité et abondance par tout le royaume[3].

Toutefois, il ne faut pas négliger que le roi avait contracté, une fois encore, des dettes et des emprunts qui devraient être remboursés ; ces sommes, plus élevées que jamais, laissaient beaucoup de débours en perspective. Par exemple, les dettes envers la ville de Paris étaient considérables[4]. Il est aussi avéré que le roi défunt devait encore un demi-million d'écus aux marchands lyonnais[5].

Quelles que fussent les capacités réelles des conseillers de François Ier en matière de finances, il faut reconnaître qu'ils firent le choix de délaisser des méthodes archaïques, ou peu productives, pour des expédients plus modernes, que Charles Quint utilisait déjà[6]. Ceci permit au roi d'envisager de faire une dernière fois la guerre à son vieil adversaire.

---

1   P. Hamon, *L'Argent du Roi, op. cit.*, p. 424-425 ; le manuscrit BnF, Fr. 17329, fol. 82-92v relève, pour le trésor de l'Épargne, 605 403 l. t. 5 s. t. (« deniers mis comptant ès coffres du roy estanct au Louvre, par le compte de l'espargne, rendu pour quinze moys finiz denier jour d'avril [1547] »).

2   Selon P. Hamon (*loc. cit.*), « l'efficacité psychologique de la politique d'emprunts massifs est réelle, non seulement pour la postérité, mais dès 1547 » ; *cf.* par exemple J. A. de Thou, ou encore J. Bodin, *op. cit.*, t. II, p. 66, qui parle de « 1 700 000 escus en l'Espargne », soit 3 825 000 l. t., et à un autre endroit de 500 000 écus tirés des emprunts lyonnais, que le roi « avoit en ses coffres, et quatre fois davantage », soit un ordre comparable 2 000 000 d'écus ou 4 500 000 l. t. ; ces évaluations semblent exagérées à Hamon.

3   NA, SP 78 fol. 247-250 (copie). Ce texte m'a été signalé par David Potter.

4   *Registres des délibérations de Paris, op. cit.*, t. III, p. 109, « lettres patentes pour [80 000] escuz demandez par le roy à la Ville », 22 janvier 1548 : « avons trouvé, au jour du trespas du feu roy, nostre tres honoré seigneur et pere, que Dieu absoille, ses finances grandement en arrière ».

5   Richard Ehrenberg, *Das Zeitalter der Fugger*, Iéna, 1922 (3e édition), 2 vol., t. II, p. 91.

6   J. D. Tracy, *Emperor Charles V, impresario of war, op. cit.*

LA LIGUE UNIVERSELLE CONTRE L'EMPEREUR :
UNE RÉVOLUTION DIPLOMATIQUE MANQUÉE

L'invasion de 1544 fut une dure leçon, mais elle avait porté ses fruits. Les finances royales avait montré leurs limites : il fallut abandonner les expédients obsolètes et en développer d'autres, plus conformes aux exigences de l'État moderne. Les places de la frontière champenoise n'étaient pas si fiables qu'on l'avait cru : il fallut là encore moderniser et compléter le dispositif. Enfin, la diplomatie française d'après 1536 avait entraîné le renouvellement de l'alliance anglo-impériale, face à laquelle François Ier n'avait pas les moyens de résister : là aussi, il fallait mettre en question de vieux principes et cultiver les moyens de mieux garder le secret des projets en cours. C'est au niveau diplomatique que se manifesta le mieux cette volonté de ne pas renouveler les erreurs du passé. La priorité fut, dès l'été 1544, de ne plus affronter ensemble deux adversaires bien trop riches et puissants. On avait donc fait la paix avec Charles Quint, à des conditions sévères mais temporairement acceptables ; la grande réussite des négociateurs avait alors été de convaincre l'empereur de signer une paix séparée. Puis on s'occupa de vaincre le roi d'Angleterre : ce fut un échec, car les Français ne reprirent pas même Boulogne. Néanmoins, la paix d'Ardres prévoyait le retour de Boulogne à la couronne pour une somme qui était, toutes proportions gardées, du même ordre que le coût d'une petite guerre. Une fois parvenus à s'entendre, les deux rois pourraient se retourner contre l'empereur, que François Ier avait décidé de combattre avec tous les alliés qu'il pourrait rassembler. Si ce dessein venait à prendre forme, l'empereur se trouverait dans la même situation inconfortable que le roi de France en 1544.

L'IMPOSSIBLE ENTENTE FRANCO-IMPÉRIALE

Si la paix de Crépy semblait pouvoir tenir le roi de France et l'empereur en concorde, ce n'était qu'en apparence, car François Ier ne voulait pas plus renoncer à son cher Milanais que Charles Quint ne pouvait courir le risque de le laisser sous la menace d'un Piémont français. Lors des négociations de novembre 1545, à Anvers, Claude d'Annebault avait proposé à Charles Quint le mariage d'Emmanuel-Philibert de Savoie et de Jeanne d'Albret. L'empereur ne s'était pas montré hostile au projet, mais il avait fermement demandé que cette union fût scellée par le retour de ses États à la maison de Savoie. Or, François Ier n'avait jamais envisagé qu'une restitution partielle de la Savoie assortie d'une compensation à l'intérieur de son royaume. L'idée de restituer le Piémont lui déplaisait autant qu'à d'Annebault et Tournon, fermes partisans de l'intégration pérenne de la province au royaume de France : cela eût réduit à néant tous leurs efforts pour assurer la sécurité des frontières du côté de la Provence, et compliqué tout intervention en Italie. Faute d'un accord sur le Piémont, le mariage ne se fit pas, au grand dépit de Marguerite de Navarre[1].

De plus, dès avril 1546, alors que l'on négociait la paix avec l'Angleterre, l'empereur demanda de nouveau la restitution de Hesdin, en application du traité de Crépy – qui pourtant n'avait pas clairement tranché la question. Cependant, considérant que la place était avancée en territoire français, il acceptait d'y renoncer en échange de Thérouanne, qu'il voulait réunir à la Flandre : François Ier refusa. Dans le même temps, l'empereur assemblait des troupes en Milanais ; averti, le roi de France fit aussitôt réapprovisionner les places du Piémont[2]. Quant aux négociations poursuivies à Cambrai, elles n'apportèrent aucune solution. L'ambassadeur impérial s'en plaignit à l'amiral qui lui répondit :

> Faisons ce mariage [de Marguerite de France et de Philippe d'Espagne], et après tout s'accordera d'un seul coup. En outre, quand l'empereur et le Roi Très Chrétien seront bien unis et d'accord ensemble, tous les princes de la Chrétienté s'empresseront d'envoyer leur *charta bianca*.

À cela, Jean de Saint-Maurice répondit que l'empereur n'avait pas besoin de *charta bianca*. Par ailleurs, l'amiral avait proposé que le roi de France entretînt un ambassadeur permanent en Flandre auprès de Marie de Hongrie : Saint-Maurice était persuadé que l'empereur s'y opposerait[3]. Les sujets de tension se multipliaient donc. Au milieu de

---

1   M. François, *op. cit.*, p. 214.
2   AS Modena, Cart. amb., Francia 22, Giulio Alvarotti au duc de Ferrare, Melun, 12 avril 1546. Il y avait d'autres sujets de litiges, comme les restitutions de places en Artois, l'hommage que devait prêter la duchesse de Saint-Pol à l'empereur, ou les droits de la nomination à l'abbaye de Corbie, qui avait des possessions en Flandre et en Picardie (*ibid.*, lettre du 19 avril 1546).
3   AS Modena, Cart. amb., Francia 22, Giulio Alvarotti au duc de Ferrare, Melun, 19 avril 1546.

novembre 1546, devant l'insistance de l'empereur, qui accusait le roi de conserver le Piémont « pour garder pied en Italie », l'amiral d'Annebault dut retourner à Bruxelles porter des justifications. Cette très brève mission n'apporta pas les fruits escomptés par l'empereur. Lui-même et le roi de France campèrent sur leurs positions de l'année précédente et l'argumentaire développé par l'amiral fut à peu près le même : en premier lieu, le Piémont n'était pas conservé pour des raisons straté-giques ou un désir de conquête, car même sans le Piémont, les armées françaises pouvaient entrer en Italie par Saluces ou la Suisse. De plus, le roi était fondé à conserver cette province parce qu'il n'avait jamais rien rendu sans récompense : comme le Milanais ne serait pas donné au duc d'Orléans, qui était mort, l'engagement de restituer ses États au duc de Savoie devenait caduc. Enfin, pour couper court à toutes revendications, François Ier avait chargé l'amiral de dire que si le dauphin et madame Marguerite (les deux seuls enfants qui lui restaient) se trouvaient au seuil de la mort, et qu'il pouvait les sauver par la restitution du Piémont, il ne le rendrait pas encore. Après cette entrée en matière, l'amiral d'Annebault assura à l'empereur qu'il n'était pas venu faire la paix, car il considérait qu'elle n'était plus à faire et qu'elle demeurerait, mais pour s'accorder sur les mariages. De son côté, Charles Quint, pour préserver l'esprit de Crépy, était toujours prêt à envisager l'union de son fils Philippe et de la princesse Marguerite, en réservant soit Milan, soit les Pays-Bas à leur descendance[1]. Néanmoins, l'empereur ne voulait pas négocier plus avant tant que les Français n'avaient pas « évacué » les anciens États du duc de Savoie. L'action diplomatique piétinait. Après avoir fait entendre la proposition de son roi, l'amiral d'Annebault repartit dès que possible : vers le 25 novembre, il avait déjà rejoint la cour à Folembray[2].

Ce bref voyage à Bruxelles fut le premier acte d'une diplomatie des apparences : il s'agissait désormais, pour le roi de France et ses conseillers, de préparer la guerre, tout en laissant croire que les négociations res-taient ouvertes et que l'on voulait prolonger la paix. En effet, le roi de France projetait depuis le milieu de l'année 1546 de créer une nouvelle ligue regroupant la France, Venise, Gênes, l'empire ottoman, les princes protestants d'Allemagne et les cantons suisses, voire l'Angleterre, dont

---

1   G. Parker, « Le monde politique de Charles Quint », *op. cit.*, p. 182.
2   *Cf.* AS Modena, Cart. amb., Francia 23, lettres de Giulio Alvarotti au duc de Ferrare, du 22 novembre et du 24 décembre 1546.

le roi aurait pu se déclarer protecteur, à défaut d'y adhérer : cette ligue devait être la plus redoutable de tout le règne de François Ier, car elle aurait entouré de toutes parts l'Empire d'ennemis puissants[1]. Néanmoins, convaincre les Vénitiens n'était pas chose facile. De plus, il fallait restaurer la confiance entre les rois de France et d'Angleterre, raviver les liens avec des protestants abandonnés à leur triste sort depuis deux ans, et donc méfiants. Enfin, il fallait briser le rapprochement entre la Porte et l'Empire, initié par l'intervention des Français eux-mêmes après Crépy, afin de revenir à la situation de 1540, lorsque le Turc était l'ennemi irréconciliable et acharné de Charles Quint.

L'ALLIANCE DES PRINCES PROTESTANTS

L'alliance avec les protestants de la ligue de Smalkalde s'était affaiblie, à force d'en négliger l'entretien. À l'automne 1545, ces princes déjà mécontents avaient reproché à François Ier de leur avoir préféré l'empereur pour s'entremettre auprès du roi d'Angleterre[2] ; en outre, le roi de France, soucieux de préserver la paix de Crépy tant qu'il avait à combattre les Anglais, n'avait pas voulu les soutenir pas dans la guerre que Charles Quint leur avait déclarée le 20 juillet 1545[3].

Dès novembre 1545, François Ier avait donné au cardinal Du Bellay l'autorisation de relancer, en toute discrétion, les négociations avec les princes protestants, mais malgré les efforts de Du Bellay, plusieurs se détachèrent du parti français[4]. La perte la plus lourde fut celle du duc de

---

1   L'existence de cette ligue n'a été en partie décelée que par Jean-Daniel Pariset, *Les Relations entre la France et l'Allemagne au milieu du* XVIe *siècle*, Strasbourg, 1981, p. 62 et A. Tallon, *La France et le concile de Trente, op. cit.*, p. 174, n. 118 ; dans le camp français, ils suggèrent notamment la présence du duc de Ferrare qui me semble inexacte, dans la mesure où la correspondance des ambassadeurs de ce prince ne révèle aucune démarche entreprise en ce sens.

2   *ANG*, t. III, p. 403. Guidiccione au cardinal Farnèse, Corbie, 6 octobre 1545 ; ce n'était toutefois pas tout à fait exact : à l'été 1545, Jean Sturm avait reçu, sans commission expresse du roi, des lettres du dauphin, de l'amiral et du cardinal Du Bellay, l'incitant à organiser une médiation des princes protestants avec le roi d'Angleterre (*CCJDB*, t. III, p. 314n) ; sur cette médiation avortée de Jean Sturm, voir D. Potter, *The Final Conflict, op. cit.*, p. 410-426 et J. A. Reid, *King's Sister, op. cit.*, t. II, p. 505-507.

3   R. J. Knecht, *François Ier, op. cit.*, p. 518 ; sur la première guerre de Smalkalde, voir par exemple J. D. Tracy, *Emperor Charles V, impresario of war, op. cit.*, p. 204-217.

4   *CCJDB*, t. III, p. 328-329, Charles (ou Guy ?) de Marillac à Jean Du Bellay, Compiègne, 21 novembre [1545], citée p. 402. Sur l'intromission de Jean Du Bellay, *cf.* R. Scheurer, art. cité, p. 328-329.

Wurtemberg : venu en personne à la cour de France en mars 1546, il en repartit furieux de n'avoir pu obtenir l'argent qu'il était venu réclamer, sans même recevoir de bonnes paroles. Il jura d'être l'ennemi éternel de la France et de transmettre cette haine en testament à son fils. Le duc de Brandebourg menaçait de le suivre, tandis que le landgrave de Hesse, le duc de Bavière et le comte palatin commençaient à chercher un accommodement avec l'empereur. Quant à l'alliance danoise, qui servit en 1544, elle semblait compromise depuis que le roi de Danemark avait soutenu le roi d'Angleterre en 1545 et 1546.

> Chaque jour, remarqua à juste titre Giulio Alvarotti, Sa Majesté perd l'amitié de quelque prince d'Allemagne[1].

Or, en août 1546, la prise de Donauwörth en Souabe, point d'orgue des succès impériaux, avait considérablement affaibli des confédérés, faisant poindre à nouveau la menace d'un danger extérieur : il était donc temps d'aider les protestants à reprendre des forces. Les tractations reprirent de plus belle à la fin de l'automne 1546, dans la perspective de la prochaine guerre : tandis que l'amiral d'Annebault était à Bruxelles, des délégués des princes protestants vinrent à la cour de France[2]. D'Annebault semble avoir encouragé le roi à adopter ce parti : fin juin 1546, avant même la date prévue pour son départ en Angleterre, il avait parlé en faveur des princes protestants, disant qu'ils méritaient d'être aidés. La reine Éléonore l'ayant appris, elle s'en inquiéta et en avertit l'ambassadeur de son frère, qui l'écrivit aussitôt au grand commandeur de Leon[3].

L'hypocrite entente née à Crépy-en-Valois entre les deux souverains, soi-disant désireux de cesser de se battre pour se consacrer plus efficacement à la lutte contre l'hérésie, était alors irrémédiablement brisée. L'idée d'une paix universelle et d'une nécessaire union de la Chrétienté contre les hérésies ne pouvait survivre à la débâcle ou la soumission des princes protestants, si utiles pour protéger la frontière nord et divertir une partie des armées de l'empereur en cas d'agression. Néanmoins, il fallait les assister le plus discrètement possible. François Ier fit passer d'importants subsides aux confédérés, 600 000 ou 700 000 écus, par

---

1   AS Modena, Cart. amb., Francia 22, Giulio Alvarotti au duc de Ferrare, Melun, 12 avril 1546.
2   *Ibid.*, Francia 23, Giulio Alvarotti au duc de Ferrare, Trolly, 29 novembre 1546.
3   AN, K 1486, Jean de Saint-Maurice à Francesco de los Covos, Melun, 4 juillet 1546.

les banquiers lyonnais et par Jean Cléberger, souvent utilisé par le roi de France pour ce genre d'opérations ; mais Cléberger tomba gravement malade et Piero Strozzi dut se charger de l'essentiel des opérations[1]. Charles Quint, courroucé, envoya un émissaire à François Iᵉʳ pour se plaindre de la « grande quantité de deniers de France des banquiers de Lyon et de Toulouse[2] ». Grâce à ces rentrées d'argent, les princes protestants s'armèrent de nouveau contre Charles Quint et contestèrent son autorité[3]. François Iᵉʳ les y encouragea toujours davantage, ce qui n'échappa point à l'empereur :

> Depuis ce que dessus escript, ay eu certain advertissement du coustel de France, que le roy a envoyé deux divers personnages en ceste Germanye pour inciter les villes et autres protestans, de non eulx desjoindre, donnant espoir de secours pour l'an prochain[4].

LE RAPPROCHEMENT FRANCO-ANGLAIS : VERS UNE LIGUE ANTIPAPISTE ?

La nouvelle politique d'alliances du roi de France n'était pas sans implications confessionnelles. À la fin de son règne, François Iᵉʳ avait lieu d'être mécontent du pape. Dès 1543, Claude d'Annebault avait laissé entendre au nonce Alessandro Guidiccione que le roi de France, lassé de son attitude pro-impériale, pourrait un jour suivre l'exemple du roi d'Angleterre et des nombreux princes qui avaient quitté l'obédience pontificale, si le pape persistait dans son attitude pro-impériale : « il faudrait veiller à la conservation de ce qui reste », avait-t-il alors suggéré[5]. Sous cette pression, Paul III avait nommé quelques cardinaux français et donné des gages de neutralité dans la guerre contre l'empereur. Après la paix de Crépy, le pape avait proposé de participer à l'expédition

---

1 Cléberger était alors mourant ; sur lui, *cf.* E. Vial, *op. cit.* ; pour son implication et celle de Strozzi dans cette affaire, voir M. François, *op. cit.*, p. 223-224, et R. Ehrenberg, *op. cit.*, t. II, p. 89 ; David Potter, « Foreign Policy in the Age of the Reformation : French Involvement in the Schmalkaldic War, 1544-1547 », *Historical Journal*, t. XX, 1977, p. 525-544, donne un chiffre relativement proche, de 700 000 couronnes (p. 536, n° 58).

2 AN, K 1486, n° 27, cité par M. François, *op. cit.*, p. 224, n. 2 ; *cf.* aussi R. Ehrenberg, *op. cit.*, t. I, p. 300-302.

3 A. Hasenclever, *Die Politik der Schmalkaldener von Ausbruch des Schmalkaldischer Krieges*, Berlin, 1901.

4 *Correspondenz des Kaisers Karl V*, *op. cit.*, t. II, p. 524-526, Charles Quint à Ferdinand de Hongrie, Heilbrün, 9 janvier 1547. « Pour l'an prochain » signifie ici : après Pâques.

5 *ANG*, t. III, p. 201.

d'Angleterre, mais une fois de plus, l'aide attendue ne vint jamais[1]. Par conséquent, en août 1545, François Ier menaça de faire expédier à Lyon toutes les bulles de bénéfices du royaume. Enfin, une soustraction d'obédience semble avoir été sérieusement envisagée au printemps 1546, lorsque courut le bruit de la mort du pape : on proposa alors d'élire François de Tournon patriarche de l'Église de France et de remettre au cardinal de Givry la légation d'Avignon[2].

Dans ce contexte, il n'est pas étonnant qu'une fois conclue la paix d'Ardres, François Ier ait voulu faire des ouvertures confessionnelles pour conforter le rapprochement avec l'Angleterre. En juillet 1546, la réception de l'amiral anglais à la cour de France avait été placée sous le signe de l'Arche d'Alliance et l'idée d'un concile général avait été évoquée[3]. L'initiative en revenait entièrement au roi de France, qui savait que les Anglais y répondraient favorablement. Quelques semaines plus tard, à la cour d'Angleterre, l'amiral d'Annebault poussa plus loin ces avances. Elles nous sont connues grâce aux notes de Ralph Morice, secrétaire de Thomas Cranmer, qui lui dicta la teneur des entretiens qu'il eut à Hampton-Court avec l'amiral d'Annebault et le roi Henri VIII[4]. Le roi dînait en tête de table avec l'amiral d'Annebault et Thomas Cranmer, et ils savouraient des mets raffinés autant que coûteux. Après le banquet, l'amiral français surprit son hôte avec des propositions audacieuses : dans les six mois, les deux rois désormais amis devaient trouver un accord pour rejeter l'autorité du pape et adopter une commune réforme de la messe. Il fut notamment question de retirer les crucifix et de ne plus faire sonner les cloches[5], et Henry VIII fit des propositions hardies sur

---

1   Le pape n'est pas intervenu dans la guerre aux côtés du roi, qui attendait pour la défense du Boulonnais des renforts qui ne sont jamais venus : d'Annebault et Tournon l'ont amèrement reproché au nonce *(ibid.*, p. 272-273).

2   M. François, *op. cit.*, p. 227. Alain Tallon pense, sur la foi d'une dépêche du nonce Dandino, que l'amiral d'Annebault et les cardinaux de Ferrare et de Tournon furent les chefs d'un « parti intransigeant », qui se dirent scandalisés par le projet de concile national envisagé par Jean Du Bellay ou Pierre Du Chastel (A. Tallon, *La France et le concile de Trente, op. cit.,* p. 180). Mais en réalité, tous servaient la même politique, définie par le roi en son conseil. L'amiral et les autres « partisans du pape » ne l'étaient qu'en apparence, pour rassurer le pape et l'empereur ; il peu probable qu'ils dussent accomplir les volontés du roi contre leurs propres convictions.

3   *Cf.* p. 391.

4   Ce sont les notes du discours qu'il voulait tenir au jeune roi Édouard VI sur les projets caressés par son père juste avant sa mort.

5   « It passed the pulling down of roods, and suppressing the ringing of bells. »

la messe[1]. Insidieusement, d'Annebault suggéra d'exhorter l'empereur à faire de même en Flandre et dans ses autres pays, pour qu'ils n'en vinssent pas à faire sécession. Rendez-vous fut donc pris pour la fin de l'hiver, des théologiens des deux pays devant alors conférer de l'adoption d'une liturgie commune, en préalable au concile général que l'on voulait organiser[2]. Henri VIII fit aussitôt écrire à François Ier pour signifier son intérêt[3]. Cependant, cette hardiesse n'était peut-être qu'une posture de circonstance, pour emporter le soutien actif d'Henri VIII : il n'est pas du tout certain que François Ier ait eu l'intention d'aller jusqu'au bout[4]. Selon l'historien Diarmaid MacCulloch, Henri VIII et Cranmer crurent trop facilement les paroles de l'amiral d'Annebault, car le roi de France voulait seulement s'assurer de la médiation anglaise auprès des protestants d'Allemagne. En effet, la semaine suivante, Henri VIII reçut avec enthousiasme une délégation de la Ligue de Smalkalde et leur offrit de prendre la tête d'une guerre contre l'empereur, en apportant sa force militaire et ses subsides[5]. Grâce au roi d'Angleterre, les conseillers du roi espéraient attirer à nouveau dans leur camp les protestants de

---

1 Geoffroy Gibbons, *The political career of Thomas Wriothesley, first Earl of Southampton, 1505-1550, Henry VIII's last chancellor*, Lewinston, 2001, p. 164 et 167, *L&P...*, t. XXI, part. 1, n°s 1215 et 1309 ; G. Gibbons pense que les propos d'Henri VIII sont une provocation lancée à l'assemblée, pour voir comment elle réagirait ; David Loades (*John Dudley, op. cit.*, p. 81) pense plutôt qu'il s'agit d'un coup de bluff à l'intention de Claude d'Annebault.

2 Il s'agissait peut-être d'un concile concurrent de celui convoqué par le pape à Trente, ou plus probablement d'une participation des Anglais et des protestants d'Allemagne au concile du pape, à condition qu'il fût déplacé en Avignon (*cf.* plus bas).

3 *Acts and Monuments of John Foxe, op. cit.*, t. V, p. 563-564 : « And herein the King's Highness willed me, quoth the archbishop, to pen a form thereof to be sent to the French king, to consider of ».

4 Pour le roi d'Angleterre, ces conférences étaient envisageables, car lui-même était de moins en moins intransigeant ; plus conservateur que par le passé en matières de liturgie et de doctrine, il semblait prêt à réviser ses positions exprimées dans le *King's Book* de 1543. Comme le remarque D. MacCulloch : « Henry's vision of his relationship with God changed over time » (D. MacCulloch, « Henry VIII and the reform of the church », dans *The reign of Henry VIII. Politics, Policy and Piety*, éd. D. MacCulloch, Londres, 1995, p. 159-180 ; *cf.* aussi la synthèse de Richard Rex, *Henry VIII and the English reformation*, Londres, 1993).

5 D. MacCulloch, *op. cit.*, p. 357 ; évoqué aussi dans B. Cottret, *op. cit.*, p. 322, qui remarque que « contrairement à Charles Quint, châtouilleux sur ce point, François Ier admit sans sourciller le double titre de "Défenseur de la foi" et de "chef de l'Église" de Henri VIII ; et la ratification du traité à Fontainebleau intervint le 1er août 1546 face à cinq ou six cardinaux imperturbables ».

l'Empire germanique[1]. En outre, il est probable que le roi de France ait voulu attirer son homologue anglais dans une alliance défensive, qui eût pu par la suite se muer en alliance offensive.

Ce rapprochement avait une autre utilité : il mettait une pression supplémentaire sur le pape, dont il fallait s'assurer la neutralité dans le conflit à venir. Ainsi, en janvier 1547, l'amiral eut un long entretien avec le nonce Dandino : il lui suggéra que la présente attitude du pape, trop favorable à l'empereur, pourrait fâcher irrémédiablement le roi et que le choix de l'amitié impériale faisait le jeu de Charles Quint, qui voulait priver le Saint-Siège de toute autre protection pour mieux l'assujettir. Bien entendu, l'amiral, en bon serviteur du pape, s'offrait de calmer la colère du roi, à condition que le pape fît preuve de meilleures dispositions[2]. La politique du moment consistait aussi à obtenir le déplacement du concile de Trente, où le camp impérial pouvait agir en position de force, en Avignon, où les adversaires de l'empereur se fussent trouvés en situation plus favorable : dans ce cas, le roi de France se faisait fort de faire participer au concile le roi d'Angleterre et les princes protestants[3]. Embarrassé, Paul III envisagea alors un transfert à Lucques, mais ce compromis ne pouvait satisfaire personne. François Ier finit par signifier son refus : il comptait rappeler sa délégation, car il était d'avance persuadé que les protestants refuseraient toutes les décisions. Finalement, le pape eut peur de mécontenter Charles Quint et maintint le concile à Trente[4]. Cependant, cette politique d'intimidation n'échoua pas entièrement, dans la mesure où le pape décida, en février 1547, de retirer l'aide militaire qu'il avait promise à l'empereur contre les princes protestants[5].

---

1 Pierre Chaunu et Michèle Escamilla, *Charles Quint*, [Paris], 2000, p. 295 ; J.-D. Pariset, *op. cit.*, p. 56-57.

2 *ANG*, t. VI, p. 130-133, Dandino au cardinal de Santa-Fiora, La Ferté-Million, 18 janvier 1547.

3 *Ibid.*, p. 81-83, lettres du même au même, Chevagnes, 28 août et Moulins, 1er septembre 1546.

4 *CSP*, Spanish, t. IX, p. 34, Jean de Saint-Maurice au prince Philippe d'Espagne, 12 février 1547 ; A. Tallon, *La France et le concile de Trente, op. cit.*, p. 187.

5 *Ibid.*, p. 181 et p. 188, d'après *Concilium Tridentinum : Diariorum, actorum, epistolarum, tractatum nova collectio*, Fribourg-en-Brisgau, 1901-1983, t. X, p. 821, lettre de Maffeo à Cervini, Rome, 19 février 1547.

L'ÉLARGISSEMENT DE LA LIGUE

Une fois assuré des fondements de cette nouvelle ligue, Claude d'Annebault s'efforça d'y attirer d'autres participants. Ainsi, les Vénitiens furent approchés à la fin de l'année 1546. L'amiral parla à Marino Cavalli d'une alliance défensive, que l'ambassadeur avait jugée inutile, étant donné le bon vouloir réciproque des deux parties, et la suspicion qu'une alliance pourrait provoquer chez d'autres princes. Le 24 décembre 1546, ils discutèrent encore ensemble des ambassadeurs envoyés par les princes protestants d'Allemagne, mais Cavalli garda toujours la plus grande réserve[1]. Au début de l'année 1547, Giustiniani, le successeur de Cavalli, ne sut pas louvoyer avec la même habileté : en tentant de percer les intentions de l'amiral, il en vint à parler d'une alliance défensive que les Dix jugeaient inutile et dangereuse, préférant que l'on ne parle qu'en termes généraux qui ne puissent déplaire à l'empereur ; il fut donc rappelé à l'ordre par la Seigneurie[2]. Il ne fallait pas compter sur Venise, qui resterait neutre, au moins dans l'immédiat.

En Italie, il n'y avait guère d'États susceptibles de s'engager ouvertement dans une guerre contre l'Empire. En particulier, la République de Gênes, dirigée par les Doria, aux sympathies impériales bien connues, ne pouvait faire figure d'alliée potentielle. Pourtant, à la fin de l'année 1546, la conjuration des Fieschi offrit une aubaine inespérée. Pour renverser les Doria, les « Fiesque » sollicitèrent l'appui du roi de France, par l'intermédiaire de Canino de Gonzague, envoyé à la cour de France. Cet émissaire enleva aisément le soutien de l'amiral, qui était son ami :

> L'amiral d'Annebaut, supposa Varillas, se promettoit d'avoir le commandement de l'armée qui serait employée pour recouvrer le duché de Milan après la revolution de Genes ; et jugeoit assez favorablement que cette conquête, pour être facile, ou pour mieux dire infaillible, dans les circonstances qu'on la proposoit, n'en seroit pas moins glorieuse[3].

---

1   BnF, It. 1716, 24 décembre 1546 ; *CSP, Venetian*, t. V, p. 188, n° 448, lettre des chefs du Conseil des Dix à Giustiniani, ambassadeur de Venise en France, 17 janvier 1547 : *In order to make the amiral unbosom himself, he praised the valour of the protestants, and said he thought that had they any ray of assistance, they would be much more active.*

2   *Ibid.* ; BnF, It. 1716, p. 43, dépêche du 7 février 1547.

3   A. Varillas, *Histoire de François Ier, op. cit.*, t. III, p. 209.

Le roi de France s'entendit donc avec les Fieschi : on proposa à Gian Luigi Fieschi le commandement de six galères, une compagnie de gens d'armes et une pension de 12 000 écus. Les cardinaux Augustin Trivulce et Jean Du Bellay ainsi, peut-être, que le jeune Charles de Guise[1], préparèrent le soutien français. Une fois les Fieschi au pouvoir, le concours de Gênes contre l'empereur pourrait être envisagé. Mais l'affaire n'était pas assurée : il semble qu'au fur et à mesure de l'avancée des préparatifs, Gian Luigi voulût s'affranchir de la tutelle des Français[2].

Dans le même temps, on s'efforça de restaurer l'alliance du sultan Soliman. Depuis la paix de Crépy, François Ier avait pourtant laissé, et même encouragé le sultan à restaurer des relations diplomatiques avec l'empereur. Le Turc cherchait d'ailleurs à ralentir ses conquêtes en Europe Centrale pour tourner ses forces contre les Perses. Cependant, il fallait agir sans éveiller les soupçons des gens de l'empereur. À l'été 1546, l'amiral d'Annebault conseilla à un agent de Marie de Hongrie d'envoyer un ambassadeur à la Porte, puisque le roi de France en envoyait un, qui aurait ordre de tout faire pour aider le représentant de la reine[3] : derrière d'apparentes bonnes intentions, il y avait peut-être déjà là une volonté d'affaiblir la position de l'ambassadeur impérial, Gerhard Veltwyck, car on sait que Charles Quint était réticent à ce que sa sœur entretînt des représentants dans les cours d'Europe. Dès lors, d'après l'historien Jon Ursu, il semble que les ambassadeurs français aient essayé de contrarier, sans grand succès, les négociations de Veltwyck et que François Ier « ne songea dès lors qu'à provoquer une nouvelle guerre entre la Turquie et

1   Il se vit reprocher, en 1562, en pleine congrégation, d'avoir ourdi la conjuration de Gênes en 1547 avec le marquis de Massa pour assassiner le prince Doria ; A. Tallon (*La France et le concile de Trente (1518-1563)*, Rome, 1997, p. 368, n. 136) pense que le futur cardinal de Lorraine était trop jeune pour avoir servi dans cette affaire, « même s'il est bien certain que la France soutenait les conjurés contre le pouvoir en place franco-impérial ».

2   *Ibid.*, p. 195 ; *Histoire des révolutions de Gênes, depuis son établissement jusqu'à la conclusion de la paix en 1748*, Paris, 1753, 3 vol., t. II, p. 95 *sq.* ; Jean-François Paul de Gondi, cardinal de Retz, *La Conjuration de Fiesque*, dans *Œuvres complètes*, éd. M.-T. Hipp et M. Perrot, Paris, 1984, p. 3-50 (en particulier p. 11-12) ; G.-H. Gaillard, *Histoire de François Ier*, [prem. éd. 1766], Paris, 1819, t. III, p. 275-277 ; Antoine-Marie Graziani, « Les rapports entre la France, Gênes et la Corse, XVIe-XVIIe siècles », dans *Les relations militaires entre la France et l'Italie, de la Renaissance à nos jours*, 2006, p. 11-23, notamment p. 16-17 pour les rapports avec les Fieschi et l'accueil des fuorusciti gênois.

3   AS Vaticano, Segr. Stato, Principi 14a, fol. 315-318v, Guidiccione au cardinal Farnèse, Melun, 30 juin 1546 (analyse *ANG*, t. III, p. 434-441).

la maison d'Autriche et, dans les derniers temps de sa vie, fit dans ce sens les plus grands efforts[1] ».

UN JEU DE DUPES

Tout en élaborant cette ligue dans le plus grand secret, les conseillers de François Ier s'efforcèrent de sauver le plus longtemps possible les apparences, de sorte que l'empereur ne pût nourrir que de vagues soupçons, sans aucune certitude du retournement des alliances françaises. En novembre 1546 encore, lorsqu'arriva à la cour la nouvelle d'une déroute des princes protestants – qui avaient le temps de quelques semaines donné l'illusion d'une possible victoire –, l'amiral rédigea de nombreuses lettres à divers ambassadeurs et princes pour les informer de l'immense joie du roi de France. Cependant Jean de Saint-Maurice commençait à douter de la sincérité de ce discours : un des ses observateurs à la cour[2] lui avait rapporté que le roi en fut troublé et attristé, au point que l'amiral en était malade ; en outre, le roi aurait dit à table qu'il espérait que les protestants referaient leurs forces pendant l'hiver[3]. L'empereur hâta donc ses préparatifs de guerre contre les protestants, au cas où le roi de France voudrait *in fine* s'en mêler. En réaction, François Ier écrivit aussitôt à son ambassadeur Jacques Ménage de s'employer à rassurer l'empereur, afin de le faire renoncer à ces mesures[4]. De leur côté, d'Annebault et Tournon n'eurent de cesse d'assurer Saint-Maurice que le roi gardait la ferme volonté de conserver ses anciennes amitiés, tout en s'en faisant de nouvelles[5]. Ils voulaient lui faire croire qu'ils étaient toujours eux-mêmes les ardents défenseurs de la paix de Crépy, en particulier l'amiral qui proclamait publiquement qu'il fallait à tout prix conserver l'alliance impériale, même au détriment des protestants[6]. Or, il n'en était rien, et si les historiens s'y sont souvent trompés, les conseillers de Charles Quint ne furent pas dupes : François Ier tentait bel et bien de raviver ses réseaux protestants en Allemagne. Comme le remarqua justement

---

1	Jon Ursu, *La Politique orientale de François Ier*, Paris, 1908, p. 168.
2	C'était peu de temps avant la mise en application des mesures contre les espions potentiels ou présumés dont il est question plus haut.
3	AN, K 1486, Jean de Saint-Maurice à Charles Quint, [novembre 1546].
4	C. Terrasse, *op. cit.*, t. III, p. 266, éd. d'une lettre du roi à Ménage (conservée à la Pierpont Morgan Library de New York), Compiègne, 22 décembre [1546].
5	AN, K 1487, n° 38, Jean de Saint-Maurice à Charles Quint, 6 février 1547.
6	R. J. Knecht, *François Ier*, *op. cit.*, p. 519.

Michel François, « les protestations d'amitié qu'échangent entre eux les deux souverains ne sont plus désormais que vaines formules de style qui dissimulent mal une méfiance toujours grandissante[1] ».

La désinformation était savamment orchestrée : par exemple, en octobre 1546, pour justifier la visite d'agents des princes protestants, les Strozzi assuraient les ambassadeurs étrangers que la volonté du roi d'aider l'empereur contre ces princes demeurait toujours aussi ferme :

> Ces décisions ont été prises […], dirent-ils pour les rassurer, à l'instigation de monseigneur le dauphin en absence de l'amiral, au retour duquel […] le roi a envoyé un courrier à l'empereur par la voie de Trente, peut-être persuadé par l'amiral de prendre plus sain conseil.

Cependant, le nonce apostolique, qui rapportait ces propos, ne savait s'il fallait les croire, mais il n'était pas davantage certain de la fiabilité de ces sources lui annonçant la conclusion d'un traité d'alliance entre le roi et les protestants[2]. La même politique de désinformation s'observe d'ailleurs vis-à-vis du pape Paul III : lorsqu'il fut question de proposer le transport du concile en Avignon, l'amiral d'Annebault et le cardinal de Tournon affirmèrent au nonce qu'ils étaient scandalisés et feraient le nécessaire pour défendre les intérêts du pape auprès du roi[3]. Pourtant, ce projet est dans la droite ligne de la politique menée jusqu'ici et les principaux conseillers du roi ne pouvaient s'y opposer, d'autant que cela servait les intérêts personnels du cardinal de Tournon.

Dans ce jeu de dupes, on peut voir une utilisation politique des « partis ». À la signature de la paix de Crépy, le cardinal Du Bellay et la reine de Navarre faisaient figure de tenants du parti anglo-protestant, quand d'Annebault et Tournon incarnaient celui des papistes, défenseurs de la paix et de l'entente franco-impériale[4]. Cette politique n'avait rien de doctrinal : il s'agissait alors avant tout de briser l'alliance de l'empereur

---

1 M. François, *op. cit.*, p. 225-226.
2 AS Vatiano, Segr. Stato, Principi 13, fol. 251-v, éd. en note dans *Nuntiaturberichte aus Deutschland*, t. IX, p. 307-308, lettre du nonce à Venise Giovanni de La Casa au cardinal Farnèse, Venise, 16 octobre 1546.
3 A. Tallon, *La France et le concile de Trente*, *op. cit.*, p. 180.
4 J. A. Reid, *King's Sister*, *op. cit.*, t. II, p. 505-507 : d'après Paget, d'Annebault, Tournon et Bayard, qui étaient « papistes », militaient en faveur d'un arbitrage impérial, au contraire des « dames » évangélistes, la duchesse d'Étampes et de Marguerite de Navarre, qui soutenaient la mission de Jean Sturm et la médiation protestante (*cf. supra*).

et du roi d'Angleterre. Un Jean Du Bellay pouvait agir discrètement et courir le risque éventuel d'être compromis : au besoin, le roi pouvait le désavouer ou donner à croire que le « parti » incarné par Du Bellay n'était pas celui qui avait sa préférence. Par contre, l'amiral d'Annebault et le cardinal de Tournon, dont on savait qu'ils dirigeaient les affaires et avaient l'oreille du roi, ne pouvaient se permettre de paraître hostiles à un prince sans que cela ne dévoilât les orientations de la politique royale. Pourtant, à partir de l'automne 1546, les gens de l'empereur, sans soupçonner encore l'ampleur des projets français, ne croyaient déjà plus guère en la sincérité des démonstrations d'amitié des conseillers du roi :

> [Je suis] en ceste opinion, écrivit Saint-Maurice, que aujourd'huy l'admiral et les aultres ministres me demonstrent plus de faveur que du passé, que n'est sinon pour m'abuser, avec ce que led. roy et eulx ne cessent de dire et prescher qu'ilz veullent estre ung de Sad. Majesté [l'empereur], que je tiens chose estant en tout eslongnée de leurs pensées[1].

Dès lors, les masques étant tombés, on se doutait que le roi de France tramait contre l'empereur quelque intrigue qui allait au-delà de simples mesures de précaution liées aux développements de la guerre de la ligue de Smalkalde près de ses frontières. Mais il était difficile de savoir ce qu'il en était, entre les informations contradictoires recueillies par un Saint-Maurice désemparé, l'incomplétude de celles de Giustiniani et de Dandino, et les déclarations pacifistes des deux conseillers les plus influents.

En janvier et février 1547, les rumeurs allaient bon train. Par exemple, le secrétaire de l'ambassadeur de Venise dit à Giulio Alvarotti avoir entendu comme une chose certaine que l'amiral d'Annebault et le cardinal de Tournon conseillaient la paix au roi, mais que celui-ci ne voulait perdre l'avantage que lui procurait la guerre de l'empereur contre les protestants[2]. Ce genre de rumeur, sans doute montée de toutes pièces, entretenait l'ambiguïté : étant donné le crédit de ces deux personnages, ne pouvait-on pas croire que le roi finirait par entendre raison ? Ainsi, fin février, l'ambassadeur du duc de Ferrare rapporta l'opinion du peuple de Paris,

---

1 ÖStA, FrVa 3, Konv. 11, fol. 82-83v, Jean de Saint-Maurice à François de Saint-Vincent, 3 octobre [1546] ; cf. aussi AN, K 1486, Jean de Saint-Maurice à Francisco de los Covos, 6 décembre 1546.
2 Ibid., lettre du même au même, 21 janvier 1547.

selon lequel le roi allait faire la guerre à l'empereur; mais Alvarotti n'en croyait rien[1]. Quant à Cosme de Médicis, il avait compris le danger, mais n'avait pas la moindre certitude[2]. La grande réussite de la diplomatie de la fin du règne était bien là : après avoir gardé pendant plusieurs mois le secret des intentions et premières démarches du roi pour la constitution de cette ligue, les conseillers parvinrent à prolonger les doutes et la confusion dans l'esprit des agents des princes. En février, lorsque le pape retira son soutien à Charles Quint, celui-ci, de plus en plus méfiant, accusa aussitôt les manœuvres françaises d'être à l'origine de ce revirement[3]. Ce n'est qu'au début de mars que l'empereur et ses alliés commencèrent à prendre des mesures de défense, sans être encore certains des projets français[4]. Commençait-il seulement à comprendre que François Ier fomentait contre lui le plus vaste réseau d'alliances de son règne ?

L'EFFONDREMENT DE LA COALITION

En janvier 1547, François Ier était donc presque assuré de la future alliance des protestants d'Allemagne et du roi d'Angleterre; il ne faisait aucun doute que le sultan finît par les rejoindre, ainsi que Gênes après le coup d'État des Fieschi. Quant aux Vénitiens, on espérait toujours les faire adhérer à une ligue défensive, et dans le pire des cas, ils resteraient neutres. L'empereur allait ainsi se trouver presque isolé, ne pouvant compter que sur le soutien de plus en plus tiède du pape, et peut-être du roi de Portugal et de princes italiens qui n'avaient guère le choix, mais peu de moyens, comme le duc de Mantoue et le grand duc de Toscane. De plus, François Ier était bien mieux préparé qu'en 1544 : en mars 1547,

---

1 *Ibid.*, lettre du même au même, Paris, 25 février 1547.
2 Desjardins, *Négociations diplomatiques*, t. III, p. 173, Cosme de Médicis au cardinal de Granvelle, Florence, 6 février 1547.
3 A. Tallon, *La France et le concile de Trente, op. cit.*, p. 188, remarque que la question du concile n'était qu'un prétexte pour faire pression sur le pape afin de le détacher du camp impérial.
4 M. Fernandez Alvarez, *Corpus documental de Carlo V, op. cit.*, t. II, p. 516-518, Philippe II à Charles Quint, Madrid, 12 mars 1547 : « Los Franceses no dexan de traer sus tramas acostumbradas con el papa y Venecianos para atraerlos a daño de las casas de V. M. » ; Philippe II fait donc renforcer les frontières pyrénéennes (Navarre et Perpignan) et préparer les galères, « teniendo por cierto que [...] darà que pensar a los Franceses para que no osen emprender lo que de otra manera quizà pensariàn efectuar [...], todavia serà bien que V. M. mandase al embaxador que està en Francia que más a menudo nos avisase de lo que allí se entiende, pues él terná manera de saber mejor lo cierto de todo ».

l'ambassadeur impérial estimait qu'il avait en caisse assez d'argent pour entretenir une armée pendant six mois, soit plusieurs millions de livres tournois[1]. Depuis janvier, on levait des Suisses, tandis que des troupes étaient regroupées en Dauphiné, Piémont et Savoie[2], et que pour achever le renforcement des frontières, Francisque Bernardin était envoyé en Piémont et à Genève, et Girolamo Bellarmato en Bourgogne[3].

Dès janvier, le roi, malgré son mauvais état de santé, songeait aussi à faire un long voyage pour visiter ses frontières et ses ports en Normandie, où il voulait voir l'avancement des travaux d'une très grande galère qu'il faisait construire au Havre, puis en Bretagne, en Aquitaine et en Languedoc[4]. Il semble d'ailleurs que les opérations navales dussent tenir un rôle important dans l'offensive secrètement préparée : le 19 mars 1547, le vice-amiral de Bretagne, Méri de Scépeaux, donna des commissions pour arrêter tous les vaisseaux propres au service du roi[5]. Surtout, un document qui semble dater de cette époque[6] fait état d'un projet d'armement de quarante-quatre navires, dont quatorze de grande taille, vaisseaux à voiles et galères, pour transporter cinq mille hommes ; il semble que ces navires auraient été très bien fournis de marins, de soldats, d'arquebusiers, de pionniers, d'artillerie, de munitions et de vivres[7].

---

1 P. Hamon, *L'Argent du roi*, *op. cit.*, p. 425.

2 AN, K 1487, n° 38, Jean de Saint-Maurice à Charles Quint, 6 février 1547.

3 BnF, It. 1716, p. 72-79, Francesco Giustiniani au doge de Venise, Paris, 6 mars 1547, copie XIXᵉ. AS Modena, Cart. amb., Francia 24, Giulio Alvarotti au duc de Ferrare, La Ferté-Millon, 7 janvier 1547 : « *S. Mᵗᵃ fornice tutte le frontiere verso Inglesi per tre anni, et tutte le altre per dui.* » Les approvisionnements des ports et places fortes de Picardie et Normandie furent sans doute destinés à se défendre contre l'empereur et la flotte de guerre de l'amiral de Flandres plutôt que les Anglais, avec qui les relations étaient meilleures que jamais ; mais cela contribuait aussi à faire douter l'empereur un peu plus longtemps des réelles intentions du roi.

4 AS Modena, Cart. amb., Francia 24, Giulio Alvarotti au duc de Ferrare, La Ferté-Millon, 7 janvier 1547 ; Alvarotti tenait ces informations de l'ambassadeur de Venise et de Francisque Bernardin.

5 G. Fournier, *Hydrographie*, *op. cit.*, p. 248.

6 *L'état de la provision qu'il faut pour l'armée de mer que le roi veult dresser* (BnF, Mor. 737, fol. 169-173, éd. en annexe de ma thèse de doctorat, p. 841-847), date probablement du début de 1547, dans la mesure où il fait allusion à une « nef qui solloit estre d'Humbert Rostaing ». Ce Rostaing, que l'amiral avait envoyé en Espagne pour réclamer la restitution de sa galère, est mort en chemin en octobre 1546 (AN, K 1486, lettres de Claude d'Annebault au prince Philippe d'Espagne et à Francisco de Los Covos, Diénay, 12 octobre 1546).

7 *Ibid.* : cet état prévisionnel prévoit une dépense de 72 709 l. t. pour le premier mois et 58 982 l. t. par mois supplémentaire, soit probablement cinq ou six fois moins qu'en 1545 ; l'effort de guerre principal aurait donc avant tout porté sur les opérations terrestres.

De tels préparatifs devenant progressivement impossibles à cacher, les intentions belliqueuses de François Ier furent bientôt évidentes ; mais cette fois, le roi de France avait pris de l'avance sur son adversaire. Cependant, tout l'édifice s'effondra en quelques semaines : en janvier 1547, le coup d'État des Fieschi échoua lorsque son principal instigateur, Gian Luigi, se noya dans le port de Gênes, au moment où il exécutait son entreprise. Ses frères vinrent se réfugier à la cour de France et rencontrèrent l'amiral d'Annebault, mais la conspiration, désormais compromise, ne fut pas relancée[1]. Dans le même temps, le duc de Wurtemberg fit la paix avec l'empereur et Ulm et Francfort se soumirent, compromettant les chances des protestants[2]. Mais bien plus que ces événements secondaires, la mort d'Henri VIII compromit la cohésion de l'ensemble. Le nouveau roi d'Angleterre, Edouard VI affirma d'emblée à l'empereur Charles qu'il n'aiderait pas la Ligue de Smalkalde, qui avait demandé le soutien de son père[3]. Vu la jeunesse du roi et le contexte politique du royaume d'Angleterre, il semblait périlleux qu'il s'engageât dans une ligue offensive, même si une ligue défensive pouvait encore être envisagée par les conseillers du roi de France. Celui-ci ne pouvait donc plus compter que sur les derniers princes protestants encore en guerre, en premier lieu les électeurs de Saxe et de Hesse, en situation de plus en plus délicate[4] ; il devait toutefois différer son intervention jusqu'à ce que de nouveaux alliés l'eussent rejoint. Seul le sultan Soliman paraissait en mesure d'apporter un soutien de poids. Pour le convaincre, on avait décidé en décembre 1546 de déléguer auprès de lui Gabriel d'Aramon, pour une nouvelle ambassade : mais l'ambassadeur n'étant arrivé à Andrinople que le 6 avril 1547, il n'eut pas le temps de développer la politique anti-impériale pour laquelle il avait été délégué[5].

---

1 *Histoire des révolutions de Gênes, op. cit.*, t. II, p. 23 ; AS Modena, Cart. amb., Francia 24, Giulio Alvarotti au duc de Ferrare, La Ferté-Millon, 24 janvier 1547 : « Quà è gionto il secretario chi era del conte di Fieschi, il quale dopo l'infortunio seguito della sua persona, se ne venne con una galera del detto conte e suoi fratelli a Marsilia, et di là se ne è venuto quà, et ha parlato con mons^r ammiraglio, ma non ancor' ch'io sappia a S. M^{tà} ».

2 *CCJDB*, t. III, p. 409-410, Gérard Sevenus à Jean Du Bellay, Srasbourg, 17 janvier [1547].

3 BnF, It. 1716, p. 27-33, Francesco Giustiniani et Marino Cavalli au doge de Venise, Paris, 5 février 1547 (copie XIXe).

4 En janvier 1547, il adressa un émissaire au prince électeur de Saxe, qui devait « trouver moyen que la guerre s'entretienne en Allemagne contre l'empereur » (R. J. Knecht, *op. cit.*, p. 519) ; voir aussi BnF, Mor. 737, fol. 294-296, Jean Sleidan à François Ier, Strasbourg, 12 mars 1547 [n. st.].

5 J. Ursu, *op. cit.*, p. 170.

En effet, le 31 mars 1547, François Ier mourut à son tour, laissant à son fils un héritage diplomatique auquel celui-ci avait peu participé et qui n'était plus aussi prometteur que deux mois plus tôt. Le 24 avril 1547, Charles Quint écrasa les princes de la ligue de Smalkalde à la bataille de Mühlberg[1], mettant ainsi un terme définitif aux belliqueux projets de la fin du règne de François Ier.

LA MORT DU ROI

L'ATTENTE DE LA MORT DU ROI

Pendant l'hiver 1546-1547, la santé du roi devint très préoccupante. Il pouvait être terrassé d'un jour ou l'autre par la maladie, comme vivre encore plusieurs mois entre de violentes crises et de longues convalescences. Le 28 janvier arriva à la cour la nouvelle de la mort d'Henri VIII, qui avait à peu près l'âge du roi de France. François Ier l'accueillit, dit-on, avec angoisse, car cette mort préfigurait la sienne. En réalité, il n'en fut pas si affecté : au moment même où l'amiral d'Annebault affirmait à l'ambassadeur anglais que le roi s'affligeait de la disparition de ce « bon et vray ami », on pouvait voir le souverain rire et jouer avec des dames de la cour[2]. Toutefois, François Ier fit célébrer le 21 mars une messe solennelle avec des cérémonies somptueuses à Notre-Dame de Paris pour honorer la mémoire du roi défunt, au grand scandale du nonce apostolique[3].

En ces derniers jours de mars 1547, François Ier sentait la fin approcher. Les favorites du roi n'envisageaient pas sereinement leur avenir à la cour de France : le 15 mars, le roi les appela auprès de lui et dit à Anne d'Étampes et Françoise de Massy qu'il avait régné durant trente-trois ans, qu'il se sentait vieux et près de mourir. Il les exhorta à vivre dans l'honneur et la sagesse, car il ne pouvait leur garantir qu'elles vivraient aussi bien et agréablement après sa mort qu'elles l'avaient

1   P. Chaunu et M. Escamilla, *op. cit.*, p. 293-301.
2   Cité par R. J. Knecht, *op. cit.*, p. 547 ; sur le lien entre la mort du roi d'Angleterre et la maladie du roi de France, *cf. CSP, Spanish*, t. IX, p. 62-64.
3   A. Tallon, *Conscience nationale et sentiment religieux en France au* XVIe *siècle : essai sur la vision gallicane du monde*, Paris, 2002, p. 194.

fait de son vivant. En effet, l'état de santé du roi était tel qu'il pouvait rendre l'âme d'un instant à l'autre. C'est pourquoi l'amiral envoya chercher au plus vite le dauphin, qui était parti se reposer à Anet ; Henri revint aussitôt à la cour[1]. Le 20 mars, l'état du roi empira, il fit venir son confesseur et communia. Le lendemain, on ouvrit l'abcès, tandis que l'amiral d'Annebault veillait à ne laisser entrer dans la chambre du malade que les serviteurs indispensables et les principaux personnages de la cour[2]. L'amiral et la duchesse d'Étampes tremblaient pour le roi, dont on craignait qu'il ne pût, cette fois, surmonter sa maladie[3]. En effet, le conseiller favori et la maîtresse du roi étaient à l'évidence de ceux qui auraient le plus à souffrir de la mort du souverain, tant pour l'amour qu'ils lui portaient que pour leurs propres intérêts. On leur prédisait une prompte disgrâce. Le 14 janvier, Alvarotti écrivait déjà que si le roi mourait, il faudrait s'attendre à de grands changements à la cour, car le dauphin ferait revenir le connétable, dont l'absence ne tenait qu'à la volonté de la duchesse d'Étampes[4]. François d'Aumale, fils du duc de Guise, mais aussi Piero Strozzi ou Jacques de Saint-André (lui aussi éloigné par la volonté du roi) attendaient avec une impatience non dissimulée l'avènement de leur protecteur, le dauphin Henri. Néanmoins, on parlait surtout du connétable, qui attendait patiemment dans ses terres à quelques lieues de Paris. Dès février 1547, Anne de Montmorency était très courtisé, preuve que beaucoup s'attendaient à son prochain retour. Fin mars, le comte de La Mirandole fit scandale en allant lui rendre visite juste après être passé par la cour[5]. Désormais, les favoris du roi mourant tremblaient tandis que tous les autres faisaient leur cour au dauphin, au connétable et aux Guise.

---

1   AS Modena, Cart. amb., Francia 24, lettres de Giulio Alvarotti au duc de Ferrare, Paris, 15 mars 1547.

2   BnF, It. 1716, Giustiniani au doge de Venise, 21 mars 1547.

3   AN, K 1487 : Jean de Saint-Maurice à Nicolas de Granvelle, 21 mars 1547.

4   AS Modena, Cart. amb., Francia 20, Giulio Alvarotti au duc de Ferrare, Melun, 14 janvier 1545. L'ambassadeur de l'empereur croit qu'au contraire, la duchesse, sensible aux promesses du dauphin pour l'avenir, l'aida dès décembre 1546 à circonvenir le roi pour lui faire rappeler le connétable ; mais le cardinal de Tournon et l'amiral, informés des menées du dauphin, trouvèrent moyen de faire prévaloir leur crédit : « el cardenal de Tornon y el almirante de Franza suprese esta cosa » (AN, K 1486, Jean de Saint-Maurice au grand commandeur de Leon, Chaugny, 6 décembre 1546, déchiffrement espagnol).

5   AS Modena, Cart. amb., Francia 24, lettres de Giulio Alvarotti au duc de Ferrare, Paris, 28 février et 27 mars 1547.

L'AGONIE DU ROI ET LA CONTINUITÉ DE L'ÉTAT

Lorsque le roi était malade, parti chasser ou retiré au calme, les affaires ne cessaient pas, car l'amiral d'Annebault dirigeait le conseil et s'occupait de tout à sa place. Il en fut de même pendant son agonie. On relève 76 actes pour le mois de mars 1547, ce qui est plus que la moyenne, mais à partir du 25 mars, on ne connaît plus que des provisions d'offices[1]. Quant aux affaires diplomatiques, elles ne furent apparemment plus traitées en conseil, même si des lettres étaient encore envoyées aux agents à l'étranger, pour leur conseiller d'adopter une attitude dilatoire et de ne rien faire pour le moment[2]. Le dauphin pesait déjà de toute son autorité, comme si la fin du roi François était certaine. Par exemple, le 26 mars, l'ambassadeur Alvarotti écrivit au duc de Ferrare pour l'avertir qu'au conseil du roi, dirigé par d'Annebault, Tournon et Brissac, on examinait les plaintes de Paul de Termes à l'encontre du prince de Melphe, gouverneur du Piémont. Il était question de le remplacer par Guillaume de Clèves, duc de Nevers, ou par le duc d'Aumale, candidat du dauphin, qui avait toutes les chances d'être choisi, à moins que Jean de Melphe ne fût confirmé dans sa charge[3]. Il semble que la décision ne fût pas tranchée, car le conseil ne siégea plus.

Les derniers actes royaux connus du règne de François Ier sont datés du 29 mars, lorsque la mort du roi paraissait imminente et que l'on attendait la fin de son agonie. Dans ces moments critiques, l'amiral d'Annebault et le cardinal de Tournon ne quittèrent plus le chevet de leur maître. Celui-ci les pria de rester auprès de lui jusqu'à son dernier soupir, car il pouvait « se altérer de son bon sens et non si bien pourveoir à sa conscience[4] ».

---

1 Dans le *CAF*.
2 *Cf.* par exemple A. Tallon, *La France et le concile de Trente, op. cit.*, p. 191-193 pour la question du transfert des prélats français à Bologne.
3 AS Modena, Cart. amb., Francia 24, Giulio Alvarotti au duc de Ferrare, Paris, 26 mars 1547.
4 C. Paillard, art. cité, p. 102, Jean de Saint-Maurice à Marie de Hongrie, Saint-Germain, 20 avril 1547 ; *cf.* aussi A. Castan, « La mort de François Ier », dans *Mémoires de la Société d'émulation du Doubs*, cinquième série, t. III, 1878, p. 445-450.

LES DERNIÈRES RECOMMANDATIONS DU ROI MOURANT

Les ultimes instants de François Ier sont bien connus[1]. Dès que son état devint désespéré, vers le 20 mars, il renouvela chaque jour ses recommandations à Tournon, d'Annebault et le dauphin, comme si elles devaient être les dernières :

> On dit qu'il ne pouvait contenir ses larmes, et tant avec le cardinal de Tournon qu'avec l'amiral, il parla comme s'il livrait les dernières paroles, fit une sorte de testament et, en somme, plongea toute la cour dans la crainte, et dit de bonnes paroles à mons[r] le dauphin, se confessa et communia[2].

Quelques jours plus tard, François Ier pria l'amiral d'Annebault, le cardinal de Tournon, Boisy, Sourdis[3] « et autres de sa chambre de non le delaisser jusques après sa mort[4] » ; c'est sans doute pour cette raison que le conseil ne siégea plus après le 26 mars. Par contre, il refusa désormais de voir la duchesse d'Étampes, bien qu'il eût demandé à son fils d'avoir pitié d'elle : après avoir communié, il devait rompre tout lien avec sa maîtresse pour garder son âme du péché. Lorsque la duchesse entra dans la chambre, le mourant fit donc signe de la faire sortir ; au désespoir, elle se pâma et cria : « Terre, englouti moy[5] ! ».

Arrivé au terme de sa vie le soir du 30 mars, François Ier recommanda très vivement à son fils le cardinal de Tournon et l'amiral d'Annebault, et tout spécialement ce dernier qu'il aurait aimé pouvoir mieux récompenser de ses services avant de mourir[6]. Selon le récit du Ferrarais Giulio Alvarotti, rapportant des propos du comte de Beichlingen, le roi alla

---

1   *Ibid.*, et R. J. Knecht, *op. cit.*, p. 548-549 ; les relations étant nombreuses, je m'appuie ici de préférence sur des témoignages peu connus.

2   *ANG*, t. VI, p. 168-170, Dandino au cardinal Farnèse, Paris, 22 mars 1547 (trad.).

3   Jean d'Escoubleau, seigneur de Sourdis, gentilhomme de la chambre.

4   C. Paillard, art. cité ; AGR Belgique, Aud. 420, Jean de Saint-Maurice à Marie de Hongrie, Saint-Germain, 20 avril 1547.

5   *Ibid.* ; dès la mort du roi, elle partit précipitemment à Rambouillet et « les vautours se rassemblèrent » (selon les termes de D. Potter, « Politics and faction », art. cité, p. 146-147) pour profiter de la redistribution des bienfaits dont le roi défunt l'avait couvert, tandis que le dauphin ne voulait « oyr parler aucunement d'icelle dame d'Etampes ny ceulx de sa faryne » (*Ibid.*, citant ÖStA, FrVa 6, fol. 16-19, lettre de Saint-Maurice du 6 avril 1547).

6   BnF, It. 1716, Francesco Giustiniani au doge de Venise, p. 87-94, Paris, 1er avril 1547 (copie XIXe) : « specialmente mons[r] armiraglio, che sperava remunerar più largamente vivendo ».

jusqu'à demander à son fils de conserver ses conseils, afin d'assurer la continuité de l'État :

> Sa Majesté se tint pour morte, [...] fit appeler mons^r le dauphin et lui dit qu'étant vieux et au terme où il se trouvait, il savait que son heure était venue, dont il remerciait Dieu ; il lui recommanda le royaume, les sujets, la justice et les seigneurs, et surtout toutes les choses qu'il aimait, et il le pria de bien s'entourer et de ne pas changer le conseil et le gouvernement, mais de se servir des vieux serviteurs qu'il avait depuis longtemps éprouvé pour bons, et qu'entre les mains de nouveaux, avant qu'ils ne fussent experimentés dans le gouvernement, le royaume serait ruiné [...] Tous ceux qui se trouvaient dans cette chambre pleuraient, excepté mons^r l'amiral, qui s'employait toujours, sans jamais verser une larme, à réconforter Sa Majesté[1].

Une fois encore, François Ier dit quelques mots d'amitié à son conseiller favori et fit promettre à son fils de lui donner une récompense pour ses services, avec ces paroles élogieuses :

> [L'amiral] estoit le plus homme de bien qui l'eust jamais servy, et que jamais, en toute sa faveur, il n'avoit faict tort à personne, ny pillé, ni gaigné, comme beaucoup d'autres ; mais tant s'en faut, qu'il s'y estoit apauvry, au contraire de tous les autres. Et pour ce, le roy ordonna cent mille francs à prendre sur la maison de la ville de Rouen, et luy commanda et conjura expressément, sur peine de désobéissance fillialle, de les luy laisser et confirmer ; et le pria de se servir de luy, car il le serviroit très fidelement et s'en trouveroit bien[2].

Le dauphin lui ayant promis, François Ier l'étreignit longuement et lui donna sa bénédiction paternelle, puis le dauphin fut raccompagné hors de la chambre par l'amiral d'Annebault, qui s'efforça de le réconforter « avec propos de consolation, mesmes de la fragilité de ceste vye mondaine[3] ». François Ier expira le lendemain, le 31 mars, entre une et deux heures de l'après-midi.

---

1 AS Modena, Cart. amb., Francia 24. Giulio Alvarotti au duc de Ferrare, Paris, 26 mars 1547 (trad.).
2 Brantôme, t. III, p. 210.
3 C. Paillard, art. cité ; AGR Belgique, Aud. 420, Jean de Saint-Maurice à Marie de Hongrie, Saint-Germain, 20 avril 1547.

LA QUARANTAINE DU ROI DÉFUNT

Dès l'annonce de la mort de François Ier, tout le monde savait que le connétable reviendrait au pouvoir et que l'amiral d'Annebault et le cardinal de Tournon en seraient écartés[1]. Ceux-ci furent vite fixés sur leur sort : après les avoir consolés, le nouveau roi, Henri II, monta à cheval pour l'abbaye de Haute-Bruyère, qui devait recevoir les entrailles du roi défunt, non sans avoir recommandé aux deux conseillers de son père le cadavre royal « pour satisfaire aux solennitez, mesmes de tenir le plat et service de viandes qu'est accoustumé en tel cas[2] ». Cela signifiait qu'ils se voyaient confier l'entière responsabilité du service domestique et de l'ensemble des tâches liées à l'organisation et au cérémonial de la « quarantaine », période d'environ quarante jours qui s'étendait de la mort d'un roi à son inhumation. Pendant ce temps, la nouvelle équipe dirigeante allait supplanter l'ancienne[3].

Car une cour chassait l'autre. Celle du dauphin à présent roi était pleine de jeunesse et de vie, et Henri II commençait à gouverner. Dès le 1er avril, il entreprit une réforme, sans doute longuement réfléchie, de la répartition des affaires, dont les écritures furent partagées entre ses quatre secrétaires des commandements et finances : Clausse, Bochetel, L'Aubespine et Duthier ; Bayard, le secrétaire le plus employé ces dernières années, n'était pas de cette liste. Le lendemain, Henri II donna la liste des conseillers qu'il désirait à son conseil siégeant le matin, ainsi que ceux du conseil privé[4] : d'Annebault et Tournon n'y figuraient pas, mais ce n'était guère surprenant, car ils ne pouvaient quitter la dépouille du défunt roi François. Ceci était un moyen commode de les écarter sans

---

1   AS Modena, Cart. amb., Francia 24, Giulio Alvarotti au duc de Ferrare, Rambouillet, 31 mars 1547 (en chiffre) : « S. S. R^{ma} dice per certo che mons^r il gran contestabile tornerà in corte ; non sa ciò che sarà de mons^r ammiraglio, et crede che'l cardinale Tornone se ritirarà voluntieri in casa sua, per essere hormai vecchio, haver servito assai, et per fare come si dice, ubi non sis qui fueris, ibi minime velis esse ».

2   A. Castan, art. cité, p. 435 et 445 et Elizabeth A. R. Brown, « Refreshment of the dead », *Les funérailles à la Renaissance*, 12e colloque international de la Société française d'Étude du Seizième siècle, Bar-le-Duc, 2-5 décembre 1999, éd. Jean Balsamo, Genève, 2002, p. 128-129.

3   BnF, It.. 1716, p. 98, dépêche du 3 avril 1547 ; F. Decrue, *Anne de Montmorency... sous les rois Henri II, François II et Charles IX*, Paris, 1885, p. 45 ; Ralph E. Giesey, *Le roi ne meurt jamais. Les obsèques royales dans la France de la Renaissance*, Paris, 1987, p. 248.

4   G. Ribier, *op. cit.*, t. II, p. 1 : « l'ordre du Conseil estaby par Henri II a son advenement à la couronne ».

les désavouer officiellement : ils pouvaient toujours être appelés après la quarantaine, mais dès que leurs remplaçants provisoires auraient pris en main les affaires, il n'y aurait plus de raison impérative à leur retour. Le 3 avril, Henri II tint donc son premier conseil étroit avec le connétable de Montmorency, Jacques d'Albon de Saint-André, Charles de Guise et le chancelier Olivier, seul rescapé du conseil de son père[1]. Les présidents, généraux et conseillers de la cour des comptes de Paris vinrent à Saint-Germain voir le connétable pour obtenir le droit de faire la révérence au nouveau roi[2].

Dès les premiers jours d'avril 1547, Montmorency reprit donc le rôle dans lequel d'Annebault, son ancien protégé, l'avait supplanté. Désormais, il était à nouveau le conseiller favori et le grand maître en exercice du roi vivant, quand l'amiral demeurait celui du roi mort. Le lien mystique qui unissait les âmes de François Ier et de son conseiller favori survivait ainsi à cette première mort, qui n'avait pas été proclamée (tant que l'âme, grâce à la merveilleuse vitalité que l'on prêtait au corps royal, n'avait pas quitté le corps[3]) et ouvrait cette période de quarante jours durant laquelle était prolongée l'existence symbolique du roi. Le roi régnant était désormais Henri, quand François n'était plus que le roi de sa Maison : par conséquent, tous les serviteurs du feu roi devaient rester avec lui et accomplir leur office jusqu'à l'inhumation du roi et la dissolution de sa Maison[4]. Claude d'Annebault s'occupait donc des cérémonies de la quarantaine, qu'il choisit, en accord avec le cardinal de Tournon, de déplacer à Saint-Cloud[5]. Le service de ce mort honoré comme un roi vivant, et notamment les repas qui devaient lui être servis en même temps qu'aux membres de sa Maison[6], fut aussitôt réglé :

---

1   Lettre citée d'Alvarotti, du 3 avril 1547 ; Olivier allait rester au conseil du roi jusqu'au 2 janvier 1551, date à laquelle Henri II lui retira les sceaux (J. Dupèbe, « Un chancelier humaniste », art. cité, p. 89).

2   BnF, Fr. 23880, fol. 78-v.

3   E. Brown, art. cité, p. 129.

4   ÖStA, FrVa 3, Konv. 12, fol. 131 *sq.*, avis s.d. (copie auth. et chiffrée), [début avril 1547] : « Le lendemain de Pasques doibt estre a Sainct Cler le orps dud. feu roy et les s^rs executeurs de son testament, auxquels l'on ne veult permettre venir en court, signalement a l'admiral, que la quarantaine dois la mort ne soit passée ».

5   R. Giesey, *op. cit.*, p. 254.

6   E. Brown, art. cité, *loc. cit.* ; ces repas « post-mortem » avaient été introduits dans le cérémonial aux funérailles d'Anne de Bretagne, en 1514.

Le corps du feu roi d'heureuse mémoire est encore à Rambouillet, raconta
Alvarotti, où sont encore tous ses serviteurs, qui accomplissent tous les
mêmes offices et services qu'ils faisaient à sa personne quand il vivait,
c'est-à-dire lui porter les victuailles à l'heure du déjeuner et du souper,
de prendre son vin et tout le reste, et les archers montent la garde comme
auparavant ; ils le garderont sur terre quelques jours et le porteront à deux
lieues de Paris, à une église de Notre Dame, où ils le garderont de même
manière jusqu'à ce qu'ils fassent ses obsèques. Ici à Rambouillet sont encore
le cardinal de Tournon et mons[r] l'amiral, lesquels ont encore voulu voir le
corps après la mort, comme de très affectionnés serviteurs. Le nonce me
dit que le cardinal de Tournon est inconsolable et que mons[r] l'amiral le
vit plus sereinement[1].

L'amiral d'Annebault et le cardinal de Tournon veillèrent donc le corps
du roi défunt, accomplissant les seuls offices domestiques qu'ils avaient
coutume d'assumer. Le 13 avril, le roi Henri demanda à les voir : ils
furent autorisés à venir présenter leurs hommages le 19 et reçurent un
accueil gracieux, mais ils rentrèrent aussitôt à Saint-Cloud[2]. En venant
visiter le roi à Saint-Germain, les anciens favoris purent constater qu'ils
n'avaient plus leur place à la cour[3] : ils avaient été remplacés au gouvernement, et les actuels serviteurs du roi étaient issus de la maison
du dauphin. Lors de cette quarantaine où coexistèrent officiellement
deux cours de France, les membres de la cour du roi défunt, des plus
humbles serviteurs jusqu'aux grands officiers, faisaient figure de spectres
du passé. En effet, la quarantaine était un moyen commode d'enterrer,
en quelque sorte, un favori avec son maître, et douze ans plus tard,
à la mort d'Henri II, les Guise ne se privèrent pas de la confier au
connétable :

Monsieur le connestable, remarqua Étienne Pasquier, [fut] commis à la garde
d'icelluy [corps du roi], et à bien dire, puny de la même punition qu'il avoit

---

1 AS Modena, Cart. amb., Francia 24, Giulio Alvarotti au duc de Ferrare, Paris, 3 avril
  1547 (trad.).
2 BnF, Fr. 20548, fol. 112, Claude d'Annebault à François de Guise, duc d'Aumale, Saint-
  Cloud, 13 avril [1547] ; AS Modena, Cart. amb., Francia 24, Giulio Alvarotti au duc de
  Ferrare, Paris, 20 avril 1547 : « Monsr ammiraglio tornò hieri in Corte, e vi venne anco il
  s[r] cardinale di Tornone, il qual basciò la mano al re, alla regina, e a madama Marguerita,
  et per quello che io intendo furno assai ben veduti ; se ne tornorno a San Clou, ove è
  ancora il corpo del morto re ».
3 Le logis de l'amiral avait d'ailleurs été déplacé au rez-de-chaussée (M. Chatenet, *La cour
  de France*, op. cit., p. 67-69 et p. 76 et Idem, art. cité).

exercée après la mort de roy François, à l'endroit du cardinal de Tournon, admiral d'Annebault et autres favoris du roy François[1].

Le conseiller favori accompagnait ainsi dans la tombe le souverain qui lui avait insufflé l'étincelle de vie publique.

LES FUNÉRAILLES DU ROI ET L'EXPRESSION DE LA FIDÉLITÉ

Les premiers jours du mois d'avril furent consacrés à la préparation du transport au prieuré de Haute-Bruyère, près de Rambouillet, des entrailles et du cœur du roi. Après l'embaumement de la dépouille mortuaire, dès le 2 avril, ces organes furent enfermés dans deux petites caisses. Le 6, le cercueil, surmonté d'un dais de velours violet et entouré par les porteurs de deux cents torches ardentes, fut conduit jusqu'au chœur de l'abbatiale ; les entrailles l'accompagnaient, transportées par quatre écuyers servants, dont Jacques de Lorges et Claude de Boisy, tandis que Claude d'Annebault avait l'honneur de porter le cœur, dans son coffret recouvert d'un poêle de drap d'or frisé et surmonté par un ciel de velours violet cramoisi semé de fleurs de lys d'or. Le coffret des entrailles fut donné aux rois et hérauts d'armes, qui firent la révérence et le baisèrent avant de procéder à l'inhumation. À son tour, l'amiral fit la révérence et baisa le coffret de cœur avant de le délivrer aux hérauts qui le reçurent « révéremment[2] ».

Le corps fut exposé à l'abbaye le samedi de Pâques, avec les deux coffrets, puis il fut emporté seul à Saint-Cloud pour y être rejoint par ceux des fils décédés de François Iᵉʳ, le premier dauphin François et Charles d'Orléans. Le mercredi 14, on porta en triomphe le cœur et les entrailles et on fit élever à Haute-Bruyère une « colonne du cœur » en marbre, symbole de l'ascension de l'âme du roi[3] ; elle y resta jusqu'à la Révolution[4]. Le corps fut ensuite porté à Saint-Cloud chez Jean

---

1   Dans Estienne Pasquier, *lettres historiques pour les années 1556-1594*, pub. D. Thickett, Genève, 1966, livre IV, p. 35, lettre à Monsieur de Fonssomme, la mercuriale du 10 juin 1559 et la mort d'Henri II ; *cf.* aussi F. Decrue, *Anne de Montmorency… sous les rois Henri II, François II et Charles IX, op. cit.*, p. 45.

2   Jean Nagle, *La civilisation du cœur : histoire du sentiment politique en France du XIIᵉ au XIXᵉ siècle*, Paris, 1998, p. 88, d'après Bibl. du Sénat, 473, fol. 53v ; AN, U 152, avril 1546 [a. st.].

3   J. Nagle, *op. cit.*, p. 88 *sq.* ; R. Giesey, *op. cit.*, p. 15 ; BnF, Fr 20158, fol. 79v ; C. Terrasse, *op. cit.*, t. III, p. 239.

4   Elle fut alors rapportée par Alexandre Lenoir à Saint-Denis. Sur le choix de Haute-Bruyère et l'urne funéraire du cœur, réalisée par Pierre Bontemps, voir Jean Nagle, *op. cit.*, p. 91-94

Du Bellay, évêque de Paris, dès le 11 avril[1]. Claude d'Annebault et le cardinal de Tournon s'étaient jusqu'alors occupés de tout, par exemple de commander les deux cents torches du convoi à Haute-Bruyère[2]. Ils restèrent plusieurs jours durant à Haute-Bruyère, dînant en compagnie du cardinal de Meudon, du grand écuyer de Boisy et de toute la maison du roi, et faisant l'aumône aux pauvres[3]. Puis ils partirent pour Saint-Cloud. Une fois arrivés, ils s'occupèrent d'acheter les manteaux de deuil et les draps écarlates et moirés pour les différents cortèges de l'enterrement[4]. L'amiral était plus particulièrement chargé de régler l'ordre et le déroulement des cérémonies ; mais il soumit son programme au connétable de Montmorency, grand maître de France de nouveau actif, par respect de son office ou pour commencer à lui faire sa cour[5].

L'effigie du roi, peinte par François Clouet, était arrivée le 11 avril à Saint-Cloud avec le cercueil royal. Le dimanche 24 avril, ce « deuxième corps du roi », grâce auquel François Ier vivait encore aux yeux de ses serviteurs, fut installé sur un lit de parade de neuf pieds au carré. Mais le 3 mai au soir, la cour du roi défunt commença à se préparer au deuil : on coucha l'effigie, et les ornements et tapisseries de parade

---

et A. de Dion, « L'urne funéraire du cœur de François Ier », dans *Bulletin monumental*, 1877, p. 192-194, et sur l'interprétation symbolique de la colonne de cœur, liant le corps terrestre à l'âme éternelle, l'ascension de l'âme, mais aussi le soutien de la religion, voir Jean Nagle, *op. cit.*, p. 78-84. Notons que le cœur de François Ier fut rapporté avec ceux de ses fils à l'église des Célestins de Paris par Jean Du Bellay, après les funérailles de Saint-Denis (*cf.* Louis Beurrier, *Histoire du monastère et couvent des Pères Célestins de Paris*, Paris, 1634, p. 352).

1 *Le trespas, obseques et enterrement de tres hault, tres puissant et tres magnanime François, par la grâce de Dieu roy de France*, Paris, 1547, p. 4-10.

2 BnF, Fr. 10392, compte des funérailles de François Ier, fol. 87v.

3 *Ibid.*, fol. 18v.

4 BnF Fr. 7853 ; fol. 431-v : les cardinaux (dont Jacques d'Annebault) reçurent du riche tissu écarlate moiré, les « autres princes, chevaliers, pairs de France » (dont Claude d'Annebault) un tissu noir. *Cf.* aussi BnF, Fr. 10392 cité, fol. 128v, pour les manteaux de deuil fournis à quatre cardinaux (Bourbon, Tournon, Meudon, d'Annebault), trois archevêques et évêques (Saintes, Reims et Troyes) et vingt-en-un princes, chevaliers et autres (Jean d'Enghien, Louis de Montpensier, le connétable de Montmorency, François d'Aumale, l'amiral d'Annebault, Jacques de Saint-André, etc.).

5 *Ibid.*, fol. 256-v : « A Anthoine Daucun, la somme de treize livres dix solz tournois a luy ordonnee pour ung autre voiage qu'il a aussi cy-devant faict en dilligence et sur chevaulx de poste depuys led. Rambouillet jusques aud. Sainct-Germain-en-Laye, portant lettres au s[r] d'Annebault admiral de France aud. s[r] [de Montmorency] pour sçavoir et entendre de luy quel ordre il entendoit estre gardé au convoy du corps dud. feu roy et autres choses concernans le faict desd. obsecques et funerailles ».

furent retirés de la salle et remplacés par des tentures noires ; enfin, le lendemain, on déposa le corps du roi sur des tréteaux. Le 18 mai, après deux semaines de cérémonies lugubres, le roi régnant vint donner de l'eau bénite au corps de son père, avant qu'il ne fût mené à sa dernière demeure[1]. Le samedi 21 mai partit le convoi funèbre vers Notre Dame des Champs, aux portes de Paris, première étape d'une ultime traversée de la capitale. L'amiral suivait le chariot de l'effigie[2] ; mais comme il était fort malade, il montait à cheval et le comte de Villars[3] portait à sa place, à pied, la bannière de France :

> Incontinent après le dict chariot marchoit à cheval monsieur l'admiral, comme chef et ayant la principale conduicte et charge dudict convoy, la bannière de France auprès de luy portée par le comte de Villars ; et en ce qui estoit de place autour dud. chariot et aux deux costez des six princes du grand dueil, estoient messieurs les cardinaux de Ferrare, Chastillon, Amboise, Hennebaut, Armanhac, Meudon, Bellay, Givry et Tournon, au milieu desquels marchoient lesdicts princes du grand deuil, sçavoir est messieurs d'Anguien, Loys monsieur de Vendosme son frere, ducs de Montpensier et de Longueville et marquis du Maine.

Deux présidents du parlement vinrent à leur rencontre et demandèrent à l'amiral ce qu'ils pouvaient faire pour honorer le roi défunt. D'Annebault les remercia, leur signifia le contentement du roi Henri, et les invita à revenir le lendemain aux portes de cette église pour prendre part au convoi vers Notre Dame de Paris[4].

---

1   AS Firenze, MP, 4592, fol. 4, Giovanni Battista Ricasoli au duc de Toscane, Lyon, 13 mai 1547 : « il re morto mattina e sera è servito col mo piatto ordinario et così sarà fin ché sia interrato ; stanno intorno alla sua tavola Tornon et l'armiraglio et gli altri personaggi che solevano star' in mentre viveva ; se li fa la credenzia come se havesse a mangiar' ». Michel Félibien, *Histoire de la Ville de Paris*, Paris, 1725, 5 vol, t. III/I, p. 728-731 : *obsèques du roy François I*.

2   Jean Du Tillet, *Recueil des roys de France, leurs couronne et maison... ensemble les rangs des grands de France*, Paris, 1607, p. 341, fit une intéressante remarque sur la modification du cérémonial, qui donnait davantage d'importance au corps figuré du roi qu'à son corps réel, enfermé dans le cercueil : « À ceux des rois Françoys premier et Henry second a commencé estre divisé le corps de l'effigie, et mis dedans le chariot d'armes, ou de parement, pour faire (comme il est vray-semblable) l'effigie plus eminente ; par ce moyen à l'effigie seule ont depuis esté rendus les honneurs appartenans au corps mis en arrière, combien que par la future resurrection il sera immortel ».

3   Honorat de Savoie, comte de Villars ; sur ce personnage, cf. N. Le Roux, *op. cit.*

4   *Ibid.* ; R. Giesey, *op. cit.*, p. 25 ; *Le trespas, obseques et enterrement...*, *op. cit.*, p. 10 *sq.* ; M. Félibien, *op. cit.*, t. III, p. 729 (et p. 730 pour le détail de la décoration intérieure et du service du mort assuré ce soir-là) ; AN, U 152, *avril 1546*.

Le dimanche 22 mai, le convoi se remit donc en marche par les rues de la ville de Paris. Le grand écuyer de Boisy portait l'épée devant l'effigie du roi, suivie de la bannière toujours dans les mains du comte de Villars, au lieu de l'amiral d'Annebault. Celui-ci montait à cheval[1]. Autour de l'effigie marchaient les conseillers du parlement, dont les quatre présidents tenaient les coins du drap[2]. À Notre Dame fut rendu le premier service funéraire, auquel n'assista pas l'amiral, indisposé :

> Aux testes des effigies et corps, hors ladicte chapelle ardente, estoit un siege couvert de drap noirs pour seoir mondict seigneur l'admiral, et auprès de luy, un peu plus bas, le comte de Villars portant la bannière de France ; mais n'y assistèrent ce soir, et se retira mondict sieur l'admiral par maladie.

Le lendemain matin, derrière les trois effigies, la bannière était encore tenue par Villars « sur la forme preparée pour ledict seigneur admiral, qui fut absent[3] ». Les cercueils de François Ier et de ses fils furent ensuite conduits à Saint-Denis pour l'inhumation. Celle-ci eut lieu le mardi 24 mai. Dans l'église, l'amiral avait son siège devant la chapelle (où était l'effigie du roi), vis-à-vis de l'autel, et à ses côtés se tenait le comte de Villars avec la bannière[4]. Après l'oraison funèbre et l'office des morts, on ôta les couronne, sceptre et main de justice de l'effigie du roi pour les remettre aux hérauts d'armes. Le grand écuyer déposa l'épée royale dans le caveau. Puis les hérauts clamèrent :

> Monsieur le grand maistre, venez faire vostre debvoir.

L'amiral, qui tenait lieu de grand maître, s'avança avec les maîtres d'hôtel du roi, qui jetèrent leur bâton dans la fosse. D'Annebault tendit le bout du sien et le retira aussitôt[5]. Toutes ces personnes jouaient des rôles qui ne leur appartenaient plus. Après ces actes symbolisant la fin

---

1   R. Giesey, *op. cit.*, p. 32 ; M. Félibien, *op. cit.*, t. III, p. 734-737 ; AS Firenze, MP, 4592, fol. 15-17, Giovanni Battista Ricasoli au duc de Toscane, Paris, 23 mai 1547.
2   *Registre des délibérations de Paris*, *op. cit.*, t. III, p. 88 : « mons[r] l'admiral auprès de la grande banniere, faisant l'office de Grand Maistre ».
3   M. Felibien, *op. cit.*, t. III, p. 737-739.
4   BnF, Fr. 10427, fol. 203.
5   *Le trespas, obseques et enterrement…*, *op. cit.*, p. 37 : « ledict grand maistre ne meit que le bout du sien, pour le reprendre, le personnage duquel grand maistre representoit monsieur l'amiral » ; *cf.* aussi M. Felibien, *op. cit.*, t. III, p. 740 : « ledict seigneur admiral mit le bout du sien [bâton] dedans ladicte voute pour le prendre et relever ».

du service dû au roi défunt, vint le moment de déposer les instruments de son pouvoir, la main de justice, le sceptre et la couronne. Ce fut alors le tour de la bannière. La voix des hérauts retentit :

> Monsieur d'Annebaut, chef ayant la charge et conduicte de ce convoy, apportez la banniere de France.

L'amiral fut incapable d'exécuter cette dernière tâche pour le roi François, car la fièvre et le chagrin, dit-on, lui ôtèrent la force de parler :

> Et pour ce que pour son indisposition il estoit en une chaire près de lad. voute, elle luy fut apportée par ledict comte de Villars, et la mist ledict seigneur admiral bas. Lors fut crié par ledict Normandie par trois fois à haulte voix : *Le roy est mort.* Lequel cry auroit esmu lad. assistance à pitié, et plusieurs à larmes. Et à l'instant après que ledict Normandie l'auroit dict aud. seigneur d'Annebaut, il auroit levé lad. banniere de France, et ayant sa voix close de tristesse, ne pouvant faire le cry qui estoit à luy à faire, ledict Normandie cria haultement par trois fois : *Vive le roy, vive Henri deuxième du nom par la grace de Dieu roy de France, à qui Dieu doint bonne vie.* Alors mondict seigneur l'admiral servant l'office de grand maistre, reprint et leva son baston, monsieur le grand escuyer l'espée, Villars le phanon, les capitaines toutes les enseignes, et les héraults toutes les cottes d'armes qu'ils revestirent ; et soudain sonnèrent trompettes et tambours[1].

Claude d'Annebault omit ainsi le « Vive le roi » traditionnel qu'il lui revenait de prononcer, ce qui n'était évidemment pas le meilleur moyen de se concilier les bonnes grâces d'Henri II. En suppléant à sa défaillance, le héraut de Normandie, Louis Vigneron, introduisit un changement notable dans le cérémonial des obsèques royales, car jusqu'alors, le nom du nouveau roi n'était pas mentionné[2]. Gravement malade et peut-être réellement affecté, l'amiral ne put assister au dernier repas de la Maison de François Ier avant sa dispersion :

---

1 M. Félibien, *op. cit.*, p. 740 ; R. Giesey, *op. cit.*, p. 35 ; *cf.* aussi AN, U 152, *24 mai 1547*, C. Paillard, art. cité., p. 108, et « Une relation nouvelle des obsèques de François Ier à Paris et à Saint-Denis », pub. H. Omont, dans *Bulletin de la Société Historique de Paris*, t. XXXIII, p. 144 ; et à titre de comparaison, les obsèques de Charles VIII dans Alain Boureau, *Le simple corps du roi*, Paris, 1988 (notamment le récit de l'inhumation de Charles VIII, par Pierre d'Urfé).

2 L'auteur du *Trespas, obsèques et enterrement, op. cit.*, p. 37, d'ordinaire si précis, se tait sur ce fâcheux incident qui, à l'époque, dérogeait au cérémonial qu'il s'efforça, dans son opuscule, de décrire comme bien réglé : « Ce faict, fut dict par monsieur l'amiral : "le roy est mort". » Il cria aussi « Vive le roy Henri, deuxiesme de ce nom ».

Et ce faict, chascun se retira pour disner au disner solennel qui fut faict en la grande salle de mondict sieur le cardinal de Bourbon... après lequel disner monsieur le cardinal de Lenoncourt veint dire graces ; lesquelles achevees, pour l'absence de monsieur l'amiral, qui devoit representer le grand maistre, qui se trouva tresfort malade, le premier maistre d'hostel[1] dict a la compagnie : « Messieurs, nostre maistre est mort, et pour ce, que chascun se pourveoye, car la maison est rompue » (et en signe de cela il rompit le baston).

Lorsque mourut François Ier, l'amiral d'Annebault, son ami et confident, avait contenu ses larmes ; mais aux obsèques, il parut si touché et affaibli que l'on crut bien qu'il suivrait son maître dans la tombe. L'amour du roi et de son favori, symbolisé par le baiser et la déposition du coffret du cœur, était un lien personnel qui revêtait une dimension éminemment politique ; ce n'était en aucune façon le contraire. Bien sûr, Claude d'Annebault était prêt à servir fidèlement le nouveau roi, comme François Ier, sur son lit de mort, le lui avait probablement demandé. Mais tout serait différent, car les liens affectifs unissant le père et son serviteur ne s'étaient pas transmis au fils. Aux obsèques du roi défunt, ses fidèles avaient pour la dernière fois défilé en grande solennité, tandis qu'assistaient *incognito* à ce spectacle le roi Henri en compagnie des favoris du nouveau règne : Anne de Montmorency, Jean de Lorraine, François d'Aumale, Jacques de Saint-André et Gaspard de Châtillon[2]. Ceux-ci allaient exercer le pouvoir. Parmi eux se trouvait un ancien membre du conseil privé de François Ier, le cardinal de Lorraine, sauvé par la faveur de ses neveux. Sa présence garantissait une certaine continuité des affaires au conseil, où le chancelier Olivier conservait également sa place[3]. Par ailleurs, si Montmorency ne suivait plus les affaires depuis longtemps, il avait plus d'expérience que quiconque. D'Annebault et Tournon n'étaient plus indispensables.

La mort du roi-chevalier mit donc fin aux responsabilités politiques de Claude d'Annebault en même temps qu'à sa « grande faveur ». Pendant plus de quatre ans, il avait mené les affaires comme François Ier

---

1 Juan de Mendoza.
2 AS Modena, Cart. amb., Francia 24, Giulio Alvarotti au duc de Ferrare, Paris, 25 mai 1547.
3 Il semble que le roi l'ait dès le mois d'avril rassuré sur ses intentions, dans la mesure où Olivier fit le 20 avril 1547 l'acquisition d'une maison ayant appartenue au chancelier Duprat, « à usage de chancellerie » (Albert Buisson, *Le chancelier Antoine Duprat*, Paris, 1935, p. 330).

l'entendait, le servant comme son ombre, avec loyauté et fidélité. Son activité s'était étendue à tous les domaines de l'État, et même s'il ne fut pas toujours heureux dans l'exécution des politiques qu'il contribuait à définir, il sut mener de front l'ensemble des tâches qui lui étaient confiées. Claude d'Annebault pâtit souvent de la comparaison avec l'illustre connétable, brillant seigneur de la Renaissance, et favori de deux grands rois, qui marqua son siècle par sa longévité au pouvoir et son extraordinaire autorité. Malgré tout, le duo que l'amiral d'Annebault formait avec le cardinal de Tournon fut d'une efficacité redoutable, et ces deux conseillers donnèrent à la fin du règne de François Ier, si souvent décriée par les historiens, une activité soutenue et de grandes ambitions, et à l'État royal, une impulsion modernisatrice. L'avènement d'Henri II devait logiquement reléguer d'Annebault et Tournon à des rôles subalternes, mais tous deux resteraient des serviteurs du roi, prêts à offrir leurs services à la moindre occasion, même si on ne leur accordait plus qu'une confiance limitée.

LA DISGRÂCE (1547-1548)

Dès les premiers jours d'avril 1547, l'amiral se vit retirer ses responsabilités à la cour et au conseil. Désormais, il connaissait l'envers de la faveur, une situation de disgrâce qu'il devait surmonter pour assurer l'avenir des siens.

UN REVERS DE FORTUNE

POURSUITES ET RÈGLEMENTS DE COMPTES

L'avènement d'Henri II et le retour du connétable furent à l'origine de profonds bouleversements, si soudains qu'ils donnèrent l'impression d'une disgrâce collective. L'autoritaire duchesse d'Étampes fut immédiatement chassée de la cour et son favori, Longueval, sauva à peine sa vie en vendant une propriété près de Laon à Charles de Guise, archevêque de Reims[1]. Bien d'autres personnages naguère très en vue à la cour furent sévèrement ébranlés par la nouvelle donne voulue par le roi. Le chroniqueur lyonnais Jean Guéraud dressa la liste noire du nouveau règne :

> En ce temps l'an 1547, furent desappointés à la court plusieurs gros seigneurs et deux gouverneurs, assavoir m^r de Maulgiron et Daulphiné et en Savoye, fust mis en son lieu m^r de Hommale et son lieutenant m^r de Saint Vallier, en Bresse m^r de Montravel, et en son lieu m^r de la Guiche. Furent faicts mareschaux de France m^{rs} de Saint André le jeune et Sedan. Furent cassés m^r le cardinal de Tournon, m^r l'admyral d'Annebaud, m^r Bayars, m^{rs} de Grygnant et plusieurs aultres. Furent faicts prisonniers m^r le mareschal

---

1 *Cf.* D. Potter, « Anne de Pisseleu », art. cité, p. 554-556 ; J.-A. de Thou, *op. cit.*, t. I, p. 184 ; J. de Sismondi, *op. cit.*, t. XVII, p. 304 ; *CSP of Edward VI*, p. 327, lettre de lord Grey à Edward Seymour, duc de Somerset, Boulogne, 7 avril 1547.

Du Biez et m[r] de Longueval. Aux finances fut désappoincté m[r] de Dampierre, dit Du Val, trésaurier de l'espargne de France, et en son lieu fut mis m[r] Blondel, enfant de ceste ville [de Lyon], dont led. Du Val mourut de regret tot après[1].

Les anciens conseillers de François Ier eurent à répondre de leur administration. Ainsi, dès le début du mois d'avril, commença une enquête sur le cardinal de Tournon, qui fut par la suite accusé de malversations[2]. De même, une information fut ouverte contre Gilbert Bayard, « lequel l'on treuve fort chargé et veult l'on qu'il en responde personnellement[3] ». L'amiral ne put échapper à ce traitement[4] et dut rendre compte de l'argent qu'il avait emporté avec lui lors de la campagne d'Angleterre, ainsi que des munitions et victuailles :

L'on veult contraindre led. *admiral* rendre compte des deniers qu'il porta avec luy quant il fist le dernier voyaige en mer contre les Anglois et le note l'on d'avoir faict son proffict des vivres qui sombrarent : *c'est assez pour luy faire commetre les cent mil francs que le feu roy luy legua par son testament*[5].

Finalement, on ne trouva rien qui incriminât l'amiral et les charges furent abandonnées. Dans ce contexte favorable aux règlements de comptes, Claude d'Annebault pouvait paraître en grand danger. Toutefois, ses ennemis de l'ancienne cour royale, comme Longueval ou, à un degré moindre, le cardinal Du Bellay, n'étaient plus en position de lui causer du tort, et parmi la nouvelle génération, peu de courtisans avaient des raisons d'en vouloir à l'amiral, qui s'était peut-être montré, les années précédentes, moins autoritaire et vindicatif que le cardinal de Tournon. Ainsi, Jean de Saint-Maurice remarqua « qu'il n'a jamais esté violent

---

1 Jean Guéraud, *Chronique lyonnaise (1536-1562)*, éd. J. Tricou, Lyon, 1929, p. 37.
2 Voir dans M. François, *op. cit.* et AS Modena, Cart. amb., Francia 24, Giulio Alvarotti au duc de Ferrare, Paris, 9 avril 1547 ; Philippe Hamon remarque qu'il s'était indiscutablement rendu coupable de délit d'initié, mais que ce n'était alors pas un délit (*L'Argent du Roi, op. cit.*, p. 397).
3 AN, K 1487, lettre de Jean de Saint-Maurice (copie) jointe à celle du 22 juillet 1547.
4 D'après Decrue, ils furent accusés pour les mauvais traités de Crépy et Ardres (F. Decrue, *Anne de Montmorency... sous les rois Henri II, François II et Charles IX, op. cit.*, p. 7-8). Cette explication des raisons de la vengeance du « nouveau grand vizir » Montmorency (*ibid.*, p. 8) semble provenir de l'imagination de Francis Decrue.
5 ÖStA, FrVa 3, Konv. 12, fol. 29-31, avis sur les affaires de France (en copie anonyme et chiffrée) ; *cf.* aussi AS Modena, Cart. amb., Francia 24, lettre citée de Giulio Alvarotti, du 9 avril 1547.

du temps qu'il gouvernoit, par ou les seigneurs l'agreent tant plus[1] ». De même, l'ambassadeur à Venise, Jean de Morvillier, le félicita pour la manière dont il avait usé de son crédit « au benefice de tous[2] ». Ses ennemis personnels étaient donc apparemment peu nombreux, ou ne lui voulaient pas de mal au point de provoquer sa ruine.

François de Tournon était en plus mauvaise posture. Contrairement à l'amiral d'Annebault, qui s'était surtout fait détester de Montmorency, le cardinal s'était fait beaucoup d'ennemis. Sa disgrâce fut totale : le roi lui retira son titre de maître de la chapelle royale ainsi que celui de chancelier de l'ordre de Saint-Michel, donné au cardinal de Guise. Ses neveux Montrevel et Grignan perdirent soudain leurs charges de gouverneurs de la Bresse, pour le premier, et de Provence, pour le second. Résigné à sa disgrâce, le cardinal demanda à Henri II l'autorisation de se consacrer aux visites de ses bénéfices un ou deux ans, avant d'aller terminer sa vie à Rome au service du Saint-Siège ; le roi le lui accorda sans difficulté, preuve qu'il comptait désormais se passer de son service[3]. Beaucoup de prélats furent ainsi commodément écartés par un roi qui, constatant que les cardinaux étaient trop présents à la cour[4], voulait éloigner ces « maîtres en habit rouge[5] ». Il faut bien reconnaître qu'ils s'y trouvaient en très grand nombre, au point que Brantôme jugeait le fait curieux :

Le pape bien souvent ne s'en est veu tant[6].

Début avril, Henri II donna donc l'ordre aux prélats exclus des affaires du royaume de quitter la cour pour résider dans leurs évêchés[7]. Plusieurs cardinaux furent envoyés à Rome en même temps que Tournon[8] ; parmi

---

1   C. Paillard, art. cité, p. 114, lettre de Jean de Saint-Maurice, [mai] 1547 (Paillard se trompe en la datant du mois de juin, car elle est manifestement antérieure au 20 mai).

2   G. Baguenault de Puchesse, *op. cit.*, appendices, p. 385-386, Jean de Morvillier à Claude d'Annebault, Venise, 5 avril 1547.

3   *ANG*, t. VI, p. 175, lettre de Dandino au cardinal Farnèse, Rambouillet, 31 mars 1547 ; C. Paillard, art. cité, p. 104 ; L. Romier, *Origines…, op. cit.*, t. I, p. 34.

4   De Thou, *op. cit.*, t. I, p. 187.

5   Pour reprendre une expression de Paget, *masters in red capes* (Cambridge, Caïus College, n° 597, cité par M. François, *op. cit.*, p. 475).

6   Brantôme, t. III, p. 131-133.

7   AS Modena, Carteggio di Ambasciatori, Francia 22, Alvarotti au duc de Ferrare, Paris, 8 avril 1547.

8   *Cf.* plus bas le cas du cardinal d'Annebault.

eux se trouvait aussi le cardinal de Meudon[1], naguère chef des services ecclésiastiques de la cour et désormais indésirable, entraîné dans la disgrâce de sa parente, la duchesse d'Étampes.

L'INDIFFÉRENCE DU ROI ET LA RANCUNE DU CONNÉTABLE

Henri II avait peu d'affection pour l'amiral, qu'il tenait pour l'un des principaux responsables des déboires militaires qui, dauphin, l'avaient ridiculisé[2]. En particulier, il le tenait pour responsable de son échec à Perpignan en 1542, alors que son frère se couvrait de gloire à Luxembourg. L'année suivante, Henri avait été de nouveau confié à la tutelle de d'Annebault pour la campagne de Lorraine, alors qu'il réclamait le connétable, à la grande colère de son père. Considérant d'Annebault comme un piètre stratège, il demanda encore en 1544 la tutelle de Montmorency, mais François Ier s'emporta tellement contre les manœuvres supposées du connétable qu'Henri dut se résigner à attendre son avènement pour rappeler son mentor. Il était donc évident que le nouveau roi ne confierait guère de responsabilités, en particulier dans le domaine militaire, au conseiller favori de François Ier qui ne lui avait jamais porté chance. Par ailleurs, on a vu qu'après la paix de Crépy, Henri lui en voulait « mal à mort ».

Cependant, lorsque l'amiral se présenta au roi à Saint-Germain, il reçut un meilleur accueil que son collègue le cardinal. De fait, son sort semblait plus incertain[3]. Le jeune roi avait peut-être été excédé par les démonstrations outrancières de désespoir que le cardinal faisait continuellement lors du service funèbre du roi défunt et qui, selon Saint-Maurice, étaient exagérées et avaient pour principal objectif d'attendrir le dauphin[4]. À l'opposé, d'Annebault avait adopté une attitude sobre et sans affectation, ne laissant paraître son chagrin qu'au moment du

---

1   *CAH*, t. I, 09.13[1].
2   *Cf.* p. 331, et *ANG*, t. III, p. 246, Dandino au cardinal Farnèse, Saint-Quentin, 22 juillet 1543 : « Mons. delphino si sente un poco indisposto, dicono perché hebbe a male, che'l fusse fatto partire senza frutto da quella terra detta Bens [Binche], che andò per pigliare, secondo scrivo nell'altra et sopra ciò ha ricordato con qualche sdegno che la simile vergogna li fu fatta patire a Perpignano, et in ciò si duole del marescial d'Annebao, quale era seco, et non volse che si facesse altro. »
3   Par exemple *ANG*, t. VI, *op. cit.*, p. 175, lettre citée de Dandino au cardinal Farnèse, Rambouillet, 31 mars 1547 : « dell'armiraglio, non so che sarà ».
4   AGR Belgique, Aud. 420, fol. 77, cité par M. François, *op. cit.*, p. 231 et n. 2.

dernier cortège accompagnant la dépouille royale à Saint-Denis ; il se peut que cette émotion contenue eût été davantage appréciée du jeune roi que le comportement extravagant du cardinal. Le roi semblait désormais disposé à faire preuve de clémence :

> Quant a mons[r] l'admiral, le roy n'en a parlé qu'honnestement, et son traittement, je ne sçay quel il sera ; toutesfoys, je pense que ses estats luy demeureront[1], remarqua le secrétaire Bochetel.

Selon certaines rumeurs, Henri II aurait même eu l'intention de recourir à ses services :

> J'entends, dit le nonce Dandino, que le roi le veut en cour et qu'il s'en servira en nombre de choses, et qu'il l'estime pour l'avoir toujours connu homme de bien[2].

Cette hypothèse était toutefois peu crédible. Le nouveau roi devait nécessairement éloigner le conseiller favori de son père pour affirmer son identité politique. Pour apporter de l'expérience à son conseil, le nouveau roi préférait s'appuyer sur Anne de Montmorency, le chancelier Olivier et, de manière transitoire, le cardinal Jean de Lorraine.

Par conséquent, pour espérer garder une place, sinon au gouvernement, du moins à la cour, l'amiral d'Annebault n'avait d'autre choix que de gagner courtiser le connétable. Dès le mois d'avril, lorsqu'il s'occupait d'organiser le cérémonial du voyage du corps du roi, il n'avait pas manqué d'adresser à Montmorency une lettre pour requérir respectueusement ses avis[3]. D'Annebault crut ensuite se réconcilier avec son ancien protecteur et ami en proposant le mariage de son fils unique, l'un des plus riches héritiers du royaume, avec l'une des sept filles que Montmorency avait encore à marier. Ce faisant, il eût accédé au premier rang des clients du connétable et sauvé sa situation, en même temps que celle de ses parents et amis. Réciproquement, cette alliance eût permis au connétable de récupérer à son profit la clientèle des d'Annebault. Lors d'un court séjour à Saint-Germain, fin avril, l'amiral eut de longues discussions à ce sujet avec le connétable :

---

1   BnF, Fr. 6616, fol. 124-125, copie XVIIIe, Guillaume Bochetel à Claude de L'Aubespine, 4 avril 1547.

2   AS Vaticano, Segr. Stato, Francia 2, fol. 220-225v, Dandino au cardinal Farnèse, Saint-Germain, 15 avril 1547 (copie, analysée dans *ANG*, t. VI, p. 184).

3   *Cf.* p. 602.

Il est bruyt qu'il tâche de marier son filz avec une des filles dud. connestable, lequel y preste assez l'oreille, attendu qu'il est chargé de filles, et, si cela s'achève, led. admiral pourra demeurer auctorisé plus que aultrement il ne sera sans cela. Ilz eurent lors de longues devises, led. connestable et luy.

Finalement, Montmorency refusa ce beau parti[1]. Quelle raison avait-il de faire à nouveau confiance à Claude d'Annebault, son ancien protégé, qui l'avait remplacé et qui, par la suite, ne l'avait pas toujours traité avec égard ? En effet, divers incidents avaient dégradé leurs relations, comme par exemple l'affaire du mariage de Charlotte de Laval. Montmorency avait la garde de sa nièce, confiée à ses soins par sa mère Anne en 1540, qu'il avait fiancée, en tant que tuteur, à son neveu Gaspard de Coligny. D'Annebault et Tournon, ayant probablement d'autres projets pour cette princesse, avaient demandé au connétable de la délivrer de cette alliance, mais Montmorency avait tenu bon et Charlotte de Laval épousa finalement Coligny[2]. En outre, le connétable vécut certainement comme une humiliation les manœuvres de la duchesse d'Étampes et de ses successeurs au conseil du roi pour le maintenir à l'écart et, même si ses revenus avaient été relativement ménagés, presque tous ses offices et charges lui ayant été laissés, on lui avait tout de même retiré le gouvernement de Languedoc pour le donner au comte d'Enghien en 1545[3].

Quoi qu'il en fût, par défiance ou par volonté de revanche, Montmorency fit tout pour écarter l'amiral de l'entourage du jeune roi. Ce que résuma sèchement Brantôme, selon qui « monsieur le connestable venu, qui n'aymoit pas mons[r] d'Annebaut, le garda » d'exécuter la promesse faite à son père, « et prit la charge de tout, et posséda son maistre[4]. » Dès lors, l'amiral s'efforça de sauver au moins l'essentiel en se préservant d'une disgrâce trop cinglante.

---

1 C. Paillard, art. cité, p. 105, lettre citée du mois de mai 1547 ; cf. aussi BnF, It. 1716, Francesco Giustiniani au Conseil des Dix, Paris, 20 avril 1547. Sur l'utilisation politique des mariages des filles de Montmorency, voir Joan Davies, « The politics of the marriage bed : matrimony and the Montmorency family, 1527-1612 », dans French History, vol. 6, n° 10, 1992, p. 63-95.

2 Decrue, p. 428, et BnF, Fr. 2932, fol. 93, et BnF, Fr. 2932, fol. 93, réponse d'Anne de Montmorency au seigneur de Fontaines (lieutenant de la compagnie d'hommes d'armes d'Annebault) envoyé par Claude d'Annebault et le cardinal de Tournon, de la part du roi.

3 ÖStA, FrBW 10, fol. 40-50v, Jean de Saint-Maurice à Charles Quint, s. l., [mai 1545] : « tient l'on que cecy se soit principalement pour desplaire aud. connestable ».

4 Brantôme, t. III, p. 210-211.

LE «CONGÉ MUET»

La mise à l'écart de l'amiral avait commencé, comme on l'a vu, durant la quarantaine du roi François. Les chiffres diplomatiques furent sans doute retirés à d'Annebault et Tournon dès le 3 avril, lorsqu'ils vinrent à Saint-Germain présenter leur hommage au roi[1], et repartirent sans avoir assisté au conseil[2]. Certes, en apparence, ces mesures pouvaient n'être que temporaires et contingentes, motivées par les contraintes de la quarantaine du corps de François Ier. En réalité, une fois les chiffres donnés à d'autres, il était peu probable que l'amiral les récupérât jamais. Les ambassadeurs que d'Annebault avait fait nommer lui écrivirent donc leur dernière dépêche au début du mois d'avril, avec leurs condoléances pour la mort de François Ier, comme le fit Jean de Morvillier :

> Nul n'est qui ne connoisse la bonté de vôtre nature, qui ne juge vostre regret infiny et inconsolable pour le lien d'honneur, de grace et d'authorité qu'avez tenu auprès du roy vivant, lequel vous a porté si parfait amour, a tant eu fiance en vous, que par son jugement et son élection vous a prefféré a la superintendance de ses affaires, en l'administration desquels vous vous estes si dignement comporté, usant de vôtre faveur au bénéfice de tous, que châcun vous en doit louange[3].

---

1 Si la procédure fut la même qu'en 1541, on peut imaginer que les ambassadeurs reçurent des lettres de l'amiral leur enjoignant d'adresser désormais leurs dépêches à Montmorency. Ceci expliquerait la fin brutale et simultanée de leurs correspondances avec d'Annebault.

2 AS Modena, Cart. amb., Francia 24, Giulio Alvarotti au duc de Ferrare, Paris, 3 avril 1547 : « Hieri tenne consiglio, dove fu il contestabile, mons^r di Rens, et mons^r di Santo Andrea, che sono tutti de novi, et vi fu anco il gran canceliere. Non so che vi fusse altro, né meno il s^r nuntio che me l'ha detto lo sa, S. M^{tà} ha fatto dui nuovi segretarii, cioè mons^r de Marchimon et il thesoriero di Sans. Monsr il contestabile, quando giunse in Corte, giunse con 300 cavalli, et hora comincia già a negociare, hanno allogiato S. Ex^a in San Germano nelle stanze medesime, ove soleva allogiare madama d'Etampes » ; BnF, Dupuy 86, fol. 34-v (et copie dans BnF, Fr. 2831, fol. 202-v) : *ordre du conseil faict par le roy Henri II a l'advenement de son regne*, 3 avril [1547] : Antoine de Navarre, le cardinal de Lorraine, le duc de Vendôme, l'archevêque duc de Reims, le connétable de Montmorency, François d'Aumale, le chancelier Olivier, le maréchal de La Marck, le s^r d'Humières, Saint-André, Jean Bertrand, Villeroy ; et assistent les secrétaires des finances Guillaume Bochetel, Cosme Clausse, Claude de L'Aubespine et Jean Duthier.

3 BnF, V^C Colb. 365, p. 133-137, Jean de Morvillier à Claude d'Annebault, Venise, 5 avril [1547] (éd. partielle G. Baguenault de Puchesse, *op. cit.*, appendices, p. 385-386); *cf.* aussi Selve, *Correspondance politique*, p. 126-127, Odet de Selve à Claude d'Annebault, Londres, 3 avril 1547.

Par la suite, les ambassadeurs cessèrent d'écrire à l'amiral et adressèrent toutes leurs dépêches à Anne de Montmorency[1]. Avril 1547 était la réciproque d'octobre 1540.

L'amiral fut pourtant rappelé une seconde fois au cours de la quarantaine, le 17 avril 1547, avec son frère le cardinal d'Annebault. Cette fois encore, Henri II lui fit bonne figure et le rassura quelque peu en le confirmant dans sa charge d'amiral :

> L'on dit, rapporta Saint-Maurice, que led. admiral luy tint propoz de maintes choses qui se disoient contre luy, justifiant au contraire toutes ses actions et qu'il estoit content de le faire juge s'il avoit sincerement servi le feu roy. En quoy led. daulphin luy dit qu'il sçavoit qu'il avoit tousjours bien versé et que, pour secte raison, il le continuoit en son estat d'amiral, sans particulariser plus avant les autres charges qu'il a.

Cependant, d'Annebault n'obtint pas d'être de nouveau associé au gouvernement. Le roi ne l'autorisa qu'à assister au conseil privé, ce qui lui permettait de garder le titre de conseiller, mais limitait son rôle à l'examen des requêtes :

> Led. admiral a fait grand instance d'estre entremis aux principaulx affaires avec le connestable, mais l'on luy a refusé. Bien a consenti qu'il se pourroit trouver au conseil[2].

Après les funérailles de François Ier, l'amiral d'Annebault, malade, fut contraint de rester quelques jours encore à Paris. Sans doute était-il alors incertain de son avenir, car d'inquiétantes rumeurs circulaient au sujet des intentions du roi qui aurait, selon Giulio Alvarotti, voulu le priver du gouvernement de Normandie et de sa compagnie de gens d'armes :

> Sa Majesté dit qu'il était bien suffisant que ledit amiral ait jouï de tant d'honneurs aussi longtemps et qu'il restait encore avec l'amiralat et un frère doté de tant de bénéfices ; ainsi il retournera en sa maison, non qu'il en ait déjà reçu lience de Sa Majesté, pour autant que je sache, mais quelle plus

---

1   G. Baguenault de Puchesse, *op. cit.*, appendices, p. 144, Jean de Morvilliers à Anne de Montmorency, 29 avril 1547 : Morvilliers se félicitait d'avoir « receu la bonne et désirée nouvelle » de son retour auprès du roi, ce dont « tous les bons serviteurs s'esjouissent comme l'un des meilleurs et plus heureux présages que puisse avoir le commencement de son règne ».

2   C. Paillard, art. cité, p. 104, lettre citée du mois de mai 1547 ; *cf.* aussi BnF, It.. 1716, fol. 110, dépêche de Giustiniani (copie), Paris, 18 avril 1547.

belle licence pouvait-il recevoir d'Elle, que de se voir privé d'un seul coup de tant de biens et d'honneurs[1] ?

Dès son avènement, Henri II avait décidé qu'aucun gentilhomme ne pourrait tenir deux offices de la couronne. Or, d'Annebault, qui était à la fois amiral et maréchal de France, semblait le premier visé :

> A son advenement a la couronne, il fist faire un edict [...] que les seigneurs ne pourroyent tenir qu'un estat et office en la maison de France ; et s'ils en avoyent deux ou trois, ils seroyent tenus obter. Suyvant lequel edict, monseigneur l'admiral d'Annebaut, lequel avoit gouverné du temps du grand roy François, et qui estoit mareschal et admiral, opta, et choisit l'estat d'admiral[2].

Fin mai, l'amiral d'Annebault retrouva donc Henri II à Anet, « duquel il a esté bien vehut continuer en son estat d'admiral et lieutenant en Normandie[3] » ; mais sachant que le roi ne comptait pas lui laisser l'office de maréchal de France, il prit les devants et offrit de le lui remettre, disant qu'il « congnoissoit n'estre raisonable qu'i[l] tint lesdits deux offices[4] ». Le 29 mai, son office de maréchal fut donné à Jacques de Saint-André[5], qui lui succédait également comme premier gentilhomme de la chambre[6]. Sa compagnie de gens d'armes fut aussi partiellement amputée, comme celle de son fils Jean[7].

Malgré ces concessions, Claude d'Annebault conserva l'essentiel, sa charge d'amiral et, sous le dauphin François, celle de gouverneur

---

1   AS Modena, Cart. amb., Francia 24, Giulio Alvarotti au duc de Ferrare, Paris, 5 avril 1547.

2   C. de Bourgueville, *Recherches et antiquitez de la ville et université de Caen, op. cit.,* p. 140 ; *cf.* aussi ANG, t. VI, p. 178, Girolamo Dandino au cardinal Farnèse, Paris, 8 avril 1547 et AS Modena, Cart. amb., Francia 24, Giulio Alvarotti au duc de Ferrare, Paris, 11 avril 1547.

3   La confirmation « officielle » n'intervint que le 21 juillet (*CAH,* t. I, 07.21³ et 07.21⁴).

4   AN, K 1487, lettre de Jean de Saint-Maurice (copie), s.d. (jointe à celle du 22 juillet 1547), sans doute de la fin du mois de mai.

5   BnF, It 1716, p. 160, dépêche de Giustiniani, 31 mai 1547 ; lettre de Jean de Saint-Maurice à Charles Quint de juin 1547 (C. Paillard, art. cité) ; *cf.* aussi AN, K 1483, n° 110, nouvelles de France (codées) sur le « nouveau Balthazar » Henri II, avril 1547 ; de Thou, *op. cit.,* t. I, p. 188.

6   D. Potter, *A History of France, op. cit.,* p. 78.

7   ÖStA, FrVa 3, Konv. 12, fol. 131 *sq.,* avis s.d. (copie auth. et chiffrée), [début avril 1547] : « L'on a ostés de nouveau a l'admiral cent hommes d'armes qu'il avoit soubz luy et cens quarante à son fils » ; en réalité, il conserva 80 lances et son fils 40 (BnF, PO 74, pièces 49, 50 et 64, quittances de 1549 et 1551).

de Normandie. En avril, on avait pourtant annoncé que cette dernière serait donnée au duc d'Aumale[1], mais il semble que les Guise, au lieu de « dépouiller » entièrement les anciens favoris[2], aient eux-mêmes intercédé en faveur de l'amiral[3]. D'Annebault conserva aussi l'office de capitaine de Dieppe, celui de capitaine et garde des forêts de Vernon et des Andelys, de Conches, de Breteuil, de Beaumont et d'Évreux[4]. Il s'en tirait donc à bon compte. Encouragé par la clémence et les bonnes paroles du roi, il essaya de s'intégrer à la nouvelle cour, siégeant de temps à autre au conseil de l'après-midi, comme on l'y avait autorisé[5], dans l'espoir, peut-être, d'être de nouveau appelé aux affaires. Cependant, sa mise à l'écart progressive se concrétisait également dans l'espace par le déplacement de ses appartements au rez-de-chaussée du château de Saint-Germain, dans l'ancien logis du cardinal de Tournon, avant que ces nouveaux espaces ne lui fussent eux-mêmes retirés au profit des enfants du connétable[6]. Il avait pourtant tout fait pour regagner les bonnes grâces du roi, le courtisant activement tout en faisant mine de rentrer volontiers dans le rang :

> Il fait espier quand le roy doibt aller à la messe, remarqua Jean de Saint-Maurice, et lors il se trouve en sa chambre pour l'accompaigner, et quelque

---

1 *ANG*, t. VI, p. 178, Girolamo Dandino au cardinal Farnèse, Paris, 8 avril 1547 : « Il governo di Normandia, che teneva monsʳ l'armiraglio, si è dato a monsʳ d'Aumala. » ; *CSP of Edward VI*, p. 331, lettre de lord Cobham, Calais, 18 avril ; AN, K 1483, n° 110, nouvelles de France sur le « nouveau Balthazar » Henri II, avril 1547 ; AS Modena, Cart. amb., Francia 24, Giulio Alvarotti au duc de Ferrare, Paris, 5 avril 1547.

2 Au contraire de la propagande des *Faits et Dits mémorables de plusieurs grands personnages françois, et des choses advenues en France ès règnes de François Iᵉʳ, Henri et François II, et Charles IX*, s. l., 1565, p. 57-58, selon lequel d'Annebault et Tournon furent dépouillés par le cardinal de Lorraine et la malveillance des Guise.

3 *Cf.* p. 621-622.

4 *CAH*, t. II, Smnq⁹⁹ (capitaine de Dieppe), *ibid.*, t. I, 07.22¹¹ (capitaine et garde des forêts de Vernon et des Andelys), *ibid.*, t. I, Smnq³⁵ (capitaine de Conches, de Breteuil, de Beaumont et d'Évreux).

5 AGR Belgique, Aud. 433/2, p. 31-45, lettre citée de Saint-Maurice, du mois de mai 1547 (éd. C. Paillard, art. cité, p. 112) : le roi « entend tous les jours deux heures a ses affaires, qu'est son conseil estroict, auquel l'admiral n'entre point jusques au aujourd'huy, soy trouvant quelques foiz y celluy d'après le disner » ; AS Firenze, MP, 4849, fol. 147-148, le cardinal de San Giorgio au cardinal Farnese, Paris, 2 juillet 1547.

6 M. Chatenet, *La cour de France, op. cit.* et Eadem, art. cité ; comme on l'a vu plus haut (p. 463-464), la proximité de la chambre du roi n'est pas sans lien avec la faveur ; le fait d'être éloigné, puis exclu du séjour royal est très significatif d'une disgrâce ou d'un recul dans la faveur du souverain.

foiz le suit-il à la chasse. Il a assez de capitaines de mer avec luy qui volontairement le suyvent, mais il n'a aujourd'huy nul crédit ni entremise aux affaires; et il dit et jure solempnellement qu'il n'en vouldroit plus avoir et que jamais il ne s'en empeschera, et, moyennant que tout voyse bien, c'est tout ce qu'il désire[1].

Après quelques semaines d'efforts infructueux, il comprit, devant l'indifférence du roi, qu'on lui donnait un « congé muet[2] » et quitta la cour en toute discrétion.

UN NOUVEAU CINCINNATUS ?

D'Annebault partit pour de bon de la cour entre le 10 juillet – jour où il tenait, en tant qu'amiral de France, son rôle de juge et maréchal de camp au fameux duel de Jarnac et La Châtaigneraie[3] – et le 28 juillet, jour du sacre d'Henri II, auquel il ne semble pas avoir assisté[4]. Ainsi eût pu s'achever sa carrière : l'orateur vénitien, Matteo Dandolo, dit de lui qu'il pouvait désormais s'appeler amiral *titulo tenus*, tout comme Montmorency était resté connétable et grand-maître sans en exercer les fonctions. Selon Dandolo, l'amiral restait confiné dans son gouvernement de Normandie, « charge, il est vrai, grande et honorable[5] ». Il eût pu se résigner facilement à sa disgrâce, se retirer « sans contestation » et en suivant le « chemin tracé [par le connétable] en sa défaveur[6] ». À en croire l'image laissée de l'amiral par Brantôme, on pourrait presque imaginer un moderne Cincinnatus, retournant à sa charrue avec la satisfaction du devoir accompli :

---

1   C. Paillard, art. cité, p. 114, lettre citée de Saint-Maurice, du mois de mai 1547.
2   L'expression se trouve dans BnF, Dupuy 86, fol. 8 (et copie dans BnF, Fr. 2831, fol. 185) :
    « Ceste nouvelle introduction donna un congé muet aux principaux ministres du roy defunct, qui estoyent le cardinal de Tournon et l'admiral d'Annebaut, cestui-cy neantmoins tant louangé et recommandé par le roy defunct, qui fut negligé aussi bien que l'advis qu'il donna de n'appeler au maniement des affaires ceux de Guise, parce qu'ils ne faudroient de mettre luy et ses enfans en pourpoint et son peuple en chemise. »
3   C. de Bourgueville, *Recherches et antiquitez de la ville et université de Caen, op. cit.*, p. 141 :
    « les maistres, ou mareschaux du camp, estoient messieurs les connestable, l'admiral d'Annebaut, et mareschaux de Saint André et de Sedan. »
4   Il n'apparaît pas dans la relation qu'en fit Saint-Maurice (AN, K 1487, début août 1547, copie).
5   Matteo Dandolo au Sénat de Venise, 17 déc. 1547, dans Alberi, *op. cit.*, série Iᴬ, t. II, p. 176.
6   [J. de Saulx-Tavannes], *Mémoires de Saulx-Tavannes, op. cit.*, p. 137.

> Ce fut à ce bon seigneur à se retirer chez lui, ainsi que chacun à son tour, et faire la vie sollitaire[1].

À l'évidence, cette légende ne correspond en rien à la réalité : l'amiral d'Annebault désirait encore servir le roi, mais celui-ci ne voulait pas de ses services. Ainsi, l'amiral d'Annebault devint pour la postérité, avec le cardinal de Tournon, un véritable symbole du revirement de fortune. Dans *La Princesse de Clèves*, la mère de la jeune princesse lui relate la disgrâce du cardinal et de l'amiral pour la mettre en garde contre la précarité des relations humaines et des sentiments :

> [Le roi François] recommanda à monsieur le dauphin de se servir du Cardinal de Tournon et de l'amiral d'Annebault, et ne parla point de monsieur le Connestable, qui estoit pour lors relégué à Chantilly. Ce fut néanmoins la première chose que fit le Roy son fils de le rappeller, et de luy donner le gouvernement des affaires[2].

Le sort de la famille d'Annebault fut aussi cité en exemple par Michel de Castelneau, dans ses *Mémoires* :

> Si je ne craignois de me rendre ennuyeux par trop fréquentes reflexions, je proposerois encore la maison d'Annebaut pour exemple de la vanité et de la fragilité des grandeurs du monde, et pour preuve de la vérité du dire de cet Ancien que la fortune est de verre, et qu'elle est plus en danger et plus preste à casser, quand elle esclate davantage[3].

LE VAIN ESPOIR D'UN RETOUR EN GRÂCE

Bien qu'il ne fût à l'évidence plus désiré à la cour, Claude d'Annebault pouvait espérer continuer à servir le roi et peut-être regagner ses faveurs à distance, en exerçant efficacement ses charges d'amiral et de gouverneur de Normandie. Les pouvoirs confirmant son cousin Joachim de Matignon en tant que son lieutenant en Normandie laissent clairement entendre que l'amiral était, au moins en théorie, susceptible de reprendre un service plus actif :

> [Henri II confirme Matignon pour lieutenant] a nostredit cousin l'admiral, pour autres occupations et charges de plus grande importance qu'il pourra

---

1 Brantôme, t. III, p. 211.
2 Marie-Madeleine de La Fayette, *La Princesse de Clèves*, Genève, 1950, p. 303-304.
3 M. de Castelneau, *Mémoires, op. cit.*, t. II (additions), p. 103.

avoir par cy après pour nostre service, sera malaisé de pouvoir vacquer ne entendre aux affaires dudit gouvernement si continuellement que le merite quelquesfois l'occurance, grandeur et importance d'iceux[1].

Pour rentrer en grâce, l'amiral pouvait compter sur quelques amitiés qu'il s'était habilement ménagées parmi les amis du dauphin. En effet, Claude d'Annebault était très lié à Brissac qui, avant 1547, était peut-être, des amis du dauphin, celui en compagnie de qui l'amiral se trouvait le plus volontiers. Ce parent de Montmorency était désormais très bien en cour, mais il n'en conservait pas moins des liens affectifs avec l'ancien favori[2]. Claude d'Annebault était encore davantage rede-vable au jeune Jacques d'Albon de Saint-André. En effet, par le passé, d'Annebault avait intercédé auprès de François Ier pour faire rappeler Saint-André à la cour. Celui-ci ne l'oublia pas, et c'est lui qui présenta l'amiral à Henri II au château de Saint-Germain. Il parla en faveur du vieux courtisan, qu'il « favorisait », car il le considérait comme son ami[3]. C'est pourtant l'appui du duc d'Aumale, fils du duc de Guise, qui fut le plus déterminant. François d'Aumale[4] était l'un des conseillers les plus influents du jeune roi. Son père, Claude, avait beaucoup d'estime pour l'amiral. Aussi, lorsque ce dernier fit l'objet de calomnies, dès les premiers jours du nouveau règne, François d'Aumale prit sa défense. L'ayant appris, Claude d'Annebault écrivit dès le 9 avril 1547 une lettre au jeune Guise pour l'en remercier, mais aussi pour se mettre sous sa protection et lui offrir ses services :

> Je ne vous sçauroit assez remercyer de tant d'honnestes et bonnes parolles que j'ay entendu que vous avez ordinairement tenu de moy, mais je puis vous asseurer que si je ne vous ay peu faire service, que pour le moings la voulunté m'en demeurera a jamais[5].

---

1 Matignon, *Correspondance*, p. 148, n. 1, lettres données à Villers-Cotterets, 21 juillet 1547.
2 *Cf.* par exemple les lettres écrites par Claude d'Annebault à Charles de Brissac en 1552 (BnF, Fr. 20523, fol. 90, Fr. 20524, fol. 22 et Fr. 20449, fol. 131).
3 Lucien Romier, *La carrière d'un favori : Jacques d'Albon de Saint-André*, Paris, 1909, p. 44 ; C. Paillard, art. cité, p. 104 : « L'amiral fut saluer led. daulphin aud. saint-Germain, auquel le jeune Saint-André le présenta, et le recueilloit favorablement led. daulphin, qui le oyt bien longuement » ; et *ibid.*, p. 114 : « Sainct-Andrey le favorise pour ce qu'il le fit rappeler ».
4 Il devint duc de Guise en avril 1550, à la mort de son père.
5 BnF Fr. 20537, fol. 5, Claude d'Annebault à François de Guise, Haute-Bruyère, 9 avril [1547].

Sans renoncer encore à regagner l'amitié du connétable, il faisait déjà un premier pas vers la clientèle des Guise. Comptant peut-être sur leur bienveillance, ainsi que sur l'amitié de Brissac et Saint-André, l'amiral put entretenir quelques temps l'espoir d'un prochain retour à la cour. Mais cette espérance était illusoire. D'Annebault avait pour lui l'expérience, mais son passé et son âge jouaient contre lui, et sa santé était désormais défaillante. Il avait souvent de fortes fièvres qui le contraignaient à garder le lit[1]. À l'occasion, il souffrait de « dévoiements d'estomac[2] », mais rien d'aussi grave, semble-t-il, que la maladie qui l'avait touché en mai 1547. Enfin, vers le mois d'avril 1551, il faillit toutefois mourir de la « maladie de la pierre » – c'est-à-dire de calculs rénaux – à Paris[3]. François de Guise ayant pris de ses nouvelles, il lui annonça sa guérison avec soulagement :

> Je ne vous sauroys assez treshumblement remercier de la bonne souvenance que vous avez de moy, et de ce que vous a pleu m'envoyer visiter par ce gentilhomme, lequel m'a veu desjeuner et vous pourra faire entendre l'estat en quoy il m'a laissé, sy esse que je ne laisseray de vous asseurer, Monsieur, que la grace a Dieu et a la Bonne Dame je ne me sauroys mieulx trouver que je faiz pour le grand mal que j'ay enduré, et espere que ce que j'ay fait sera cause de me donner une longue santé pour vous faire encores une foys quelque bon service[4].

De plus, l'amiral exerçait désormais à plein temps sa charge de lieutenant général au gouvernement de Normandie, qui l'empêchait de venir souvent à la cour. Il ne s'y présentait que pour de courts séjours, de temps à autres, et souvent à la requête du roi. Ainsi, en novembre 1548, le roi le fit venir à la cour pour l'entendre en tant que gouverneur de Normandie, sur la situation de sa province, et probablement pour l'organisation des préparatifs de la prochaine saison de guerre[5]. Depuis longtemps, plus

---

1 Par exemple en avril 1548, à Rouen (p. 651); pour les antécédents, *cf.* p. 551 *sq.*
2 Matignon, *Correspondance*, p. 147-148, lettre CCXXVII, Claude d'Annebault à Joachim de Matignon, Heubécourt, 30 novembre [1547].
3 BnF, Fr. 20459, fol. 329, Artus de Cossé-Gonnor à François de Guise, 23 février 1553 [n. st.]; il était alors atteint d'une maladie « qui est presque pareille a celle qu'eut feu monsr l'admiral a Paris quand il fut taillé ».
4 BnF, Fr. 20550, fol. 15, Claude d'Annebault à François de Guise, Paris, 6 mai [1551].
5 AS Vaticano, Segr. Stato, Principi 13, fol. 212v-217, lettre de della Torre au cardinal Farnèse, Poissy, 30 novembre 1548 (résumée dans *ANG*, t. VI, p. 178) : « Mons. di Annibao, l'armiraglio, chiamato dal Rè, viene alla corte, e per quanto s'intende, perché Sua Mtà vuole essere sopra le cose del regno, e veder' le spese che vi sonno, per poter' provedere

personne n'imaginait que le vieil amiral serait un jour rappelé aux affaires. Cependant, « quoiqu'il eût perdu tout son pouvoir, il conserva jusqu'à la fin de ses jours une espèce de crédit, avec l'estime de son maître[1] ».

LES CONSÉQUENCES DE LA DISGRÂCE

Après la mise à l'écart de Claude d'Annebault, la plupart de ses collaborateurs, clients, amis et soutiens, bref, l'ensemble de son « groupe de faveur » se trouva en proie à de nombreuses difficultés, dans lesquelles son patron n'était plus en mesure de le secourir. Les principaux protégés et clients de Claude d'Annebault furent dans l'ensemble moins ménagés que l'amiral, mais celui-ci était sensible aux attaques portées contre les siens :

> J'aymeroys bien, affirma-t-il au duc d'Aumale, que ceulx qui m'apartiennent feussent mors d'un myllion de mors qu'ilz eussent fait ne pencé chose par quoy led. seigneur [roi] les deust mettre en sa mallegrace[2].

LES INFORTUNES DES COMPAGNONS DE L'AMIRAL

Trois proches collaborateurs de Claude d'Annebault, le secrétaire Gilbert Bayard, le trésorier Jean Duval et le premier président du parlement de Paris, Pierre Lizet, furent très vite remplacés par des hommes de Montmorency et de Guise. En particulier, Bayard fut chassé sans ménagement par le nouveau roi, qui le haïssait[3]. De même, Livio Crotto, « dépendant le tout de l'admiral », fut révoqué de son ambassade auprès de la reine de Hongrie[4].

---

de denari et altro per ogni bisogno, che possa occorere, et esso armiraglio intraverirà come governatore di Normandia. »

1   De Thou, *op. cit.*, t. II, p. 318 ; *cf.* aussi C. Paillard, art. cité, p. 94.

2   BnF, Fr. 20548, fol. 41, Claude d'Annebault à François de Guise, Thouars, 7 mai [1548].

3   BnF, Fr. 6616, fol. 124-125, copie XVIIIᵉ, lettre de Bochetel à son gendre L'Aubespine, 4 avril 1547 : « monsʳ le general Bayard a eu congé assés estrangement comme je vous diray, et vous asseure que quelque mal que j'aye receu de luy, j'en ay eu pitié » ; *cf.* aussi AN, K 1487, lettre de Jean de Saint-Maurice (copie) jointe à celle du 22 juillet 1547 et *ibid.*, lettre du même à Charles Quint, octobre 1547 (selon laquelle le secrétaire devrait peut-être céder sa maison à Paris).

4   C. Paillard, art. cité, p. 108, lettre citée du mois de [mai 1547].

Les gens d'épée de l'entourage de l'ancien favori furent parfois plus mal traités encore. Les principaux compagnons de l'amiral connurent ainsi de cruelles mésaventures. Jean de Taix, Polin de La Garde ou Oudart Du Biez firent les principaux frais du changement de règne, non par vengeance des nouveaux favoris, mais parce qu'ils détenaient des charges que le roi voulait reprendre, afin de les donner à ses amis. Taix et Du Biez détenaient des offices militaires qui rendaient presque indispensable la présence de leurs titulaires au conseil du roi pour les affaires de guerre (où manquait déjà d'ordinaire l'amiral de France), et Polin, général des galères et lieutenant de l'amiral, devait céder sa place à un proche du roi, qui pût remplacer Claude d'Annebault au conseil. Jean de Taix fut chassé dès l'avènement d'Henri II, sans le moindre égard pour ses états de service[1]. Il fut privé de sa charge de grand maître de l'artillerie, sous prétexte qu'il eût dit du mal d'une dame (peut-être Diane de Poitiers), et fut remplacé par Charles de Brissac le 11 avril 1547, « le connestable y aydant aussi un peu, disoit-on[2] ». On lui retira aussi sa compagnie d'ordonnance, et il reçut l'ordre de ne plus paraître à la cour et de demeurer en ses terres jusqu'à ce que le roi lui permît d'en sortir[3]. Sa carrière se poursuivit dans l'ombre et connut un crépuscule malheureux, le 19 décembre 1553 sous les murs de Hesdin[4]. Oudart Du Biez, peu apprécié du roi Henri[5], dut rendre compte de sa conduite des opérations de 1543 et 1544. L'amitié de d'Annebault l'avait sans doute sauvé des accusations après la chute de Boulogne, qu'il avait perdue puis échoué à reprendre, parvenant malgré tout à tenir longtemps dans Montreuil. Privé de la protection de l'amiral, Du Biez fut arrêté et condamné pour haute trahison. Son compagnon d'infortune, Jacques de Coucy, sieur de Vervins, fut exécuté, mais Du Biez, destitué de ses charges et honneurs et frappé de peine de mort le 3 août 1551, fut gracié puis enfermé au château de Nantes, où il mourut en juin 1553[6].

---

1 *CSP of Edward VI*, p. 327, William Grey au duc de Somerset, Boulogne, 7 avril [1547].
2 Brantôme, t. VI, p. 14 ; *CAH*, t. I, p. 11, 04.11³.
3 *ANG*, t. VI, p. 178, Girolamo Dandino au cardinal Farnèse, Paris, 8 avril 1547.
4 Monluc, *Commentaires*, t. III, p. 58-60.
5 Roman d'Amat, *Dictionnaire, op. cit.*, t. XI, col. 906-907.
6 D. Potter, *Un homme de guerre à la Renaissance, op. cit.*, p. 54-59 et Y.-M. Bercé, « Les capitaines malheureux », art. cité, p. 46-50 ; *CAH*, t. IV, n° 6985 et t. V, n° 9948. Du Biez fut réhabilité le 1ᵉʳ octobre 1575.

Quant à Antoine Polin de La Garde, il dut aussi subir les affres d'un procès. Il avait en effet de puissants ennemis, dont les Strozzi n'étaient pas les moindres, et devait donc s'attendre à de graves ennuis, car on parlait d'enquêter sur les exécutions des Vaudois de Mérindol. Aussi Claude d'Annebault le recommanda-t-il très tôt, dès avril 1547, à François d'Aumale, pour qu'il voulût lui « estre aidant, et avoir pour recommandé, car il est homme qui l'a bien merité[1] ». Cette intervention ne sauva pas Polin, qui fut arrêté (pour concussion plus que pour l'affaire de Mérindol) en juin de cette même année. Pour le remplacer à la tête des galères, Henri II choisit le prieur de Capoue, qui obtint la haute main sur la marine du Levant et ses galères[2]. Pour Claude d'Annebault, ce choix augurait mal de l'exercice futur de sa charge d'amiral de France. En 1550, le procès du baron de La Garde suivait son cours, lorsque l'amiral, séjournant à Paris, lui rendit visite en prison. Pris de pitié, il sollicita encore l'aide d'un Guise, François d'Aumale :

> J'ay trouvé ancore en ceste ville le posvre baron de La Garde, a qui le pavé est fort contraire, tant pour sa santé que la bonne volunté qu'il a de faire service au roy, et vous suplye treshumblement, Monsieur, luy faire tant de bien (et a moy aussi) que de faire tout ce que vous pourrés pour l'en faire geter dehors. Et j'espere qu'il fera si bon service aud. s' qu'il en aura grand contentement[3].

Là encore, l'intervention d'Aumale fut déterminante : le procès de Polin fut évoqué au Parlement[4]. Vite libéré, Polin remercia vivement le nouveau duc de Guise[5], mais témoigna également sa reconnaissance à l'amiral[6]. En février 1552, alors que Claude d'Annebault reprit provisoirement place au conseil étroit[7], furent enfin prises les lettres d'absolution du baron de La Garde[8].

---

1   BnF Fr. 20543, fol. 14, Claude d'Annebault à François de Guise, duc d'Aumale, Saint-Cloud, 24 avril [1547].
2   AN, K 1488, Jean de Saint-Maurice au prince d'Espagne, 6 juin 1547.
3   BnF, Clair. 344, fol. 32, Claude d'Annebault à François de Guise, Paris, 13 février [1550].
4   *CAH*, t. IV, p. 64, n° 6306, 17 mars 1550.
5   Voir BnF, Fr. 20463, p. 1, la lettre de remerciement d'Antoine Polin de La Garde au duc de Guise, Paris, 8 février 1551 [n. st.].
6   *Cf.* par exemple (p. 414) l'armure offerte en 1551 pour orner le château d'Heubécourt.
7   Pour préparer la régence de Catherine de Médicis (*cf.* p. 665-668).
8   Paris, 13 février, et enreg. au Parlement du 4 mars 1552 [n. st.], éd. dans Jacques Aubéry, *Histoire de l'exécution de Cabrières et de Mérindol et d'autres lieux de Provence*, éd. G. Audisio, Paris, 1995, p. 228-230 : « Savoir faisons que nous, étant en notre dit Conseil privé

L'AFFAIRE DE SALUCES

De tous les proches de l'amiral, son gendre, le marquis de Saluces, fut sans doute celui qui eut le plus à pâtir du discrédit de son protecteur et beau-père. Le roi de France cherchait depuis longtemps à mettre la main sur sa principauté, énorme enclave dans ses possessions, avec laquelle le Piémont se trouverait considérablement agrandi. François Ier, suzerain de la majeure partie des terres de Saluces pour le Dauphiné, avait investi successivement trois frères avant d'opter pour Gabriel[1]. Dès 1537, le roi, maître du Piémont, était en mesure d'agir d'une manière plus autoritaire encore avec le marquis : il se fit ainsi remettre les documents, titres et chartes appartenant à la maison de Saluces[2]. Gabriel de Saluces s'était alors lancé dans un long combat, perdu d'avance, pour sauvegarder son autonomie. Il avait protesté contre les empiètements, refusant par exemple que le vicaire d'Asti, Albert Gat, usât de l'office de vicaire général du marquisat que le roi lui avait conféré[3]. En 1540, après l'échec de son projet de mariage avec la veuve de Montejean, il avait quitté la cour de France d'autant plus mécontent que l'on commençait à dire que sa principauté n'était qu'une dépendance du Dauphiné[4]. Sa situation semblait désespérée, jusqu'à ce qu'il parvînt à conclure un accord avec le maréchal d'Annebault, favori en devenir, obtenant la main de sa fille avec la bénédiction du roi[5]. La protection de Claude d'Annebault lui donna quelques années de répit.

En 1548, Gabriel de Saluces subit de plein fouet le contrecoup de la disgrâce de son beau-père. Toujours peu enclin à soutenir vigoureusement la cause française, car trop peu puissant pour tenir tête aux armées impériales, il fut accusé de trahison par le prince de Melphe, alors gouverneur du Piémont. Il fut donc arrêté par Piero Strozzi et

---

auquel étaient nos très chers et très aimés cousins le cardinal de Lorraine et le cardinal de Châtillon, le duc de Montmorency, pair, connétable et grand maître de France, notre très cher et très féal garde des sceaux de notre chancellerie, nos très chers et fidèles cousins l'amiral de France et maréchal de Saint-André et nos chers et fidèles le président Rémon et général de La Chesnaye, nos conseillers en notredit conseil privé ».

1 *Cf.* p. 165.
2 BnF, Fr. 17357, fol. 74-77, mémoire au sieur de Langey allant en Piémont devers le s[r] de Humières, Fontainebleau, 21 août 1537.
3 BnF, Fr. 17357, fol. 28, Albert Gat à François Ier, Saluces, 19 juillet [1537].
4 *ANG*, t. III, p. 12.
5 *Cf.* p. 218-221.

Paul de Termes à Ravel, le 23 février 1548, et emprisonné à Pignerol pendant que les troupes françaises occupaient ses États[1]. Dès qu'il fut informé de ces événements, l'amiral d'Annebault envoya à la cour son intendant Toussaint Commaillé, pour porter des lettres au roi et au duc d'Aumale[2]. Dans ces lettres, il prenait la défense des accusés et proposait de servir d'intermédiaire auprès de son gendre pour trouver un moyen de satisfaire le roi. Ayant accepté cette offre, Henri II écrivit aussitôt à Strozzi et au prince de Melphe :

> Mon cousin l'admiral ayant esté adverty de la faute faite par le marquis de Saluces, a incontinent envoyé devers moy La Touche, present porteur, pour me faire entendre l'ennuy qu'il a receu ; et desirant de tout son pouvoir y remedier, tant pour satisfaire à son devoir et à l'obligation qu'il a à mon service, que pour l'alliance si proche qu'il a avec ledit marquis, il a donné charge audit La Touche de passer jusques où est ledit marquis pour luy remonstrer le grand inconvenient où il s'est mis, et luy persuader de reparer la faute, de sorte que j'en demeure satisfait. Ce que j'ay trouvé tresbon. A cette cause, je veus et entens, mes cousins, que vous permettiez audit La Touche de communiquer tant avec le marquis qu'avec ma cousine la marquise, sa femme, pour me venir rendre compte par après de ce qu'il aura fait[3].

De guerre lasse, le marquis proposa alors au connétable de Montmorency de l'instituer héritier universel à défaut d'héritier mâle. Mais le connétable préféra refuser prudemment, non sans avoir abondamment remercié Gabriel de Saluces pour tant d'honneurs et de considération[4]. Une fois de plus, Anne de Montmorency ne voulut pas saisir l'occasion de recevoir l'amiral et les siens dans sa clientèle.

Le marquis ne dut donc son salut qu'à l'intervention des Guise, auxquels l'amiral était de plus en plus redevable. Le 19 avril 1548, Gabriel et Madeleine écrivirent à François d'Aumale pour le remercier de son soutien, et lui proposèrent l'envoi d'Albert Gat vers le roi,

---

1   Delfino Muletti, *Memorie storico-diplomatiche appartenenti alla città ed ai marchesi di Saluzzo*, t. VI, Saluces, 1833, p. 270-275.

2   BnF, Fr. 20548, fol. 41, Claude d'Annebault à François de Guise, Thouars, 7 mars [1548].

3   Ribier, *op. cit.*, t. II, p. 121, lettre du roi à Jean Caracciolo et Piero Strozzi, du 9 mars 1548.

4   F. Decrue, *Anne de Montmorency... sous les rois Henri II, François II et Charles IX, op. cit.*, p. 51-53 ; BnF, Fr. 2981, fol. 7418, Gabriel de Saluces à Anne de Montmorency, Pignerol, 18 mars 1548, et BnF, Fr. 4050, fol. 9-v, Anne de Montmorency au marquis de Saluces, Fontainebleau, 28 mars 1548 [n. st.].

pour luy faire entendre et a vous mon innocence et qu'il ne me trouvera jamais aultre que son treshumble et fidelle serviteur et subiect, luy rendant mon total debvoir et obéissance ainsi que j'ay facit luy remettant tous les lieux et places de mon marquisat mesmement puisnagueres le chasteau de Revel[1].

Henri II avait donc tout lieu d'être satisfait et semblait prêt à accepter cet accommodement ; mais fin mai, il demanda que le marquis fût conduit en France pour se justifier, et sans doute pour l'humilier un peu plus[2]. Fin juillet, Gabriel de Saluces étant gravement malade, on disait que la principauté serait dévolue à la couronne et que le duc d'Aumale pourrait en être investi[3]. Le marquis mourut le 29 ou le 30 de ce mois, sans héritier[4]. Dès que le roi apprit la nouvelle, il envoya Jean de La Hunaudaye auprès de son père :

Le filz de mons' l'admiral a esté envoyé envers luy par le roy pour l'avertir de la mort dud. feu marquiz et affin d'aviser sur les dehors de pretencions de sa fille, et qu'il desiroit qu'elle se contenta de les povoir relever en ce royaume, sans les rechercher sur son assignat[5].

Avec ou sans l'intervention de son père, Madeleine d'Annebault ne fit guère de difficultés à laisser le marquisat au roi. La marquise ne parvenait pas à imposer son autorité à des sujets qui avaient bruyamment manifesté leur joie à la nouvelle de la mort de son mari : à l'évidence, ils désiraient être réunis au Piémont, ou du moins, devenir sujets du roi de France[6]. Le marquisat fut donc réuni au Dauphiné[7] et la veuve

---

1   BnF, Fr. 20469, fol. 31 et 33, lettres de Madeleine et Gabriel de Saluces, Pignerol, 19 avril [1548].

2   *ANG*, t. VI, p. 306, lettre de della Torre au cardinal Farnèse, Vassy, 24 mai 1548.

3   AS Mantova, Cart. inv. div., 641, Giorgio Conegrano au duc de Mantoue, Chalon, 20 juillet 1548.

4   BnF, Fr. 20516, fol. 73-v, Francesco Bernardino à François de Guise, Montmélian, 30 juillet 1548.

5   AGR Belgique, Aud. 1672/1, fol. 47-49, lettre de Jean de Saint-Maurice [à l'empereur ?], [Mâcon], 22 août 1548.

6   *Ibid.* ; AS Saluzzo, Cat. 10, mazzo 1, n° 9 : actes de procès entre Marguerite d'Annebault, marquise de Saluces, et la ville de Saluces pour le paiement du cens marchional, 1548 (copies).

7   Sur les destinées du marquisat sous la domination française, voir la mise au point historique et bibliographique d'Henri Lapeyre, « Le marquisat de Saluces au XVI° siècle », dans *Cahiers d'Histoire*, t. VIII, 1983, p. 341-345. On oublie souvent que toutes les terres du duc de Savoie inféodées au marquis de Saluces (au sud de la principauté) firent des difficultés pour reconnaître l'autorité du roi de France (AS Torino, Paesi, Provincia di

reçut en échange de son douaire les vicomtés de Pont-Audemer et Pont-Authou, avec la seigneurie et châtellenie de Beaugency[1]. Les biens étant équivalents, Madeleine ne fut pas lésée dans cet échange qui prenait en compte les valeurs de son douaire et de sa dot[2]. Elle rentra donc en France prendre possession de ces terres qui complétaient utilement celles de son père, mais elle résida peut-être tout autant dans les terres bretonnes des d'Annebault[3].

LE CARDINAL D'ANNEBAULT

Le cardinal d'Annebault, frère de l'amiral, fut frappé de la même punition que les autres prélats de la cour de François Ier, qu'Henri II n'estimait guère. Le roi renouvela la direction des services ecclésiastiques de la cour : du jour au lendemain, comme on l'a vu, le cardinal de Meudon n'était plus grand aumônier, ni Tournon grand maître de la chapelle. Jacques d'Annebault fut lui aussi remplacé et dut laisser l'oratoire au cardinal Scaramouche Trivulce, évêque de Vienne[4]. Le bruit courut que le roi pourrait faire résigner des bénéfices au cardinal d'Annebault, notamment l'une de ses principales abbayes[5].

Finalement, il ne perdit rien, mais dut partir à Rome : le roi le convoqua dans sa chambre avec les cardinaux de Lorraine, de Ferrare, de

---

Cuneo, mazzo 1, n° 28 : *ordinato della Città di Cuneo, per quale rivocando ogni atto di fedeltà prestata alli Re di Francia e Marchesi di Saluzzo, dichiara non voler aver altro per Sovrano, che il Duca Emmanuel Filiberto, e suoi successori delli 20 octobre 1561).*

1 *CAH*, t. IV, p. 92, n° 6494, Paris, avril 1550, Paris, avril 1550, enreg. au Parlt de Paris le 5 mai suivant, AN X[1A] 8617, fol. 51v-55, copie BNF, Dupuy 846, fol. 300v ; acte sur parchemin de septembre 1552, signé Madeleine d'Annebault, comtesse de Montfort, vicomtesse de Pont-Audemer et Pont-Authou, dame usufruitière de la châtellenie de Beaugency, BM Rouen, coll. Leber, 3227.

2 BnF, PO 2991, fol. 135, copie XVIIIe d'une copie collationnée d'un arrêt du conseil privé du roi, Fontainebleau, 30 mai 1573, pour la réunion à la recette ordinaire de Pont-Audemer du revenu du tiers et danger des bois de la vicomté, évalué à 128 l. 17 s. 1 d., faisant partie des 2 500 l. t. de rente concédée pour le rachat de Ravel et de la dot de 50 000 l. t. de son mariage, « l'evaluation faite de la vicomté du Pontaudemer et Pontautou en vertu des lettres du 9 octobre 1548 revenant toutes charges deduites à 2 994 l. t. 4 d. », non compris les revenus de la forêt de Brotonne ; lettre patentes du transport fait en avril 1550, etc.

3 BnF, Fr. 20534, fol. 83, Madeleine d'Annebault à François d'Aumale, La Hunaudaye, 8 septembre 1549.

4 *ANG*, t. VI, p. 179-180, Girolamo Dandino au cardinal Farnèse, Paris, 8 avril 1547.

5 AS Modena, Cart. amb., Francia 24, Giulio Alvarotti au duc de Ferrare, Paris, 8 avril 1547 ; l'abbaye en question valait « au moins 18 000 francs » : c'est sans doute du Bec-Hellouin qu'il s'agit.

Bourbon, de Givry, Du Bellay et de Châtillon. Lors de cette réunion, il fut sans doute question des affaires romaines ; le cardinal d'Annebault fut bientôt désigné parmi ceux qui devraient se rendre à Rome[1]. Il partit fin juillet 1548, avec les cardinaux Du Bellay, de Meudon, d'Armagnac, et arriva le 7 novembre[2]. Mais une fois là-bas, son inconduite défraya la chronique et le cardinal de Carpi le fit excommunier pour dettes[3] ; la sentence fut publiée « par tous les carrefours et endroits de Rome, chose qui n'a pas seulement apporté scandale et honte à luy, mais semblablement à toute la nation française[4] ». Pourtant, le cardinal d'Annebault s'entêta et refusa de payer[5]. Son frère l'amiral sollicita l'appui du duc d'Aumale[6], puis le connétable lui-même s'en mêla : car « il en [allait] de l'interet du roy[7] ». En effet, un cardinal excommunié n'avait pas voix au conclave, et Henri II devait pouvoir compter sur tous ses cardinaux dans la perspective de la succession de Paul III. Finalement, son excommunication fut suspendue pendant le conclave afin qu'il pût donner sa voix au candidat français[8].

Le cardinal Jacques d'Annebault fut donc éloigné de la cour, tout comme Jacques Spifame, autre prélat proche de l'amiral, évêque de Nevers, qui fut contraint de résider dans son diocèse et de résigner son office de président du parlement de Paris. Mais l'un comme l'autre pouvaient encore compter sur le soutien de Claude d'Annebault.

---

1 *Ibid.*, lettre du même au même, Paris, 15 avril 1547.

2 *ANG*, t. VI, p. 216 et 224 ; L. Romier, *Origines, op. cit.*, p. 104 *sq.*

3 *ANG*, t. VI, p. 296 et 305 ; *CCJDB*, t. IV, p. 42 et t. V, p. 219.

4 Ribier, *op. cit.*, t. II, p. 142.

5 Cette « infortune amusante » a été étudiée par Romier (*Origines, op. cit.*, t. I, p. 128 *sq.*), d'après des lettres de Giulio Alvarotti et de Bonifazio Ruggieri ; *cf.* aussi les lettres de François de Gié au roi, contenues dans BnF, Fr. 20640, fol. 38-46 et 51-56 (lettres de Rome, 8 et 14 mai 1548) et A. Tallon, *La France et le concile de Trente (1518-1563)*, Rome, 1997.

6 BnF, Clair. 344, fol. 250, Claude d'Annebault à François de Guise, La Hunaudaye, 11 janvier [1548].

7 Musée Condé, CL, t. LXVII, fol. 19, Jean Du Bellay à Anne de Montmorency, Rome, 13 mai [1548].

8 L. Romier, *loc. cit.* ; *CSP, Venetian*, p. 282-284, n° 599, lettre de Matteo Dandolo (alors ambassadeur à Rome) au Conseil des Dix, Rome, 11 décembre 1549 ; BnF, Clair. 342, fol. 133v, Hippolyte d'Este à François de Guise, Rome, 10 novembre 1549 (copie) ; sur le parti français aux conclaves, voir A. Tallon, « le Parti français lors des conclaves de 1549-1550 et de 1555 », dans *Pouvoirs, contestations et comportements dans l'Europe moderne : mélanges en l'honneur du professeur Yves-Marie Bercé*, dir. B. Barbiche, J.-P. Poussou et A. Tallon, Paris, 2005, p. 101-122.

UN TRANSFERT DE CLIENTÈLE AU BÉNÉFICE DES GUISE

Tous les clients de Claude d'Annebault n'attendirent pas attendu la médiation de leur patron pour chercher de nouveaux appuis. Il y eut bien sûr des désertions spontanées, dont il n'est pas évident d'estimer le nombre et l'importance. Par exemple, le président de la chambre des comptes du Piémont, Albert Gat, se mit naturellement sous la protection du prince de Melphe, nouveau gouverneur du Piémont :

> Le président Gat [...] s'estoit tout rengé a mons^r l'admiral mais, estant si advisé qu'il est et ayant veu dernierement a la court l'estat d'icelle, il a retiré son espingle de ladite partye et s'est rengé soubz mons^r le prince[1].

Cependant, pour sauvegarder la plupart de sa clientèle et conserver, à travers elle, un peu de sa puissance et de sa capacité de service, Claude d'Annebault s'efforça de trouver une solution collective à sa semi-disgrâce. S'il n'avait plus le crédit et la faveur nécessaires pour solliciter directement le roi, il gardait des amis bien en cour, capables de l'aider à remplir ses obligations de patron. Ainsi, après avoir été rejeté par Montmorency, l'amiral entra très tôt dans la clientèle des Guise, et il entraîna avec lui tout son groupe de faveur. C'est volontairement qu'il l'introduisit dans la clientèle des princes lorrains. Comme on l'a vu, François de Guise intervint en faveur de Jacques d'Annebault, du marquis et de la marquise de Saluces, ou encore de Polin de La Garde. Les affaires auxquelles ces proches de l'amiral furent mêlés firent beaucoup de bruit, mais au-delà de ces quelques personnes emblématiques, l'essentiel des clientèles de Claude d'Annebault étaient concernées. L'amiral ne manqua pas de recommander la plupart de ses amis et serviteurs aux Guise, qui cherchaient, par jalousie selon Jean de Saint-Maurice, à rassembler les mécontents du connétable[2]. Ils gagnèrent ainsi la fidélité et le dévouement de tout le « clan » d'Annebault, comme l'attestent ces mots de Madeleine, fille de l'amiral :

> Vous asseurant que a plus grand perte je desire vous faire service et donner a congnoistre que je ne suis point de moindre affection en vostre endroit que

---

1   CCJDB, t. IV, p. 4-15, lettre de Jean Du Bellay à Anne de Montmorency, [Bologne], [15 ou 16 septembre 1547].

2   Ibid., lettre de Jean de Saint-Maurice au prince d'Espagne, Villers-Cotterets, 10 ou 11 août 1547.

sont mons[r] l'admiral mon pere et tous ceulx de sa rasse, qui n'espargneront jamais leur propre vie oultre les biens pour vous faire service[1].

En témoigne aussi la lettre écrite par Claude d'Annebault au duc d'Aumale, dans laquelle il protestait de la fidélité envers le roi de ses protégés[2], tant, semble-t-il, pour la préoccupante affaire de Saluces, que pour d'autres de ses serviteurs[3].

Certains personnages importants trouvèrent donc leur salut dans cette « translation » de clientèle. Francisque Bernardin était en Piémont au moment de la mort de François Ier, et continua d'assister le prince de Melphe[4], avant de devenir un étroit collaborateur de Brissac, gouverneur de la province en 1550[5]. Mais surtout, il prit pour nouveau patron François d'Aumale[6]. Ludovic de Birague fit le même choix et se plaça sous la protection des princes lorrains[7]. La carrière politique de Jean de Monluc, « mignon » de l'amiral, ne connut pas de coup d'arrêt, car il revint bien vite en grâce par l'intervention de son frère auprès des Guise[8]. Blaise de Monluc intervint encore pour obtenir à son frère Jean l'évêché d'Embrun[9] ; il est probable que l'amiral joignît sa voix à celle du capitaine gascon en faveur de son ancien protégé. Celui-ci eut tôt fait de devenir un zélé serviteur des Guise, auxquels il demandait en 1548 « le moyen a vous povoir faire quelque bon service et m'avoir en soubvenance et prendre soubz vostre protection, en laquelle j'ay assyse entierement l'esperance de tout mon bien et advancement[10] ». Girolamo Marini continua à servir

---

1   BnF, Fr. 20555, fol. 38, Madeleine d'Annebault à François de Guise, Pignerol, 6 septembre [1549].
2   BnF, Fr. 20548, fol. 41, lettre du 7 mars [1548] déjà citée.
3   Peut-être ce Roberto da Rossi (ou Robert de Rosse), argentier de la dauphine en 1537 (CAF, n° 21349), qui semble avoir servi l'amiral (cf. p. 522), et qui par une lettre du même jour (BnF, Fr. 20548, fol. 40), demandait son secours.
4   I. Cloulas, Henri II, op. cit., p. 184.
5   P. Merlin, op. cit., p. 36.
6   BnF, Fr. 20548, fol. 13-v, Francesco Bernardino à François d'Aumale, Montmélian, 18 février 1548 : « ill[mo] et ecc[mo] s[r], patrone mio sempre osser[mo], monsig[r] il duca d'Aumalle » ; cf. aussi BnF, Fr. 20534, fol. 1-2, Francesco Bernardino à François d'Aumale, Turin, 8 avril 1549, et fol. 49-v, Turin, 16 juin 1549.
7   BnF, Fr. 20548, fol. 39, Ludovic de Birague au même, Turin, 1er juin 1549.
8   Lettres de Blaise de Monluc, dans Commentaires et lettres de Blaise de Monluc, maréchal de France, éd. A. de Ruble, Paris, 1870, t. IV, p. 1-2, lettre à Claude de Guise, Moncalieri, 29 janvier 1550 : « mondit frère estoit demeuré en arrière par le moyen de madame d'Estampes, et par le vostre a été employé ».
9   Ibid., p. 5-6, lettre à François de Guise, Turin, 19 février 1552.
10 BnF, Fr. 20548, fol. 117, Jean de Monluc à François d'Aumale, Sens, 9 avril 1548.

le roi de France. Il fut envoyé en Picardie pour les fortifications, auprès de La Rochepot, par le connétable de Montmorency, qui le considérait comme « personnaige grandement entendu en telles choses[1] ». Il eut par la suite bien des ennuis – qui n'avaient rien à voir avec l'éloignement de Claude d'Annebault – mais finit lui aussi par trouver un salut dans le camp lorrain[2]. Un autre proche de l'amiral, Jean Du Lude[3], semble s'en être tiré à son avantage, puisqu'il fut confirmé dans ses pouvoirs de lieutenant général en Aunis et à La Rochelle le 18 mai 1547, puis devint lieutenant général en Guyenne le 13 décembre 1548[4].

Cette évolution ne concernait pas que les grands personnages. La noblesse normande, qui passe pour s'être trouvée disgraciée et suspecte sous Henri II pour avoir donné tant de favoris au feu roi François[5], reprit peu à peu part à la vie politique du royaume dans le sillage des Guise. L'historien Stuart Carroll a ainsi noté la corrélation entre les familles de la mouvance Brézé-d'Annebault du premier XVIᵉ siècle et le noyau dur des partisans des Guise en Normandie durant les guerres de Religion. Ce fait est particulièrement sensible pour les familles Le Veneur et de Vieuxpont, proches parents de l'amiral[6]. Il en alla de même pour certains parlementaires, comme Pierre Rémon[7]. En se plaçant sous la protection des princes lorrains, et en engageant les siens à l'y suivre, Claude d'Annebault fut ainsi l'initiateur du mouvement d'implantation des Guise en Normandie et de structuration de leurs clientèles dans cette province. La disgrâce de Claude d'Annebault, peu sensible si l'on s'attache à la personne de l'amiral, se mesure mieux dans les destins contrastés de ses proches. D'Annebault fit pourtant de son mieux afin de sauvegarder son groupe de faveur, qui ne se désagrégea qu'en partie à sa mort, puis définitivement à celle de son fils ; ou plus exactement, les Guise en récupérèrent à leur compte la structure interne, qu'ils

---

1 BnF, Fr. 3116, fol. 8, Anne de Montmorency à François de La Rochepot, Troyes, 13 mai 1548.

2 On trouvera les détails dans A. Rozet et J.-L. Lembey, *op. cit.*, p. 90-96.

3 Jean de Daillon, seigneur d'Illiers, baron puis comte Du Lude, sénéchal d'Anjou en 1533, fut lieutenant général du roi en Poitou le 27 février 1545 (peut-être grâce à l'amitié de Claude d'Annebault et de Joachim de Matignon, qui était son gendre), puis en Aunis et à La Rochelle.

4 Matignon, *Correspondance*, p. 24, n. 4.

5 L. Romier, *Le royaume de Catherine de Médicis*, *op. cit.*, t. I, p. 215.

6 S. Carroll, *op. cit.*, p. 42-43.

7 *Ibid.*, p. 49-50.

intégrèrent, progressivement ou par étapes, à la mouvance clientéliste qu'ils dressaient face à celle du connétable.

LA CARRIÈRE DE JEAN D'ANNEBAULT

Il est une exception notable à ces vicissitudes traversées par les proches de l'amiral. À la cour d'Henri II, un d'Annebault, Jean de La Hunaudaye, fils de l'amiral, était régulièrement présent. Sous François Ier, il semble avoir déjà entretenu de bons rapports avec le dauphin Henri, en la compagnie duquel il paraissait parfois, notamment à l'occasion de tournois ou de bals[1]. Personnage réputé brutal et peu brillant, il fut peu en vue dans la cour d'Henri II. Néanmoins, il était autorisé à participer au conseil de l'après-midi[2] et il restait un courtisan de haut rang, au point de faire encore partie des otages envoyés en Angleterre en 1550[3].

Jean d'Annebault succéda à son père comme maître des toiles de chasse du roi[4], héritant ainsi d'un service important de la cour, qui permettait d'accompagner le roi dans son loisir favori. C'était la charge qui avait permis l'ascension de la famille, et Claude d'Annebault la résigna sans doute pour la transmettre à une troisième génération, dans la mesure où son « congé muet » ne lui permettait plus de l'exercer. Il laissa aussi à son fils, déjà bailli de Conches, la charge de bailli et capitaine d'Évreux, en 1548[5]. Enfin, Jean d'Annebault assistait également Claude dans sa charge d'amiral[6], avec peut-être l'espoir de lui succéder aussi dans cette dignité. Mais pour obtenir du roi un tel office, Jean devait réussir sa carrière de courtisan, devenir un proche et un conseiller du souverain avant que ne mourût son père. Si Jean d'Annebault ne semble pas avoir directement souffert de la disgrâce de

---

1   AS Modena, Cart. amb., Francia 23, Giulio Alvarotti au duc de Ferrare, Fontainebleau, 4 juillet 1546.

2   Il était notamment à la *jussio* de plusieurs actes en 1547 et 1549 (*CAH*, t. I, 10.02^1 et 11.16^{12}, t. III, 07. 10^3).

3   Brantôme, t. VI, p. 115. Il avait été fait prisonnier l'année précédente, *cf.* lettre de Bégoumart, enseigne de la compagnie de mons^r de Hannebault, au duc de Guise, Berne, 14 novembre [1549] : il essaie de faire ramener d'Abbeville la compagnie d'Annebault ; elle n'en a pas bougé depuis la prise de « mons^r d'Annebault ».

4   *Cf.* p. 486 et 529.

5   *CAH*, t. II, Smnq^{67}.

6   *Cf. infra.*

son père, c'est sans doute parce qu'il n'avait pas été mêlé aux affaires du règne précédent, mais aussi parce que son père s'était donné les moyens de soutenir la carrière de son fils.

DISGRÂCE ET PROSPÉRITÉ

Contrairement à ce que l'on pourrait croire, Claude d'Annebault parut, dans sa retraite, plus riche que jamais. En avril 1547, alors qu'il était encore à la cour, l'amiral s'était d'abord efforcé de maintenir son train de vie. Lors de la quarantaine de François Ier, il avait même pris à sa charge les dépenses de cuisine, afin de faire plaisir au nouveau roi :

> Tout le temps qu'il fust a Sain Clou, il entretin cinc platz de viandes a ses despens, san ce que il ait voulsu que ledit delphin en ait paier aulcune chose ; si lui convient tenir estat en court, il despendra beaucoup.

Toutefois, comme d'Annebault quitta la cour, ses dépenses domestiques et administratives ne purent que décroître de manière considérable. Absent de la cour, il pouvait économiser de quoi acheter terres et seigneuries, mais aux dépens de son ancien train de vie. Par exemple, ses écuries n'avaient plus la splendeur d'antan, comme il le laissa entendre à un messager du cardinal Du Bellay en 1551[1] :

> Il me dict que vous envoyeroyt une hacquenee, la meilleure qu'il eust, et craignoit encores qu'elle ne valut gueres, pour en estre mal forny.

Dans le même temps, ses revenus varièrent peu. Certes, d'Annebault perdit sa charge de maréchal et les 6 000 livres de revenu annuel qui y étaient attachées, et celle de premier gentilhomme de la chambre, et ne bénéficia plus des libéralités occasionnelles du roi. Mais Henri II lui accorda, conformément aux désirs de son père, un don de 100 000 livres[2],

---

1 Lettre sans signature au cardinal Du Bellay, Paris, 11 juillet 1551 (de retour de Harcourt).
2 *Cf.* p. 597. Brantôme dit que le roi lui légua une rente de 100 000 francs, ce qui est considérable, et Dandolo (BnF, It. 1716, p. 90) dit de même ; le recueil BnF, DB 25, dit 100 000 livres, par testament (notes d'érudits, XVIIe siècle). En revanche, Saint-Maurice (AN, K 1487, lettre de Jean de Saint-Maurice, copie, jointe à celle du 22 juillet 1547) dit qu'en avril 1547, Henri II remit une somme de 100 000 livres, qui aurait été léguée par le roi défunt : cette somme ne correspondrait donc pas à la pension, sur Rouen elle aussi promise par François Ier ; on peut supposer que celle-ci s'élevait à 15 000 livres, ou qu'il en laissa le montant à la discrétion de son successeur. Une dépêche de Dandino confirme les

en rendant justice à ses « très grands, vertueux, agréables et très recommandables services[1] ». Fin 1548, lorsque le roi le convoqua à la cour, c'était notamment, semble-t-il, parce qu'il avait besoin d'argent : Claude d'Annebault lui céda alors 180 000 livres (dont une partie empruntée à des tiers[2]) en échange d'une rente de 15 000 livres sur le quatrième des taxes perçues sur les boissons à Rouen, par une transaction conclue en mars 1549[3] : une telle rente, transmissible à ses héritiers, était une bonne affaire, car elle remboursait l'investissement initial, pourtant considérable, en à peine douze ans.

Claude d'Annebault commença donc à profiter de son aisance nouvelle pour accroître ses possessions et à faire fructifier sa fortune pour préparer sa succession. Il acquit ainsi par adjudication la seigneurie de Neufville-le-Roy[4] dès le 21 mai 1547[5] (pour investir le don de 100 000 livres ?), et de même, le comté de Montfort par contrat du 4 avril 1551[6]. Pour ce faire, il avait vendu la seigneurie de Melun à Guy Arbaleste[7]. Dans le même temps, son procès pour Retz contre le seigneur de La Trémoïlle reprit de plus belle[8]. L'adversaire de l'amiral avait attendu d'être libéré de ses obligations de cour pour réveiller ses

---

dires de Saint-Maurice (*ANG*, t. VI, p. 175, lettre citée de Dandino au cardinal Farnèse, Rambouillet, 31 mars 1547 : « Dicono ch'el re ha lasciato che li sieno donato 100 000 franchi contanti »).

1 BnF, Fr. 3865, p. 161-166, notice sur Claude d'Annebault (qui donne la date du mois de janvier 1549).

2 Notamment 6 000 écus empruntés au cardinal Georges d'Amboise, *cf.* p. 655.

3 BnF, PO 1051, *Ennebault*, lettres imprimées du 31 août 1640 procédant à la vérification et au paiement à Marie Hue des arrérages d'une rente de 150 livres créée en 1572 par Charles de Tournemine à partir de ses 7 500 livres de rente hérités de Madeleine d'Annebault.

4 La Neuville-Saint-Pierre, dép. Oise, cant. Saint-Just-en-Chaussée.

5 Les droits de cette terre, mise à la criée par la cour des aides à la mort de Jean de Mailly, leur propriétaire, a été adjugée à Claude d'Annebault, dernier enchérisseur, à la requête duquel le parlement à abrégé l'adjudication par arrêt du 21 mai 1547 (AN, X^{1A} 1560, fol. 117-v); l'amiral prêta l'hommage requis pour ce fief le 27 juillet 1547 (AN, P. 5, n° 171).

6 AD Eure, 2 F 2263, acte produit pour un contrat de vente du 3 août 1723 pour 470 000 l. t. à M. de Danican (copie de 1726).

7 AN, Y 94, fol. 236, vente (le 25 janvier 1549) à Guy Arbaleste, conseiller du roi et général de Bretagne, seigneur de la Borde et vicomte de Melun, des droits quint et de requint de la vicomté de Melun que Claude d'Annebault lui avait vendue précédemment ; Émile Campardon et Alexandre Tuetey, *Inventaire des registres des insinuations du Châtelet de Paris ; règnes de François Ier et Henri II*, Paris, 1906, p. 361, n° 2997.

8 *CAH*, t. I, 05.01².

poursuites[1]. Cependant, en pays de Retz, Claude d'Annebault avait acquis plusieurs seigneuries par échanges, achats ou héritages de sa femme[2] et il avait racheté les droits de Charles de La Roche-sur-Yon, contre 25 000 livres tournois[3] et quelques petites seigneuries angevines[4]. Enfin, il avait acheté le reste des fiefs de Machecoul au s[r] du Plessis-Guerry en 1548[5]. Il put donc transmettre à son fils unique héritier une baronnie de Retz à peu près reconstituée[6]. Elle passa par la suite à Albert de Gondi, second époux de la veuve de Jean d'Annebault, qui acheva cette reconstitution et fit ériger l'ensemble en comté, puis en duché[7].

Il semble que l'amiral fît aussi l'acquisition de quelques terres voisines de ses seigneuries d'Appeville, Aubigny, Illeville et Brestot, près de Pont-Audemer. En juin 1549, il obtint d'Henri II la réunion de toutes ses seigneuries de ce pays (Appeville, Lorthié, Aubigny, La Bucaille, Brestot, Écaquelon[8], Bourdon[9], Les Mothes, L'Épinay[10], Illeville, Les Crotes, La Mare-Godart, Boissey[11]) à la terre patrimoniale d'Annebault-en-Auge

---

1　Elles furent « assoupies » à la mort de Claude d'Annebault, et Henri II intervint en faveur de Jean pour que lui soit restitué tout ce qui avait pu être usurpé (AD Loire-Atlantique, E 247, lettres patentes du 6 mars 1556 [n. st.]).

2　Notamment avec Jean de Laval, amiral de Bretagne, mort en 1542 (*ibid.*, E 486).

3　Cette cession dispensa peut-être Charles de La Roche-sur-Yon d'achever de rembourser Claude d'Annebault, qui lui avait prêté de l'argent pour sa rançon en 1545 (*cf.* p. 334).

4　AD Loire-Atlantique, E 486.

5　Remise des lods et vente le 7 octobre 1548 (*CAH*, t. II, 10.07[12]).

6　BnF, Fr. 5128, p. 153 : le 6 nov. 1552 (exp. 28 janvier 1553), don à Jean d'Annebault des lods, ventes, rachats et autres droits seigneuriaux sur les acquêts de son père en Bretagne : terre et seigneurie de La Benate, Machecoul, Bourgneuf, Pornic, Bigny, Pringé, La Suze et autres droits en la ville et faubourgs de Nantes, échues à la mort de son père avec Hucquettieres, Châteaubriant et Pont-Saint-Martin… mouvants dud. s[r] à cause de son comté de Nantes, et celle de Montafilant (près de Dinan) à cause de son château de Rennes (*CAH*, t. VI, p. 334, n° 12296, Reims, 6 novembre 1552). Il reçut aussi en complément l'héritage de sa mère (*ibid.*, p. 317-318, don des rachats, s.d., dans les expéditions de février 1553).

7　En 1581 (Dom Morice, *op. cit.*, preuves, t. III, col. 1460) ; en revanche, La Hunaudaye finit par revenir aux Tournemine.

8　Ce quart de fief appelé « Iquelon » (dép. Eure, arr. Bernay, cant. Montfort-sur-Risle) avait été aliéné aux Du Buisson et attribué à Claude d'Annebault en septembre 1541 ([A. Du Buisson de Courson], *Recherches nobiliaires en Normandie*, 1866-1876, p. 120).

9　Le hameau de Bourdon (dép. Eure, arr. Bernay, cant. Pont-Audemer, comm. Manneville-sur-Risle), en face de Pont-Audemer, sur la rive droite de la Risle.

10　Les Épinais, hameau d'Écaquelon.

11　Boissey-le-Chatel, dép. Eure, arr. Bernay, cant. Bourgtheroulde-Infreville, reçu de la succession de Jeanne de Fleurigny (*cf.* p. 59).

et leur érection en baronnie, dont la capitale fut Appeville, plus tard appelée Appeville-Annebault[1] ; l'année suivante, le roi lui céda la forêt domaniale de Montfort. Il faut remarquer que l'amiral, qui n'avait peut-être pas les moyens de procéder à ces acquisitions sous François Ier, dut attendre l'année 1549 pour voir ainsi couronnée son ascension dans la noblesse locale par un nouveau titre de baron, après ceux de Retz, de la Hunaudaye et du Hommet. Il avait toujours conservé le nom de sa seigneurie patrimoniale, dépositaire de la mémoire historique familiale : ce titre était désormais porté au même rang que celui de ses principales possessions, consacrant définitivement les d'Annebault comme l'une des principales et plus puissantes familles de la Normandie.

Par ailleurs, il semble que dès 1547, les travaux du château d'Appeville cessassent. Cette charge dispendieuse semblait moins indispensable à présent que l'amiral d'Annebault n'avait plus à montrer un tel faste aux grands seigneurs de la cour. Sans doute était-il plus urgent, pour un Claude d'Annebault vieillissant, d'investir dans la terre et de consolider son patrimoine, plutôt que de dépenser son revenu dans l'achèvement d'un château qu'il faut donc supposer œuvre de courtisan. L'arrêt de ces dépenses de bâtiments et leur report probable sur une politique d'accroissement féodal, était probablement un choix réfléchi. Ces nouvelles priorités révèlent également, une fois encore, la culture chevaleresque foncièrement traditionnelle de l'amiral. Jusqu'à sa mort, l'amiral résida plus volontiers dans son modeste château d'Heubécourt. Après la mort de l'amiral, en 1552, les travaux du château d'Appeville reprirent, de l'initiative de Jean d'Annebault et de son oncle Jacques, le cardinal. Toutefois, les moyens de ceux-ci n'étant pas ceux de leur père et frère, le château demeura inachevé. En poursuivant la stratégie de regroupement

---

1   *CAH*, t. III, p. 245, 06.E[1], érection en baronnie des seigneuries réunies d'Appeville, Paris, juin 1549 (enregistrement à la grande chancellerie, AN, JJ 259, n° 317, fol. 230v-233v, et copie part. dans formulaire du XVIe siècle, BnF, Fr. 18111, fol. 281v-283v). L'amiral porte ensuite le titre de baron d'Annebault (BnF, NAF 1463, p. 16, quittance de ses gages de capitaines de compagnie d'ordonnance, 22 avril 1551 : « Nous, Claude, baron d'Annebault, admiral de France »). Cette réunion eut aussi des conséquences sur la géographie administrative locale : « les hommes de la seigneurie d'Annebaut, qui est au pays d'Auge, ressortissoient de mon temps aux jurisdictions de bailliage et viconté dudit Caen, aux plets des sergenteries Moraut et Bart ; mais puis que feu monseigneur Claude d'Annebaut, admiral et mareschal de France, eust fait eriger sadite seigneurie en baronnie, les hommes en ont esté distraits » (C. de Bourgueville, *Recherches et antiquitez de province de Neustrie, op. cit.*, p. 55).

féodal de Claude d'Annebault, Jean et Jacques tentèrent également d'échanger la seigneurie de Guerquesalles, éloignée de leurs grands ensembles terriens, contre le fief des Planets, à Appeville[1].

Dans la disgrâce, Claude d'Annebault réussit non seulement à garder la plupart de ses charges et dignités, mais également à faire fructifier la fortune et les revenus que lui avait valus le service du roi François. Il parvint aussi, non sans mal, à protéger sa famille et ses clients, en les entraînant à sa suite dans les réseaux des Guise, dont il était désormais l'obligé. Dans ce contexte, il pouvait continuer à servir le roi à distance, dans l'exercice de ses charges.

---

1 *Chronique du Bec, op. cit.*, p. 254-255.

LA CONTINUITÉ DU SERVICE DU ROI
(1548-1551)

Après avril 1547, la carrière de l'amiral d'Annebault connut un indéniable recul, mais pas une fin définitive. Ne renonçant jamais à servir le roi, et gardant l'espoir de retrouver la faveur royale, il profita de toutes les occasions pour faire la preuve de sa compétence et de son dévouement. Il devait donc avant tout s'acquitter honorablement de ses charges de lieutenant général en Normandie et d'amiral de France.

UN AMIRAL *TITULO TENUS*?

Selon Matteo Dandolo, l'amiral ne portait plus, de sa charge d'amiral, que le titre[1]. La titulature ne lui était pas contestée : on trouve d'ailleurs ses armes sur la mappemonde réalisée par le cartographe dieppois Pierre Desceliers en 1550[2]. Cependant, des rivaux mieux en cour, comme le prieur de Capoue, étaient susceptibles de s'emparer de ses prérogatives et de le reléguer à l'inaction, comme jadis Montmorency, connétable et grand-maître *titulis tenus* de 1541 à 1547.

---

1 *Cf.* p. 619 (Alberi, *op. cit.*, série I^A, t. II, p. 176).
2 British Library, Add. MS 24065. Voir Jean-Michel Massing, « La mappemonde de Pierre Desceliers de 1550 », dans *Henri II et les Arts*, actes du colloque international de l'École du Louvre et du Musée national de la Renaissance, 25, 26 et 27 septembre 1997, dir. H. Oursel et J. Eritsch, p. 231-248 : les armes de l'amiral figuraient au coin supérieur droit, tandis que les armes de France étaient au coin inférieur gauche et celles du connétable au coin inférieur droit.

DES TENSIONS DANS LES RELATIONS FRANCO-ANGLAISES

Les décès successifs d'Henri VIII et de François Iᵉʳ avaient mis fin aux projets d'une alliance contre l'empereur. Dès son avènement, Henri II était prêt à se retourner contre Edouard VI pour reprendre Boulogne sans payer plus longtemps sa rançon. De leur côté, les conseillers du jeune roi d'Angleterre espéraient conserver le Boulonnais et rompre l'accord conclu à Ardres. Aussi multiplièrent-ils les atteintes aux articles de la paix. Des pêcheurs français se plaignirent notamment d'atteintes portées par les anglais contre leur activité : l'amiral d'Annebault demanda pour eux des garanties que Somerset, lord protecteur du royaume, refusa de concéder. C'est ainsi qu'en quelques semaines, l'accord conclu deux ans plus tôt avec le roi d'Angleterre se trouva considérablement fragilisé. Écarté du pouvoir, l'amiral d'Annebault n'était plus en mesure de préserver cette paix, dont il avait été le garant. Peut-être avait-il lui-même intérêt à ce qu'éclatât une nouvelle guerre contre les Anglais, où la marine tiendrait nécessairement les premiers rôles.

Pendant l'été, Henri II raviva de son côté les projets d'aide à l'Écosse, même si officiellement, il affirmait encore ne pas vouloir la guerre. Le soutien qu'il apporta à l'Écosse s'avéra finalement trop discret et trop timide pour empêcher le roi d'Angleterre de conforter sa domination dans le sud du pays[1].

L'EXPÉDITION DE 1548

Dans les premiers mois de l'année 1548, le prieur de Capoue, frère de Piero Strozzi – qui avait déjà supervisé l'intervention de l'année précédente – prit des mesures pour rassembler une grande flotte de guerre[2]. Sous le contrôle du connétable, auquel il faisait directement ses rapports, Leone Strozzi semblait destiné à prendre le commandement de l'expédition, reléguant l'amiral en titre à des charges d'intendance : ces dernières étaient d'ailleurs pour partie moins liées à son office d'amiral qu'à sa charge de gouverneur de Normandie.

---

1   Voir la mise au point de Marie-Noëlle Baudouin-Matuszek, « Henri II et les expéditions françaises en Écosse », dans *Bibliothèque de l'École des chartes*, t. CXLV, 1987 (p. 339-382), p. 355-359, et AN, K 1487, lettres de Jean de Saint-Maurice au prince d'Espagne, Villers-Cotterets, 10 ou 11 août 1547, et 15 août 1547.

2   M.-N. Baudouin-Matuszek, art. cité, p. 359-360.

Cependant, Claude d'Annebault ne pouvait laisser passer l'occasion de faire valoir ses services. Il participa donc autant qu'il le put aux opérations préliminaires. Ainsi, il se mêla du projet de surprise sur Boulogne[1]. Il fut ensuite décidé, en avril, que les compagnies de gens d'armes d'Annebault et de La Hunaudaye seraient envoyées en Écosse[2]. Pendant ce temps, l'amiral rassemblait une grande flotte en Normandie, qu'il put réunir en juin à celle de Bretagne[3]. Il s'informait également de l'état de la marine anglaise grâce à des agents Outre-Manche et à l'ambassadeur Odet de Selve, qui lui envoya un mémoire et l'avertit d'une attaque surprise potentiellement ourdie contre un port de France[4]. Enfin, au milieu du mois de juin, d'Annebault fut rappelé par le roi à la cour[5]. Les raisons de ce voyage ne sont pas bien claires. Sans doute devait-il avant tout prendre des instructions du roi. Cependant, il est probable qu'en cette occasion, il ait été convié à une ou plusieurs reprises au conseil privé et qu'il ait pris part, de manière plus ou moins active, à l'élaboration d'une ordonnance de marine du 12 juillet 1548, limitant l'exercice des charges de capitaine au commandement personnel d'un maximum deux galères[6]. Peut-être l'amiral fut-il également associé à la préparation de la guerre, voire à des décisions d'ordre stratégique – ce qui eût été de bon augure pour la suite.

Pourtant, ces grands préparatifs n'aboutirent pas au lancement d'opérations d'envergure. Le 20 août, la jeune reine d'Écosse Marie Stuart, qui devait épouser le dauphin François, arrivait sans encombre en Bretagne, conduite par Nicolas de Villegagnon[7]. Ce fut le seul véritable succès de ces opérations, menées par les Strozzi sur mer, et André de Montalembert, seigneur d'Essé, en Écosse[8]. L'expédition fut

---

1   Arch. MAE, CP, Angleterre, t. VIII, fol. 119-121v (classés au milieu de la corr. pol. sur la négéciation de la paix de Boulogne, en 1550) : avis de d'Andelot à l'amiral pour une entreprise sur Boulogne (signalé par G. Lefèvre-Pontalis dans Selve, *Correspondance politique*, p. 308, n. 1).

2   *CSP of Edward VI*, p. 20, Nicholas Wotton au Conseil du roi d'Angleterre, Sens, 16 avril 1548.

3   BnF, It. 1716, p. 490, dépêche de l'ambassadeur de Venise, 24 juin 1548.

4   Selve, *Correspondance politique*, p. 359, Odet de Selve à Claude d'Annebault, Londres, 23 mai 1548.

5   *CSP od Edward VI*, John Brydges au duc de Somerset, Boulogne, 22 juin 1548.

6   BnF, Fr. 18153, fol. 52v ; P. Rigaud, « Le "portraict" d'une poupe de galère », art. cité, p. 14.

7   *Ibid.*, p. 186.

8   Francisque Michel, *Les Écossais en France et les Français en Écosse*, Paris, 1857, 2 vol., t. I, p. 453-470 ; *cf.* aussi les documents publiés par A. Teulet, *op. cit.*, t. I, p. 159-236, un rapport fait à l'empereur par un certain Jean Hendriesse, relatant avec précisions les

un « grand gaspillage[1] », d'autant que le roi d'Angleterre avait pris soin de ne pas entrer en guerre contre les Français. Cela dit, les dépenses du Trésor, peut-être de l'ordre de 350 000 livres tournois, n'avaient pas été comparables aux deux millions investis en l'année 1545[2]. Quant à l'amiral d'Annebault, il était toujours était resté en arrière, préposé à la défense des côtes normandes, et prenant ses ordres du connétable de Montmorency :

> Nous avons veu la depesche, avertissait-il son frère La Rochepot, que le courrier d'Angleterre a dernierement apportée. J'en ai faict faire une a monseigneur l'amyral pour advertir les pescheurs ne se mettre point a la mercy desd. Anglois, mais faire armer quelques vaisseaulx pour leur conserve, et aussi donner ordre de faire, s'il est possible, sçavoir aux mariniers qui viennent du poisson sallé des Terres Neufves eulx tenir sur leurs gardes ; sembl[ablement] qu'il ayt l'œil si en Normandye se trouveront aucuns autres Italy[ens], affin de les prevenir et empescher qu'ilz ne fassent quelque meschancetté[3].

Il est probable que le rôle de l'amiral fût simplement borné à assurer la fourniture des troupes et des places et à répercuter scrupuleusement les ordres venus de la cour :

> J'ay presentement eu lettres du roy, écrivit-il ainsi au capitaine du Mont-Saint-Michel, par lesquelles il m'escript qu'il a eu avertissement que les Angloys ont quelque entreprise sur vostre place, et pour ceste cause, je vous prye y avoir l'ueil, et donner sy bonne ordre qu'il n'y avieine point d'inconvenient[4].

Dans ces prémisses de guerre de 1548, Claude d'Annebault n'avait donc pas eu beaucoup d'autonomie, mais la guerre n'était pas encore officiellement déclarée, et l'essentiel des opérations s'était déroulé sur

---

opérations du début de juillet, près d'Edimbourg (ÖStA, EngVa 3, Konv. 4, fol. 59-64, de Bruxelles, 16 juillet 1548), et une lettre de Leone Strozzi au connétable de Montmorency, Marseille, 9 août 1548 (ÖStA, FrVa 3, Konv. 13, fol. 42-45).

1 M.-N. Baudouin-Matuszek, art. cité, p. 361.
2 BnF, Fr. 17329, fol. 94-97v (état abrégé de la dépense de Henri II) : 168 835 l. t. de dépense cumulée de l'ordinaire pour le Ponant (2 ans et demi) et le Levant (2 ans et 9 mois) entre juillet 1547 et décembre 1550 ; 302 150 l. t. de dépense de l'extraordinaire pour le Ponant entre le 26 février 1547 et le 31 décembre 1548, et 245 842 l. t. pour l'extraordinaire du Levant pour 1547-1548.
3 BnF, Fr. 3116, fol. 59-60, Anne de Montmorency à François de La Rochepot, Comte-Saint-André, 12 septembre 1548.
4 BnF, Fr. 3036, fol. 16, Claude d'Annebault au capitaine du Mont-Saint-Michel, Pont-Audemer, 5 octobre [1548].

terre, en Écosse. Les tensions étaient de plus en plus fortes : au début du mois de septembre, non seulement Somerset refusa encore à l'amiral d'Annebault des garanties pour les pêcheurs français, mais encore saisit-il une dizaine de bâtiments à Douvres[1]. Ce n'étaient plus là des mesures de rétorsion, mais déjà un moyen de préparer la guerre en étoffant sa flotte à peu de frais et aux dépens de l'ennemi.

LA RIVALITÉ DE L'AMIRAL D'ANNEBAULT ET DU PRIEUR DE CAPOUE

En 1549, le conflit devait prendre une tout autre ampleur et révéler que si l'amiral de France exerçait toujours officiellement sa charge, il en était en partie dépossédé au profit du prieur de Capoue. En mars, Claude d'Annebault fut une première fois appelé auprès du roi pour participer aux préparatifs d'une guerre sur mer, désormais inévitable. Il rentra peu après en Normandie avec des ordres précis, notamment de lever dix mille hommes et de donner à ses marins la consigne d'« agir au pire avec les Anglais[2] ». Henri II semblait donc toujours disposé à consulter et à employer Claude d'Annebault et certaines des suggestions de celui-ci furent même acceptées et mises en œuvre. Fin juin 1549, constatant que les Anglais fortifiaient l'île d'Aurigny, l'amiral en avertit immédiatement le roi. En réponse, celui-ci lui fit porter l'ordre d'aller à La Hougue et de faire observer par de petits bateaux l'état des forces ennemies, puis de faire un rapport sur le moyen le plus sûr d'assaillir l'île[3]. Mais l'envoyé du roi trouva l'amiral à Honfleur, où il avait déjà

---

1   Selve, *Correspondance politique, passim*, et en particulier p. 446, lettre à Claude d'Annebault, Stratham, 16 septembre 1548.

2   Il fut aussi chargé de lever 10 000 hommes (dépêche de l'ambassadeur vénitien, du 22 mars 1549 [n. st.], copiée dans BnF, It. 1716, p. 723).

3   BnF, Clair. 342, fol. 151-153 (copie XVIIIe), instructions du roi au sieur de Jacques de Contay, juillet 1549 : « Led. s^r de Contay [...] ira devers mons^r l'admiral, auquel il dira que led. seigneur ayant receu sa lettre du XXVme de ce mois, a ung double d'une autre lettre que le cappitaine de Cherbourg avoit escript au s^r de Matignon, par ou il a entendu comme les Anglois fortifient l'isle d'Origny, prochaine et voisine de La Hogue, et le dommaige que cela pourroit apporter au païs de Normandie et au bien de ses affaires, si lad. fortification tiroit en avant, s'est resolu d'obvier a cest inconvenient, et pour cest effect donner ordre de rompre et empescher leurd. entreprise, s'il est possible, priant a cest cause mond. s^r l'amiral, de la part dud. s^r, qu'il vueille incontinent se transporter aud. lieu de La Hogue, et la, donner ordre par tous les moiens qu'il pourra et par divers petits bateaux qu'il despeschera, attendu qu'il y a si peu de destroit a passer, d'envoyer descouvrir au vray et a la verité ce qui se faict en lad. isle, quels navires et vaisseaux,

« tout préparé pour l'entreprise[1] ». L'amiral partit donc pour La Hougue et proposa de s'emparer de l'îlot de Sercq, « véritable forteresse naturelle au cœur de l'archipel anglo-normand[2] », pour renforcer le dispositif français face à l'île d'Aurigny. Le roi approuva ce projet en son conseil et l'île fut envahie le 27 juillet par le capitaine François Du Breuil. Le 8 août, la guerre était enfin déclarée.

Cependant, le roi renouvela sa confiance aux Strozzi, peu brillants l'année précédente. Il confia même au prieur de Capoue, et non à l'amiral, le soin de dresser un état de sa marine, remis à Henri II en janvier 1549[3]. La direction des opérations échappa également à l'amiral, pour passer entre les mains du prieur de Capoue, de Paul de Termes et de La Meilleraye[4], tandis que le roi assiégeait Boulogne en compagnie du connétable de Montmorency. Tout se passait comme si le prieur de Capoue évinçait progressivement l'amiral en titre. Ce dernier, loin de se résigner, s'efforça d'apporter sa contribution à l'entreprise. Il développa ainsi la guerre de course, comme l'y avait incité le roi au mois de mars. Peut-être en fit-il trop : son zèle excessif lui fut peut-être reproché, après qu'au mois d'août, Simon Renard, l'ambassadeur de l'empereur à la cour de France, se plaignit au roi que son amiral avait confisqué une caravelle espagnole[5].

Pour Henri II, le rôle dévolu à son amiral était principalement de protéger les ports de Normandie, en particulier Dieppe, dont il était gouverneur[6], et de faire appliquer les ordres qui lui étaient donnés. Par exemple, le roi lui demanda de permettre aux marchands sujets de la reine d'Écosse d'accéder aux ports et de vendre leurs marchandises avec les mêmes droits et privilèges que ses propres sujets ; d'Annebault adressa alors un mandement aux officiers d'amirautés, afin qu'ils accomplissent

---

et aussi quelles forces il y a pour la seureté et deffence des ouvriers qui besongnent a lad. fortiffication. »

1   BnF, NAF 7702, fol. 54 (copie), Anne de Montmorency à Jacques de Contay, 15 juillet 1549 (et *ibid.*, fol. 56, lettre du 19 juillet).

2   I. Cloulas, *Henri II, op. cit.*, p. 264.

3   P. Contamine, *Histoire Militaire...*, *op. cit.*, t. I, p. 289 ; M.-N. Baudouin-Matuszek, art. cité, p. 353.

4   Pour le déroulement des opérations, *cf.* C. de La Roncière, *op. cit.*, t. III, p. 445 *sq.*

5   AN, K 1488, lettre de Simon Renard, [début août 1549].

6   BnF, PO 74, *Annebault*, confirmation d'un marché à propos de la réparation du château de Dieppe, Saint-Germain-en-Laye, 21 juin 1550 ; de manière générale, l'entretien des ports était à son devoir (C. Terrasse, *op. cit.*, t. III, p. 211).

les volontés royales[1]. Il devait aussi faire construire des navires selon les besoins exprimés par le roi. Dès le mois de mai 1549, il s'occupait des préparatifs à Cherbourg, La Hague et Montebourg et faisait notamment assembler du bois pour les navires[2]. Fin septembre, Henri II fit rappeler l'amiral à Paris « pour adviser à faire faire et construire une vingtaine de roberges pour se rendre [...] plus fort sur mer que les ennemys et par ce moïen rendre a ses subgectz la navigacion plus seure, tenir Boullongne mieux bridé et endommager sesd. ennemy[3] ». Son avis était utile, mais il ne fut en aucun cas question de lui confier un nouveau commandement. Bref, mis à part les aspects « portuaires » de sa charge, il servait moins comme amiral de France que comme gouverneur de Normandie.

Une fois la paix conclue, le 24 mars 1550 – scellant notamment la restitution de Boulogne à la couronne de France[4] –, l'amiral d'Annebault se consacra encore davantage à sa charge de gouverneur.

LA REPRISE EN MAIN
DU GOUVERNEMENT DE NORMANDIE

À partir de juillet 1547, l'amiral d'Annebault ne quitta guère la Normandie. Le 30 juillet, il fit une entrée solennelle à Rouen – ce qu'il n'avait pas fait, semble-t-il, depuis dix ans –, où il demeura jusqu'au 16 août pour les affaires de son gouvernement[5]. Par la suite, il ne s'absenta que pour de brefs séjours à la cour, ou encore en Bretagne, dans ses domaines de Retz et de La Hunaudaye. Au printemps 1551, il fut aussi contraint, à cause d'une grave maladie, de rester plusieurs semaines à Paris[6], où il est probable qu'il y possédait un hôtel[7]. Mais la plupart du

---

1   *Ibid.*, 14 mars et 1ᵉʳ avril 1549 (copie espagnole).
2   Gilles de Gouberville, *Journal*, Bricqueboscq, 1993-1994, t. I, p. 10-13.
3   BnF, Fr. 20534, fol. 113-v, Cosme Clausse à François d'Aumale, Compiègne, 9 octobre 1549.
4   T. Rymer, *op. cit.*, t. VI, part III, p. 182 ; le roi de France récupérait immédiatement Boulogne contre rançon de 400 000 livres, et l'Écosse se trouvait enfin pleinement incluse dans la paix.
5   AM Rouen, A 15, Registre des délibérations (1541-1547), fol. 164.
6   *Cf.* p. 622.
7   Peut-être les « hotelz de la crosse assis a Paris rue Sainct Honoré et faisant le coing de la rue Sainct Thomas de Louvre, et de la Marche assis en lad. Rue Sainct Thomas deu Louvre »

temps, il résidait plutôt dans ses domaines normands, en particulier à Heubécourt, à proximité de Rouen, à gérer les affaires de la province, malgré un parlement de Rouen parfois récalcitrant.

LES PROBLÈMES NORMANDS

Claude d'Annebault avait reçu de nouveau, en juillet 1547, des pouvoirs de lieutenant du dauphin au gouvernement de Normandie[1]. Cette charge était encore d'une importance considérable, car indivise – ce qui ne serait plus le cas après l'amiral[2]. La tâche, cumulée à celle d'amiral, était sans doute très lourde pour un homme déjà âgé : vu l'étendue de la province et le développement de son tissu urbain et portuaire, il devait répartir ses fonctions entre lui-même et son cousin Joachim de Matignon, confirmé en tant que son lieutenant[3]. Ainsi, ce fut Matignon, et non l'amiral, qui présida les états de Normandie à Rouen en novembre 1547[4]. Très subordonné à son cousin, il avait toutefois sa confiance et l'amiral lui déléguait beaucoup, notamment pour l'exécution des ordres du roi. Par exemple, Matignon fit marcher la compagnie d'Annebault contre les paysans révoltés contre la gabelle, en 1548, et en novembre 1547, l'amiral lui écrivit pour lui commander de faire observer les ordonnances sur le port d'arquebuses et pistolets,

---

où Jean d'Annebault se domicilia pour les besoins d'un contrat en 1550 (AN, MC ET/ XX/24, fol. 189-v, 3 décembre 1550) ; dès 1542, l'une des lettres ce Claude d'Annebault évoquait une armure qu'il avait à Paris (BnF, Fr. 5155, fol. 32-33v, Claude d'Annebault à Guillaume Du Bellay et Guigues de Boutières, Avignon, 3 août [1542]), probablement dans un domicile lui appartenant.

1   *Cf.* p. 617-618 ; Claude d'Annebault n'avait plus exercé cette charge en résidant personnellement dans la province depuis 1536.

2   Après d'Annebault, elle fut scindée en trois, et de nouveau réunie en 1583 pour Anne de Joyeuse. L'époque de l'amiral d'Annebault demeura une référence, au point qu'elle fut encore citée par les lettres d'Henri III, investissant son favori de ce gouvernement : « Nous avons réuny et remis en ung les trois gouvernements d'icelluy païs, ainsy qu'ilz estoient du temps du feu sr admiral d'Annebault » (BnF, Fr. 3306, fol. 86, Paris, 28 mars 1583, citée par N. Le Roux, *op. cit.*).

3   *Cf.* les lettres déjà citées (Villers-Cotterets, 21 juillet 1547, éd. dans Matignon, *Correspondance*, p. 148, n. 1) le nommant lieutenant général en l'absence du dauphin François et de l'amiral d'Annebault, « a sçavoir a notredit fils, pour l'incapacité de son debile aage, et a nostredit cousin l'admiral, pour autres occupations et charges de plus grande importance qu'il pourra avoir par cy après pour nostre service, sera malaisé de pouvoir vacquer ne entendre aux affaires dudit gouvernement si continuellement que le merite quelquesfois l'occurance, grandeur et importance d'iceux ».

4   *Ibid.*

afin d'accomplir la volonté du roi[1]. Car il semble que d'Annebault s'occupait davantage du Vexin et du pays de Caux que du reste de la Normandie, où il s'appuyait sur son lieutenant. L'indivision de la province n'était donc déjà plus que théorique. Cependant, après la mort Joachim de Matignon, en 1549, l'amiral se chargea davantage de l'ensemble du gouvernement, partageant avec son fils les responsabilités d'amiral[2].

En 1549, les États de la province furent convoqués sur l'ordre de d'Annebault, pour l'établissement du taillon, nouvel impôt destiné à la solde des gens d'armes. Voici la teneur d'une lettre qu'il adressa au bailli de Caen :

> Vous pourrez veoir par la lettre que le roy vous escrit comme il a ordonné la convention et assemblee des Estats de ce pays de Normandie estre faicte à Caen [...] pour chose qui concerne grandement le bien et soulagement du peuple. De quoy je vous veux bien de bonne heure adviser [...], et vous advertir que c'est pour l'augmentation de la solde des gens d'armes, au lieu des fournitures des vivres que l'on a accoustumez bailler aux garnisons ; et par ce moyen, ce qu'ils voudront avoir pour eux et leurs chevaux, il faudra qu'ils l'achetent au prix du marché, et le peuple demeurera quitte et deschargé desdites fournitures et contributions, chose qui sera à son tresgrand soulagement[3].

L'amiral présida en personne ces États réunis à Caen le 25 juin[4]. Il prit ensuite les dispositions nécessaires à la levée de l'imposition par l'administration de la province[5].

---

1   Matignon, *Correspondance*, p. 147-148, Claude d'Annebault à Joachim de Matignon, Heubécourt, 30 novembre [1547].
2   *Ibid.*, p. LVII. Matignon mourut le 9 octobre 1549, mais cette évolution commença peut-être quelques mois plus tôt, car l'activité de Matignon cessa dès la fin de l'année 1548.
3   *Recherches et antiquitez de Caen, op. cit.*, p. 146, Claude d'Annebault à Jacques d'Auberville, Montebourg, 10 juin 1549 ; *cf.* aussi *ibid.*, p. 147, la lettre du roi à ce propos (Saint-Germain, 8 mai 1549).
4   *Ibid.*, p. 147-148 : « Suyvant ceste lettre, la convention des Estats generaux de Normandie fut tenue par mondict seigneur l'admiral d'Annebaut, avec son grand collier de l'ordre, et autres grands seigneurs, en la grande salle de l'abbaye de Caen. Par ce que les deniers qui se leveroyent pour ladite augmentation se recevroyent par un personnage qui seroit esleu par les gens desdits Estats ; ce qui a esté entretenu par aucun temps. Mais depuis, le roy l'a incorporé au corps de la taille, et ne sont les gens d'armes payez de ladite augmentation, et vivent sur le peuple ; chose qui est fort deplorable, car une journee de gens d'armes couste plus à un povre de labeur que le corps de sa taille d'un an. »
5   AM Toulouse, AA55/1, mandement de Claude d'Annebault, gouverneur de Normandie, aux commissaires des étapes de la vicomté de Rouen pour l'année 1549, prescrivant

Outre les obligations liées à sa charge, comme de faire publier la paix (ce qu'il fit en avril 1550[1]) et de maintenir l'ordre, il intervenait personnellement pour résoudre toutes sortes de problèmes. Ainsi, il apprit qu'à Caen, les monnaies étaient tellement rognées qu'elles n'étaient plus acceptées et que les paysans ne pouvaient donc plus rien acheter ; quelques semaines plus tard, il obtint du roi des lettres patentes transférant la monnaie de Saint-Lô à Caen, ce qui contribua beaucoup, de l'avis de contemporains, à soulager la misère[2].

En revanche, il est peu probable que d'Annebault se fût impliqué dans la lutte contre les protestants, contre lesquels on ne le vit jamais intervenir, alors que les incidents se multipliaient à Rouen depuis 1545. Dans cette grande ville marchande de tradition migratoire et marchande, l'on constatait des violences iconoclastes, et en 1546, un prêcheur avait été découvert et banni, ainsi que son hôte. Tout ceci ne concernait pas directement le gouverneur, tant qu'il n'y avait crime de sédition, et que le parlement faisait son travail. Le moins que l'on puisse dire est que celui-ci l'accomplissait avec zèle : cinquante-trois Rouennais exilés s'établirent à Genève entre 1549 et 1556[3].

LA FRONDE DU PARLEMENT DE ROUEN

Au cours des dernières années de l'exercice de sa charge de gouverneur, d'Annebault eut plusieurs conflits avec le parlement de Rouen. Le plus grave éclata début avril 1548, lorsque le parlement refusa d'enregistrer un édit du roi, du 10 novembre 1547, renforçant les prérogatives des gouverneurs de provinces. L'amiral résidait alors près de Rouen, dans un domaine à Boos appartenant à sa nièce Guillemette de Saint-Germain, abbesse de Saint-Amand de Rouen. L'avocat du roi Laurent Bigot rédigea des remontrances que deux conseillers devaient porter à l'amiral. Averti, celui-ci écrivit le 10 avril une lettre menaçante aux gens de cette cour, leur enjoignant d'approuver les volontés du roi

---

d'asseoir une imposition extraordinaire destinée à subvenir au logis et à la subsistance de la gendarmerie, 5 septembre 1549.

1   *Recherches et antiquitez de Caen*, *op. cit.*, p. 151-152, Charles de Bourgueville à Claude d'Annebault, Caen, 11 avril [1550] ; P. Carel, *op. cit.*, t. I, p. 232.

2   C. de Bourgueville, *op. cit.*, p. 149-153 et lettre précédemment citée ; les lettres du roi sont datées du 5 juin 1551.

3   Le premier ministre calviniste à s'établir dans la seconde ville de France n'arriva qu'en 1557 (Philip Benedict, *Rouen during the Wars of Religion*, Cambridge, 1981, p. 51).

et de lui renvoyer les lettres patentes s'ils en refusaient l'enregistrement, dont il se passerait. Les députés du parlement se rendirent alors chez l'amiral, mais d'Annebault, malade et alité, ne se déplaça pas pour les accueillir. L'amiral les reçut néanmoins dans ses appartements et les écouta avec froideur, jusqu'à ce qu'ils parlèrent de demander au roi une nouvelle déclaration, interprétative de la première. Claude d'Annebault les interrompit et leur rétorqua que les lettres du roi étaient assez claires, et qu'en tant que lieutenant du gouverneur, il ne comptait se mêler que des affaires d'État, dans lesquelles il ne voulait aucune restriction, puisque le roi l'avait décidé ainsi. En outre, il exigea qu'on lui remît ses lettres patentes, que le parlement semblait vouloir garder contre sa volonté :

> Je les yroys, dit-il, plustost querir moy mesme en ceste court, et feroys mettre prisonnyers ceulx qui les vouldroient garder.

Les deux conseillers protestèrent davantage, ce qui mit l'amiral hors de lui. Il déclara qu'il n'avait rien à apprendre du parlement sur la manière d'exercer sa charge, qu'il détenait depuis longtemps, et s'emporta contre les pratiques de cette cour :

> Que le parlement de Rouen fasse son debvoir, je l'y exhorte et l'y convie. Qu'il fasse faire aux juges inferieurs leur debvoir, qu'ilz ne font pas, je le sçay bien ; car il se faict mille excedz, mechancetez et volleries chascun jour, dont j'ay receu les plainctes et desquelles on n'a faict aulcune justice. Aultant de gens malheureux et meschantz que j'ai baillez aux juges ordinaires depuis deux ans pour en faire justice : les juges les ont laissé aller sans en faire aulcune pugnition ni exemple. Aulcuns de ces maulvais juges ont esté pour cela mys par moy ès mains de la court de parlement : elle n'en a faict justice. Or, je la veulx bien advertir que si elle ne faict mieux son debvoir a l'advenir, j'auray bien le povoir de luy monstrer qu'elle ne faict pas bien. [...] Car le roi l'entend ainsy : il m'a baillé la force a ceste fin. Quand je seray en quelque ville ou place de Normandie pour l'estat public et par le commandement du roy, je ne souffriray pas qu'aultre que moy ayt congnoissance de la police, sauf les menues polices dont je ne me mesleray pas, encores bien que, moy estant la, elles m'apartinssent, et non a d'aultres.

Les envoyés s'excusèrent, disant au gouverneur qu'il avait été mal informé, et que la cour faisait son devoir, si bien qu'elle serait surprise d'entendre la réponse de l'amiral à leur requête. Celui-ci ayant ajouté qu'il ne s'en souciait guère, ils prirent congé. Finalement, le parlement envoya une députation à Montmorency, qui fit faire de nouvelles lettres patentes moins favorables aux gouverneurs : les clauses qui les autorisaient à assembler les États en cas d'urgence et à mander les parlements à leurs demeures, furent supprimées[1]. Cet épisode ne contribua probablement pas à réchauffer les relations de l'amiral et des membres du parlement.

LES ENTRÉES ROYALES DE ROUEN

L'entrée de la reine d'Écosse, Marie Stuart, en septembre 1550 à Rouen, devait provoquer de nouvelles tensions entre le parlement et le gouverneur. Le 19 mai 1550, le roi d'Angleterre avait conclu la paix avec Marie de Lorraine, conformément au traité franco-anglais du 24 mars[2]. La reine douairière voulut alors en profiter pour venir en France visiter sa fille, Marie Stuart, et sa famille, les Guise. Henri II demanda donc un sauf-conduit à Édouard VI, afin qu'elle pût venir sans risque jusqu'en Normandie[3]. Le prieur de Capoue partit avec quelques galères et ramena la reine Marie, qui débarqua le 19 septembre à Dieppe[4]. Entre-temps, Henri II avait annoncé son désir de faire un voyage en Normandie et de rencontrer la reine douairière d'Écosse à Rouen, où il entendait que l'on fît de somptueuses entrées. L'amiral d'Annebault fut chargé de venir y préparer les festivités, suivant les directives du connétable[5].

Après avoir transmis ses ordres aux échevins et aux gens du parlement, d'Annebault partit le 15 ou le 16 septembre pour aller à la rencontre de la reine Marie d'Écosse, qu'il reçut au Havre le 22. Il invita alors les parlementaires rouennais à hâter les préparatifs :

> Je vous ay bien voullu advertir que la royne douairiere d'Escosse arriva hier au Havre de Grace et que jeudy[6] elle faict compte d'estre a Rouen, et moy demain pour pourvoir a la recevoir le plus honnestement qu'il me sera possible, comme le roy me l'a commandé. Par quoy je vous prye bien fort, Messieurs,

---

1 A. Floquet, *Histoire du parlement de Normandie*, Rouen, 1840-1842, 7 vol, t. II, p. 135-147 (d'après AD Seine-Maritime, 1 B 90, 9-10 avril 1548).
2 *CSP, Scottish*, t. I, p. 98.
3 Lettre du 23 juillet 1550 (éd. A. Teulet, *op. cit.*, t. I, p. 237-238); le sauf-conduit fut accordé le 3 août 1550 (*ibid.*, t. I, p. 238); *cf.* aussi *CSP, Scottish*, t. I, p. 98, sauf-conduits et passeport pour aller en France avec ses compagnons et 32 chevaux (11 août 1550).
4 F. Michel, *op. cit.*, t. I, p. 471-472.
5 Lettres de Montmorency au parlement de Rouen, Saint-Germain-en-Laye, 8 sept 1550, AD Seine-Maritime, 1 B 91, fol. 28v (et *ibid.*, fol. 29); Montmorency dit notamment avoir confié les détails à l'amiral.
6 Le jeudi 25 septembre 1550.

attendant ma venue, regarder ce que vous aurez a faire pour la recueillir au myeulx et le plus honnestement que vous sçaurez adviser[1].

Mais le lendemain, il fut averti que rien n'avait encore été fait. Il réitéra donc son ordre aux parlementaires, joignant la menace à la prière, afin que tout fût enfin prêt à son arrivée,

car je crains que si vous faictes le continent, led. s[r] [roi] ne le trouvast maulvais[2].

Finalement, l'entrée de la reine Marie se déroula sans incidents, le 25 septembre ; mais le faste alors déployé fut bien modeste en comparaison de l'accueil réservé au roi[3]. Henri II fit le 1er octobre « l'entrée la plus élaborée de la Renaissance française[4] ». Moins célèbre que celles de Paris ou de Lyon, elle fut pourtant extraordinaire d'audace et de splendeur. Le programme en est bien connu, et il n'est guère utile de le détailler[5], d'autant qu'on ne sait précisément quelle part y prit l'amiral d'Annebault. Néanmoins, il s'entretint longuement à ce sujet avec les échevins, puis les gens du parlement, et il n'est sans doute pas pour rien dans la mise en scène élaborée de la puissance maritime française.

---

1   AD Seine-Maritime, 1 B 91, fol. 58v, Claude d'Annebault au parlement de Rouen, Caudebec, 23 septembre [1550].

2   *Ibid.*, fol. 60, Claude d'Annebault au parlement de Rouen, Caudebec, 24 septembre [1550] ; *cf.* aussi les lettres du cardinal Charles de Lorraine, du 23 septembre 1550 (*Lettres du cardinal Charles de Lorraine*, éd. D. Cuisiat, Genève, 1998, p. 149-150). Les échanges épistolaires entre Claude d'Annebault et le parlement de Rouen pour l'organisation des entrées sont évoquées dans Michael Wintroub, *A Savage Mirror : power, identity and knowledge in early Modern France*, Stanford, 2005, p. 32 et 76.

3   AD Seine-Maritime, 1 B 91, fol. 64v-65.

4   Josèphe Chartrou, *Les Entrées solennelles et triomphales à la Renaissance (1484-1551)*, Paris, 1928, p. 415.

5   On se reportera à M. Wintroub, *A Savage Mirror : power, identity and knowledge in early Modern France*, Stanford, 2005, notamment p. 15-20 et 32-38, *Id.*, « L'ordre du rituel et l'ordre des choses : l'entrée royale d'Henri II à Rouen », dans *Annales EHESS*, 56e année, n° 2 (mars-avril 2001), p. 479-505, Luisa Capodieci, « "Sic itur ad astra". Narrations, figures celestas et platonisme dans les entrées d'Henri II (Reims 1547, Lyon 1548, Paris 1549, Rouen 1550) », dans *French Ceremonial Entries in the Sixteenth Century : Event, Image, Text*, dir. N. Russel et H. Visentin, Toronto, 2007, p. 73-109, N. Russel, « Construction et représentation », art. cité, p. 54-55 ; aussi É. Durot, *op. cit.*, p. 149-151 et I. Cloulas, *op. cit.*, p. 274-292. Cette entrée donna lieu à plusieurs publications contemporaines : on consultera avec profit *L'Entrée de Henri II à Rouen en 1550*, Amsterdam, 1573, éd. fac-simile avec une bonne introduction de Margaret McGowan ; *cf.* aussi Thierry Crépin-Leblond, dir., *Livres d'heures royaux : la peinture de manuscrits à la cour de France au temps de Henri II*, catalogue de l'exposition d'Écouen, 23 septembre-13 décembre 1993, Paris, 1993.

La cour et le peuple de Rouen assistèrent notamment à un grand spectacle triomphal sur la Seine et à la représentation d'un combat entre une caravelle portugaise et un vaisseau français ; celui-ci s'acheva par l'incendie du bâtiment portugais devant une île où, dans le même temps, des Indiens tupinambas, alliés du roi de France en Amérique, soumettaient leurs adversaires[1]. On peut encore citer un défilé de six éléphants qui portaient sur leur dos des figures symboliques de la puissance maritime du roi de France et de ses dernières victoires :

> Et le dernier, qui porte ceste nef
> A mas rompu, nous fait voir le meschef
> Des ennemys, qui ont congneu ta force
> Jusqu'en leurs ports et aux rives d'Escosse[2].

L'amiral d'Annebault, présenté comme l'un des organisateurs des spectacles, y participa aux côtés des grands de la cour. Comme il passait à cheval devant le rocher d'Orphée, le poète lui lança quelques vers :

> Or où es tu, Hannibal de Cartage ?
> Tu tremblerois en voyant son visage :
> Voyez le chef de la terre normande,
> Cest Annebault, qui sur la mer commande[3].

Cette entrée fut une grande réussite. Pourtant, l'amiral d'Annebault se plaignit que l'on ne se fût pas adressé à lui pour faire la présentation des délégués du parlement[4]. Il est probable, vu l'état des relations entre cette cour et le gouverneur, que cette maladresse protocolaire ait été volontaire. Deux membres du parlement, « ayant entendu qu'il était mécontent », vinrent s'excuser auprès de lui le lendemain à la maison de la crosse, où logeait la cour ; mais il ne s'y trouvait pas, car il était à Saint-Ouen, occupé à envoyer des gens pour veiller à ce « qu'il n'y eust foule ni tumulte du peuple » à l'entrée de la reine Catherine. Les délégués allèrent l'y retrouver : il les reçut avec aigreur et coupa court à la discussion, car il devait prendre des dispositions afin de prévenir

---

1 P. Benedict, *op. cit.*, p. 20.
2 *Entrée de Henri II, roi de France, à Rouen, au mois d'octobre 1550*, éd. L. de Merval, Rouen, 1868, fol. 12v.
3 *Ibid.*, fol. 24.
4 *Cf.* la présentation des organisateurs dans AM Rouen, A 16, Délibérations (1548-1554), fol. 170-172.

la cour qu'il était temps de procéder à l'entrée de la reine de France[1]. Insistant malgré tout, les envoyés du parlement le retrouvèrent plus tard : l'amiral leur rappela alors de ne pas oublier qu'il « estoit gouverneur et lieutenant general pour le roy[2] ».

Après cette dernière entrée[3], le roi resta quelques jours à Rouen avec les reines de France, d'Écosse et de Navarre, et Diane de Poitiers, auxquelles l'amiral faisait visiter les monuments de la ville[4]. Puis, le mercredi 8 octobre, Henri II tint un lit de justice au parlement, auquel assista l'amiral, siégeant à droite du roi, avec le roi de Navarre, Montmorency et François d'Aumale[5]. Pendant le séjour rouennais du roi, il prit à nouveau part à la vie de la cour et même de l'État, car il siégea au conseil de l'après-midi[6], ce qu'il n'avait sans doute plus fait depuis trois ans. Henri II et la reine d'Écosse poursuivirent ensuite leur voyage, faisant notamment à Dieppe, le 2 novembre, une entrée tout aussi solennelle, mais beaucoup moins grandiose. Il semble que Claude d'Annebault n'ait pas directement participé à ces préparatifs[7].

LA MORT DE GEORGES D'AMBOISE

Quelques semaines plutôt était décédé le cardinal Georges III d'Amboise, archevêque de Rouen. Les relations entre les d'Annebault et ce prélat étaient sans doute anciennes : on en trouve trace dès 1524[8]. Le cardinal d'Amboise avait même prêté à l'amiral, qui séjournait de plus en plus souvent à Rouen, 6 000 écus d'or-soleil le 17 janvier 1549[9] – probablement pour aider l'amiral à payer les 180 000 livres deman-dées par le roi en échange de la rente perpétuelle de 15 000 livres sur

---

1   AD Seine-Maritime, 1 B 91, fol. 77v-78v.

2   *Ibid.*, fol. 78v.

3   Sur les entrées des reines, dont l'entrée de Catherine de Médicis à Rouen, *cf.* Fanny Cosandey, *La reine de France : symbole et pouvoir, XVe-XVIIIe siècle*, [Paris], 2000, p. 164-181 ; I. Cloulas, *Henri II, op. cit.*, p. 292-293.

4   AD Seine-Maritime, 1 B 91, fol. 96-v.

5   *Ibid.*, fol. 87v.

6   *CAH*, t. IV, p. 214, n°7328, présent à la *jussio* d'un acte octroyant des privilèges aux arquebusiers de Rouen, Rouen, octobre 1550.

7   Jean-Antoine-Samson Desmarquets, *Mémoires chronologiques pour servir à l'Histoire de Dieppe et de la navigation françoise*, Paris 1785, 2 vol, t. I, p. 118-120

8   AD Seine-Maritime, G 1037 : don de deux cents boisseaux d'avoine par Georges d'Amboise à Jean d'Annebault (27 août 1524).

9   *Ibid.*, G 3419, inventaire des pièces fournies au procès.

le quatrième des boissons de Rouen[1]. En août 1550, Georges d'Amboise tomba malade dans son château de Vigny. Il y mourut le 25 août, deux jours après avoir fait un dernier testament, par lequel il souhaitait être enterré auprès de la sépulture de son oncle le cardinal légat. Il léguait au chapitre de Notre-Dame de Rouen la somme de 6 000 écus que lui devait l'amiral d'Annebault, pour faire un *sancta sanctorum* de cuivre et une riche chapelle entièrement blanche, à réaliser sous dix-huit mois, sous la surveillance des exécuteurs et sans que le chapitre y pût rien changer[2]. Il fonda aussi neuf *obit*[3] et légua la seigneurie de Vigny à sa sœur Renée d'Amboise de Saxefontaine, en nommant Claude d'Annebault exécuteur testamentaire[4].

Dans les premiers jours de septembre, Claude d'Annebault se trouvait à Rouen, à la fois pour préparer les entrées royales et pour décider des dispositions et de la date d'inhumation du cardinal, en accord avec les autres amis du défunt[5]. Il fit prolonger le délai de son remboursement à deux ans, assignant le remboursement sur le quatrième de Rouen, qui lui appartenait[6]. Étant ensuite au Havre pour la réception de Marie

---

1   *Cf.* p. 636.
2   AD Seine-Maritime, G 1318.
3   *Ibid.*, G 3419, contrat du 11 juillet 1551.
4   G.-A. de La Roque, *Histoire généalogique de la maison de Harcourt, enrichie d'un grand nombre d'armoiries*, Paris, 1662, t. I, p. 589. Les trois exécuteurs furent « messire Claude d'Annebault, chevallier de l'ordre, mareschal et admiral de France », principal exécuteur, François de Licques, seigneur d'Alaines, et Michel Le Bret, chanoine de Rouen, vicaire général et trésorier de l'archevêque. D'Annebault remplit effectivement son rôle d'exécuteur (AD Seine-Maritime, G 1142 : accord entre Nicolas de Beaufremont et l'amiral, « premier et principal executeur par benefice d'inventaire du testament » du défunt et Michel Le Bret, chanoine, trésorier et grand vicaire de mons^r de Vendôme, second exécuteur, 10 novembre 1551, à Rouen).
5   AD Seine-Maritime, 1 B 91, fol. 39.
6   *Ibid.*, G 3419. L'amiral mourut avant d'avoir réglé cette dette. Son fils Jean, « vollant satisfaire aux obligations de sond. père, bailla quelque somme » au chapitre et obtint un nouveau délai pour verser le reste (5 000 écus et 300 livres), en versant une partie tous les ans jusqu'à plein paiement, dans une lettre d'Heubécourt, 6 octobre 1554 (*ibid.*), mais il demandait que fût réglé l'étalement des remboursements, eu égard à ses importantes dépenses à la guerre. Finalement, il y eut un aux requêtes du palais en 1556 (mémoire inclus dans AD Seine-Maritime, G 3419), relancé en 1559. Le 26 février 1562, il restait 2 117 écus à payer, et le tribunal du bailli de Rouen concéda au chapitre qu'il se payât du reste sur les revenus du fermage des aides et vins de Rouen qui avaient été accordés à l'amiral (*ibid.*, G 3419, sentence) ; mais cette dette était encore courante en 1565 (nouvelle sentence du bailliage de Rouen, *ibid.*, 15 juillet 1565, et à la chambre des deniers, 16 juillet 1565) : il restait alors 1 000 livres à payer. En 1565, après sentence du procureur général

Stuart, l'amiral ne put assister aux obsèques, mais il s'y fit représenter, à la demande de la famille[1].

À l'automne 1550, l'exécution du testament et des obsèques de George d'Amboise, les entrées royales ou les rapports houleux avec le parlement de Rouen montrent que l'amiral d'Annebault faisait, plus que jamais, figure de « chef de la terre normande », au gouvernement de laquelle il se consacrait à plein temps. Par ailleurs, il était désormais rassuré sur les bonnes dispositions d'Henri II à son égard. Le souverain témoignait plus de bienveillance à son amiral que par le passé, peut-être parce qu'il l'avait servi fidèlement au cours des trois dernières années et qu'avec le temps, les rancœurs s'étaient apaisées. Le séjour de la cour à Rouen avait donc prouvé à Claude d'Annebault que celle-ci ne lui était pas définitivement fermée. En outre, la préparation d'une nouvelle guerre contre l'empereur lui laissait encore entrevoir une occasion de gagner la confiance et la faveur du roi.

LA RECONQUÊTE DES RESPONSABILITÉS D'AMIRAL

LA PRÉPARATION D'UNE GUERRE CONTRE L'EMPEREUR

Au début de l'année 1551, les rois de France et d'Angleterre étaient réconciliés, mais dans le même temps, selon le même mouvement de balancier qu'à la fin du règne précédent, les relations entre Henri II et Charles Quint ne faisaient que se dégrader. Jusqu'au mois de mars, le roi ordonnait encore à l'amiral de restituer tout ce qui pourrait être pris, de navires ou de marchandises, à des sujets de l'empereur, mais l'amiral, probablement averti du refroidissement des relations

---

en la cour de parlement de Paris, la dette fut reconnue par Jacques de Silly et Madeleine d'Annebault, avec réévaluation selon le cours des monnaies ; le remboursement fut alors achevé.

1   Les obsèques eurent lieu le 18 septembre ; *ibid.*, fol. 33v-34, Claude d'Annebault au parlement de Rouen, Harfleur, 8 septembre 1550 ; *cf.* aussi la description de l'ordre à tenir par les gens du parlement pendant l'enterrement, *ibid.*, fol. 46v ; *ibid.*, fol. 48v, pour la description du convoi ; AD Seine-Maritime, G 3413 : ordre des cérémonies (copie XVIIIᵉ).

entre les deux souverains, fit demander au roi s'il était toujours de cet avis, sachant qu'il y avait de bonnes occasions de procéder à certaines confiscations[1]. D'Annebault savait sans doute que le roi avait pris le parti de la guerre : des préparatifs étaient en cours depuis janvier 1551, sous la direction du prieur de Capoue[2] et bientôt du baron de La Garde, qui reprenait alors du service en tant que « lieutenant général en l'absence de l'amiral[3] ». La Garde comptait, peut-être en accord avec l'amiral, établir une forteresse sur le littoral flamand, comme on peut le penser eu égard au grand nombre de pionniers et les réserves de pelles et autres instruments embarqués[4]. Dans le même temps, le roi fit ordonner à tous les officiers militaires dans le ressort du parlement de Rouen de faire rassembler les galères à Dieppe afin de les y « fortifier » et les tenir prêtes à la guerre ; ils devaient aussi fournir parmi les prisonniers des galériens en « tel nombre que vous fera sçavoir nostre trescher et tresamé cousin le sieur d'Annebaul[t], admiral de France et nostre lieutenant general en Normandie » pour qu'il les envoyât au Havre et à Dieppe[5].

De son côté, la régente des Pays-Bas n'était pas moins active. Elle faisait arrêter des navires de commerce français et préparait des troupes. En juillet 1551, comme Henri II lui en demanda des explications sur ces mesures, elle répondit que l'amiral de France en faisait autant en Normandie avec les sujets de l'empereur[6]. Jugeant peut-être que l'amiral d'Annebault était allé trop loin, ou trop vite, le roi lui fit sentir sa colère dans une lettre[7] à laquelle l'accusé répondit par ces vigoureuses dénégations :

1   BnF, Clair. 342, fol. 117, Claude d'Annebault à François de Guise, Paris, 4 mars [1551].
2   AN, K 1489, Simon Renard à l'empereur, 22 janvier 1551, copie espagnole.
3   *CAH*, t. V, n° 9969.
4   AGR Belgique, Aud. 1672/1, fol. 163, information anonyme sur les opérations menées par le baron de La Garde, 30 mars 1551 : le baron de La Garde est parti de France avec 50 navires, dont 11 sont arrivés « à Rye port d'Engleterre », 12 « en Portumyde » [Portsmouth], et le reste est demeuré « par torment » sur la côté de France ; ces navires étaient bien équipés d'artillerie et de munitions, et d'un grand nombre de soldats et de pionniers, l'un des navires étant chargé de pelles et d'instruments de creusage, soit pour rompre des digues, soit pour faire un « blockhuys » et un fort.
5   AD Seine-Maritime, 1 B 88 : registre des patents (1539-1557), fol. 54v-56 (*CAH*, t. V, n° 8092), lettres missives d'Henri II au parlement de Rouen, Marchenoir, 25 février 1551 [n. st.].
6   C. de La Roncière, *op. cit.*, t. III, p. 480-481.
7   BnF, Fr. 6604, fol. 3, Henri II à Claude d'Annebault, Langey, 22 juillet 1551.

[C'est] chose que j'ay trouvé merveilleusement estrange. Et comme sans occasion ung tel propos a esté ainsi legerement mis en avant, veu que je n'ay jamais entendu que on les ait en rien empeschez, et encores moins deffendu le traffic avecques eulx, mais au contraire, desirant sur toute chose la conservation et entretenement de l'amitié que je sçay estre entre led. sʳ et led. sʳ emprereur, ce que j'ay tousjours expressement ordonné en Normandie a esté que on les traictast en toutes choses comme les siens propres, et comme je suys seur qu'il le veult et entend[1] [...]. Ce que [...] je vous ay bien voulu faire entendre pour remonstrer par delà ce qui est, affin que l'on ne croye ne desguyse les choses en aucune sorte qu'elles ne sont, et que sans cause l'on n'y traicte les subjetz du roy autrement que la raison.

Le roi et ses conseillers se laissèrent assez facilement convaincre par les arguments de l'amiral :

Il n'y a jamais pensé, rapporta Anne de Montmorency, comme il nous escrit du jour d'hier[2].

On fit alors tout pour rassurer la reine de Hongrie sur les bonnes intentions françaises à l'égard de ses sujets :

[Bassefontaine] nous feist aussi entendre, écrivit-elle à l'ambassadeur de l'empereur à la cour de France, qu'il n'estoit riens de l'arrest de nosd. navires, et que puisque led. sʳ roy ne l'avoit commandé, l'on debvoit estimer que son admiral se seroit advanché de faire si notable faulte[3].

Pourtant, cette affaire serait le *casus belli* : loin de freiner les préparatifs, Henri II fit accélérer les armements de galères et ordonna à l'amiral d'en préparer dix ou douze de plus ; mais il précisa qu'il entendait que l'on prît ses instructions avant que de faire voile, car « il ne vouloyt point que les affaires se maniassent comme le temps passé[4] ». Faut-il voir dans cette recommandation la persistance d'une certaine méfiance du roi vis-à-vis de l'amiral, ou une allusion à la conduite des campagnes précédentes par les Strozzi ? En tout cas, il semble bien qu'Henri II ait

---

1 AGR Belgique, Aud. 1672/1, fol. 152-v, Claude d'Annebault à Sébastien de L'Aubespine, sʳ de Bassefontaine, Paris, 24 juillet [1551].

2 *Mémoires-journaux du duc de Guise*, éd. Michaud et Poujoulat, dans *Mémoires pour servir à l'Histoire de France*, t. VI, p. 66, Anne de Montmorency à François de Guise, Blois, 27 juillet 1551.

3 AGR Belgique, Aud. 433/2, fol. 110-120, Marie de Hongrie à Simon Renard, Bruxelles, 7 août 1551.

4 Lettre anonyme déjà cit. au cardinal Du Bellay, Paris, 11 juillet 1551.

laissé moins d'initiative aux Strozzi et davantage de responsabilités à l'amiral, chef naturel de ses armées de mer, cette fois associé à la préparation de la campagne[1].

LES DEVOIRS DE LA CHARGE D'AMIRAL

Croyant le moment venu, Claude d'Annebault échafauda un nouveau projet de campagne contre l'amiral de Flandre, Maximilien de Bourgogne. Il envoya ensuite Polin de La Garde, récemment libéré – mais pas encore innocenté –, soumettre ce plan au roi : dans son mémoire, il le priait de le laisser accomplir « les devoirs de sa charge », à la tête de quinze vaisseaux[2]. Toutefois, le roi ne lança pas de campagne de grande envergure cette année-là et la guerre ne fut pas encore déclarée[3]. Le baron de La Garde lança tout de même quelques opérations qui furent de francs succès en août et septembre 1551 ; son retour au Havre, le 12 septembre, fut triomphal, car il ramenait seize vaisseaux chargés d'un butin de six à sept cent mille écus et de superbes marchandises, dont l'amiral d'Annebault, comme il en avait le droit, conserva une part appréciable, ainsi qu'une superbe armure offerte par Polin[4].

Dès lors, l'amiral d'Annebault, peut-être grâce à ces derniers succès, exerça encore plus librement sa charge d'amiral. Il développa davantage la guerre de course, c'est-à-dire l'octroi de « lettres de marques » ou « de représailles », permettant aux capitaines qui les recevaient de

---

1   *Cf.* par exemple BnF, Clair. 344, fol. 172, Claude d'Annebault à François de Guise, le Bec-Hellouyn, 18 juin [1551] : « J'ay ycy receu une lettre qu'il a pleu au roy m'escripre, pour choses de telle importance qu'il m'a semblé luy devoir envoyer homme esprez pour luy en rendre meilleur compte de mon advys, affin que l'ayant bien entendu, il luy plaise m'en commander sa resolution. En pour ceste cause aiant despesché ce porteur bien instruict pour cest effect, je luy ay aussi donné charge de vous faire le tout pareillement entendre. »

2   BnF, Mor. 778, fol. 25, double des instructions de l'amiral d'Annebault au baron de la Garde allant vers le roi, [été 1551].

3   Sur ces prémisses de guerre de l'année 1551, voir C. de La Roncière, *op. cit.*, t. III, p. 482-485.

4   C. de La Roncière, *op. cit.*, t. III, p. 482 ; G. Fournier, *Hydrographie, op. cit.*, p. 249 : « L'an 1551, le 18 de septembre, commission en forme de declaration fut donnée à l'amiral d'Annebaut pour faire vendre 16 vaisseaux pris sur les Flamands et gens de l'empereur, pour être les marchandises et deniers qui proviendraient de la vente partagés, sçavoir : le dixiesme de l'amiral déduit sur le total, et du surplus le quart au roy, le quart et demy quart aux avitailleurs, et l'autre quart et demy quart aux capitaines et compagnons. »

prendre des navires et leurs cargaisons au nom du roi et de l'amiral, dont ils arboraient les bannières[1]. Il n'est pas possible d'estimer le nombre des lettres alors délivrées ou en circulation, les lettres données étant d'ailleurs difficiles à révoquer. Cependant, le modèle nous en est connu par les lettres d'un corsaire français, Jacques Masse, arrêté par le roi d'Angleterre, puis libéré parce qu'il put produire ces lettres de commission de l'amiral d'Annebault, attestant qu'il servait son allié le roi de France :

> Claude, seigneur et baron Danebault, de Ray et la Henaudaye, et du Honnet, chevallier de l'ordre du roy, admyral de France, gouverneur et lieutenant general du dit seigneur en ses pays et duchié de Normandye, a tous qu'il appartiendra. Savoyer faysons que nous avons donné permyssion et congé a Jacques Masse de Fécamp, maistre d'une nef nommee la Bonne Adventure, du port de trente cinq tonneaulx ou environ, pour equipper en guerre et icelle mener et conduire contre tous les ennemys du roy, savoyer est Espanos, Portugues et Flamans, et iceulx prendre et amener, en gardant nos droyos de l'admyraultye, a tous ports et havres de notre duchie de Normandie. Sy donnons en mandement a tous les offyciers et sugets du roy audict gouvernement de notre admiraltie de ne luy donner ou souffrir estre donné aulcune empechment. Faict souls mon seyn et seel le IIIIme septembre mil V^C cinquante et ung. Ainsi signé DANNEBAULT[2].

Dans le même temps, l'amiral fut aussi indirectement associé à l'effort de guerre en Italie. À la fin du mois de septembre, le roi lui demanda d'y faire acheminer six compagnies alors sous sa responsabilité en Normandie :

> Le sieur dom Ferrand laissa la guerre de Parme et s'en vint en Ast assembler forces pour dresser un grand camp [...][3]. Le roy, en estant adverty, commanda à monsieur l'admiral qu'il envoyast six de ses compagnies à toute diligence à

---

1   G. Zeller, *Institutions, op. cit.*, p. 334 ; les incidents relatifs au développement de cette forme de guerre se firent de plus en plus fréquents après 1548 (*cf.* AN, K 1488, dépêches des ambassadeurs de l'empereur, *passim*). Par exemple, *CSP, Venetian*, t. V : 13 octobre 1551 (p. 365, n°714), lettre du doge et du Collège à l'ambassadeur de Venise en France, et le même jour (p. 365, n°713), le doge et le Collège à Giacomo Soranzo, ambassadeur de Venise en Angleterre, sur la capture par la flotte française de deux navires vénitiens chargés de marchandises, dont la « Ragazona », que Henri II fit finalement restituer à leur propriétaire.

2   *Acts of the Privy Council, op. cit.*, t. III (1891), p. 422, séance du 21 novembre 1551 ; le capitaine français avait pris deux vaisseaux portugais.

3   Paradin, *Continuation, op. cit.*, p. 22.

monsieur le mareschal de Brissac. Le capitaine Ynard, lequel pour lors n'estoit
que sergent major, les mena[1].

Sans être encore sur la voie d'un retour en grâce, l'amiral semblait
moins à l'écart des questions politiques, en tout cas dans le domaine de
la guerre. Il eut encore l'occasion de se mettre en valeur en s'acquittant
de l'organisation du retour en Écosse de Marie de Lorraine, mère de
Marie Stuart et sœur du duc de Guise.

LE RETOUR EN ÉCOSSE DE LA REINE DOUAIRIÈRE

Après avoir laissé sa fille à la cour de France, la reine douairière était
désireuse de retourner en Écosse. L'amiral d'Annebault lui fit donc
apprêter six vaisseaux :

> N'y aura faulte, Madame, que au Havre de Grace je ne face tenir six bons
> navyres prestz pour porter voz chevaulx et bagages, ainsi qu'il vous pleust
> le me mander, et quant a ceulx pour vostre personne, le roy m'a bien escript
> de faire tenir les siens prestz pour vostre passage, mais je n'ay point entendu
> le nombre. Et pour ce, Madame, vous luy en escriprez, s'il vous plaist, ou a
> autre qu'il vous plaira, pour le me faire commander, et aussi qu'il soyt envoyé
> argent tant pour les victuailles, solde des marynyers et gens de guerre, s'il en
> fault, que pour le volleage desd. six navyres, d'autant que l'on n'y a encores
> pourveu, et je vous asseure, Madame, que je feray ce que je pourray a ce que
> luy ait point de retardement[2].

Il conseilla à Marie de Lorraine d'éviter les eaux flamandes, en passant
plutôt par l'Angleterre, à condition d'être sûre du roi[3]. Elle suivit cet
avis et sollicita un sauf-conduit d'Édouard VI[4]. Cependant, le départ
fut retardé par des difficultés divers, notamment de ravitaillement, dont

---

1   Monluc, *Commentaires*, t. I, p. 334 ; Monluc dit aussi à Brissac, qui craignait les
    Allemands : « Et faictes-vous si grand estat des Allemans du seigneur dom Ferrand ?
    Monsieur l'admiral a six compagnies, que le capitaine Ynard commande. Monsieur de
    Bonivet luy en baillera quatre des siennes. [Ynard] s'obligera de combattre avec lesdictes
    enseignes les Allemans. » (*ibid.*, p. 342).
2   BnF, Fr. 20457, fol. 101, Claude d'Annebault à la reine douairière, Heubécourt, 16 juil-
    let [1551] ; AGR Belgique, Aud. 1672/1, fol. 152-v, Claude d'Annebault à Sébastien de
    L'Aubespine, sʳ de Bassefontaine, Paris, 24 juillet [1551] : « J'ay bien fait arrester ceulx
    des subjetz du roy, pour en prendre ce que seroit necessaire pour le passaige de la reyne
    d'Escosse ».
3   *Ibid.*, fol. 137, Claude d'Annebault à François de Guise, Amiens, 20 septembre [1551].
4   *CSP Scottish*, t. I, p. 100, 29 août 1551.

d'Annebault s'excusa auprès de François de Guise par l'intermédiaire de La Garde : si l'amiral retardait le départ, expliqua Polin, c'était uniquement pour que la reine traversât en toute sûreté, « car mons[r] l'admiral n'y veult espargner chose qu'il ayt[1] ». Plus encore que l'estime du roi, c'est le crédit de l'amiral auprès des Guise qui était en jeu. Finalement, Marie de Lorraine partit fin octobre et la traversée fut une réussite. Le 9 novembre, le roi d'Angleterre la reçut à Hampton Court[2].

De 1548 à 1551, l'amiral d'Annebault parvint donc tant bien que mal à exercer ses principales charges et à servir le roi. Ce faisant, il trouva le moyen de retrouver un semblant de crédit et d'estime, et l'exercice de ses responsabilités d'amiral, bien que ceci ne suffît pas encore à le faire revenir durablement à la cour. En attendant, il continua de vaquer principalement à ses obligations locales. L'une de ses dernières actions de lieutenant général au gouvernement de Normandie fut d'organiser l'établissement du rôle du ban et de l'arrière-ban du bailliage de Caen, dont les premières montres se tinrent le 25 novembre 1551 ; les dernières eurent lieu le 25 mai 1552[3]. Entretemps, l'amiral avait quitté la Normandie, car le roi avait de nouveau requis sa présence au conseil et donné le signal d'un rappel jusqu'alors vainement espéré.

---

1   BnF, Fr. 20463, p. 5, Antoine Escalin de La Garde à François de Guise, Le Havre, 28 septembre 1551 ; *cf.* aussi BnF, Fr. 20537, fol. 7, Claude d'Annebault à François de Guise, Le Havre, 2 octobre [1551].

2   BnF, Fr. 20457, fol. 279, Claude de Laval, s[r] de Bois-Dauphin, à François de Guise, Londres, 9 novembre 1551.

3   Émile Travers, *Rôle du ban et de l'arrière-ban du bailliage de Caen en 1552*, Rouen-Paris, 1901 ; une fois vérifiés, les rôles devaient être expédiés à lui et au roi.

ULTIME RETOUR AUX AFFAIRES
(1552)

LA RÉGENCE DE CATHERINE DE MÉDICIS

Henri II, rêvant d'une glorieuse expédition, avait décidé de mener lui-même les armées françaises jusque dans l'Empire. En effet, la nouvelle alliance conclue avec les princes protestants le 15 janvier 1552, à Chambord, prévoyait que le roi de France garderait, pour prix de son soutien, les trois évêchés de Metz, Toul et Verdun, à condition de les conquérir par les armes[1]. Bien entendu, tous les grands seigneurs de la cour voulurent être du voyage, et le roi ne pouvait se priver des services et de la compagnie de Saint-André, La Marck, Guise ou Montmorency.

LES RAISONS DU RAPPEL DE L'AMIRAL

Avant son départ, Henri II devait veiller à ce que les affaires internes au royaume pussent être menées sans interruption. Il organisa donc une régence « d'absence[2] », selon des modalités un peu complexes, officiellement confiée à la reine Catherine de Médicis, mais avec des pouvoirs restreints et une concurrence, dans les principales villes du royaume, d'autres « conseils du roi » confiés à des personnalités influentes. Le principal « conseil du roi » était cependant installé auprès de la jeune reine régente qui reçut, pour le diriger, l'assistance de Claude d'Annebault[3].

---

1 I. Cloulas, *Henri II, op. cit.*, p. 306-310 ; le détail des opérations militaires ne sera pas ici développé.

2 Selon la typologie proposée par André Corvisier, *Les régences en Europe. Essai sur les délégations de pouvoirs souverains*, Paris, 2002 ; cela rejoint l'analyse de F. Cosandey, *op. cit.*, p. 302-303.

3 Cette régence a été également étudiée par B. Barbiche, « La première régence de Catherine de Médicis (avril-juillet 1552) », dans *Combattre, gouverner, écrire : études réunies en l'honneur de Jean Chagniot*, dir. Y.-M. Bercé *et alii*, Paris, 2003, p. 37-45 et Thierry Wanegffelen,

Il est possible que la reine Catherine ait elle-même demandé d'être secondée par l'expérimenté amiral.

> Le cognoissant de grand service, affirme Brantôme, [elle] envoya quérir cet honorable vieillard[1].

En effet, sous François Ier déjà, elle semble avoir eu de l'estime pour d'Annebault, avec lequel elle entretint toujours des rapports chaleureux[2]. Il arrivait parfois, en ce temps, que l'on sollicitât l'intervention de la dauphine pour obtenir quelque chose de l'amiral[3], qui de son côté, lui témoignait beaucoup d'égards[4]. Cependant, on doit plutôt penser que le nom de Claude d'Annebault s'imposa comme une évidence aux conseillers du roi : alors que tous les grands de la cour accompagnaient le roi, quel gentilhomme restant en France était assez expérimenté pour conseiller la reine et l'assister dans sa tâche ? Seul l'amiral d'Annebault, rompu aux pratiques du gouvernement, pouvait faire l'affaire. Il fut peut-être proposé par Guise, ou même par Montmorency, car les rancunes s'étaient émoussées avec le temps, « ne craignant plus le connestable », dit Tavannes, « qu'iceluy [amiral] balançast sa faveur, estant comme roy luy-mesme[5] ».

La régence ne devait prendre effet qu'au moment du départ du roi, mais d'Annebault fut appelé dès le début du mois de février. Immédiatement, il reprit place au conseil étroit, aux côtés de Montmorency : il participa ainsi au conseil qui décréta l'absolution pour le baron de La Garde[6], et fut apparemment régulièrement présent aux sessions du matin[7]. Il n'est

---

Le pouvoir contesté. Souveraines d'Europe à la Renaissance, Paris, 2008, p. 156-162 plutôt que Id., *Catherine de Médicis*, Paris, 2005.

1   Brantôme, t. II, p. 211.

2   *Cf.* par exemple p. 528 l'anecdote de l'accouchement de 1546 (naissance d'Élisabeth), ou encore les paroles que Vieilleville prête à Catherine dans l'épisode du remariage de la veuve de Montejean (p. 124).

3   AS Modena, Cart. amb., Francia 20, lettre Giulio Alvarotti au duc de Ferrare, Blois, 19 mars 1545.

4   *Négociations de la Toscane, op. cit.*, t. III, p. 140.

5   [J. de Saulx-Tavannes], *Mémoires de Saulx-Tavannes, op. cit.*, p. 164.

6   Au mois de février ; on peut supposer que d'Annebault rentra au conseil des affaires dès la proclamation de la régence.

7   Sa présence est attestée pour deux édits datés de Joinville, mars 1552, l'un en compagnie du cardinal Charles de Lorraine, du duc de Guise et du connétable (*CAH*, t. VI, p. 106, n° 10768), l'autre avec les ducs de Vendôme et de Nevers, le connétable, le maréchal de Saint-André et Pierre Rémon (*CAH*, t. VI, p. 108, n° 10779) ; de même, pour un édit de

pas pour autant établi qu'il jouât un rôle actif dans les délibérations du conseil. Sa présence avait probablement pour objectif principal de lui faire connaître l'état des affaires du roi, afin de faciliter la transition et de préparer au mieux la régence. Il devait y tenir un rôle prépondérant, assistant la reine Catherine dans sa tâche quotidienne[1].

LA PROCLAMATION DE LA RÉGENCE

La régence fut proclamée par un lit de justice solennel au parlement de Paris, le vendredi 12 février 1552[2]. Claude d'Annebault était alors assis à la droite du roi, avec les pairs de France, dont le connétable de Montmorency et le duc de Guise :

> Le roy a dict qu'il estoit bien voulu venir en sa court pour faire entendre les grans apprestz de guerre que l'empereur faict contre luy et son royaume.

Henri II expliqua qu'il était contraint d'agir pour empêcher les erreurs et punir les dévoyés ; mais, soucieux de faire bonne justice à ses sujets, « s'il s'en va il lai[sse]ra la royne sa femme regente, avec son fils, et son conseil, et veut qu'ils leur obéissent comme a sa propre personne ». Puis le connétable fit un long discours, dénonçant les mensonges de l'empereur :

> La royne Marie de sa part es Pays Bas a faict arrester navires, personnes et biens des subiectz du roy, prenant couleur que en Normandie avoient esté retenus des leurs. Le roy, adverty, envoya incontinent pour le sçavoir devers monsieur l'admiral, icy present, qui en est bon tesmoin, et connai[s] personne d'honneur.

Joinville, avril 1552, avec les mêmes (*CAH*, t. VI, p. 135, n° 10952) ; en revanche, il n'assista sans doute guère aux séances de l'après-midi, pour les affaires de moindre importance. D'Annebault fut une fois présent (d'après les registres d'expéditions conservés) à la *jussio* d'un acte, dont il n'est pas exclu qu'il demandât personnellement l'expédition, puisqu'il s'agissait d'une confirmation des privilèges de la principauté d'Yvetot à Martin Du Bellay, l'un de ses anciens fidèles capitaines (*CAH*, t. VI, n° 10943).

1   Il se peut qu'elle ait aussi assisté aux délibérations du conseil sans prendre part aux délibérations.

2   Sarah Hanley, *Le « Lit de justice » des rois de France. L'idéologie constitutionnelle dans la légende, le rituel et le discours*, Paris, 1991, p. 131-132 ; T. Godefroy, *Le Cérémonial françois, op. cit.*, t. II, p. 537-545 ; A.N. X¹ᴬ 1571, fol. 278v-282v, publ. par M. Houllemare, *Politiques de la parole, le parlement de Paris au XVIᵉ siècle*, Genève, 2011, p. 576-581 ; AN, U 153, vendredi 12 février 1551 [a st.]

L'amiral répondit alors « comme la verité qu'il n'y en a aucun retenu ». Mais le roi, continua Montmorency, avait tout supporté pour montrer son attachement à la paix. Puis le connétable rassura la compagnie en détaillant les aspects défensifs de la campagne et du conseil de régence[1], chargé de maintenir l'ordre dans le royaume et de faire venir des Suisses en garnison en Champagne :

> Laisse monsieur l'amiral et son conseil avec la royne, et sy l'occasion se presente que le roy esloigne son royaume, fait venir six mille Suisses qui tiendront garnison en Champagne, et serviront d'une pepinière pour les croiste quant on voudra et qu'il en sera besoing.

Dans les principales villes du royaume, Paris, Lyon, Rouen et Toulouse, le roi établirait des conseils locaux sous la direction de grands personnages. Le cardinal de Bourbon, chargé de veiller sur Paris, prit ensuite la parole. Enfin, Pierre Rémon, premier président, conclut pour le parlement :

> Vous y trouverez obéissance, dit-il au nom des membres de la cour, et bonne volonté de satisfaire a tout ce qu'il vous plaira ordonner et commander, non seulement vous, Sire, mais la royne, monseigneur le dauphin et messieurs de vostre conseil, auquel vous donnerez pouvoir en vostre absence de nous commander.

UNE RÉGENCE AUX POUVOIRS LIMITÉS

La reine régente n'entra en exercice qu'au début du mois d'avril, lorsqu'elle reçut ses pouvoirs, et que l'amiral reçut ceux de lieutenant général du roi en Champagne, Picardie, Bourgogne et Normandie[2]. Cependant, Henri II dut différer son départ et rester avec la cour à

---

1 *Ibid.* : « Le roy a donné bonne provision a la defense et seurté de son royaume : il laisse le roy de Navarre en Guyenne avec le comte du Lude, le sieur de Burie, et autres bons cappitaines, et quatre compagnies ; aussi le Languedoc demeure bien pourveu, et est faicte bonne ordonnance par le Picardie, Champagne et Bourgoigne ; laisse monsieur l'amiral et son conseil avec la royne, et sy l'occasion se presente que le roy esloigne son royaume, fait venir six mille Suisses qui tiendront garnison en Champagne, et serviront d'une pepinière pour les croiste quant on voudra et qu'il en sera besoing ; en ceste ville [de Paris] demourera monsieur le cardinal de Bourbon, avecques autres nobles personnages, semblablement es autres bonnes villes, comme Lion, Rouen et Tholoze, met personnage d'autorité et conseil pour pourveoir a ce qu'il faudra. »

2 *CAH*, t. VI, p. 12, n° 10894, *CAH*, t. VI, p. 239, n° 11665, et textes édités en annexe de ma thèse de doctorat, p. 848-854.

Joinville, car la reine était malade. Le 10 avril, la reine étant désormais convalescente, le roi la confia aux soins de ses conseillers et se mit en route :

> Il laissa la régence du royaume à la reine, assistée de l'amiral d'Annebaud, qui pendant son absence devoit lui donner ses conseils et remédier à tous les accidens qui pourroient arriver[1].

Au même moment, les autres « conseils du roi » venaient d'être constitués. À Paris, il était composé des cardinaux de Bourbon, Du Bellay et de Meudon, de chancelier Olivier, des seigneurs de Villeroy et de Nantouillet et du prévôt de Paris ; comme prévu, il était dirigé par le cardinal de Bourbon, lieutenant général du roi à Paris et en Île de France, chargé de remplacer le roi auprès des cours souveraines et de donner les avis qu'il jugerait nécessaires, tant au roi qu'à la reine et au Conseil privé résidant auprès d'elle[2]. De même, d'autres cardinaux furent établis lieutenants généraux à Toulouse et à Lyon, ainsi qu'à Rouen ; dans cette dernière ville, le roi désigna le cardinal d'Annebault[3].

Ainsi, la régente ne contrôlait vraiment que les provinces frontalières où elle serait amenée à résider, soit la Champagne, la Bourgogne et la Picardie, voire en partie la Normandie, dont l'amiral était nommé lieutenant général. C'est-à-dire qu'elle régnait, conjointement avec l'amiral, sur les arrières de l'armée du roi. Assistée du garde des sceaux Bertrand, un homme de Diane de Poitiers, et de Claude d'Annebault avec qui elle partageait « la responsabilité de lever des troupes si la défense du royaume la nécessitait », elle n'était pas maîtresse de son conseil où les décisions se prenaient à la majorité des voix, au contraire de Louise de Savoie qui, en 1524, n'avait eu aucun « compagnon[4] ». En outre, elle n'était pas autorisée à pourvoir aux bénéfices consistoriaux, n'avait qu'une autonomie limitée

---

1   J.-A. de Thou, *op. cit.*, t. II, p. 227.
2   Pouvoirs donnés à Reims, 13 mars 1552 [n. st.], et enreg. au parlement le 11 avril suivant (AN, X¹ᴬ, 1571, fol. 533 ; copies du XVIIIᵉ siècle, BnF, NAF 7229 (Brienne 260), fol. 127-130, et Fr. 7492, fol. 158 *sq.*) ; *cf.* aussi L. Romier, *Origines politiques*, *op. cit.*, t. I, p. 109.
3   Il fut nommé le 7 avril 1552 (AM Rouen, A 16, Délibérations, fol. 175).
4   I. Cloulas, *Catherine de Médicis*, Paris, 1979, p. 109, et R. J. Knecht, *Catherine de' Medici*, Londres, 1998, p. 43. Elle avait toutefois plus de pouvoirs que la mère de François Iᵉʳ en 1515, lorsque le roi partit conquérir le Milanais (F. J. Baumgartner, *op. cit.*, p. 149) ; c'est là toute la différence entre une régence temporaire, destinée à durer quelques semaines ou mois, et une régence établie pour un long temps, plus ou moins défini.

en matière de finances et dans l'instruction des affaires criminelles et délictuelles. Mais les aspects les plus courants de l'administration lui étaient délégués, avec le droit de sceller les actes de son sceau, sauf les actes de finances qui devaient être scellés du grand sceau[1].

Catherine de Médicis ne voulut pas faire publier en cours souveraines cette déclaration de régence qui « diminuerait plus qu'elle n'augmenterait de l'autorité que chacun estime qu'elle a, ayant cet honneur d'être ce qu'elle est au roy ». Elle n'hésita pas à se plaindre des limitations de son pouvoir[2], notamment à l'amiral[3]. Ainsi, lorsque le connétable fit savoir à la reine qu'elle ne devrait pas ordonner de dépenses supplémentaires sans en parler au roi et s'informer de son plaisir, Catherine lui rétorqua subtilement que si elle avait eu les pleins pouvoirs, toutes ses actions eussent été en conformité avec les ordres du roi[4].

LA TRANSMISSION DES NOUVELLES
ET L'EXPÉDITION DES AFFAIRES COURANTES

La tâche principale de Catherine de Médicis était d'assurer l'intendance à Châlons, Rethel, Sedan et La Fère, afin que les armées du roi ne manquent de rien. L'approvisionnement des armées en vivres fut d'abord assuré par la ville de Châlons à la demande du roi, et sans doute Catherine devait-elle y veiller. Fin mai, la régente ordonna elle-même au conseil de ville de Reims d'acheminer mille cinq cents à deux mille pains à la garnison de Stenay, et quelques jours plus tard, une grande quantité de pain en treize charrettes à l'armée du roi[5]. Pendant ce temps, Catherine priait pour le succès du son époux, prit le deuil et le fit porter à son entourage, tandis que toute la cour passait ses journées en prières :

---

1 B. Barbiche, « La première régence de Catherine de Médicis », art. cité, p. 39. T. Wanegffelen, *Le pouvoir contesté, op. cit.*, p. 160.

2 Sur ce point, voir Paul Van Dyke, *Catherine de Médicis*, Londres, 1923, 2 vol., t. I, p. 65-68.

3 G. Ribier, *op. cit.*, t. II, p. 387, lettre du 11 avril 1552 ; Sismondi, *op. cit.*, t. XVII, p. 448-449.

4 F. Decrue, *Anne de Montmorency... sous les rois Henri II, François II et Charles IX, op. cit.*, p. 115, et R. J. Knecht, *Catherine de' Medici, op. cit.*, p. 44.

5 L. Bourquin, « "Pour le bien publicq de vostre ville" : les cités de Champagne entre invasion et taxation (1550-1559) », dans *Pour une histoire sociale des villes. Mélanges offerts à Jacques Maillard*, dir. P. Haudrière, Rennes, 2006, p. 31-41, notamment p. 36 ; sur ce rôle de munitionnaire et d'intendance des armées, voir aussi T. Wanegffelen, *Le pouvoir contesté, op. cit.*, p. 158-159.

Veux-tu savoir ce que nous devenons, écrit Michel de l'Hôpital à l'un de ses correspondants aux armées, ce que fait [...] toute cette foule impropre à porter les armes ? Nous fatiguons le ciel de nos prières[1].

En Champagne, elle recevait les nouvelles de la progression des armées, et les faisait parvenir jusqu'à Paris, en Aquitaine ou en Piémont. Au début, c'est d'ailleurs l'amiral qui s'en chargea seul, tant que la reine était convalescente. Ainsi, les 13 et 14 avril, il écrivit aux gens du parlement de Paris ou encore à Charles de Brissac, gouverneur de Piémont, pour les informer de la prise de Gorze et de Metz.

> Par lettres que le roy a presentement escrites à la royne, il l'a advertie comme monsieur le connestable estoit entré dedans Metz avec une grande partie des forces du roy, et aussi que ayant mondit seigneur le connestable entendu qu'il y avoit quelque nombre d'Espagnols dedans Voze qui l'avoient fortifiee, il les avoit envoyé sommer par un trompette de luy faire ouverture ; ce qu'ilz avoient refusé avec response de braverie telle que Espagnols ont accoustumee. Surquoy mondict sieur le connestable avoit sur l'heure despesché monsieur d'Aumale, et avecques luy, monsieur de Chastillon, avecques quatre pieces d'artillerie et quelque nombre de gens de pied pour leur faire parler autre langage ; qui fit en cela toute diligence que après que trois ou quatre coups de canon avoient fait quelque peu d'ouverture, nos gens entroient dedans et mirent en pieces tous lesdits Espagnols. Dont je n'ay voulu faillir vous donner advis, ensemble que la royne, après avoir entendu ces bonnes nouvelles, s'est trouvee trop mieux qu'elle ne souloit, et depuis est allee d'heure en autre en amendant, qui nous donne esperance qu'elle recouvrira en bref entiere et parfaite guerison. Qui sont nouvelles telles, Messieurs, qui meritent que vous en faictes rendre grace a Dieu en sa ville de Paris, avec prieres et processions generalles, et m'a ladite dame, ainsi enchargé le vous faire escrire pour le bien et prosperité des affaires d'icelluy seigneur, a quoy je suis bien asseuré que ne ferez faulte[2].

Catherine de Médicis et Claude d'Annebault recevaient les paquets de tous les fronts. Lorsque l'amiral recevait un envoi de Brissac, il lisait les lettres adressées au roi, pour juger si certaines informations devaient être transcrites en chiffre avant que l'on courût le risque de les faire

---

1 Cité par J.-F. Solnon, *op. cit.*, p. 18, et É. Bourciez, *Les mœurs polies et la littérature de cour sous Henri II*, Paris, 1988, p. 349.

2 AN, X^{1A} 1571, fol. 486-487, Claude d'Annebault au parlement de Paris, Joinville, 13 avril [1552] ; BnF, Fr. 20449, fol. 131, Claude d'Annebault à Charles de Brissac, Joinville, 14 avril [1552].

parvenir en Lorraine[1]. Tout comme la reine, il suivait à distance la progression des armées, priait pour des succès français et proférait de fervents encouragements à ses amis et protecteurs, François de Guise et Charles de Cossé-Brissac :

> J'espere que si les ennemys s'attachent a quelcune de noz places entre cy et vostre venue, nous aurons ce plaisir de les veoir lever avec leur courte honte : car je ne sçay pas fantaysie qu'ilz vous attendent, quelzques braves qu'ilz pensent estre[2].

Pendant que les armées royales progressaient, la régente et l'amiral (en avril à Joinville, puis en mai à Châlons) recevaient des directives du roi, qui continuait à délibérer, pendant la campagne, avec ses conseillers des principales affaires d'État. Le roi ne cessa donc pas de décider, ni même d'émettre des actes et lettres patentes. Toutes les principales initiatives politiques venaient de lui[3]. Toutefois, une concertation avec la régente et son conseil était toujours possible, au moins en théorie. Entre Châlons et Metz, la distance n'était pas si grande qu'elle empêchât toute collaboration, comme le prouve le formulaire un peu particulier de ces lettres patentes :

> Sçavoir faisons que nous, lesd. choses considerees, et après avoir le tout faict veoir, congnoistre et deliberer, et en sur ce l'advis de plusieurs grands et notables personnaiges estans et residens tant au conseil estant lez nous que celluy que nous avons estably près nostre treschere et tresamee compaigne la royne[4].

Il semble même que la plupart des édits et lettres patentes aient émané du roi, tandis que la reine s'occupait surtout de nommer aux offices

---

1   BnF, Fr. 20470, fol. 95, Claude d'Annebault à François de Guise, Châlons-en-Champagne, 18 mai [1552].

2   *Ibid.*

3   *Cf.* par exemple les lettres missives (Châlons, 25 mai 1552) adressées à un trésorier pour lui demander d'assigner la recette du douaire de la reine douairière Éléonore à la duchesse de Parme, parce que le roi a décrété ce transport pour le temps de la guerre de Parme, et jusqu'à ce que la duchesse ait retrouvé ses États (copies dans AN, K 1489) ; de même pour la ratification d'accords avec le Saint-Siège (B. Barbiche, « La première régence de Catherine de Médicis », art. cité, p. 42).

4   AN, X[1A] 8617, fol. 409-411, lettres patentes d'Henri II sur la suppression du siège présidial de Montfort-l'Amaury, transporté à Mantes-sur-Seine ; Bernard Barbiche (« La première régence de Catherine de Médicis », art. cité, p. 43) a aussi relevé, notamment pour les *jussio*, qu'« il y a eu des "navettes" entre les deux centres du pouvoir ».

vacants, ou encore d'accorder des lettres de légitimation, de naturalité ou de rémission. Toutefois, plusieurs secrétaires tels que Bochetel, Duthier, Robillart ou Burgensis avaient été laissés auprès de la reine ; celle-ci pouvait donc donner des lettres patentes, mais elles étaient intitulées « Henry, par la grâce de Dieu » et souscrites « Par le roy, en son Conseil estably à Chaalons » ; début mai, la formule souscrite devint « Par le roy, en son Conseil estably auprès de la royne regente[1] ». Les lettres missives étaient par contre suscrites « de par la royne regente » et signées « Catherine[2] ».

D'avril à juillet 1552, Catherine et ses conseillers ne prirent aucune mesure bien originale et ils n'étaient sans doute pas en mesure de le faire. De plus, il semble que la régente eût à pâtir d'un conflit latent avec le parlement de Paris, dont elle obtenait difficilement l'enregistrement de ses actes. Elle reçut notamment, début mai, la visite de conseillers envoyés à Châlons pour lui faire, ainsi qu'à « messieurs du conseil privé estably pour le roy a Chaalons », des remontrances sur des créations d'offices[3]. Michel de l'Hôpital fut tout spécialement commis à l'examen des remontrances faites par le parlement aux édits du conseil de régence. La mauvaise volonté des conseillers était d'autant plus manifeste qu'ils refusaient d'exécuter certaines jussions, et s'ils enregistraient les édits émanant du conseil du roi établi à Châlons auprès de la reine, ils le faisaient sans les solennités accoutumées[4]. Le fait qu'il existât concurremment un autre « conseil du roi » dirigé à Paris par le cardinal de Bourbon n'était probablement pas étranger à ces résistances.

La plupart du temps, Catherine était donc surtout une intermédiaire entre le roi et son royaume. Dans les faits, même si elle avait été proclamée régente, elle ne jouissait donc que de pouvoirs très limités, sur une partie restreinte du royaume et sans les grandes villes. Bien que son conseil s'intitulât « conseil du roi » et que ses actes fussent des actes royaux, sa régence de 1552 s'apparente donc davantage, par sa nature, au conseil installé à Paris auprès du cardinal de Tournon en juin 1543

---

1 AN, X¹ᴬ 8617, fol. 402-403 : confirmation de droits des commissaires du Châtelet, Châlons, 25 avril 1552 ; fol. 405-v : déclaration sur les privilèges judiciaires de l'université d'Orléans, Châlons, 4 mai 1552

2 AN, U 153, 16 mai 1552 ; sur l'activité des services de chancellerie laissés à Catherine de Médicis, *cf.* B. Barbiche, art. cité, p. 41-43.

3 AN, U 153, 16 mai 1552.

4 BnF, Fr. 7544, fol. 433-434, copie XVIIᵉ.

(lorsque François Ier était en Hainaut), qu'à une régence de plein exercice, comme les régences « de minorité » de Charles IX entre 1560 et 1563[1] et la régence « d'attente » du retour d'Henri III en France, en 1574[2].

UN « VICE-ROI EN FRANCE » ?

D'avril à juillet, Catherine de Médicis collabora avec Claude d'Annebault que le roi avait choisi en raison de la « longue expérience qu'il [avait] en la conduicte et direction des grandes et importantes charges ». Il n'est pas facile d'évaluer le rôle exact que l'amiral joua auprès de la reine, ni l'étendue de l'autonomie dont il jouit peut-être en certaines matières. « Lieutenant général du roi près de la reine » en son conseil, son rôle premier auprès la régente était bien sûr celui d'un conseiller :

> Vous entendez, mon cousin, écrit par exemple la reine au cardinal de Bourbon à propos de prêcheurs séditieux sévissant à Paris, comme un peuple est facile sous telles couleurs de zele et devotion à s'esmouvoir et faire tumulte, à quoy il est plus aisé de pourvoir au commencement qu'après que lesdits propos seroient confirmez et reiterez. Pour ceste cause, je vous ay bien voulu escrire sur l'heure de l'advertissement que j'y ai eu, après en avoir conféré avec mon cousin l'admiral et autres que le roy a laissez icy auprès de moy[3].

En outre, Claude d'Annebault avait été nommé « lieutenant général pour le roi » dans les « pays, provinces et gouvernements de Normandie, Picardie, Champagne et Bourgogne, terres adjacentes et terres enclavées » avec la charge de les défendre de toute invasion après délibération avec la reine régente et son conseil. Rabutin le qualifia ainsi, de manière sans doute très excessive, de « visroy en France[4] ».

L'amiral d'Annebault se consacrait exclusivement au conseil de la régente et aux affaires des armées de terre ; il ne s'occupait donc plus

---

1   Dans ce cas, la liberté d'action de la reine était toutefois limitée par la lieutenance générale d'Antoine de Bourbon.
2   Je reprends ici la typologie dressée par André Corvisier (*Les régences en Europe. Essai sur les délégations de pouvoirs souverains*, Paris, 2002) ; voir aussi B. Barbiche, « La première régence de Catherine de Médicis », art. cité, p. 44-45.
3   G. Ribier, *op. cit.*, t. II, p. 389-390, Catherine de Médicis au cardinal de Bourbon, Châlons, 21 avril 1552.
4   François de Rabutin, *Commentaires des guerres en la Gaule Belgique (1551-1559)*, éd. C. Gailly de Taurines, Paris, 1932-1944, t. I, p. 80.

de la marine, laissant au prieur de Capoue le soin de la guerre sur mer en Levant[1]. Jusqu'à la fin du mois de mai, il ne quitta presque jamais la reine à Châlons, si ce n'est peut-être pour visiter les troupes rassemblées en Champagne, prêtes à renforcer, au besoin, les armées du roi. En effet, conformément à ce qui lui avait été ordonnée, il avait préparé une bonne armée, en réunissant des légionnaires champenois, trois ou quatre mille Suisses et de nombreuses compagnies de gens d'armes et chevau-légers, faisant trois ou quatre mille chevaux[2]. Il n'attendait plus que l'ordre du roi pour intervenir, comme la régente le fit savoir au connétable de Montmorency :

> Teu seos deu Consel[3] aunt aysté d'oupinion que monsieur l'amiral ne bougea de set pays, jeuques à set que le roy, après avoyr veu set que luy mandons, aist aultremant comandé[4].

Le commandement de « l'armée de la reine » allait lui donner l'occasion de prendre de nouveau personnellement part à des opérations militaires, ce qu'il n'avait plus fait depuis près de sept ans.

LA DERNIÈRE CAMPAGNE

« L'ARMÉE DE LA REINE »

Au milieu du mois de mai fut annoncé le retour du roi, victorieux de Metz, Toul, Saverne et Wissembourg[5]. Après la Lorraine et l'Alsace, il se dirigea vers les Ardennes. Alors parvint à la reine et à l'amiral la nouvelle de la prise de Stenay par les troupes de Marie de Hongrie, qui menaçaient de prendre à revers les armées du roi, ou plutôt de lui couper les vivres. Aussitôt, Claude d'Annebault envoya Imbert de Bourdillon avec ordre de regrouper les troupes à Villefranche. Les

---

1   AN, K 1489, Simon Renard au prince d'Espagne, 25 juin 1552.
2   F. de Rabutin, *op. cit.*, t. I, p. 91.
3   Comprendre : « tous ceux du conseil ».
4   *Lettres de Catherine de Médicis*, éd. H. de La Ferrière et G. Baguenault de Puchesse, Paris, 1880-1909, t. I, p. 53, lettre à Montmorency, fin avril 1552.
5   BnF, Fr. 20470, fol. 95, Claude d'Annebault à François de Guise, Châlons, 18 mai [1552].

Impériaux, avertis de la manœuvre, décidèrent de retourner à Monzon, que Bourdillon s'empressa donc de venir renforcer, après avoir laissé à la tête de Villefranche le lieutenant de sa compagnie, Louis de Chastellux, nommé lieutenant du roi en cette place selon des lettres de la reine et de l'amiral[1].

D'Annebault laissa la régente à Châlons pour prendre lui-même la tête de cette armée et repousser les ennemis, qui étaient arrivés à Grandpré[2], entre Sainte-Menehould, Châlons et Attigny. Les Impériaux, se retrouvant en nette infériorité numérique, battirent en retraite en brûlant la place et des villages voisins. Mais l'amiral les harcelait, si bien qu'ils furent donc contraints de se réfugier à Stenay. Là, les Impériaux apprirent le retour de l'armée du roi, venant vers eux, et se virent pris entre deux feux :

> M. l'admiral les tenoit de fort près, et estoit avec son armée de l'autre part de la rivière [Meuse], prest à les combattre[3].

L'amiral se présenta donc devant la place à demi-déserte, et les troupes enfermées à l'intérieur lui apprirent qu'ils étaient au service de la reine Marie. D'Annebault leur répondit :

> Il faut donc que vous vous rendiez à une autre reine, qui est celle de France, et à qui appartient cette armée[4].

Après avoir renforcé Stenay d'une nouvelle garnison, l'amiral se remit en route vers l'armée royale avec « une très belle armée », jugea Brantôme,

> Laquelle servoit bien à raffraischir celle du roy, qui estoit fort allebrenée et malmenée par les grandes incommoditéz qu'elle avoit pâty ; et le retour du

---

1   F. de Rabutin, *op. cit.*, t. I, p. 80-81.
2   Dép. Ardennes, arr. Vouziers, ch.-l. de canton.
3   *Ibid.*, t. I, p. 83-84.
4   AS Modena, Cart. amb., Francia 29, Giulio Alvarotti au duc de Ferrare, Châlons-en-Champagne, 3 juin 1552 : « Mons' ammiraglio partì già cinque in sei giorni di questa villa con VI^m Svizzeri et 4^m fanti francesi, assai buona gente [...] et andò alla voltà d'Astenay, il qual luogo trovò mezzo abbandonato ; pur si teneva anchora, et quelli di dentro dissero che era alla regina Maria, et S. Ecc^ia rispose loro che bisognava si rendessero ad un altra regina, che era quella di Francia, et della quale era quella armata, cosi se le resero, et S. Ecc^ia entrò dentro Dio gratia. Di quà si mandano viveri a forza al campo, ben chè non dovrà hormai più molto patire, essendovi nova come S. M^ta Chr^ma ha preso un certo castello presso tre leghe a Thionvilla, pieno di viveri e comoditati. »

roy s'en rendit plus facile : dont le roi s'en contenta fort ; et chacun, en despit de ses ennemis, ne se peut garder d'aymer et honnorer cet honnorable et vieux capitaine, qui estoit venu si à propos[1].

LA JONCTION AVEC L'ARMÉE DU ROI

L'amiral d'Annebault mit ensuite le siège devant Damvillers[2], où le roi vint bientôt le rejoindre avec ses armées :

> Toutefois, raconta Rabutin, à l'arrivée du camp, y plouvoient des cannonades aussi espessement que la gresle tombe du ciel, nous faisant penser qu'on ne les auroit à si bon marché qu'on les a eu depuis[3].

Une trentaine de canons vinrent à bout de toute résistance des défenseurs, qui se rendirent le 10 juin[4]. Le roi fit son entrée à Verdun le 12 juin. Les armées descendirent ensuite la Meuse, s'arrêtant devant Ivoy :

> La ville d'Yvoy est au pied d'une montagne assez prochaine et qui luy nuyt fort ; de l'autre costé, a la prairie et plaine fort large et spacieuse, au long de laquelle descend une petite rivière qui se nomme Chesse [la Chiers], qui descend vers Danvillé, qui s'enfle toutefois davantage près de là, et s'assemble à Meuse près de Sedan, faisant moudre des moulins joignant les murailles d'icelle ville[5].

L'enceinte bastionnée d'Ivoy, édifiée par Charles Quint en 1542, était réputée imprenable, et trois mille Allemands tenaient la place. Mais ils finirent par se rendre le 23 juin[6], grâce à un exploit des Suisses commandés par l'amiral[7]. Ensuite, Henri II dirigea ses armées vers Sedan, qu'il voulait restituer au maréchal de La Mark, héritier des ducs de

---

1 Brantôme, t. III, p. 211 ; *cf.* aussi BnF, Fr. 20470, fol. 97, Claude d'Annebault à François de Guise, Sierck, 30 mai [1552].

2 Dép. Meuse, arr. Montmédy, ch.-l. de canton ; Damvillers était alors une dépendance du duché de Luxembourg, enclavée dans le Barrois lorrain, fortifiée par Charles Quint en 1526 ; prise par François d'Orléans en 1542, elle fut rendue en 1544 en vertu de la paix de Crépy.

3 F. de Rabutin, *op. cit.*, t. I, p. 91.

4 Voir les détails du siège dans *ibid.*, p. 91-94 ; [J. de Saulx-Tavannes], *Mémoires de Saulx-Tavannes, op. cit.*, p. 166 ; AN, X^{1A} 1572, fol. 194v-195, Anne de Montmorency au parlement de Paris, du camp dans Damvillers, 13 juin 1552.

5 F. de Rabutin, *op. cit.*, t. I, p. 97.

6 *Ibid.*, t. I, p. 97-101, et C. de Médicis, *Lettres, op. cit.*, t. I, p. 67.

7 F. de Vieilleville, *Mémoires, op. cit.*, p. 146.

Bouillon. Mais alors que l'on assiégeait Montmédy, le roi tomba malade. Montmorency choisit de rester à son chevet et laissa le commandement des armées à Claude d'Annebault « pour empescher les princes d'y prétendre[1] ». L'amiral en profita pour prendre Trélon puis Chimay, qui fut mise à feu et à sang, cruelle démonstration de force qui facilita la suite de la campagne : car la terreur inspirée par l'approche des Français encourageait les « Bourguignons » à une prompte reddition[2].

En juillet, avec le retour du roi dans son royaume, l'activité du conseil de régence, alors installé à Laon, prit progressivement fin[3] et le roi rejoignit la reine et la cour deux semaines plus tard, à Coucy[4]. Désormais, l'amiral jouait à nouveau les premiers rôles dans l'État-major français et semblait avoir retrouvé la confiance du roi, voire celle du connétable. Avec la fin de la régence, il ne reprit pas place dans le conseil des affaires, mais en revanche, il participa régulièrement au conseil de l'après-midi[5]. Par ailleurs, sa nouvelle position à la cour lui permit de venir en aide une dernière fois à son frère le cardinal, empêtré dans un long procès que le roi fit déférer au grand conseil[6].

LA DÉFENSE DE LA PICARDIE

L'été n'avait permis à aucun des belligérants de prendre un nouvel avantage. En octobre 1552, Henri II rompit son camp à cause de l'approche de la mauvaise saison. Antoine de Croÿ, comte de Rœulx, conseiller de Marie de Hongrie, tenta d'en profiter pour assaillir la Picardie avec une armée de 20 000 à 25 000 hommes[7]. Afin de mettre la province en

---

1   [J. de Saulx-Tavannes], *Mémoires de Saulx-Tavannes, loc. cit.*

2   F. de Rabutin, *op. cit.*, t. I, p. 119-120.

3   Bernard Barbiche (art. cité, p. 41-42) a relevé que la série d'actes expédiés de Châlons s'est interrompue une première fois du 24 juin au 5 juillet, quand les membres du conseil de la régente ont, semble-t-il, rejoint provisoirement le conseil du roi, puis qu'il fut de nouveau actif une ou deux semaines, le conseil de la régente s'étant de nouveau séparé de celui du roi et installé à Laon (par exemple BnF, Fr. 7544, fol. 424v-425v, confirmation d'une bulle, Laon, 7 juillet 1552).

4   *CAH*, t. III, Itinéraire, p. 32-33 (22 juillet, Coucy).

5   On le voit présent à la *jussio* de certains actes dès juillet et jusqu'à octobre (*CAH*, t. VI, n° 11384, Montreuil-aux-Dames, « le camp y estant », juillet 1552, et *CAH*, t. VI, n°ˢ 11944 et 11968, Reims, octobre 1552), soit à chaque fois qu'il se trouva au camp du roi.

6   *CAH*, t. VI, p. 267, n° 11847, renvoi au Grand Conseil d'un procès du cardinal d'Annebault pour la collation de bénéfices dépendant de ses abbayes et prieurés, Reims, 5 octobre 1552.

7   Sur cette fin de campagne, *cf.* notamment Bertrand de Salignac, *Le siège de Metz en l'an 1552*, Paris, 1553, p. 533 ; F. de Rabutin, *op. cit.*, p. 157-158 ; La Popelinière, *Histoire de*

situation de se défendre, le roi choisit d'y envoyer Claude d'Annebault, avec ordre d'y faire fortifier les places et de les approvisionner jusqu'à l'excès, de sorte que l'armée flamande ne pût trouver de quoi se nourrir sur les campagnes[1]. Le comte de Rœulx faisait route vers La Fère, place stratégique essentielle de l'Oise. Claude d'Annebault y entra donc pour y préparer la défense et, dit André Thevet, elle « fut si bien gardée par l'admiral d'Annebault, que le sieur de Ru se retirast[2] ». Ce dernier renonça donc à La Fère, « ayant trouvé que malaisément en viendroit à son honneur, y estant dedans mons[r] l'admiral d'Annebault, bien pourveu de ce que luy estoit nécessaire », puis brûla Noyon, Nesles, Chaulny, Roye et Folembray avant de prendre facilement Hesdin, au grand étonnement du roi qui avait été assuré par le capitaine de la place qu'elle était imprenable et très bien fortifiée[3].

En s'installant à La Fère-sur-Oise, « l'amiral et son monde » avaient contrecarré les plans de l'empereur[4]. Côté français, on louait la diligence et l'expérience du vieux capitaine[5]. Content de ses services, le roi ne lui fit pas rappeler à la cour, mais lui ordonna d'aider le duc de Vendôme à reprendre Hesdin, place hautement stratégique qui ne devait pas être laissée aux mains des Impériaux. D'Annebault se remit donc aussitôt en route avec son armée pour renforcer celle de Vendôme. Au grand soulagement du roi, la garnison impériale eut tôt fait de se rendre et Hesdin fut remise entre les mains françaises.

LA MORT DE L'AMIRAL

Après avoir repris cette place, l'amiral retourna à La Fère, fatigué et fiévreux. Encore auréolé de ses récentes victoires, il mourut dans cette ville le 2 novembre 1552 :

France, fol. 40v.

1 *ANG*, t. IX, *Correspondance du nonce en France Prospero Santa Croce (1552-1554)*, éd. J. Lestocquoy, Rome-Paris, 1972, p. 92, Santa Croce au cardinal del Monte, Reims, 14 octobre 1552

2 A. Thevet, *op. cit.*, fol. 418.

3 F. de Rabutin, *op. cit.*, t. I, p. 158-159.

4 *Correspondenz des Kaisers Karl V, op. cit.*, t. III, p. 510-512, lettre du duc d'Albe à Lazarus von Schwendi.

5 *Lettres du cardinal Charles de Lorraine*, éd. D. Cuisiat, Genève, 1998, p. 161, lettre à François de Lorraine, de Reims, 14 octobre 1552 : les ennemis ont laissé La Fère grâce aux préparatifs faits en grande diligence par l'amiral.

Tels vieux capitaines, remarqua tristement Brantôme, encores que leurs forces manquent, si font-ils pourtant quelquesfois un bon coup au besoing, comme fit ce bon vieillard en ce voyage, alors que, partant de là, aiant entendu que l'empereur alloit assiéger La Fère, s'y alla jetter dedans pour attendre le siège, et se mit à la fortifier et la rendre forte, telle que nous la voyons aujourd'hui ; et là il mourut en très belle et grande réputation, ayant laissé après soy un fils très homme de bien et de valeur, comme luy[1].

D'après la chronique de Rabutin, le roi fut fort chagriné de ce nouvel « accident de mauvaise fortune[2] », qui le privait d'un bon et dévoué serviteur[3]. D'autres déplorèrent surtout la perte d'un ami, comme Jacques de Saint-André qui fit part de son chagrin à François de Guise :

Je vous ay aussy escript la mort de monsieur l'admiral et le regret que le roy et tout le monde y a eu [...] Vous y avez perdu un bon et seur serviteur, et moy un parfaict amy[4].

Dans les jours suivant la nouvelle de sa mort, Gaspard de Coligny devint amiral de France[5] et Robert de La Marck gouverneur de Normandie[6]. La compagnie de cent hommes d'armes des ordonnances du roi de Claude d'Annebault fut immédiatement donnée à Alphonse d'Este, frère du duc de Ferrare[7].

---

1   Brantôme, t. III, p. 211 ; de même, *ibid.*, t. VI, p. 22 : « Un peu après ce voyage, mourut ce bon, loyal et grand capitaine, mons[r] l'admiral d'Annebaut ».

2   F. de Rabutin, *op. cit.*, t. I, p. 159.

3   F. de Mézeray, *op. cit.*, t. II, p. 1082, juge que : « Ce fut l'une des plus grandes pertes que la France eût pu faire pour lors ; mais fort agréable à Montmorency, qui apprehendoit qu'on le supplantât. Quelques-uns disoient que l'État ne s'en fût que mieux porté, parce qu'il servoit avec beaucoup de fidélité et de soins, sans aucun interest ; mais d'autres ne trouvoient en lui de la capacité qui put seconder les bonnes intentions. »

4   Lettre de Jacques de Saint-André au duc de Guise, Verdun, 3 décembre 1552, dans *Mémoires-journaux du duc de Guise, op. cit.*, p. 136 ; L. Romier, *La carrière d'un favori : Jacques d'Albon de Saint-André*, Paris, 1909, p. 87.

5   Dès le 11 novembre 1552 (*CAH*, t. VI, p. 297, n° 12039, Antoine Perrenot de Granvelle à la reine de Hongrie, Thionville, 12 novembre 1552, pub. Gaston Zeller, *Le Siège de Metz par Charles Quint, (octobre-décembre 1552)*, Nancy, 1943, et *ANG*, t. IX, p. 107-109, Santa Croce au cardinal del Monte, Reims, 9-11 novembre 1552) ; il prêta serment en janvier suivant (U 153, jeudi 22 janvier 1552 [a. st.]), et reçut aussi l'office de capitaine de la ville et château de Dieppe, « vaquant par le trespas de feu s[r] d'Annebault, en son vivant aussi admiral de France » (BnF, Fr. 5128, p. 152, expédition le 20 janvier 1553).

6   *CAH*, t. VI, p. 307, n° 12114 (pouvoirs datés de Reims, 28 novembre 1552).

7   *Ibid.*, p. 295, n° 12029 (Reims, 8 novembre 1552) ; l'acte est cancellé (dans le registre de Cosme Clausse, BnF, Fr. 5128, fol. 257).

Le corps de l'amiral d'Annebault fut ramené en Normandie et déposé dans le caveau familial où reposaient déjà les dépouilles de ses parents[1]. Les obsèques, dont on sait juste qu'elles furent somptueuses, eurent peut-être lieu le 16 janvier 1553[2]. Sa femme, Françoise de Tournemine, le suivit de peu dans la tombe, puisqu'elle mourut en janvier ou février 1553[3]. Le cardinal Jacques d'Annebault, rentra en France après ses frasques romaines. Il mourut à l'hôtel du Bec, à Rouen, le 7 juin 1558. Son cercueil fut déposé à côté de celui de son frère, dans le caveau de l'église d'Appeville[4].

Jean d'Annebault, fils unique de Claude, entra en possession des biens de son père et devint, à seulement vingt-cinq ans, l'un des plus riches seigneurs de France. Dès novembre 1552, le roi le récompensa pour les services rendus par son père, en portant le nombre de ses gens d'armes à quatre-vingts, par la dévolution de quarante hommes d'armes de la compagnie de Boutières[5] ; en même temps, il l'exempta des droits successoraux dus sur les acquêts de son père[6] et prolongea pour neuf ans en sa faveur la concession des revenus de la seigneurie de Dinan[7]. La carrière

---

1   AD Eure, 2 F 482 : notes Caresme, *Appeville-Annebault,* copie XIXᵉ d'un aveu de foi et hommage de Léon Pottier, duc de Guesvre, du 24 mai 1686 : « A cause duquel marquisat [d'Annebault] nous sommes seul seigneur de la dite paroisse d'Apeville, surnommée Annebault, y aïant un caveau dans le chœur de l'église d'icelle paroisse pour la sépulture des marquis du dit lieu et leurs successeurs, l'entrée duquel est pardessous l'autel du chœur de la dite église, comme aussy nous sommes seul seigneur de la paroisse de Brestot à cause du fief du dit lieu. » ; le caveau mesurait 3 mètres sur 3 et il existait encore, au début du XIXᵉ siècle, trois ou quatre coffres de plomb (AD Eure, 12 J 153, papiers Rever, liasse 2, fol. 1723 *sq.*).

2   *Chronique du Bec, op. cit.,* p. 253 : « Claudius posthec Annibaldus, vir ex ordine equestri clarissimus, ac Franciæ admiralis, Jacobi Beccensis comendatarii frater, quum apud Feram oppidum cum suis stativas ageret, solaque suis fama ferocem Ruthi exercitum eluderet, acriori febre actus, sanctis monitis unico filio relictis, decimo sexto calendas februarii, inter sacra constanter moritur, ad Annibaldam ædem, que Appevilla dicebatur, ingenti sumptu, regio funere sepultus. » L'erreur de date (et des circonstances de la mort) peut être due à une confusion avec la date d'ensevelissement. Quant aux « funérailles royales », il n'en est nulle part ailleurs fait mention.

3   BnF, Fr. 5128, p. 317-318 : don des rachats, s.d., dans les expéditions de février 1553, à Jean d'Annebault, qui touche aussi l'héritage de sa mère.

4   *Chronique du Bec, op. cit.,* p. 260-261 : « in Appevilla fratri Claudio adpositus ».

5   Brantôme, t. III, *op. cit.,* p. 212.

6   BnF, Fr. 5128, p. 153 : le 6 novembre 1552 (expédié le 28 janvier 1553), don à Jean d'Annebault des lods, ventes et autres droits seigneuriaux sur les acquêts de son prère en Bretagne (*CAH,* t. VI, p. 334, n° 12296).

7   BnF, Fr. 5128, p. 134, enregistrement d'un mandement du 16 novembre 1552.

de Jean tarda pourtant à prendre son essor. Ce jeune homme réputé brutal et jaloux envers son épouse, Claude-Catherine de Clermont[1], ne semble pas avoir été un courtisan accompli, mais il prouva à maintes reprises sa bravoure au combat, notamment à Fossano en 1557, où il eut une épaule rompue en tombant de cheval, ou encore à la bataille de Gravelines, où il était l'un des chefs français et fut fait prisonnier[2]. Au début des guerres de Religion, il combattit dans les rangs des catholiques les plus intransigeants de la clientèle des Guise, notamment au siège de Rouen en octobre 1562[3]. Il négocia également avec les bourgeois de Dieppe au nom de Catherine de Médicis[4]. Alors âgé de trente-cinq ans, chevalier de l'ordre de Saint-Michel depuis peu[5], il mourut prématurément, comme le maréchal de Saint-André, en décembre 1562, des suites des blessures reçues à la bataille de Dreux[6]. Avec lui, remarqua alors le Florentin Tornabuoni, « s'éteignit une grande famille[7] ». Jean n'avait pas de descendance, sa fille unique, Diane, étant décédée en 1560. La sœur de Jean, Madeleine, qui s'était remariée en avril 1550 à Jacques de Silly, comte de Rochefort, eut donc la plus grande part de l'héritage des d'Annebault[8], notamment l'ensemble des fiefs voisins d'Heubécourt et la baronnie d'Annebault, celle-ci étant par ailleurs voisine des terres

---

1   Claude-Catherine de Clermont-Dampierre, sa seconde épouse (de la première, Antoinette de La Baume, il avait eu une fille, Diane, morte très jeune en 1560), une dame de compagnie de Catherine de Médicis, passait pour le joyau de la cour ; savante et distinguée, la jeune femme aurait été heureuse de la mort de son mari, « délivrée d'un fâcheux » (Brantôme, t. III, p. 212, *Mémoires et lettres de Marguerite de Valois*, pub. F. Guessard, Paris, 1842, p. 718 et M. de Castelnau, *Mémoires*, éd. J. Le Laboureur, Bruxelles, 1731, 3 vol., t. II (additions), p. 109).

2   Brantôme, t. III, p. 212 ; J.-A. De Thou, *op. cit.*, t. III, p. 241 ; A. d'Aubigné, *Histoire Universelle*, t. I, p. 78.

3   Guillaume et Jean Daval, *Histoire de la Réformation à Dieppe (1557-1657)*, éd. J Périgal, Paris, 1878 : « le sieur d'Annebault, pour incommoder la ville, rompit un des conduits des fontaines ; mais il leur laissa l'autre, non par bonne volonté mais pour ne pas sçavoir le lieu où il estoit placé, ou qu'il y en eust plus d'un ».

4   J.-A. De Thou, *op. cit.*, t. IV, p. 439.

5   BnF, PO 74, p. 70, quittance du 7 mai 1560.

6   Brantôme, t. III, p. 212. Hélène Germa-Romann, *op. cit.*, p. 90, retient la mort de Jean d'Annebault comme un exemple du « bel mourir » chevaleresque, une mort glorieuse au combat, don gratuit au roi (*ibid.*, p. 116 et 147-151).

7   *Négociations de la France et de la Toscane, op. cit.*, t. III, p. 503, Niccolò Tornabuoni au duc de Toscane, décembre 1562.

8   La baronnie de Retz échut à la veuve de Jean d'Annebault, Claude-Catherine de Clermont, qui l'apporta à son deuxième époux, Albert de Gondi, le 4 septembre 1565.

des vicomtés de Pont-Audemer et Pont-Authou, que le roi lui avait données en usufruit en échange des droits de son douaire de Saluces. Madeleine mourut elle aussi sans postérité le 3 juin 1568 ; le patrimoine des d'Annebault fut alors divisé entre de nombreux prétendants à une succession compliquée[1].

---

1 Sur sa succession, voir notamment AN, MC ET/VIII/96, fol. 5v-7v, testament de Madeleine d'Annebault, 24 avril 1568, BnF, PO 2991, pièces 126-143 et *Ibid.*, PO 74, fol. 71-76, copies d'actes du parlement de Rouen, 1572-1573, relatifs à cette succession (originaux aux AD Seine-Maritime, 1 B 630, 632 et 633) : ses héritiers étaient (en simplifiant) Claude-Catherine de Clermont pour Retz, les Tournemine pour le reste des fiefs de Bretagne et du Cotentin, et en Normandie, principalement Gabriel de Vieuxpont, seigneur de Challouë, ses oncles Claude de Vieuxpont, abbé de Saint-Sever, et Jacques de Vieuxpont, commandeur de La Braque, Jean-Baptiste d'Arcona (puis Gaspard d'Arcona, seigneur du Quesnay), Jeanne de Segrestain, dame de Bacqueville ; ces héritiers contestèrent jusqu'en 1584 de nombreuses dispositions du testament de Madeleine d'Annebault, passé le 24 avril 1568.

CONCLUSION

Une étude attentive de la carrière et de la vie de Claude d'Annebault permet de révéler les mécanismes de faveur et de grâce, en évitant les lieux communs fantasmatiques induits par une longue tradition d'interprétation romantique des liens entre cœur et pouvoir. Au milieu du XVIᵉ siècle, la faveur n'est pas qu'un vain caprice du roi : elle a ses raisons d'être et de durer, son terreau de légitimité, ses frontières de contestation, ses exigences de mise en scène et de communication. Elle est un élément fondamental d'un système de gouvernement encore très dépendant des relations personnelles : les réseaux sociaux, qui se font et se structurent autour des sources d'une faveur redistribuée, jouent un rôle essentiel dans l'accomplissement des volontés royales et l'exercice de l'autorité monarchique jusque dans les confins les plus reculés de provinces où le roi lui-même ne paraît presque jamais. La faveur est donc aussi une entreprise collective, qui se gagne à plusieurs, et qui rejaillit à tous les étages d'un édifice pyramidal de parents et d'amis (liens horizontaux), de patrons et de clients (liens verticaux), d'obligés et de serviteurs (liens transverses, fonctionnant dans les deux sens). Lorsque le sommet de l'une de ces structures relationnelles entre au service du roi, c'est tout l'ensemble qui devient un relais potentiel de l'action monarchique. La relative « disgrâce » de Claude d'Annebault sous Henri II, miroir inversé de la mise à l'écart des « connétablistes » quelques années plus tôt, donne l'occasion d'observer en creux les mêmes phénomènes. Faute d'irrigation du sommet de l'édifice par une faveur royale qui s'en est détournée, les mécanismes relationnels se grippent, se délitent, puis se remettent en branle dans une nouvelle configuration : la « translation » des réseaux de Claude d'Annebault (à la cour et en Normandie) dans la clientèle des Guise se fait au prix de l'intégration de l'amiral, à un rang subalterne (« serviteur »), dans la mouvance des princes lorrains. Par leur intermédiaire, il obtient de nouveau un accès à la faveur et aux occasions de servir, pour lui comme pour « ceux qui lui appartiennent ».

Le rôle politique du conseiller favori dans le « maniement des affaires » n'est réglementé par aucun texte ; il n'est pas davantage défini par la dévolution d'une charge spécifique. Faute d'une telle formalisation, il suit à la fois la ligne de continuité des habitudes de gouvernement et les lignes de fracture des relations personnelles. En outre, les responsabilités, l'influence et la liberté de manœuvre du conseiller favori varient au fil du temps, en fonction des succès et des échecs de l'action politique, des fluctuations de la confiance du souverain, des « cabales » ou concurrences d'autres réseaux, et de toutes sortes de circonstances particulières et de facteurs humains (relations, caractères, santé). Par conséquent, la place occupée par Claude d'Annebault auprès de François Ier ne correspond pas à un modèle immuable, exactement transposable à d'autres conseillers favoris (même Chabot ou Montmorency), et encore moins à d'autres souverains, français ou étrangers. Ces réserves faites, il n'en demeure pas moins qu'à ce moment précis du XVIe siècle, le rôle d'un conseiller favori épouse des contours plus lisibles que jamais. En effet, dans les deux dernières années de son règne, François Ier délègue à Claude d'Annebault davantage de responsabilités qu'à aucun de ses prédécesseurs, ne conservant en propre que des prérogatives inaliénables de décision et commandement : le système prend ici son extension maximale et réalise peut-être toutes ses potentialités.

Reste la question de la compétence réelle d'un conseiller favori. Celui-ci, pour exercer la « superintendance » des affaires, doit développer une activité soutenue, aux ramifications multiples, dans tous les domaines de la politique régalienne. Cette tâche difficile et exigeante n'aurait pu être assumée par Claude d'Annebault, pendant quatre longues années, s'il avait été le rustre que l'on décrit parfois, ou l'obéissante créature d'une maîtresse royale manipulatrice. Chaque jour, l'amiral traitait personnellement toutes sortes de questions de nature politique, diplomatique, militaire, financière ou économique, sans devoir en rendre compte à la duchesse d'Étampes, ni à personne d'autre que le roi et son conseil. Tout ne pouvait pourtant reposer sur les épaules d'un seul homme, quels que fussent son talent et sa capacité de travail. Pour Claude d'Annebault, la collaboration avec les grands officiers et les conseillers du roi, dont l'indispensable cardinal de Tournon, revêtait bien sûr une absolue nécessité. À un autre niveau, un écheveau foisonnant et complexe d'auxiliaires directs et indirects, informateurs, intermédiaires et exécutants, plus personnellement engagés dans les réseaux de l'amiral, servait d'appui ou de relais à son action. L'efficacité du conseiller favori dépendait donc en partie de sa capacité à bien s'entourer. Dans le premier cercle, les Guillaume Du Bellay, Jean de Taix, Antoine Polin de La Garde, Girolamo Marini, Gilbert Bayard ou Jean de Monluc sont quelques-uns de ceux qui, par l'excellence de leurs services, ont soutenu l'ascension de Claude d'Annebault ; en retour, ils en ont tiré gloire, récompenses et profits. La qualité des serviteurs plus modestes et souvent restés anonymes (secrétaires personnels, intendants des domaines, lieutenants de compagnie de gendarmes ou de chevau-légers, équipage des toiles de chasse, serviteurs domestiques, etc.) a probablement joué un rôle tout aussi déterminant.

On ne saurait dire si Claude d'Annebault possédait toutes les qualités d'un grand homme d'État, dont il n'est d'ailleurs pas simple de dresser la liste. Mieux vaut simplement remarquer que le profil de cet homme correspondait parfaitement aux attentes du roi qui en fit son conseiller favori. Seigneur riche et puissant, chevalier renommé, cavalier accompli, jouteur et chasseur émérite, d'Annebault avait acquis, au fil des années, l'expérience et les connaissances nécessaires pour mener les affaires. Par son tempérament et ses idéaux chevaleresques, par sa culture et ses goûts plus traditionnels que modernes, mais ouverts à la nouveauté, il avait su gagner l'estime, l'amitié et la confiance du souverain. Il ne donna à François Ier que peu d'occasions de regretter son choix : bien au contraire, celui-ci témoigna bien souvent sa satisfaction des services rendus par son conseiller favori. Sur son lit de mort, il ne manqua pas de recommander à son fils Henri d'employer à son tour à l'amiral, « car il le servirait très fidelement, et s'en trouverait bien ». Fut-il pour autant un bon conseiller ? Ce n'est pas évident : loin d'adopter l'attitude vertueuse d'une *parrêsia* platonicienne[1], Claude d'Annebault engageait peu de lui-même. Tout au long de ces années, il ne semble guère avoir cherché à opposer au roi ses convictions personnelles, qui restent difficiles à déceler. Une fois investi des plus hautes responsabilités, il semble avoir volontairement effacé sa propre personnalité pour mieux incarner l'esprit du roi : ce faisant, il devint une sorte d'ombre temporelle permanente du souverain sacré, décidant et agissant par délégation, avec fidélité et constance. Cette forme de délégation à un *alter ego* de façade, entièrement dévoué et servile, ne

---

1   La *parrêsia* en politique, ou le courage de dire la vérité (le tout-dire, dire-vrai, et le franc-parler ou libre-parler) s'oppose à la flatterie (le faux dire-vrai) selon les philosophes antiques, notamment Thucydide et Platon. À ce sujet, voir Michel Foucault, *Le gouvernement de soi et des autres : cours au Collège de France, 1982-1983*, éd. F. Gros, [Paris], 2008, notamment p. 145-147, 171-190 et 259-274. Voir par exemple p. 435, l'usage de ce concept par Guillaume Budé.

traduit aucunement un affaiblissement du pouvoir : au contraire, elle participe pleinement de la construction de l'absolutisme monarchique.

Par ailleurs, le système du conseiller favori, ami personnel et fidèle second du roi, suppose une étroite imbrication des liens du cœur et gouvernement, et par conséquent une inévitable confusion entre vie privée et vie publique, qu'il serait vain d'analyser à l'aune de nos conceptions actuelles de l'exercice du pouvoir. Cette confusion, voulue et non subie par le prince, s'étend à tous ses serviteurs et, bien entendu, au conseiller favori, dont les revenus tirés du service du roi doivent être en grande partie réinvestis dans la vie de cour, l'entretien des réseaux et la mise en œuvre de la politique qu'il contribue à définir. Il n'est d'ailleurs pas impossible que les dépenses occasionnées par le service de l'État (indissociables, en réalité, des dépenses privées) excédent parfois les ressources nouvelles concédées par le roi. Certes, la fortune peut être une manifestation de la faveur : l'exemple de Claude d'Annebault montre que la mobilisation des revenus personnels (en partie patrimoniaux, en partie pris sur le Trésor royal ou sur les domaines de la couronne) pour le service du roi n'est pas incompatible avec une stratégie d'acquisition de rentes et de regroupements seigneuriaux ; mais ceux-ci ne s'avèrent fructueux que sur le long terme, pour les descendants, après remboursement de l'investissement initial. Enfin, dans l'idéal nobiliaire et chevaleresque hérité de la fin du Moyen Âge, le service du roi est vécu comme un accomplissement, qu'il s'agisse de prendre part au gouvernement, de contribuer à la « police » du royaume, ou de mettre sa vie en danger sur le champ de bataille. Plus encore que des récompenses, la plupart de ces nobles recherchent une reconnaissance, individuelle et collective. La faveur du roi devient ainsi une source de prestige pour leurs armes et de renom pour leur lignage.

Loin de reposer sur un arbitraire déraisonnable ou absurde, le système du conseiller favori, aux fondements théoriques et pratiques éprouvés, peut être repensé comme une étape logique et nécessaire de l'histoire politique et administrative de la France. Dans le lent processus de construction de l'État moderne, le « moment » Claude d'Annebault représente l'apogée de ce système, mais aussi les prémices de son déclin. En effet, les rouages d'une première administration permanente et professionnelle commencent à se développer dans la chancellerie, les secrétariats et les services financiers de l'Epargne : à terme, cette bureaucratie permanente va rendre moins indispensables les réseaux d'amis, de clients et d'obligés dont les ramifications ont permis à l'autorité monarchique de mettre fin à l'autonomie des pouvoirs princiers et de s'exercer dans toutes les provinces du royaume. Les nouveaux mécanismes de gouvernement vont progressivement renforcer le pouvoir du roi, son indépendance et la continuité de son action, aux dépens du système de réciprocité de services et de faveurs qu'ont connu et utilisé François Ier et Claude d'Annebault. Entre 1620 et 1660, après Concini et Luynes, dernières résurgences d'un modèle très affaibli, la monarchie de faveur laissera progressivement place à une monarchie de bureaux. La vieille noblesse française, aux idéaux battus en brèche, pourra alors se référer avec nostalgie à l'âge d'or du roi François Ier. Elle oubliera toutefois Claude d'Annebault et sa lignée depuis longtemps éteinte, faisant mentir Ronsard, auteur d'une épitaphe à la mémoire du fils de l'amiral :

> Helas ! pourquoy le maistre de nature,
> Dieu createur de toute creature,
> Voulut loger en si fraisle maison
> Une si haute et divine raison ? [...]
> Las, ce seigneur de durable renom,
> Mourant sans hoir, ensevelit son nom
> Avecques soy, et non sa renommée,
> Qui ne sera par la mort consommée,
> Ains d'âge en âge on la verra fleurir ;
> Car la vertu ne peut jamais mourir[1].

---

1 Pierre de Ronsard, *Œuvres Complètes*, éd. J. Céard, D. Ménager, M. Simonin, t. II, 1994, p. 917-920 : *épitaphe de feu m^r d'Annebault*, composée en 1567 pour Simon Nicolas, secrétaire du roi, en mémoire de Jean d'Annebault, fils de l'amiral. On connaît plusieurs autres épitaphes dédiées à la mémoire de Claude d'Annebault lui-même ou à sa famille. On citera simplement BnF, Ms Fr. 22560, p. 34, déploration [anonyme] de la mort de l'amiral d'Annebault : « Doncques est mort d'Ennebault, admiral / Doncques est mort le françois Hannibal / Aussi vaillant que celluy de Carthage / Et qui avoit de vertus l'advantage / Laquelle cause en France tant de pleurs / Que s'en un lieu se rendroyent les liqueurs / Son fils unic, en son amas amer / Heriteroit une nouvelle mer / Où les vaisseaux n'auroient faulte de voilles / Si tout le dueil estoit porté en toilles / Comme à Brutus par les dames romaines. / [...] Hastive mort, tu as petite gloire / A deffaire homme ainsi plein de victoire / Mais, contre tous, perpetuel vainqueur / Moins contre toy monstra lâche et vain cœur / Qui en mourant te dit : Point ne me rends. / Mon corps a fait le verd cour de ses ans / J'ay eu de biens honorable abondance / Et le hault point d'honneur et de puissance / Tel que la fin de ma sincere vie / A surpassé le hazard de l'envie. / J'ay bien vogay, tu me conduis a port / De toy me sents recevoir un seul tort : / Au ciel me traire, estant mon prince en terre / Moy en repos, luy en travail de guerre ». Voir aussi Mellin de Saint-Gelays, *Œuvres complètes*, éd. P. Blanchemain, Paris, 1873, 3 vol., t. II, p. 319, et Guy Le Fèvre de La Boderie, *Heroidis illustrissimae Magdalenes Hannibaldae tumulus, Graeca*, Paris, 1568, fol. B2v-B4v.

ILLUSTRATIONS

ILL. 1 – Jean Clouet, Claude d'Annebaud (1490-1552), maréchal et amiral
de France vers 1545, Chantilly, musée Condé. Photo © RMN-Grand Palais
(domaine de Chantilly) / René-Gabriel Ojéda.

¶A TRESHAVLT TRES-

prudent , & tresuertueux Cheualier , Messire
Claude d'Annebault, Admiral & Mareschal
de France, & Lieutenant general au
gouuernement de Normandie,
soubz mõseigneur le Daul-
phin, Iehan le Blond,
son tres-
humble & obeyssant serui-
teür, Salut.

Ill. 2 – Armes de Claude et Jacques d'Annebault, de gueules à croix de
vair, de l'épitre dédicatoire de Jean Le Blond, sieur de Branville, *Livre
de Police humaine, contenant briefve description de plusieurs choses dignes de
mémoire, sicomme du gouvernement d'un royaume, et de toute administration de
la Republique… par maistre Gilles d'Aurigny… nouvellement traduict de latin
en françois par maistre Jehan Le Blond, curé de Branville, et dedié à hault et
puissant seigneur Messire Claude d'Annebault admiral et mareschal de France,*
et lieutenant general au gouvernement du pays de Normandie, soubz
Monseigneur le daulphin, Paris, 1546, fol. *4-*5v.
BNF, RES- E*- 637 © BNF.

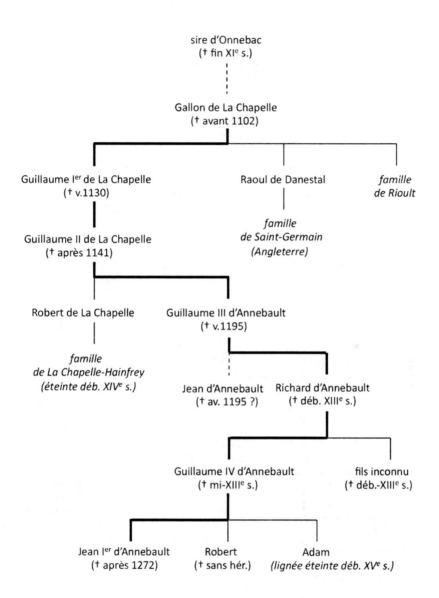

ILL. 3 – Famille d'Annebault, du XIᵉ au XIIIᵉ siècle.
L'ascendance de Claude d'Annebault est en traits gras.
La numérotation dynastique s'applique aux seigneurs d'Annebault.

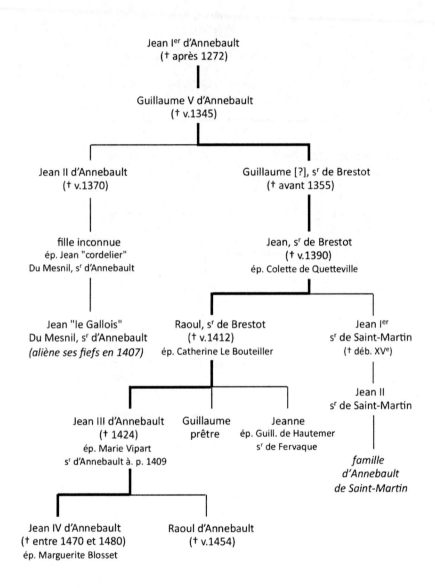

ILL. 4 – Famille d'Annebault, du xive au xve siècle.

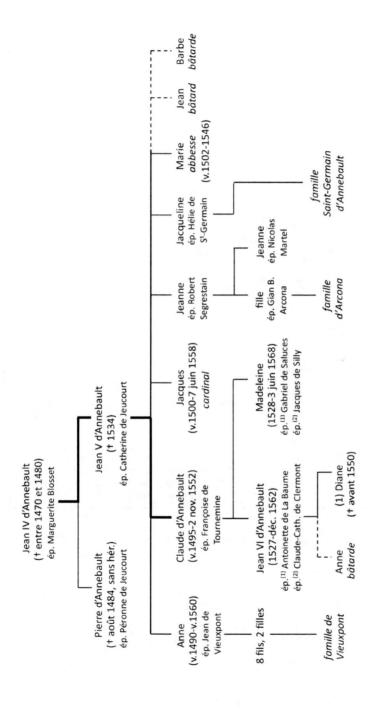

ILL. 5 – Famille d'Annebault, fin XVe et XVIe siècle.

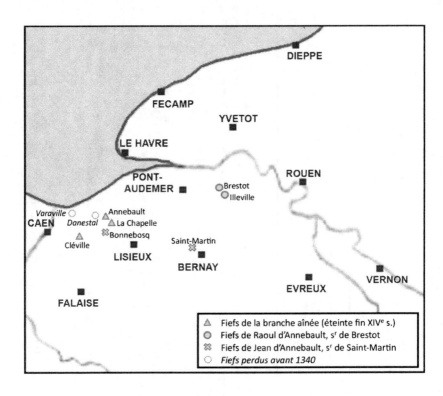

Ill. 6 – Fiefs des trois branches d'Annebault, vers 1390.

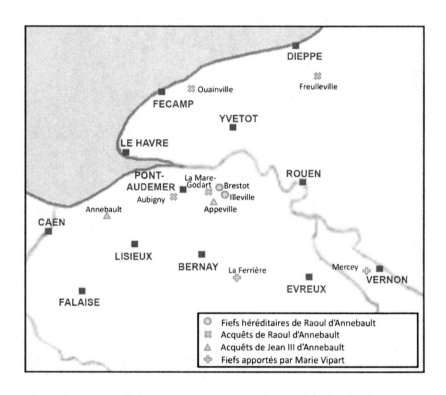

ILL. 7 – Fiefs de Raoul puis de Jean III d'Annebault, de 1390 à 1424.

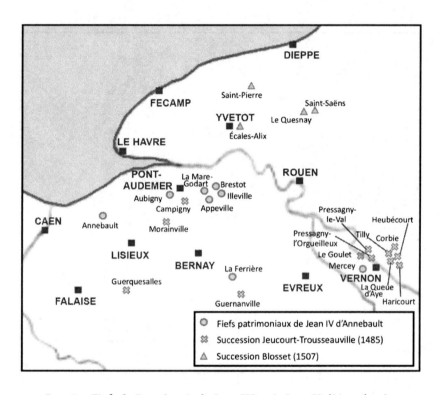

ILL. 8 – Fiefs de Raoul puis de Jean IV puis Jean V d'Annebault,
de 1450 à 1507.

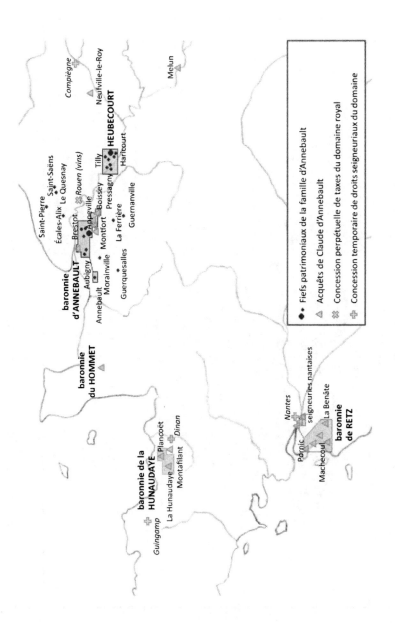

ILL. 9 – Fiefs de Claude d'Annebault.

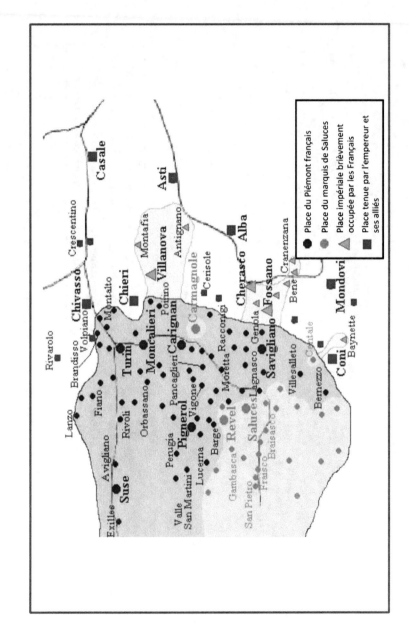

ILL. 10 – Territoires contrôlés par les Français en Piémont entre 1536 et 1543.

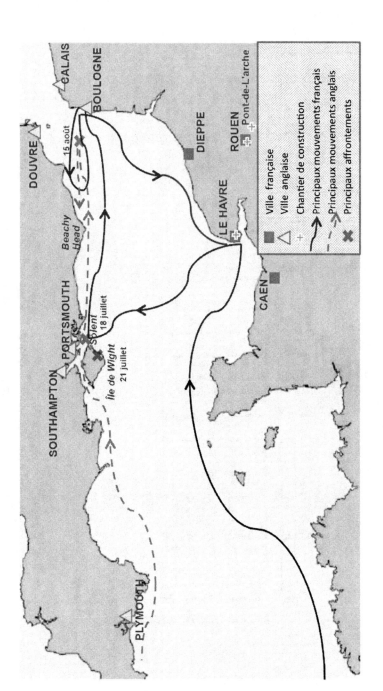

ILL. 11 – La campagne sur mer de l'été 1545.

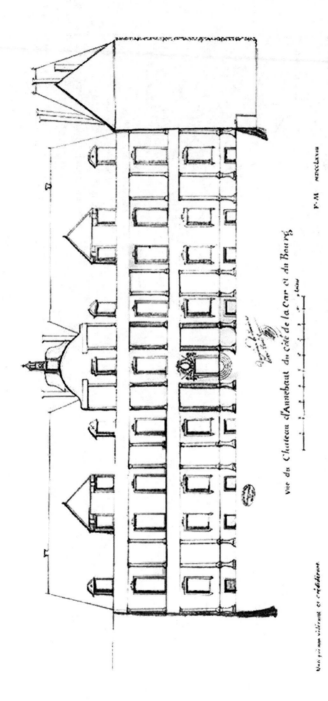

ILL. 12 – Château d'Appeville, élévation de la façade côté cour (dessin XVIIIe)
Document conservé aux Archives nationales, Pierrefitte-sur-Seine, cote CP/N/3/EURE/56.
Cliché Atelier photographique des Archives nationales.

SOURCES

EN FRANCE

Archives nationales, Paris

Grands documents de l'histoire de France : AE/III/33
Trésor des chartes : J 651, 665-668, 673, 960-968, 990-994 ; JJ 65-66, 87,
259, 264
Monuments historiques : K 1482-1489 (archives de Simancas, 21 Mi 86-93) ;
KK 98
Cartes et Plans : N III Eure 56
Chambre des comptes : P. 5, 9, 263-266, 268, 271, 274, 277, 278, 280, 281,
283, 292, 293, 298, 299, 301, 715 ; P. 119
Confiscations révolutionnaires : T 200
Juridictions diverses, extraits : U 152-153, 446
Parlement de Paris : X^{1A} 1550-1551, 1560, 1571-1573, 4921, 8614-8615, 8617
Châtelet de Paris : Y 94
Archives privées : 1 AP 2186
Minutier central des notaires parisiens : ET/VIII/96, 288, 296 ; ET/XIX/161,166 ;
ET/XX/25 ; ET/XXXIII/28 ; ET/LIV/12, 22 ; ET/LXXXVI/93 ; ET/XC/126 ;
ET/XCIX/3 ; ET/C/36 ; ET/CXXII/1373

Archives du ministère des affaires étrangères, Paris

Correspondance politique : Danemark, suppl. 1 ; Espagne, 7
Mémoires et documents : Angleterre, 3 ; Danemark, 9

Archives départementales du Calvados, Caen

Archives anciennes déposées de la ville de Caen : 615 E dépôt 1 ; 615 E dépôt 5 ; 615 E dépôt 17

Archives départementales de l'Eure, Évreux

Administrations provinciales : C 7
Titres féodaux : E 1
Notaires et tabellions : E 1232, 1294, 1301
Papiers d'érudits : 2 F 482, 2263, 2264
Papiers privés : 12 J 35, 153-154
Cadastre : 3 PL 2 : Appeville (1806).

Archives départementales de Loire-Atlantique, Nantes

Titres féodaux : E 247, E 353, E 486
Ordres religieux : H 301

Archives départementales de l'Orne, Alençon

Château de Carrouges : 34 J 1-4

Archives départementales de Seine-Maritime, Rouen

Parlement de Rouen : 1 B 88, 90-91, 630, 632-633
Bureau des finances de la généralité de Rouen : C 1200, 1579, 2773
Archives anciennes déposées de la ville d'Harfleur : 3 E 6/80
Archevêché de Rouen : G 1037, 1142, 1643
Chapitre de Rouen : G 2153, 2157, 3413, 3418-3419, 3725
Chambre ecclésiastique du diocèse de Rouen : G 5548

Archives du palais de Monaco

Fonds Matignon : J 1-2, 18-19, 42

Archives municipales de Rouen

Délibérations du conseil de ville : A 15-16

Archives municipales de Toulouse

Recueils factices : AA55

Bibliothèque nationale de France, Paris

Arsenal, Fonds manuscrits : Ars. Ms-5416, Ms-5424
Cartes et plans : Res Ge A 79, Res Ge A 364
Manuscrits, Fonds français : Fr. 2831, 2836, 2846, 2880, 2916, 2932, 2937,
    2957, 2965, 2981, 2991, 3000, 3005, 3015, 3033, 3035-3036, 3040, 3062,
    3071, 3081, 3086, 3092, 3115, 3116, 3644, 3914, 3916, 3921, 3937, 4050,
    4261, 5086, 5127, 5128, 5152-5155, 5393-5394, 5500, 5617, 6604, 6616,
    6637-6639, 7122, 7492, 7544, 7853, 7859, 8478, 10392, 10427, 10485,
    10813, 15541, 15837, 15966, 16929, 17329, 17357, 17829, 17888-17890,
    18153, 19571, 19577, 20158, 20449, 20457, 20459, 20463, 20468-20470,
    20502, 20505, 20516, 20523, 20524, 20534, 20537, 20543, 20548, 20550,
    20555, 20640, 20856, 21357, 21395, 21427, 21449-21450, 21516, 21518-
    21519, 21521, 21544, 25792, 22560, 22276, 23593, 23880, 23933, 23962,
    25723, 26118, 26127, 26129-26130, 26133, 32314, 32865, 32871
Manuscrits, Nouvelles acquisitions françaises : NAF 1463, 1483, 3081, 7229,
    7650-7705, 7860-7861, 8431, 8620, 8621, 8622, 21544, 21714, 23167,
    23515, 23517
Manuscrits, Cabinet d'Hozier : Cab. d'Hozier 10, 109
Manuscrits, Carrès d'Hozier : Carrès d'Hozier 28
Manuscrits, Dossiers bleus : DB 25
Manuscrits, Pièces originales : PO 74, 373, 1012, 1051, 2991
Manuscrits, Clairambault : Clair. 242-256, 335, 336, 338, 339, 342, 344, 1215
Manuscrits, Fonds Dupuy : Dup. 158, 263, 267, 273, 846-847
Manuscrits, Fonds Moreau : Mor. 737, 774, 778, 841, 1340
Manuscrits, Cinq Cents Colbert : V^C Colb. 101, 216, 365
Manuscrits, Mélanges Colbert : Colb. 367
Manuscrits, Fonds italien : It. 1715-1716, 1797

Bibliothèque municipale de Besançon

Manuscrits Granvelle : 70

Bibliothèque municipale de Nantes

Manuscrits : 1697 (fr. 1541)

Bibliothèque municipale de Rouen

Collection Leber, manuscrits : 3227, 5870

Institut de France, Paris

Archives, collection d'autographes Moulin : carton des maréchaux
Bibliothèque, Manuscrits : Godefroy 132

Bibliothèque du Musée Condé, de l'Institut de France, Chantilly

Cabinet des Lettres, Papiers de Condé, série L : tomes VI, XIV, XVII
Collection de dessins de Catherine de Médicis : MN 242, MN 243

À L'ÉTRANGER

National Archive, Londres, Royaume-Uni

Public Record Office, Exchequer : E 30/1041, E 30/1315, E 30/1326, E 30/1327
Public Record Office, State Papers : SP 1/222, SP 78

British Library, Londres, Royaume-Uni

Manuscripts : Cotton Vespasian XIV/1 ; Add. MS 24065

Österreichischen Haus-, Hof- und Staatsarchiv, Vienne, Autriche

England, Berichte und Weisungen : 9, 11, 13
England, Varia : 3
Frankreich, Berichte und Weisungen : 10, 11
Frankreich, Hofkorrespondenz : 1, 2
Frankreich, Varia : 2, 3

Archives générales du Royaume, Bruxelles, Belgique

Registres de l'Audience : 132, 415, 418-420, 433-434, 1191/51, 1410, 1518,
1610, 1630-1631, 1672

Archivio Segreto Vaticano, Rome, Vatican

Archivum Arcis I-XVIII : 6530, 6531, 6532

Segretario di Stato, Francia : 1, 1a, 2
Segretario di Stato, Principi : 13, 14a
Fondo Pio : 56 (anc. 217)

Archivio di Stato di Firenze

Archivio Mediceo del principato : 4305, 4590, 4592, 4849

Archivio di Stato di Mantova, Arch. Gonzaga, Mantoue, Italie

Corrispondenza estera : 626
Carteggio d'inviati e diversi : 639-641, 731
Carteggio di Margherita Paleologa : 1951, 1953, 1954, 1955, 1956, 1959, 1961
Copialettere ordinari, misti : 2939, 2940
Istruzioni riservate e copie di lettere provenienti da paesi esteri : 2959, libro 5
Copialettere riservati : 2973

Archivio di Stato di Modena, Arch. Estense, Modène, Italie

Cancelleria (sez. estero), Carteggio Ambasciatori, Francia : 14, 16-24, 29, 39,
    43-44, 52
Cancelleria (sez. estero), Carteggio Ambasciatori, Inghilterra : 1
Cancelleria (sez. estero), Carteggio Ambasciatori, Torino : 1
Cancelleria (sez. estero), Minute di lettere ducali a principi e signorie fuori
    d'Italia, Francia : 1626/1

Archivio di Stato di Torino, Turin, Italie

Camera, Parlamento francese, Sentenze e Sessioni : Art. 613, §2
Corte, Materie storiche (interno), Real Casa, Lettere di principi e sovrani : 3
Corte, Materie politiche (estero), Negoziazioni con Francia : 1
Corte, Materie politiche (interno), Minute di lettere della Corte : 1
Corte, Materie politiche (interno), Storia Real Casa, cat. 3^e, Storie particolari :
    10, n° 4
Corte, Materie economiche, Dacito di Susa : 1, 2
Corte, Paesi, Susa : 1, 2
Corte, Paesi, Provincia di Pinerolo : 11
Corte, Paesi, Marchesato di Saluzzo, cat. 2^e : 1

Archivio di Stato di Venezia

Consiglio dei Dieci, Capi, lettere di ambasciatori, Francia : busta 10
Consiglio dei Dieci, Capi, lettere di ambasciatori, Milano : busta 16
Consiglio dei Dieci, Parti secrete : filza 5
Consiglio dei Dieci, Parti comuni : filza 26
Consiglio, Senato, Deliberazioni secreti : registro 60
Secreta, Documenti turchi : busta 3
Secreta, Archivio proprio, Francia : buste 1, 3, 4, 5
Secreta : Archivio proprio, Germania : busta 1

Archivio storico del comune di Moncalieri

Serie generale : 2420, 2460-2461, 2586
Serie B, Ordinati : 37-38
Serie P, Raccolta corrispondenza varia, protocolli : 19
Serie R, Ia, Ordinanze reali e ducali, gride, manifesti, leggi : 8

Archivio storico del comune di Pinerolo

Categoria 12 (deliberationi) : 185

Archivio storico della città di Saluzzo

Categoria 10 : 1
Categoria 56 (ordinati) : 1, 2

Archivio storico del comune di Savigliano

Categorie 5 (ricorsi, suppliche, ordinanze varie) : [anno 1541]
Categorie 8, cl. 1 (ordinati) : 4

Archivio storico del comune di Torino

Privilegi : 70-71, 78
Donativi : 536, 540-542, 550
Scuole : 578-579
Pedaggio e gabelle : 3362
Ordinati : regi 1522-1563

SOURCES IMPRIMÉES

Acta nuntiaturae Gallicae, t. I, Correspondance des nonces en France Carpi et Ferrerio (1535-1540) et légations de Carpi et de Farnèse, éd. J. Lestocquoy, Rome-Paris, 1961.

Acta nuntiaturae Gallicae, t. III, Correspondance des nonces en France Capodiferro, Dandino et Guidiccione (1541-1546), éd. J. Lestocquoy, Rome-Paris, 1963.

Acta nuntiaturae Gallicae, t. VI, Correspondance des nonces en France Dandino, Della Torre et Trivultio (1546-1551), éd. J. Lestocquoy, Rome-Paris, 1966.

Acta nuntiaturae Gallicae, t. IX, Correspondance du nonce en France Prospero Santa Croce (1552-1554), éd. J. Lestocquoy, Rome-Paris, 1972.

ALBERI, Eugenio, *Relazioni degli ambasciatori veneti al Senato durante il secolo decimo sesto*, Florence, 1839-1863, 15 vol.

ANSELME DE SAINTE-MARIE (père), *Histoire généalogique et chronologique de la maison royale de France*, 3ᵉ éd., Paris, 1726, 10 vol.

ARETINO, Pietro, *Il secondo libro de le lettere*, Paris, 1609.

ARMAGNAC, Georges d', *Correspondance*, t. I, 1530-1560, éd. N. Lemaître, Paris, 2007.

ARMINGAUD, L., « Documents relatifs à l'Histoire de France recueillis dans les Archives de Turin », dans *Revue des sociétés savantes*, série VI, t. V, 1877, p. 126-160.

AUBÉRY, Jacques, *Histoire de l'exécution de Cabrières et de Mérindol et d'autres lieux de Provence*, éd. G. Audisio, Paris, 1995.

BARONI, P. G., « La Nunziatura in Francia di Rodolfo Pio (1535-1537 ») », dans *Mémorie storiche e documenti sulla Città e sull'antico Principato di Carpi*, t. XIII, Bologne, 1962.

BEAUCAIRE DE PÉGUILLON, François, *Rerum Gallicarum commentarii, ab anno Christi MCCCCLXI ad annum MDLXXX*, ed. P. Dinet, Lyon, 1625.

BEAUCOUSIN, Auguste, *Registre des fiefs ou arrière-fiefs du bailliage de Caux en 1503*, Rouen, 1891.

BLANCHARD, Guillaume, *Compilation chronologique contenant un recueil en abrégé des ordonnances, édits, declarations et lettres patentes des rois de France, qui concernent la justice, la police et les finances, avec la date de leur enregistrement depuis l'année 987 jusqu'à présent*, Paris, 1715.

BODIN, Jean, *Les Six Livres de la république*, Paris, 1986, 6 vol. [d'après l'éd. de 1577].

BOLLATI, Federigo Emmanuele, *Atti e documenti delle assemblee rappresentative del Piemonte e della Savoia*, Turin, 1879-1884, 2 vol.

BOURGUEVILLE, Charles de, s^r de Bras, *Recherches et antiquitez de province de Neustrie, à present duché de Normandie*, Caen, 1588.

BOURGUEVILLE, Charles de, s^r de Bras, *Recherches et antiquitez de la ville et université de Caen et lieux circonvoisins des plus remarquables*, Caen, 1588.

BRANTÔME, Pierre de Bourdeille, s^r de, *Œuvres complètes*, éd. L. de Lalanne, Paris, 1864-1882, 11 vol.

BRÉSIN, Louis, *Chroniques de Flandre et d'Artois. Analyse et extraits pour servir à l'histoire de ces provinces de 1482 à 1560*, éd. E. Mannier, Paris, 1880.

Calendar of State Papers, Foreign series of the reign of Edward VI, preserved in the State Papers Department of Her Majesty's Public Record Office, éd. W. B. Turnbull, Londres, 1861

Calendar of State Papers, Scottish (1509-1589), éd. M. J. Thorpe, Londres, 1858, 2 vol.

Calendar of State Papers, Spanish, éd. G. A. Bergenroth, P. de Gayangos et M. A. S. Hume, Londres, 1862-1895, 12 vol.

Calendar of State Papers, Venetian (1202-1603), éd. R. Brown, Cavendish, Bentinck et H. Brown, Londres, 1864-1898, 5 vol.

CAMBIANO, Giuseppe, *Historico discorso*, dans *Monumenta Historiae Patriae, Scriptorum*, t. I, col. 931-1422, Turin, 1840.

CASATI DE CASATIS, C.-Charles, éd., *Lettres royaux et lettres missives inédites relatives au affaires de France et d'Italie, tirées des archives de Gênes, Florence et Venise*, Paris, 1877.

CASTELNEAU, Michel de, *Mémoires*, éd. J. Le Laboureur, Bruxelles, 1731, 3 vol.

CASTILLON, M. de et MARILLAC, Charles de, *Correspondance politique de MM. de Castillon et de Marillac, ambassadeurs de France en Angleterre, 1537-1542*, éd. J. Kaulek, Paris, 1885.

Catalogue des actes de François Ier, Paris, 1887-1910, 10 vol.

Catalogue des actes d'Henri II, Paris, 1979–, 7 vol. parus.

CATHERINE DE MÉDICIS, *Lettres*, éd. H. de La Ferrière et G. Baguenault de Puchesse, Paris, 1880-1909, 10 vol.

CELLINI, Benvenuto, *La Vie de Benvenuto Cellini écrite par lui-même*, trad. dir. par A. Chastel, Paris, 1986.

CHAMPOLLION-FIGEAC, Aimé, *Captivité du roi François Ier*, Paris, 1847.

CHAPPUYS, Claude, *Discours de la Court*, s. l., 1543.

CHARLES QUINT, *Correspondenz des Kaisers Karl V*, éd. K. Lanz, Leipzig, 1844-1846, 3 vol.

CHARRIÈRE, E., *Négociations de la France dans le Levant*, Paris,1848-1860, 4 vol.

Chronicle of the Grey friars of London, éd. J. G. Nicholls, Londres, 1952.

Chronique du Bec, éd. C. Porée, Rouen, 1883.

Chronique du Mont-Saint-Michel (1343-1468), éd. S. Luce, Paris, 1879.

CIMBER, L. et DANJOU, F., *Archives curieuses de l'histoire de France depuis Louis XI jusqu'à Louis XVIII*, Paris, 1848-1860, 4 vol.

Correspondance des réformateurs dans les pays de langue française, éd. A. L. Herminjard, Genève-Paris, 1866-1897, 9 vol.

COYECQUE, Ernest, *Recueil d'actes notariés relatifs à l'Histoire de Paris et de ses environs au XVIe siècle*, Paris, 1905-1923, 2 vol.

Cronique du roy François, premier de ce nom, éd. G. Guiffrey, Paris, 1860.

DAN, R. P. Pierre, *Le Trésor des merveilles de la maison royale de Fontainebleau*, Paris, 1642.

DASENT, John R., éd., *Acts of the Privy Council of England*, Londres, 1890-1907, 32 vol.

DELISLE, Léopold, *Recueil des actes de Henri II, roi d'Angleterre et duc de Normandie, concernant les provinces françaises et les affaires de France*, éd. É. Berger, Paris, 1909-1927, 3 vol.

DOLET, Étienne, *Gestes de François de Valois, roi de France*, Lyon, 1540.

DU BELLAY, Guillaume et Martin, *Mémoires de Martin et Guillaume du Bellay*, éd. V.-L. Bourrilly et F. Vindry, Paris, 1908-1919, 4 vol.

DU BELLAY, Jean, *Correspondance*, éd. R. Scheurer *et alii*, Paris, 1969-2012, 5 vol.

DUBOIN, *Raccolta per ordine di materia delle leggi della casa di Savoia*, Torino, 1818-1869, 30 vol.

DU CHESNE, André, *Les Antiquitez et recherches des villes, chasteaux, et places plus remarquables de toute la France*, Paris, 1614.

DU FOUILLOUX, Jacques, *La Vénerie. Plusieurs receptes pour guerir les chiens de diverses maladies*, Poitiers, 1561.

DU MONT, Jean, *Corps universel diplomatique du droit des gens*, Paris-Amsterdam, 1726-1731, 16 vol.

DUPONT-FERRIER, Gustave, *Gallia regia*, Paris, 1942-1961, 6 vol.

DU TILLET, Jean, *Recueil des rangs des grands de France*, Paris, 1607.

DU TILLET, Jean, *Recueil des roys de France, leur couronne et maison*, Paris, 1607.

Ensuit l'honneur fait en l'enterrement de feu Loys de Brezé, grant gouverneur et senechal de Normandie en la ville de Rouen (18-19 août 1531), s.l.n.d.

Entrée de Henri II à Rouen, 1550, éd. fac-similé avec introduction de M. McGowan, Amsterdam, 1973[1].

---

1 À défaut du facsimilé dont l'introduction est, paraît-il, excellente, l'édition plus ancienne de Louis de Merval a été citée.

Entrée de Henri II, roi de France, à Rouen, au mois d'octobre 1550, éd. L. de Merval, Rouen, 1868.

EUBEL, Conrad *et alii, Hierarchia Catholica Medii et recentioris Aevi*, Rome, 1898-1978, 8 vol.

EXPILLY, abbé d', *Dictionnaire géographique, historique et politique des Gaules et de la France*, Paris, 1762, 7 vol.

Faits et Dits mémorables de plusieurs grands personnages françois, et des choses advenues en France ès règnes de François Ier, Henri et François II, et Charles IX, s. l., 1565.

FARGE, James K., *Registre des procès-verbaux de la faculté de théologie de l'Université de Paris*, Paris, 1990-1994.

FÉLIBIEN, André, *Mémoires pour servir à l'histoire des maisons royalles et bastiments de France*, publ. A. de Montaiglon, Paris, 1874, 5 vol.

FERNANDEZ ALVAREZ, Manuel, éd., *Corpus documental de Carlo V*, Salamanque, 1973-1981, 5 vol.

FOGLIETTA, Uberto, *Universa historia rerum Europae suorum temporum ; Conjuratio Joannis Ludovici Fliesci*, Naples, 1571.

FONTANON, Antoine, éd., *Les Edicts et ordonnances des rois de France*, Paris, 1611, 2 vol.

FOURNIER, Georges, *Hydrographie* contenant la theorie et la pratique de toutes les parties de la navigation, Grenoble, 1973 (fac-simile de l'éd. de 1667).

FOURQUEVAUX, Raymond, *Instructions sur le faict de la guerre*, Paris, 1548.

FOX, John, *Acts and Monuments of John Foxe*, éd. G. Townshend et S. R. Cattley, 1837-1841, 8 vol.

GIOVIO, Paulo, *Histoire de Paolo Jovio*, trad. D. Sauvage, Paris, 1581, 2 vol. [1re éd. fra. 1552-1555].

GLAUMEAU, Jean, *Journal de Jehan Glaumeau*, éd. le président Hiver, Bourges, 1867.

GODEFROY, Théodore, *Le Cérémonial françois*, Paris, 1649, 2 vol.

GOUBERVILLE, Gilles, sieur de, *Journal*, Bricqueboscq, 1993-1994, 5 vol.

GUÉRAUD, Jean, *Chronique lyonnaise de Jean Guéraud (1536-1562)*, éd. J. Tricou, Lyon, 1929.

GUICCIARDINI, Francesco, *Histoire d'Italie, 1492-1534*, trad. J.-L. Fournel et J.-C. Zancarini, Paris, 1996, 2 vol.

GUICCIARDINI, Luigi, *Commentarii delle cose memorabili accadute nell'Europa et massime nella Fiandra 1530-1583*, Anvers, 1564.

GUICHENON, Samuel, *Histoire généalogique de la royale maison de Savoie*, Lyon, 1660.

GUISE, Charles de, *Lettres du cardinal Charles de Lorraine*, éd. D. Cuisiat, Genève, 1998.

GUISE, François de, *Mémoires-journaux du duc de Guise, éd. Michaud et Poujoulat, dans Mémoires pour servir à l'Histoire de France*, t. VI.

GUYON, Féry de, *Mémoires*, éd. A.-P.-L. de Robaulx de Soumoy, Bruxelles, 1858.

HALL, Edward, *Henry VIII*, éd. C. Whibley, Londres, 1904, 2 vol.

Histoire des révolutions de Gênes, depuis son établissement jusqu'à la conclusion de la paix en 1748, Paris, 1753, 3 vol.

HUGHES, Paul L. et LARKIN, James F., éd., *Tudor royal proclamations*, t. I : *The early Tudors, 1485-1553*, New Haven, 1964.

ISAMBERT, François-André, *Recueil général des anciennes lois françaises*, Paris, 1827-1833, 29 vol.

JOÜON DES LONGRAIS, Frédéric, *Documents sur Jacques Cartier*, Rennes, 1888.

JOSEPH BEN JOSHUA, Rabbi, *The chronicles of Rabbi Joseph ben Joshua ben Meïr, the Sphardi*, trad. de l'hébreu en anglais par C. H. F. Bialloblotzky, Londres, 1835-1836, 2 vol.

« Journal d'un assiégeant ; le siège mis devant Thérowane (1537, le 27 juing) », éd. L. Deschamps de Pas, dans *Bulletin de la Société des Antiquaires de la Morinie*, t. I, 16, 1855, p. 125-128.

LA FAYETTE, Marie-Madeleine de, *La Princesse de Clèves*, Genève, 1950.

LAMBERT, Pierre de, s^r de La Croix, *Mémoires*, publ. dans *Monumenta Historiae Patriae, Scriptorum*, t. I, col. 840-929, Turin, 1840.

LANCELLOTTI, Tommasino de, *Cronaca modenese di Tommasino de' Bianchi, detto de' Lancellotti*, Parme, 1868, t. VI.

LA ROQUE DE LA LONTIÈRE, Gilles-André de, *Histoire généalogique de la maison de Harcourt, enrichie d'un grand nombre d'armoiries*, Paris, 1662, 4 vol.

LA ROQUE DE LA LONTIÈRE, Gilles-André de, *Traité du ban et de l'arrière-ban*, Paris, 1676.

LEBLANC, Y., « Guerre du Piémont et du nord de la France (1545-1552) », dans *Bulletin historique et philologique du Comité des travaux historiques et scientifiques*, année 1893, Paris, 1899.

LEBLOND, Jean, s^r de Branville, *Le printemps de l'humble esperant, aultrement dict Jehan Leblond, seigneur de Branville*, [Paris], 1536.

LEBLOND, Jean, s^r de Branville, *Livre de police humaine, contenant briefve description de plusieurs choses dignes de mémoire, sicomme du gouvernement d'un royaume, et de toute administration de la Republique, par maistre Gilles d'Aurigny, advocat en la court de parlement, et nouvellement traduict de latin en françois par maistre Jehan Le Blond, curé de Branville, et dedié à hault et puissant seigneur Messire Claude d'Annebault admiral et mareschal de France, et lieutenant general au gouvernement du pays de Normandie, soubz Monseigneur le daulphin*, Paris, 1546.

LÉCHAUDÉ D'ANISY, éd., *Grands rôles des échiquiers de Normandie*, Paris, 1845.

LE FÉRON, Jean, *Histoire des connestables, chanceliers, et gardes des sceaux, mareschaux, admiraux*, augmentée par D. Godefroy, Paris, 1658.

LE FERRON, Arnoul, *Arnoldi Ferroni burdigalensis, regii consilarii, de rebus gestis Gallorum libri IX*, Paris, 1550.

LEFÈVRE DE LA BODERIE, Guy *et alii, Heroidis illustrissimae Magdalenes Hannibaldæ tumulus, Graeca, Latina et Gallica dialexi consignatus*, Paris, 1568.

LE GLAY, André-Joseph-Ghislain, *Négociations diplomatiques entre la France et l'Autriche*, Paris, 1845, 2 vol.

Letters and Papers, Foreign and Domestic series of the Reign of Henry VIII, preserved in the Public Record Office, the British Museum and elsewhere in England, éd. J. S. Brewer, J. Gairdner, et R. H. Brodie, Londres, 1862-1910, 21 vol.

LONGNON, Auguste, *Pouillés de la province de Rouen*, Paris, 1903.

LUCE, Siméon, *Chronique du Mont-Saint-Michel (1343-1468)*, Paris, 1879.

MARIE DE LORRAINE, *Foreign correspondence with Marie de Lorraine, Queen of Scotland, from the originals in the Balcarres papers, 1537-1548*, éd. M. Wood, 2 vol., Édimbourg, 1923-1925.

MASSING, Jean-Michel, « La mappemonde de Pierre Desceliers de 1550 », dans *Henri II et les Arts*, actes du colloque international de l'École du Louvre et du Musée national de la Renaissance, 25, 26 et 27 septembre 1997, dir. H. Oursel et J. Eritsch, p. 231-248.

MASTERS, Betty R., éd., *Chamber Accounts of the Sixteenth Century*, Londres, t. XX, 1984.

MATIGNON, Joachim de, *Correspondance de Joachim de Matignon, lieutenant général du roi en Normandie (1516-1548)*, éd. L.-H. Labande, Monaco, 1914.

MAULDE, M. de, *Procédures politiques du règne de Louis XII*, Paris, 1885.

MAYER, Charles-Joseph de, *Des états généraux et autres assemblées nationales*, Paris-La Haye, 1788-1789.

« Memorie di un terrazzano di Rivoli dal 1535 al 1586 », dans *Miscellanea di Storia italiana*, serie I, t. VI, 1865.

MINUCCI, Andrea, « Descrizione di un viaggio fatto nel 1549 da Venezia a Parigi di Andrea Minucci », dans *Miscellanea di storia italiana*, t. I, 1862.

MONLUC, Blaise de, *Commentaires*, éd. P. Courteault, Paris, 1911-1925, 3 vol.

MONTLUC, Bernard de, « Un diplomate au XVIe siècle, Jean de Monluc », dans *Revue d'Histoire diplomatique*, n° 3, 2010, p. 193-205.

MORÉRI, Louis, *Grand dictionnaire historique, ou le Mélange curieux de l'Histoire sacrée et profane*, Paris, 1759, t. I. MORICE (dom Hyacinthe), *Histoire ecclésiastique et civile de Bretagne*, Paris, 1756, 5 vol. (3 vol. de preuves).

Négociations diplomatiques de la France et de la Toscane, éd. Abel Desjardins, Paris, 1859-1886, 6 vol.

NORTIER, Michel, éd., Documents normands du règne de Charles V, Paris, 2000.

Nuntiaturberichte aus Deutschland, Erste Abteilung : 1533-1559, t. V-VI, Legationen Farneses und Cervinis, Gesandtschaft Campegios, Nuntiaturen Morones und Poggios, 1539-1540, éd. L. Cardauns, Berlin, 1909.

Nuntiaturberichte aus Deutschland, Erste Abteilung : 1533-1559, t. VIII, Nuntiatur des Verallo, 1545-1546, éd. W. Friedensburg, Gotha, 1898.

Nuntiaturberichte aus Deutschland, Erste Abteilung : 1533-1559, t. IX, Nuntiatur des Verallo, 1546-1547, éd. W. Friedensburg, Gotha, 1899.

OCCHIPINTI, Carmelo, éd., *Carteggio d'Arte degli ambasciatori estensi in Francia : 1536-1553*, Pise, 2001.

Ordinationes regiæ continentes formam et stillum procedendi coram illu. curia regii Parlamenti Taurinensium, et aliis curiis ei subditis, Turin, 1550 [1ʳᵉ édition 1542].

Ordonnances des rois de France : règne de François Iᵉʳ, Paris, 1902-1975, 9 vol.

PARADIN, Guillaume, *De Rebus in Belgica gestis anno 1543 epistola*, [Paris], 1544.

PARADIN, Guillaume, *Histoire de nostre temps*, Lyon, 1554.

PARADIN, Guillaume, *Chronique de Savoye*, Lyon, 1561.

PARÉ, Ambroise, *Voyages et apologie, suivis du Discours de la Licorne*, Paris, 1928.

PARISET, Jean-Daniel, éd., « La France et les princes allemands. Documents et commentaires », dans *Francia*, n° 10, 1982, p. 229-302.

PARUTA, Paolo, *Historia venetiana*, Venise, 1605.

PASQUIER, Étienne, *Lettres historiques pour les années 1556-1594*, éd. D. Thickett, Genève, 1966.

PELLICIER, Guillaume, *Correspondance politique de Guillaume Pellicier, ambassadeur de France à Venise, 1540-1542*, éd. A. Tausserat-Radel, Paris, 1899, 2 vol.

PÉROUSE, Gabriel-André *et alii*, dir., *L'homme de guerre au XVIᵉ siècle*, Saint-Étienne, 1992.

PINGONE, Emmanuel-Philibert, *Augusta Taurinorum*, Turin, 1577.

RABUTIN, François de, *Commentaires des guerres en la Gaule Belgique (1551-1559)*, éd. C. Gailly de Taurines, Paris, 1932-1944, 2 vol.

Relations des ambassadeurs vénitiens sur les affaires de France au XVIᵉ siècle, éd. et trad. Niccolò Tommaseo, Paris, 1838, 2 vol.

Relazioni di ambasciatori veneti al Senato, tratte dalle migliori edizioni disponibili e ordinate cronologicamente, dir. L. Firpo, Torino, 1965-1996, 14 vol.

RETZ, Jean-François Paul de Gondi, cardinal de, *La Conjuration de Fiesque*, dans *Œuvres complètes*, éd. M.-T. Hipp et M. Perrot, Paris, 1984, p. 3-50.

RIBIER, Guilllaume, *Lettres et mémoires d'État des roys, princes, ambassadeurs et autres ministres sous les règnes de François Iᵉʳ, Henri II et François II*, Paris, 1666, 2 vol.

ROMAN, J., *Inventaire des sceaux de la collection des Pièces Originales du Cabinet des Titres à la Nibliothèque nationale*, Paris, 1909.

RONSARD, Pierre de, *Épitaphe de feu monsieur d'Annebault*, dans *Œuvres complètes*, éd. J. Céard, D. Ménager, M. Simonin, Paris, 1993-1994, 2 vol, t. II, p. 917-920.

ROSNY, Arthur de, éd., *Documents inédits ou rarissimes, concernant les sièges de Boulogne, 1544-1549*, Boulogne-sur-Mer, 1912.

ROZET, Albin et LEMBEY, Jean-François, *L'invasion de la France et le siège de Saint-Dizier par Charles-Quint en 1544, d'après les dépêches italiennes de Francesco d'Este, de Hieronimo Feruffino, de Carmino Capilupo et de Bernardo Navager,* Paris, 1910.

RYMER, Thomas, *Foedera, conventiones, litterae inter reges Angliae et quosvis alios imperatores, reges,* 3ᵉ éd., t. VI, La Haye, 1741.

SAINT-GELAYS, Mellin de, *Œuvres complètes,* éd. P. Blanchemain, Paris, 1873, 3 vol.

SAINTE-MARTHE, Denis de et *alii, Gallia christiana, in provincias ecclesiasticas distributa,* Paris, 1715-1785, 13 vol.

SALNOVE, Robert de, *La Vénerie royale,* éd. G. de Marolles, Paris, 1929 (d'après l'éd. de 1665).

SANUTO, Marino, *Diarii,* Venise, 1879-1903, 58 vol.

[SAULX-TAVANNES, Jean de], *Mémoires de très-noble et très-illustre seigneur Gaspard de Saulx, seigneur de Tavannes,* éd. Michaud et Poujoulat, dans Mémoires pour servir à l'Histoire de France, t. VIII, Paris, 1838.

SELVE, Odet de, *Correspondance politique,* éd. G. Lefèvre-Pontalis, Paris, 1888.

SEYSSEL, Claude de, *La Monarchie de France et deux autres fragments politiques,* Paris, 1961 [1ʳᵉ éd. 1515].

State Papers of Henry the 8ᵗʰ, Londres, 1830-1852, 11 vol.

[STROZZI, Piero], « Relation du combat naval entre les François et les Anglois en l'année 1545, le jour de Nostre-Dame d'aoust (Sénarpont, 27 août) », éd. M. Chambois, *Bulletin historique et philologique du Comité des travaux historiques,* 1891, p. 325-329.

TALLONE, Armando, éd., *Parlamento sabaudo : atti delle assemblee costituzionali italiane dal medio evo al 1831, parte prima, Patria Cismontana,* vol. VII (1525-1560), Bologne, 1933, p. 231-441 (appendices).

TEULET, Alexandre, *Relations politiques de la France et de l'Espagne avec l'Écosse au xvɪ siècle,* Paris, 1862, 5 vol.

THEVET, André, *Les vrais pourtraicts et vies des hommes illustres, grecs, latins et payens, recueilliz de leurs tableaux, livres, médalles antiques et modernes,* Paris, 1584, 2 vol.

THOU, Jacques-Auguste de, *Histoire universelle,* Londres, 1734, 16 vol.

TOURNON, François de, *Correspondance,* éd. M. François, Paris, 1946.

Translation de l'Épître de François Iᵉʳ au pape Paul III, et réponse aux calomnies de Charles V, Paris, 1543.

TRAVERS, Émile, *Rôle du ban et de l'arrière-ban du bailliage de Caen en 1552,* Rouen-Paris, 1901.

Trespas (Le), Obseques et enterrement de tres hault, tres puissant et tres magnanime François, par la grâce de Dieu roy de France, Paris, 1547.

Triomphante (La) entree de Mgr le Connestable, Paris, 1538.

TUETEY, Alexandre, éd., *Registres des délibérations du bureau de la ville de Paris*, Paris, 1886-1902, 11 vol.

VANDENESSE, Jean de, *Journal des voyages de Charles Quint, de 1514 à 1551*, Bruxelles, 1870, 2 vol.

VIEILLEVILLE, François de, *Mémoires de la vie de François de Scépeaux, sire de Vieilleville et comte de Durestal, maréchal de France*, éd. J. A. C. Buchon, Paris, 1836.

WACE, *Le roman de Rou et des ducs de Normandie*, éd. F. Pluquet, Rouen, 1827, 2 vol.

WEISS, Charles, éd., *Papiers d'État du cardinal de Granvelle*, Paris, 1841-1852, 9 vol.

WINCKELMANN, Otto, *Politische Correspondenz der Stadt Straßburg im Zeitalter der Reformation*, Strasbourg, 1887-1898, 3 vol.

WRIOTHESLEY, Charles, *A chronicle of England during the reigns of the Tudors from 1485 to 1559*, by Charles Wriothesley, Windsor herald, éd. W. D. Hamilton, Londres, 1875-1877, 2 vol.

ZELLER, Gaston, *Le Siège de Metz par Charles Quint (octobre-décembre 1552)*, Nancy, 1943.

BIBLIOGRAPHIE

ADRIANI, G. B., *Le guerre e la dominazione dei francesi in Piemonte, dall'anno 1536 al 1559*, Torino, 1867.

ALLARD, comte d', « Escalin, pâtre, ambassadeur et général des galères de France, 1498-1578 », dans *Bulletin de la Société départementale d'archéologie et de statistique de la Drôme*, t. XXIX (1895), p. 345 et t. XXX (1896), p. 49, 137, 256, 353.

ALLIAUDI, M., *Notizie bibliografiche su Giovanni Francesco Porporato da Pinerolo*, Pinerolo, 1866.

ANTHENAISE, Claude, « La chasse, le plaisir et la gloire », dans *De l'Italie à Chambord, François Ier : la chevauchée des princes français*, Paris, 2004, p. 95-105.

ANTHENAISE, Claude, « Chasse aux toiles, chasses en parc », dans *Chasses princières dans l'Europe de la Renaissance*, actes du colloque de Chambord (1er et 2 octobre 2004), Arles, 2007, p. 73-100.

ANTHENAISE, Claude et CHATENET, Monique, *Chasses princières dans l'Europe de la Renaissance*, actes du colloque de Chambord (1er et 2 octobre 2004), Arles, 2007.

ANTHIAUME, abbé, *Cartes marines, constructions navales, voyages de découverte chez les Normands, 1500-1650*, Paris, 1916.

ANTOINE, Michel, « Les institutions françaises en Italie sous Henri II », dans *Mélanges de l'École française de Rome*, Rome, 1982, p. 759-818.

ARMINJON, Catherine *et alii*, dir., *De l'Italie à Chambord, François Ier : la chevauchée des princes français*, Paris, 2004.

ARNOLD, Thomas F., *Atlas des guerres. Les guerres de la Renaissance, XVe-XVIe siècles*, Paris, 2002.

ASTIER, Sophie, « Un affrontement de papier. La place de l'imprimé dans la guerre entre François Ier et Charles Quint (1542-1544) », dans *Positions des thèses de l'École des chartes*, Paris, 2009, p. 25-35.

BABOUX, Jean, *Le manoir de Salverte à Heubécourt*, brochure dactyl., [Vernon], 1996.

BAGUENAULT DE PUCHESSE, Gustave, *Jean de Morvillier, évêque d'Orléans, garde des sceaux de France*, 2e éd., Paris, 1870.

BALTEAU, Jules *et alii*, dir., *Dictionnaire de biographie française*, Paris, 1933–, 20 vol parus.

BARBEY, Jean, *Être roi. Le roi et son gouvernement en France de Clovis à Louis XVI*, [Paris], 1992.

BARBICHE, Bernard, *Les institutions de la monarchie française à l'époque moderne*, Paris, 1999.

BARBICHE, Bernard, « La première régence de Catherine de Médicis (avril-juillet 1552) », dans *Combattre, gouverner, écrire : études réunies en l'honneur de Jean Chagniot*, dir. Y.-M. Bercé, Paris, 2003, p. 37-45.

BARDATI, Flaminia, « Les conseillers du roi bâtisseurs », dans *Les conseillers de François Ier*, dir. C. Michon, Rennes, 2011, p. 625-647.

BATES, David *et alii*, *Liens personnels, réseaux, solidarités en France et dans les îles Britanniques (XIe-XXe siècles)*, Paris, 2006.

BAUDOUIN-MATUSZEK, Marie-Noëlle, « Henri II et les expéditions françaises en Écosse », dans *Bibliothèque de l'École des chartes*, t. CXLV, 1987, p. 339-382.

BAUMGARTNER, Frederic J., *Henry II, King of France (1547-1559)*, Durham-Londres, 1988.

BECK, Bernard, « Les urbanistes et ingénieurs italiens au service de François Ier et Henri II en Normandie et en France », dans *L'émigration-immigration italienne et les métiers du bâtiment en France et en Normandie*, Caen, 2001, p. 21-34.

BEDOS-REZAK, Brigitte, *Anne de Montmorency, seigneur de la Renaissance*, Paris, 1990.

BÉGUIN, Sylvie, « Henri VIII et François Ier, une rivalité artistique et diplomatique », dans *François Ier et Henri VIII. Deux princes de la Renaissance (1515-1547)*, actes du colloque tenu à Londres du 9 au 11 mai 1991, éd. Ch. Giry-Deloison, Lille, 1995, p. 62-82.

BENEDICT, Philip, *Rouen during the Wars of Religion*, Cambridge, 1981.

BERCÉ, Yves-Marie, « Les capitaines malheureux », dans *Les procès politiques, XIVe-XVIIe siècle*, Rome, 2007, p. 35-60.

BINET, Hélène, « Jean de Monluc, évêque de Valence », dans *Positions des thèses de l'École des chartes*, 1940.

BOISLISLE, Arthur de, « Semblançay et la surintendance des finances », dans *Bulletin de la Société de l'Histoire de France*, t. XVIII, 1881, p. 225-274.

BONTEMS, Claude, RAYBAUD, Léon-Pierre et BRANCOURT, Jean-Pierre, *Le Prince dans la France des XVIe et XVIIe siècles*, Paris, 1965.

BOUREAU, Alain, *Le simple corps du roi*, Paris, 1988.

BOURQUIN, Laurent, *Noblesse seconde et pouvoir en Champagne aux XVIe et XVIIe siècles*, Paris, 1994.

BOURQUIN, Laurent, *La Noblesse dans la France moderne*, Paris, 2002.

BOURQUIN, Laurent, « "Pour le bien publicq de vostre ville" : les cités de Champagne entre invasion et taxation (1550-1559) », dans *Pour une histoire sociale des villes. Mélanges offerts à Jacques Maillard*, dir. P. Haudrière, Rennes, 2006, p. 31-41.

BOURRILLY, Victor-Louis, « Les Français en Piémont : Guillaume Du Bellay et le maréchal de Montejehan », dans *Revue historique*, t. LXXVI, 1901, p. 297-328.

BOURRILLY, Victor-Louis, « Le règne de François Ier : état des travaux et questions à traiter », dans *Revue d'histoire moderne et contemporaine*, t. IV, p. 513-531 et 585-603.

BOURRILLY, Victor-Louis, « Les rapports de François Ier et d'Henri II avec les ducs de Savoie Charles II et Emmanuel-Philibert (1515-1559) », *Revue d'histoire moderne et contemporaine*, t. VI (1904-1905), p. 601-625.

BOURRILLY, Victor-Louis, *Guillaume du Bellay, seigneur de Langey*, Paris, 1905.

BOURRILLY, Victor-Louis, « Antonio Rincon et la politique orientale de François Ier », dans *Revue historique*, t. CXIII, 1913, p. 64-83 et 268-308.

BOUVIER, Yann, « Antoine Escalin des Aimars (1498 ?-1578) de la Garde-Adhémar au siège de Nice : le parcours d'un ambassadeur de François Ier », dans *Recherches régionales, Alpes-Maritimes et contrées limitrophes*, 2007, n° 188, p. 73-100.

BRANDI, Karl, *Kaiser Karl V : Werden und Schicksal einer Persönlichkeit und eines Weltreiches*, Munich, 3e édition, 1941.

BROWN, Elizabeth A.R., « Refreshment of the dead », *Les funérailles à la Renaissance*, 12e colloque international de la Société française d'Étude du Seizième siècle, Bar-le-Duc, 2-5 décembre 1999, éd. J. Balsamo, Genève, 2002, p. 113-130.

BRYANT, Lawrence M., *The King and the City in the Parisian Royal Entry Ceremony : Politics, Ritual and Art in the Renaissance*, Genève, 1986.

BUISSERET, David, *Ingénieurs et fortifications avant Vauban : l'organisation d'un service royal aux XVIe-XVIIe siècles*, Paris, 2002.

BUISSON, Albert, *Le chancelier Antoine Duprat*, Paris, 1935.

BURNS, James H., dir., *Histoire de la pensée politique moderne, 1450-1700*, trad. J. Ménard et C. Sutto, Paris, 1997.

BUTTAY, Florence, *Fortuna. Usages politiques d'une allégorie morale à la Renaissance*, Paris, 2008.

CAPODIECI, Luisa, « "Sic itur ad astra". Narrations, figures celestas et platonisme dans les entrées d'Henri II (Reims 1547, Lyon 1548, Paris 1549, Rouen 1550) », dans *French Ceremonial Entries in the Sixteenth Century : Event, Image, Text*, dir. N. Russel et H. Visentin, Toronto, 2007, p. 73-109.

CAREL, Pierre, *Caen depuis Philippe Auguste jusqu'à Charles IX*, Paris, 1886, 2 vol.

CARON, Marie-Thérèse, *Noblesse et pouvoir royal en France, XIIIe-XVIe siècle*, Paris, 1994.

CAROUGE, Pierre, « Artus (1474-1519) et Guillaume (1582-1525) Gouffier à l'émergence de nouvelles modalités de gouvernement », dans *Les conseillers de François Ier*, dir. C. Michon, Rennes, 2011, p. 228-253.

CARROLL, Stuart, *Noble Power during the French Wars of Religion : the Guise Affinity and the Catholic Cause in Normandy*, Cambridge, 1998.

CASTILLA, M. de, « Notes sur la succession des propriétaires de la seigneurie de Carrouges : Blosset », dans *Société historique et archéologique de l'Orne*, t. XIII, Alençon, 1903, p. 222-224.

CHABOD, Federico, *Carlo V e il suo impero*, Turin, 1985.

CHABOD, Federico, « Milano o i Paesi Bassi ? Le discussioni in Spagna sulla alternativa del 1544 », dans *Carlo V e il suo impero*, Turin, 1985, p. 187-224.

CHAGNIOT, Jean, *Guerre et société à l'époque moderne*, Paris, 2001.

CHALINE, Olivier, « Faire la guerre au temps de la Renaissance », dans *La Renaissance, des années 1470 aux années 1560*, dir. J.-P. Poussou, [Paris], 2002, p. 225-318.

CHARPILLON, M., *Dictionnaire historique de toutes les communes de l'Eure*, Les Andelys, 1868.

CHARTON-LE CLECH, Sylvie, *Chancellerie et culture au XVIe siècle : les notaires et secrétaires du roi de 1515 à 1547*, Toulouse, 1993.

CHARTROU, Josèphe, *Les Entrées solennelles et triomphales à la Renaissance (1484-1551)*, Paris, 1928.

CHATENET, Monique, « Une demeure royale au milieu du XVIe siècle. La distribution des espaces au château de Saint-Germain-en-Laye », dans *Revue de l'art*, n° 81, 1988, p. 20-30.

CHATENET, Monique, *La cour de France au XVIe siècle : vie sociale et architecture*, [Paris], 2002.

CHAUNU, Pierre et ESCAMILLA, Michèle, *Charles Quint*, Paris, 2000.

CLOULAS, Ivan, *Catherine de Médicis*, Paris, 1979.

CLOULAS, Ivan, *Henri II*, Paris, 1985.

COCHET, abbé, *Notice historique et archéologique sur l'église et le hameau du Petit-Appeville*, Dieppe, 1862.

COGNASSO, Francesco, *Storia di Torino*, Milan, 1960.

CONSTANS, Claire, *Catalogue des peintures du Musée national du château de Versailles*, Paris, 1980.

CONSTANS, Claire, *Les peintures du Musée national du château de Versailles*, Paris, 1995, 3 vol.

CONSTANT, Jean-Marie, *Les Guise*, Paris, 1984

CONSTANT, Jean-Marie, *La vie quotidienne de la noblesse française aux XVIe-XVIIIe siècles*, Paris, 1985.

CONTAMINE, Philippe, *La guerre au Moyen Age*, Paris, 1980 [6e édition 2003].

CONTAMINE, Philippe, « Les industries de guerre dans la France de la Renaissance : l'exemple de l'artillerie », *Revue historique*, t. CCLXXI, 1984, p. 249-280.

CONTAMINE, Philippe, dir., *Histoire militaire de la France*, t. I, *des origines à 1715*, Paris, 1992.

CONTAMINE, Philippe, *La noblesse au royaume de France de Philippe le Bel à Louis XII*, Paris, 1997.

CONTAMINE, Philippe, « Un seigneur de la Renaissance : Jacques de Genouillac dit Galliot, maître de l'artillerie et Grand Écuyer de France », *Actes du groupe de recherches et d'études historiques de la Charente saintongeoise*, n° 16, Cognac, 1995, p. 277-294.

COOPER, Richard, « Rabelais et l'occupation française du Piémont », dans *Culture et politique en France pendant l'époque de l'Humanisme et de la Renaissance*, éd. Franco Simone, Turin, 1974, p. 325-339.

COOPER, Richard, *Litterae in tempore belli*, Genève, 1997.

CORVISIER, André, *Les régences en Europe. Essai sur les délégations de pouvoirs souverains*, Paris, 2002.

COSANDEY, Fanny, *La reine de France : symbole et pouvoir, XVe-XVIIIe siècle*, [Paris], 2000.

COTTRET, Bernard, *Henri VIII : le pouvoir par la force*, Paris, 1999.

COURTEAULT, Paul, *Blaise de Monluc, historien*, Paris, 1908.

CRÉPIN-LEBLOND, Thierry, dir., *Les Trésors du Grand Écuyer : Claude Gouffier, collectionneur et mécène à la Renaissance*, Paris, 1994.

CRETÉ, Liliane, *Coligny*, Paris, 1985.

CROUZET, Denis, « Recherches sur la crise de l'aristocratie en France : les dettes de la maison de Nevers », dans *Histoire, Économie et Société*, t. I, 1982, p. 7-50.

CROUZET, Denis, *Les guerriers de Dieu. La violence au temps des troubles de religion (vers 1525-vers 1610)*, Seyssel, 1990.

CROUZET, Denis, *La Genèse de la Réforme française, 1520-1562*, Paris, 1996.

CROUZET, Denis, *Charles de Bourbon, connétable de France*, [Paris], 2003.

CROUZET, Denis, « À propos de quelques usages de la monarchie française du XVIe siècle dans le discours historique du XVIIe siècle », dans *Monarchies, noblesses et diplomaties européennes : mélanges en l'honneur de Jean-François Labourdette*, dir. J.-P. Poussou *et alii*, 2005, p. 355-383.

DAVIS, Natalie Zemon, *Essai sur le don dans la France du XVIe siècle*, Paris, 2003.

DECRUE DE STOUTZ, Francis, *De consilio Regis Francisci I*, Paris, 1885.

DECRUE DE STOUTZ, Francis, *Anne de Montmorency, grand maître et connétable de France à la Cour, aux armées et au conseil de François Ier*, Paris, 1885.

DECRUE DE STOUTZ, Francis, *Anne de Montmorency, connétable et pair de France sous les rois Henri II, François II et Charles IX*, Paris, 1885.

DENEUIL-CORMIER, Anne, *La France de la Renaissance (1488-1559)*, Paris, 1962.

DERMENGHEM, Émile, *Claude d'Annebault, maréchal et amiral de France, sous François Premier et Henri Deux*, thèse d'école des chartes, 1913[1], et *Positions des thèses de l'École des chartes de la promotion de 1913*, Paris, 1913, p. 35-40.

DERMENGHEM, Émile, « Un ministre de François Ier. La grandeur et la disgrâce de l'amiral Claude d'Annebault », dans *Revue du seizième siècle*, t. IX, p. 34-50, 1923.

DESGARDINS, E., *Anne de Pisseleu duchesse d'Étampes et François Ier*, Paris, 1904.

DESMARQUETS, Jean-Antoine-Samson, *Mémoires chronologiques pour servir à l'histoire de Dieppe et de la navigation françoise*, Paris 1785, 2 vol.

DOUCET, Roger, « Le Grand Parti de Lyon au XVIe siècle », *Revue historique*, t. CLXXI, 1933, p. 473-513 et t. CLXXII, p. 1-41.

DOUCET, Roger, *Les Institutions de la France au XVIe siècle*, Paris, 1948, 2 vol.

DUPÈBE, Jean, « Un chancelier humaniste sous François Ier : François Olivier (1547-1560) », dans *Humanism and Letters in the age of François Ier. Proceedings of the 4th Cambridge French Renaissance colloquium. September 19-21st 1994*, éd. P. Ford et G. Gondorf, Cambridge, 1996, p. 87-114.

DUPONT, Étienne, *Recherches historiques sur les compagnons de Guillaume le Conquérant*, Nantes, s. d.

DUROT, Éric, *François de Loraine, duc de Guise entre Dieu et le Roi*, Paris, 2013.

DUTILLEUX, Adolphe et DEPOIN, Joseph, *L'abbaye de Maubuisson*, Pontoise, 1882-1887, 4 vol.

ÉDOUARD, Sylvène, *Le Corps d'une reine. Histoire singulière d'Élisabeth de Valois (1546-1568)*, Rennes, 2009.

EHRENBERG, Richard, *Das Zeitalter der Fugger*, 3e éd., Iéna, 1922, 2 vol.

ELAM, Caroline, « Art in the service of liberty, : Battista della Palla, art agent for Francis I », *I Tatti Studies-Essays in the Renaissance*, Florence, 1993, t. V, p. 33-109.

FÉLIBIEN, Michel, *Histoire de la Ville de Paris*, Paris, 1725, 5 vol.

FLEYMOND, Jacques, *La Politique de François Ier à l'égard de la Savoie*, Lausanne, 1939.

FLOQUET, Antoine, *Histoire du parlement de Normandie*, Rouen, 1840-1842, 7 vol.

FLOQUET, Antoine, *Histoire du privilège de Saint-Romain*, Rouen, 1833, 2 vol.

FONTANA, Alessandro *et alii*, *La Circulation des hommes et des œuvres entre la France et l'Italie à l'époque de la Renaissance*, Actes du colloque international de novembre 1990 (Sorbonne – Institut culturel italien à Paris), Paris, 1992.

FOUCAULT, Michel, *Le gouvernement de soi et des autres : cours au Collège de France, 1982-1983*, éd. F. Gros, [Paris], 2008.

FRANÇOIS, Michel, *Le cardinal François de Tournon*, Paris, 1951.

---

1   Cette thèse de quelques dizaines de pages dactyl. est restée inédite (AD Calvados, Br 8413).

FROUDE, John A., *History of England from the fall of Wolsey to the death of Elizabeth*, Londres, 1862-1870, 12 vol.

GACHARD, Louis-Prosper, *Trois années de l'histoire de Charles-Quint (1543-1546)*, *d'après les dépêches de l'ambassadeur vénitien Bernardo Navagero*, Bruxelles, 1865.

GAILLARD, G.-H., *Histoire de François Ier*, Paris, 1819, 4 vol. [1re édition, 1766]

Gallia Christiana, in provincias ecclesiasticas distributa, Paris, 1715-1755, 16 vol.

GAMS, Pius, *Series episcoporum Ecclesiæ catholicæ*, Ratisbonne, 1873.

GAUDIN, Jean, « Le baron de La Garde, dit le capitaine Polin (15 ? ?-1578) », dans *Positions des thèses de l'École des chartes de la promotion de 1900*, Chalon-sur-Saône, 1900, p. 87-90.

GAUSSIN, Pierre-Roger, « Les conseillers de Louis XI (1461-1482) », dans *La France de la fin du XVe siècle, renouveau et apogée*, actes du colloque de Tours du 3-6 octobre 1983, dir. B. Chevalier et P. Contamine, Paris, 1985, p. 105-134.

GENET, Jean-Philippe, éd., *L'État moderne : Genèse (bilan et perspectives)*, Actes du colloque des 19-20 septembre 1989, Paris, 1990.

GÉRARDOT, Anne, « La construction des navires de mer en Normandie au XVIe siècle », dans *De la Seine au Saint-Laurent avec Champlain*, dir. A. Blondel-Loissel *et alii*, Paris, 2005, p. 93-103.

GERMA-ROMANN, Hélène, *Du « Bel Mourir » au « Bien Mourir ». Le sentiment de la mort chez les gentilshommes français (1515-1643)*, Genève, 2001.

GIBBONS, Geoffrey, *The political career of Thomas Wriothesley, first Earl of Southampton, 1505-1550, Henry VIII's last chancellor*, Lewinston, 2001.

GIESEY, Ralph E., *Le roi ne meurt jamais. Les obsèques royales dans la France de la Renaissance*, Paris, 1987.

GIESEY, Ralph E., *Cérémonie et puissance souveraine. France, XVe-XVIIe siècles*, Paris, 1987.

GIRY-DELOISON, Charles, « Money and early Tudor Diplomacy. The English Pensioners of the French Kings (1475-1547) », dans *Medieval History*, t. III, 1993, p. 128-146.

GIRY-DELOISON, Charles, éd., *François Ier et Henri VIII. Deux princes de la Renaissance (1515-1547)*, Actes du colloque de Londres (9-11 mars 1991), Vileneuve-d'Ascq, 1995.

GOSSELIN, Édouard-Hippolyte, *Documents authentiques et inédits pour servir à l'histoire de la marine normande et du commerce rouennais pendant les XVIe et XVIIe siècles*, Rouen, 1876.

GREENGRASS, Mark, « Property and Politics in Sixteenth-Century France : The Landed Fortune of Constable Anne de Montmorency », dans *French History*, t. II, 1988, p. 371-398.

GRUMMIT, David, dir., *The English Experience in France c. 1450-1558 : War, diplomacy and cultural exchange*, Aldershot, 2002.

GUENÉE, Bernard et LEHOUX, Françoise, *Les Entrées royales françaises de 1328 à 1515*, Paris, 1968.

GUILLOTIN DE CORSON, Amédée, *Les Grandes seigneuries de Haute-Bretagne*, Rennes, 1899, 3 vol.

GUILMETH, Auguste, *Histoire de la ville de Brionne, suivie de notices sur les endroits circonvoisins*, Paris, 1834.

GUY, Henry, *Histoire de la poésie française au XVIe siècle*, Paris, 1926, 2 vol.

HAAN, Bertrand, *Une paix pour l'éternité : la négociation du traité de Cateau-Cambrésis*, Madrid, 2010.

HALE, John R., « Armies, Navies and the Art of War », *The New Cambridge Modern History*, t. II : *The Reformation*, dir. Geoffrey Elton, Cambridge, 1958.

HALE, John R., *War and Society in Renaissance Europe, 1450-1620*, Londres, 1985.

HALE, John R., *La civilisation de l'Europe à la Renaissance*, 2e éd. fra., trad. R. Guyonnet, [Paris], 2003.

HAMON, Philippe, « Le contrôle des finances royales : un enjeu politique sous François Ier », dans *François Ier et Henri VIII : deux princes de la Renaissance (1515-1547)*, actes du colloque tenu à Londres du 9 au 11 mai 1991, éd. Charles Giry-Deloison, p. 165-176.

HAMON, Philippe, *L'Argent du roi. Les finances sous François Ier*, Paris, 1994.

HAMON, Philippe, « *Messieurs des finances* ». *Les grands officiers de finance dans la France de la Renaissance*, Paris, 1999.

HAMON, Philippe, « Négocier sous l'Ancien Régime : Gilbert Bayard, l'homme de la Paix des Dames », dans *Arras et la diplomatie européenne, XVe-XVIe siècles*, dir. D. Clauzel, Arras, 1999, p. 230-245.

HAMON, Philippe, « Une monarchie de la Renaissance ? (1515-1559) », dans *La monarchie entre Renaissance et Révolution (1515-1792)*, dir. J. Cornette, Paris, 2000.

HAMON, Philippe, « Gilbert Bayard (?-1548) », dans *Les conseillers de François Ier*, dir. C. Michon, Rennes, 2011, p. 575-581.

HANLEY, Sarah, *Le « Lit de justice » des rois de France. L'idéologie constitutionnelle dans la légende, le rituel et le discours*, Paris, 1991.

HARDING, Robert R., *Anatomy of a Power Elite : The Provincial Governors of Early Modern France*, New Haven-Londres, 1978.

HARRISON, R. F., *The Mary Rose, Tudor ship*, dans *Museums Journal*, vol. 81, n° 1, Londres, 1981-1982, p. 11-17.

HASENCLEVER, Adolf, *Die Politik der Schmalkaldener vom Ausbruch des schmalkaldischer Krieges*, Berlin, 1901.

HASENCLEVER, Adolf, « Die *Geheimartikel* zum Frieden von Crépy vom 19. September 1544 », dans *Zeitschrift für Kirchengeschichte*, n° 45, 1927, p. 418-426.

HAUVETTE, Henri, *Un exilé florentin à la cour de France au XVIe siècle : Luigi Alamanni (1495-1556)*, Paris, 1903.

HEERS, Jacques, *Les Barbaresques*, Paris, 2001.

HILDRED, Alexzandra, « The Fighting Ship », dans *Your Noblest Shippe : Anatomy of a Tudor Warship*, vol. 2, éd. Peter Marsden, Portsmouth, 2009, p. 307-308.

HOEFER, Ferdinand, dir., *Nouvelle biographie générale*, Paris, 1857-1866, 46 vol.

HOLT, Mark P., *Society and Institutions in Early Modern France*, Athènes, 1991.

HOULLEMARE, Marie, Politiques de la parole, le parlement de Paris au XVIe siècle, Genève, 2011.

HOULLEMARE, Marie, « Guillaume Poyet (v. 1473-1548) », dans *Les conseillers de François Ier*, dir. C. Michon, Rennes, 2011, p. 365-379.

HOULLEMARE, Marie, « Le parlement de Savoie (1536-1559), outil politique au service du roi de France, entre occupation pragmatique et intégration au royaume », dans *Revue historique*, n° 665, janvier 2013, p. 87-117.

JACQUART, Jean, *François Ier*, Paris, 1981.

JACQUART, Jean, *Bayard*, Paris, 1987.

JACQUETON, Gilbert, « Le Trésor de l'Épargne sous François Ier, 1523-1547 », *Revue historique*, t. LV, 1894, p. 1-43 ; t. LVI, 1894, p. 1-38.

JOUANNA, Arlette, *Ordre social. Mythes et hiérarchies dans la France du XVIe siècle*, Paris, 1977.

JOUANNA, Arlette, *L'idée de race en France au XVIe siècle*, 2e éd., [Montpellier], 1981.

JOUANNA, Arlette, *Le Devoir de révolte. La noblesse française et la gestation de l'État moderne (1559-1661)*, [Paris], 1989.

JOUANNA, Arlette, *La France du XVIe siècle, 1483-1598*, Paris, 1996.

JOUANNA, Arlette *et alii*, *La France de la Renaissance : Histoire et dictionnaire*, Paris, 2001.

JOURDA, Pierre, *Marguerite d'Angoulême, duchesse d'Alençon, reine de Navarre (1492-1549) : Étude biographique et littéraire*, Paris, 1948, 2 vol.

KETTERING, Sharon, *Patrons, Brokers, and Clients in the Seventeenth Century France*, Oxford, 1986.

KETTERING, Sharon, « Patronage and Kinship in Early Modern France », *French Historical Studies*, t. XVI, n° 2, 1989, p. 408-435.

KETTERING, Sharon, « Friendship and Clientage in Early Modern France », *French History*, t. VI, n° 2, 1992, p. 139-158.

KNECHT, Robert J., « The Court of Francis I », *European Studies Review*, t. VIII, 1978, p. 1-22.

KNECHT, Robert J., *The Rise and Fall of Renaissance France*, Londres, 1996.

KNECHT, Robert J., *Un Prince de la Renaissance : François Ier et son royaume*, Paris, 1998.

KNECHT, Robert J., *Catherine de' Medici*, Londres, 1998.

KNECHT, Robert J., *The French Renaissance Court*, New Haven-Londres, 2008.

KNECHT, Robert J., « Philippe Chabot de Brion (v. 1492-1543) », dans *Les conseillers de François Ier*, dir. C. Michon, Rennes, 2011, p. 463-480.

LA BROSSE, Jules, *Histoire d'un capitaine bourbonnais au XVIe siècle : Jacques de La Brosse (1485 ?-1562), ses missions en Écosse*, Paris, 1929.

LA FERRIÈRE, Hector de, *Les chasses de François Ier racontées par Louis de Brézé, grand sénéchal de Normandie*, Paris, 1869

LA MARTINIÈRE, Jules de, « Les États de 1532 et l'union de la Bretagne à la France », dans *Bulletin de la société polymathique du Morbihan*, Vannes, 1911, p. 177-193.

LAPEYRE, Henri, *Les Monarchies européennes du XVIe siècle. Les relations internationales*, Paris, 1973.

LAPEYRE, Henri, « L'art de la guerre au temps de Charles Quint », *Charles Quint et son temps*, colloque international du CNRS (septembre-octobre 1958), Paris, 1959, p. 37-49.

LA RONCIÈRE, Charles de, *Histoire de la marine française*, Paris, 1899-1932, 6 vol.

LA ROQUE, Louis de, *Catalogue historique des généraux français*, Paris, 1896, fasc. I : « Connétables et maréchaux de France », p. 48-49.

LA RUE, G. de, *Essais historiques sur la ville de Caen et son arrondissement*, Caen, 1820.

LE BARROIS D'ORGEVAL, Gabriel, *Le maréchalat de France des origines à nos jours*, 2 vol., Paris, 1932.

LEFÈVRE-PONTALIS, G., « Épisodes de l'invasion anglaise. La Guerre des partisans dans la Haute-Normandie (1424-1429) », dans *Bibliothèque de l'école des chartes*, 1895, p. 465-470.

LE GALL, Jean-Marie, « Vieux saint et grande noblesse à l'époque moderne : Saint Denis, les Montmorency et les Guise », dans *Revue d'histoire moderne et contemporaine*, t. 50, n° 3, Paris, 2003, p. 7-33.

LE PAGE, Dominique, *Finances et politique en Bretagne au début des temps modernes, 1491-1547 : étude d'un processus d'intégration au royaume de France*, Paris, 1997.

LE PERSON, Xavier, « A moment of "resverie" : Charles V and Francis I's encounter at Aigues-Mortes (july 1538) », dans *French History*, vol. 19, n° 1, 2005, p. 1-27

LE PICARD, Éric, « Les compagnons de Guillaume le Conquérant », dans *Revue généalogique normande*, hors série, 1988, p. 5-73.

LE PRÉVOST, Auguste, *Mémoires et notes de M. Auguste Le Prévost pour servir à l'histoire du département de l'Eure*, Évreux, 1862, t. I, p. 127-129 (Appeville-Annebault).

LEPROUX, Guy-Michel, *La peinture à Paris sous le règne de François Ier (peintres et maîtres-verriers)*, Paris, 2001.

LE ROUX, Nicolas, La Faveur du roi : mignons et courtisans au temps des derniers Valois (vers 1547-vers 1589), Seyssel, 2000.

LE ROUX, Nicolas, « Société de cour et pouvoir princier à la Renaissance », dans *La Renaissance, des années 1470 aux années 1560*, dir. J.-P. Poussou, [Paris], 2002, p. 146-194.

LE SERGEANT DE MONNECOVE, Félix, « Le Siège de Thérouanne », dans *Bulletin de la Société des Antiquaires de la Morinie*, t. V, 1872-1876.

LEVA, Giuseppe de, *Storia documentata di Carlo V*, Venise-Padoue-Bologne, 1863-1894, 5 vol.

LE VERDIER, Pierre, *Un procès séculaire : la seigneurie et vicomté de Pont-Audemer*, 1888.

LLOYD, Howell A., *The State, France and the Sixteenth Century*, Londres, 1983.

LOADES, David M., *John Dudley : Duke of Northumberland, 1504-1554*, Oxford, 1992.

LOT, Ferdinand, *Recherches sur les effectifs des armées françaises des Guerres d'Italie aux Guerres de Religion (1494-1562)*, Paris, 1962.

MARCHAND, Charles, *Charles Ier de Cossé, comte de Brissac et maréchal de France*, Paris, 1899.

MACCULLOCH, Diarmaid, *Thomas Cranmer. A Life*, New Haven–London, 1996.

MAILLOT, Véronique, « Philippe Chabot de Brion, amiral de France sous François Ier », dans *Vendée du nord-ouest, hier et aujourd'hui*, 2005, p. 59-74.

MAJOR, James Russell, *Representative Institutions in Renaissance France, 1421-1559*, Madison (WI), 1960.

MAJOR, James Russell, *From Renaissance Monarchy to Absolute Monarchy : French Kings, Nobles and Estates*, Baltimore, 1994.

MANDROU, Robert, *Introduction à la France moderne. Essai de psychologie historique, 1500-1640*, Paris, 1961.

MARCHAND, Charles, *Charles Ier de Cossé, comte de Brissac et maréchal de France*, Paris : Champion, 1899.

MARGOLIN, Jean-Claude, *L'Avènement des temps modernes*, Paris, 1977.

MARIOTTE, J.-Y., « François Ier et la ligue de Schmalkalde », *Revue suisse d'Histoire*, t. XVI, 1966, p. 206-242.

MARTINEAU, Abel, « L'amiral Chabot, seigneur de Brion (1492 ?-1542) », dans *Positions de thèses de l'École des chartes*, Chalon-sur-Saône, 1883, p. 77-83.

MASSON, Philippe et VERGÉ-FRANCESCHI, Michel, éd., *La France et la mer au siècle des grandes découvertes*, Paris, 1993.

MAUSS, Marcel, *Essai sur le don. Forme et raison de l'échange dans les sociétés archaïques*, Paris, 2012 [rééd. de l'Année sociologique, 1924-1925].

MELLEN, Peter, *Jean Clouet, Catalogue raisonné des dessins, miniatures et peintures*, Paris, 1971.

MERLIN, Pierpaolo, « Torino durante l'occupazione francese », dans *Storia di*

Torino, t. III : dalla dominazione francese alla ricomposizione dello Stato (1536-1630), dir. G. Ricuperati, p. 7-55.

MERLIN-CHAZELAS, Anne, « Mise en place des institutions françaises dans les Etats de Savoie après leur conquête par François Ier », dans *Recherches régionales, Alpes-Maritimes et contrées limitrophes*, n° 157, 2001, p. 77-89.

MERLIN-KAJMAN, Hélène, « Turbulences autour de liens », dans *Les liens humains dans la littérature (XVIe-XVIIe siècles)*, dir. J. Chamard-Bergeron, P. Desan et T. Pavel, Paris, 2012, p. 105-127.

MEUNIER, Florian, « Saint-Ouen de Pont-Audemer », dans *Bibliothèque de l'école des chartes*, t. 162, Paris, 2004, p. 191-216.

MEYER, Edmond, *Silly-Annebaut : le testament de Jacques de Silly*, Évreux, 1896.

MEYER, Jean, « Pourquoi et comment une histoire des batailles navales », dans *Chronique d'Histoire maritime*, n° 44, 2001, p. 24-36.

MÉZERAY, François de, *Histoire de France depuis Faramond jusqu'au règne de Louis le Juste*, Paris, 1685, 3 vol. [1re édition 1643-1651]

MICHAUD, Hélène, *La Grande Chancellerie et les écritures royales au XVIe siècle*, Paris, 1967.

MICHAUD, Hélène, « Les institutions militaires des guerres d'Italie aux guerres de Religion », *Revue historique*, t. CCLVIII, 1977, p. 219-243.

MICHON, Cédric, « Jean de Lorraine ou les richesses de la faveur à la Renaissance », dans *Revue d'histoire moderne et contemporaine*, t. 50, n° 3, Paris, 2003, p. 34-61.

MICHON, Cédric, « De bons frères, cousins et parfaits amys ? Les Anglais et la France sous François Ier », dans *Les Idées passent-elles la Manche ? Savoirs, représentations, pratiques (France-Angleterre, X[e]-XXe siècles)*, [actes du colloque de Paris, 18-20 septembre 2003], Paris, 2007, p. 305-322.

MICHON, Cédric, *La crosse et le sceptre. Les prélats d'État sous François Ier et Henri VIII*, Paris, 2008.

MICHON, Cédric, dir., *Les conseillers de François Ier*, Rennes, 2011.

MICHON, Cédric, « Conseils et conseillers sous François Ier », dans *Les conseillers de François Ier*, dir. C. Michon, Rennes, 2011, p. 11-81.

MICHON, Cédric, « Jean de Lorraine (1498-1550) », dans *Les conseillers de François Ier*, dir. C. Michon, Rennes, 2011, p. 383-399.

MICHON, Cédric et NAWROCKI, François, « François de Tournon (1489-1562) », dans *Les conseillers de François Ier*, dir. C. Michon, Rennes, 2011, p. 507-525.

MICHON, Cédric, *Conseils & conseillers dans l'Europe de la Renaissance : v. 1450-v. 1550*, Rennes, 2012.

MIGNET, François, *La Rivalité de François Ier et Charles Quint*, Paris, 1875, 2 vol.

MOLINIÉ-BERTRAND, Annie et DUVIOLS, Jean-Paul, dir., *Charles Quint et la monarchie universelle*, Paris, 2001.

MOLINIER, abbé H.-J., *Mellin de Saint-Gelays (1490 ?-1558)*, Toulouse, 1909.

MOLLARD, F., « Rapport sur les documents concernant l'occupation française en Piémont », dans *Bulletin du comité des travaux historiques*, 1891, p. 234-239.

MOMBELLO, Gianni, « Lingua e cultura francese durante l'occupazione », dans *Storia di Torino*, t. III : *dalla dominazione francese alla ricomposizione dello Stato (1536-1630)*, dir. G. Ricuperati, p. 59-106.

MOREAU-NÉLATON, Étienne, *Les Clouets et leurs émules*, Paris, 1924.

MOUSNIER, Roland, *Le Conseil du roi de Louis XII à la Révolution*, Paris, 1971.

NAGLE, Jean, *La civilisation du cœur : histoire du sentiment politique en France du XIIᵉ au XIXᵉ siècle*, Paris, 1998.

NASSIET, Michel, *Parenté, noblesse et états dynastiques, XVᵉ-XVIᵉ siècles*, Paris, 2000.

NASSIET, Michel, *La Violence, une histoire sociale (France, XVIᵉ-XVIIIᵉ siècle)*, Seyssel, 2011.

NAWROCKI, François, « L'administration centrale de la guerre, 1515-1570 », dans *Les ministres de la guerre, 1570-1792*, dir. T. Sarmant, Paris, 2007, p. 69-79.

NAWROCKI, François, « Le conseiller favori, objet de la décision royale », dans *La prise de décision royale, 1520-1550*, colloque de l'École nationale des chartes, Paris, 2008, p. 73-90.

NAWROCKI, François, « Le Conseil de François Iᵉʳ (1541-1547) », dans *Les conseillers de François Iᵉʳ*, dir. C. Michon, Rennes, 2011, p. 457-459.

NAWROCKI, François, « Claude d'Annebault (v. 1495-1552) », dans *Les conseillers de François Iᵉʳ*, dir. C. Michon, Rennes, 2011, p. 481-506.

NAWROCKI, François, « Le dauphin Henri (1519-1559) », dans *Les conseillers de François Iᵉʳ*, dir. C. Michon, Rennes, 2011, p. 591-597.

NAWROCKI, François, « La 'grosse armée de mer' de l'amiral d'Annebault : la part de risque dans la tentative de débarquement en Angleterre de l'été 1545 », dans *Les stratégies de l'échec. Enquêtes sur l'action politique à l'époque moderne*, dir. M. Barral-Baron, M.-C. Lagrée et M. Lemoine, Paris, 2015, p. 47-69.

NEUSCHEL, Kristen B., *Word of honor. Interpreting Noble culture in sixteenth-century France*, New-York-Londres, 1989.

NORDMAN, Daniel, *Frontières de France : de l'espace au territoire, XVIᵉ-XIXᵉ siècle*, [Paris], 1998.

Nouvelle biographie générale, dir. Hoefer, Paris, 1857-1866, 46 vol.

OMAN, Charles, sir, *A History of the art of war in the XVIᵗʰ century*, New York, 1937.

OMONT, Henri, « Une relation nouvelle des obsèques de François Iᵉʳ », *Bulletin de la Société de l'histoire de Paris et de l'Île-de-France*, t. XXXIII, 1906, p. 144-150.

OUDART FEUDRIX DE BRÉQUIGNY, Louis-Georges, *Histoire des révolutions de Gênes, depuis son établissement jusqu'à la conclusion de la paix en 1748*, Paris, 1750-1753.

OUVAROV, Pavel *et alii*, « La réconciliation manquée des Spifame : domination, transgression, reconversion (XVI⁰-XVII⁰ siècle) », dans *Épreuves de noblesse. Les expériences nobiliaires de la haute robe parisienne*, Paris, 2010.

PACIFICI, Vincenzo, *Ippolito d'Este, cardinale di Ferrara*, Tivoli, 1920.

PAGÈS, Georges, *La Monarchie d'Ancien Régime en France*, Paris, 1946.

PAILLARD, Charles, « La mort de François Iᵉʳ et les premiers temps du règne de Henri II, d'après Jean de Saint-Mauris, ambassadeur de Charles-Quint à la cour de France (avril-juin 1547) », dans *Revue historique*, t. V, 1877, p. 84-120.

PAILLARD, Charles, *L'invasion allemande en 1544*, Paris, 1884.

PANDIN DE LUSSAUDIÈRE, J., « Charles de Coucis, seigneur de Burie, capitaine et lieutenant du roi en Guyenne, en l'absence du roi de Navarre (1491-1565) », dans *Positions de thèses de l'École des chartes*, 1904.

PÂRIS, Paulin, *Études sur François Iᵉʳ, sa vie de roi et son règne*, Paris, 1885, 2 vol.

PARISET, Jean-Daniel, *Les Relations entre la France et l'Allemagne au milieu du XVIᵉ siècle*, Strasbourg, 1981.

PARKER, David, *The Making of French Absolutism*, Londres, 1983.

PARKER, Geoffrey, « Le monde politique de Charles Quint », dans *Charles Quint : empereur de deux mondes*, dir. H. Soly, [Paris], 1994, p. 113-226.

PASTOR, Ludwig, *Histoire des papes depuis la fin du Moyen Âge*, Paris, 1888-1938, 20 vol.

PERRIN, André, *Histoire de la Savoie des origines à 1860*, Chambéry, 1900.

PHILIPPE-LEMAÎTRE, Mme, « Notice sur Appeville, dit Annebault, extrait des Recherches historiques et monumentales sur le églises de l'arrondissement de Pont-Audemer », Bulletin Monumental, Paris, 1854.

PICOT, Émile, *Les Italiens en France au XVIᵉ siècle*, Bordeaux, 1918 [réimpr. 1995].

PINARD, François-Joseph-Guillaume, *Chronologie historique militaire*, Paris, 1760-1778, 8 vol.

POLLAK, Martha D., *Turin (1564-1680) : Urban Design, Military Culture and the Creation of the Absolutist Capital*, Chicago–Londres, 1991.

POLLARD, Albert F., *Henry VIII*, 2ᵉ éd., Londres, 1905.

PORÉE, Charles, *Un parlementaire sous François Iᵉʳ : Guillaume Poyet (1473-1548)*, Angers, 1898.

PORÉE, Charles, *Histoire de l'abbaye du Bec*, Évreux, 1901.

POTTER, David, « Foreign Policy in the Age of the Reformation : French Involvement in the Schmalkaldic War, 1544-1547 », dans *Historical Journal*, t. XX, 1977, p. 525-544.

POTTER, David, *War and Government in the French Provinces : Picardy, 1470-1560*, Cambridge, 1993.

POTTER, David, *A History of France, 1460-1560. The Emergence of a Nation State*, Londres, 1995.

POTTER, David, *Un homme de guerre à la Renaissance : La vie et les lettres d'Oudart du Biez, maréchal de France, gouverneur de Boulogne et de Picardie (vers 1475-1553)*, Arras, 2001.

POTTER, David, « The Constable's brother : François de Montmorency, sieur de La Rochepot (c. 1496-1551) », dans *Nottingham medieval Studies*, n° 48, 2004, p. 141-197.

POTTER, David, « Politics and faction at the Court of Francis I : the Duchesse d'Etampes, Montmorency and the Dauphin Henri », dans *French History*, vol. 21, n. 2, 2007, p. 127-146.

POTTER, David, *Henry VIII and Francis I : The Final Conflict, 1540-1547*, Leiden-Boston, 2011.

POTTER, David, « Anne de Pisseleu (1508-1580), duchesse d'Étampes, maîtresse et conseillère de François Ier », dans *Les conseillers de François Ier*, dir. C. Michon, Rennes, 2011, p. 535-556.

POUMARÈDE, Géraud, « Le "vilain et sale assassinat" d'Antonio Rincon et Cesare Fregoso (1541). Un incident diplomatique exemplaire ? », dans *L'incident diplomatique XVIe-XVIIe siècle*, dir. L. Bély et G. Poumarède, Paris, 2010, p. 7-44.

POWIS, Jonathan, « Aristocratie et bureaucratie dans la France du XVe siècle : État, office et patrimoine », dans *L'État et les aristocraties (France, Angleterre, Écosse), XIIe-XVIIe siècle*, dir. P. Contamine, Paris, 1989, p. 231-246.

POZZOLINI, A., *Memorie per la vita di fra Leone, Priore di Capua*, Florence, 1890.

PRENTOUT, Henri, *Les États provinciaux de Normandie*, Caen, 1925-1927, 3 vol.

PRENTOUT, Henri, *Guillaume le Conquérant, Légende et Histoire... suivi d'une liste des compagnons de Guillaume*, Caen, 1927.

QUILLET, Bernard, *La France du beau XVIe siècle*, Paris, 1998.

REID, Jonathan A., *King's Sister - queen of dissent : Marguerite of Navarre (1492-1549) and her evangelical network*, Leiden, 2009, 2 vol.

REINHARD, Wolfgang, dir., *Les Élites du pouvoir et la construction de l'État en Europe (XIIIe-XVIIIe siècles)*, trad. H. Aji, Paris, 1996.

REMIGEREAU, François, « Ronsard sur les brisées de Du Fouilloux », dans *Revue du seizième siècle*, t. XIX, 1932-1933, p. 47-95.

RENTET, Thierry, *Anne de Montmorency : grand maître de François Ier*, Rennes, 2011.

RENTET, Thierry, « Anne de Montmorency (1493-1567), le conseiller médiocre », dans *Les conseillers de François Ier*, dir. C. Michon, Rennes, 2011, p. 279-309.

REUMONT, Alfred von, *La jeunesse de Catherine de Médicis*, trad. A. Baschet, Paris, 1866.

REX, Richard, *Henry VIII and the English Reformation*, Londres, 1993.

RICOTTI, Ercole, *Storia della monarchia piemontese*, Florence, 1861-1869, 6 vol.

RIGAUD, Philippe, « Le "portraict" d'une poupe de galère (Marseille, 1543) », dans *Provence historique*, n° 51, fasc. 203, 2001, p. 13-20.

RIOULT DE NEUVILLE, Louis de, *Généalogie de la famille de Rioult*, Besançon, 1911.

ROCHE, François, *Claude de Lorraine, premier duc de Guise*, Chaumont, 2005.

ROCHE, Louis-P., *Claude Chappuys (?-1575), poète à la cour de François Iᵉʳ*, Poitiers 1929.

ROMIER, Lucien, *La carrière d'un favori : Jacques d'Albon de Saint-André*, Paris, 1909.

ROMIER, Lucien, « Les institutions françaises en Piémont », dans *Revue historique*, t. CVI, 1911, p. 1-26.

ROMIER, Lucien, *Les Origines politiques des guerres de Religion*, Paris, 1913-1914, 2 vol.

ROMIER, Lucien, *Le royaume de Catherine de Médicis. La France à la veille des guerres de Religion*, Paris, 1925, 2 vol.

ROSENWEIG, Louis, *L'office de l'amiral en France du XIIIᵉ au XVIIᵉ siècle*, Vannes, 1856.

ROTT, Édouard, *Histoire de la représentation diplomatique de la France auprès des cantons suisses, de leurs alliés et de leurs confédérés*, Berne-Paris, 1900-1935, 10 vol.

ROY, Lyse, « Espace urbain et système de représentations. Les entrées du Dauphin et de François Iᵉʳ à Caen en 1532 », dans *Memini, Travaux et documents*, Montréal, 2001, p. 51-77.

ROZET, Albin et LEMBEY, Jean-François, *L'Invasion de la France et le siège de Saint-Dizier par Charles Quint en 1544*, Paris, 1910.

RUBLE, A. de, *Le mariage de Jeanne d'Albret*, Paris, 1877.

RUSSEL, Joycelyne Gledhill, *Peacemaking in the Renaissance*, Londres, 1986.

RUSSEL, Nicolas, « Construction et représentation de la mémoire collective dans les entrées triomphales du XVIᵉ siècle », dans *Renaissance and Reformation*, 2009, vol. 32, n° 2, p. 53-72.

SAFFROY, Gaston, *Bibliographie généalogique, héraldique et nobiliaire de la France des origines à nos jours : imprimés et manuscrits*, Paris, 1968-1988, 5 vol.

SALVADORI, Philippe, *La Chasse sous l'Ancien Régime*, Paris, 1996.

SCALLIÉREZ, Cécile, *François Iᵉʳ et ses artistes*, Paris, 1992.

SCARISBRICK, John J., *Henry VIII*, Londres, 1968.

SCHALK, Ellery, *L'épée et le sang. Une histoire du concept de noblesse (vers 1500-vers 1650)*, Seyssel, 1996.

SCHEURER, Rémy, « Jean Du Bellay (1492 ou 1498/1499-1560) », dans *Les conseillers de François Iᵉʳ*, dir. C. Michon, Rennes, 2011, p. 319-330.

SCLOPIS, Federigo, *Degli Stati Generali e d'altre assemblee rappresentative del Piemonte e della Savoia*, Torino, 1851.

SEGRE, Arturo, *Storia documentata di Carlo III di Savoia*, Memorie della reale Accademia delle scienze di Torino, 2ᵉ série, t. LII, Turin, 1903.

SISMONDI, J. C. L. Simonde de, *Histoire des Français*, Paris, 1821-1844, 31 vol, t. XVI et XVII.

SKINNER, Quentin, *Les fondements de la pensée politique moderne*, trad. J. Grossman et J.-Y. Pouilloux, Paris, 2001.

SOFFIETTI, Isidoro, « La costituzione della Cour de parlement di Torino », dans *Rivista di storia del diritto italiano*, vol. XLIX, 1976, p. 301-308.

SOLNON, Jean-François, *La Cour de France*, Paris, 1987.

SOLY, Hugo, dir., *Charles Quint (1500-1558) : l'empereur et son temps*, [Arles], 1999.

SOURNIA, Jean-Charles, *Blaise de Monluc, soldat et écrivain (1500-1577)*, Paris, 1981.

STARKEY, David et DORAN, Susan, *Henry VIII : Man and Monarch*, catalogue de l'exposition de la British Library, 23 avril-6 septembre 2009, Londres, 2009.

STIRLAND, Ann, J., *Raising the Dead : The Skeleton Crew of Henry VIII's Great Ship, the Mary Rose*, Chichester, 2000.

TAILLEMITE, Étienne, *L'Histoire ignorée de la Marine française*, Paris, 1988.

TALLON, Alain, *La France et le concile de Trente (1518-1563)*, Rome, 1997.

TALLON, Alain, « Les relations internationales à l'époque de la Renaissance », dans *La Renaissance, des années 1470 aux années 1560*, dir. J.-P. Poussou, [Paris], 2002, p. 195-224.

TALLON, Alain, *Conscience nationale et sentiment religieux en France au XVIᵉ siècle : essai sur la vision gallicane du monde*, Paris, 2002.

TALLONE, Armando, « Il viaggio di Enrico II in Piemonte nel 1548 », dans *Bolletino Storico-Bibliografico Subalpino*, t. IV.

TALLONE, Armando, « Ivrea e il Piemonte al tempo della prima dominazione francese », dans *Studi eporedesi*, Pignerol, 1900, p. 65-200.

TALLONE, Armando, *Gli ultimi marchesi di Saluzzo, dal 1504 al 1548*, Biblioteca della Società Storica Subalpina, t.X, Pignerol, 1901, p. 275-340.

TERRASSE, Charles, *François Iᵉʳ, le roi et le règne*, Paris, 1945-1970, 3 vol.

TRACY, James D., *Emperor Charles V, impresario of war : Campaign strategy, international finance, and domestic politics*, Cambridge, 2002.

TREFFER, Gerd, *Franz I. von Frankreich (1494-1547)*, Herrscher und Mäzen, Regensburg, 1993.

TRUCCHI, Francesco, *Vita e gesta di Pietro Strozzi*, Florence, 1847.

TURGEON, Laurier, « Français et Amérindiens en Amérique du Nord au XVIᵉ siècle », dans *La France-Amérique (XVIᵉ-XVIIIᵉ siècles)*, actes du 35ᵉ colloque international d'études humanistes, dir. F. Lestringant, Paris, 1998, p. 213-238.

TURLETTI, Casimiro, *Storia di Savigliano, corredata di documenti*, Savigliano, 1879-1890, 4 vol.

URSU, Jon, *La Politique orientale de François Ier*, Paris, 1908.

VAISSÈTE, dom Joseph et DEVIC, dom Claude, *Histoire générale du Languedoc*, Toulouse, 1875-1941, 18 vol.

VAN DURME, Maurice, *El Cardenal Granvela (1517-1586). Imperio y revolución bajo Carlo V y Felipe II*, Barcelone, 1957.

VARILLAS, Antoine, *Histoire de François Ier*, Paris, 1685, 2 vol.

VARILLAS, Antoine, *Histoire de Henri second*, Paris, 1692, 2 vol.

VAUX DE FOLETIER, François de, *Galiot de Genouillac, Maître de l'Artillerie de France, 1465-1546*, Paris, 1925.

VERGÉ-FRANCESCHI, Michel, *Chronique maritime de la France d'Ancien régime : 1492-1792*, [Paris], 1998.

VERGÉ-FRANCESCHI, Michel, dir., *Dictionnaire d'Histoire maritime*, Paris, 2002, 2 vol.

VERGÉ-FRANCESCHI, Michel et GRAZIANI, Antoine-Marie, *Sampiero Corso, 1498-1567 : un mercenaire européen au XVIe siècle*, Ajaccio, 1999.

VEYRAT, Maurice, *Les gouverneurs de Normandie du XVe siècle à la Révolution*, Études normandes, t. IX, n° 27, 4° trimestre 1953.

VIAL, Eugène, *L'histoire et la légende de Jean Cléberger dit « le bon Allemand » (1485 ?-1546)*, Lyon, 1914.

VIDAL, Pierre, *Histoire de la ville de Perpignan, depuis les origines jusqu'au traité des Pyrénées*, 1897.

VINDRY, Fleury, *Dictionnaire de l'État-Major français au XVIe siècle*, Bergerac, 1901.

VISSIÈRE, Laurent, « L'éternel gambit : Thérouanne sur l'échiquier européen (1477-1553) », dans *Bulletin de la commission départementale du Pas-de-Calais*, t. XVIII, 2000, p. 61-106.

VUILLET, Jean, *Bertrand d'Ornezan, marquis des îles d'Or*, Toulon, 1939-1941.

WANEGFFELEN, Thierry, Le pouvoir contesté. Souveraines d'Europe à la Renaissance, Paris, 2008.

WINTROUB, Michael, « L'ordre du rituel et l'ordre des choses : l'entrée royale d'Henri II à Rouen », *Annales EHESS*, 56e année, n° 2 (mars-avril 2001).

WINTROUB, Michael, *A Savage Mirror : power, identity and knowledge in early Modern France*, Stanford, 2005.

WITZ-DAVIAU, Bernadette, *La vie tumultueuse de l'amiral Philippe de Chabot. Le château d'Aspremont*, s. l., 1931.

YATES, Francis A., *Astrée : le symbolisme impérial au XVIe siècle*, trad. J.-Y. Pouilloux et A. Huraut, [Paris], 1989.

ZELLER, Gaston, *La Réunion de Metz à la France, 1552-1648*, t. I, Paris, 1926.

ZELLER, Gaston, « Gouverneurs de provinces au XVIe siècle », *Revue historique*, t. CLXXXV, 1939, p. 225-256.

ZELLER, Gaston, « L'administration monarchique avant les intendants : parlements et gouverneurs », *Revue historique*, t. CXCVII, 1947, p. 188-215.

ZELLER, Gaston, *Les Institutions de la France au XVIe siècle*, Paris, 1948.

ZELLER, Jean, *La diplomatie française vers le milieu du XVIe siècle*, Paris, 1881.

ZVEREVA, Alexandra, *Portraits dessinés de la cour des Valois. Les Clouet de Catherine de Médicis*, Paris, 2011.

INDEX DES NOMS DE PERSONNES

Les noms d'auteurs et destinataires des lettres (quittances et autres actes) n'ont pas été indexés, de même les historiens postérieurs au XVIᵉ siècle.

ALAMANNI, Luigi, poète, maître de l'hôtel de Catherine de Médicis : 284, 528

ALBANEZO, Theodoro, condottiere : 152

ALBERT, Charles d', duc de Luynes, connétable de France : 689

ALBON, Jacques d', sr de Saint-André, maréchal de France : 102, 191, 430, 518, 594, 599, 602, 606, 615, 617, 621-622, 626, 665-666, 680, 682

ALBRET, Jean d', sr d'Orval, gouverneur de Champagne : 60

ALBRET, Jeanne d' : voir *Jeanne d'Albret*

ALBRET, Henri d' : voir *Henri d'Albret*

ALÈGRE, François d' : 272

ALÈGRE, Gabriel d' : 72, 74-75, 90, 96, 272

ALVAROTTI, Giulio, ambassadeur du duc de Ferrare auprès de François Iᵉʳ : 58, 200, 357, 382, 387, 416, 430-431, 460, 471, 481-482, 485, 487, 499, 502, 506, 508, 512-513, 520, 523, 526, 535, 544, 549-550, 554, 580, 589-590, 594-596, 600, 616

ALZON, Guérin d', vice-président de la justice de Turin : 142-144, 151

AMBOISE, Georges III d', archevêque de Rouen : 603, 636, 655-657

AMBOISE, Renée d' : 656

ANDELOT, François d' : voir *Châtillon*

ANDRÉE, Antonin : voir *Dei Andrei*

ANDRICI, Giacomo, conseiller au parlement de Turin : 148

ANGO, Jean, armateur : 342

ANNA DE HABSBOURG : 319, 362, 364

ANNEBAULT, famille d' : 37, 41, 44, 50-51, 63, 66, 682

ANNEBAULT, le « sr d'Onebac », compagnon de Guillaume le Conquérant : 37-38, 400-401

ANNEBAULT, Adam d' : 40

ANNEBAULT, Anne d', dame de Messey : 56

ANNEBAULT, Barbe, bâtarde d' : 56

ANNEBAULT, Claude d', seigneur d'Annebault, amiral de France : *passim*

ANNEBAULT, Claude, bâtard d' : 417

ANNEBAULT, Guillaume d', prêtre : 45

ANNEBAULT, Guillaume III d', seigneur d'Annebault : 39-40

ANNEBAULT, Guillaume IV d', seigneur d'Annebault : 40

ANNEBAULT, Guillaume V d', seigneur d'Annebault : 40-42

ANNEBAULT, Jacqueline d', ép. Hélie de Saint-Germain : 56

ANNEBAULT, Jacques d', cardinal, évêque de Lisieux : 36

ANNEBAULT, Jean d', croisé sous Philippe Auguste : 39

ANNEBAULT, Jean d', seigneur de Brestot : 42

ANNEBAULT, Jean d', fils naturel de Jean V : 56

ANNEBAULT, Jean Ier d', seigneur d'Annebault : 40

ANNEBAULT, Jean II d', seigneur d'Annebault : 41

ANNEBAULT, Jean III d', seigneur d'Annebault, chambellan de Charles VI : 43-46

ANNEBAULT, Jean IV d', seigneur d'Annebault, capitaine de Vernon : 46-49

ANNEBAULT, Jean V d', seigneur d'Annebault, père de Claude, capitaine des toiles de chasse de François Ier : 14-15, 51-56, 64-67, 424, 455, 482

ANNEBAULT, Jean VI d', sr de La Hunaudaye puis baron d'Annebault, fils de Claude : 55, 63, 67, 82, 119, 125, 263, 299, 332, 334, 390, 392, 415, 417, 419, 422, 429, 445-446, 483, 487-488, 517, 628, 634-635, 637-638, 648, 656, 681-682, 689

ANNEBAULT, Jeanne d', ép. Robert Segrestain : 56

ANNEBAULT, Madeleine d', fille de Claude d'Annebault, marquise de Saluces : 58, 124, 217-220, 227, 423, 482, 484, 488, 627-629, 631, 636, 657, 682-683

ANNEBAULT, Marie d', abbesse de Maubuisson : 56

ANNEBAULT, Michel d', prêtre : 417

ANNEBAULT, Pierre d', seigneur d'Annebault, lieutenant pour le roi à Alençon : 48

ANNEBAULT, Raoul d', seigneur de Brestot, père de Jean III d'Annebault : 42-45

ANNEBAULT, Raoul d', frère de Jean IV d'Annebault : 46

ANNEBAULT, Richard d', seigneur d'Annebault : 39-40

ANNEBAULT, Robert d' : 40

ANNEBAULT DE SAINT-MARTIN-LE-VIEIL, famille d' : 42

ANNEBAULT DE SAINT-MARTIN-LE-VIEIL, Guillaume d' : 417

ANNEBAULT DE SAINT-MARTIN-LE-VIEIL, Jean Ier d' : 42, 46

ANNEBAULT DE SAINT-MARTIN-LE-VIEIL, Nicolas d' : 417

ANTIOCHIA, Giorgio, médecin turinois : 129, 132, 134

ANTOINE DE BOURBON, duc de Vendôme, roi de Navarre : 203, 235, 268-269, 271, 311, 332, 335, 345, 615, 656, 666, 674, 679

ARAGON, Yolande d' : 89

ARAMON, Gabriel d' : voir Luels

ARBALESTE, Guy, sr de La Borde, receveur général de Bretagne : 636

ARCONA, Gaspard d' : 683

ARCONA, Gian Battista, écuyer des écuries royales : 407, 477-478, 482-483

ARCONA, Jean Baptiste d' : 683

ARETINO, Pietro, écrivain et sculpteur : 160, 172, 419

ARLERINO, Antonio, conseiller au parlement de Turin : 140, 148

ARMAGNAC, Georges d', cardinal, évêque de Rodez : 307, 480, 630

ARMEL, Jacques d', marchand de Turin : 97

ASSIGNY, Marie d', ép. Jean de Canaples : 485

ASSY, François d', sr de La Gaudinière : 99

AUBERVILLE, Jacques d', bailli de Caen : 649

AUBIGNY, Robert d' : voir Stuart

AUMALE, François d' : voir Guise

AURIGNY, Gilles d', humaniste : 420

AUTRICHE, Georges d' : voir Habsbourg

AUXILIA, Baptista, armateur : 341

AVALOS, Alfonso d', marquis del Vasto, gouverneur de Milanais : 156-165, 167, 169, 171, 180, 186, 206-207, 209, 211-212, 236-239, 242-243, 248, 252-256, 258, 295, 299, 513

BABOU, Philibert, trésorier de l'Épargne : 538

BACQUEVILLE, le sr de : 482

BADOULX, Simon : greffier civil au parlement de Turin : 144, 148

BANDEVILLE, Thomas de : voir *Rapouel*

BARBEROUSSE : voir *Khizir Khayr ad-Dîn*

BARTIER, Guillaume, intendant de la maison de l'amiral d'Annebault : 396, 448

BAUDRY, André, conseiller au parlement de Paris : 460

BAVIÈRE, Guillaume de, duc de Bavière : 580

BAVIÈRE, Louis de, comte palatin : 580

BAYARD ou BAYART, Gilbert, secrétaire du roi : 21, 27, 112, 225, 231, 233, 312, 314, 316-318, 329, 331, 365, 370-371, 376, 378, 383, 427, 430, 432, 439, 441, 458, 462, 466, 495-496, 516, 519, 523, 542, 557, 588, 598, 610, 623, 687

BAYARD : voir *Du Terrail*

BEATON, David, cardinal, évêque de Saint-Andrews : 339, 472

BEAUCAIRE DE PÉGUILLON, François, évêque de Metz : 443

BEAUFREMONT, Nicolas de : 656

BEAUVAIS, Nicolas de, sr de Nangis : 106, 456

BELLARMATO, Girolamo, ingénieur : 309, 404-405, 475, 591

BELLIN, Nicolas, peintre ferrarais : 394

BEICHLINGEN, Carl de : 428

BEICHLINGEN, Huprecht de, comte : 428, 470

BEICHLINGEN, Johann, capitaine de lansquenets, proche de Claude d'Annebault : 21, 428, 465, 470-471, 562-563, 569-570, 591, 596, 632

BERNARDINO, Francesco, dit Bernardin de Vimercat, surintendant des fortifications : 21, 102, 106, 254, 258, 375, 395, 407-408, 465, 467-468, 532

BERNARDO, Francesco, agent vénitien au service d'Henri VIII : 375-376, 380, 382, 517

BERTEVILLE, informateur d'Odet de Selve à Londres : 563

BERTRAND, Jean, cardinal, garde des sceaux : 234, 615, 669

BIANDRAS, Guillaume de, comte : 155

BIGOT, Laurent, avocat du roi au parlement de Rouen : 650

BILD, Eskild, ambassadeur du roi de Danemark : 228-229

BIMONT, Eustache de, dit « capitaine de La Lande » : 268, 275, 304

BIRAGUE, famille : 17, 256, 467

BIRAGUE, Jérôme de, condottiere : 256, 407, 467

BIRAGUE, Ludovic de, gouverneur de Verolengo : 21, 151-152, 256, 359, 407, 431, 465, 467, 474, 632

BIRAGUE, René de, président du parlement de Piémont : 143-144, 148, 151-152, 467

BLONDET, André, trésorier de l'Épargne : 610

BLOSSET, famille : 47, 50-52, 65

BLOSSET, Jean, sr de Saint-Pierre, grand sénéchal de Normandie : 47-49, 52, 63

BLOSSET, Marguerite, épouse de Jean IV d'Annebault : 47-48, 52, 401, 424

BLOSSET, Pierre, dit « le Moine » : 47-48, 52

BLOSSET, Robert, sr de Saint-Pierre : 52

BOBBA, Fabrizio, ambassadeur du duc de Mantoue : 118, 170, 172, 211, 431

BOBBA, Vespasiano, émissaire de la duchesse de Mantoue : 118, 170, 172, 211, 283, 431

BOCHETEL, Guillaume, secrétaire du roi : 178, 231, 233, 430, 496, 515-516, 540, 598, 613, 615, 673

BOCHETEL, Jacques, contrôleur des finances et secrétaire général des guerres : 112

BODIN, Jean, juriste : 450-451, 526, 572, 575

BOHIER, Antoine, sr de Saint-Cirgues, financier : 309-310, 462, 539-542, 572

BOISY, Claude : voir *Gouffier*

BOLLIOND, Pierre, greffier du parlement de Turin : 147-148

BONEAU, René, faux-monnayeur : 137

BONNEVAL, Germain de, seigneur de Blanchefort : 58

BONNIVET, Guillaume de : voir *Gouffier*

BONTEMPS, Pierre, sculpteur : 601

BONVALOT, François, abbé de Saint-Vincent, ambassadeur de Charles Quint auprès de François Ier : 189, 198, 232

BORGAREL ou BOURGAREL, Melchior, fermier général des revenus du domaine royal en Piémont : 125, 127, 130, 139-140, 152

BOSCHERVILLE, Jacqueline de : 59

BOSCHERVILLE, Marie de : 59

BOUCAL, l'écuyer : voir *Du Reffuge*

BOURBON, famille de : 69, 110

BOURBON, Charles de, connétable de France : 28-29, 62, 88, 110, 193, 278, 400, 402

BOURBON-MONTPENSIER, Charles de, prince de La Roche-sur-Yon : 109, 123-125, 218, 334, 471, 637

BOURBON-MONTPENSIER, Louis Ier de, prince de La Roche-sur-Yon : 119, 345, 602

BOURBON-VENDÔME, Antoine de, duc de Vendôme, roi de Navarre : voir *Antoine de Bourbon*

BOURBON-VENDÔME, Charles de, cardinal de Bourbon : 65, 234, 471, 602, 606, 630, 668-669, 673-674

BOURBON-VENDÔME, François de, vidame de Chartres : 343, 357, 413, 487, 523

BOURBON-VENDÔME, François de, comte d'Enghien : 257, 259, 291, 295, 298-299, 332, 343, 350, 486, 503, 614

BOURBON-VENDÔME, François de, comte de Saint-Pol, duc d'Estouteville : 15, 27, 61-62, 64-66, 70-77, 80, 86, 90-91, 101-104, 107-108, 110, 113-114, 176, 178, 182, 187, 189-191, 193, 196, 202, 223, 233-234, 236, 247, 259, 268, 270, 273, 275-278, 280-282, 285, 291, 298-299, 332, 345, 399, 402, 411, 415, 454, 469, 496, 548, 567, 577

BOURBON-VENDÔME, Jean de, comte d'Enghien : 602

BOURDEILLE, Pierre de, abbé de Brantôme : 16, 29, 32, 57-58, 69, 74, 106-107, 117, 225, 242, 260, 279, 293, 410, 440, 442, 444-445, 450, 486, 538, 611, 614, 619, 635, 666, 676, 680

BOURDILLON, Imbert de, maréchal de France : 675-676

BOURGES, Claude de, trésorier général de Savoie et de Piémont : 130, 149

BOURGHOP, Jean, écuyer anglais, sr d'Ouainvillle : 45

BOURGOGNE, Maximilien de, amiral de Flandres : 591, 660

BOUTIÈRES, Guigues de : voir *Guiffrey*

BRANDON, Charles, duc de Suffolk, grand écuyer d'Henri VIII : 300, 324, 343

BRANTÔME, Pierre : voir *Bourdeille*

BRÉZÉ, famille de : 50, 52, 66, 633

BRÉZÉ, Gaston de : 86

BRÉZÉ, Louis de, grand sénéchal de Normandie : 54, 64-66, 72, 76, 78

BRIANDAS, fou du roi : 554

BRIENNE, Charles de : voir *Luxembourg*

BRION, Philippe de : voir *Chabot*

BRISSAC, Charles de : voir *Cossé*

BROSSE, Jean de, sr de Penthièvre, duc d'Étampes, gouverneur de Bretagne : 285

BUDÉ, Guillaume, humaniste : 435, 440, 444, 451, 687

BUEIL, Louis de, comte de Sancerre, défenseur de Saint-Dizier : 96, 303-308, 430

BURGENSIS, secrétaire du roi : 673
BURIE, Charles de : voir *Coucy*

CABARETO ou CABURETO, Nicolò, conseiller au parlement de Turin : 142, 148
CALCAGNINI, Alfonso de, comte, ambassadeur du duc de Ferrare : 311, 418, 432, 456, 498
CANAPLES : voir *Créquy*
CANTEREL, Palamède, apothicaire de l'amiral d'Annebault : 448
CAPELLO, Antonio, ambassadeur de Venise : 162, 171
CAPILUPO, Camillo, ambassadeur de la duchesse de Mantoue auprès de Charles Quint : 301, 309, 315
CAPINI, Capino : voir *Gonzague*
CAPODIFERRO, cardinal, légat du pape : 231
CAPOUE, le prieur de : voir *Strozzi*
CAPUCIMANT, Georges, condottiere : 106
CARACCIOLO, Jean, prince de Melphe, gouverneur de Piémont : 294, 345, 363, 462, 565, 595, 626-627, 631-632
CARNE, Edward, secrétaire d'Henri VIII : 365
CARPI, Rodolfo Pio, nonce apostolique : 89, 92, 630
CARTARINI, Lorenzo, ambassadeur de Venise auprès d'Henri II : 406
CARTIER, Jacques, navigateur : 532
CASTELLO, Antonio, ingénieur militaire : 104, 567
CASTELNAU, Antoine de, évêque de Tarbes : 118
CATHERINE DE MÉDICIS, reine de France : 17, 23, 124-125, 226, 284, 390, 400, 437, 528, 558, 563, 590-591, 625, 632, 654-655, 665-676, 682
CAULX, Pierre de, capitaine général des galères : 341
CAVALLI, Marino, ambassadeur de Venise : 346, 657, 385, 402, 413, 513, 522, 538, 557, 568, 585

CAVART, Nicole, conseiller au parlement de Turin : 144
CELLINI, Benvenuto, orfèvre : 309, 404-406, 413, 418, 475, 545
CENTURIONE, Benedetto, émissaire de Gênes : 283-284, 295
CERI, Gian Paolo da : voir *Orsini*
CHABANNES, Charles de, sr de La Palisse : 79, 200
CHABANNES, Joachim de, baron de Curton : 350
CHABOT, Charles, sr de Jarnac : 189
CHABOT, Guy, sr de Jarnac : 96, 110, 361, 619
CHABOT, Jeanne : 68
CHABOT, Paul, sr de Clairvaux : 96
CHABOT, Philippe, sr de Brion, amiral de France : 14, 19, 27, 29, 62, 66, 70, 79-81, 87, 90-94, 96, 101, 110, 113-114, 118, 120, 164, 177, 180, 182, 187-192, 194, 196, 199, 201, 203, 205-206, 216-217, 223, 225-231, 233-234, 247, 260, 264-265, 267, 270, 278-280, 284-285, 287-288, 290-293, 347, 399, 416, 422, 432-435, 442, 445, 451, 453-456, 461, 491, 495-496, 499, 504, 510-511, 519, 524, 529, 532, 538, 686
CHAMBRAY, Jean de, lieutenant de la compagnie d'Annebault : 72, 77, 82
CHANDION, Louis de : 79
CHAPPEL, Thomas, chevalier anglais, sr d'Annebault : 45
CHAPPUIS, Claude, poète : 264, 276
CHARLES QUINT, empereur : 19, 25, 35, 60, 87-680 (*passim*)
CHARLES III, duc de Savoie : 87-89, 91-93, 125, 129, 140, 149, 164, 166, 168-170, 212, 255-256, 326, 366, 372-373, 431, 485, 570-578, 628
CHARLES VI, roi de France : 43, 51
CHARLES VIII, roi de France : 48, 605
CHARLES IX, roi de France : 23, 412, 417, 444, 454, 674

CHASTELLUX, Louis de, lieutenant du roi à Villefranche : 676

CHÂTEAUBRIANT, Jean de : voir Montmorency-Laval

CHÂTILLON, François de, sr d'Andelot, colonel général de l'infanterie : 119

CHÂTILLON, Gaspard Iᵉʳ de, maréchal de France : 119

CHÂTILLON, Gaspard II de, sr d'Andelot puis de Coligny, amiral de France : 119, 272, 286, 336, 532, 537-538, 606, 614, 680

CHÂTILLON, Odet de, cardinal, évêque de Beauvais : 498, 626, 630

CHAUVIGNY, André de, baron de Retz : 68

CHAUVIGNY, François de, vicomte de La Brosse, baron de Retz : 68

CHEMANS, François de : voir Errault

CHEYNE ou CHEYNEY, Thomas, grand trésorier du roi d'Angleterre : 388

CHRISTIAN II, roi de Danemark : 228

CHRISTIAN III, roi de Danemark : 288-289, 326, 580

CHRISTOFORO, le secrétaire : 117

CIBÒ, Innocent, cardinal, archevêque de Turin : 139

CINCINNATUS, dictateur romain : 619

CLAUSSE, Cosme, secrétaire du roi : 112, 598, 615

CLÉBERGER, Jean, financier : 555, 581

CLÉMENT VI, pape : 88

CLERMONT, Antoine de : 60

CLERMONT, Catherine de, dame de Dampierre, seconde ép. de Jean VI d'Annebault : 682-683

CLERMONT, Claude de, sr de Dampierre, capitaine d'une compagnie d'ordonnance : 268

CLERMONT, François de, sr de Traves : 96

CLÈVES, François de, comte puis duc de Nevers : 112

CLÈVES, Guillaume de, duc de Clèves : 190, 192, 228, 268, 274, 277, 294, 368, 415, 441, 595

CLOUET, François, peintre du roi : 400, 419, 602

COLIGNY, Gaspard de : voir Châtillon

COLONNA, Camillo : 313

COLONNA, Prosper : 303

COMITIS, R., secrétaire : 151

COMMAILLÉ, Toussaint, sr de La Touche, intendant de Claude d'Annebault : 472, 482, 574, 627

COMMYNES, Philippe de, chroniqueur : 199

CONCINI, Concino, maréchal d'Ancre : 689

CONEGRANO, Giorgio, ambassadeur de la duchesse de Mantoue à la cour de France : 513

CONTARINI, Tommaso, ambassadeur de Venise en Turquie : 161, 470

CORSO, Piero ou Sampiero : 249, 304

COSNE, Pierre de, maréchal des logis de la compagnie d'Annebault : 82

COSSÉ, Artus de, sr de Gonnor, surintendant des finances : 538, 622

COSSÉ, Charles de, sr de Brissac, grand maître de l'artillerie : 65, 77, 96, 151-152, 165, 168, 214, 240, 242, 247, 272, 274-276, 294, 304-305, 307, 390, 438, 466, 476, 495, 535, 554, 562, 595, 621-622, 624, 632, 662, 671-672

COSSÉ, René de, grand fauconnier : 65, 495

COUCY, Charles de, sr de Burie, grand maître de l'artillerie : 92-94, 96-100, 139, 249, 668

COUCY, Jacques de, sr de Vervins : 323, 624

COURSEULLES, Louis ou Lot de, enseigne de la compagnie d'Annebault : 82, 484

CRANMER, Thomas, archevêque de Canterbury : 395, 582-583

CRÉQUY, Henri de, sr de Canaples : 392

CRÉQUY, Jean de, sr de Canaples : 105, 187, 381, 411-412

CRÉQUY, Philippe de, sr de Bernieulles : 102

CRÉTIN, Guillaume, poète : 265

CROMWELL, Thomas, conseiller d'Henri VIII : 155

CROTTO, Livio, ambassadeur de François Ier auprès de Marie de Hongrie : 468, 519, 623

CROŸ, Adrien de, sr de Beaurain, comte de Rœulx, chambellan de Charles Quint : 102, 104, 275

CROŸ, Antoine de, comte de Rœulx : 678-679

CROŸ, Philippe de, duc d'Arschot, gouverneur de Valenciennes : 108-109

CURTON, le baron de : voir *Chabannes*

CUSANO, Marc' Antonio di, condottiere : 97

DAILLON, Jean de, sr Du Lude, lieutenant général en Guyenne : 633, 668

DAMPIERRE, Claude de : voir *Clermont*

DAMYENS, Pierre : 547

DANDINO, Girolamo, nonce apostolique : 186, 193, 223, 279-280, 424-425, 440, 479, 500, 503, 520, 584, 589, 613

DANDOLO, Matteo, ambassadeur de Venise : 138, 168, 186, 196, 213, 230, 494-495, 519, 619, 641

DANÈS, Guillaume, marchand de Paris : 483

DANESTAL, famille de : 38

DANESTAL, Raoul de : 38

DANICAN, Michel-Étienne, sr d'Annebault, financier : 423

DAUCUN, Antoine : 602

DAUPÉRÉ, Hermant, dit « Perpignan », sommelier de l'amiral d'Annebault : 414, 448

DEI ANDREI, Antonio, conseiller au parlement de Turin : 129, 142, 148

DEI MAZZI, Lodovico, prévôt d'Oulx, conseiller au parlement de Turin : 144

DELL' ANGUILLARA, Virgilio : voir *Orsini*

DELLA ROVERE, Gian Giorgio, ambassadeur de la duchesse de Mantoue : 469, 513

DEL VASTO, Alfonso : voir *Avalos*

DENONVILLE, Charles Hémart de, cardinal de Mâcon : 183, 193, 196

DES CARS, Jacques Pérusse, baron, ami du dauphin Henri : 96

DES PREZ, Antoine, sr de Montpezat : 110, 203-204, 210, 244-245, 247-248, 251, 260, 294

DORIA, famille génoise : 71, 284, 585

DORIA, Andrea, amiral génois : 73, 246, 586

DU BELLAY, Guillaume, sr de Langey : 18, 20, 60, 91, 93, 96, 119, 128, 130-131, 134-137, 140, 149-152, 165-167, 170, 172, 175, 177, 179, 183-184, 208, 211, 213, 216, 239-243, 248, 252-255, 258, 291, 407, 409, 413, 466, 475-476, 495, 687

DU BELLAY, Jean, cardinal, évêque de Paris : 20, 27, 103, 128, 191, 193, 196-197, 229-230, 234, 245, 283, 314, 321, 323-324, 336, 363, 374, 386, 408, 418, 422, 425, 430, 432-434, 436, 447, 450, 459, 463, 495-496, 498, 511-512, 521, 544, 562, 578, 582, 586, 588-589, 602-603, 610, 630, 636, 669

DU BELLAY, Martin, sr de La Herbaudière puis de Langey : 20, 102, 104, 149, 255-257, 261-262, 268-271, 275-276, 280, 285, 299-300, 352, 357, 363, 372, 491, 500, 667

DU BIEZ, Oudart, maréchal de France : 102-103, 204, 235, 268, 275, 294, 335, 343, 354, 466, 471, 476, 515, 610, 624

DU BREUIL, François : 646

DU CHASTEL, Pierre, év. de Mâcon : 106, 582

DUDLEY, John, vicomte Lisle, amiral d'Angleterre : 344, 347, 350, 355,

357-358, 360, 375-383, 385, 387-393, 395, 404, 407, 413, 415, 431-434, 464, 501, 517-518, 537, 582

Du Fouilloux, Jacques, auteur de traités de vénerie : 54-55

Du Mesnil, Jean, dit « Cordelier », sr d'Annebault et de La Chapelle : 41

Du Mesnil, Jean, dit « le Gallois », sr d'Annebault et de La Chapelle : 41

Du Peyrat, Jean, lieutenant général du roi en la sénéchaussée de Lyon : 541

Du Plessis-Guerry, Tanneguy : voir Sauvage

Duprat, Antoine, cardinal, chancelier : 26, 224, 434, 442, 538, 606

Duprat, Guillaume, évêque de Clermont : 515

Du Reffuge, Charles, dit « l'écuyer Boucal » : 60

Du Terrail, Pierre, sr de Bayard : 29, 60-62

Duthier, Jean, secrétaire d'État : 119, 598, 615, 673

Du Tillet, Jean, juriste : 493

Duval, Jean, trésorier de l'Épargne : 176, 523, 539-541, 623

Édouard VI, roi d'Angleterre : 383, 394, 396, 407, 487, 582, 592, 642, 652, 662

Éléonore de Habsbourg, reine de France : 15, 77, 85, 113, 200, 314, 331, 364, 437, 487, 524, 580, 672

Élisabeth de France, reine d'Espagne : 388, 395, 411, 438, 523, 666

Elyot, Thomas, philosophe : 435

Éme, Barthelemy, conseiller au parlement du Turin : 142, 148-149

Émé, Oronce, président de la chambre des comptes de Turin : 143, 149

Emmanuel-Philibert, prince de Piémont puis duc de Savoie : 165, 168, 215, 366, 368, 576

Enghien, François d' : voir Bourbon-Vendôme

Erasme, Didier, humaniste : 435

Errault, François, sr de Chemans, garde des sceaux : 21, 143-144, 146, 148, 151-152, 233, 270, 281-282, 312-314, 316, 466, 498, 519, 539-540, 546-547

Escalin, Antoine, sr des Aymars, baron de La Garde, dit « le capitaine Polin » : 21, 119, 122-123, 151, 210, 238, 267, 341, 344-345, 350, 355-357, 360-362, 375, 381, 392, 395-396, 411-412, 414, 426, 465-466, 470, 473, 476, 508, 516, 535, 561-562, 624-625, 631, 658, 660, 663, 666, 687

Escars, Jacques d' : voir Des Cars

Esfarges, Étienne d', juge d'appeaux de Turin : 144, 148

Essé, André d' : voir Montalembert

Este : voir Hercule II

Este, Alphonse d' : 680

Este, Francesco d', condottiere : 109, 125, 210, 274, 277, 305, 317, 334, 488, 510

Este, Hippolyte d', cardinal de Ferrare : 198, 234, 282, 412-413, 418, 428, 437, 495, 502, 507, 517, 519, 540, 630

Estienne, Robert, imprimeur-libraire : 174

Estouteville, famille d' : 50

Estouteville, Adrienne, ép. de François de Bourbon-Vendôme : 216

Estouteville, François d' : voir Bourbon-Vendôme

Estouteville, Jean d', sr de Villebon : 90, 104, 345, 473

Estouteville, Jacqueline, mère d'Adrienne de Saint-Pol : 86, 114

Étampes, Anne d' : voir Pisseleu

Étampes, Jean d' : voir Brosse

Farnese, Alexandre, cardinal, légat du pape : 122, 178, 227

Fauré, notaire : 332

Fedel, Vicente, ambassadeur de Venise à Milan : 157

FERCUTIO, Antonio, syndic de Savigliano : 208

FERDINAND D'ARGAGON, roi d'Aragon et de Castille : 244

FERRARE, le cardinal de : voir *Este, Hyppolite d'*

FERRERIO, Filiberto, nonce apostolique : 122

FERUFFINO, Girolamo, ambassadeur du duc de Ferrare auprès de Charles Quint : 316

FIESCHI, famille : 172, 585-586, 590, 592

FIESCHI, Gian-Luigi : 586, 592

FLEURIGNY, Jeanne de : 49

FOIX, Gaston de, gouverneur de Milanais sous Louis XII : 61

FOIX, Marguerite de, ép. Louis II de Saluces : 218

FOIX, Odet de, sr de Lautrec, maréchal de France : 260, 303

FOIX, Thomas de, sr de Lescun, maréchal de France : 59

FONTAINES, Jacques de : voir *Sarzay*

FONTAINES, Pierre de : voir *Harcourt*

FRANCESCO SFORZA, duc de Milan : 74

FRANÇOIS Iᵉʳ, roi de France : *passim*

FRANÇOIS II, roi de France : 23, 286, 617, 643

FRÉDÉRIC II de Gonzague, duc de Mantoue : 122, 157, 159, 163-164, 185, 412, 414, 419

FREGOSO, Cesare, condottiere : 72-73, 99, 107, 206-207, 209, 211, 216, 232, 238-239, 241, 468

FÜRSTENBERG, Guillaume, comte de, prince allemand au service de François Iᵉʳ, puis de Charles Quint : 91, 104, 181, 294, 305, 312, 334, 470

GAILLARD, le capitaine : 106

GAMBARA, Gian Battista, ambassadeur du duc de Mantoue : 185, 308, 519

GARDINER, Stephen, évêque de Winchester : 325, 340, 364-365, 368-370, 373, 403-404, 406, 431-432, 436, 439, 453, 518

GARLASCO, le comte de, condottiere : 73

GARRILIO, Martial, conseiller au parlement de Turin : 142

GASTANDI ou GASTAUDI, Giorgio, syndic de Turin : 129

GAT ou GATTO, Albert, vicaire d'Asti et de Saluces : 144, 151-152, 166, 220, 626-627, 631

GAT ou GUASCO, Manfredo, avocat au parlement de Turin : 148

GENOUILLAC, François de, sr d'Assier : 268

GENOUILLAC, Jacques de, dit « Galiot », grand maître de l'artillerie : 70, 90, 296, 469, 487, 495

GENTON, Claude, sr de Brosse, prévôt de l'hôtel du roi : 524, 563

GIUSTINIANI, Francesco, ambassadeur de Venise à la cour de France : 521, 545, 585, 589

GIVRY, cardinal de : voir *Longwy*

GOLDING, pirate : 532

GONDI, Albert de, duc de Retz : 637, 682

GONZAGA, Annibale di, comte de Novellara, condottiere : 72

GONZAGA, Gian Francesco di, dit « Canino » ou « Capin Capi », condottiere : 72, 99, 152, 585

GONZAGUE, famille : 72, 283

GONZAGUE : voir *Frederic II*

GONZAGUE, Ferrante de, vice-roi de Naples : 99, 275, 300-302, 304, 306, 312-314, 316-317, 320, 329, 518

GONZAGUE, Ludovic ou Louis de, duc de Nevers : 18, 157

GOUFFIER, famille : 18, 67, 439

GOUFFIER, Artus, sr de Boisy, grand-maître de France : 37, 188, 422, 449

GOUFFIER, Claude, sr de Boisy, duc de Roannais, grand écuyer de France : 62, 72, 182, 234, 284-285, 487, 522-523, 539, 569, 596, 601-602, 604

GOUFFIER, Guillaume, sr de Bonnivet, amiral de France : 15, 26, 29, 37, 61, 188, 433-434, 449, 455, 538, 559

GRAMONT, Gabriel, cardinal de, évêque de Tarbes : 79

GRANVELLE, Nicolas et Antoine : voir *Perrenot*

GRASSO, Gian Antonio, avocat au parlement de Turin : 144

GRIGNAN, Louis de : voir *Monteil*

GRIMANI, Marco, nonce extraordinaire : 285

GRIMANI, Vicenzo, ambassadeur de Venise : 162, 167

GROS, Berton, marchand de Turin : 98, 152

GROS, Jean Antoine, marchand de Turin : 98, 152

GUÉRART, Jean, acquéreur de la seigneurie d'Annebault : 41-42, 44

GUÉRAUD, Jean, chroniqueur : 609

GUERQUESALLES, Anne de : 49

GUERQUESALLES, Guillaume de : 49

GUICCIARDINI, Francesco, historien : 258

GUIDICCIONE, Alessandro, nonce apostolique : 472, 500, 511, 521, 543, 574, 581

GUIFFREY, Guigues, sr de Boutières, lieutenant au gouvernement de Piémont : 60, 62, 119, 128, 137-138, 149-151, 153, 166, 242-243, 253-254, 256, 299, 314, 343, 345, 349-350, 357, 448, 481

GUILLARD, André, conseiller au parlement de Paris : 460

GUILLAUME LE CONQUÉRANT, roi d'Angleterre : 37, 400-401

GUILLERMINAT, Thomas, receleur : 137-138

GUISE, famille de : 15, 64, 400, 434, 569, 600, 618, 633, 652

GUISE, Charles de, cardinal de Lorraine : 66, 433, 443, 518, 586, 599, 609, 666

GUISE, François de, duc d'Aumale puis de Guise : 285, 304, 332, 337, 343, 594-595, 602, 606, 615, 618, 621-623, 625, 627-628, 630-632, 655, 662-663, 667, 672, 680

GUISE, Marie de : voir *Marie de Lorraine*

GUZMAN, Gabriel de, confesseur de la reine Éléonore : 313-314, 316, 373-374, 430, 466, 519

HABSBOURG : voir *Anna de Habsbourg, Charles Quint, Éléonore de Habsbourg, Ferdinand Ier, Jeanne de Habsbourg, Marie de Habsbourg, Marie de Hongrie, Philippe II*

HABSBOURG, Georges de, dit Georges d'Autriche, archevêque de Valence : 206, 208-209

HALLWIN, Antoine de, sr de Piennes, gentilhomme de la chambre du roi : 96, 106

HANGOUART, Guillaume de, sr de Piètre, conseiller de Charles Quint : 321

HARCOURT, famille de : 41, 45

HARCOURT, Charles de : 82

HARCOURT, Jean de, comte d'Aumale : 45

HARCOURT, Louis de, guidon de la compagnie d'Annebault : 82

HARCOURT, Pierre de, sr de Fontaines, lieutenant de la compagnie d'Annebault : 82, 176, 271, 348

HARDEN, secrétaire : 151

HARVILLE, Esprit de, sr de Palaiseau : 109

HAULTBOIS, Gratien, poissonnier de la maison de l'amiral d'Annebault : 448

HENRI II, roi de France : 29, 64, 79, 86, 105, 114, 120, 138, 150, 168, 187, 189, 199, 200-204, 232, 244, 246, 249, 252, 272, 274, 277, 282, 293, 323, 331-332, 356, 362, 383, 412, 429, 433, 436, 443-445, 450, 471, 475, 480, 482, 488, 493-497, 528, 537, 553, 559, 565, 569, 594, 598-601, 605, 607, 609-689 (*passim*)

HENRI III, roi de France : 23, 444, 493, 563, 648, 674

HENRI V, roi d'Angleterre : 45

HENRI VIII, roi d'Angleterre : 25, 60, 115, 194, 201, 230-231, 267-593 (*passim*), 642

HENRI D'ALBRET, roi de Navarre : 62, 80, 101, 189, 244, 288, 330, 368, 374, 495, 655, 668

HERCULE II D'ESTE, duc de Ferrare : 152, 163, 170, 185, 194, 200, 209, 227, 277, 406-407, 498, 507-508, 523, 550, 579, 589, 595, 680

HERTFORD, Edward, comte : voir *Seymour*

HESSE, Philippe de, landgrave : 181, 580

HOWARD, Thomas, duc de Norfolk : 300, 324

HUE, Marie : 636

HUMIÈRES, Jean d', gouverneur de Dauphiné, puis de Savoie et de Piémont : 58, 95-96, 100, 107, 110, 120, 128, 218, 476, 615

HUNTINGDON, Francis, comte : voir *Hastings*

IDIAQUEZ, Alfonso de : 314

JACQUES V, roi d'Écosse : 115, 267

JARNAC, Guy de : voir *Chabot*

JEANNE D'ALBRET, reine de Navarre : 192-193, 268, 274, 366, 368, 374, 415, 441, 576-577

JEANNE DE HABSBOURG, reine de Portugal : 315

JEAN SANS TERRE, roi d'Angleterre : 40

JEUCOURT, famille de : 48

JEUCOURT, Catherine de, ép. de Jean V d'Annebault et mère de Claude : 48-49, 86

JEUCOURT, Jean de, sr d'Heubécourt : 48

JEUCOURT, Péronne de, ép. de Pierre d'Annebault puis de Guy de Matignon : 48-49, 86

JOSSE, Girard : peintre : 419

JOVE, Paul : voir *Giovo*

JOYEUSE, Anne de, amiral de France : 648

JOUSSAUD, Jean, conseiller au parlement de Turin : 148

JULES CÉSAR : 310

KHIZIR KHAYR AD-DÎN, pirate ottoman : 160, 267

KRABBEN, Erik, ambassadeur du roi de Danemark : 228-229

LA BARTHE, Paul de, sr de Termes, maréchal de France : 90, 96, 102, 151-152, 236-237, 245, 256, 465, 467, 595, 627, 646

LA BAUME, Antoinette de, première ép. de Jean VI d'Annebault : 682

LA BOISSIÈRE, le sr de, homme d'armes de la compagnie de Villebon : 473

LA BROSSE, Jacques de, ambassadeur du roi de France en Écosse : 339, 544

LA CHAPELLE-HAINFREY, famille de : 38-39

LA CHAPELLE-HAINFREY, Gallon ou Wallon de : 38

LA CHÂTAIGNERAIE, François de : voir *Vivonne*

LA COLOMBIÈRE, François de : receveur général du Piémont : 147, 149

LA FERTÉ, le sr de, capitaine d'une compagnie d'ordonnance : 115

LA GARDE, Antoine de : voir *Escalin*

LA GAUDINIÈRE : voir *Assy*

LA GRENAISIE ou LA GRENERIE, Philippe de, valet de chambre de François Ier : 375

LA GUICHE, Claude de, évêque de Mirepoix : 472

LA GUICHE, Gabriel de : 58, 609

LA HEUSE, Robert de, dit « le Borgne », chambellan de Charles VI : 43

LA HUNAUDAYE, Jean de : voir *Annebault*

LALAING, Charles de, sr de Montigny : 321

LA LANDE, Eustache, dit le « capitaine de La Lande » : voir *Bimont*

L'ALOUETTE, François de, juriste : 454

LA MARCK, Robert III de, sr de Fleuranges, maréchal de France : 70, 110

LA MARCK, Robert IV de, duc de Bouillon, maréchal de France : 615, 665, 680

LA MARTINIÈRE, dit « l'ermite », garde des prisons de Turin : 138

LA MEILLERAYE, Charles de : voir *Mouÿ*

LA MORETTE, Charles de : voir *Soliers*

LANDO, Pietro, doge de Venise : 160

LANDRIANO, Francesco, comte de, agent du marquis del Vasto : 513

LANGEAC, Jean de, évêque de Limoges : 171, 480

LANGEY, Guillaume de : voir *Du Bellay*

L'ANGUILLARA, Virgilio de : voir *Orsini*

LANNOY, Charles de, vice-roi de Naples : 61

LANZONI, Francesco, maître de l'hôtel du duc de Mantoue : 159

LA PALLETIÈRE, René de : 99

LA PALISSE, Charles de : voir *Chabannes*

L'ARÉTIN, Pierre : voir *Aretino*

LA RIBAUDIÈRE, Martin de : voir *Du Bellay*

LA RIVIÈRE, François, vicomte de, sr de Baines, ambassadeur auprès des ligues et cantons suisses : 308-309, 430, 571

LA ROCHE-DU-MAINE, Charles de : voir *Tiercelin*

LA ROCHEPOT, François de : voir *Montmorency*

LA ROCHE-SUR-YON, Charles de : voir *Bourbon-Montpensier*

LA ROQUE, Jean-François de, sr de Roberval, navigateur : 532

LASSIGNY, Claude de : voir *Humières*

LA TRÉMOILLE, famille de : 67-68

LA TRÉMOILLE, François de, vicomte de Thouars : 84, 636

LA TRÉMOILLE, Louis II de, amiral de Bretagne, chambellan de François Ier : 84

L'AUBESPINE, Claude de, secrétaire du roi : 243, 324, 501, 524, 544, 598, 623

L'AUBESPINE, Sébastien de, abbé de Bassefontaine : 659

LAUTIER, Philippe de, contrôleur des monnaies de Piémont : 137

LAUTREC, Odet de : voir *Foix*

LAVAL : voir *Montmorency-Laval*

LEBLOND, Jean, dit le curé de Branville, poète : 401, 419-420, 530

LE BOSSUT, Nicolas, sr de Longueval : 268, 275, 333, 374, 441, 458-461, 463, 496-497, 609-610

LE BRET, Michel, vicaire général de l'archevêque de Rouen : 656

LE BRETON, Claude, sr de Villandry, secrétaire des finances : 112, 176, 193

LE CARON, Balthazar, valet de chambre de l'amiral d'Annebault : 448

LE CESNE, Jean, dit « Menilles », sr de Montigny, homme d'armes de la compagnie d'Annebault : 263

LE GRAS, Guillaume, marchand de Paris : 541

LEMAIRE DES BELGES, Jean, poète : 265

LENNOX, Matthew, comte : voir *Stuart*

LENONCOURT, Henri de, comte de Nanteuil : 392

LENONCOURT, Jean de, cardinal, évêque de Châlons : 606

LE ROY, Jérôme, secrétaire : 521

LESTRA, Jeannot de, munitionnaire piémontais : 129, 149

LE VENEUR, famille : 50, 52, 64-65, 633

LE VENEUR, Ambroise, évêque d'Évreux : 66, 478-480

LE VENEUR, Gabriel, évêque d'Évreux : 478

LE VENEUR, Jean, baron de Tilly et de Tillières : 52, 485

LE VENEUR, Jean, cardinal, évêque de Lisieux : 66, 456, 478

LE VENEUR, Tanneguy, sr de Carrouges : 262

LEYVA, Antonio de, gouverneur de Milanais : 72-74, 91-94, 100, 156

L'HÔPITAL, Michel de, chancelier : 671, 673

LIGNIÈRES, Jacques de, conseiller au parlement de Paris : 460

LIQUES, François de, sr d'Alaines : 656

LISLE, amiral : voir *Dudley*

LISTENAY, François de : voir *Vienne*

LIZET, Pierre, président au parlement de Paris : 307, 623

LONGUEJOUE, Mathieu de, évêque de Soissons : 178, 193, 196, 234, 372, 495

LONGUEMARE, Gabriel de, maréchal des logis de la compagnie d'Annebault : 82

LONGUEVAL, Nicolas de : voir *Le Bossut*

LONGUEVILLE : voir *Orléans*

LONGWY, Claude de, cardinal de Givry, évêque d'Amiens : 182, 197, 480, 498, 582, 603, 630

LONGWY, Françoise de, ép. de l'amiral Chabot : 190, 416-417, 460

LORGES, Jacques de : voir *Montgommery*

LORRAINE, Charles de, duc de Lorraine : 333

LORRAINE, Claude de, grand veneur, comte puis duc de Guise : 64, 66, 110, 182, 234, 243, 260, 268, 285, 306, 321, 335, 438, 456

LORRAINE, François de, duc de Lorraine : 332-333

LORRAINE, Jean, cardinal de Lorraine : 26, 93, 113, 122, 176, 183, 193, 226, 230, 237, 273, 282, 328, 333, 405-406, 409, 415-417, 428, 453, 495, 497-498, 502, 511, 521, 536, 539, 606, 613, 615, 618, 626

LOSCUS, Alessandro, juriste piémontais : 144

LOUIS IX, roi de France : 40

LOUIS XI, roi de France : 47-48, 76, 244

LOUIS XII, roi de France : 14, 48, 52-53, 61, 68

LUCERNE, Guillaume « de Biglatoribus » des comtes de : 484

LUELS, Gabriel de, sr d'Aramon, ambassadeur du roi de France en Turquie : 592

LUXEMBOURG, Charles de, comte de Brienne : 79

LUXEMBOURG, Marie de, comtesse de Vendôme : 48

LUYNES, Charles de : voir *Albert*

MACHECOUL, famille de : 68

MÂCON, Charles, cardinal de : voir *Denonville*

MAGGI, Cesare, gouverneur de Volpiano : 208-209, 259

MAILLY, Africain de, bailli de Dijon : 316-317, 325, 327

MAILLY, Jean de, sr de Neufville-le-Roy : 636

MALATESTA, Roberto, capitaine napolitain : 242

MARCILLAC, François de, premier président du parlement de Rouen : 202-204

MARÉCHAL, Henri, trésorier des chevau-légers : 175

MAREUIL, François de : 60

MARGUERITE D'ANGOULÊME, reine de Navarre : 27, 29, 108, 166, 201, 216-217, 244, 282, 309, 330, 374, 386, 428, 437, 458, 481, 495-496, 547, 588, 655

MARGUERITE DE FRANCE, fille de François Ier, duchesse de Savoie : 315, 364, 366-367, 371, 528, 577-578

MARGUERITE PALÉOLOGUE, duchesse de Mantoue et de Montferrat : 88, 123, 166, 170, 172-173, 176, 209, 239, 283, 301, 431, 512, 564

MARIE DE HABSBOURG : 319

MARIE DE HONGRIE, régente des Pays-Bas : 108, 189, 276, 290, 314, 340, 468, 519, 530-531, 577, 586, 675, 678

MARIE DE LORRAINE, reine douairière d'Écosse : 339, 396, 652, 662-663

MARIE STUART, reine d'Écosse et de France : 267, 339, 383, 395, 643, 652, 662

MARIGNAN, Philippe de, marquis : 91, 97

MARINI, Camillo, ingénieur : 567

MARINI, Girolamo, ingénieur : 167, 212-213, 215, 243, 245-246, 249, 257, 260, 262, 2373, 275, 304-307, 353, 407, 419, 469, 475, 543, 567, 569, 632, 687

MAROT, Clément, poète : 419

MARQUES, Nicolas de, sr de Saint-Martin : 460-461, 473

MARTINENGO, Giorgio, capitaine napolitain : 242

MASSE, Jacques, corsaire : 661

MATIGNON, Guy de, baron de Thorigny : 86, 483

MATIGNON, Joachim de, lieutenant général au gouvernement de Normandie : 66, 80-81, 86, 114, 202-203, 225-226, 289, 291-292, 337, 345-346, 354-355, 359, 368, 378, 483, 509, 535-536, 542, 564, 620, 633, 645, 648-649

MAUGIRON, Guy de, capitaine d'une compagnie d'ordonnance : 263, 268, 271, 345, 363

MAURIN, Étienne, procureur du roi au parlement de Turin : 148

MAUVOISIN, mademoiselle de : 200, 434, 524

MAZARIN, Jules, cardinal : 29, 499

MAZZOLAT, huissier du parlement de Turin : 144

MÉDICIS : voir Catherine de Médicis

MEDICIS, Bernardo de, ambassadeur du duc de Toscane : 462

MÉDICIS, Julien de, duc de Nemours : 80

MELFI OU MELPHI, Jean de : voir Caracciolo

MÉNAGE, Jacques, sr de Coigny, ambassadeur du roi de France auprès de l'empereur : 339-340, 372, 407, 414, 476, 507, 510, 515-516, 544, 587

MENDOZA, Juan de, maître de l'hôtel de François Iᵉʳ : 376, 606

MERLAN, mademoiselle de : 200, 434, 524

MEUDON, cardinal de : voir Sanguin

MICHELET, Jean, marchand de Turin : 97

MINCUCCI, Andrea, évêque de Zama : 126

MONEINS, Tristan de, lieutenant général en Guyenne : 151, 210, 465

MONFALCONNET, agent de Charles Quint : 365

MONLUC, Blaise de, mémorialiste : 19, 245-247, 249-250, 257-259, 261, 295-296, 298-300, 336, 346, 349, 357, 408, 442, 472, 525-526, 537, 543, 550

MONLUC, Jean de, évêque de Valence : 17, 21, 159, 372, 376-380, 382-383, 464, 466, 470, 472-473, 506, 511, 516-517, 519, 632, 687

MONTAIGNE, Michel Eyquem de : 169

MONTALEMBERT, André de, sr d'Essé, défenseur de Landrecies : 643

MONTCAMP, Jean de, commissaire pour l'inspection du Piémont : 129, 137, 150

MONTEIL, Louis d'Adhémar de, sr de Grignan, gouverneur de Marseille : 129, 137, 150, 516, 609, 611

MONTEJEAN, René de, maréchal de France, gouverneur de Piémont : 62, 67-68, 72, 77, 90-93, 110, 117-120, 122-126, 129-135, 137, 143-144, 148, 150, 178, 218, 293, 420

MONTESPÉDON, Philippe de, ép. de René de Montejean : 123, 125, 218, 626, 666

MONTGOMMERY, Jacques de, sr de Lorges, ambassadeur en Écosse : 194, 340, 344, 376, 601

MONTHOLON, François de, garde des sceaux : 352, 224, 233-234, 281-282, 546-547

MONTMORENCY, Anne de, grand-maître et connétable de France : 14-15, 17-19, 21-22, 26, 29-30, 37, 54, 58, 60-62, 64, 66, 69-70, 78, 80-81, 87-204 (*passim*), 206, 212, 216-217, 223-228, 232, 234-235, 247, 249-251, 257, 259-261, 264, 277-278, 280, 282-284, 293, 300-301, 322, 328, 359, 399, 401-402, 406, 409, 433-434, 436, 441-443, 445, 447, 449, 453, 455-457, 470, 478, 483, 491, 498-499, 506, 511, 519, 522-525, 527, 536, 538-539, 548, 554, 558, 594, 598-600, 602, 606-607, 610-686 (*passim*)

MONTMORENCY, François de, sr de La Rochepot, gouverneur de Picardie : 96, 102, 203-204, 345, 633

MONTMORENCY, Guillaume de, père du connétable : 455

MONTMORENCY, Marie de, abbesse de Maubuisson : 483

MONTMORENCY-LAVAL, Anne de : 423

MONTMORENCY-LAVAL, Charlotte de : 614

MONTMORENCY-LAVAL, Foulques de : 68

MONTMORENCY-LAVAL, Guy XVII de, sr de Laval : 332, 334, 390, 487

MONTMORENCY-LAVAL, Jean de, sr de Châteaubriant, amiral de Bretagne : 637

MONTMORENCY-LAVAL, Marie de : 68

MONTMORENCY-LAVAL, Philippette de : 68

MONTMORENCY-LAVAL, Pierre de, sr de Montafilant, premier mari de Françoise de Tournemine : 67, 123

MONTPENSIER : voir *Bourbon-Montpensier*

MONTPEZAT, Antoine de : voir *Des Prez*

MONTREVEL, le sr de : 609, 611

MORELON, François, procureur général au parlement de Rouen : 202

MORETTE, Charles de : voir *Soliers*

MORICE, Ralph, secrétaire de Cranmer : 582

MORIN, Jean, conseiller au parlement de Turin : 144

MORO, Antonio, peut-être Moro de Novate, condottiere : 388-389, 411

MORVILLIER, Jean de, ambassadeur du roi de France à Venise : 452, 465, 477, 514, 611, 615-616

MOUSNIER, Gilles, greffier criminel au parlement de Turin : 144

MOUŸ, Charles de, sr de La Meilleraye, vice-amiral de France, lieutenant au gouvernement de Normandie : 80, 86, 114, 203-204, 225, 345, 392, 485, 535-536, 646

MUSSART, Jacques, notaire : 332

NASSAU, Henri de : 61, 100

NASSAU, René de, prince d'Orange : 304

NAVAGERO, Bernardo, ambassadeur de Venise auprès de l'empereur : 275, 317, 320

NAVARRE : voir *Antoine de Bourbon, Henri d'Albret, Jeanne d'Albret, Marguerite d'Angoulême*

NAVARRE, Pedro de : 92

NEMOURS, Julien de : voir *Médicis*

NESLE, madame de : 485

NESLE, Louise de : 485

NEUFVILLE, Nicolas de, sr de Villeroy : 109, 232, 539, 615, 669

NEVERS, Louis de : voir *Clèves*

NIGRI, Philippe, chancelier de l'ordre de la toison d'or : 321

NOIRTHARDT, agent de Charles Quint : 510

NORFOLK, Thomas de : voir *Howard*

NOVELLARA, Annibale da : voir *Gonzague*

O, Jean d', sr de Maillebois, échanson du roi : 96, 106

ODET, Perceval d', capitaine de gens de guerre : 150, 467

OLIVIER, François, chancelier : 191, 234, 282, 325, 332, 340, 365, 367, 369, 371, 408, 426-427, 432, 444, 466, 472, 481, 496-497, 515, 519, 540-542, 547, 554, 557, 573, 599, 606, 613, 615, 669

ONEBAC, sr d' : voir Annebault

ONFROY, Jean, sr de Saint-Laurent, prisonnier à Rouen : 473

ORLÉANS, Louis Iᵉʳ, duc de Longueville : 80

ORLÉANS, Louis II, duc de Longueville : 603

ORNEZAN, demoiselle de Saint-Blancard : 485

ORNEZAN, Bertrand d', baron de Saint-Blancard, marquis des îles d'Hyères, vice-amiral du Levant : 21, 237, 382, 395-396, 473, 477, 535

ORSINI, Gian Francesco, comte de Pitigliano : 236

ORSINI, Gian Paolo da Ceri, condottiere : 90, 240, 246, 257

ORSINI, Virgilio, comte dell'Anguillara : 349, 381, 460, 543, 548

ORSONVILLIER, François d', guidon de la compagnie d'Annebault : 82

ORVAL, Jean d' : voir Albret

OSSUN, Pierre d', capitaine gascon : 96, 106, 152, 242, 255, 299, 562

PAGET, William, ambassadeur d'Henri VIII auprès de François Iᵉʳ : 201, 229, 231, 324, 376, 378, 380, 382, 403-404, 406, 432, 473, 506

PANCAGLIERI, Antonio Ludovico de : voir Savoie

PARACHIA, Philippe, marchand de Turin : 153

PARÉ, Ambroise, chirurgien : 247, 420

PARIS, Geoffroy de, poète : 444

PARR, William, comte d'Essex, marquis de Northampton : 393

PASQUIER, Étienne, écrivain : 600

PAUL III, pape : 93, 112-113, 115, 122, 139, 145, 201, 210, 224-225, 285, 326, 373, 388, 395-396, 406, 424-425, 460, 480-481, 563, 574, 581-584, 588, 590, 630

PAVIOT, Guillaume, sr de Manteville : 45-46

PAYMAR, lieutenant particulier des eaux et forêts : 524

PELLICIER, Guillaume, évêque de Montpellier, ambassadeur à Venise : 119, 159-160, 162, 179, 183, 185, 208, 212, 466, 472, 563

PENTHIEVRE, famille de : 67

PERDRIER, Jacques, économe de la maison de l'amiral d'Annebault : 448

PERRENOT, Antoine, cardinal de Granvelle, évêque d'Arras : 162, 313-314, 328

PERRENOT, Nicolas, sr de Granvelle, garde des sceaux de Charles Quint : 169, 306, 313-317, 321-324, 326, 328, 364, 366, 368, 370-371, 410, 441, 457, 513, 518, 550

PHILIPPE II, empereur : 181, 364, 366-367, 371, 530, 577-578

PHILIPPE II Auguste, roi de France : 40

PHILIPPE III, roi de France : 40

PHILIPPE IV, roi de France : 444

PHILIPPE VI, roi de France : 40

PIC, Galeas, comte de La Mirandole : 157, 186, 210, 236, 594

PIENNES, Antoine de : voir Hallwin

PIERREPONT, sr de : 60

PILLARD, Laurent : 400

PILLIERS, Guillaume de, enseigne de la compagnie d'Annebault : 82

PISSELEU, Anne de, duchesse d'Étampes : 18, 27, 29-31, 85, 110, 114, 120, 180-182, 185, 189-191, 193, 196-202,

218, 227, 238, 250, 274, 279, 281, 285, 309, 319, 329, 33, 349, 404-405, 416, 418, 430, 434, 437, 439, 441, 454, 456-457, 459-461, 483, 546-564, 472, 475, 477, 479, 483, 485, 498-499, 505, 528, 534, 540, 543, 562, 588, 593-594, 609, 612, 614-615, 686

PISSELEU, Charlotte de, comtesse de Vertus : 416-418, 437, 614

PISSELEU, Françoise de, dame de Massy : 321, 437, 485, 549, 593

PISSELEU, Louise de, ép. Guy Chabot de Jarnac : 189

PISSELEU, Marie de, abbesse de Maubuisson : 483

PITIGLIANO, le comte de : voir *Orsini*

POITIERS, Diane de, ép. de Louis de Brézé, maîtresse d'Henri II : 66, 76, 199, 624, 655, 669

POITIERS, Jean de, sr de Saint-Vallier, lieutenant général en Dauphiné : 609

POLIN ou PAULIN, Antoine : voir *Escalin*

PORPORATO, Gian Francesco, président de Savoie : 89, 141

PORPORATO, Giuseppe Girolamo, président du parlement de Piémont à Pignerol : 484-485

PORTO, Pietro, gouverneur de Toscane : 256

POYET, Guillaume, chancelier : 27, 88, 89, 134, 143, 148, 176-178, 180182, 189-191, 193, 196-197, 223-225, 229-233, 333, 434, 460, 480, 485, 495, 498, 546-547

PREUDHOMME, Jean François, seigneur piémontais : 142

PRÉVOST, Louis, sr de Sansac : 106

PROTHILLIA, procureur du roi au parlement de Turin : 144

QUETTEVILLE, Colette de, ép. de Jean d'Annebault, sr de Brestot : 42

RABUTIN, François de, mémorialiste : 674, 677, 680

RACCAGLIONE, le chevalier de : 408

RAIS, Gilles de : voir *Retz*

RAMBURES, JEAN DE : 58

RANGONE, Guido, condottiere : 73-75, 98-99

RAPOUEL, Thomas, sr de Bandeville, secrétaire ordinaire de la chambre du roi : 345, 349, 536

RÉMON, Pierre, premier président du parlement de Rouen : 203, 234, 323-324, 372, 376, 378, 466, 542, 547, 626, 633, 666, 668

RETZ ou RAIS, Gilles de, maréchal de France : 68

RETZ, Jeanne de : 68

RETZ, René de : 68

RICHELIEU, Armand Du Plessis, cardinal de : 29, 499

RICHIER, Ligier, sculpteur : 304

RINCON, Antonio, ambassadeur de François Ier en Turquie : 154-155, 206-207, 209, 211, 216, 232, 238-239, 241, 466

RIOULT, famille de : 38

ROBERVAL, Jean-François de : voir *La Roque*

ROBILLART, secrétaire du roi : 673

RŒULX, Adrien de : voir *Croÿ*

ROMERO, Julian, capitaine espagnol : 388-389, 411, 523

RONSARD, Pierre de, poète : 689

ROSSETTO, Alessandro, gentilhomme du cardinal de Ferrare : 500

ROSSI, Roberto, marchand florentin : 175

ROSSI, Roberto da, argentier de Catherine de Médicis : 522, 632

ROSSI, Troïlo, comte de San Secondo : 308, 545

ROSTAING, Hubert, capitaine de galères : 530-531, 591

ROUVET, Jean, marchand de Paris : 541

SACHETTO : 230, 237

SACRATI, Carlo, ambassadeur du duc de Ferrare : 189, 194, 227

SAFFRÉ, Foulques de : 68

SAINT-AMANS, sénéchal de Toulouse : 210

SAINT-ANDRÉ, Jacques de : voir *Albon*

SAINT-BLANCARD, Bertrand de : voir *Ornezan*

SAINT-CIRGUE ou SAINT-CIERGUE, Antoine de : voir *Bohier*

SAINT-GELAYS, Mellin de, poète : 419

SAINT-GERMAIN, Guillemette de, abbesse de Saint-Amand de Rouen : 650

SAINT-GERMAIN, Hélie de : 482

SAINT-JULIEN, François de, sr de Veniers : 112, 411

SAINT-JULIEN, Jacques de, capitaine de mercenaires : 240

SAINT-MARTIN, Nicolas de : voir *Marques*

SAINT-MARTIN-LE-VIEIL : voir *Annebault de Saint-Martin*

SAINT-MAURICE, Jean de, ambassadeur de l'empereur en France : 330, 364, 403, 440, 459, 510, 513-514, 523, 531, 533-534, 544, 547, 553, 557, 577, 587, 589, 591, 610, 612, 616, 618, 631

SAINT-PÈRE, Jacques de, argentier de Claude d'Annebault : 448

SAINT-POL, François de : voir *Bourbon-Vendôme*

SAINT-VALLIER, Jean de : voir *Poitiers*

SAINT-VINCENT, l'abbé de : voir *Bonvalot*

SALA, Bartolomeo, émissaire du duc de Ferrare : 407

SALUCES, Balthazar de, guidon de la compagnie de Jean d'Annebault : 83

SALUCES, François de, marquis de Saluces : 62, 75, 80, 88, 90, 92-94, 113

SALUCES, Gabriel de, marquis de Saluces : 83, 123-124, 152, 165, 217-221, 240, 402, 477, 484-485, 487-488, 578, 626-628, 631

SALUCES, Jean-Louis de, marquis de Saluces : 123, 165

SALUCES, Louis II de, marquis de Saluces : 218

SANCERRE, Louis de : voir *Bueil*

SANDRINI, Thomaso, ambassadeur de la duchesse de Mantoue : 564

SANGUIN, Antoine, cardinal de Meudon, évêque d'Orléans : 182, 197, 281, 307, 309, 319, 321, 332, 334, 390, 461, 479, 498, 540-541, 602-603, 612, 629-630, 669

SANSAC, Louis de : voir *Prévost*

SAN SECONDO, Troïlo de : voir *Rossi*

SANSEVERINO, Alfonso, capitaine napolitain : 242

SARZAY, Jacques de, sr de Fontaines, capitaine de pavillon de l'amiral d'Annebault : 112, 348, 411

SASSENAGE, François de : 60

SAULX, Gaspard de, sr de Tavannes, maréchal de France : 392, 486, 666

SAUVAGE, Guillaume : 68

SAUVAGE, Tanneguy, sr du Plessis-Guerry : 68

SAVENIUS, Pierre, ambassadeur du roi de Danemark : 228-229

SAVOIE, duc de : voir *Charles III*, *Emmanuel-Philibert*

SAVOIE, Antoine Louis de, comte de Pancaglieri : 92, 129, 148-149, 170

SAVOIE, Honorat de, comte de Villars : 105, 603, 605

SAVOIE, Louise de, mère de François Ier : 62, 75, 669

SAVOIE, René, bâtard de : 105, 539

SAXE, Jean-Frédéric de, duc de Saxe : 181

SAXE, Maurice de, électeur de Saxe : 305, 428

SCÉPEAUX, François de, sr de Vieilleville, mémorialiste : 69, 123-125, 666

SCÉPEAUX, Méri de, vice-amiral de Bretagne : 591

SCÈVE, Maurice, poète : 276

SCIPION L'AFRICAIN : 420

SÉCOL, Marie, corsaire dieppoise : 534

SEDAN, le maréchal de : voir *La Marck, Robert IV de*

SEGRESTAIN, la dame de, ép. Gian Battista Arcona : 478

SEGRESTAIN, Jeanne de, ép. sr de Bacqueville : 683

SEGRESTAIN, Robert de, sr de Carry : 482

SELVE, Georges de, évêque de Lavaur : 118, 480, 491, 502, 515-516, 563, 643

SELVE, Odet de, ambassadeur du roi de France en Angleterre : 385-387, 477

SEYMOUR, Edward, comte de Hertford puis duc de Somerset, lord protecteur sous Édouard II : 642, 645

SEYSSEL, Claude de, évêque de Marseille : 139, 451, 453

SFORZA, Francesco : voir *Francesco Sforza*

SILLY, Jacques de, comte de Rochefort, second ép. de Madeleine d'Annebault : 60, 657, 682

SLEIDAN, Jean, humaniste : 427

SOLIERS ou DU SOLLIER, Charles de, sr de La Moretta : 151, 314-315, 390, 392, 467

SOLIMAN II LE MAGNIFIQUE, sultan ottoman : 153-155, 161, 206, 327, 330, 466, 586, 592

SOMERSET, Edward, duc de : voir *Seymour*

SPIFAME, Jacques, évêque de Nevers : 21, 376, 377, 466, 471-472, 545, 630

SPIFAME, Raoul, gentilhomme de la maison de l'amiral : 471-472

STANLEY, Edward, comte de Derby : 393

STROZZI, Leone, prieur de Capoue, général des galères : 341, 343, 351, 353, 356-357, 359-361, 463, 474, 485, 535, 537, 588, 625, 641-643, 645-646, 652, 658-660, 675

STROZZI, Piero, maréchal de France : 210, 237, 242, 275, 282, 299, 343, 351, 353, 355-357, 359-362, 412, 463, 466, 468, 474, 533, 561-562, 581, 588, 594, 625-627, 642-643, 646, 659-660

STUART : voir *Jacques V, Marie Stuart*

STUART, Matthew, comte de Lennox : 339

STUART, Robert, sr d'Aubigny, maréchal de France : 90, 110-111, 293

STURM, Jean, professeur à Strasbourg : 579, 588

SUFFOLK, Charles de : voir *Brandon*

TAIX ou THIAIS, Jean de, grand maître de l'artillerie : 21, 102, 209-210, 237, 241, 299-300, 336, 343, 349, 352, 357, 375, 438, 465, 469-470, 487, 521, 526, 624, 687

TALLARD, fils du vicomte de Tallard et de la comtesse de Tonnerre : 562

TATTO, Gabriele, marchand de Milan : 137

TAVANNES : voir *Saulx*

TAVEL, François, conseiller au parlement de Paris : 84

TERMES, Paul de : voir *La Barthe*

THEVET, André, humaniste : 90, 574, 679

THIENE, Lodovico, ambassadeur du duc de Ferrare : 185

THIRLBY, Thomas, évêque de Westminster : 365, 369, 432, 436

THOU, Jacques-Auguste de, historien : 443

TIERCELIN, Adrien, sr de Brosses : 469

TIERCELIN, Charles, sr de La Roche-du-Maine, capitaine d'une compagnie d'ordonnance : 90

TOURNEMINE, famille de : 66-67, 637, 683

TOURNEMINE, Charles de : 636

TOURNEMINE, Françoise de, ép. de Claude d'Annebault : 15, 58, 66-69, 124-125, 401, 416-417, 681

TOURNEMINE, Georges de, sr de La Hunaudaye, père de Françoise : 67-68

TOURNEMINE, Georges de, gentilhomme de la chambre du roi : 485

TOURNEMINE, Gilles de : 67

TOURNEMINE, Jean, sr de Botloy : 66

TOURNEMINE, Jean de, sr de La Hunaudaye : 68

TOURNEMINE, Pierre de : 67

TOURNEMINE, René de, sr de La Guerche : 58, 485

TOURNON, François, cardinal de, archevêque d'Auch : 19, 21, 26, 29, 31, 58-59, 100, 103, 128, 142, 180, 182-183, 190-191, 193-194, 196-197, 199, 202-203, 216, 218-220, 223-224, 226-233, 246, 264, 270, 273, 279-283, 311, 321, 326, 328-329, 334, 349, 355, 359, 362-363, 386-387, 407-408, 412, 416, 418, 425-428, 432, 436, 441-447, 453, 456-463, 473, 481, 491-492, 495-502, 505-506, 508, 511-515, 518, 520, 522, 525, 528, 536, 539-542, 546, 549, 551-554, 557-558, 562, 572-574, 577, 582, 587-589, 594-596, 598-603, 606-607, 609-610, 614-615, 618-620, 629, 673, 686

TRACY, Richard de, capitaine normand : 114

TRAVES, François de : voir Clermont

TRIVULCE, Augustin, cardinal, évêque de Bayeux : 513, 586

TRIVULCE, Jean-Jacques, maréchal de France : 495

TRIVULCE, Scaramouche, évêque de Vienne : 629

TRIVULCE, Théodore, maréchal de France : 76

TROUSSEAUVILLE, famille de : 51

TROUSSEAUVILLE, Guillaume de : 49

TROUSSEAUVILLE, Pérette de : 48-49

TROTTO, Bernardo, écrivain : 484

TROVA, Lorenzo, faux-monnayeur : 137

TROYES, Martin de, receveur général des finances à Lyon : 541-542, 573

TUNSTALL, Cuthbert, évêque de Durham : 390-391, 407

TURIN, Jean de, condottiere : 100, 152, 249, 304

TURQUAN, Claude, munitionnaire piémontais : 97

VALIER, Gian Francesco : informateur de Pellicier à Venise : 563

VALOIS, Charles de, duc d'Orléans : 35, 89, 93, 176, 187, 189, 191, 200-202, 243, 245, 249, 270, 272, 300, 306, 315, 319-320, 325, 331, 334, 336, 362-366, 458, 461, 473, 500-501, 504, 514, 578, 601

VALOIS, FRANÇOIS, duc de Bretagne et dauphin : 79-80, 86, 601

VALTEY, Antoinette, maîtresse de Jean VI d'Annebault : 417

VASSÉ, Antoine de, gouverneur de Pignerol : 242, 256

VAUGHAN, Stephen, agent d'Henri VIII à Anvers : 331

VELTWYCK, Gérard, ambassadeur de l'empereur en Turquie : 586

VENDÔME : voir Bourbon-Vendôme

VENIERS, François de : voir Saint-Julien

VERQUERIA, Gian Giacomo, secrétaire au parlement de Turin : 148

VERTU, Charlotte de : voir Pisseleu

VIEILLEVILLE, François de : voir Scépeaux

VIENNE, François de, sr de Listenay : 96

VIEUXPONT, famille : 52, 63, 633

VIEUXPONT, Claude de, abbé de Saint-Sever : 482, 683

VIEUXPONT, Étienne de, gouverneur de Carignan : 482, 484

VIEUXPONT, François de, guidon de la compagnie d'Annebault : 82, 482, 484

VIEUXPONT, Gabriel de : 58, 63, 482, 484, 683

VIEUXPONT, Gilles de, homme d'armes de la compagnie d'Annebault : 484

VIEUXPONT, Guillaume de, homme d'armes de la compagnie d'Annebault : 482, 484

VIEUXPONT, Isabeau de : 482-483

VIEUXPONT, Jacques de, commandeur de l'ordre de Saint-Jean de Jérusalem : 482, 484, 683

VIEUXPONT, Jean de, sr de Chailloué : 482, 484

VIEUXPONT, Marie de, prieure de Poissy : 482

VIGNERON, Louis, héraut de Normandie : 605

VILLANDRY, Claude de : voir *Le Breton*

VILLARS, Honorat de : voir *Savoie*

VILLEBLANCHE, Renée de, mère de Françoise de Tournemine : 67

VILLEBON, Jean de : voir *Estouteville*

VILLEGAGNON, Nicolas de, navigateur : 215, 475, 463

VILLEROY, Nicolas de : voir *Neufville*

VILLESALLET, Melchior de, seigneur piémontais : 125

VILLEY, Nicolas de, sr de Marvol, ambassadeur de Charles Quint : 198, 200, 230, 238, 457

VILLIERS, Jean de, baron du Hommet : 67

VILLIERS, Marie de, ép. Gilles de Tournemine : 67

VIMERCAT, Francisque Bernardin de : voir *Bernardin*

« VIN NOCCHO », madame de : 485

VIPART, Jean, père de Marie : 44

VIPART, Marie, ép. de Jean IV d'Annebault : 44, 46

VIRON, le sr de, envoyé de l'empereur : 329

VIVONNE, François de, sr de La Châtaigneraie : 96, 361, 619

WATTES ou VATTES, Philippe : intendant des domaines bretons de Claude d'Annebault : 448, 481

WOLSEY, Thomas, archevêque d'York : 406

WOTTON, Nicholas, ambassadeur du roi d'Angleterre auprès de l'empereur : 316, 378, 380, 390-391, 407, 501, 562

WURTEMBERG, Christophe de, duc : 470

WURTEMBERG, Ulrich VI de, duc : 181, 579-580, 592

YOLANDE D'ARAGON : 89

ZERBINATI, Alessandro, ambassadeur du duc de Ferrare : 571

TABLE DES MATIÈRES

TABLE DES ABRÉVIATIONS 9

PRÉFACE 13

INTRODUCTION 25

LES RACINES DE LA PUISSANCE
Une construction lignagère, féodale et sociale 37
   Les origines des seigneurs d'Annebault 37
   Les d'Annebault d'Appeville 42

UN « PREMIER COMMENCEMENT D'HONNEUR » (1518-1535) 57
   Jeunesse de cour et errance chevaleresque 57
   Les temps des premières distinctions et responsabilités 70

LA RECONNAISSANCE PAR LES ARMES (1536-1538) 87
   La conquête des États de Savoie 88
   La campagne d'Artois 101
   L'accès à la faveur du roi 110

LE RÉVÉLATEUR PIÉMONTAIS (1539-1540) 117
   Un nouveau style de gouvernement 117
   L'ambassade vénitienne 153
   Le rôle stratégique du lieutenant du roi par-delà les Monts . . . 164

L'ÉLÉVATION D'UN CONSEILLER (1540-1542) 177
   L'entrée au Conseil étroit 177

Un nouveau rapport de forces au pouvoir 195
Le retour en Piémont 205

L'APPRENTISSAGE DU GOUVERNEMENT (1541-1543) 223
Le moment Chabot 223
Le désastre de Perpignan 236
L'« Hannibal françois » 252

LA DERNIÈRE GUERRE CONTRE CHARLES QUINT (1543-1544) 267
Les conquêtes de 1543 267
Le nouveau conseiller favori 278
La grande invasion de 1544 294
La paix de Crépy 312

LA CAMPAGNE D'ANGLETERRE
ET LA PAIX DES AMIRAUX (1545-1546) 335
La grande armée de mer 335
Les conférences de Bruges 363
Le traité d'Ardres 374
La paix des amiraux : une œuvre à défendre 385

LA FAVEUR DU ROI 399
Portrait d'un chevalier courtisan 399
Le choix du roi : entre cœur et raison 435
La faveur du roi : une entreprise collective 455

LA SUPERINTENDANCE DES AFFAIRES 491
Le premier des conseillers 493
La pierre angulaire du gouvernement 509
L'ombre du roi 549

LA FIN D'UN RÈGNE (1546-1547) 561
L'ordre intérieur et la mise en défense du royaume 561

La ligue universelle contre l'empereur :
une révolution diplomatique manquée 576

La mort du roi 593

LA DISGRÂCE (1547-1548) 609

Un revers de fortune 609

Les conséquences de la disgrâce 623

LA CONTINUITÉ DU SERVICE DU ROI (1548-1551) 641

Un amiral *titulo tenus* ? 641

La reprise en main du gouvernement de Normandie 647

La reconquête des responsabilités d'amiral 657

ULTIME RETOUR AUX AFFAIRES (1552) 665

La régence de Catherine de Médicis 665

La dernière campagne 675

CONCLUSION 685

ILLUSTRATIONS 691

SOURCES 703

SOURCES IMPRIMÉES 709

BIBLIOGRAPHIE 719

INDEX DES NOMS DE PERSONNES 739

Achevé d'imprimer par Corlet Numérique,
à Condé-sur-Noireau (Calvados), en mai 2015
N° d'impression : 118275 – Dépôt légal : mai 2015
Imprimé en France